KB063639

1963년～1996년

최신 산업재해판례집

- 관계법 · 령, 산재처리요령 -

서 경 석 편저

노 문 사

머 리 말

고도의 산업화에 따라 생산조직이 기계화 내지는 대규모화됨에 따른 산업체 근로자들이 불가피하게 산업재해를 당하게 되며, 새로운 유해화학물질로 인한 새로운 직업병이 날로 증가되는 추세로서, 산업재해와 직업병의 문제는 점점 더 심각해지는 현실이다. 따라서 산업재해로 인하여 피해를 당한 근로자나 그 가족을 보호하고 적절한 보상을 실시하는 문제는 노동법중 가장 중요한 과제이다. 이러한 산업재해로부터 근로자를 보호하는 방법으로는 "예방"으로써 안전시설의 확보, 작업환경의 개선등을 제도적으로 입법화한「산업안전보건법」있으며 제도적 장치하에서도 불가피하게 발생한 산업재해 근로자의 "보호와 보상"에 관한 제도가 산업재해보상보험제도이고 이것을 입법화한 것이「산업재해보상보험법」이다.

최근 노동부 발표에 의하면 1년에 산업재해를 당하여 고통을 겪고 있는 근로자 수가 10만명을 넘고 경제적 손실액도 5조억원이 넘어 기업의 채산성 악화는 물론이고 국가경쟁력 악화를 가져올 뿐 아니라, 경제 경쟁대상국인 대만·싱가폴·일본 등에 비하여 산재율이 2배에서 5배에 달하는 산재왕국이라고 하며 이러한 산업재해의 70%가 당해근로자의 방심과 부주의 또는 안전의식의 부족과 안전교육이 되지 않은데 그 발생원인이 있고, 더욱이 사업주의 관리·감독의 불충에 있다고 한다.

산업재해보상보험법은 ①산업재해 근로자와 그 가족의 생존권보장을 목적으로 하며, ②무과실 책임주의를 택하여 근로자의 업무상 부상, 질병 및 사망 등 모든 사업의 책임을 사업주에게 과실을 넘어 무과실까지도 책임지도록 의무를 부여하고 있어 민법상의 손해배상과는 성격상 다르며, ③보험시설의 설치 운영으로 피해자의 보험급여 외에 별도 보험시설(병원, 재활작업소, 요양원, 재활원 등)을 활용하게 하였고, ④사회보장제도의 확립으로 재해보상실시에 충당할 보험재정인 보험료를 사업주의 전적인 부담으로 규정한 강제 규범이다.

산업재해보험사업에 소요되는 비용은 사업주가 납부하는 보험료로 충당되며 근로자의 비용부담은 없다. 산업재해보험제도의 목적은 근로자의 업무상재해보상에 대한 사용자의 무과실책임을 인정하고 그 재해보상책임을 보험화하여 근로자의 보호와 사용자의 위험부담을 분담시키는 것이다.

피해근로자의 재해보상은 요양 보상외에는 모두 임금액을 기준으로 하고 이에 필요한 재원인 보험료의 산정기초는 임금이 된다. 보험료의 산출방식은 각 적용사업장의 임금총액을 기초로하여 당해 사업의 종류에 해당하는 보험료율을 곱한 액으로 한다.

산업재해보상보험법은 1963년 11월 5일 법률 제1438호로 제정된 이래 12차례의 개정을 거듭하며 산업재해보상보험업무를 노동부의 주관으로 실시해오던 것을 1994년 12월 23일 법률제4831호로 개정하여 근로복지공단에서 보험업무를 1995년 5월1일부터 개시하기에 이르렀다.

이 책은 산업재해보상보험법이 제정된 이후 현재까지 발생한 산업재해 적용분쟁과 보상분쟁에 관하여 법원판결중 중요한 240여개의 사건들을 발췌 편집하였고, 또한 산업재해보상보험법의 제정이후 현재까지 개정된 요지와 주요골자를 수록했으며, 현행법과 관련법을 별첨에서 찾아보도록 편집하였다.

아무쪼록 이 책이 산업현장의 관계실무자, 노동법학자, 법조인 등 이 분야에 관심있는 분들께 노사문제 해결에 도움이 되었으면 하며, 계속 보완수정해 나갈 것을 약속 드린다.

1997년 1월

편저자 드림

총 목 차

사례 · 판시별 찾아보기

제1장 행정소송의 전심절차

제2장 적용 · 징수

Ⅰ. 보험적용대상 및 사업종류

2. 출 · 퇴근 및 출장중 재해

Ⅱ. 보험급여

1. 요양급여(재요양, 추가질병, 기존질병 악화)

2. 장해 · 휴업급여

Ⅲ. 급여기준

1. 근로자

2. 임금

제4장 다른 보상 또는 배상과의 관계

제5장 제3자에 대한 구상권

제6장 기 타

관계법 · 령조문목차

Ⅰ. 근로기준법 · 령(관련조항발췌)

Ⅱ. 산업재해보상보험법연혁

Ⅲ. 현행산업재해보상보험법·령·규칙(대조식)

산업재해보상보험법

산업재해보상보험법시행령

산업재해보상보험법시행규칙

Ⅳ. 진폐의 예방과 진폐근로자의 보호 등에 관한 법률·령·규칙(대조식)

진폐의 예방과 진폐근로자의 보호 등에 관한 법률

진폐의 예방과 진폐근로자의 보호 등에 관한 법률시행령

진폐의 예방과 진폐근로자의 보호 등에 관한 법률시행규칙

※별지생략

Ⅴ. 행정소송법

Ⅵ. 행정심판법·령·규칙

행정심판법

행정심판법 시행령

행정심판법 시행규칙

Ⅶ. 산업재해업무처리요령 및 권리구제

第1장 행정소송의 전심절차

● 부정이득금납부통보처분취소

대법원 제3부, 1988.5.24 판결 87누1102
상고기각

판 시 사 항

◉ 산업재해보상보험법에 의한 보험급여의 결정에 관한 행정소송의 전치요건
◉ 노동부장관의 부정이득금납부통보처분의 성격

판 결 요 지

가. 산업재해보상보험업무및심사에관한법률 제3조는 산업재해보상보험법에 의한 보험급여의 결정에 대한 불복방법을 규정한 것으로서 위 법에 의한 보험급여의 결정에 관한 행정소송은 반드시 그 전치요건으로서 위 법률 제3조 소정의 심사 및 재심사절차를 모두 경유한 후가 아니면 이를 제기할 수 없다.

나. 산업재해보상보험법 제14조의2의 규정에 의하여 허위 기타 부정한 방법으로 보험급여를 받은 자에 대하여 배액을 징수하는 노동부장관의 부정이득금 납부통보처분은 보험급여에 관한 사항이이므로 부정이득금납부통보처분취소청구는 산업재해보상보험업무및심사에관한법률 제3조가 규정하는 보험급여에 대한 이의로 보아야 한다.

참조조문 가. 산업재해보상업무 및 심사에관한법률 제3조
나. 산업재해보상보험법 제14조의2

참조판례 대법원 1985.11.12 84누85판결
1986.5.27 85누879판결

당 사 자 원고, 상고인 최무
피고, 피상고인 노동부 수원지방사무소장

주 문 상고를 기각한다. 상고비용은 원고의 부담으로 한다.

이 유

원고의 상고이유를 판단한다.

산업재해보상보험업무및심사에관한법률 제3조에 의하면, 산업재해보상보험법에 의한 보험급여에 이의가 있는 자는 산재심사관에게 심사를 청구하고, 그 결정에 이의가 있는 자는 산재심사위원회에 재심사를 청구하고, 그 재결에 이의가 있는 자는 행정소송을 제기할 수 있으며, 위의 심사 및 재심사의 청구와 행정소송의 제기는 보험급여의 통지서, 심사청구에 대한 결정서, 재심사청구에 대한 재결서를 받는 날로부터 각각 60일 이내에 하여야 한다고 규정하고 있다.

이는 산업재해보상보험법에 의한 보험급여의 결정에 대한 불복방법을 규정한 것으로서 위 법에 의한 보험급여의 결정에 관한 행정소송은 반드시 그 전치요건으로서 위 법률 제3조 소정의 심사 및 재심사절차를 모두 경유한 후가 아니면 이를 제기할 수

없다는데 있다 할 것이다(당원 1985. 11. 12 선고, 84누85판결; 1986. 5. 27 선고, 85누879판결 등 참조).

그리고 산업재해보상보험법 제14조의2의 규정에 의하여 허위 기타 부정한 방법으로 보험급여를 받은 자에 대하여 배액을 징수하는 노동부장관의 부정이득금 납부통보처분은 보험급여에 관한 사항이므로 부정이득금 납부통보처분취소청구는 산업재해보상보험업무및심사에관한법률 제3조가 규정하는 보험급여에 대한 이의로 보아야 할 것이다.

원심의 확정한 바와 같이 원고는 피고의 1986. 11. 8자 부정이득금납부통보처분에 대하여 그해 12월 일자불상경 산재심사관 앞으로 심사청구를 하였다가 같은 해 12. 17 기각결정이 되자 산재심사위원회에 재심사를 청구함이 없이 1987. 2. 13 이 사건 행정소송을 제기한 것임이 분명하므로 이 사건 소는 산재심사위원회에 대한 재심사절차를 제대로 이행하지 아니하여 부적합한 것이라 할 것이니 이와 같은 취지에서 본안판단에 들어감이 없이 이 사건 소를 각하한 원심의 판단은 정당하다.

또한 원고는 피고가 원고를 상대로 한 산업재해보상보험법위반으로 형사고소를 한 것에 대하여 관할 수원지방검찰청 검사로부터 "혐의 없음"이라는 불기소처분을 받은 경우에는 산재심사위원회에 재심사청구를 하지 아니하고 바로 행정소송을 제기할 수 있다고 오인하였고 원고가 그와 같이 오인하게 된 것은 피고가 원고에게 그 전치절차를 잘못 알려주었기 때문이므로 이 사건 행정소송은 적법하다고 주장하나 일건 기록에 비추어 볼 때 원고가 그 주장과 같은 경위로 그와 같이 오인하게 되었다고 인정할 자료도 없을 뿐 아니라 그와 같은 사유가 있다 하더라도 이로 인하여 이 사건 소가 적법한 것이 된다고 할 수 없으므로 논지 역시 이유 없다.

그러므로 상고를 기각하고, 상고비용은 패소자의 부담으로 하기로 관여법관의 의견이 일치되어 주문과 같이 판결한다.

대법원 판사 최재호(재판장), 정기승, 김달식

● 요양결정 처분취소

대법원 제2부, 1985. 11. 12. 판결 84누48 상고기각

판 시 사 항

◉ 산업재해보상보험법에 의한 보험급여의 결정에 대하여 행정소송을 제기하기 위하여 경유하여야 할 절차

판 결 요 지

산업재해보상보험업무및심사에관한법률 제3조는 산업재해보상보험법에 의한 보험급여의 결정에 대한 불복방법을 규정한 것으로서 위 법에 의한 보험급여의 결정에 관한 행정소송은 그 전치요건으로서 위 법률 제3조 소정의 심사 및 재심사절차를 모두 경유하여야 한다.

참조조문 행정소송법 제18조
산업재해보상보험법 제26조의2
산업재해보상보험업무및심사에관한법률 제3조

참조판례 대법원 1983. 12. 23 81누344판결

1985. 11. 12 85누400판결

당 사 자 원고, 상고인 대한석탄공사
소송대리인 변호사 조규광
피고, 피상고인 노동부태백지방사무소장

원심판결 서울고등법원 1983. 12. 14. 83구237판결

주 문 상고를 기각한다. 상고 소송비용은 원고의 부담으로 한다.

이 유

원고 소송대리인의 상고이유를 판단한다.

산업재해보상보험업무및심사에관한법률 제3조에 의하면,

산업재해보상보허법에 의한 보험급여의 이의가 있는 자는 산재심사관에게 심사를 청구하고, 그 결정에 이의가 있는 자는 산재심사위원회에 재심사를 청구하고, 그 재결에 이의가 있는 자는 행정소송을 제기할 수 있으며, 위의 심사 및 재심사의 청구와 행정소송의 제기는 보험급여의 통지서, 심사의 청구에 대한 결정서, 재심사의 청구에 대한 재결서를 받은 날로부터 각각 60일 이내에 이를 하도록 규정하고 있다.

이는 산업재해보상보험법에 의한 보험급여의 결정에 대한 불복방법을 규정한 것으로서 위 법에 의한 보험급여의 결정에 관한 행정소송은 그 전치요건으로서 위 법률 제3조 소정의 심사 및 재심사 절차를 모두 경유하여야 한다 할 것이고(당원 1983. 12. 23 선고, 81누344 판결 참조),

위 법률이 심사청구와 재심사 청구에 있어서, 결정 및 재결기간과 그 기간도과후의 효력에 관하여 아무런 정함이 없다하더라도 마찬가지라 할 것이다.

원심이 확정한 바와 같이 원고는 피고의 소외 김석모에 대한 1982. 10. 8자 요양승인결정에 대하여 그해 11. 2 노동부장관 앞으로 소원장만 제출한 채 이건 행정소송을 제기한 것임이 분명하므로, 이건 소는(원심은 위 소원장 제출을 위 법률 제3조 소정의 산재심사관에 대한 심사청구로 선해하고 있다) 적어도 위에서 본 산재심사위원회에 대한 재심사 절차를 제대로 이천하지 아니하여 부적법하다 할 것이니 이와 같은 취지에서 이 건 소를 각하한 원심의 판단은 정당하고, 거기에 소론과 같은 전치절차에 관한 법리오해의 위법이 있다 할 수 없다.

그러므로 논지는 이유없어 상고를 기각하고, 상고소송비용은 패소자의 부담으로 하기로 관여법관의 의견이 일치되어 주문과 같이 판결한다.

대법원판사 신정철(재판장), 정태균, 이정우, 김형기

● 행정처분취소

대법원 제2부. 1983. 12. 23. 판결 81누344 파기환송

판 시 사 항

⊙ 산업재해보상보험 급여액 징수결정에 대한 불복소송에 있어서의 전심절차

판 결 요 지

산업재해보상보험법 제26조의2 소정의 보험급여액 징수결정에 대

한 불복방법에 대하여는 산업재해보상보험업무및심사에관한법률 제3조가 적용되어 같은 법조 소정의 심사, 재심사를 거쳐 행정소송을 제기하여야 할 것이므로 원심으로서는 본안심리에 앞서 원고가 위 소정의 전심 절차를 거쳤는지 여부를 심리판단하지 않은 것은 위법하다.

참조조문 행정소송법 제2조
산업재해보상보험법 제26조의2
산업재해보상보험업무및심사에관한법률 제3조

참조판례 대법원 1975. 9. 23 75누8 판결

당 사 자 원고, 피상고인 한국전력공사
소송대리인 변호사 정운조
피고, 상고인 노동부 부산중부지방사무소장

원심판결 대구고등법원 1981. 9. 29. 81구65판결

주　　문 원심판결을 파기하고, 사건을 대구고등법원에 환송한다.

이　　유

직권으로 살피건대,

산업재해보상보험법 제26조의 2 소정의 보험급여액 징수결정에 대한 불복방법에 대하여는 산업재해보상보험업무및심사에관한법률 제3조가 적용되어 같은 법조 소정의 심사, 재심사를 거쳐 행정소송을 제기하여야한다 할 것이므로(대법원 1975. 9. 23 선고, 75누8 판결 참조) 원심으로서는 본안심리에 앞서 원고가 위 소정의 전심절차를 거쳤는지 여부를 심리판단하여야 함에도 불구하고 이에 이르지 아니하고 위 보험급여액 징수처분에 대한 불복방법에 관하여 소원법의 일반원칙이 적용됨을 전제로 본안판단을 한 원심판결은 심리를 다하지 아니함으로써 위 불복방법에 관한 법률적용을 잘못한 위법이 있다 할 것이므로 원심판결은 이 점에서 파기를 면치 못한다 할 것이다.

그러므로 상고인의 상고이유에 대한 판단을 생략한 채 원심판결을 파기하고,

사건을 다시 심리 판단케 하기 위하여 원심법원에 환송하기로 하여 관여법관의 일치된 의견으로 주문과 같이 판결한다.

대법원판사 이정우(재판장), 김중서, 강우영, 신정철

● 보험급여액징수결정처분취소

대법원 제1부. 1975. 9. 23 판결 75누8 파기환송

판 시 사 항

◉ 산업재해보상보험법 제26조의2 소정 보험급여액징수결정에 대한 불복방법에 적용될 법조

판 결 요 지

산업재해보상보험법 제26조의2 소정 보험급여액 징수결정에 대한 불복방법에 대하여는 산업재해보상보험업무및심사에관한법률 제3조가 적용된다.

참조조문 산업재해보상보험업무및심사에관한법률 제3조
산업재해보상보험법 제26조의2

당 사 자 원고, 상고인 대한중석광업주식회사

소송대리인 변호사 이용훈
피고, 피상고인 노동청 영월비장사무소장
소송수행장 유홍우

원심판결 서울고등법원 1974. 11. 27. 74구199 판결

주 문 원심판결을 파기하고 사건을 서울고등법원에 환송한다.

이 유

원고소송대리인의 상고이유에 대하여

변론의 전 취지와 원판결이 확정한 사실에 의하면 원고는 피고의 본건 보험급여액 청구결정에 대하여 피고에게 재조사를 청구하고 그 청구를 기각하는 피고의 결정에 대하여 노동청장에게 심사청구를 하였다는 것인바 산업재해보상보험법 제26조의2 소정 보험급여액 징수결정에 대한 불복방법에 대하여는 산업재해보상보험업무및심사에관한법률 제3조가 적용되어야 할 것이며,

이러한 해석은 산업재해보상보험법 부칙 2호의 규정에 비추어도 상당하다 할 것임에도 불구하고 위 보험급여액 징수결정에 대한 불복방법에 관하여 소원법의 일반원칙이 적용됨을 전제로 한 원판결 판단에는 불복방법에 관한 법률적용을 잘못한 위법이 있다할 것으로서 상고논지는 이유 있음에 귀착하고 원판결은 파기를 면치 못할 것이다.

따라서 행정소송법 제14조 민사소송법 제406조에 의하여 관여법관의 일치된 의견으로 주문과 같이 판결한다.

대법원판사 민문기(재판장), 홍순엽, 한환진, 이일규

제2장 적용 · 징수

I. 보험적용대상 및 사업종류

● 유족보상일시금등부지급처분취소

대법원 제3부. 1996. 3. 8 판결 94누15639
파기환송

판 시 사 항

◉ 항운노조 조합원도 노조에 고용된 근로자로 볼 수 있는지

판 결 요 지

소외 경북항운노조는 항만등의 하역업등을 영위하는 각 하역업체의 하역에 종사하는 근로자를 조합원으로 하여 구성된 노동조합으로서 근로자 공급사업을 허가받아 영위하면서 하역업체들과 노무공급계약을 체결하고 하역업체의 요구가 있으면 소속조합원으로 하여금 그 하역업체에서 근로를 제공하도록 하였던 점등으로 볼 때 조합원은 조합에 가입함으로써 조합과 사이에 조합의 지시감독 아래 각 하역업체에게 노무를 제공하고 그에 따른 대가를 지급받기로 하는 근로계약관계를 맺은 근로자에 해당한다 할 것임에도 조합에 고용된 근로자가 아니라고 본 원심은 부당하다.

참조조문 구산업재해보상보험법 제4조및 시행령제2조제1항제2호 구직업안정및고용촉진에관한법률 제17조

당 사 자 원고, 상고인 정춘화
피고, 피상고인 근로복지공단

원심판결 대구고등법원 1994년11월17일 선고93구3555판결

주 문 원심판결을 파기하고, 사건을 대구고등법원에 환송한다.

이 유

1. 원심판결이유에 의하면, 원심은 사단법인 한국항만운송협회(이하 「항만운송협회」라 한다)와 전국항운노동조합연맹(이하 「항운노조연맹」이라 한다)과의 사이에 항만운송협회에 소속된 회사(이하 「회원사」라 한다)가 소외 경북항운노동조합(이하 「소외 조합」이라 한다) 등 항운노조연맹에 소속된 14개 단위 노동조합에 대하여 항만작업등에 필요한 근로자의 공급을 요청하면, 단위 노동조합은 이에 응하여 소속조합원을 순서에 따라 작업장에 투입하여 취업을 알선하고, 회원사는 조합원들에게 지급할 임금중 일정액을 조합비로서 항운노조연맹이나 단위 노동조합에 직접 지급하기로 하는 내용의 단체협약이 체결되어 있는 사실, 원고의 남편인 소외망 김충민은 1992년 6월 27일 소외조합에 가입하여 종철연락소 제7반에 소속된 조합원으로서, 같은달 30일 회원사인 소외 대한통운수주식회로부터 같은 날 21시 00분부터 85번 부두에 접안되어 있던 체리 플아워호에 물건을 싣기 위한 부대작업인 파이프선측작업을 할 사람을 보내달라는 요청을 받은 소

외 조합의 지시로 자신의 소유인 대구서 라 4505호1백25cc 오토바이를 타고 포항시내에 있는 노동조합 항만외부 대기실에서 포항신항부두시설 안에 있는 노동조합 항만내부대기실로 가기 위하여 부두시설 정문을 통과하여 진행중, 같은 날 20시30분경 세방기업 현장사무실 앞 63번 부두 도로상에서 중앙선을 넘어 맞은편 차선으로 들어가 그 곳에 정지 중이던 부산04-5329호 지게차를 들이받아 다발성 두개골 골절상 등의 상해를 입고 그 무렵 사망한사실, 이에 원고가 피고에게 산업재해보상보험법에 의한 유족급여 및 장의비등의 지급을 구하였으나, 피고는 1993년 7월 26일 위 망인의 사망이 업무상재해에 해당하지 아니한다는 이유로 보험금의 지급을 거절하는 이 사건 처분을 한 사실, 소외조합은 피고로부터 한국표준산 업분류표상 인력공급업에 해당하는 국내근로자 공급사업허가를 받아 1979년 8월 1일부터 사업을 개시한 사실을 인정한 다음, 위 망 김충민은 소외 조합의 조합원인 동시에 소외 조합이 확보하고 잇는 노동력으로 그 사업의 대상일 뿐 소외 조합의 사업인 인력공급업을 위하여 고용된 근로자가 아님이 명백하고, 설사 위 망인이 소외 조합의 근로자라 하더라도 소외 조합의 인력공급업을 「통하여」 회원사에 취업함으로써 하역등의 근로를 제공하고 회사로부터 그 근로에 대한 임금을 지급받는데 불과한 이상 소외 조합은 위 망인과의 관계에서는 한국표준산업분류표의 「대분류 O.」중 노동조합인「회원단체」해당하여 산업재해보상보험법 제6조 제1항 단서 및 제4조 단서가 정한 임의보험가입사업자에 해당하고, 소외 조합은 산업재해보상보험에 가입한 사실이 없으므로 원고의 이 사건 청구는 이유 없다고 판단하였다.

2. 상고이유에 대한 판단

가. 기록에 의하면, 소외 조합은 경상북도 내에서 항만·철도·육상의 하역업이나 운송업등을 영위하는 각 하역업체에 종사하는 근로자를 조합원으로 하여 구성된 노동조합으로서, 구 직업안정및고용촉진에 관한법률(1994년 1월 7일 법률 제4733호 「직업안정법」으로 전문 개정되기 전의 것) 제17조 규정에 의한 근로자공급 사업허가를 받아 근로자공급사업을 영위하면서 각 하역업체와의 사이에 노무 공급계약 등을 체결한 다음 각 하역업체의 요청이 있으면 그 때마다 소속 조합원으로 하여금 그 하역업체에서 근로를 제공하도록 하여왔고, 한편 소외 조합의 조합원은 일정한 근무형태(1일 2교대제) 하에서 원칙적으로 소정시간동안(주간근무자는 08시11분부터, 야간근무자는 19시00분부터 각 근무가 시작된다) 소외 조합의 작업지시에 따라 지정된 하역업체의 작업현장에서 노무를 제공하여 온 사실, 소외 조합의 규약에 의하면 조합원은 소외 조합의 강령, 규약, 제규정 및 지시명령을 준수 이행할 의무가 있고, 만약 조합의 작업지시에 불복하여 작업질서를 문란케 하거나 무단결근하는 경우에는 징계나 제적등의 불이익을 받게 되어 있는 사실, 각 하역업체가 회원으로 되어있는 항만운송협회와 소외 조합과의 사이에 체결된 협약에 의하면 조합원들은 각 하역업체로부터 직접 임금을 수령 하도록 되어 있지만, 그럼에도 불구하고 실제로는 소외 조합이 각 하역업체로부터 정기적으로 노무를 제공한 조합원들에 대한 임금을 일괄 지급받은 다음 그 중에서 조합비등을 공제한 나머지를 각 조합원들에게 분배하여 온 사실을 알 수 있는 바, 사실관계가 위와 같다면 다른 특별한 사정이 없는 한 소외 조합

의 조합원은 소외 조합에 가입하거나 등록함으로써 소외 조합과의 사이에 조합의 지시감독 아래 각 하역업체에게 노무를 제공하고 그에 따른 대가를 지급받기로 하는 내용의 근로계약관계를 맺은 근로자에 해당한다고 보아야 할 것이다.

나. 산업재해보상보험법(1994년 12월 22일 법률 제4826호로 전문개정되기 전의 것, 이하 같고 「산재보험법」이라 한다)에 사업장 (이하 「사업」이라 한다)에 적용되지만 다만, 사업의 위험률·규모 및 사업장소 등을 참작하여 대통령령으로 정하는 사업에 대하여는 그 적용이 배제될 수 있고 (제4조), 이 법의 적용이 배제되는 사업주는 노동부장관의 승인을 얻어 보험에 가입할 수 있는 임의보험가입 사업주로 되며 (제6조 제2항), 한편 산재보험법시행령 (1955년 4월 15일 대통령령 제14628호로 전문개정되기 전의 것, 이하 같다) 제2조 제1항 제2호는 법 제4조 단서의 규정에 의하여 법의 적용을 받지 아니하는 사업 또는 사업장의 하나로 「사업 서비스업 중 회원단체」를 들고 있고, 같은 조 제2항은 제1항 제2호에 규정한 사업의 범위에 관하여 이 영에 특별한 규정이 있는 것을 제외하고는 통계청장이 고시한 한국표준산업분류표에 의한다고 규정하고 있다.

그런데 통계청장이 고시한 한국표준산업분류표에 의하면, 노동조합은 「대분류O. 기타 공공·사회 및 개인서비스업」중 「중분류 91, 회원단체」에 속하지만, 다만 회원단체에 의하여 출판, 교육, 금융 및 기타 특정사업이 운영되는 경우에는 그 사업내용에 따라 사업을 각각 분류하도록 되어 있고, 한편 인력공급사업은 「대분류 K. 부동산, 임대 및 사업서비스업」중 「중분류 74. 기타사업관련 서비스업」에 해당하는 바, 이에 따르면 비록 소외 조합이 노동조합이라 하더라도 소외 조합이 특정사업으로 영위하는 근로자공급사업은 한국표준산업분류표상으로 「대분류 K. 사업서비스업」에 해당한다 할 것이고, 산재보험법시행령 제2조 제1항 제2호의 규정에 의하면 사업서비스업중 산재보험법의 적용이 배제되는 것은 「연구 및 개발업」에 한정되므로, 소외 조합이 특정사업으로 영위한 근로자공급사업에 대하여는 산재보험법 제4조 본문의 규정에 의하여 당연히 산재보험법이 적용되는 것으로 보아야 할 것이다.

다. 그럼에도 불구하고 원심은 소외 조합이 확보하고 있는 노동력으로서 그 사업의 대상이지 소외 조합의 사업인 인력 공급업을 위하여 고용된 근로자가 아니고 또한 소외 조합은 한국표준산업분류표상의 「대분류 O.」중 노동조합인 「회원단체」에 해당한다는 이유로 원고의 이 사건 청구가 이유없다고 판단하였으니 원심판결에는 산재보험법상의 근로자에 관한 법리 및 산재보험법의 적용범위에 관한법리를 오해하고 심리를 다하지 아니한 위법이 있다 할 것이고, 이와 같은 위법은 판결 결과에 영향을 미쳤음이 명백하므로 이 점을 지적하는 논지는 이유가 있다.

3. 그러므로 나머지 상고이유에 대한 판단을 생략한 채 원심판결을 파기하고, 사건을 원심법원에 환송하기로 관여법관의 의견이 일되어 주문과 같이 판결한다.

대법관 신성택(재판장), 안용득(주심), 정경송, 지창권

● 산업재해보상보험료부과처분취소

대법원 제1부. 1995.9.5.판결, 94누12012 파기환송

판 시 사 항

◉ 세무사사무소의 산재보험 적용여부

판 결 요 지

산재법의 적용대상에서 제외되는 사업을 규정하면서 한국표준산업분류표상 유사 사업에 대하여 동등하게 취급하지 아니하였다는 것만으로는 헌법의 기본이념인 평등의 원칙에 어긋나는 위법이 있다고 할 수도 없다.

참조조문 산업재해보상보험법 제4조, 동법시행령 제2조

당 사 자 원고, 피상고인 민형기
피고, 상고인 근로복지공단

원심판결 광주고등법원 1994.9.1.선고, 94구1172판결

주 문 원심판결을 파기하고 사건을 광주고등법원에 환송한다.

이 유

상고이유를 본다.

(1) 원심판결 이유에 의하면 원심은,

원고는 사무직 사원 13인을 상시 고용하여 납세자의 위임을 받아 세법상의 기장·결산·신고·조정, 국세 및 지방세의 심사·심판청구 등을 업으로 하는 세무사로서 산업재해보상보험관계가 성립된 1991.7.1. 이후 1994년도 및 1992년도 개산보험료를 보고하고 1991년도 개산보험료로 금 75,000원을 납부하였음에도 불구하고 1993년도 개산보험료를 보고·납부하지 아니함에 따라 피고가 그 사실을 조사하여 1993.9.23. 원고에게 1993년도 개산보험료로 금 250,000원을 부과하는 이사건 처분을 한 사실은 당사자 사이에 다툼이 없다고 인정한 다음, 산업재해보상보험법(1994.12.22. 법률 제4826호의 전문개정되기 전의 것. 이하 법이라 한다.)은 모든 사업 또는 사업장(이하 사업이라 한다)에 적용함을 원칙으로 하되(법 제4조 본문), 다만 사업의 위험률 규모 및 사업장소 등을 참작하여 대통령령에 그 적용 제외 대상 사업을 위임하고 있으므로(법 제4조 단서), 그 위임에 따른 같은 법 시행령(1994.11.9. 대통령령 제14412호로 개정되기 전의 것. 이하 시행령이라 한다.)은 그 적용 제외대상사업을 규정함에 있어서 법 제1조 소정의 목적과 법 제4조 단서의 위임취지 및 헌법의 기본이념인 평등의 원칙에 입각하여 합리적인 기준에 의하여야 하고 자의적으로 그 적용 제외대상 사업을 규정하여서는 아니된다고 할 것인데, 시행령 제2조 제1항 제2호 및 제2항은 그 적용제외 대상 사업의 하나로 통계청장이 고시한 한국표준산업분류표상 원고의 사업(사업서비스업 중 회계관련서비스업)과 유사한 업종으로서 원고의 사업보다 위험률 규모 및 사업장소 등의 면에서 결코 사고발생률이 낮다고 보여지지 아니하는 금융 및 보험업과 원고의 사업과 위험률 규모 및 사업장소 등의 면에서 거의 같다고 보여지는 사업서비스업 중 연구 및 개발업을 규정하면서 아무런 합리적인 이유도 없이 원고의 사업을 제외하고 있는 바, 이는 모법인 법 제4조 단서의 위임의 범위 및 헌법의 기본이념인 평등의 원칙에 위배되어 그 효력이 없다고 판시하고, 원고의 사업도 위 금융 및 보험업 등과 같이 법 적용의 제외대상 사업이라는 이유로 피고의 이 사건 처분의 취소를 구하는 원고의

청구를 인용하였다.

(2) 그러나, 법은 산업재해보상보험사업(이하 보험사업이라 한다)을 행하여 근로자의 업무상 재해에 대하여 신속하고 공정하게 보상하고 이에 필요한 보험시설을 설치·운영하며 재해예방 기타 근로자의 복지증진을 위한 사업을 행함으로써 재해를 입은 근로자와 그 가족의 생존권을 보장하는 등 사회보장제도의 확립을 도모할 뿐만 아니라(법 제1조) 불의의 재해로 사업주가 과중한 경제적 부담을 지게 되는 위험을 분산·경감시켜(법 제11조 제1항) 안정된 기업활동을 할 수 있도록 하게 하는 한편 보험사업에 소요되는 비용에 충당하기 위하여 국고의 부담 및 지원 이외에 보험가입자인 사업주로부터 보험료를 징수하도록 하고 있으므로(법 제2조의 2, 3, 제19조), 법 제4조는 보험사업을 모든 사업에 적용하도록 하되 그 단서에서 근로자의 보호와 사업주의 부담이라는 양자의 이해관계를 조정하기 위하여 사업의 위험률 규모 및 사업장소 등을 참작하여 대통령령에 그 적용제외대상 사업을 규정하도록 위임하고 있는바, 시행령 제2조 제1항은 위와같은 모법의 위임 취지에 따라 법에 규정된 사항들을 적절히 참작하여 사회경제적인 상황에 맞추어 법의 적용을 받지 아니하는 사업을 제1호 내지 제7호까지 구체적으로 열거한 다음, 같은 조 제2항에서 위 각호 중 제3호를 제외한 나머지 사업의 범위에 관하여 시행령에 특별한 규정이 있는 것을 제외하고는 통계청장이 고시한 한국표준산업분류표에 의한다고 규정하여 법의 적용을 받지 아니하는 사업을 정하고 있으므로 시행령 제2조 제1항 제2호 및 제2항의 규정은 법의 위임의 범위를 벗어나지 아니하였다고 할 것이고, 또한 위에 본 법의 목적에 비추어 법의 적용대상에서 제외되는 사업을 규정하면서 위 한국표준산업분류표상 유사 사업에 대하여 동등하게 취급하지 아니하였다는 것만으로는 헌법의 기본이념인 평등의 원칙에 어긋나는 위법이 있다고 할 수도 없다.

따라서, 위 시행령의 규정이 모법의 위임의 범위 및 헌법상의 평등의 원칙에 위배되어 그 효력이 없다는 이유로 이 사건 처분을 위법한 것이라고 판단한 원심판결에는 법 적용 제외 대상사업의 범위에 관한 법리를 오해한 위법이 있다고 할 것이고 이 점을 지적하는 취지의 논지는 이유 있다.

(3) 그러므로 나머지 상고이유에 대한 판단을 생략한 채 원심판결을 파기하고 사건을 원심법원에 환송하기로 하여 관여법관의 일치된 의견으로 주문과 같이 판결한다.

대법관 이돈희(재판장), 김석수(주심), 정귀호, 이임수

● 산업재해보상보험법적용대상 사업종류 변경처분 및 산재보험료 부과 처분취소

대법원 제3부, 1995.7.28. 판결, 94누8853 상고기각

판 시 사 항

◉ 산업재해보상보험 적용사업 변경처분이 항고소송 대상인지 여부

판 결 요 지

산업재해보상보험 적용사업 변경처분은 보험료 부과처분에 앞선

처분으로서 보험가입자가 그로 인하여 구체적인 보험료 납부의무를 부담하게 된다거나 그밖에 현실적으로 어떠한 권리침해 내지 불이익을 받는다고는 할 수 없으므로 항고소송의 대상이 되는 행정처분이라고 할 수 없다.

참조조문 산업재해보상보험법
참조판례 대법원 1989. 5. 23. 87누634판결
당 사 자 원고(피상고인 겸 상고인) 주식회사 삼익 소송대리인 변호사 이경훈
피고(상고인 겸 피상고인) 근로복지공단
원심판결 대전고등법원 1994. 6. 10. 선고, 93구1495판결
주　　문 상고를 모두 기각한다. 상고비용은 각자의 부담으로 한다.
이　　유

1. 먼저 원고의 상고이유를 본다.

행정소송법상 항고소송의 대상이 되는 행정처분은 행정청이 공권력의 행사로서 행하는 처분 중 국민의 권리의무에 직접적으로 법률적 영향을 미치는 것에 한하는 것이므로, 그 대상이나 관계인의 권리의무에 직접 법률상 변동을 가져오지 아니하는 처분은 이에 해당하지 아니한다 할 것인바,

산업재해보상보험 적용사업 변경처분은 보험료 부과처분에 앞선 처분으로서 보험가입자가 그로 인하여 구체적인 보험료 납부의무를 부담하게 된다거나 그밖에 현실적으로 어떠한 권리침해 내지 불이익을 받는다고는 할 수 없으므로 항고소송의 대상이 되는 행정처분이라고 할 수 없다 할 것이다(대법원 1989. 5. 23. 선고, 87누634 판결 참조).

원심의 이와같은 취지에서 피고의 원고에 대한 이 사건 산업재해보상보험 사업종류를 변경한 처분의 취소를 구하는 부분은 부적법하다 하여 이를 각하한 조치는 옳고, 거기에 소론과 같은 법리오해의 위법이 없으므로, 논지는 이유 없다.

2. 피고의 상고이유를 본다.

관계법령과 기록에 비추어 살펴보면, 노동부장관이 사업종류별로 산업재해보상보험료율을 정하여 고시한 사업종류 예시표의 내용에 누락되어 있는 원고의 사업은 원심 판시와 같은 사정들에 비추어 사업종류 예시표시상 이제까지 적용하여 오던 요업 또는 토석제품 제조업 중 '각종 시멘트제품 제조업(세목번호 21504)'에 속하는 것으로 봄이 상당하다고 하여, 피고가 이를 '기타 비금속광물제품 제조업(세목번호 21805)'에 해당하는 것으로 변경하고 변경후의 보험률에 따라 추가보험료를 소급부과한 이 사건 처분은 위법하다고 한 원심의 사실인정과 판단은 모두 수긍이 가고 거기에 소론과 같은 심리미진, 이유모순, 법리오해 등의 위법이 없으므로, 논지는 모두 이유 없다.

그리고, 1994년도에 적용하기 위하여 고시된 사업종류 예시표의 법적 성질에 관한 원심의 판단은 이 사건의 결론에 영향이 없는 부가적인 판단에 불과하므로, 이 점을 다루는 논지도 받아들일 수 없다.

3. 그러므로 상고를 모두 기각하고, 상고비용은 패소자 각자의 부담으로 하여 관

여법관의 일치된 의견으로 주문과 같이 판결한다.

대법관 안용득(재판장), 천경송, 지창권, 신성택(주심)

● 보험료추가부과처분취소

대법원 제1부. 1991. 12. 24. 판결. 91누2328 상고기각

판 시 사 항

◉ 동일 사업장내에서 보험료율 적용사업이 2종 이상 행하여지는 경우에 있어서 보험요율 적용대상이 되는 주된 사업의 결정방법

◉ 동일 사업장 내에서 출판업과 인쇄, 제본업이 동시에 행하여지는 경우에 있어서 매출액의 점유비율이 훨씬 높은 출판업을 보험요율의 적용대상이 되는 주된 사업으로 본 사례

판 결 요 지

가. 회사의 사업종류가 노동부고시의 산업재해보상보험요율 적용을 위한 사업종류 예시표 중 어디에 해당하는가를 결정하기 위하여는 그 사업장의 면허나 등록업종뿐만 아니라 현실적인 사업내용과 작업형태들을 두루 참작하여야 하며, 만약 동일한 사업장 내에서 보험요율 적용사업이 2종 이상 행하여진다고 인정되는 경우에는 산업재해보상보험법시행령 제47조의 규정에 의하여 그 중 근로자수 및 임금총액 등의 비중이 큰 쪽을 주된 사업으로 결정하여야 하지만, 이것도 비슷하거나 명확하게 구분하기 곤란한 때에는 당해 사업장의 주된 제품이나 주된 서비스가 무엇인가를 가려서 주된 사업을 결정하여야 한다.

나. 동일 사업장 내에서 자가출판물 등을 기획, 편집, 인쇄, 제본, 판매하는 출판업과 타인의 주문에 의한 인쇄물의 인쇄, 제본 등을 행하는 인쇄, 제본업이 동시에 행하여지는 관계에 있고, 회사의 기구조직과 작업형태 등에 비추어 출판업과 인쇄, 제본업에 종사하는 근로자의 수와 임금총액은 같다고 보고 그 중 매출액의 점유비율이 훨씬 높은 출판활동을 주된 제품 내지 주된 서비스에 해당한다는 취지에서 보험요율의 적용대상이 되는 주된 사업을 출판업으로 인정한 사례.

참조조문 산업재해보상보험법 제21조
같은법 시행령 제47조

참조판례 대법원 1989. 2. 28 87누1078판결
1990. 5. 11 90누28판결
1991. 1. 25 90누4204판결

당 사 자 원고, 피상고인 주식회사 동아출판사
소송대리인 변호사 김세권 외1인
피고, 상고인 서울관악지방노동사무소장

원심판결 서울고등법원 1991. 1. 30. 선고, 90구14586판결

주 문 상고를 기각한다. 상고비용은 피고의 부담으로 한다.

이 유

피고 소송수행자의 상고이유를 본다.

회사의 사업종류가 노동부고시의 산업재해보상보험료율 적용을 위한 사업종류 예

시표 중 어디에 해당하는가를 결정하기 위하여는 그 사업장의 면허나 등록업종뿐만 아니라 현실적인 사업내용과 작업형태들을 두루 참작하여야 하며, 만약 동일한 사업장 내에서 보험료율 적용사업이 2종이상 행하여진다고 인정되는 경우에는 산업재해보상보험법시행령 제47조의 규정에 의하여 그 중 근로자수 및 임금총액 등의 비중이 큰 사업이 어느 것인가를 가려 주된 사업여부를 결정하여야 할 것이지만, 위 2종 이상의 사업에 종사하는 근로자수 및 그 임금총액이 비슷하거나 명확하게 구분하기 곤란한 때에는 당해 사업장의 주된 제품이나 주된 서비스가 무엇인가를 가려서 주된 사업을 결정하여야 할 것이다.

원심이 노동부가 고시한 1989년도 산재보험료율표의 별표 사업종류 예시표 및 경제기획원이 고시한 표준산업분류표상의 출판업과 인쇄, 제본업의 각 설명내용에다가 그 판시와 같은 원고회사의 사업내용과 작업형태 등을 참작하여 원고회사의 사업장내에서 자가출판물 등을 기획, 편집, 인쇄, 제본, 판매하는 출판업과 타인의 주문에 의한 인쇄물의 인쇄, 제본 등을 행하는 인쇄, 제본업이 동시에 행하여지는 관계에 있다고 한 다음, 원고회사의 기구조직과 작업형태 등에 비추어 출판업과 인쇄, 제본업에 종사하는 근로자의 수와 임금총액은 같다고 보고 그 중 매출액의 점유비율이 훨씬 높은 출판활동을 주된 제품 내지 주된 서비스에 해당한다는 취지에서 원고회사의 주된 사업을 출판업으로 인정한 조치는 수긍이 가고 거기에 소론이 지적하는 바와 같은 산업재해보상보험료율 적용의 기준이 되는 업종 구분 및 주된 사업의 인정에 관한 법리를 오해한 위법이 있다고 할 수 없다.

소론이 들고 있는 당원 판례는 이 사건에 적절한 것이 아니다.

논지는 이유없다.

그러므로 상고를 기각하고 상고비용은 패소자의 부담으로 하여 관여법관의 일치된 의견으로 주문과 같이 판결한다.

대법관 이재성(재판장), 이회창, 배만운, 김석수

1-1 서울고등법원 제8특별부, 1991. 1. 30. 판결 90구14586인용

● 보험료추가부과처분취소

참조조문 산업재해보상보험법 제20조
같은법 시행령 제46조, 제47조

당 사 자 원고, 주식회사 동아출판사
피고, 서울관악지방노동사무소장

주 문 피고가 1990년 3월28일 원고에 대하여 한 1989년도 확정 보험료 1천8백23만1천6백40원 및 1990년도 개산보험료 9천8백15만1천3백70원의 추가부과처분을 취소한다. 소송비용은 피고의 부담으로 한다.

이 유

1. 원고회사는 1956년 1월 17일 주식회사 동아출판사라는 이름으로 도서출판업 및 인쇄제본업을 주된 사업목적으로 하여 설립되었다가 1980년 11월 28일 출판업을 주된 사업목적으로 하는 소외 주식회사 동

아출판사를 별도로 설립함과 동시에 그전의 주식회사 동아출판사는 동아인쇄공업주식회사로 상호를 변경하고, 인쇄, 제본업을 주된 사업목적으로 하여 운영해오다가 1988년 12월 31일 별도 설립된 위 주식회사 동아출판사를 흡수 합병하여 현재의 원고회사로 된 사실,

원고회사는 위와 같은 흡수합병에 의하여 산업재해보상보험 적용대상 사업으로서는 타인으로부터 출판물과 인쇄물의 조판, 제판, 인쇄, 제본을 도급 받아 그 대가를 받는 형태인 종래의 인쇄, 제본업외에 스스로 출판물의 발행인으로서 출판, 기획에서부터 편집, 조판, 제판, 인쇄 제본 및 판매에 이르기까지 일관공정에 의하여 도서를 출판, 판매하는 형태인 출판업을 함께 영위하게 되고, 산업재해보상보험 적용대상이 아닌 사업으로서는 용지도매업, 상품도매업, 광고대행업을 영위하게 된 사실,

원고회사의 기구조직은 1989년 1월 1일 이후 편집공정, 출판영업부분, 인쇄영업부문, 일반관리부문(총무부, 경리부, 기획부, 구매부), 제조관리부분(관리부, 생산총괄부), 생산공정(조판, 제판, 인쇄, 제본과정)으로 구성되어 있고 구체적으로 서적 등이 출판되기까지의 일관공정을 순서대로 살펴보면 편집, 수주에서 시작하여 조판, 제판을 거쳐 인쇄, 제본을 마친 후 출고 및 판매하는 과정의 연속이 되고, 원고회사의 1989년도 매출총액은 약 8백48억원인데 그 중 출판수입이 약 5백28억원으로 점유비율이 약 62%에 달하고 인쇄, 제본수입은 약 1백96억원으로 점유비율이 약 23%를 점하는 사실,

원고회사는 위와 같은 흡수합병에 의하여 출판업이 주된 사업종류가 되었다는 이유에서 산재보험적용사업 종류를 합병전의 인쇄, 제본업에서 출판업으로 변경하고자 1989년 2월18일 피고에게 산재보험관계 변경사항 승인신청을 하였으나 같은 달 23일 피고로부터 원고회사는 외부수주도 하고 있을 뿐 아니라 인쇄제본직 종사자수가 편집직 종사자수보다 많으므로 인쇄, 제본업을 주된 사업으로 보아야 한다는 이유로 불승인 통보를 받은 사실,

위 불승인통보에 따라 원고회사는 일단 1989년도 개산보험료를 인쇄, 제본업종 개별실적요율인 1천분의 11.05로 계산한 1억2천9백32만9천2백80원으로 보고하고 위 금액을 1989년 2월28일부터 같은 해 9월30일까지 분할 납부하였으나 1990년 2월20일 피고에게 보험료보고서를 제출하면서 원고회사의 주된 사업종류는 출판업이라는 전제하에 출판보험료율인 1천분의 2를 적용하여 위 1989년도 확정보험료를 2천6백70만7천8백60원으로, 1990년도 개산보험료를 지급예정임금총액인 1백40억2천1백62만5천4백30원에 1천분의2를 곱한 2천8백4만3천2백50원으로 각 보고하자, 피고는 원고회사의 주된 사업종류는 인쇄, 제본업이라는 전제하에 인쇄, 제본업보험료율인 1천분의 11.05를 적용하여 1989년도 확정보험료를 1억4천7백56만9백20원으로 산출하고 1990년도 인쇄, 제본업종 개발실적요율인 1천분의 9를 곱한 1억2천6백19만4천6백20원으로 산출한 후, 위 각 산출금액과 원고가 보고한 금액과의 차액에 대하여 1990년 3월28일 원고에게 1989년도 확정보험료로 1천8백23만1천6백40원(1억4천7백56만9백20원－억2천9백32만9천2백80원), 1990년도 개산보험료로 9천8백15만1천3백70원 (1억2천6백19만4천6백20원－2천8백

4만3천2백50원)을 추가 징수한다는 통지(이하 이 사건 처분이라 한다)를 한 사실 등은 당사자 사이에 다툼이 없다.

2. 피고는 원고회사가 한 사업장내에 출판업과 인쇄, 제본업 등 2가지 사업종류가 공존하는 사업체인데 원고회사의 총 근로자 1천5백명 중 1990년 3월25일 현재의 각 부문별 근로자의 숫자가 출판직 3백45명 인쇄, 제본직 7백72명 공동부분 1백70명 일용근로자 2백13명이고 일용근로자도 대부분 인쇄, 제본분야에 종사하고 있어 인쇄, 제본직 근로자의 수가 출판직 근로자의 수보다 훨씬 많으므로 원고 회사가 영위하는 사업으로서는 인쇄, 제본업이 주된 사업이라고 보아야 하고 따라서 인쇄, 제본업보험료율을 적용하여 한 이 사건 처분은 적법하다고 주장함에 대하여 원고는, 원고 회사가 스스로 출판물의 발행인으로서 출판기획에서부터 편집, 조판, 제판, 인쇄, 제본 및 판매에 이르기까지 일관공정에 의하여 도서를 출판 판매하는 사업을 영위하는 사업체인 이상 원고회사의 출판물을 원고회사가 보유한 인쇄, 제본시설을 이용하는 인쇄, 제본하는 것은 당연히 도서출판이라는 작업공정중의 1단계로서 출판업이라는 사업목적에 흡수되는 것일 뿐 타인으로부터 출판물과 인쇄물의 조판, 제판, 인쇄, 제본을 도급 받아 그 대가를 받고 인쇄, 제본을 하는 형태인 별개의 인쇄제본업을 구성하는 것으로 볼 수 없고, 다만 원고회사가 외부로부터 인쇄, 제본의 주문을 받아 타인의 출판물 등을 자신의 인쇄, 제본시설을 이용하여 인쇄, 제본한 부분은 인쇄, 제본업을 영위한 것으로 볼 수 있으나 이 경우에도 매출액의 점유비율 등의 요소에 의하여 비교해 볼 때 원고회사의 자체출판물을 인쇄 제본하는 것이 외부수주분에 비하여 월등히 큰 비중을 차지하므로 원고회사의 주된 사업은 출판업이라 할 것이고 가사근로자의 재해율에 주안점을 두어 각 작업과정에 종사하고 있는 근로자의 숫자를 기준으로 하여 사업종류를 분류한다 하더라도 원고회사의 근로자들중 편집, 출판과정에 종사하는 근로자의 수보다 많으니 어느모로 보나 원고회사의 주된 사업종류는 출판업으로 보아야 한다고 주장한다.

그러므로 살피건대, 산업재해보상보험법 제20조는 "보험료는 보험가입자가 경영하는 사업의 임금총액에 동종의 사업에 적용되는 보험료율을 승한 금액으로 한다"라고 하고 같은 제21조는 위 보험료율은 노동부장관이 여러 등급으로 구분하여 정하도록 하고 있으며 동법 시행령 제46조는 "노동부장관은 법 제21조의 규정에 의하여 보험료율을 결정한 때에는 지체없이 그 적용대상사업의 종류와 내용을 명시하여 이를 고시하여야 한다"라고 하고 같은 제47조는 "동일한 사업장내에서 제46조의 고시에 의한 보험료율 적용사업이 2종이상 행하여지는 경우에는 그중 근로자수 및 임금총액 등의 비중이 큰 사업(이하 주된 사업이라 한다)에 적용되는 보험료율을 적용한다(이하 생략)"라고 각 규정하고 있으며 위 시행령 제46조의 규정에 따라 노동부장관이 1988년 12월21일 노동부고시 제88-61호로 고시한 1989년도 산재보험료율표의 별표 사업종류 예시표는 모든 산재보험적용대상사업을 광업, 제조업, 전기, 가스 및 수도사업, 건설업, 운수, 창고 및 통신업 기타의 사업으로 크게 나눈 후 적용사업단위의 주된 최종제품, 완성품, 제공되는 서비스의 내용에 의하여(예외적으로 재해율에 격차가 있는 것은 그 작업공정 등의 실태를 기초로 하여) 다시 이를 총 59개 사업종류로 세분하고 있는데, 사업세목 206호는 신문, 화폐발행 및 출판업으로 적용될 보험료율은 1천분의2이고 그 중 세목 206-03 출판업은 서적, 교과서, 잡지, 사전, 팜플렛, 정기간행물 등의 출판을 행하는 사업이라고 정의되어 있고, 사업세목 207호는 인쇄 또는 제본업으로 적용될 보험료율은 1천분의13이며 그중 세목 207-01 인쇄업은 요철판인쇄, 평판인쇄, 금속인쇄, 목재인쇄, 유리인쇄, 표지인쇄 등 인쇄기계를 이용하는 인쇄업 및 일관작업에 의한 제본까지를 행하는 사업으로 정의되어 있으며, 경제기획원의 한국표준산업분류표는 출판업이란 인쇄시설의 유무를 불문하고 잡지, 서적 등의 출판물을 직접 생산하는 직업활동으로, 상업인쇄업이란 출판업자, 인쇄물제조업자, 산업종사자 또는 일반 대중의 주문에 따른 수수료 또는 계약에 의거 각종 출판물 및 인쇄물을 인쇄하는 산업활동으로 각 분류하고 있는 사실 등은 당사자 사이에 다툼이 없다.

위 각 법령과 노동부고시의 각 규정 및 위 표준산업분류표의 내용과 규정취지를 종합해 보면, 서적, 교과서, 잡지, 사전, 팜플렛, 정기간행물 등의 출판을 행하는 사업은 자가인쇄 제본시설의 유무에 상관없이 산재보험료율 적용에 있어서는 출판업으로 분류되고 그중 자가인쇄시설을 갖추고 있는 출판업자가 자신의 인쇄, 제본설비를 이용하여 자신이 기획 편집한 출판물을 직접 생산할 경우에는 그 생산공정 중 인쇄, 제본과정은 편집과정과 분리되어 별도의 인쇄, 제본사업을 구성하는 것이 아니라 편집과정 등과 함께 하나의 출판과정에 흡수되는 것이며, 위 산재보험료율표상의 인쇄업이란 이와 같이 출판업자가 자신의 출판물을 직접 인쇄, 제본을 도급받아 그 대가를 받고 인쇄, 제본작업을 수행하는 형태의 사업만을 의미한다 할 것이나, 다만 자가인쇄시설을 갖춘 출판업자가 타인으로부터 자신의 출판물이 아닌 서적 등의 인쇄, 제본을 주문받아 대가를 받고 인쇄, 제본 작업을 수행할 때에는 그 외부수주분에 대하여는 인쇄, 제본업을 영위한다고 볼 것이고, 이러한 경우에는 한 사업장내에서 출판업과 인쇄, 제본업이 동시에 행하여지는 관계에 있으므로 위 시행령 제47조의 규정에 의하여 주된 사업여부를 결정하여야 하는 것이고 이 경우 근로자의 수와 임금총액은 같으므로 매출액의 점유비율이 그 구분의 기준이 되는 것으로 해석할 것이다.

이 사건에서 보면, 원고회사가 스스로 출판물의 발행인으로서 출판기획에서부터 편집, 조판, 제판, 인쇄, 제본 및 판매에 이르기까지 일관공정에 의하여 도서를 출판하는 사업체이므로 도서출판과정에 있어서 원고회사의 자가인쇄제본 시설을 이용하여 자신의 출판물을 인쇄, 제본하는 것은 전체적인 도서출판과정에 흡수되어 전체생산공정 중 편집과정에 종사하는 근로자의 수가 인쇄, 제본과정에 종사하는 근로자의 수보다 많은가 여부에 상관없이 출판업만을 영위하는 것으로 되고, 다만 원고회사가 비수기에 외부로부터 타인의 출판물이나 인쇄물의 인쇄, 제본작업을 수주하여 대가를 받고 인쇄, 제본작업을 수행하는 것은 그 한도에서 인쇄, 제본업을 별도로 영위하는 것이라 볼 것이지만 이 경우에도 외부수주분의 총매출액 중 점유비율이 자기출판물의 인쇄, 제본분에 비하여 월등히 작은 사실은 당사자 사이에 다툼이 없으므로 역시 원고회사는 출판업을 주된 사업으로 하고 있다고 볼 것이다.

3. 결국 원고회사가 인쇄, 제본업을 주된 사업으로 하고 있음을 전제로 출판업에 적용될 보험료율을 넘는 보험료율을 적용하여 한 피고의 이 사건 처분은 위법하므로 그 취소를 구하는 원고의 이 사건 청구는 이유있어 인용하고 소송비용은 패소한 피고의 부담으로 하여 주문과 같이 판결한다.

판사 가재환(재판장), 송진현, 윤진영

● 부당이득금반환

대법원 제3부. 1991.3.8 판결 90다7180 상고기각

판 시 사 항

◉ 산업재해보상보험법 제4조 소정의 강제가입보험의 적용 여부를 판단하는 기준

◉ 항만 내에서 본선 또는 선원이 필요로 하는 선용품, 주, 부식 기타물품의 공급을 하는 물품공급업이 한국표준산업분류표상 도, 소매업에 해당하는지 여부(적극)

◉ 위 "나"항의 사업을 위 법 소정의 강제보험가입대상으로 보고한 산업재해보상보험료 부과징수처분이 그 하자가 중대하고도 명백하여 당연무효인지 여부(소극)

판 결 요 지

가. 어느 사업이 산업재해보상보험법 제4조 소정의 강제가입보험의 대상이냐 또는 임의가입보험의 대상이냐를 결정함에 있어서는 위 법 제4조, 동 시행령 제2조 및 경제기획원장관이 고시한 한국표준산업분류표를 기준으로 결정하여야 할 것이며, 산업재해보상보험법 제21조, 동 시행령 제46조 및 이에 따른 노동부장관의 고시는 위 법에 따른 보험이 위 법 제4조 본문, 제6조 제1항의 강제가입보험이든, 위 법 제4조 단서, 제6조 제2항의 임의가입보험이든 이를 가리지 아니하고 보험에 가입된 모든 사업자에 대하여 사업의 종류에 따른 보험료율을 결정하는데 관한 것이므로 이를 그 기준으로 삼을 수 없다.

나. 산업재해보상보험법시행령 제2조 제1항 제2호는 도매업, 소매업을 위법 제4조 단서의 규정에 의하여 법의 적용을 받지 않는 사업 또는 사업장의 하나로 규정하고 있고 한국표준산업분류표는 산업을 대분류 1내지 9와 대부류 0으로 하고, 대분류 6은 도, 소매 및 음식, 숙박업으로 하면서 도매업은 구입한 새로운 상품 또는 중고품을 변형하지 않고 소매업자, 산업 및 상업사용자, 단체, 기관 및 전문적인 사용자 또는 다른 도매업자에게 재판매하는 산업활동을, 소매업은 개인 또는 가정소비용 상품을 일반대중에게 재판매하는 산업활동을 각 말한다고 설명하고 있는 바, 항만내에서 본선 또는 선원이 필요로 하는 선용품, 주, 부식 기타 물품의 공급을 하는 물품공급업은 위 규정과 아울러 볼 때 위 한국표준분류표상 도, 소매업에 해당한다.

다. 위 "나"항의 사업을 위 법

소정의 강제가입대상으로 보고한 산업재해보상보험료 부과징수처분은 처분의 대상인 사실관계를 오인한 데 불과하여 취소사유에 해당함은 변론으로 하고 그 하자가 중대하고도 명백하여 당연무효라고는 할 수 없다.

참조조문 가. 나. 산업재해보상보험법 제4조, 제6조
같은법 시행령 제2조
다. 행정소송법 제19조

참조판례 대법원 1986. 1. 21. 85누307판결
1986. 12. 9. 86누518판결

당 사 자 원고, 상고인 한일선용품주식회사 외6인
원고들 소송대리인 변호사 유정동
피고, 피상고인 대한민국

원심판결 부산고등법원 1990. 8. 22. 89나10647판결

주 문 상고를 모두 기각한다. 상고비용은 원고들의 부담으로 한다.

이 유

원고들 소송대리인의 상고이유에 대하여 원심판결 이유에 의하면, 원심은 증거에 의하여 원고들은 회사 정관 상 그 목적이 선용품판매업, 선용품공급업 기타 부대사업일체 등인데, 항만운송사업법 제26조의3에 의하여 부산지방해운항만청장에게 항만운송부대사업자로 등록한 후(원심이 부대사업허가를 받았다고 판시하였으나 항만운송사업법 제26조의3 제1항, 제2항 동 시행령 제3조의3 제1항 제1호, 제3조의2 제2호 및 갑 제1호증의1 내지 7의 기재에 의하면 원고들의 항만운송부대사업은 허가대상이 아니라 등록대상이고 또 실제로 등록으로 되어있다) 부산항 등 항만내에서 본선 또는 선원이 필요로 하는 선용품, 주·부식 기타 물품의 공급을 하는 국내물품공급업 등을 그 사업의 주된 목적으로 하는 사실, 원고들이 피고에게 원심 별지목록 기재의 산업재해보상보험료를 납부한 사실을 인정하고는 원고들이 부당이득에 관한 주장 즉 원고들의 사업은 경제기획원장관이 고시한 한국표준사업분류표 대분류 6 소정의 도매업, 소매업에 해당되어 산업재해보상보험법 제4조 단서, 동 시행령 제2조 제1항 제2호에 의하여 당연히 산업재해보상보험법에 가입하게 되어있는 사업이 아님에도 피고가 원고들의 사업을 위 제4조 본문 소정의 당연히 산업재해보상보험법에 가입하게 되어 있는 사업이라고 단정하고 강제로 위 보험료를 징수하였는바, 피고의 이러한 부과징수처분은 중대하고 명백한 하자가 있는 당연무효의 행정처분이라 할 것이므로 피고는 원고들에게 부당이득한 위 보험료 상당과 그 지연손해금을 지급하여야한다는 주장에 대하여, 산업재해보상보험법(1989. 4. 1 법률 제4111호로 개정되기 전의 것) 제4조, 제6조 제1항에 의하면, 모든 사업의 사업주는 당연히 산업재해보상보험의 보험가입자가 되는 것이나 다만 사업의 위험률, 규모 및 사업장소 등을 참작하여 대통령령으로 정하는 사업은 당연 보험가입자에서 제외하고 있으며, 이에 따라 동법 시행령 제2조 제1항은 제외 대상사업을 열거하면서 제2호로 도매업, 소매업을 규정하였고, 위 제2조 제2항은 제외대상 사업의 범위에 관하여 위 시행령에 특별한 규정이 있는 것을 제외하고는 경제기획원장관이 고시한 한국표준산업분류표에 의한다고 규정하였는바, 한편 위 법 제21조, 동 시행령 제46조에 의하면, 노동부장관은 보험가

입사업체에 대한 보험료율을 정하게 되어 있고, 이에 따른 노동부장관의 산업재해보상보험료율 고시 (노동부고시 제85호~제47호)에 의하면, 분류표 802 항만운송부대사업 항에 항만운수사업법 제2조 제4항, 동 시행령 제3조의2에 의한 항만운송부대사업을 산업재해보험 가입사업체로 예시하고 있으며 위 시행령 제3조의2는 항만운송부대사업의 업종내용을 규정하면서 2호에 규정한 물품공급업을 본선 또는 선원이 필요로 하는 선용품, 주·부식 기타의 물품의 공급이 선원의 의류 등을 세탁하는 사업이라고 규정하고 있는 사정에 비추어 볼 때, 위에서 본 원고들의 사업은 산업재해보상보험법시행령 제2조 제1항 제2호에 규정된 당연보험가입에서 제외되는 단순한 도매업, 소매업에 해당된다고 쉽사리 단정하기 어렵고, 오히려 그와 같은 단순한 도, 소매업에는 해당되지 않는다고 보여지므로 결국 피고가 원고들이 위 보험의 당연보험가입자임을 전제로 하여 원고들에 대하여 한 위 보험료부과징수처분에 중대하고도 명백한 위법이 있어 당연무효로 되는 것은 아니라 하여 원고들의 청구를 모두 기각하였다.

그러나 산업재해보상보험법 제21조, 동 시행령 제46조 및 이에 따른 노동부장관의 고시는 위 법에 따른 보험이 위 법 제4조 본문 제6조 제1항의 강제가입 보험이든, 위 법 제4조 단서, 제6조 제2항의 임의가입 보험이든 이를 가리지 아니하고 보험에 가입된 모든 사업장에 대하여 사업의 종류에 따른 보험료율을 결정하는데 관한 것이므로 이로써 어느 사업이 강제가입보험의 대상이냐 임의가입보험의 대상이냐를 결정하는 기준으로 삼을 수 없고, 그것은 오로지 위 법 제4조, 동 시행령 제2조 그리고 경제기획원장관이 고시한 한국표준산업분류표에 의하여 결정하여야 하는 것이다.

그런데 산업재해보상보험법시행령 제2조 제1항 제2호는 도매업, 소매업을 법제4조 단서의 규정에 의하여 법의 적용을 받지 아니하는, 이 사건의 경우로 말하면 법 제6조제1항의 강제가입 보험대상이 아닌 사업 또는 사업장의 하나로 규정하고 있고, 한국표준산업분류표(갑 제4호증, 제12호증)에 의하면, 산업을 대분류 1내지 9와 대분류 0으로 하고, 대분류 6은 도·소매 및 음식, 숙박업으로 하면서 도매업은 구입한 새로운 상품 또는 중고품을 변형하지 않고 소매업자, 산업 및 상업사용자, 단체, 기관 및 전문적인 사용자 또는 다른 도매업자에게 재판매하는 산업활동을, 소매업은 개인 또는 가정소비용 상품을 일반대중에게 재판매하는 산업활동을 각 말한다고 설명하고 있는바, 원심이 인정한 바에 의하면, 원고들의 사업이 항만 내에서 본선 또는 선원이 필요로 하는 선용품, 부식 기타 물품의 공급을 하는 물품공급업이라는 것이므로 위 규정과 아울러 볼 때, 원고들의 이 사건 물품공급의 항만운송부대사업은 위 한국표준산업분류표상 도, 소매업에 해당한다고 하여야 할 것이다. 따라서 원심이 원고들의 이 사건 항만운송부대사업이 산업재해보상보험법의 강제적용사업에서 제외되는 동법 시행령 제2조 제1항 제2호의 도·소매업에 해당되지 않는다고 판단한 것은 잘못이라 아니할 수 없다. 그러나 어느 행정처분이 당연무효로 되기 위하여는 그 하자가 중대하고도 명백하여야 하는바, 앞에서 본 사실관계에 의하면 이 사건 산업재해보상보험료 부과징수처분은 단지 처분의 대상인 사실관계를 오인한데 불과하여 취소사유에 해당함은 별론으로 하고 그 하자가 중대하고도 명백하여 당연무효라고는 할 수 없다 할 것이다. 그리하여 원고들의 청구를 배척한 원심의 결론은 옳으므로 논지는 채택할 수 없다.

이상의 이유로 상고를 모두 기각하고 상고비용은 패소자의 부담으로 하여 관여법관의 일치된 의견으로 주문과 같이 판결한다.

대법관 김상원(재판장), 박우동, 배석, 윤영철

● 산업재해보상보험법상의 사업종류변경불승인처분취소 청구사건

서울고법 제2특별부. 1989. 10. 26. 판결 89구9878 각하

판 시 사 항

◉ 산업재해보상보험법상의 사업종류 변경신청에 대한 불승인처분이 항고소송의 대상이 되는 행정처분인지 여부

판 결 요 지

가. 산업재해보상보험법 제32조, 같은법 시행령 제67조는 보험가입자에게 사업종류의 변경에 대한 신청권을 부여한 것으로는 보여지지 아니하고 달리 보험가입자가 보험요율 적용대상 사업종류의 변경에 대하여 어떠한 신청을 할 수 있다는 규정이 없을 뿐 아니라 같은 법 제23조, 제29조의 규정에 의하면 보험가입자는 노동부장관이 소정의 절차에 따라 산정한 개산보험료 또는 차액의 납부에 관한 징수통지에 불복하여 사업종류의 변경여부에 관하여 다툴 수 있다 할 것이므로 사업종류의 변경불승인 그 자체만으로는 보험가입자의 권리의무에 직접 영향을 미친다고 볼 수 없으니 보험가입자의 사업종류 변경신청에 대한 불승인처분이 항고소송의 대상이 되는 행정처분이라고 볼 수 없다.

참조조문 산업재해보상보험법 제23조, 제29조, 제32조
산업재해보상보험법시행령 제67조
행정소송법 제2조 제1항

당 사 자 원고, 주식회사 동아출판사
피고 서울관악지방노동사무소장

주 문 1. 이 사건 소를 각하한다.
2. 소송비용은 원고의 부담으로 한다.

청구취지

피고가 1989. 2. 23. 원고에 대하여 한 산업재해보상보험법상의 사업종류를 "인쇄 또는 제본업"에서 출판업으로 산업재해보상보험관계 변경사항 승인신청에 대한 불승인처분은 이를 취소한다.
소송비용은 피고의 부담으로 한다는 판결

이 유

원고는 1988. 12. 31. 주식회사 동아출판사를 흡수합병하여 상호를 동아 인쇄공업주식회사에서 주식회사 동아출판사로 변경한 회사로서 흡수합병에 의하여 출판기획부터 편집, 조판, 인쇄, 제본 등 일괄공정에 의해 도서를 출판하게 되었으므로 산업재해보상보험 적용사업종류도 "인쇄 또는 제본업"에서 "출판업"으로 변경되는 것이

타당하다 하여 1989. 2. 18. 산업재해보상보험관계 사업종류변경신청을 하였던 바, 피고는 1989. 2. 23. 원고회사가 외부수주인쇄도 하고 있을 뿐만 아니라 인쇄직 종사자수가 편집직 종사자수보다 많다는 이유로 기존 사업종류인 "인쇄 또는 제본업"이 타당하다 하여 그 신청을 불승인한 사실은 당사자 사이에 다툼이 없다.

피고는 위 처분사유를 들어 위 불승인처분이 적법하다고 주장함에 대하여 원고는 위 처분이 위법하다고 다투므로 직권으로 피고의 위 불승인행위가 항고소송의 대상이 되는 행정처분인지의 여부에 관하여 살피건대 행정청이 국민으로부터 어떤 신청을 받고서 그 신청에 따르는 내용의 행위를 하여 그에 대한 만족을 주지 아니하고 신청된 내용의 행위를 하지 않을 뜻을 표시하는 이른바 거부처분도 행정처분의 일종으로서 항고소송의 대상이 되는 것이지만 이 경우 그 거부행위가 행정처분이 된다고 하기 위하여는 국민이 행정청에 대하여 그 신청에 따른 행정행위를 해줄 것을 요구할 수 있는 법규상 또는 조리상의 권리가 있어야 한다고 할 것인데 산업재해보상보험법 제20조는 보험료는 보험가입자가 경영하는 사업의 임금총액에 동종의 사업에 적용되는 보험료율을 곱한 금액으로 한다고 규정하고 그 제21조, 제22조에 보험료율의 결정방법을 정하고 있으며 같은법 시행령 제46조는 노동부장관은 법 제21조의 규정에 의하여 보험료율을 결정한 때에는 지체없이 그 적용대상사업의 종류와 내용을 명시하여 이를 고시하여 한다고 규정하고 같은 령 제47조 본문은 동일한 사업장내에서 제46조의 고시에 의한 보험료율 적용사업이 2종이상 행하여지는 경우에는 그 중 근로자수 및 임금총액 등의 비중이 큰 사업에 적용되는 보험료율을 적용한다고 규정하고 있을 뿐 보험료율 적용대상 사업종류의 변경에 대하여 어떤 신청을 할 수 있음에 관한 규정이 없고 다만 위 같은 법 제32조는 노동부장관은 필요하다고 인정할 때에는 대통령령이 정하는 바에 의하여 이 법의 적용을 받는 사업의 사용자 또는 당해사업에 종사하는 근로자 및 보험사무조합에게 보험사업에 관하여 필요한 보고 또는 관계서류의 제출을 명할 수 있다고 규정하는 한편 이에 따른 위 같은 법 시행령 제67조는 법 제32조의 규정에 의하여 보험가입자는 다음 각호의 1에 해당하는 사항에 변경이 생긴 때에는 노동부령이 정하는 바에 의하여 지체없이 노동부장관에게 신고하여야 한다고 하고 그 각호로서 보험가입자의 성명 및 주소, 사업의 명칭 및 사업장의 소재지, 사업의 종류, 건설공사 또는 벌목업의 사업의 기간 등을 들고 있으나 이는 규정취지에 비추어 볼 때 보험가입자에게 사업의 종류의 변경에 대한 신청권을 부여한 것으로는 보여지지 아니할 뿐만 아니라 위 같은 법 제23조, 제29조의 규정에 의하면 보험가입자는 노동부장관이 소정의 절차에 따라 산정한 개산보험료 또는 차액의 납부에 관한 징수통지에 불복하여 사업종류의 변경여부 역시 다툴수 있다할 것이므로 사업종류의 변경불승인 그 자체만으로는 보험가입자의 권리의무에 직접 영향을 미친다고 볼 수도 없으니 피고가 원고의 사업종류의 변경신청을 불허한 행위는 항고소송의 대상이 되는 행정처분이라고 볼 수 없다 할 것이다.

그렇다면 피고의 1989. 2. 18. 자 사업종류변경불승인처분이 행정처분임을 전제로 한 원고의 이 소 청구는 부적법하여 각하하고 소송비용은 패소자인 원고의 부담으로 하기로 하여 주문과 같다 판결한다.

판사 김연호(재판장), 서태영, 홍성무

● 산업재해보상보험료부과처분취소

대법원 제3부. 1991. 1. 25. 판결 90누4204 상고기각

판 시 사 항

◉ 노동부장관 고시의 산업재해보상보험료율 적용을 위한 사업종류의 결정기준

판 결 요 지

회사의 사업종류가 노동부장관 고시의 산업재해보상보험료율 적용을 위한 사업종류 예시표 중 어디에 해당하는가를 결정하기 위하여는 그 사업장의 면허나 등록업종뿐만 아니라 현실적인 사업내용과 작업형태를 두루 참작하여야만 하고, 2종 이상의 사업이 같이 행하여지는 경우에는 근로자수 및 임금총액 등의 비중이 큰 사업이 어느 사업인가를 가려보고 나서 이를 정하여야 할 것이다.

참조조문 산업재해보상보험법 제21조 같은법 시행령 제46조

참조판례 대법원 1986. 12. 9. 86누518판결 1989. 2. 28. 87누1078판결 1990. 5. 11. 90누28판결

당 사 자 원고, 상고인 주식회사 한영엔지니어링
소송대리인 변호사 유병갑
피고, 피상고인 대구지방노동청장

원심판결 대구고등법원 1990. 4. 25. 89구214 판결

주 문 상고를 기각한다. 상고비용은 원고 부담으로 한다.

이 유

상고이유를 판단한다.

회사의 사업종류가 노동부장관 고시의 산업재해보상보험료율 적용을 위한 사업종류 예시표 중 어디에 해당하는가를 결정하기 위하여는 그 사업장의 면허나 등록업종뿐만 아니라 현실적인 사업내용과 작업형태를 두루 참작하여야만 하고 2종 이상의 사업이 같이 행하여지는 경우에는 근로자수 및 임금총액 등의 비중이 큰 사업이 어느 사업인가를 가려보고 나서 이를 정하여야 할 것이다(당원 1986. 12. 9 선고, 86누518 판결 : 1989. 2. 28. 선고, 89누1078판결 : 1990. 5. 11선고, 90누28판결 참조).

원심판결 이유에 의하면, 원심은 원고회사가 1984. 10. 13에 설립등기를 마친 후 시작한 사업활동 특히 이 사건 산업재해보상보험료의 부과대상기간인 1987년도와 1988년도의 사업활동 내용을 원심판시와 같이 구체적으로 인정한 다음 원고회사의 사업종류는 노동부장관이 고시한 건설업 중 기계설비공사(1987년도) 또는 일반건설공사(1988년도)에 해당한다고 판시하고 원고회사의 사업종류가 제조업에 해당한다는 원고의 주장을 배척하였는바 원심판결의 이유설시를 기록과 대조하여 살펴보면 원심의 사실인정과 법률판단은 수긍할 수 있고 원심판결에 소론과 같은 채증법칙위반으로 인한 사실오인이나 법리오해의 위법이 있다 할 수 없다.

상고논지는 모두 받아들일 수 없는 것이다.

그러므로 상고를 기각하고 상고비용은 패소자에게 부담시키기로 관여법관의 의견이 일치되어 주문과 같이 판결한다.

대법관 김용준(재판장), 박우동, 이재성, 윤영철

● 산업재해보상보험료부과처분취소

대법원 제3부, 1990. 5. 11. 판결 90누28 상고기각

판 시 사 항

◉ 노동부장관 고시의 산업재해보상보험료율 적용을 위한 사업종류의 결정기준

판 결 요 지

회사의 사업종류가 산업재해보상보험법 제21조, 같은법 시행령 제46조에 의한 노동부장관 고시의 산업재해보상보험료율표의 사업종류 예시표 중 어느 사업에 해당하는지의 여부를 결정함에 있어서는 그 사업목적, 사업장의 등록업종뿐만 아니라 현실적이 사업내용과 작업형태를 두루 참작하여야 할 것이다.

참조조문 산업재해보상보험법 제21조 같은법 시행령 제46조

참조판례 대법원 1986. 12. 9. 86누518판결
1989. 2. 28. 87누1078판결

당 사 자 원고, 피상고인 거성전기주식회사
소송대리인 변호사 이정우
피고, 상고인 구미지방노동사무소장

원심판결 대구고등법원 1989. 11. 22. 88구903 판결

주　　문 상고를 기각한다. 상고비용은 원고 부담으로 한다.

이　　유

상고이유를 본다.

원고회사의 사업종류가 산업재해보상보험법 제21조, 같은 법 시행령 제46조에 의한 노동부장관 고시의 산업재해보상보험료율표의 사업종류 예시표 중 전기기계기구제조업 또는 금속제품제조업 내지 금속가공업의 어느 사업에 해당하는지의 여부를 결정함에 있어서는 그 사업목적, 사업장의 등록업종뿐만 아니라 현실적인 사업내용과 작업형태를 두루 참작하여야 할 것인 바(당원 1986. 12. 9. 선고, 86누518 판결 : 1989. 2. 28. 선고, 87누1078 판결 참조),

원심이 원고회사가 제조하여 소외 주식회사 금성, 삼성, 대우에게 납품하는 동모세관은 위 소외회사들의 주문에 따라 그들이 요구하는 규격에 맞추어 원심판시와 같은 작업과정을 거쳐 제조하며, 위 소외 회사들이 이들을 납품 받아 에어콘과 냉장고의 냉매 회로용으로만 사용하는 가정용 전기기계기구의 부분품이므로 위와 같은 제조과정과 제품의 용도에 비추어 원고회사가 동모세관을 제조생산하는 것은 노동부고시 산업재해보상보험료율표의 사업종류 예시표상 가정용 전기기계기구부분품 제조업으로 분류하여야 한다고 한 조치에 소론과 같은 채증법칙위반이나 법리오해의 위법은 없다.

원심은 위에서 본 바와 같은 사정에 원고회사가 그 재해율이 낮은 점을 참고로 하여

사업종류를 전기계기구부분품 제조업으로 분류한 것이지 재해율이 낮다는 사유만으로 그렇게 한 것이 아님은 원심판시 내용에 의하여 명백하므로 이 부분의 상고논지 또한 이유없다.

그러므로 상고를 기각하고, 상고비용은 피고의 부담으로 하여 관여법관의 일치된 의견으로 주문과 같이 판결한다.

대법관 박우동(재판장), 이재성, 윤영철, 김용준

● 산업재해보상보험료부과처분취소 청구사건

대구고법 특별부. 1990. 4. 25. 판결 89구214 기각

판 시 사 항

◉ 회전원판을 제조하여 공사현장으로 운반한 다음 지지대, 샤프트 등을 조립하고 그 회전원판이 가동할 수 있도록 기계장치나 전기공사 등을 하는 사업이 산업재해보상보험료율 적용을 위한 사업종류 예시표의 건설업 중 기계설비공사업 또는 일반건설공사업에 해당한다고 본 사례

판 결 요 지

회전원판접촉법에 의한 수질오염방지시설업을 경여하고 원고회사의 작업내용이 도급받은 공사의 규모에 따라 플라스틱을 재료로 필요한 양만큼의 회전원판을 제조하여 이를 폐수처리장 시설공사현장으로 운반한 다음 완성된 집수조등 공사현장에서 회전원판에 지지대, 샤프트 등을 조립하고 그 가동을 위하여 부대공사인 기계장치나 전기공사 등을 하는 것이고 회전원판 제조공장의 상시 근로자는 원고회사의 종업원 20여명 중 생산계장 1명과 생산직 근로자 3명으로서 필요할 때마다 일용근로자로 보충하여 왔으며 회전원판 제작을 위한 근로자 수나 임금총액보다도 회전원판 설치 등을 위하여 공사현장에서 사용된 근로자 수나 임금총액이 훨씬 많다면 비록 원고회사의 사업자 등록상 사업의 종류가 건설업과 제조업의 2가지로 되어 있고 공사비 총액 중 회전원판 제작비가 약 80퍼센트를 차지한다 하더라도 원고회사는 건설업법 제5조, 같은법 시행령 제8조 소정의 전문건설업의 일종인 하수처리기기 설비공사를 주된 업으로 하는 건설업자로서 산업재해보상보험료율 적용을 위한 사업종류예시표의 건설업 중 기계설비공사업 또는 일반건설공사업에 해당하는 것으로 보아야 하고 이를 플라스틱가공제품제조업에 해당하는 것으로 볼 수 없다.

참조조문 산업재해보상보험법 제21조, 동법시행령 제46조, 제47조
건설업법 제5조, 같은법 시행령 제8조

참조판례 대법원 1986. 12. 9. 86누518판결
1989. 2. 28. 87누1078판결

당 사 자 원고 주식회사 한영엔지니어링
피고 대구지방노동청장

주 문 원고의 청구를 기각한다. 소송비용은 원고의 부담으로 한다.

청구취지

피고가 1988. 7. 19. 원고에 대하여 한 1987년도 확정보험료 추가분 금 5, 857, 450원의 부과처분 중 금 2, 224, 270원, 가산금 585, 740원의 부과처분 중 금 222, 420원, 1988년도 개산보험료 추가분 금 4, 792, 450원의 부과처분 중 금 2, 197, 330원을 각 초과하는 부분을 각 취소한다.

소송비용은 피고의 부담으로 한다라는 판결

이 유

1. 산업재해보상보험법의 적용을 받는 사업장인 원고법인이 납부할 산업재해보상보험료에 관하여 원고가 1987년분 개산보험료로 금 2, 706, 460원, 1988년분 개산보험료로 금 2, 214, 380원만을 각 납부하자 피고는 1988. 7. 19. 에 이르러 원고가 경영하는 사업이 위 같은법 시행령 제46조에 의거한 노동부장관의 산업재해보상보험료율 고시(1987년도에 적용할 고시는 1987. 12. 21. 노동부고시 제87-87호이다)에 의하여 1987년분은 사업종류를 건설업 중 기계장치공사(사업종류번호 73)로 사업의 세목은 각종기계 및 기구의 조립 및 부설공사(사업세목번호 731)로 보고 기계장치공사의 보험료율 33/100을 적용하여 원고에게 1987년도 확정보험료 추가분 금 5, 857, 450원(1987년 근무 보험적용대상근로자의 임금총액금 259, 512, 510원X33/100－원고가 이미 납부한 위 보험료 금 2, 706, 460원)을, 산업재해보상보험법 제25조의3 규정에 의한 가산금 585, 740원으 각 부과하고, 1988년분은 사업종류를 건설업 중 일반건설공사(사업종류 번호 400)로, 사업의 세목은 기계장치공사(사업세목번호 4003)로 보고 일반건설 공사의 보험료율 27/1000을 적용하여 원고에게 1988년도 개산보험료추가분 금 4, 792. 450원(지급예정 임금총액 금 259, 512, 510원/X27/1000 -원고가 이미 납부한 위 보험료 금 2, 214, 380원)을 부과고지한 사실은 당사자 사이에 다툼이 없다.

2. 원고 소송대리인은 원고는 오수, 폐수정화 시설인 회전원판의 제조, 판매, 시설, 시운전 등을 주된 사업으로 하고 있으므로 원고가 경영하는 사업종류는 제조업의 일종인 플라스틱 가공제품제조업에 해당함에도 피고가 이를 건설업의 일종인 기계장치공사(1987년도) 또는 일반건설공사(1988년도)에 해당함을 전제로 하여 이 사건 보험료를 부과처분한 것은 위법한 것이라고 주장함에 대하여, 피고는 위와 같은 경위로 고지된 이 사건 처분은 적법한 것이라고 주장한다.

살피건대, 성립에 다툼이 없는 갑 제5호증의2(일반폐기물처리시설 설계시공업등록증), 3(방지시설등록증), 4(공장등록증), 5(사업자등록증), 갑 제6호증의1, 갑 제8호증의1(각 계약서), 갑 제6호증의 2, 3, 갑 제7호증의3, 갑 제8호증의2, 갑 제9호증(각 세금계산서), 갑 제7호증의1(주문서), 갑 제7호증의2(주문수락서), 갑 제10호증(재무제표확인원), 갑 제11호증(광고문), 갑 제12호증(공사도급계약서), 을 제2호증의2(방지시설공사실적), 을 제3호증의1(대차대조표), 2(손익계산서), 3(공사원가보고서), 을 제4호증의1(조사복명서), 2(결산보고서), 을 제5호증(업무협조의뢰공문), 을 제6호증의1(업무협조), 2(계약서), 3(견적서), 을 제7, 8호증(1987년 상용임금대장 및 일용노무비대장), 을 제9, 10(1988년 상용임금대장 및 일용노무비 임금대장), 원본의 존재 및 성립에 다툼이 없는 갑 제13호승(업무협조의뢰건 사본), 갑 제14호증(업무협조사본)의 각 기재와 증인 김성식의 증언 및 당원의 현장검증결과와 원고 대표자 한영고 본인신문결과(다만 위 증인 김성식의 증언과 원고대표자의 본인신문결과 중 뒤에서 믿지 않는 부분은 제외)에 변론의 전취지를 종합하면,

(1) 원고회사의 등기부상에는 설립동기시인 1984. 10. 13. 상하수도설비공사업 및 위와 관련사업일체를 그 목적으로 삼았다가 1986. 5. 26. 그 목적을 환경오염방지시설업, 오수정화시설설계시공업, 건설업, 상하수도설비공사업, 기술지도 및 용역업, 위 각 사업과 관련있는 일체의 사업으로 변경한 사실,

(2) 원고회사의 사업자등록증에는 업태를 건설업 제조업으로, 그 종목으로는 상하수도시설, 환경오염방지, 오수정화처리장, 공해방지기, 금형 및 관련제품으로 되어 있고, 한편 원고는 대구환경지청에 1987. 6. 30. 폐기물관리법 제17조 제3항 및 같은법 시행규칙 제36조 제3항의 규정에 의하여 오수정화시설설계, 시공업의 등록을 하고 같은 해 9. 1. 환경보전법 제47조 및 같은법 시행규칙 제54조 제2항에 의하여 수질오염방지시설업 등록을 하고, 1988. 11. 30. 에 이르러서는 대구직할시동구청에 업종 : 제조, 생산품명 : 공해방지기기, 수처리기기, 회전원판, 금형 및 관련제품 소재지 : 대구 동구 동호동 103의9를 내용으로 하는 공장등록을 한 사실, 다른 한편 원고회사 선전을 위한 광고문엔 그 업종으로 환경오염방지시설업, 오수정화시설설계시공업, 상하수도설비동사업 및 회전원판 전문생산업 등 4종으로 기재되어 있는 사실,

(3) 원고회사가 경영하는 사업내용에 관하여 보면 원고회사는 환경보전법상 방지시설의 하나인 수질오염방지시설(이외에도 환경보전법엔 대기오염방지시설, 소음방지시설, 진동방지시설 등이 있다) 중 생물학적 처리시설(환경보전법엔 수질오염방지시설에는 다시 물리적 처리시설, 화학적 처리시설 및 생물학적 처리시설 등 3가지가 있다고 규정하고 있다) 로서의 회전원판 접촉법에 의한 방지시설업을 경영하고 있는바, 회전원판접촉법에 의한 수질오염방지시설업의 사업내용은 이를 시공하려면 우선 발주자가 설치하여 달라는 하수 및 폐수처리장에 토공공사, 집수조등 구조물공사를 한 다음 기계장치공사, 전기공사 등과 동시 또는 그 후에 회전원판을 설치하거나 이에 직결되는 부대공사 등을 하여야 하는데 원고회사에서는 발주자와 사이에 하수 및 폐수처리장을 설치하기 위한 도급공사계약을 체결하여 그 중 회전원판의 제조, 설치부분만의 공사만을 하고 그 밖의 토공공사, 구조물공사 등은 다른 업체에 하도급주어 시행하기도 하고 또는 이와 같은 하수 및 폐수처리장설치공사 전체를 도급받은 도급자로부터 다시 회전원판의 설치부분만을 하도급받아 시공하거나 아니면 회 전원판의 설치부분만을 분리하여 도급받아 시공하여온 사실, 그런데 원고회사는 1986년 이전까지는 발주자로부터 하수 및 폐수처리장설치공사를 전부 도급받아 회전원판설치관련공사만 직접 시공하고 나머지 부분 공사는 다른 업체에 하도급 주는 방식으로 하여 왔으나 1987년 이후 부터는 주로 회전원판관련부분공사만을 분리하여 도급받아 시공하고 있는 사실,

(4) 원고회사가 행하는 작업형태는 우선 도급받은 공사의 규모에 따라 필요한 량만

큼의 회전원판을 플라스틱을 재료로 하여 제조하는데 회전원판제조공장의 상시근로자는 원고회사의 전 종업원 20여명 중 생산계장 1명과 생산직근로자 3명 뿐이고 필요시마다 일용근로자를 고용하여 회전원판을 제조하여 왔으며, 제조한 회전원판은 이를 폐수처리장시설공사현장으로 운반한 다음 완성된 집수조 등 공사현장에서 회전원판에 지지대, 샤프트 등을 조립한 후 그 회전원판이 가동할 수 있도록 그 부대공사인 기계장치나 전기공사 등을 하는 사실,

원고회사에서는 때때로 회전원판을 제조하여 판매하는 경우도 있으나 그 때에도 회전원판을 판매만 하는 것이 아니라 이를 그 폐수처리장에까지 운반하여 설치, 시험가동까지하여 주는 사실,

위와같은 방지시설을 함에 있어서 원고회사의 전 공사비중 회전원판제작비가 차지하는 비율은 약 80퍼센트가 되나 근로자의 사용실태는 회전원판 제조분야에서 사용된 근로자수나 임금총액보다도 그 회전원판설치 등을 위한 공사현장에서 사용된 그것이 훨씬 많은 사실을 각 인정할 수 있고 이에 일부 반하는 위 증인 김성식의 일부 증언과 원고대표자 본인신문의 일부 결과는 믿지 아니하고 달리 반증이 없다.

그러므로 위 사실관계를 기초로하여 원고회사에 적용될 산업재해보상보험료율상의 사업종류에 관하여 보건대, 산업재해보상보험법시행령 제47조 본문은 "동일한 사업장내에서 제46조의 고시에 의한 보험료율 적용사업이 2종 이상 행하여지는 경우에는 그 중 근로자수 및 임금총액 등의 비중이 큰 사업(이하 "주된 사업"이라 한다)에 적용되는 보험료율을 적용한다"라고 규정되어 있고,

한편 앞서 본 노동부고시(위 제86-44호 및 제87-81호)에 의하면 그 사업종류 예시표 총칙 제5조 제1호에는 (하나의 사업장에는 하나의 보험료율을 적용한다.) 그 제2호에는 (하나의 사업장내에서 이 예시표에 기재한 2종 이상의 사업 또는 최종제품, 완성품, 서비스제공 등이 행하여지는 경우에는 시행령 제47조의 규정에 의하여 그 중 주된 사업의 보험료율을 적용한다.) 그 제5호에는(제조업체에서 제조한 물품이 주가되어 공사장에 설치까지 행하는 경우에는 당해 제조사업에 적용한다. 다만 이때 최종공작물의 완성을 위하여 행사는 공사에 하도급 또는 분할도급일 경우 총 공사금액에는 포함한다)고 각 규정하고 있으며,

1987년에 시행된 위 노동부고시 제86-44호에 의하면, 그 사업종류란에는 제조업 중 화학제품제조업(사업종류번호 30)이 있고 그 사업의 세목으로 플라스틱가공제품제조업(사업세목번호 309의1)이 이에 포함되며 그 내용예시로서(구입한 플라스틱을 가공하여 플라스틱관, 플라스틱판, 강화플라스틱…등의 제품을 제조하는 사업으 플라스틱가공제품제조업으로 분류한다)고 규정하고 있는 반면 건설업 중에는 기계장치공사(사업종류번호 73)가 있고 그 사업의 세목으로 각종 기계 및 기구의 조립 및 부설공사(사업세목번호 731)가 이에 포함되며 그 내용예시로서(각종의 기계기구장치를 위한 조립 및 부설공사와 이에 부대하여 행하여지는 부설공사로 이에는 공해방지시설 및 폐수처리시설공사, 기계장치의 수리공사 등이 포함된다)고 규정하고 있으며,

1988년도에 시행된 위 노동부고시 제87-81호에 의하면 제조업 중 화학제품제조업 부분은 사업종류번호(209)와 그 사업세목 번호(2100) 및 보험료율만 변경되었을 뿐, 그 내용에서란은 1987년도 시행된 위 고시와 그 내용이 같은 반면, 건설업분야는 사업종류에 해당되었던 기계장치공사가 일반건설공사(사업종류번호 400)의 사업세목(번호 4003)에 포함되는 것으로 변경되고 그 내용에서 부분만은 종전과 같이 규정하고 있는바, 원고회사의 사업종류가 노동부장관고시의 산업재해보상보험료율 적용을 위한 사업종류 예시표 중 어디에 해당하는가를 결정하기 위하여는 그 사업장의 면허나 등록업종 뿐만 아니라 현실적인 사업내용과 작업형태를 두루 참작하여야 할 것이므로,

위 인정과 같은 사실관계와 위 각 규정에 비추어 보면, 비록 원고회사의 사업자등록상 사업의 종류가 건설업과 제조업으로 2중으로 되어있고 공사비면에서 제조부분이 차지하는 비율이 훨씬 높다 하더라도 산업재해보상보험법의 적용에 있어서 원고회사는 건설업법 제5조, 같은법 시행령 제8조 소정의 전문건설업의 일종인 하수처리기기설비공사를 주된 업으로 하는 하수처리기기설비공사 건설업자라 할 것이고, 원고회사의 위와같은 사업형태는 그 회전원판의 설치부분에 차지하는 근로자수 및 임금총액 등에 비추어 제조업으로 흡수적용할 경우를 규정한 위 각 노동부고시의 사업종류 예시표 총칙 제5조 제5호 소정의 "제조업체에서 제조한 물품이 주가되어 공사장에 설치까지 행사하는 경우"에는 해당된다고 볼 수는 없을 것인즉, 결국 원고회사의 사업종류는 위 각 고시 가운데 건설업 중 기계설비공사(1987년도) 또는 일반건설공사(1988년도)에 해당한다 할 것이고 제조업(플라스틱가공제품제조업)에 해당한다고는 볼 수 없을 것이므로 제조업에 해당함을 전제로 한 원고소송대리인의 위 주장은 이유없다 할 것이다.

3. 그렇다면 이 사건 처분이 위법하다 하여 그 취소를 구하는 원고의 청구는 이유없어 이를 기각하고, 소송비용은 패소자인 원고의 부담으로하여 주문과 같이 판결한다.

판사 변재승(재판장), 황영목, 박태범

● 산업재해보상보험료부과처분취소 청구사건

대구고법 특별부, 1989.11.22. 판결 88구903 일부인용(일부기각)

판 시 사 항

◉ 냉장고, 에어콘 등 가전제품의 냉매회로에 사용되는 동모세관이 산업재해보상보험료율표의 사업종류예시표 중 전기기계기구부분품에 해당하는지 여부

판 결 요 지

원고회사에서 생산되는 동모세관류는 다시 외주가공업체에 이동되어 절단, 면취, 튜브삽입, 벤딩 등의 세부적인 추가공정을 거쳐 냉장고 등의 냉매회로에 부분품으로 공급되고 원고회사의 동모세관 인발, 절단 등의 생산공정이 금속제품제조업 또는 금속가공업의 제조가공 공정내용과 유사한 점이 있기는 하나 원고회사의 동모세관은 작

업공정이 비교적 간단하여 그 산업율이 낮고 냉장고 등의 가정용 전기기계기구의 냉매회로 이외에는 사용되지 아니하며 노동부장관이 고시하는 산업재해보상보험요율은 재해율을 기초로 정하여지는 것으로서 사업종류의 분류예시는 적정, 공평한 보험요율의 적용을 위한 것일뿐 아니라 사업종류예시표의 금속제품제조업 또는 금속가공업은 철 또는 비철금속의 재료품을 제조, 가공하여 별도의 조립 등 가공을 하지 아니하고 그 자체로 하나의 완제품이 되는 금속성 제품을 제조, 가공하는 사업을 지칭하는 것으로 보이는 데다가 원고회사 생산제품의 종류 및 생산과정, 가정용 전기기계기구 제조업체의 원고회사에 대한 동모세관 등의 제조주문 방법, 동모세관의 최종 형태와 사용처, 성질 등을 모두 참작하면 원고회사의 동모세관은 그 자체가 하나의 독립된 금속제품이라기 보다는 비록 완제품은 아니나 후가공 공정을 거치는 반제품으로서의 전기기계기구부분품의 일종으로 봄이 상당하다.

참조조문 산업재해보상보험법 제21조, 동법시행령 제46조

참조판례 대법원 1986. 10. 28. 85누436 판결

참조판결 서울고법 1989. 6. 1. 89구888 판결

부산고법 1989. 1. 20. 88구254 판결

당 사 자 원고 거성전기주식회사

피고 구미지방노동사무소장

주 문

1. 피고가 1988. 7. 23. 원고에 대하여 한 산업재해보상보험료 징수처분 가운데 1985년도분 금 2,619,520원 중 금 615,420원 1986년도분 금 7,307,030원 중 금 1,851,230원, 1987년도분 금 12,088,130원 중 금 3,145,050원, 1988년도분 금 13,842,360원 중 금 3,914,390원을 초과하는 부분은 이를 각 취소한다.

2. 원고의 나머지 청구를 기각한다.

3. 소송비용은 이를 4분하여, 그 3은 피고의 나머지는 원고의 각 부담으로 한다.

청구취지

피고가 1988. 7. 23. 원고에 대하여 한 산업재해보상보험료 1985년도분 금 2,619,520원, 1986년도분 금 7,307,030원, 1987년도분 금 12,088,130원, 1988년도분 금 13,842,360원의 징수처분은 이를 각 취소한다.

소송비용은 피고의 부담으로 한다.

이 유

1. 징수처분의 경위

각 성립에 다툼이 없는 갑 제1호증의 1, 2(각 보험료조사 징수통지서), 갑 제2호증의1 내지 4(각 보험료보고서), 갑 제3호증(사업종류변경통보), 을 제1호증의 1 내지 3(산재보험료율표 표지 및 내용)을 제3호증의 6(연도별 보험료율), 을 제7호증의 1 내지 3(각 조사복명서)의 각 기재와 증인 이정환의 증언에 변론의 전 취지를 모아보면 원고회사는 1981. 6. 18. 산업재해보상보험에 가입한 이래 현재에 이르기까지 원고회사가 제조, 생산하는 티. 브이(TV.) 브라운관 및 동모세관의 사업종목이 노동부장관이 고시한 산재보험료율의 사업종류

예시표 중 전자제품제조업에 해당하는 것으로 보고 전자제품제조업의 보험료율인 2/1000를 기준으로 하여 적용한 산업재해보상보험료로서 별지 제1. 보험료산출내역서의 각 연도별 1항 기재와 같이 1985년도에 확정분 금 554,940원, 1986년도에 확정분 금 603,870원, 1987년도에 확정분 금 581,230원, 1988년도에 개산분 금 798,590원을 납부하였던 사실,

그런데 피고는 원고회사가 1985.6.경 티.브이 브라운관의 제조생산을 중단하고 그 이후부터는 냉장고, 에어콘 등의 냉매회로에 사용되는 동모세관만을 주로 생산하여 오고 있음을 알아내고, 동모세관의 제조생산은 원자재인 동파이프에 인발, 절단, 면취 등의 금속제품제조 및 금속가공 공정과 유사한 작업공정을 거쳐 이루어질 뿐만 아니라, 동모세관은 냉장고 등의 생산업체에 납품되어 절단, 굽힘, 연결부분 후가공 등 필요에 따라 적당한 규격과 형태로 변형되는 추가공정을 거쳐 냉장고 등의 가전제품에 부착되므로, 이는 전기기계기구의 부분품에까지는 이르지 아니한 금속제품에 해당한다고 보고, 동모세관의 제조생산을 산재보험료율표의 사업종류 예시표 222. 기타금속제품제조업 또는 금속가공업의 내용예시 중 금속제압출튜우브를 제조하는 사업으로 보고, 1988.7.23. 원고에 대하여 금속제품 제조업 또는 금속가공업의 보험료율인 33/1000을 기준으로 한 별지 제2. 연도별 보험료율을 적용하여 별지 제1. 보험료산출내역서의 각 연도별 2항 기재와 같이 보험료를 산정한 다음, 위 보험료에서 원고가 이미 납부한 각 연도별보험료를 공제한 추가보험료로 1985년도분 금 2,619,520원, 1986년도분 금 7,307,030원, 1987년도분 금 12,088,130원, 1988년도분 금 13,842,360원을 납부하도록 소급하여 추가징수처분을 한 사실을 인정할 수 있고, 달리 반증이 없다.

2. 원고의 주장에 관한 판단

원고는 원고회사가 제조, 생산하는 동모세관은 이미 가공된 직경 15.98밀리미터의 동파이프를 구입하여 인발, 세척, 절단, 면취, 에어브로우(air blow) 등의 공정을 거쳐서 이루어지는 냉장공 및 에어콘의 냉매회로에 사용되는 직경 1.8밀리미터의 정일모세관으로서, 이를 납품받은 회사들은 동모세관을 냉장고 또는 에어콘의 규격에 따라 일정한 형태로 구부리거나 각을 지게 하여 연결하는 정도의 불가피한 공정을 거쳐 이를 전기제품에 부착하므로, 동모세관은 냉장고 등의 전기기계기구의 부분품이라 할 것이고, 따라서 이는 산재보험료율표의 사업종류 예시표 중 227. 전기기계기구제조업 중 2271. 일상생활용 전기기계기구제조업 내지 그 부분품제조업에 해당한다 할 것이므로, 동모세관 제조에 전기기계기구제조업의 보험료율인 9/1000을 적용하여 추가보험료를 징수함은 별론으로 하고 이를 금속제품제조업 또는 금속가공업으로 보아 보험료율 33/1000을 기준으로 하여 산정한 피고의 이 사건 징수처분은 위법하다고 주장한다.

그러므로 살피건대, 앞서 본 을제1호증의1 내지 3, 을제3호증의6, 각 성립에 다툼이 없는 갑제4호증의2(행정심판청구서), 갑제6호증(사업자등록증), 을제2호증(카탈로그, 갑제8호증의11과 같다), 을제3호증의1(산재보험료율표), 2(산업재해보상보험료율 고시), 4(사업종류 예시표), 5(총칙), 을제4호증의2, 을제6호증

의1, 3(각 업무협조의뢰), 공성부분의 성립에 다툼이 없으므로 문서 전체의 진정성립이 추인되는 을제4호증의1(업무확인사항통보), 증인 이정환의 증언에 의하여 각 진정성립이 인정되는 갑제7호증의 1 내지 3(각 사실증명원), 변론의 전 취지에 의하여 각 진정성립이 인정되는 갑제9호증의 1 내지 6(각 작업지시서), 을 제6호증의2(요청자료통보의 건), 4(업무협조에 대한 회신의 건)의 각 기재와 원고회사의 동모세관 작업공정을 촬영한 사진임에 다툼이 없는 갑제8호증의 1 내지 10(각 사진)의 각 영상, 증인 이정환의 증언, 이 법원의 주식회사 금성사창원공장, 삼성전자주식회사, 한국전자공업진흥회장에 대한 각 사실조회결과에 변론의 전 취지를 모아보면, 원고회사는 1978. 3. 9. 브라운관재생사업, 전기기기 및 부분품 제조업등을 사업목적으로 하여 설립되어 1985. 6. 경까지는 티. 브이 브라운관 및 동모세관을 함께 제조하여 왔으나, 같은해 7. 경부터는 티. 브이 브라운관의 생산을 중단하고 동모세관 종류만을 제조생산하고 있는데, 1985. 3. 2. 사업목적을 '브라운관제조업, 전기기기 및 공조기부품 제조업 등'으로 변경등기하였다가, 1986. 2. 25. '비철금속의 가공업, 전기기기 및 공조기용 부품제조업 등'으로 다시 변경등기하였고, 1986. 10. 20. 에는 사업자등록증의 등록사항 중 사업의 종목을 비철금속의 가공업 및 전기기기로 정정한 사실,

원고회사가 1985. 7. 이후에 생산하고 있는 제품으로는 주사바늘을 만드는데 사용되는 스테인레스 튜브(stainless tube), 냉장고, 에어콘 등의 냉매회로에 사용되는 드라이어(dryer), 동모세관(copper tube)이 있으나 그 중 동모세관을 주로 생산하여 왔고, 동모세관의 종류로는 직경 4밀리미터의 핫라인파이프(hotline pipe), 직경 6. 35밀리미터의 흡입파이프(s-pipe), 직경 1. 8밀리미터의 동모세관(capillary tube)등이 있는데, 이들 동모세관의 생산과정을 보면, 원고회사는 소외 풍산금속주식회사로부터 직경 9. 52밀리미터, 15. 98밀리미터 등의 동파이프를 구입하여 냉장고 등 가정용 전기기계기구의 생산업체인 소외 주식회사 금성사, 삼성, 대우로부터의 각 주문에 따라 다이스(dise)라는 기계를 이용하여 동파이프를 냉매회로의 내외경에 맞도록 일정하고 매끄럽게 늘이는 인발작업과 인발된 동모세관의 내부에 끼게 되는 먼지, 기름, 스케일 등을 제거하는 세척작업을 하고, 소괴회사들의 주문에 따라 일정한 길이로 자르는 절단작업과 절단부분을 가지런하고 매끄럽게 정리하는 면취작업을 거쳐 면취과정에서 생긴 먼지, 기름 등을 다시 제거하는 공기세척(air blow)작업을 한 다음 이를 포장하여 소외회사에 납품하게되는데, 소외회사들이 원고회사에 냉매회로용 동모세관의 납품주문시 내경, 외경, 길이, 부분굴곡 등에 관하여 자세하게 적시한 설계도를 보내어 설계도에 따라 동모세관을 만들어 줄 것을 요구하면서, 제품에 결함이나 불량품이 없도록 하고, 길이 방향, 자체휨, 부분굴곡 등의 오차는 일정기준 이내이어야 하며, 포장은 방습포장으로, 그 외 제조자명, 납품일자, 수량, 중량 등을 명기하여 납품하도록 요구하고 있는 실정이어서, 원고회사로서는 위 세부적인 주문에 따른 규격 등에 맞추어 인발, 절단을 한 제품만을 만들어 납품하고 있는 사실,

냉장고 등의 제조생산업체인 소외회사들은 원고회사로부터 납품 받은 제품 중 드라

이어 제품은 원상태 그대로 냉장고 등의 부분품으로 조립하게 되나, 나머지 동모세관들은 다시 주식회사 일진, 이득전기 등의 외주가공업체에 맡겨 별도의 후가공 공정을 거치도록 하고 있는바, 외주가공업체들은 소외회사로부터 공급받은 위 동모세관을 다시 절단, 면취, 솔더링(soldering), 피. 브이. 씨(p. v. c.)등의 각종 튜브(tube) 삽입, 벤딩(bending), 캡(cap) 삽입 등의 세부적인 추가가공공정을 거쳐 소외회사에 납품하게되고, 이를 납품 받은 소외회사들은 위 제품을 냉장고내의 건조기 등의 부품에 연결조립하여 냉장고, 에어콘등의 가정용 전기기계기구를 제조하게 되는데, 원고회사가 공급하는 동모세관은 내경, 외경, 길이, 모양에 따라 20여종에 이르러 가정용 전기기계기구의 크기, 모양, 용량 등에 따라 각각 달리 사용되고 있으나, 냉장고, 에어콘 등의 냉매회로용으로만 사용될 뿐 다른 용도로는 사용되지 아니하며, 소외회사들도 원고회사로부터 공급받은 동모세관을, 비록 후가공공정을 거치기는 하지만, 냉장고 등의 전기기계기구의 조립에 쓰여지는 하나의 부품으로 취급하고 있는 사실,

한편 원고회사는 1981. 6. 18 산업재해보상보험에 가입한 이래 보험료율이 2/1000인 전자제품제조업을 사업종목으로 하여 산재보험료를 납부하여 왔으나, 원고회사의 동모세관작업 공정이 비교적 간단하고 산재사고가 거의 없어, 1986년까지 산재보험료 확정납부액에 비하여 산재보험으로 처리된 급부금액이 훨씬 적자, 1987년과 1988년에는 산업재해보상보험법 제22조의 규정에 의하여 인하된 개별실적보험료율인 1. 4/1000와 1. 8/1000이 각 적용된 확정 및 개산보험료를 납부하였던 사실, 산업재해보상보험법 제21조, 그 시행령 제46조의 규정에 의한 노동부장관 고시의 산업재해보상보험료율표(을제1호증 및 을제3호증) 중 Ⅱ. 사업종류예시표총칙 제2조(사업종류분류의 원칙)는, 이 예시표에서의 사업종류의 분류는 적용사업단위의 주된 최종제품, 완성품, 제공되는 서비스의 내용에 의하여 분류함을 원칙으로 할 것이나, 재해율에 격차가 있는 것은 그 작업공정 등의 실태를 기초로하여 이를 분류한 것이다.

제4조(사업종류의 내용예시)는, 이 사업종류 내용예시에 기재한 사업 또는 주된 제품, 완성품, 제공되는 서비스 등은 당해 사업에 행하여지는 것의 전부를 망라한 것이 아니고, 각 사업내용에 해당 또는 해당되지 않는 사업에 대하여 대표적인 사례를 예시한 것이다.

따라서 이 내용예시에 누락된 것이라 하더라도 법 제4조의 규정에 의한 사업에 대하여는 이 예시표의 적용을 받는다라고 각 규정하고 있고, 사업종류 예시표의 사업종목 222. 금속제품가공업 또는 금속가공업(보험료율 33/1000)은, 그 해설내용으로, 1. 철 또는 비철금속의 재료품에서 각종의 금속제품을 제조하는 사업과 각종의 금속가공을 하는 사업. 2. 수공구 또는 기계를 사용하여 단조단야, 타발, 문발, 소형, 조각, 연마, 방청, 절단, 용접, 용단, 신선 또는 판금등 작업을 주공정으로 하는 각종 금속 재료품으로부터 금속제품의 제조가공을 행하는 사업〔냉간, 압연 등〕, 다만, 금속제품의 조립만을 행하는 사업은 제외한다. 3. 금속판을 인쇄하여 금속제품제조까지 일관하는 사업. 다만, 타사업종류 내용예시에 부분품제조업으로 분류된 것은 해당 사업종류에 분류함을 원칙으로 하되,

다음 요건을 전부 충족하는 때에는 여기에 분류한다. (1) 본 분류내용예시에 구체적으로 예시되어 있고, (2) 사업종류를 달리하는 2종이상 제품의 부분품 등으로서, 공통사용되거나 또는 형태가 동일한 것이라고 규정하고 그중 사업세목 2231. 기타 금속제품제조업과 금속가공업은 그 내용예시로 금속활자, 녹쇠그릇, 금속재떨이, 금속조각품, 캐비넷, 철책상, 철의자, 철침대, 금속제가구, 금고, 금속강제품스프링, 고리로 연결된 체인, 금속플레시블 튜우브, 금속제 압출튜우브, 금속박철폭 등의 금속제품을 제조하는 사업 등을 규정하고 있으며, 사업종목 227. 전기기계 기구제조업(보험료율 9/1000)은, 그 해설내용으로, 1. 전기에너지의 발생, 저장, 송전, 변전과 이를 이용하는 기계기구와 기타의 전기통신기계기구 및 가정용 전기기계기구를 제조하는 사업, 2. 전기기계기구 부분품제조업이라고 규정하고, 그 중 사업세목 2271. 일상 생활용 전기기계기구제조업은 그 내용예시로, 전기다리미, 전기스토브, 전기화로, 에어콘, 전기곤로, 전기레인지, 헤어드라이어, 전기선풍기, 전기냉장고, 진공소제기, 믹서, 전기면도기, 전기세탁기 등의 가정용 전기기계기구를 제조하는 사업 도는 일상생활용 전기기계기구 부분품인 전동기제조업으로 규정하고 있는 사실을 인정할 수 있고, 을제5호증(산업재해보상보험료보고서)의 기재는 위 인정에 방해가 되지 아니하고, 달리 반증이 없다.

앞서 인정한 사실을 모두 종합하여 보면, 원고회사가 주로 생산하는 드라이어 동모세관 중 드라이어는 그대로 냉장고 등의 가정용 전기기계기구의 부분품으로 사용되는 반면, 동모세관류는 다시 외주가공업체에 이동되어 후가공공정을 거친 다음 냉장고 등의 냉매회로에 부분품으로 공급되고 있으며, 원고회사의 동모세관, 인발, 절단 등의 생산공정이 금속제품제조업 또는 금속가공업의 제조가공 공정내용과 유사한 점이 있기는 하나, 다른 한편, 원고회사의 동모세관은 작업공정이 비교적 간단하여 그 산재율이 비교적 낮고, 냉장고 등의 가정용 전기기계기구의 냉매회로 이외에는 사용되지 아니하는 점, 노동부장관이 고시하는 산재보상보험료율은 재해율을 기초로 하여 정하여지는 것이고, 사업종류의 분류예시는 적정공평한 보험료율의 적용을 위한 것인 점, 사업종류 예시표의 금속제품제조업 또는 금속가공업은 철 또는 비철금속의 재료품을 제조, 가공하여 별도의 조립 등 가공을 하지 아니하고 그 자체로서 하나의 완제품이 되는 금속성제품을 제조가공하는 사업을 지칭하는 것으로 보이며, 금속성제품의 제조 중에서도 타사업종류 내용예시에 부분품 제조업으로 분류되는 것은 제외함으로써 타사업종류의 우선적용을 원칙으로 하고 있는 점, 그 외 원고회사의 등기부 내지 사업자등록증상의 사업목적과 그 변동과정, 원고회사 생산제품들의 종류 및 생산과정, 가정용 전기기계기구제조업체의 원고회사에 대한 동모세관등의 제조주문방법, 동모세관의 최종형태와 사용처, 성질 등을 모두 참작하면, 원고회사의 동모세관은 그 자체가 하나의 독립된 금속제품이라기 보다는, 비록 완제품은 아니나 후 가공공정을 거치는 반제품으로서의 전기기계기구부분품의 일종으로 봄이 상당하다 할 것이고, 따라서 원고회사의 동모세관 생산작업은 보험료율을 9/1000로 하는 사업종류 예시표의 227. 전기기계기구제조업은 해당한다 할 것이니(사업종류 예시표 227. 전기기계기구제조업의 사업세목 2271. 일상생활용 전기기계기구제조업에는 그 내용에시로서 가정용 전기기계기구의 제조업과 일상생활용 전기기계기구부품인 전동기제조업만 있을 뿐 가정용 전기기계기구의 부분품제조업이 명기되어 있지 아니하나, 앞서 본 바와 같이 사업종류 예시표 총칙은 사업종류내용예시가 해당사업을 모두 망라한 것이 아닌 예시규정에 불과함을 밝히고 있는 데다가, 227. 전기기계기구제조업의 해설에 전기기계기구 부분품제조업을 그 내용으로 명기하고 있다), 이를 금속제품제조업 또는 금속가공업으로 보고 보험료율 33/1000을 적용하여 추가보험료를 산정한 피고의 이 사건 징수처분은 위법하여 취소를 면할 수 없다 할 것이다.

그러므로, 나아가 원고회사에 대하여 전기기계기구 제조업의 일반보험료율인 9/1000를 적용하는 경우 원고회사가 추가납부하여야 할 보험료에 관하여 보건대, 앞서본 을제3호증의 6의 기재에 의하면, 원고회사에 대하여 적용할 각 연도별 보험료율은 별지 제2. 연도별 보험료율 '전기기계기구 제조업'란 기재와 같으므로, 원고회사의 임금총액에 위 연도별 보험료율을 곱하여 산정한 보험료에서 원고회사가 이미 납부한 보험료를 공제하면, 원고가 추가납부하여야 할 각 연도별보험료는 별지 제1. 보험료산출내역서 3)항 중 추가보험료란 기재와 같이 1985년도분은 금 615,420원, 1986년도 분은 금 1,851,230원, 1987년도 분은 금 3,145,050원, 1988년도 분은 금 3,194,390원이 된다.

3. 결 론

그렇다면, 피고가 1988.7.23. 원고에 대하여 한 산업재해보상보험료 징수처분 가운데 1985년도분 금 2,619,520원 중 금 615,420원, 1986년도분 금 7,307,030원 중 금 1,851,230원, 1987년도분 금 12,088,130원 중 금 3,145,050원, 1988년도분 금 13,842,360원 중 금 3,194,390원을 초과하는 부분은 모두 위법하여 이를 각 취소하여야 할 것인바, 피고의 이 사건 징수처분 전부의 취소를 구하는 원고의 이 사건 청구는 위 인정범위내에서 이유있어 이를 인용하고, 나머지는 이유없어 이를 기각하며, 소송비용의 부담에 관하여는 행정소송법 제8조, 민사소성법 제89조, 제92조를 적용하여 주문과 같이 판결한다.

판사 송진훈(재판장), 서정석, 김수학

● 보험료인정결정취소

대법원 제4부, 1989.2.28. 판결87누1078 상고기각

—— 판 시 사 항 ——

◉ 노동부장관 고시의 산업재해보상보험료율 적용을 위한 사업종류의 결정기준

—— 판 결 요 지 ——

회사의 사업종류가 노동부장관 고시의 산업재해보상보험료율 적용을 위한 사업종류예시표 중 어디에 해당하는가를 결정하기 위하여는 그 사업장의 면허나 등록업종뿐만 아니라 현실적인 사업내용과 작업형태를 두루 참작하여야만 하고 2종의 사업이 같이 행하여지는 경우에는 근로자 수 및 임금총액등의 비중이 큰 사업이 어느 사업인가를 가려보아야 한다.

참조조문 산업재해보상보험법 (1986. 5. 9. 법률 제3818호로 개정되기 전의 것) 제20조, 제12조제1항
같은법시행령 제46조, 제47조

참조판례 대법원 1986. 12. 9. 86누518판결

당 사 자 원고, 상고인 합자회사 일광교역
소송대리인 변호사 이정우
피고, 피상고인 노동부 서울남부지방사무소장

원심판결 서울고등법원 1987. 10. 30. 86구571판결

주 문 상고를 기각한다. 상고비용은 원고의 부담으로 한다.

이 유

상고이유를 판단한다.

1. 상고이유 제1점에 대하여,

산업재해보상보험법 제19조는 "노동부장관은 보험사업에 소요되는 비용에 충당하기 위하여 보험가입자로부터 보험료를 징수한다.", 같은법 제20조는 "보험료는 보험가입자가 경영하는 사업의 임금총액에 동종의 사업에 적용되는 보험료율을 승한 금액으로 한다", 같은법(1986. 5. 9. 법률 제3818호로 개정되기 전의 것) 제21조 제1항은 "보험료율은 매년 9월 30일 현재로 과거 3년간의 재해율을 기초로 하여 노동부장관이 이를 수 등급으로 구분하여 정한다. 이 경우에 임금 1원을 보험료를 산출단위로 한다", 같은법 시행령 제46조는 "노동부장관은 법 제21조 이 규정에 의하여 보험료율을 결정한 때에는 지체없이 그 적용대상 사업의 종류와 내용을 명시하여 이를 고시하여야 한다", 같은 시행령 제47조 본문은 "동일한 사업장 내에서 제46조의 고시에 의한 보험료율 적용사업이 2종이상 행하여지는 경우에는 그 중 근로자수 및 임금총액 등의 비중이 큰 사업(이하 "주된 사업"이라 한다)에 적용되는 보험료율을 적용한다"라고 규정하고 있는 바, 그 규정취지를 살펴보면, 산재보험은 무과실책임의 원칙을 바탕으로 한 사업주의 근로자에 대한 업무상 재해보사책임을 전제로 하는 한편 보험료 부담은 전액 사업주 부담으로 하고 있기 때문에 재해발생의 위험율과 그에 따른 책임정도에 따라 보험료율을 수 등급으로 구분하여 결정하는 이른바 등급별 요율제를 채택함으로써 산재보험료의 공평부담을 도모하고 있고, 또한 그 산정방법은 사업주와 근로자 사이의 근로관계에서 발생되고 있는 사업의 재해율을 기초로 결정된 보험료율에 임금총액을 곱하여 산정하되, 노동부장관은 보험료율을 결정하였을 때에는 지체없이 그 적용대상 사업의 종류와 내용을 명시하여 이를 고시하여야 하는데 이는 1사업 1요율주의 원칙에 따라 하나의 사업 또는 사업장에 대하여 하나의 보험료율이 적용되는 것이나, 다만 동일한 사업장내에서 위 고시에 의한 보험료율 적용사업이 2종 이상 행하여지는 경우에는 각각 분리하여 그 사업이 속하는 보험료율에 의한 보험료를 산정, 납부하는 번거로움을 피하기 위하여 2종 이상의 사업 중 근로자수 및 임금총액 등의 비중이 큰 사업(주된 사업)에 적용하는 보험료율을 적용하게 하고 있는 것이다.

그러므로 원고회사의 사업종류의 노동부장관 고시의 산업재해보상보험료율 적용을 위한 사업종류 예시표(보험료율이기도 하다)의 식료품제조업 또는 화물취급업 중 어디에 해당하는지 여부를 결정함에 있어

서는 그 사업장의 면허나 등록업종 뿐만아니라 현실적인 사업내용과 작업형태를 두루 참작하여야만 하고(당원 1986. 12. 9. 선고, 86누518판결 참조), 위 2종의 사업이 같이 행하여지는 경우에는 근로자수 및 임금총액 등의 비중이 큰 사업이 어느 사업인가를 가려 보아야 할 것이다.

그런데 원심거시의 증거 및 기록에 의하면,

(1) 노동부장관 고시의 산업재해보상보험료율 적용을 위한 사업종류 예시표상에 식료품제조업 중의 하나로서 음료제조업에는 탄산수, 사이다 등 청량음료를 제조하는 사업과 양조주, 맥주 등의 주류를 제조하는 사업이 포함되고, 화물취급사업에는 철도화차, 화물자동차 및 우마차의 상하차 작업과 창고입·출고작업, 포장작업 기타 이에 부수되는 일괄작업, 각종 운수부대사업 기타 타분류에 속하지 않은 운수업 등 하역업 및 화물포장업 등이 포함되는 사실,

(2) 원고회사의 사업자등록증에는 업태가 서비스업, 종목이 하역으로 되어 있는 한편, 원고회사는 소외 조선맥주주식회사가 지정하는 물품의 하역, 검수, 병투입, 제품포장작업과 이에 부수되는 공병적재, 피상자세척, 작업장청소 등 작업과 생산제품의 운반, 적재, 상차 및 환입맥주의 하역작업 기타 제반사업을 하고, 위 소외회사는 이에 따른 원고회사 종업원에 대한 소정의 임금을 지급하되, 위 소외회사가 특수용역을 요청한 경우의 용역비는 별도로 정하기로 하는 내용의 용역계약을 체결하고 이에 따라 사업을 하여 온 사실,

(3) 위 소외회사에는 관리부, 생산부, 공무부, 연구부, 총무부, 서울사무소 등 6개부가 구성되어 있고, 관리부에는 창고과와 관리과, 생산부에는 제조과와 제품과가 소속되어 있는데, 원고회사의 근로자들 중 관리부 인원들은 창고과에서 공병하차, 공병투입, 공병 및 생맥주 공통운반, 청수 및 불량병처리, 맥아 및 전분입출고, 창고정리, 피상자 및 종이상자의 타사 공병분리, 종이상자 조립작업 등을 관리과에서는 생맥주적재 및 상차, 병맥주상차, 병맥주 창고적재, 노무(쓰레기 분리) 등을 하여 관리부인원 중 창고과의 청소담당, 관리과의 노무담당 등 극소수를 제외하고는 위에 본 화물취급업에 속하는 일을 하고 있고, 한편 생산부인원들은 제조과에서 위 소외 회사 직원의 보조원으로서 완성이 덜된 맥주를 숙성시키기 위해 탱크에 보관하고 완숙된 맥주를 휠타에 여과하는 작업을 제품과에서 생맥주 생산, 병맥주 생산 및 기계운전보조, 생맥주통 마개소제, 공병세척검수 및 병맥주검수, 위 소외회사 직원을 보조하여 맥주수입 및 상표부착의 작업등을 하여 생산부 일원들은 대체로 위에서 본 식료품제조업에 속하는 일을 보조하고 있으며, 그밖에 서울사무소에 맥주출고 등을 담당하는 직원이 몇 명 있는데, 1982년 내지 1984년의 관리부(노무 제외), 생산부 및 기타 부서의 근로자의 연인원수 및 그들에게 지급된 임금총액은 원심판결에 첨부된 별표와 같은 사실을 각 인정할 수 있는 바, 위와 같은 사실관계 및 법리 아래서는 원고회사의 사업 종류는 위 사업종류 예시표상의 화물취급업이라고 할 것이므로, 같은 취지로 판시한 원심판결에 지적하는 바와 같은 사실오인 및 법리오해의 위법이 있다고 할 수 없으므로 논지는 이유 없다.

2. 상고이유 제2점에 대하여,

논지가 지적하는 국세기본법 제18조 소정의 비과세관행이 성립하려면, 일정기간 단순히 비과세나 과세누락이 있는 것으로는 부족하고, 명시적이던 묵시적이던 과세관청의 비과세의 의사표시가 있어야 하며, 이러한 의사표시는 과세관청이 과세대상임을 알면서도 어떠한 필요에 의하여 과세하지 않기로 태도를 정함에 따른 것이어야 하며(당원 1987. 11. 10. 선고, 87누475판결 참조), 또 같은 법조 소정의 소급과세금지의 원칙은, 비과세의 관행이 일반적으로 납세자에게 받아들여진 후에는 그 관행에 의한 행위에 의하여서는 소급하여 과세되지 아니함을 의미한다고 풀이할 것이다.

기록에 비추어 보면, 피고는 1977년부터 1984년까지 8년간 매년 원고의 사업장 실태조사를 실시하여 원고가 경영하는 사업의 종류를 식료품제조업으로 분류하여 그 보험료율을 적용할 것을 원고에게 통지하였고, 원고는 이에 대하여 식료품제조업으 보험료율을 적용한 보험료를 납부해 온 사실은 인정되나 앞에서 본 바와 같이 판시 사업연도에 있어서 원고의 주된 사업종류는 식료품제조업이 아니라 화물취급업에 해당하며, 피고의 위 조치는 착오에 기인한 것이지, 원고의 주된 사업종류가 화물취급업에 해당한다는 점을 알면서도 어떠한 필요에 의하여 같은 사업의 요율에 의한 산재보험료는 징수하지 않기로 태도를 정함에 따른 것은 아니라 할 것이나, 국세기본법 제18조 소정의 비과세관행이나 소급과세금지의 원칙이 산업재해보상보험법상의 보험료 부과징수에 준용된다 하더라도 피고의 이 사건 보험료부과처분이나 이를 정당한 것으로 판시한 원심의 판단에 지적하는 바와 같은 비과세관행(신의칙위반 포함)이나 소급과세금지원칙에 위배된 잘못이 있다할 수 없으므로 논지는 이유 없다.

그러므로 상고를 기각고, 상고비용은 패소자의 부담으로 하여 관여법관의 일치된 의견으로 주문과 같이 판결한다.

대법관 김용준(재판장), 윤관, 김상원

● 행정처분취소

대법원 제1부. 1986. 12. 9. 판결 86누518 상고기각

판 시 사 항

◉ 산업재해보상보험법의 적용을 받는 사업인지 여부의 결정기준

판 결 요 지

산업재해보상보험법의 적용을 받는 사업인지 여부를 결정함에 있어서는 그 사업장의 면허나 등록업종 뿐 아니라 현실적인 사업내용과 작업형태를 두루 참작하여야 한다.

참조조문 산업재해보상보험법 제4조

당 사 자 원고, 피상고인 김방부
피고, 상고인 노동부 제주지방사무소장

원심판결 광주고등법원 1986. 6. 26. 85구101판결

주 문 상고를 기각한다. 상고 소송비용은 피고의 부담으로 한다.

이 유

상고이유를 판단한다.

산업재해보상보험법의 적용을 받는 사업

인지 여부를 결정함에 있어서는 그 사업장의 면허나 등록업종뿐 아니라 현실적인 사업내용과 작업형태를 두루 참작하여야 할 것이다.

원심판결 이유에 의하면, 원심은 그 거시증거에 의하여 원고는 1983. 6. 8 제주도지사로부터 창호공사 건설업에 관한 면허를 받아 주소지에서 제창산업사란 상호아래 사무직 4명, 창호제작부분 3명, 창호시공부분 7명 도합 14명의 직원을 두고 창호공사건설업을 경영하고 있는 사실을 확정하고 있다.

기록에 의하여 원고가 하는 위 사업내용과 작업형태를 살펴보면, 원고는 먼저 건축의 수급인으로부터 특정된 창호공사의 도급을 받고 이를 시공하는 과정에서 타처에서 생산된 플라스틱제품인 럭키 하이샷시를 구입, 이를 원재료로 하여 특정건물에 적합한 크기로 절단 또는 접합하는 등의 방법에 의하여 창틀을 제작하고 시멘트 및 접착제를 사용, 이를 건물에 설치한 다음, 같은 공정을 거쳐 창틀에 맞는 창짝을 제작, 이를 창틀에 부착하고 그후 시정장치를 하는 등의 과정을 거쳐 수급한 공사를 마치는 것이고, 그 고용인원을 보면 사무직 4명, 창호제작부분 3명, 창호시공부분 7명 도합 14명 정도의 직원을 두고 있어 창호제작에 종사하는 고용인은 전체인원중 3, 4명에 불과한 사실을 인정할 수 있는 바, 인정사실에 의하면 비록 원고의 사업자등록증상 사업의 종류가 플라스틱제품 제조 및 건설로 기재되어 있다 하더라도 산업재해보상보험법의 적용에 있어서 원고는 건설업법 제5조, 동법 시행령 제8조 소정의 전문건설업의 일종인 창호공사를 주된 업으로 하는 창호공사건설업자라할 것이고, 원고의 위와같은 사업(공사) 형태는 제조업으로 흡수 적용할 경우를 규정한 산업재해보상보험료율고시(노동부 고시 제84-34호) 제5조 제5호 및 노동부 예규인 산업재해보상보험 적용기준 제8조 소정의 "제조업체에서 자가 제조한 물품이 주가 되어 당해 제조업자가 직접 설치하는 공사"에 해당된다고 볼 수 없을 것인즉 피고가 원고의 사업을 화학제품제조업이라고 보고 부과한 이 사건 산업재해보상보험료의 부과처분은 모두 위법하다고 할 것이므로 같은 취지의 원심판결은 정당하고, 거기에 소론과 같은 근로기준법 및 산업재해보상보험법의 적용에 관한 법리오해 등의 위법이 있다 할 수 없다.

논지는 이유없다.

이에 상고를 기각하고, 상고 소송비용은 패소자의 부담으로 하기로 하여 관여법관의 일치된 의견으로 주문과 같이 판결한다.

대법원판사 윤일영(재판장), 이명희, 최재호, 황선당

● 보험료부과처분취소

대법원 제3부. 1986. 10. 28. 판결 85누436 상고기각

판 시 사 항

⊙ 플로어닥트 제조생산업자가 납부해야 할 산업재해보상보험료

판 결 요 지

플로어 닥트(Floor Duct)는 사무실, 백화점, 상점 등의 바닥속에

설치하여 전선을 보호하고 전원을 자유롭게 뽑아 쓸 수 있도록 고안된 배관파이프로서 한국공업규격에서는 이를 전선관이라고 표현하고 있고 이 사건 플로어닥트의 실용신안공고에서도 이를 전원배선관, 전선보호관이라고 표현하고 있어 위 플로어 닥트의 용도나 번역사용되고 있는 용어에 비추어 볼 때 이는 노동부장관이 고시한 산업재해보상보험료율적용을 위한 사업종류예시표 세목 474에 예시된 전선관에 해당한다고 봄이 상당하여 위 플로어 닥트 제조생산업자가 납부해야 할 보험료는 위 예시표상의 전기기계기구 제조업에 해당하는 각 연도의 보험료율에 의하여 산정하여야 한다.

참조조문 산업재해보상보험법 제21조
당 사 자 원고, 피상고인 제일산업주식회사
소송대리인 변호사 정연조
피고, 상고인 노동부 인천지방사무소장
원심판결 서울고등법원 1985. 4. 25. 84구743판결
주　　문 상고를 기각한다. 상고비용은 피고의 부담으로 한다.
이　　유

상고이유를 판단한다.

원심판결이유에 의하면, 원심은 그 채택한 증거들을 종합하여 원고는 플로어닥트(Floor Duct)제조생산업을 하고 있는 사실, 노동부장관이 고시한 산업재해보상보험료율 적용을 위한 사업종류 예시표 분류번호 47, 사업종류 전기기계기구제조업사업의 세목 474 기타 전기기계기구 제조업의 내용예시중에는 전선관을 제조하는 사업이 포함되어 있고, 공업진흥청장이 고시한 한국공업규격 분류표상 플로어 닥트를 전기부분에 속하는 물건으로 분류하고 있으며, 대한전기협회가 제정한 내선규정상으로도 전기용품으로 분류하고 있고, 전기배선용 이외에는 플로어 닥트를 사용할 수 없도록 되어 있는 사실을 인정한 다음 위 사실에 비추어 원고가 제조생산하는 이 사건 플로어 닥트가 전기기계기구에 속하는 물건이라고 해석하고, 따라서 원고가 납부해야 할 보험료는 전기기계기구제조업에 해당하는 각 년도의 보험료율에 의하여 산정해야 함에도 불구하고 피고가 이 사건 플로어 닥트를 금속제품제조업에 해당한다는 전제아래 그 사업에 사용되는 보험료율을 적용하여 보험료를 산정한 이 사건 처분은 위법하다고 판시하고 있다.

살피건대, 기록에 의하면 플로어 닥트는 사무실, 백화점, 상점 등의 바닥속에 설치하여 전선을 보호하고 전원을 자유롭게 뽑아 쓸 수 있도록 고안된 배관파이프로서 한국공업규격에서는 이를 전선관이라고 표현하고 있고 이 사건 플로어닥트의 실용신안공고(갑 제8호증)에서는 이를 전선배선관, 전선보호관이라고 표현하고 있어 플로어 닥트의 용도나 번역사용되고 있는 용어에 비추어 볼 때 이 사건 플로어 닥트가 위 예시표 세목 474에 예시된 전선관에 해당한다고 봄이 상당하다. 한편 위 예시표에 의하면 사업종류의 분류원칙으로서 적용사업단위의 주된 최종제품, 완성품, 제공되는 서비스의 내용에 의하되 재해율에 격차가 있는 것은 작업공정 등의 실태를 기초로 하여 분류하였음을 명시하고 있으며, 위 예

시표 분류번호 47, 사업종류 전기기계기구 제조업의 내용예시를 한 다음 단서로서 금속제 상자 및 지지판 제조업은 금속제품제조업에 분류한다고 규정하고, 세목 474 기타 전기기계기구제조업의 내용예시를 한 다음 단서로서 금속제 상자 및 지지판 제조업은 금속제품제조업에 분류한다고 규정하고, 세목 474 기타 전기기계기구 제조업의 예시중 전선관을 포함시키고 있다.

그렇다면 이 사건 플로어 닥트가 앞서본 바와 같이 위 예시표에 예시된 전선관에 해당한다고 인정되는 이상 이를 전기기계기구 제조업으로 분류함이 정당하고, 설사 이 사건 플로어 닥트의 작업공정과 재료가 금속제상자 등의 제조사업과 동일하다든가 금속제 닥트 및 강관전선관의 제조사업이 금속제품 제조업으로 분류되고 있는 실례가 있다는 사실이 인정된다 하더라도(기록상 위와같은 사실을 인정할만한 증거도 없다) 그 사실만으로 위 예시표 세목 474에 예시된 전선관이라는 명규정에 반해 이 사건 플로어 닥트를 분류번호 47의 위 단서규정에 따라 금속제품제조업으로 분류할 수는 없다 할 것이다.

왜냐하면 위 예시표는 앞서 본 바와 같은 분류원칙에 따라 작업공정 등을 이미 감안하여 사업종류를 분류한 것인데 위와같이 분류된 사업종류 및 내용예시가 작업공정 등이 다른 사업과 동일하다는 등 이유로 다시 다른 사업으로 분류될 수 있다면 위 예시표에 의하여 사업종류의 내용과 범위를 명확하게 하려는 이 예시표 제정의 근본목적에 어긋나기 때문이다.

따라서 이 사건 플로어 닥트가 전기기계기구에 속한다고 판단한 원심판결은 이 사건 플로어 닥트가 위 예시표 474에 예시한 전선관에 해당하는지의 여부를 구체적으로 설시함이 없는 등 그 이유설시에 미흡한 점이 있기는 하나 그 결론이 정당하고, 거기에 소론과 같은 채증법칙위배로 인한 사실오인 및 보험료율 결정에 관한 법리오해의 위법이 없으므로 논지는 이유없다.

그러므로 상고를 기각하고, 상고비용은 패소자의 부담으로 하여 관여법관의 일치된 의견으로 주문과 같이 판결한다.

대법원판사 박우동(재판장), 정기승, 김달식

● 산업재해보상보험금추징처분취소

대법원 제2부, 1986. 2. 25. 판결 85누552 파기환송

판 시 사 항

◉ 채굴한 흑연질무연탄을 당시의 특수사정으로 석탄으로 판매한 경우, 산업재해보상보험료율 적용을 위한 사업의 종류여하

◉ 산업재해보상보험법 제22조, 같은법 시행령 제49조 제1항 소정의 보험료액과 보험급여액의 비율계산에 있어서의 보험료액의 의미

판 결 요 지

가. 산업재해보상보험료율 적용을 위한 노동청(노동부)의 사업종류예시에 관한 고시(1980년도 내지 1982년도)에 흑연광업으로 예시되어 있는 흑연질 무연탄이란 흑연성분이 다량 포함되어 흑연의 특

성을 가지고 흑연의 용도에 적용될 수 있는 광물을 의미한다고 해석함이 상당하므로 그 채굴. 채취한 흑연질 무연탄이 당시의 수급사정, 판매가격 기타의 사정 등으로 흑연으로서가 아닌 석탄으로 판매된 바 있다 하여도 흑연질 무연탄을 채굴 채취하는 이상, 흑연광업에 해당함은 변함이 없다.

나. 산업재해보상보험법 제22조, 같은법 시행령 제49조 제1항 규정의 취지는 동종사업에 비하여 그 납부한 보험료액에 대한 보험급여액의 비율이 지나치게 높거나 낮은 사업에 관하여는 그 보험료율을 증감·조정함으로써 공평을 유지하고자 함에 있다 할 것이므로 이 경우 보험료액과 보험급여액의 비율계산에 있어서의 보험료액은 착오 등으로 잘못 결정된 보험료율에 의하여 산정된 보험료액을 의미하는 것이 아니라 당해 사업에 적당하게 적용될 일반보험료율(또는 개별실적율)을 적용하여 산정된 보험료액을 의미한다.

참조조문 가. 산업재해보상보험법 제21조, 동법시행령 제46조
나. 산업재해보상보험법 제22조, 동법시행령 제49조 제1항

당 사 자 원고, 상고인 삼창광업개발 주식회사
소송대리인 변호사 박준용
피고, 피상고인 노동부 영주지방사무소장

원심판결 대구고등법원 1985.6.7. 83구153 판결

주 문 원심판결을 파기하고, 사건을 대구고등법원에 환송한다.

이 유

원고소송대리인의 상고이유(각 상고이유 심충서는 상고이유서 제출기간 도과후에 제출된 것이므로 이를 보충하는 범위내에서)를 판단한다.

제1상고이유 제4점에 대하여

(1) 원심판결 이유에 의하면, 원심은 거시증거에 의하여 원고가 경영하는 경상북도 문경군 마성면 소재 삼창탄광의 사업이 노동청(또는 노동부) 고시 사업종류 예시표상의 석탄광업에 해당한다고 인정한 다음, 원고가 1980년도 내지 1982년도의 각 개산 및 확정보험료를 보고, 납부함에 있어서 위 삼창탄광의 사업을 흑연광업에 속한다고 하여 근로자에게 지급한 임금총액에 흑연광업에 적용되는 개별실적보험료율(1980년도 52/1000, 1981년도는 74/1000, 1982년도는 76/1000)을 곱한 보험료 즉 1980년도는 금 106,652,130원, 1981년도는 금 193,544,647원, 1982년도는 금215,284,334원을 각 피고에게 보고, 납부한 것은 잘못된 것이라 하여 피고가 이를 조사하여 1983.3.11자로 원고에게 석탄광업에 적용되는 개별실적보험료율에 의한 보험료를 산정하고, 기납부 보험료를 공제하여 추가징수한 이 사건 부과처분은 적법하다고 판시하고 있다.

(2) 산업재해보상보험료율 적용을 위한 노동청(노동부)의 사업종류 예시에 관한 고시(1980년도 내지 1982년도)에 의하면 석탄광업에 관하여는 그 내용예시로 1. 광

업법에 규정한 광물중 석탄의 채굴, 채취하는 사업, 2. 석탄의 채굴, 채취에서 석탄까지의 일관사업, 다만 석탄의 수세탄, 또는 석탄만을 독립하여 하는 사업은 기타의 광업에 분류한다고 규정하고 있고, 흑연광업에 관하여는 그 내용예시로 흑연 및 흑연질 무연탄을 채굴, 채취하는 사업, 다만 여기서 흑연질 무연탄이라 함은 석탄 성분이 소량 함유되어 있으나 흑연 명칭으로 생산, 판매하는 것을 말한다고 규정되어 있는 바, 흑연의 부존 상태는 부존 주변광상이 대부분 암석, 암반으로 되어 있기 때문에 부석, 모래, 흙으로 광산을 이루고 있는 석탄과 달리 채굴작업상 재해율이 현저히 낮으며, 산재보험료율은 재해율을 기초로 하여 정하여지는 것이고, 위 사업종류의 분류예시는 적정 공평한 보험료율의 적용을 위한 것인 점등을 비추어 보면, 위 흑연광업의 예시표상 흑연질 무연탄이란 흑연성분이 다량 포함되어 흑연의 특성을 가지고 흑연의 용도에 사용될 수 있는 광물을 의미한다고 해석함이 상당할 것이므로 그 채굴, 채취한 흑연질 무연탄이 당시의 수급사정, 판매가격, 기타의 사정 등으로 흑연으로서가 아닌 석탄으로 판매된 바 있다 하여도 흑연질 무연탄을 채굴, 채취하는 이상, 흑연광업에 해당함은 변함이 없다 할 것이다.

이 사건의 경우, 원심이 원고의 사업종류를 석탄광업이라고 단정함에 있어 채용한 증거들을 검토하여보면, 을 제22호증(사실조회회신), 같은 제24호증(광산물생산월보)에는 원고가 경상북도지사에게 광산물 생산 보고를 하면서 1980년도 내지 1983년도의 원고가 생산한 광물은 석탄뿐인 것으로 보고되었다는 기재가 있으나 위 제22호증의 다른 기재에는 경상북도 관내 문경, 상주지역에서 생산되는 석탄은 전부가 "흑연질 무연탄"이라는 내용이 있으며, 원고는 정부의 대체연료개발 또는 석탄증산정책에 발맞추어 위 "흑연질 무연탄"을 생산하면서도 석탄으로 판매하여 왔고 위 보고서에도 석탄증산 지원자금을 받기 위하여 석탄을 생산한 것으로 보고한 사실이 엿보이는 점에 비추어 볼 때 위 증거만으로는 원고의 생산광물이 석탄이라고 단정하기에는 부족한 바 있다 할 것이고 그밖에 을제10호증, 같은 제11호증의 1 내지 4, 같은 제28호증의 기재내용에 의하여도 원고경영의 탄광의 생산광물이 위 예시표상의 석탄으로 단정할 수 있는 증거로는 미흡한 것으로 보여지고, 오히려 원심이 배척한 지질학 교수인 원심증인 김옥준의 증언을 보면, 원고의 삼창탄광은 흑연질 무연탄 탄광이라고 하고 있고, 서울대학교 지질학 교수 김수진이 작성한 엑스선 회질분석결과등 (갑 제8호증의 1, 2)에 의하면 이 사건 흑연질 무연탄은 90퍼센트 이상 흑연으로 구성되어 있다는 것이고, 대한광업진흥공사에서 펴낸 한국 광산물이란 책자9 갑 제7호증의 1, 2, 같은 제20호증의 1 내지 3)에 의하면 원고경영의 삼창탄광은 토상흑연의 주요생산탄광으로 기재되어 있고, 을 제1호증(연도별 광산물 생산 및 판매현황보고)를 보면 원고가 피고에게 생산광물의 현황을 보고하면서 1979년부터 1982년까지의 생산물 전부가 흑연이며, 그 판매는 석탄으로 84 내지 86퍼센트, 흑연으로 14 내지 16퍼센트를 판매하였다고 한 점등에서 비추어 보면 원고가 위 삼창탄광에서 생산하는 광물은 위 산업종류예시표상의 흑연광업에 해당하는 흑연질 무연탄이 아닌가하는 의문이 든다. 그러므로 원심으로서는 원고가 채굴, 채취한 광물자체의 특성, 용도 등을 좀 더 자세히 심리판단하였어야 할 것인데도 불구하고 이에 이르지 아니한 채 위 증거들만으로 석탄광업으로 단정하고 석탄광업에 적용되는 보험료율을 적용하여야 한다고 판시한 원심판결에는 필경 심리를 다하지 아니하였거나, 채증법칙을 위배한 잘못을 저질렀다 할 것이고 그 잘못은 판결에 영향을 미쳤다 할 것이니 이 점을 지적하는 논지는 이유 있다.

제2. 상고이유 제3점에 대하여,

(1) 원심판결 이유에 의하면, 원심은 원고가 경영하는 이 사건 광업에 적용될 1980년도 내지 1982년도의 각 개별실적 보험료율을 결정함에 있어 산업재해보상보험법 제22조, 같은법 시행령 제1항, 제50조 제1항에 의하여 그 보험료액에 대한 보험급여액의 비율이 100분의 85를 넘는다 하여 석탄광업에 적용되는 일반보험료율을 인상하여 각 개별실적료율을 1980년도는 1000분의 93, 1981년도는 1000분의 112, 1982년도는 1000분의 126으로 각 결정한 후 각 해당연도의 보험료액을 산정하고 있음을 알 수 있다.

(2) 그러나 같은법 제22조, 같은법 시행령 제49조 제1항에서 당해 보험료의 액에 대한 보험급여의 액의 비율이 100분의 85를 넘거나 100분의 75이하인 때에는 일반보험료율을 100분의 30의 범위 안에서 증감조정하여 다음 보험연도의 개별실적료율을 결정하도록 되어있는바, 위 규정의 취지는 동종사업에 비하여 그 납부한 보험료액에 대한 보험급여액의 비율이 지나치게 높거나 낮은 사업에 관하여는 그 보험료율을 증감, 조정하므로서, 공평을 유지하고 자함에 있다 할 것이므로 이 경우 보험료액과 보험급여액의 비율계산에 있어서의 보험료액은 착오등으로 잘못 결정된 보험료율에 의하여 산정된 보험료액을 의미하는 것이 아니라, 당해사업에 적당하게 적용될 일반보험료율(또는 개별실적율)을 적용하여 산정된 보험료액을 의미한다고 해석함이 상당하다 할 것이다. 그러므로 원심이 원고의 사업을 흑연공업이 아닌 석탄공업으로 인정하였다면 그 1980년도 내지 1982년도의 각 개별실적 보험료율을 결정함에 있어서도 그 산정기초가 되는 3년간 보험연도의 보험료액을 흑연광업의 일반보험료율을 적용하여 잘못 산정된 보험료액을 기준으로 할것이 아니라, 석탄광업에 적용될 일반보험료율 또는 그 일반보험료율을 증감조정한 개별실적료율을 적용하여 다시 산정하고 이에 따라 재산정된 보험료액과 보험급여액과를 대비하여 개별실적율을 변경조정하여야 할 것인데도 원심은 흑연광업의 일반료율을 적용하여 다시 산정하고 이에 따라 재산정된 보험료액과 보험급여액과를 대비하여 개별실적율을 변경조정하여야 할 것인데도 원심은 흑연광업의 일반료율을 적용하여 잘못 산정된 보험료액을 기초로하여 결정한 개별실적보험료율을 적용하여 위 각 보험연도의 보험료액을 산정한 조치는 결국 개별실적보험료율 결정에 관한 법리를 오해한 위법이 있고 이는 판결 결과에 영향을 미쳤다 할 것이니 이 점을 탓하는 논지 역시 이유 있다.

그러므로 다른 상고 이유에 대한 판단을 생략하고, 원심판결을 파기하고 다시 심리판단케 하기 위하여 사건을 원심법원에 환송하기로 하여 관여법관의 일치된 의견으로 주문과 같이 판결한다.

대법원판사 김형기(재판장), 정태균, 이정

우, 신정철

● 산업보험료징수결정취소

대법원 제3부. 1986. 3. 11. 판결 85누360 상고기각

판 시 사 항

◉ 지질탐사를 목적으로 하는 시추사업이 산업재해보상보험법의 적용을 받는 사업인지 여부

판 결 요 지

광물의 채굴이 아니라 지질의 탐사를 목적으로 하는 시추사업은 경제기획원장관이 고시한 한국표준산업분류표상의 지질조사 및 탐사업(84292번) 으로서 건축, 공학 및 기술검사서비스업(842) 이고 사업서비스업(중분류84) 에 속하여 산업재해보상보험법시행령 제2조 제1항, 제2항에 의하여 산업재해보상보험법의 적용이 배제된다.

참조조문 산업재해보상보험법시행령 제2조 제2항

참조판례 대법원 1985. 9. 24 85누311 판결 1985. 11. 26. 85누319 판결

당 사 자 원고, 피상고인 유림실업주식회사 소송대리인 변호사 박상기
피고, 상고인 노동부서울동부지방사무소장

원심판결 서울고등법원 1985. 4. 4. 84구853 판결

주 문 상고를 기각한다. 상고비용은 피고의 부담으로 한다.

이 유

상고이유를 본다.

원심판결 이유에 의하면 원심은 그 채택한 증거를 종합하여 원고가 소외 대한 광업진흥공사와 재단법인 한국동력자원연구소로부터 도급받아서 하는 시추작업의 내용은 도급자가 지정하는 장소의 지표에서 지정된 지하의 깊이, 통상 지하 100미터 내지 1, 200미터까지 시추기로 시추를 하여 지표로부터 지정된 깊이까지 단절됨이 없이 연속되는 암추를 채취하는 일이고, 시추작업의 목적은 지질의 탐사이지 광물의 채굴이 아니므로 채취된 암추는 광물이 부존된 경우도 있으나 광물이 전혀 보존되지 아니한 바위덩이일수도 있으며, 시추작업의 시행직역은 광업권이 설정된 지역이든 아니든 불문하는 사실,

시추의 방법은 선회식 시추기를 지상에 고정설치하여 시추기를 운전하는 것인데, 시추기의 끝에 암반을 굴진할 수 있는 공업용 다이아몬드로 제작된 빗트를 부착시켜 이에 압력을 가하면서 회전시킴으로써 빗트가 굴진하여 지름 1인치 내지 4인치의 원봉인 암추를 채취하는 방법이고 광업권자가 광업권설정지역에서 광맥의 방향, 심도, 범위, 품위(부존양) 등을 알아내어 채광을 위한 굴진의 여부, 굴진의 방법 등을 결정하기 위한 시추와는 서로 다른 사실, 1983. 8. 6 시설된 산재법 시행령 제2조 제2항에 산재법 적용제외 사업의 범위에 관하여 이 령에 특별한 규정이 있는 것을 제외하고는 경제기획원 장관이 고시한 한국표준산업분류표에 의하도록 규정되어 있고, 이에 의하면 원고의 위 시추사업은 지질조사 및 팀사업(84292번) 으로서 건축, 공학 및 기술검사서비스업(842) 이고 사업서비스업(중분류 84) 에 속하는 사실들을 인정

하고 그러하다면 원고의 위 시추업은 그 판시 법령에 의하여 산업재해보상보험법의 적용이 배제되는 기술검사서비스업이지 광물의 시추업이 아니라고 할 것이므로, 원고의 사업을 광물의 시추업으로 보고 산재보험료율표상의 기타광업에 따른 요율을 적용하여 보험료를 징수하기로 한 피고의 이 사건 보험료 징수처분은 위법하다고 판시하고 있다.

기록에 의하여 살펴보면 원심의 인정과 판단은 능히 수긍이 가고(당원 1985.9.24 선고, 85누311 판결;1985.11.26 선고, 85누319 판결등 참조), 거기에 소론과 같은 심리미진, 채증법칙위배로 인한 사실오인이나 이유불비등의 위법이 없다.

논지는 다른 견해에서 원심판결을 탓하는 것이니 받아들일 수 없다.

그러므로 상고를 기각하고, 상고비용은 패소자의 부담으로 하여 관여법관의 일치된 의견으로 주문과 같이 판결한다.

대법원판사 오성환(재판장), 강우영, 윤일영, 김덕주

● 산재보험료징수결정취소

대법원 제2부. 1986.1.21. 판결 85누307 상고기각

판 시 사 항

◉ 산업재해보상보험법의 적용이 배제되는 사업의 범위를 정하는 기준

판 결 요 지

산업재해보상보험법 제4조 단서, 동 시행령(1983.8.6 대통령령 제11197호) 제2호 제1항 제1호 내지 제8호(위 개정 이전에는 제1호 내지 제5호) 및 동 제2조 제2항의 규정상 산업재해보상보험법의 적용이 배제되는 사업의 범위를 정함에 있어서는 먼저 1983.8.6 위 시행령 제2조 제2항의 시행 이전에는 동법의 적용을 배제하는 제도의 취지를 침작하여 그 사업의 내용과 성질에 비추어 동법의 적용이 배제되는 사업의 범위에 속하는지 여부를 가려야하고 그 시행 이후에는 위 시행령에 특별규정이 있는 것을 제외하고는 경제기획원장관이 고시한 한국표준산업분류표에 의하여 어느 사업에 해당하는지를 밝혀야 한다.

참조조문 산업재해보상보험법 제4조
동법시행령(1983.8.6 대통령령 제11197호) 제2조 제1항 제1호-제8호, 제2조 제2항

참조판례 대법원 1985.9.24 85누311 판결
1985.11.26. 85누319 판결

당 사 자 원고, 피상고인 주식회사 한국건업엔지니어링
소송대리인 변호사 박상기
피고, 상고인 노동부 서울중부지방사무소장

원심판결 서울고등법원 1985.4.8. 84구858판결

주 문 상고를 기각한다. 상고 소송비용은 피고의 부담으로 한다.

이 유

상고이유를 판단한다.

산업재해보상보험법 제4조 단서, 동시행

령(1983. 8. 6 대통령령 제11197호) 제2조 제1항 제1호 내지 제8호(위 개정 이전에는 제1호 내지 제5호) 및 동 제2조 제2항의 규정상 산업재해보상보험법의 적용이 배제되는 사업의 범위를 정함에 있어서는 먼저 1983. 8. 6 위 시행령 제2조 제2항의 시행 이전에는 같은 법의 적용에 있어서는 먼저 1983. 8. 6 위 시행령 제2조 제2항의 시행 이전에는 같은 법의 적용을 배제하는 제도의 취지를 참작하여 그 사업의 내용과 성질에 비추어 같은 법의 적용이 배제되는 사업의 범위에 속하는지 여부를 가려야 하고 그 시행 이후에는 위 시행령에 특별규정이 있는 것을 제외하고는 경제기획원장관이 고시한 한국표준산업분류표에 의하여 어느 사업에 해당하는지를 밝혀야 한다(당원 1985. 9. 24 선고, 85누311 및 1985. 11. 26 선고, 85누319 판결 각 참조).

원심은 원고가 소외 대한광업진흥공사와 재단법인 한국동력자원연구소로부터 도급받아 시행한 시추사업을 위 법의 적용대상인 사업이고 산재보험료율표상의 기타 광업소정의 요율을 적용하여 한 피고의 이 사건 처분에 대하여 원고가 도급받아 한 시추사업의 내용은 도급자가 지정하는 장소의 지표에서 지정된 지하의 깊이, 통상 지하 100미터 내지 1,200미터까지 시추하여 지정된 깊이까지 단절됨이 없이 연속되는 암추를 채취하는 것이고 그 시추의 목적은 지질의 탐사이지 광물의 채굴이 아니며, 시추의 시행지역은 광업권이 설정된 지역이든 아니든 불문하여 시추방법은 선회식 시추기를 지상에 고정설치하여 시추기의 끝에 암반을 굴진할 수 있는 공업용 다이아몬드로 제작된 빗트를 부착시켜 이에 압력을 가하면서 회전시키므로서 빗트가 굴진하여 지름 1인치 내지 4인치의 원봉인 암추를 채취하는 것이고, 이것은 광업권자가 광업권 설정지역에서 광맥의 방향, 심도, 범위, 품위(부존양) 등을 알아내어 채광을 위한 굴진의 여부, 굴진의 방법 등을 결정하기 위하여 하는 광물의 시추업과는 구별되는 사실을 각 인정하고, 원고의 사업내용이 위와 같은 이상 위 시추사업은 위 산재보험료율표상의 사업종류예시표에 기재된 기준에 따라 기타 광업으로 분류된 광물의 시추업으로 볼 것이 아니라 건축공학 및 기술검사 서비스업에 속하는 지질조사 및 탐사업인 사업 서비스업에 해당한다 하겠으므로 위 시행령 제2조 제1항 제3호 또는 제4호(1983. 8. 6 개정되기 전에는 같은 시행령 제2조제1항 제2호)에서 정하고 있는 같은 법의 적용을 받지 아니하는 사업에 속한다 하여 원고의 위 시추사업을 광업으로 보고 한 피고의 이 사건 처분의 취소를 명하고 있다.

기록에 비추어 검토하건대, 원심의 위 사실인정은 수긍이 가고 거기에 소론과 같은 심리미진 등의 위법이 있다 할 수 없고 또 위 인정사실을 전제로 한 판단 역시 위 설시와 같은 취지에 따른 것으로서 정당하고 거기에 소론과 같은 판단유탈, 이유불비 등의 위법이 있다 할 수 없다.

논지는 위 법 제4조 단서의 규정에 의하여 같은 법의 적용을 받지 아니하는 같은 시행령 제2조 제1항에 규정하는 사업의 범위는 무조건 노동부장관이 고시하는 위 산재보험료율표상의 사업종류 예시표를 기준으로 결정하여야 한다는 취지이나 이는 근거없는 독단적 주장으로서 채용할 수 없다.

논지 이유 없다.

따라서 상고를 기각하고, 상고소송비용은 패소자의 부담으로 하여 관여법관의 일치된 의견으로 주문과 같이 판결한다.

대법원판사 신정철(재판장), 정태균, 이정우, 김형기

● 산재보험료징수결정취소

대법원 제1부. 1985. 11. 26. 판결 85누309 상고기각

판 시 사 항

◉ 채취된 암추를 분석하여 지질을 탐사하는 것을 목적으로 한 시추사업이 광물의 시추업에 해당하는지 여부

판 결 요 지

채취된 암추를 분석하여 지질을 탐사하는데 목적이 있는 시추사업은 산업재해보상보험법 제21조, 동법시행령 제46조에 의하여 노동부장관이 고시하는 산재보험요율표상의 사업종류예시표에 기타광업으로 분류되어 있는 광물의 시추업이라기 보다는 일종의 용역업 내지 사회서비스업에 해당한다 하겠으므로 위 법시행령 제2조 제1항 제3호 또는 제4호(1983. 8. 6 개정되기 전에는 동법시행령 제2조 제1항 제2호)에서 정하고 있는 위 법의 적용을 받지 아니하는 사업에 속한다.

참조조문 산업재해보상보험법 제4조, 동법시행령 제2조 제1항 제3호, 제4호 구 산업재해보상보험법 시행령(1983. 8. 6 대통령령 제11197호로 개정되기 전의 것) 제2조 제1항 제2호

참조판례 대법원 1985. 9. 24 85누311 판결
1985. 10. 22 85누362 판결
1985. 11. 26 85누237 판결
1985. 11. 26 85누319 판결

당 사 자 원고, 피상고인 세형개발주식회사
소송대리인 변호사 박상기
피고, 상고인 노동부 서울중부지방사무소장

원심판결 서울고등법원 1985. 4. 8. 84구854판결

주 문 상고를 기각한다. 상고 소송비용은 피고의 부담으로 한다.

이 유

상고이유를 판단한다.

산업재해보상보험법 제4조 단서는 사업의 위험률, 규모 및 사업장소 등을 참작하여 대통령령으로 정하는 사업은 같은법의 적용이 배제된다고 규정하고 있고, 이에 따라 같은법 시행령 제2조 제1항 제1호 내지 제8호(1983. 8. 6 개정되기 전에는 제1호 내지 제5호)로서 그 사업의 종류를 정하고 있으며, 한편 1983. 8. 6 신설되어 공포시행된 같은 시행령 제2조 제2항은 제1항 제1호 내지 제4호 및 제6호 내지 제8호에 규정한 사업의 범위에 관하여 이 영에 특별한 규정이 있는 것을 제외하고는 경제기획원장관이 고시한 한국표준산업분류표에 의한다고 규정하고 있으므로, 같은법의 적용이 배제되는 사업의 범위를 정함에 있어서, 1983. 8. 6 같은법 시행령 제2조 제2항이 시행되기 전에는 같은법의 적용을 배제하는 제도의 취지를 참작하여 그 사업의 내용과 성질에 비추어 같은법의 적용이 배제되는 사업의 범위에 포함되는지 여부를 결

정하여야 한다 할 것이고, 그 시행 이후에는 같은 시행령에 특별한 규정이 있는 것을 제외하고는 위 한국표준산업분류표에 의하여야 할 것이고, 이 경우도 당해 사업의 내용과 성질을 파악하여 그것이 한국표준분류표의 어느 사업에 해당하는지를 먼저 밝혀야 할 것이다.

원심판결 이유에 의하면 원심은, 피고는 원고가 1981. 부터 1984. 까지 사이에 소외 대한광업진흥공사와 재단법인 한국동력자원연구소로부터 도급받아 시행한 시추사업을, 같은법 제21조, 같은 시행령 제46조에 의하여 노동부장관이 고시하는 산재보험료율표상의 사업종류 예시표의 기타 광업에 속한다고 보고 이 사건 보험료징수결정을 하여 고지한 사실을 다툼없는 사실이라 전제한 다음, 거시증거를 종합하여 원고가 도급받아서 하는 위 시추사업의 내용은, 도급자가 지정하는 장소의 지표에서 지정된 지하의 깊이(통상 지하 100미터 내지 1,200미터)까지 시추하여 지표로부터 지정된 깊이까지 단절됨이 없이 연속되는 암추를 채취하는 것이고, 그 시추의 목적은 채취된 암추를 분석하여 지질을 탐사하는데 있는 것이지 광물의 채굴을 위함에 있는 것이 아니며, 시추지역은 광업권이 설정된 지역이든 아니든 가리지 아니하며, 시추방법은 선회식 시추기를 지상에 고정 설치하여 시추기 끝에 암반을 굴진할 수 있는 공업용다이아몬드로 제작된 빗트를 부착시켜 이에 압력을 가하면서 회전시키므로 빗트가 굴진하여 지름 1인치 내지 4인치의 원봉인 암추를 채취하는 것이고, 이것은 광업권자가 광업권설정지역에서 광맥의 방향, 심도, 범위, 품위 등을 알아내어 채광을 위한 굴진의 여부 및 방법등을 결정하기 위하여 하는 광물의 시추업과는 구별되는 사실 및 원고가 하는 위 시추사업의 목적, 내용, 지역, 방법 등에 비추어 보면 이것은 위 산재보험료율표상의 사업종류 예시표에 기타 광업으로 분류되어 있는 광물의 시추업이라기 보다는 일종의 용역업 내지 사회서비스업에 해당한다 하겠으므로 같은법 시행령 제2조 제1항 제3호 또는 제4호(1983. 8. 6 개정되기 전에는 같은법 시행령 제2조 제1항 제2호)에서 정하고 있는 같은법의 적용을 받지 아니하는 사업에 속한다 할 것이니, 원고의 시추사업을 광업으로 인정하여 한 이 사건 보험료징수처분은 위법하다고 판시하고 있는바, 기록에 의하면 검토하여 보면 원심의 위 사실인정은 충분히 수긍이 가고 거기에 소론과 같은 채증법칙위배나 법리오해의 위법이 있다고는 할 수 없다.

따라서 상고를 기각하고, 상고 소송비용은 패소자의 부담으로 하기로 관여법관의 의견이 일치되어 주문과 같이 판결한다.

대법원판사 전상석(재판장), 이회창, 정기승

● 산재보험료징수결정취소

대법원 제2부. 1985. 10. 22. 판결85누362 상고기각

판 시 사 항

◉ 채취된 암추를 분석하여 지질을 탐사하는 것을 목적으로 한 시추사업이 광물의 시추업에 해당하는지 여부

판 결 요 지

채취된 암추를 분석하여 지질을 탐사하는데 목적이 있는 시추사업은 산업재해보상보험법 제21조,

동법시행령 제46조에 의하여 노동부장관이 고시하는 산재보험요율표상의 사업종류예시표에 기타 광업으로 분류되어 있는 광물의 시추업이라기 보다는 같은 표상의 지질조사 및 탐사업으로서 건축, 공학 및 기술검사서비스업이고 사업서비스업에 속한다 할 것이므로 위 법시행령 제2조 제1항 제3호 내지 제4호(1983. 8. 6 개정되기 전에는 동법시행령 제2조 제1항 제2호)에서 정하고 있는 위 법의 적용을 받지 아니하는 사업에 속한다.

참조조문 산업재해보상보험법 제4조, 동법시행령 제2조 제1항 제3호, 제4호 구 산업재해보상보험법 시행령(1983. 8. 6 대통령령 제11197호로 개정되기 전의 것) 제2조 제1항 제2호

참조판례 대법원 1985. 9. 24. 85누311판결

당 사 자 원고, 피상고인 태광지질공업주식회사
소송대리인 변호사 박상기
피고, 상고인 노동부 서울관악지방사무소장

원심판결 서울고등법원 1985. 4. 4. 84구867판결

주 문 상고를 기각한다. 상고 소송비용은 피고의 부담으로 한다.

이 유

상고이유를 판단한다.

산업재해보상보험법 제4조 단서는 사업의 위험률, 규모 및 사업장소 등을 참작하여 대통령령으로 정하는 사업은 같은법의 적용이 배제된다고 규정하고 있고, 이에 따라 같은법 시행령 제2조 제1항 제1호 내지 제8호(1983. 8. 6 개정되기 전에는 제1호 내지 제5호) 로서 그 사업의 종류를 정하고 있으며, 한편 1983. 8. 6 신설되어 공포시행된 같은 시행령 제2조 제2항은 제1항 제1호 내지 제4호 및 제6호 내지 제8호에 규정한 사업의 범위에 관하여 이 영에 특별한 규정이 있는 것을 제외하고는 경제기획원장관이 고시한 한국표준산업분류표에 의한다고 규정하고 있으므로, 같은법의 적용이 배제되는 사업의 범위를 정함에 있어서, 1983. 8. 6 같은법 시행령 제2조 제2항이 시행되기 전에는 같은법의 적용을 배제하는 제도의 취지를 참작하여 그 사업의 내용과 성질에 비추어 같은법의 적용이 배제되는 사업의 범위에 포함되는지 여부를 결정하여야 한다 할 것이고, 그 시행 이후에는 같은 시행령에 특별한 규정이 있는 것을 제외하고는 위 한국표준산업분류표에 의하여야 할 것이고, 이 경우도 당해 사업의 내용과 성질을 파악하여 그것이 한국표준분류표의 어느 사업에 해당하는지를 먼저 밝혀야 할 것이다.

원심판결 이유에 의하면 피고는 원고가 소외 대한 광업진흥공사와 재단법인 한국동력자원연구소로부터 도급받아 시행한 시추사업을 같은법 제21조, 같은법 시행령 제46조에 의하여 노동부장관이 고시하는 산재보험료율표에 도급에 의한 광물의 시추업이 기타 광업으로 분류되어 있으므로, 같은 법의 적용대상이 되는 사업이라하여 이 사건 보험료징수결정을 하여 고지한 사실을 인정한 다음 거시증거를 종합하면 원고가 도급 받아서 하는 위 시추사업의 내용은 도급자가 지정하는 장소의 지표에서 지정된 지하의 깊이(통상 지하 100미터 내지 1, 200미터) 까지 시추하여 지표로부터 지

정된 깊이까지 단절됨이 없이 연속되는 암추를 채취하는 것이고, 그 시추의 목적은 채취된 암추를 부석하는 지질의 탐사이지 광물의 채굴이 아니며, 시추지역은 광업권이 설정된 지역이든 아니든 가리지 아니하며, 시추방법은 선회식 시추기를 지상에 고정설치하여 시추기 끝에 암반을 굴진할 수 있는 공업용 다이아몬드로 제작된 빗트를 부착시켜 이에 압력을 가하면서 회전시키므로서 빗트가 굴진하여 기름 1인치 내지 4인치의 원봉인 암추를 채취하는 방법이고, 이것은 광업권자가 광업권 설정지역에서 광맥의 방향, 심도, 범위, 품위(부존량) 등을 알아내어 채광을 위한 굴진의 여부 및 방법 등을 결정하기 위한 시추와는 서로 다른 사실을 각 인정하고 이에 의하면 원고가 하는 위 시추사업은 위 산재보험료율표상의 사업종류 예시표에 기타 광업으로 분류되어 있는 광물의 시추업과는 다른 같은 표상의 지질조사 및 탐사업(84292) 으로서 건축, 공학 및 기술검사서비스업 (842) 이고 사업서비스업(중분류 84) 에 속한다 할 것이므로 원고의 시추사업을 광업으로 인정하여 한 이 사건 보험료징수처분은 위법하다고 판시하고 있다.

기록에 의하여 검토하여 보면 원심의 위 사실인정은 충분히 수긍이 가고 거기에 소론과 같은 채증법칙위배의 위법이 있다고는 할 수 없고 또 위 인정사실에 의하면 이 사건 시추사업은 같은법 시행령 제2조 제1항 제3호 또는 제4호(1983. 8. 6 개정되기 전에는 같은법 시행령 제2조 제1항 제2호) 에서 정하고 있는 같은 법의 적용을 받지 아니하는 사업에 속한다 할 것이니 원심의 위와같은 판단 역시 앞서 본 설시와 같은 취지에 따른 것으로 보여서 정당하고 거기에 소론과 같은 심리미진이나 법리오해의 위법이 있다고는 할 수 없다.

그러므로 상고를 기각하고, 상고 소송비용은 패소자의 부담으로 하여 관여법관의 일치된 의견으로 주문과 같이 판결한다.

대법원판사 김형기(재판장), 정태균, 신정철

● 산재보험료징수결정취소

대법원 제2부. 1985. 9. 24. 판결85누311 상고기각

— 판 시 사 항 —

◉ 채취된 암추를 분석하여 지질을 탐사하는 것을 목적으로 한 시추사업이 광물의 시추업에 해당하는지 여부

— 판 결 요 지 —

채취된 암추를 분석하여 지질을 탐사하는데 목적이 있는 시추사업은 산업재해보상보험법 제21조, 동법시행령 제46조에 의하여 노동부장관이 고시하는 산재보험요율표상의 사업종류예시표에 기타 광업으로 분류되어 있는 광물의 시추업이라기 보다는 같은 표상의 지질조사 및 탐사업으로서 건축, 공학 및 기술검사서비스업이고 사업서비스업에 속한다 할 것이므로 위 법시행령 제2조 제1항 제3호 내지 제4호(1983. 8. 6 개정되기 전에는 동법시행령 제2조 제1항 제2호) 에서 정하고 있는 위 법의 적용을 받지 아니하는 사업에 속한다.

참조조문 산업재해보상보험법 제4조, 동법시행령 제2조 제1항 제3호,

제4호 구 산업재해보상보험법 시행령(1983. 8. 6 대통령령 제11197호로 개정되기 전의 것) 제2조 제1항 제2호

당 사 자 원고, 피상고인 세기지질조사주식회사
소송대리인 변호사 박상기
피고, 상고인 노동부 서울관악지방사무소장

원심판결 서울고등법원 1985. 4. 8. 84구867판결

주 문 상고를 기각한다. 상고 소송비용은 피고의 부담으로 한다.

이 유

상고이유를 판단한다.

산업재해보상보험법 제4조 단서는 사업의 위험률, 규모 및 사업장소 등을 참작하여 대통령령으로 정하는 사업은 같은법의 적용이 배제된다고 규정하고 있고, 이에 따라 같은법 시행령 제2조 제1항 제1호 내지 제8호(1983. 8. 6 개정되기 전에는 제1호 내지 제5호)로서 그 사업의 종류를 정하고 있으며, 한편 1983. 8. 6 신설되어 공포시행된 같은 시행령 제2조 제2항은 제1항 제1호 내지 제4호 및 제6호 내지 제8호에 규정한 사업의 범위에 관하여 이 영에 특별한 규정이 있는 것을 제외하고는 경제기획원장관이 고시한 한국표준산업분류표에 의한다고 규정하고 있으므로, 같은법의 적용이 배제되는 사업의 범위를 정함에 있어서, 1983. 8. 6 같은법 시행령 제2조 제2항이 시행되기 전에는 같은법의 적용을 배제하는 제도의 취지를 참작하여 그 사업의 내용과 성질에 비추어 같은법의 적용이 배제되는 사업의 범위에 포함되는지 여부를 결정하여야 한다 할 것이며, 그 시행 이후에는 같은 시행령에 특별한 규정이 있는 것을 제외하고는 위 한국표준산업분류표에 의하여야 할 것이고, 이 경우도 당해 사업의 내용과 성질을 파악하여 그것이 한국표준분류표의 어느 사업에 해당하는지를 먼저 밝혀야 할 것이다.

원심판결 이유에 의하면 원심은, 피고는 원고가 1981. 부터 1984. 까지 사이에 소외 대한광업진흥공사와 재단법인 한국동련자원연구소로부터 도급받아 시행한 시추사업을 같은법 제21조, 같은법시행령 제46조에 의하여 노동부장관이 고시하는 산재보험료율표상의 사업종류 예시표에 기타방법으로 분류되어 있으므로 같은 법의 적용대상이 되는 사업이라 하여 이 사건 보험료징수결정을 하여 고지한 사실을 다툼없는 사실이라 전제한 다음,

거시증거를 종합하여 원고가 도급받아서 하는 위 시추사업의 내용은 도급자가 지정하는 장소의 지표에서 지정된 지하의 깊이(통상 지하100미터 내지 1,200미터)까지 시추하여 지표로부터 지정된 깊이까지 단절됨이 없이 연속되는 암추를 채취하는 것이고,

그 시추의 목적은 채취된 암추를 분석하여 지질을 탐사하는데 있는 것이지 광물의 채굴을 위함에 있는 것이 아니며,

시추지역은 광업권이 설정된 지역이든 아니든 가리지 아니하며,

시추방법은 선회식 시추기를 지상에 고정설치하여 시추기 끝에 암반을 굴진할 수 있는 공업용 다이아몬드로 제작된 빗트를 부착시켜 이에 압력을 가하면서 회전시키

므로 빗트가 굴진하여 지름 1인치 내지 4인치의 원봉인 암추를 채취하는 것이고,

이것은 광업권자가 광업권설정지역에서 광맥의 방향, 심도, 범위, 품위 등을 알아내어 채광을 위한 굴진의 여부 및 방법 등을 결정하기 위하여 하는 광물의 시추업과는 구별되는 사실을 각 인정하고 원고가 하는 위 시추사업의 목적·내용·지역·방법 등에 비추어 보면 이것은 위 산재보험료율표상의 사업종류 예시표에 기타 광업으로 분류되어 있는 광물의 시추업이라기보다는 일종의 용역업 내지 사회서비스업에 해당한다 하겠으므로 같은법시행령 제2조 제1항 제3호 또는 제4호(1983. 8. 6 개정되기 전에는 같은 시행령 제2조 제1항 제2호)에서 정하고 있는 같은 법의 적용을 받지 아니하는 사업에 속한다 할 것이니 원고의 시추사업을 광업으로 인정하여 한 이 사건 보험료징수처분은 위법하다고 판시하고 있다.

기록에 의하여 검토하여 보면, 원심의 위 사실인정은 충분히 수긍이 가고 거기에 소론과 같은 채증법칙위배의 위법이 있다고는 할 수 없고, 또 위 인정사실을 전제로 한 판다 역시 그 설시가 자세하지는 아니하나 앞서 본 설시와 같은 취지에 따른 것으로 보여서 정당하고 거기에 소론과 같은 법리오해의 위법이 있다고는 할 수 없다.

논지는 같은법 제4조 단서의 규정에 의하여 같은법의 적용을 받지 아니하는 같은 시행령 제2조 제1항에 규정하는 사업의 범위는 1983. 8. 6 같은법 시행령 제2조 제2항이 신설되기 전에는 노동부장관이 고시하는 위 산재보험료율표상의 사업종류를 기준으로 결정되어야 한다고 주장하나 이는 근거없는 독자적인 주장으로 채용할 수 없다.

논지는 이유 없다.

그러므로 상고를 기각하고, 상고 소송비용은 패소자의 부담으로 하기로 관여법관의 의견이 일치되어 주문과 같이 판결한다.

대법원판사 김형기(재판장), 정태균, 이정우, 신정철

● 보험료및가산금징수처분취소

대법원 제4부, 1987. 9. 8. 판결87누120 상고기각

판 시 사 항

◉ 같은 시설을 갖추고 같은 물건을 제조함에 있어 그 장소를 일부 분리하여 분담하는 제조행위에 대하여 적용할 보험료율

판 결 요 지

산업재해보상보험법의 보험가입자로부터 보험료를 징수함에 있어서 하나의 사업장에 대하여는 하나의 보험료율이 적용되어야 하므로(사업종류예시표 총칙 제5조 제1호) 동일한 장소에서 하는 제조행위의 각 부분을 분리하여 제조공정별로 보험료율을 달리 적용하는 것은 허용될 수 없다 할 것인바, 같은 시설을 갖추고 같은 물건을 제조함에 있어 그 장소를 일부 분리하여 분담하는 제조행위에 대하여는 이를 각 별개의 사업의 종류에 해당하는 경우로 보아 별개의 보험

료율을 적용함은 형평의 원칙에 반하여 부당할 뿐만 아니라 위 각 사업장이 장소적으로 떨어져 있다 하더라도 그것은 모두 최종적 사업목적을 일부씩 분담하고 있음에 불과하여 이를 별개의 사업장으로도 볼 수 없다 할 것이므로 위 각 사업장에 대하여는 모두 하나의 보험료율을 적용함이 상당하다.

참조조문 산업재해보상보험법 제21조
참조판례 대법원 1983. 9. 27 82누13판결
당 사 자 원고, 피상고인 삼익악기제조주식회사, 소송대리인 변호사 조정제
피고, 상고인 노동부 인천지방사무소장
원심판결 서울고등법원 1987. 1. 13. 85구1250판결
주　　문 상고를 기각한다. 상고비용은 피고의 부담으로 한다.
이　　유

상고이유를 판단한다.

원심이 그 채택한 증거에 의하여 적법히 확정한 바에 의하면, 원고회사는 1973. 1. 5 설립되어 피아노, 기타 등 각종 악기류를 생산, 수출하는 회사로서 원고가 생산하는 악기 중 목재악기는 원목을 잘라 이를 가공하고 공예적으로 처리하거나 합판을 만들어 붙이는 과정을 거치고, 금속악기는 각종 금속부품을 생산하여 조립하는 과정을 거쳐 각 제조되는데, 원고회사의 설립당시에는 인천시 북구 효성동 316의48 소재의 본사 사업장에서 위 각종 악기류를 생산하여 오다가 국내수요 및 수출량이 늘어남에 따라 본사 사업장만으로 이를 감당할 수 없게 되자 1977. 4. 2 인천시 북구 작전동 173의1에 합판제재, 악기부분품, 목재가공, 악기류 및 목공예품 등을 만드는 목재가공부 사업장을 증설하고, 1978. 10. 7 인천시 북구 효성동 316의 32에 금속악기 및 악기부품을 만드는 정밀금속부 사업장을 증설하였으며, 1982. 11. 10 인천시 북구 가좌동 178의 49에 원목을 제재하는 목제부 사업장을 증설하여 원고의 악기제조업을 일부씩 담당토록 하였다는 것인 바, 산업재해보상보험법의 보험가입자로부터 보험료를 징수함에 있어서 하나의 사업장에 대하여는 하나의 보험료율이 적용되어야 하므로(사업종류 예시표 총칙 제5조 제1호) 동일한 장소에서 하는 제조행위의 각 부분을 분리하여 제조공정별로 보험료율을 달리 적용하는 것은 허용될 수 없다 할 것인데, 같은 시설을 갖추고 같은 물건을 제조함에 있어 동일한 장소에서 하는 제조행위와 그 장소를 일부 분리하여 분담하는 제조행위를 구분하여 동일한 장소에서 하는 제조행위에는 하나의 보험료율을 적용하면서 장소를 일부 분리하여 분담하는 제조행위에 대하여는 이를 각 별개의 사업의 종류에 해당하는 경우로 보아 별개의 보험료율을 적용함은 형평의 원칙에 반하여 부당할 뿐만 아니라 또한 원고의 위 각 사업장이 장소적으로 떨어져 있다 하더라도 그것은 모두 원고회사의 최종적 사업목적인 악기 제조업을 일부씩 분담하고 있음에 불과하여 이를 별개의 사업장으로도 볼 수 없다 할 것이므로, 원고의 위 각 사업장에 대하여는 통틀어 하나의 보험료율을 적용함이 마땅하다(당원 1983. 9. 27 선고, 82누13 판결참조).

그렇다면 원고의 위 각 사업장을 각기 다른 사업장으로 보고 원고의 최종적 사업목적과는 관계없이 산하 사업장별로 그 사업

의 종류에 따라 보험료율을 각 별로 적용할 수 있음을 전제로 피고에 의하여 산업재해보상보험법 제21조 소정의 보험료율 결정의 특례대상자로 지정되어 피고가 결정한 개별보험료율에 따른 소정의 보험료를 전액 납부한 원고의 위 각 산하 사업장에 대하여 각 별로 일반보험료율에 의한 과거 3년간의 보험료를 소급 산정하여 추가보험료 및 가산금을 부과한 피고의 이 사건 처분은 위법하여 그 취소를 면할 수 없다 할 것인 바, 원심판결이 그 이유설시에 있어 다소 미흡하기는 하나 이 사건 처분이 위법하다하여 이를 취소한 결론에 있어서는 정당하고, 거기에 논지가 주장하는 바와 같은 판결결과에 영향을 미친 이유불비나 산재보험료율의 결정 및 적용에 관한 법리오해의 위법이 없다.

논지 이유 없다.

그러므로 상고를 기각하고, 상고비용은 패소자의 부담으로 하여 관여법관의 일치된 의견으로 주문과 같이 판결한다.

대법원판사 황선당(재판장), 이병후, 김달식

● 산업재해보상보험료부과처분취소 청구사건

서울고법 제4특별부, 1984. 4. 20. 판결 83구997 일부인용(일부기각)

판 시 사 항

◉ 시계제조업자의 최종적 사업목적과 관계없이 산하 사업장별로 그 사업종류에 따라 보험료율을 각별로 적용할 수 있는지 여부

판 결 요 지

시계제조업을 하는 자가 시계부속품인 시계침, 문자판, 손목시계케이스를 제조하되 시계케이스를 주생산품으로 제조하는 공장과 시계의 다른 부속품을 생산하는 공장을 따로 경영하면서 이 두 공장에서 생산하는 물건으로 시계를 조립 완성하여 온 경우에는 이는 모두 시계제조의 일련의 행위로서 시계제조업에 속한다고 할 것이므로 이 두 사업장의 보험요율을 산업재해보상보험요율 적용을 위한 사업종류 예시표에 나타난 시계의 철제를 케이스 제조업과 시계제조업의 보험요율에 따라 각기 달리 결정할 것이 아니라 시계 제조업의 보험요율에 따라 보험료를 산정할 것이다.

참조조문 산업재해보상보험법 제20조, 제21조
산업재해보상보험법시행령 제46조

참조판례 대법원 1970. 11. 24. 70누111판결
1980. 2. 26. 79누365판결

당 사 자 원고 오리엔트시계공업주식회사
피고 노동부 성남지방사무소장

환송판결 대법원 1983. 9. 27. 82누13판결

원심판결 서울고등법원 1981. 11. 25. 81구303판결

주 문

피고가 1981. 2. 26. 자로 원고에 대하여 한 1978년도 확정보험료 금 2,897,878원, 1979년도 확정보험료 금 5,236,595원, 1980년도 확정보험료 금 3,747,701원, 1981년도 개산보험료 금 3,747,701원의 각 부과처분을 취소한다.

소송비용은 피고의 부담으로 한다.

청구취지

피고가 1981. 2. 26. 자로 원고에 대하여 한 1978년도 확정보험료 금 2,897,878원 및 가산금 289,787원, 1979년도 확정보험료 금 5,236,595원 및 가산금 523,659원, 1980년도 확정보험료 금 3,747,701원, 1981년도 개산보험료 금 3,747,701원의 각 부과처분을 취소한다.

소송비용은 피고의 부담으로 한다는 판결

이 유

피고가 1981. 2. 26자로 원고에 대하여 청구취지 기재의 각 보험료 및 가산금 부과처분을 한 사실은 당사자 사이에 다툼이 없고, 성립에 다툼이 없는 갑 제1호증의 1, 2 (통지서, 납입통지서), 갑 제2호증의 1, 2 (통지서, 납입통지서), 갑 제3호증의 1, 2 (통지서, 영수증), 갑 제6호증(사업자등록증), 갑 제7호증의 1, 2, 3, 을 제4, 5, 6, 7호증(각 사업종류 예시표), 을 제1호증 (보험관계성립 신고서), 을 제2호증의 1 내지 4(각 보험료보고서), 을 제3호증의 1 (출장복명서), 2(확인서), 4(생산공정도), 5(부서별 생산제품 보고의건), 6(직제표)의 각 기재에 변론의 전 취지를 종합하면,

원고는 1970. 10. 22 설립된 회사로서 서울특별시 성동구 성수동 2가 300의 18에 본점을 둠과 동시에 그곳에 성수동공장(이하, 성수동공장이라 약칭한다) 을 건설하여 그 공장에서 손목시계의 부속품인 철제줄 케이스 등을 생산하면서 각종 시계를 조립 제조하여 오다가 사업확정계획에 의거 1977. 11. 1부터 성남시 상대원동 143의 1에 성남공장(이하, 성남공장이라 약칭한다) 을 새로이 건설하고 같은해 12. 28 피고에게 산업재해보상보험법시행령 제4조 제1항의 규정에 의한 보험관계성립신고를 한 사실, 원고는 같은 해 11. 25경부터 위 성남공장에서 선반, 프레스기, 빌딩, 도금, 연마 등의 공정으로 시계부속품인 시계침, 문자판, 손목시계 케이스 등을 제조하되 특히 손목시계케이스를 주 생산품목으로 제조하고 위 성남공장에서 제조한 시계부속품들은 전부 본점소재지에 있는 성수동공장으로 가져가 각종 시계를 조립생산해 온 사실,

원고는 산업재해보상보험법 제23조 제1항, 제25조 제1항의 규정에 따른 개산보험료 및 확정보험료 보고를 함에 있어 위 성남공장에서의 사업종류는 시계제조업으로, 주 생산품명은 손목시계케이스로, 임금총액은 별지목록 임금총액란 기재 금액으로, 확정보험료는 시계제조업에 적용되는 각 해당연도 보험료율(별지목록기재 조사전 보험료율) 로 산정한 금액으로 각 보고하고 적기에 이를 각 납부해온 사실,

피고는 원고로부터 위 성남공장에 대한 1981년도분 개산보험료를 납부받은 후 위 공장에 대한 보험료는 손목시계 케이스업에 적용되는 보험료율에 의거 산정하여야 한다는 견해에서 별지목록 기재 조사후 보험료율에 따른 확정보험료(별지목록기재 조사후 확정보험료) 를 산정한 후 여기에서 원고가 이미 납부한 보험료를 공제한 나머지 금액을 추가보험료(별지목록기재 추가보험료) 로 부과함과 동시에 1978년도 및 1979년도분 확정보험료에 대한 가산금(별지목록기재 가산금) 을 부과하는 이 사건 처분에 이르게 된 사실을 인정할 수 있다.

원고는 이 성남공장에 대한 산업재해보상보험의 보험가입자는 원고이고 원고가 비록 성남공장에서 손목시계케이스를 주된 생산품목으로 제조한다 하더라도 이는 시계제조업자인 원고의 시계제조 과정중 한 부분을 담당하는 것뿐이고 위 공장에서 제조한 것은 성수동 공장으로 옮겨져 각종 시계를 조립제조하는데 시계부속품으로 전부 쓰여지는 것이므로 이로써 시계제조업자인 원고가 손목시계 케이스 제조업자로 변경될 수는 없는 것이고 또한 "산업재해보상보험료율 적용을 위한 사업종류 예시표"에서 시계제조업보다 고율의 보험료율의 적용을 받도록 규정되어 있는 손목시계케이스 제조업이란 시계제조업에 종사하지 않고 오로지 손목시계케이스의 제조만을 그 업으로 하는 경우만을 지칭한다고 해석하여야 하므로 성남공장에서의 원고사업을 손목시계케이스 제조업으로 보고 이에 적용되는 고율의 보험료율에 의하여 확정보험료를 산정한 후 이 사건처분을 하였음은 위법하다고 주장하고,

이에 대하여 피고는 위 성남공장에서 제조하는 주된 생산품명이 손목시계케이스인 이상 손목시계케이스제조업에 적용되는 보험료율에 따른 보험료를 부과 징수하여야 마땅하므로 이 사건 처분은 적법하다고 다투므로 보건대, 산업재해보상보험법 제20조, 제21조의 규정에 의하면 보험가입자가 납부할 보험료를 산정하는 기준이 되는 보험료율은 보험가입자가 경영하는 사업과 동종의 사업에 적용되는 보험료율에 의하고, 보험료율은 산재율을 기초로 노동부장관이 수등급으로 구분하여 정하게 되어 있고, 같은법 시행령 제46조에 의하여 고시된 이 사건 각 연도 위 보험료율 적용을 위한 사업종류 예시표에 의하면 분류의 원칙으로 적용사업의 최종 제품, 완성품에 의하되 재해율의 격차가 있는 것은 작업공정 등의 실태를 기초로 분류하였음을 명시하고 분류 제조업 43번, 사업종류 시계 등의 제조업, 사업의 세목 436 시계제조업, 비고란에 손목시계의 철제줄, 케이스제조업은 기타 정밀기구제조업(441)에 분류로 기재하고 있고 양자는 각기 보험료율을 달리하고 있는 바, 위 예시표에서 각종의 시계나 시계의 제조에 필요한 부속품을 제조하는 행위는 모두 시계제조업에 속한다 할 것이고 시계줄이나 케이스 역시 손목시계의 제조를 위하여 생산되는 부속품임이 분명하여 "부속품의 제조"에서 이를 제외한다면 다른 부속품 제조업자로부터 별개로 공급을 받는 경우가 아닌 한 시계의 제조업은 사실상 인정되기 어렵다 할 것이므로 이를 제조하는 사업 역시 시계제조업에 해당한다 할 것이고, 비고란의 예의 조치는 시계제조업자가 아닌 자로서 손목시계케이스 등만은 독립하여 제조함을 업으로 하는 경우의 보험료율을 정하느 기준이라고 해석함이 상당하다 할 것이고 따라서 동일한 업종인 시계제조업을 함에 있어 각기 그 시계제조에 필요한 부속품을 다른 장소에서 제조하여 한 장소에 이를 모두 조립하여 완성한다 하더라도 이는 시계제조의 일련의 행위에 포함됨에 불과하다 할 것이고 이와 같이 해석한다하여 산업재해보상보험법, 같은법 시행령 및 위 예시표의 규정취지에 어긋난다 할 수 없는 바(앞서 인정한 바와 같이 이 사건 성남공장이 신설되기 전에는 원고는 성수공장에서 성남공장에서 제조하고 있는 시계줄 및 케이스를 비롯한 각종의 부속품을 성수공장에서 모두 만들고 그곳에서 조립하여 시계의 제조를 완성하였고 이에 대하여 원고가 한 위 예시표상 시계제조업의 보험료율에 의한 보험료의 신고 납부

를 피고가 승인해온 사실은 피고도 다투지 아니하는바 이는 위와 같은 취지에서라고 해석된다) 본 건에 관하여 보면 앞서 인정한 바와 같이 성남공장에서 제조한 시계부속품들은 전량 본점소재지에 있는 성수공장으로 옮겨져 원고회사의 각종 시계조립생산에 사용되어 왔으므로 성남공장의 사업도 시계제조업으로 보고 그에 해당하는 보험료율을 적용하여 보험료를 산정하여야 할 것이고 뿐만 아니라 같은 시설을 갖추고 같은 물건으 제조함에 있어 동일한 장소에서 하는 제조행위와 그 장소를 일부 분리하여 분담하는 제조행위를 구분하여 이를 별개의 사업의 종류에 해당하는 경우로 보아 별개의 보험료율을 적용함은 형평의 원칙에도 반하여 부당하다 할 것인데 또한 성수공장과 성남공장은 장소적으로 떨어져있다 하더라도 그것은 모두 원고회사의 사업의 종류인 시계제조업을 일부씩 분담하고 있음에 불과하여 이를 별개의 사업자로도 볼 수 없다 할 것이므로 위 예시표 총칙 제5조 제1호에 따라 하나의 보험료율을 적용함이 마땅하고 같은 조 제2호 소정의 위 법시행령 제47조에 의한 주된 사업의 보험료율은 적용할 것도 아니라 할 것이다.

그렇다면 동일한 종류의 사업자의 위 두 공장을 각기 다른 사업장으로 보고 보험가입자의 최종적 사업목적과는 관계없이 산하 사업장별로 사업의 종류에 따라 위 예시표 소정의 보험료율을 각 별로 적용할 수 있다는 전제하에 성남공장에 대하여는 손목시계 케이스 제조업에 적용되는 보험료율을 적용하여 보험료를 산정하고서 추가로 부과한 이 사건 처분은 위법하다 할 것이므로 이 사건 청구 취지기재의 부과처분 중 파기 환송전 당심에서 취소되고 피고의 패소부분에 대한 상고가 기각됨으로써 당원의 심판대상에서 제외된 1978년도 및 1979년도분 확정보험료에 대한 각 가산금 부과처분을 제외한 나머지 주문기재의 각 보험료부과처분을 취소하기로 하고 소송총비용은 피고의 부담으로 하여 주문과 같이 판결한다.

판사 김주상(재판장), 이영복, 김재진

● 산업재해보상보험료부과처분취소

대법원 제2부, 1983. 9. 27. 판결 82누13
일부파기환송

판 시 사 항

⊙ 산업재해보상보험 가입자의 최종적 사업목적과 관계없이 산하 사업장별로 그 사업종류에 따라 보험료율을 각별로 적용할 수 있는지 여부

판 결 요 지

시계제조업을 하는 자가 시계부속품인 시계침, 문자판, 손목시계 케이스를 제조하되 시계케이스를 주생산품으로 제조하는 공장과 시계의 다른 부속품을 생산하는 공장을 따로 경영하면서 이 두 공장에서 생산하는 물건으로 시계를 조립 완성하여 온 경우에는 이는 모두 시계제조의 일련의 행위로서 시계제조업에 속한다고 할 것이므로 이 두 사업장의 보험요율을 산업재해보상보험요율 적용을 위한 사업종류 예시표에 나타난 시계의 철제줄, 케이스 제조업과 시계제조업의 보험요율에 따라 각기 달리 결정할 것이 아니라 시계제조업의 보험요율에 따라 보험료를 산정할 것이다.

참조조문 산업재해보상보험법 제4조, 제6조, 제20조, 제25조, 제26조
동법시행령 제2조, 제46조

참조판례 대법원 1970.11.24. 70누111판결
1980.2.26. 79누365판결

당 사 자 원고, 상고인겸 피상고인 오리엔트시계공업주식회사
소송대리인 변호사 김정규
피고, 피상고인겸 상고인 노동부 성남지방사무소장

원심판결 서울고등법원 1981.11.25. 81구303판결

주 문

원심판결 중 원고 패소부분을 파기하고, 그 부분 사건을 서울고등법원에 환송한다.
피고의 상고를 기각한다.

상고기각된 부분의 상고 소송비용은 피고의 부담으로 한다.

이 유

원고 소송대리인의 상고이유를 판단한다.

제1점에 관하여,

원심판결 이유를 보면 원고 회사는 1970. 10. 22 설립하여 서울특별시 성동구 성수동에 본점을 둠과 동시에 그곳에 성수동공장(이하 성수동 공장이라 약칭한다)을 건설하여 그 공장에서 손목시계의 부속품인 철제줄케이스 등을 생산하여 각종 시계를 조립, 제조하여 오다가 1977. 11. 1부터 성남시에 성남공장(이하 성남공장이라 약칭한다)을 신설하여 그곳에서 위 성수공장에서 생산하던 시계부속품인 시계침, 문자판, 손목시계케이스 등을 제조하되 특히 손목시계케이스를 주 생산품으로 제조하여 이를 시계부속품들을 본점 소재지에 있는 성수동 공장으로 가져가 각종 시계를 조립생산하여 왔고 개산보험료 및 확정보험료 보고를 함에 있어 위 성남공장에서의 사업종류는 시계제조업으로 주생산품명은 손목시계케이스로 하고, 확정보험료는 시계제조업에 적용을 각 해당연도 보험료율로 산정한 금액으로 각 보고하고 적기에 이 돈을 납부해 온바 피고는 위 성남공장에 대한 1981년도분 개산보험료를 납부 받은 후 위 공장에 대한 보험료는 손목시계케이스업에 적용되는 보험료율에 의거 산정하여야 한다는 견해에서 그에 해당하는 보험료율에 따른 확정보험료를 산정하여 이건 추가보험료를 부과함과 동시에 1978년도 및 1979년도분 확정보험료에 대한 가산금(별지부록기재 가산금)을 부과처분한 사실을 확정한 후, 성남공장에 대한 산업재해보험가입자가 원고이고 시계제조업자로 등록된 원고가 위 공장에서 손목시계케이스를 주된 생산품목으로 제조한다 하여 곧 그 업종이 손목시계케이스 제조업으로 바뀌어지는 것은 아니라 할 것이나 산업재해보상보험법에 의하여 보험가입자가 납부하여야 할 보험료를 산정함에 있어서 그 산정의 기준이 되는 보험료율은 사업의 종류에 따라 노동부장관이 같은법 제20조, 제21조 및 동법시행령 제46조에 의하여 사업종류의 내용과 범위를 규정한 산업재해보상보험료율 적용을 위한 사업종류 예시표에 따라 결정되는 것인바, 위 사업종류 예시표에 의하면 위 예시표에서의 사업종류의 분류는 그 사업자의 동록된 업종에 불구하고 그 작업공정 등의 실태 즉 사업의 위험률 규모, 사업장소 등을 참작하여 주된 제품을 기준으로 하여 결정되고 그 주된 제품에 해당하는 보험료율을 정하도록 규정하고 있어 위 사업종류 예시표에서의 위와 같은 사업종류의 분류원칙등과 산재보험제도의 근본취지

등을 종합해보면 보험가입자가 사업을 경영함에 있어 그 산하에 장소적으로 독립한 사업장을 두고 있는 경우에는 그 보험가입자의 최종적인 사업목적과는 상관없이 그 산하 각 사업장별로 그 사업종류에 따라 위 사업종류 예시표 소정의 보험료율을 각 별로 적용할 수 있다고 해석된다 하여 원고회사의 사업목적이 시계제조업이라 하더라도 그 산하 사업장인 성남공장이 원고 회사 본사 및 사업장과 장소적으로 독립되어 있고 각기 분담하는 생산작업의 공정이 다르고 그 설비 및 시설내용이 다르며 그 주된 생산제품이 손목시계케이스 제조에 해당하므로 피고가 위 성남공장에 대한 위 사업종류 예시표 소정의 보험료율을 적용함에 있어서 시계제조업이 아닌 손목시계케이스 제조업에 대한 보험료율을 적용하여 이 사건 추가보험료를 부과한 처분이 적법하다고 판단하고 있다.

그러나 위 법 제20조, 제21조의 규정에 의하면 보험가입자가 납부할 보험료를 산정하는 기준이 되는 보험료율은 보험가입자가 경영하는 사업과 동종의 사업에 적용되는 보험료율에 의하고, 그 보험료율은 산재율을 기초로 노동부장관이 수등급으로 구분하여 정하게 되어 있고, 같은법 시행령 제46조에 의하여 고시된 판시 각 연도 위 보험료율 적용을 위한 사업종류 예시표에 의하면 그 분류의 원칙으로 적용사업의 최종제품, 완성품에 의하되 재해율의 격차가 있는 것은 그 작업공정 등의 실태를 기초로 분류하였음을 명시하고 분류제조업 43번 사업종류시계등의 제조업, 사업의 세목 436 시계제조업, 내용에서 각종 시계 및 동 부속품을 제조하는 사업으로 예시하고, 비고란에 손목시계의 철제줄, 케이스제조업은 기타 정밀기구제조업(441)에 분류로 기재하고 있고 양자는 각기 그 보험료율을 달리하고 있는바, 위 예시표에서 각종의 시계나 그 시계의 제조에 필요한 부속품을 제조하는 행위는 모두 시계제조업에 속한다 할 것이고 시계줄이나 케이스 역시 손목시계의 제조를 위하여 생산되는 부속품임이 분명하여 "부속품의 제조"에서 이를 제외한다면 다른 부속품 제조업자로부터 별개의 공급을 받는 경우가 아닌한 시계의 제조업은 사실상 인정되기 어렵다 할 것이므로 이를 제조하는 사업 역시 시계제조업에 해당한다 할 것이고, 비고란의 예외조치는 시계 제조업자가 아닌 자로서 손목시계케이스 등만을 독립하여 제조함을 업으로 하는 경우의 보험료율을 정하는 기준이라고 해석함이 상당하다 할 것이고 따라서 동일한 업종인 시계제조업을 함에 있어 각기 그 시계제조에 필요한 부속품을 다른 장소에서 제조하여 한 장소에 이를 모아 조립하여 완성한다 하더라도 이는 시계제조의 일련의 행위에 포함됨에 불과하다 할 것이고 이와같이 해석한다하여 산업재해보상보험법, 같은법 시행령 및 위 예시표의 규정취지에 어긋난다 할 수 없고 원심판결과 기록에 의하면(소장 및 피고의 1981. 8. 31자 답변서) 이 사건 성남공장이 신설되기 전에는 원고는 성수공장에서 성남공장에서 제조하고 있는 시계줄 및 케이스를 비롯한 각종의 부속품을 성수공장에서 모두 만들고 그곳에서 조립하여 시계의 제조를 완성하였고 이에 대하여 원고가 한 위 예시표상 시계제조업의 보험료율에 의한 보험료의 신고 납부를 피고가 승인한 것도 위와 같은 취지에서라고 해석되고 같은 시설을 갖추고 같은 물건을 제조함에 있어 동일한 장소에서 하는 제조행위와 그 장소를 일부 분리하여 분담하는 제조행위를 구분하여 이를 별개의 사업의 종류 해당하는 경우로 보아 별개의 보험료율을 적용함은 형평의 원칙에도 반하여 부당하다 할 것이며 또한 성수공장과 성남공장은 장소적으로 떨어져 있다 하더라도 그것은 모두 원고회사의 사업의 종류인 시계제조업을 일부씩 분담하고있음에 불과하여 이를 별개의 사업장으로도 볼 수 없다 할 것이므로 위 예시표 총칙 제5조 제1호에 따라 하나의 보험료율을 적용함이 마땅하고 같은 제2호 소정의 위 법시행령 제47조에 의한 주된 사업의 보험료율을 적용할 것도 아니라 할 것이다.

그렇다면 동일한 종류의 사업자의 위 두 공장을 각기 다른 사업장으로 보고 보험가입자의 최종적 사업목적과는 관계없이 산하 사업장별로 그 사업의 종류에 따라 위 예시표 소정의 보험료율을 각 별로 적용할 수 있다는 해석을 전제로 피고의 이건 처분을 적법하다고 한 원심조치는 필경 산재보험법의 표율에 관한 관계규정의 법리를 오해한 위법이 있다 할 것이므로 이를 탓하는 논지는 이유있다.

따라서 위 처분이 적법함을 전제로 하는 판시 가산금 부과처분이 위법하다고 취소한 원심판결을 비난하는 취지의 피고의 상고이유는 이유없음이 자명하므로 피고의 상고는 기각하고 상고소송비용은 패소자의 부담으로 하고 원고의 나머지 상고이유는 판단할 필요도 없이 원심판결은 파기를 면치 못하므로 관여법관의 일치된 의견으로 주문과 같이 판결한다.

대법원판사 강우영(재판장), 김중서, 이정우, 신정철

● 보험료부과처분취소

대법원 제3부, 1982. 4. 27. 판결 81누406 상고기각

판 시 사 항

◉ 해운대리점업이 산업재해보상보험법시행령 제2조 제1항 제2호 소정의 서비스업에 해당하는지 여부

판 결 요 지

해운대리점업은 산업재해보상보험법시행령 제2조 제1항 제2호 본문 소정의 서비스업에 해당한다.

참조조문 해상운송사업법 제2조 제10호, 산업재해보상보험법시행령 제2조 제1항 제2호

당 사 자 원고, 피상고인 한국해운주식회사 외4인
원고들 소송대리인 변호사 김진억, 유록상
피고, 상고인 노동부 서울중부지방 사무소장

원심판결 서울고등법원 1981. 11. 10. 80구813 판결

주 문 상고를 기각한다. 상고비용은 피고의 부담으로 한다.

이 유

상고이유를 판단한다.

해상운송사업법 제2조 제10호의 규정에 의하면 해운대리점업은 선박운송사업 또는 선박대여업을 경영하는 자를 위하여 통상 그 사업에 속하는 거래의 대리를 하는 사업을 말한다고 되어 있으므로 그 사업의 내용과 성질에 비추어 원고들이 경영하는 해운대리점업은 산업재해보상보험법시행령 제2조 제1항 제2호 본문소정의 서비스업에 해당한다고 보는 것이 상당하다.

이와 같은 취지로 판시하고 있는 원심판결은 정당하고 거기에 소론과 같은 법리오해 등의 잘못이 없다.

논지는 산업재해보상보험법 제4조 단서의 규정에 의하여 그 법의 적용을 받지 아니하는 동법 시행령 제2조 제1항에 규정하는 사업의 범위가 반드시 경제기획원장관이 고시하는 소론 한국표준산업분류표상의 대분류항목을 기준으로 결정되어야 한다고 주장하나 이는 근거없는 주장이요 또 소론과 같이 종래 산업재해보상보험의 관장관청이 해운대리점업을 위의 써비스업에 해당되지 않는 것으로 보아 산업재해보상보험법을 적용해온 관행이 있다 하더라도 기록상 그러한 관행이 법적인 구속력을 가지는 것이라고 볼만한 자료는 없으므로 위와 같은 원심의 판단히 행정관행에 반하여 위법하다는 주장 역시 채용할 수 없다.

그러므로 상고를 기각하고 상고비용은 패소자의 부담으로 하기로 하여 관여법관의 일치된 의견으로 주문과 같이 판결한다.

대법원판사 윤일영(재판장), 김덕주, 오성환

● 개산보험료부과처분취소

대법원 제4부. 1977. 10. 11. 판결 '76누64 상고기각

판 시 사 항

◉ 산업재해보험요율표에 관한 사업종류예시표상 철도 및 궤도시설공사를 토목건설공사로 볼 수 있는 경우가 있는지 여부

판 결 요 지

철도와 궤도공사에는 10미터 이하 지하의 개삭방식이라는 제한에 관계없이 노동청고시인 사업종류예시표 중 42-421에 의한 보험요율이 모두 적용되는 것으로 해석하여야 한다.

참조조문 산업재해보상보험법 제22조

당 사 자 원고, 상고인 임광토건주식회사
소송대리인 변호사 안이준
피고, 피상고인 노동청영월지방사무소장
소송수행자 박두원, 김선보

원심판결 서울고등법원 1976. 3. 3. 75구189 판결

주　　문 본 건 상고를 기각한다. 상고비용의 부담은 원고가 한다.

이　　유

원고소송대리인의 상고이유를 판단한다.

원판결이 갑10호증(노동청고시인 사업종류 예시표) 중 42-421의 내용에서 철도, 궤도 및 지하도등의 시설공사로서, 지반으로부터 10m이상의 지하에 개삭식으로 하는 방식은 지하도 공사만을 제한하는 것이고 철도와 궤도의 신설공사를 제한하는 것으로는 해석되지 않는다고 판단한 것은 옳게 시인된다.

만일 이와 반대로 철도, 궤도 공사에 있어서도 10m이상지하의 개삭방식을 요하는 공사를 하고 한다면 10m미만의 개삭식 방식의 공사와 전연 지하를 개삭하는 일없는 공사, 이를테면 본 건과 같은 공사는 동 고시 46-461의 내용 예시에 안들어감이 인정

되어 따라서 갑5호증 중 일반요율표에 해당이 전연없게 되어 있어서 제외되는 불합리한 결과가 되므로 이를 피하려면 문면상의 약간의 무리는 무릅쓰지 않을 수 없어 철도와 궤도공사에는 10m이하 지하의 개삭방식이라는 제한은 관계가 없다고 보는 편이 위 고시를 체계 세워 보는 일이 되기 때문이다.

따라서 원판결이 위 요율표에서 전연 제외할 수 없는 본건 공사(10미터 이상 지하의 개삭공사 아닌 것)를 위 요율표 철도신설공사로 보고 79/1000의 보험료율의 적용을 인정한 판단은 옳고 이와 상반된 견해에서 본건 공사가 토목건설공사(16/1000)로 보아야 된다는 주장은 본건 공사가 여기서 말하는 토목공사로 볼 수 없음이 그 규정에서 명백한 터이므로 채용할 수 없다.

그러므로 일치된 의견으로 주문과 같이 판결한다.

대법원판사 강안희(재판장), 민문기, 이일규, 정태원

해외출장중이므로 서명날인할 수 없음 재판장 대법원판사 강안희

● 산업재해보상보험료부과처분취소

대법원 제1부. 1974. 12. 10. 판결 74누103 파기환송

판 시 사 항

⊙ 본사, 지사, 출장소의 보험료율을 별도로 정하기 전에 산업재해보상보험법 소정의 보험가입자가 납부해야 할 보험료의 산정방법

판 결 요 지

본사, 지사, 출장소의 보험료율을 별도로 정하기 전에 있어서 산업재해보상보험법 소정의 보험가입자는 보험가입자를 단위로하여 광업소 현장과 본사 사무소에서 지급되는 임금총액을 기초로하여 이에 보험가입자인 원고회사의 사업종류인 석탄광업 소정의 보험료율을 적용하여 산출하여야 한다.

참조조문 산업재해보상보험법 제20조, 제21조, 제22조

당 사 자 원고, 피상고인 동원탄좌개발주식회사
소송대리인 변호사 박세경
피고, 상고인 서울산업재해보상보험사무소장
소송수행자 양정의, 정병조

원심판결 서울고등법원 1974. 3. 26. 69구125판결

주 문 원판결을 파기하고, 사건을 서울고등법원에 환송한다.

이 유

피고 소송수행자의 상고이유를 종합하여 판단한다.

원심판결이유에 의하면, 원심은 원고회사는 석탄광업을 목적으로 강원도 정선군에 광업소가 있으며 그 업무를 통괄하는 본사 사무소는 비록 원고자신의 석탄광업경영에 부수적으로 필요한 것이고 현장과는 거리가 떨어져서 서울시내에 있을뿐 아니라 조직면에 있어서도 현장과는 별개의 독립된 것이므로 산재법상으로 본사 사무소

는 현장과는 독립된 사업으로 보아야 하고 동종의 사업이라고 할 수 없으므로 광업소 현장에 적용되는 보험료율과 본사 사무소에 적용될 보험료율은 별개의 것이어야 할 것이니 광업소 현장에 적용되는 보험료율이 일반사무소만을 취급하는 본사 사무소에도 당연히 일괄적으로 적용될 수 없다는 취지로 판단하고 이어서 1967년 및 1968년도에 있어서는 석탄광업에 관한 보험료율의 고시가 있었으나 사무소에 관한 보험료율의 고시는 없었다가 1969년부터 적용되는 고시가 있었을뿐이므로 1967년과 1968년도에 있어서는 본사 사무소에 대하여는 추상적인 보험료납부의무는 있으나 구체적인 보험료계산이 불가능하여 납부할 방도가 없다 하겠으니 결국 위 양년도에는 원고로서는 본사사무소에 관한 한 보험료를 납부할 의무가 없다는 취지로 판단하였다.

그러나 원고회사가 근로기준법의 적용을 받는 사업의 사업주로써 산업재해보상보험법 소정의 보험가입자임이 인정되는 이상 원고회사가 납부하여야 할 보험료는 원고회사를 단위로하여 광업소 현장과 본사 사무소에서 지급되는 임금총액을 기초로하여 이에 원고회사의 사업종류인 석탄광업소정의 보험료율을 적용하여 산출하여야 할 것이다.

이는 본사 사무소와 광업소와 광업소현장은 비록 장소적으로 떨어져 있다 하더라도 그것은 모두 석탄광업이라는 원고회사의 사업을 일부씩 담당하고 있는데 불과하여 이를 별개의 사업장으로 볼 수 없기 때문이다.

그렇다면 1968. 12. 13 보건사회부 고시 28호에 의하여 본사, 지사, 출장소의 보험료율을 별도로 정한 그 이전인 1967년, 1968년도에 있어서는 원고회사는 본사와 광업소 현장의 구별없이 그 당시 적용되는 보건사회부고시에 정하여진 석탄광업의 보험료율에 의하여 원고회사가 납부할 보험료를 산출하여야 할 것임에도 불구하고 원심이 위와같이 판단하였음은 산업재해보상보험법을 오해한 위법이 있다할 것이므로 이 점에 관한 논지는 이유있어 관여법관의 일치된 의견으로 원판결을 파기 환송하기로 하여 주문과 같이 판결한다.

대법원판사 홍순엽(재판장), 민문기, 임항준, 안병수

Ⅱ. 보험가입자(납부의무자)

● 압류처분취소

대법원 제3부, 1994.6.24 판결93누6782
파기환송

판 시 사 항

◉ 산업재해보상보험에 있어서 공동사업자의 보험료 채무의 성격
◉ 산업재해보상의 보험료 징수절차 중 산업재해보상보험법 제29조 소정의 납부통지절차를 거치지 아니한 체납처분이 무효인지 여부

판 결 요 지

가. 산업재해보상보험법 제6조 제1항의 규정에 의하여 보험가입자가 되는 사업의 사업주가 여러 사람인 경우에는 산업재해보상보험이 강제보험인 성질과 사회거리관념 등에 비추어 볼 때 그 보험료채무는 그 채무의 성질상 불가분채무로서 각각의 사업자는 보험료채무의 전액에 대하여 책임을 부담하는 것으로 보아야 한다.

나. 같은 법 제23조, 제25조, 제27조, 제27조의2, 제29조의 각 규정을 종합하여 보면, 산업재해보상보험가입자는 매보험연도마다 연도초에 당해 연도의 개산보험료를 보고납부하고, 전년도의 확정보험료를 산정하여 이를 보고하며, 부족분에 대하여는 추가납부하도록 되어 있고, 개산보험료든 확정보험료든 보고를 하지 아니하거나 그 보고가 사실과 다른 때에는 그 사실을 조사하여 개산 혹은 확정보험료를 산정하여 전액 혹은 미납분을 징수하도록 되어 있는바, 그 징수절차로서는 보험료가 보고된 바 없거나 보고된 내용이 사실과 달라 그 사실을 조사한 경우는 물론 보고된 그대로 보험료가 확정된 경우에도 먼저 징수대상인 보험료 채권을 구체적으로 확정한 후 납부의무자에게 청구하기 위하여 같은 법 제29조 소정의 납부통지를 요한다고 할 것이며, 그 납부통지에 의하여도 납부하지 아니하는 경우 독촉을 하여야 하고, 그 독촉이 있음에도 불구하고 납부하지 아니하는 경우에 국세체납처분의 예에 의하여 이를 징수할 수 있는 것으로 보아야 하며, 만일 위와같은 절차중 납부통지절차를 거치지 아니하였다면 그 보험가입자에 대하여 한 압류등 체납처분은 그 하자가 중대하고도 명백하여 무효이다.

참조조문 가. 민법 제411조
산업재해보상보험법 제6조, 제19조
나. 같은법 제27조의2, 제29조

참조판례 나. 대법원 1991.6.25.89다카28133판결
1992.7.10.92누4246판결

당 사 자 원고, 상고인 신경록
소송대리인 변호사 권연상 외1인
피고, 피상고인 영월지방노동사무소장

원심판결 서울고등법원 1993.1.14.91구16572판결

주 문 원심판결을 파기하고 사건을 서

울고등법원에 환송한다.

이 유

상고이유를 본다.

제1점, 제4점에 대하여

원심판결 이유에 의하면, 원심은 원고가 1988. 1. 20. 신재원에게 이 사건 광업권중 65%를 김일하에게 30%를 양도하면서 원고가 단독으로 이 사건 경일탄광을 운영하던 기간 동안에 발생한 급료, 국세, 지방세, 기타공과금 등 채무를 신재원과 김일하가 인수하기로 약정한 사실이 있으나, 피고가 이를 승낙한 사실에 대한 주장 입증이 없어 위 채무인수의 효력이 피고에게 미칠 수 없는 것으로 판단하고, 나아가 위 양도계약에도 불구하고, 사업자등록명의나 보험가입자명의는 원고를 포함한 신재원, 김일하 등의 공동명의로 되어 있었던 점 등에 비추어 원고가 1989. 6. 13. 공동사업자에게 완전히 탈퇴하기전까지는 공동사업자로서 여전히 보험가입자의 일원이라고 인정하였다.

기록에 의하여 살펴보면, 원심의 이부분 사실인정과 판단은 모두 정당한 것으로 수긍이 가고, 거기에 소론과 같은 채증법칙위배로 인한 사실오인이나 법리오해, 판단유탈 등의 위법이 있다고 할 수 없다.

논지는 모두 이유가 없다.

제5점에 대하여

산업재해보상보험법(이하 "법"이라고 줄여쓴다) 제6조제1항의 규정에 의하여 보험가입자가 되는 사업의 사업주가 여러 사람인 경우에는 산업재해보상보험이 강제보험인 성질과 사회거래관념 등에 비추어 볼 때 그 보험료채무는 그 채무의 성질상 불가분채무로서 각각의 사업자는 보험료채무의 전액에 대하여 책임을 부담하는 것으로 보아야 할 것이다.

같은 취지의 원심판단은 정당하고, 거기에 소론과 같은 위법사유가 있다고 할 수 없으므로 논지도 이유없다.

제2점에 대하여

법 제23조, 제25조, 제27조, 제27조의2, 제29조의 각 규정을 종합하여 보면, 보험가입자는 매보험연도마다 연도초에 당해연도의 개산보험료를 보고납부하고, 전년도의 확정보험료를 산정하여 이를 보고하며, 부족분에 대하여는 추가납부하도록 되어 있고, 개산보험료든 확정보험료든 보고를 하지 아니하거나 그 보고가 사실과 다른 때에는 그 사실을 조사하여 개산 혹은 확정보험료를 산정하여 전액 혹은 미납분을 징수하도록 되어 있는바, 그 징수절차로서는 보험료가 보고된 바 없거나 보고된 내용이 사실과 달라 그 사실을 조사한 경우는 물론 보고된 그대로 보험료가 확정된 경우에도 먼저 징수대상인 보험료채권을 구체적으로 확정한 후 납부의무자에게 청구하기 위하여 법 제29조 소정의 납부통지를 요한다고 할 것이며, 그 납부통지에 의하여도 납부하지 아니하는 경우 독촉을 하여야 하고, 그 독촉이 있음에도 불구하고 납부하지 아니하는 경우에 국세체납처분의 예에 의하여 이를 징수할 수 있는 것으로 보아야 하며, 만일 위와같은 절차 중 납부통지 절차를 거치지 아니하였다면 그 보험가입자에 대하여 한 압류 등 체납처분은 그 하자가 중대하고도 명백하여 무효라 할 것이다(당원 1991. 6. 25. 선고, 89다카28133 판결; 1992. 7. 10. 선고, 92누4246 판결 등 참조).

원심판결 이유에 의하면, 원심은 보험료를 강제징수함에 있어 법 제29조에서 규정하고 있는 보험가입자에 대한 통지는 확정된 보험료를 사실상 통지하는 의미밖에 없는 것이라 하여 보험료채권에 관한 한 아무런 납부통지가 없었다 하더라도 적법한 독촉절차를 거친 이상 압류처분의 요건을 갖춘 것이라고 판단하였으므로 원심판결에는 보험료체납처분의 요건에 관한 법리를 오해한 위법이 있다 하겠고, 나아가 원심판결의 별지에 첨부된 체납내역서, 변체충당내역서와 기록을 아울러 살펴보아도 납부통지 등 절차를 제대로 거친 보험료, 보험급여징수금, 진폐기금 등의 내역을 잘 알 수가 없을 뿐만 아니라 변체충당이 적절히 이루어진 것인지 여부도 알 수 없어 이러한 점 등을 심리하지 아니하고는 이 사건 압류처분들에 납부통지 등 적법한 절차를 제대로 거친 채권이 남아 있는 여부를 알 수 없다 할 것이므로 위와같은 위법은 판결에 영향을 미칠 수도 있다고 보아야 할 것이다. 이 점을 지적하는 논지는 이유가 있다.

그러므로 나머지 상고이유에 대한 판단을 생략한 채 원심판결을 파기하고 사건을 다시 심리, 판단하게 하기 위하여 원심법원에 환송하기로 관여법관의 의견이 일치되어 주문과 같이 판결한다.

대법관 김상원(재판장), 윤영철, 박만호(주심), 박준서

● 산재보험료부과처분등취소

대법원 제1부, 1995. 1. 4 판결94누9290 상고기각

판 시 사 항

◉ 산업재해보상보험법상 사업주는 근로기준법 소정의 근로자에 대한 관계에서만 보험가입자로서의 보험료 납부의무가 있는지 여부

◉ 농수산물유통및가격안정에관한법률 소정 농수산물도매시장의 지정 도매법인이 그 도매시장에서 농수산물 하역작업에 종사하는 전국항만노동조합연맹 산하 단위노동조합소속 근로자들에 대한 관계에서 구 산업재해보상보험법상 사업주의 지위에 있다고 보기 어렵다고 한 사례

판 결 요 지

가. 구 산업재해보상보험법(1993. 12. 27. 법률 제4641호로 개정되기전의 것) 제1조, 제3조, 제4조, 제6조, 제19조, 근로기준법 제14조, 제18조등의 관계규정을 종합하면, 산업재해보상보험사업을 행하여 근로자의 업무상 재해를 신속하고 공정하게 보상하는 등 근로자보호에 기여함을 목적으로 한 산업재해보상보험법은 사업의 위험율·규모 및 사업장소 등을 참작하여 대통령령이 정하는 예외적인 사업의 경우를 제외하고는 모든 사업의 사업주를 산업재해보상보험의 당연가입자로 하고 위 예외적인 사업의 경우에는 노동부장관의 승인을 얻어 임의가입할 수 있도록 하여 그 보험가입자로 하여금 보험료를 납부하도록 하고 있는바, 이

경우 사업주는 근로기준법 소정의 근로자 즉, 직업의 종류를 불문하고 자신의 근로의 대상으로 사용자로부터 금품을 받을 것을 목적으로 사용자와의 사이에 실질적인 사용·종속관계를 유지하면서 사용자에게 근로를 제공하는 자에 대한 관계에서만 보험가입자로서의 보험료납부 의무가 있다.

나. 농수산물유통및가격안정에관한법률 소정 농수산물도매시장의 지정도매법인이 그 도매시장에서 농수산물하역작업에 종사하는 전국항운노동조합연맹 산하 단위노동조합 소속 근로자들에 대한 관계에서 구 산업재해보상보험법상 사업주의 지위에 있다고 보기 어렵다고 한 사례.

참조조문 구 산업재해보상보험법(1993. 12. 27. 법률 제4641호로 개정되기 전의 것) 제3조, 제25조, 제25조의 3

근로기준법 제14조, 제18조

참조판례 가. 나. 대법원 1995. 1. 24. 94누9337판결

가. 대법원 1992. 5. 26. 90누9438 판결

1993. 11. 23. 92누13011판결

당 사 자 원고, 피상고인 주식회사중앙청과 소송대리인 변호사 허정훈 외1인

피고, 상고인 서울동부지방노동사무소장

원심판결 서울고등법원 1994. 6. 17. 93구30701판결

주 문 상고를 기각한다. 상고비용은 피고의 부담으로 한다.

이 유

상고이유를 본다.

(1) 산업재해보상보험법(1993. 12. 27. 법률 제4641호로 개정되기 전의 것, 이하 "산재보험법"이라고 한다) 제1조, 제3조, 제4조, 제6조, 제19조, 근로기준법 제14조, 제18조 등의 관계규정을 종합하면, 산업재해보상보험(이하 "보험"이라고 한다) 사업을 행하여 근로자의 업무상 재해를 신속하고 공정하게 보상하는 등 근로자 보호에 기여함을 목적으로 한 산재보험법은 사업의 위험률, 규모 및 사업장소등을 참작하여 대통령령이 정하는 예외적인 사업의 경우를 제외하고는 모든 사업의 사업주를 보험의 당연가입자로 하고 위 예외적인 사업의 경우에는 노동부장관의 승인을 얻어 임의가입할 수 있도록 하여 그 보험가입자로 하여금 보험료를 납부하도록 하고 있는바, 이 경우 사업주는 근로기준법 소정의 근로자 즉, 직업의 종류를 불문하고 자신의 근로의 대상으로 사용자로부터 금품을 받을 것을 목적으로 사용자와의 사이에 실질적인 사용·종속관계를 유지하면서 사용자에게 근로를 제공하는 자에 대한 관계에서만 보험가입자로서의 보험료납부의무가 있다고 할 것이다(당원 1992. 5. 26. 선고, 90누9438 판결;1993. 11. 23. 선고, 92누13011판결 등 참조).

(2) 원심판결이유에 의하면 원심은 거시증거를 종합하여 원고는 농수산물유통및가격안정에관한법률에 의하여 1989. 3. 경 서울 송파구 가락동 소재 가락동농수산물도매시장의 지정도매법인으로 지정되어 과일, 채소 등 농산물의 매취상장업무를 목적으로하는 회사로서 취업규칙등에 의하여 그 종업원을 모집, 채용하여 왔으며 그 종

업원수는 사무관리직원, 경매영업직원 등 111명 정도인 사실, 전국항운노동조합연맹 산하 서울가락항운노동조합(이하 "소외 조합"이라고 한다)은 당초 가락동 도매시장에서 농수산물의 하역작업에 종사하는 자유근로자들을 그 구성원으로하여 조직된 단체로서 그 하부조직으로 중앙청과분회(이 사건 원고의 사업장), 동화청과분회 등을 두고, 원고와의 사이에 다음과 같은 약정(작업질서를 위한 규약)을 맺고 가락동농수산물도매시장내에 반입, 반출되는 농수산물중 원고가 매취상장하는 농산물의 하역작업을 출하주, 중매인 또는 시장 이용자등의 요청에 따라 독점적으로 맡아 오고 있는바,

원고와 소외 조합과의 사이에 체결된 위 약정의 내용인 즉, 소외조합은 원고로부터 아무런 간섭을 받음이 없이 원고의 종업원과는 별도로 조합자체의 규약등이 정하는 바에 따라 독자적으로 자격의 취득과 상실이 이루어지는 조합원으로 구성되고 조합원들에 대한 인사관리, 복리후생 등의 문제를 독자적, 자율적으로 운영·관리하며, 원고는 시장내에 입·출고되는 화물의 상하차 및 기타 운반작업에 관한 일체의 권한을 소외 조합에 위임함으로써 소외 조합이 조합원들에 대한 근무시간, 작업배치, 작업방법 등에 관하여 그가 임명한 집행간부 및 작업반장, 작업조장 등을 통하여 직접 지휘·감독하도록 할 뿐 원고가 관여할 수 없고, 소외 조합은 필요한 인원과 장비를 충분히 활용하여 항시 작업을 수행할 태세를 갖추고 상하차 작업을 성실히 수행하며 조합원들에 대하여 하역작업에 관한 안전 및 장비운용, 원고와의 업무협조사항, 일반교양 등의 교육을 스스로 실시하되, 다만 조합원들은 현장에서 업무진행상 반드시 필요하다고 인정되는 사항에 관한 원고의 정당한 지시에 따라야 하며, 원고가 시장질서의 유지를 위하여 질서문란행위, 기물파괴행위, 폭행·욕설, 고의파업·태업, 출하주에 대한 부당행위 등의 경우 소외조합에 해당 조합원의 징계를 요구할 수 있고 소외 조합은 정당한 사유가 없는한 이에 응하기로 하는 것 등인 사실,

소외 조합은 원고뿐만 아니라 가락동농수산물도매시장내 또 다른 지정도매업인인 동화청과주식회사 등을 허가지역으로하여 직업안정및고용촉진에관한법률에 의하여 국내근로자 공급사업허가를 받아 조합이름으로 사업자등록을 마치고 조합장을 대표자로하여 조합원들의 각종근로소득세를 원천징수하며 의료보험 역시 원고와는 별도로 가입되어있고 근로기준법 소정의 근로자명부를 독자적으로 작성 비치하고 있는 사실,

농수산물도매시장의 유통거래구조를 보면, 전국각지의 생산지 출하주로부터 농수산물이 도매시장에 운반되어 그 경매장에 하차 선별되면 지정도매법인은 이를 상장경매한 후 경락받은 중매인의 점포까지 배송(상차, 운반)하는 과정을 거치는 바, 출하주는 불특정 다수인으로서 운송업자나 하역근로자들의 입장에서보면 그 운임 및 노임의 수령이 번거롭고 어려운 형편이므로 지정도매법인이 이를 선급하여 주고 후에 그가 수취한 경락대금 중 자신의 몫인 상장수수료와 함께 운임 및 노임 등을 일괄공제하고 나머지 대금만을 출하주에게 지급하되, 경락받은 중매인에게의 배송은 출하주의 경우와는 달리 그 대금수령에 불편이 없으므로 배송에 따른 상하차작업의 노임 및 운임 등은 직접 소외 조합과 운송업

자가 중매인으로부터 이를 수령하고 있는 사실,

원고는 위 하역작업비를 소외 조합에 선급함에 있어 서울지역 각 농수산물시장에 분포되어 있는 소외 조합과 같은 유형의 11개 하역근로자노동조합들이 매년 협의하여 결정한 하역노임협정표에 따라 물건의 품목과 출하량에 비례한 금액을 소외 조합에 교부하고 소외조합은 매일 이를 수령하여 적립하였다가 전 조합원들에게 자체규약에 따라 일정한 비율로 이를 배분 · 지급하고 있느 사실 등을 인정한 후 인정된 사실관계에 의하면, 원고가 매취상장하는 농산물의 하역작업에 종사하는 근로자들은 소외조합의 지휘 · 감독하에 근로를 제공하고 그들 대로의 규약에 따라 임금을 수령하는 관계가 있을 뿐이고, 원고로서는 하역근로자들에 대한 채용, 인사이동, 해고 및 퇴직 등에 관한 아무런 인사권을 갖지 못하고 있으며(일부 사항에 대하여 징계의뢰권이 있다 하더라도 본질적인 인사권이 없음은 마찬가지다), 그 근로시간, 작업장소, 작업배치, 작업방법 등 시간적 · 장소적 근로조건에 관하여 구체적인 업무의 지시 · 감독권이 없다는 것이니, 소외조합 하부조직의 명칭에 원고와의 관련성을 나타낸 부분이 있고(서울 가락항운노동조합 중앙청과분회) 원고와 소외 조합 사이에 규약 형식의 약정이 있다고 하더라도 앞서 본 농수산물 도매시장의 유통거래구조와 그 관계자들의 상관관계 특히 소외 조합이 수령하는 하역작업비의 부담주체와 그 성격 등에 비추어 보면 원고가 이들 하역근로자들에 대한 관계에서 산재보험법상의 사업주의 지위에 있다고 보기는 어렵다고 판단하였다.

관계법령의 규정과 기록에 비추어 살펴보면 원심의 위 인정 및 판단은 정당한 것으로 수긍이 가고, 거기에 소론과 같은 법리오해의 위법이 있다고 할 수 없다. 논지는 이유가 없다.

(3) 그러므로 상고를 기각하고, 상고비용은 패소자의 부담으로 하기로하여 관여법관의 일치된 의견으로 주문과 같이 판결한다.

대법관 이돈희(재판장), 김석수(주심), 정귀호, 이임수

● 산재보험신고서반려처분취소

대법원 제2부. 1991. 9. 10판결 90누8848 상고기각

판 시 사 항

◉ 산업재해보상보험 적용대상사업의 사업주가 바뀌어도 보험관계가 변동되지 아니하는 경우

◉ 산업재해보상보험적용대상사업의 양도, 양수와 이미 확정된 보험료의 납부의무자

◉ 산업재해보상보험관계가 소멸되는 사업의 폐지로 보아야 할 경우

판 결 요 지

가. 산업재해보상보험법 제4조, 제7조, 제8조, 제32조, 같은법시행령 제67조의 각 규정에 비추어 보면, 산업재해보상보험 적용대상인 사업에 있어서 사업주나 사업의 명칭이 바뀌었다 하더라도 사업 그 자체가 폐지된 것이 아니라 새로운 경영자가 사업을 승계하여 경영을 계속하면서 다만 사업주가 교체되는 것에 불과하여 사업자체는 실질

적으로 동일성이 유지되어 계속되는 것으로 볼 수 있는 경우에는 보험관계의 변동을 초래하는 종전의 사업의 소멸과 새로운 사업의 성립이 생기지 아니한다고 할 것이다.

나. 산업재해보상보험법 제6조, 제19조, 제25조의 각 규정에 비추어보면 이미 확정된 보험료의 납부의무는 당시의 보험가입자인 사업주가 지는 것으로서, 보험시행자인 국가는 특별한 법령상의 근거가 없는 한 당해 사업에 대하여 종전 보험가입자에게 귀속되었던 보험료를 새로운 보험가입자에게 다시 징수할 수는 없으며, 사업의 양도, 양수가 있어 그 사업에 관한 모든 권리의무가 포괄적으로 사업양수인에게 승계되었다거나 혹은 사업주들간에 산재보험에 관한 사항을 승계하기로 한 약정이 있었다 하더라도 그 효력은 당사자간의 사법적인 법률관계에 미칠 뿐이다.

다. 산업재해보상보험 적용대상 사업의 특별승계가 법령상 금지되어 있거나 종전 사업이 법령 또는 처분 등에 의하여 기간이 정해져 있어서 어떤 시점에 그 사업이 소멸되도록 되어 있는 경우에는 외견상 사업의 동일성, 계속성이 갖추어졌다 하여도 종전사업이 폐지된 것으로 보아야 하므로 사업의 승계로 인한 보험관계의 승계를 인정할 수 없다.

참조조문 가. 산업재해보상보험법 제7조, 제8조
나. 산업재해보상보험법 제25조
다. 산업재해보상보험법 제8조

참조판례 나. 대법원 1989. 2. 14. 88누1653판결

당 사 자 원고, 피상고인 이무신 외2인
피고, 상고인 보령지방노동사무소장

원심판결 서울고등법원 1990. 10. 11. 88구9659판결

주 문 상고를 기각한다. 상고비용은 피고의 부담으로 한다.

이 유

상고이유를 본다.

원심판결이유에 의하면, 원심은 그 채택 증거들에 의하여 원고들은 충남 보령군 미산면 등에 소재하는 광업지적 대천 지적 제70호 석탄광업권 중 일부에 관하여 충남도지사로부터 조광권설정인가를 받아 1988. 1. 8. 조상권설정등록을 마치고 동림광업소라는 상호로 석탄채탄업을 개시한 후 같은 해 1. 14. 피고에게 산업재해보상보험관계 성립신고서를 제출하였으나 피고는 같은 해 2 . 22. 원고들의 사업은 실질적으로 종전에 소외 이건영이 같은 광구에서 운영해 온 대명광업소와 사업의 동질성이 유지되는 계속사업이라는 이유로 위 산재보험관계성립신고서를 반려함과 동시에 직권으로 상호와 사업주의 명의를 위 동림광업소와 원고들로 변경조치하면서, 원고들에 대하여 위 이건영이 종전에 체납하고 있던 산재보험료 등 합계 금 135,012,150원의 납부를 명하는 내용의 처분을 한 사실을 인정한 다음, 원고 이무신이 위 이건영이 대명광업소를 운영할 당시 그로부터 광구의 일부를 도급받아 채탄작업을 한 바 있다는 사실과 원고들이 같은 구역에 조광권을 설정하여 위 이건영이 사용하던 갱도와 시설물의 일부를 사용하면서 위 이건영에게 고

용되었다가 그의 폐업으로 퇴직한 인부들을 다시 고용하여 채탄작업을 하게 한 사실만으로는 계속사업이라고 인정하기는 어려울 뿐 아니라, 가사 동질성이 유지되는 계속사업으로 인정된다고 하더라도 위 이건영이 체납한 산재보험료 등을 원고들에게 부담시킬만한 아무런 법령상의 근거가 없으며 또 원고들이 광업권자와 조광권설정계약을 하면서 위 이건영이 체납한 제세공과금 등을 원고들이 부담하여 처리하기로 약정한 사실만 가지고 위 체납산재보험료 등의 납부를 명할 수 있는 근거로 삼을 수는 없으므로 위 체납보험료 부과처분은 아무런 근거가 없이 행하여진 위법한 처분이라하여 이를 취소하였다.

산업재해보상보험법과 그 시행령에 의하면 산업재해보상보험은 사업 또는 사업장을 그 적용대상으로 하여(법 제4조) 그 사업이 개시된 날 보험관계가 성립되고 그 사업이 폐지된 날 다음날에 보험관계가 소멸되는 것으로 하고 있는 반면 사업주의 변경을 보험관계의 성립이나 소멸사유로 규정하지 아니하고 있을뿐 아니라(법 제7조, 제8조) 보험가입자에게 보험가입자와 사업의 명칭 및 사업의 종류 등에 관한 변경이 있을 때 신고하도록 규정하고 있음에(법 제32조, 영 제67조) 비추어보면 보험 적용대상인 사업에 있어서 사업주나 사업의 명칭이 바뀌었다 하더라도 사업 그 자체가 폐지된 것이 아니라 새로운 경영자가 사업을 승계하여 경영을 계속하면서 다만 사업주가 교체되는 것에 불과하여 사업자체는 실질적으로 동일성이 유지되어 계속되는 것으로 볼 수 있는 경우에는 보험관계의 변동을 초래하는 종전의 사업의 소멸과 새로운 사업의 성립이 생기지 아니한다고 풀이하여야 할 것이다.

한편 같은 법에 이하면 사업의 사업주가 당연히 보험가입자가 되는 것으로 하여(제6조) 노동부장관은 보험가입자로부터 보험료를 징수하되(제19조) 보험가입자는 매 보험연도말까지의 확정보험료를 다음 보험년도의 초일로부터 60일 이내에 신고, 납부하여야 하고 이를 이행하지 아니할 때에는 노동부장관은 그 확정보험료를 징수하도록 하고 있으므로(제25조) 이미 확정된 보험료의 납부의무는 당시의 보험가입자인 사업주가 지는 것으로서, 보험시행자인 국가는 특별한 법령상의 근거가 없는 한 당해 사업에 대하여 종전 보험가입자에게 구속되었던 보험료를 새로운 보험가입자에게 다시 징수할 수는 없다고 하여야 할 것이며, 사업의 양도, 양수가 있어 그 사업에 관한 모든 권리의무가 포괄적으로 사업양수인에게 승계 되었다거나 혹은 사업주들간에 산재보험에 관한 사항을 승계하기로 한 약정이 있었다 하더라도 그 효력은 당사자간의 사법적인 법률관계에 미칠분이다.

그리고 당해 사업의 특별승계가 법령상 금지되어 있거나 종전사업이 법령 또는 처분 등에 의하여 기간이 정해져 있어서 어떤 시점에 그 사업이 소멸되도록 되어 있는 경우에는 외견상 사업의 동질성, 계속성이 갖추어졌다 하여도 종전사업이 폐지된 것으로 보아야 할 것이므로 사업의 승계로 인한 보험관계의 승계를 인정할 수 없을 것인바, 이 사건에서 피고가 원고들이 승계하였다고 주장하는 소외 이건영의 조광권은 1987. 12. 31. 기간만료로 소멸되어 그에 근거한 동인의 사업도 그 날짜로 폐지되었을 뿐 아니라 광업법 제52조 제2항의 규정에 의하면 조광권은 상속 기타 일반승계의 목적으로 하는 이외에는 권리의 목적으로 할 수 없도록 되어 있으므로 원고들의 사업으

종전 조광권자인 위 이건영의 사업과 동질성이 유지되는 계속사업이 아니어서 이를 승계하였다고 볼 수도 없다.

결국 원심이 원고들의 사업이 소외 이건영의 사업과 동질성이 유지되는 계속사업으로 인정되지 아니하며 또한 계속사업으로 인정된다고 하더라도 위 이건영이 체납한 산재보험료 등을 원고들에게 부담시키려면 별도의 법령상의 근거가 있어야 하며 원고들이 광업권자와 간에 새로운 조광권 설정계약을 하면서 위 이건영이 체납한 제세공과금 등을 원고들이 부담하여 처리하기로 약정한 사실만으로 피고가 원고들에게 위 이건영이 체납한 산재보험료 등의 납부를 명할 수 있는 근거로 삼을 수는 없다고 판시한 것은 정당하고 거기에 지적하는 바와 같은 법리오해의 위법이 있다고 할 수 없다.

논지는 결국 이유없다.

그러므로 상고를 기각하고 상고소송비용은 패소자의 부담으로하여 관여법관의 일치된 의견으로 주문과 같이 판결한다.

대법관 김주한(재판장), 최재호, 윤관, 김용준

● 산재보험신고서 반려처분취소등

서울고등법원 제2특별부. 1990.10.11판결. 88구9659 일부인용(일부기각)

참조조문 가. 산업재해보상보험법 제6조 제1항, 제7조, 제8조
산업재해보상보험법시행령 제4조 제1항
행정소송법 제1조, 제2조 제1항
나. 산업재해보상보험법 제19조

당 사 자 원고, 이무신 외 2인
피고 보령지방노동사무소장

주 문

1. 원고의 이 사건 청구 중 산재보험관계성립신고서반려처분취소 청구부분에 관한 소를 각하한다.
2. 피고가 1988. 2. 22. 원고들에 대하여 소외 이건영이 체납한 산재보험료 등 합계금 135,012,150원의 납부를 명한 처분은 이를 취소한다.
3. 소송비용은 이를 2등분하여 그 1은 원고들의 나머지는 피고의 각 부담으로 한다.

청구취지

피고가 1988. 2. 22. 원고등의 산재보험관계 성립신고서를 반려한 처분 및 같은날 원고등에게 소외 이건영이 체납한 산재보험료등 합계 금 135,012,150원의 납부를 명한 처분을 취소한다.

소송비용은 피고의 부담으로 한다라는 판결

이 유

1. 성립에 다툼이 없는 갑 제1호증(조광권원부), 갑 제2호증(사업자등록증), 갑 제3호증(조광권설정인가통지서), 갑 제4호증(보험관계성립신고서), 갑 제5호증(변경승계통지, 을제1호증과 같다)의 각 기재와 변론의 전 취지를 종합하면,

원고들과 소외 김종성은 광업권 제30097호(소재지 : 충남 보령군 미산면 등, 광업지적 : 대천지적 제70호, 광종명 : 석탄, 면적 : 188헥타) 석탄광 중 60헥타에 관하여 1988. 1. 7. 충남지사로부터 조광권설정

인가를 받아 같은 달 8. 광업등록사업소 접수 제54호로 조광권설정 등록을 마치고 같은 날 동림광업소라는 상호로 석탄채탄업을 개시한 다음 같은 달 14. 위 동림광업소 대표자 김종성(위 동림광업소의 대표자는 소외 김종성이었으나, 동인은 같은 해 3. 3. 공동조광권자에서 탈퇴하고, 같은 해 4. 14. 원고 이무신이 대표자로 등록되었다) 명의로 피고에게 산업재해보상보험관계 성립신고서를 제출하였으나, 피고는 원고 등이 위 광업권에 관하여 새로 조광권을 설정하고 사업을 개시하였다고 하지만 소외 이건영이 같은 광구에서 1987. 12. 31.까지 대명광업소를 운영할 당시 원고들은 사외 도급자들이었고, 또 위 대명광업소의 시설과 인원을 그대로 사용하고 있을 뿐만 아니라 원고 등이 광업권자와 조광권설정계약을 하면서 위 이건영이 대명광업소를 운영하면서 체납한 제세공과금과 임금, 요양중인 환자에 대한 대책 등을 원고 등이 책임지기로 합의하였으므로, 원고 등의 사업은 상호와 업주가 변경되었다고 하더라도 실질적으로는 위 이건영의 사업의 동질성이 유지되는 계속사업이라는 이유로 1988. 2. 22. 원고 등이 위와같이 제출한 산재보험관계 성립신고서를 반려함과 동시에 직권으로 상호와 사업주의 명의를 위 동림광업소와 원고 등으로 변경조치하면서 원고 등에 대하여 위 이건영이 체납하고 있던 산재보험료 등 합계금 135,012,150원의 납부를 명하는 내용의 처분을 한 사실을 인정할 수 있고 달리 반증이 없다.

2. 원고들은 이 사건 청구원인으로서, 위 광업권에 관하여 소외 이건영이 설정한 조광권은 1987. 12. 31. 기간만료로 소멸되어 동인은 같은 날 위 대명광업소에서의 채탄업을 폐지하였고, 원고 등은 1988. 1. 7. 위 이건영의 조광구역보다 넓은 면적에 대하여 신규로 조광권설정인가를 받고 같은 달 8. 조광권설정등록을 마치고 사업을 개시하였으므로, 원고들 중의 일부가 종전 조광권자의 사외 도급자이었고 원고들의 조광구역이 종전 조광권자의 구역과 일부 중복되거나 원고 등이 종전 조광권자가 사용하던 갱도와 시설물 및 일부 근로자를 다시 사용한다고 하더라도 원고등의 사업은 위 이건영의 사업과는 별개의 사업체임에도 불구하고 피고가 위 이건영이 운영하던 사업과 원고등의 사업을 동질성이 유지되는 계속사업이라고 인정하고 이를 전제로 하여 행한 이 사건 처분은 그 하자가 명백하고 중대한 것이어서 당연무효이고, 그렇지 않다고 하더라도 위 처분은 위법하므로 취소되어야 한다고 주장한다.

3. 먼저, 원고들의 청구 중 산재보험관계성립신고서반려처분취소청구부분에 관하여 직권으로 살피건대, 항고소송의 대상이 되는 행정처분은 행정청의 공법상의 행위로서 특정사항에 대하여 법규에 의한 권리의 설정 또는 의무의 부담을 명하며 기타 법률상의 효과를 발생케하는 등 국민의 권리, 의무에 직접 관계가 있는 행위를 말한다고 할 것인바,

산업재해보상보험법 제4조, 제6조 제1항의 규정에 의하면, 근로기준법의 적용을 받는 사업의 사업주는 사업의 위험률, 규모 및 사업장소 등을 참작하여 대통령령으로 정하는 사업을 제외하고는 당연히 산업재해보상보험의 가입자가 되도록 되어 있고, 같은법 제7조, 제8조의 규정에 의하면, 같은법 제6조 제1항의 규정에 의하여 당연히 산업재해보상보험에 가입하게 되는 사업에 있어서는 그 사업이 같은법 제6조

제1항의 규정에 해당하게 된 날에 위 보험관계가 성립하고 그 사업이 폐지된 날의 다음 날에 위 보험관계가 소멸하도록 되어 있으니 같은 법 제6조 제1항의 규정에 의하여 당연히 위 보험의 가입자로 인정되는 원고등의 위 보험관계는 성립신고에 관계없이 위 법규에 의하여 당연히 성립 또는 소멸된다고 할 것이므로, 같은법 시행령 제4조에서 같은법 제6조 제1항의 규정에 의하여 당연히 산업재해보상보험에 가입하게 되는 사업주는 보험관계가 성립된 날로부터 14일 이내에 노동부령이 정하는 바에 의하여 보험관계성립신고서를 제출하도록 규정하고 있기는 하지만 위와 같은 보험관계성립신고를 하고 이를 수리하는 것은 신고사실을 확인하는 행정행위에 불과하고, 그로 인하여 신고자에게 어떤 권리를 설정하거나 의무를 부담하게 하는 법률효과를 가져오게 하는 것은 아니며, 또 피고가 위 신고서의 수리를 거부하고 이를 반려한다고 하더라도 이로 인하여 원고들의 권리, 의무에 직접 관계가 있는 법률효과가 발생하는 것은 아니라고 보아야 할 것이니, 피고의 위 보험관계성립신고서 반려행위는 항고소송의 대상이 되는 행정처분이라고 볼 수 없다고 할 것이고, 따라서 원고들의 위 청구부분은 나머지 점에 관하여 더 살펴볼 필요도 없이 부적법함을 면치 못한다고 할 것이다.

4. 다음으로, 원고 등이 1988. 1. 8. 위 광업권에 관하여 조광권설정등록을 하고 사업을 개시한 데 대하여 원고등의 사업이 위 이건영의 사업과 동질성이 유지되는 계속사업이고 원고등이 광업권자와 이 사건 조광권설정계약을 하면서 위 이건영이 체납한 임금, 공과금 및 요양중인 환자대책 등을 책임지기로 약정하였다는 이유로 피고가 원고들에게 위 이건영이 체납한 산재보험료 등의 납부를 명한 처분의 적법 여부에 관하여 살피건대, 위에 나온 갑 제1호증, 성립에 다툼이 없는 갑 제12호증(광업권등록원부사본), 을 제5호증(조광설정구역도)의 각 기재와 증인 전문표의 증언 및 변론의 전 취지를 종합하면, 위 이건영이 1982. 3. 11. 부터 1987. 12. 31. 까지 위 광업권에 관하여 조광권을 설정하고 대명광업소를 운영할 당시 원고 이무신이 동인으로부터 위 광구 중의 일부를 도급받아 채탄작업을 한 사실과 위 이건영의 조광권이 기간만료로 소멸된 후 원고들이 같은 구역에 조광권을 설정하고 새롭게 채탄작업을 개시하면서 위 이건영이 사용하던 갱도와 시설물의 일부 및 위 이건영에게 고용되었다가 그의 폐업으로 퇴직한 인부들을 다시 고용하여 작업을 하게 한 사실은 인정되나, 위와같은 사실만으로는 원고등의 사업이 위 이건영의 사업과 동질성이 유지되는 계속사업이라고 인정하기는 어렵다고 할 것이고, 달리 피고의 전 거증에 의하더라도 이를 인정하기에 족한 증거가 없을 뿐만 아니라 가사 위 사업의 동질성이 유지되는 계속사업으로 인정된다고 하더라도 위 이건영이 체납한 산재보험료 등을 원고등에게 부담시키려면 법령의 근거가 있어야 할 것인데 이를 인정할만한 아무런 법령의 근거가 없으며, 또 피고의 주장과 같이 원고 등이 광업권자와 조광권설정계약을 하면서 위 이건영이 체납한 제세공과금 등을 원고들이 부담하여 처리하기로 약정을 한 사실이 있다고 하더라도 이는 동인들 간의 사법상의 약정일 뿐이고 이것을 가지고 피고가 원고 등에게 위 이건영이 체납한 산재보험료 등의 납부를 명할 수 있는 근거로 삼을 수는 없다고 할 것이니, 피고가 원고등에게 위 체납된 산재보험료 등의 납부를 명한

것은 아무런 근거가 없이 행하여진 위법한 처분이라고 할 것이다.

5. 그렇다면, 원고들의 이 사건 청구 중 산재보험관계성립신고서반려처분취소청구 부분은 부적법하므로 이 부분 소를 각하하고, 피고가 원고들에게 위 이건영이 체납한 산재보험료 등의 납부를 명한 처분의 취소를 구하는 부분은 이유가 있으므로 이를 인용하며, 소송비용의 부담에 관하여 민사소송법 제89조, 제92조, 제93조를 적용하여 주문과 같이 판결한다.

판사 유근완(재판장), 박병휴, 김호윤

● 산업재해보상보험료부과처분취소

대법원 제2부. 1984. 2. 14판결 81누125 상고기각

판 시 사 항

◉ 도급에 의한 석탄채굴작업과 산재보험료의 납부의무자

판 결 요 지

구 산업재해보상보험법 제6조 제3항에 의하면 사업이 도급에 의하여 행해지는 경우의 같은법에 의한 보험료를 납부할 의무를 부담하는 사업자는 수급인이 되는 것이므로 원고(대한석탄공사) 산하의 각 광업소들이 도급에 의하여 사업을 행한 경우 그 도급을 위하여 지급된 임금부분에 대해서는 원고로서는 같은 법에 의한 보험료를 납부할 의무가 면제된다할 것이며 이 경우 수급인이 실지로 그 보험료를 납부하였는지의 여부에 관계없이 도급인 원고에게 그 보험료를 부과징수할 수 없다.

참조조문 구 산업재해보상보험법(1963. 11. 5 법률 제1438호) 제6조 제3항

당 사 자 원고, 피상고인 대한석탄공사
소송대리인 변호사 조규광
피고, 상고인 노동부 서울중부지방사무소장

환송판결 대법원 1980. 2. 26. 79누356판결
대법원 1975. 7. 22. 74누102판결

원심판결 서울고등법원 1981. 3. 4. 80구301판결

주 문 상고를 기각한다. 상고소송비용은 피고의 부담으로 한다.

이 유

상고이유를 판단한다.

원심판결이유에 의하면 원심은, 그 거시증거를 종합하여 원고 산하 각광업소들이 1967년과 1968년도에 그 사업인 석탄 채굴작업공사를 타인에게 도급을 주어 그 수급인들에게 1967년도에는 도합 금 653,649,395원, 1968년도에는 도합 금 741,211,480원을 그 도급 임금으로 지급한 사실을 인정하고 나서 산업재해보상보험법 제6조 제3항에 의하면 사업이 도급에 의하여 행하여지는 경우의 같은 법에 의한 보험료를 납부할 의무를 부담하는 사업자는 수급인이 되는 것이므로 원고 산하의 각 광업소들이 도급에 의하여 사업을 행한 사실이 있다면 그 도급을 위하여 지급된 임금부분에 대하여는 원고로서는 같은법에 의한 보험료를 납부할 의무가 면제된다 할 것이며 이 경우 수급인이 실지로 그 보험료를 납부하

였는지의 여부에 관계없이 도급인인 원고에게 그 보험료를 부과 징수할 수 없다고 전제한 다음 원고의 1967년도와 1968년도 산업재해보험료 액수에 관하여 그 실시와 같은 원고의 임금총액에서 위 도입임금과 기납부 보험료 등을 공제하면 원고는 결국 1967년도 보험료중 금 415,723원을 아직 납부하지 아니한 것으로 되고, 1968년도분은 전부 납부한 셈이 된다고 판시하였다.

기록에 비추어 원심의 사실인정과 그 판단과정을 검토하여 보니 원심의 위 조치는 정당하여 수긍이 가고 거기에 소론이 지적하는 바와 같은 산업재해보상보험법에 관한 법리오해나 판단유탈 및 보험료액수 산정상의 위법이 없다.

그러므로 상고를 기각하고, 상고 소송비용은 패소자의 부담으로 하기로 관여법관의 의견이 일치되어 주문과 같이 판결한다.

대법원판사 신정철(재판장), 김중서, 강우영, 이정우

● 산업재해보상보험료부과처분취소

대법원 제3부. 1980. 2. 26판결 79누365 일부파기환송

판 시 사 항

◉ 산업재해보상보험법에 의한 보험가입단위

◉ 사업이 도급에 의하여 행하여지는 경우의 산재보험금 납부의무자

판 결 요 지

가. 산업재해보상보험법 제4조, 제6조에 의한 보험가입 단위는 그 가입자가 되는 사업주가 된다 할 것이고 한 사람의 사업주 밑에 예속된 각 현지의 사업장을 단위로 하는 것이 아니다.

나. 사업이 도급에 의하여 행하여지는 경우의 산재보험금 납부의무를 지는 사업주는 수급인이므로 원고가 석탄채굴작업을 타에 도급을 준 경우에는 산재보험금의 납부의무는 면제된다.

참조조문 산업재해보상보험법 제4조, 제6조

참조판례 대법원 1970. 11. 24. 70누111판결
1974. 12. 10. 74누103판결

당 사 자 원고, 상고인 겸 피상고인 대한석탄공사
소송대리인 변호사 조규광
피고, 피상고인 겸 상고인 노동청 서울중부지방 사무소장
소송수행자 김세연, 최상철, 나문섭

원심판결 서울고등법원 1979. 10. 16. 75구237판결

주 문 원판결 중 원고의 패소부분을 파기하고 이를 서울고등법원으로 환송한다.
피고의 상고를 기각한다.
피고의 상고로 인한 소송비용은 피고의 부담으로 한다.

이 유

(1) 원고대리인의 상고이유를 판단한다.

제1점에 관하여,

산업재해보상보험법 제4조, 제6조에 의한 보험가입의 단위는 그 가입자가 되는 사업주가 된다 할 것이고 한 사람의 사업주 밑에 예속된 각 현지의 사업장을 단위로 하는 것이 아니라 함이 당원의 판례(70. 11. 24선고, 70누111판결 및 74. 12. 10 선고, 74누103판결 참조)인 바 원고 공사는 광업을 사업목적으로하여 서울에 있는 본사 밑에 산하 8개의 광업소가 전국에 산재하여 각 현지의 광업소는 본사와 장소적으로 떨어져 있다 하더라도 한 사람의 사업주에 소속되어 있는 것이므로 법상 보험가입의 단위는 산하 사업장을 포함한 원고 공사 하나만이라 할 것이다.

따라서 비록 각 현지의 광업소에서 따로 보험에 가입하여 그 산재 보험료를 납부하였다 하더라도 그것은 원고 공사가 납부하여야 할 보험료의 일부를 납부한 것에 불과하므로 각 현지의 광업소가 납부한 보험료에 누락된 부분이 있다면 법상 보험가입자인 원고 공사에 대하여 이를 다시 부과징수할 수 있는 것이고 그 부과징수의 권한은 산재보험사무소 직세상 원고 공사에 대한 지역관할을 갖고 있는 피고 노동청 서울중부지방사무소장에게 귀속된다 할 것으로서 피고의 이 사건 처분이 관할을 무시한 위법처분이라는 논지 이유없다.

제2점에 관하여,

이 사건 당시인 1967년과 1968년도에 있어서 원고공사 산하의 현지 각 광업소마다 따로이 그 지역을 관할하는 산재보험사무소에 가입하여 보건사회부장관이 결정 고시한 율의 산재보험금을 납부하였고 원고 본사에 대한 보험료율의 고시가 없었다 하더라도 앞선 상고이유에서 밝힌 바와같이 원고공사가 본사와 산하 각 광업소를 포함하여 보험가입의 단위가 된 이상 당시는 아직 1968. 12. 13자 보건사회부 고시 제28호에 의하여 본사 지사 현장의 보험료율을 별도로 정하기 이전이었으므로 원고 공사에 적용할 보험료율은 본사 현장의 구별없이 석탄광업에 적용되는 합리적인 요율에 의하여야 한다고 함은 당원 이전에 파기환송의 이유에서 이미 설시한 바이고 원심이 그 요율을 원고 산하 각 사업장에 대하여 고시된 가장 낮은 요율인 1000분의 65를 적용한 것은 합리적인 것으로 수긍이 간다.

따라서 거기에 원고공사 사업장에 적용할 보험료율에 관한 심리를 다하지 아니한 위법이 있다거나 보험료율을 잘못 적용한 위법사유가 있다는 논지 이유없다.

제3점에 관하여,

원판결이유에 의하면 원심은 원고가 이 사건에서 문제된 1967년과 1968년에 있어서 원고 본사 산하의 각 영업소에서는 채탄사업을 수개업자에게 도급을 준 결과 수급업자마다 각기 산재보험에 가입하여 보험료를 납부하였으니 이 사건처분의 기초가 되는 원고 공사의 결산서 중 임금항목중 이 부분에 대하여는 2중으로 보험료를 부과징수하는 것이 되어 위법이라고 한 주장에 대하여 수급받는 청부업자들이 원고 산하 각 광업소로부터 받은 정부 노임중에서 임금에 대한 보험료를 납부한 바 있다는 원고 주장에 부합하는 환송 전 당심 증인 한치윤, 변충근의 각 증언은 믿지 아니하고 원고 산하 광업소 중 함백, 영월, 나전광업소의 덕대사업장에서 각 수급인들 명의로 보험관계를 성립하였다는데 관한 갑 제23호증의 1, 2의 기재는 원고 주장을 인정할 자료로서는 부족하다고하여 그 주장을 받아들이지 아니하였다.

그러나 같은법 제6조 제3항에 의하면 사업이 도급에 의하여 행하여지는 경우의 같은 법에 의한 산재보험금을 납부할 의무를 지는 사업주는 수급인이므로 이 사건에 있어 원고 산하 광업소가 석탄채굴작업을 타에 도급을 준 것이라면 그 한도에서 원고공사로서는 같은 법에 의한 산재보험금의 납부의무가 면제된다 할 것이므로 수급인이 실제 보험금을 납부한 여부에 관계없이 도급인인 원고에게 그 누락된 부분의 부과처분을 한다는 것은 위법이라 할 것인데 앞서 원심이 지적한 갑 제23호증의 1, 2에 의하여도 원고 산하의 사업장에서 도급을 준 사실이 인정될 뿐 아니라 이 점에 관하여 원심이 배척하지 아니한 을 2, 3호증, 갑 21호증의 1, 2 갑 22호증의 1-14, 갑 31-33호증 등의 자료에 의하면 원고공사에서는 문제의 1967년과 1968년의 양년에 있어서 산하 각 현장에서 다액의 도급노임이 지급되었을뿐만 아니라 보사부고시의 산재보험요률의 적용을 받는 원고 산하 영월광업소로부터 도급을 받은 수급회사인 대도미광 김재훈과 보령광업소로부터 도급을 받은 수급인인 유치황의 대표자 박용덕 등 사업주의 이름가지 관보에 게재되어 있음을 알 수 있는 바, 그렇다면 원심으로서는 이점에 관하여 더 조사하고 위의 수급자들이 같은 법 제6조 제3항에 규정한 적격을 갖춘 사업자인가 아닌가 적격자라면 그가 산재보험금을 납부한 여부에 관계없이 그들에게 지급한 부 노임중 임금 해당부분의 보험료는 원고가 책임질 수 없는 것이므로 그 액수를 특정하여 피고의 처분이 위법한 것인가를 가렸어야 함이 상당하다 할 것인데 그렇지 아니하고 원고의 주장을 배척하였음은 심리미진이 아니면 증거법칙을 위반함으로써 판결결과에 영향을 미친 것이라 하지 않을 수 없으므로 이 점에 관한 논지 이유 있다.

다음 피고의 상고이유에 관하여,

논지는 원고 산하 화순광업소가 1968년에 납부한 것으로 된 보험료 액수는 착오기재된 것인데 그 점을 원심이 밝히지 않은 것은 심리미진이 된다고 함에 있으나 이는 원심의 변론종결 후에 피고가 제출한 준비서면에서 처음 기재한 사실임이 기록상 명백하므로 적법한 상고이유가 된다 할 수 없다.

이리하여 원고의 상고는 이유있으므로 원판결 중 원고의 패소부분을 파기하고 이를 다시 심리판단케하기 위하여 원심인 서울고등법원으로 환송하는 바이고 피고의 상고는 이유없으므로 이를 기각하고 피고의 상고로 인한 소송비용은 패소자인 피고의 부담으로 하여 관여법관의 일치된 의견으로 주문과 같이 판결한다.

대법원판사 양병호(재판장), 안병수, 유태흥, 서윤홍

◉ 보험료부과처분취소

대법원 제3부, 1972. 5. 23. 판결 72누17 내지 73 상고기각

판 시 사 항

◉ 차동차운수사업면허 명의자와 산업재해보상보험가입

판 결 요 지

자기명의로 차량을 소유하고 자동차운수사업을 경영(자동차운수사업법에 따라 교통부장관의 면허를 얻어 원고들 명의로 차량을 소유하고 자동차운수사업을 경영)하고 있는 자는 차주와의 합의에 의한 내부적인 다른 관행이 있다 하여도 대외적 관계에 있어서는 차량을 소유운행하는 경영주체라 할 것이므로 근로기준법상의 사업주로서 산업재해보상보험법 제6조 소정의 가입자에 해당한다.

참조조문 산업재해보상보험법 제6조

당 사 자 원고, 상고인 별지기재와 같다.
원고들 소송대리인 변호사 박세영
피고, 피상고인 서울산업재해보험사무소장
소송수행자 김두희, 이강원

원심판결 서울고등법원 1971. 12. 21. 71구100 내지 189판결

주 문 상고를 기각한다. 상고 소송비용은 원고들의 부담으로 한다.

이 유

원고들 소송대리인의 상고이유를 판단한다.

원판결이유에 의하면 원심은 원고들의 청구를 기각하는 이유로서 원고들이 자동차운수사업법에 따라 교통부장관의 면허를 얻어 원고들 명의로 차량을 소유하고 자동차운수사업을 경영하고 있는 이상 사업경영면에 있어서의 실태가 원고들 주장과 같다 하더라도 이와같은 사유는 원고들 사업체에 있어서의 원고들과 차주와의 합의에 의한 내부적인 관행에 불과한 것으로서 대외적인 관계에 있어서는 원고들이 위 각 차량을 소유하고 이를 운행하는 경영주체라고 보지 않을 수 없고 따라서 그 사업장의 근로자와의 관계에 있어서도 원고들의 각 직접적인 근로계약상의 책임을 지고 있다고 보지 않을 수 없으므로 원고들은 모두 근로기준법 소정의 사업을 경영하는 사업주로서 산업재해보상보험법 제6조 소정의 산업재해보상보험의 가입자임이 분명하니 원고들이 각 위 보험가입대상이 아님을 이유로 하는 원고들의 본 소청구는 그 이유없다고 정당하게 판단하고 있으므로 이와 반대의 견해로서 원심의 적법한 조처를 논란하는 상고논지는 채용할 수 없다.

이리하여 상고를 이유 없다 하여 기각하기로 하고 상고소송비용의 부담에 관하여 민사소송법 제95조 제89조 제93조를 적용하여 관여법관의 일치된 의견으로 주문과 같이 판결한다.

대법원판사 홍남표(재판장), 김치걸, 사광욱, 김영세, 양병호

◉ 보험료부과처분취소

서울고법 제1특별부, 1971. 12. 21. 판결 71구100-189기각

판 시 사 항

◉ 지입차로 구성된 자동차운수회사가 산업재해보상보험법소정의 보험가입자인지의 여부

판 결 요 지

자동차운수사업법에 따라 교통부장관의 면허를 얻어 원고들 명의로 차량을 소유하고 자동차운수사

업을 경영하고 있는 이상 사업경영면에 있어서의 실태가 위 원고들 주장과 같다 하더라도 위와같은 사유는 원고들 사업체에 있어서의 원고들과 차주와의 합의에 의한 내부적인 관행에 불과한 것으로서 대외적인 관계에 있어서는 원고들이 위 각 차량을 소유하고 이를 운행하는 경영주체라고 보지 않을 수 없고 따라서 동 사업장의 근로자와의 관계에 있어서도 원고들이 각 직접적인 근로계약상의 책임을 지고 있다고 보지 않을 수 없다.

참조조문 산업재해보상보험법 제6조, 제4조
당 사 자 원고, 배경천(외28인)
원고들소송대리인 변호사 박세영
피고, 서울산업재해보험사무소장
피고소송수행자 김두희, 이강원, 임운섭, 송종권
주 문 원고들의 청구를 각 기각한다. 소송비용은 원고들의 각부담으로 한다.

청구취지

원고들은 피고가 산업재해보상보험법에 따라 별표 제2와 같이 원고들에게 한 1971년도분 보험료부과처분은 이를 취소한다. 소송비용은 피고의 부담으로 한다라는 판결을 바란다.

이 유

원고들이 자동차운수사업법의 규정에 따라 교통부장관의 면허를 얻어 자동차 운수사업을 경영하고 있는 법인 또는 개인기업체인 사실 및 피고가 산업재해보상보험법(이하 산재법이라 약칭)의 규정에 따라 원고들에 대하여 별지 제2와 같이 1971년도 1기분 보험료를 부과하였던 사실은 당사자간에 다툼이 없다.

원고들 소송대리인은 피고는 원고들을 산재법 제4조에 규정된 근로기준법의 적용을 받는 사업으로 보고 산재법 제6조 소정의 산업재해보상보험의 가입자로 단정하여 동법 제23조의 규정에 따라 원고들에 대하여 위 보험료를 부과하였으나 위 부과처분은 위법한 행정처분이다 라고 주장하고 그 이유로서 위 근로기준법 소정의 사업주란 사업장에 종사하는 근로자와 개별적인 근로계약이 체결되어 있고 또 사업경영에 있어서의 수익손해의 책임을 지는 실질적인 경영주체자임을 뜻하는 바, 원고들이 현재 운수사업에 사용하고 있는 각 차량은 동 차량의 각 소유주가 원고 앞으로 명의신탁하고 있는데 지나지 아니하고 동 차주들이 동 차량운전사 등 근로자와 개별적으로 근로계약을 체결하고 있을 뿐만 아니라 차량운행에 따르는 통행세 등 세금도 부과명의가 동 차주로 되어 있으며 원고들은 다만 위 차주들로부터 교부받은 이른바 지입료로서 운영되고 있는 실정으로서 동사업의 실질적인 경영주체는 위 차주들이므로 원고들은 산재보상보험료의 부과대상인 근로기준법 소정 사업주가 아니다라고 한다.

그러므로 살패건대 원고들이 자동차운수사업법에 따라 교통부장관의 면허를 얻어 원고들명의로 차량을 소유하고 자동차운수사업을 경영하고 있는 이상 사업경영면에 있어서의 실태가 위 원고들 주장과 같다 하더라도 위와같은 사유는 원고들 사업체에 있어서의 원고들과 차주와의 합의에 의한 내부적인 관행에 불과한 것으로서 대외적인 관계에 있어서는 원고들이 위 각 차량을 소유하고 이를 운행하는 경영주체라고 보지 않을 수 없고 따라서 동 사업장의 근로자와의 관계에 있어서도 원고들이 각 직접적인 근로계약상의 책임을 지고 있다고 보지 않을 수 없다.

그렇다면 원고들은 모두 근로기준법 소정의 사업을 경영하는 사업주로서 산재법 제6조 소정의 산업재해보상보험의 가입자임이 분명하므로 원고들이 각 위 보험가입대상이 아님을 이유로하는 원고들의 본 소 청구는 각 이유없어 이를 기각하기로 하고 소송비용은 패소자인 원고들의 각 부담으로하여 주문과 같이 판결한다.

판사 안병수(재판장), 윤일영, 홍성운

◉ 산업재해보상보험료부과처분무효확인

대법원 제2부. 1970. 11. 24. 판결 70누111 상고기각

판 시 사 항

◉ 산업재해보상보험법에 의한 보험가입의 단위

◉ 위 법에 의한 보험료 납부의무의 발생시기

판 결 요 지

가. 산업재해보상보험법에 의한 보험가입의 단위는 그 가입자가 되는 사업주가 된다고 할 것이고 한사람의 사업주에 소속되는 그 사업의 각 현장을 단위로 할것이 아니다.

나. 위 법에 의한 보험료 납부의무는 보험관계가 성립되는 날부터 발생한다.

참조조문 가. 산업재해보상보험법 제4조, 제6조
나. 산업재해보상보험법 제7조, 제19조, 제23조, 제25조

당 사 자 원고, 상고인 대한중석광업주식회사 소송대리인 변호사 한복
피고, 피상고인 서울산업재해보상보험사무소장
소송수행자 조정달, 정동우, 이강원

원심판결 서울고등법원 1970. 6. 23. 69구121판결

주 문 상고를 기각한다. 상고소송비용은 원고의 부담으로 한다.

이 유

원고소송대리인의 상고이유를 판단한다.

제1점

산업재해보상보험법 제4조, 제6조에 의하면 이 법의 적용을 받는 사업은 근로기준법의 적용을 받게 되는 사업 및 사업장을 말하고 이와같은 사업의 사업주는 당연히 산업재해보상보험의 보험가입자가 된다 할 것이며 이 법에 의한 보험가입자가 되는 원고회사는 동법 제23조에 의한 개산보험료의 보고와 납부의무가 있고 또 동법 제25조에 의한 확정보험료의 보고와 납부의무가 있다고 할 것이니 위와 같은 보험료는 보험가입자인 원고회사를 단위로 하여 그 사업 전부를 대상으로하여 확정하고 이를 그 납부의무자인 원고회사로부터 징수하여야 할 것이다.

따라서 산업재해보상보험법에 의한 보험가입의 단위는 그 가입자가 되는 사업주가

된다고 할 것이고 한 사람의 사업주에 소속되는 그 사업의 각 현장을 단위로 한다고는 해석되지 아니하므로 원고회사의 사업은 광업으로서 그 예하에 강원도 영월군 소재 상동광업소, 경북 달성군 소재 달성광업소, 서울 영등포구 소재 서울제련소가 있어 각 그 사업현장에서 따로따로 그 보험료를 산출하여 납부한 바 있다고 하더라도 위와같은 각 사업현장에서 따로따로 그 보험료를 산출하여 납부한 바 있다고 하더라도 위와같은 각 사업현장은 필경 위 법에 의한 보험가입자인 원고회사의 사업 일부를 담당하고 있는 것으로서 원고회사가 납부하여야 할 보험료의 일부를 납부하였을 뿐이고 한 사람의 보험가입자인 원고회사가 납부하여야 할 보험료 전액은 원고회사를 단위로하여 확정되어야 할 것이니 위의 각 사업현장에서 납부된 보험료가 이에 미달된 경우에는 보험가입자인 원고에게 그 나머지 부분에 대한 납부의무가 아직 남아 있다고 하여야 할 것이다.

이와같은 취지에서 원고회사는 산업재해보상보험의 당연 가입자로서 그가 사용하는 각 광업소 등 소속근로자들은 물론 본사 직원들을 포함한 모든 근로자에 대한 보험료를 납부할 의무가 있다고 하여야 할 것이라는 원판결 이유설시는 정당하다 할 것이며 이와 견해를 달리하여 산업재해보상보험법시행령에 관할 보험사무소라고 함은 각 사업현장의 소재지를 관할하는 보험사무를 말하는 것으로 주장하면서 한 개의 회사가 여러 곳에 사업장을 가지고 있을 때에는 그 사업장마다 보험에 가입하여야 한다는 전제 아래 원판결에는 위 법 제4조, 동법시행령 제3조, 제10조, 제4조의 해석을 잘못하였다고 행정선례에 위반한 위법이 있다는 소론의 논지는 받아들일 수 없는 것일뿐만 아니라 원판결의 위와같은 설시이유는 위 법에 의한 보험가입의 단위는 동법에 의한 보험가입자를 단위로한다는 취지의 설시라고 볼 것이니 보험가입 단위에 관한 원고의 주장에 대하여 판단을 유탈한 위법이 있다는 상고논지도 이유없다.

제2점

산업재해보상보험법 제19조, 제23조, 제25조의 규정을 살펴보면 보험료납부의무는 보험가입자에게 있고 또 그 보험관계가 성립된 날로부터 발생된다고 하여야 할 것이니 원심이 위 법 제4조, 제6조, 제7조의 규정에 비추어 원고는 위 법시행일인 1964. 1. 1. 당시 당연가입의 대상이 되는 사업을 경영하던 사업주이므로 위 법 시행과 동시에 보험관계가 성립하고 원고는 그때부터 보험가입자가 되었으니 그때부터 구체적인 보험료 납부의무가 발생하였다는 취조로 설시한 것은 정당하다 할 것이며 소론의 위 법 시행령 제4조의 신고서의 제출이 없다거나 동령 제5조의 통지가 없다고 하여 위 법에 의한 보험관계성립이나 보험료납부의무를 부정할 수는 없는 것이다.

원판결에는 보험료의 구체적인 납부의무 발생한 관한 법리를 오해한 위법이 있다고 할 수 없으니 이를 논란하는 상고논지는 이유없다.

그러므로 관여법관의 일치된 의견으로 상고를 기각하기로 하고 상고소송비용은 패소자 부담으로 하여 주문과 같이 판결한다.

대법원판사 한봉세(재판장), 손동욱, 방순원, 나항윤, 유재방

Ⅲ. 보험관계성립 및 소멸

◉ 보험급여징수금부과처분취소

대법원 제1부. 1995. 2. 28. 판결 94누3186
파기환송

판 시 사 항

◉ 건설공사가 2이상의 단위로 분할하여 도급된 경우, 전체공사에 대하여 1개의 보험관계만 성립하는 것인지 아니면 각 도급단위별 공사마다 각각의 보험관계가 성립하는 것인지의 여부를 결정하는 기준
◉ 도로건설공사가 수개의 구간으로 분할하여 순차로 도급된 경우, 구간별 공사가 종료되면 당해 구간에 관한 최종목적물이 완성되는 것으로 보아야 하는지 여부

판 결 요 지

가. 구 산업재해보상보험법(1993. 12. 27. 법률 제4641호로 개정되기 전의 것) 제4조, 제6조 제1항, 제7조, 제19조 및 산업재해보상보험법시행령 제2조 제1항 제7호, 제3항, 제4조의 각 규정의 취지를 종합하면, 건설공사가 2 이상의 단위로 분할하여 도급된 경우 전체공사에 대하여 1개의 보험관계만 성립하는 것인지 아니면 각 도급단위별 공사마다 각각의 보험관계가 성립하는 것인지의 여부는 우선 전체공사에 의하여 최종목적물이 완성되는 것인지 아니면 도급단위별 공사마다 최종목적물이 완성되는 것인지의 여부에 의하여 결정되고, 다음으로 최종목적물이 전체공사에 의하여 완성되는 경우라고 하더라도 각 도급단위별 공사들이 시간적 또는 장소적으로 분리하여 독립적으로 행하여지는 것인지의 여부에 의하여 결정되며, 2이상으로 분할된 도급단위별 공사들이 시간적 또는 장소적으로 분리하여 행하여진다 함은 어느 하나의 도급단위별 공사에서 진행되는 작업 등으로 인하여 이와 별도로 도급된 다른 공사에 종사하는 근로자가 업무상 재해를 당할 위험이 없는 경우, 바꾸어 말하면 도급단위별 공사가 동일위험권 내에 있지 아니한 경우를 뜻한다.

나. 도로건설공사가 수개의 구간으로 분할하여 순차로 도급된 경우 특별한 사정이 없는 한 각 구간별 공사가 종료되면 당해 구간에 관한 최종목적물이 완성되는 것으로 보아야 할 것이다.

참조조문 구 산업재해보상보험법(1993. 12. 27. 법률 제4641호로 개정되기전의 것) 제4조, 제6조 제1항, 제7조, 제19조
산업재해보상보험법시행령 제2조 제1항 제7호, 제3항, 제4조

참조판례 대법원 1994. 6. 24. 94누2626판결

당 사 자 원고, 피상고인 일우공영주식회사
소송대리인 변호사 이기영
피고, 상고인 태백지방노동사무소장

원심판결 서울고등법원 1994. 1. 14. 93구19919판결

주 문 원심판결을 파기하고, 사건을 서울고등법원에 환송한다.

이 유

상고이유를 판단한다.

1. 원심판결이유에 의하여 원심이 확정한 사실관계를 보면 다음과 같다.

소외 태백시는 황지-통리간의 도로확·포장공사를 4구간으로 분할하여 연차적으로 시행하기로 계획하고, 원고와의 사이에,

(1) 1989. 6. 15. 제1구간인 황지교-송이재간의 공사를 대금 762,378,100원 착공일 같은 달 17., 준공일 12. 13. 로 하는 도급계약을,

(2) 1990. 5. 29. 제2구간인 송이재-내량교간의 공사를 대금 478,000,000원, 착공일 같은 해 6. 1., 준공일 같은 해 12. 31. 로 하는 도급계약을,

(3) 1991. 3. 28. 제3구간인 내량교-한보3단지간의 공사를 대금 303,300,000원, 착공일 같은 해 4. 1., 준공일 같은 해 11. 30. 로 하는 도급계약을,

(4) 1992. 4. 10. 제4구간인 한보3단지-통리건널목간의 공사를 대금 1,008,000,000원, 착공일 같은 달 15., 준공일 같은 해 12. 11. 로 하는 도급계약을 각 체결하였다.

원고는 위와같이 도급계약을 각 체결한 후 제1구간 내지 제3구간의 각 공사에 대하여는 산업재해보상보험법(1993. 1. 27. 법률 제4641호로 개정되기 전의 것. 이하, "법"이라 한다) 제6조 제1항, 같은법 시행령(이하 "영"이라 한다) 제4조 제1항의 각 규정에 따라 법정기간인 14일 이내에 산업재해보상보험관계(이하, "보험관계"라고 한다) 성립신고를 하였으나, 제4구간의 공사에 대하여는 법정기간인 14일 이내에 보험관계성립신고를 하지 않고 있던 중 1992. 5. 12. 제4구간공사에서 작업을 하던 소외 장필연이 사망하는 업무상 재해가 발생하였다.

이에 피고는 위 장필연의 유족에게 유족급여로서 금 57,531,900원을 지급한 다음, 같은 해 10. 14. 법 제26조의2 제1항 제1호 및 영 제64조의2 제1항의 각 규정에 의하여 원고에 대하여 위 보험급여액의 100분의 50에 상당하는 금 28,765,950원의 보험급여징수금을 부과하였다.

2. 원심은 위와같은 사실관계를 확정하고 나서, 건설공사의 경우, 발주자의 단일한 사업계획에 의하여 공사기간과 장소 또는 공사의 성질 및 내용이 동일하거나 동일하지는 않더라도 그 중요부분이 서로 중첩되거나 일련의 연속으로 이루어지는 경우에는 그 도급계약이 수차로 나누어져 있다 하더라도 당해 사업자의 신청이나 노동부장관의 허가 또는 승인절차없이 단일한 보험사업으로 하나의 보험관계로서 평가받는다고 보아야 할 것이라고 전제한 다음, 이 사건 제1구간 내지 제4구간의 각 공사는 그 도급계약이 수차로 나누어져 있다 하더라도 법의 적용에 있어서는 하나의 사업으로 볼 수 있고, 따라서 원고가 제1구간 공사개시후에 한 보험관계성립신고의 효력은 전체구간의 공사에 미치는 것으로 보아야 하기 때문에 원고에게 제4구간 공사에 대한

별도의 보험관계성립신고의 의무가 있다 할 수 없으므로, 원고에게 제4구간공사에 대한 별도의 보험관계성립신고의무가 있음을 전제로하여 그 신고의무의 해태가 있었다는 이유로 행하여진 이 사건 부과처분은 위법하다고 판단하였다.

3. 법 제4조, 제6조 제1항, 제7조, 제19조 및 영 제2조 제1항 제7호, 제3항, 제4조의 각 규정의 취지를 종합하면, 건설공사가 2 이상의 단위로 분할하여 도급된 경우 전체공사에 대하여 1개의 보험관계만 성립하는 것인지 아니면 각 도급단위별 공사마다 각각의 보험관계가 성립하는 것인지의 여부는 우선 전체공사에 의하여 최종목적물이 완성되는 것인지 아니면 도급단위별 공사마다 최종목적물이 완성되는 것인지의 여부에 의하여 결정되고, 다음으로 최종목적물이 전체공사에 의하여 완성되는 경우라고 하더라도 각 도급단위별 공사들이 시간적 또는 장소적으로 분리하여 독립적으로 행하여지는 것인지의 여부에 의하여 결정된다 할 것이며, 2 이상으로 분할된 도급단위별 공사들이 시간적 또는 장소적으로 분리하여 행하여진다 함은 어느 하나의 도급단위별 공사에서 진행되는 작업 등으로 인하여 이와 별도로 도급된 다른 공사에 종사하는 근로자가 업무상 재해를 당할 위험이 없는 경우, 바꾸어 말하면 도급단위별 공사가 동일위험권 내에 있지 아니한 경우를 뜻한다 할 것이다.

그리고, 도로건설공사가 수개의 구간으로 분할하여 순차로 도급된 경우 특별한 사정이 없는 한 각 구간별 공사가 종료되면 당해 구간에 관한 최종목적물이 완성되는 것으로 보아야 할 것이다.

4. 돌이켜 이 사건의 경우를 보건대, 기록에 의하면,

이 사건 도로건설공사의 최종목적물이 전체공사에 의하여 완성되는 것으로 보아야 할 특별한 사정을 찾아볼 수 없을뿐만 아니라, 이 사건 제1구간 내지 제4구간의 각 공사는 설계변경이나 혹한기 공사중지 등으로 인하여 실제준공일이 늦어짐으로써 공사기간이 짧은 기간 동안이나마 중첩되었으나 공사장소는 서로 중복되지 아니한 관계로 어느 한 구간공사에서 진행되는 작업 등으로 인하여 다른 구간공사에 종사하는 근로자가 업무상 재해를 당할 위험이 전혀 없었음을 알 수 있어 위 각 구간공사가 동일위험권 내에 있는 공사들이라고도 할 수 없으므로, 보험관계는 위 각 구간별 공사마다 별도로 성립하고 그 성립신고 또한 각 구간공사별로 이루어져야 할 것이다.

한편 원심은 이 사건과 유사한 공사로서 소외 태백시가 4구간으로 분할하여 연차적으로 시행한 황지-장성간 도로확, 포장공사의 경우 원고가 위 태백시로부터 제1구간 내지 제4구간의 각 공사를 분할하여 도급받은 후 제1구간 및 제2구간 각 공사에 대하여 따로 보험관계성립신고를 하였다가 제3구간 및 제4구간 각 공사에 대하여는 별도의 보험관계 성립신고를 하지 아니하고 기존의 보험관계변경신고만을 하였음에도 피고가 이를 수리한 적이 있는 점(기록에 의하면 황지-장성 간 도로확, 포장공사 중 제4구간 공사는 소외 강원종합건설주식회사가 도급받은 것으로 보이므로, 원심판시 중 제4구간 공사를 원고가 도급 받았음을 전제로 한 부분은 착오로 보인다)에 비추어보면, 이 사건 공사의 경우에도 원고가 제1구간 공사에 대하여 보험관계성립신고

를 한 이상 제4구간 공사에 대하여는 별도의 보험관계성립신고를 할 필요가 없다는 취지로 판시하고 있으나, 피고가 유사한 사안에서 위와같이 변경신고를 수리하고 별도의 성립신고를 요구하지 아니하였다하여 이 사건 제4구간공사에 대한 별도의 보험관계성립신고의무가 면제된 것은 아니라 할 것이다(다만, 보험관계변경신고를 하였다면 보험관계성립신고를 태만히 하지 않은 것으로 볼 여지가 있으나, 원고는 제4구간 공사에 대하여 변경신고도 하지 아니하였다).

따라서, 원심판결에는 2 이상으로 분할하여 도급된 건설공사에 있어서의 보험관계성립 및 그 신고의무에 관한 법리를 오해한 위법이 있다 할 것이므로, 이 점을 지적하는 논지는 이유 있다.

5. 그러므로, 원심판결을 파기하고 사건을 원심법원에 환송하기로하여 관여법관의 일치된 의견으로 주문과 같이 판결한다.

대법관 이임수(재판장), 김석수, 정귀호(주심), 이돈희

1-1 서울고등법원 제9특별부, 1994. 1. 14. 판결, 93구 19919인용

사 건 명 보험급여징수금 부과처분취소

참조조문 산업재해보상보험법 제26조의2
산업재해보상보험법시행령 제2조 제3항, 제64조의2

당 사 자 원고 일우공영주식회사
피고 태백지방노동사무소장

주 문 피고가 1992년 10월 14일 원고에 대하여 한 보험급여 징수금 2천8백76만5천9백50원의 부과처분을 취소한다.
소송비용은 피고의 부담으로 한다.

청구취지 주문과 같다.

이 유

1. 처분의 경위.

원고는 1989년6월경 소외 태백시로부터 황지-통리간 도로확장 및 포장공사를 각 구간별로 4차로 나누어 도급받아 1내지 4차로 나누어 공사도급계약을 체결하고 각 구간별 도로확, 포장공사를 시행하였는데 각 공사도급계약체결 무렵 피고에게 각 별개로 산업재해보상보험법(이하 법이라고만 한다) 제6조 제1항에 의한 산업재해보상보험관계 성립을 신고하여 온 사실, 원고는 1992년 4월 10일 제4차 공사도급계약을 체결한 이후에는 산업재해보상보험법시행령(이하 영이라고만 한다) 제4조 제1항 소정의 14일이 경과하도록 그 보험관계성립신고를 지체하고 있던 중 원고소속의 근로자인 소외 장필연이 그 4차 계약기간중인 1992년 5월 12일 공사장에서 작업중 차량에 치어 사망하는 업무상 재해를 당하여 그 유가족이 피고에게 법상의 유족보상금을 청구하여 금 5천7백53만1천9백원을 수령하자 피고는 1992년 10월 14일 위 재해는 원고가 사업주로서 산업재해보상보험관계의 성립신고를 태만히 한 기간중에 발생하였다고 하여 법 제26조의2 제1항 제1호 및 같은법 영 제64조의 2 제1항에 의하여 위 보험급여액의 1백분의 50에 해당하는 청구취지 기재의 금액을 원고에게 부과하는 처분(이하 이 사건 처분이라 한다)을 한

사실은 당사자간에 다툼이 없거나 갑 제 1 내지 5의 각 호증의 각 기재에 의하여 인정된다.

2. 처분의 적법성

가. 당사자의 주장

원고는 이 사건과 같이 동일업체가 단일한 공사를 수차의 건설공사로 나누어 분할계약을 한 때라면 2차 이후의 공사는 단일공사의 추가 또는 부대공사로 볼 수 있으므로 영 제2조 제3항의 규정과 같이 최종공작물의 완성을 위하여 행하는 동일한 건설공사에 해당하고 각 도급단위별 공사가 시간적, 장소적으로 독립적으로 행하여지는 경우도 아니어서 원고가 그 내용을 잘 모르고 형식상 각 구간별 공사도급계약을 체결할 때마다 별도의 산업재해보상보험관계의 성립신고를 하여 왔다 하더라도 이 사건 1내지 4차 공사도급계약 전체를 포괄하여 하나의 보험관계가 성립할 뿐이며 따라서 원고의 제1차 보험관계 성립신고로서 1내지 4차전 공사계약에 관한 보험관계가 신고된 것이므로 원고가 보험관계 성립신고를 태만히 하였음을 전제한 피고의 이 사건 처분은 위법하다고 주장하고 있다.

나. 관련법규

법상 사업의 사업주는 일정한 경우를 제외하고(영 제2조 제1항) 당연히 보험가입자가 되며(법 제6조 제1항) 건설업자의 보험가입자에의 해당여부에 관하여는 건설업자가 시공하는 건설공사의 경우 그 총 공사금액이 금 4천만원 이상이며 법상의 당연 보험가입자가 되고, 위 총공사금액은 위탁 기타 명칭 여하를 불문하고 최종공작물의 완성을 위하여 행하는 동일한 건설공사를 2이상으로 분할하여 도급하는 경우에는 각 도급금액을 합산하여 산정하도록 하되, 다만 각 도급단위별 공사가 시간적, 장소적으로 독립적으로 행하여지는 그렇게 하지 않도록 규정되어 있고(법 제6조, 제4조 동영 제2조 제1항 제7호, 제3항), 보험가입자는 그 보험관계가 성립된 날로부터 14일 이내에 노동부령이 정하는 바에 의하여 보험관계성립신고서를 노동부장관에게 제출하도록 하고(같은 법 영 제4조 제1항) 매보험년도마다 그 1년간에 사용할 모든 근로자나 보험관계가 성립한 날로부터 그 보험년도의 말일까지 사용할 근로자에게 지급할 임금총액의 추정액에 보험료율을 곱하여 산정한 액(이하 개산보험료라 한다)을 대통령령이 정하는 바에 따라 보험년도의 초일 또는 보험관계의 성립일로부터 60일 이내에 노동부장관에게 보고하고 납부하도록 하고 다만, 건설공사등 기간의 정함이 있는 사업으로서 60일 이내에 종료되는 사업에 있어서는 그 사업의 종료일 전일까지 보고하고 납부하도록 되어 있고(같은 법 제23조 제1항), 보험가입자는 제1항의 규정에 의하여 개산보험료를 납입한 후 임금총액의 추정액이 일정범위를 초과하여 증가한 때에는 다음달 말일까지 증가후의 임금총액의 추정액에 의한 개산보험료액과 이미 보고한 개산보험료액과의 차액을 보고하고 납부하며(동조 제2항), 건설공사사업기간등의 변경이 있을 때에는 지체없이 노동부장관에게 보고하여야 하고(법 제32조, 영 제67조 제4호), 보험가입자는 매보험년도의 말일 또는 보험관계가 소멸한 날까지 사용한 모든 근로자에게 지급한(지급하기로 결정된 액도 포함한다) 임금총액에 보험료를 곱하여 산정한 액(이하 확정보험료라 한다)을 다음년도 초일부터 60일 이내에(보험년도중에 보험관계가 소멸한 사업의 경우에는 보험관계가 소멸한 날의 다음날부터 30일 이내) 노동부장관에게 보고하여 이미 보고, 납부된 개산보험료와의 차액을 정산하도록 규정하고 있고(같은 법 제25조 제1,2,3항), 보험관계는 사업이 폐지된 날의 다음날에 소멸하고(같은 법 제8조 제1항 제1호), 동호에 의하여 보험관계가 소멸한 보험사업자는 소멸된 날로부터 7일 이내에 노동부장관에서 소멸신고서를 제출하도록 규정하고 있다(동영 제6조 제1항).

다. 사실관계

그런데, 갑 제1 내지 9, 16호의 각 기재와 증인 이성연의 증언에 변론의 전취지를 종합하면, 원고는 1989년6월경 소외 태백시가 연차적 사업계획으로 추진한 총사업비 26억2천만원 상당 총연장 5천4백m 도로폭 18.4m에 이르는 황지-통리간 도로확정 및 포장공사를 도급받는 계약을 체결함에 있어 하나의 공사계약으로 체결하지 아니하고 4차로 나누어 공사도급계약을 체결함에 있어

(1) 같은 달 15일자 제1차로 황지교-통리건널목간 공사금 7억6천2백37만8천1백원 착공일 1989년 6월 17일 준공일 1989년 12월 13일로 하여 계약을 체결한 후 피고에게 위 계약내용대로 보험관계성립신고서를 제출하고 같은 해 8월경 피고에게 위 1차 공사계약에 관한 개산보험료 금 8백5만8천90원을 보고, 납부하였고, 같은 해 12월 12일 위 구간에 대하여 시설공사변경(추가도급)계약을 체결하고 1990년 2월 전년도 확장보험료 정산과 함께 위 추가공사에 따를 당해년도 개산보험료 금 4백2만3천7백20원을 보고, 납부하였고, 같은 해 3월 21일경, 5월 1일경, 6월18일경, 각 공사기간 연장으로 인한 시설공사연장 또는 관련 계약을 각 체결하고 각 그때마다 보험관계변경사항신고서를 피고에게 제출하였으며 1991년 2월경 제1차(황지교-송이재간) 공사계약에 포함된 여러 차례의 연장 및 변경계약에 따른 전년도 확정보험료 정산서를 제출하였고,

(2) 1990년 5월 29일자로 공사명 황지통리간 도로확, 포장 2차공사라하여 송이재-내량교간 공사금 4억 7천8백만원 착공일 1990년 6월 1일 준공일 1990년 12월 31일로하여 계약을 체결한 후 같은 해 6월 1일자로 피고에게 위 계약내용대로 보험관계성립신고서를 제출하고 같은 해 7월경, 피고에게 위 2차 공사계약에 따른 개산보험료 4백59만5백90원을 보고, 납부하였고, 같은 해 11월 15일 위 구간에 대하여 도로유지관지하관로 공사계약을 체결하고 피고에게 변경신고하였으며, 1991년 2월경 위 제2차(송이재-내량교간) 공사계약에 따른 전년도 확정보험료정산과 함께 당해년도 개산보험료 금 1백24만9천7백50원을 신고, 납부하였고, 같은 해 3월 29일경, 5월 16일경, 각 추가공사계약을 체결하고 각 그때마다 보험관계 변경사항신고서를 피고에게 제출하였으며 1992년 2월경 제2차 공사계약에 관련된 전년도 확정보험료정산서를 제출하였고,

(3) 1991년 3월 28일자로 공사명 황지통리간 도로확, 포장 3차 공사라 하여 내량교-한보3단지간 공사금 3억3백30만원, 착공일 1991년 4월 1일 준공일 1991년 11월 30일로 하여 계약을 체결한 후 같은 해 4월 1일자로 피고에게 위 계약내용대로 보험관

계성립 신고서를 제출하고 같은 해 5월경 피고에게 위 3차 공사계약에 따른 개산보험료 3백52만7천원을 보고, 납부하였고, 같은 해 10월 31일 위 구간에 대하여 추가 공사계약을 체결하고 피고에게 변경신고하였으며, 1992년2월경 위 제3차(내량교-한보3단지간) 공사계약에 따른 전년도 확정보험료정산과 함께 당해년도 개산보험료금 2백18만1천9백50원을 신고, 납부하였고, 1993년 2월경 제3차(내량교-한보3단지간) 공사계약에 관련된 전년도 확정보험료정산서를 제출하였고,

(4) 1992년 4월 10일자로 공사명 황지통리간 도로확, 포장 4차공사라하여 한보3단지-통리건널목간 및 위 제1 내지 4차공사 전구간에 대한 미끄럼방지공사등 전체 마무리공사에 관하여 공사금 10억8백만원 착공일 1992년 4월 15일 소정의 14일 이내에 보험관계성립신고를 하지 아니하고 있는 동안에 원고소속의 근로자인 소외 장필연이 위 제4차 계약기간중인 1992년 5월 12일 제4차 공사계약에 포함된 위 제2차공사 구간내의 공사장에서 도로 미끄럼방지공사 작업중 차량에 치어 사망하는 업무상 재해를 당한 사실이 각 인정되고

한편 갑 제14 내지 15의 각 기재와 증인 이성연의 증언에 의하면, 같은 태백시가 1991년 4월 18일 원고에게 발주한 황지-장성간 도로확, 포장공사는 위에서 본 황지-통리간 공사계약과 같은 구간별로 4차로 나누어 계약하였는데 그 중 제 1, 2차 공사시는 각 따로이 보험관계를 신고하였고, 제3, 4차 공사 발주시에 보험관계성립신고를 따로이 하지 아니하고 그 변경신고만 피고에게 하여 그대로 처리된 사실이 각 인정되고 달리 이에 어긋나는 증거가 없다.

라. 판　　단

앞에서 본 영 제2조 제1항 본문과 그 1 내지 7호와 제3항 및 제4조(적용범위)를 보면 모든 사업의 사업주는 일단 법의 적용대상으로 하되 일정한 예외규정을 설시하면서 건설업의 경우 건설공사의 총공사업금액을 기준으로 산업재해보상보험법 해당여부를 판단하되 동일한 건설공사가 2 이상의 분할도급으로 나누어지는 경우 그 분할도급된 공사가 시간, 장소적으로 독립적으로 행하여지지 아니하는 한 각 도급금액을 합산하여 그 전체금액을 기준으로 총공사금액이 4천만원 이상이면 산업재해보상보험사업에 해당하는 것으로 본다고 규정되어 있는 점에 비추어 위와같은 동일공사의 경우에는 분할도급으로 계약을 체결하였더라도 전체적으로 하나의 보험사업단위로 파악하여 평가한다는 취지라고 할 것이고 나아가 위 규정의 취지에 법 제6조의 2, 제7, 8조, 법령 제4조의 2, 제4조의 3등의 각 규정내용까지 함께 비추어 볼 때, 동일한 건설공사의 경우 발주자의 단일한 사업계획에 의하여 공사기간과 장소 또는 공사의 성질 및 내용이 동일하거나 동일하지는 아니하더라도 그 중요부분이 서로 중첩되거나 일련의 연속으로 이루어지는 경우에는 그 도급계약이 수차로 나누어져 있다 하더라도 당해 사업자의 신청이나 노동부장관의 허가 또는 승인절차 없이 단일한 보험사업으로 하나의 보험관계로서 평가받는다고 보아야 할 것이다.

나아가 위 인정사실에 의하면, 이 사건 황지-통리간 도로확, 포장공사를 제 1 내지 4차로 나누어 체결한 공사계약은 그 공사기간들이 서로 중첩되어 연결되고 공사구간도 순차적으로 이어질 뿐만 아니라 제

4차 공사계약에 제1, 2, 3차 계약 전구간에 걸친 최종마무리 작업까지 포함된 점에 비추어 전체적으로 보아 단일한 건설사업계획을 완성하기 위한 동일한 건설공사라 보여지고, 이는 원고가 위 제1, 2, 3, 4차 공사계약체결에 따라 각 그 공사계약직후 따로따로 보험관계성립신고 및 개산보험료를 보고, 납부하고 각 사업년도 종료시에 그 계약체결 및 공사구간이 다른 위 제1 내지 4차의 공사계약 단위별로 그 확장보험료정산을 각각 따로따로 행하여 왔으며 감독청인 피고로서도 위와같이 따로 제출된 개산보험료보고, 납부 및 확정보험료 정산을 그대로 수리하였다 하더라도, 원고가 신고된 제 1, 2, 3차 각 단위별 공사계약에 따른 보험관계의 소멸신고를 한 바 없고 피고도 그 소멸여부를 확인하거나 영 제7조에 의한 소멸통지를 한 바가 없을 뿐만 아니라 실제로도 위 제1, 2, 3차 공사가 제4차 공사이전에 폐지 또는 종료되지 아니하고 마무리 공사를 기다리고 있었던 점 및 원고와 피고사이의 황지-장성간의 이 사건과 유사한 분할도급 건설공사에서 분할된 공사계약별로 보험관계의 성립신고를 하는 대신에 먼저 신고된 보험관계의 변경신고로 처리된 점까지 고려하면, 이 사건 산업재해사건이 발생할 때까지 원고가 이 사건 황지-통리간 제1차 공사계약에서 최초로 신고한 보험관계성립신고가 소멸되지 아니하고 계속 존속하고 있다고 볼 것이다(원고가 제2, 3차 도급계약에 따라 따로이 보험관계성립신고 및 개산보험료보고, 납부를 하였더라도 이는 실질적으로 법 제32조와 영 제67조 제4호에 의한 공사기간 연장 또는 변경에 따른 신고 및 법 제23조 제2항의 증가된 개산보험료의 보고, 납부에 해당하는 것이라고 볼 수 있다).

그렇다면, 원고가 위 제3차 공사계약에 의한 보험사업이 종료하였고 위 제4차 공사도급계약에 따른 보험관계의 성립신고를 지체하였음을 전제로 한 이 사건 처분은 위법하다 할 것이다(다만, 위에 본 증거에 의하면, 원고는 1992년 4월 10일 제4차 공사계약으로 개산보험료 증가사유가 발생한 후 법 제23조 제2항에 정한 바 그 다음달 말일까지도 이를 보고, 납부하지 아니한 점이 엿보이므로 법 제26조의 2 제1항, 제2호, 영 제64조의 2 제2항에 따른 제재로서의 징수금 부과처분을 받을 여지는 있다).

3. 결 론

그렇다면, 원고가 이 사건 황지-통리간 제4차 공사에 관한 보험관계성립신고를 위 관련법규 소정의 기간내에 하지 아니하였음을 전제로 한 피고의 이 사건 처분은 위법하므로 그 취소를 구하는 원고의 이 사건 청구는 이유있어 이를 인용하고, 소송비용은 패소자인 피고의 부담으로하여 주문과 같이 판결한다.

판사 이건웅(재판장), 서기석, 손수일

● 산재보험료부과처분취소

대법원 제3부, 1994. 9. 23판결, 93누20207 일부파기환송

판 시 사 항

◉ 산업재해보상보험요율고시 중 보험요율의 적용에 관한 총칙 제5조가 상위법령의위임 없는 무효의 규정인지 여부

◉ 동종사업일괄적용승인을 얻은 사

업주가 사업개시신고 외에 별도로 보험관계성립신고를 하여야 하는지 여부
◉ 사업주가 일반건설공사에 대한 동종사업일괄적용승인을 받고 도로확, 포장공사 사업을 개시하면서 중건설공사인 터널신설공사도 일반건설공사에 포함된다고 잘못생각하여 터널신설공사를 포함한 사업개시신고만을 한 후 산업재해가 발생한 경우, 터널신설공사에 대한 보험관계성립신고 태만을 이유로 보험급여액 징수를 할 수 있는지 여부

판 결 요 지

가. 구 산업재해보상보험법(1993. 12. 27. 법률 제4641호로 개정되기 전의 것) 제21조, 같은법 시행령(1991. 4. 11. 대통령령 제13346호로 개정되기 전의 것) 제21조, 같은법시행령(1991. 4. 11. 대통령령 제13346호로 개정되기 전의 것) 제46조에 근거한 산업재해보상보험요율고시(노동부고시 제88-16호) 중 보험요율의 적용에 관한 총칙 제5조는 상위법령의 위임없이 규정된 것이라고 할 수 없을 뿐만 아니라 그 내용 역시 같은 법 제21조 및 같은법시행령 제46조, 제47조의 규정 내용을 확인하거나 보충한 것에 지나지 아니한다.

나. 같은 법 제6조, 제6조의2, 제7조, 같은법시행령 제4조, 제4조의3 등의 각 규정에 의하면, 산업재해보상보험 적용대상사업의 사업주는 보험관계가 성립된 날로부터 14일 이내에 보험관계성립신고를 하여야 하는 것이 원칙이지만, 2 이상의 사업이 같은 법 제6조의 2 제2항, 같은법시행령 제4조의 3 제1항 소정의 동종사업의 일괄적용요건을 구비하여 동종사업 일괄적용을 받고자 하는 자는 보험연도 개시 7일전에 미리 또는 보험연도 중에 보험관계가 성립되는 사업은 그 성립된 날로부터 14일 이내에 노동부장관에게 동종사업의 일괄적용승인신청을 하여 그 승인을 얻어 당해 보험연도 중의 모든 사업을 포함하여 이를 하나의 사업으로 보아 일괄하여 법을 적용하여 보험사무를 처리할 수 있도록 되어 있어, 이 동종사업일괄적용승인을 얻는 사업주는 사업개시일로부터 14일 이내에 사업개시신고서를 제출하기만 하면 되고 별도의 보험관계성립신고를 하여야 하는 것은 아니다.

다. 사업주가 도로확, 포장공사 중 터널신설공사를 분리하여 별도로 보험관계성립신고를 하지 아니하였더라도, 일반건설공사에 대한 동종사업일괄적용승인을 받고 도로확, 포장공사사업을 개시하면서 중건설공사 인터널신설공사도 일반건설공사에 포함된다고 잘못 생각하여 터널신설공사를 포함하여 같은법시행령 제4조의3 제3항에 의한 사업개시신고를 한 후 재해가 발생되었거나, 보험료율의 적용이 잘못되었을 망정 재해발생 이전에 보고, 납부한 개산보험료에 터널신설공사에 대한 것이 포함되어 있다는 등의 사정이 있다면, 그 형식이야 여하간에 실질적으로 터널신설

> 공사에 관한 보험관계가 성립된 사실을 신고하였다고 볼 것이므로, 터널신설공사에 대한 해당 보험료율을 적용하여 보험료를 보고, 납부하지 아니한 사업주에 대하여 그 보험료 추가징수 및 가산금 징수를 하는 것은 별론으로 하고, 같은 법 제26조의2 제1항 제1호 소정의 보험관계성립신고를 태만히 한 경우에 해당한다 하여 보험급여액의 일부를 징수하는 제재를 가할 수는 없다고 보아야 한다.

참조조문 가. 구 산업재해보상보험법 (1993. 12. 27. 법률 제4641호로 개정되기 전의 것) 제21조 같은법 시행령 (1991. 4. 11. 대통령령 제13346호로 개정되기 전의 것) 제46조, 제47조
나. 같은법 제6조, 제6조의2, 제7조
같은법시행령 제4조, 제4조의3
다. 같은법 제26조의2

당 사 자 원고, 상고인 고려산업개발주식회사
소송대리인 변호사 강명훈
피고, 피상고인 원주지방노동사무소장

원심판결 서울고등법원 1993. 7. 30. 93구2683판결

주 문 원심판결 중 보험급여액 징수에 관한 부분을 파기하고, 이 부분 사건을 서울고등법원에 환송한다.
원고의 나머지 상고를 기각하고, 이 상고기각 부분에 관한 상고비용은 원고의 부담으로 한다.

이 유

원고소송대리인의 상고이유를 본다.

1. 확정보험료 추가징수 및 가산금 징수에 대하여

가. 산업재해보상보험법시행령(1991. 4. 11. 대통령령이 제13346호로 개정되기 전의 것, 이하 "시행령"이라 한다) 제47조에 의하면, 동일한 사업장 내에서 시행령 제46조의 고시에 의한 보험료율 적용사업이 2종이상 행하여지는 경우에는 그 중 근로자수 및 임금총액 등의 비중이 큰 사업(이하 "주된 사업"이라 한다)에 적용되는 보험료율을 적용하되, 다만 건설공사에 있어서 주된 사업과 시간적 또는 장소적으로 분리되어 독립적으로 행하여지는 사업으로서 주된 사업에 해당하는 보험료율을 적용함이 심히 부적당하다고 인정되는 경우에는 그 사업에 대하여는 당해 사업에 해당하는 보험료율을 적용하도록 되어 있는바, 산업재해보상보험법(1993. 12. 27. 법률 제4641호로 개정되기 전의 것, 이하 "법"이라고 한다) 제21조, 시행령 제46조에 근거한 산업재해보상보험료율 고시(노동부고시 제88-61호) 중 보험료율의 적용에 관한 총칙 제5조는 상위법령의 위임없이 규정된 것이라고 할 수 없을 뿐만 아니라 그 내용 역시 위 법 제21조 및 시행령 제46조, 제47조의 규정 내용을 확인하거나 보충한 것에 지나지 아니한다.

나. 원심판결 이유에 의하면 원심은, 판시증거를 종합하여 원고가 강원도로부터 영월-신림간 제8차 도로확, 포장공사를 도

급받아 그 공사의 일부인 터널 및 기타 부대공사를 소외 주식회사 연방토건에 하도급주어 별도로 시공케 하였고, 위 터널 등 공사는 공사내역서상에도 공사금액 및 인건비 등이 명기되어 그 공사에 소요되는 근로자수와 임금총액의 구분이 가능하며, 위 터널 등 공사는 광범위한 노천지역에서 행하여지는 도로확, 포장공사와 달리 제한된 지역범위 내에서 행하여진 것이어서 동일한 위험권내에서 행하여졌다고 보기 어려운 사실 등을 인정한 후 그 인정사실에 의하면 위 터널 등 공사는 도로확, 포장공사와 시간적 또는 장소적으로 분리되고 독립적으로 행하여졌다고 봄이 상당하고, 따라서 터널 등 공사부분을 도로확, 포장공사에서 분리하여 위 노동부고시 사업종류 예시표상의 중건설공사로 분류하고 이에 따른 보험료율을 적용하여야 한다고 판단하였는바, 원심의 위 인정 및 판단은 관계법령의 규정 및 기록에 비추어 정당한 것으로 수긍이 가고, 거기에 소론이 지적하는 법리오해 등의 위법이 있다고 할 수 없다.

논지는 이유없다.

2. 보험급여액의 징수에 대하여

원심판결 이유에 의하면 원심은, 원고가 1989. 3. 29. 강원도로부터 영월-신림간 제8차 도로확, 포장공사를 공사금 2,156,979,000원에 도급받아 같은 해 4. 1. 부터 위 공사를 시공하는 한편, 그 공사중의 일부인 터널 및 기타 부대공사(이하 터널신설공사라 한다)를 소외 주식회사 연방토건에 금 84,900,000원(이는 845,900,000원의 오기이다)에 하도급하여 시공하게 한 사실, 원고는 위 공사시공 전인 1989. 1. 1에 1989년 당해 보험연도 동안 시공예정인 산업재해보상보험료율고시 사업종류 예시표상의 사업종류 400. 일반건설공사(도로신설공사)에 대하여 법 제6조의2 및 시행령 제4조의 규정에 의한 동종사업 일괄적용신청을 하여 서울지방노동청장으로부터 동종사업일괄적용승인 및 이에 따른 보험관계성립통지를 받고 1989년도 개산보험료를 보고, 납부하였으나, 위 건설공사 수주후에는 위 도로확, 포장공사 전부가 동종사업일괄적용승인이된 일반건설공사(도로신설공사)에 해당한다는 판단하에 위 건설공사 중 터널신설공사를 분리하여 산업재해보상보험관계를 신청하지 아니한 사실 등을 인정한 다음, 법 제6조의2에 규정된 동종사업의 일괄적용은 동일사업주에 의하여 당해 보험연도에 시행되는 사업 중 노동부장관이 정하는 보험료율표상의 동종의 사업에 해당하고 각각의 사업이 당해 보험연도 중에 개시되는 사업일 것 등 법령 소정의 요건에 해당되는 모든 사업을 포함하여 이를 하나의 사업으로 보아 적용하여 보험사무를 일괄해서 처리할 수 있는 적용방식이므로, 원고가 비록 터널 등 공사가 도로확, 포장공사에 포함되는 것으로 보고 그 모두에 대하여 보험관계를 성립시킬 의사로 동종사업일괄적용승인신청을 하였다고 하더라도, 서울지방노동청장으로서는 보험료율표상의 일반건설공상 한하여 원고에게 일괄적용승인을 하였을 뿐 터널 등 공사에 해당되는 중건설공사에 대하여는 일괄적용승인을 하였다고 볼 수 없고, 따라서 원고가 터널 등 공사에 대하여 법 제7조, 시행령 제4조 소정의 기간내에 별도의 보험관계성립신고를 하지 아니한 이상, 피고로서는 그 보험관계성립신고를 하지 아니하고 있던 기간 중에 그 터널 등 공사의 과정에서 발생한 업무상 재해에 대하여 보험급여를 지급하였으므로 법 제26조의2 제

1항 제1호에 따라 보험급여액의 일부를 징수할 수 있다고 판단하였다.

나. 법 제6조, 제6조의2, 제7조, 시행령 제4조, 제4조의3 등의 각 규정에 의하면, 산업재해보상보험 적용대상사업의 사업주는 보험관계가 성립된 날로부터 14일 이내에 보험관계성립신고를 하여야 하는 것이 원칙이지만, 2 이상의 사업이 법 제6조의2 제2항, 시행령 제4조의3 제1항 소정의 동종사업의 일괄적용요건을 구비하여 동종사업일괄적용을 받고자 하는 자는 보험연도 개시 7일 전에 미리 또는 보험연도 중에 보험관계가 성립되는 사업은 그 성립된 날로부터 14일 이내에 노동부장관에게 동종사업의 일괄적용승인신청을 하여 그 승인을 얻어 당해 보험연도 중의 모든 사업을 포함하여 이를 하나의 사업으로 보아 일괄하여 법을 적용하여 보험사무를 처리할 수 있도록 되어 있어, 이 동종사업일괄적용승인을 얻은 사업주는 사업개시일로부터 14일 이내에 사업개시신고서를 제출하기만 하면되고 별도의 보험관계성립신고를 하여야 하는 것은 아니라고 할 것인바, 원고가 위 도로확, 포장공사 중 터널신설공사를 분리하여 별도로 보험관계성립신고를 하지 아니하였더라도, 일반건설공사에 대한 동종사업일괄승인을 받고 위 도로확, 포장공사사업을 개시하면서 터널신설공사도 일반건설공사에 포함된다고 잘못 생각하여 터널신설공사를 포함하여 시행령 제4조의3 제3항에 의한 사업개시신고를 한 후 위 재해가 발생되었거나, 원고가 위 재해발생 이전에 보고, 납부한 개산보험료에 터널 신설공사에 대한 것이 포함되어 있다는(그 보험료율의 적용이 잘못되었을 망정) 등의 사정이 있다면, 원고는 그 형식이야 여하간에 실질적으로 터널신설공사에 관한 보험관계가 성립된 사실을 신고하였다고 볼 것이므로, 터널신설공사에 대한 보험관계가 성립된 사실을 신고하였다고 볼 것이므로, 터널신설공사에 대한 해당보험료율을 적용하여 보험료를 보고, 납부하지 아니한 원고에 대하여 그 보험료 추가징수 및 가산금 징수를 하는 것은 별론으로 하고, 보험관계성립신고를 태만히 한 경우에 해당한다 하여 보험급여액의 일부를 징수하는 제재를 가할 수는 없다고 보아야 할 것이다.

그럼에도 불구하고 원심이 위에 지적한 점 등에 관하여 좀 더 세밀히 심리하여 보지도 아니한 채 단연히 원고가 터널신설공사에 대하여 보험관계성립신고를 태만히 하였다고 판단하고 만 것은 보험관계성립신고에관한 법리를 오해하였거나 필요한 심리를 다하지 아니한 위법을 저지른 것이고, 이와같은 위 법은 판결에 영향을 미쳤음이 명백하므로, 이 점을 지적하는 취지의 논지는 이유 있다.

3, 그러므로 원고의 나머지 상고이유에 대한 판단을 생략한 채, 원심판결 중 보험급여액 징수에 관한 부분을 파기하여 이 부분 사건을 원심법원에 환송하고, 원고의 나머지 상고를 기각하며, 상고기각 부분에 관한 상고비용은 패소자의 부담으로 하기로 하여 관여법관의 일치된 의견으로 주문과 같이 판결한다.

대법관 지창권(재판장), 천경송(주심), 안용득, 신성택

● 산업재해보상보험관계 이관등 적용처분취소 청구사건

서울고법 제2특별부. 1989. 2. 2. 판결 88구6049 인용

판 시 사 항

◉ 자동차운송사업면허와 차량을 양수한 회사에게 위 면허 및 차량을 양도한 회사의 산업재해보상보험관계가 곧바로 승계되어 흡수 적용되는지 여부

판 결 요 지

산업재해보상보험관계의 흡수적용은 사업 또는 사업장의 전부가 양도되거나 법인의 경우 합병되어 양도되기 전 또는 합병되기 전의 사업장의 근로자 보호를 위한 경우에나 가능하다 할 것이므로 자동차운송사업면허와 차량을 양도한 회사가 여전히 근로기준법의 적용을 받는 사업장으로 남아 있고 화물운송업등을 계속하여 오고 있다면 종전의 산업재해보상보험관계는 그대로 위 회사와의 사이에 존속되고 있다고 보아야 한다.

참조조문 산업재해보상보험법 제6조, 동법 제7조, 제8조

당 사 자 원고 동아통운주식회사
피고 수원지방노동사무소장

주 문 피고가 1987. 12. 21. 원고에 대하여 한 안양시 석수동 259의34 소재 소외 태평운수주식회사의 산업재해보험관계를 원고에게 흡수적용한 처분은 이를 취소한다
소송비용은 피고의 부담으로 한다.

청구취지 주문과 같다.

이 유

성립에 다툼이 없는 갑 제1호증의1(법인등기부등본), 2(사업자등록증), 갑제4호증의 1(양도양수인가통보), 을제3호증의1과 같다, 2(자동차운송사업면허증, 을제3호증의 2와 같다), 을제2호증(양도양수계약서), 을제4호증(적용사업장이관), 을제5호증(산재보험관계이관사업적용통보)의 각 기재에 변론의 전 취지를 더하여 보면,

원고는 1981. 12. 29. 구역화물자동차운송업을 목적으로 설립된 회사로 1982. 5. 20. 그 면허를 획득, 구역화물자동차운송업을 해오다가 그 사업확장의 일환으로 1986. 6. 12. 안양시 석수동 259의34 소재 소외 태평운수주식회사(이하 소외회사라고만 한다)와 원고가 소외회사의 경기도지사 면허 제3아46호 자동차 운송사업면허권 및 차량 105대를 대금 30,000,000원에 양수하기로 하는 내용의 자동차운송 사업양도양수계약을 체결하고 같은 해 7. 11. 경기도 도지사로부터 자동차운수사업법 제28조 제1항 소정의 인가를 받아 이를 운영해 온 한편, 소외회사의 관할사무소인 소외 안양지방노동사무소장이 1987. 7. 21. 원고의 관할사무소인 피고에게 위 구역화물자동차운송 사업양도양수에 따른 소재지변경을 이유로 소외회사의 장기간의 보험료가 체납된 산업재해보상보험관계(이하 산재보험관계라 줄여쓴다) 서류일체를 이관함에 따라, 피고가 1987. 12. 21. 원고에 대하여 소외회사의 산재보험관계를 원고에게 흡수적용한다고 고지한(이하 이 사건 처분이라고 한다) 사실을 인정할 수 있고 달리 반증이 없다.

원고는 소외회사로부터 양수한 것은 위

자동차운송사업면허 뿐으로 법인을 합병하거나 또는 소외회사의 영업을 양수한 것이 아니며, 소외회사는 지금도 위 사업장에서 화물운송취업급업등 정상적인 영업활동을 하고 있음에도 불구하고 피고가 소외회사의 산재보험관계를 원고에게 흡수적용한 이 사건 처분은 위법하여 취소되어야 한다고 주장함에 대하여, 피고는 원고가 소외회사로부터 위 자동차운송사업면허 및 그에 따른 전 차량 105대를 양수하였고, 위 양수시 소외회사가 운영할 당시 발생한 제반 공과금과 자동차운수사업법 제28조 제3항에 의한 면허에 기인한 권리 의무를 승계하기로 하였을 뿐만 아니라 소외회사가 사용하고 있던 차고지 및 부대시설일체를 계속사용하기로 한 점등으로 보아 원고는 소외회사의 위 면허에 의한 구역화물자동차운송사업일체를 승계하였다 볼 것이므로 이에 따라 소외회사가 위 구역화물자동차운송사업을 영위하면서 가입되어 있던 산재보험관계 역시 승계되었다 할 것이어서 원고에게 소외회사의 산재 보험관계를 흡수적용한 이 사건 처분은 적법하다고 주장한다.

살피건대, 산업재해보상보험법 제1조, 제4조, 제6조, 제7조, 제8조, 제20조 등에 의하면 산업재해보상보험은 근로자의 업무상의 재해의 신속, 공정한 보상등 근로자 보호를 목적으로 근로기준법의 적용을 받은 사업 또는 사업장에 적용되며, 그러한 사업의 사업주는 당연히 산업재해보상보험의 보험가입자가 되고, 그 보험료는 보험가입자가 경영하는 사업의 임금총액에 동종에 사업에 적용되는 보험료율을 곱한 금액으로 하고, 사업이 폐지되거나, 노동부장관이 보험관계를 유지할 수 없다고 인정하여 보험관계의 소멸을 결정 통지한 경우 등의 그 다음날 보험관계가 소멸되도록 규정되어 있는바, 위와같은 각 규정취지로보아 산재보험관계의 흡수적용은 사업 또는 사업장 전부가 양도 양수되거나 법인의 경우 합병된 결과 양수되기 전 또는 합병되기 전의 사업장의 근로자보호를 위한 경우에나 가능하다 할 것인데, 성립에 다툼이 없는 갑 제2호증의 1(법인등기부등본), 2(사업장등록증), 갑제5호증의1(과세표준 및 세액신고서), 2(결산서), 3(신문공고), 4(부가가치세 확정신고서), 공증부분의 성립에 다툼이 없으므로 문서전체의 진정성립이 인정되는 갑 제10호증(사서증서)의 각 기재와 증인 정삼희의 증언에 변론의 전취지를 더하여 보면, 소외회사는 1974. 11. 27. 구역화물자동차운송사업, 자동차부품판매업을 목적으로 설립되어 운영해오다가 1986. 6. 12. 원고에게 위 자동차운송사업면허 및 차량을 양도하였으나 그 양도 이후에도 여전히 그 소재지에서 화물 운송등의 영업을 계속 해오며 1986년도에는 운송수입으로 금 300,854,192원 얻어 그 직원 21명에 대한 급료로 금 65,400,000원을 지출하는 등 실적을 올리고 있는 한편 원고에 대하여도 위 양도이전에 발생한 산재보험관계에 따라 적체된 보험료 등을 그 책임하에 이행하기로 약정한 사실을 인정할 수 있고, 달리 이를 반복할 만한 증거가 없다.

위 인정사실에 의하면, 소외회사가 비록 원고에게 위 자동차운송사업 면허 및 차량을 양도하였어도 여전히 근로기준법의 적용을 받는 사업장으로 남아있고 나아가 소외회사에 산업재해보상보험법 제8조 소정의 보험관계 소멸사유가 있다고 보이지도 않으므로, 종전의 산재보험관계는 그대로 소외회사와 사이에 존속되고 있다고 보아야 할 것인즉,

따라서 위 자동차운송사업면허 및 차량을 양수하였다는 사유만으로 원고에게 소외회사의 산재보험관계를 바로 흡수 적용한 피고의 이 사건 처분은 더 나아가 따질 것 없이 위법하다 할 것이므로 그 취소를 구하는 원고의 이 사건 청구는 이유있어 이를 인용하고, 소송비용은 패소자인 피고의 부담으로 하여 주문과 같이 판결한다.

판사 김연호(재판장), 이원국, 김영식

Ⅳ. 징수(절차 · 임금 · 보험료)

● 보험급여액징수처분취소

대법원 제3부. 1995. 1. 12. 판결 94누3193 상고기각

판 시 사 항

◉ 구 산업재해보상보험법 제26조 제1항 제2호 소정의 "보험가입자가 보험료의 납부를 태만히 한 기간 중에 발생한 재해"의 의미

◉ 개산보험료 자진납부기한이 지나도록 보험가입자에 대하여 독촉이나 납부통지를 하지 않았다면, 보험급여액 중 일부를 보험가입자로부터 징수한다는 내용의 처분이 위법하다고 볼 것인지 여부

판 결 요 지

가. 구 산업재해보상보험법(1994. 12. 22. 법률 제4826호 전문개정되기 전의 것) 제23조 제1항, 제2항, 제26조 제1항 제2호, 같은법시행령 제64조의2 제2항 규정을 종합하여 보면, 같은법 제26조 제1항 제2호에서 규정하고 있는 "보험가입자가 보험료의 납부를 태만히 한 기간중에 발생한 재해"의 의미는 보험가입자가 구 산업재해보상보험법 제23조 제1항, 제2항의 규정에 정하고 있는 납부기한까지 개산보험료의 납부를 태만히 한 기간중에 발생한 재해라고 해석함이 상당하다.

나. 행정청이 개산보험료 자진납부기한이 지나도록 개산보험료를 납부하고 있지 않은 보험가입자에 대하여 독촉이나 납부통지를 하지 않았다고 하더라도, 행정청이 같은법시행령 제64조의2 제2항 및 별표 8에 정하여진 기준에 따라 보험급여액 중 일부를 보험가입자로부터 징수한다는 내용의 처분이 법령에 위배되거나 재량권을 일탈·남용한 것이어서 위법하다고 볼 수 없다.

참조조문 가. 구 산업재해보상보험법(1994. 12. 22. 법률 제4826호로 전문개정되기 전의 것) 제26조의2 제1항 제2호, 제23조 제1항, 제2항 같은법 시행령 제64조의2 제2항

나. 행정소송법 제27조

당 사 자 원고, 상고인 이원화공약품주식회사

소송대리인 법무법인 시민종합법률사무소

담당변호사 윤종현 외3인

피고, 피상고인 서울남부지방

노동사무소장

원심판결 서울고등법원 1994. 1. 14. 93구14211판결

주 문 상고를 기각한다. 상고비용은 원고의 부담으로 한다.

이 유

원고 소송대리인의 상고이유를 본다.

1. 산업재해보상보험법(이하 법이라고만 한다) 제26조의2 제1항 제2호는 노동부장관은 보험가입자가 보험료의 납부를 태만히 한 기간 중에 발생한 재해에 대하여는 대통령령이 정하는 바에 따라 그 급여액의 전부 또는 일부를 따로 보험가입자로부터 징수할 수 있다고 규정하고 있고, 한편 같은법 시행령 제64조의2 제2항은 법 제26조의2 제1항 제2호의 규정에 보험급여액의 징수는 법 제23조 제1항 및 제2항의 규정에 의한 개산보험료의 납부기한의 다음날로부터 그 보험료를 납부한 전일까지의 기간 중에 발생한 재해에 대하여 적용한다고 규정하고 있는바, 위 규정을 종합하여 보면 법 제26조 제1항 제2호에서 규정하고 있는 "보험가입자가 보험료의 납부를 태만히 한 기간중에 발생한 재해"의 의미는 보험가입자가 법 제23조 제1, 2항의 규정에 정하고 있는 납부기한까지 개산보험료의 납부를 태만히 한 기간 중에 발생한 재해라고 해석함이 상당하다고 할 것이다.

한편 법 제23조 제1, 2항에 의하면 보험가입자는 행정청의 납부통지나 부과처분없이 스스로 정하여진 기한 내에 개산보험료〔매 보험연도마다 그 1년 간에 사용할 모든 근로자나 보험관계가 성립한 날로부터 그 보험연도의 말일까지 사용할 근로자에게 지급할 임금총액의 추정액에 보험료율을 곱하여 산정한 액(개산보험료) 및 개산보험료를 납입한 후 임금추정액이 일정범위를 초과하여 증가한 때에는 그 증가액에 보험료율을 곱한 액〕을 자진납부하도록 되어 있다.

따라서 보험가입자가 법 제23조 제1, 2항이 정하고 있는 자진납부기한까지 개산보험료의 납부를 태만히 한 기간 중에 재해가 발생하여 행정청이 보험금을 지급한 때에는, 행정청은 법 제26조의2 제1항 제2호, 위 법시행령 제64조의2 제2항에 의하여 그 보험급여액의 일부를 보험가입자로부터 징수할 수 있다고 할 것이다.

같은 취지의 원심판단에 소론과 같은 위법이 없다.

2. 그리고 원심이 적법하게 인정한 바와 같이 피고로부터 개산보험료의 자진납부기한 및 납부장소까지 고지받은 원고가 개산보험료를 정하여진 기간 내에 납부하고 있지 아니하던 중 재해가 발생하여 피고가 재해를 당한 소외 최동성의 유족에게 유족보상금등을 지급하였고 피고가 1991. 6. 8경 원고등 해당업체에 "1991년도 적용확대에 따른 산재보험 안내" 팜플릿과 보험관계신고서 및 보험료보고서 양식 등이 첨부된 산재보험가입안내 공문을 송부하였으며 위 팜플릿에 개산보험료는 연도초일 또는 사업성립일부터 60일 이내에 보고하고 한국은행 또는 국고대리점에 납부하며 특히 1991. 7. 부터 개정 법령 적용을 받게 된 사업장은 같은 해 8. 29. 까지 자진납부할 것과 자진납부하지 아니할 경우의 불이익이 구체적으로 기재되어 있다면, 소론과 같이 피고가 개산보험료 자진납부기한이 3개월이 지나도록 개산보험료를 납부하고 있지

않은 원고에 대하여 독촉이나 납부통지를 하지 않았다고 하더라도, 피고가 위 법시행령 제64조의2 제2항 및 별표 8에 정하여진 기준에 따라 보험급여액 중 일부를 원고로부터 징수한다는 내용의 이 사건 처분이 법령에 위배되거나 재량권을 일탈·남용한 것이어서 위법하다고 볼 수는 없으므로, 같은 취지로 판단한 원심은 정당하고 거기에 소론과 같은 법리오해의 위법이 있다고 할 수 없다.

논지는 이유 없다.

3. 그러므로 상고를 기각하고 상고비용은 패소자의 부담으로 하여 관여법관의 일치된 의견으로 주문과 같이 판결한다.

대법관 지창권(재판장), 천경송(주심), 안용득, 신성택

● 산재보험법상 사업종류를 석회석광업으로 적용한 처분취소

대법원 제2부. 1991.5.28. 판결 90누1120 파기자판

판 시 사 항

◉ 자진보고 납부하는 산업재해보상보험의 개산보험료를 부과관청이 수납하는 행위가 산업재해보상보험법의 절차에 따른 부과처분인지 여부(소극)

◉ 산재보험료 부과처분취소소송에 있어 예비적 청구가 주위적청구와 동일한 목적물에 관하여 동일한 청구원인을 내용으로 하고 있고 다만 주위적 청구에 대한 수량적 일부분을 감축하는 것에 지나지 아니하여 소송상 예비적 청구라고 할 수 없다고 본 사례

판 결 요 지

가. 산업재해보상보험법 제23조 제1항, 제2항, 제3항, 제29조, 같은법 시행령 제55조의 취지에 의하면 자진보고 납부하는 산업재해보상보험의 개산보험료를 부과관청이 수납하는 행위는 단순한 사무적 행위에 불과할 뿐 이를 위 법의 절차에 따른 부과처분이라고 할 수 없다.

나. 주위적청구로서 석회석광업에 관한 보험료율인 62/1,000에 의하여 산출한 산재보험료 부과처분이 위법하지 않을 때를 전제로 하여 위 부과처분중 시멘트원료 채굴 및 제조업에 관한 보험료율인 15/1,000에 의하여 산정한 보험료를 초과한 부분만이 위법하다 하여 그 부분의 취소를 구하는 경우, 위 예비적 청구는 주위적청구와 동일한 목적물에 관하여 동일한 청구원인을 내용으로 하고 있고 다만 주위적청구에 대한 수량적 일부분을 감축하는 것에 지나지 아니하여 소송상 예비적청구라고 할 수 없다.

참조조문 가. 산업재해보상보험법 제23조 제1항, 제2항, 제3항, 제29조
같은법 시행령 제55조
행정소송법 제2조, 제9조
나. 산업재해보상보험법 제19조, 제20조
행정소송법 제8조 제2항
민사소송법 제230조

참조판례 가. 대법원 1988. 12. 20. 88누3406판결
1989. 9. 12. 88누12066판결
1990. 4. 13. 87누642판결
나. 대법원 1972. 2. 29 71다1313 판결

당 사 자 원고, 피상고인 쌍용자원개발 주식회사
피고, 상고인 노동부 강릉지방 사무소장

원심판결 서울고등법원 1989. 12. 19. 89구2464판결

주 문 원심판결을 파기한다. 이 사건 소를 각하한다. 소송비용은 원고의 부담으로 한다.

이 유

직권으로 이 사건 소가 적법한 것인지의 여부에 대하여 본다.

1. 원심은 원고가 산업재해보상보험법 제23조의 규정에 따라 원고회사의 사업에 관한 1986년도의 산업재해보상보험법상의 개산보험료 중 1/4분기 및 2/4분기분을 자진납부한 날인 1986. 3. 3. 및 같은 해 3. 31.에 피고가 그 개산보험료 각 금 36, 422, 890원을 확정하는 확인적 부과처분이 있다고 보고 본 안에 들어가 판단하였다.

2. 그러나 산업재해보상보험법 제23조 제1항에 의하면 보험가입자는 매보험년도마다 그 1년간에 지급할 임금총액추정액에 보험료율을 곱한 액을 매년도의 초일 또는 보험관계성립일로부터 60일 이내에 노동부장관에게 보고하고 납부하여야 한다고 규정하고 같은 조 제3항은 노동부장관은 보험가입자가 제1항 및 제2항의 규정에 의한 보고를 하지 아니하거나 그 보고가 사실과 다른 때에는 그 사실을 조사하여 개산보험료를 산정하여 징수하되 이미 납부된 것이 있을 때에는 그 차액을 징수한다고 같은 법 시행령 제55조에서 노동부장관은 법 제23조 제3항의 규정에 의한 보험료를 징수하고자 할 때에는 노동부령이 정하는 바에 의하여 미리 그 개산보험료 또는 차액의 납부에 관한 통지를 하여야 한다고, 위 법 제29조에서 노동부장관은 보험료 기타 이 법에 의한 징수금을 징수하고자 할 때에는 노동부령이 정하는 바에 의하여 보험가입자에게 그 액과 납부기한을 서면으로 통지하여야 한다고 규정하고 있는바, 위 각 규정의 취지에 의하면 자진보고 납부하는 개산보험료를 부과관청이 수납하는 행위는 단순한 사무적 행위에 불과할 뿐 이를 산업재해보상보험법상의 절차에 따른 부과처분이라고 할 수 없다고 풀이된다(당원 1988. 12. 20. 선고, 88누3406판결;1990. 4. 13. 선고, 87누642 판결 등 참조).

3. 따라서 원고가 이 사건 개산보험료를 자진납부한 날인 1986. 3. 3.과 같은 해 3. 31.에 피고의 부과처분이 있었다고 볼 수 없으므로 원고의 이 사건 소는 존재하지도 않은 부과처분의 취소를 구하는 것으로서 부적법한 것임이 명백함에도 불구하고 원심이 피고의 "확인적 부과처분"이 있었던 것으로 보고 본안에 들어가 판단한 것은 개산보험료부과처분에관한 법리를 오해한 위법이 있다고 하지 않을 수 없고 이와같은 위법은 판결에 영향을 미친 것임이 명백하므로 피고 소송수행자의 상고이유에 대하여는 판단할 필요없이 이 점에서 파기를 면하지 못할 것이다.

4. 그러므로 원심판결을 파기하고 원심이 확정한 사실에 의하여 당원이 재판하기

에 충분하므로 이 사건 소(원고는 주위적 청구로서 석회석광업에 관한 보험료율인 62/1,000에 의하여 산출한 위 1986. 3. 3. 자 및 같은 해 3. 31. 자 산재보험료 부과처분이 위법하다 하여 그 전체의 취소를 구하고 예비적 청구로서 위 부과처분 전체가 위법하지 않을 때를 전제로 하여 위 부과처분 중 시멘트원료 채굴 및 제조업에 관한 보험료율인 15/1,000에 의하여 산정한 보험료를 초과한 부분만이 위법하다 하여 그 부분의 취소를 구하나 위 예비적 청구는 주위적 청구와 동일한 목적물에 관하여 동일한 청구원인을 내용으로 하고 있고 다만 주위적 청구에 대한 수량적 일부분을 감축하는 것에 지나지 아니하여 소송상 예비적청구라고 할 수 없으므로 예비적청구에 대하여는 따로이 판단하지 아니한다)를 각하하고 소송총비용은 패소자의 부담으로하여 관여법관의 일치된 의견으로 주문과 같이 판결한다.

대법관 김용준(재판장), 최재호, 윤관

● 보험급여청구기각판정취소

대법원 제3부. 1991. 4. 26. 판결 90누2772 파기환송

판 시 사 항

◉ 이른바 "품떼기 계약"을 체결한 노무도급 수급인에 대하여 산업재해보상보험급여의 기준이 되는 평균임금을 근로기준법 제19조 및 같은법 시행령 제2조 내지 제4조의 규정에 의하여 산정할 수 없는 경우라고 본 사례

◉ 위 "가"항의 경우의 평균임금의 산정방법

◉ 위 "가"항의 경우에 있어서 통상의 생활임금 및 동종의 작업에 종사하고 있는 상용근로자의 평균임 금액 등에 관하여 심리함이 없이 곧바로 직종별 임금실태조사보고서의 임금수준을 기준으로 평균임금을 산정한 원심의 조치의 적부(소극)

판 결 요 지

가. 이른바 "품떼기 계약"을 체결한 노무도급 수급인에 대하여 산업재해보상보험급여의 기준이 되는 평균임금을 근로기준법 제19조 및 같은법 시행령 제2조 내지 제4조의 규정에 의하여 산정할 수 없는 경우라고 본 사례

나. 위 "가"항의 경우 그 산정을 위한 근로기준법 시행령 제5조 또는 산업재해보상보험법 제3조 제2항 단서 규정에 의한 노동부장관의 정함 내지 고시가 현재까지 시행되지 않고 있으므로 이를 전제로 평균임금을 산정할 수 있는 길도 없으나, 평균임금은 근로자에 대한 퇴직금 등 근로법상의 여러가지 급여금 등을 산정하는 기준이 되고, 위 급여금 등에 관한 근로기준법의 관계 규정의 취지는 근로자의 생활을 보장하고자 하는데 있으므로, 그 산정의 기준으로서의 평균임금은 근로자의 통상의 생활임금을 사실대로 산정하는 것을 그 기본원리로 하고, 이는 산업재해보상보험법에 의한 각종 보험급여의 산정기준으로서의 평균임금에 관하여도 동일하게 해석하여야 하고, 따라서 이 경우에는 근로자의 통상의 생활임금을 사실대로 산정할 수 있는

방법에 의하되 그와 같은 방법이 없을 때에는 당해 근로자가 근로하고 있는 지역을 중심으로 한 일대에 있어서 동종의 작업에 종사하고 있는 상용근로자의 평균임금액을 표준으로 삼아야 한다.

다. 노동부장관이 연도별로 발행한 직종별임금실태조사보고서는 근로자의 임금, 근로시간 등 제 근로조건에 관한 사항을 직종 및 산업별로 조사, 파악함으로써 제반 경제시책과 기업의 임금체계 등의 개선을 위한 기초자료를 제공할 목적으로 조사 보고된 것으로서 임금실태에 관한 일반적인 자료에 불과하여 이를 평균임금을 정함에 있어서 참고 내지 보충의 자료로 감안함은 모르되 바로 평균임금 산정의 기준으로 삼을 수는 없는 것인바, 위 "가"항의 경우에 있어서 원심이 통상의 생활임금 및 동종의 작업에 종사하고 있는 상용근로자의 평균임금액 등에 관하여 심리함이 없이 곧바로 직종별임금실태조사보고서의 임금수준을 기준으로 평균임금을 산정하여야 하는 것으로 본 것은 평균임금에 관한 법리오해 내지 심리미진의 위법을 저지른 것이다.

참조조문 가. 산업재해보상보험법 제3조 제2항
근로기준법 제19조
같은법 시행령 제5조

당 사 자 원고, 피상고인 정승택
피고, 상고인 영주지방노동사무소장

원심판결 대구고등법원 1990. 2. 21. 88구668판결

주 문 원심판결을 파기하여 사건을 대구고등법원에 환송한다.

이 유

상고이유에 대하여 원심이 원고는 석포제련소 산화철안료 프랜트 건설공사를 시공하는 소외 영풍기계공업주식회사로부터 공사일부를 하도급 받은 소외 주식회사 남양계전과 사이에 1986. 10. 4. 계약금액을 금 2, 100, 000원 공사내용을 산화철 제2공장 케이블 트레이 설치 및 케이블 포설공사로 하는 이른바 "품떼기 계약"을 체결하고 이에 따라 작업인부를 고용하여 위 공사를 하던 중 같은 해 11. 16. 11 : 00경 케이블 트레이 교정을 하다가 받침목이 부러지면서 약 3. 5미터 높이의 다리 위에서 추락하여 우측종골 복합골절 등의 상해를 입게 된 사실, 원고는 피고로부터 산업재해보상보험법에 따른 요양급여보상을 받은 한편, 피고가 산정한 원고의 평균임금 금 13, 125원을 기준으로 휴업급여금 및 장해급여금을 지급받았으나, 위 평균임금산정에 불복하여 수차에 걸쳐 진정하던 중, 피고는 당시 위 회사에서 고용하고 있던 전공들에 대한 노임이 1일금 15, 000원인 점을 고려하여 원고에게도 그 금액을 통상임금으로 봄이 상당하고 평균임금이 통상임금보다 저액이므로 통상임금액을 평균임금으로 하기로하여 그 차액분에 해당하는 휴업급여 및 장해급여를 원고에게 추가지급하는 한편 금 15, 000원을 초과하는 평균임금을 기준으로 한 휴업급여 및 장해급여를 지급하지 아니한다는 취지의 이 사건 처분을 한 사실을 인정하고, 원고는 위 남양계전과 품떼기 계약을 체결하여 위 회사로부터 자재를 지급받아 그 책임과 계산하에 위 공사를 완성하되 도급자인 위 회사로부터 공사전반에 걸쳐 지휘감독을 받게 되어 있으므로 위

품떼기 계약은 고용계약과 도급계약이 혼합된 이른바 노무도급 계약이고, 따라서 품떼기 계약금액인 금 2,100,000원에는 원고가 고용한 인부들에게 지출하는 인건비와 경비뿐만 아니라 원고 자신의 임금 및 도급계약으로 인하여 원고가 취득하게 되는 이윤 등이 복합적으로 포함되어 있는데, 원고는 이윤부분은 산업재해보상보험 보험급여의 전제가 되는 임금의 범위 안에 포함될 수 없는 금액이기는 하나, 품떼기 계약금액에서 인건비, 경비와 원고의 이윤 등을 명백히 구분할 수는 없는 실정이므로, 품떼기 계약금액을 전제로 원고의 평균임금을 산출하는 것은 불가능하고, 또한 원고와 같이 노무도급계약의 수급인일 경우에는 시간급, 일급, 주급 또는 도급의 금액이 정하여진 바 없어 통상임금을 정할 여지가 없고, 피고는 당시 위 회사에서 고용하고 있던 전공들에 대한 노임이 1일 최고금 15,000원인 점을 고려하여 원고에게 그 금액을 통상임금으로 결정하였으나 그 근거가 분명하지 아니하여 부당하다고 판단하고 있는 것은 모두 옳고 여기에 소론이 지적하는 바와 같은 사실 오인 내지 법리오해의 위법이 없다.

위와같은 경우에 관하여 근로기준법시행령 제5조는 같은법 제19조 및 같은법 제2조 내지 제4조의 규정에 의하여 평균임금을 산정할 수 없는 경우에는 노동부장관이 정하는 바에 의한다고 규정하고 있고, 산업재해보상보험법 제3조 제2항 단서는 근로기준법에 의하여 임금 또는 평균임금을 결정하기 곤란하다고 인정되는 경우에는 노동부장관이 따로 정하여 고시하는 금액을 당해 임금 또는 평균임금으로 한다고 규정하고 있는 바, 위 각 규정에 의한 노동부장관의 정함 내지 고시가 현재까지 시행되지 않고 있으므로 이를 전제로 원고의 평균임금을 산정할 수 있는 길도 없으나, 평균임금은 근로자에 대한 여러가지 급여금, 즉 퇴직금(근로기준법 제28조), 휴업수당(같은법 제38조), 연차유급휴가수당(같은법 제48조), 휴업보상(같은법 제79조), 장해보상(같은법 제80조)과 감급제재의 제한액(같은법 제96조) 등을 산정하는 기준이 되고, 위 각 수당 및 보상 등에 관한 규정의 취지는 어디까지나 근로자의 생활을 보장하고자 하는 데 있으므로, 그 산정의 기준으로서의 평균임금은 근로자의 통상의 생활임금을 사실대로 산정하는 것을 그 기본원리로 하고, 이는 산업재해보상보험법에 의한 각종 보험급여의 산정기준으로서의 평균임금에 관하여도 동일하게 해석하여야 하고, 따라서 근로기준법 및 같은법 시행령의 규정에 의하여 평균임금을 산정할 수 없을 경우에는 근로자의 통상의 생활임금을 사실대로 산정할 수 있는 방법에 의하되 그와 같은 방법이 없을 때에는 당해 근로자가 근로하고 있는 지역을 중심으로 한 일대에 있어서 동종의 작업에 종사하고 있는 상용근로자의 평균임금의 액을 표준으로 삼아야 한다.

원심은 원고의 평균임금을 우리나라의 임금실태에 관한 가장 객관적이고 정확한 자료로 판단되는 노동부장관이 연도별로 발행한 직종별임금실태조사보고서의 임금수준을 기준으로 하여 산정함이 상당하다고 판단하고 있으나, 위 직종별임금실태조사보고서는 근로자의 임금, 근로시간 등 제 근로조건에 관한 사항을 직종 및 산업별로 조사, 파악함으로써 제반경제시책과 기업의 임금체계 등의 개선을 위한 기초자료를 제공할 목적으로 조사 보고된 것으로서 임금실태에 관한 일반적인 자료에 불과하여 이를 원고의 평균임금을 정함에 있어서 참고 내지 보충의 자료로 감안함은 모르되 바로 원고의 평균임금산정의 기준으로 삼을 수는 없는 것이며, 만일 이를 긍정한다면 근로기준법 제5조 내지 산업재해보상보험법 제3조 제2항 단서의 노동부장관의 정함 내지 고시를 결과적으로 위 직종별임금실태조사보고서로 갈음하는 셈이 되는바, 이는 위 조사보고서의 목적에 비추어 옳다고 볼 수 없는 것이다.

따라서 원심으로서는 근로기준법 및 같은법 시행령의 규정에 정하여진 방법이 아니라할지라도 원고의 통상의 생활임금을 산정할 수 있는 방법이 있는지의 여부 및 그와 같은 방법이 없을 때에는 원고가 작업하던 공사현장을 중심으로 한 일대에서 원고와 같은 종류의 작업에 종사하고 있는 상용근로자의 평균임금액에 관하여 심리하여 원고의 평균임금액을 결정하고 이에 기하여 피고의 처분이 적법한 것인지의 여부를 판단하였어야 할 것임에도 불구하고 이에 이르지 아니하고 노동부에서 발행한 직종별 임금실태조사보고서의 임금수준을 기준으로 원고의 평균임금을 산정하여야 하는 것으로 본 것은 평균임금에 관한 법리오해 내지 심리미진의 위법이 있다고 하지 않을 수 없고 이를 지적하는 논지는 이유 있다.

이에 원판결을 파기하여 다시 심리판단하게 하기 위하여 원심법원에 환송하기로 관여법관의 의견이 일치되어 주문과 같이 판결한다.

대법관 윤영철(재판장), 박우동, 배석, 김상원

● 부당이득금반환

대법원 제3부, 1990. 3. 9. 판결 89다카17898 상고기각

판시사항

◉ 산업재해보상보험료의 징수절차에 국세기본법 제35조, 지방세법 제31조 제1항, 제2항이 준용되는지 여부(소극)

◉ 산업재해보상보험법 제27조의4의 "국세, 지방세"의 의미

◉ 산업재해보상보험법 제27조의3 제3호, 같은법 시행령 제65조 제1항 제3호가 저당권설정일부터 1년 이내에 납부기한이 도래하는 보험료 등이 저당권부채권보다 우선한다고 해석하는 근거가 될 수 있는지 여부(소극)

판결요지

가. 산업재해보상보험법 제27조의2 제1항의 국세체납처분의 예에 의하여 징수할 수 있다는 규정은 그 문언이나 법규정의 형식상 국세징수법 중 제3장에서 규정한 체납처분의 절차에 따라 강제징수할 수 있다는 소위 자력집행권이 있음을 규정한 것이지 국세, 지방세가 저당권부채권 등에 우선한다는 국세기본법 제35조, 지방세법 제31조 제1항, 제2항의 규정도 준용됨을 규정한 것이라 볼 수 없다.

나. 산업재해보상보험법 제27조의4에 산업재해보상보험료의 징수우선순위를 국세, 지방세 다음으로 한다고 규정한 것은 산업재해보상보험 재정의 확보를 위하여 산업재해보상보험료의 징수순위를 각종

공과금과 일반채권보다 우선순위에 있음을 정한 것으로 보아야 할 것이고, 여기에서 국세, 지방세는 저당권부채권보다 후순위인 국세, 지방세를 의미한다고 보아야 할 것이다.

다. 산업재해보상보험법 제27조의3 제3호의 위임을 받은 같은법 시행령 제65조의 제1항 제3호에 노동부장관은 체납처분의 목적물인 재산이 보험료 기타 징수금의 납부기한으로부터 1년전에 설정된 전세권, 질권 또는 저당권에 의하여 채권의 담보가 된 재산인 경우에 그 매각결정가격이 연체금, 가산금 및 체납처분비와 그 채권금액에 충당하고 잔여가 생길 여지가 없을 경우에는 위 보험료의 결손처분을 할 수 있는 경우에 관한 예시적 규정에 불과할 뿐이라고 해석하여야 할 것이고 이를 저당권설정일로부터 1년 이내에 납부기한이 도래하는 위 보험료등이 저당권 부채권보다 우선한다고 해석하는 근거로 삼을 수는 없다.

참조조문 가. 산업재해보상보험법 제27조의2 제1항 국세기본법 제35조
지방세법 제31조 제1항, 제2항
나. 산업재해보상보험법 제27조의4
다. 산업재해보상보험법 제27조의3 제3호 같은법시행령 제65조 제1항 제3호

참조판례 대법원 1988. 9. 27. 87다카428 판결

당 사 자 원고, 피상고인 대우중공업주식회사
소송대리인 변호사, 임동진 외 3인
피고, 상고인 대한민국

원심판결 서울민사지방법원 1989. 5. 30. 89나2966판결

주　　문 상고를 기각한다. 상고비용은 피고의 부담으로 한다.

이　　유

상고이유를 본다.

산업재해보상보험법 제27조의2 제1항은 보험료 납부의무자가 보험료 기타 징수금을 납부하지 아니한 때에는 노동부장관은 국세체납처분의 예에 의하여 이를 징수할 수 있다고 규정하고 있고, 같은법 제27조의 4는 보험료 기타 이 법에 의한 징수금의 징수우선순위는 국세 및 지방세의 다음으로 한다고 규정하고 있으며 한편, 국세징수법 제2조는 이 법에 규정하는 사항으로서 국세기본법 또는 다른 세법에 특별한 규정이 있는 것에 관하여는 그 법률이 정하는 바에 의한다고 규정하고, 국세기본법 제35조 제1항, 지방세법 제31조 제1항, 제2항에는 국세, 지방세는 다른공과금 기타의 채권에 우선하여 징수하되 저당권설정일로부터 1년후에 납부기한이 도래하는 국세, 지방세는 저당권부채권에 우선할 수 없다고 규정하고 있다.

산업재해보상보험법 제27조의2 제1항의 국세체납처분의 예에 의하여 징수할 수 있다는 규정은 그 문언이나 법규정의 형식상 국세징수법중 제3장에서 규정한 체납처분의 절차에 따라 강제징수할 수 있다는 소위 자력집행권이 있음을 규정한 것이지, 국

세, 지방세가 위와같이 저당권 부채권등에 우선한다는 국세기본법 제35조, 지방세법 제31조 제1항, 제2항의 규정도 준용된다고는 볼 수 없다(대법원 1988. 9. 27. 선고, 87다 타428판결 참조).

한편 위 법 제27조의 4에 산업재해보상보험료의 징수우선순위를 국세, 지방세 다음으로 한다고 규정한 것은 소론과 같이 산업재해보상보험료의 징수에 있어서 국세우선원칙이 위 법 제27조의 2 제1항의 규정에 의하여 준용됨에 따라서 국세 및 지방세와 보험료가 경합이 되었을 경우에 그 징수우선순위를 보험료가 국세, 지방세의 다음 순위로 된다는 규정이라고 해석하기 보다는(그렇게 해석하지 않으면 위 제27조의 4는 당연한 것을 규정한 것에 불과하다.) 산업재해보상보험재정의 확보를 위하여 산업재해보상보험료의 징수순위를 각종 공과금과 일반채권보다 우선순위에 있음을 정한 것으로 보아야 할 것이고, 여기에서 국세, 지방세는 저당권부채보다 후순위인 국세, 지방세를 의미한다고 보아야 할 것이다.

위와 같이 해석하는 것이 국세와 지방세, 저당권부채권, 산업재해보상보험료, 각종 공과금, 일반채권들간의 우선순위를 각 그 목적에 따라 합리적으로 조절할 수 있다고 보여지기 때문이다.

산업재해보상보험법 제27조의 3 제3호의 위임을 받은 같은법 시행령 제65조의 제1항 제3호에 노동부장관은 체밥처분의 목적물인 재산이 보험료 기타 징수금의 납부기한으로부터 1년전에 설정된 전세권, 질권 또는 저당권에 의하여 채권의 담보가 된 재산인 경우에 그 매각결정가격이 연체금, 가산금 및 체납처분비와 그 채권금액에 충당하고 잔여가 생길 여지가 없을 경우에는 위 보험료의 결손처분을 할 수 있다고 규정한 것은 보험료 등의 결손처분을 할 수 있는 경우에 관한 예시적 규정에 불과할 뿐이라고 해석하여야 할 것이고 이를 저당권설정일로부터 1년 이내에 납부기한이 도래하는 위 보험료등의 저당권부채권보다 우선한다고 해석하는 근거로 삼을 수는 없을 것이다.

이와같은 취지에서 이 사건 근저당권부채권이 산업재해보상보험료보다 우선한다고 하여 원고의 청구를 인용한 원심판결은 정당하고, 이와 반대의 견해에서 원심판결을 공격하는 논지는 이유없다.

그러므로 상고를 기각하기로 하고, 상고비용은 패소자의 부담으로 하여 관여법관의 일치된 의견으로 주문과 같이 판결한다.

대법관 박우동(재판장), 이재성, 윤영철, 김용준

● 산재보험법상 사업종류를 석회석광업으로 적용한 처분취소

대법원 제4부. 1989. 2. 14. 판결87누672 파기환송

판시사항

◉ 산업재해보상보험법령에 의하여 노동부장관이 보험가입자에 대하여 하는 보험관계성립통지가 항고소송의 대상이 되는 행정처분인지 여부(소극)

판 결 요 지

산업재해보상보험법령에 의하여 노동부장관이 보험가입대상 사업주에 대하여 보험관계성립통지를 하더라도 이는 보험가입자의 개산보험료 납부의무를 확정시키기 위한 예비적 조치내지 선행적 절차로서 사실상의 통지행위에 불과하고 그 후속절차인 개산보험료 또는 차액의 납부에 관한 징수통지가 행정처분의 성질을 가져 항고소송의 대상이 된다.

참조조문 산업재해보상보험법 제5조
행정소송법 제3조 제1호

당 사 자 원고, 피상고인 삼화광업주식회사
소송대리인 변호사 김정기
피고, 상고인 노동부 강릉지방사무소장

원심판결 서울고등법원 1987. 5. 28. 86구730 판결

주 문 원심판결을 파기하고, 사건을 서울고등법원에 환송한다.

이 유

직권으로 살펴본다.

원심판결에 의하면, 원심은 산업재해보상보험법 제4조, 제6조, 제7조 제1항, 제19조, 제20조, 제21조 제1항, 제23조, 제26조, 같은법 시행령 제4조, 제5조, 제46조, 같은법 시행규칙 제6조등의 각 규정취지를 종합 해석하여 위 법시행령 제5조에 의하여 노동부장관이 보험가입자에 대하여 하는 보험관계성립통지는 보험가입자의 권리의무에 직접영향을 미치는 행정처분의 성질을 띠는 것으로서 보험가입자로서는 보험료율의 부당적용에 의한 위험 내지 불이익을 근원적으로 제거하기 위한 항고소송의 대상으로 삼기에 적합한 것이라고 판단하고서 원고가 주청구로서 취소를 구하는 피고의 1986. 2. 15. 자 원고에 대하여 한 이 사건 보험관계 성립통지의 행정처분성을 인정하고서 본안에 관하여 심리판단 하였다.

그러나 원심이 적시한 각 법조항의 취지와 같은 법 제23조 제3항에서 노동부장관은 보험가입자가 제1항 및 제2항의 규정에 의한 보고를 하지 아니하거나 또는 그 보고가 사실과 다른 때에는 그 사실을 조사하여 개산보험료를 산정하여 징수하되 이미 납부된 것이 있으면 차액을 징수한다고, 같은법 시행령 제55조에서 노동부장관은 법 제23조 제3항의 규정에 의한 개산보험료를 징수하고자 할 때에는 노동부령이 정하는 바에 의하여 미리 그 개반보험료 또는 차액의 납부에 관한 통지를 하여야 한다고, 같은법 시행규칙 제46조에서 법 제55조의 규정에 의한 개산보험료의 조사징수통지는 별지 제58호 서식에 의한다고, 위 법 제29조에서 노동부장관은 보험료 기타 이 법에 의한 징수금을 징수하고자 할 때에는 노동부령이 정하는 바에 의하여 보험가입자에게 그 액고 납부기한을 서면으로 통지하여야 한다고, 같은법 시행규칙 제36조에서 법 제29조의 규정에 의한 보험료 및 기타 징수금의 납입통지는 별지 제47호 서식에 의한다고 각 규정하였는바, 위 법조의 취지를 종합하여 해석하면, 산업재해보상보험법령의 규정에 의하여 노동부장관이 보험가입대상 사업주에 대하여 보험관계성립통지를 하더라도, 보험가입자는 보험연도

의 초일 또는 보험관계성립일로부터 50일 이내에 개산보험료를 보고 납부하여야하고, 그 보고를 하지 아니하거나 그 보고가 사실과 다른 때에는 노동부장관은 그 사실을 조사하여 개산보험료를 산정하여 소정의 절차에 따라 개산보험료 또는 차액의 납부에 관한 징수통지를 서면으로 하여야 하는 것이므로, 위 산업재해보상보험관계성립의 통지 자체는 보험가입자의 개산보험료 납부의무를 구체적으로 확정시키기 위한 예비적 조치 내지 선행적 절차로서 사실상의 통지행위에 불과하여 그 자체만으로는 보험가입자의 권리의무에 직접 영향을 미친다고는 볼 수 없고, 보험가입자가 보험연도의 초일 또는 보험관계성립일로부터 60일 이내에 위 법 제23조 제1, 2항에 의한 개산보험료의 보고와 납부의무를 이행하지 아니하거나 그 보고를 사실과 다르게 함에 의하여 노동부장관이 소정의 절차에 따라 산정한 개산보험료 또는 차액의 납부에 관한 징수통지(개산 보험료 또는 차액에 관한 부과처분이다)를 함으로써 보험가입자의 개산보험료납부에 관한 권리의무에 구체적 직접적으로 영향을 미치게 된다 할 것이니 위 보험관계 성립통지의 후속절차인 위 징수통지가 행정처분의 성질을 띠게 되어 항고 소송의 대상이 되는 것이라고 풀이할 것이다(개산보험료부과처분의 행정처분성은 성질을 띠게 되여 항고소송의 대상이 되는 것이라고 풀이할 것이다(개산보험료부과처분의 행정처분성은 당원 1986. 10. 28. 선고, 86누436 관결에서도 원심판결을 유지하면서 묵시적으로 긍인하였다고 볼 것이다).

원심이 피고에 의하여 원고에게 개산보험료가 부과처분된 것으로 보이는 이 사건에 관하여, 보험관계성립의 통지 자체가 항고소송의 대상이 되는 행정처분이라고 판단하고서 주위적 청구에 들어가 심리, 판단한것은 위법하므로 원심판결을 파기하고 다시 심리판단케 하기 위하여 사건을 원심법원에 환송하기로 하여 관여법관의 일치된 의견으로 주문과 같이 판결한다.

대법관 김용준(재판장), 윤관, 김상원

● 이자청구사건

서울민사지법 제11부. 1984. 10. 26. 판결 84가합3983 일부인용(일부기각)

판 시 사 항

⊙ 산업재해보상보험법 제25조 제5항이 신설(1977. 12. 19) 되기 이전에 산재보험료가 초과납부되었을 경우에 그 초과납부액을 반환함에 따른 가산금의 비율

판 결 요 지

산업재해보상보험법상 환급가산금에 관한 규정들은 민법상 부당이득반환의 법리에 관한 특별규정이라고 할 것인바, 원고가 산재보험료를 초과납부하였던 1975. 9. 18부터 산재보험법 및 동법시행령이 개정, 시행된 날(1977. 12. 19) 까지는 민법상 부당이득반환의 법리에 따라 연5푼의 비율에 의한 환급가산금을 산정하여야 하고 위의 법령이 개정, 시행된 이후부터는 위 개정법령 소정의 환급이자율을 적용하여 가산금을 산정하여야 한다고 해석함이 공평의 원칙과 위 개정법령의 입법취지에 부합한다.

참조조문 산업재해보상보험법 제25조
산업재해보상보험법시행령 제62조

당 사 자 원고, 대한석탄공사
피고, 대한민국

주 문

1. 피고는 원고에게 금 88,161,837원 및 이에 대한 1984.9.1부터 다 갚을 때까지 연 5푼의 비율에 의한 금원을 지급하라.
2. 원고의 나머지 청구를 기각한다.
3. 소송비용은 이를 5분하여 그 1은 원고의, 나머지는 피고의 각 부담으로 한다.

청구취지

피고는 원고에게 금 107,905,792원 및 이에 대한 이 사건 소장부본이 피고에게 송달된 다음 날부터 다 갚을 때까지 연 2할 5푼의 비율에 의한 금원을 지급하라.

소송비용은 피고의 부담으로 한다라는 판결

이 유

피고 산하 노동부 서울중부지방사무소장(이하 편의상 단순히 피고라고 만 부른다)이 1969.2.11 산업재해보상보험법상의 사업주인 원고에 대하여 원고가 이미 납부하였던 보험료 이외에 1967년도 분으로서 금 46,322,630원과 1968년도 분으로서 금 40,528,364원의 보험료가 누락되었다는 이유로 이에 대한 추징 부과처분을 하였다는바, 원고가 피고의 위 추징 부과처분에 대하여 피고를 상대로 소원 및 행정소소을 제기함으로써 서울고등법원은 1981.3.4 피고의 위 부과처분중 1967년도 누락분으로서 금 415,723원과 이에 대한 연체료를 초과하는 부분은 이를 취소한다는 내용의 원고 일부승소 판결을 선고하고, 이에 대하여 피고가 상고를 제기하였으나 대법원은 1984.2.14 대법원 81누125호로서 피고의 상고를 기각함으로써 동 판결은 그 무렵 확정되었던 사실, 한편 원고는 위 소원 및 행정소송이 진행중이던 1975.9.18 피고의 독촉에 못이겨 위 추징부과된 금액인 합계 금 86,850,994원(46,322,630+40,528,364)을 피고에게 납부하였던 사실, 피고는 1984.4.4 위 확정판결에 의하여 원고에게 원고가 납부하였던 위 금액 중에서 위 판결에서 누락금으로 인정된 금 415,723원 및 이에 대한 1968.2.20부터 1975.9.17까지의 연체료 금 1,015,402원을 공제한 잔액인 금 85,419,860원을 환급하여 주었던 사실등은 당사자 사이에 다툼이 없다.

원고는 이 사건 청구인원으로서, 원고가 피고의 독촉으로 초과납부하였던 산재보험료인 위 금 86,435,271원(=86,850,994-415,723)에 대하여 그 납부일의 다음날인 1975.9.19부터 원고가 환급받았던 날인 1984.4.4까지 산업재해보상보험법 제25조 제5항, 같은법 시행령 제62조 제3항의 규정에 의한 환급 이자율인 1일 100원에 대한 4전의 비율에 의한 환급가산금인 금 107,905,792원(=86,435,271 *0.0004 * 3,121)의 지급을 구한다고 주장함에 대하여 피고는 산업재해보상보험법 제25조 제5항의 규정은 1977.12.19 법률 제3026호로서 위 법률이 개정되면서 신설된 조항이므로 위 개정 법률의 시행 이전에 초과납부되었던 보험료에 대하여는 위 개정법률을 적용하여 초과납부액에 대한 환급가산금을 지급할 의무가 없다는 취지로 다투므로 살피건대, 산업재해보상보험법 제25조 제5항(1977.12.19 법률 제3026호로서 신설된 조항임)에 의하면, 산업재해보상보험료의 부과처분이 취소되는 등으로 인하여 노동부장관이 그 초과액을 반환하는 때에는 그 납부일로부터 반환하기로 결정된 날까지의 기간에 대하여 대통령령이 정하는 바에 의한 이자율에 따라 계산한 금액을 그 초과액에 가산하여 반환하도록 규정되어 있고, 같은법 시행령 제62조 제3항(1978. 2. 13 대통령령 제8857호로서 신설된 조항임)에 의하면, 그 이자율은 반활할 금원의 금 100원에 대하여 1일 금 4전으로 하도록 규정되어 있는 바, 위 법령은 위 각 규정들의 적용에 있어서 위 법령등의 개정전에 초과납부하였던 보험료의 반환에 관하여는 아무런 경과규정도 두고 있지 아니하고 있으나, 위 환급가산금에 관한 규정들의 입법취지를 미루어 보면, 위 규정들은 피고가 보험가입자인 사업주들로부터 초과납부받은 보험료를 반환할 경우에 있어서 민법상 부당이득반환의 법리에 따라 민법소정의 연5푼의 비율에 의한 이자만을 가산한다면 보험가입자가 보험료의 납부를 연체할 경우에 부과하는 가산금이 고율(금 100원에 대하여 1일 금 7전)이라는 점에 비추어 공평의 원칙에 어긋난다는 입법 정책적인 고려에 의하여 설정된 민법상 부당이득반환의 범위에 관한 특별규정이라고 봄이 상당하다 할 것인바, 이 사건의 경우에 있어서 원고가 위 법령이 개정되기 이전에 산재보험료를 피고에게 초과납부하였다가 그 법령의 개정이후에 위와같이 피고가 부과한 보험료의 추징부과처분이 위 확정판결에 의하여 취소됨으로 인하여 그 초과납부액을 반환하였던 것이므로 그 반환받을 금원에 대한 이자율로서 금 100원에 대하여 1일 금4전으로 한다는 비율은 위 법령의 개정 이후에 비로소 발생하였던 것이니 만큼 이러한 경우에는 그 초과납부액에 대한 환급가산금을 산정함에 있어서 위 법령이 개정, 시행된 1979. 12. 19 보다 그 이전인 원고가 초과납부하였던 때까지 소급해서 위 개정법령 소정의 환급이자율에 의하여야 한다고 볼만한 아무런 근거가 없으므로 원고가 초과납부한 때로부터 위 반환받을때까지 위 개정 법령 소정의 환급이자율에 의한 이자의 반환을 구하는 원고의 주위적 주장은 이유없다 하겠으나, 원고가 초과납부하였던 1975. 9. 18부터 위 법령이 개정, 시행된 전날까지는 민법 상 부당이득 반환의 법리에 따라 민법상 이자율인 연5푼의 비율에 의한 환급가산금을 산정하여야 하고 위 법령이 개정, 시행된 이후부터는 위 개정법령 소정의 환급이 자율을 적용하여 가산금을 산정하여야 한다고 해석함이 공평의 원칙과 위 개정 법률의 입법취지에 부합한다고 할 것이므로 이에 따라 이자 지급을 구하는 원고의 예비적 주장은 이유있다 할 것이다.

따라서 피고가 원고에게 반환하여야 할 환급가산금의 액수에 관하여 살피건대, 피고가 원고에게 반환하였던 금액인 금 85, 419, 860원(원고는 위 연체료 금 1, 015, 402원까지 합하여 금 86, 435, 271원을 기준으로하여 환급가산금의 지급을 구하고 있으나 위 연체료를 공제하고 실제로 반환한 액수인 85, 419, 860원을 기준으로 하여야 함이 상당하다 할 것이므로 위 연체료 부분은 환급요율의 계산에서 공제하기로 한다)에 대하여 원고가 구하는 바에 따라 그 초과납부일 다음날인 1975. 9. 19부터 위 법령이 개정, 시행되기 전날인 1979. 12. 18까지 2년 3개월 동안은 민법소정의 연 5푼의 비율에 의하여 산정한 금 9, 609, 734원(=85, 419, 860*5/100*2 3/12) 원고가 구하는 바에 따라 원 미만은 버림, 이하 같다.)과 그 이후부터 그 초과액의 반환이 결정되어 실제로 반환한 날인 1984. 4. 4까지 2,299일 동안은 위 개정법령 소정의 환급이자율인 금 100원에 대한 1일 금 4전의 비율에 의하여 산정한 금 78,552,103원(=85,419,860*0.0004*2,299)을 모두 합한 금 88,161,837원(=78,552,103+9,609,734)이 됨은 계산상 명백하다.

그렇다면 피고는 원고에게 금 88,161,837원 및 이에 대하여 원고가 구하는 바에 따라 이 사건 소장 부본이 피고에게 송달된 다음날임이 기록상 명백한 1984. 9. 1부터 다 갚을때까지 민법소정의 연5푼(원고는 소송촉진등에 관한 특례법 소정의 연2할5푼의 비율에 의한 지연손해금의 지급을 구하고 있으나 피고가 위 이자채무의 존부나 그 범위에 관하여 항쟁함이 상당하다고 인정되므로 같은법 제3조 제2항에 의하여 이를 받아들이지 아니한다.)의 비율에 의한 지연손해금을 지급할 의무가 있다 할 것이므로 원고의 이 사건 청구는 위 인정의 범위내에서만 이유있어 이를 인용하고, 나머지 청구는 이유없으므로 이를 기각하며, 소송비용의 부담에 관하여는 민사소송법 제89조, 제92조를 적용하고 가집행의 선고는 소송촉진등에관한 특례법 제6조에 의하여 이를 붙이지 아니하기로 하여 주문과 같이 판결한다.

판사 조열래(재판장), 김대휘, 주한일

● 이자청구

대법원 제1부. 1986. 3. 25. 판결 85다카748 파기환송

판 시 사 항

◉ 산업재해보상보험료 및 그 이자반환청구권의 소멸시효기산일

◉ 산업재해보상보험료의 환급가산금에 관한 산업재해보상보험법 제25조 제5항 규정의 적용범위

판 결 요 지

가. 부당이득반환청구로서의 반환을 받을 산업재해보상보험료 및 그 이자청구권은 그것이 반환받을 것으로 확정되었을 때 비로소 그 소멸시효가 진행된다 할 것인바, 산업재해보상보험금의 추징부과처분은 행정행위로서 공정력이 있어 이를 취소하는 행정소송의 판결이 확정됨으로써 위 추징부과처분은 그 효력을 잃고 그 반환청구채권이 발생하여 이때부터 그 소멸시효가 진행된다.

나. 법률은 그 제정이전에 발생한 사실에 소급적용되지 아니한다는 법률불소급의 원칙은 비록 형벌법규가 아니더라도 신법을 소급적용하여야 할 사회적, 경제적인 이유에 의한 정책적 필요가 있다든지 또는 새로운 이념에 기한제도의 개혁상 필요가 있는 현저하고 중대한 이유가 있는 경우가 아니면 기득권의 존중이나 법적 안정을 도모하는 뜻에서 반드시 준수되어야 하고 또 소급적용을 인정하는 경우라도 이에 관한 경과규정이 있어야 하고 그 입법취지등을 함부로 촌탁하여 경과규정등의 근거없이 소급적용할 것이 아니다.

다. 산업재해보상보험법은 당초 그 제정당시 가산금, 연체금등의 추징에 관하여는 규정을 두면서 환급금반환에 관하여서는 그 이자지

급등에 관하여서는 그 이자지급등에 관하여 아무런 규정을 마련하지 아니하였다가 1977. 12. 19 법률 제3026호로 법 제25호 제5항을 신설하여 이자가산을 규정하고 또 아무런 경과규정을 하지 아니하였는 바, 위 이자가산에 관한 규정은 그 신설 이후에 초과납부한 산업재해보상보험금의 반환에만 이의 적용이 있을 뿐이고, 그 이전에 초과납부된 산업재해보상보험금의 환급에는 그 적용이 없다.

참조조문 가. 민법 제166조
나. 산업재해보상보험법 제25조 제5항

당 사 자 원고, 피상고인 대한석탄공사
소송대리인 변호사 조규광
피고, 상고인 대한민국

원심판결 서울고등법원 1985. 3. 4. 84나4228판결

주 문 원심판결을 파기하여 사건을 서울고등법원에 환송한다.

이 유

상고이유를 본다.

1. 상고이유 제1점 이 점에 관한 상고이유의 요지는

민법 제168조 제1항에 규정된 시효중단사유인 청구라 함은 시효의 목적인 사법상의 권리를 재판상 또는 재판외에서 실행하는 행위를 말하는 것이므로 이 재판상의 청구는 민사소송의 절차에 의하여 주장하는 것인즉 원고가 보험료부과처분의 취소를 구한 행정소송은 재판상 청구라 할 수 없고 원고는 1984. 8. 14에 비로소 민사소송으로 이 사건 이자청구를 하였으니 원고의 부당이득반환청구채권은 위 행정소송의 제기에 의하여 중담됨이 없이 1978. 9. 17로 그 소멸시효가 완성되었다고 함에 있다.

그러나 부당이득반환청구로서의 반환을 받을 산업재해보상보험료 및 그 이자 청구권은 그것이 반환받을 것으로 확정되었을 때 비로소 그 소멸시효가 진행된다고 풀이할 것인바, 이 사건에 있어서와 같이 산업재해보상보험금의 추징부과처분은 행정행위로서 공정력이 있어 이를 취소하는 행정소송의 판결이 확정됨으로써 이 추징부과처분은 그 효력을 잃고 그 반환청구채권이 발생하여 이때부터 그 소멸시효가 진행된다고 할 것이므로 같은 취지에서 피고의 시효소멸항변을 배척한 원심조치는 정당하고 아무 위법이 없다.

논지는 소멸시효의 기산점에 관한 원심판시 취지를 시효중단사유와 혼동, 오해함에서 비롯된 것으로 이유가 없다.

2. 상고이유 제2점 원심판결 이유기재에 의하면,

원심은 산업재해보상보험법 제25조 제5항(1977. 12. 19 법률 제3026호로 신설)에 의하면 산업재해보상보험료의 부과처분이 취소되는 등으로 인하여 노동부장관이 그 초과액을 반환하는 때에는 그 납부일로부터 반환하기로 결정된 날까지의 기간에 대하여 대통령령이 정하는 바에 의한 이자율에 따라 계산한 금액을 그 초과액에 가산하여 반환하도록 규정되어 있고 같은법 시행령 제62조 제4항(1978. 2. 13 대통령령 제8857호로 신설)에 의하면 그 이자율은 반환할 돈의 금 100원에 대하여 1일 금 4전

으로 하도록 규정하고 있는 바, 법령은 위 각 규정들의 적용에 있어서 위 법령등의 개정전에 초과 납부하였던 보험료의 반환에 관하여는 아무런 경과규정도 두고 있지 않고 있으나 위 환급가산금에 관한 규정들의 입법취지를 미루어 보면 위 규정들은 피고가 보험가입자인 사업주들로부터 초과납부받은 보험료를 반환할 경우에 있어서 민법상 부당이득반환의 법리에 따라 민법소정의 년 5푼의 계산에 의한 이자만을 가산한다면 보험료의 납부를 연체할 경우에 부과하는 가산금이 고율(금 100원에 대하여 1일 7전)이라는 점에 비추어 공평의 원칙에 어긋난다는 입법정책적인 고려에 의하여 설정된 민법상 부당이득반환의 범위에 관한 특별규정이라고 봄이 상당하므로 위 법령이 개정되기 전에 산업재해보상보험료를 초과납부하였다가 그 법령의 개정이후에 그 부과처분이 확정판결에 의하여 취소됨으로 그 초과납부액을 반환받은 이 사건에 있어서 위 법령이 개정시행된 이후부터는 위 개정법령 소정의 환급이자율을 적용하여 가산금을 산정하여야 한다고 판시하여 원고의 이 사건 예비적청구를 인용하였다.

그러므로 살피건대 법률은 그 제정이전에 발생한 사실에 소급적용되지 아니한다는 법률불소급의 원칙은 비록 형벌법규가 아니더라도 신법을 소급적용하여야 할 사회적, 경제적인 이유에 의한 정책적 필요가 있다든지 또는 새로운 이념에 기한 제도의 개혁상 필요가 있는 현저하고 중대한 이유가 있는 경우가 아니면 기득권의 존중이나 법적 안정을 도모하는 뜻에서 반드시 준수되어야 하고 또 소급적용을 인정하는 경우라도 이에 관한 경과규정이 있어야 하고 그 입법취지등을 함부로 촌탁하여 경과규정등의 근거없이 소급적용할 것이 아니라고 풀이할 것이다.

돌이켜 산업재해보상보험법에 관하여 보면, 당초 1963. 11. 5 법률 제1438호로 제정된 이 법은 가산금, 연체금등의 징수에 관하여는 규정을 두면서 환급금반환에 관하여서는 그 이자지급등에 관하여 아무런 규정을 마련하지 아니하였다가 1977. 12. 19 법률 제3026호로 법 제25조 제5항을 신설하여 이자가산을 규정하고 또 아무런 경과규정을 하지 아니하였는 바 이와같은 입법 및 그 개정취의가 사회적, 경제적 기반이 취약하고 산업재해보상보험등 사회보장제도가 확립되어 있지 않은 상황에서 근로자의 업무상재해를 신속공정하게 보상하고 이에 소요되는 자금 및 시설등의 내실있는 운영등으로 산업재해보상보험사업의 점진적 발전을 도모하고자 하는 정책적 고려에서 비롯된 것이라면 위 이자가산에 관한 규정이 신설된 1977. 12. 19 이전에 초과납부된 산업재해보상보험금의 환급에는 원심판시와 같은 공평의 원칙에 어긋난다는 이유만으로는 개정법령소정의 환급이자율에 따른 이자가산금 산정의 여지가 없다고 할 것이다.

부당이득반환에 있어서 원칙적으로 수익자는 그 받은 이익이 현존하는 범위에서 반환책임이 있고 수익자가 악의일 때 그 이익에 이자를 붙여 반환할 따름이므로 민법에 대한 관계에서 특별법규인 산업재해보상보험법에 이자가산에 관한 규정이 신설되기 전에 있어서는 이와같은 일반원칙에 따라야 함은 자명하고 그 후 위 규정이 신설됨으로써 비로소 그 이후에 초과납부한 산업재해보상보험금의 반환에 이의적용이 있을 뿐이며 또 연체료의 징수는 이를 부당이득이라기 보다는 산업재해보상보험 상업의 운영상 보험가입자인 사업주의 보험료납부 해태에 대한 제재로서 부과하는 것이라고 풀이하여야 할 것이어서 이와같은 점에서도 공평의원칙을 내세워 법률불소급의 원칙의 적용을 배제하는 취지의 원심판시는 그 논거가 극히 박약하다고 하지 않을 수 없다.

따라서 이와같은 취지에서 원심의 법리오해를 비의하는 상고논지는 그 이유가 있다고 하겠다.

3. 그러므로 원심판결을 파기하여 원심으로 하여금 다시 심리판단케 하기 위하여 사건을 서울고등법원에 환송하기로 관여법관의 의견이 일치하여 주문과 같이 판결한다.

대법원판사 이회창(재판장)

● 보험료율고시무효확인등

대법원 제1부, 1982.9.14. 판결 82누161 일부파기자판

판 시 사 항

◉ 관광안내업체에 대한 보험료율의 일률적용통지가 행정소송의 대상이 되는 행정처분인지 여부(소극)

판 결 요 지

피고가 원고에 대하여 한 관광안내업체에 대한 보험료율의 일률적 적용통지는 그 내용이 차량을 보유 운행하는 관광안내업을 종전과 달리 자동차여객운송업으로 분류 변경하여 차액의 보험료를 부과하니 법령의 일률적 적용상 불가피한 조치로 이해하고 납부하여 주기 바란다는 취지로서 이 통지와 함께 산업재해보상보험법시행령 제55조의 규정에 의한 조사 통지서를 발부하고 있지만 이 건 통지는 조사징수 통지를 하게 된 경위를 증명한 사실상의 통지 내지 권고행위에 불과하므로 그 같은 통지만으로는 원고의 보험료지급의무에 대한 어떠한 법률적 영향을 미친다고 볼 수 없으니 이는 행정소송의 대상이 되는 행정처분이라고 할 수 없다.

참조조문 행정소송법 제1조
산업재해보상보험법 제21조, 제22조

당 사 자 원고, 상고인 주식회사 대한여행사
소송대리인 변호사 한춘희
피고, 피상고인 노동부 서울중부지방사무소장

원심판결 서울고등법원 1982.2.25. 81구347판결

주　문

1. 원심판결 중 1981.2.24.자 관광안내업자에 대한 보험료율의 일률적용통지처분에관한 부분을 파기하고 위 처분에 관한 소를 각하한다.
2. 원고의 나머지 상고를 기각한다.
3. 위의 소각하 부분에 관한 소송비용 및 상고기각 부분에 관한 상고비용은 모두 원고의 부담으로 한다.

이　유

1. 우선 직권으로 피고가 1981.2.24자로 한 관광안내업체에 대한 보험료율의 일률적용통지처분에 관한 이 소의 적법여부

를 본다.

(1) 기록에 의하면, 피고는 1981. 2. 24자로 원고에게 관광안내업체에 대한 보험료율의 일률적용통지(이하 일률적용통지라고 약칭한다)와 산업재해보상보험법시행령 제55조에 의한 보험료조사 징수통지(이하 조사 징수통지라고 약칭한다)를 한 사실이 인정되는바, 원심은 위 일율적용통지도 행정소송의 대상이 되는 행정처분으로 보고 그 본안에 들어가 판단하여 원고의 이 사건 무효확인청구를 기각하고 있다.

(2) 그러나 행정소송의 대상이 되는 행정처분은 행정청이 공권력의 행사로서 행하는 처분 중 국민의 권리의무에 직접적으로 법률적 영향을 미치는 처분에 한하므로, 단순한 사실상의 통지나 권고 등과 같이 그 행위의 상대방이나 관계인의 권리의무에 직접 법률상 변동을 가져오지 아니하는 행위는 행정소송의 대상이 되는 처분이라고 볼 수 없다.

기록에 의하여 위 일율적용통지의 내용을 보면 종전에 차량을 보유운행하는 관광안내업을 기타의 각종 사업으로 분류하여 보험료율을 적용하던 것을 자동차여객운수업으로 분류를 변경하여 이에 따른 차액의 보험료를 부과하니 법령의 일율적용상 불가피한 조치로 이해하고 납부하여 주기 바란다는 취지로서 이 통지와 함께 산업재해보상보험법시행령 제55조의 규정에 의한 조사징수통지서를 발부하고 있는바, 이는 원고에게 위 산업재해보상보험법시행령의 규정에 의한 조사징수통지를 함에 있어서 이 조사징수통지를 하게 된 경위를 설명하고 원고의 이해와 납부를 바라는 이른바 사실상의 통지 내지 권고행위에 지나지 않는다고 볼 것이다.

그렇다면 위와같은 일율적용통지만으로는 원고의 보험료 지급의무에 어떠한 법률적영향을 미친다고 볼 수 없으니 이 통지는 행정소송의 대상이 되는 행정처분이라고 할 수 없음에도 불구하고, 원심이 이 점을 간과하여 위 통지도 행정소송의 대상이 되는 처분임을 전제로 그 본안에 들어가 판단한 것은 위법한 것이니 이 부분은 파기를 면치못한다.

2. 원고 소송대리인의 상고이유 제1점을 본다.

원심 확정사실에 의하면 1980. 12. 24자 노동부고시 제19호는 보험료율사업을 분류함에 있어서 차량을 보유 운행하는 관광안내업을 자동차운수업에 분류하고 있음이 인정되는 바, 이는 차량을 보유 운행하는 관광안내업을 자동차운수업과 같이 취급하여 단일보험료율을 적용코자 함에 있는 것으로서 이러한 고시를 소론과 같이 법령에 위반한 무효의 조치라고 볼 수는 없으니 같은 취지로 판단한 원심조치는 정당하고 원심판결에 법리오해 및 심리미진의 위법이 있다는 논지는 이유없다.

3. 같은 상고이유 제2점을 본다.

기록에 의하면, 원고는 원심변론에서 1980. 12. 24자 노동부고시가 무효임을 이유로 이에 터잡은 피고의 이 사건 조사징수통지 및 납입통지 등이 무효임을 주장하였던 것이고 소론과 같은 보험료의 정산내용이나 위 고시의 소급적용관계등을 들어 무효사유로 주장한 흔적이 없으니, 원심이 이러한 점을 석명권을 행사하여 심리를 하지 아니하였다고 하여도 위법하다고 할 수 없는 것으로서 원심판결에 심리미진, 판단유탈 및 이유불비의 위법이 있다는 논지도 이유없다.

4. 그러므로 원심판결중 위 일율적용토지처분에 관한 부분을 파기하고 위에서 판시한 바에 다라 당원에서 자판하기에 충분하므로 위 처분에 관한 이 소를 각하하기로 하며, 원고의 나머지 상고를 기각하고 소송비용의 부담에 관하여는 민사소송법 제89조, 제92조, 제95조 및 제96조를 각 적용하여 관여법관의 일치된 의견으로 주문과 같이 판결한다.

대법원판사 이성렬(재판장), 이일규, 전상석, 이회창

제3장 재해보상

Ⅰ. 업무상재해

1. 업무와 질병과의 인과관계 (업부상 과로)

● 요양불승인 취소

서울고등법원 1996. 4. 16선고 95구27044 인용

판 시 사 항

◉ 교통체증도 업무상재해의 원인이다.

판 결 요 지

질병의 주된 발생원인이 업무와 직접적인 관계가 없다고 하더라도 적어도 업무상의 과로가 질병의 주된 발생원인에 겹쳐서 질병을 유발 또는 악화시켰다면 그 인과관계가 있다고 할 것이고, 그 인과관계 또한 반드시 의학적 · 자연과학적으로 명백히 입증하여야 하는 것은 아니고 제반 사정을 고려할 때 업무와 질병 사이에 상당인과관계에 있다고 추단되는 경우에도 그 입증이 있다고 할 것이다.

영업용 택시기사인 원고는 격일 근무 교대로 낮과 밤이 없이 식사도 불규칙하게 하며 과중(20시간)하게 근무하여 왔고, 차량 정체가 심한 교통 현실에서 사납금을 맞추기 위하여 심한 정신적 스트레스를 받아서 정신적 · 육체적 피로가 누적되었다고 보아 '뇌지주막하출혈'도 업무상재해로 보아야 한다.

참조조문 산업재해보상보험법 제3조 제1항;노동부의 '업무상재해인정기준'(1994. 7. 28 노동부예규 제247호) 제12조(뇌혈관 질환 또는 심장질환)

당 사 자 원고, 양상무
피고, 근로복지공단

주 문

1. 피고가 1995. 1. 24 원고에 대하여 한 요양일부불승인처분을 취소한다.
2. 소송비용은 피고의 부담으로 한다.

이 유

1. 처분의 경위

갑 제3호증의 1내지 44, 제4, 5호증, 을 제3호증의 각 기재와 증인 박성완의 증언에 변론의 전취지를 종합하면 아래와 같은 사실을 인정할 수 있다.

가. 원고는 1988. 4. 8 소외 우리콜택시 주식회사(이하 "소외회사"라 한다)에 입사하여 영업용 택시기사로 일하여 오던 중, 1994. 10. 5. 05 : 00 출근 무렵 심한 두통과 허리통증을 느꼈으나 위 회사에 대기근무자가 없는 관계로 충분히 쉬지 못한 채 계속 근무하다가 같은달 12일 위 증세가 심해져서 한국정형외과에서 입원 가료를 받던 중 정신이 혼미하여져, 결국 같은해 10. 19 서울대학교병원에 이송되어 진단을 받아 본 결과 요추추간반탈출증(의증), 경추추간반탈출증(의증), 뇌지주막하출혈의

질병이 확인되었다.

나. 원고는 위 질병 모두에 관하여 피고에게 요양급여를 신청하였으나, 피고는 1995. 1. 24 원고의 위 질병 중 제4-5 요추, 제5요추-제1추간 추간반 탈출증은 업무상재해로 인정하였으나, 뇌지주막하출혈은 업무상재해로 볼 수 없다고 하여 요양을 승인하지 아니하는 일부불승인처분(이하 "이 사건 처분"이라 한다)을 하였다.

2. 이 사건 처분의 적법 여부

가. 인정하는 사실

앞서 든 증거들과 갑 제1, 2호증, 제6, 7호증의 각 1, 2 을 제4호증의 각 기재와 증인 박성완의 증언, 당원의 서울대학교병원장에 대한 사실조회결과에 변론의 전취지를 종합하면 아래와 같은 사실을 인정할 수 있다.

(1) 원고는 1988. 4. 8 소외회사에 입사하여 영업용 택시운전기사로 일하면서, 근무일 05 : 00경에 소외회사에 도착하여 30분 내지 40분 동안 차량정비를 하고 06 : 00 내지 06 : 30경부터 운행을 시작하여 다음날 03 : 00 내지 04 : 00경까지 약 20시간 동안 근무를 하고 하루를 쉰 다음 다시 위와같은 근무형태로 일하는 격일제 근무를 계속하여 왔고, 위 근무시간중 약 2시간의 휴식시간을 가졌으나 업무의 특성상 그 시간이 불규칙하여 식사시간이 일정하지 못하였다.

(2) 원고를 비롯한 소외회사의 운전기사들은 당일 운행하여 벌어 들인 수익금 중 일정액의 사납금을 납입하고 나머지를 운전기사의 수입으로 하는 일당도급제의 임금체계 아래에서 일하여 왔기 때문에 차량정체가 심한 요즘에는 사납금을 맞추는 데도 심한 정신적인 스트레스를 받아왔다.

(3) 뇌지주막하출혈은 뇌동맥류 파열로 발생하고, 뇌동맥류의 발병원인은 대부분 선천성이나 드물게 감염이나 기타 염증 성병변에 의해서도 발생할 수 있으며, 동맥류 파열에 의한 뇌지주막하출혈에 있어서 과로나 스트레스는 그 파열의 원인으로 작용할 수도 있다.

나. 당원의 판단

살피건대, 질병의 주된 발생원인이 업무와 직접적인 관계가 없다고 하더라도 적어도 업무상의 과로가 질병의 주된 발생원인에 겹쳐서 질병을 유발 또는 악화시켰다면 그 인과관계가 있다고 할 것이고, 그 인과관계 또한 반드시 의학적 · 자연과학적으로 명백 입증하여야 하는 것은 아니고 제반 사정으 고려할 때 업무와 질병사이에 상당인과관계에 있다고 추단되는 경우에도 그 입증이 있다고 할 것이다. (대법원 1995. 3. 15, 선고 94누7935판결 참조)

그런데 위 인정사실에 의하면, 원고는 격일근무교대제 아래에서 낮과 밤이 없이 식사도 불규칙하게 하며 과중하게 근무하여 왔고, 차량정체가 심한 교통 현실에서 사납금을 맞추기 위하여 심한 정신적 스트레스를 받아서 정신적, 육체적 피로가 누적되었다고 할 것이며, 원고의 이러한 과로는 뇌지주막하의 출혈 원인이 된 뇌동맥류 파열의 한 원인으로 작용하였다고 추단할 수 있어서, 원고의 위 뇌지주막하출혈도 업무상의 재해라고 할 것이다.

그러므로, 원고의 뇌지주막하출혈이 업

무상의 재해가 아니라고 한 이 사건 처분은 위법하다고 할 것이다.

3. 결 론

그렇다면, 원고의 청구는 이유있어 이를 인용하여 주문과 같이 판결한다.

재판장 이규홍(판사), 강신섭, 양승국

● 유족급여 및 장의비 부지급 처분 취소

대법원 제2부 1995. 8. 25선고 95구979 상고기각

판 시 사 항

⊙ 업무와 사망 사이의 상당인과관계의 유무 기준

판 결 요 지

가. 업무와 사망 사이의 상당인과관계의 유무는 보통 평균인이 아니라 당해 근로자의 건강과 신체조건을 기준으로 하여 판단하여야 한다.

나. 업무와 질병 또는 그에 따른 사망과의 사이에 상당인과관계가 있다고 추단되는 경우에는 그 입증이 있다고 보아야 한다.

참조조문 산업재해보상보험법

참조판례 대법원 1991. 11. 8. 선고 91누3727판결
1994. 6. 28. 선고 94누2565판결
1995. 3. 14. 선고 94누7935판결

당 사 자 원고(피상고인) 한정애
피고(상고인) 근로복지공단

원심판결 광주고등법원 1994. 12. 8. 선고, 94구1448판결

주 문 상고를 기각한다. 상고비용은 피고의 부담으로 한다.

이 유

상고이유를 판단한다.

산업재해보상보험법상의 업무상장해가 되는 사망은 업무와 사망의 원인이 되는 질병사이에 상당 인과관계가 있어야 하는 것이지만, 이 경우 질병의 주된 발생원인이 업무와 직접 관련이 없다하더라도 업무상 과로가 질병의 주된 발생원인에 겹쳐서 유발 또는 악화되었다면 인과관계가 있다고 보아야 할 것이고, 업무와 사망 사이의 상당인과관계의 유무는 보통 평균인이 아니라 당해 근로자의 건강과 신체조건을 기준으로 하여 판단하여야 할 것이며(대법원 1991. 11. 8. 선고, 91누3727판결 참조), 그 인과관계는 반드시 의학적, 자연과학적으로 명백히 입증하여야만 하는 것이 아니고, 근로자의 취업당시의 건강상태, 발병경위, 질병의 내용, 치료의 경과 등 제반사정을 고려할 때, 업무와 질병 또는 그에 따른 사망과의 사이에 상당인과관계가 있다고 추단되는 경우에는 그 입증으로 있다고 보아야 할 것이다(대법원 1994. 6. 28. 선고 94누2565 판결, 1995. 3. 14. 선고 94누7935판결 등 참조).

원심이 같은 취지에서 소외 망 강희춘이 그 판시와 같은 과중한 업무로 인한 과로로 발생한 심근경색증으로 사망에 이른 것으로 보아 위 망인의 사망과 업무상 질병 또는 위 질병에 따른 사망간에 상당인과관계가 있다고 판단한 것은 옳다고 여겨지고, 거기에 상고이유의 주장과 같은 업무상재

해에 관한 법리오해와 심리미진 등으로 판결결과에 영향을 미친 위법이 있다고 할 수 없다.

그리고 상고이유에서 지적하는 노동부예규 제234호의 업무상재해인정기준은 행정관청내부의 업무처리준칙일 뿐이고 법원을 구속하는 법규적 성질을 가진 것이라고는 할 수 없으므로 위 예규가 정하는 기준이 법규적 성질을 가진 것임을 전제로 내세우는 법리해석의 오류에 관한 상고이유의 주장도 받아들일 수 없다.

그러므로 상고를 기각하고 상고비용은 패소자의 부담으로 하기로 관여법관들의 의견이 일치되어 주문과 같이 판결한다.

대법관 박만호(재판장), 박준서, 김형선(주심), 이용훈

● 요양불승인처분취소

대법원 제3부 1995. 7. 18선고 95누5387 상고기각

판 시 사 항

◉ 폐수처리장에서 사용하는 약품이 뇌졸증과 상관관계가 있는지 여부

판 결 요 지

과로로 인한 질병에는 평소에 정상적인 근무가 가능한 기초질병이나 기존질병이 업무의 과중으로 인하여 자연적인 진행속도 이상으로 급격히 악화된 경우까지 포함된다고 보아야 할 것인바, 업무와 관련없이 발병한 고혈압의 질병을 가지고 있었다고 할 것인데 원고가 위 폐수처리장에서 근무함에 있어 각 기관의 수시의 환경오염단속으로 인하여 정신적 긴장, 압박감을 받았다거나 그 작업환경이 열악하였다고는 인정되지 아니하고, 또한 원고의 업무는 비록 휴일도 없었고 하루 14시간 정도의 야간 근무가 많았다고 하더라도 그 업무내용에 비추어 통상의 정도를 넘어서 특별히 육체적 피로나 정신적 스트레스가 누적될 정도였다고 보여지지 아니하므로, 따라서 원고의 위 뇌졸증은 기존질병인 고혈압이 자연경과에 의하여 악화되어 유발되었을 뿐으로 판단되고 원고의 위 뇌졸증과 소외회사에서의 업무와 사이에 상당인과관계가 있다고는 인정할 수 없다.

참조조문 상고심절차에관한특례법 제4조

당 사 자 원고(상고인) 곽대원 소송대리인변호사 전원, 우덕성
피고(피상고인) 근로복지공단

원심판결 서울고등법원 1995. 3. 16. 선고, 93구2164판결

주 문 상고를 기각한다. 상고비용은 원고의 부담으로 한다.

이 유

상고인의 상고이유는 상고심절차에관한특례법 제4조의 소정의 심리불속행 사유에 해당함으로 위 법 제5조에 의하여 관여법관의 일치된 의견으로 주문과 같이 판결한다.

재판장 대법관 천경송, 안용득, 주심 지창권, 신성택

1-1 서울고등법원 제10특별부 1995. 3. 16 판결 93구 2164 기각

사 건 명 요양불승인처분취소
참조조문 산업재해보상보험법
당 사 자 원고, 곽대원. 소송대리인변호사 전원, 우덕성
피고 근로복지공단
주 문 1. 원고의 청구를 기각한다.
2. 소송비용은 원고의 부담으로 한다.

이 유

1. 처분의 경위

을제1호증의 2, 4, 을제2호증의 각 기재에 변론의 전취지를 종합하면, 원고의 소외 주식회사 롯데삼강(이하 소외회사라고 한다)에서 폐수처리원으로 근무하던중 1960. 6. 13. 70 : 00경 야간근무를 하기 위하여 출근하다가 수족마비증세가 발생하였는바, 경희대학교 한의과대학부속 한방병원 및 한국보훈병원에서 검진결과 뇌졸증(뇌실질내출혈) 으로 진단받은 사실, 원고는 위 질병이 업무상 재해라고 주장하여 요양신청을 하였으나 피고는 위 질병이 업무상의 사유에 의한 것이 아니라는 이유로 1992. 7. 18. 자로 요양불승인처분을 한 사실을 인정할 수 있다.

2. 처분의 적법여부

가. 원고의 주장

원고는 1978. 9. 15. 소외회사에 입사하여 위 질병발생시까지 약 12년간 폐수처리원으로 근무함에 있어 검찰, 환경처, 시청의 단속반들이 수시로 폐수처리와 관련한 조사단속을 나옴에 따라 정신적 긴장 및 압박감 속에서 또 인체에 해로운 황산, 가성소다, PAC, 소석회 등 화공약품을 월 수십톤씩 수동식으로 사용하는 과정에서 발생하는 유독악취와 폐수의 악취에 노출되어 항상 두통과 불쾌감을 느끼는 작업환경속에서, 폐수처리공정관리, 각종 기계의 가동, 점검, 수리 및 약품투입등의 업무를 4명이 2인 1조로 하루 12시간씩 주 · 야간 및 맞교대 및 연중무휴로 인체생리에 역행하여 과중하게 수행하여 오면서 육체적, 정신적 피로가 누적되고 그에 따라 고혈압이 발병 또는 기존의 고혈압이 악화되어 위 뇌졸증이 유발된 것이므로 이는 업무상의 재해라고 주장한다.

나. 사실관계

갑제3호증의 1, 2, 을 제1호증의 1, 3, 4의 각 기재와 증인 신택현의 증언 및 당원의 한국보훈병원장에 대한 사실조회결과에 변론의 전취지를 종합하면 다음과 같은 사실을 인정할 수 있고 달리 반증이 없다.

(1) 원고는 1935. 11. 18. 생의 남자로서 1978. 9. 15. 소외회사에 입사하여 위 뇌졸증이 발생할 때까지 폐수처리장에서 폐수처리원으로 근무하였는데, 폐수처리장업무의 내용은 폐수처리의 여러 공정을 관리하고 폐수처리공정을 수행하는 기계의 가동, 점검, 수리를 담당하고 폐수처리에 필요한 약품을 투입하는 것으로서, 시설모두가 자동이라 공정관찰과 기계가동확인을 하고, 약품투입은 1일 3번하고, 큰 고장은 정비과에 의뢰하여 하고 사소한 수리만 폐수처리장 근무자가 하므로, 원고가 출근

하면 먼저 물흐름상태를 관찰하고 이상이 없으면 별일없이 지내는 경우가 많으며 근무시간중 휴식을 같이 겸하게 된다.

(2) 위 폐수처리장업무는 연중 별도의 휴가없이 9인의 직원이 3인 1조로 1일 2교대로 근무하며 주간조인 경우 하루 10시간을 야간조인 경우에는 하루 14시간 정도를 근무하게 된다.

(3) 폐수처리장에서 사용하는 약품으로 pac는 냄새가 없고 가성소다는 약간 냄사가 나지만 인체에 해로울 정도는 아니며 그 밖의 폐수처리장에 있어 폐수나 약품의 악취가 심하다거나 그로 인하여 장시간 근무시엔 두통이 생긴다거나 하는 것은 아니고 위 PAC등 약품이 뇌졸증과 상관관계가 있다는 문헌도 찾아볼 수 없다.

(4) 소외회사의 폐수처리장은 각 기관으로부터 수시로 환경오염방지를 위한 조사를 받아, 1990년도에는 환경처에서 3번, 구청에서 1번 등 합하여 4번 조사를 받았는데, 기관에서 조사를 나오면 환경관리자가 나와 자료를 제출하고 답변을 하며, 폐수처리장 근무자는 근무지에서 근무만 하면 되고, 또한 폐수처리장 근무자들이 위와같은 기관의 조사에 대해 평소에도 긴장하여 근무를 하게 되는 것은 아니다.

(5) 원고는 고혈압으로 1987. 7. 20부터 한국보훈병원에서 주기적으로 통원, 약물가료를 시행받았는데 그 측정된 혈압은 160/110, 200/100, 110/70mmHg 등 다양한 변화가 있어 혈압약의 양이 수시로 조절 처방되었다.

(6) 일반적으로 뇌졸증이라 함은 뇌혈관질환을 일컬어 사용되는 용어로서 허열성 병소를 일으키는 폐쇄성 뇌혈관질환과 두개 강내 출혈을 동반하는 출혈성 뇌혈관질환으로 대별할 수 있는데, 출혈성 뇌혈관질환에 뇌실질내출혈(뇌출혈)과 지주막하출혈이 있으며, 뇌출혈은 대개가 고혈압이 원인이 되어 일어나는 바, 원고의 내졸증 원인은 고혈압성 뇌출혈로 파악된다. 한편 일반적으로 과로, 스트레스 등이 뇌출혈의 직접적인 원인은 되지 않으나 평소 고혈압이 존재한 환자에서의 과로, 스트레스 등은 고혈압의 가증 또 이로 인하여 간접적으로 뇌출혈을 유발할 수는 있다.

라. 판　단

산업재해보상보험법 소정의 요양급여의 요건이 되는 "업무상의 질병"이라 함은 업무와 질병 사이에 인과관계가 있어야 할 것이고 이 경우 질병의 주된 발생원인이 업무와 직접 연관이 없다고 하더라도 업무상의 과로 등이 질병의 주된 발생원인과 겹쳐서 질병을 유발시켰다면 그 인과관계가 있다고 보아야 할 것이며, 또한 과로로 인한 질병에는 평소에 정상적인 근무가 가능한 기초질병이나 기존질병이 업무의 과중으로 인하여 자연적인 진행속도 이상으로 급격히 악화된 경우까지 포함된다고 보아야 할 것인 바,

과연 원고의 위 뇌조졸증과 그 업무와 사이에 위와같은 인과관계가 있는지의 점에 관하여 살피건데, 위 인정사실에 의하면 원고는 업무와는 관련이 없이 적어도 1987. 7. 에 발병한 고혈압의 기존 질병을 가지고 있었다고 할 것인데, 원고가 위 폐수처리장에서 근무함에 있어 각 기관의 수시의 환경오염단속으로 인하여 정신적 긴

장, 압박감을 받았다거나 그 작업환경이 열악하였다고는 인정되지 아니하고, 또한 원고의 업무는 비록 휴일도 없었고 하루 14 간 정도의 야간 근무가 많았다고 하더라도 그 업무내용에 비추어 통상의 정도를 넘어서 특별히 육체적 피로나 정신적 스트레스가 누적될 정도였다고 보여지지 아니하므로, 따라서 원고의 위 뇌졸증은 기존질병인 고혈압이 자연경과에 의하여 악화되어 유발되었을 뿐으로 판단되고 원고의 위 뇌졸증은 기존질병인 고혈압이 자연경과에 의하여 악화되어 유발되었을 뿐으로 판단되고 원고의 위 뇌졸증과 소외회사에서의 업무와 사이에 상당인과관계가 있다고는 인정할 수 없다. 결국 원고의 위 뇌졸증은 업무외의 질병으로 보고한 피고의 이 사건 요양불승인처분은 적법하고 원고의 위 주장은 이유없다 할 것이다.

3. 결　론

그렇다면, 이 사건 처분이 위법하다 하여 그 취소를 구하는 원고의 청구는 이유없으므로 이를 기각하고 소송비용은 패소자인 원고의 부담으로 하여 주문과 같이 판결한다.

판사 강봉수(재판장), 임숙경, 주경진

● 요양불승인처분취소

대법원 제2부, 1995. 6. 30판결 94누15660 상고기각

판 시 사 항

◉ 업무상 과로와 질병의 주된 발생원인의 인과관계 인정 여부

판 결 요 지

"업무상의 재해"라 함은 근로자가 업무수행중 그 업무에 기인하여 발생한 부상, 질병, 신체장애 또는 사망 등과 같은 재해를 말하는 것인바, 질병의 주된 발생원인이 직접적인 관계가 없다고 하더라도 적어도 업무상 과로가 질병의 주된 발생원인에 겹쳐서 질병을 유발 또는 악화시켰다면 그 인과관계가 있고, 그 인과관계 또한 반드시 의학적, 과학적으로 명백히 입증하여야 하는 것은 아니고, 제반 사정을 고려할 때 업무와 질병사이에 상당인과관계가 있다고 추단되는 경우도 그 입증이 있다고 할 것이므로, 업무상의 과로외에 달리 과로의 원인이 될 만한 사유가 보이지 아니하는 이 사건에 있어 위 질병은 업무상의 재해에 해당한다.

참조조문 산업재해보상보험법 제3조 제1항

참조판례 대법원 1994. 1. 25. 선고 93누12497판결
1995. 3. 14. 선고 94누7935판결

당 사 자 원고(피상고인) 류호열
피고(상고인) 근로복지공단

원심판결 부산고등법원 1994. 11. 18. 선고, 94구903판결

주　　문 상고를 기각한다. 상고비용은 피고의 부담으로 한다.

이　　유

상고이유를 판단한다.

산업재해보상보험법 제3조 제1항이 규정

한 "업무상의 재해"라 함은 근로자가 업무수행중 그 업무에 기인하여 발생한 부상, 질병, 신체장애 또는 사망 등과 같은 재해를 말하는 것인바, 질병의 주된 발생원인이 직접적인 관계가 없다고 하더라도 적어도 업무상 과로가 질병의 주된 발생원인에 겹쳐서 질병을 유발 또는 악화시켰다면 그 인과관계가 있고, 그 인과관계 또한 반드시 의학적, 과학적으로 명백히 입증하여야 하는 것은 아니고, 제반사정을 고려할 때 업무와 질병사이에 상당인과관계가 있다고 추진되는 경우도 그 입증이 있다고 할 것이다(대법원 1994. 1. 25. 선고 93누12497 판결, 1995. 3. 14. 선고 94누7935 판결 등 참조).

원심판결의 이유에 의하면 원심은 1992. 12. 1.경 소외 김상득이 경영하는 대성공업사에 입사하여 근무하여 온 원고가 1993. 6. 25. 10 : 00경부터 위 대성공업사 사무실에서 제품검사를 수행하던 중 갑자기 입에서 침이 흐르고 입이 돌아가면서 팔다리가 마비되어 진단결과 우측 전뇌동맥, 중뇌동맥경색, 경천막헤르니아(찰출) 등으로 밝혀진 사실,

위 질환의 원인으로는 고혈압이 가장 많고 그 이외에도 당뇨병, 심부정맥 등에 의하여도 발생할 수 있으며, 업무상의 과로도 위 질병의 원인이 될 수가 있는 사실,

원고는 1991년도에 실시한 건강진단에서는 모든 부분에서는 정상소견을 나타낸 건강체였던 사실, 원고가 담당하였던 업무가 그 판시와 같이 다소 과중하였고, 업무외에 달리 과로로의 원인이 될만한 사정이 없었던 사실을 인정한 다음, 원고에게 유발된 위 우측 전뇌동맥, 중뇌동맥경색, 경천막헤르니아(탈출) 등은 원고가 담당하던 업무 자체로부터 직접 유발된 것이라고 단정할 수는 없지만, 적어도 그 판시와 같이 격무가 계속되어 업무상의 육체적, 정신적 과로가 쌓인 상태에서 발생한 것으로서 업무상의 과로외에 달리 과로의 원인이 될만한 사유가 보이지 아니하는 이 사건에 있어 위 질병은 업무상의 재해에 해당한다고 판단하였는바,

이를 기록과 대조하여 살펴보면, 원심의 사실인정과 판단은 옳다고 여겨지고, 거기에 상고이유로 주장하는 심리미진 또는 채증법칙위배로 인한 사실오인의 위법이나 산업재해보상보험법 소정의 "업무상의 재해"에 관한 법리오해의 위법이 있다고 할 수 없다.

그러므로 상고를 기각하고 상고비용은 패소자의 부담으로 하기로 관여법관들의 의견이 일치되어 주문과 같이 판결한다.

대법관 박만호(재판장), 박준서, 주심 김형선, 이용훈

● 요양불승인처분취소

대법원 제1부, 1995. 6. 29판결 95누3930 상고기각

판 시 사 항

◉ 뇌종양이 업무상 질병인지 여부

판 결 요 지

뇌종양은 성질상 업무상의 과로 내지 화학물질에 피폭으로 발병한다고는 쉽게 추단되지 아니하는 점을 더하여 보면, 원고의 뇌종양이

업무에 기인하여 일어났다고 보기 어려워 업무상 재해라고 할 수 없다.

참조조문 산업재해보상보험법
당 사 자 원고(상고인) 이호한
소송대리인 변호사 윤인섭
피고(피상고인) 울산지방노동사무소장
원심판결 부산고등법원 1995.2.10. 선고, 94구2909판결
주 문 상고를 기각한다. 상고비용은 원고의 부담으로 한다.

이 유

상고이유를 판단한다.

원심은 원고가 입은 재해에 대한 당초의 상병명인 경련성 뇌경색 및 뇌좌상은 소위 문진, 간진에 의한 임상적인 것이고 이에 대하여 그 한달여 뒤의 상병명인 뇌종양은 소위 확진에 의한 최종적인 것일 뿐만 아니라 그로부터 당초의 상병명인 경련성 뇌경색 등이 충분히 발현될 수 있는 점에 비추어 보면, 원고가 입은 재해에 대한 정확한 상병명은 뇌종양으로 봄이 타당하며, 여기에 뇌종양은 성질상 업무상의 과로 내지 화학물질에 피폭으로 발병한다고는 쉽게 추단되지 아니하는 점을 더하여 보면, 원고의 뇌종양이 업무에 기인하여 일어났다고 보기 어려워 업무상 재해라고 할 수 없다고 판단하였는 바, 기록에 의하여 살펴보면 원심의 이러한 판단을 수긍이 가고 거기에 소론과 같은 심리미진, 채증법칙위배의 위법이 있다고 할 수 없다. 논지는 이유 없다. 그러므로 상고를 기각하고 상고비용은 패소자의 부담으로 하기로 하여 관여법관의 일치된 의견으로 주문과 같이 판결한다.

대법관 이돈희(재판장), 김석수(주심), 정귀호

● 유족급여등 부지급 처분취소

대법원 제3부, 1995.4.21판결, 94누16144 상고기각

판 시 사 항

⊙ 열차 내 식품판매원이 공기감염에 의한 한국형 유행성 출혈열 질환에 기인한 패혈증으로 사망한 것을 업무상 재해로 인정한 사례

판 결 요 지

홍익회 소속 판매원들은 유행성 출혈열을 일으키는 바이러스에 노출될 가능성이 높은 점과 망인의 근무환경, 발병시기 전후의 계속근무 등을 종합하면 망인의 유행성 출혈열 감염은 그 업무에 기인한 것이다.

참조조문 산업재해보상보험법 제4조 제1호
당 사 자 원고(피상고인) 양윤옥
소송대리인 변호사 문재인, 정재성, 김외숙, 최성주
피고(피상고인) 부산지방노동청장
원심판결 부산고등법원 1994.11.24. 선고, 93구5987판결
주 문 상고를 기각한다. 상고비용은 피고의 부담으로 한다.

이 유

상고이유를 본다.

원심판결 이유에 의하면 원심은, 소외 망 이승한의 사망원인이 된 패혈증은 공기감염에 의한 한국형 유행성 출혈열 질환에 기인한 것으로 추정되고, 유행성 출혈열은 일종의 바이러스성으로서 그 바이러스는 쥐가 주된 숙주이며, 감염된 주의 배설물 등에 접촉하거나 바이러스에 오염된 타액, 소변, 대변, 혈액 등이 공기 등에 섞여 사람의 기도로 흡입되어 감염되고, 그 잠복기는 통상 2~3주 정도되는 사실,

한편 망인은 소외 재단법인 홍익회 소속으로 부산사업소 창고에 가서 식품이나 음료 등을 인계받아 통일호나 무궁화호 열차내에서 물품을 판매하여 왔는데, 위 창고에는 식품이 보관되어 있어 자연히 쥐가 서식하고 있을 수밖에 없었고, 그리하여 창고에 보관된 식품의 상자나 겉포장이 쥐에 의해 뜯겨져 있거나 갉어먹힌 경우가 많았으며, 판매원들이 야간열차에 탑승하여 수면을 취하거나 잠깐 휴식을 취할 때에는 식품상자들 틈에 기대어 휴식을 취할 수밖에 없는 형편이었고, 거기다가 망인 근무의 통일호나 무궁화호에는 방역이나 소독이 제대로 실시되지 않았을 뿐만 아니라 실내공기도 혼탁하였던 사실,

망인은 평소 건강한 편으로서 잠복기에 의하여 추정되는 발병시기 전후에도 계속하여 근무하였고, 휴가나 비번일때에는 장시간 승차로 인하여 누적된 피로때문에 밖으로 놀러 나간 일은 거의 없었던 사실 등을 인정한 다음, 판매원들은 유행성 출혈열을 일으키는 바이러스에 노출될 가능성이 높은 점과 망인의 근무환경, 발병시기 전후에 계속근무 등을 종합하면 망인의 유행성 출혈열 감염은 그 업무에 기인한 것으로 봄이 타당하다고 판단하고 있는 바,

관계증거와 기록에 의하여 살펴보면 원심의 사실인정과 판단은 수긍이 가고, 거기에 소론이 지적하는 바와 같이 채증법칙을 위배하였거나 업무상재해의 범위에 관한 법리를 오해한 위법이 있다고 할 수 없다.

논지는 이유 없다.

그러므로 상고를 기각하고, 상고비용은 패소자의 부담으로 하기로 하여 관여법관의 일치된 의견으로 주문과 같이 판결한다.

대법관 안용득(재판장), 천경송, 지창권, 신성택(주심)

● 유족보상금등 부지급 처분취소

대법원, 1995. 4. 21판결, 94누13404 상고기각

판 시 사 항

◉ 경비직원의 사인이 미상인 경우 업무상 재해 인정여부

판 결 요 지

경비 직원의 담당업무는 육체적으로나 정신적으로 과중한 업무로 보여지지 아니하며, 또한 사망 원인 역시 정확히 알 수 없으므로 결국 위 사망은 업무로 기인한 사망이라고 볼 수 없다.

참조조문 산업재해보상보험법 제3조 제1항

당 사 자 원고(상고인) 장임조
소송대리인 변호사 김준곤, 최봉태, 송해익
피고(피상고인) 대구남부지방노동사무소장

원심판결 대구고등법원 1994. 9. 29. 선고, 93구2601판결

주 문 상고를 기각한다. 상고비용은 원고의 부담으로 한다.

이 유

원고 소송대리인의 상고이유를 본다.

원심판결 이유에 의하면,

원심은 산업재해보상보험법 제3조 제1항에 정한 업무상 사망으로 인정되기 위하여는 업무와 사망 사이에 상당인과관계가 있어야 하고, 이에 대한 입증책임은 이을 주장하는 근로자측에 있다고 전제한 다음, 원고의 남편인 소외 망 최상전이 1983. 8. 15. 소외 상신브레이크공업 주식회사에 입사하여 경비직원으로 일하여 오던 중 1992. 11. 17. 위 회사에 출근하여 오전근무를 마친 12 : 30경 점심식사를 마치고 경비실로 돌아와 갑자기 가슴이 답답하다고 호소하다가 동료직원에 의하여 병원으로 후송하던 중 사망한 사실은 인정할 수 있으나,

위 최상전은 사망 전까지 별다른 신체적인 이상없이 그 업무를 잘 수행하여 왔을 뿐만 아니라 그가 담당하던 업무 역시 육체적으로나 정신적으로 과중한 업무로 보여지지 아니하며, 또한 사망 원인 역시 정확히 알 수 없으므로 결국 위 사망은 업무로 기인한 사망이라고 볼 수 없다 하여 원고의 이 사건 청구를 배척하였다.

기록과 관계법령에 비추어 원심의 위 판단은 수긍할 수 있고, 거기에 소론과 같이 채증법칙위배, 근로자의 업무와 사망 사이의 인과관계에 대한 법리오해 등의 위법이 없다.

논지는 모두 이유 없다.

그러므로 상고를 기각하고 상고비용은 패소자의 부담으로 하여 관여법관의 일치된 의견으로 주문과 같이 판결한다.

대법관 지창권(재판장), 천경송(주심), 안용득, 신성택

● 유족급여 및 장의비 부지급취소

대법원 제1부, 1990. 9. 25판결, 90누2727 상고기각

판 시 사 항

◉ 업무의 과중으로 인한 과로와 정신적 스트레스가 기초질병인 지방심의증세를 악화시켜 근무중 사망한 경우를 산업재해보상보험법상의 "업무상 재해"로 인한 사망으로 본 사례
◉ 업무상재해인정기준에 관한 노동부예규의 대외적 구속력 유무

판 결 요 지

가. 산업재해보상보험법 제3조 제1항에서 말하는 "업무상 재해"라 함은 근로자가 업무수행중 그 업무에 기인하여 발생한 근로자의

부상, 질병, 신체장애 또는 사망을 뜻하는 것이므로 업무와 재해발생과의 사이에 인과관계가 있어야 하지만, 그 재해가 업무와 직접 관련이 없는 기존의 질병이더라도 업무상의 과로가 질병의 주된 발생원인에 겹쳐서 질병을 유발 또는 악화시켰다면 그 인과관계가 있다고 보아야 할 것이고, 또한 과로로 인한 질병에는 평소에 정상적인 근무가 가능한 기초질병이나 기존질병이 업무의 과중으로 급속히 악화된 경우까지도 포함된다고 할 것이므로, 망인의 평소 지방심의 이환상태에 있었으나 망인의 경비업무자체가 주야교대근무형태로서 인간생리리듬에 역행하는 것인데다가 사망전 3개월여에 걸친 업무의 과중으로 인한 과로와 정신적 스트레스가 기초질병인 지방심의 진행을 촉진시키고 증세를 악화시켜 근무중 사망에 이르게 하였다면 망인의 사망은 그 업무와 상당 인과관계있는 업무상재해에 해당한다.

나. 업무상재해인정기준에 관한 노동부예규는 그 규정의 성질과 내용이 행정기관 내부의 사무처리준칙을 규정한 데 불과한 것이어서 국민이나 법원을 구속하는 것이 아니라고 할 것이다.

참조조문 산업재해보상보험법 제3조 제1항

참조판례 가. 대법원 1989. 11. 14. 89누2318 판결
1990. 2. 13. 89누6990판결
나. 대법원 1989. 12. 22. 89누5133판결
1990. 1. 25. 89누3564판결
1990. 6. 12. 90누1588판결

당 사 자 원고, 피상고인 고귀옥
피고, 상고인 마산지방노동사무소장

원심판결 부산고등법원 1990. 2. 23. 89구367판결

주 문 상고를 기각한다. 상고비용은 피고의 부담으로 한다.

이 유

상고이유를 본다.

산업재해보상보험법 재3조 제1항에서 말하는 "업무상의 재해"라 함은 근로자가 업무수행중 그 업무에 기인하여 발생한 근로자의 부상, 질병, 신체장애 또는 사망을 뜻하는 것이므로 업무와 재해 발생과의 사이에 인과관계가 있어야 하지만, 그 재해가 업무와 직접 관련이 없는 기존의 질병이더라도 업무상의 과로가 질병의 주된 발생원인에 겹쳐서 질병을 유발 또는 악화시켰다면 그 인과관계가 있다고 보아야 할 것이고, 또한 과로로 인한 질병에는 평소에 정상적인 근무가 가능한 기초질병이나 기존질병이 업무의 과중으로 급속히 악화된 경우까지도 포함된다고 할 것이다(당원 1989. 11. 14. 선고, 89누2318 판결; 1990. 2. 13. 선고, 89누6990판결 각 참조).

원심판결 이유에 의하면, 원심은 그 증거에 의하여 원고의 남편인 소외 이성남이 1952. 4. 16.생으로서 그 판시와 같이 용역업체인 소외 범아공신주식회사의 경비사원으로 입사하여 상진사업 경비실에서 야간근무를 하던 중 1988. 3. 22. 05 : 00경 기

존질병인 지방심의로 인한 심장쇼크로 심장마비를 일으켜 사망한 사실과 망인의 선행사인인 지방심이란 심장주위에 지방이 비정상적으로 붙어있는 상태로서 위 지방심이 심장근에 혈액순화의 장애를 일으킴에 따라 허혈성심질환(협상증, 심근경색증)을 초래하고 그 심질환으로 말미암아 심장근육이 부분적으로 출혈을 일으켜 심근이 괴사함에 따라 심장쇼크를 유발시켜 사망하게 되며, 업무상 과로나 스트레스가 지속되면 위와같은 요인에 의하여 심장쇼크사가 야기될 수 있는 사실 및 망인은 주야 교대로 2인 1조가 되어 4명이 그 판시와 같은 경비업무를 수행함에 있어 동료 경비원들이 수시로 외출하는 등 근무를 태만히 하자 약 3개월간 거의 혼자서 경비업무를 수행하여 왔고 망인이 그들의 근무태만 사실을 상부에 보고하여 그들이 사직하게 되자 그들로부터 원망과 협박을 받아 왔으며 그 뒤 후임자가 오기까지 약 10일간 망인등 2인이 주야 교대로 혼자서 12시간씩 근무하여 오다가,

사망당일 21 : 00경에는 자재수송 외부 차량이 웅덩이에 빠지자 삽으로 땅을 파고 고르고 차량을 밀어주는 등 힘든 작업을 하고 그 다음날 01 : 00부터 공장순찰을 마친 다음 경비실에 돌아와 의자에 기대앉은채 사망한 사실 등을 인정하고 나서, 위 인정사실에 의하면 망인은 평소 지방심의 이환상태에 있었으나 망인의 경비업무 자체가 주야교대근무형태로서 인간생리리듬에 역행하는 것인데다가 위와 같은 사망전 3개월여에 걸친 업무의 과중으로 인한 과로와 정신적 스트레스가 기초질병인 지방심의진행을 촉진시키고 증세를 악화시켜 근무 중 사망에 이르게 하였다고 할 것이므로 망인의 사망은 그 업무와 상당인과관계있는 업무상재해에 해당한다고 판단하였다.

기록에 비추어 원심의 사실인정과 판단은 정당하고 거기에 지적하는 바와 같은 법리의 오해나 채증법칙을 어긴 위법이 없다.

내세우는 업무상재해인정기준에 관한 노동부예규는 그 규정의 성질과 내용이 행정기관내부의 사무처리준칙을 규정한데 불과한 것이어서 국민이나 법원을 구속하는 것이 아니라고 할 것이므로(당원 1990. 6. 12. 선고, 90누 1588판결;1990. 1. 25. 선고, 89누 3564판결 ; 1989.12.22. 선고, 89누5133판결 각 참조),

원심이 망인의 사망이 위 예규의 업무상재해인정기준에 적합한지 여부에 관한 피고의 주장에 대하여 따로 판단하지 아니하였다고 하더라도 판결결과에는 영향이 없다.

주장은 모두 이유가 없다.

그러므로 상고를 기각하고, 상고비용은 패소자의 부담으로하여 관여법관의 일치된 의견으로 주문과 같이 판결한다.

대법관 안우만(재판장), 김덕주, 윤관, 배만운

● 산업재해보상금 부지급 처분 취소

대법원 제1부. 1995.3.14판결. 94누7935 파기환송

판 시 사 항

◉ 업무상 재해의 요건인 업무수행성의 인정 범위

◉ 업무상 재해에 있어서 업무와 질병 사이의 인과관계

◉ 교통체증으로 인하여 사납금을 채우기 위하여 무리한 운행을 하다가 벌점초과로 운전면허정지 처분을 받고 쉬는 동안에 교통안전교육을 받던 도중 뇌지주막하출혈로 인한 뇌간마비로 사망한 것이 업무상 재해에 해당한다고 본 사례

판 결 요 지

가. 업무상 재해의 요건인 업무수행성은 반드시 근로자가 현실적으로 업무수행에 종사하는 동안만 인정할 수 있는 것이 아니라 업무수행에 수반되는 활동과정에서 일어난 재해도 업무수행성이 인정된다.

나. 질병의 주된 발생원인이 업무와 직접적인 관계가 없다고 하더라도 적어도 업무상의 과로가 질병의 주된 발생원인에 겹쳐서 지병을 유발 또는 악화시켰다면 그 인과관계가 있고, 그 인과관계 또한 반드시 의학적·자연과학적으로 명백히 입증하여야 하는 것은 아니고 제반 사정을 고려할 때 업무와 질병 사이에 상당인과관계가 있다고 추단되는 경우도 그 입증이 있다 할 것이다.

다. 교통체증으로 인하여 사납금을 채우기 위하여 무리한 운행을 하다가 벌점초과로 운전면허정지 처분을 받고 쉬는 동안에 교통안전교육을 받던 도중 뇌지주막하출혈로 인한 뇌간마비로 사망한 것이 업무상 재해에 해당한다고 본 사례

참조조문 가. 나. 다. 산업재해보상보험법 제3조 제1항
가. 행정소송법 제26조〔입증책임〕

참조판례 나. 대법원 1992. 4. 14. 91누10015판결
1993. 10. 12. 93누9408판결

당 사 자 원고, 상고인 양정자
피고, 피상고인 서울동부지방노동사무소장

원심판결 서울고등법원 1994. 5. 19. 93구12000판결

주 문 원심판결을 파기하고 사건을 서울고등법원에 환송한다.

이 유

원심은 1985. 6. 24. 부터 소외 대도통상주식회사(이하 소외회사라 한다)의 택시운전기사로 근무하여 온 원고의 남편인 망 이기윤이 1992. 5. 말 벌점초과에 따른 49일간의 운전면허정지처분을 받고 같은 해 6. 1. 부터 쉬다가 같은 달 9. 도로교통안전협회 서울시 지부에서 실시하는 교통안전교육을 받던 중 쓰러져 병원에 옮겼으나 그 다음 날 11 : 30경 직접사인 뇌간마비, 선행사인 뇌지주막하출혈로 사망하였는데, 위 망인의 사망은 과중한 근무로 인한 누적된 피로로 인한 것이므로 업무상 재해에 해당한다는 취지의 원고의 주장에 대하여, 위 망인은 운전면허 정지기간 중 그 면허정지기간을 단축받기 위하여 자발적으로 교통 안전교육을 받으로 갔다가 사망한 것이므로 위 망인에게 정신적, 육체적 과로를 초래할 만한 업무과중이 있었다고 할 수 없

으므로, 피고의 이 사건 산업재해보상금부지급처분은 적합하다고 판시하였다.

우선 업무상 재해의 요건인 업무수행성은 반드시 근로자가 현실적으로 업무수행에 종사하는 동안만 인정할 수 있는 것이 아니라 업무수행에 수반되는 활동과정에서 일어난 재해에도 업무수행성이 인정된다 할 것인바, 기록에 의하면 위 망인은 서울시내의 교통체증으로 인하여 사납금을 채우기 위하여는 교통법규를 위반하는 등의 무리한 운행을 하지 않을 수 없었던 사실을 엿볼 수 있고, 관계법령에 의하면 도로교통법규를 위반한 자는 내무부령이 정하는 바에 따라 특별한 교통안전교육을 받아야 하고(도로교통법 제49조 제2항), 그 교육대상자에 대하여는 교육통지서에 의하여 교육일시, 장소 등을 알려주게 되어 있으며(같은법 시행규칙 제5항), 위 교육을 받지 아니한 자에 대하여는 5만원 이하의 벌금이나 구류 또는 형으로 처벌하도록 규정되어있음을 알 수 있으므로(같은법 제113조), 만일 위 망인이 벌점초과에 따른 49일간의 운전면허정지처분을 받게 된 것이 본인의 고의행위나 중대한 과실에 기인한 것이 아니라 소외회사 소속의 다른 운전기사들과 마찬가지로 교통체증으로 인하여 사납금을 채우기 위하여 무리한 운행을 하다보면 법규위반을 하지 않을 수 없었기 때문에 벌점이 누적된 점에 기인한 것이라면, 위 정지처분에 수반하여 의무적으로 받도록 되어 있는 교통안전교육의 수강은 업무수행에 수반되는 행위로 보아 업무수행성을 인정할 여지가 있다고 볼 것이다.

또 질병의 주된 발생원인이 업무와 직접적인 관계가 없다고 하더라도 적어도 업무상의 과로가 질병의 주된 발생원인에 겹쳐서 질병을 유발 또는 악화시켰다면 그 인과관계가 있고(당원 1992. 4. 14. 선고, 91누10015판결 참조), 그 인과관계 또한 반드시 의학적, 과학적으로 명백히 입증하여야 하는 것은 아니고 제반사정을 고려할 때 업무와 질병사이에 상당인과관계가 있다고 추단되는 경우도 그 입증이 있다 할 것인데 (당원 1993. 10. 12. 선고, 93누9408판결 참조), 기록에 의하면 소외회사는 1일 2교대 근무로 오전 근무자는 07 : 00부터 16 : 00까지, 오후 근무자는 17 : 00부터 그 다음날 02 : 00까지 각 근무하되 일주일마다 근무형태를 바꾸도록 되어 있었으나, 실제로는 사납금을 채우기 위하여 1일 10시간에서 12시간까지 운행하는 일이 많았음을 알 수 있으므로, 위 미망인이 주, 야간이 뒤바뀌는 근무형태 및 과중한 근무로 정신적, 육체적 피로가 누적되었을 것임은 짐작하기 어렵지 않고, 위 망인의 사망 원인인 뇌지주막하출혈로 인한 뇌간마비는 혈관연축으로 인한 뇌경색 및 뇌압상승에 의한 뇌탈출이 이루어지는 것이어서 혈압상승이 뇌지주막하출혈의 직접원인이 되는데, 과로가 혈압상승을 우발시킬 수 있어 과로도 뇌지주 막하출혈의 간접원인이 될 수 있다는 것이므로, 달리 위 망인이 종전부터 뇌지주막하출혈의 원인이 될만한 지병을 알았다거나 위 운전면허정지로 인하여 쉬는 동안에 과로의 원인이 될 만한 행위를 하였다고 인정할 자료가 변론에 전혀 현출되지 아니한 사건에 있어서는, 위 망인의 계속된 무리한 근무로 인하여 누적된, 피로와 위 뇌지주막하출혈 사이에 상당인과관계가 있다고 볼 여지는 충분하다 할 것이다.

그럼에도 불구하고, 원심이 위 망인의 사망이 업무수행과는 관련이 없고 또 업무에 기인한 것이 아니라고 판단한 것은 심리를 다하지 아니하여 사실을 오인하였거나 업무상 재해의 인과관계에 관한 법리를 오해한 위법이 있고, 이러한 위법은 판결결과에 영향을 미쳤음이 분명하므로, 이 점을 지적하는 논지는 이유있다 하겠다.

그러므로 원심판결을 파기하여 다시 심리 판단받게 하기 위하여 사건을 원심법원에 환송하기로 관여법관의 일치된 의견으로 주문과 같이 판결한다.

대법관 정귀호(재판장), 김석수, 이돈희, 이임수(주심)

● 손해배상(산)

대법원 제2부, 1994. 11. 11. 판결, 94다30560 일부파기환송

판 시 사 항

◉ 근로기준법상 유족보상의 대상인 업무상 사망을 인정하기 위한 요건
◉ 근로자가 업무상 재해인 급성요추부염좌상을 치료중 급성폐렴으로 사망하자 유족이 사용자를 상대로 주위적으로는 불법행위를 원인으로 한 손해배상을 예비적으로는 근로기준법에 따른 유족보상을 청구한 사안에서, 요추부염좌상과 사인인 급성폐렴과는 인과관계가 없다는 이유로 주위적청구를 기각하면서 사망과 업무와는 인과관계가 있다고 인정하여 예비적청구는 인용한 원심을 법리오해를 이유로 파기한 예

판 결 요 지

근로기준법 제82조 소정의 업무상 사망으로 인정되기 위하여는 당해 사망이 업무수행 중 사망이어야 함은 물론이고 업무에 기인하여 발생한 것으로서 업무와 재해 사이에 상당인과관계가 있어야 하는 것인데, 소외 갑의 사망원인이 그의 업무상 재해와 인과관계가 없다면 그 사망 역시 업무와 인과관계가 없고 업무에 기인한 것도 아니라고 보아야 할 것이다.

참조조문 가. 근로기준법 제82조
산업재해보상보험법 제3조
나. 민법 제763조, 제393조

참조판례 대법원 1986. 8. 19. 83다카1670 판결
1989. 7. 25. 88누10947판결
1990. 10. 23. 88누5037판결

당 사 자 원고, 피상고인 최홍규 외1인
소송대리인 변호사 신현호
피고, 상고인 주식회사 삼익악기
소송대리인 홍익법무법인 담당변호사 김정규 외6인

원심판결 서울고등법원 1994. 5. 11. 93나47044판결

주 문 원심판결 중 피고 패소부분을 파기한다.
그 부분 사건을 서울고등법원에 환송한다.

이 유

상고이유를 판단한다.

원심판결 이유에 의하면, 원심은 소외 망 최종길이 피고회사의 직원으로서 업무수행 중 입은 급성요추부염좌상을 치료하다가 급성폐렴으로 사망한 사건에서 소외 망인이 입은 급성요추부염좌상과 사망의 원인인 급성폐렴과는 상당인과관계에 있다고 할 수 없다는 이유로 주위적청구인 피고에 대한 불법행위로 인한 손해배상청구는 기각하고, 위 망인의 사망은 위 망인의 업무와 상당인과관계가 있다고 하여 예비적 청구인 근로기준법 소정의 유족보상금의 지급청구를 일부 인용하고 있다.

그러나 근로기준법 제82조 소정의 업무상 사망으로 인정되기 위하여는 당해 사망이 업무수행중 사망이어야 함은 물론이고 업무에 기인하여 발생한 것으로서 업무와 재해 사이에 상당인과관계가 있어야 하는 것인데(대법원 1986. 8. 19. 선고, 83다카1670판결, 1990. 10. 23. 선고, 88누5037 판결 참조).

원심판시와 같이 소외 망인의 사망원인이 그의 업무상 재해인 급성요추부염좌상의 인과관계가 없다면 그 사망 역시 업무와 인과관계가 없고 업무에 기인한 것도 아니라고 보아야 할 것임에도 불구하고 원심이 업무와 사망 사이에 상당인과관계가 있다고 판단하였음은 업무상 사망 인정에 있어서 인과관계에 관한 법리를 오해하여 판결에 영향을 미친 위법을 저질렀다고 하겠다.

상고이유중 이 점을 지적하는 부분은 이유있다.

그렇다면 이 사건 상고는 이유있으므로 원심판결중 피고 패소부분을 파기하고, 사건을 다시 심리판단케 하기 위하여 이 부분 사건을 원심법원에 환송하기로 관여법관의 의견이 일치되어 주문과 같이 판결한다.

대법관 박준서(재판장), 박만호, 김형선, 이용훈(주심)

● 요양급여부지급 처분취소

대법원 제2부. 1994. 8. 26. 판결. 94누2633 상고기각

판 시 사 항

◉ 업무와 질병사이의 인과관계에 대한 입증

◉ 영업용택시 운전사의 두통, 배아픔, 구토증세 등을 업무상 질병으로 인정한 사례

판 결 요 지

가. 산업재해보상보험법 제3조 제1항 소정의 "업무상의 재해"라 함은 근로자가 업무수행중 그 업무에 기인하여 발생한 재해를 말하는 것이므로 그 재해가 질병인 경우에는 업무와의 사이에 상당인과관계가 있어야 하고, 이 경우 근로자의 업무와 질병 사이의 인과관계에 관하여는 이를 주장하는 측에서 입증하여야 하는 것이지만, 그 인과관계는 반드시 의학적, 자연과학적으로 명백히 입증하여야만 하는 것은 아니고, 근로자의 취업당시의 건강상태, 작업장에 발병원인물질이 있었는지의 여부, 발병원인물질이 있는 작업장에서의 근무기간, 같은 작업장에서 근무한 다른 근로자의 동종 질병에의 이환 여부 등 제반

사정을 고려할 때 업무와 질병 사이에 상당인과관계가 있다고 추단되는 경우에도 그 입증이 있다고 보아야 한다.

나. 영업용택시 운전사의 두통, 배아픔, 구토증세 등을 업무상 질병으로 인정한 사례

참조조문 산업재해보상보험법 제3조 제1항

참조판례 대법원 1992. 5. 12. 91누10022판결
1993. 10. 12. 93누9408판결
1994. 6. 28. 94누2565판결

당 사 자 원고, 피상고인 김홍오
소송대리인 법무법인 부평종합법률사무소 담당변호사 문병호 외 1인
피고, 상고인 인천지방노동청장

원심판결 서울고등법원 1994. 1. 20. 93구11977판결

주 문 상고를 기각한다. 상고비용은 피고의 부담으로 한다.

이 유

상고이유를 판단한다.

산업재해보상보험법 제3조 제1항 소정의 "업무상의 재해"라 함은 근로자가 업무수행중 그 업무에 기인하여 발생한 재해를 말하는 것이므로 그 재해가 질병인 경우에는 업무와의 사이에 상당인과관계가 있어야 하고, 이 경우 근로자의 업무와 질병 사이의 인과관계에 관하여는 이를 주장하는 측에서 입증하여야 하는 것이지만, 그 인과관계는 반드시 의학적, 자연과학적으로 명백히 입증하여야만 하는 것은 아니고, 근로자의 취업당시의 건강상태, 작업장에 발병원인물질이 있었는지의 여부, 발병원인물질이 있는 작업장에서의 근무기간, 같은 작업장에서 근무한 다른 근로자의 동종 질병에의 이환 여부 등 제반사정을 고려할 때 업무와 질병 사이에 상당인과관계가 있다고 추단되는 경우에도 그 입증이 있다고 보아야 할 것이다(당원 1993. 10. 12. 선고, 93누9408판결 등 참조).

원심판결 이유에 의하면 원심은, 거시증거에 의하여 그 판시와 같은 사실을 인정한 다음, 그 인정사실에 의하면, 1984년경부터 영업용택시 운전기사로 근무하여 오던 원고가 앓고 있는 두통, 배아픔, 구토증세 등의 정확한 의학적 원인이 밝혀져 있지 아니하고 LP가스 자체나 그 연소로 인한 일산화탄소에 노출된 것만으로 위와같은 증상을 초래하기는 어렵다고 하더라도, 원고의 위 증상이 이 사건 택시의 소음기에서 매연가스나 LP가스의 냄시와 소음을 제거시키는 역할을 하는 촉매를 제거한때로부터 시작되었고 그 때부터 위 택시에서 심한 가스냄새가 났던 점, 위 증상은 원고뿐만 아니라 위 택시를 교대로 운전하던 소외 조남식에게도 나타나고 있는 점, LP가스에는 원래의 성분이외에도 불순물이 섞여 있어 그 불순물의 연소과정에서 나오는 유해가스도 위 택시에 스며들었던 것으로 보이는 점 등에 비추어 보면, LP가스에 포함되어 있는 불순물이 연소되는 과정에서 발생하는 유해가스가 그 성질상 위 두통 등의 원인이 될 수 없다는 점이 밝혀져 있지 아니하는 한 원고의 위 두통 등 증상은 위 택시의 운행으로 발생한 유해가스에 의해 발생하였거나 또는 그 증상이 악화되었다고 봄이 상당하고, 따라서 이는 업무상의 사유로 인한 질병으로 보아야 할 것이라고 판

단하여 피고의 이 사건 요양급여 불승인처분을 취소하였다.

기록에 의하여 살펴보면 원심의 사실인정은 정당한 것으로 수긍이 가고, 또한 그 인정사실에 터잡아 원고의 위 질병이 업무상 재해에 해당한다고 한 판단 역시 위와 같은 법리에 따른 것으로 보여 옳고, 거기에 소론과 같이 채증법칙에 위배하여 사실을 잘못 인정하거나 업무상 재해 및 인과관계의 입증책임에 관한 법리를 오해한 위법이 있다고 할 수 없다.

논지는 모두 이유 없다.

그러므로 상고를 기각하고, 상고비용은 패소자의 부담으로 하기로 하여 관여법관의 일치된 의견으로 주문과 같이 판결한다.

대법관 이용훈(재판장), 박만호, 박준서(주심), 김형선

● 유족급여 및 장의비급여 부지급 결정 처분취소

대법원 제2부, 1994. 6. 28. 판결, 94누2565 파기환송

판 시 사 항

⊙ 업무상 재해에 있어서 업무와 질병 또는 사망간의 인과관계에 관한 입증책임의 소재 및 입증의 정도
⊙ 작업중 추락사고로 인하여 증상을 입고 사망할 때까지 계속하여 입원 및 통원치료를 받던 근로자가 사인이 밝혀지지 않은 채 사망한 경우 추락사고로 인한 상해와 사망간에 상당인과관계를 부정한 원심판결을 파기한 사례

판 결 요 지

가. 산업재해보상보험법 제3조 제1항 소정의 "업무상의 재해"라 함은 근로자가 업무수행중 그 업무에 기인하여 발생한 재해를 말하는 것이므로 그 재해가 질병인 경우에는 업무와의 사이에 상당인과관계가 있어야 하고, 이 경우 근로자의 업무와 질병 사이의 인과관계에 관하여는 이를 주장하는 측에서 입증하여야 하는 것이지만, 그 인과관계는 반드시 의학적, 자연과학적으로 명백히 입증하여야만 하는 것은 아니고, 근로자의 취업당시의 건강상태, 작업장에 발병원인물질이 있었는지의 여부, 발병원인물질이 있는 작업장에서의 근무기간, 같은 작업장에서 근무한 다른 근로자의 동종 질병에의 이환 여부 등 제반 사정을 고려할 때 업무와 질병 사이에 상당인과관계가 있다고 추단되는 경우에도 그 입증이 있다고 보아야 한다.

나. 작업중 추락사고로 인하여 중상을 입고 사망할 때까지 계속하여 입원 및 통원치료를 받던 근로자가 정확한 사인이 밝혀지지 않은 채 사망하였고 사망진단서상 사인과 관계없는 신체상황으로 전신탈진 및 기아로 인한 심폐기능약화로 추정되었으나 사망 전 위 망인에 대하여 한 일반혈액검사, 간기능검사, 요검사 결과가 정상이라고 진단된 경우 추락사고로 인한 상해와 사망간에 상당인과관계를 부정한

원심판결을 법리오해와 심리미진을 이유로 파기한 사례

참조조문 산업재해보상보험법 제3조 제1항
행정소송법 제26조〔입증책임〕

참조판례 가. 대법원 1989.7.25. 88누10947판결
1992.5.12. 91누10022판결
1993.10.12. 93누9408판결
나. 대법원 1992.2.25. 91누8586판결

당 사 자 원고, 상고인 유재현 외1인
원고들 소송대리인 변호사 박문우
피고, 피상고인 노동부 보령지방노동사무소장

원심판결 대전고등법원 1994.1.21. 93구942판결

주　　문 원심판결을 파기하고 사건을 대전고등법원에 환송한다.

이　　유

상고이유를 판단한다.

원심판결이유에 의하면 원심은, 소외 주식회사 신안전기에 전공으로 근무하던 소외 유구열은 1990.11.18. 11 : 00경 소외 박춘호 등과 함께 충남 서산군 대산면 독곶리 소재 전기철탑공사 작업장에서 족장목 철거작업을 하다가 위 박춘호가 실수로 떨어뜨린 길이 약 5m, 직경 20cm의 족장목에 뒷머리를 강타당하면서 3m 아래의 땅바닥에 떨어져 요추 1번 압박골절, 뇌좌상, 좌측대퇴부 및 골반부좌상, 제3,4,5 요추 추간판탈출증 등의 상해를 입은 사실, 위 유구열은 위 상해를 입고 즉시 인근 서산시 소재 용병원에 후송되어 그때로부터 같은 달 30.까지 산업재해보상보험법상의 요양급여로써 입원치료를 받다가 같은해 12.1. 그 주거지 인근의 강원 철원군 소재 길병원으로 전원되었고, 다시 그때로부터 1991. 5. 4. 까지 위 요양급여로써 약 6개월간 위 병원에 입원하여 계속적으로 치료를 받은 후(그 사이인 1991. 1. 16.부터 같은 달 21.까지는 인천 소재 중앙 길병원 신경외과로 전원하여 치료) 보행에 지장이 없을 정도가 되어 퇴원한 사실, 위 유구열은 위와같이 위 길병원에서 퇴원을 한 뒤에도 계속적으로 통원치료를 하다가 1991. 5. 15. 요추부동통과 양측하지방사통이 심하여지자 위 길병원에 다시 입원하여 약물치료 및 물리치료를 받고, 같은해 7.6. 퇴원을 하였으며, 그때로부터 같은 해 8.20.까지 다시 통원치료를 받다가 같은 해 8.23. 03 : 00경 주거지에서 사망하였는데 정확한 사인이 밝혀지지 않았고 단지 사망진단서상 사인과 관계없는 기타의 신체상황으로 전신탈진 및 기아로 인한 심폐기능약화 추정이 된다고 하는 기재가 있을 뿐인 사실, 위 유구열이 사망하기 직전인 1991. 8. 20. 당시 주기적인 약물가료와 물리치료를 요하는 후유장애만이 남아있을 뿐 보행에 지장이 없었고, 일반혈액검사, 간기능검사, 요검사에서 아무런 이상이 없었던 사실을 인정한 다음 위 유구열의 사망이 앞서 본 상해가 악화되어 발생한 것이라거나 그와 상당인과관계가 있다고 볼 자료가 없다고 하여 위 유구열이 업무상 재해로 인하여 사망하였다는 원고들의 주장을 배척하였다.

그러나 산업재해보상보험법 제3조 제1항 소정의 "업무상의 재해"라 함은 근로자가 업무수행중 그 업무에 기인하여 발생한 재

해를 말하므로 그 재해가 질병 또는 질병에 따른 사망인 경우에는 업무와의 사이에 상당인과관계가 있어야 하고, 이 경우 근로자의 업무와 질병 또는 위 질병에 따른 사망간의 인과관계에 관하여는 이를 주장하는 측에서 입증하여야 하는 것이지만, 그 인과관계는 반드시 의학적, 자연과학적으로 명백히 입증하여야만 하는 것은 아니고, 근로자의 취업 당시의 건강상태, 발병경위, 질병의 내용, 치료의 경과 등 제반사정을 고려할 때 업무와 질병 또는 그에 따른 사망과의 사이에 상당인과관계가 있다고 추단되는 경우에도 그 입증이 있다고 보아야 할 것이다(당원 1993. 10. 12. 선고, 93누9408판결 ; 1992. 2. 25. 선고, 91누8586판결 등 참조).

그런데 이 사건 경우, 위 망 유구열이 1990. 11. 18. 11 : 00경 이 사건 추락사고로 입은 요추1번압박골절, 뇌좌상, 좌측대퇴부 및 골반부좌상, 제3, 4, 5요추 추간판탈출증 등의 부상은 그 상해의 부위 정도로 보아 상당히 중상이라고 할 것이고, 또 원심이 인정한 사실과 기록에 의하면 위 망인은 위 추락사고로 부상하기 전에는 건강하였는데 이 사건 사고로 부상한 이후에는 사망할 때까지 계속하여 입원 및 통원치료를 받아왔는데도 위 사망 당시는 전신탈진 및 기아로 인하여 심폐기능이 악화될 정도의 건강상태가 되어 사망하였다는 것이며 사망할무렵 계속적으로 극심한 두통을 호소하고 있었고 위 길병원측에서도 위 망인에게 다른 종합병원으로 옮겨서 치료를 받아 보도록 권고하였던 것을 알 수 있는바, 사정이 이와 같다면 원심으로서는 비록 위 길병원에서 위 망인의 사망 3일전인 같은 해 8. 20. 위 망인에 대하여 한 일반혈액검사, 간기능검사, 요검사 결과가 정상이라고 진단되어 있다고 하더라도 위와같이 평소에는 건강하였던 위 망인이 이 사건 추락사고로 인하여 위와같은 증상을 입고 치료를 받던 중 전신탈진 및 기아로 심한 심폐기능이 약화될 정도로 건강상태가 악화된 원인과 경위, 위 망인이 치료를 받던 도중의 신체상태의 변화, 치료의 경과, 위 망인의 사망원인으로 위 상해 이외의 다른 원인이 가공될 여지가 있었는지 여부, 위 길병원에서 다른 병원으로 전원을 권하게 된 연유 등을 좀 더 심리하여 상해와 사망과의 사이에 인과관계가 있는지 여부를 면밀히 검토하여 보았어야 할 것이다.

원심이 이에 이르지 아니하고 만연히 위와 같은 이유만으로 위 상해와 사망과의 사이에 상당인과관계가 없다고 단정하고 만 것은 산업재해보상보험법 제3조 제1항 소정의 "업무상 재해"의 인과관계에 관한 법리를 오해하였거나 필요한 심리를 다하지 아니함으로써 판결결과에 영향을 미쳤다는 비난을 면하기 어렵고 이 점을 지적하는 논지는 이유있다.

그러므로 원심판결을 파기환송하기로하여 관여법관의 일치된 의견으로 주문과 같이 판결한다.

대법관 안우만(재판장), 김용준, 천경송(주심), 안용득

● 유족보상금 및 장의비부지급 처분에 대한 이의 재결처분 취소

대법원 제2부. 1994. 1. 25. 판결. 93누12497 상고기각

판 시 사 항

◉ 질병 내지 사망이 직무상 과로로 인하여 유발 또는 악화된 경우 업무상 재해에 해당하는지 여부

판 결 요 지

산업재해보상보험법 제3조 제1항이 규정한 "업무상의 재해"라 함은 근로자가 업무수행중 그 업무에 기인하여 발생한 부상, 질병, 신체장애 또는 사망 등과 같은 재해를 말하는 것이므로 업무와 재해 사이에 인과관계가 있어야 하지만 직무상의 과로로 인하여 유발 또는 악화되는 질병 내지 사망도 여기에 해당된다.

참조조문 산업재해보상보험법 제3조 제1항

참조판례 대법원 1990. 11. 13. 90누3690판결
1993. 2. 12. 92누16553판결
1993. 2. 23. 92누15819판결

당 사 자 원고, 피상고인 임환매
소송대리인 변호사 전병덕
피고, 상고인 인천북부지방노동사무소장

원심판결 서울고등법원 1993. 4. 27. 92구21663판결

주 문 상고를 기각한다. 상고비용은 피고의 부담으로 한다.

이 유

피고 소송수행자의 상고이유에 대하여 판단한다.

산업재해보상보험법 제3조 제1항이 규정한 "업무상의 재해"라 함은 근로자가 업무수행중 그 업무에 기인하여 발생한 부상, 질병, 신체장애 또는 사망 등과 같은 재해를 말하는 것이므로 업무와 재해사이에 인과관계가 있어야 하지만 직무상의 과로로 인하여 유발 또는 악화되는 질병 내지 사망도 여기에 해당된다 할 것이다(당원 1990. 2. 13. 선고, 89누6990판결 ; 1990. 11. 13. 선고, 90누3690판결 참조).

사실관계가 원심이 적법히 확정한 바와 같다면 소외 망 김인학의 사망은 산업재해보상보험법 제3조 제1항 소정의 업무상의 사유에 의한 사망에 해당한다는 원심의 판단은 정당하고, 원심판결에 소론과 같은 업무상재해에 관한 법리를 오해한 위법이 있다고 볼 수 없다.

논지는 이유가 없다.

그러므로 상고를 기각하고, 상고비용은 패소자의 부담으로 하기로 관여법관의 의견이 일치되어 주문과 같이 판결한다.

대법관 김용준(재판장), 안우만, 천경송, 안용득(주심)

● 유족보상금 지급 청구 부결 처분 취소

대법원 제3부. 1994. 1. 14. 판결. 93누14943 파기환송

판 시 사 항

◉ 탄광선산부가 부상을 당해 요양치료중 진폐증으로 사망한 경우 업무와 사망사이에 상당인과관계가 있다고 보아야 하는지의 여부

판 결 요 지

산업재해보상보험법 소정의 '업무상 재해'란 근로자의 업무수행중 그 업무에 기인하여 발생한 재해를 말하므로, 그 재해가 질병에 따른 사망일 때에는 업무와 사망사이에 상당인과관계가 있어야 하고, 이와 같이 인과관계가 있다는 점은 주장하는 자가 입증하여야 하는 것이지만, 그 인과관계는 반드시 의학적·자연과학적으로 명백히 입증하여야만 하는 것은 아니고, 근로자가 취업할 당시의 건강상태, 작업장에 발병 원인물질이 있었는지 여부, 발병원인물질이 있는 작업장에서 근무한 기간 등 여러 사정을 고려할 때, 업무와 사망 사이에 상당인과관계가 있다고 추단되는 경우에도 그 입증이 있다고 보아야 한다.

참조조문 산업재해보상보험법 제3조 제1항

당 사 자 원고, 상고인 신영자
피고, 상고인 강릉지방노동사무소장

원심판결 서울고등법원 1993.6.10. 92구33222판결

주 문 원심판결을 파기하고 사건을 서울고등법원으로 환송한다.

이 유

상고이유에 대하여.

1. 원심판결 이유의 요지

원심은

(1) 갑 제3,5호증, 을제1,2,3,6,8,9호증의 각 기재와 변론의 전취지를 종합하여 소외 망 김진왕은 주식회사 효경탄광 소속 선산부로 근무하다가 1982년 4월 10일 업무상 사유로 '좌척골 원위부 골절, 요배 염좌상, 다발성 타박상과 찰과상(원심판결의 '찰내장'은 오기로 보인다), 뇌진탕외상후 신경증'의 부상을 입고 이에 대한 요양을 받은 결과 1990년 11월 7일 치료가 종결되어 장해급여(제3급)을 받았는데 1992년 4월 18일 사망하였고, 이에 그의 처인 원고는 창원시 복음 내과의원 전문의 박상근으로부터 그 직접 사인이 '폐기능 부전증'이며 중간선행 사인이 '진폐증(석탄 추정)'이라고 기재된 사체검안서를 발급받아 피고에게 유족보상과 장의비의 지급을 청구하였으나, 피고는 위 망인의 사망이 업무상 사유로 인한 것으로 볼 수 없다하여 그 부지급 처분을 한 사실을 인정한데 이어,

(2) 위 증거들과 을 제7호증, 을제10호증의 1 내지 9, 을제11호증의 각 기재, 원심의 국립과학수사연구소장과 복음내과의원 원장에 대한 각 사실조회결과에 변론의 전취지를 종합하여

① 망인은 1981년 3월 5일부터 위 소외 회사 소속의 선선부로 근무하다가 위와같은 부상을 입어 이에 대한 요양을 받은 결과 1990년 11월 7일 치료가 종결되어 장해급여(제3급)를 받은 사실,

② 망인은 그 후 1991년 5월 17일 진폐증으로 진단되어 1991년 7월 23일 진폐판정을 받은 결과 '진폐증의 판정기준'(노동부예규 제183호) 소정의 장해급여 지급대상이 아닌 '진폐의증(0/1)'으로 판정을 받았는데, 위 요양기간에 진폐증의 치료를

받은 바 없는 사실,

③ 망인이 사망한 후 사체를 검안한 위 박상근은 그 직접 사인이 '폐기능부전증'이며 중간선행사인이 '진폐증(석탄 추정)'이라는 사체검안서를 작성하였고, 위 박상근은 원심의 사실조회에 대하여 '부검할 때 육안으로 보아 진폐증으로 진단되었고, 조직검사로도 진폐증으로 나왔다'고 하면서 진폐증이 폐기능 부전증을 유발하여 급성 무호흡증으로 사망하는 경로를 설명하는 있는 사실,

④ 한편 위 박상근으로부터 망인의 폐조직의 일부를 넘겨 받은 국립과학수사연구소는 창원경찰서장에 대한 감정의뢰회보서에서 병리조직학의 소견으로 '늑막과 간질내 중증도의 탄분 침착은 정상 성인에서도 볼 수 있으나, 그 양이 다소 많고 섬유화가 동반되어 있으므로, 진폐증의 가능성을 생각할 수 있다'고 회신하는 한편, 원심의 사실조회에 대하여는 '위와 같이 조사한 폐조직은 일부에 불과하여 진폐증이 있었다고 단정하기 어렵다.'고 하고, '위 망인이 진폐증으로 사망한 것인지는 위 조직 소견만으로 판단할 수 없다.'고 회신한 사실,

⑤ 한편 노동부 자문의는 위 사인에 관하여 '망인의 진폐증의 정밀진단결과 진폐증 의증(0/1)으로 판정받은 사실이 있는 것으로 보아, 부검 소견상 진폐증의 소견이 관찰되었다 할지라도, 이는 극히 경미한 진폐증으로 판단되고, 따라서 망인의 사인이 진폐증이라고 판단하기는 어렵다'고 소견을 밝힌 사실을 인정한 다음,

(3) 살피건대,

① 이 사건 처분이 위법하다고 하려면, 망인이 진폐증으로 사망하였고, 위 진폐증이 업무상 사유로 발생하였다는 사실이 입증되어야 할 터인데,

② 그가 진폐증으로 사망하였다는 점에 부합하는 갑 제3호증(의사 박상근이 작성한 사체검안서)의 기재는,

㉠ 망인이 사망1년 전에 진폐진단을 받은 결과 위 노동부 예규상 장해급여의 지급대상이 아닐 정도로 경미한 '진폐 의증'으로 판정받은 일이 있어, 그 정도의 진폐증이 사망의 원인이 될 수 있는지 또는 그러한 '진폐 의증'이 불과 1년 사이에 사망을 유발할 정도의 진폐증으로 발전할 수 있는지 의심이 가는 점(위에서 본대로 8년 이상이라는 장기간의 요양 중 진폐증의 치료는 받은 사실이 없었으므로, 진폐증을 사망의 원인이라고 보기 어렵다),

㉡ 원심이 위 박상근에게 망인이 진폐증으로 사망한 것으로 볼 수 있는지 여부를 물은 데 대하여, 위 박상근은 '부검할 때 육안으로 보아 진폐증으로 진단되었고, 조직검사에도 진폐증으로 나왔다.'는 점과 진폐증이 폐기능 부전증을 유발하여 급성 무호흡증으로 사망하는 경로를 설명하고 있는데 그치고 있을 뿐, 나아가 망인이 실제로 진폐증으로 사망하였는지 여부에 대하여는 회신을 하지 아니하고 있는 점에 비추어 믿을 수 없고(위 조직검사는 국립과학수사연구소의 조직검사를 의미하는 것으로 보이나, 위에 본 바와 같이 국립과학수사연구소의 조직검사 결과는 망인에게 진폐증의 가능성이 있다는 데 그치고 있어, 위 박상근의 회신 내용 중 '조직검사에서도 진폐증으로 나왔다'는 부분은 사실과 다르

다).

③ 달리 망인이 진폐증으로 사망하였다고 볼 증거가 없으므로, 결국 이 사건 처분은 적법하다고 판단하였다.

2. 당원의 판단

가. 그러므로 과연 소외 망인이 진폐증으로 사망하게 되었는지 여부 즉, 원심이 갑 제3호증의 기재를 배척한 이유들의 당부를 검토하기로 한다.

(1) 원심이 들고 있는 첫째 이유에 대하여.

원심은, 망인이 사망 1년 전에 진폐 정밀진단을 받은 결과 위 노동부예규상 장해급여의 지급대상이 아닐 정도로 경미한 '진폐 의증'으로 판정받은 일이 있어 그 정도의 진폐증이 사망의 원인이 될 수 있는지 또는 그러한 '진폐 의증'이 불과 1년 사이에 사망을 유발할 정도의 진폐증으로 발전할 수 있는지 의심이 든다고 설시하고 있다.

그러나, 위 '진폐 의증'이 사망의 원인으로 발전할 수 있는지 여부는 각자의 체질과 건강상태 및 진폐증의 치료를 받은 사실이 있는지 여부와 치료의 정도에 달려 있다고 봄이 사리에 합당하다고 여겨지는 바, 소외 망인은 원심이 인정한 대로 1982년 4월 10일부터 1990년 11월 7일까지 무려 8년 7개월이나 요양을 받아왔으므로 그 체질과 건강상태가 정상인보다 나빴을 것이라고 여겨질 뿐 더러 그동안 진폐증의 치료를 전혀 받지 아니한 점에 비추어 볼 때, 원심이 위와 같은 이유로 소외 망인의 '진폐 의증'은 사망의 원인이 될 수 없다고 의심하는 것은 아무래도 이르다고 할 것이므로, 원심으로서는 소외 망인의 체질과 건강상태 및 '진폐의증'의 정도, 이러한 상태에 있는 자가 1년 후에 진폐증으로 사망할 수 있는지 여부, 소외 망인의 직접 사인인 '폐기능부전증'의 중간선행사인으로서 '진폐증'이외의 것이 있을 수 있는지 여부를 더 심리하여 그러한 결론에 이르러야 옳았을 터이다.

(2) 원심이 들고 있는 둘째 이유에 대하여.

먼저 소외 망인의 직접 사인이 무엇인지를 보건대, 위 의사 박상근이 갑 제3호증에 기재한 대로 망인의 직접 사인을 '폐기능부전증'이라고 진단한 이유는, 위서증의 기재와 원심의 위 박상근에 대한 사실조회 회신을 종합하여 보건대, 그가 소외 망인의 사체를 사망 2일 후에 부검한 결과, 양쪽 폐와 그 표면이 흑색이었을뿐(이는 부검사진인 갑제4호증의 2의 영상과 일치한다) 달리 특이한 소견은 없는데다가 육안으로 볼 때 진폐증으로 진단되었기 때문이었다는 것이므로, 소외 망인이 '폐기능 부전증'으로 사망한 사실은 의심의 여지가 없다 할 것이다.

이어서 위 '폐기능 부전증'의 원인이 갑 제3호증의 기재대로 '석탄가루로 인한 진폐증'인지 여부를 살피건대, 국립과학수사연구소는 위 박상근에게서 넘겨받은 소외 망인의 폐 조직을 검사한 결과 '폐, 늑막과 간질 내 중등도의 탄분침착 및 섬유화의 소견을 보인다'는 소견을 밝혔고, 참고 사항으로서 '폐장 내 탄분 침착은 정상 성인에서도 볼 수 있으나, 그 양이 다소 많고 섬유화가 동반되어 있으므로, 진폐증의 가능성을 생각할 수 있음.'이라고 덧붙이고 있는 한편(갑 제4호증의 1의 기재),

원심의 사실조회에 대하여는

① 공해가 심한 지역에 사는 정상 성인의 폐에서 흔히 볼 수 있는 탄분증의 정도가 심한 경우, 경도의 탄광부진폐증과 감별진단함이 어려운 경우가 있음, 이 때 기준이 되는 것은 과거의 병력, 탄분 침착의 정도, 섬유화의 정도인데, 본 연구소에 의뢰된 폐 조직은 일부에 불과하므로, 폐 전체에 침착된 탄분의 정도와 섬유화의 정도를 정확하게 판단할 수 없음, 따라서 과거에 치료받을 때의 임상 소견과 방사선 소견, 부검 당시 폐 전체에서 관찰된 소견을 참고하여 판단하기 바람.

② (소외 망인이) 진폐증으로 사망하였는지 여부는 폐기능에 관계된 사항이므로, 조직 소견 특히 일부 폐조직의 소견만으로는 판단할 수 없음.'이라고 되어 있는바 국립과학수사연구소가 내세운 판단기준에 따라 소외 망인의 사망원인을 보건대, 위 박상근은 부검 당시 폐전체에서 관찰한 소견이 갑제3호증의 기재와 같다고 한 점, 원심이 인정한 소외 망인의 분진작업 경력은 위 소외 회사에서 근무한 기간만도 11년이 넘는점(원고가 1993년 4월 10일 원심에 제출한 진정서, 원고가 당원에 제출한 1993년 7월 9일자에 첨부된 '폐질환자 등록카드'의 각 기재에 따르면, 소외 망인의 분진작업경력을 17년이라고 한다), 원심의 위 박상근에 대한 사실조회 회신에 기재된 바, 진폐증이 '폐기능부전증'으로 발전하는 과정을 종합하면, 위 '폐기능 부전증'의 원인이 '석탄 가루로 인한 진폐증'임을 인정하기에 넉넉하다고 하겠다.

나. 나아가 살피건대, 산업재해보상보험법 제3조 제1항 소정의 '업무상재해'란 근로자의 업무수행 중 그 업무에 기인하여 발생한 재해를 말하므로, 그 재해가 질병에 따른 사망일 때에는 업무와 사망 사이에 상당인과관계가 있어야 하고, 이와 같이 인과관계가 있다는 점은 주장하는 자가 입증하여야 하는 것이지만, 그 인과관계는 반드시 의학적, 자연과학적으로 명백히 입증하여야만 하는 것은 아니고, 근로자가 취업할 당시의 건강상태, 작업장에 발병 원인물질이 있었는지 여부, 발병 원인물질이 있는 작업장에서 근무한 기간등 여러 사정을 고려할 때, 업무와 사망 사이에 상당인과관계가 있다고 추단되는 경우에도 그 입증이 있다고 보아야 할 것이므로(당원 1993년 10월 12일 선고, 93누9408판결 및 1992년 5월 12일 선고 91누10022판결 참조), 위에서 검토한 여러사정을 고려할 때 소외 망인은 진폐증으로 사망하였고, 위 진폐증은 업무상 사유로 발생하였다는 사실이 입증되었다고 봄이 옳다 할 것이어서, 원심판결에는 위 법리를 오해한 위법도 있다고 하겠다.

다. 그러므로, 원심이 이 사건 처분을 적법하다고 인정한 데에는, 산업재해보상보험법 제3조 제1항 소정의 '업무상 재해'에 대한 법리를 오해하였거나, 이에 대한 심리를 다하지 아니하고 증거의 취지를 오해하여 사실을 오인함으로써 판결에 영향을 미친 위법이 있다 할 것이어서, 이 점을 지적하는 논지는 이유가 있다.

3. 결 론

이에 원심판결을 파기하고, 사건을 다시 심리, 판단케 하기 위하여 원심법원에 환송하기로 관여법관의 의견이 일치되어 주문과 같이 판결한다.

대법관 김상원(재판장), 윤영철, 박만호(주심), 박준서

● 유족보상금 지급 청구 부결 처분 취소

대법원 제2부, 1993. 12. 14. 판결, 93누9392 상고기각

판 시 사 항

◉ 업무상 질병으로 요양중 자살한 경우 사망과 업무 사이의 상당인과관계 유무 및 그 입증방법

판 결 요 지

근로자의 사망이 업무상 질병으로 요양중 자살함으로써 이루어진 경우 당초의 업무상 재해인 질병에 기인하여 심신상실 내지 정신착란의 상태에 빠져 그 상태에서 자살이 이루어진 것인 한 사망과 업무와의 사이에 상당인과관계가 있다고 할 것이며, 이 경우 근로자의 업무와 위 질병 또는 질병에 따르는 사망간의 인과관계에 관하여는 이를 주장하는 측에서 입증하여야 하지만, 그 인과관계는 반드시 의학적, 자연과학적으로 명백히 입증하여야만 하는 것이 아니고 제반 사정을 고려하여 업무와 질병 또는 사망 사이에 상당인과관계가 있다고 추단되는 경우에도 그 입증이 있다고 보아야 할 것이어서, 근로자가 업무상 질병으로 요양중 자살한 경우에 있어서는 자살자의 질병 내지 후유증상의 정도, 그 질병의 일반적 증상, 요양기간, 회복가능성 유무, 연령, 신체적, 심리적 상황, 자살자를 에워싸고 있는 주위상황, 자살에 이르게 된 경위 등을 종합 고려하여 상당인과관계가 있다고 추단할 수 있으면 그 인과관계를 인정하여야 한다.

참조조문 산업재해보상보험법 제3조 제1항

참조판례 대법원 1993. 10. 22. 93누13797판결

당 사 자 원고, 피상고인 권운천 외2인
원고들 소송대리인 법무법인 시민종합법률사무소
담당변호사 윤종현 외3인
피고, 상고인 의정부지방노동사무소장
소송대리인 변호사 조경근

원심판결 서울고등법원 1993. 3. 19. 92구9748판결

주 문 상고를 기각한다. 상고비용은 피고의 부담으로 한다.

이 유

피고 소송대리인의 상고이유를 본다.

산업재해보상보험법 제3조 제1항 소정의 "업무상의 재해"라 함은 근로자가 업무수행중 그 업무에 기인하여 발생한 재해를 말하는 것이므로 그 재해가 질병 또는 질병에 따른 사망인 경우에는 업무와 사이에 상당인과관계가 있어야 하고, 한편 근로자의

사망이 업무상의 질병으로 요양중에 자살함으로써 이루어진 경우에는 당초의 업무상 재해인 질병에 기인하여 심신상실 내지 정신착란의 상태에 빠져 그 상태에서 자살이 이루어진 것인 한 사망과 업무와의 사이에 상당인과관계가 있다고 할 것이며(당원 1993. 10. 22. 선고, 93누13797판결 참조),

이 경우 근로자의 업무와 위 질병 또는 질병에 따른 사망간의 인과관계에 관하여는 이를 주장하는 측에서 입증하여야 하는 것이지만, 그 인과관계는 반드시 의학적, 자연과학적으로 명백히 입증하여야만 하는 것이 아니고 제반사정을 고려하여 업무와 질병 또는 사망 사이에 상당인과관계가 있다고 추단되는 경우에도 그 입증이 있다고 보아야 할 것이어서(당원 1992. 5. 12. 선고, 91누10022 판결참조),

근로자가 업무상의 질병으로 요양중에 자살한 경우에 있어서는 자살자의 질병 내지 후유증상의 정도, 그 질병의 일반적 증상, 요양기간, 회복가능성 유무, 연령, 신체적, 심리적 상황, 자살자를 에워싸고 있는 주위상황, 자살에 이르게 된 경위 등을 종합 고려하여 상당인과관계가 있다고 추단할 수 있으면 그 인과관계를 인정하여야 할 것이다.

원심판결 이유에 의하면 원심은 그 거시 증거에 의하여 소외 망 권경용은 1975. 3. 24. 소외 원진레이온주식회사에 입사하여 이황화탄소 폭로부서인 방사과에서 근무하다가 1981. 8. 7. 퇴사하였는바, 입사할 당시에는 신체적으로 건강하였을 뿐만 아니라 정신분열증 등 정신질환을 앓은 적이 없었는데 위와같이 퇴사한 이후인 1984. 경부터 근육마비, 신장장애 및 호흡장애 증세가 나타나는 이외에 정신질환 증세마저 나타나 밤에 잠을 자지 않고 산에 올라가 짐승을 잡으로 다니고 성격이 난폭해져 처 및 자녀들을 자주 폭행하여 1987. 10. 경에는 처와 합의이혼한 사실, 그 이후 위 망인의 병이 더욱 악화되고 헛소리가 심해져 용인정신병원 등지에서 14개월간 정신병치료를 받아 오던 중 1988. 9. 경 소외 회사의 직업병 일제 신고기간에 피고에게 직업병 검진신청을 하고 그에 따른 검진결과 이황화탄소중독증, 정신분열증으로 확인되어 피고의 요양승인을 받게 되었고, 그에 따라 고려대학교 의과대학부속 혜화병원을 거쳐 서울기독병원에서 치료를 받아온 사실,

위 망인은 위 정신분열증이 통원치료를 받아도 될 만큼 호전되던 중인 1991. 4. 12. 경기 고양군 지도읍 토당리 405의 5 정광빌라 에이동 202호에서 방문을 걸어잠근 채 화덕에 연탄 2개를 자신의 방에 피워 놓고 잠을 잠으로써 연탄가스 중독으로 사망한 사실, 위 망인은 종전에도 2차례에 걸쳐 자신의 아버지에게 자살하겠다고 말한 적이 잇고, 사망 전날에도 자살을 계획하고 있음을 추정할 수 있는 말을 하였으며 사망 당시 사리가 분명하지 않으면 작성하기 어려운 유산분배, 원고들의 생모와의 관계 등에 관한 내용뿐만 아니라 "사망신고는 아빠 나이 90세 되거든 하여라 그래야 휴업급여를 탈 수 있다. 90세까지 휴업급여를 타는데 아무런 꺼리낌이 없을 것이다"는 비합리적인 판단도 동시에 들어있는 내용의 유서를 남긴 사실,

의학적으로 이황화탄소가 인체에 유독효과를 일으키는 생화학적 기전은 현재까지

밝혀지지 않았으나 단기간에 고농도의 이황화탄소에 폭로되어 발생하는 급성중독의 경우 즉시 혼수상태에 빠져 사망하기도 하나 일정한 농도 이상의 이황화탄소에 만성적으로 폭로될 경우 전신을 침범하는 다양한 증상과 말초신경염의 신경학적 증상이 나타나며 심한 흥분성, 분노, 심한 감정변화, 도취감, 환각, 편집성경향, 자살경향, 조증, 섬망등의 정신과적 증상이 발생할 수 있다는 것은 의학적으로 널리 알려진 사실,

또한 이황화탄소에 중독되어 생화학적 변화가 일단 시작되면 이황화탄소 폭로가 중단된 이후에도 이차적 변화의 혈관병변이 계속 진행되고 따라서 이황화탄소에 폭로된 근로자들은 퇴직후에도 건강장해가 진행될 가능성이 있다는 연구결과가 의학계에 보고된 사실, 특히 이황화탄소 중독에 관한 많은 연구가 이황화탄소에 노출된 근로자들 사이의 자살과 살인의 충동 경향을 보고하고 있어 자살 기도증이 이황화탄소 중독에 의한 정신분열증의 한 특징적 증상으로 볼 수 있는 사실,

정신과 영역에 있어서의 자살은 망상과 환청에 의한 충동발작에 의한 자살도 있지만 대부분 정신분열증환자의 자살은 충동에 의한 자살보다는 병이 호전되면서 자신에 대한 뚜렷한 삶의 제산을 인식하면서 행하는 자살이 많으며, 자살의 시기로 볼 때에도 급성기의 자살보다는 의학적으로 정신병후의 우울상태의 자살이라고 불리우는 시기 즉 증상이 호전되는 시기에 결행되는 경우가 많고 대부분 치료자나 가족에게 쉽게 자살결행 의지를 계속 밝히다가 가족이나 치료진이 자신의 자살에 대한 조심성이 떨어질 때에 자살을 결행하는 경우가 많으므로 정신분열증 환자의 자살예고, 자살적 사고, 자살시도, 성공적자살 등은 모두 정신분열증의 증상인 사실 등을 인정한 다음,

위 인정사실을 종합하여 보면, 위 망인은 소외 회사 근무로 인한 이황화탄소중독에 의한 정신분열증을 치료받아 오던 중 그 정신분열증 자체의 하나의 증세인 자살기도증에 의하여 신병을 비관하여 자살하게 된 것이므로 정신분열증과 자살 사이에는 상당인과관계가 있다고 할 것이므로, 결국 위 망인의 사망은 업무수행과의 사이에 상당인과관계가 있는 업무상 재해에 해당한다고 판단하였는바,

기록과 관계법령 및 위에서 본 법리에 비추어 보면 원심의 위와같은 사실인정과 판단은 정당하다고 수긍이 가고 거기에 소론과 같이 채증법칙위배로 인해 사실을 오인하였거나 산업재해보상보험법 제3조 제1항 소정의 "업무상재해"의 인과관계에 관한 법리를 오해한 위법이 있다고 할 수 없다.

논지는 이유없다.

그러므로 상고를 기각하고 상고비용은 패소자의 부담으로하여 관여법관의 일치된 의견으로 주문과 같이 판결한다.

대법관 안우만(재판장), 김용준, 천경송(주심), 안용득

● 요양불승인 처분취소

서울고등법원 제9특별부. 1993. 12. 3. 판결 92구7810인용

판 시 사 항

◉ 재직시 열악한 근무환경에서 누적된 과로 및 정신적 스트레스로 질병의 초기증상을 이미 가지고 있었는데도 요양을 허락치 않아 자진 퇴직후 치료도중 뇌출혈을 일으킨 경우 업무상재해에 해당되는지의 여부

판 결 요 지

뇌출혈의 발병 이전 소외회사에 재직할대부터 열악한 근무환경에서의 누적된 과로 및 스트레스로 인하여 그 발병원인이 될 수 있는 초기증상들을 이미 가지고 있었거나 근무를 계속할 수 없을 정도로 그러한 증상이 악화되었는데도 회사에서 요양을 시켜주지 아니하여 퇴직한 후 위 증상들이 주된 원인이 되거나 그의 자연적 발전으로서 뇌출혈이 초래된 것으로 추단할 수 있고, 가사 발생원인이 담당업무와 직접적인 관련이 없다고 하더라도 과로와 스트레스가 위 뇌출혈의 발병원인이 된 위 초기증상들의 주된 원인이 되었다고 봄이 상당하므로 위 뇌출혈은 업무와 상당인과관계가 있다.

참조조문 산업재해보상보험법 제9조의 3

당 사 자 원고, 이범재
피고, 수원지방노동사무소장

주　　문 피고가 1991년 9월 12일 원고에 대하여 한 요양불승인처분은 이를 취소한다.
소송비용은 피고의 부담으로 한다.

청구취지 주문과 같다.

이　　유

1. 처분의 경위.

다툼없는 사실과 갑제1내지 6의 각 호증, 을 제2, 3호증의 각 기재에 변론의 전취지를 종합하면, 원고는 1989년 7월 13일 경기도 용인군 이동면 서리 소재 산업재해보상보험 적용업체인 소외 해인기업주식회사(이하 소외회사라 한다)에 입사하여 11톤 탱크로리 기사로 근무하던 중 1990년 10월 초순경 눈이 침침하여지고 심한 두통과 현기증 등으로 소외회사에 요양을 신청하였으나 받아들여지지 아니하고 같은 달 18일경부터 3일간 휴식을 취하였으나 호전되지 아니하고 계속되는 두통, 구토, 시력장애 등을 견디지 못하여 같은 해 11월 17일 위 증세의 치료를 위하여 소외회사에서 자진 사직하고 한약 등을 복용하여 치료를 하다가 같은 달 29일 21시00분경 자택에서 잠자던 중 뇌출혈로 의식을 잃고 쓰러져 서울 동대문구 회기동 소재 경희대학교 의과대학부속병원으로 후송되어 진단을 받은 결과 그 병명이 우측 시상부출혈에 의한 뇌출혈로 판명된 사실,

이에 원고는 피고에게 산업재해보상보험법 제9조의 3, 같은법 시행령 제8조 제1항에 의하여 요양신청서를 제출하였으나, 피고는 위 상병이 업무상 재해에 해당하지 않는다는 이유로 1991년 9월 12일 원고에 대하여 요양불승인처분(이하 이 사건 처분이라 한다)을 한 사실을 각 인정할 수 있다.

2. 처분의 적법여부

가. 원고는, 위 뇌출혈은 소외회사에 재직하던 중 과도한 근로시간과 계속된 업무

상 과로로 인하여 유발 또는 악화된 질병이므로 업무상재해에 해당함에도 이와달리 보고한 이 사건 처분은 위법하다고 주장함에 대하여, 피고는 위 질병은 원고가 소외회사를 사직한 후 업무수행과는 무관하게 발생한 것이므로 이 사건 처분은 적법하다고 주장한다.

나. 그러므로 살피건대, 앞에서 본 증거들과 갑 제7, 8호증의 각 기재, 증인 김영식의 증언, 이 법원의 경기 용인읍 마평리 소재 용인제일의원장과 같은 읍 소재 영생당한의원장에 대한 각 사실조회회보 및 변론의 전취지를 종합하면, 원고는 1948년 11월20일 생의 남자로서 1989년 7월경 소외회사에 운전기사로 입사한 이래 1990년 11월경 사직하기까지 주로 11톤 탱크로리를 운전하여 용인군 소재 소외회사의 생산공장에서 제조한 포르말린을 인천, 군산, 울산, 부산 등에 소재한 각 거래처까지 수송하고 인천, 울산, 부산 등지에서 포르말린 제조를 위한 매탄올을 수입 탱크터미널에서 싣고 위 소외회사 생산공장까지 운송하는 업무를 담당하였는데 위 포르말린은 독성이 강하여서 상차 및 하차하는 과정에서 약간이라도 바닥에 흘리면, 숨을 쉬지 못하고 눈을 뜨지 못하고 냄새를 맡으면 머리가 띵하게 통증을 느끼게 되는 등 어려운 점이 있었으며, 근무형태는 평일 통상 07시 00분경 그 전날 회사에서 미리 상차하여 둔 포르말린을 싣고 운송지로 직접 운전하여 감으로써 출근하여 운송지에서 다시 회사의 배차지시에 따라 메탄올을 상차하여 거래업체 또는 회사로 귀환하여 다시 포르말린을 상차하여 23시 00분경 집으로 퇴근하기까지 하루 16시간정도의 원송을 하였고 일요일에도 회사에 출근하여 차량정비를 하는 등 제대로 쉬지 못하며 1달에 1일정도만 휴무할 정도로 격무하였던 사실, 원고는 1990년 10월 초순경 눈이 침침하여지고 심한 두통과 현기증 등으로 소외회사에 1주일간 요양을 신청하였으나 회사에서 바쁘다고 받아들이지 아니하고 같은 달 18일경부터 3일간휴식을 취하였고, 같은 달 말경 부산에 다녀오는 길에 잠시 졸면서 낭떠러지로 떨어질 뻔한 일이 발생하여 심한 정신적 충격을 받은 후 위와 같은 증상이 더욱 악화되어 계속되는 두통, 구토, 시력장애등을 견디지 못한 나머지 같은 해 11월 17일 위 증세의 치료를 위하여 소외회사에서 자진 사직하고,

집에서 쉬면서 지입차량을 한 대 구입, 운행할 계획을 세우며 우황청심원등을 구입, 복용하다가 같은 달 24일경 용인읍 소재 영생당한의원에서 중풍의 초기증상인 중부증 및 언어곤란, 대소변 실금등을 수반하는 구완와사증이라는 진단으로 침술치료를 받고 한약재등을 복용하며 자가요양을 하다가 같은 달 29일 21시00분경 자택에서 잠자던 중 뇌출혈로 의식을 잃고 쓰러져 서울 동대문구 회기동 소재 경희대학교 의과대학부속병원으로 후송되어 진단을 받은 결과 그 병명이 우측 시상부출혈에 의한 뇌출혈로 안구운동장애, 좌측안면신경마비, 좌반신 감각이상등 증상이 발생하여 그 무렵부터 같은 해 12월 20일경까지 위 병원에 입원치료를 받다가 그 후 1991년 2월경부터 같은 해 9월경까지 용인신경외과의원에 통원치료하였던 사실,

의학상 무리한 격무로 원기가 떨어지면 중부증이 발생할 수 있고 고혈압으로 뇌에 미세한 출혈이 있거나 위 중부증의 후유증으로 인하여 뇌출혈이 발병할 수 있으며, 뇌출혈은 평소 건강하다고 생각되던 사람

에게 갑자기 일어나는 것이 상례인데, 시기적으로 겨울에 많고, 육체적 과로나 정신적 긴장등의 스트레스가 뇌출혈을 유발시키는데 악영향을 줄 가능성이 있다고 알려져 있는 사실이 각 인정되고, 을 제2호증은 위 인정에 방해가 되지 아니하며 달리 이에 어긋나는 증거가 없다.

다. 위 인정사실에 의하면, 원고는 뇌출혈의 발병 이전 소외회사에 재직할 때부터 열악한 근무환경에서의 무리한 운행과 누적된 육체적 과로 및 정신적 스트레스로 인하여 그 발병원인이 될 수 있는 위 중부증 또는 구완와사증등의 초기 증상들을 이미 가지고 있었거나 근무를 계속할 수 없을 정도로 그러한 증상이 악화되었는데도 회사에서 요양을 시켜주지 아니하여 이를 견디지 못하고 퇴직한 후 위 증상들이 주된 원인이 되거나 그의 자연적 발전으로서 뇌출혈이 초래된 것으로 추단할 수 있고, 가사 위 뇌출혈의 주된 발생원인이 원고의 담당업무와 직접적인 관련이 없다고 하더라도 위와 같은 재직시의 업무상 과로와 정신적 스트레스가 위 뇌출혈의 발병원인이 된 위 초기증상들이 주된 원인이 되었다고 봄이 상당하므로 위 뇌출혈은 업무와 상당인과 관계가 있다고 할 것이고, 위와같은 업무상 과로와 정신적 스트레스가 그 원인이 된 이상 그 발병시기가 피고의 주장대로 업무수행중에 발병한 것이 아니라 하더라도 업무상재해로 보아야 할 것이다.

3. 결　론.

따라서 원고의 위 상병을 업무상 재해에 해당하지 않는다고 보고한 피고의 이 사건 처분은 위법하다 할 것이므로 그 취소를 구하는 원고의 청구는 이유있어 이를 인용하고, 소송비용은 패소자인 피고의 부담으로 하여 주문과 같이 판결한다.

판사 이건웅(재판장), 서기석, 손수일

● 유족보상금 지급 청구 부결 처분 취소

대법원 제3부. 1993. 10. 22. 판결. 93누13797 상고기각

판 시 사 항

◉ 탄광에서 일하던 광부가 진폐증판정을 받은 뒤 병세악화로 자살한 때에 단순사고가 아닌 업무상 재해로 보아야 하는지의 여부

판 결 요 지

탄광에서 일하던 광부가 진폐증 판정을 받은 뒤 병세가 악화돼 스스로 목숨을 끊었다 해도 이는 단순사고가 아닌 업무상 재해로 보아야 한다.

참조조문 산업재해보상보험법 제3조

당 사 자 원고, 피상고인 석지순
피고, 상고인 태백지방노동사무소장

원심판결 서울고등법원 1993. 5. 20. 92구33963판결

주　　문 상고를 기각한다. 상고비용은 피고의 부담으로 한다.

이　　유

상고이유를 본다.

원심은 그 거시증거에 의하여 소외 망 남일준은 대지탄광 소속의 선상부로 근무하

던 중 1979년 2월경부터 업무로 인하여 얻은 질병인 진폐증으로 요양을 받고 계속하여 1985년 5월 1일 폐질등급 1급으로 판정을 받아 판시 병원에 입원하여 요양을 받아오다가 1992년 5월 15일 위 병원의 3층 화랑에서 1.4미터 높이의 보호대를 넘어 추락, 사망한 사실,

진폐의 말기환자는 진폐의 합병증에 따른 만성폐쇄성 폐질환으로 인한 호흡 곤란과 산소교환 및 폐의 순환부전으로 인한 우심실부전을 초래하여 심계항진, 저혈압, 간울혈, 하지부종 등을 유발하며, 특히 오랜 투병생활로 인한 스트레스, 병의 진행 또는 악화에 따른 만성적 혈류순환부전 및 뇌저산소증, 고이산화탄소증 등에 의하여 표현력이 저하되고 과격한 언어나 행동양상을 나타내기도 하고, 판단력, 기억력이 저하되고 편집증 양상을 보이기도 하며, 환청, 환각, 착시 등의 정신착란증세를 보이는 경향이 있는 사실,

위 망인은 1990년 무렵부터 증상이 극도로 악화되어 항상 산소호흡기를 꽂고 있게 되었고, 화장실도 휠체어를 타고 부축을 받으며 다녀야 하고, 침대에 오르내리기도 힘들 정도로 쇠약해졌으며, 사망하기 보름 전부터는 대변을 전혀 보지 못하고 고통이 극에 달하여 머리를 침대 모서리, 벽 등에 들이받기도 하였으며, 자꾸 불안해 하고 괴성을 지르며 갑자기 산소호흡기를 빼버리는 등의 비정상적인 행동을 취하였고, 위 망인의 사망 당시 병증으로 보아 생명의 연장은 가능하였을지언정 정상적인 활동이 가능한 상태로의 회복가능성은 전혀 기대할 수 없었던 사실 등을 인정하고,

이에 터잡아 위 망인의 사망이 비록 자살에 의한 것이라 하더라도 업무상의 질병인 진폐증의 증상이 악화되어 그로 인한 정신적인 이상증세를 일으켜 자살에 이르게 된 것으로 봄이 상당하다하여 위 망인의 사망이 업무상의 재해에 해당한다고 판단하였다.

기록에 의하여 살펴본 바, 원심의 위와 같은 인정과 판단은 모두 정당한 것으로 수긍이 가고, 거기에 소론과 같은 사실오인이나 법리오해 등의 위법이 있음을 찾아볼 수 없다.

논지는 모두 이유 없다.

상고를 기각하고 상고비용은 패소자의 부담으로하여 관여법관의 일치된 의견으로 주문과 같이 판결한다.

대법관 김상원(재판장), 안우만, 윤영철(주심), 박만호

● 유족보상금등 지급청구 부결 처분취소

대법원 제2부, 1993. 10. 12. 판결, 93누9408 상고기각

판 시 사 항

◉ 업무상 재해에 있어서 업무와 질병 또는 사망간의 인과관계에 관한 입증책임의 소재 및 입증 정도

◉ 이황화탄소에 폭로될 위험이 높은 작업에 종사한 근로자가 고혈압에 의한 뇌출혈로 사망한 것이 업무상 재해에 해당한다고 본 사례

판 결 요 지

가. 산업재해보상보험법 제3조 제1항 소정의 "업무상의 재해"라 함은 근로자가 업무수행중 업무에 기인하여 발생한 재해를 말하므로 재해가 질병 또는 질병에 따른 사망인 경우 업무와의 사이에 상당인과관계가 있어야 하고 이 경우 근로자의 업무와 위 질병 또는 위 질병에 따른 사망간의 인과관계에 관하여는 이를 주장하는 측에서 입증하여야 하지만, 그 인과관계는 반드시 의학적, 자연과학적으로 명백히 입증하여야만 하는 것은 아니고, 근로자의 취업 당시의 건강상태, 작업장에 발병 원인물질이 있었는지 여부, 발병원인물질이 있는 작업장에서의 근무기간, 같은 작업장에서 근무한 다른 근로자의 동종 질병에의 이환 여부 등 제반사정을 고려할 때 업무와 질병 또는 그에 따른 사망과의 사이에 상당인과관계가 있다고 추단되는 경우에도 입증이 있다고 보아야 한다.

나. 이황화탄소에 폭로될 위험이 높은 작업에 종사한 근로자가 고혈압에 의한 뇌출혈로 사망한 것이 업무상 재해에 해당한다고 본 사례.

참조조문 가. 나. 산업재해보상보험법 제3조 제1항
가. 행정소송법 제26조〔입증책임〕

참조판례 대법원 1989. 7. 25. 88누10947판결
1992. 5. 12. 91누10022판결

당 사 자 원고, 피상고인 방희녀
소송대리인 법무법인 시민종합법률사무소 담당변호사 윤종현 외3인
피고, 상고인 의정부지방노동사무소장 소송대리인 변호사 조경근
피고 보조참가인 정리회사 원진레이온 주식회사의 관리인 한국산업은행

원심판결 서울고등법원 1993. 3. 19. 92구9731판결

주 문 상고를 기각한다. 상고비용은 피고의 부담으로 한다.

이 유

피고 소송대리인의 상고이유를 본다.

산업재해보상보험법 제3조 제1항 소정의 "업무상의 재해"라 함은 근로자가 업무수행중 그 업무에 기인하여 발생한 재해를 말하는 것이므로 그 재해가 질병 또는 질병에 따른 사망인 경우에는 업무와의 사이에 상당인과관계가 있어야 하고 이 경우 근로자의 업무와 위 질병 또는 위 질병에 따른 사망간의 인과관계에 관하여는 이를 주장하는 측에서 입증하여야 하는 것이지만, 그 인과관계는 반드시 의학적, 자연과학적으로 명백히 입증하여야만 하는 것은 아니고, 근로자의 취업 당시의 건강상태, 작업장에 발병 원인물질이 있었는지의 여부, 발병 원인물질이 있는 작업장에서의 근무기간, 같은 작업장에서 근무한 다른 근로자의 동종 질병에의 이환 여부 등 제반사정을 고려할 때 업무와 질병 또는 그에 따른 사망과의 사이에 상당인과관계가 있다고 추단되는 경우에도 그 입증이 있다고 보아야 할 것이다(당원 1992. 5. 12. 선고, 91누10022판결 참조).

원심판결 이유에 의하면 원심은 그 거시 증거에 의하여 고혈압에 인한 뇌출혈로 사망한 소외 망 김봉환은 1977. 12. 22. 소외 원진레이온 주식회사에 입사할 당시에는 혈압이 정상 범위에 속하는 등 건강에 아무런 이상이 없었고, 1983. 9. 20. 위 회사를 퇴사할 때까지 약 6년 동안 이황화탄소에 폭로될 위험이 높은 원액 2과 작업에 종사하여 왔으며, 같은 작업장에서 근무한 동료 근로자 중에도 이황화탄소 중독으로 판정된 사례가 있는 사실,

위 망인에게 위 회사 퇴사 직전부터 사망 당시까지 지속적으로 나타났던 고혈압, 손발저림, 발음장애 등의 임상증상이 의학계에 보고된 이황화탄소 중독환자의 일반적 증상과 부합할 뿐만 아니라 위 망인 사망 후에 실시된 사체부검 및 조직검사 결과 위 망인에게 발견된 관상동맥경화증과 사구체경화증상은 의학계에서 공인된 이황화탄소 중독환자의 일반적 병리기전과 일치하는 사실,

이황화탄소에 일단 중독되어 생화학적 변화가 시작되면 이황화탄소 폭로가 중단된 이후에도 혈관병변이 계속 진행되는 사실 등을 인정한 다음,

위 인정사실을 종합하여 보면, 위 망인의 고혈압, 관상동맥경화증 및 사구체경화증이 다른 원인에 의하여 발생하였다는 특단의 사정이 엿보이지 않는 이 사건에 있어서 위 망인의 고혈압 등은 위 회사 근무 당시 원액 2과에서의 작업과정에서 발생한 이황화탄소에 중독되어 발생된 증상이라고 추단할 것이고, 따라서 위 망인은 위 이황화탄소 중독에 이르렀다고 보아야 할 것이므로, 결국 위 망인의 사망은 업무수행과의 사이에 상당인과가 있는 업무상재해에 해당한다고 판단하였는바, 기록과 관계법령 및 위에서 본 법리에 비추어 보면 원심의 위와같은 사실인정과 판단은 정당하다고 수긍이 가고 거기에 소론과 같은 채증법칙위배로 인한 사실오인이나 산업재해보상보험법 제3조 제1항 소정의 "업무상 재해"의 인과관계에 관한 법리오해의 위법이 있다고 할 수 없으므로 논지는 이유 없다.

그러므로 상고를 기각하고 상고비용은 패소자의 부담으로하여 관여법관의 일치된 의견으로 주문과 같이 판결한다.

대법관 김주한(재판장), 김용준, 천경송(주심)

1-1 서울고등법원 제9특별부, 1993. 3. 19. 판결 92구9731 인용

사 건 명 유족보상금등

참조조문 산업재해보상보험법 제3조 제1항

당 사 자 원고, 방희녀
피고, 의정부지방노동사무소장
피고보조참가인 정리회사 원진레이온주식회사의 관리인 한국산업은행

주 문

1. 피고가 1991년 7월 5일 원고에 대하여 한 유족보상일시금, 장의비 및 요양비지급청구부결처분은 이를 취소한다.

2. 소송비용 중 원고와 피고사이에 생긴 부분은 피고의 원고와 피고보조참가

인 사이에 생긴 부분은 피고보조참가인의 각 부담으로 한다.

청구취지 주문과 같다.

이 유

1. 처분의 경위

소외 원진레이온주식회사(1979년 9월 12일 서울지방법원 북부지원으로부터 회사정리법에 의한 회사정리 개시결정을 받았다)에서 근무하다가 1983년 9월 20일 퇴사한 소외 망 김봉환이 1991년 1월 5일 13시경 서울 중랑구 면목1동 99의 88소재 집에서 쓰러져 인근 부국병원으로 후송되었으나 같은 날 22시 36분경 직접사인 뇌출혈, 중간선행사인 고혈압으로 사망한 사실, 이에 위 망인의 처인 원고가 1991년 4월 15일 위 망인이 소외 회사근무중 이환된 이황화탄소중독증의 증상의 하나인 고혈압의 악화로 뇌출혈을 일으켜 사망한 것이므로 산업재해보상보험법 제3조 소정의 업무상 재해에 해당한다는 이유로 피고에게 유족보상일시금, 요양비 및 장의비 등의 지급을 청구하였으나, 피고는 1991년 7월 5일 위 망인의 사망과 이황화탄소중독증간의 상당인과관계를 인정할 수 없다는 이유로 유족보상일시금 등을 지급하지 않기로 하는 결정을 한 사실은 당사자 사이에 다툼이 없다.

2. 처분의 적법성 여부

원고는 위 망인이 소외 회사근무중 이황화탄소에 폭로되어 이황화탄소중독증을 얻었고 퇴직후 이 이황화탄소중독증에 의한 고혈압이 악화되어 사망에 이르게 된 것이므로 위 망인의 사망은 업무상재해에 해당하는 것임에도 불구하고 원고의 유족보상일시금 등 지급신청을 기각한 피고의 이 사건 처분은 위법하여 그 취소를 면할 수 없다고 주장한다.

그러므로 살피건대, 갑 제2호증의 1, 3, 6 내지 10, 13 내지 18, 갑 제3호증, 갑 제5호증, 갑 제6호증, 갑 제9호증, 갑 제10호증, 갑 제11호증, 갑 제12호증, 갑 제13호증, 갑 제14호증, 갑 제15호증의 1, 2, 갑 제16호증의 1, 2의 각 기재에 변론의 전취지를 보태어 보면, 위 망인은 1977년 12월 22일 소외 회사에 입사한 사실,

소외 회사는 1960년부터 직원채용시 신체검사를 엄격히 하여 혈압이 높은 근로자를 채용하지 않는 등 엄격한 기준을 적용하여 왔는데, 위 망인은 소외회사 입사 당시 혈압이 정상범위에 속하는 등 건강에 아무런 이상이 없어 신체검사에 합격하여 입사할 수 있었으며 그 이래 퇴사시까지 원액 2과에서 생산직 근로자로 근무하였던 사실,

소외 회사 비스코스 레이온공장이 인조견 제조를 하면서 거치는 비스코스 공정에서 사용되는 이황화탄소는 이황화탄소중독증을 일으키는 액체인 사실,

위 회사는 그 소속 방사과를 이황화탄소에 폭로될 위험이 높은 유해부서로 보고 있으나, 위 망인이 근무했던 원액 2과는 이황화탄소에 폭로될 위험이 적은 비유해부서로 분류하고 있는 사실,

원액 2과에서 맡고 있는 작업내용은 콘크리트 단일건물의 5층에서 펄프(셀룰로우즈)원료를 유입시켜 4층 분쇄실에서 펄프

를 분쇄하고 3층 노성실에서 가성소다로 노성시켜 알카리셀룰로우즈로 만든 다음 2층 유화실(챤실)에서 위 알카리셀룰로우즈에 1일 6백리터 가량의 이황화탄소 원액과 황화수소를 첨가시켜 챤테이프를 만들고 1층 필터실에서는 챤테이프에 가성소다를 용해 혼합시켜 비스코스를 만든 후 이물질을 여과하는 일관작업의 공정으로 이루어지고 있는 사실,

특히 위 2층 유화실에서는 작업자 2인이 1조가 되어 8대의 유화기를 모두 가동시켜 약 1시간에 1번씩 약 15분간 탱크 뚜껑을 열고 수동으로 1일 4시간씩 원액을 붓고 유화실 내부에 남아있는 찌꺼기를 갈퀴 등을 이용하여 긁어내는 방식으로 작업을 하였고 더욱이 호흡용 마스크 등 개인보호장구도 착용하지 않은 채 작업을 하였던 관계로 이 과정에서 고농도의 이황화탄소가 발생 비산하고 여기서 발생한 이황화탄소에 쉽게 폭로될 뿐만 아니라 유화기 내부 청소작업시에도 직접 폭로될 가능성이 있으며, 또한 2층 유화기에서 발생한 이황화탄소가 2층 천정의 개구부를 통하여 3층으로 올라오는 관계로 3층 노성실 근무자는 평상시 상당한 양의 이황화탄소에 폭로되고, 더구나 3층의 캔속에서 노성된 펄프를 2층 유화실로 보내기 전에 2층 유화실의 탱크재료 투입구가 개구부쪽으로 되어 있는가를 확인하기 위하여 노성실 작업자는 3층 바닥의 개구부 작상부로 상체를 기울여 머리를 넣고 확인한 후 2층 유화실로 보내기 때문에 이 과정에서 집중적으로 이황화탄소에 폭로될 가능성이 높은 사실,

또한 1층 필터실의 필터해체작업이나 천으로 재조립 작업시에도 이황화탄소가 비산하여 작업자에게 폭로되는 사실,

위 망인은 위 입사시부터 1981년까지 주로 원액 2과 노성실에서 근무하였고 1주일에 2일 이상씩 필터실에 파견근무하였으며 그 후에는 원액 2과의 유화실 근무를 거쳤고 필터실 근무당시 퇴직한 사실,

소외 회사에 근무하였거나 근무하고 있는 근로자 중 현재까지 수십명이 이황화탄소중독증에 이환된 것으로 판명되었고 그 중에는 원액 2과와 같이 비유해부서로 분류된 부서근무 근로자도 포함되어 있는 사실,

위 망인은 소외 회사 근무도중 고혈압과 말더듬증세가 나타나는 등 건강이 악화되어 1983년 9월 20일 퇴직한 후 집에서 치료를 하였으며 퇴직당시의 수축기의 혈압이 1백70mmHg였던 사실,

위 망인은 퇴직시 수령한 퇴직금을 치료를 위하여 소비하여 버리고 1984년경 아파트 경비원으로 취업하여 2년간 근무하였으나 계속하여 말더듬 등 발음장애, 손발저림, 불면증 등으로 시달리다가 1986년말에는 도저히 더이상 근무하지 못하고 집에서 요양한 사실,

그때부터 약 1년간 요양한 결과 다소 증세가 호전되어 1987년말에는 다시 생계유지를 위하여 건물경비원으로 취업하는 등 경미한 일에 종사하던 중 1990년 7월경 사지마비증세로 쓰러졌고 심한 발음장애로 발전한 사실,

위 망인은 그 당시 마침 종전에 위 회사에서 함께 일하던 동료들도 비슷한 증상으로 직업병을 인정받고 치료를 받는다는 이야기를 전해듣고 자신도 직업병에 이환된

것이 아닌가 의심하여 원진 레이온 직업병 피해 노동자협의회에 가입하고 같은 협의회로부터 소개받은 서울 동작구 사당동 소재 사당의원에서 검진 및 진찰을 받은 결과 1990년 10월 30일 초진시 혈압이 2백 40/1백 50㎜Hg(제1차), 2백30/1백60㎜Hg(제2차)으로 측정되었고, 같은 해 11월 26일 최고혈압 2백 40㎜Hg, 최저혈압 1백 50㎜Hg에 이르는 고혈압과 손발저림, 발음장애 등으로 이황화탄소중독 후유증으로 추정되므로 정밀검사와 요양이 필요한 것으로 사료된다는 소견을 받은 사실,

위 망인은 이에 따라 위 소견서를 소외회사에 제출하면서 정밀검진과 치료를 하여 줄 것을 요구하였으나 소외회사는 회사와 원진 레이온 직업병 피해 노동자협의회 사이에 1990년 5월 31일 체결된 합의서에 비유해 부서에 근무한 자는 종합병원급 특수검진기관에서 검진결과 이황화탄소중독이라고 판정되었을 때에 요양신청서를 발급한다는 조항이 있음을 들어 산재처리를 거부하였고 피고에게도 산재처리를 호소하였으나 그 처리가 지체되는 도중 1991년 1월 5일 사망한 사실,

위 망인 사망후 같은 달 11일 국립과학수사연구소에서 사체부검을 실시한 결과 심장, 신장 및 뇌부위에 병변이 있었는데 구체적으로 고도의 심관상동맥경화, 좌우측 신장의 국소적인 사구체경화 및 고도의 만성신우신염의 증상이 발견되었으며, 같은 해 2월 5일 실시된 서울대학교 병원의 조직검사결과 신장의 사구체의 섬유화(경화증)가 확인된 사실,

위 망인의 직업병 여부 판정을 위하여 소외 회사와 원진 레이온 직업병 피해노동자협의회 및 위 망인의 유가족 사이의 합의에 따라 양측이 선정한 각 3인의 의사로 구성된 6인 특별위원회는 위 망인에 대한 진료자료와 부검자료를 기초로 검토한 결과 위 망인의 직접사인이 뇌출혈이고 중간선행사인이 고혈압인 점에 대하여는 의견의 일치를 보았으나 선행사인이 고혈압인 점에 대하여는 의견의 일치를 보지 못한 사실,

이황화탄소중독환자는 통상 신경통(저린감), 두통, 기억력장애, 전신 쇠약감, 시력장애, 구음장애, 성욕감퇴, 청력장애, 대변실금, 이명, 현기증, 치매 등 주로 신경계통의 증상을 호소하고 고혈압, 뇌졸증, 부종이 관찰되는 사실,

의학적으로 이황화탄소가 인체에 유독효과를 일으키는 생화학적 기전은 밝혀지지 않았으나 이황화탄소에 중독되면 죽상동맥경화증을 유발시키고 고혈압, 관상동맥질환 및 신장장애(동맥경화 및 사구체경화)를 일으킨다는 점은 여러 연구결과에서 보고되어 일반적으로 받아들여지고 있는 사실,

또한 이황화탄소에 중독되어 생화학적 변화가 일단 시작되면 이황화탄소폭로가 중단된 이후에도 혈관병변이 계속 진행되고 따라서 이황화탄소에 폭로된 근로자들은 퇴직후에도 건강장해가 진행되는 사실을 인정할 수 있고 위 인정에 배치되는 갑 제1호증, 갑 제2호증의 4의 각 기재는 믿지 아니하며 갑 제2호증의 11, 12의 각 기재는 위 인정에 방해가 되지 아니하며 달리 반증이 없다.

산업재해보상보험법 제3조 제1항 소정의 "업무상의 재해"라 함은 근로자가 업무수

행중 그 업무에 기인하여 발생한 재해를 말하는 것이므로 그 재하가 질병 또는 질병에 따른 사망인 경우에는 업무와 사이에 상당 인과관계가 있어야 하고 이 경우 근로자의 업무와 위 질병 또는 질병에 따른 사망간의 인과관계에 관하여는 이를 주장하는 측에서 입증하여야 하는 것이지만, 그 인과관계는 반드시 의학적, 자연과학적으로 명백히 입증되어야만 하는 것이 아니고, 근로자의 취업당시의 건강상태, 직업상에 발병 원인물질이 있었는지의 여부, 발병원인물질이 있는 작업장에서의 근무기간, 같은 작업장에서 근무한 다른 근로자의 동종질병에의 이환 여부, 질병의 일반적 증상의 특징 등 제반사정을 고려할 때 업무와 질병(또는 그에 따른 사망)과의 사이에 상당인과관계가 있다고 추단되는 경우에도 그 입증이 있다고 보아야 할 것인바,

위에서 인정된 여러사정들 즉, 위 망인이 소외 회사 입사당시 혈압이 정상범위에 속하는 등 건강에 아무런 이상이 없었고, 소외 회사 근무시 이황화탄소에 폭로될 위험이 높은 원액2과 작업에 6년 내내 종사하여 왔으며, 같은 작업장에서 근무한 동료 근로자 중에도 이황화탄소중독으로 판정된 사례가 있고, 위 망인에게 회사 퇴직전부터 사망당시까지 지속적으로 나타났던 고혈압, 손발저림, 발음장애 등의 임상증상이 의학계에 보고된 이황화탄소중독환자의 일반적 임상증상과 부합할 뿐만 아니라 위 망인사망 후 실시된 사체부검 및 조직검사결과 밝혀진 관상동맥경화증과 사구체경화증이 의학계에서 공인된 이황화탄소중독환자의 일반적 병리기전과 일치하는 점 및 이황화탄소에 일단 중독되어 생화학적 변화가 시작되면 이황화탄소폭로가 중단된 이후에도 혈관병변이 계속진행되는 점 등을 종합하여 보면,

위 망인의 고혈압, 관상동맥경화증 및 사구체경화증이 다른 원인에 의하여 발생하였다는 특단의 사정을 엿볼 수 없는 이 사건에 있어서, 위 망인의 고혈압 등이 위 회사근무당시 원액 2과에서의 작업과정에서 발생한 이황화탄소에 중독되어 발생된 증상이라고 추단할 것이고, 따라서 위 망인은 위 이황화탄소중독에 의한 고혈압이 악화되어 사망하기에 이르렀다고 보아야 할 것이므로,

결국 위 망인의 사망은 업무수행과의 사이에 상당인과관계가 있는 업무상의 재해에 해당한다 할 것이니, 피고가 이와달리 보고한 이 사건 유족보상일시금 등 지급청구 부결처분은 위법하다 할 것이다.

3. 결 론

그렇다면 피고의 이 사건 유족보상일시금등지급청구부결처분은 위법하므로 그 취소를 구하는 원고의 청구는 이유있어 이를 인용하고 소송비용은 패소자의 부담으로 하여 주문과 같이 판결한다.

판사 김학세(재판장), 이형하, 고영한

● 유족급여 등 지급부결처분취소

서울고등법원 제10특별부, 1993. 6. 17. 판결, 92구28893 인용

판 시 사 항

⊙ 과중한 업무로 육체적, 정신적 피로가 극심한 상태에서 사장으로부터 심한 질책을 받아 급성심장질환으로

사망한 경우 업무상재해 해당 여부

판 결 요 지

과중한 업무수행으로 인하여 정신적으로나 육체적으로 극도로 피로한 상태에 있었는데 이러한 상태에서 사망 당일 간부회의 석상에서 사장으로부터 심한 질책을 듣자 순간적으로 정신적 긴장상태가 고조됨으로 말미암아 급성심장질환이 유발되어 급사한 것으로 추단되므로, 위 망인의 사망은 업무상재해에 해당한다.

참조조문 산업재해보상보험법 제1조

당 사 자 원고, 김점수

피고, 서울동부지방노동사무소장

주　　문

1. 피고가 1992년 3월 5일 원고에 대하여 한 유족급여 및 장의비지급청구 부결처분은 이를 취소한다.
2. 소송비용은 피고의 부담으로 한다.

청구취지 주문과 같다.

이　　유

1. 처분의 경위

소외 망 박현수는 소외 주식회사 아세아레코드(이하 소외회사라 한다)의 공장장으로 근무하여 오다가 1991년 12월 30일 09시 10경 위 회사 회의실에서 간부회의 도중 갑자기 쓰러져 한라병원으로 후송하였으나 사인 미상으로 사망하였는바,

이에 위 망인의 처인 원고가 피고에게 유족급여 및 장의비를 청구하였으나 피고는 위 망인의 업무수행과 사망원인 사이에 의학적 상당인과관계가 없다는 이유로 업무외 사망으로 인정하여 유족급여 및 장의비부지급처분을 한 사실은 당사자 사이에 다툼이 없다.

2. 처분의 적법성

가. 당사자 주장 원고는 위 망인이 소외회사의 공장장으로서 공장장의 생산과 관련된 일체의 업무를 총괄하여 왔는데 특히 1990년 6월부터 1991년 3월까지는 소외회사의 사옥신축공사에 대한 총책임자로서의 업무를 추가로 담당하게 되었고 또한 1991년에 소외회사에 CD사업부가 신설됨에 따라 CD음반의 생산을 위한 기자재도입 및 기술습득에 관련한 전반적 업무까지 맡게 되자 위 과중한 업무에 따른 육체적, 정신적 피로가 극심한 상태에 있었는데 위 사고당일 간부회의 도중 소외 회사 사장으로부터 신축건물의 공사부실과 관련하여 심한 질책을 받음으로 말미암아 정신적 긴장이 고조되어 급성심장질환을 일으켜 사망한 것이므로 위 망인의 사망은 업무상 재해에 해당한다고 주장한다.

이에 대하여 피고는 위 망인이 사업장내에서 업무수행중 쓰러져 사망하였으나 사망의 원인이 불명하여 업무와 상당인과관계가 있다는 의학적 근거가 없을 뿐만 아니라 업무내용 또한 사인을 유발할 정도의 격심한 과로를 필요로 하는 정도라고 볼 수 없으므로 위 망인의 사망은 업무상재해에 해당하지 아니한다고 주장한다.

나. 사실관계

갑 제3호증의 3, 갑 제4호증의 3, 갑 제5호증, 갑 제6호증, 을 제2호증 을 제5호증, 을 제6호증의 각 기재와 증인 유기선의

증언 및 당원의 한라병원장에 대한 사실조회결과에 변론의 전취지를 종합하면 다음과 같은 사실을 인정할 수 있고 위 인정사실에 배치되는 을 제1호증, 을 제4호증의 기재는 믿지 아니하고 달리 반증이 없다.

1) 위 망 박현수는 1969년경 소외회사에 입사하여 사망 당시 공장장으로서 소외회사의 생산제품인 레코드판, 카세트 테이크, CD음반의 제작 등의 생산 업무와 이와 관련된 기계 등의 생산시설의 관리업무일체를 총괄하고 있었다.

2) 위 망인은 1989년까지는 레코드판 제작업무와 회사시설물 관리업무를 담당하여 오다가 1990년부터는 카세트제작업무까지 담당하게 되었고 특히 1990년 6월경부터 1991년 3월말까지는 소외회사의 사옥신축공사에 대한 총책임자로서 사옥의 신축, 준공관리 업무를 담당하느라 평일은 물론 휴일에도 출근하여 늦게까지 근무를 하게 됨으로 인하여 정신적, 육체적피로가 누적되었다.

3) 더욱이 1991년 중순부터 CD사업부가 신설됨에 따라 그에 관련한 전반적 업무까지 맡게 되어 많은 노력과 정신적 긴장상태를 계속하여야 하였고 CD사업부의 신설에 따른 공장시설 기자재 도입 및 기술습득 등을 위하여 직원들을 인솔하고 네덜란드에 연수교육까지 다녀오는 등으로 정신적, 육체적 피로가 극심한 상태에 있었다.

4) 위 망인은 위 사고 당일 간부회의 도중 소외회사 사장으로부터 신축건물의 공사부실과 관련하여 심한 질책을 받다가 갑자기 쓰러져 한라병원으로 후송하였으나 사망하였다.

5) 한라병원은 위 망인에 대한 사인을 원인 미상(급성심장질환으로 추정)으로 규명하고 있다.

6) 1991년 5월 25일 실시한 건강진단결과 위 망인의 건강상태는 아무런 질병이 없는 정상소견이었다.

7) 과중한 업무수행으로 인하여 누적된 정신적, 육체적 피로 및 그러한 상태에서의 급작스런 정신적 긴장상태의 고조는 급성심장질환유발에 의한 원인이 된다.

다. 판단

위 인정사실을 종합하여 보면, 위 망인은 소외회사의 공장장으로서 앞서 본 바와 같은 과중한 업무수행으로 인하여 정신적으로나 육체적으로 극도로 피로한 상태에 있었는데 이러한 상태에서 사망당일 간부회의 석상에서 사장으로부터 그 수행한 업무에 관하여 심한 질책을 듣자 순간적으로 정신적 긴장상태가 고조됨으로 말미암아 급성심장질환이 유발되어 급사한 것으로 추단되므로, 위 망인의 사망은 업무상재해에 해당한다고 할 것임에도 불구하고 이를 업무외 재해라하여 한 피고의 이 사건 처분을 위법하다고 할 것이다.

3. 결론

그렇다면, 이 사건 처분은 위법하여 취소되어야 할 것이니 그 취소를 구하는 원고의 이 사건 청구는 이유있어 이를 인용하고 소송비용은 패소자인 피고의 부담으로 하여 주문과 같이 판결한다.

판사 조윤(재판장), 안영률, 조용연

● 산업재해요양불승인 처분취소

대법원 제3부. 1993. 2. 12. 판결. 92누16553 상고기각

판 시 사 항

◉ 업무상 재해에서 과로의 경우 업무와 재해 발생 사이의 인과관계의 확장 정도

◉ 아파트 공사장의 시멘트믹서공이 일주일전부터 평소보다 특히 과중한 업무수행을 하던 중 발병한 뇌경색증이 업무상 재해에 해당한다고 본 사례

판 결 요 지

가. 산업재해보상보험법에서 말하는 업무상 재해라 함은 근로자가 업무수행중 업무에 기인하여 발생한 근로자의 부상, 질병, 신체장애 또는 사망을 뜻하는 것이므로 업무와 재해발생 사이에 인과관계가 있어야 하지만, 재해가 업무와 직접 관련이 없는 기존의 질병이더라도 업무상 과로가 질병의 주된 원인에 겹쳐서 질병을 유발 또는 악화시켰다면 인과관계가 있다고 보아야 할 것이고, 또한 과로로 인한 질병에는 평소에 정상적인 근무가 가능한 기초질병이나 기존질병이 업무의 과중으로 급속히 악화된 경우까지도 포함된다.

나. 아파트 공사장의 시멘트믹서공이 일주일전부터 평소보다 특히 과중한 업무수행을 하던 중 발병한 뇌경색증이 업무상 재해에 해당한다고 본 사례

참조조문 산업재해보상보험법 제3조 제1항

참조판례 대법원 1991. 1. 11. 90누8275판결
1991. 4. 12. 91누476판결

당 사 자 원고, 피상고인 기영환 소송대리인 변호사 신종현
피고, 상고인 영주지방노동사무소장

원심판결 대구고등법원 1992. 10. 7. 91구2107판결

주 문 상고를 기각한다. 상고비용은 피고의 부담으로 한다.

이 유

상고이유를 본다.

산업재해보상보험법에서 말하는 업무상 재해라 함은 근로자가 업무수행중 그 업무에 기인하여 발생한 근로자의 부상, 질병, 신체장애 또는 사망을 뜻하는 것이므로 업무와 재해발생 사이에 인과관계가 있어야 하지만, 그 재해가 업무와 직접 관련이 없는 기존의 질병이더라도 업무상 과로가 질병의 주된 원인에 겹쳐서 질병을 유발 또는 악화시켰다면 그 인과관계가 있다고 보아야 할 것이고, 또한 과로로 인한 질병에는 평소에 정상적인 근로가 가능한 기초질병이나 기존질병이 업무의 과중으로 급속히 악화된 경우까지도 포함된다고 할 것이다(당원 1991. 4. 12. 91누476판결 : 1991. 1. 11. 선고, 90누8275판결 등 참조).

원심은 거시증거에 의하여, 소외 한영실업주식회사가 시공하는 아파트 신축공사장 소속 시멘트믹서공으로 근무하던 원고(1963. 4. 1.생)가 1990. 4. 25. 07 : 00경 출근하여 10 : 00경까지 작업을 하던 중 머리가 아프고 몹시 피로하여 작업현장에 앉아 12 : 00경까지 쉬다가 숙소로 가서 그

곳에서 계속하여 쉬었으나 회복되지 않다가 그 다음날 22 : 00경 좌측뇌기 저부경색증이 발병한 사실.

위 공사장의 작업내용은 통상 7명이 한 조가 되어 조원 중 2명은 시멘트를 운반하고, 2명은 시멘트를 믹서기에 부으며, 1명은 시멘트 믹서기에 약품과 물을 투입하고, 2명은 미장일을 하는 것이고, 원고는 그중 시멘트를 믹서기에 붓는 작업을 맡아 왔었는데, 이 작업은 높이 약 2미터의 시멘트 믹서기에 1분에 4포씩 하루에 1,000포 내지 1,300포의 시멘트를 들어올려 붓는 매우 힘든 작업이고 따라서 이러한 붓기작업만을 계속하는 것은 너무 힘들어서 보통의 경우 붓기작업과 운반작업을 하루씩 교대하는 것인데, 같은 해 3.20.경 그 작업조의 반장인 소외 전진형이 손가락 절단사고를 당한 이후 나머지 6명이 작업을 강행하여 왔고, 특히 원고가 발병하기 1주일 전부터는 원고 혼자서 위 붓기작업을 하여 온 까닭으로 발병일 무렵에는 원고의 육체적인 피로는 평소보다 더 가중되어 있었던 사실,

뇌경색증은 뇌의 영양혈관이 완전히 막히거나 강한 협착을 일으켜 혈류가 현저하게 감소되어 그 부분의 뇌조직이 괴사한 상태를 뜻한 뇌질환으로서, 그 일반적 원인은 ①혈관의 조건(내경동맥 혈관이 협착 또는 압박되거나 경부혈관이 꼬이거나 머리를 돌림으로써 경부혈관이 주위조직에 눌리는 경우 또는 선천성 혈관 이상 등), ②혈관의 이상조건(혈액의 혈소판의 접착성 증가, 섬유소원의 상승, 일차 또는 이차성 혈구과다증이나 혈액의 산소분압의 저하 등 혈액응고기전, 병적으로는 심장쇠약이나 폐기종, 폐렴, 만성기관지염 등), ③뇌관류압이상(혈용양리셉타의 이상, 심근섬유화, 뇌하수체 부신피질 부전증, 혈관상의 탄력의 소실, 갑작스런 저혈압, 심장부정맥), ④동맥의 경화 등이나 원고와 같이 나이가 젊고 평소 건강하였으며 약 1년간 원인질환이나 경과악화의 소견이 발견되지 아니한 사람의 경우에는 과로도 그 원인이 되기 쉬운 사실을 각 인정한 후, 이에 의하면, 원고의 위 뇌경색증은 평소보다 특히 과중한 업무수행으로 인하여 누적된 피로가 한 원인이 되어 발생한 질병으로서 이는 산업재해보상보험법 소정의 업무상 재해에 해당한다고 판시하였다.

기록에 의하여 살펴보면 원심의 이와같은 사실인정과 판단은 정당하고 거기에 소론과 같은 사실오인이나 법리오해의 위법이 있다할 수 없다. 이에 상고를 기각하고 상고비용은 패소자의 부담으로 하기로 관여법관의 의견이 일치되어 주문과 같이 판결한다.

대법관 김상원(주심), 박우동, 윤영철, 박만호

● 유족보상금 지급청구부결 처분취소

서울고등법원 제9특별부, 1992. 7. 10. 판결, 92구1485인용

판 시 사 항

◉ 과중한 업무로 인해 쉬지 못하고 계속 근무해 오던 근로자가 텔레비전을 시청하던 도중 심폐기능 마비로 사망한 경우 업무상 재해에 해당하는지 여부

판 결 요 지

망인이 소외 회사에 입사하기 전에는 건강한 편이었는데 입사 후 과중한 업무의 수행으로 건강이 나빠졌고, 또 사망하기 하루전에는 저혈압과 극도의 전신쇠약증이 있어 안정가료를 요한다는 진단을 받았음에도 회사의 업무 때문에 쉬지 못하고 계속 근무하다가 집에서 텔레비전을 시청하던 도중 갑자기 쓰러져 병원에 이송됐으나 심폐기능마비로 사망한 것이라면 그의 사망은 업무상의 지나친 과로가 그 사인인 심폐기능정지를 직접 유발하였거나 그 유발요인이 되는 다른 질환의 악화를 촉진하여 발생한 것이라고 봄이 상당할 것이므로, 위 망인의 사망은 어느모로 보나 업무와 인과관계가 있는 업무상의 재해에 해당한다.

참조조문 산업재해보상보험법 제9조의6, 제9조의8

당 사 자 원고, 김정자
피고, 인천북부지방노동사무소장

주 문

1. 피고가 1991년 5월 20일 원고에 대하여 한 유족급여 및 장의비부 지급결정은 이를 취소한다.
2. 소송비용은 피고의 부담으로 한다.

청구취지 주문과 같다.

이 유

1. 처분의 경위

성립에 다툼이 없는 갑 제1호증(호적등본), 갑 제4호증(사체검안서), 갑 제5호증(결정통지서), 을 제3호증(진술조서)의 각 기재에 변론의 전취지를 종합하면, 원고의 망부인 소외 오규훈은 종래 세무사 사무실에서 사무장 등으로 15년 이상 일하다가 1987년 11월 23일경 소외 대한제강주식회사에 입사하여 그때부터 총무부장으로 근무하여 오던중, 1990년 9월 9일 18시경 인천 서구 가좌동 소재 그의 아파트에서 텔레비전 저녁뉴스를 시청하다가 갑자기 쓰러져 곧 병원으로 이송되었으나 직접 사인 심폐기능마비로 사망한 사실, 원고가 위 망인의 유족으로서 피고에게 위 망인의 사망이 업무상의 재해에 해당한다 하여 산업재해보상보험법 제9조의6, 제9조의8의 규정에 의한 유족급여와 장의비의 지급을 청구하였으나, 피고는 위 망인의 사망이 업무로 인한 것이 아니라는 이유로 1991년 5월 20일 원고에 대하여 유족보상금 및 장의비를 지급하지 않기로 하는 결정을 한 사실을 인정할 수 있다.

2. 처분의 적법성

원고는 위 망인의 사망은 업무로 인한 과중한 육체적, 정신적 피로에 기인하는 것으로서 업무상 재해에 해당하는 것임이 분명한데도, 피고는 이와달리 보고 위와같이 부지급결정을 하였으니, 이 사건 처분은 위법하여 그 취소를 면할 수 없다고 주장한다.

살피건대 위 갑 제4호증(사체검안서), 성립에 다툼이 없는 갑 제6호증(진찰권), 갑 제7호증(건강진단개인표), 을 제2호증의 2(답변서)의 각 기재와 증인 강준모, 같은 김정숙의 각 증언 및 당원의 부천복음내과의원장에 대한 사실조회결과에 변론의 전취지를 종합하면, 소외 회사는 선박부품

등을 제조하는 중소기업인데 그 직원은 60명 정도이고 사무직사원의 통상적인 근무시간은 08시30분부터 19시30분경까지로서 휴게시간을 빼고 하루 10시간에 이르는 사실,

위 망은 소외 회사의 경리, 자재 및 총무업무를 총괄하는 총무부장으로서 부하직원 3명의 보좌를 받아가며 그 담당업무를 수행하였으나, 운영자금의 조달업무만은 거의 전담하여 이를 직접 처리하여 왔고, 이 때문에 섭외의 목적상 금융기관의 직원, 사채업자 등과 퇴근후에도 어울려 식사를 함께 하는 경우도 많았으며, 특히 1989년 경부터는 소외 회사의 자금사정이 나빠져 친지들에게도 어음할인 할 데가 있는지를 종종 문의하면서 자금조달업무로 인한 정신적 부담을 토로하기도 한 사실,

더우기 소외 회사의 자금사정이 1990년도에 들어서면서부터 더욱 나빠져 위 망인은 새로운 운영자금의 조달은 물론 기조달된 운용자금의 반환기간 도래에 따른 변제금확보를 위하여 고심한 적이 한두번이 아니었고, 이 때문에 가족에게도 회사의 어음을 결재하는데 받은 어려움을 자주 호소한 사실,

그러다가 위 망인은 1990년 8월경에 들어서 더욱 피곤함을 느끼고 체중도 급격히 감소하는 현상이 나타났는데도, 바쁜 업무때문에 병원에 가서 검사 등을 받아 볼 기회를 갖지 못하다가 같은 해 9월 6일에 심한 몸살증세로 회사에 출근하지 못하고 집에서 영양제주사를 맞으며 쉰 다음, 같은 해 9월 7일 회사에 출근하여 급한 서류의 결재만 끝내고 오전중에 부천복음내과의원에 가서 진찰을 받았는데, 그 결과 평소 정상이었던 혈압이 최고 90, 최저 50의 저혈압으로 나타났고, 입사이전에는 아무 이상이 없던 전반적인 건강상태도 매우 쇠약하여 간질환의 의심이 있는 것으로 밝혀져 담당의사인 소외 조정봉으로부터 15일 정도 입원하여 안정가료를 받아야 한다는 권고를 받았던 사실,

그러나 위 망인은 곧이어 지급기일이 닥칠 추석보너스의 자금마련을 위하여 의사의 권고에 따르지 못하고, 그날 즉시 회사로 복귀하여 업무를 보고 그 다음 날에도 회사에 출근하면서 통원치료만을 받았는데, 일요일인 같은 해 9월 9일 집에 있다가 위와 같이 갑작스런 사망에 이른 사실,

위 조정봉은 위 망인의 사체를 검안한 결과 직접 사인은 심폐기능정지이고, 간접사인으로서는 확진된 것은 아니나 중증의 간질환이 의심된다고 판정한 사실, 간질환은 정신적, 육체적 과로로 인하여 급속히 악화될 수 있는 발병인 사실을 인정할 수 있고 달리 반증이 없다.

위 인정사실에 의하면, 위 망인이 과중한 업무로 인하여 육체적 피로와 심한 정신적 압박감을 받았던 것은 명백하므로, 만일 담당의사인 위 조정봉이 의증의 간접사인으로 판단할 간질환이 실제로 위 망인에게 있었다면, 위 망인의 사망은 위와 같은 육체적, 정신적 과로가 그의 간질환을 급속히 악화시켜 이를 유발케 한 것으로 봄이 상당하고, 나아가 위 망인에게 그와 같은 간질환의 증세가 없었다 하더라도 위 망인은 소외 회사에 입사하기 전에는 건강한 편이었는데 그 입사후 위와 같은 과중한 업무의 수행으로 건강이 나빠졌고, 또 사망하기 하루전에는 저혈압과 극도의 전신쇠약증이 있어 안정가료를 요한다는 진단을 받

왔음에도 회사의 업무 때문에 쉬지 못하고 위와 같이 계속 근무하다가 위와 같이 사망한 것인 이상, 그의 사망은 업무상의 지나친 과로가 그 사인인 심폐기능정지를 직접 유발하였거나 그 유발요인이 되는 다른 질환의 악화를 촉진하여 발생한 것이라고 봄이 상당할 것이므로, 결국 위 망인의 어느모로 보나 업무와 인과관계가 있는 업무상의 재해에 해당하는 것이라 할 것이다.

3. 결론

그렇다면, 피고의 이 사건 유족보상금 및 장의비부지급결정은 위법하다 할 것이므로 그 취소를 구하는 원고의 청구는 이유있어 이를 인용하고 소송비용은 패소한 피고의 부담으로 하여 주문과 같이 판결한다.

판사 김학세(재판장), 윤용섭, 조용구

● 요양불승인 처분취소

대법원 제1부, 1992. 5. 26. 판결, 92누1780 상고기각

판 시 사 항

◉ 택시운전기사인 원고의 두통, 현훈, 전신피로감 등이 LPG중독증세로서 LP가스의 흡입을 유일한 원인으로 발생한 것이라고 단정할 수는 없다 하더라도 업무와 상당인과관계가 있는 업무상의 재해로 보아야 할 것이라고 한 사례

판 결 요 지

택시운전기사인 원고의 두통, 현운, 전신피로감 등이 LPG중독증세로서 LP가스의 흡입을 유일한 원인으로 발생한 것이라고 단정할 수는 없다 하더라도 적어도 업무상의 육체적, 정신적 과로 또는 그 과로 및 기초질병인 고혈압증이 장시간에 걸친 LP가스의 흡입과 공동원인이 되었거나, 그렇지 않다 하더라도 위와같은 과로 및 LP가스의 흡입이 기초질병인 고혈압증의 진행을 촉진시키고 증세를 악화시켜 두통, 현훈, 전신무력감 등이 발생하였다 할 것이고 이는 업무와 상당인과관계가 있는 업무상의 재해로 보아야 할 것이라고 한 사례.

참조조문 산업재해보상보험법 제3조

참조판례 대법원 1991. 4. 12. 91누476판결
1991. 10. 22. 91누4751판결
1991. 11. 8. 91누3727판결

당 사 자 원고, 피상고인 강균대 외 1인
피고, 상고인 부산지방노동청장

원심판결 부산고등법원 1991. 12. 27. 90구1809판결

주　　문 상고를 기각한다. 상고비용은 피고의 부담으로 한다.

이　　유

상고이유를 본다.

원심판결 이유에 의하면 원심은 산업재해보상보험의 보험가입자인 소외 대원택시주식회사(이하 소외회사라 한다)의 운전기사로서 소외 회사의 부산 1바6886호 영업용 택시를 교대로 운전해 오던 원고들이 1989. 11. 심한 두통, 현훈, 전신피로 등의 증세를 일으켜 병원에서 원고 강균대는 같은 달 24일에 원고 박정문은 같은 달 25일

에 각 "LPG중독증(추정)"등의 진단을 받고 위와 같은 두통, 현훈 등은 운전중 LP가스의 장시간 흡입으로 인하여 발생한 업무상 재해라고 주장하며 피고에게 요양신청을 하였으나,

피고는 1989. 12. 27. 원고들의 위 증세는 LP가스와 직접적인 관계가 없고 다만 원고들의 기존 질병인 고혈압에서 비롯된 합병증에 불과하다는 이유로 요양신청을 각 승인하지 아니하는 처분을 한 사건에 있어서,

거시증거에 의하여 원고 강균대는 1984. 11에 원고 박정문은 1988. 2. 10에 소외 회사에 운전기사로 입사하여 운전을 해 오다가 1988. 3경부터 2인 1조가 되어 위 택시를 매일 04 : 00와 16 : 00를 교대시간으로 정하여 1일 12시간씩 매월 27일 정도를 식사시간 1시간을 빼고 그것도 주·야간을 수시로 번갈아 가며 운전을 계속하여 1989. 11경에는 원고들 모두 육체적으로나 정신적으로 피로가 누적되어 있었던 사실,

또한 원고들은 1989. 8경부터 기화기 등을 통해서 누출된 LP가스 및 불완전 연소된 가스가 차내로 스며들어 차안에서 가스 냄새가 나는 것을 알고 소외 회사에 알려 차내로 가스가 스며들지 않도록 정비를 하였으나 위 택시(1990. 2. 6. 폐차됨)는 86년식 포니로 그 당시 차령이 3년이 넘은 노후 차량이어서 정비가 제대로 되지 아니하고 가스냄새가 계속 나고 있었는데도 원고들은 얼마 남지 않은 폐차시까지 참고 견딜 요량으로 냄새가 심할 때는 창을 열어 놓는 방법으로 운전을 계속해오다가 결국 원고 박정문은 같은 해 11. 16일에 원고 강균대는 같은 해 11. 23일에 차를 운행하던 중 심한 현기증과 두통, 전신무력감 등의 증세를 일으켜 치료를 받기에 이른 사실,

그런데 위 택시에서 연료로 사용하는 LP가스는 프로판, 부탄을 주성분으로 하여 가스를 액화한 것으로 그것의 흡입이 인체에 유해한 영향을 미치는지에 관하여는 의학적으로 논란이 있으나 과로한 상태에서 LP가스를 장시간 흡입하거나 또는 고혈압 등의 질환이 있는 경우에 LP가스를 장시간 흡입하면 그것이 고혈압증을 악화시키는 등 하여 두통, 현훈, 전신무력감 등의 증세를 일으킬 수 있는 사실,

한편 원고 강균대는 1985-1989 직장신체검사시에 혈압이 210/150-170/115㎜Hg로 원래 고혈압증이 있었고, 원고 박정문은 1988, 1989 직장신체검사시에 혈압이 140/90㎜Hg로 비교적 높은 것으로 진단되기는 하였으나 원고들 모두 건강에는 별다른 이상이 없어 이건으로 치료를 받기까지 원고 강균대는 5년간, 원고 박정문은 2년 가까이 결근도 하지 않고 평소에 정상적으로 운전 업무를 계속해 온 사실을 인정한 다음,

위 인정사실에 의하면 원고들의 두통, 현훈, 전신피로금 등이 LPG중독증세로서 LP가스의 흡입을 유일한 원인으로 발생한 것이라고 단정할 수는 없다 하더라도 적어도 업무상의 육체적, 정신적 과로 또는 그 과로 및 위 고혈압이란 기초질병이 장시간에 걸친 LP가스의 흡입과 공동원인이 되었거나, 그렇지 않다 하더라도 위와 같은 과로 및 LP가스의 흡입이 기초질병인 고혈압증의 진행을 촉진시키고 증세를 악화시켜 두통, 현훈, 전신무력감 등이 발생하였다 할 것이고 이는 업무와 상당인과관계가 있

는 업무상의 재해로 보아야 할 것이므로 피고의 위 처분은 위법하다고 판단하였다.

기록에 의하여 살펴보면 원심의 위와같은 사실인정과 판단은 그대로 수긍이 되고 거기에 소론과 같은 심리미진이나 채증법칙 위배로 인한 사실오인 또는 산업재해보상보험법 제3조에 관한 법리오해의 위법이 있다고 할 수 없으므로 논지는 이유 없다.

그러므로 상고를 기각하고 상고비용은 패소자의 부담으로 하여 관여법관의 일치된 의견으로 주문과 같이 판결한다.

대법관 이회창(재판장), 배만운, 김석수

1-1 부산고등법원 제1특별부, 1991. 12. 27. 판결 90구1089 인용

● 요양불승인 처분취소

참조조문 산업재해보상보험법 제3조
당 사 자 원고, 강균대 외 1인
피고, 부산지방노동청장
주 문
피고가 1989년 12월 27일자로 각 원고들에 대하여 한 요양불승인처분은 이를 모두 취소한다.
소송비용은 피고의 부담으로 한다.
청구취지 주문과 같다.
이 유

1. 원고들은 산업재해보상보험의 보험가입자인 소외 대원택시주식회사(이하 소외 회사라 한다)의 운전기사로서 소외 회사의 부산 1바6886호영업용 택시를 교대로 운전해 오던 중 1989년 11월 심한 두통, 현훈, 전신피로 등의 증세를 일으켜 병원에서 원고 강균대는 같은 달 24일에 원고 박정문은 같은 달 25일에 각 'LOG중독증(추정)'등의 진단을 받고, 위와같은 두통, 현훈 등은 운전중 LP가스의 장시간 흡입으로 인하여 발생한 업무상 재해라고 주장하며 피고에게 요양신청을 하였으나, 피고는 1989년 12월 27일 원고들의 위 증세는 LP가스와 직접적인 관계가 없고 다만 원고들의 기존 질병인 고혈압에서 비롯된 합병증에 불과하다는 이유로 요양신청을 각 승인하지 아니하는 처분(이하 이 사건 처분이라 한다)을 한 사실은 당사자간에 다툼이 없다.

2. 피고는 위 처분사유를 들어 이 사건 처분이 적법하다고 주장하고, 이에 대하여 원고들은, 위와같은 증상은 원고들이 노후된 차량인 위 택시를 운전하면서 정비가 제대로 되지 아니한 탓에 차안으로 스며든 LP가스를 장시간 흡입한데서 발생된 것으로서 업무상 재해에 해당함이 명백한데도 피고가 원고들의 고혈압으로 그 원인을 돌린 채 요양신청을 불승인한 이 건 처분은 위법하다고 주장한다.

살피건대, 갑제1호증의 1, 3, 갑 제2호증의 2, 4, 갑 제3호증의 3, 5호증의 각 1, 2, 갑제14호증, 을제1호증의 2, 3, 을제5호증의 1, 2, 을제6호증의 1 내지 5, 을제9호증의 3, 4, 을제12호증의 각 기재 및 증인 이경호, 조국종의 각 증언에 변론의 전취지를 종합하면, 원고강균대는 1984년 11월에 원고 박정문은 1988년 2월 10일에 소외 회사에 운전기사로 입사하여 운전을 해오다가 1988년 3월경부터는 2인 1조가 되어 위 택시를 매일 4시와 16시를 교대시간으로 정하여 1일 12시간씩 매월 27일 정도를 식사시간 1시간을 빼고, 그것도 주야간을 수시로 번갈아가며 운전을 계속하여 1989년 11월경에는 원고들 모두 육체적으로나 정신적으로 피로가 누적되어 있었던 사실,

또한 원고들은 1989년 8월경부터 기화기 등을 통해서 누출된 LP가스 및 불완전연소된 가스가 차내로 스며들어 차안에서 가스 냄새가 나는 것을 알고 소외 회사에 알려 차내로 가스가 스며들지 않도록 정비를 하였으나 위 택시(1990년 2월 6일 폐차됨)는 86년식 포니2로 그 당시 차령이 3년이 넘는 노후차량이어서 정비가 제대로 되지 아니하고 가스냄새가 계속 나고 있었는데도 원고들은 얼마 남지 않은 폐차시까지 참고 견딜 요량으로 냄새가 심할 때는 창을 열어놓는 방법으로 운전을 계속해 오다가 결국 원고 박정문은 같은 해 11월 16일에 원고 강균대는 같은 해 11월 23일에 차를 운행하던 중 심한 현기증과 두통, 정신무력감 등의 증세를 일으켜 치료를 받기에 이른 사실,

그런데 위 택시에서 연로로 사용하는 LP가스는 프로판, 부탄을 주성분으로 하여 가스를 액화한 것으로 그것의 흡입이 인체에 유해한 영향을 미치는 지에 관하여는 의학적으로 논란이 있으나, 과로한 상태에서 LP가스를 장시간 흡입하거나 또는 고혈압 등의 질환이 있는 경우에 LP가스를 장시간 흡입하면 그것이 고혈압증을 악화시키는 등 하여 두통, 현훈, 전신무력감 등의 증세를 일으킬 수 있는 사실,

한편 원고 강균대는 1985년~1989년 직장신체검사에 혈압이 210/150~170/115mmHg로 원래 고혈압증이 있었고, 원고 박정문은 1988년~1989년 직장 신체검사시에 혈압이 140/90mmHg로 비교적 높은 것으로 진단되기는 하였으나 원고들 모두 건강에는 별다른 이상이 없어 이 건으로 치료를 받기까지 원고 강균대는 5년간, 원고 박정문은 2년 가까이 결근도 하지 않고 평소에 정상적으로 운전업무를 계속해온 사실을 각 인정할 수 있다.

위 인정사실에 의하면, 원고들의 두통, 현훈, 전신피로감 등이 LPG중독증세로서 LP가스의 흡입을 유일한 원인으로 발생한 것이라고 단정할 수는 없다 하더라도, 적어도 업무상의 육체적, 정신적과로 또는 그 과로 및 위 고혈압이란 기초질병이 장시간에 걸친 LP가스의 흡입과 공동원인이 되었거나 그렇지 않다 하더라도 위와 같은 과로 및 LP가스의 흡입이 기초질병인 고혈압증의 진행을 촉진시키고 증세를 악화시켜 두통, 현훈, 전신무력감 등이 발생하였다 할 것이므로 이는 업무와 상당인과관계가 있는 업무상의 재해로 보아야 할 것이다.

3. 그렇다면 원고들의 두통, 현훈, 전신피로감 등이 오로지 원고들의 기초질병인 고혈압에 기인하여 발생하였다는 이유를 들어 원고들의 요양신청을 각 승인하지 아니한 피고의 이 사건 처분은 위법하다 할 것이므로, 그 취소를 구하는 원고들의 청구는 모두 이유있어 이를 각 인용하고, 소송비용은 패소자인 피고의 부담으로 하여 주문과 같이 판결한다.

판사 안상돈(재판장), 권오봉, 김태우

● 요양불승인 처분취소

대법원 제2부. 1992. 5. 12. 판결, 91누10466파기환송

판 시 사 항

◉ 산업재해보상보험법 제3조 제1항에서 말하는 "업무상재해"의 의의 및 업무와 재해발생과의 사이에 요구되는 상당인과관계 유무의 판단기준

◉ 여러 개의 사업장을 옮겨 다니며 근무한 근로자의 업무상의 질병에 걸리고 그 2이상의 사업장에 당해 질병이 발생할 우려가 있는 업무에 종사하고 있었던 경우, 업무상 질병을 인정함에 있어 당해 근로자가 복수의 사용자 아래서 경험한 모든 업무를 포함시켜 그 자료로 삼아야 하는지 여부(적극)

◉ 계약관계종료 후에 새로이 발생한 질병 등도 근로계약관계 중에 그 원인이 있는 경우에는 같은 법 소정의 보험급여를 받을 권리가 있는 여부·(적극)

판 결 요 지

가. 산업재해보상보험법 제3조 제1항에서 말하는 "업무상 재해"라 함은 근로자가 업무수행중 그 업무로 기인하여 발생한 근로자의 부상, 질병, 신체장해 또는 사망을 뜻하는 것이므로 업무와 재해발생과의 사이에 상당인과관계가 있어야 하는 것이지만 그 재해가 업무와 직접 관련이 없는 기존의 질병이더라도 업무상의 정신적, 육체적 과로가 질병의 주된 발생원인에 겹쳐서 질병을 유발 또는 악화시켰다면 그 인과관계가 있다고 보아야 할 것이고, 또한 과로로 인한 질병에는 평소에 정상적인 근무가 가능한 기존질병이 업무의 과중으로 그 질병의 자연진행 정도를 넘어 급속히 악화된 경우까지도 포함된다고 할 것이며 업무와 질병 사이의 상당인과관계의 유무는 보통 평균인이 아니라 당해 근로자의 건강과 신체조건을 기준으로 파단하여야 할 것이다.

나. 여러 개의 사업장을 옮겨 다니며 근무한 근로자가 업무상의 질병에 걸리고 그 2이상의 사업장에 당해 질병이 발생할 우려가 있는 업무에 종사하고 있었던 경우에 있어서의 업무상 질병을 인정할 때는 당해 근로자가 복수의 사용자 아래서 경험한 모든 업무를 포함시켜 그 자료로 삼아야 한다.

다. 근로자가 같은 법상의 보험급여를 받을 권리(수급권)는 같은 법 제1조가 정하고 있는 목적과 같은 법 제9조가 정하고 있는 지급사유 및 산업재해보상보험제도의 본질에 비추어, 산업재해보상보험의 보험가입자인 사업주와 근로계약관계의 존재를 전제로 하여 업무상 재해가 생겼을 때 자동적으로 발생하며, 같은 법 제16조 제1항은 수급권은 그 퇴직을 이유로 소멸되지 아니한다고 규정하고 있으므로 계약관계종료 후에 새로이 발생한 질병 등도 근로계약관계 중에 그 원인이 있다고 인정되는 경우에는 수급권이 있다 할 것이다.

참조조문 가. 나. 산업재해보상보험법 제3조 제1항
다. 같은 법 제16조 제1항

참조판례 가. 대법원 1991. 4. 12. 91누476 판결
1991. 9. 10. 91누5433판결

1991. 11. 8. 91누3314판결

당 사 자 원고, 상고인 장영석
소송대리인 변호사 오용호
피고, 피상고인 서울서부지방노동사무소장

원심판결 서울고등법원 1991. 8. 30. 90구16780판결

주 문 원심판결을 파기하고, 사건을 서울고등법원에 환송한다.

이 유

상고이유를 본다.

1. 원심판결 이유에 의하면, 그 증거에 의하여 원고는 1988. 11. 1. 버스여객운송사업을 영위하는 소외 범양여객자동차주식회사의 운전사로 입사하여 서울 수색과 송파구 성내동 사이를 왕복하는 146번 시내버스의 운전업무에 종사하여 왔고, 위 146번 시내버스운전사는 04 : 30부터 14 : 30까지 근무하는 오전반과 14 : 30부터 00 : 30까지 근무하는 오후반으로 나누어 하루는 오전반, 그 다음날은 오후반이 되고 1주일에 하루는 쉬는 형태로 근무를 함으로써 1일 8시간 내지 10시간 근무하였으므로 원고 역시 소외 회사의 다른 운전사와 동일한 조건과 내용으로 근로를 했는데 사고 이틀전은 쉬는 날이라 근무를 하지 않았고 사고전날은 오전반 근무를 하였으며 이 사건 사고발생 당일인 1989. 2. 21. 은 오후반 근무에 해당되어 14 : 30부터 근무에 임하여 배차받은 버스를 운행하던 중 간경변증 및 식도정맥류파열로 졸도, 입원하게 된 사실,

원고는 소외 회사에 입사할 때 간기능검사를 포함한 정밀신체검사를 받았으나 아무런 이상이 없다는 판정을 받았고 그 동안의 근무중에도 별다른 신체상의 이상을 호소한 일이 없어 위 질병의 정확한 발생원인과 발생일자 등을 알 수 없는 사실,

위 질병은 과로로 인하여 발병되거나 악화될 수도 있으나 다른 요인으로도 발병, 악화될 수 있는 사실 등을 각 인정한 다음 위 인정사실에 의하면, 일반적으로 버스운전업무 자체는 육체적, 정신적으로 다소 긴장을 요하는 업무라 할 것이지만 소외 회사운전사의 위와같은 근무형태로 보아 그러한 정도는 그 업무가 질병을 유발 또는 악화시킬 정도로 과중한 것으로 보여지지 않는 데다가 원고는 위 발병확인무렵에도 통상의 예에 따라 근무하였을 뿐 특별히 과중한 업무를 수행하지도 않았으며, 설령 소외회사의 운전업무가 운전사에게 다소 긴장을 요하는 업무라 할 것이지만 소외 회사 운전사의 위와같은 근무형태로 보아 그러한 정도는 그 업무가 질병을 유발 또는 악화시킬 정도로 과중한 것으로 보여지지 않는 데다가 원고는 위 발병확인무렵에도 통상의 예에 따라 근무하였을뿐 특별히 과중한 업무를 수행하지도 않았으며, 설령 소외회사의 운전업무가 운전사에게 다소 과로를 줄 정도의 업무이었다 할지라도 원고는 위 발병확인 당시 소외회사에 입사한지 3개월 남짓밖에 경과되지 않아 그 기간동안의 업무만으로 위와같은 질병이 유발 또는 악화되리라고 보기 어렵다 할 것이므로 그러한 점들에 비추어 볼 때 원고의 위 질병은 소외 회사의 버스 운전사로 종사하던 중 업무상의 과로로 인하여 발생한 것으로 단정하기는 어렵다고 판단하여 원고의 이 사건 청구를 배척하였다.

2. 산업재해보상보험법 제3조 제1항에서 말하는 "업무상 재해"라 함은 근로자가

업무수행중 그 업무로 기인하여 발생한 근로자의 부상, 질병, 신체장해 또는 사망을 뜻하는 것이므로 업무와 재해발생과의 사이에 상당인과관계가 있어야 하는 것이지만 그 재해가 업무와 직접 관련이 없는 기존의 질병이더라도 업무상의 정신적, 육체적 과로가 질병의 주된 발생원인에 겹쳐서 질병을 유발 또는 악화시켰다면 그 인과관계가 있다고 보아야 할 것이고, 또한 과로로 인한 질병에는 평소에 정상적인 근무가 가능한 기존질병이 업무의 과중으로 그 질병의 자연진행정도를 넘어 급속히 악화된 경우까지도 포함한다고 할 것이며(당원 1991. 4. 12. 선고, 91누476판결 참조), 업무와 질병 사이의 상당인과관계의 유무는 보통 평균인이 아니라 당해 근로자의 건강과 신체조건을 기준으로 하여 판단하여야 할 것이다(당원 1991. 9. 10. 선고, 91누5433판결 : 1991. 11. 8. 선고, 91누3314판결 등 참조).

그리고 여러 개의 사업장을 옮겨 다니며 근무한 근로자가 업무상의 질병에 걸리고 그 2이상의 사업장에 당해 질병이 발생할 우려가 있는 업무에 종사하고 있었던 경우에 있어서의 업무상 질병을 인정할 때는 당해 근로자가 복수의 사용자 아래서 경험한 모든 업무를 포함시켜 그 자료로 삼아야 하고 근로자가 산업재해보상보험법상의 보험급여를 받을 권리(수급권)은 같은 법 제1조가 정하고 있는 목적과 같은 법 제9조가 정하고 있는 지급사유 및 산업재해보상보험제도의 본질에 비추어 산업재해보상보험의 보험가입자인 사업주와 근로계약관계의 존재를 전제로 하여 업무상 재해가 생겼을 때 자동적으로 발생하며, 같은 법 제16조 제1항은 수급권은 그 퇴직을 이유로 소멸되지 아니한다고 규정하고 있으므로 계약관계종료후에 새로이 발생한 질병 등도 근로계약관계중에 그 원인이 있다고 인정되는 경우에는 수급권이 있다고 할 것이다.

3. 원심이 증거로 든 혜민병원장에 대한 사실조회 결과에 의하면 원고에게 이환된 간경변증의 원인은 알 수 없고 간경변증 환자에게도 식도정맥류가 생겨 여러 원인으로 흔히 파열되어 상부위장관출혈을 일으키나 간경변증은 과로로 인하여 악화될 수 있고 간경변증이 악화됨으로써 식도정맥류 파열이 발생할 확률이 더 많아질 수 있는 것으로 되어 있으며, 갑 제8호증의 1(진단서), 갑 제11호증(승무일정표), 을 제4호증(문답서)의 각 기재와 증이 정덕수의 증언을 종합하면 일반적으로 시내버스운전중에는 정신적, 육체적으로 긴장이 될 뿐더러 원고가 종사한 146번 노선의 시내버스 운전사들은 근무중 식사시간이 5분 내지 10분 정도밖에 되지 않았고 그나마도 거르는 때도 있으며 1주일에 3회씩은 00 : 30경 운전을 끝내고 반대편 버스종점 숙소에서 잠을 자고 04 : 30부터 또 다시 운전을 하는데 운전사 15명이 같은 숙소에서 함께 잠을 자야 하는데다 운전사마다 운행을 마치고 그곳에 돌아오는 시간이 서로 다르기 때문에 위 숙소에서 자는 날은 수면도 제대로 취할 수 없었고 1주일에 1회는 하루반을 계속 근무하게 되어 건강이 정상인 운전사도 몸을 가느지 못할 지경으로 피곤한데,

원고는 이 사건 재해가 발생하기 이틀 전(즉 11. 19.) 오전부터 사고 전날 오전까지 계속 하루 반을 운전업무에 종사한 사실(원심은 사고 이틀 전은 쉬는 날이라 근무를 하지 않았다고 인정하고 있으나 여기서 이틀 전이란 11. 18을 두고 하는 말인 것 같다) 등을 인정할 수 있고, 원심이 배척하지 아니한 을 제5호증의 1(문답서)의 기재

에 의하면 이 사건 재해발생 당시의 소외 범양여객자동차주식회사 노무과장 엄재웅은 원고가 입사시에 간에 대한 건강진단이 되어 있지 않으 진단서를 제출하여 그 이상 유무를 확인하 수 없었고, 원고는 몸이 좋지 않아서 가끔 치료를 받는다고 배차주임으로부터 들었으며, 원고가 이 사건 재해발생 후 세브란스병원에서 최초진단을 받을 때 주치의 한광협에게 가끔 수혈을 받은 적이 있다고 말하였다고 들었으나 원고가 이 사건 재해발생시까지 자기의 주어진 근무시간을 시켜서 운전업무를 수행하였다는 것이고, 갑 제8호증의 1, 2(각 진단서)의 기재와 증인 정덕수의 증언에 의하면 원고는 이 사건 재해가 발생한 다음달 15. 까지 입원치료를 받고 병세가 현저히 호전되었으나 그 후에도 식도정맥류 파열과 상부위장관출혈 증세가 거듭 발생하여 1989. 12. 12부터 같은 달 26일까지, 1990. 2. 27일부터 같은 해 4. 16까지, 그리고 같은 해 10. 8부터 해 10. 20까지 입원치료를 받는 등 건강이 현저히 악화되었다는 것이며, 한편 원고는 원심 제9차 변론기일에 진술된 1991. 7. 26자 준비서면에서 이 사건 재해가 발생하기 이전에도 1974. 8. 1부터 1989. 9. 20까지 소외 양성운수에서 1983. 9. 25부터 1984. 9. 20까지 소외 정우개발주식회사에서 1985. 4. 1부터 1년간 소외 신장운수주식회사에서 종사하였고, 1986. 9. 1부터 1987. 5. 1까지 소외 범양여객자동차주식회사에서 같은 해 8. 1부터 1년간 소외 대성운수주식회사에서 시내버스 등의 운전업무에 종사하였는데 위 운송사업체들은 모두 산업재해보상보험의 보험가입자로서 위 여러 버스운송사업체의 운전사로 근무하여 오면서 누적된 과로로 간경변증 및 식도정맥류파열 등으로 토혈을 하고 졸도를 하게 된 한 원인이 되었다는 취지로 주장하고 있다.

그렇다면 이 사건의 경우에 원고에게는 업무수행과 관련이 없는 기존질병으로 간경변증이 있었고 이로 인하여 출혈현상이 더러 있기는 하였어도 이 질환으로 원고가 정상적으로 운전업무를 수행하는 데 지장을 줄 정도는 아니었다고 보여지고, 한편 시내버스 운전이 보통 평균인에게는 과중한 업무가 아니라고 하더라도 그 운전업무 자체는 정신적 육체적 긴장을 수반하는 것이므로 원고가 그 주장과 같이 종전에 다른 여러 버스운송사업체를 전전하면서 시내버스 운전을 계속하여 왔다면 그로 인하여 축적된 피로와 이 사건 재해발생 당시 종사한 노선의 시내버스 운전업무에 종사함에 있어서 불규칙적으로 교대되는 근무와 휴무의 일자 및 그 시간대, 고루지 못하고 짧은 식사시간, 숙면시간의 태부족 등 열악한 업무여건에서 축적된 피로가 원고의 건강과 신체조건으로 보아서는 과로의 원인이 되었다고 볼 여지도 있다 할 것이고 따라서 원고에게 운전업무 이외에 다른 사유가 인정되지 않는 한 위 과로가 적어도 다른 주된 원인과 겹쳐서 정상근무를 불가능하게 할 정도로 원고의 간경변증을 그 자연진행 정도보다 급속히 악화시켰고 이로 인하여 식도정맥류파열이 촉진 유발되었다고 할 수도 있을 것이다.

따라서 원심이 업무와 원고의 질병인 위 간경변증 및 식도정맥류파열과 사이에 상당인과관계가 있는지의 여부를 판단함에 있어서는 원고의 건강과 신체조건을 기준으로 하여 원고가 이 사건 재해발생 당시 근로관계를 맺고 있던 소외 범양여객자동차주식회사에서 근무한 기간동안 종사한 운전업무의 근무형태의 내용에 대하여 더

자세히 심리하여 위와같은 업무가 과도의 정신적 또는 육체적 부담을 수반하는 것으로써 과로의 원인이 되고 이것이 간경변증을 악화시키는 요인으로 함께 작용하였는지의 점까지 밝혀보고 원고가 그 이전에 다른 운송사업체에서 근무하였는지의 여부와 그 운송사업체가 산업재해보상보험의 보험가입자였는지의 여부 및 근무하였다면 그 기간과 업무내용에 미루어 그것이 원고에게 과도의 정신적, 육체적 부담을 수반하는 업무로서 과로의 원인이 되고 이것이 간경변증을 악화시키는 한 원인으로 함께 작용하였는지의 여부에 관하여도 심리판단하였어야 옳을 것임에도 불구하고 이에 이르지 아니한 채, 판시와 같은 이유만으로 원고의 주장을 배척한 것은 산업재해보상보험법상의 업무상 재해에 관한 법리를 오해하여 심리를 다하지 아니하고 판단을 유탈함으로써 판결에 영향을 미쳤다고 하지 않을 수 없다.

이 점을 지적하는 주장은 이유 있다.

그러므로 나머지 상고이유에 관한 판단을 생략한 채 원심판결을 파기하고, 사건을 원심법원에 환송하기로 관여법관의 의견이 일치되어 주문과 같이 판결한다.

대법관 김용준(재판장), 최재호, 윤관, 김주한

● 요양불승인 처분취소

대법원 제2부. 1992. 5. 12. 판결. 91누10022 파기환송

판 시 사 항

◉ 산업재해보상보험법 제3조 제1항 소정의 "업무상의 재해"가 질병인 경우 업무와 질병 사이에 상당인과관계의 존재에 관한 입증책임의 소재 및 필요한 입증의 정도

◉ 제판실에서 근무하던 근로자의 기관지 천식의 정확한 원인규명이 의학적으로 증명되지 아니하였다 하더라도 제판실에서의 작업과정에서 발생한 크롬가스 등에 의하여 유발되었다고 추단할 수 있어 위 질병과 업무수행 사이에는 상당인과관계가 있다고 보는 것이 옳을 것이라고 한 사례

판 결 요 지

가. 산업재해보상보험법 제3조 제1항 소정의 "업무상의 재해"라 함은 근로자가 업무수행중 그 업무에 기인하여 발생한 재해를 말하는 것이므로 그 재해가 질병인 경우에는 업무와 질병 사이에 상당인과관계가 있어야 하고, 이 경우 근로자의 업무와 질병 간의 인과관계에 관하여는 이를 주장하는 측에서 입증하여야 하는 것이지만, 그 인과관계는 반드시 의학적, 자연과학적으로 명백히 입증되어야만 하는 것은 아니고, 근로자의 취업 당시의 건강상태, 작업장에 발 원인물질이 있었는지의 여부, 발병 원인물질이 있는 작업장에서의 근무기간, 근무부서를 옮긴 후의 증세의 감소 여부 등 제반사정을 고려할 때 업무와 질병 사이에 상당인과관계가 있다고 추단되는 경우에도 그 입증이 있다고 보아야 할 것이다.

나. 원고가 제판실에서 약 13년

간 근무하던 중 기관지천식이 발병하였는바, 제판실에서의 작업과정에서 크롬가스 등이 발생하게 되고 이는 기관지천식을 유발할 수 있는 것이고, 원고는 위 제판실에서의 근무시작 당시 기관지천식의 증세가 없었는데 제판실에 근무하던 동안 기관지천식이 있었고 다른 근무부서로 옮긴 후에는 그 증세가 감소되었다는 것이라면, 비록 기관지천식이 크롬가스 등 외에도 수많은 물질들에 의하여서도 유발될 수 있고, 원고의 기관지천식의 정확한 원인규명이 의학적으로 증명되지 아니하였다 하더라도 원고가 기관지천식을 유발하는 다른 물질에 노출되었다는 특단의 사정을 엿볼 수 없다면 원고의 위 기관지천식은 위 회사 제판실에서 작업과정에서 발생한 크롬가스 등에 의하여 유발되었다고 추단할 수 있고, 따라서 위 질병과 업무수행 사이에는 상당인과관계가 있다고 보는 것이 옳을 것이라고 한 사례.

참조조문 가. 나. 산업재해보상보험법 제3조 제1항
가. 행정소송법 제26조〔입증책임〕

참조판례 가. 대법원 1989. 7. 25. 88누10947판결
나. 대법원 1992. 2. 25. 91누8586판결

당 사 자 원고, 상고인 한성균
소송대리인 변호사 윤종현 외3인
피고, 피상고인 서울관악지방노동사무소장

원심판결 서울고등법원 1991. 8. 22. 91구2863판결

주 문 원심판결을 파기하고 사건을 서울고등법원에 환송한다.

이 유

상고이유를 판단한다.

원심판결 이유에 의하면, 원심은 원고가 1969. 5. 9. 소외 국정교과서주식회사에 입사하여 1970. 12. 30. 경부터 위 회사 제판실에서 근무하던 중 1984. 2. 15. 기관지천식이 발병하였는바, 위 제판실에서의 작업과정에서 크롬가스 등이 발생하게 되고 이는 기관지천식을 유발할 수 있으며, 원고는 위 제판실에서의 근무시작 당시 기관지천식의 증세가 없었고, 원고가 다른 근무부서로 옮기 후에는 기관지천식의 증세가 감소된 사실, 그런데 기관지천식은 위 크롬가스 등 외에도 니켈, 백금 등 금속과 기타 수많은 화학물이나 유기물에 의하여서도 유발될 수 있고, 원고의 위 기관지천식의 원인은 밝혀지지 아니한 사실을 인정한 후, 위와같은 기관지천식이 수많은 종류의 금속, 화학물, 유기물 등에 의하여 유발될 수 있고, 원고의 기관지천식의 원인이 밝혀지지 아니한 이상, 원고가 기관지천식의 한 원인이 될 수 있는 크롬가스 등이 발생하는 위 회사 제판실에서 장기간 근무하였고, 제판실에 근무하기 전에는 기관지천식증세가 없었으며, 근무부서를 옮긴 후에는 그 증세가 감소되었다는 사정만으로는 원고의 기관지천식이 제판실에서의 근무와 상당인과관계가 있다고 단정할 수 없다 하여 피고의 이 사건 요양 불승인 처분을 적법하다고 판단하고 있다.

그러나 산업재해보상보험법 제3조 제1항

소정의 "업무상의 재해"라 함은 근로자가 업무수행중 그 업무에 기인하여 발생한 재해를 말하는 것이므로 그 재해가 질병인 경우에는 업무와 질병 사이에 상당인과관계가 있어야 하고, 이 경우 근로자의 업무와 질병간의 인과관계에 관하여는 이를 주장하는 측에서 입증하여야 하는 것이지만, 그 인과관계는 반드시 의학적, 자연과학적으로 명백히 입증되어야만 하는 것은 아니고, 근로자의 취업 당시의 건강상태, 작업장에 발병 원인물질이 있었는지의 여부, 발병 원인물질이 있는 작업장에서의 근무기간, 근무부서를 옮긴 후의 증세의 감소여부 등 제반사정을 고려할 때 업무와 질병 사이에 상당인과관계가 있다고 추단되는 경우에도 그 입증이 있다고 보아야 할 것이다.

원심이 원고의 기관지천식의 원인이 밝혀지지 아니하였다고 판단한 것은 의사작성일 작성의 을 제4호증의 3(소견서)과 세브란스병원 의사 홍천수 작성의 을 제2호증의 2, 4(진단서, 소견서)에 근거한 것으로 보이는바, 그 내용은 요컨대 원고의 천식이 직업성인지 아닌지 여부를 알 수 없다는 의학적 소견에 불과한 것이다.

원심이 인정하고 있는 바에 의하더라도 원고는 1970. 12. 30경부터 약 13년간 위 회사 제판실에서 근무하던 중, 1984. 2. 15경 기관지천식이 발병하였는바, 위 제판실에서의 작업과정에서 크롬가스 등이 발생하게 되고, 이는 기관지천식을 유발할 수 있는 것이고, 원고는 위 제판실에서의 근무시작 당시 기관지천식의 증세가 없었는데 제판실 근무하는 동안에 위와같이 기관지천식이 있었고, 다른 근무부서로 옮긴 후에는 그 증세가 감소되었다는 것인바, 위와 같은 사실관계에 비추어 볼 때 비록 기관지천식이 위 크롬가스 등 외에도 판시와 같은 수많은 물질들에 의하여서도 유발될 수 있고, 원고의 기관지천식의 정확한 원인규명이 의학적으로 증명되지 아니하였다 하더라도 원고가 기관지천식을 유발하는 다른 물질에 노출되었다는 특단의 사정을 엿볼 수 없는 이 사건에 있어서는 원고의 위 기관지천식은 위 회사 제판실에서의 작업과정에서 발생한 크롬가스 등에 의하여 유발되었다고 추단할 수 있고, 따라서 원고의 위 질병과 업무수행 사이에는 상당인과관계가 있다고 보는 것이 옳을 것이다.

원심이 이와달리 원고의 이 사건 질병과 업무와의 사이에 상당인과관계가 있다고 단정할 수 없다고 판단하고 말았음은 산업재해보상보험법 제3조 제1항 소정의 "업무상 재해"의 인과관계에 관한 법리를 오해하거나, 이 점에 관한 심리를 다하지 아니한 위법의 소치라 할 것이다. 이 점을 지적하는 논지는 이유 있다.

그러므로 원심판결을 파기하고 사건을 원심법원에 환송하기로하여 관여법관의 일치된 의견으로 주문과 같이 판결한다.

대법관 김주한(재판장), 최재호, 윤관, 김용준

● 요양불승인 처분취소

대법원 제2부, 1992.4.14.판결, 91누10015 상고기각

판 시 사 항

◉ 산업재해보상보험법 제3조 제1항 규정된 "업무상의 사유에 의한 근로자의 질병"의 의의 및 과로로 인한 질병에 평소에 정상적인 근무가 가능한 기초질병이나 기존질병이 업무의 과중으로 급속히 악화된 경우까지도 포함되는지 여부(적극)

◉ 운전 및 영업직을 겸임하는 사원이 원래는 건강하였으나 격무로 인한 심신의 피로로 고혈압증세를 가지게 되고 계속되는 과로로 뇌경색증이 발병된 경우 이를 업무상의 질병으로 본 사례

판 결 요 지

가. 산업재해보상보험법 제3조 제1항 소정의 "업무상의 사유에 의한 근로자의 질병"이라 함은 그 질병이 근로자의 업무수행 중 그 업무에 기인하여 발생한 질병을 의미하는 것이므로 업무와 질병과의 사이에 인과관계가 있어야 하지만, 질병의 주된 발생원인이 업무수행과 직접적인 관계가 없더라도 적어도 업무상의 과로가 질병의 주된 발생원인에 겹쳐서 질병을 유발 또는 악화시켰다면 그 인과관계가 있다고 보아야 할 것이고, 또한 과로로 인한 질병에는 평소에 정상적인 근무가 가능한 기초질병이나 기존질병이 업무의 과중으로 급속히 악화된 경우까지도 포함된다.

나. 운전 및 영업직을 겸임하는 사원이 원래는 건강하였으나 격무로 인한 심신의 피로로 고혈압증세를 가지게 되고 계속되는 과로로 뇌경색증이 발병된 경우 근로자의 질병이 업무수행중에 발생한 것이 아니라 하더라도, 업무상의 과로가 그 질병의 발생원인이 된 이상, 이를 업무상의 질병으로 보아야 한다고 한 사례.

참조조문 산업재해보상보험법 제3조 제1항

참조판례 가. 나. 대법원 1991. 1. 11. 90누8275판결
가. 대법원 1989. 11. 14. 89누2318판결
1990. 2. 13. 89누6990판결
1990. 9. 25. 90누2727판결
나. 대법원 1986. 9. 23. 86누176판결
1991. 4. 12. 91누476판결
1991. 10. 22. 91누4751판결

당 사 자 원고, 피상고인 김진동
피고, 상고인 의정부지방노동사무소장

원심판결 서울고등법원 1991. 8. 22. 91구3439판결

주 문 상고를 기각한다. 상고비용은 피고의 부담으로 한다.

이 유

피고소송수행자들의 상고이유에 대하여 판단한다.

원심은 원고가 1987. 3. 1. 경기 양주군 소재 소위 신광정밀주식회사에 입사하여 운전 및 영업직을 겸임하는 사원으로 근무하여 오면서, 통상 매일 07 : 00경 집근처인 서울 성북구 하월곡동 소재 신광금형주식회사(위 소외 회사의 자회사이다)에 가서 봉고차에 서울에 거주하는 직원들을 태우고 08 : 30경에 위 소외회사에 도착하여

출근시키고, 그 후 거래처에 납품할 물품을 창고에서 찾아 포장하여 2.5톤 또는 5톤 트럭에 싣고 11 : 00경 위 소외 회사의 양주공장을 출발하여 원고가 담당하는 서울, 경기도 일원에 있는 거래처에 가서 납품업무를 끝내고, 거래처로부터 원자재를 수령하여 저녁 20 : 00-21 : 00경 위 양주공장에 도착한 후, 다시 서울에 거주하는 직원들을 봉고차로 서울 하월곡동 공장까지 퇴근시켜 준 다음 자신도 퇴근하는 일정으로 근무하면서, 한달에 2,3번 정도는 창원시 소재 거래처에 가서 물품을 납품하여 주어야 했으며, 원고의 담당업무는 근무시간 중에는 대기 등으로 쉬는 시간을 거의 가질 수 없을 정도로 상당한 격무였고, 위 소외 회사의 거래처가 늘어남에 따라 업무부담이 더욱 가중되었던 사실,

위 소외회사에는 원고와 같이 운전 및 영업직을 겸임하는 사원이 원고 이외에 소외 이강윤, 심현철 등 2인이 있었지만, 위 심현철이 1988.12.8 교통사고를 당하여 5일간 결근한 후에도 완치되지 아니하여 거의 일을 하지 못하였고, 위 이강윤은 12. 16 결혼하여 1주일간 휴가를 가는 바람에 원고의 업무가 더욱 늘어나 심신의 피로가 가중되어 있던 차에 원고는 12.29 07 : 00경 평소와 같이 출근하여 일을 마치고 퇴근하여 23 : 00경 집에 도착하여 방에 앉아 과일을 먹으려는 순간 머리가 띵하고 입이 뒤틀리는 등 마비증상이 생겨 병원으로 갔던바, 뇌경색증으로 판명되어 입원치료를 받았으나 완쾌되지 못하였고, 회사에 대하여 눈치가 보여 1989. 7경 오른쪽이 마비된 상태인 채로 복직하여 여공들을 감독하는 가벼운 업무를 하여 오다가, 1989. 8. 10 위 소외회사에서 근무하던 중 뇌경색증이 재발하여 쓰러진 후 아직까지 병세가 호전되지 않고 있는 사실,

원고는 1987. 3. 1 위 소외회사에 입사할 당시는 물론 1987. 11. 28 위 소외회사에서 실시한 건강진단에서도 혈압을 비롯한 신체의 제반 상태가 양호한 것으로 판정받는 등 평소에 건강하였고, 운전을 장시간 하니까 피곤하다는 말을 가끔한 것 외에는 별다른 이상이 없었으며, 1989. 12. 29. 처음 입원하였을 당시에는 혈압이 150/100mmHg로 고혈압증세를 보였고 혈중 콜레스테롤이 정상 상한치를 나타내었던 사실,

뇌경색증의 발생기 전은 분명하지 않지만 주로 고혈압 및 심장질환에 의한 색전증과 동맥경화증에 의한 혈전증에 의하여 발생하고, 기타 심장마비, 과다출혈로 인한 쇼크, 뇌내출혈에 의하여서도 발생할 수 있고, 성별, 연령, 고혈압, 비만, 음주, 육체적 피로 등이 역학적 요소로서 작용할 수 있으므로, 원고가 처음 입원하였을 당시 나타난 고혈압과 고콜레스테롤이 이 사건 뇌경색증의 발병에 중요한 인자가 되었으리라고 추측되는 사실 등을 인정한 다음, 이 인정사실에 의하면 원고는 원래 신체가 건강하였으나 위 소외회사에 입사한 후 격무로 인하여 심신의 피로가 쌓인 나머지 자신도 모르는 사이에 잠복적으로 고혈압증세를 가지게 되었고, 이런 상태에서 계속 과중한 업무부담이 있게 되고 특히 1988. 12에는 다른 두사람 몫의 일까지 떠맡게 됨에 따라 과로의 정도가 더욱 가중됨으로써 이 사건 뇌경색증이 발병되었다고 봄이 상당하고, 가사 원고의 고혈압증세가 업무와 무관한 원고의 식생활, 기호 등의 신체적 조건에 의하여 생긴 것으로 본다고 하더라도, 원고는 그런 잠복적인 기초질병

상태에서 정상적인 근무를 하여 오던 중 계속적인 과중한 업무 부담으로 심신의 피로가 누적됨에 따라 그 증세가 급격히 악화됨으로써 뇌경색증이 발병되었다고 보아야 할 것인바,

산업재해보상보험법 제3조 제1항에 규정된 "업무상의 사유에 의한 근로자의 질병"이라 함은 그 질병이 근로자의 업무수행중 그 업무에 기인하여 발생한 질병을 의미하는 것이므로 업무와 질병과의 사이에 인과관계가 있어야 하지만, 질병의 주된 발생원인이 업무수행과 직접적인 관계가 없더라도 적어도 업무상의 과로가 질병의 주된 발생원인에 겹쳐서 질병을 유발 또는 악화시켰다면 그 인과관계가 있다고 보아야 할 것이고, 또한 과로로 인한 질병에는 평소에 정상적인 근무가 가능한 기초질병이나 기존질병이 업무의 과중으로 급속히 악화된 경우까지도 포함된다고 할 것이므로(대법원 1990. 9. 25. 선고, 90누2727판결 참조),

원고의 위 질병은 그 업무에 기인하여 발생한 업무상의 질병에 해당에 비추어 볼 때 원심의 위와같은 인정판단은 정당한 것으로 수긍이 되고(당원 1991. 1. 11 선고, 90누8275판결; 1991. 4. 12 선고, 91누476판결 등 참조),

원심판결에 채증법칙을 위반하여 사실을 잘못 인정한 위법이나 산업재해보상보험법상의 업무상 재해에 관한 법리를 오해한 위법이 있다고 비난하는 논지는 받아들일 수 없다.

그러므로 피고의 상고를 기각하고 상고비용은 패소자인 피고의 부담으로 하기로 관여법관의 의견이 일치되어 주문과 같이 판결한다.

대법관 윤관(재판장), 최재호, 김주한, 김용준

● 유족보상금 등 지급청구 부결처분취소

대법원 제3부. 1991. 11. 8. 판결. 91누3727 파기환송

판 시 사 항

◉ 질병의 주된 발생원인이 업무와 직접 관련이 없으나 업무상 과로가 질병의 주된 발생원인에 겹쳐서 유발 또는 악화된 경우의 업무와 질병사이의 인과관계 유무(적극)

◉ 업무와 사망 사이의 상당인과관계 유무에 대한 판단기준

◉ 원심이 간경화증이 있는 세무담당자의 수감업무와 사망의 원인이 된 상부위장관출혈 사이의 인과관계를 섣불리 부정하고 업무상 재해가 아니라고 판단함으로써 경험칙에 반한 사실오인, 심리미진의 위법이 저질렀다고 하여 원심판결을 파기한 사례

판 결 요 지

가. 산업재해보상보험법상의 업무상의 재해가 되는 사망은 업무와 사망의 원인이 되는 질병과 사이에 상당인과관계가 있어야 하는 것이지만, 이 경우 질병의 주된 발생원인이 업무와 직접 관련이 없다 하더라도 업무상 과로가 질병의 주된 발생원인이 겹쳐서 유발 또는 악화되었다면 인과관계가 있다고 보아

야 한다.

나. 업무와 사망 사이의 상당인과관계의 유무는 보통 평균인이 아니라 당해 근로자의 건강과 신체조건을 기준으로하여 판단하여야 한다.

다. 회사 세무담당자의 수일간의 출장 등 종합세무감사 수감업무가 보통 평균인에게는 과중한 업무가 아니었다고 하더라도 간경화증이 있던 그의 건강과 신체조건으로 보아서는 과로의 원인이 되었다고 볼 수 있고, 위 과로가 간경화증을 악화시켜 발생한 상부위장관출혈로 인하여 사망하였다면 업무와 사망의 원인이 되는 상부위장관출혈과 사이에 인과관계를 인정할 여지도 있다고 할 것인데도, 원심이 원인관계를 부정하고 업무상 재해가 아니라고 판단함으로써 경험칙에 반한 사실오인, 심리미진의 위법을 저질렀다고 하여 원심판결을 파기한 사례.

참조조문 산업재해보상보험법 제3조 제1항

참조판례 가. 대법원 1991. 2. 22. 90누8817판결
1991. 4. 12. 91누476판결
1991. 10. 22. 91누4751판결
1991. 11. 8. 91누3307판결(동지)
나. 대법원 1991. 9. 10. 91누5433판결

당 사 자 원고, 상고인 남인순
소송대리인 변호사 한병식
피고, 피상고인 서울지방노동청장

원심판결 서울고등법원 1991. 4. 4. 90구19314판결

주 문 원심판결을 파기하고, 사건을 서울고등법원에 환송한다.

이 유

원고 소송대리인의 상고이유에 대하여

원심판결 이유에 의하면 원심은 그 증거에 의하여 원고의 남편인 망 장래헌은 1944. 1. 3생으로서 1978. 8. 18 대한통운주식회사에 입사하여 주로 경리 및 세무업무를 담당하여 오면서 1989. 8. 18 부터 위 회사 경리부 세무담당차장 직무대행으로 근무해 오던 자인바, 1985. 2. 경 늑막염을 앓았고 1986년에는 간경화 판정을 받았으며 1987년부터는 매년 1개월 가량 간경화증으로 이 사건 재해시까지 입원치료를 받아 왔는데, 1987년 서울대학병원에 입원하면서부터 건강상태가 급격히 나빠져 퇴원후에는 근무시간 중에도 하루 1~2회 30분 내지 1시간 가량 수면을 취할정도였지만 당시만 해도 근무상태는 양호한 편이었으나 1988년 입원치료후 부터는 신체의 피로회복이 더 늦어져 오전 근무 또는 오후 4~5시경 퇴근하는 사례가 점차 늘었으며 근무능력과 근무의욕이 매우 저하되었고, 이런 상태는 1989년에 들어서도 계속 되어 자신의 건강상태 신경에 예민하여졌고 매월하는 검사의 수치가 나쁜 경우에는 일찍 퇴근하거나 사무실에서 휴식 또는 수면을 취하는 상태로 직장과 동료직원들의 배려아래 어렵게 근무하여 왔던 사실,

그러던 중 1989. 9. 30경 국세청으로부터 1989. 10. 16부터 11. 30까지 1984,

1985. 회계년도에 대한 종합 세무감사가 있다는 통보를 받은 위 회사가 위 망인을 세무감사 차상급 수감책임자로 지정하자 위 망인은 건강문제로 적지 아니한 걱정을 안은 상태에서 그 무렵부터 부하 직원들과 함께 세무관련 장부를 정비하는 등 세무감사 수감준비에 평소보다 다소 바쁜 시간을 보내었고, 1989. 10. 16 감사가 시작되자 같은 해 11. 5까지 서울 본사에서 통상 근무시간에 수감업무에 종사하다가 같은해 11. 6부터 국세청 감사반의 일부가 위 회사 부산지사에 대한 검사를 하게 되자 본사로부터 부산 출장을 명 받아 같은날 11. 6 15 : 30경 부산지사에 도착하여 수감장소를 점검한 후, 그 이튿날인 같은해 11. 7부터 같은해 11. 9까지 정상근무시간중 직접 수감은 당시 경리부 회계 차주계 과장으로 있던 소외 조춘영이 받고 위 망인은 수검 대기업무에 종사하여 왔는데, 같은 해 11. 9 18 : 00경 수감업무를 마치고 저녁을 먹은 다음 숙소로 오던 중 구토를 하여 다음날 아침 병원에서 치료를 받았으나 그 후에도 계속 구토가 나고 출혈까지 있는 등 병세가 호전되지 아니하여 11. 12 06 : 40경 서울대학병원으로 옮겨 치료를 받았으나 11. 20 07 : 50경 직접사인은 상부위장관 출혈(간경화에 의한 식도 정맥류 파열로 인한 대량 출혈), 선행사인은 간경화증으로 사망한 사실,

위 망인의 지병은 비(B)형 간염 바이러스감염에 의해 급성간염, 만성간염의 경과를 거쳐 간경화로 진행된 것인데, 간경화의 악화로 간문맥압이 항진되게 되는 경우 식도 정맥류의 파열이 발생하는 것으로서 이것은 간경화의 정도와 관련이 깊고, 간경화증은 상태에 따라 무리한 일이 병의 경과를 보다 빨리 악화시킬 수 있는 사실을 인정할 수 있고 달리 반증이 없다고 한 다음,

위 인정사실에 의하면, 평소 건강문제로 고심하고 있던 위 망인이 이 사건 재해를 당할 즈음 세무조사 수감준비 및 수감업무에 종사함에 있어 어느 정도의 정신적 긴장과 부담감이 있었고 또 수감준비에 있어 평소보다 다소 중한 업무부담이 있었다고 하더라도 이 사건 재해 전후의 업무내용, 업무시간 및 특히 1989. 10. 16부터 시작한 수감업무의 수행이 통상의 수준이었다고 판단되는 점에 비추어 볼 때 정신적, 육체적 과로를 초래할 만한 업무과중이 있었다고 볼 수 없고,

여기에 위 망인이 당시 심한 간경화증세로 인하여 정상적인 근무수행이 매우 어려웠던 상황을 아울러 고려하여 보면, 위 망인의 사망을 직무상 과로로 인하여 기초질병인 간경화증이 자연적 경과보다 더 빨리 악화되어 사망에 이른 것으로 인정하기는 곤란하고, 오히려 장기간에 걸쳐 간경화증이 자연적 진행상태를 거쳐 악화됨으로써 사망한 것으로 봄이 상당하다고 할 것이므로 위 망인의 사망이 산업재해보상보험법상의 사망이 아니라고 한 이 사건 부결처분은 적법하다고 판단하였다.

산업재해보상보험법상의 업무상의 재해가 되는 사망은 업무와 사망의 원인이 되는 질병과 사이에 상당인과관계가 있어야 하는 것이지만 이 경우 질병의 주된 발생원인이 업무와 직접 관련이 없다 하더라도 업무상의 과로가 질병의 주된 발생원인에 겹쳐서 유발 또는 악화되었다면 인과관계가 있다고 보아야 할 것이고(당원 1990. 12. 7 선고, 90누4983판결 ; 1991. 2. 22선고, 90누

8817판결 등 참조), 또 업무와 사망 사이의 상당인과관계의 유무는 보통 평균인이 아니라 당해 근로자의 건강과 신체조건을 기준으로 하여 판단하여야 할 것이다(당원 1991. 9. 10 선고, 91누5433판결 참조).

원심이 확정한 바에 의하면, 망인의 직접사인은 상부위장관출혈이고, 선행사인은 간경화증인데, 간경화증은 상태에 따라 무리한 일로 인하여 병의 경과를 더 빨리 악화시킬 수 있고, 한편 위 망인은 위 종합세무감사의 준비 및 시행 이전에는 그의 지병인 간경화증 때문에 직장과 동료직원들의 배려 아래 어렵게 근무하여 왔으나 위 수감업무 때문에 평소와 달리 정신적 긴장과 부담감을 가지고 본사 및 출장근무를 여러 날 하였다는 것이므로, 위와 같은 업무가 보통 평균인에게는 과중한 업무가 아니었다고 하더라도 위 망인의 건강과 신체조건으로 보아서는 과로의 원인이 되었다고 볼 수 있을 것이고, 나아가 위 과로가 망인의 선행사인인 간경화증을 악화시켜 직접사인인 상부위장관출혈을 야기시켰다면 업무와 사망의 원인이 되는 상부위장관출혈과 사이에 인과관계를 인정할 여지도 있다고 할 것이다.

그러함에도 불구하고 원심은 위 망인의 수감업무의 수행이 통상의 수준이었다고 판단되는 점에 비추어 볼 때 이 사건 재해 당시 망인에게 정신적, 육체적 과로를 초래할만한 업무과중이 있었다고 볼 수 없고,

위 망인의 사망은 장기간에 걸쳐 간경화증이 자연적인 진행상태를 거쳐 악화됨으로써 사망한 것이라고 선불리 단정하고 업무상의 재해가 아니라고 판단하였으니 원심판결에는 경험칙에 반하여 사실을 오인하고, 심리를 제대로 하지 아니하는 위법이 있다고 아니할 수 없다.

논지는 이유 있다.

이상의 이유로 원심판결을 파기하고 사건을 원심법원에 환송하기로 하여 관여법관의 일치된 의견으로 주문과 같이 판결한다.

대법관 윤영철(재판장), 박우동, 김상원, 박만호

● 유족보상금 등 지급청구 부결처분취소

대법원 제2부, 1991. 10. 22. 판결, 91누4751 상고기각

판 시 사 항

◉ 만성간질환이 있던 영업사원이 과중한 업무로 인한 정신적, 육체적 과로의 누적으로 말미암아 본사의 직원들에게 저녁식사를 대접하고 나오던 중 쓰러져 간경변증으로 인한 위장정맥류의 파열로 사망하였다면 업무상의 재해에 해당한다고 본 사례

판 결 요 지

재해인 질병의 주된 발생원인이 업무와 직접 관련이 없다고 하더라도, 업무상의 과로가 질병의 주된 발생원인에 겹쳐서 유발 또는 악화된 경우에도 업무와 사망의 원인이 되는 질병사이에 인과관계가 있다고 할 것이고, 그와같이 업무상의 과로가 그 원인이 된 이상 그 발병 및 사망장소가 사업장 밖이었고 업

무수행중에 발병, 사망한 것이 아니라고 할지라도 업무상의 재해로 보아야 할 것인바, 만성간질환이 있던 영업사원이 평소의 과중한 업무로 인한 정신적, 육체적 과로의 누적으로 말미암아 기존질병인 간질환이 급속도로 악화되었는데다가, 사망할 무렵 본사의 영업실적의 평가에 대한 정신적 부담 및 육체적 과로가 가중되어 위 증세를 더욱 악화시킴으로써 본사의 직원들에게 저녁식사를 대접하고 나오던 중 쓰러져 입원치료를 받다가 간경변증으로 인한 위장정맥류의 파열로 사망하였다면 이는 업무상의 재해에 해당한다.

참조조문 산업재해보상보험법 제3조 제1항

참조판례 대법원 1986. 9. 23. 86누176판결
1990. 9. 25. 90누2727판결
1991. 4. 12. 91누476판결

당 사 자 원고, 피상고인 조명숙
소송대리인 변호사 이경우
피고, 상고인 서울지방노동청장

원심판결 서울고등법원 1991. 5. 10. 90구9737판결

주 문 상고를 기각한다. 상고비용은 피고의 부담으로 한다.

이 유

피고소송수행자들의 상고이유에 대하여 판단한다.

원심은 원고의 남편인 소외 망 박병근이 1987년초 동양화학공업주식회사에 입사하여 1989. 10. 31. 사망할 당시 자동화사업부 영업2과 차장으로 근무하고 있었는데, 회사의 영업실적을 달성하기 위하여는 거래처간부들과 계속적인 유대관계를 맺지 않을 수 없어, 구매상담 및 계약체결 등을 위한 구매상담자의 접대 등을 하느라고 퇴근시간인 19 : 00경에 퇴근하지 못하고 23 : 00무렵에야 귀가하는 일이 많았고, 바쁠때는 일요일에도 종종 근무하기도 하는 등으로 과로가 누적되어 왔으며,

특히 1989. 10경부터는 그 달 말경 있게 될 영업실적의 평가에 대비하여 영업실적의 달성을 위한 각별한 노력을 기울여 오던 중, 1989. 10. 25에는 오전 및 오후에 걸쳐 미국 본사에서 영업실적을 파악하기 위하여 온 직원들과의 회의를 위한 준비 및 그 회의의 진행 등을 한 후, 18 : 30경 회사의 이사들과 함께 일식집에서 미국 본사의 직원들에게 저녁식사를 대접한 후 나오던 중 쓰러져 서울대학교병원에 입원치료를 받다가 10. 31 사망한 사실,

그 직접사인은 위장정맥류출혈 및 복막내출혈이고 선행사인은 간경변증인 사실, 위 망인은 그 전부터 만성간질환의 질병이 있어 약을 복용하고 있었는데, 특히 1989. 7. 14에는 서울대학교병원에서 위 질병으로 향후 지속적인 관찰 및 휴양을 요한다는 진단을 받은 바 있고,

1989. 7경에는 정신적 · 육체적 과로를 감당하기 어렵다는 이유로 회사에 사표를 제출하였다가 반려된 적도 있는 사실, 간질환은 정신적 · 육체적 과로로 악화될 수 있고, 특히 악화된 상태에서의 심한 과로의 누적은 위장정맥류의 출혈을 발생시킬 수 있는 사실 등을 인정한 다음,

위 인정사실에 의하면 위 망인은 평소 영업사원으로서의 과중한 업무로 정신적·육체적으로 과로한 상태에 있었고, 그러한 과로의 누적으로 말미암아 기존질병인 간질환이 급속도로 악화되어 있었는데, 사망할 무렵에는 미국본사의 영업실적의 평가에 대한 정신적 부담 및 육체적 과로가 가중되어 위 증세를 더욱 악화시킴으로써 간경변증으로 인한 위장정맥류의 파열로 사망하였다고 보아야 할 것인바,

산업재해보상보험법 제3조 제1항 소정의 "업무상의 재해"라 함은 근로자가 업무수행중 그 업무에 기인하여 발생한 재해를 말하는 것이므로, 그 재해가 질병으로 인한 사망인 경우에는 업무와 사망의 원인이 되는 질병 사이에는 인과관계가 있어야 하는 것이지만, 이 경우 질병의 주된 발생원인이 업무와 직접 관련이 없다고 하더라도, 업무상의 과로가 질병의 주된 발생원인에 겹쳐서 유발 또는 악화된 경우까지 포함된다고 할 것이며,

그와같은 업무상의 과로가 그 원인이 된 이상 그 발병 및 사망장소가 사업장밖이었고 업무수행중에 발병, 사망한 것이 아니라고 할지라도 업무상의 재해로 보아야 할 것이므로(대법원 1986. 9. 23. 선고, 86누176판결; 1990. 9. 25. 선고, 90누2727판결 등 참조), 위 망인의 위와같은 사망은 업무상의 재해로 인정함이 상당하다고 할 것이라고 판단하였다.

관계증거 및 기록과 관계법령의 규정내용에 비추어 볼 때, 원심의 위와같은 사실인정과 판단은 정당한 것으로 수긍이 되고, 원심판결에 소론과 같은 심리를 제대로 하지 아니한 채 채증법칙을 위반하여 사실을 잘못 인정한 위법이나 산업재해보상보험법 제3조 제1항 소정의 업무상의 재해에 관한 법리를 오해한 위법이 있다고 볼 수 없으므로, 논지는 이유가 없다.

그러므로 피고의 상고를 기각하고 상고비용은 패소자인 피고의 부담으로 하기로 관여법관의 의견이 일치되어 주문과 같이 판결한다.

대법관 윤관(재판장), 최재호, 김주한, 김용준

● 유족보상금 지급청구 부결처분 취소

대법원 제1부. 1991. 9. 10. 판결. 91누5433 파기환송

판 시 사 항

◉ 업무상 재해의 요건인 업무수행성 및 업무기인성의 판단기준

◉ 주야간이 뒤바뀌는 근무형태로 축적된 피로가 망인의 건강과 신체조건으로 보아 과로원인이 될 수 있다면 망인의 사인인 급성심장사가 위 근무형태로부터 온 과로에 기인한 것이라고 볼 여지가 있다고 한 사례

판 결 요 지

가. 업무상 재해의 요건인 업무수행성은 반드시 근로자가 현실적으로 업무수행에 종사하는 동안만 인정할 수 있는 것이 아니라 사업장에서 업무시간중 또는 그 전후에 휴식하는 동안에도 인정할 수 있는 것이고 또 업무기인성을 판단함에 있어서 업무와 사망 사이의 상당인과관계유무는 보통평균인이 아니

라 당해 근로자의 건강과 신체조건을 기준으로 하여 판단하여야 할 것이다.

나. 망인이 사망 당시 현실적으로 작업에 종사중이 아니었고 또 망인이 담당한 업무가 비교적 힘든 일이 아닐 뿐 아니라 사망할 무렵의 작업시간도 보통평균인에게는 과중한 업무가 아니었다고 하더라도, 망인이 하기휴가를 갔다온 수 8일간을 매일 3시간씩 연장근무를 한 데다가 그 후 2주일간은 매일 8시간씩 주간근무를 하고 그 후부터 사망시까지 1주일 간은 매일 8시간씩 야간근무를 함으로써 이와같이 주야간이 뒤바뀌는 근무형태로 축적된 피로가 망인의 건강과 신체조건으로 보아 과로원인이 될 수 있다면, 망인에게 근무외에 과로원인이 될만한 다른 사유가 인정되지 않는 한 망인의 사인인 급성심장사는 위와같은 근무형태로부터 온 과로에 기인한 것이라고 볼 여지가 있다.

참조조문 산업재해보상보험법 제3조 제1항

참조판례 나. 대법원 1989.10.24.89누1186판결
1990.2.13.89누6990판결

당 사 자 원고, 상고인 장의순
소송대리인 변호사 이상수 외 2인
피고, 피상고인 안양지방노동사무소장

원심판결 서울고등법원 1991.5.16. 90구6424 판결

주 문 원심판결을 파기하고 사건을 서울고등법원에 환송한다.

이 유

원고소송대리인들의 상고이유를 본다.

1. 원심판결 이유에 의하면 원심은 소외 정영수가 1970. 11. 8 소외 주식회사 농심(소외 회사라 한다)에 입사하여 군포시 당정동 203의 1 소재소외회사 공장의 공무과 소속 기능직사원으로 근무하던 중 1989. 8. 27. 04 : 00경 위 공장 공무과 사무실에서 잠자다가 사망한 사실은 당사자 사이에 다툼이 없고,

그 거시증거에 의하면 소외회사 공무과에는 자동기계정비반과 기계정비반이 있고 기계정비반은 에이(A), 비(B), 씨(C)조 및 주간 상주근무자로 나누어 1조의 인원은 8명이고 위 3개조가 1일을 06 : 00부터 14 : 00까지, 14 : 00부터 22 : 00까지, 22 : 00부터 다음날 06 : 00까지로 나누어 1주일 단위로 근무시간을 바꾸어 가며 3교대 근무를 하게 되는데 위 망인은 기계정비반 씨조에 속해 있었던 사실, 위 기계정비반의 업무는 소외회사 공장기계 중 자동기계를 제외한 기계의 정비수리로서 주로 베어링과 콤베어 정비작업이고 그 작업내용도 비교적 작고 간단한 부품교체, 수리 등으로 그리 힘들지 않았고 큰 기계의 설치나 수리는 외부에 용역을 주고 있어서 1개조의 인원만으로도 그 업무를 충분히 수행할 수 있었던 사실,

위 망인도 1989.7.24부터 같은 달 27까지 하기휴가를 보내고 그 다음날부터 같은 해 8.5까지 주간 및 야간근무를 하면서 그

중 8일간은 매일 3시간씩 연장근무를 한 사실,

그뒤 같은달 7. 부터 같은달 19. 까지는 매일 8시간씩 주간근무를 하고 같은달 21. 부터 매일 8시간씩 야간 근무를 한 사실 위 망인의 1989. 7. 1. 부터 같은해 8. 26. 까지 1일 평균 작업시간은 약 5시간 정도에 불과하였고, 사망 당일에는 아무런 작업도 하지 아니한채 위 사무실에서 대기하다가 00 : 00경부터 01 : 00경까지 간식을 한뒤 02 : 00경부터 다른 사원들과 함께 잠을 자다가 앞서 본바와 같이 사망한 사실,

위 망인의 사인은 자연적 급사에 속하는 급성심장사이고 과로도 이를 유발하는 한 요인이 되는데 위 망인의 사체를 부검한 국립과학수사연구소 의사 김상현은 경찰에서 제시된 출근부 및 근무여건을 참조하여 위 망인의 사인을 과로로 인하여 유발된 것으로 본 사실을 인정할 수 있고 달리 반증이 없다고 한 후,

위 인정사실에 의하면 위 망인의 사인을 과로로 유발된 급성심장사로 볼 수 있다 하더라도 위 망인이 담당한 업무가 비교적 작고 간단한 부품의 교체, 수리 등으로 그리 힘들지 않았고 사망할 무렵의 작업시간이 1일 평균 5시간여에 지나지 않았으며, 특히 사망당일에는 아무런 작업도 하지 않았을 뿐더러 사망하기 20일 전쯤 8일간 3시간씩 연장근무를 하였음에 불과하여 주, 야간근무를 바꾸어 반복하는 관계로 일상생활감각이 다소 저해된다고 보여지기는 하나 위 망인의 업무가 과중하였다거나 그로 인하여 과로상태에 있었다고 보기 어려워 위 인정사실만으로는 위 망인의 사망이 업무와 상당인과관계가 있다고 보기에는 부족하고 달리 이를 인정할 증거도 없으므로 위 망인의 사망이 위 근로기준법 및 산업재해보상보험법상의 사망이 아니라고 보고서 한 이 사건 처분은 적법하다고 판단하였다.

2. 그러나 업무상 재해의 요건인 업무수행성은 반드시 근로자가 현실적으로 업무수행에 종사하는 동안만 인정할 수 있는 것이 아니라 사업장에서 업무시간 중 또는 그 전후에 휴식하는 동안에도 인정할 수 있는 것이고 또 업무기인성을 판단함에 있어서 업무와 사망 사이의 상당인과관계 유무는 보통평균인이 아니라 당해근로자의 건강과 신체조건을 기준으로 하여 판단하여야 할 것이다.

원심이 채용한 갑 제6호증(감정서) 기재에 의하면 소외 망 정영수의 사체를 부검한 국립과학수사연구소 의사 김상현은 위 망인의 사인은 급성심장사이고 그 유발원인은 육체적 격동, 정신적 흥분, 기타 등을 예거할 수 있으나 위 망인의 경우 경찰에서 제시한 출근부와 근무여건 등을 참조하여 과로로 인하여 유발된 것으로 감정한 사실이 인정되는 바, 위 감정의 취지는 위 망인의 근무형태가 급성심장사를 유발한 과로의 원인이 될 수 있음을 시사한 것이라고 하겠다.

그렇다면 원심판시와 같이 망인이 사망당시 현실적으로 작업에 종사중이 아니었고 또 망인이 담당한 업무가 비교적 힘든 일이 아닐 뿐 아니라 사망할 무렵의 작업시간도 1일 평균 5시간 정도여서 보통평균인에게는 과중한 업무가 아니었다고 하더라도, 원심이 인정하고 있는 바와 같이 망인이 하기휴가를 갔다온 후 8일간을 매일 3시

간씩 연장근무를 한 데다가 그 후 2주일간은 매일 8시간씩 주간 근무를 하고 그 후부터 사망시까지 1주일간은 매일 8시간씩 야간근무를 함으로써 이와같이 주야간이 뒤바뀌는 근무형태로 축적된 피로가 망인의 건강과 신체조건으로 보아 과로원인이 될 수 있다면, 위 망인에게 근무 외에 과로원인이 될 만한 다른 사유가 인정되지 않는 한 망인의 사인인 급성심장사는 위와같은 근무형태로부터 온 과로에 기인한 것이라고 볼 여지가 있는 것이다.

그러므로 원심으로서는 위 망인에게 근무 외에 과로원인이 될만한 다른사유가 있었는지의 여부와 위에서 본 바와 같은 망인의 사망에 이르기까지의 근무형태가 망인의 건강과 신체조건으로 보아 위 갑 제6호증에서 지적한 과로원인이 될 수 있는지의 여부 등에 관하여 좀 더 심리해 본 연후에 업무기인성의 유무를 판단하였어야 할 것이다.

이점에서 원심판결에는 심리미진을 판결에 영향을 미친 위법이 있고 이 점을 지적하는 논지는 이유있다.

3. 그러므로 원심판결을 파기환송하기로 하여 관여법관의 일치된 의견으로 주문과 같이 판결한다.

대법관 배만운(재판장), 이회창, 이재성, 김석수

● 유족급여등 부지급 처분취소

대법원 제1부, 1991. 8. 27. 판결, 91누5013 상고기각

판 시 사 항

◉ 사인이 분명하지 않은 사건에서 근로자의 사망이 업무수행중 일어났다 하여도 이를 업무로 기인한 사망으로 추정된다고 볼 수 없다고 한 원심의 조치를 수긍한 사례

판 결 요 지

사인이 분명하지 않은 사건에서 근로자의 사망이 업무수행중 일어났다 하여도 이를 업무로 기인한 사망으로 추정된다고 볼 수 없다고 한 원심의 조치를 수긍한 사례

참조조문 행정소송법 제26조〔입증책임〕 산업재해보상보험법 제3조 제1항

참조판례 대법원 1989. 7. 25. 88누10947 판결

당 사 자 원고, 상고인 김순덕
피고, 피상고인 의정부지방노동사무소장

환송판결 대법원 1990. 10. 23. 88누5037판결

원심판결 서울고등법원 1995. 5. 9. 90구19789판결

주 문 상고를 기각한다. 상고비용은 원고의 부담으로 한다.

이 유

상고이유를 본다.

원심판결이유에 의하면 원심은 산업재해보상보험법 소정의 유족급여 등을 지급받기 위하여는 당해 사망이 업무상 사망으로 인정되어야 하고 위 업무상 사망으로 인정되기 위하여는 당해 사망이 업무수행 중의 사망이어야 함은 물론이고 업무에 기인하

여 발생한 것으로서 업무와 사망사이에 상당인과관계가 있어야 하는데 원고의 아들인 소외 김덕희가 당시 과중한 업무로 과로상태에 있었다거나 그의 사망이 업무와 상당인과관계가 있다고 볼 아무런 증거가 없으며 그 사인이 분명하지 않은 이 사건에 있어 그 사망이 비록 업무수행중에 일어났다 하여도 이를 업무로 기인한 사망으로 추정된다고 볼 수도 없다 하여 피고의 이 사건 부지급결정처분의 취소를 구하는 원고의 청구를 배척하였는바,

기록을 살펴보면 원심의 조치는 정당하여 수긍이 되고 거기에 소론과 같은 산업재해보상보험법상의 업무상재해에 관한 법리오해 또는 경험칙위반의 위법이 있다고 할 수 없으므로 논지는 이유없다.

그러므로 상고를 기각하고 상고비용은 패소자의 부담으로 하여 관여법관의 일치된 의견으로 주문과 같이 판결한다.

대법관 이재성(재판장), 이회창, 배만운, 김석수

● 요양불승인 처분취소

대법원 제3부, 1991. 4. 12. 판결, 91누476 상고기각

판 시 사 항

◉ 평소 고혈압 증세가 있던 근로자가 열악한 작업환경 속에서 육체적, 정신적으로 과중한 업무를 수행하는 바람에 그 증세가 악화되어 허혈성 뇌졸증이 발생되었다고 하여 이를 업무상 재해에 해당한다고 본 사례

판 결 요 지

산업재해보상보험법 제3조 제1항에서 말하는 "업무상의 재해"라 함은 근로자가 업무수행중 그 업무에 기인하여 발생한 근로자의 부상, 질병, 신체장애 또는 사망을 뜻하는 것이므로 업무와 재해발생과의 사이에 인과관계가 있어야 하지만, 그 재해가 업무와 직접 관련이 없는 기존의 질병이더라도 업무상의 과로가 질병의 주된 발생원인에 겹쳐서 질병을 유발 또는 악화시켰다면 그 인과관계가 있다고 보아야 할 것이고, 또한 과로로 인한 질병에는 평소에 정상적인 근무가 가능한 기초질병이나 기존질병이 업무의 과중으로 급속히 악화된 경우까지도 포함된다고 할 것인바, 고혈압 증세가 있던 근로자가 직장을 옮긴 후 철선재료 건조작업을 함에 있어 환기시설이 없고 휴식시간과 식사시간이 불규칙하며 2교대 근무로 낮과 밤이 바뀌는 생활을 하게 되는 데다가 월 2회의 철야작업과 월 2회의 일요일 근무를 하는 등 열악한 작업환경속에서 육체적, 정신적으로 과중한 업무를 수행하는 바람에 그 증세가 악화되어 허혈성 뇌졸증이 발생되었다면 이는 업무상 재해에 해당한다.

참조조문 산업재해보상보험법 제3조 제1항

참조판례 대법원 1990. 2. 13. 89누6990 판결
1990. 11. 13. 90누3690판결
1991. 1. 11. 90누8275판결

당 사 자 원고, 피상고인 채수종

피고, 상고인 안산지방노동사무소장

원심판결 서울고등법원 1990. 12. 5. 90구16339판결

주 문 상고를 기각한다. 상고비용은 피고의 부담으로 한다.

이 유

상고이유를 판단한다.

산업재해보상보험법 제3조 제1항에서 말하는 "업무상의 재해"라 함은 근로자가 업무수행중 그 업무에 기인하여 발생한 근로자의 부상, 질병, 신체장애 또는 사망을 뜻하는 것이므로 업무와 재해발생과의 사이에 인과관계가 있어야 하지만, 그 재해가 업무와 직접 관련이 없는 기존의 질병이더라도 업무상의 과로가 질병의 주된 발생원인에 겹쳐서 질병을 유발 또는 악화시켰다면 그 인과관계가 있다고 보아야 할 것이고, 또한 과로로 인한 질병에는 평소에 정상적인 근무가 가능한 기초질병이나 기존 질병의 업무의 과중으로 급속히 악화된 경우까지도 포함된다고 할 것이다(당원 1989. 11. 14. 선고, 89누2318 판결 ; 1990. 2. 13. 선고, 89누6990판결 ; 1990. 11. 13. 선고, 90누3690판결 각 참조).

원심은 거시증거에 의하여 원고가 1989. 9. 25 소외 융창금속주식회사에 입사하여 산세반에서 일해오던 중 같은 해 12. 27. 19 : 00경 야간작업을 위하여 출근하는 통근버스속에서 심한 어지러움을 느껴 근무하지 못하고 귀가한 후 진찰을 받은 결과 허혈성 뇌졸증으로 판명된 사실, 원고는 고혈압 증세가 있었는데 종전 직장인 소외 동일제강주식회사에서 근무하다가 현재의 위 소외회사로 옮긴 후 그의 작업내용은 호이스트를 작동하여 철선재료를 화학약품에 담가 두었다가 건져서 건조시키는 작업인데 그 작업과정에서 염산을 주로 사용하므로 냄새가 아주 지독한데도 작업장에 환기시설이 없어 원고 등 작업자들은 수건으로 눈만 남긴채 얼굴전체를 가리고 작업을 하며, 신선반과 연결된 일관공정이므로 일정한 휴식시간이 정하여 있지 아니하고 중식시간에도 기계를 계속 가동시킨 상태에서 교대로 식사를 하며 2교대근무(08 : 30부터 19 : 30까지와 19 : 30부터 익일 08 : 30까지)를 계속하므로 낮과 밤이 바뀌는 생활을 하게 되어 인간 생리조건에 역행하는 것인데다가 한달에 2회정도 철야작업을 하고 일요일에도 2번 정도 근무를 하며 출근시간이 약 1시간 20분씩 소요되는 등 원고의 업무량이나 작업시간, 출퇴근 조건들이 전직장에 비하여 2배 이상 힘들었고 새로 옮긴 직장이라 적응하기에 신경이 쓰이는 등 육체적, 정신적으로 몹시 피로하였던 사실, 허혈성 뇌졸증이란 혈전이나 색전이 혈관을 막아서 혈류가 전달되지 못하는 증세를 말하는 데 그 중요한 유발요인 중의 하나에 고혈압이 있으며 과로하게 되면 혈액공급의 증대 등으로 심장에 부담을 주고 과로에 따른 심리적 원인으로 심장기능에 악영향을 주어 혈전이나 색전의 형성이 촉진되게 되는 사실 등을 인정한 다음, 원고의 위 허혈성 뇌졸증은 원고가 직장을 옮긴 후 열악한 작업환경속에서 육체적, 정신적으로 과중한 업무를 수행하는 바람에 원고의 고혈압 증세가 악화되어 발생된 것이므로 업무상 재해에 해당한다고 판시하였다.

기록에 의하여 살펴보면, 원심의 위와같은 사실인정과 판단은 정당하고 거기에 소론과 같은 채증법칙위배로 인한 사실오인

이나 업무상 재해에 관한 법리오해의 위법이 있다 할 수 없다. 논지는 이유없다.

그러므로 상고를 기각하고 상고비용은 패소자의 부담으로 하여 관여법관의 일치된 의견으로 주문과 같이 판결한다.

대법관 배석(재판장), 박우동, 김상원, 윤영철

● 유족보상금 지급청구 부결처분 취소

대법원 제3부, 1991.1.11.판결, 90누8275상고기각

판 시 사 항

◉ 관상동맥계질환의 지병이 있던 근로자가 업무수행중 과로 등으로 인하여 졸도 사망한 경우 산업재해보상보험법 제3조 제1항 소정의 "업무상의 재해"에 해당한다고 본 사례

판 결 요 지

산업재해보상보험법 제3조 제1항에서 말하는 "업무상의 재해"라 함은 근로자가 업무수행중 그 업무에 기인하여 입은 부상, 질병, 신체장애 또는 사망 등의 재해를 뜻하는 것이므로 업무와 재해발생과의 사이에 인과관계가 있어야 하고, 비록 근로자가 평소에 정상적인 근무가 가능한 정도의 기초질병이나 기존질병이 있었고 그 질병이 업무와 직접 관련이 없었더라도 업무상 과로로 인하여 그 질병이 급속히 악화되거나 새로운 질병이 유발된 경우, 또는 이로 인해 사망한 경우에는 그 인과관계가 있다고 보아야 할 것인바, 평소에 관상동맥계질환을 보유하고 있던 미장공이 아파트 공사장에서 고된 땜방작업으로 피로가 누적되었고 특히 사망 3, 4일전부터는 두통, 몸살에도 불구하고 쉬지 않고 무리를 한 나머지 과로로 인하여 위 지병이 급속히 악화된 데다가 사망당일은 종일 힘든 일을 한 피로와 미장보조공과의 언쟁으로 인한 급격한 혈압 상승 등이 복합적으로 작용함으로 인하여 졸도 사망에 이르게 되었다면, 위 망인의 사망은 곧 업무수행중 그 업무에 기인하여 발생한 업무상의 재해에 해당한다.

참조조문 산업재해보상보험법 제3조 제1항

참조판례 대법원 1983.12.27.82누455판결
1990.9.25.90누2727판결
1990.11.13.90누3690판결

당 사 자 원고, 피상고인 백순자
소송대리인 변호사 강철선
피고, 상고인 부천지방노동사무소장

원심판결 서울고등법원 1990.9.5.90구5575판결

주　　문 상고를 기각한다. 상고비용은 피고의 부담으로 한다.

이　　유

상고이유를 판단한다.

산업재해보상보험법 제3조 제1항에서 말하는 "업무상의 재해"라 함은 근로자가 업무수행중 그 업무에 기인하여 입은 부상,

질병, 신체장애 또는 사망 등의 재해를 뜻하는 것이므로 업무와 재해발생과의 사이에 인과관계가 있어야 하는바, 비록 근로자가 평소에 정상적인 근무가 가능한 정도의 기초질병이나 기존질병이 있었고 그 질병이 업무와 직접 관련이 없었다 하더라도 업무상 과로로 인하여 그 질병이 급속히 악화되거나 새로운 질병이 유발된 경우, 또는 이로인해 사망한 경우에는 그 인과관계가 있다고 보아야 할 것이다(당원 1983. 12. 27. 선고, 82누455 판결 ; 1990. 9. 25. 선고, 90누2727판결 ; 1990. 11. 13. 선고, 90누3690 판결 등 참조).

원심판결 이유에 의하면, 원심은 그 거시증거를 종합하여 원고의 남편인 소외진교환은 1940. 2. 22생으로서 1989. 7. 15. 산업재해보상보험법의 적용을 받는 사업장인 주식회사 미도파 시공의 광명시 하안동 소재 주공아파트 신축공사장 제9공구 미장공으로 취업하여 일해 오던 중 같은 해 7. 22. 17 : 50경 위 아파트 403동 104호실 현관에서 바닥타일 보호보완재를 덮는 작업을 하다가 졸도하여 병원으로 옮기는 도중 사망하였는데 부검결과 사인은 관상동맥경화협착으로 밝혀진 사실,

위 망인은 위 공사장 제9공구에서 땜방작업(미장부분이 잘못되었거나 덜 된 부분을 때우거나 손질하여 마무리하는 작업)을 해 왔는데, 땜방작업을 위 신축 아파트 건물의 1층부터 15층까지를 오르내리며 각층의 방실, 복도, 계단 등의 바닥, 벽, 천정 등에 시멘트몰타르를 바르거나 속칭 도끼다시 등을 하는 것이어서 수시로 장소를 이동하고 비좁은 모서리 구석에 쪼그리고 앉아서 하거나 높은 곳에 사다리를 놓고 오르내리며 해야 하는 등 하여 힘이 들뿐만 아니라 미장작업의 마지막 단계이므로 신경도 많이 써야 하였으며, 평소 작업시간이 매일 07 : 00부터 18 : 00까지이지만 작업물량에 따라서 연장근무를 많이 하였고, 게다가 사망 3, 4일전부터는 두통, 몸살 때문에 일을 하기가 어려운 상태였으나 현장소장인 소외 곽유근이 준공검사일이 임박했음을 이유로 계속 일해줄 것을 간청하는 바람에 인정상 거절하지 못하고 계속 무리해서 작업을 하였으며, 사망 당일에도 아파트 3~4층 분량의 땜방작업을 한데다 그날 16 : 30경 보조공인 소외 이화숙이 피로하다면서 일에 늑장을 부리는 바람에 심한 언쟁을 하여 흥분되고 불편한 심기로 일을 마무리해 가다가 졸도하여 사망에 이르게 된 사실,

의학적으로 보면 심한 스트레스나 과로 등이 관상동맥계질환의 발병원인이 되거나 그로 인한 급작스런 사망의 원인이 되는 경우가 종종 있는 사실을 각 인정한 다음, 위 인정사실에 의하면 위 망인은 평소에 관상동맥계질환을 보유하고 있었으나 위 아파트 공사장에서 땜방작업을 맡아 하는 것이 만 49세의 나이에는 상당히 고된 것이어서 평소 피로가 누적되었고 특히 사망 3, 4일 전부터는 두통, 몸살에도 불구하고 쉬지 않고 무리를 한 나머지 과로로 인하여 위 지병이 급속히 악화된데다가 사망당일은 종일 힘든 일을 한 피로와 위 언쟁으로 인한 급격한 혈압상승 등이 이에 복합적으로 작용함으로 인하여 졸도 사망에 이르게 되었다고 할 것이니 위 망인의 사망은 곧 업무수행중 그 업무에 기인하여 발생한 업무상의 재해에 해당한다고 판단하였다.

기록에 비추어 보건대 원심의 위와같은 판단은 정당하고 거기에 논지가 지적하는

바와 같은 산업재해보상보험법 제3조 제1항과 근로기준법시행령 제54조에 관한 법리오해의 위법이 있다고 할 수 없으므로 논지는 이유없다.

그러므로 상고를 기각하고 상고비용은 패소자에게 부담시키기로 관여법관의 의견이 일치되어 주문과 같이 판결한다.

대법관 김용준(재판장), 박우동, 이재성

● 유족보상금 지급청구 부결처분 취소

대법원 제2부, 1990. 11. 13. 판결, 90누3690상고기각

판 시 사 항

◉ 버스운전사가 평소 누적된 과로로 피곤한 상태에서 긴장을 요하는 운전업무를 종사하다가 심장마비로 사망한 경우를 산업재해보상보험법 제3조 제1항 소정의 "업무상의 재해"에 해당한다고 본 사례

판 결 요 지

산업재해보상보험법 제3조 제1항에 규정한 "업무상의 재해"라 함은 근로자가 업무수행중 그 업무에 기인하여 발생한 부상, 질병, 신체장애 또는 사망 등과 같은 재해를 말하는 것이므로 업무와 재해 사이에 인과관계가 있어야 하는바, 직무상의 과로로 인하여 유발 또는 악화되는 질병 내지 사망도 여기에 해당된다 할 것이므로 버스운전사가 1일 16시간30분씩 3일을 연속근무하고 1일을 휴무한 뒤 다시 출근하여 버스를 운전하다가 심장마비로 사망하였다면 이는 평소 누적된 과로로 인하여 피곤한 상태에서 육체적, 정신적으로 긴장을 요하는 버스운전업무에 종사하다가 심장마비를 일으킨데 그 원인이 있다고 할 수 있으므로 위 망인의 사망을 위 법조항 소정의 업무상 사유로 인한 사망에 해당한다고 본 원심의 판단은 정당하다.

참조조문 산업재해보상보험법 제3조 제1항

참조판례 대법원 1989. 10. 24. 89누1186판결
1990. 2. 13. 89누6990판결

당 사 자 원고, 피상고인 박두남
소송대리인 광화문법무법인
담당변호사 한환진
피고, 상고인 의정부지방노동사무소장

원심판결 서울고등법원 1990. 4. 19. 89구12034판결

주　　문 상고를 기각한다. 상고비용은 피고의 부담으로 한다.

이　　유

피고 소송수행자의 상고이유를 본다.

산업재해보상보험법 제3조 제1항이 규정한 "업무상의 재해"라 함은 근로자가 업무수행중 그 업무에 기인하여 발생한 부상, 질병, 신체장애 또는 사망등과 같은 재해를 말하는 것이므로 업무와 재해사이에 인과관계가 있어야 하는바, 직무상의 과로로 인하여 유발 또는 악화되는 질병 내지 사망도 여기에 해당된다 할 것이다(당원 1989. 10. 24. 선고, 89누1186 판결 ; 1990. 2.

13. 선고, 89누6990 판결 각 참조).

원심판결 이유에 의하면, 원심은 그 채택증거를 종합하여 원고의 남편이던 소외 망 이춘웅은 평소 건강한 사람으로서 소외 서부관광 운수주식회사의 버스운전기사로 입사하여 위 회사영업소에 매일 오전 06 : 00에 출근하여 오후 10 : 30까지 16시간 30분동안 버스운전 등의 업무에 종사하면서 2 내지 3일을 연속근무한 뒤 1일을 휴무하는 형태로 근무하여 온 사실, 위 망인은 1988. 2. 19. 부터 같은 달 21. 까지 3일간 연속근무를 하고 같은 달 22. 은 휴무한 뒤 같은 달 23. 오전 06 : 00에 출근하여 위 영업소로부터 약 8. 5킬로미터 거리인 문발리까지 약 40분간 버스를 운전하여 왕복하던 중 신체에 이상을 일으켜 버스를 바로 정차시키지 못하고 그 버스운전대에 엎드려 있다가 내려오면서 두번 구토를 하고 비틀거리며 위 영업소 운전기사 대기실에 들어가서 의자에 기대어 앉아있던 중 같은 날 오전 07 : 00경 사망한 사실, 위 망인의 사체에 대한 부검은 실시되지 아니하였으나 위 사체를 검안한 의사 박재수는 사인을 심장마비로 추정한 사실,

위와같이 버스운전기사로서 1일 16시간 30분의 장시간을 근무하는 것은 육체적, 정신적으로 과중한 업무이고 특히 3일을 연속근무한 경우에는 1일을 휴무하여도 피로가 잘 풀리지 않는 사실 등을 인정한 다음 위 망인이 사망하게 된 것은 평소 누적된 과로로 인하여 피곤한 상태에서 육체적, 정신적으로 긴장을 요하는 버스운전업무에 종사하다가 심장마비를 일으킨데 그 원인이 있다고 할 수 있으므로 위 망인의 사망은 산업재해보상보험법 제3조 제1항 소정의 업무상 사유로 인한 사망에 해당한다고 판시하였다.

기록에 비추어 살펴보면, 원심의 위와같은 사실인정과 판단은 정당하고 거기에 논지가 지적하는 바와 같은 채증법칙위배 내지 심리미진으로인한 사실오인, 이유불비, 판단유탈의 위법이나 업무상재해에 관한 법리오해 등의 위법이 있다 할 수 없으니 논지는 모두 이유없다.

그러므로 상고를 기각하고, 상고비용은 패소자의 부담으로 하기로 관여법관의 일치된 의견으로 주문과 같이 판결한다.

대법관 이회창(재판장), 배석, 김상원, 김주한

● 유족급여등 부지급 처분취소

대법원 제2부. 1990. 10. 23. 판결 88누5037파기환송

판 시 사 항

◉ 근로자가 업무수행중 사망하였으나 그 사인이 분명하지 않은 경우 업무에 기인한 사망으로 추정할 수 있는지 여부(소극)

판 결 요 지

근로기준법 제82조 및 산업재해보상보험법 제3조 소정의 업무상 사망으로 인정되기 위하여는 당해 사망이 업무수행중의 사망이어야 함은 물론이고 업무에 기인하여 발생한 것으로서 업무와 재해 사이에 상당인과관계가 있어야 하고, 이 경우 근로자의 업무와 재해간의 인과관계에 관하여는 이를 주장하는

측에서 입증하여야 할 것이므로 근로자의 사망이 비록 업무수행중에 일어났으나 그 사인이 분명하지 않은 경우에 이를 업무에 기인한 사망이 추정된다고 할 수 없다.

참조조문 근로기준법 제82조
산업재해보상보험법 제3조

참조판례 대법원 1986.8.19. 83다카1670판결
1989.7.25. 88누10947판결

당 사 자 원고, 피상고인 김순덕
피고, 상고인 노동부의정부사무소장

원심판결 서울고등법원 1988.3.24.87구1390판결

주 문 원심판결을 파기하고 사건을 서울고등법원에 환송한다.

이 유

상고이유를 판단한다.

원심판결 이유에 의하면 원심은, 원고의 아들인 소외 김덕희가 소외 동진플라스틱 주식회사의 사출공으로서 1987. 5. 4. 12 : 00경 위 회사 공장에 사출작업대에서 사출작업을 하다가 쓰러져 병원으로 후송도중 사망한 사실, 위 망인의 사인이 정확히 밝혀지지 않은 사실을 당사자 간에 다툼이 없는 사실로 인정한 다음 근로자의 사망이 업무의 수행과정에서 일어난 것임이 분명한 경우에 그 사망원인이 뚜렷하지 아니한 경우에는 자살 기타 이에 대한 반증이 없는 한 그 사망이 업무에 기인한 사망으로 추정함이 상당하다고 할 것인데도 피고가 위 망인의 사망이 업무수행중에 일어났다고 하여도 업무에 기인하였다고 볼 증거가 없다는 이유로 원고의 유족급여 및 장의비 청구에 대하여 부지급결정을 내린 것은 위법하다 하여 원고의 청구를 인용하였다.

그러나 근로기준법 제82조 및 산업재해보상보험법 제3조 소정의 업무상사망으로 인정되기 위하여는 당해 사망이 업무수행중의 사망이어야 함은 물론이고 업무에 기인하여 발생한 것으로서 업무와 재해사이에 상당인과관계가 있어야 하고, 이 경우 근로자의 업무와 재해간의 인과관계에 관하여는 이를 주장하는 측에서 입증하여야 할 것이므로 근로자의 사망이 비록 업무수행중에 일어났으나 그 사인이 분명하지 않은 경우에 이를 업무로 기인한 사망이 추정된다고 할 수 없다 할 것인바(당원 1986. 8. 19. 선고, 83다카 1670 판결 ; 1989. 7. 25. 선고, 88누10947판결 참조),

원심이 이와 반대의 견해에서 피고의 이 사건 부지급결정을 위법하다고 판시한 것은 위법 소정의 업무상 사망에 관한 법리를 오해한 위법를 저질렀다고 하지 않을 수 없으므로 이를 지적하는 논지는 이유있다.

그러므로 원심판결을 파기하고, 사건을 원심법원에 환송하기로 하여 관여법관의 일치된 의견으로 주문과 같이 판결한다.

대법관 배석(재판장), 이회창, 김상원, 김주한

● 유족보상금지급청구 부결처분 취소

대법원 제2부. 1990.2.13.판결 89누6990 상고기각

판 시 사 항

◉ 과로와 음주 및 혹한기의 노천작업 등이 복합원인이 되어 심장마비로 사망한 것이 산업재해보상보험법 제3조 제1항 소정의 업무상재해라고 본 사례

판 결 요 지

근로자가 평소 누적된 과로와 연후동안의 과도한 음주 및 혹한기의 노천작업에 따른 고통 등이 복합적인 원인이 되어 심장마비를 일으켜 사망하였다면 그 사망은 산업재해보상보험법 제3조 제1항 소정의 업무상 사유로 인한 사망에 해당한다.

참조조문 산업재해보상보험법 제3조 제1항

참조판례 대법원 1985. 12. 24. 84누403 판결
1989. 10. 24. 89누1186판결

당 사 자 원고, 피상고인 조연숙
소송대리인 변호사 허향
피고, 상고인 의정부지방노동사무소장

원심판결 서울고등법원 1989. 10. 5. 89구5821판결

주 문 상고를 기각한다. 상고비용은 피고의 부담으로 한다.

이 유

피고 소송수행자의 상고이유를 본다.

산업재해보상보험법 제3조 제1항이 규정한 "업무상 재해"라 함은 근로자가 업무수행중 그 업무에 기인하여 발생한 근로자의 부상, 질병, 신체장애 또는 사망을 의미한다 할 것이다(당원 1985. 12. 24. 선고, 84누403 판결 ; 1989. 10. 24. 선고, 89누1186판결 각 참조).

원심판결 이유에 의하면, 원심은 그 채택증거를 종합하여 원고의 남편이던 소외 망 김영운은 1988. 10. 10부터 소외 부평화물자동차주식회사의 화물자동차 운전기사로 입사하여 위 회사와 산소통 운송용역계약이 체결된 유니온가스주식회사의 산소통 운송작업에 종사하여 오던 중 1989. 12. 1부터 같은 달 3까지 연휴로 보내고 같은 달 4 아침 일찍 위 유니온가스주식회사에 출근하여 08 : 00부터 60킬로그램짜리 산소통 73개를 거래처인 서울 동명상사에 납품하기 위하여 인부 2명등과 함께 자신이 운전하는 복사화물차에 40여개 정도 상차하였을 때, 갑자기 바닥에 주저앉으면서 의식을 잃어 병원으로 후송도중 심장마비로 사망한 사실,

위 망인은 평소에도 개당 50 내지 60킬로그램 이상되는 산소통을 운송보조자 1명과 함께 굴려서 상차한 다음 기흥에서 목적지인 서울까지 하루 2～3차례 왕복하였고 더구나 산소통을 하차할때는 충격으로 인한 폭발을 막기 위하여 보조자가 밑에서 받아주거나 고무판을 깔고 조심스럽게 떨어뜨리는 방법으로 작업을 하였는데 위와같은 상, 하차 및 운송작업을 매일 2～3차례씩을 반복하는 것은 육체적, 정신적으로 과중한 업무로서 그로 인하여 상당한 피로가 누적되었으며 사고당일은 날씨마저 매우 추워 보통 건강한 사람도 노천작업을 하기에 적당하지 아니하였던 사실,

위 망인은 질병도 없었고 다만 연휴기간동안 친구들과 어울려 상당한 음주를 하여

충분한 휴식을 취하지는 못하였던 사실등을 인정한 다음, 위 망인이 사망하게 된 것은 평소 누적된 과로와 연휴동안의 과도한 음주 및 혹한기의 노천작업에 따른 고통등이 복합적인 원인이 되어 심장마비를 일으킨데 그 원인이 있다고 할 수 있으므로 위 김영운의 사망은 산업재해보상보험법 제3조 제1항 소정의 업무상 사유로 인한 사망에 해당한다고 판시하였다.

기록에 비추어 원심이 한 증거채택의 과정을 살펴보면 원심의 사실인정과 판단은 정당하고 거기에 채증법칙위배로 인한 사실오인이나 업무상의 재해에 관한 법리를 오해한 위법이 있다 할 수 없으니 이 점에 관한 논지는 이유없다.

그러므로 상고를 기각하고, 상고비용은 패소자의 부담으로 하기로 관여법관의 일치된 의견으로 주문과 같이 판결한다.

대법관 이회창(재판장), 배석, 김상원, 김주한

● 유족급여 등 부지급 결정취소

대법원 제2부. 1989.10.24. 판결 89누1186 상고기각

판 시 사 항

◉ 택시운전업무에 종사하는 자가 교통사고로 인한 충격으로 심장마비 등을 일으켜 사망한 경우 산업재해보상보험법 제3조 제1항 소정의 "업무상의 재해"에 해당한다고 본 사례

판 결 요 지

산업재해보상보험법 제3조 제1항 소정의 "업무상의 재해"라 함은 근로자가 업무수행중 그 업무에 기인하여 발생한 부상, 질병, 신체장애 또는 사망을 의미한다고 할 것인바, 택시운전업무에 종사하는 자가 업무수행과정에서 교통사고를 당하여 경련장애를 입었고 그 후 다시 교통사고를 일으켜 심신의 급격한 충격을 받아 심장마비를 일으켰거나 위 경련장애가 악화되어 뇌출혈을 일으키고 그로 인하여 사망하게 되었다면 위 망인의 사망은 업무수행상 재해를 당한 경우에 해당한다.

참조조문 산업재해보상보험법 제3조 제1항

참조판례 대법원 1985. 12. 24. 84누403 판결

당 사 자 원고, 피상고인 유용자
소송대리인 변호사 이양원
피고, 상고인 노동부 인천지방사무소장

원심판결 서울고등법원 1989. 1. 19. 88구3880판결

주 문 상고를 기각한다. 상고비용은 피고의 부담으로 한다.

이 유

피고 소송수행자의 상고이유를 본다.

산업재해보상보험법 제3조 제1항이 규정한 "업무상의 재해"라 함은 근로자가 업무수행중 그 업무에 기인하여 발생한 근로자의 부상, 질병, 신체장애 또는 사망을 의미한다 할 것이다(당원 1985. 12. 24. 선고,

84누403판결 참조).

원심판결 이유에 의하면, 원심은 그 채택증거를 종합하여 원고의 남편이던 소외 망 김학언은 1987. 5. 3. 업무로 소외 경기교통합자회사의 택시를 운행하던 중 교통사고로 두부좌상을 입고 14일간 병원에서 치료를 받은 바 있었는데, 그후부터 급작스런 의식혼미, 불안증 및 일시적 기억상실을 주증상으로 하는 경련장애(추정)를 발병하여 병원에 통원치료를 받았으나 치유되지 않고 있던 중, 1987. 7. 2 09 : 40경 업무로 위 소외회사 소속택시를 운행하다가 이 사건 교통사고를 일으키게 되었던 사실,

위 망인은 위 교통사고로 외관상 신체적 외상은 입지 않았으나 실신상태로 의식불명인 채 몸을 떨며 침을 흘리고 있는 것을 병원으로 후송되던 중 의식을 회복하여 갑자기 일어나 달아나는 발작증세를 보인 후 소외회사로 인계되어 회사직원과 사고의 경위, 사후처리 등에 관하여 이야기하다가 회사 화장실로 가서 좌변기에 앉아 용변을 보는 채로 같은 날 11 : 00경 심장마비를 직접 사인으로하여 사망에 이르게 된 사실,

심장마비는 충격을 받은 후 2, 3 시간이 경과한 후에도 올 수 있고, 뇌 및 뇌막질환이 있을 때 물리적충격이나 경악, 격통, 심신흥분 등의 유인이 가해질 경우 질환의 중악으로 두부동맥 또는 혈관에 뇌출혈을 일으켜 내인성급사에 이를 수가 있는 사실을 각 인정한 다음, 소외 망인은 업무수행과정상의 1987. 5. 3. 자 위 사고로 경련장애를 입었고, 그 후 1987. 7. 2자 사고로 심신의 급격한 충격을 받아 심장마비를 일으켰거나 위 경련장애가 악화되어 뇌출혈을 일으키고 그로 인하여, 사망하게 되었다 할 것이므로 소외 망인의 사망은 업무수행상 재해를 당한 경우에 해당한다고 판시하였다.

기록에 비추어 원심이 한 증거의 채택과정을 살펴보면, 원심의 사실인정과 판단은 정당하고 거기에 채증법칙위배로 인한 사실오인이나 업무상의 재해에 관한 법리를 오해한 위법이 있다 할 수 없으니 이 점에 관한 논지는 이유없다.

그러므로 상고를 기각하고, 상고비용은 패소자의 부담으로 하기로 관여법관의 의견이 일치되어 주문과 같이 판결한다.

대법원판사 이회창(재판장), 배석, 김상원, 김주한

● 요양불승인 처분취소

대법원 제1부. 1989. 7. 25. 판결 88누10947 상고기각

판 시 사 항

◉ 산업재해보상보험법상 업무상재해의 의미와 업무와 재해 사이의 인과관계에 관한 입증책임

판 결 요 지

산업재해보상보험법 제3조 제1항 소정의 업무상의 재해라 함은 근로자가 업무수행중 그 업무에 기인하여 발생한 재해를 말하므로 업무와 재해 사이에 인과관계가 있어야 하고, 이 경우 근로자의 업무와 재해간의 인과관계에 관하여는 이

를 주장하는 측에서 입증하여야 한다.

참조조문 산업재해보상보험법 제3조 제1항
민사소송법 제261조

당 사 자 원고, 피상고인 신용도
소송대리인 변호사 정운조
피고, 상고인 부산동래지방노동사무소장

원심판결 서울고등법원 1988. 10. 14. 88구612판결

주 문 상고를 기각한다. 상고비용은 피고의 부담으로 한다.

이 유

피고 소송수행자의 상고이유를 본다.

1. 원심판결은 그 이유에서 원고는 1979. 6경부터 소외 해동여객자동차주식회사의 운전사로 근무하였는데 1987. 5. 24. 위 회사의 버스를 운전하여 부산 해운대구 소재 수영비행장 옆 도로를 지나다가 갑자기 15톤 덤프트럭 1대가 과속으로 그 옆을 바짝 붙어 추월하면서 고성능 경음기로 경적을 울리는 바람에 청력장해를 일으켜 결국 왼쪽 귀는 감각 신경성 난청으로 이미 전농의 상태에 빠졌고 오른쪽 귀는 중등 고도의 돌발성 난청의 상태로 고정화된 사실, 위와 같은 감각신경성 난청은 전음기관은 건전하나 내이 및 청신경 자체의 장애로 발생하는 청력 장해이고 돌발성 난청은 과거 아무런 증세없이 건강하던 사람이 수시간 또는 수이내에 감음신경성 난청이 발생하고 때로는 이명과 현기증을 동반하는 질환으로 모두 뚜렷한 원인을 발견할 수 없는 것이 특징으로 이러한 난청증세에는 소음이나 소음성 외상도 그 발병원인의 하나가 될 수 있는 사실, 원고는 입사이래 매년 건강진단을 받아왔는데 1981. 9. 21. 건강진단에는 왼쪽 귀의 난청증세가 발견되었을 뿐 그 전후 연도의 건강진단에서는 모두 정상 청력으로 판단된 사실을 인정하고 있는 바, 원심이 위 사실을 인정함에 있어 거친 증거의 취사과정을 기록에 비추어 살펴보아도 정당하고 거기에 논지가 지적하는 바와 같은 채증법칙위반의 위법이 없다.

2. 산업재해보상보험법 제3조 제1항 소정의 업무상의 재해라 함은 근로자가 업무수행중 그 업무에 기인하여 발생한 재해를 말하는 것이므로 업무와 재해사이에 인과관계가 있어야 하고, 이 경우 근로자의 업무와 재해간의 인과관계에 관하여는 이를 주장하는 거증자측에서 입증하여야 할 것인바, 원심이 근로자의 재해가 그 업무수행중에 발생하였다면 그것이 업무에 의한 것 즉 인과관계가 없다고 인정할 수 있는 경우가 아니라면 업무상 재해라고 봄이 상당하다고 판시하여 그 입증책임이 피고측에 있는 것처럼 설시하고 있음은 잘못이라 하겠으나 기록과 원심이 확정한 사실관계에 비추어 보면 원고는 수년동안 아무런 이상없이 운전업무를 수행하여 오던중 1987. 5. 24. 위와같은 돌발적인 외상성 소음의 충격을 받은 뒤부터 갑자기 심한 난청증세를 보이기 시작한 점에 미루어 볼 때 원고의 이 사건 질병은 위 돌발적인 소음으로 인한 것이었다고 추단하지 못할 바 아니므로 원심의 위와같은 잘못은 판결결과에는 아무런 영향을 미치지 아니한다 할것이므로 논지는 이유없다.

그리고 원심이 근로기준법시행령 제54조 제12호는 업무상 질병을 예사 힌 것으로 보

고 원고의 이 사건 질병을 산업재해보상보험법상의 업무상재해에 해당한다고 인정한 것은 정당하고 거기에 소론과 같은 법리오해의 위법이 없다.

논지는 이유없다.

그러므로 상고를 기각하고, 상고비용은 패소자의 부담으로 하기로 하여 관여법관의 일치된 의견으로 주문과 같이 판결한다.

대법관 윤관(재판장), 김덕주, 배만원, 안우만

● 유족보상일시금 등 부지급 처분취소 청구사건

서울고법 제2특별부. 1989. 2. 9판결 88구6056인용

판 시 사 항

◉ 산업재해보상보험법상 보상의 대상인 "업무상의 재해"에 해당한다고 본 사례

판 결 요 지

서울국제우체국 신축공사의 골조부분 공사장에서 현장소장으로 일하던 자가 겨울철 동안의 물공사 중단, 기초공사의 설계변경 등으로 공사기간이 줄어들어 당초 예상된 공사완료일까지 이를 마치기 위하여 공휴일에도 거의 쉬지 못하고 주야로 공사를 강행하던 끝에 과로로 인하여 전신무력감 및 허탈감을 느끼는 신체이상이 생기고 마침내 뇌졸중으로 인하여 사망하였다면 이는 업무상의 재해에 해당한다.

참조조문 산업재해보상보험법 제9조의6, 동법 제9조의8
근로기준법 제82조, 동법 제83조

참조판례 대법원 1986. 9. 23. 86누176 판결

당 사 자 원고, 최경숙
피고, 서울남부지방노동사무소장

주　　문 피고가 1987. 12. 4. 원고에 대하여 한 산업재해보상보험법에 의한 유족보상일시금 및 장의비를 지급하지 아니하기로 한 처분을 취소한다.
소송비용은 피고의 부담으로 한다.

청구취지 주문과 같다.

이　　유

원고의 남편이던 소외 망 김원수는 산업재해보상보험의 보험가입자인 소외 한보종합건설주식회사가 시행하던 서울 강서구 목동 서울국제우체국 신축공사의 골조부분 공사현장소장으로 근무하던 자로서, 1987. 6. 28. 저녁 늦게까지 작업을 하다가 22 : 00경 귀가하여 취침하던 중 그 다음날 02 : 10경 뇌졸증(추정)을 직접 사인으로 하여 사망하였던 사실, 원고가 소외 망인의 위 사망은 소외회사의 업무수행에 기인하여 재해를 당한 것에 해당한다고 주장하여 피고에 대하여 산업재해보상보험법 제9조의6에 의한 유족보상일시금과 같은 법 제9조의8에 의한 장의비의 지급을 청구하였으나, 피고가 1987. 12. 4. 소외 망인의 사망이 업무상 재해에 해당하지 않는다는 이유로 위와같은 보험급여를 지급하지 아니하기로 하는 처분(이하 이 사건 처분이라 한다)을 한 사실은 각 당사자 사이에

다툼이 없다.

원고는 소외 망인이 짧은 공기에 공사를 완성하기 위하여 주야로 공사를 강행하다가 과로로 인하여 전신무력 및 허탈증에 걸렸으나 휴식을 취하지 못하고 계속 근무하던 중 사망하였던 것으로 소외 망인의 사망은 업무상 재해에 해당한다고 주장한다.

살피건대, 성립에 다툼이 없는 갑 제2호증(사체검안서), 갑 제6호증(재해발생보고서), 갑 제7호증(병상일지), 갑 제8호증(소견서), 갑 제9호증(작업시간표), 갑 제10호증(작업일자), 갑제11호증(출근부), 을제3호증(건강진단개인표)의 각 기재, 을제1호증(조사복명서)의 일부 기재(뒤에서 배척하는 부분 제외)와 증인 김선길의 증언 및 변론의 전취지를 종합하면, 소외회사가 수급한 위 서울국제우체국 신축공사의 골조부분공사는 원래 그 공기가 1986. 8. 30. 부터 1987. 5. 30. 까지 9개월로 되어 있었으나 겨울철 동안 물공사 중단, 기초공사의 설계변경, 설계변경에 따른 토공사 및 파일공사 등으로 약 6개월이 허비되어 나머지 3개월동안 위 공사를 완성해야 될 입장이었기 때문에 소외 망인은 현장소장으로서 위골조공사를 공정 계획대로 마치기 위하여 민속의 날, 근로자의 날을 제외하고는 공휴일도 거의 쉬지 않고 주야로 공사를 강행하였던 사실, 소외망인은 원래 신체건강하고 혈압도 100/70mmHg로 정상이었는데, 위와같은 격무끝에 1986. 11. 20. 경부터 과로로 인하여 전신무력감 및 허탈감을 느끼는 신체이상이 생겨 수차(1986. 11. 20, 1987. 4. 7, 1987. 7. 23, 등) 병원을 찾아 영양제투여를 받는 한편 의사로부터 휴식과 영양상태 개선을 권고받았으나 위에서 본 바와 같이 쉬지 않고 열심히 공사를 진행시켜 위 골조공사를 공기내에 완성하고, 그 이후에도 1987. 6. 29. 에 있는 위 공사에 대한 체신부의 공정감사에 대비하여 주야로 뒷마무리작업에 몰두하다가 위 감사일 전날인 1987. 6. 28. 22 : 00경 모처럼 집으로 귀가하여 저녁식사후 23 : 00경 취침하여 잠자던 도중에 그 다음날 02 : 10경 뇌졸증(추정)으로 인하여 사망하였던 사실을 각 인정할 수 있고, 을제1호증의 일부 기재, 을제2호증(유족 및 장의비 사정서)의 기재만으로는 위 인정을 뒤집기에 부족하며 달리 반증없다.

위 인정사실에 의하면 소외 망인의 사망원인인 뇌졸증의 발병에 있어서 위와같이 전신무력증에 걸릴 정도로 지나치게 무거운 업무로 인한 과로의 누적이 한 요인으로 작용하였다고 할 것이니, 소외 망인의 사망은 업무수행의 재해에 해당한다 할 것이므로 피고가 소외 망인의 사망은 업무의 수행성이나 업무의 기인성이 없기 때문에 업무상 재해로 볼 수 없다 하여 한 이 사건 처분은 위법하다 할 것이다.

그렇다면 피고의 이 사건 처분이 위법하다 하여 그 취소를 구하는 원고의 청구는 이유있어 이를 인용하고, 소송비용은 패소자인 피고의 부담으로 하여 주문과 같이 판결한다.

판사 김연호(재판장), 이원국, 김영식

● 유족급여 및 장의비부지급 처분 취소

대법원 제2부. 1986. 9. 23. 판결 86누176 상고기각

판 시 사 항

◉ 근로자가 과로로 인한 질병으로 사망하였으나 그 발병 및 사망장소가 사업장 밖인 경우, 업무상재해의 해당여부

판 결 요 지

고혈압의 기준질병이 있는 근로자가 그의 평상 업무내용에 비하여 지적, 양적으로 정도가 현저하게 지나친 과중한 업무수행으로 말미암은 과로로 지병인 위 고혈압병세가 악화되어 발생한 뇌혈관장애로 사망한 것이라면 그의 사망과 업무수행 사이에 인과관계가 있다고 볼 것이고 이와같이 뇌혈관장애발생의 원인이 중대한 업무수행으로 말미암아 과로에 있었던 이상 그의 발병 및 사망장소가 사업장 밖이었고 업무수행중에 발병, 사망한 것이 아니라는 사실은 위 근로자의 사망을 업무상의 재해로 보는 데 지장이 될 사유가 못된다.

참조조문 산업재해보상보험법

당 사 자 원고, 피상고인 김효순
소송대리인 변호사 신오철
피고, 상고인 노동부 서울북부지방사무소장

원심판결 서울고등법원 1986. 1. 17. 85구193판결

주 문 상고를 기각한다. 상고비용은 피고의 부담으로 한다.

이 유

상고이유를 판단한다.

1. 원심판결 이유에 의하면, 원심은 소외 망 양태화는 1948. 1. 23생으로 1973. 1. 8 서울우유협동조합에 입사하여 근무하던 중 1977. 4. 28부터 1978. 4. 29까지 서독에서 유가공에 관한 기술연수를 마치고 1978. 8. 21 계장으로 승진하였으며, 1984. 1. 19 신설된 낙농과의 과장으로 승진하였는 바, 과장승진후 같은 해 3. 17까지 2개월동안은 신설된 낙농과의 생소한 업무와 함께 전에 처리하던 건설부의 기술에 관한 업무를 담당할 후임자가 없어 2개과의 업무를 관장하면서 같은 해 2. 6부터 같은 달 17. 까지는 의정부 와이. 엠. 씨. 에이. (Y. M. C. A) 캠프장에서 외래강사를 초빙하여 06 : 00부터 22 : 00까지 4박 5일의 일정으로 2차에 걸쳐 실시된 80명의 낙농지도요원에 대한 전공 및 직무와 정신극기교육등을 담당하였고 같은 해 3. 26부터 같은 해 4. 4까지는 경기도 일원에서 5, 000여명의 조합원을 대상으로 10여일간 개최되는 춘계 낙농강습회를 준비진행하여 왔으며, 같은 해 4. 6부터 같은달 14까지는 공장건설부 재직시에 담당하였던 양주공장 멸균기계 및 분유시설 도입에 따르는 국제경쟁입찰서류의 심사, 평가를 위하여 동료 4명과 함께 청량리 맘모스 호텔에 투숙하여 07 : 00부터 24 : 00까지 작업을 하였으며, 발병 전날인 같은달 20. 에도 08 : 00에 출근하여 20 : 00까지 근무를 하느라 과로하였던 사실, 위 망인은 정기건강진단때 그 혈압이 1979년도에는 최고 130, 최저 80(단위 : 수은기압 밀리미터, 이하 같다), 1980. 1981년도에는 최고 130, 최저 90, 1982년도에는 최고 150, 최저 100, 1983년도에는 최고 140, 최저 80으로 다소 혈압이 높은 편이었는데 앞에 본 국제경쟁입찰서류의 심사, 평가를 위하여 맘모스호텔에 투숙후 2일이 지나면서부터는 몹시 피로하고 머리가 아프다면서 병원에 입원

이라도 하여 쉬어야겠다고까지 말을 하였으나 위 망인이 전문가라서 망인이 아니면 업무를 담당할 사람이 없어 무리를 하면서 그 작업을 계속하였던 사실, 위 망인은 발병 전날에도 20 : 30까지 일을 한 후 퇴근하여 취침을 하던 중 03 : 30경 호흡장애를 느끼고 있어 경희대학교 의과대학부속병원으로 옮겼으나 고혈압으로 인한 뇌혈관장애로 같은 날 03 : 40경 사망한 사실을 각 인정한 다음 위 인정사실에 의하면, 소외 망 양태화는 1984. 1. 19 신설된 낙농과의 과장으로 승진한 후 과중한 업무를 처리하느라 과로한 나머지 고혈압증세가 악화되어 뇌혈관장애를 일으켜 사망하였다고 볼 개연성이 있다고 할 것이니 위 망인의 업무수행과 사망사이에는 상당인과관계가 있다고 볼 것이라고 판단하였다.

2. 살피건대, 산업재해보상보험법에서 말하는 업무상 재해는 업무수행중 이로 인하여 발생한 재해를 뜻하므로 근로자의 재해와 업무수행 사이에 인과관계가 있어야 함은 물론이고 또 고혈압의 기존질병이 있는 근로자의 뇌출혈이나 뇌혈관장애는 업무와 직접 관계가 없는 사사로운 생활환경으로 인하여 생길 수도 있을 것인데 이 사건에서 소외 망 양태화의 사망원인이 된 뇌혈관장애가 발생한 원인에 관하여 의학적으로 명백한 증명이 되어 있지 아니한 것은 사실이나, 원심이 확정한 사실관계에 비추어보면, 위 양태화의 사망은 그의 평상업무내용에 비하여 질적, 양적으로 정도가 현저하게 지나친 과중한 업무수행으로 말미암은 과로로 평소의 지병인 고혈압증세가 악화되어 발생한 뇌혈관장해로 인한 것이었다고 추단 못할바 아니므로 그의 사망과 업무수행 사이에 인과관계가 있다고 본 원심판단은 수긍할 수 있고, 이와 같이 뇌혈관장해발생의 원인이 과중한 업무수행으로 말미암은 과로에 있었던 이상 그의 발병 및 사망장소가 사업장 밖이었고 업무수행중에 발병, 사망하 것이 아니라는 사실은 위 양태화의 사망을 업무상의 재해로 보는데 지장이 될 사유가 못된다 할 것이다.

원심판결이 위 양태화의 사망을 산업재해보상보험법상의 업무상의 재해에 해당한다고 인정한 것은 정당하고 거기에 소론과 같은 법리오해나 위법이 있다 할 수 없으므로 논지는 이유없다.

3. 그러므로 상고를 기각하고, 상고비용은 패소자의 부담으로하여 관여법관의 일치된 의견으로 주문과 같이 판결한다.

대법원판사 이준승(재판장), 오성환, 이병후, 윤관

● 보험급여 부지급결정취소 청구 사건

서울고법 제3특별부. 1984. 8. 2. 83구1136기각

판 시 사 항

◉ 산업재해보상보험법 제3조 제1항 소정의 "업무상의 재해"에 해당하지 않는다고 한 예

판 결 요 지

산업재해보상보험법 제3조 제1항에 의하면 "업무상의 재해"라 함은 업무상의 사유에 의한 근로자의 사망등을 말한다고 규정되어 있고 여기서 업무상의 사유라함은 그 재해가 근로자의 업무수행중 그 업무

에 기인하여 발생하였음을 뜻한다 할 것인바 소외인이 평소 혈압이 140-90으로서 주의를 요하는 상태이었는데 재해일 아침에 심한 언쟁을 한 후 흥분된 상태로 출근하였다가 대기근무중 혈압이 상승하여 두개골출혈, 심장마비를 일으켜 사망한 경우 그 법조 소정의 업무상 재해라고 할 수 없다.

참조조문 산업재해보상보험법 제3조 제1항

당 사 자 원고, 이덕순
피고, 노동부 태백지방사무소장

주 문 원고의 청구를 기각한다. 소송비용은 원고의 부담으로 한다.

청구취지

피고가 1983. 5. 17. 자로 원고에 대하여 한 보험급여 부지급결정을 취소한다.

소송비용은 피고의 부담으로 한다라는 판결

이 유

원고의 남편인 소외 이인석은 태백시 황지2동 산174 소재 한성광업주식회사(아래에서는 소외회사라고 한다)의 충전공으로 근무하던 근로자인데, 1982. 11. 7 소외회사 한성광업소의 갱외충전실에서 일하다가 20 : 15경 졸도하여 태백시 황지동 소재 자혜의원 및 근로복지공사 장성병원에서 응급가료후 원주시 소재 원주기독병원으로 후송중 22 : 00경 두개골출혈에 의한 심장마비(의진)로 사망한 사실, 원고는 피고에게 위 이인석이 업무상의 사유에 의하여 사망하였다는 이유로 산업재해보상보험법의 규정에 따라 유족급여 및 장의비의 지급을 청구하였으나, 피고는 위 이인석의 사망이 업무외 재해라고 인정하여 1983. 5. 17. 자로 위 보험급여의 부지급결정을 한 사실은 당사자 사이에 다툼이 없다.

원고는 위 이인석은 소외회사 입사시부터 혈압이 140-90으로서 주의를 요하는 상태이었음에도, 소외회사가 정기적인 건강진단도 실시하지 아니한채 위 이인석으로 하여금 1일 약 600개의 안전등을 충전, 지급, 회수하고, 불량품을 수리하는 고된 작업을 시켰기 때문에 위 이인석이 오랫동안의 과로로 혈압이 상승하여 뇌출혈로 사망한 것임에도, 피고가 이를 업무외 재해라고 보아서 한 이 사건 유족급여등 부지급결정은 위법하여 취소되어야 한다고 주장하고, 피고 소송수행자는 피고의 위 결정이 정당하다고 다툰다.

그러므로 살피건대, 산업재해보상보험법 제3조 제1항에 의하면 "업무상의 재해"라 함은 업무상의 사유에 의한 근로자의 사망등을 말한다고 규정되어 있고, 여기서 업무상의 사유라함은 그 재해가 근로자의 업무 수행중 그 업무에 기인하여 발생하였음을 뜻한다 할 것인바, 성립에 다툼이 없는 을 제2호증의 2(조사복명서), 을 제3호증의 2(근로계약서), 을 제4호증의 1(근로형태확인서 : 갑 제6호증과 같다), 2(근태부), 을 제5호증(안전등보안일지), 을 제6호증(건강진단개인표), 을 제7호증의 1(확인서), 2(건강진단실시), 을 제8호증의 1(확인서), 을 제9호증(재심사청구서), 을 제10호증의 1 내지 3(각 문답서)의 각 기재에 변론의 전취지를 종합하면, 소외 망 이인석은 1973. 2. 20 소외회사에 입사한 이래 계속 충전공으로 일하여 왔고, 특히 이 사건 재해일전 3개월간은 소외회사 한성광업소의 충전실 을방 또는 병방 근무자로 일하였는데, 을방 및 병방근무자의 근무시간은 1일 8시간(을방 : 16 : 00-24 : 00, 병방 : 00 : 00-08 : 00) 이고, 그 작업내용은 평일에는 약 1시간 동안 안전등(1개의 무게 : 약 1킬로그람) 160여개를 광부들에게 지급하고 또 회수하여 그 나머지 시간에 안전등의 충전(충전대의 전기스위치를 넣은 일) 불량안전등의 수리를 하는 것이고, 이를 회수하는 것이었던 사실, 이 사건 재해당일(일요일) 위 이인석은 을방 근무자로서 16 : 00경 출근하여 안전등 9개를 공휴작업자에게 지급하고 대기근무를 하다가 20 : 15경 갑자기 졸도하여 사망하게 된 사실, 위 이인석은 소외회사에 입사할 때부터 혈압이 140-90으로서 주의와 관찰을 요하는 상태이었음에도 휴직등으로 가족들의 생계가 곤란해질지 모른다는 염려때문에 소외회사에서 수차 실시한 건강진단에는 응하지 아니하고 약만을 복용하여 왔는데, 이 사건 재해일 아침에 채무관계로 심한 언쟁을 한 후 흥분된 상태로 출근하였다가 혈압이 260-110, 330-130까지 상승하여 두개골출혈, 심장마비를 일으켜 사망에 이른 사실을 인정할 수 있고, 달리 위 인정을 좌우할 증거는 없다.

위 인정사실에 의하면, 위 이인석의 사망 업무수행중에 일어난 것이기는 하나, 그의 근로시간, 작업내용, 작업량등에 비추어 볼 때 그의 사망이 업무상의 과로로 인하여 일어났다거나 업무의 과중 또는 업무수행중의 정신적인 충격 등이 원인이 되어 평소의 질병이 급속도로 악화되어 일어났다는 등의 업무기인성이 있음을 인정할 수는 없다 할 것이므로, 위 이인석의 사망을 산업재해보상보험법 제3조 제1항 소정의 업무상 사유에 의하여 사망하였음을 전제로 한 원고의 이 사건 청구는 이유없으므로 이를 기각하기로 하고, 소송비용은 패소자인 원고의 부담으로 하여 주문과 같이 판결한다.

판사 윤상목(재판장), 조중한, 김정남

● 산업재해보상보험급여부지급처분취소

대법원 제1부. 1983. 12. 27. 판결 82누455 상고기각

판 시 사 항

◉ 직무상 과로로 기존질환이 악화된 경우 구 산업재해보상보험법 제3조 제1항의 업무상재해의 해당 여부

판 결 요 지

구 산업재해보상보험법 제3조 제1항 소정의 업무상의 재해라 함은 근로자가 업무수행중 그 업무에 기인하여 발생한 재해를 말하는 것이므로 업무와 재해 사이에 인과관계가 있어야 하는바 직무상의 과로로 유발 또는 악화되는 질병 내지 사망도 여기에 해당된다고 할 것이며 또 과로로 인한 재해라 함은 평소에 정상근무를 전혀 불가능하게 할 정도가 아닌 기초질병 및 기존질환이 있는 경우라도 특히 직무의 과중이 원인이 되어 그 질병의 자연진행의 정도를 급속하게 악화시키거나 악화로 인한 사망의 경우도 포함된다.

참조조문 구 산업재해보상보험법

(1963. 11. 6 법률 제1438호) 제3조

참조판례 대법원 1979. 8. 14. 79누148 판결

당 사 자 원고, 피상고인 박봉자
소송대리인 변호사 이일재
피고, 상고인 노동부 서울북부지방사무소장

원심판결 서울고등법원 1982. 7. 21. 82구2판결

주 문 상고를 기각한다. 상고 소송비용은 피고의 부담으로 한다.

이 유

상고이유를 본다.

1. 원심판결은 그 이유에서 망 김명환은 1976. 4. 부터 소외 삼영모방공업주식회사의 근로자로서 근무하여 왔는데 1981. 4. 7 02 : 10경 위 회사의 염색조합실에서 야간근무중 갑자기 사망하여 부검한 결과 그 사인은 심부전으로 판명되었는바 위 망인은 호흡기계통의 질병이 생기기 쉬운 매우 비위생적인 작업공정과 작업환경에서 만 5년간 작업을 해왔고 더욱 사고당일의 작업량은 매우 과중하였던 것으로 동인의 사인인 위 심부전증은 이러한 작업환경에서 발병한 것이거나 그 작업환경 때문에 통상의경과 과정을 현저히 벗어나게 급속도로 악화된 것이라고 단정하였는바, 기록에 비추어 보건대, 원심의 위 조치에 수긍이 가며 그 과정에 소론과 같은 채증법칙 위반의 위법이 있다 할 수 없다.

2. 이 사건 당시 시행된 산업재해보상보험법 제3조 제1항 소정의 업무상의 재해라 함은 근로자가 업무수행중 그 업무에 기인하여 발생한 재해를 말하는 것이므로 업무와 재해사이에 인과관계가 있어야 하는바 직무상의 과로로 유발 또는 악화되는 질병 내지 사망도 여기에 해당된다고 할 것이며 또 과로로 인한 재해라 함은 평소에 정상근무를 전혀 불가능하게 할 정도가 아닌 기초질병 및 기존질환이 있는 경우라도 특히 직무의 과중이 원인이 되어 그 질병의 자연진행의 정도를 급속하게 악화시키거나 악화로 인한 사망의 경우도 포함된다고 할 것이니(당원 1979. 8. 14 선고, 79누148판결 참조) 이런 취지에서 원심판결이 위 망 김명환의 사망이 위 산업재해보상보험법 제3조 제1항 소정의 업무상 재해에 해당된다고 단정한 조치는 정당하고 거기에 소론과 같은 법리오해가 있다고 할 수 없으니 논지 이유없다.

그러므로 상고를 기각하고, 상고 소송비용은 패소자의 부담으로 하기로 하여 관여법관의 일치된 의견으로 주문과 같이 판결한다.

대법원판사 이회창(재판장), 이일규, 이성렬, 전상석

● 산업재해보상보험요양신청기각처분취소

대법원 제4부, 1979. 8. 14. 판결 79누148 상고기각

판 시 사 항

⊙ 업무상재해에 해당된다고 인정한 사례

판 결 요 지

무거운 타이어 적재의 무리한 작업으로 허리에 부상을 입는 한편 이로 인한 계속적인 신체적 충격의 누적과 위 허리 부상시의 외적 충격등 작업시 받은 외상에 의하여 원고가 소아시에 앓았던 좌고관절염이 재발되었다면 이는 위 회사 업무수행중 그 업무에 기인하여 재해를 당한 것에 해당된다.

참조조문 산업재해보상보험법 제3조 제1항

당 사 자 원고, 피상고인 김일랑
피고, 상고인 노동청 대전지방사무소장
소송수행자 박동서, 우성건, 전옥균

원심판결 서울고등법원 1979.4.10. 78구398판결

주　　문 상고를 기각한다. 상고 소송비용은 피고의 부담으로 한다.

이　　유

피고 소송수행자의 상고이유를 판단한다.

원심이 채택하고 있는 증거들과 변론의 전취지를 기록에 대조하여 종합검토하여 보면 원고는 소외 여객자동차주식회사에 입사한 이래 공구수불업무를 취급하되 주로 50키로그램 이상되는 무거운 타이어를 들어 옮기는 과중한 작업을 하여 오던 중 1977. 5. 28 타이어 적재의 무리한 중량작업으로 허리에 부상을 입는 한편 이로 인한 계속적인 신체적 충격의 누적과 위 허리부상시의 외적 충격등 작업시 받은 외상에 의하여 원고가 소아시에 앓았던 좌고관절염이 재발되었다는 원심 인정사실을 인정하지 못할 바 아니므로 사실관계가 이러하다면 위 회사 업무수행중 그 업무에 기인하여 재해를 당한 것이라 할 것이므로 원심이 피고는 원고의 요양신청에 따라 요양을 하기로 결정하였어야 할 것을 그 신청을 불승인하였음은 위법 부당하다고 하였음은 정당하고 산업재해보상보험법 제1조의 법리를 잘못 판단한 위법있다는 논지는 맞지 아니하여 이유없다.

그러므로 상고를 기각하기로 하고 상고 소송비용은 패소자의 부담으로 하기로 하여 관여법관의 일치된 의견으로 주문과 같이 판결한다.

대법원판사 서윤홍(재판장), 양병호, 안병수, 유태홍

2. 출·퇴근 및 출장중 재해

● 요양불승인처분취소

헌법재판소 1993.9.27 93헌마45결정. 심판청구 각하

판 시 사 항

◉ 법원의 재판을 거친 행정처분이 헌법소원 심판의 대상이 되는지 여부

◉ 헌법소원심판청구의 대상으로 삼은 행정처분의 적법여부가 헌법문제가 아니라 단순한 일반법규의 해석과 적용문제라 하여 심판청구를 각하한 사례

판 결 요 지

가. 공권력의 행사인 행정처분에 대하여 구제절차로서 법원의 재판을 거친 경우에 그 처분의 기초가 된 사실관계의 인정과 평가 또는 일반법규의 해석과 적용의 문제는 원칙적으로 헌법재판소의 심판대상이 되지 아니한다.

나. 현행법의 해석상 피청구인이 통근 도상에 일어난 근로자의 재해를 사업주가 제공한 교통수단을 이용한 경우와 그밖의 경우로 나누어, 전자 즉 사용자의 지배·관리하에 있는 재해에 한하여 업무상으 재해로 인정한다고 하여 그것이 곧 합리적 이유가 없는 차별이어서 평등의 원칙에 반하는 것이라고 보기 어려우므로, 결국 청구인이 내세우는 법률문제는 헌법문제가 아니라 단순한 일반법규의 해석과 적용문제라고 볼 수밖에 없어 헌법재판소의 심판대상이 되지 아니한다.

참조조문 헌법재판소법 제68조 제1항
헌법 제11조 제1항
산업재해보상보험법 제3조 제1항

참조판례 1996. 6. 26. 선고 90헌마73결정
1992. 10. 1. 선고 90헌마139결정
1993. 5. 13. 선고 92헌마60결정

청 구 인 신재철 대리인 변호사 장기욱 외2인

피청구인 충주지방노동사무소장

주　　문 이 사건 심판청구를 각하한다.

이　　유

1. 기록에 의하면 다음과 같은 사실을 인정할 수 있다.

청구인의 죽은 남편인 청구의 망 안종무는 충북 중원군 가금면 농공단지안에 있는 주식회사 신흥기계 가금공장에서 용접공으로 근무하던 근로자이다. 그는 1990. 12. 1. 08 : 30경 위 청구의 회사 정문앞 200m 지점 도로위에서 그의 소유인 원동기장치 자전거를 타고 출근하다가, 맞은편에서 중앙선을 침범하여 달려오던 승용차에 치어 중상을 입고 치료를 받던 중 1991. 2. 18. 사망하였다.

청구인은 위 망인의 부상이 업무상의 재해라고 주장하여 1991. 2. 25. 피청구인에게 산업재해보상보험법(이하 다만 "법"이라 한다)에 의한 요양을 신청하였고, 피청구인은 같은 해 3. 8. 위 망인의 부상이 업무상의 재해에 해당하지 아니한다는 이유로 요양불승인처분(이하 "이 사건 처분"이라고 한다)을 하였다.

그러자 청구인은 소정의 전심절차를 거쳐 1991. 12. 18. 서울고등법원에 피청구인을 상대로 이 사건 처분의 취소를 구하는 행정소송을 제기하였고, 서울고등법원은 1992. 7. 9. 위 행정소송사건(91구28537)에 관하여 위 망인의 부상은 업무상의 재해에 해당한다고 볼 수 없다고 판단하여 원고청구기각의 판결을 선고하였다.

청구인이 이에 불복하여 상고를 제기하였으나, 청구인이 이에 불복하여 상고를 제기하였으나, 대법원은 1993. 1. 19. 그 상고사건(92누13073)에 관하여 원심판결에는 업무상의 재해에 관한 법리오해 또는 평등권에 관한 헌법해석의 착오가 없다고

판단하여 상고기각의 판결을 선고하였다.

2. 이 사건에서 청구인이 주장하는 청구이유의 요지는 다음과 같다.

피청구인의 이 사건 처분은 다음 2가지 점에서 위법하거나 청구인의 기본권을 침해하는 것이다.

첫째, 법 제3조 제1항에 의하면 업무상의 재해라 함은 업무상의 사유에 의한 근로자의 부상, 질병, 신체장해 또는 사망을 말한다고 규정하고 있고, 법 제1조에 의하면 법은 산업재해보상보험사업을 시행하여 근로자의 업무상의 재해를 신속하고 공정하게 보상하고, 이에 필요한 보험시설을 설치·운영하며, 재해예방 기타 근로자의 복지증진을 위한 사업을 행함으로써 근로자의 보호에 기여함을 목적으로 한다고 규정하고 있다. 위 법규정들의 취지에 비추어 보면, 청구의 망 안종무가 회사에 출근하던 중 회사정문 근처에서 발생한 교통사고로 말미암아 입은 부상은 법 제3조 제1항 소정의 업무상의 사유에 의한 근로자의 부상임이 분명하다. 따라서 피청구인이 청구인의 요양신청에 대하여 불승인처분을 한 것은 법 제3조 제1항에 명백히 위반한 것이다.

둘째, 피청구인은 출퇴근 도중에 발생한 재해에 관하여 아무런 합리적인 이유없이 사업주가 제공한 차량이나 이에 준하는 교통수단을 이용한 경우와 그러하지 아니한 경우로 나누어, 전자의 경우에만 법에 의한 업무상의 재해로 인정하는 입장을 취하여 왔고, 이 사건의 경우에도 그와 같은 종래의 입장을 답습하여 이 사건 처분을 하였다. 그러나 피청구인의 위와 같은 차별 취급은 헌법 제11조 제1항에 의하여 보장되는 청구인의 평등권을 침해한 것이다.

3. 먼저 이 사건 심판청구의 적법 여부에 관하여 판단한다.

이미 위에서 본 바와 같이 이 사건은 피청구인의 처분에 대하여 그 구제절차로서 법원의 재판을 거친 다음 다시 헌법소원을 제기한 사건이다. 이와같이 법원의 재판을 거친 행정처분에 대하여 헌법소원을 제기한 경우에 헌법재판소가 심판할 수 있는 대상에 관하여 종래 우리 재판소는 "공권력의 행사인 행정처분에 대하여 구제절차로서 법원의 재판을 거친 경우에 그 처분의 기초가 된 사실관계의 인정과 평가 또는 일반법규의 해석과 적용의 문제는 원칙적으로 헌법재판소의 심판대상이 되지 아니한다"라는 판례를 거듭대고 있다(헌재 1992. 6. 26. 선고, 90헌마73 ; 1992. 10. 1. 선고, 90헌마 139 ; 1993. 5. 13. 선고, 92헌마60 각 결정참조)

이 사건의 경우 처분의 기초가 된 사실관계의 인정에 관하여는 당사자 사이에 다툼이 없다. 즉 청구의 망 안종무가 1990. 12. 1. 직장 근처의 도로 위에서 원동기장치 자전거를 타고 출근하다가 마주오던 자동차에 치어 중상을 입고 치료를 받던 중 약 80일 후에 사망한 사실에 대하여는 당사자 사이에 다툼이 없다.

이 사건에서 오로지 문제가 되는 것은 위와 같은 부상이 법 제3조 제1항에서 말하는 "업무상의 재해"에 해당하느냐 하는 사실관계의 평가 또는 일반법규의 해석·적용 문제뿐이다.

이와 관련하여 청구인은 피청구인이 통근도상에 일어난 재해에 대하여 아무런 합리적 이유없이 사업주가 제공한 교통수단을 이용한 경우와 그밖의 경우로 나누어 전자에 한하여 업무상의 재해로 인정하는 것은 평등의 원칙에 반하는 것이라고 주장한다. 그러나 통근도상에 일어난 재해의 특수성에 비추어 업무상재해의 인정기준을 완화하여야 한다는 해석론이나, 그러한 재해를 모두 업무상 재해로 인정하여야 한다는 입법론은 제기될 수 있어도, 현행법의 해석상 통근도상에 일어난 근로자의 재해를 위와같이 구분하여 사용자의 지배·관리하에 있는 재해에 한하여 업무상의 재해로 인정한다고 하여 그것이 곧 합리적인 이유가 없는 차별이어서 평등의 원칙에 반하는 것이라고 보기는 어렵다.

결국 청구인이 내세우는 법률문제는 헌법문제가 아니라 단순한 일반법규의 해석과 적용문제라고 볼 수밖에 없다.

그렇다면 이 사건은 종래 우리 재판소의 판례에서 말하는 사실관계의 평가 또는 일반법규의 해석·적용 문제를 심판의 대상으로 삼는 것이므로, 헌법재판소의 심판대상이 될 수 없는 사안에 대한 심판청구라고 보아야 할 것이다.

따라서 이 사건 심판청구는 더 나아가 살펴 볼 것이 없이 부적법하므로, 이를 각하하기로 하여 주문과 같이 결정한다.

이 결정은 관여 재판관 전원의 의견일치에 따른 것이다.

재판관 조규광(재판장), 변정수, 김진우, 한병채, 이시윤, 최광률, 김양균, 김문희, 황도연

● 요양불승인처분취소

대법원 제3부, 1995. 9. 15. 판결, 95누6946 상고기각

판 시 사 항

◉ 출·퇴근중에 발생한 재해가 업무상의 재해로 인정되기 위한 요건

판 결 요 지

가. 출·퇴근중에 발생한 재해가 업무상의 재해로 인정되기 위하여는 사용자가 근로자에게 제공한 차량등의 교통수단을 이용하거나 사용자가 이에 준하는 교통수단을 이용하도록 하여 근로자의 출·퇴근 과정이 사용자의 지배, 관리하에 있다고 볼 수 있는 경우에 해당되어야 할 것이다.

나. 차량이 소외 회사의 차량관리규정에 따라 회사에 등록되고 사업자인 소외 회사가 차량구입비 또는 유지비를 보조하도록 되어 있었더라도, 차량에 대한 관리·사용권한은 실제로 원고에게 속하여 있었던 것이라고 할 것이어서 사고당시 통근과정이 사용자인 소외 회사의 지배, 관리하에 있었다고 볼 수 없다.

참조조문 산업재해보상보험법 제3조 제1항

참조판례 대법원 1993. 1. 19. 선고93누13073판결
1993. 5. 11. 선고 92누16805판결

당 사 자 원고(상고인) 강영수 소송대리

인 변호사 조두연
피고(피상고인) 근로복지공단
원심판결 서울고등법원 1995. 4. 13. 선고, 94구34915판결
주 문 상고를 기각한다. 상고비용은 원고의 부담으로 한다.
이 유

원고 소송대리인의 상고이유를 본다.

산업재해보상보험법 제3조 제1항 소정의 업무상의 재해라 함은 근로자가 사업주와의 근로계약에 기하여 사업주의 지배, 관리하에서 당해 근로업무의 수행 또는 그에 수반되는 통상적인 활동을 하는 과정에서 이러한 업무에 기인하여 발생한 재해를 말하므로, 출·퇴근 중의 근로자는 일반적으로 그 방법과 경로를 선택할 수 있어 사용자의 지배 또는 관리하에 있다고 볼 수 없고, 따라서 출·퇴근중에 발생한 재해가 업무상의 재해로 인정되기 위하여는 사용자가 근로자에게 제공한 차량등의 교통수단을 이용하거나 사용자가 이에 준하는 교통수단을 이용하도록 하여 근로자의 출·퇴근과정이 사용자의 지배, 관리하에 있다고 볼 수 있는 경우에 해당되어야 할 것인바(당원 1993. 1. 19. 선고 93누13073판결, 1993. 5. 11. 선고 92누16805판결 참조).

사실관계가 원심이 적법히 확정한 바와 같다면, 이 사건의 경우 원고는 퇴근 방법과 그 경로를 임의로 선택하여 자기 소유의 승용차를 운전하고 퇴근하던 도중에 교통사고가 발생하여 재해를 당한 것으로서 비록 위 차량이 소외회사의 차량관리규정에 따라 회사에 등록되고 사업자인 소외 회사가 차량구입비 또는 유지비를 보조하도록 되어 있었더라도 차량에 대한 관리·사용권한은 실제로 원고에게 속하여 있었던 것이라고 할 것이이서 사고 당시 통근과정이 사용자인 소외회사의 지배, 관리하에 있었다고 볼 수 없다고 할 것이므로, 원고가 입은 재해는 업무상재해에 해당하지 않는다고 할 것이다.

같은 취지의 원심판단은 정당하고 거기에 소론과 같은 업무상재해에 관한 법리오해 및 업무상재해기준에 관한 노동부 예규의 해석 오류의 위법이 있다고 할 수 없다.

논지는 이유없다.

그러므로 상고를 기각하고 상고비용은 패소자의 부담으로하여 관여법관의 일치된 의견으로 주문과 같이 판결한다.

대법관 지창권(재판장), 주심 천경송, 안용득, 신성택

● 요양불승인처분취소

대법원 제3부, 1995. 8. 29. 판결, 95누5961 상고기각

판 시 사 항

◉ 출·퇴근중에 발생한 교통사고의 업무상재해 인정여부

판 결 요 지

가. 근로자의 통근행위는 노무제공이라는 업무와 밀접 불가분의 관계가 있다고 하더라도 일반적으로 통근방법과 그 경로의 선택이 그 근로자에게 유보되어 있어 통상 사업주의 지배관리하에 있다고 할

수 없어 업무수행성을 인정할 수 없다.

나. 단순한 통근중에 발생한 재해가 업무상재해로 인정되기 위하여는 사업주가 이에 준하는 교통수단을 이용하도록 하는 등 근로자의 통근과정이 사업주의 지배관리하에 있다고 볼 수 있어야 할 것

당 사 자 원고(상고인) 이선균
피고(피상고인) 근로복지공단

원심판결 서울고등법원 1995. 3. 21. 선고, 94구18609판결

주 문 상고를 기각한다. 상고비용은 원고의 부담으로 한다.

이 유

상고인의 상고이유는 상고심절차에관한 특례법 제4조 소정의 심리불속행사유에 해당하므로 위 법 제5조에 의하여 관여법관의 의견이 일치되어 주문과 같이 판결한다.

대법관 신성택(재판장), 천경송, 안용득(주심), 지창권

1-1 서울고등법원 제11특별부, 1995. 3. 21. 판결, 94구18609 원고 청구기각

사 건 명 요양불승인처분취소

당 사 자 원고 이선균
피고 인천지방노동청장

변론종결 1995. 3. 14.

주 문 원고의 청구를 기각한다. 소송비용은 원고의 부담으로 한다.

청구취지 피고가 1993. 11. 22. 원고에 대하여 한 요양불승인처분은 이를 취소한다라는 판결

이 유

1. 이 사건의 처분의 경위

아래 각 사실은 당사자 사이에 다툼이 없거나, 갑 제1, 2호증의 각 1, 2, 을제4, 6호증의 각 기재와 증인 곽명수의 증언 및 변론의 전취지를 종합하여 인정할 수 있고 반증없다.

가. 원고는 1991. 3. 28. 소외 주식회사 한양(이하 소외회사라 한다)에 불도우저 조정원으로 입사하여 근무하여 오다가 소외회사가 1993. 9. 1.경 건설용 유휴장비를 보관할 주기장을 마련하기 위하여 인천 서구 경서동 642토지를 임차한 다음 같은 달 20.자로 원고에게 위 주기장부지(이하 경서야적장이라 한다)에서 근무하도록 발령하자, 원고는 그 무렵부터 매일 주소지인 성동구 성수2가 392와 경서야적장 사이를 원고의 소유의 서울 2추 7989호 르망승용차를 운전하여 출·퇴근하게 되었다.

나. 원고는 1993. 9. 28. 6 : 30경 경서야적장으로 출근하기 위하여 위 르망승용차를 운전하고 올림픽대로를 따라 서울 강서구 개화동을 통과하던 중 안개 때문에 시야에 장애가 있어 앞서 가던 굴삭기를 미리 발견하지 못하고 위 승용차의 전면으로 위 굴삭기의 후미부분을 충격하는 바람에 뇌진탕 등의 부상을 입었다.

다. 이에 원고는 1993. 11. 22.경 피고에게 산업재해보상보험법(산재보험법이라 한다)에 의한 요양신청을 하였으나, 피고는 1993. 11. 22. 사업주가 출·퇴근용으로 제공한 교통수단을 이용하다가 발생한 것이 아니라 원고가 자가용 승용차로 출근하던 중 발생한 사고로서 업무상의 재해로 볼 수 없다는 이유로 불승인하는 처분(이하 이 사건 처분이라 한다)을 하였다.

2. 쟁점(이 사건 처분의 적법 여부)

가. 당사자의 주장

원고는 경서야적장은 대중교통수단이 운행하는 도로에서 약 10km떨어져 있는 외진 곳으로서 발령시 소외회사로부터 원고 소유의 승용차를 이용하여 출·퇴근하도록 지시를 받았고 그에 소요되는 유류비용을 전액 소외회사가 부담하기로 하였기 때문에 원고로서는 업무수행을 위하여는 불가피하게 위 승용차를 이용할 수밖에 없었으며, 더구나 경서야적장에 근무하면서도 승용차를 소유하고 있지 않은 굴삭기 기사인 소외 김두용을 소외회사의 지시에 따라 출근 길에 대중교통수단이 끊어진 지점인 서인천 인터체인지 부근에서 태워줌으로써 위 승용차가 소외회사에게 커다란 편익을 주어 왔고, 위 사고지점은 원고가 출근하기 위하여 주거지와 근무장소와 사이를 통과하는 경로(순로)였으므로 위 사고는 근무를 하기 위하여 주거지와 근무장소와 사이를 순리적인 경로와 방법으로 출퇴근하던 중에 발생한 것으로서 그로 인한 부상은 업무와 밀접한 인과관계를 가지는 업무상 재해에 해당한다고 할 것임에도 이와 견해를 달리한 피고의 이 사건 처분은 위법하다고 주장한다.

이에 대하여 피고는 원고가 그 소유의 승용차에 대한 관리 및 유지의 책임을 지고 있었을 뿐만 아니라 그 비용 일체를 스스로 부담하였으므로 위 승용차가 사업주의 지배, 관리하에 운행되었다고 볼 수 없는 데다가 사업주가 특별한 필요에 의하여 교통수단을 제공하지 않는 한 근로자의 출퇴근을 사업주의 지배, 관리하에 있었다고 볼 수 없으며, 노동부가 제정한 '업무상재해기준(노동부 예규 제234호)'은 그 제6조 제5항에서 출, 퇴근중의 재해에 대한 업무상재해인정기준을 따로 설정하고 있는 점에 비추어 보아서도 원고의 위 부상은 업무의 재해이고 피고는 이 사건 처분이 적법하다고 주장한다.

나. 인정되는 사실관계

앞에서 믿은 각 증거들과 갑제4호증의 1, 2, 증인 곽명수의 증언에 의하여 진정성립을 인정할 수 있는 갑 제3호증의 각 기재 및 변론의 전취지를 종합하면, 경서야적징은 원래 인천 앞바다에 위치 청라도라는 작은 섬의 남단에 해당하는 땅으로서 대규모 매립사업이 시행된 결과 육지의 일부가 되어 소외회사에 의하여 주기장부지로까지 선정되었으나 도심지에서 멀리 떨어진 외딴 곳이어서 소외 한국전력공사가 인근 마을 주민들의 편의를 위하여 12인승 봉고차를 1일 3회 운행하는 것을 제외하고 10km 가량을 나가야만 대중교통수단을 이용할 수 있는 형편이어서 소외회사는 경서야적장에 근무할 직원을 발령함에 있어서 승용차를 소유하고 있는 사원을 우선적으로 선발한 사실, 원고가 경서야적장으로 발령을 받은 것도 승용차를 소유하고 있었기 때문이고 당시 경서야적장의 총책임자인 소외 곽명수는 소외회사에게 자가용 승용차를 이용하여 경서야적장에 출·퇴근하는 직원들에 대하여는 월말에 유류비를 지급하여 주도록 건의한 사실, 또한 위 곽명수는 원고에게 만일 경서야적장에서 근무하는 직원 중 승용차를 보유하고 있지 아니한 직원이 있을 경우에는 대중교통수단이 없는 구간 만큼 그 직원의 출, 퇴근을 도와 주라고 지시하였고 원고는 출, 퇴근 길에 굴삭기 기사로서 차량을 보유하고 있지 않은위 김두용을 여러 차례 위 승용차를 이용하는 경우 위 사고 지점인 88올림픽대로를 통과하는 것이 합리적인 경로 및 방법인 사실, 원고는 위 승용차를 운행하면서 소요되는 차량보험료, 수리비 등과 같은 유지비를 자비로 부담하였으며 유류비를 소외회사로부터 실제로 지급받은 일이 없는 사실을 인정할 수 있고, 을제2호증, 을제3호증의 내지 5, 을제5호증의 1 내지 4의 각 기재는 위 인정에 방해가 되지 아니하고 달리 반증없다.

다. 판　　단

산재보험법 제3조 제1항은 "이 법에서 업무상재해라 함은 업무상의 사유에 의한 근로자의 부상, 질병, 신체장애 또는 사망을 말한다"라고 규정하고 있으므로 업무상재해가 성립하려면 당해 재해가 업무에서 기인하여야 하고 이러한 업무기인성이 인정되려면 먼저 그 근로자가 근로관계에 기초하여 사업주의 지배하에 있는 상태, 즉 업무수행성이 전제되어야 할 것인데, 근로자의 통근행위는 노무제공이라는 업무와 밀접 불가분의 관계가 있다고 하더라도 일반적으로 통근방법과 그 경로의 선택이 그 근로자에게 유보되어 있어 통상 사업주의 지배관리하에 있다고 할 수 없어 업무수행성을 인정할 수 없다고 할 것이고, 따라서 단순한 통근중에 발생한 재해가 업무상재해롤 인정되기 위하여는 사업주가 이에 준하는 교통수단을 이용하도록 하는 등 근로자의 통근과정이 사업주의 지배관리하에 있다고 볼 수 있어야 할 것인바(대법원 1993. 5. 11. 선고 92누16805판결, 대법원 1993. 9. 14. 선고 93누5970판결 각 참조),

이 사건의 경우 비록 근무지가 외딴 곳에 위치하고 있어 자가용 승용차를 이용할 수 밖에 없었고 상급자의 지시에 따라 다른 직장 동료의 출, 퇴근을 일부 도와 주었으며 현장책임자가 유류비의 지급을 사업주에게 건의한 바가 있다고 할지라도 이러한 사정만으로 원고의 일상적인 통근과정이 사업주인 소외회사의 지배관리하에 있었다고 볼 수 없으므로 원고가 위 사고로 인하여 입은 부상을 업무상의 재해로 보지 아니하고 위 요양승인신청을 불허한 이 사건 처분은 적법하다 할 것이므로 원고의 부상이 업무상의 재해임을 전제로 하는 원고의 위 주장은 이유없다고 할 것이다.

산재보험법 제3조의 업무상 사유에 의한 근로자의 부상, 질병, 신체장해 또는 사망의 범위 등을 명백히 함으로써 산업재해보상보험업무를 신속, 공정하게 처리함을 목적으로 노동부에서 제정한 업무상재해인정기준(1993. 5. 6. 예규 제234호로 개정된 이후의 것) 제6조 제5항은 근로자가 출, 퇴근하는 도중에 발생한 사고로 인하여 사상한 경우로서, ①사업주가 소속 근로자들이 출퇴근용으로 이용할 수 있도록 제공한 교통수단 이용중에 발생한 재해에 해당한다고 ②사업주가 제공한 교통수단에 대한 관리, 이용권이 사상한 근로자에게 전담하지 아니하여 근로자가 사업주의 지배관리하에 있다고 인정되는 때에는 업무와 재해간의 상당인과관계를 인정할 수 없는 명백한 사유가 없는 한 업무상재해로 보도록 규정하고 있는바, 위 예규는 행정조직 내부에 있어서 그 권한의 행사를 지휘, 감독하기 위하여 발하는 행정명령으로서 공법상의 법률관계 내부에 관한 준칙 등을 정하는데 그치고 대외적으로는 아무런 구속력을 가지지는 아니하나, 위 예규에 의하더라도 출근중인 원고가 피고회사의 지배관리하에 있다고 보기 어려우므로 마찬가지로 이 사건 부상이 업무상재해에 해당하지는 않는다고 할 것이다.

3. 결　론

그렇다면, 이 사건 처분이 위법함을 전제로 그 취소를 구하는 원고의 이 사건 청구는 이유없어 이를 기각하기로 하고 소송비용은 패소자인 원고의 부담으로 하여 주문과 같이 판결한다.

판사 권성(재판장), 박시환, 곽종훈

● 유족보상금등 부지급처분취소

대법원 제3부, 1995. 5. 26. 판결, 94누2275, 상고기각

판 시 사 항

◉ 약 7개월간의 공사현장 근무를 출장근무라 할 수 있는지 여부

◉ 출장업무를 마치고 자신의 집에 들러 용무를 본 다음 근무처로 출발하였다가 중도에 귀가 후 다음날 출근하던 중에 사고가 발생한 경우, 단순한 통근 중의 재해로 볼 것인지 여부

판 결 요 지

가. 약 7개월의 기간으로 근무중이던 공사현장은 통상 근무지에 해당하므로 공사현장 근무의 전과정이 사업주의 고용종속 및 지배관리하에 있는 이른바 출장근무라고 할 수 없다.

나. 출장업무와 동료직원에 대한 조문을 마치고 자신의 집에 들러 용무를 본 다음 근무처로 출발하였다가 중도에 다시 귀가하여 다음날 출근하던 중 사고가 발생한 경우, 그 귀가 시점에 이미 그의 출장업무는 종료되었으므로 그 사고는 단순한 통근 중의 재해로 보아야 한다.

참조조문 산업재해보상보험법 제4조 제1호

당 사 자 원고(상고인) 이숙자
피고(피상고인) 창원지방노동사무소장

원심판결 부산고등법원 1994. 1. 14. 선고, 93구1633판결

주　　문 상고를 기각한다. 상고비용은 원고의 부담으로 한다.

이　　유

상고이유를 본다.

관계증거와 기록에 의하여 살펴보면 소론이 지적하는 점에 관한 원심의 사실인정은 옳은 것으로 여겨지고, 거기에 채증법칙을 위배하거나 심리를 다하지 않은 위법이 있다고 할 수 없다.

그리고 사실관계가 원심이 확정한 바와 같다면, 소외 망 신원석이 약 7개월의 기간으로 근무중이던 원심판시의 공사현장은 위 망인의 통상 근무지에 해당한다고 할 것이므로 위 공사현장근무의 전과정이 사업주의 고용종속 및 지배관리하에 있는 이른바 출장근무라고 할 수 없을 뿐 아니라, 위 망인이 본사에서의 출장업무와 동료직원에 대한 조문을 마치고 자신의 집에 들러 용무를 본 다음 근무처로 출발하였다가 중도에 다시 귀가한 시점에는 이미 그의 출장근무는 종료되고 다음날 출근중에 발생한 이 사건 사고는 단순한 통근중의 재해로 보아야 할 것이고, 또 위 망인의 승용차 구입 경위와 비용 보조관계 등을 참작하더라도 이 사건 사고 당시의 통근과정이 사업주의 지배관리하에 있었다고도 할 수 없으므로, 결국 이 사건 사고는 산업재해보상보험법상의 업무상재해에 해당하지 아니한다 할 것이다.

위와같은 취지의 원심판단은 옳고, 거기에 소론과 같은 법리오해 등의 위법이 있다고 할 수 없다.

논지는 모두 이유없다.

그러므로 상고를 기각하고, 상고비용은 패소자의 부담으로 하기로 하여 관여법관의 일치된 의견으로 주문과 같이 판결한다.

대법관 안용득(재판장), 천경송, 지창권, 신성택(주심).

● 요양불승인 처분취소

대법원 제1부. 1995. 3. 14. 판결94누15523 상고기각

판 시 사 항

◉ 통근 중에 발생한 재해가 업무상 재해에 해당하기 위한 요건
◉ 통근재해에 관하여 공무상 재해와 산업재해의 재해 기준이 다르다 하여 헌법상 평등원칙에 위배되는지 여부

판 결 요 지

가. 근로자의 통근행위는 노무의 제공이라는 업무와 밀접 불가분의 관계에 있다 하더라도 일반적으로 통근방법과 경로의 선택이 근로자에게 유보되어 있어 통상 사업주의 지배·관리하에 있다고 할 수 없으므로, 통근 중에 발생한 재해가 업무상의 재해가 되기 위하여는 사업주가 제공한 교통수단을 근로자가 이용하거나 또는 사업주가 이에 준하는 교통수단을 이용하도록 하는 등 근로자의 통근과정이 사업주의 지배·관리하에 있다고 볼 수 있는 경우여야 한다.

나. 공무원연금법상의 공무상재해에 관하여는 출근 중의 부상을 공무상재해로 인정하고 있다 하더라도, 공무원연금법상의 경우는 공무원이 상당한 액의 기여금을 불입하게 되는 데 비하여 산업재해의 경우는 그와 같은 근로자의 부담이 없는 점 등 그 성질을 같이하는 것

이 아니므로, 그 재해기준을 같이 하지 않는다고 하여 헌법상의 평등의 원칙에 위배된다고 할 수 없다.

참조조문 가. 나. 산업재해보상보험법 제3조 제1항
나. 헌법 제11조
공무원연금법 제25조

참조판례 가. 대법원 1994. 6. 14. 93누24155판결

당 사 자 원고, 상고인 이옥임
소송대리인 변호사 김백영
피고, 피상고인 진주지방노동사무소장

원심판결 부산고등법원 1994. 11. 9. 93구7419판결

주 문 상고를 기각한다. 상고비용은 원고의 부담으로 한다.

이 유

상고이유를 본다.

제1점에 대하여

원심은 그 거시증거에 의하여 한국전기통신공사 진주망 운용국 사원인 원고가 1993. 6. 26. 출근하기 위하여 마산에서 부산발 진주행 945호 비둘기호 열차를 타고 같은 날 08 : 26경 진주역에 도착하여 열차에서 내리다가 뒷승객에 떠밀려 넘어지는 바람에 출혈성 뇌좌상 및 뇌좌상 등의 상해를 입고 입원 치료중에 있음을 적법히 인정한 후 원고는 위 부상이 업무상재해라 하여 요양승인신청을 하였으나 피고는 사업주가 원고로 하여금 당해 열차를 이용하도록 지시한 바도 없고, 통근전용열차도 아니어서 위 출근은 사업주의 지배 · 관리하에 있다고 볼 수 없으므로 위 부상은 업무상재해로 볼 수 없다는 이유로 요양불승인처분을 한 데 대하여 그 취소처분을 구하는 원고청구를 기각하였다.

무릇 근로자의 통근행위는 노무의 제공이라는 업무와 밀접불가분의 관계에 있다 하더라도 일반적으로 통근방법과 경로의 선택이 근로자에게 유보되어 있어 통상 사업주의 지배 · 관리하에 있다고 할 수 없으므로, 통근 중에 발생한 재해가 업무상의 재해가 되기 위하여는 사업주가 제공한 교통수단을 근로자가 이용하거나 또는 사업주가 이에 준하는 교통수단을 이용하도록 하는 등 근로자의 통근과정이 사업주의 지배 · 관리하에 있다고 볼 수 있는 경우여야 한다(당원 1994. 6. 14. 선고, 93누24155 판결 참조)는 것이 당원의 확립된 견해이다.

같은 견해에서 판단한 원심의 조치는 옳고, 이를 비난하는 원고의 주장은 받아 들일 수 없다.

논지는 이유없다.

제2점에 대하여.

공무원연금법상의 공무상재해에 관하여는 출근중의 부상을 공무상재해로 인정하고 있음은 논지가 주장하는 바와 같지만 공무원연금법상의 경우는 공무원이 상당한 액의 기여금을 불입하게 되는데 비하여 산업재해의 경우는 그와같은 근로자의 부담이 없는 점 등 그 성질을 같이하는 것이 아니므로, 그 재해기준을 같이 하지 않는다고 하여 헌법상의 평등의 원칙에 위배된다고 할 수도 없다.

논지도 이유 없다.

그러므로 상고를 기각하고, 상고비용은 패소자의 부담으로 하여 관여법관의 일치된 의견으로 주문과 같이 판결한다.

대법관 김석수(재판장), 정귀호, 이돈희(주심), 이임수

● 요양불승인 처분취소

대법원 제1부, 1994.10.25. 판결, 94누9498 상고기각

판 시 사 항

◉ 업무상재해에 해당하기 위하여 요구되는 업무수행성의 의미
◉ 통근중에 발생한 재해가 업무상재해로 인정되는 경우
◉ 중기를 그 조종자와 함께 임차, 사용하는 자의 그 조종자에 대한 지위
◉ 퇴근중의 재해를 업무상재해로 볼 수 없다고 한 사례

판 결 요 지

가. 산업재해보상보험법 제3조 제1항 소정의 업무상의재해에 해당하기 위하여 요구되는 업무수행성이라 함은 사용자의 지배 또는 관리하에 이루어지는 당해 근로자의 업무수행 및 그에 수반되는 통상적인 활동과정에서 재해의 원인이 발생하는 것을 의미한다.

나. 출, 퇴근중의 근로자는 일반적으로 사용자의 지배 또는 관리하에 있다고 볼 수 없고, 단순한 출, 퇴근중에 발생한 재해가 업무상의 재해로 인정되기 위하여는 사용자가 근로자에게 제공한 차량 등의 교통수단을 이용하거나 사용자가 이에 준하는 교통수단을 이용하도록 하여 근로자의 출, 퇴근 과정이 사용자의 지배, 관리하에 있다고 볼 수 있는 경우에 해당되어야 한다.

다. 갑 회사가 을 회사로부터 중기 조종자인 병과 함께 중기를 임차하여 갑 회사의 현장감독하에 작업을 하게 하였다면 병은 갑 회사의 직접적인 피용자는 아니라고 하더라도 갑 회사는 을 회사를 갈음하여 병을 감독하는 자의 위치에 있다.

라. '다'항의 경우에 있어 중기 작업시간 이후에 병이 갑 회사로부터 아무런 지시가 없었고, 운전면허도 소지하고 있지 않음에도 갑 회사 소유의 차량을 운전하여 공사현장의 인부들과 함께 목욕을 한 후 현장숙소로 돌아왔다가 다시 병 개인의 숙소로 가는 도중에 발생한 재해는 이를 을 회사를 갈음한 갑 회사의 지배 또는 관리하에 이루어진 것이라거나 갑 회사에 의하여 제공된 차량등의 교통수단을 이용하여 퇴근한 것이라고 볼 수 없어 업무상의 재해라고 인정할 수 없을 뿐만 아니라, 가사 병이 현장 작업반장 등의 지시에 의하여 그 차량을 운전하여 공사현장 인부들의 공사현장과 식당 사이의 출, 퇴근을 하도록 하여 주고, 병 자신의 출, 퇴근을 하였다 하더라도 이는 병의 편의적 행위로서 자의적 또는 사적인 행위에 해당하는 것이므로, 업무상의 재해로 볼 수 없다고 한 사례

참조조문 가. 나. 라. 산업재해보상보험법 제3조 제1항
다. 민법 제756조

참조판례 나. 대법원 1992. 2. 14. 91누6283 판결
1993. 1. 19. 92누13073판결
1993. 5. 11. 92누16805판결
다. 대법원 1980. 8. 19. 80다708 판결
1992. 7. 28. 92다10531판결

당 사 자 원고, 상고인 전희상
피고, 피상고인 서울남부지방노동사무소장

원심판결 서울고등법원 1994. 6. 23. 93구29527판결

주 문 상고를 기각한다. 상고비용은 원고의 부담으로 한다.

이 유

상고이유를 본다.

1. 원심판결 이유에 의하면, 원심은 그 거시증거에 의하여

가. 원고는 1992. 10. 10. 서울 영등포구 영등포동 7가 94의 78 소재 소외 한양건기 주식회사(중기임대업체로서 서울남부 9899호 산업재해보상보험에 가입하였다. 이하 소외 한양건기라 한다) 소속의 지입차주 소외 동용설에게 서울 02다 6643호 굴삭기의 운전기사로 채용되었는데, 같은 해 11. 23. 부터 소외 신정개발주식회사(이하 소외 신정개발이라 한다)가 하도급 시공하는 안성 공업단지조정 공사현장에 파견되어 근무하여 오던 중 같은 해 12. 24. 20 : 45경 소외 신정개발 소유의 서울 7보 3145호 포터더블캡차량(이하 이 사건 차량이라 한다)을 운전하여 가다가 경기 안성군 안양동 38 소재 마을회관 앞 도로에서 위 차량으로 도로변에 정차하여 있던 서울 7러 6574호 8톤 화물트럭의 좌측 뒷부분을 들이받아 그 충격으로 중증뇌좌상, 두개골 골절상 등의 상해를 입게 된 사실.

나. 소외 신정개발은 1992. 9. 4. 소외 경향건설주식회사로부터 안성공업단지 조성공사 중 상수도공사를 하도급받아 시공하면서 위 공사현장에서 작업하는 인부들을 위하여 그곳에서 약 3. 5킬로미터 떨어진 동네 마을에 식당 및 숙소를 제공하여 주고, 자재운반 및 현장숙소에서 현장까지 인부들을 운반하는 차량으로 이용하기 위하여 이 사건 차량 등 차량 2대를 소유하고 있었으며, 이 사건 차량에는 따로 전담 운전기사가 없어 그 차량관리를 현장 작업반장인 소외 이태수가 담당한 사실.

다. 원고는 소외 신정개발이 1992. 11. 23. 소외 한양건기로부터 굴삭기 및 그 운전기사를 시간당 금 19, 000원에 임차하는 임대차계약을 체결하게 됨에 따라 같은 달 28. 부터 위 공사현장에서 위 이태수의 작업지시에 따라 굴삭기를 이용한 땅파기 및 되메우기 작업을 하고, 임금은 지입차주인 소외 동용설로부터 월 금 1, 300, 000원을 지급받았던 사실.

라. 원고는 위 공사현장에서 근무하면서 소외 동용설로부터 금 100, 000원을 지급받아 위 현장으로부터 약 9. 5킬로미터 떨어진 안성읍 소재 힐튼장여관에 숙소를 정하여 그곳에서 출·퇴근을 하면서 특수운전면허 이외에 보통운전면허를 소지하고 있지 않음에도 불구하고 이 사건 차량을 출·퇴근용으로 가끔 이용하였으며, 공사현장 및 식당을 왕복할 때에도 가끔 위 차량을

운전한 사실.

마. 원고는 1992. 12. 24. 공사현장에서 작업을 마치고(위 공사현장의 겨울철 작업시간은 07 : 30부터 17 : 30까지이다) 식당에서 소외 이태수 및 인부 2명과 저녁식사를 하였는데, 위 이태수의 제의에 의하여 원고가 이 사건 차량을 운전하여 안성읍 소재 목욕탕에서 목욕을 한 후 그 부근의 호프집에서 맥주 4병을 4명이 분음하고서 21 : 00경 위 이태수 등을 공사현장 숙소로 데려다 주고서, 다시 이 사건 차량을 운전하여 안성읍내 소재 힐튼장여관으로 가다가 이 사건 사고로 위 인정과 같은 상해를 입은 사실 등을 각 인정한 다음.

바. 산업재해보상보험법 제3조 제1항 소정의 업무상의 재해에 해당하기 위하여 요구되는 업무수행성이라 함은 사용자의 지배 또는 관리하에 이루어지는 당해 근로자의 업무수행 및 그에 수반되는 통상적인 활동과정에서 재해의 원인이 발생한 것을 의미하며, 따라서 출·퇴근중의 근로자는 일반적으로 사용자의 지배 또는 재해로 인정되기 위하여는 사용자가 근로자에게 제공한 차량 등의 교통수단을 이용하거나 사용자가 이에 준하는 교통수단을 이용하도록 하여 근로자의 출·퇴근 과정이 사용자의 지배, 관리하에 있다고 볼 수 있는 경우에 해당되어야 할 것인바(당원 1993. 1. 19. 선고, 92누13073판결 참조), 위 인정사실에 의하면 소외 신정개발이 소외 한양건기로부터 굴삭기 조종자인 원고와 함께 임차하여 소외 신정개발의 현장감독하에 작업을 하게 하였으므로 원고가 소외 신정개발의 직접적인 피용자가 아니라고 하더라도 소외 한양건기를 갈음하여 원고를 감독하는 자의 위치에 있다고 할 것이나(당원 1980. 8. 19. 선고, 80다708판결 참조), 원고의 이 사건 재해는 굴삭기 작업시간 이후에 원고가 소외 신정개발로부터 아무런 지시가 없었고, 운전면허도 소지하고 있지 않음에도 이 사건 차량을 운전하여 위 공사현장의 인부들과 함께 안성읍에 가서 목욕을 한 후 현장숙소로 돌아왔다가 다시 원고 개인의 숙소인 힐튼장여관으로 가는 도중에 발생한 것이므로, 이를 소외 한양건기를 갈음한 소외 신정개발의 지배 또는 관리하에 이루어진 것이라거나 소외 신정개발에 의하여 제공된 차량 등이 교통수단을 이용하여 퇴근한 것이라고 볼 수 없어 업무상의 재해라고 인정할 수 없을 뿐만 아니라, 가사 원고가 위 이태수 등의 지시에 의하여 이 사건 차량을 운전하여 위 공사현장 인부들의 공사현장과 식당 사이의 출·퇴근을 하도록 하여 주고, 원고 자신의 출·퇴근을 하였다 하더라도 이는 원고의 편의적 행위로서 자의적 또는 사적인 행위에 해당하는 것이라 할 것이므로, 원고의 이 사건 재해를 업무상의 재해로 볼 수 없다는 이유로 원고의 주장을 배척하였다.

2. 원심판결 이유를 관계증거 및 기록과 관계법령의 규정내용에 비추어 보면, 원심의 위와 같은 인정판단은 정당한 것으로 수긍이 되고, 거기에 소론과 같은 법리오해, 채증법칙위배 및 사실오인 등의 위법이 있다고 할 수 없다. 논지는 모두 이유가 없다.

그러므로 상고를 기각하고 상고비용은 패소자의 부담으로 하기로 하여 관여법관의 일치된 의견으로 주문과 같이 판결한다.

대법관 정귀호(재판장), 김석수, 이돈희,

이임수(주심)

● 보 험 금

대법원 제1부. 1994. 10. 25. 판결. 94다21979 상고기각

판 시 사 항

◉ 사업이 1회적이거나 사업기간이 일시적인 경우에도 근로기준법의 적용대상사업인지 여부

◉ 통근중에 발생한 재해가 업무상재해로 인정되는 경우

판 결 요 지

가. 근로기준법의 적용대상 사업인지의 여부는 상시 5인 이상의 근로자를 사용하는지에 달려 있으므로 상시 5인 이상의 근로자를 사용하는 사업이라면 그 사업이 1회적이거나, 그 사업기간이 일시적이라 하여 근로기준법의 적용대상이 아니라 할 수 없다.

나. 출, 퇴근중의 근로자는 일반적으로 사용자의 지배 또는 관리하에 있다고 볼 수 없고, 단순한 출, 퇴근중에 발생한 재해가 업무상의 재해로 인정되기 위하여는 사용자가 근로자에게 제공한 차량 등의 교통수단을 이용하거나 사용자가 이에 준하는 교통수단을 이용하도록 하여 근로자의 출, 퇴근 과정이 사용자의 지배 관리하에 있다고 볼 수 있는 경우에 해당되어야 한다.

참조조문 가. 근로기준법 제10조
나. 산업재해보상보험법 제3조 제1항

참조판례 나. 대법원 1993. 1. 19. 92누13073판결

당 사 자 원고, 피상고인 김현조 외 2인. 원고들 소송대리인 변호사 김형진
피고, 상고인 한국자동차보험주식회사. 소송대리인 변호 백준현

원심판결 서울민사지방법원 1994. 4. 1. 93나40637판결

주 문 상고를 기각한다. 상고비용은 피고의 부담으로 한다.

이 유

상고이유를 본다.

제1점에 대하여

기록에 의하여 살펴보면 원심 인정사실 중 "소외 유재춘이 계속하여 고정적인 조적공사 하청업을 하는 사업자가 아니라 그 자신도 조적공으로서 개별적으로 일하기도 하였다"는 부분은 동인이 조적공이었다는 점을 제외하고는 이를 뒷받침할 증거가 없고, 또한 원심은 위 인정사실을 기초로 소외 유재춘은 조적공으로서 그가 노무도급을 받으면 그 공사의 규모등에 따라 필요한 인부들을 모아서 일당을 주고 함께 일한 것으로, 이는 일시적이고 1회적인 업무에 불과하여 상시 5인 이상의 근로자를 고용하는 사업체를 경영하는 사업주라 할 수 없다고 판시하였으나, 근로기준법의 적용대상 사업인지의 여부는 상시 5인 이상의 근로자를 사용하는지에 달려 있으므로 상시 5인 이상의 근로자를 사용하는 사업이라면 그 사업이 1회적이거나, 그 사업기간이 일시적이라 하여 근로기준법의 적용대상이 아니라 할 수 없다.

따라서 원심은 소론과 같은 채증법칙위배, 근로기준법의 적용범위에 관한 법리오해의 위법이 있다 할 것이나, 다음에서 보는 바와 같이 이 사건 사고는 업무상 재해라 할 수 없어 결국 보험약관상의 면책조항에 해당되지 않는다 할 것이어서 위와같은 위법은 판결에 영향을 미치지 아니하였고, 따라서 논지는 이유 없다.

제2점에 대하여.

원심인정사실에 의하면 소외 김갑수의 이 사건 건축공사는 산업재해보상보험법의 적용대상사업으로 보여지고, 소외 유재춘은 시공업자인 위 김갑수로부터 위 공사 중 조적공사부분을 노무도급받았는바, 근로기준법 제91조 제1항은 "사업이 수차의 도급에 의하여 행하여지는 경우에는 재해보상에 대하여는 그 원수급인을 사용자로 본다"라고 규정하고 있고, 구 산업재해보상보험법(1993. 12. 27. 법률 제4641호로 개정되기 전의 것) 제6조의 2 제1항은 "사업이 수차의 도급에 의하여 행하여지는 경우에는 그 원수급인을 이 법의 적용을 받는 사업의 사업주로 본다. 다만 원수급인이 서면계약으로 하수급인엑 보험료의 납부를 인수하게 하는 경우에 원수급인의 신청에 의하여 노동부장관이 이를 승인한 때에는 그 하수급인을 이 법의 적용을 받는 사업의 사업주로 본다"라고 규정하고 있고, 소외 유재춘과 소외 김갑수 사이에 보험료 납부에 관한 위 법 소정절차를 취하지 아니하였음은 기록상 명백하므로, 이 사건 공사에 관한 산재보상에 있어서는 시공업자로서 원수급인인 소외 김갑수를 사용자로 보아야 할 것이다.

나아가 이 사건 사고가 업무상 재해인지에 관하여 살피건대 출, 퇴근중의 근로자는 일반적으로 사용자의 지배 또는 관리하에 있다고 볼 수 없고, 단순한 출, 퇴근중에 발생한 재해가 업무상의 재해로 인정되기 위하여는 사용자가 근로자에게 제공한 차량 등의 교통수단을 이용하거나 사용자가 이에 준하는 교통수단을 이용하도록 하여 근로자의 출, 퇴근과정이 사용자의 지배관리하에 있다고 볼 수 있는 경우에 해당하여야 할 것인바(당원 1993. 1. 19. 선고, 92누13073판결 참조), 사업장인 공사현장에서는 소론과 같이 노무도급계약의 특성상 소외 김갑수가 위 유재춘을 통하여 조적공사의 인부들을 지배, 관리하고 있었다고 볼 여지가 있을지라도 노무도급 사실만으로 바로 그 통근과정도 위 김갑수의 지배, 관리하에 있었다고 볼 수는 없다 할 것이고, 기록상 위 김갑수가 그 교통수단인 이 사건 차량을 제공하거나 이를 이용하도록 하여 통근과정을 지배, 관리하고 있었다고 볼 아무런 증거도 없으므로, 결국 이 사건 사고는 업무상 재해라고 할 수 없다.

따라서 같은 취지의 원심판단은 정당하고, 이를 탓하는 논지는 이유 없다.

그러므로 상고를 기각하고, 상고비용은 패소자의 부담으로 하기로 하여 관여법관의 의견이 일치되어 주문과 같이 판결한다.

대법관 김석수(재판장), 정귀호, 이돈희(주심), 이임수

● 요양불승인 처분취소

대법원 제1부, 1994.6.14.판결, 93누

24155 상고기각

판 시 사 항

◉ 통근중에 발생한 재해가 업무상 재해에 해당하기 위한 요건

판 결 요 지

노동자의 통근행위는 노무의 제공이라는 업무와 밀접 불가분의 관계에 있다 하더라도 일반적으로 통근방법과 경로의 선택이 근로자에게 유보되어 있어 통상 사업주의 지배관리하에 있다고 할 수 없으므로 통근중에 발생한 재해가 업무상의 재해로 인정되기 위하여는 사업주가 제공한 교통수단을 노동자가 이용하거나 또는 사업주가 이에 준하는 교통수단을 이용하도록 하는 등 노동자의 통근과정이 사업주의 지배관리하에 있다고 볼 수 있는 경우여야 한다.

참조조문 산업재해보상보험법 제3조 제1항

참조판례 대법원 1993. 5. 11. 92누16805판결
1993. 9. 14. 93누5970판결
1994. 4. 12. 93누24186판결

당 사 자 원고, 상고인 구봉길
피고, 피상고인 창원지방노동사무소장

원심판결 부산고등법원 1993. 11. 10. 92구5058판결

주 문 상고를 기각한다. 상고비용은 원고의 부담으로 한다.

이 유

상고이유를 본다.

근로자의 통근행위는 노무의 제공이라는 업무와 밀접불가분의 관계에 있다 하더라도 일반적으로 통근방법과 경로의 선택이 근로자에게 유보되어 있어 통상 사업주의 지배관리하에 있다고 할 수 없으므로,

통근중에 발생한 재해가 업무상의 재해로 인정되기 위하여는 사업주가 제공한 교통수단을 근로자가 이용하거나 또는 사업주가 이에 준하는 교통수단을 이용하도록 하는 등 근로자의 통근과정이 사업주의 지배관리하에 있다고 볼 수 있는 경우여야 한다(당원 1993. 5. 11. 선고, 92누16805판결 ; 1993. 9. 14. 선고, 93누5970 판결 등 참조).

원심판결 이유를 기록에 대조하여 살펴볼 때,

원심이 판시사실을 인정하는 원고는 회사가 제공한 통근수단을 이용하기가 부적합한 관계로 판시 오토바이로 출·퇴근하였고

위 오토바이에 회사가 발행한 출입허가증을 부착하였으며, 업무수행으로 일시 위 오토바이를 이용한 적이 있다고 하더라도

그와 같은 사정만으로는 회사가 원고로 하여금 위 오토바이를 이용하여 출·퇴근하도록 하였다거나 원고의 통근과정이 위 회사의 지배관리하에 있었다고 볼 수 없다고 한 판단은 정당한 것으로 수긍되고 거기에 소론과 같은 사실오인이나 법리오해의 위법이 있다고 할 수 없다.

논지는 모두 이유 없다.

그러므로 상고를 기각하고 상고비용은 패소자의 부담으로 하기로 하여 관여법관의 일치된 의견으로 주문과 같이 판결한다.

대법관 정귀호(재판장), 배만운, 김주한(주심), 김석수

● 유족급여등부지급 처분취소

대법원 제2부, 1994. 4. 12. 판결, 93누24186 상고기각

판 시 사 항

◉ 통근중에 재해가 업무상 재해에 해당하기 위한 요건

◉ 회사에서 제공한 통근버스를 놓쳐 택시를 타러 가던 중 교통사고를 당한 사정만으로는 업무상 재해에 해당하지 아니한다고 본 사례

판 결 요 지

가. 노동자의 통근행위는 노무의 제공이라는 업무와 밀접 불가분의 관계에 있다 하더라도 일반적으로 통근방법과 그 경로의 선택이 근로자에게 유보되어 있어 통상 사업주의 지배관리하에 있다고 할 수 없고, 따라서 단순한 통근중에 발생한 재해가 업무상의 재해로 인정되기 위하여는 사업주가 제공한 교통수단을 근로자가 이용하거나 또는 사업주가 이에 준하는 교통수단을 이용하도록 하는 등 근로자의 통근과정이 사업주의 지배관리하에 있다고 볼 수 있어야 한다.

나. 회사에서 제공한 통근버스를 놓쳐 하는 수 없이 택시를 타러 가던 중 교통사고를 당한 사정만으로는 그 퇴근과정이 사업주의 지배관리하에 있다고 볼 수 없어 업무상재해에 해당하지 아니한다.

참조조문 산업재해보상보험법 제3조 제1항

참조판례 가. 대법원 1993. 1. 19. 92누13073판결
1993. 5. 11. 92누16805판결
1993. 9. 14. 93누5970판결

당 사 자 원고, 상고인 신분숙
소송대리인 변호사 정일화
피고, 피상고인 구미지방노동사무소장

원심판결 대구고등법원 1993. 11. 24. 93구1115판결

주 문 상고를 기각한다. 상고비용은 원고의 부담으로 한다.

이 유

원고소송대리인의 상고이유를 본다.

산업재해보상보험법 제3조 제1항 소정의 업무상 재해라 함은 근로자가 사업주와의 근로계약에 의하여 사업주의 지배관리하에서 업무를 수행하다가 그 업무에 기인하여 발생한 재해를 말한다고 할 것이므로, 근로자의 통근행위는 노무의 제공이라는 업무와 밀접 불가분의 관계에 있다고 하더라도, 일반적으로 통근방법과 그 경로의 선택이 근로자에게 유보되어 있어 통상 사업주의 지배관리하에 있다고 할 수 없고, 따라서 단순한 통근중에 발생한 재해가 업무상의 재해로 인정되기 위하여는 사업주가 제공한 교통수단을 근로자가 이용하거나 또는 사업주가 이에 준하는 교통수단을 이용하도록 하는 등 근로자의 통근과정이 사

업주의 지배관리하에 있다고 볼 수 있어야 할 것이다.

원심판결 이유에 의하면 원심은 원고의 아들인 소외 황맹호가 근무를 마치고 퇴근을 하기 위하여 택시를 타러 구미시 공단동 150 소재의 소외 한국전기초자주식회사 정문앞 횡단보도를 건너다가 교통사고를 당하여 사망한 사실을 인정한 다음 위 황맹호가 근무처인 위 소외회사에서 제공한 통근버스를 놓치는 바람에 하는 수 없이 거주지인 대구로 가는 택시를 타러 가던 중 교통사고를 당하였다고 하더라도 그와 같은 사정만으로는 사고 당시 황맹호의 퇴근과정이 사업주의 지배관리하에 있었다고는 볼 수 없다고 판단하였는바, 기록과 관계법령 및 위에서 설시한 법리에 비추어 보면 원심의 위와같은 사실인정과 판단은 정당하다고 수긍이 가고 거기에 소론과 같은 채증법칙위배나 법리오해의 위법이 없다.

위 황맹호가 당시 통근버스를 놓친 이상 택시를 이용하는 이외에 다른 퇴근방법이 없었고 택시를 타기 위하여는 사고장소인 횡단보도를 반드시 건너야 했다거나 위 사고장소가 근무처에 불과 200미터 정도 떨어진 곳이라는 등 소론 주장의 사정만으로는 위의 결론을 좌우할 수 없다.

논지는 이유 없다.

그러므로 상고를 기각하고 상고비용은 패소자의 부담으로 하기로 하여 관여법관의 일치된 의견으로 주문과 같이 판결한다.

대법관 안우만(재판장), 김용준, 천경송(주심), 안용득

● 유족급여등 지급청구부결 처분취소

서울고등법원 제10특별부. 1994. 1. 13. 판결 93구19933인용

판 시 사 항

◉ 출장 중 음주, 귀가하다 쓰러져 동사한 경우 업무상재해 해당여부

판 결 요 지

출장 중 업무와 관련한 사람과 식사 및 음주를 하고 귀가 중 길에 쓰러져 동사한 경우 업무상 재해에 해당, 유족급여등 지급해야 한다.

참조조문 산업재해보상보험법 제9조

당 사 자 원고 기복임
피고 서울지방노동청장

주 문

1. 피고가 1993년 1월 11일 원고에 대하여 한 유족급여등 지급청구 부결처분을 취소한다.

2. 소송비용은 피고의 부담으로 한다.

청구취지 주문과 같다.

이 유

1. 처분의 경위

갑제1호증의 1, 2 갑제2호증, 갑제3호증, 갑제6호증의 1, 2 을제1호증 내지 을제5호증의 각 기재에 변론의 전취지를 종합하면, 원고의 남편인 소외 망 이진구는 농약의 제조, 판매를 업으로 하는 소외 주식회사 경농(이하 소외회사라 한다)의 상무이사로서 1992년 11월 13일부터 같은달 28일까지 전국 거래처 수금독려 및 지점 대책협의차 출장승인을 받고 1992년 11월 13

일 거래처인 청구농약 대표와 포천군 농촌지도소 직원, 포천단위조합 직원등 7명과 함께 판매계획, 제품홍보, 판매촉진, 수금 등 업무협의관계로 저녁식사 및 술자리를 갖고 귀가하던중 노상에서 쓰러져 동사하였는 바, 이에 원고가 유족보상등의 수급권자로서 피고에게 유족급여 및 장의비를 청구하였으나, 피고는 위 망인이 통상의 출장업무 범위를 벗어나 2차까지 술자리를 마련하여 자제력을 잃을 정도로 술을 마시고 만취된 상태에서 길에 쓰러져 동사한 것으로서 위 망인의 사망에는 업무수행성과 업무기인성이 있다고 볼 수 없다는 이유로 원고의 청구를 부결하는 내용의 처분(이하 이 사건 처분이라 한다)을 한 사실을 인정할 수 있다.

2. 처분의 적법성

가. 당사자의 주장

원고는 위 망인은 위 사망 당시 출장업무를 수행중이었으며 위와같이 회사업무와 관련된 사람들과 식사를 하면서 음주를 한 것도 업무수행의 일환으로 위 망인이 음주 후 귀가하다가 길에 쓰러져 동사한 것은 업무상의 사유로 인한 사망에 해당되는 것이라고 주장하고,

피고는 위 망인이 출장중에 회사업무와 관련된 사람들과 반주를 곁들여 식사대접을 한 것은 통상 업무수행의 일환으로 볼 수 있다 하더라도 그 정도를 넘어 2차까지 술자리를 마련하여 자제력을 잃고 노상에서 쓰러질 정도로 술에 만취한 행위는 통상적인 업무에서 벗어난 것이라 할 것이고, 또한 접대행위를 이미 끝내고 만취된 상태에서의 귀가행로는 사업주의 지배관리를 벗어난 것이라 할 것이므로 위 망인의 사망은 업무상 사망으로 볼 수 없다고 주장한다.

나. 사실관계

위 각 증거들과 갑제4호증의 1, 2 갑제5호증, 갑제7호증 을제7호증의 1 내지 3의 각 기재와 증인 최왕식, 정장훈의 각 증언에 변론의 전취지를 종합하면 아래와 같은 사실을 인정할 수 있다.

(1) 위 망 이진구는 1987년 3월 1일 소외회사에 입사하여 영업담당 상무이사로서 동 회사의 서울 영업본부와 전국 8개지점에서 행하는 시판은 물론, 전국 농협등을 포함한 모든 거래처에 대한 판매, 판촉, 수금 등의 제반 영업활동을 총괄하고, 부수적으로 영업사원의 관리도 수행하여 왔는데, 위 망인의 주요업무 내용은 차기년도 사업계획, 관리, 판매 및 수금분석, 거래처관리, 제반 영업회의 주재, 지점관리, 농협농약수급방안, 거래처 및 내객접대 등이었는바, 소외회사의 8개지점과 거래처를 찾아다니며 일일이 판매, 판촉활동을 해야 하는 경우가 많아 한달의 10일 이상은 지방출장을 다녀야 하는 등 격무를 수행하여 왔다.

(2) 위 망인은 거래처 수금독려와 지점대책 협의차 1993년 11월 13일부터 같은달 28일까지 출장명령을 받고, 1993년 11월 13일 소외회사 서울본부를 출발하여 경기 포천군 소재 거래처들을 방문하게 되었는바, 같은 날 저녁 업무협의차 포천읍 소재 '다도해'라는 음식점에서 시판상인 청구농약 대표, 포천군 농촌지도소 직원, 포천농협 직원등 7명과 함께 소주12병, 광어 2킬

로그램, 공기밥 8그릇을 시켜 식사겸 반주를 하였는데 그 자리에서 오고 간 이야기는 주로 92년도 제품판매와 93년도 판매계획, 제품홍보 등이었으며, 위 식사를 마칠 무렵 농촌지도소 직원과 청구농약 대표가 술도 깰 겸 노래방에 가자고 제의하여 위 망인은 그 중 4명과 포천읍 소재 쌍쌍노래방에 가 술은 마시지 아니한 채 10분 정도 노래를 부르다가 같은 날 저녁 9시경 위 노래방을 나와 다음날 업무(전라남도 쪽으로 출장)를 위해 서울 성북구 정릉2동 소재 자택으로 귀가하려고 위 노래방에서 5-6백미터 떨어진 포천읍 신읍리 소재 한남수퍼 앞의 택시정류장으로 택시를 타러 가다가 노상에 쓰러져 다음날 새벽 4시경 동사(추정사인 : 체온손실)하였다.

(3) 위 망인은 평소 건강하였고 주량도 소주 3-4병 정도로서 위 식사시간의 반주 정도로 만취할 상태는 아니었다.

다. 판단

살피건대, 산업재해보상보험법상의 업무상의 사망이라 함은 업무수행중 그 업무에 기인하여 발생한 재해를 말하는 것인바, 근로자가 사업장을 떠나 출장중일 경우에는 그 출장 과정의 전반에 대하여 사업주의 지배하에 있다고 할 것이어서 출장중의 행위가 출장에 당연 또는 통상 수반하는 범위내의 행위가 아닌 자의적 행위나 사적 행위인 것이 아닌 한 그 업무수행성을 인정하여야 할 것인데 이 사건에서 위 망인이 소외회사로부터 출장명령을 받고 경기 포천군 소재 거래처들과 업무협의차 저녁식사겸 반주를 하면서 업무협의를 하였고 그 중 일부의 제의로 저녁식사를 마치고 노래방에 가 노래를 부르다가 귀가하는 것은 출장에 당연히 수반되는 범위의 행위라 할 것이고, 또한 위 망인의 당시 음주량이 평소 그의 건강상태 및 주량에 비추어 과다한 것이 아니었고 노래방에 가서는 술을 마시지 아니한 점 등에 비추어 달리 위 망인의 자의적 행위나 사적 행위가 개입되었다고 볼 만한 아무런 자료가 없는 이 사건에 있어서 위 망인이 출장업무 수행중 약간의 음주상태에서 귀가하다가 길에 쓰러져 동사한 것은 출장용무와 상당한 인과관계가 있는 사망이라고 봄이 상당하고(앞서 인정한 사실에 비추어 위 망인은 평소의 과중한 업무로 인하여 피로가 누적된 상태에서 취기를 이기지 못하고 쓰러진 것으로 보인다). 따라서 이와 다른 견해에서 원고의 유족급여 및 장의비 지급청구를 거부한 피고의 이 사건 처분은 위법한 것임을 면할 수 없다.

3. 결 론

그렇다면, 피고의 이 사건 부지급 처분의 취소를 구하는 원고의 청구는 이유있어 이를 인용하고 소송비용은 패소자인 피고의 부담으로 하여 주문과 같이 판결한다.

판사 조윤(재판장), 안영률, 조용연

● 요양불승인 처분취소

서울고등법원 제9특별부. 1993. 11. 12. 판결 93구12802인용

판 시 사 항

⊙ 퇴근후 통근버스를 타기 위해 통근버스가 대기하고 있는 곳으로 가던 중 하수구에 빠져 부상을 입은 경우 업무상재해에 해당되는지의 여부

판 결 요 지

산업재해보상보험법 제3조 제1항 소정의 업무상의 재해라 함은 근로자가 업무수행중 그 업무에 기인하여 발생한 재해를 말하는 것으로서, 근로자의 통근행위는 노무의 제공이라는 업무와 밀접불가분의 관계에 있다고 하더라도 일반적으로 통근방법과 그 경로의 선택이 근로자에게 유보되어 있어 통상 사용자의 관리지배하에 있다고 할 수 없으므로 통근도중에 발행한 재해는 업무상의 재해로 인정할 수 없으나, 사용자가 근로자에게 차량등의 교통수단을 제공하여 근로자로 하여금 출·퇴근시 이를 이용하게 하는 등 사용자의 관리지배하에 있다고 볼만한 특별한 사정이 있는 경우에는 통근도중에 발생한 재해라 하더라도 이를 업무상의 재해로 인정하여야 할 것이다.

참조조문 산업재해보상보험법 제3조 제1항

당 사 자 원고 김건배
피고 영월지방노동사무소장

주 문 피고가 1992년 11월 18일 원고에 대하여 한 요양불승인처분을 취소한다. 소송비용은 피고의 부담으로 한다.

청구취지 주문과 같다.

이 유

1. 처분의 경위

원고가 강원 정선군 고한읍 고한2리 소재 정동광업소의 채탄후산부로서 근무하여 오던중 1992년 8월 15일 00시 30분경 작업을 마치고 사내목욕탕에서 목욕을 한 후 통근버스를 타기 위하여 위 목욕탕 후문을 지나 그곳에 있는 하수구 다리 위를 건너다가 실족하여 두부 열창 및 좌상, 뇌진탕, 경추부 및 요부염좌상 등의 부상을 입었다고 주장하면서 같은해 11월 13일 피고에 대하여 요양신청을 하였으나, 피고는 위 상병이 사업주의 지배, 관리를 벗어나 퇴근중에 발생한 것이므로 업무상의 재해에 해당하지 않는다는 이유로 같은해 11월 18일 원고에 대하여 요양불승인처분(이하 이 사건 불승인처분이라 한다)을 한 사실에 관하여는 당사자 사이에 다툼이 없다.

2. 처분의 적법여부

가. 원고는 위 상병은 사업주가 제공한 통근버스를 타기 위하여 그곳으로 가던 도중 발생한 사고로 인한 것으로서 업무상의 재해에 해당함에도 이와달리 보고 한 피고의 이 사건 불승인처분은 위법하다고 주장한다.

나. 그러므로 살피건대, 산업재해보상보험법 제3조 제1항 소정의 업무상의 재해라 함은 근로자가 업무수행중 그 업무에 기인하여 발생한 재해를 말하는 것으로서, 근로자의 통근행위는 노무의 제공이라는 업무와 밀접 불가분의 관계에 있다고 하더라도 일반적으로 통근방법과 그 경로의 선택이 근로자에게 유보되어 있어 통상 사용자의 관리지배하에 있다고 할 수 없으므로 통근도중에 발행한 재해는 업무상의 재해로 인정할 수 없으나, 사용자가 근로자에게 차량등의 교통수단을 제공하여 근로자로 하여금 출퇴근시 이를 이용하게 하는 등 사용자의 관리지배하에 있다고 볼만한 특별한 사정이 있는 경우에는 통근도중에 발생

한 재해라 하더라도 이를 업무상의 재해로 인정하여야 할 것이다.

그런데 갑 제1, 2호증의 각 1, 2, 갑 제3 내지 6호증, 갑 제8호증, 을 제1, 2, 3의 각 일부기재, 증인 유인조의 증언 및 변론의 전취지를 종합하면, 원고는 1943년 12월 2일생의 남자로서 1991년 5월 1일 위 정동광업소에 입사하여 채탄후산부로서 종사하여 왔는데, 1992년 8월 14일 16시00분경 위 광업소에 을반(작업시간이 16시 00경부터 24시 00분까지이다)으로 출근하여 24시 00분경 작업을 마치고 사내에 위치한 목욕탕에서 목욕을 한 후, 다음날인 같은 해 8월 15일 00시 30분경 위 광업소밖의 도로상에서 대기중이던 태백시 방향의 통근버스를 타기 위하여 위 목욕탕 후문(이 문을 나가면 바로 위 광업소밖이 되므로 이하 광업소 후문이라 한다)을 지나 위 도로로 나오던 도중 위 후문 바로 앞에 있는 전선통뚜껑으로 만든 하수구 다리위를 지나다가 위 하수구에 빠지는 바람에 두부열창 및 좌상, 뇌진탕, 경추부 및 요부 염좌상등의 부상을 입은 사실, 한편 위 정동광업소 근로자들은 그 대부분이 고한읍과 태백시에서 출퇴근하기 때문에 사용자인 위 정동광업소에서는 위 근로자들에게 출퇴근용으로 위 2방향으로 운행하는 통근버스를 제공하여 왔는데, 태백시 방향의 통근버스의 경우 1992년 7월 26일가지는 태백시에서 출퇴근하는 근로자들이 많이 2대의 통근버스를 운행하여 그중 1대는 위 광업소의 정문으로부터 가까운 도로상에서 그 이용자들을 승·하차시켰고, 다른 1대는 위 광업소 후문으로부터 가까운 도로상에서 그 이용자들을 승·하차시켰으나, 위 광업소 인원감축조치로 인하여 태백시에서 출퇴근하는 근로자들의 인원수가 줄어들자 같은해 7월 27일부터는 위 후문에 가까운 도로상에서 승·하차시키는 통근버스1대만을 운행한 사실,

그런데 위 광업소 후문은 동시에 위 목욕탕 후문으로서 주로 목욕탕을 관리하는 사람들이 이를 이용하며, 위 광업소 근로자들도 위 하수구 건너편에 있는 우물에서 식수를 구하기 위하여 이를 이용하여 왔는데, 위 광업소측에서는 근로자들에게 위 후문을 이용하지 말도록 그 출입을 금지한 일이 없었고, 위 사고 당시는 '출입금지'의 표시도 하지 아니하였으며(위 사고 후 위 후문쪽에 '출입금지'의 표지를 하였다), 이를 폐쇄하여 놓지도 아니하였고, 더구나 태백시 방향의 통근버스가 위 후문으로부터 가까운 도로상에서 그 이용자들을 승·하차시켰으며, 위 광업소 정문을 이용하여 위 광업소를 출입하는 경우 약 50m 정도를 더 걸어야 할뿐만 아니라 가파른 계단을 이용하여야 하였기 때문에 태백시에서 출퇴근하는 근로자들은 주로 위 후문을 통하여 위 광업소를 출입하여 온 사실이 각 인정되고, 이에 어긋나는 갑 제1, 2호증의 각 2, 을 제1, 3호증의 각 기재부분은 이를 믿지 아니하며, 달리 반증이 없다.

위 인정사실에 의하면, 위 광업소측이 원고를 비롯한 태백시에서 출퇴근하는 근로자들을 위하여 그들에게 통근버스를 제공하였고, 원고는 그날 작업을 마치고 위 통근버스를 타기 위하여 통상 출입하여 오던 위 광업소 후문을 통하여 통근버스가 대기하고 있는 장소로 나가다가 위 사고를 당하였는바, 사정이 이러하다면, 원고는 위 사고당시 사용자인 위 광업소의 관리지배하에 있었다고 봄이 상당하므로 이러한 상태에서 발생한 위 사고로 입은 위 상병은

업무상의 재해에 해당한다고 할 것이며, 따라서 피고가 이를 달리 보고 한 이 사건 불승인처분은 위법하다 할 것이다.

3. 결론

그렇다면, 이 사건 불승인처분은 위법하므로 그 취소를 구하는 원고의 청구는 이유 있어 이를 인용하고, 소송비용은 패소자인 피고의 부담으로 하여 주문과 같이 판결한다.

판사 이건웅(재판장), 서기석, 손수일

● 보험금지급

대법원 제1부. 1993.11.9. 판결 93다25851 상고기각

판 시 사 항

◉ 사장의 교통사고 처리 위해 직원들이 일과후 회사소유의 차량에 탑승, 관할경찰서로 가다가 사고가 난 경우 업무상재해에 해당되는지의 여부

판 결 요 지

회사직원들이 회사소유의 차량에 탑승하여 사고관할 경찰서로 가는 행위는 비록 그 시간이 통상의 근무시간이 아니라 하더라도 업무의 수행 내지는 그 연장이라 할 것이고 그와 같이 탑승하여 가는 도중 교통사고를 당한 것이라면 이 교통사고는 업무수행중의 사고로서 근로기준법 소정의 업무상 재해에 해당한다.

참조조문 상법 제659조, 제663조 근로기준법 제80조(산업재해보상보험법 제3조 제1항)

당 사 자 원고, 상고인 주식회사 엑심
피고, 피상고인 국제화재해상보험주식회사

원심판결 서울고등법원 1993. 4. 13. 92나48750판결

주 문 상고를 기각한다. 상고비용은 원고의 부담으로 한다.

이 유

상고이유를 본다.

1. 원심이 취사한 증거를 기록에 비추어 보면 원심의 사실인정은 수긍할 수 있고, 원심이 소외 변중표, 이재근 등 원고회사 직원들이 시장인 소외 김재우가 일으킨 원고회사 소속차량의 사고 뒤처리를 위하여 원고회사 소유의 차량에 타고 사고 관할경찰서로 가는 행위를 업무의 수행 내지는 그 연장이고, 위와같이 가다가 교통사고를 당한 것을 업무수행중의 사고로서 근로기준법 소정의 업무상재해라고 인정한 조처도 수긍할 수 있으며, 거기에 소론과 같이 채증법칙을 어긴 위법이 있다고 할 수 없고, 근로기준법상의 업무상재해의 범위를 지나치게 확대 해석한 위법이 있다고 할 수 없고, 원고회사의 대표이사인 위 김재우가 일으킨 원고회사 차량의 교통사고의 처리라 함은 대표이사 개인의 형사적 책임의 처리뿐만 아니라 회사 소유차량의 사고로 인한 회사의 민사적 책임의 처리도 당연히 포함된다고 보아야 할 것이므로 이와같은 취지의 원심판단도 정당하다.

2. 논지는 이 사건 사고차량이 자동차종합보험에 가입되어 있기 때문에 회사의 자동차손해배상보장법상의 손해배상책임은

결국 보험회사가 부담하게 되므로 회사직원이 그 처리를 위하여 구태여 일과시간이 아닌 사고직후 긴급히 사고 관할경찰서에 갈 필요는 없고, 따라서 그들의 위 행위는 순전히 대표이사 개인에 대한 자발적, 정의적인 것에 불과하여 회사업무와는 무관하다는 것이나, 받아들일 수 없다.

3. 따라서 원심이 원고회사 소속차량의 사고 뒤처리를 위하여 총무과 직원인 위 변중표의 연락에 의하여 원고회사 직원들이 원고회사 소유의 차량에 탑승하여 사고관할경찰서로 가는 행위는 비록 그 시간이 통상의 근무시간이 아니라 하더라도 업무의 수행 내지는 그 연장이라 할 것이고 그와 같이 탑승하여 가는 도중 교통사고를 당한 것이라면 이 교통사고는 업무수행중의 사고로서 근로기준법 소정의 업무상 재해라 할 것이므로 위 변중표, 이재근은 위 교통사고에 대하여 근로기준법에 의한 재해보상을 받을 수 있는 자들이라고 판단한 조처도 정당하고, 거기에 소론과 같은 근로기준법상의 업무상재해에 관한 법리를 오해한 위법이 있다고 할 수 없다.

지적하는 판례들은 이 사건에 적절한 것이라고 할 수 없다.

따라서 논지는 모두 이유 없다.

그러므로 상고를 기각하고, 상고비용은 패소자의 부담으로 하여 관여법관의 일치된 의견으로 주문과 같이 판결한다.

대법관 김석수(재판장), 배만운(주심), 정귀호

● 요양불승인 처분취소

대법원 제2부. 1993. 9. 14. 판결 93누5970 상고기각

판 시 사 항

◉ 통근중에 발생한 재해가 산업재해보상보험법 제3조 제1항 소정의 "업무상재해"에 해당하기 위한 요건

◉ 청원경찰이 일반근로자와 출퇴근시간이 달라 사업주가 제공하는 통근버스를 이용할 수 없는 관계로 오토바이로 출퇴근을 하였고 업무수행시에도 이를 사용하여 왔을 뿐만 아니라 사업주가 그 연료를 제공한 적이 있다는 사정만으로는 위 "업무상의 재해"에 해당하지 아니한다고 본 사례

판 결 요 지

가. 근로자의 통근행위는 노무의 제공이라는 업무와 밀접 불가분의 관계에 있다 하더라도 일반적으로 통근방법과 그 경로의 선택이 근로자에게 유보되어 있어 통상 사업주의 지배관리하에 있다고 할 수 없고, 따라서 단순한 통근중에 발생한 재해가 업무상 재해로 인정되기 위하여 사업주가 제공한 교통수단을 근로자가 이용하거나 또는 사업주가 이에 준하는 교통수단을 이용하도록 하는 등 근로자의 통근과정이 사업주의 지배관리하에 있다고 볼 수 있어야 한다.

나. 청원경찰이 일반근로자와 출퇴근 시간이 달라 사업주가 제공하는 통근버스를 이용할 수 없는 관계로 오토바이로 출퇴근을 하였고 업무수행시에도 이를 사용하여

왔을 뿐만 아니라 사업주가 그 연료를 제공한 적이 있다는 사정만으로는 위 "업무상의 재해"에 해당하지 아니한다고 본 사례

참조조문 산업재해보상보험법 제3조 제1항

참조판례 대법원 1993. 1. 19. 92누13073판결
1993. 1. 26. 92누11497판결
1993. 5. 11. 92누16805판결

당 사 자 원고, 상고인 김태균
소송대리인 변호사 박남용
피고, 피상고인 태백지방노동사무소장

원심판결 서울고등법원 1993. 2. 5. 92구26835판결

주 문 상고를 기각한다. 상고비용은 원고의 부담으로 한다.

이 유

원고소송대리인의 상고이유를 본다.

기록에 의하여 살펴보면 원심의 원고가 단순히 사업장에 출근하다가 이 사건 교통사고를 당하였다고 인정하고 위 사고 당시 원고가 사용자로부터 특별히 부여받은 업무를 수행하고 있었다는 원고의 주장, 입증이 없다고 판단한 조치는 정당하다고 수긍이 되고 거기에 소론과 같은 위법이 없다.

산업재해보상보험법 제3조 제1항 소정으업무상재해라 함은 근로자가 사업주와의 근로계약에 의하여 사업주의 지배관리하에서 업무를 수행하다가 그 업무에 기인하여 발생한 재해를 말한다 할 것이므로,

근로자의 통근행위는 노무의 제공이라는 업무와 밀접 불가분의 관계에 있다고 하더라도, 일반적으로 통근방법과 그 경로의 선택이 근로자에게 유보되어 있어 통상 사업주의 지배관리하에 있다고 할 수 없고,

따라서 단순한 통군중에 발생한 재해가 업무상의 재해로 인정되기 위하여는 사업주가 제공한 교통수단을 근로자가 이용하거나 또는 사업주가 이에 준하는 교통수단을 이용하도록 하는 등 근로자의 통근과정이 사업주의 지배관리하에 있다고 볼 수 있어야 할 것이다(당원 1993. 5. 11. 선고, 92누16805판결 참조).

이 사건에서 원고가 청원경찰이어서 일반근로자와는 출퇴근시간이 달라 사업주인 소외회사가 제공한 통근버스를 이용할 수 없는 관계로 최근 3년간 이 사건 오토바이로 출퇴근하였고 업무수행시에도 위 오토바이를 사용하여 왔을 뿐만 아니라 위 회사에서 그 연료를 제공한 적이 있다고 하더라도,

그와같은 사정만으로는 위 회사가 원고로 하여금 위 오토바이를 이용하여 출퇴근하도록 하였다거나 원고의 통근과정이 사업주의 지배관리하에 있었다고 볼 수 없으므로,

같은 취지로 판단한 원심은 정당하고 거기에 소론과 같은 법리오해의 위법이 없다. 논지는 모두 이유 없다. 그러므로 상고를 기각하고 상고비용은 패소자의 부담으로 하여 관여법관의 일치된 의견으로 주문과 같이 판결한다.

대법관 김주한(재판장), 윤관, 김용준, 천경송(주심)

● 유족보상금 부지급 처분취소

대법원 제1부, 1993. 5. 11. 판결 92누16805 파기환송

판 시 사 항

◉ 통근중에 발생한 재해가 산업재해보상보험법 제3조 제1항 소정의 "업무상재해"에 해당하기 위한 요건

◉ 업무상 필요에 의하여 일찍 출근하는 날에는 시내버스를 이용한 후 다시 하차하여 걸어서 출근하는 것이 불가피하였다는 사정만으로는 위 "가"항의 업무상 재해에 해당하지 아니한다고 한 사례

판 결 요 지

가. 근로자의 통근행위는 노무의 제공이라는 업무와 밀접불가분의 관계에 있다 하더라도 일반적으로 통근방법과 경로의 선택이 근로자에게 유보되어 있어 통상 사업주의 지배관리하에 있다고 할 수 없으므로 통근중에 발생한 재해가 업무상의 재해로 인정되기 위하여는 사업주가 제공한 교통수단을 근로자가 이용하거나 또는 사업주가 이에 준하는 교통수단을 이용하도록 하는 등 근로자의 통근과정이 사업주의 지배관리하에 있다고 볼 수 있는 경우가 아니어서는 안된다.

나. 업무상 필요에 의하여 일찍 출근하는 날에는 시내버스를 이용한 후 다시 하차하여 걸어서 출근하는 것이 불가피하였다는 사정만으로는 위 "가"항의 업무상재해에 해당하지 아니한다고 한 사례.

참조조문 산업재해보상보험법 제3조 제1항

참조판례 대법원 1993. 1. 19. 92누13073판결
1993. 1. 26. 92누11497판결

당 사 자 원고, 피상고인 손두리
피고, 상고인 부산북부노동사무소장

원심판결 부산고등법원 1992. 10. 14. 92구1957판결

주 문 원심판결을 파기하고, 사건을 부산고등법원에 환송한다.

이 유

상고이유를 판단한다.

1. 원심은 원고의 남편인 소외 허준이 1991. 8. 26. 05 : 20무렵 근무처인 부산 북구 학장동 소재 금형제조업체인 일진금속에 출근하기 위하여 시내버스를 타고 일진금속 부근 정류장에 내려 작업장으로 가던 중 횡단보도에서 차량에 치어 사망하였음을 적법히 확정한 후, 위 소외인의 사망이 업무상의 재해인지의 여부에 대하여 다음과 같이 판시하고 있다.

즉, 일반적으로 통근길의 재해는 사업주의 지배관리하에서 발생하는 것이 아니어서 업무상의 재해라고는 할 수 없는 것이나, 한편 통근은 노무의 제공과 밀접한 관련을 가지는 행위이므로 근로자가 업무와 밀접하게 관련된 행위를 하고 있는 사이에 재해를 입게 된 경우에는 단순한 질병이나 사망의 경우와 달리 두텁게 보호를 받도록 하는 것이 필요하다는 점에서 예외적으로 통근길이 사업주의 지배관리하에 있었다고 할만한 특정한 사정이 있는 경우에는 업무상의 재해라고 보아야 할 것인바, 거시증

거에 의하면 위 망인은 위 일진금속에서 금형공으로 주물생산직에 근무하고 있었고 일진금속은 용광로로 쇠를 녹여 금형을 제작하는 업체로서 근로자는 남자가 15명, 여자가 3명이고, 근로시간은 08 : 30부터 17 : 10까지이나, 근로자들이 출근하면 바로 작업을 할 수 있도록 하기 위하여 새벽 일찍 나와 용광로에 불을 피워 놓아야 하기 때문에 위 망인 등 주물생산직 직원 4명이 1명씩 교대로 한달에 1주씩 새벽 일찍 나왔는데 위 사고 당일에는 위 망인이 위 일을 담당하게 된 사실,

그무렵 위 망인은 가족과 함께 부산 북구 구포동 900의 28에 거주하면서 같은 구 학작동에 있는 일진금속에 출·퇴근함에 있어 출근할 때는 직장버스가 오지 않아 시내버스를 이용하고, 퇴근할 때만 직장버스를 이용하여 왔고 시내버스를 타고 출근하려면 일진금속에 가장 가까운 정류장이 800미터 가량 떨어져 있는 같은 구 주례로터리 부근에 있어 횡단보도를 2곳이나 걸어서 지나야만 하였으며, 일진금속이 위치한 위 학작동 부근은 이른바 부산 사상공단지역으로 밤늦은 시간이나 새벽에는 사람의 왕래는 거의 없는 대신 차량의 통행은 상당히 많은 곳이고 밤늦은 시간부터는 횡단보도에도 정지신호는 꺼지고 점멸등만 켜져 있어 차량들이 대단히 난폭하게 운행하고 있어 사람이 횡단보도를 지나가기 어려운데도 일진금속에서는 새벽에 일찍 나와 되는 근로자를 위하여 직장 가까운 곳까지 갈 수 있도록 택시요금을 지급하는 등의 조처도 하지 않는 사실,

위 망인은 위 사고당일 04 : 30무렵 출근길에 나섰으나 택시를 탈 경제적 형편이 못되어 시내버스를 타고 일진금속에서 800미터 가량 떨어진 주례로터리 부근 정류장에서 내려 횡단보도를 하나 건너고 다시 일진금속 부근에 있는 횡단보도를 건너던 중 05 : 20무렵 일진금속에서 200미터 가량 떨어진 지점에서 뺑소니 차량에 치어 그 자리에서 사망하게 되었으나 그 무렵에는 통행인이 거의 없어 가해차량마저도 알 수 없게 된 사실이 인정되는바, 위 인정사실에서 나타난 이 사건 사고경위, 사고의 시각 및 지점 등을 미루어 보면 위 망인이 위와 같이 사망하게 된 것은 실질적으로 보아 일진금속의 업무상재해로 볼만한 특별한 사정이 있다고 보아야 한다는 것이다.

2. 산업재해보상보험법 제3조 제1항 소정의 업무상의 재해라 함은 근로자가 사업주와의 근로계약에 기하여 사업주의 지배관리하에서 당해 근로업무의 수행 또는 그에 수반되는 통상적인 활동과정에 기인하여 발생한 재해를 말한다 할 것이므로, 근로자의 통근행위는 노무의 제공이라는 업무와 밀접불가분의 관계에 있다고 하더라도 일반적으로 통근방법과 그 경로의 선택이 근로자에게 유보되어 있어 통상 사업주의 지배관리하에 있다고 할 수 없고, 따라서 단순한 통근중에 발생한 재해가 업무상의 재해로 인정되기 위하여는 사업주가 제공한 교통수단을 근로자가 이용하거나 또는 사업주가 이에 준하는 교통수단을 이용하도록 하는 등 근로자의 통근과정이 사업주의 지배관리하에 있다고 볼 수 있는 경우가 아니어서는 아니 될것이다. (당원 1993. 1. 19. 선고, 92누13073판결 ; 1993. 1. 26. 선고, 92누11497판결 등 참조).

돌이켜 이 사건을 보건대, 원심이 인정한 바와 같이 위 망인이 업무상의 필요에 의하여 교대로 일찍 출근하게 되었고, 또

그와같이 일찍 출근하는 날에는 그의 집에서 위와같이 시내버스를 이용한 후 다시 하차하여 걸어서 출근하는 것이 불가피하였다 하더라도, 그와같은 사정만으로는 위 망인의 통근이 사업주의 지배관리하에 있었고, 따라서 이 사건 통근중의 재해가 사업주의 지배관리하에서 발생하였다고 볼만한 특별한 사정이 있었다고는 보기 어렵다 할 것이어서 이를 업무상재해에 해당하는 것으로 인정할 수는 없다고 할 것이다.

이와달리 본 원심판결에는 결국 산업재해보상보험법상의 업무상재해에 대한 법리를 오해한 위법이 있다 할 것이고, 이 점을 지적하는 상고 논지는 이유 있다.

3. 그러므로 원심판결을 파기하고 사건을 원심법원에 환송하기로 하여 관여법관의 일치된 의견으로 주문과 같이 판결한다.

대법관 김석수(재판장), 최재호(주심), 배만운, 최종영

● 유족보상금 지급청구 부결처분 취소

대법원 제1부. 1993. 1. 19. 판결 92누13073 상고기각

판 시 사 항

◉ 단순한 출·퇴근중에 발생한 재해가 산업재해보상보험법 제3조 제1항 소정의 "업무상재해"에 해당하기 위한 요건

◉ 근로자가 자기 소유의 원동기장치자전거를 운전하여 출근하던 도중 맞은편에서 중앙선을 침범한 승용차에 충돌하여 사망한 사고가 위 "가"항의 "업무상 재해"에 해당하지 아니한다고 한 사례

판 결 요 지

가. 산업재해보상보험법 제3조 제1항 소정의 "업무상의 재해"에 해당하기 위하여 요구되는 업무수행성이라 함은 사용자의 지배 또는 관리하에서 이루어지는 당해 근로자의 업무수행 및 그에 수반되는 통상적인 활동과정에서 재해의 원인이 발생한 것을 의미하며, 따라서 출·퇴근중의 근로자는 일반적으로 사용자의 지배 또는 관리하에 있다고 볼 수 없고 단순한 출·퇴근중에 발생한 재해가 업무상의 재해로 인정되기 위하여는 사용자가 근로자에게 제공한 차량등의 교통수단을 이용하거나 사용자가 이에 준하는 교통수단을 이용하도록 하여 근로자의 출·퇴근과정이 사용자의 지배, 관리하에 있다고 볼 수 있는 경우에 해당되어야 할 것이다.

나. 근로자가 자기 소유의 원동기장치자전거를 운전하여 출근하던 도중 맞은편에서 중앙선을 침범한 승용차에 충돌하여 사망한 사고가 위 "가"항의 "업무상의 재해"에 해당하지 아니한다고 한 사례.

참조조문 산업재해보상보험법 제3조 제1항

당 사 자 원고, 상고인 신재철
피고, 피상고인 충주지방노동사무소장

원심판결 서울고등법원 1992. 7. 9. 91

구28537판결

주 문 상고를 기각한다. 상고비용은 원고의 부담으로 한다.

이 유

상고이유를 본다.

산업재해보상보험법 제3조 제1항 소정의 업무상의 재해에 해당하기 위하여는 당해 재해가 업무수행중에 발생한 원인에 의한 것이어야 함은 물론이고 나아가 업무에 기인하여 발생한 것으로서 업무와 그 재해사이에 상당인과관계에 있어야 할 것이고 여기서의 업무수행성이라 함은 사용자의 지배 또는 관리하에 이루어지는 당해 근로자의 업무수행 및 그에 수반되는 통상적인 활동과정에서 재해의 원인이 발생한 것을 의미하며, 따라서 출·퇴근중의 근로자는 일반적으로 사용자의 지배 또는 관리하에 있다고 볼 수 없고 단순한 출·퇴근중에 발생한 재해가 업무상의 재해로 인정되기 위하여는 사용자가 근로자에게 제공한 차량 등의 교통수단을 이용하거나 사용자가 이에 준하는 교통수단을 이용하도록 하여 근로자의 출·퇴근과정이 사용자의 지배, 관리하에 있다고 볼 수 있는 경우에 해당되어야 할 것인바,

원심이 같은 취지에서 원고의 남편인 소외 안종무가 그의 소유인 원동기장치자전거를 운전하고 출근하던 도중에 맞은편에서 중앙선을 침범하여 진행하여 오던 승용차에 충돌되어 사망한 이 사건에 있어서 위 사고 당시 위 망인은 사용자의 지배, 관리하에 있었다고 볼 수 없다 하여 위 망인이 입은 재해는 업무상재해에 해당하지 않는다고 판시한 것은 정당하고 거기에 소론과 같은 법리오해 및 평등권위배 등의 위법이 있다고 할 수 없다.

논지는 이유 없다.

그러므로 상고를 기각하고 상고비용은 패소자의 부담으로 하여 관여법관의 일치된 의견으로 주문과 같이 판결한다.

대법관 김석수(주심), 이회창, 배만운, 최종영

● 유족보상일시금 및 장의비 부지급 처분취소

대법원 제2부, 1992. 11. 24. 판결 92누11046 상고기각

판 시 사 항

◉ 출장중에 입은 재해이지만 업무와 관계없이 여자들을 태우고 놀러다니기 위하여 승용차를 운전하다가 입은 것으로서 업무수행을 벗어난 사적인 행위라고 보아 업무상재해에 해당하지 아니한다고 한 사례

판 결 요 지

출장중에 있는 재해이지만 업무와 관계없이 여자들을 태우고 놀러다니기 위하여 승용차를 운전하다가 입은 것으로서 업무수행을 벗어난 사적인 행위라고 보아 업무상재해에 해당하지 아니한다고 한 사례

참조조문 산업재해보상보험법 제3조 제1항

참조판례 대법원 1985. 12. 24. 84누403판결

당 사 자 원고, 상고인 최은용

소송대리인 변호사 김양일
피고, 피상고인 서울서부지방노동사무소장

원심판결 서울고등법원 1992. 6. 11. 91구26609판결

주 문 상고를 기각한다. 상고비용은 원고의 부담으로 한다.

이 유

원고소송대리인의 상고이유에 대하여 판단한다.

원심은 산업재해보상보험법상의 업무상 재해라 함은 업무수행중 그 업무에 기인하여 발생한 재해를 말하는바, 근로자가 업무관계로 사업장을 떠나 출장중일 경우 일단 출장과정 전반에 걸쳐 그 업무 수행성이 인정된다 하겠으나 출장중의 행위가 출장에 당연히 또는 통상 수반되는 범위내의 행위가 아닌 자의적 행위나 사적 행위인 경우에는 업무수행성을 인정할 수 없고, 다라서 그와같은 행위에 즈음하여 발생한 재해는 업무상재해에 해당하지 아니한다고 전제한 다음, 산업재해보상보험법상의 보험가입사업주인 소외 주식회사 한국그락소(이 뒤에는 소외 회사라고 약칭한다)에서 지방담당 영업부장으로 근무하여 오던 소외 망 김종호가 1991. 3. 3. 17 : 55경 소외 박춘식 소유의 경기 3더 7400호 프라이드 승용차를 운전하여 충남 논산군 연산면 송정리 앞의 우회전 커브길을 대전방향으로 시속 약 75킬로미터의 속력으로 진행하던 중 중앙선을 침범한 잘못으로 반대방향에서 진행하여 오던 충남 5바 3159호 버스와 충돌하는 사고를 일으켜 그 무렵 현장에서 사망한 사실,

그런데 소외 회사는 1991. 2. 22.경 소속 영업사원들의 사기진작을 위하여 3. 4.부터 3. 5.까지는 1박 2일 동안 속리산에서 영업사원 178명이 참여하는 총력전진대회를 개최하기로 계획하여 지방분실 소속 영업사원들로 하여금 일요일인 3. 3. 19 : 00부터 20 : 00경가지 충남 유성 소재 온천장호텔에 집결하여 그곳에서 1박 후 다음날 아침 속리산으로 출발하도록 세부계획을 수립한 사실,

이에 본사 소속 지방담당 영업부장으로서 위 총력전진대회의 총대장으로 임명된 망인도 3. 3. 19 : 00경 위 온천장호텔에 도착할 예정이었는데, 그 후라 전인 3. 2. 17 : 00경 소외 회사 대전분실장인 소외 김희곤이 전화를 걸어 업무상의 애로사항을 말하면서 다음날 일찍 대전으로 내려와 이야기를 하자고 하기에 3. 3. 오전에 고속버스편으로 서울을 출발하여 11 : 00경 대전고속버스터미널에 도착한 사실,

망인은 그곳에서 대전분실의 직원인 위 박춘식으로부터 그의 소유인 경기 3더7400 프라이드 승용차을 빌린 다음 위 김희곤과 함께 인근 다방으로 가서 위 김희곤과 안면이 있다는 40대 초반의 소외 이숙주, 김이분 등 2명의 여자를 만나 4명이 함께 드라이브 겸 식사를 하기로 하여 손수 위승용차를 운전, 충남 금산군 진산면 소재 음식점으로 가서 토종닭을 먹으며 소일하고, 이어서 돌아오는 길에 망인이 드라이브 겸 논산쪽으로 돌아가자며 두 여자 중 한명은 조수석에 위 김희곤과 다른 한 여자는 뒷좌석에 태우고 위 승용차를 운전하여 논산으로 갔다가 위 교통사고에 이른사실 등을 인정하고, 이와같이 망인이 업무와 관계없이 여자들을 태우고 놀러 다니기 위하여 위 승용차를 운전한 행위를 망인의 출장에 당연

히 또는 통상 수반되는 범위 내의 행위라고 말할 수 없고, 이는 업무수행을 벗어난 사적인 행위라고 보아야 할 것이므로, 망인의 사망은 업무상재해에 해당하지 아니한다고 판단하였다.

사실관계가 원심이 적법하게 확정한 바와 같다면, 원심의 위와같은 판단은 관계 법령의 규정내용에 비추어 정당한 것으로 수긍이 되고(당원 1985. 12. 24. 선고, 84누403 판결참조), 원심판결에 소론과 같이 산업재해보상보험법 소정의 업무상 재해에 관한 법리를 오해한 위법이 있다고 볼 수 없을 뿐더러 소론이 내세우는 당원 1991. 4. 9. 선고, 90누10483판결은 이 사건과는 사안이 다른 사건에 관한것이어서, 원심의 위와같은 판단이 그 판결의 취지와 상반된다고 볼 수도 없으므로, 논지는 받아들일 것이 못된다.

그러므로 원고의 상고를 기각하고 상고비용은 패소자인 원고의 부담으로 하기로 관여법관의 의견이 일치되어 주문과 같이 판결한다.

대법관 김용준(주심), 최재호, 윤관, 김주한

● 요양불승인 처분취소

대법원 제3부, 1992. 2. 14. 판결, 91누6283 상고기각

판 시 사 항

◉ 근로자가 직장에서 새벽까지 계속된 6시간 30분 가량의 시간외근무를 마치고 승용차를 운전하여 귀가하던 중 졸음운전으로 중앙선을 침범함으로써 덤프트럭과 정면출돌하여 부상을 입은 것이 업무상재해에 해당하지 아니한다고 한 사례

판 결 요 지

근로자가 직장에서 오전 9시부터 오후 6시까지의 통상근무를 한데 이어 그 다음날 02 : 30경까지 계속된 시간외 근무를 마치고 자신의 승용차를 운전하여 집으로 퇴근하던 중 졸면서 운전하다가 중앙선을 침범한 과실로 반대 차선에 마주오던 덤프트럭을 들이받아 그 충격으로 외상성뇌출혈 등의 중상을 입었다면, 이는 근로자가 과로한 상태에 있었다는 사실 그 자체나 과로가 수반된기존의 다른 조건의 자연적 경과에 의하여 유발된 것이 아니라 자신의 자동차 운전행위라는 별도의 행위에 매개된 과로가 초래한 졸음운전에 따른 중앙선 침범의 결과로 인하여 발생한 것이라고 할 것이어서 위 근로자의 부상은 그 업무수행에 기인된 과로에 통상 수반하는 위험의 범위 내에 있는 것이라고 보기는 어려운 것이기 때문에 위 근로자의 업무와 위 사고로 인한 부상 사이에는 상당인과관계가 없으므로 산업재해보상보험법 제3조 제1항 소정의 업무상의 재해에 해당되지 아니한다고 한 사례.

참조조문 산업재해보상보험법 제3조 제1항

당 사 자 원고, 상고인 김유찬
소송대리인 변호사
이찬욱 외2인

피고, 피상고인 서울남부지 방노동사무소장

원심판결 서울고등법원 1991. 6. 13. 90구19222판결

주　　문 상고를 기각한다. 상고비용은 원고의 부담으로 한다.

이　　유

원고소송대리인의 상고이유에 대하여.

원심판결 이유에 의하면, 원심은 당사자간에 다툼이 없는 사실과 증거에 의하여 주식회사 문화방송의 보도국 사원으로 재직중이던 원고가 1988. 10. 4. 09 : 00부터 18 : 00까지의 통상근무를 한 데 이어 그 다음날 02 : 30경까지 계속된 시간외 근무를 마치고 자신의 포니 승용차를 운전하여 직장인 주식회사 문화방송에서 집으로 퇴근하던 중 동일 03 : 00경 사고지점인 강변도로상에서 졸면서 운전하다가 중앙선을 침범한 과실로 반대차선에 마주 오던 덤프트럭을 들이받아 그 충격으로 외성상 뇌출혈 등의 중상을 입은 사실을 확정하고 나서, 이러한 사실관계에 의하면 원고는 부상 전날부터 위 퇴근무렵까지 6시30분 가량의 시간외근무를 하는 등 과중한 업무를 수행하여 다소 과로한 상태에 있었다고 보여지나 자신의 승용차를 운전하는 원고만이 그로 인한 졸음운전으로 야기되는 교통사고를 막을 수 있었고, 또한 원고에게는 그러한 교통사고를 막아야 할 주의의무까지 있었음에 비추어 볼 때 위 교통사고는 전적으로 원고의 과실이 그 원인이 되어 발생한 것이고, 따라서 그로 인한 부상과 업무 사이에 상당인과관계가 있다고 볼 수 없으므로 위 부상은 산업재해보상보험법 제3조 제1항 소정의 업무상의 재해에 해당되지 아니한다고 판단하였다.

원심이 확정한 위의 사실관계에 의하면, 원고가 그의 과중한 업무수행에 기인하여 사고 당시 과로한 상태에 있었음을 인정할 수 있으나, 이 사건 사고는 원고가 과로한 상태에 있었다는 사실 그 자체나 과로가 수반된 기존의 다른 조건의 자연적 경과에 의하여 유발된 것이 아니라 원고 자신의 자동차운전행위라는 별도의 행위에 매개된 원고의 과로가 초래한 졸음운전에 따른 중앙선침범의 결과로 인하여 발생한 것이라고 할 것이고, 이와같은 운전행위는 도로교통법 제42조, 제111조 제1호의 규정에 해당되어 처벌을 받게 되므로 이러한 경우의 원고의 부상은 그 업무수행에 기인된 과로에 통상 수반하는 위험의 범위내에 있는 것이라고 보기는 어려운 것이다.

따라서 원고의 업무와 위 사고로 인한 부상사이에는 상당인과관계가 없다고 보아야 할 것이다.

원심의 위 이유설시에 다소 미흡한 점이 없지 아니하나 위 사고로 인한 원고의 부상이 업무상의 재해에 해당되지 아니한다고 한 판단은 결론에 있어서 정당하고 소론이 지적하는 바와 같은 위법은 없다. 논지는 이유없다.

이상의 이유로 상고를 기각하고, 상고비용은 패소자의 부담으로하여 관여법관의 일치된 의견으로 주문과 같이 판결한다.

대법관 윤영철(재판장), 박우동, 김상원, 박만호

● 산재보험요양결정 취소처분취소 등

대법원 제3부. 1985. 12. 24. 판결 84누403 파기환송

판 시 사 항

◉ 출장중 재해의 산업재해보상보험법상의 업무상 재해에의 해당 한계

판 결 요 지

산업재해보상보험법상의 업무재해라 함은 업무수행중 그 업무에 기인하여 발생한 재해를 말하는 바, 근로자가 사업장을 떠나 출장중일 경우에는 그 용무의 성불성이나 수행방법에 있어서 포괄적으로 사업주에게 책임을 지고 있다 할 것이므로 특별한 사정이 없는 한 일단 출장과정의 전반에 대하여 사업주의 지배하에 있다고 말할 수 있고 따라서 그 업무수행성을 인정할 수 있을 것이나 출장중의 행위가 출장에 당연 또는 통상 수반하는 범위내의 행위가 아닌 자의적 행위나 사적 행위일 경우에는 업무수행성을 인정할 수 없고 따라서 그와같은 행위에 즈음하여 발생한 재해는 업무기인성을 인정할 여지가 없게 되어 업무상재해로 볼 수 없다.

참조조문 구 산업재해보상보험법(1981. 12. 17. 법률 제3467호로 개정되기 전의 것) 제3조 제1항

당 사 자 원고, 피상고인 양동주 외1인
피고, 상고인 노동부 서울중부지방사무소장

원심판결 서울고등법원 1984. 4. 25. 83구651 판결

주 문 원심판결을 파기하고, 사건을 서울고등법원에 환송한다.

이 유

피고 소송수행자의 상고이유를 본다.

원심판결 이유에 의하면, 원심은 먼저 그 채택한 증거를 종합하여 원고 양동주는 1981. 5. 21. 10 : 00경 전남 해남읍 학동리 노상에서 그 지역 판매대리점 소장인 소외 이춘원을 만나서 동 소외인과 함께 남해산업주식회사의 남해농장에 들러 원고회사의 사료를 구입하여 달라는 부탁을 하고 돌아오던 중 평소 지면이 있는 양축사양인 소외 윤상문, 윤상복, 김석규등을 만나 이들과 함께 음주한 후 같이 대흥사에 놀러 가자는 소외 이춘원의 제의 따라, 위 이춘원이 운전하는 차량에 탑승하고 대흥사로 가다가 같은날 16 : 00경 전남 해남읍 연동리 노상에서 운전사의 부주의로 위 차량이 전복하여 원고 양동주와 위 소외인들이 모두 부상을 당한 사실, 그런데 원고회사의 서부지역책임자인 소외 정용현이 그 다음날 원고 양동주 등이 입원하고 있는 해남종합병원에 찾아와서 소외 이춘원에게 사고경위를 묻고, 대흥사로 놀러가다가 사고가 났다고 하자, 소외 정용현은 위 이춘원에게 가축사양가를 방문하러 가던도중 사고가 발생하였다고 하여야 원고회사에서 원고 양동주와 위 이춘원에게 산재보험처리를 할 수 있다고 말하므로 소외 이춘원은 이 사건 사양가 방문중 발생한 사고로 가장하기로 마음먹고 사양가들인 위 윤상문 등에게도 사고내용을 그와같이 진술하여 줄 것을 부탁하여 그 후 해남경찰서에서 위 교

통사고사건을 조사하는 과정에서 소외 이춘원과 사양가들인 위 윤상문, 윤상복, 김석규 등은 위 사고는 대흥사방면에 있는 사양가 유봉규 집을 방문하기 위하여 가다가 발생한 사고였다고 진술한 사실, 그 후 원고 양동주는 1981. 5. 25 관할노동부 인천북부지방사무소장에게 요양신청을 함에 있어 이 사건 사고는 자신이 소외 이춘원 및 사양가 3인과 함께 사료효율을 측정하기 위하여 사양가집을 방문하러 가던도중 발생하였다고 주장하고, 사용자인 원고회사 역시 원고 양동주 주장의 재해경위가 사실이라는 확인을 하였기 때문에 위 지방사무소장은 위 요양신청서의 내용과 경찰에서의 조사내용에 의하여 이 사건 사고를 업무상재해로 인정하여 같은 해 7. 2. 위 요양신청을 승인하고 원고 양동주에게 산재보험급여를 지급한 사실을 인정할 수 있다고 확정하고 있다. 그리고 나아가서 이 사건 사고가 업무상재해인 여부에 대하여 판단하기를 그 채택한 증거에 의하여 원고회사는 가축의 사료를 배합생산하여 판매함과 아울러 병아리, 육계 등을 사육하여 공급하는 회사이며 원고 양동주는 원고회사의 영업부소속 전남지역 차장으로서 전남지역에 상주하면서 원고회사의 사료 및 병아리 등의 판매를 위하여 그가 담당하는 그 지역 7개 판매대리점과 가축사양가를 상대로 가축사육 및 사료에 관한 지식 및 정보를 제공하고 이들을 도와주는 서비스활동에 종사하는 자인데, 1981. 5. 21. 10 : 00 진도에서 해남으로 가던도중 해남읍 황산면 소월리에서 사료를 운반하고 있던 지역판매대리점소장인 소외 이춘원을 만나 그로부터 원고 회사의 사료를 전혀 구입하지 않고 있는 남해산업 농장을 방문하여 줄 것을 부탁받고 위 농장직원과 친분이 있는 소외 정광순을 데리고 위 농장을 방문하여 그곳 농장직원 이옥성과 원고회사가 생산하는 사료보급을 위한 의견을 교환한 후 동일 12 : 00경 위 이춘원, 정광순과 함께 정광순 집 부근 가게에서 사료 및 가축에 관한 의견을 교환하면서 약간의 음주를 한 후, 마침 사양가인 소외 김석규, 윤상문, 윤상복을 만나게 되어 이들과 함께 김석규집 딸기밭으로 자리를 옮겨 음주하면서 역시 가축사육 및 사료에 관한 이야기를 하다가 위 이춘원이 대흥사로 자리를 옮겨 이야기하자는 제의에 따라 원고 양동주는 위 정광순을 제외한 나머지 사양가들과 함께 이춘원이 운전하는 승용차에 타고 대흥사로 가던 도중 이 사건사고로 인하여 부상을 당한 사실, 원고 양동주는 위와같은 지역판매책임자로서, 판매촉진을 위하여 수시로 사양가를 방문하여 사축사육 및 사료에 관한 기술지도를 하고 때로는 사양가들을 모아 집단교육을 실시하는바, 이는 모두 고객확보 및 판매시장을 확보하기 위한 활동이 사실, 원고 양동주는 평소 사양가들과 개별적으로 혹은 집단적으로 접축하면서 이들과 보다 긴밀한 관계를 유지하기 위하여 가축사육 및 사료에 관한 의견을 교환하면서 음주등 접대를 하는 경우가 있으며 이때 소요된 비용은 원고 양동주가 활동보고서를 원고회사에 제출하면 원고회사에서는 판매촉진비용 명목으로 이를 원고 양동주에게 지급하여 온 사실을 인정할 수 있는 바, 그렇다면 이 사건에서 원고 양동주가 원고회사의 사료판매대리점을 하는 소외 이춘원과 고객인 사양가들을 만나서 가축사육 및 사료에 관한 의견을 교환하면서 음주를 하다가 장소를 옮겨 이야기하자는 이들에 제의에 따라 대흥사로 가게 된 것은 원고회사의 판매책임자로서 고객인 사양가 및 판매대리점 책임자와 보다 긴밀한 관계를 유지하여 판매를 촉진하기 위한 수단으로서 이는 원고 양동주의 업무범위에 속하느 일이라고 판단하고 위 사고가 업무상재해가 아님을 전제로 한 이 사건 요양결정취소 및 보험급여액 배액징수결정을 취소하였다.

그러나 원심의 사실인정 가운데 원고 양동주가 대흥사로 가게 된 경우가 소외 김석규, 윤상문, 윤상복등과 가축사육 및 사료에 관한 이야기를 하다가 소외 이춘원이 대흥사로 자리를 옮겨 이야기하자는 제의에 따른 것이었다고 하는 부분은 원심판결이유 첫머리의 위 이춘원의 대흥사에 놀러 가자는 제의따라 대흥사로 가던 중이었다는 부분과 어긋날 뿐 아니라 원심이 들고 있는 증거를 살펴보아도 그와 같은 사실을 인정하기 어렵다. 뿐만 아니라 산업재해보상보험법상의 업무재해라 함은 업무수행중 그 업무에 기인하여 발생한 재해를 말하는데(1981. 12. 17 개정되기 전의 동법 제3조 제1항), 근로자가 사업장을 떠나 출장중일 경우에는 그 용무의 성불성이나 수행방법등에 있어서 포괄적으로 사업주에게 책임을 지고 있다 할 것이므로 특별한 사정이 없는 한 일단 출장과정의 전반에 대하여 사업주의 지배하에 있다고 말할 수 있고 따라서 그 업무수행성을 인정할 수 있을 것이나 출장중의 행위가 출장에 당연 또는 통상 수반하는 범위내의 행위가 아닌 자의적 행위나 사적 행위일 경우에는 업무수행성을 인정할 수 없고 따라서 그와같은 행위에 즈음하여 발생한 재해는 업무기인성을 인정할 여지가 없게 되어 업무상재해로 볼 수는 없다 할 것이다.

그런데 원심이 채택한 갑 제4호증(확인서), 을제9내지 12호증의 각 1(문답서), 원심이 배척하지 아니한 을 제8, 16호증의 각 1(문답서)의 기재에 의하면 원고 양동주는 1981. 5. 20. 전남 해남읍에서 있을 진도군, 완도군 및 해남군에 거주하는 사양가 28명이 모여 친목단체로 결성한 양축협회에 참석하기 위하여 출장을 가서 그들에게 축산에 관한 집합기술지도교육을 마치고 부친의 문병차 고향인 진도로 갔다가 그 이튿날인 같은달 21 광주로 귀사하던도중 원고회사 제품의 판촉을 위하여 위 남해농장을 방문하고 돌아오면서 노상 또는 술자리에서 우연히 만난 위 소외인들과 같은 날 12 : 00경부터 약 4시간동안 자리를 옮겨가며 음주를 하고 이어 다시 대흥사로 놀라 가다가 이 사건 사고가 발생하였음을 알 수 있는 바, 원심이 확정한 사실에 위 인정사실을 종합하여 생각하여 보면 원고 양동주가 출장을 마치고 귀사도중에 고객인 사양가와 대리점책임자인 위 소외인들과 만나 이들과 함께 음주를 하고 대화를 나누는 것이 고객들과의 유대관계를 긴밀하게 하는데 보탬이 된다 하더라도 위와 같은 음주가 발단이 되어 마침내 본격적인 유흥을 위하여 대흥사로 가는 행위를 일컬어 위 원고의 출장에 당연히 또는 통상수반하는 범위내의 행위라고는 말할 수 없고, 이는 업무수행의 범위를 벗어난 사적인 행위라고 하여야 할 것이다.

따라서 원심이 위에 본 바와 같은 이유로 원고 양동주의 위 부상을 그의 업무수행범위내의 행위에 기인하여 입은 재해로 판단하였음은 채증법칙에 위배하여 사실을 오인하고 산업재해보상보험법의 업무상재해에 관한 법리를 오해하여 판결결과에 영향을 미쳤다 할 것이므로 이 점을 지적하는 논지는 이유있다.

이에 원심판결을 파기하고, 다시 심리판단케 하고자 사건을 원심법원에 환송하기로 관여법관의 일치된 의견으로 주문과 같이 판결한다.

대법원판사 오성환(재판장), 강우영, 윤일영, 김덕주

1-1 서울고법 제2특별부, 1984. 4. 25. 판결 83구651인용

사 건 명 산재보험요양결정취소처분취소 청구사건
참조조문 산업재해보상보험법 제14조의2
행정소송법 제1조
산업재해보상보험법시행령 제30조
당 사 자 원고 양동주 외 1인
피고 노동부 서울중부지방사무소장
주 문

1. 피고가 1982. 12. 26. 원고 양동주에 대하여 한 요양결정취소처분 및 원고 주식회사퓨리나코리아에 대하여 한 가지급보험급여액 배액징수결정은 이를 취소한다.

2. 소송비용은 피고의 부담으로 한다.

청구취지 주문과 같다.
이 유

원고회사의 영업부 소속 전남지역 차장인 원고 양동주가 1981. 5. 21. 16 : 00경 전남 해남읍 연동리 앞 노상에서 소외 이춘원이 운전하고 가던 차량에 탑승하였다가 운전사의 부주의로 위 차량이 전복함으로써, 뇌좌상 등의 상해를 입은 사실에 대하여 원고 회사는 위 사고는 원고 양동주가 전남 해남읍에서 지역판매대리점 소장인 소외 이춘원 및 그곳 가축사양가 3명과 함께 원고회사가 판매한 사료효율을 확인코져 사양가를 방문하러 가던 도중 발생한 사고라 하여 1981. 5. 25. 관할 노동부 인천북부지방 사무소장에게 요양신청을 하였고, 동 지방사무소장은 같은 해 7.2. 위 사건을 업무상 재해로 인정하여 원고 양동주에게 요양승인결정을 한 사실, 그 후 원고 회사의 사무소이전으로 원고 회사를 관할하게 된 피고는 위 사건을 재조사한 결과 위 사고는 원고 양동주와 위 소외인들이 사양가를 방문하러 가던 중 발생한 것이 아니고 해남 소재 대흥사로 놀러 가다가 발생한 사고임이 밝혀졌다는 이유로 1982. 12. 16 위 요양 결정을 취소하고 원고회사에 대하여 가지급보험급여액 배액징수결정을 한 사실은 당사자 사이에 다툼이 없고, 성립에 다툼이 없는 갑 제7 내지 제11호증(각 진술조서), 같은 을 제1호증의 1(결의서), 같은호증의 2(요양신청서), 같은 제2호증의 1(복명서), 같은호증의 2(사고경위서), 같은호증의 3(진술서, 갑 제6호증도 같다), 같은호증의 4(확인서), 같은호증의 1, 2(교통사고회보), 같은호증의 13(사고현장약도), 같은호증의 14(위임장), 같은 제3호증의 1(조회), 같은호증의 2(재조회), 같은 제4호증(업무협조의회), 증인 배윤정의 증언에 의하여 각 그 진정성립이 인정되는 을제6호증(편지), 같은 제9 내지 12호증의 각 1(각 문답서), 같은 제14호증(자술서)의 각 기재내용과 위 증인의 증언에 변론의 전취지를 종합하여 보면 원고 양동주는 1981. 5. 21. 10 : 00경 전남 해남읍 학동리 노상에서 그 지역 판매대리점 소장인 소외 이춘원을 만나서 동 소외인과 함께 남해산업주식회사의 남해농장을 들러 원고회사의 사료를 구입하여 달라는 부탁을 하고 돌아오던 중 평소 지면이 있는 양축사양인소외 윤상문, 윤상복, 김석규 등을 만나 이들과 함께 음주한 후, 같이 대흥사에 놀러가자는 소외 이춘원의 제의에 따라, 위 이춘원이 운전하는 차량에 탑승하고 대흥사로 가다가 같은 날 16 : 00경 전남 해남읍 연동리 노상에서 운전사의 부주의로 위 차량이 전복하여 원고 양동주와 위 소외인들이 모든 부상을 당한 사실, 그런데 원고회사의 서부지역 책임자인 소외 정용현이 그 다음날 원고 양동주 등이 입원하고 있는 해남종합병원에 찾아와서 소외 이춘원에게 사고경위를 묻고, 대흥사로 놀러 가다가 사고가 났다고 하자 소외 정용현은 위 이춘원에게 가축사양가를 방문하러 가던 도중 사고가 발생하였다고 하여야 원고회사에게 원고 양동주와 이 이춘원에게 산재보험처리를 할 수 있다고 말하므로 소외 이춘원은 이 건 사고가 사양가방문중 발생한 사고로 가장하기로 마음먹고 사양가들인 위 윤상문등에게도 사고내용을 그와 같이 진술하여 줄 것을 부탁하여 그 후 해남경찰서에서 위 교통 사고사건을 조사하는 과정에서 소외 이춘원과 사양가들인 위 윤상문, 윤상복, 김석규 등은 위 사고는 대흥사 방면에 있는 사양가 유봉규 집을 방문하기 위하여 가다가 발생한 사고였다고 진술한 사실, 그후 원고 양동주는 1981. 5. 25 관할노동부 인천북부지방사무소장에게 요양신청을 함에 있어 이 사건 사고는 자신이 소외 이춘원 및 사양가 3인과 함께 사료효율을 측정하기 위하여 사양가집을 방문하러 가던 도중 발생하였다고 주장하고, 사용자인 원고회사 역시 원고 양동주 주장의 재해경위가 사실이라는 확인을 하였기 때문에 위 지방사무소장은 위 요양신청서의 내용과 경찰에서의 조사내용에 의하여 이건 사고를 업무상재해로 인정하여 같은 해 7.2 위 요양신청을 승인하고 원고 양동주에게 산재보험급여를 지급한 사실을 인정할 수 있고 이에 반하는 을 제13호증(문답서)의 기재내용과 증인 김이균, 같은 정용현의 각 일부증언은 믿지 않고 반증없다.

원고들 소송대리인은 이건 사고는 원고 양동주가 원고회사의 판매대리점 소장인 소외 이춘원 및 가축사양가들과 대흥사에 가다가 발생한 것이나 이는 원고 양동주가 판매촉진을 위하여 이들과의 관계를 긴밀히 할 필요가 있어 그들과 대화를 갖기 위한 판매활동수단의 하나로서의 행위이므로 이는 업무상재해이고 따라서 피고의 이건 결정은 위법하다고 다투므로 보건대, 위에 든 갑 제7 내지 11호증, 성립에 다툼이 없는 을 제2호증의 5(근로계약서), 같은호증의 2(임금대장), 같은호증의 7(인사발령장), 같은호증의 8(담당업무표), 증인 김이균 증언에 의하여 그 진정성립이 인정되는 갑 제4, 5호증(각 확인서), 증인 정용현의 증언에 의하여 그 진정성립이 인정되는 을 제13호증(문답서)의 각 기재내용과 위 증인들의 각 증언에 변론의 전취지를 종합하여 보면, 원고회사는 가축의 사료를 배합 생산하여 판매함과 아울러 병아리 육계 등을 사육하여 공급하는 회사이며 원고 양동주는 원고회사의 영업부 소속 전남지역 차장으로서 전남지역에 상주하면서 원고회사의 사료 및 병아리 등의 판매를 위하여 그가 담당하는 그 지역 7개 판매대리점과 가축사양가를 상대로 가축사육 및 사료에 관한 지식 및 정보를 제공하고 이들을 도와주는 서비스활동에 종사하는 자인바 1981. 5. 21. 10 : 00 전도에서 해남으로 가던 도중 해남읍 황산면 소월리에서 사료를 운반하고 있던 지역판매대리점 소장인 소외 이춘원을 만나 그로부터 원고회사의 사료를 전혀 구입하지 않고 있는 남해산업농장을 방문하여 줄 것을 부탁받고 위 농장직원과 친분이 있는 소외 정광순을 데리고 위 농장을 방문하여 그곳 농장직원 이옥성과 원고회사가 생산하는 사료보급을 위한 의견을 교환한 후 동일 12 : 00경 위 이춘원, 정광순과 함께 정광순 집 부근 가게에서 사료 및 가축에 관한 의견을 교환하면서 약간의 음주를 한 후, 마침 사양가인 소외 김석규, 윤상문, 윤상복을 만나게 되어 이들과 함께 김석규 집 딸기밭으로 자리를 옮겨 음주하면서 역시 가축사육 및 사료에 관한 이야기를 하다가 위 이춘원이 대흥사로 자리를 옮겨 이야기하자는 제의에 따라 원고 양동주는 위 정광순을 제외한 나머지 사양가들과 함께 이춘원이 운전하는 승용차에 타고 대흥사로 가던 도중 이건 사고로 인하여 부상을 당한 사실, 원고 양동주는 위와같은 지역판매책임자로서 판매촉진을 위하여 수시로 사양가를 방문하여 가축사육 및 사료에 관한 기술지도를 하고 때로는 사양가들을 모아 집단교육을 실시하는 바, 이는 모두 고객확보 및 판매시장을 확보하기 위한 활동인 사실, 원고 양동주는 평소 사양가들과 개별적으로 혹은 집단적으로 접촉하면서 이들과 보다 긴밀한 관계를 유지하기 위하여 가축사육 및 사료에 관한 의견을 교환하면서 음주 등 접대를 하는 경우가 있으며 이때 소요된 비용은 원고 양동주가 활동보고서를 원고회사에 제출하면 원고회사에서는 판매촉진비용명목으로 이를 원고 양동주에게 지급하여 온 사실을 인정할 수 있는 바, 그렇다면, 이 사건에서 원고 양동주가 원고회사의 사료판매대리점을 하는 소외 이춘원과 고객인 사양가들을 만나서 가축사육 및 사료에 관한 의견을 교환하면서 음주를 하다가 장소를 옮겨 이야기하자는 이들의 제의에 따라 대흥사로 가게된 것은 원고회사의 판매책임자로서 고객인 사양가 및 판매대리점 책임자와 보다 긴밀한 관계를 유지하여 판매를 촉진하기 위한 수단으로서 이는 원고 양동주의 업무범위에 속하는 일이라 하겠다. 한편 산업재해보상보험법 제14조의 2, 동법시행령 제30조의 규정에 의하면, "노동부장관은 허위 기타 부정한 방법으로 보험급여를 받은 자에 대하여 그 급여액의 배액을 징수할 수 있고 이 경우에 보험가입자가 허위의 또는 증명을 함으로써 보험급여를 하게 한 때에는 보험가입자도 연대하여 책임을 진다"고 하여 부정이득 징수에 관한 규정을 두고 있는바, 이는 피해를 당한 근로자 및 그 사업주인 보험가입자가 허위의 보고 또는 증명을 함으로써 업무상 재해가 아닌 피해에 대하여 보험급여를 지급받은 경우에 이를 부정이득으로 징수한다는 취지이므로 원고 양동주의 이 사건 사고로 인한 피해가 업무상 재해임이 분명하여 보험급여를 받을 권리가 있는 이상, 원고회사가 원고 양동주의 이건 요양신청에 있어 그 사업주로서 재해경위를 확인함에 있어 사고경위를 사실과 약간 다른 내용으로 기재하였다 하여도 이를 이유로 원고 양동주에게 기히 지급한 보험급여액을 원고회사로부터 부정이득으로 징수할 수는 없다 하겠다.

결국, 피고의 이 사건 요양결정취소 및 가지급보험급여액 배액징수결정은 위법하다 할 것이므로, 그 취소를 구하는 원고들의 이 사건 청구는 이유있어 이를 인용하고, 소송비용은 패소자인 피고의 부담으로 하여 주문과 같이 판결한다.

3. 사적행위(행사중·휴식시간중·사업장시설내 재해)

● 요양불승인 처분취소

서울고법 제9특별부 1995. 10. 13 판결 95구13298인용

판 시 사 항

◉ 회사회식후 귀가중 교통사고시 업무상 재해해당여부

판 결 요 지

회사에서 주최한 1, 2차 회식에 참가한 후 사업주가 제공한 업무용 및 출퇴근용의 차량으로 귀가하다가 교통사고를 당한 경우 이는 업무상 재해로 보아야 한다.

참조조문 개정전 산업재해보상보험법 제3조 제1항

당 사 자 원고 김양기
피고 근로복지공단

변론종결 1995년 9월 1일

주 문 피고가 1994년 8월 16일 원고에게 한 요양불승인처분을 취소한다.
소송비용은 피고의 부담으로 한다.

이 유

1. 이 사건처분의 경위

원고가 1993년 7월 20일 서울 강동구 성내동 433 소재 소외 주식회사 경남텍스타일(이하 '소외회사'라 한다)에 입사하여 근무하여 오던중, 1994년 6월 30일, 23시 50분경 소외회사 소유의 서울 7코3254호 화물차를 운전하여 하남시 풍산동 방면으로 가다가 그 다음날 00시 10분경 서울 강동구 상일동 436앞길에서 신호대기 중이던 차량을 추돌하여 안면부 좌상, 우측 5, 6, 7 늑골 골절 및 기흉, 우측 경골 및 비골 개방성 분쇄골절, 좌측경골 및 비골개방성 분쇄골절, 좌측 2, 3, 4, 5 중족골 골절등의 상해를 입은 사실 및 이에 따라 원고가 1994년 7월 21일 서울동부지방노동사무소에 요양신청을 하였으나, 서울동부지방노동사무소장은 1994년 8월 16일 이를 업무상의 재해로 볼 수 없다는 이유로 위 요양신청을 불승인하는 처분(이하 '이 사건 처분'이라 한다)을 한 사실은 당사자 사이에 다툼이 없고, 노동부장관의 위임을 받은 서울동부지방노동사무소장의 행위는 1995년 5월 1일부터는 1994년 12월 22일 법률4826호 산업재해보상보험법 개정법률 부칙 제7조에 따라 피고가 행한 것으로 보게 되었다.

2. 이 사건 처분의 적법여부

가. 당사자의 주장

원고는 위 교통사고는 소외회사 사장이 주최하는 회식에 참석하였다가 귀가중 발생한 것으로 이는 통근상의 재해라 할 것인데, 원고가 운전한 차량은 소외회사가 원고에게 업무용 및 출퇴근용으로 사용하게 한 것이므로, 위 교통사고는 사업주가 소속 근로자의 출퇴근용으로 이용할 수 있도록 제공한 교통수단을 이용하여 발생한 재해로 업무상 재해에 해당함에도 불구하고 이와 견해를 달리하여 한 피고의 이 사건 처분은 위법하다고 주장하고, 피고는 사업주가 마련한 1차 회식후 원고등이 자리를 옮겨 2차회식에 참석하였다가 귀가중 교통사고가 발생한 것으로 2차 회식에는 참석이 강제되었다고 볼 수 없고, 근로자 개개

인의 여홍을 위한 것에 불과하여 그 회식에 참석하였다가 귀가중 일어난 교통사고는 사업주의 지배권리를 벗어난 사적행위중 발생한 것이므로 업무상재해로 볼 수 없다고 주장한다.

나. 인정되는 사실

갑제4호증, 갑제5호증, 갑제6호증, 갑제5호증, 갑제6호증의 1, 2, 갑제7호증, 갑제8호증, 을제1호증의 2, 3의 각 기재(다만, 을 제1호증의 2의 기재중 뒤에서 믿지 아니하는 부분제외)와 증인 박미아의 증언에 변론의 전취지를 종합하면 다음과 같은 사실을 인정할 수 있고, 이에 반하는 갑제1호증의 2, 갑제2호증의 2, 갑제3호증의 2, 을제1호증의 1, 2의 각 기재부분은 이를 믿지 아니하고 달리 반증이 없다.

(1) 원고는 1993년 11월 21일 소외회사에 운전기사로 입사하여 서울7코3254호 화물차를 운전하면서 소외회사의 경기광주공장과 하청업체 및 염색업체 등을 순회하면서 원사 또는 원단의 입출고시 운반업무를 담당하여 왔다.

(2) 위 화물차는 소외회사 소유로 차량의 연료, 세금, 보험료, 수리비등 유지비를 소외회사가 지급하였고, 원고는 업무상 출퇴근 시간이 일정하지 아니하고 출퇴근 장소도 수시로 변경되는 관계로 소외회사 사장의 지시에 따라 위 화물차를 운전하여 출퇴근을 하여 왔다.

(3) 소외회사는 매월 1회 정도 노무관리 차원에서 본사직원 전체가 참석하는 회식을 하는데, 1994년 6월 30일에도 상반기 사업성과가 좋아 사장의 지시로 회식을 갖게 되었다.

(4) 원고는 같은날 08시30분경 출근하여 광주공장에 갔다가 같은날 19시00분경 본사로부터 무선호출을 받아 위 화물차을 운전하여 소외회사에서 차량으로 10여분 거리에 있는 회사장소인 서호정이라는 음식점으로 가 술과 함께 저녁식사를 마치고, 사장의 지시에 따라 다시 위 화물차를 운전하여 차량으로 10분 거리인 서울 강동구 천호동소재 로약박스라는 술집으로 이동하여 1차 회식에 참석하였던 전 직원과 함께 술을 마시며 놀다가 회식이 끝나자 같은날 23시 50분경 위 화물차를 운전하여 하남시에 있는 집으로 귀가하던중 그 다음날 00시 10분경 서울 강동구 상일동에서 위와 같이 교통사고로 부상을 입게 되었다.

(5) 위 회식시 1, 2차 모두 소외회사의 사장을 포함하여 본사 근로자 12명중 9명이 참석하였고, 비용은 소외회사가 부담하였다.

다. 판 단

산업재해보상보험법 제3조제1항(1994년 12월 22일, 법률 제4826호로 개정되기 전의 것)은 「이 법에서 업무상재해라 함은 업무상의 사유에 의한 근로자의 부상, 질병, 신체장해 또는 사망을 말한다」라고 규정하고 있으므로 업무상재해가 성립하려면 당해 재해가 업무에서 기인하여야 하고 이러한 업무기인성이 인정되려면 먼저 그 근로자가 근로관계에 기초하여 사업주의 지배하에 있는 상태, 즉 업무수행성이 전제되어야 할 것이므로, 근로자가 근로계약에 의하여 통상 종사할 의무가 있는 업무로 규정되어 있지 아니한 행사나 모임에 참가하였다가 귀가중 재해를 당한 경우 이를 업무상재해로 인정하려면, 우선 그 행사나 모임의 주최자, 목적, 내용, 참가인원과 그 강제성 여부, 운영방법, 비용부담등의 사정들에 비추어 사회통념상 그 행사나 모임의 전반적인 과정이 사용자의 지배나 관리를 받는 상태에 있어야 하고, 또한 근로자가 그와 같은 행사나 모임의 순리적인 경로를 일탈하지 아니한 상태에 있다가 그 모임이 끝나고 사업주가 제공한 교통수단을 이용하거나 또는 사업주가 이에 준하는 교통수단을 이용하여 귀가하도록 하는등 근로자의 퇴근과정이 사업주의 지배관리하에 있다고 볼 수 있는 사정이 있어야 할 것인바, 위 인정사실에 의하면, 원고가 참석하였던 회식은 전반적인 과정이 사업주의 지배나 관리를 받는 상태에 있었고, 원고는 그 행사의 순리적인 경로를 일탈하지 않은채 회식이 끝난후 사업주가 제공한 차량으로 귀가중 교통사고를 당하였으니, 그 퇴근과정이 사업주의 지배관리하에 있었다고 볼 것이므로, 위 교통사고는 업무상재해로 보는 것이 상당하고, 따라서 위 교통사고로 인하여 원고가 입은 부상을 업무상의 재해로 보지 아니하고 요양신청을 불허한 이 사건 처분은 위법하다고 할 것이다.

3. 결 론

그렇다면, 이 사건 처분이 위법함을 전제로 그 취소를 구하는 원고의 이 사건 청구는 이유있어 이를 인용하고, 소송비용은 패소자인 피고의 부담으로 하여 주문과 같이 판결한다.

재판장판사 김 오 섭
판 사 김 문 석
판 사 박 동 영

● 요양불승인 처분취소

대법원 제1부. 1995. 1. 24. 판결94누8587 파기환송

판 시 사 항

◉ 근로자가 타인의 폭력에 의하여 재해를 입은 경우, 업무상재해 인정여부의 판단기준

판 결 요 지

산업재해보상보험법상의 업무상의 재해라 함은 업무수행중 그 업무에 기인하여 발생한 재해를 말하는 바, 근로자가 타인의 폭력에 의하여 재해를 입은 경우, 그것이 직장안의 인간관계 또는 직무에 내재하거나 통상 수반하는 위험의 현실화로서 업무와 상당인과관계가 있으면 업무상재해로 인정하되, 가해자와 피해자 사이의 사적인 관계에 기인한 경우 또는 피해자가 직무의 한도를 넘어 상대방을 자극하거나 도발한 경우에는 업무기인성을 인정할 수 없어 업무상 재해로 볼 수 없다.

참조조문 산업재해보상보험법 제3조 제1항

참조판례 대법원 1992. 11. 27. 92누4444 판결

당 사 자 원고, 피상고인 채규용
피고, 상고인 서울동부지방노동사무소장

원심판결 서울고등법원 1994. 6. 3. 93구30107판결

주 문 원심판결을 파기하고, 이 사건을 서울고등법원에 환송한다.

이 유

상고이유를 본다.

원심판결 이유에 의하면 원심은, 소외 서울승합 삼선버스주식회사의 운전기사인 원고가 1993. 5. 23. 12 : 20경 대체 근무 명령에 따라 서울 6사1667호 좌석버스를 배차받아 이를 점검한 결과 제동장치에 결함이 있어, 위 회사 정비반소속 정비공인 소외 임지성으로부터 정비를 받고 운행을 하였으나, 제동장치의 좌측편차가 심하여 다시 위 임지성에게 수리를 요구하였다가 거절당하자,

위 회사 정비과에 들러 정비주임 소외 이선희에게 정비공의 수리거절로 위 버스를 운행할 수 없다고 보고한 사실,

이에 위 이선희는 위 임지성을 불러 수리를 지시하면서 그 경위를 묻는데 대하여 위 임지성은 전에 정비를 하였을때 원고로부터 기술도 없는놈이 차를 만졌다는 말을 들은 바 있어 기분이 나빠 위 버스를 고치지 않았다고 말하자, 원고가 나이도 어린 놈이 운전기사를 우습게 안다면서 위 임지성의 목부위를 손바닥으로 1회 때리자 위 임지성 역시 이에 격분하여 주먹으로 원고의 얼굴을 1회 때려 원고가 그 충격으로 뒤로 밀리면서 전화선에 발리 걸려 넘어져 그 판시와 같은 상해를 입은 사실을 인정한 다음,

위 인정사실에 의하면 위 사고가 위 회사의 정비과 사무실에서 원고가 운행업무를 위하여 정비를 요구하고 정비주임이 정비공에게 정비를 지시하는 과정에서 일어난 것이고, 원고와 위 임지성간의 감정폭발도 역시 원고의 운행업무를 위한 정비를 둘러쌓고 같은 회사 소속 직원사이의 시비에서 비롯된 점에 비추어 원고의 부상은 그 업무와 상당인과관계가 있으므로, 원고의 위 부상이 업무상재해에 해당하지 않는다고 보아 위 부상으로 인한 원고의 요양신청을 불승인한 이 사건 처분은 위법하다고 판시하였다.

살피건대 산업재해보상보험법상의 업무상의 재해라 함은 업무수행중 그 업무에 기인하여 발생한 재해를 말하는바, 근로자가 타인의 폭력에 의하여 재해를 입은 경우, 그것이 직장안의 인간관계 또는 직무에 내재하거나 통상 수반하는 위험의 현실화로서 업무와 상당인과관계가 있으면 업무상 재해로 인정하되, 가해자와 피해자 사이의 사적인 관계에 기인한 경우 또는 피해자가 직무의 한도를 넘어 상대방을 자극하거나 도발한 경우에는 업무기인성을 인정할 수 없어 업무상재해로 볼 수 없다 할 것이다(당원 1992. 11. 27. 선고, 92누4444판결 참조).

돌이켜 이 사건을 보건대 원심이 인정한 사실에 의하면, 원고의 위 정비요구는 원고의 운전업무에 통상 수반되는 행위라고 할 것이나, 원고가 정비요구를 둘러싸고 행한 위와 같은 욕설이나 폭력행사는 사회적 상당성을 넘어 부수적인 의미에서도 원고의 업무행위라 볼 수 없고, 단지 원고의 자의적인 행위에 불과하여 원고가 입은 상해는 원고의 위와같은 자의적인 도발에 의하여 촉발된 피고의 폭행으로 인한 것일 뿐이며, 그밖에 원고의 위 부상을 그가 수행하던 업무에 내재하거나 이에 통상 수반하는 위험의 현실화라고 볼 사정도 없으므로, 원고의 위 부상은 업무상의 재해에 해

당되지 아니한다고 봄이 상당하다 하겠다.

따라서 이와달리 원고의 위 부상이 업무상의 재해에 해당된다고 본 원심판결에는 업무상의 재해에 관한 법리를 오해한 위법이 있다 할 것이므로, 이를 지적하는 논지는 이유있다.

이에 원심판결을 파기하고, 사건을 다시 심리 판단케 하기 위하여 원심법원에 환송하기로 관여법관의 의견이 일치되어 주문과 같이 판결한다.

대법관 김석수(재판장), 정귀호, 이돈희(주심), 이임수

● 유족급여 부지급 처분취소

대법원 제1부. 1994.8.23. 판결. 94누3841 상고기각

판 시 사 항

◉ 사업주의 승낙없이 퇴근 후 술에 취한 상태에서 작업장 내의 휴식장소에 간이침대 설치작업을 하다가 추락사한 경우 업무상재해에 해당하지 않는다고 본 사례

판 결 요 지

사업주의 지시나 승낙도 없이 업무시간중에 본래의 업무를 하지 않고 근로자들의 휴식장소로 사용하기 위하여 작업장내의 2층 다락에 사다리와 휴식용 간이침대를 제작하다가 발각되어 그 작업을 중지당하자 퇴근 후 술에 취한 상태에서 작업장에 들어가 그 작업을 계속하다가 다락에서 추락하여 사망하였다면 업무상재해에 해당하지 않는다고 본 원심판결을 수긍한 사례

참조조문 산업재해보상보험법 제3조 제1항

당 사 자 원고, 상고인 이말희
소송대래인 변호사 정재천
피고, 피상고인 대구지방노동청장

원심판결 대구고등법원 1994.2.18. 93구1719판결

주 문 상고를 기각한다. 상고비용은 원고의 부담으로 한다.

이 유

상고이유를 본다.

원심이 거시증거에 의하여 판시사실을 인정한 다음, 이에 의하여 근로자의 건강과 업무의 능률을 향상시키기 위하여 작업장 안에 적당한 휴식장소를 마련하는 것이 사업주의 의사에 합치된다고 하더라도 작업장내의 휴식장소에 간이침대를 설치하는 것까지 사업주의 의사에 합치되는 것이라고 보기는 어렵고, 또한 소외 망 윤기택이 근로자들의 휴식장소로 사용하기 위하여 작업장 내의 2층 다락에 사다리와 휴식용 간이침대를 설치하게 되었다 하더라도 위 윤기택이 사업주의 지시나 승낙도 없는 상태에서 업무시간 중에 본래의 업무인 금형제작은 하지 아니하고, 2층 다락에 설치한 사다리와 간이침대를 제작하다가 생산과장에게 발각되어 그 작업을 중지당하자, 퇴근 후 술에 취한 상태에서 사다리와 침대설치 작업을 계속하기 위하여 작업장에 다시 들어가 작업을 하다가 다락에서 추락하여 사망한 점에 비추어 위 윤기택의 사다리 및

침대 설치작업은 본래의 업무와 무관한 것으로서 사업주의 지배를 이탈한 상태에서 행하여진 사적 행위일 뿐만 아니라 사업주의 의사에도 반한다고 할 것이므로,

피고가 위 윤기택의 사망을 업무상재해에 해당하지 아니하는 것으로 보아 원고의 보험급여청구를 거절한 것은 적법하다고 본 조치는 기록 및 관계법령에 비추어 정당한 것으로 수긍이 되고, 거기에 소론과 같은 채증법칙위배로 인한 사실오인의 위법이나 업무상재해에 관한 법리오해의 위법이 있다 할 수 없다.

논지는 모두 이유 없다.

그러므로 원고의 상고를 기각하고, 상고비용은 패소자의 부담으로 하기로 하여 관여법관의 일치된 의견으로 주문과 같이 판결한다.

대법관 이임수(재판장), 김석수, 이돈희(주심)

● 최초 요양불승인 처분취소

대법원 제2부. 1994. 2. 22. 판결. 92누14502 파기환송

판 시 사 항

◉ 회사의 승낙에 의한 노조전임자가 노동조합업무 수행중 입은 재해가 업무상 재해인지 여부

판 결 요 지

노동조합업무 전임자가 노동계약상 본래 담당할 업무를 면하고, 노동조합의 업무를 전임하게 된 것이 사용자인 회사의 승낙에 의한 것이며, 재해 발생 당시 근로자의 지위를 보유하고 있었고, 그 질병이 노동조합업무 수행중 육체적 정신적 과로로 인하여 발병된 것이라면, 특별한 사정이 없는 한, 이는 산업재해보상보험법 제3조 제1항 소정의 업무상 질병으로 보아야 한다(다만, 그 업무의 성질상, 사용자의 사업과는 무관한 상부 또는 연합관계에 있는 노동단체와 관련된 활동이나, 불법적인 노동조합활동 또는 사용자와 대립관계로 되는 쟁의단계에 들어간 이후의 노동조합활동중에 생긴 재해 등은 이를 업무상 재해로 볼 수 없다).

참조조문 산업재해보상보험법 제3조 제1항

참조판례 대법원 1991. 4. 9. 90누10483판결

당 사 자 원고, 상고인 김원수 소송대리인 변호사 서예교
피고, 피상고인 서울북부지방노동사무소장

원심판결 서울고등법원 1992. 8. 21. 92구3993판결

주 문 원심판결을 파기하고 사건을 서울고등법원에 환송한다.

이 유

원고소송대리인의 상고이유를 본다.

1. 원심판결이유에 의하면 원심은, 원고가 소외 쌍용양회공업주식회사에 입사하여 조차원으로 근무하다가 1987. 11. 17. 소외회사 노동조합의 위원장으로 선출된 이래 단체협약 제11조에 따른 소외 회사의 승

인을 받아 원고의 근로계약상의 본연의 업무인 조차원업무를 면하고 노동조합업무만을 전임하며 위 회사로부터 종전과 같은 처우를 받아온 사실, 원고가 노동조합업무를 전임하여 오던 중인 1988. 11. 19. 경 뇌지주막하출혈 등 질병으로 언어마비, 우측반신마비 등의 신체장해가 생긴 사실 및 원고의 위 질병이 발생하게 되 경위와 연유 등에 관한 판시 사실을 인정한 다음, 원고의 위의 질병은 원고가 노동조합위원장으로서 노동조합 업무를 수행하던 중 그 업무상의 정신적 육체적 과로가 누적되어 발생한 것으로 보이지만, 원고는 위의 질병이 발병할 당시 근로계약상의 본래의 업무는 수행하지 않고 사용자의 업무상의 지휘감독을 벗어난 노동조합의 업무만을 전담하였고, 이는 산업재해보상보험법상의 요양급여 등 지급청구의 요건이 되는 업무상재해에 있어서의 업무에 해당하지 아니한다고 판단하여 원고의 이 사건 요양불승인처분취소청구를 배척하였다.

2. 그러나 원심이 확정한 사실과 관계증거에 의하여 인정되는 바와같이, 원고가 근로계약상 본래 담당할 업무인 조차원의 업무를 면하고, 노동조합의 업무를 전임하게 된 것이 사용자인 소외 회사의 승낙에 의한 것이며, 재해발생당시 원고가 근로자의 지위를 보유하고 있었고, 원고의 질병이 노동조합업무수행중 육체적 정신적 과로로 인하여 발병된 것이라면, 특별한 사정이 없는 한, 이는 산업재해보상보험법 제3조 제1항 소정의 업무상 질병으로 보아 그 법소정의 보험급여지급대상으로 해석함이 상당하다.

왜냐하면 원고가 담당한 노동조합업무는 원래 사업주인 소외회사의 노무관리업무와 밀접히 관련된 업무이고, 그러기 때문에 사업주인 소외회사로서는 원만하고 안정된 노사관계를 형성하기 위한 필요에서 원고로 하여금 종업원의 지위는 여전히 보유한 채 근로계약상의 본래 업무 대신 노동조합업무를 담당하도록 승낙한 것에 불과하다고 볼 수 있고(단체협약 제12조에 의하면 소외회사는 원고와 같은 노동조합 전임종사사유가 끝나거나 업무상 특히 복귀의 필요가 있을 때는 복귀를 명할 수 있도록 규정하고 있다), 사실이 그러하다면, 비록 원고가 발병할 당시 사용자인 소외회사의 지휘감독을 받지 않는 노동조합업무만을 담당하고 있었다고 할지라도, 그 업무와 회사노무관리업무 사이의 밀접한 관련성, 원고가 그 업무를 담당하게 된 경위, 원고가 종업원의 지위를 유지하고 있는 점 등 원고의 역할과 지위로 볼 때, 원고가 노동조합업무수행중 과로로 인하여 발병한 것이고 또한 소외회사와 피고사이에 원고를 수급권자로 한 산업재해보상보험관계가 성립되어 있다면, 원고를 근로계약상의 본래 업무에 종사하고 있는 일반근로자와 다름없어 보험급여의 수급권자로 보는 것이 근로계약관계에서 생기는 위험으로부터 근로자를 보호하려는 산업재해보상보험법의 목적과 취지에 부합되기 때문이다(다만, 원고와 같은 종업원의 지위는 보유한채 노동조합업무만을 담당하는 자의 경우에는 그 업무의 성질상 사용자의 사업과는 무관한 상부 또는 연합관계에 있는 노동단체와 관련된 활동이나 불법적인 노동조합활동 또는 사용자와 대립관계로 되는 쟁의 단계에 들어간 이후의 노동조합활동중에 생긴 재해 등은 이를 업무상 재해로 볼 수 없는 것이라고 풀이함이 상당하다).

그러하다면 원심이 이사건 재해발생 당

시 원고가 노동조합업무를 담당하고 있었다는 이유만으로 위와같이 판단하고 만 것은 산업재해보상보험법 제3조 제1항의 법리를 오해한 것이 아니면 원고가 위 법상의 보험급여수급권자인지에 대한 심리를 다하지 못할 잘못을 저지른 것이라고 할 것이고, 이를 지적하는 논지는 이유있다.

3. 그러므로 원심판결을 파기환송하기로 하여 관여법관의 일치된 의견으로 주문과 같이 판결한다.

대법관 안우만(재판장), 김용준, 천경송(주심), 안용득

● 유족급여일시금 및 장의비 부지급 처분취소

대법원 제2부, 1993. 10. 12. 판결 93누14806상고기각

판 시 사 항

◉ 근무시간중 직장 상사의 문상을 가다가 교통사고로 사망한 경우 "업무상재해"라고 할 수 없다고 본 사례

판 결 요 지

직장의 상사나 애경사를 담당하는 직원의 요청으로 근무시간중에 직장 상사의 문상을 갔다 하더라도, 이는 사람이 사회생활을 하면서 원만한 인간관계를 유지하고 서로 부조하기 위한 사적, 의례적 행위이지 이를 업무 또는 업무에 준하는 행위라고 할 수 없어 위 문상을 가다가 교통사고로 사망한 경우 "업무상 재해"라고 할 수 없다고 본 사례.

참조조문 산업재해보상보험법 제3조 제1항

참조판례 대법원 1991. 4. 9. 90누10483판결

당 사 자 원고, 상고인 김인주
피고, 피상고인 대전지방노동청장

원심판결 대전고등법원 1993. 6. 4. 92구495판결

주 문 상고를 기각한다. 상고비용은 원고의 부담으로 한다.

이 유

원고의 상고이유에 대하여 판단한다.

원심은, 원고의 남편으로서 소외 한국조폐공사의 조직관리과 부참사로 근무하던 소외 망 이재곤이 1991. 12. 30. 기획과에 근무하는 소외 김종술로부터 장인상을 당한 기획관리본부장 소외 도기갑을 위하여 문상을 가 달라는 요청을 받고, 13 : 00경 자신의 승용차를 운전하여 충남 논산군 부적면 외송리에 있는 상가로 가다가 14 : 00경 같은 군 두마면 남선리 소재 쌍용주유소 앞의 빙판길에서 운전부주의로 차가 미끄러지면서 도로를 이탈하여 도로 우측의 웅덩이에 전복되는 바람에 익사한 사실을 인정한 다음,

위 망인의 사망이 업무상의 재해에 해당한다는 원고의 주장에 대하여 판단하기를, 위 망인이 직장의 상사나 애경사를 담당하는 직원의 요청으로 근무시간중에 직장 상사의 문상을 갔다고 하더라도, 이는 사람이 사회생활을 하면서 원만한 인간관계를 유지하고 서로 부조하기 위한 사적, 의례적 행위이지 이를 업무 또는 업무에 준하는 행위라고는 할 수 없고,

또 위 망인이 과도한 업무수행으로 인하여 졸면서 운전하다가 이 사건 사고를 일으킨 것이라고 인정할 증거가 없으며, 오히려 위와같이 이 사건 사고는 위 망인의 빙판길에서의 운전 부주의로 인한 미끄럼 사고라고 할 것이므로,

위 망인의 사망은 어느모로 보나 업무상의 재해로 볼 수 없다는 이유로 원고의 주장을 배척하였는바,

관계증거 및 기록과 관계법령의 규정내용에 비추어보면, 원심의 위와같은 인정판단은 정당한 것으로 수긍이 되고, 원심판결에 소론과 같이 업무상재해에 있어서의 업무에 관한 법리를 오해하거나 채증법칙을 위반하여 사실을 잘못 인정한 위법이 있다고 볼 수 없으므로, 논지는 이유가 없다.

그러므로, 원고의 상고를 기각하고 상고비용은 패소자인 원고의 부담으로 하기로 관여법관의 의견이 일치되어 주문과 같이 판결한다.

대법관 천경송(재판장), 김주한, 김용준(주심)

● 유족급여 등 부지급 처분 취소

서울고등법원 제9특별부, 1993. 7. 16. 선고, 92구35815인용

판 시 사 항

⊙ 건축공사장에서 오전 작업을 마치고 오후내내 지하 탈의실에서 술을 마시고 놀다가 안전시설이 없었던 지하계단을 올라오다 떨어져 사망한 경우 업무상재해에 해당되는지의 여부

판 결 요 지

사업주는 사고장소인 계단의 높이가 4미터 50센치미터로서 4단 이상임에도 난간을 설치하지 아니하였으며, 위 지하층 통로에는 채광시설이 없어 주간에도 정상적인 통행이 방해될 정도로 어두웠음에도 조명시설을 설치하지 아니함으로써 그 사업장시설에 하자가 있었고, 이러한 사업장시설의 하자로 인하여 위 재해가 발생하였으며 피고로서는 그 업무상의 재해 인정여부를 판단함에 있어 위 노동부예규에 따라야 할 것이고, 가사 위 망인이 사적행위로 사업장내에 있다가 위 재해가 발생하였다고 판단되더라도 이는 사업장 시설하자와 경합하여 발생하였다고 할 것이므로 이를 업무상의 재해로 인정하여야 한다.

참조조문 산업재해보상보험법 제3조 제1항
업무상재해인정기준 제5조 제2항

당 사 자 원고 박복례
피고 서울지방노동청장

주 문

피고가 1992년 4월 16일 원고에 대하여 한 유족급여 및 장의비 부지급처분은 이를 취소한다.

소송비용은 피고의 부담으로 한다.

청구취지 주문과 같다.

이 유

1. 처분의 경위

다툼없는 사실과 갑 제1, 2, 4, 5호증, 을

제1호증의 1, 2 을 제2호증의 각 기재에 변론의 전취지를 종합하면, 소외 안병섭은 1961년 12월 8일생의 남자로서 신성기업 소속 일용공으로 채용되어 1992년 3월 21일 12시경 소외 주식회사 신일건업이 시공하는 서울 강남구 도곡동 545의 7 소재 성원빌딩 신축공사현장 지하 2층 닥트작업장에서 오전작업을 마치고 점심식사를 한 후 그 지하 2층에 있는 닥트공탈의실에서 동료 근로자들 5명과 술을 마시면서 화투놀이를 하다가 같은 날 18시20분경 귀가하기 위하여 지하 2층에서부터 계단으로 올라오던 중 지하1층에서 지상으로 올라오는 계단에서 지하1층 계단하단으로 굴러 떨어져 급성경막하출혈상을 입고 그 즉시 서울 강남구 도곡동 146의 92 소재 연세대학교 의과대학 영동세브란스병원에 후송되어 치료를 받았으나 다음날인 같은 해 3월 22일, 2시 45분경 급성호흡마비로 사망한 사실,

이에 위 망인의 어머니인 원고는 피고에게 위 망인의 사망이 업무상의 재해에 해당된다고 하여 산업재해보상보험법 제9조의 6, 제9조의8 소정의 유족급여 및 장의비를 지급하여 줄 것을 청구하였으나 피고는 같은 해 4월 16일, 위 망인의 사망이 업무로 인한 것이 아니라는 이유로 원고에게 유족급여 및 장의비를 지급하지 아니하기로 하는 결정(이하 이 사건 부지급처분이라 한다)을 한 사실이 각 인정된다.

2. 처분의 적법여부

가. 당사자의 주장

원고는 위 망인의 사망은 위 망인의 오전작업을 마치고 다음 작업지시를 기다리면서 대기하다가 퇴근시간이 되어 퇴근하기 위하여 위 1층 계단을 오르던중 난간이나 시설물이 설치되어 있지 아니한 하자로 인하여 위 1층 계단에서 굴러 떨어져 발생한 재해로서 업무상의 재해에 해당함에도 이와달리 보고 한 피고의 이 사건 부지급처분은 위법하다고 주장함에 대하여 피고는 위 망인의 사망은 그 업무와 관련하여 업무수행중에 발생한 재해가 아니라 순수한 사적행위 중 기존질환의 악화 또는 본인의 과실 등 업무외적 사유에 기인하여 발생한 것이므로 위 처분은 적법하다고 주장한다.

나. 판 단

그러므로 위 망인의 사망이 업무상의 재해에 해당하는지 여부에 관하여 살피건대, 산업재해보상보험법 제9조 제1항, 제2항, 제9조의 3, 제9조의 8 및 근로기준법 제82조, 제83조의 규정을 종합하여 보면, 근로자가 업무상의 재해로 사망한 때에는 보험급여를 받을 자에게 유족급여 및 장의비를 지급한다고 규정하고 있고, 산업재해보상보험법 제3조 제1항은 업무상의 재해라 함은 업무상의 사유에 의한 근로자의 사망 등을 말한다고 규정하고 있을뿐 업무상의 재해 인정여부의 구체적인 기준에 관하여는 이를 규정하고 있지 아니하여 노동부장관은 구체적인 사례를 유형화하여 '업무상 재해 인정기준'을 노동부예규 제167호(1989년 12월 5일)로 정하여 시행하고 있는데, 그 제5조 제2항은 재해가 사적 행위 또는 자의적 행위등 업무외적인 원인에 의하여 발생한 경우에 원칙적으로 업무외의 재해라 인정되지만, 재해원인과 업무상 원인 또는 사업장 시설의 하자 등의 원인이 경합된 경우에는 업무상의 재해로 본다고 규정하고 있다.

그런데 위에 나온 증거들과 갑 제3호증의 1, 2, 3, 을 제3, 4호증의 각 1, 2의 각 일부기재, 증인 임홍연의 일부증언에 변론의 전취지를 종합하면, 위 망인은 신성기업 소속 일용공으로 채용되어 1992년 3월 21일 12시경 위 성원빌딩신축공사현장지하 2층 닥트작업장에서 오전작업을 마치고 점심식사를 한 후 그 지하 2층에 있는 닥트공탈의실에서 소외 신광운 등 동료근로자들 5명과 오후 작업 지시를 기다리던 중 무료하여 술을 마시면서 화투놀이를 하다가 같은 날 13시경 오후작업이 없다는 통보를 받았으나 위 망인을 비롯한 위 동료근로자들 6명은 계속하여 술을 마시면서 화투놀이를 한 사실,

그런데 위 망인은 집안어른 문병을 가야하였기 때문에 소주 1~2잔 정도만 마신 후 같은날 18시 20분경 위 신광운과 함께 다른 동료들보다 먼저 귀하하기 위하여 지하2층에서부터 계단으로 올라오던 중 지하1층에서 지상으로 올라오는 계단에서 지하 1층 계단하단으로 굴러 떨어져 급성경막하출혈상을 입고 다음날인 같은 해 3월 22일, 2시 45분경 급성호흡마비로 사망한 사실,

한편 위 사고 당시 위 공사현장 지하층은 층당 그 높이가 4미터 50센치미터 정도임에도 그 계단에 난간등 안전시설물이 설치되어 있지 아니하였으며, 위 지하층 통로에는 주간에도 채광이 되지 아니하여 정상적인 통행이 어려울 정도로 상당히 어두웠음에도 조명시설이 설치되어 있지 아니하였던 사실이 각 인정되고,

위 인정사실에 어긋나는 갑 제1, 2호증, 3호증의 1, 2, 3, 갑 제4, 5호증, 을 제3호증의 2, 을 제4호증의 1, 2의 각 기재부분 및 증인 임홍연의 증언부분은 이를 각 믿지 아니한다.

그런데 산업안전보건법 제23조는 사업주의 안전상의 조치에 관하여 규정하면서, 그 제3항에서 사업주는 작업중 근로자가 추락할 위험이 있는 장소 등 작업수행상 위험발생이 예상되는 장소에는 그 위험을 방지하기 위하여 필요한 조치를 하여야 한다고 규정하고, 그 제4항에서 사업주가 하여야 할 안전상의 조치사항은 노동부령으로 정한다고 규정하고 있으며, 이에 노동부령인 산업안전기준에관한규칙 제15조는 사업주는 통로에 정상적인 통행을 방해하지 아니하는 정도의 채광 또는 조명시설을 하여야 한다고 규정하고, 같은 규칙 제27조는 사업주는 4단 이상인 계단의 개방된 측면에는 난간을 설치하여야 한다고 규정하고 있다. 위 인정사실을 위 관련법령에 비추어 보면, 위 망인의 사업주는 위 사고장소인 계단의 높이가 4미터 50센치미터로서 4단 이상임에도 난간을 설치하지 아니하였으며, 위 지하층 통로에는 채광시설이 없어 주간에도 정상적인 통행이 방해될 정도로 어두웠음에도 조명시설을 설치하지 아니함으로써 그 사업장 시설에 위와 같은 하자가 있었고, 이러한 사업장시설의 하자로 인하여 위 재해가 발생하였다고 보여진다.

한편 노동부장관이 작성하여 관계행정기관에 제공되어 업무상의 재해인정기준으로 삼도록 한 위에서 본 노동부예규는 행정기간 내부에서의 사무처리지침을 정한 것에 불과하여 국민이나 법원을 구속하는 법규로서의 효력은 없는 것이나 위에서 열거한 산업재해보상보험법 소정의 제규정을 시행하기 위한 집행명령으로서 법률 보충적인 법규로서의 성격을 가지고 있으므로 산업

재해보상보험법에 의한 보험급여를 지급하는 행정기관인 피고로서는 그 업무상의 재해 인정여부를 판단함에 있어 위 노동부예규에 따라야 할 것이고, 따라서 피고는 위 망인의 사망이 업무상의 재해에 해당하는지 여부를 판단함에 있어 가사 위 망인이 사적행위로 사업장 내에 있다가 위 재해가 발생하였다고 판단되더라도 이는 위에서 본 바와 같이 사업장 시설하자와 경합하여 발생하였다고 할 것이므로 이를 업무상의 재해로 인정하여야 함에도, 이와달리 판단하여 위 재해를 업무외 재해로 인정한 이 사건 부지급처분은 관련법령에 따르지 아니한 것으로서 위법하다고 할 것이다.

3. 결　　론

그렇다면, 피고의 이 사건 부지급처분은 위법하므로 그 취소를 구하는 원고의 청부는 이유있어 이를 인용하고, 소송비용은 패소자인 피고의 부담으로 하여 주문과 같이 판결한다.

판사 송재헌(재판장), 서기석, 고영한

● 유족보상 및 장의비 부지급 처분 취소

대법원 제3부, 1992. 10. 9. 판결 92누11107 상고기각

판 시 사 항

◉ 근로자가 근로계약에 통상의 업무로 규정되어 있지 아니한 회사외의 행사나 모임에 참가하던 중 당한 재해를 업무상재해로 인정하기 위한 요건

◉ 야유회가 회사의 지배나 관리를 받는 상태에 있었다고 보기 어려워 야유회에 참가하였다가 입은 재해를 업무상 재해에 해당하지 아니한다고 한 사례

판 결 요 지

가. 근로자가 근로계약에 의하여 통상 종사할 의무가 있는 업무로 규정되어 있지 아니한 회사외의 행사나 모임에 참가하던 중 재해를 당한 경우, 이를 업무상 재해로 인정하려면, 우선 그 행사나 모임의 주최자, 목적, 내용, 참가인원과 그 강제성 여부, 운영방법, 비용부담 등의 사정들에 비추어, 사회통념상 그 행사나 모임의 전반적인 과정이 사용자의 지배나 관리를 받는 상태에 있어야 할 것이다.

나. 야유회가 회사의 지배나 관리를 받는 상태에 있었다고 보기 어려워 야유회에 참가하였다가 입은 재해를 업무상재해에 해당하지 아니한다고 본 사례

참조조문 산업재해보상보험법 제3조 제1항

당 사 자 원고, 상고인 이 병
소송대리인 변호사 이영섭 외 1인
피고, 피상고인 부천지방노동사무소장

원심판결 서울고등법원 1992. 6. 12. 91구11621판결

주　　문 상고를 기각한다. 상고비용은 원고의 부담으로 한다.

이　　유

상고이유에 대하여

원심판결이유에 의하면,

원심은, 일반적으로 야유회 또는 운동회와 같이, 근로자가 근로계약에 의하여 통상 종사할 의무가 있는 업무로 규정되어 있지 아니한 회사외의 행사나 모임에 참가하던 중 재해를 당한 경우, 이를 업무상 재해로 인정하려면, 우선 그 행사나 모임의 주최자, 목적, 내용, 참가인원과 그 강제성 여부, 운영방법, 비용부담 등의 사정들에 비추어, 사회통념상 그 행사나 모임의 전반적인 과정이 사용자의 지배나 관리를 받는 상태에 있어야 할 것이라고 전제한 다음,

소외 망인이 참가한 이 사건 야유회는 소외 회사의 직원들 중 기숙사에서 숙식하는 사람들만이 자기들의 친목을 도모하고자 스스로 비용을 갹출하여 마련한 행사로서, 그 참가자격도 원칙적으로 기숙사 숙식직원으로 한정되어 있을 뿐더러 그 참가가 강제된 바 없고 위 망인도 자의로 이에 참가한 점, 소외 회사가 그 경비를 제공한다든가 인솔자를 보내어 참가자들을 통제한 바 없는 점에 비추어 보면, 소외 회사 소유의 통근버스가 참가자들을 위한 교통수단으로 제공되었다는 사정만으로는 위 야유회의 전반적인 과정이 소외 회사의 지배나 관리를 받는 상태에 있었다고 보기 어렵고,

따라서 위 망인이 야유회에 참가한 것을 사용자의 지배를 받으면서 업무를 수행한 것이라거나 그 업무수행의 일환 또는 연장이라고 볼 수 없으므로, 결국 위 망인의 사망은 그 업무수행성을 인정할 수 없어 업무상 재해에 해당하지 아니한다고 판단하였는바,

원심의 이러한 사실인정 및 판단은 옳고, 여기에 소론과 같은 위법은 없다.

논지들은 모두 이유없다.

이에 상고를 기각하고 상고비용은 패소자인 원고의 부담으로 하기로 관여법관의 의견이 일치되어 주문과 같이 판결한다.

대법관 김상원(재판장), 박우동, 윤영철, 박만호

● 유족급여 등 부지급 처분취소

대법원 제3부, 1991. 11. 8. 판결 91누3314 상고기각

판 시 사 항

◉ 장거리 승객운송을 위한 택시운전자 및 교대운전자로 탑승한 자가 승객의 양해 아래 사적인 일을 좀 볼 의도가 있었다고 해도 이들의 사망이 업무상 재해에 해당한다고 본 사례

판 결 요 지

망 갑의 택시운전자로서의 운전행위 및 망 을의 교대운전자로서의 승무행위가 장거리 승객운송을 위한 업무행위였다면, 승객의 양해 아래 사적인 일을 좀 볼 의도가 있었다고 해도 업무수행성 및 업무기인성이 있어 이들의 사망이 업무상 재해에 해당한다고 본 사례

참조조문 산업재해보상보험법 제3조 제1항

당 사 자 원고, 피상고인 이명분
원고들 소송대리인 변호사

한병식
피고, 상고인 부천지방노동사무소장

원심판결 서울고등법원 1991. 3. 21. 90구16490판결

주 문 상고를 기각한다. 상고비용은 원고의 부담으로 한다.

이 유

피고 소송수행자의 상고이유에 대하여.

원심판결이유에 의하면, 이 사건 사고 당시 망 박용수의 택시운전자로서의 운전행위 및 망 유지호의 교대운전자로서의 승무행위는 장거리승객운송을 위한 업무행위였고, 그 기회에 승객에 양해 아래 사적인 일을 좀 볼 의도가 있었다고 해서 그 성질을 달리 할 것이 아니므로 위 망인들의 이 사건 사망을 업무수행성 및 업무기인성이 있는 것으로서 산업재해보상보험법상의 업무상의 재해에 해당한다고 판단하였다.

원심의 위와같은 사실인정과 판단은 수긍이 가고 소론과 같은 채증법칙위배나 법리오해의 위법이 있다고 할 수 없다.
논지는 이유없다.

이상의 이유로 상고를 기각하고 상고비용은 패소자의 부담으로 하여 관여법관의 일치된 의견으로 주문과 같이 판결한다.

대법관 윤영철(재판장), 박우동, 김상원, 박만호

● 유족보상금지급청구부결처분취소

대법원 제1부. 1991. 4. 9. 판결 90누10483

상고기각

판 시 사 항

◉ 노동조합의 간부인 근로자가 회사의 차량운행승인을 받고 회사소속 승용차를 운전하여 동료조합원의 결혼식에 회사의 결혼축의금을 전달하기 위하여 가다가 차량충돌사고로 사망한 경우 업무상 재해로 본 사례

판 결 요 지

노동조합의 간부인 근로자가 회사의 차량운행 승인을 공식적으로 받고 조합장을 동승시킨 채 회사소속 승용차를 운전하여 2일 후 거행될 동료조합원의 결혼식에 참석하여 단체협약에 정하여진 회사의 결혼축의금을 전달하기 위하여 가다가 차량충돌사고로 사명하였는데, 차량운행 승인을 받은 것이 단체협약에 의하여 사무출장과 동일하게 취급할 수 있는 경우에 해당된다면, 위 사고가 결혼식 2일 전에 결혼장소로 가는 직근도로가 아닌 곳에서 발생한 것이더라도 위 망인은 회사의 업무수행중 그 업무에 기인하여 사망한 것이라고 할 수밖에 없다.

참조조문 산업재해보상보험법 제3조 제1항

당 사 자 원고, 피상고인 김희숙
소송대리인 변호사 문병호
피고, 상고인 인천북부지방노동사무소장

원심판결 서울고등법원 1990. 11. 14. 90구9331판결

주 문 상고를 기각한다. 상고비용은 피고의 부담으로 한다.

이 유

원심판결이 적시한 증거들을 기록과 대조하여 살펴보면 원심이 원고의 남편 망 백인호는 동흥전기주식회사 소속 근로자로서 회사소속의 승용차를 운전하고 1989. 9. 15. 20 : 30경 전남 무안군 청계면 청천리 앞 국도상을 광주에서 목포방면으로 운행하다가 중앙선을 넘는 바람에 반대차선에서 진행해 오던 중형버스와 충돌하여 그 자리에서 사망하였는데 위 망인은 위 회사 노동조합의 간부로서 사고 당시 조합장인 김영한을 동승시키고 같은 달 17. 전남 순천에서 거행될 동료조합원의 결혼식에 참석하여 단체협약에 정하여진 회사의 결혼축의금을 전달하기 위하여 가던 길이었으며 회사의 차량운행승인을 공식적으로 받았으므로 단체협약 제10조에 의하여 사무출장과 동일하게 취급할 수 있는 경우에 해당한다고 인정한 다음,

위 사고가 결혼식 2일전에 결혼장소인 순천시로 가는 직근도로가 아닌 곳에서 발생한 것이더라도 이를 이유로 회사의 업무범위를 벗어나 사적인 용무로 운행한 것이라고 단정할 수 없어 결국 위 망인은 회사의 업무수행중 그 업무에 기인하여 사망한 것이라고 할 수밖에 없다고 하면서 피고의 유족급여 및 장의비부지급처분을 취소하였는바,

원심판결의 이유설시를 기록과 대조하여 살펴보면 원심의 사실인정과 법률적 판단은 수긍할 수 있고 거기에 소론과 같은 산업재해보상보험법 제3조에 관한 법리오해의 위법이 없다.

이에 상고를 기각하고 상고비용은 패소자에게 부담시키기로 관여법관의 의견이 일치되어 주문과 같이 판결한다.

대법관 김석수(재판장), 이회창, 이재성, 배만운

● 산업재해보상보험급여부지급 결정취소

서울고법 제1특별부. 1971. 12. 14. 판결 71구208기각

판 시 사 항

◉ 사업주의 과실이 있었다는 이유로 산업재해보상금의 일부지급만을 용인한 예

판 결 요 지

재해자의 중대한 과실에 기인하는 재해인 경우, 피고가 산재법 제14조 제1항 제3호에 기하여 그 유족급여 및 장제급여의 50퍼센트 해당분의 부지급을 결정한 이 사건 처분은 적법하다.

참조조문 산업재해보상보험법 제14조

당 사 자 원고 대한석탄공사
소송대리인 변호사 조규광
피고 노동청 강원산재보험사무소 장성출장소장
소송수행장 김일화, 차창연, 신인우

주 문 원고의 청구를 기각한다. 소송비용은 원고의 부담으로 한다.

청구취지

피고가 1970. 11. 16. 자로 한 망 임영무의 유족급여및장제급여부지급결정을 취소한다.

소송비용은 피고의 부담으로 한다.

이 유

원고 산하 장생광업소 소속 광부인 임영무가 1970. 10 .11. 13 : 00경 갱도에서 감전사고로 사망한 사실, 피고가 그 달 16일자로 그 유족인 소외 지춘자에게 위 사고가 업무외의 재해임을 이유로 그 유족급여 및 장제급여 부지급결정을 한 사실 및 산재심사위원회는 1971. 2. 22. 재심사에서 위 재해는 업무상의 재해임을 인정하고 피재자의 중대한 과실이 있었을 것으로 추정할 수 있으나 자기변호를 할 수 없는 사망자에게 그 책임을 물을 수 없고 사업주로서는 극히 위험성이 많은 고압전류가 흐르고 있는 장소에 관련없는 근로자가 임의로 출입할 수 없도록 조치하지 않았음이 그 재해발생의 부가적 요인이 되었다고 인정되므로 사업주의 응분의 책임은 면하기 어려울 것으로 해석된다는 이유로 위 부지급결정을 일부 취소하는 재결을 하였고, 이에 따라 피고가 급여금 중 50퍼센트에 해당하는 금원을 지급하고 그 나머지 금 442, 900원은 부지급키로 결정을 한 사실들은 당사자 사이에 다툼이 없다.

그런데 원고는 망 임영무는 채탄보조공으로서 위 사고일에 흑금천갱 3편 6크로스 2중단승에서 승보수작업을 하던 중 오전작업을 마치고 승구로 내려와 점심식사를 한 후 13 : 20경 오후의 보수작업을 위한 갱목을 가지고 승내에 올라가려고 하던차 마침 그때 2중단승 입구에서 탄차가 정지하여 상부 "숟"으로부터 탄을 받고 있어 진행에 장애가 되므로 망인은 탄차가 탄을 받는 동안 잠시 휴식코저 따뜻한 전기기관차 상부에 올라 앉아 있었고 이윽고 탄차의 수탄작업이 그치자 망인은 갱목운반을 위하여 기관차에서 내릴 예정으로 무의식중에 벌떡 일어서는 순간 지면으로부터 높이 1. 8미터 기관차 상부로부터 0. 8미터 높이에 가설된 220볼트 가공선이 망인의 목뒷부분에 닿아서 감전쇽크사를 하게 되었던 것이므로 위 사고는 산업재해보상보험법 제3조 제1항 소정의 업무상의 재해라고 할 것이고, 또한 원고회사는 아무런 과실이 없음에도 불구하고 원고회사에게도 중대한 과실이 있다는 이유로 그 일부만을 취소한 재심사재결과 이 사건처분은 위법하다고 주장하고 피고는 사업주의 지시감독의 임무를 대행하는 현장감독이 그날 오후 작업시간이 30분이나 경과한 후인데도 작업현장을 확인하지 않았고 피재자가 작업을 하지 않고, 채탄보조공에는 승차금지된 전차에 승차하고 있었는데도 이를 발견하지 못하여 아무런 경고조치 등을 하지 않았으며 특히 위험성이 많은 고압전류가 흐르고 있는 장소에 근로자가 임의로 출입할 수 있도록 하는 등 사업주의 과실이 위 재해의 발생요인이 되었으므로 같은법 제14조 제1항 제3호 전단에 의거 유족급여금을 50퍼센트로 지급제한한 이 사건 처분은 적법하다고 이를 다투고 있다.

살피건대 이 사건처분 당시에 시행되던 개정전 산업재해보상보험법 제14조 제1항 제3호는 보험금의 전부 또는 일부를 지급하지 아니할 수 있는 경우로서 "보험가입자 또는 근로자가 고의 또는 중대한 과실로 인하여 보험급여의 사유가 되는 재해를 발생하게 한 때"라 규정하고 있는바, 성립에 다툼이 없는 갑제1호증의 1, 2 갑 제2호증의 1, 2 갑 제3호증의 2 갑 제4호증의2 갑 제5호증의2의 각 기재에 증인 백천수의 증언 및 변론의 전취지를 종합하면 소외 임영무는 원고 공사 장성광업소 채탄보조공으로서 사고당일 금천갱 3편 6크로스 2중단승의 보수작업을 하기 위하여 갱목을 가지고 승내에 올라가다가 마침 승입구에서 탄차가 정지하여 상부 "숟"으로부터 탄을 받고 있어 탄차가 탄을 받는 동안 잠시 휴식코저 채탄보조공은 승차금지된 전기기관차 상부에 함부로 올라 앉아 있다가 갱목운반작업을 계속하기 위하여 기관차에서 내릴 작정으로 무의식중에 벌떡 일어나는 순간 지면으로부터 높이 1.8미터 기관차 상부로부터 0.8미터 높이에 가설되어 있는 220볼트 가공선에 목뒷부분이 닿아서 감전쇽크사를 함에 이른 사실을 인정할 수 있고 위 인정을 뒤집을 다른 자료는 없으니 위 재해는 망 임영무의 중대한 과실에 기인하는 것이라 할 것이고 따라서 피고가 같은법 제14조 제1항 제3호에 기하여, 그 유족급여 및 장제급여의 50퍼센트 해당분의 부지급을 결정한 이 사건 처분은 적법하다 할 것이다.

원고는 유족급여의 지급제한규정을 삭제한 개정된 산업재해보상보험법(1970. 12. 31 공포 법률 제2271호) 제14조에 비추어도 유족급여 및 장제급여보험금에 관하여는 그 지급제한 규정의 적용이 없다고 주장하나 채용할 수 없다.

따라서 이 사건 처분의 위법임을 이유로 그 취소를 구하는 원고의 청구는 이유없으므로 이를 기각하고 소송비용은 패소자인 원고의 부담으로하여 주문과 같이 판결한다.

판사 안병수(재판장), 윤일영, 김석수

Ⅱ. 보 험 급 여

1. 요양급여(재요양 · 추가질병 · 기존질병 악화)

● 재요양불승인처분취소

대법원 제2부, 1995.9.15. 판결, 94누12326 파기환송

판 시 사 항

⊙ 재요양의 요건은 요양 종결된 후에 실시하는 요양이라는 점을 제외하고는 요양의 요건과 다를 바가 없다.

판 결 요 지

재요양의 요건으로는 요양의 요건외에 당초의 상병과 재요양 신청한 상병과의 사이에 의학상 상당인과관계가 있다고 인정되고, 당초 상병의 치료종결시 또는 장해급여 지급당시의 상병상태에 비하여 그 증상이 악화되어 재요양을 함으로써 치료효과가 기대될 수 있다는 의학적 소견이 있다는 것으로 족하다.

참조조문 산업재해보상보험법 제9조의 5
당 사 자 원고(상고인) 정성재 소송대리인 우성덕, 전원
피고(피상고인) 근로복지공단
원심판결 서울고등법원 1994.9.9. 선고, 93구29756판결

주 문

원심판결을 파기하고 사건을 서울고등법원에 환송한다.

이 유

상고이유를 본다.

1. 원심은 그 거시증거 등에 의하여 원고는 1979. 11. 21. 소외 쌍용종합건설 주식회사 근로자로 근무하던 중 추락사고를 당하여 (1) 개방성골절, 두정후두팔좌측 (2) 급성경막상 및 경막하열종, 좌측 (3) 뇌좌상의 상해를 입고 산업재해보상보험법에 따라 요양하다가, 1985. 3. 31. 최초 요양종결 당시 고도의 뇌좌상 후유증으로 인한 경직성 사지마비, 언어 및 기억력 장해, 실어 및 심한 어려움 등이 잔존하고, 경직성 사지마비로 인한 보행장해, 뇌좌상으로 인한 언어장해, 어지러움, 정서불안 등은 향후, 특별한 호전이 없을 것으로 판단되어 치료 종결조치를 받은후, 신경계통의 기능에 현저한 장해가 남아 종신토록 노무에 종사할 수 없는 자에 해당된다고 하여 산업재해보상보험법 제9조의 5의 규정에 의한 제3급 제3호의 장해등급을 받은 사실,

원고는 위 치료 종결 후에도 동해시에 있는 동해영동종합병원에서 수시로 통원치료를 받아오다가, 1989. 8. 29. 위 병원에서 심신장애자 제2급의 판정을 받았으며, 1991. 2. 25. 부터 같은 해 3. 18까지 서울 영등포구 대림동에 있는 명지성모병원 신경외과에 입원하여 치료받고 퇴원한 후, 1991. 5. 24. 부터 1992. 1. 9까지 위 병원에 재입원하여 치료를 받고 퇴원하였으며, 1993. 2. 4. 부터 같은 해 9. 16. 까지 위 병원에서 통원치료를 받아오다가 같은 해 10. 5. 다시 위 입원하여 1994. 6. 13. 무렵까지도 계속 치료를 받은 사실,

원고는 1992. 11. 6. 피고에게 (1) 뇌좌상 (2) 개방성 두개골 골절 (3) 급성막하혈종 (4) 뇌수두증에 대하여 재요양 신청을 하였으나, 피고는 같은 해 12. 23. 원고의 위 치료 종결시나 장해급여지급 당시의 상병상태에 비하여 그 증상이 현저하게 증악되어 적극적인 치료의 필요성이 인정되는 상태가 아니며 재요양을 함으로써 치료효과를 기대할 수 있는 의학적 소견이 인정되지 않는다는 이유로 이 사건 재요양불승인처분을 한 사실,

위와같이 원고를 치료한 위 성모병원 신경외과 전문의 소외 허춘용은 1992. 9. 22. "원고는 재해당시 상병에 대한 개두슬 및 뇌실복박강간 교통술을 시행받고 입원 및 통원치료 받다 치료종결된 환자로서, 현재 사지마비로 인한 보행장해(보호자의 동행이 필요한 상태), 정신적 장해가 계속적으로 잔존하고 있는 상태로 향후 3개월간의 항전간제 투여가 필요할 것으로 사료되며, 추후 재판정이 요함"이라는 소견서를 작성한 사실,

한편 피고측 자문의는 위 소견서상 치료를 시행하여도 증세의 호전이 없는 것으로 판정된다는 취지의 의견을 보였고, 위 허준용은 이 법원의 사실조회에 대한 회신에서 원고의 현재증상은 언어장해, 어지러움, 사지경직성 보행장해, 판단력 및 정신력 장해, 배뇨곤란의 증상이 종결 당시보다 악화되어 가료가 요하였으며, 현재로서는 경미한 호전은 기대할 수 있으나 현 상태보다 현저한 치료효과는 기대할 수 없고, 원고에 대하여 대중요법으로 항경련제 투여, 물리치료, 뇌대사 촉진제 투여 등의 치료방법이 있으나, 이러한 치료로서도 현재보다 특별한 기대효과는 희박할 것으로 사료된다고 하면서, 적극적인 치료를 하여도 현상태 유지정도가 가능할 것으로 사료된다는 내용을 회신을 한 사실,

원고는 1924. 6. 10 생으로 위 치료종결

당시 60세 9개월 남짓된 남자인 사실을 인정한 다음, 위 인정사실에 나타난 바와 같이 원고는 1985. 3. 31. 증상이 고정되었다고 치료종결을 받고 이에 따른 장해등급을 결정받아 장해급여를 지급받았으며, 위 치료종결시의 잔존 증상과 원고가 이 사건 재요양 신청을 하면서 들고 있는 현재의 증상이 배뇨곤란 이외에는 거의 동일하고, 배뇨곤란의 증상도 경직성 사지마비로 인하여 당연히 오는 증상중의 하나라고 여겨지는 점과 이러한 증상에 대하여 적극적인 치료를 하여도 경미한 호전을 기대할 수 없는 점 및 위 치료 종결 후 이 사건 재요양 신청에 이른 기간 및 원고의 나이 등에 비추어 보면, 원고의 현재의 증상은 치료종결 당시 잔존한 경직성 사지마비로 인한 보행장해, 뇌좌상으로 인한 언어 및 기억력 장해, 어지러움, 정서불안 등의 정도가 시간의 경과로 인하여 자연적으로 증가될 것일 뿐 위 치료종결시의 상태보다 그 증상이 현저하게 증악되어 적극적인 요양의 필요성이 인정되는 상병상태는 아니라고 보여지고, 원고가 현재의 개호인의 도움 없이는 일상적인 생리 활동조차도 할 수 없는 상태라는 사정만으로는 원고에게 재요양의 필요성이 잇다고 인정하기에 부족하고 달리 이를 인정할 증거가 없으므로, 결국 피고가 원고에 대하여 이 사건 재요양불승인처분을 한 것은 적법하다고 판시하였다.

2. 그러나 이 사건 처분 당시 시행되던 산업재해보상보험법이나 같은 법 시행령 등에는 재요양의 요건에 관하여 아무런 규정을 두고 있지 아니하고, 다만, 노동부 예규인 요양관리및요양급여업무처리규정에 이에 대한 규정을 두고 있으나 이는 산업재해보상보험법이나 같은 법 시행령에 근거를 두지 아니한 것으로서, 그 성질 및 내용을 보아 산업재해보상보험법 소정의 요양관리 및 요양업무처리규정 등에 관하여 행정청 내부의 사무처리준칙을 정하고 있는 것에 불과하여 대외적으로 법원이나 일반국민을 기속하는 효력은 없는 것이므로, 이 사건 재요양불승인처분의 적법여부는 산업재해보상보험법(1994. 12. 22. 법률 제4826호로 전문개정되기 전의 것) 제9조의 3의 취지에 적합한 것인가의 여부에 따라 판단하여야 할 것인 바, 재요양은 일단 요양이 종결된 후에 당해 상병이 재발하거나 또는 당해 상병에 기인한 합병증에 대하여 실시하는 요양이라는 점을 제외하고는 요양의 요건과 다를 바가 없다고 할 것이다.

따라서 재요양의 요건으로는 요양의 요건외에 당초의 상병과 재요양 신청한 상병과의 사이에 의학상 상당인과관계가 있다고 인정되고, 당초 상병의 치료종결시 또는 장해급여 지급당시의 상병상태에 비하여 그 증상이 악화되어 재요양을 함으로써 치료효과가 기대될 수 있다는 의학적 소견이 있다는 것으로 족하고, 당초 상병의 치료종결시 또는 장해급여 지급당시의 상병상태에 비하여 그 증상이 현저하게 증악되어 적극적인 치료의 필요성이 인정되는 경우에만 재요양을 인정할 것은 아니라고 할 것인바, 이 사건의 경우 위와같은 재요양의 요건 중 당초의 상병과 재발한 질병과의 사이에 의학상 상당인과관계가 있다는 점은 원심이 인정한 사실관계에 의하여 충분히 인정된다고 할 것이고, 원심법원의 명지성모병원장에 대한 사실조회결과에 의하면, 원고의 현재의 증상은 당해 상병의 치료종결시 또는 장해급여 지급당시의 상병상태에 비하여 그 증상이 악화되어 가료를 요한다는 것이고, 비록 치료로 인하여 현상태보다 현저한 치료효과는 기대할 수 없어도 경미한 호전은 기대할 수 있다는 것이므로, 이는 재요양을 함으로써 의학적 치료효과가 기대될 수 있다고 볼 여지가 있다고 할 것임에도 불구하고, 원심이 원고의 현재의 증상은 치료종결시의 상태보다 그 증상이 현저하게 증악되어 적극적인 요양의 필요성이 인정되는 상병상태는 아니라고 보아 원고의 이 사건 청구를 기각한 것은 필요한 심리를 다하지 아니하고 재요양의 요건에 관한 법리를 오해한 위법이 있다고 할 것이니 이를 지적하는 취지의 논지는 이유있다.

3. 그러므로 원심판결을 파기환송하기로 하여 관여법관의 일치된 의견으로 주문과 같이 판결한다.

대법관 이용훈(재판장), 박만호, 박준서(주심), 김형선

1-1 서울고등법원 제9특별부. 1994. 9. 9. 판결 93구29756기각

사 건 명 재요양 불승인 처분취소

참조조문 요양관리및요양급여업무처리규정(1992년 11월 20일 개정 노동부예규 제221호) 제21조
구 요양관리및요양급여업무처리규정(1991년 3월 4일 개정 노동부예규 제188호) 제21조
산업재해보상보험법 제9조의3

당 사 자 원고 정성제
피고 강릉지방노동사무소장

주 문 1. 원고의 청구를 기각한다.
2. 소송비용은 원고의 부담으로 한다.

청구취지 피고가 원고에 대하여 한 1992년 12월 23일자 재요양불승인 처분을 취소한다.

이 유

1. 처분의 경위

아래의 사실들은 당사자 사이에 다툼이 없다.

가. 원고는 1979년 11월 21일 소외 쌍용종합건설 주식회사 소속 근로자로 근무하던 중 추락사고를 당하여 「(1) 개방성골절, 두정 후두골좌측, (2) 급성경막상 및 경막하 혈종, 좌측, (3) 뇌좌상」의 상해를 입고 산업재해보상보험법에 따라 요양하다가 1985년 3월 31일 치료를 종결한 후, 같은 법 제9조의 5에 의한 장해등급 제3급 제3호에 해당한다는 결정을 받고 장해급여를 지급받았다.

나. 원고는 1992년 11월 6일 피고에게 「(1) 뇌좌상, (2) 개방성 두개골 골절, (3) 급성경막하 혈종, (4) 뇌수두증」에 대하여 재요양신청을 하였으나 피고는 같은 해 12월 23일 원고의 위 신청에 대하여 원고의 위 치료종결시나 장해급여 지급 당시의 상병상태에 비하여 그 증상이 현저하게 증악되어 적극적인 치료의 필요성이 인정되는 상태가 아니며 재요양을 함으로써 치료효과를 기대할 수 있는 의학적 소견이 인정되지 않는다는 이유로 불승인 처분을 하였다.

2. 처분의 적법여부

가. 원고는 산업재해보상보험법상 요양

급여의 지급제한 사유는 「3일 이내의 요양으로 될 수 있는 때」만으로 규정되어 있고, 원고의 현재 상태는 최초 요양종결시보다 악화되어 중한 상태여서 원고가 재요양신청을 할 당시의 노동부예규를 적용하면 원고의 상병이 당연히 재요양 인정사유에 해당될 뿐만 아니라, 요양의 필요성이 인정된다면 재요양을 승인함이 타당함에도 피고가 개정된 노동부예규를 소급 적용하여 이 사건 재요양불승인처분을 한 것은 위법한 것이라고 주장한다.

나. 그러므로 먼저, 원고의 이 사건 재요양사유는 「3일 이내의 요양으로 될 수 있는 때」의 요양급여의 제한사유에 해당하지 아니하고, 이 사건 재요양신청을 할 당시의 노동부예규를 적용하면 당연히 재요양의 필요성이 인정됨에도 개정된 노동부 예규를 소급적용하여 한 피고의 이 사건 재요양불승인처분은 위법하다는 취지의 주장에 관하여 본다.

산업재해보상보험법 제9조의3 제2항은 부상 또는 질병이 3일 이내의 요양으로 치료될 수 있는 때에는 요양급여를 지급하지 아니한다고 규정하고 있으나, 위 규정이 재요양인정요건을 규정한 것이 아니므로 원고가 3일 이내의 요양으로 치료될 수 있는 부상 또는 질병이 아니라고 하여 재요양의 필요가 있다고 할 수 없을 뿐만 아니라, 원고는 이미 위 규정에 따라 요양급여를 받고 치료 종결을 받았으며, 한편 갑 제10호증의 1, 2의 기재에 의하면, 요양관리 및 요양급여업무처리규정(1992년 11월 20일, 개정 노동부예규 제221호) 제21조는 재요양은 다음 각호의 1에 해당하는 경우에 한하여 이를 인정하여야 한다고 하면서 4가지의 경우를 들고 있고, 그 1호로 일반상병으로서 당초 상병과 재요양신청한 상병과의 사이에 의학적으로 인과관계가 인정되고, 당초 상병의 치료 종결시 또는 장해 급여지급 당시의 상병상태에 비하여 그 증상이 현저하게 증악되어 적극적인 치료의 필요성이 인정되며, 재요양을 함으로써 치료효과가 충분히 기대될 수 있다는 의학적 소견이 있는 경우를 규정하고 있으며, 원고가 피고에게 이 사건 재요양신청을 할 당시에 적용되던 위 규정의 개정 전 규정(1991년 3월 4일 개정, 노동부예규 제188호) 제21조는 재요양은 다음 각호의 1에 해당하는 경우에 한하여 이를 인정할 수 있다고 하면서 5가지의 경우를 들고 있고, 그 1호로 당초의 상병과 재발한 질병과의 간에 부위적으로 의학상의 관련성이 있다고 인정되는 경우, 그 2호로 재발한 질병의 종류가 당초 상병과의 간에 의학적으로 타당성이 있다고 인정되는 경우, 그 3호로 당초의 상병과 재발한 질병과의 간에 시간적을 보아 의학상 인과관계가 있다고 인정되는 경우를 규정하고 있는 사실을 인정할 수 있으나, 가사 원고가 이 사건 재요양신청을 할 당시 적용된 노동부예규(위 규정 제188호)에 의해서가 아니라 개정된 노동부예규(위 규정 제221호)에 의하여 피고로부터 이 사건 재요양 불승인처분을 받았다고 하더라도, 위 개정된 노동부예규의 재요양 인정요건은 개정전의 재요양 인정요건을 보다 구체적으로 규정한 것으로 개정전 노동부예규의 재요양 인정요건과 그 내용에 있어서 별반 차이가 있다고 할 수 없고, 또한 위 노동부예규는 그 규정의 성질과 내용으로 보아 산업재해보상보험법에 따른 요양관리 및 요양업무처리 등에 관한 행정청 내부의 사무처리준칙을 정한 것에 불과하여 대외적으로 법원이나 일반국민을 기속하는 효력은 없는 것이므로, 원고의 이 사건 재요양신청을 판단함에 있어서는 위와같은 노동부예규를 참작하여 과연 원고에게 재요양의 필요성이 있는지 여부를 판단하면 된다 할 것이다.

다. 그러므로 나아가 원고에게 재요양의 필요성이 있는지 여부에 관하여 살피건대, 갑 제1, 2호증, 제3호증의 1, 2(을 제1호증과 같다), 제4, 6, 7호증, 을 제2호증의 각 기재에 이 법원의 명지성모병원장에 대한 사실조회결과와 변론의 전취지를 모아 보면 아래의 사실들을 인정할 수 있고, 달리 반증이 없다.

(1) 원고는 1985년 3월 31일 최초 요양종결 당시 고도의 뇌좌상 후유증으로 인한 경직성 사지마비, 언어 및 기억력 장해, 실어 및 심한 어지러움 등이 잔존하고, 경직성 사지마비로 인한 보행장해, 뇌좌상으로 인한 언어장해, 어지러움, 정서 불안 등은 향후 특별한 호전이 없을 것으로 판단되어 치료 종결조치를 받은 후, 신경계통의 기능에 현저한 장해가 남아 종신토록 노무에 종사할 수 없는 자에 해당된다고 하여 산업재해보상보험법 제9조의 5의 규정에 의한 제3급 제3호의 장해등급을 받았다.

(2) 원고는 위 치료 종결후에도 동해시에 있는 동해영동종합병원에서 수시로 통원치료를 받아오다가 1989년 8월 29일 위 병원에서 심신장애자 제2급의 판정을 받았으며, 1991년 2월 25일부터 같은 해 5월 18일까지 서울 영등포구 대림동에 있는 명지성모병원 신경외과에 입원하여 치료받고 퇴원한 후, 1991년 5월 24일부터 1992년 1월 9일까지 위 병원에 재입원하여 치료받고 퇴원하였으며, 1993년 2월 4일부터 같은 해 9월 16일까지 위 병원에서 통원치료를 받아 오다가, 같은 해 10월 5일 다시 위 병원에 입원하여 1994년 6월 13일 무렵까지도 계속 치료를 받고 있다.

(3) 위와 같이 원고를 치료한 후 명지성모병원 신경외과 전문의 소외 허춘웅은 1992년 9월 22일 '원고는 재해당시 상병에 대한 개두술 및 뇌실복막강간 교통술을 시행받고 입원 및 통원 가료받다 치료 종결된 환자로서, 현재 사지마비로 인한 보행장해(보호자의 동행이 필요한 상태), 정신적 장해가 계속적으로 잔존하고 있는 상태로 향후 3개월간의 항전간제 투여가 필요할 것으로 사료되며, 추후 재판정이 요함'이라는 소견서를 작성하였다.

(4) 한편 피고측 자문의는 위 소견서상 치료를 시행하여도 증세의 호전이 없는 것으로 판정된다는 취지의 의견을 보였고, 위 허춘웅은 이 법원의 사실조회에 대한 회신에서 원고의 현재의 증상은 언어장해, 어지러움, 사지 경직성 보행장해, 판단력 및 정신력장해, 배뇨곤란의 증상이 종결 당시보다 악화되어 가료가 요하였으며, 현재로서는 경미한 호전은 기대할 수 있으나 현 상태보다 현저한 치료효과는 기대할 수 없고, 원고에 대하여 대증요법으로 항경련제 투여, 물리치료, 뇌대사 촉진제, 투여 등의 치료방법이 있으나, 이러한 치료로서도 현재보다 특별한 기대 효과는 희박할 것으로 사료된다고 하면서 적극적인 치료를 하여도 현상태 유지 정도가 가능할 것으로 사료된다는 내용의 회신을 하고 있다.

(5) 원고는 1924년 6월 10일생으로 위 치료종결 당시 60세 9개월 남짓 된 남자이다.

라. 위에서 인정한 사실들에 나타난 바와 같이 원고는 1985년 3월 31일 증상이 고정되었다고 치료 종결을 받고 이에 따른 장해등급을 결정받아 장해급여를 지급받았으며, 위 치료종결시의 잔존증상과 원고가 이 사건 재요양신청을 하면서 들고 있는 현재의 증상이 배뇨곤란 이외에는 거의 동일하고, 배뇨곤란의 증상도 경직성 사지마비로 인하여 당연히 오는 증상중의 하나라고 여겨지는 점과 이러한 증상에 대하여 적극적인 치료를 하여도 경미한 호전은 기대할 수 있으나 현 상태보다 현저한 치료효과는 기대할 수 없는 점 및 위 치료를 종결 후 이 사건 재요양신청에 이른 기간 및 원고의 나이 등에 비추어 보면, 원고의 현재의 증상은 치료종결 당시 잔존한 경직성사지마비로 인한 보행장해, 뇌좌상으로 인한 언어 및 기억력 장해, 어지러움, 정서불안 등의 정도가 시간의 경과로 인하여 자연적으로 증가될 것일뿐 위 치료 종결시의 상태보다 그 증상이 현저하게 증악되어 적극적인 요양의 필요성이 인정되는 상병상태는 아니라고 보여지고, 이와달리 앞서 든 갑제3호증의1, 2, 제4, 6, 7호증의 기재와 현재 원고는 개호인의 도움없이는 일상적인 생리활동조차도 할 수 없는 상태라는 사정만으로는 원고에게 재요양의 필요성이 있다고 인정하기에 부족하고, 달리 이를 인정할 증거가 없으므로, 결국 피고가 원고에 대하여 이 사건 재요양 불승인 처분을 한 것은 적법하다 할 것이어서 원고의 위 주장은 이유없다.

3. 결 론

그렇다면, 피고의 이 사건 재요양 불승인처분의 취소를 구하는 원고의 이 사건 청구는 이유없어 이를 기각하고 소송비용은 패소자인 원고의 부담으로 하기로 하여 주문과 같이 판결한다.

판사 김오섭(재판장), 오철석, 강현

● 유족보상금등지급청구부결처분취소

서울고등법원 제9특별부. 1994. 1. 14. 판결 92구14870인용

판 시 사 항

◉ 업무상 부상을 수술받기 위해 대기중 스트레스 등으로 기존 심장질환이 정상인보다 빠른 속도로 악화되어 사망한 경우 업무상재해에 해당되는지의 여부

판 결 요 지

업무상 부상을 수술받기 위해 대기중 스트레스등으로 기존심장질환이 정상인보다 빠른 속도로 악화되어 사망한 경우도 업무상재해에 해당된다.

참조조문 산업재해보상보험법 제3조 제1항

당 사 자 원고 금동숙
피고 태백지방노동사무소장

주 문

피고가 1991년 10월 7일 원고에 대하여 한 유족급여 및 장의비 부지급 처분은 이를 취소한다.

소송비용은 피고의 부담으로 한다.

청구취지 주문과 같다.

이 유

1. 처분의 경위

소외 박희서가 1976년 6월경부터 대한석탄공사 장성광업소 소속 채선공으로 근무하여 오다가 1990년 3월 14일경 위 광업소 서부 막장에서 작업중 괴탄에 맞아 천장부좌상, 퇴행성 관절염 요추부, 제4-5요추 추간판 탈출증등의 업무상재해를 입고 계속 요양을 받다가 서울 영등포구 소재 신화병원에서 척추수술을 받기 위하여 입원 대기중 1991년 5월 21일 선행 추정사인 심근경색증으로 사망한 사실,

이에 위 망인의 처인 원고가 위 망인의 사망이 산업재해보상보험법상의 업무상 재해라고 하여 피고에게 유족급여 및 장의비 지급신청을 하였으나, 피고는 1992년 6월 17일 위 재해가 업무 기인성이 없다는 이유로 이 사건 유족급여 및 장의비 부지급 결정(이하 이 사건 처분이라고 한다)을 한 사실에 관하여는 당사자 사이에 다툼이 없거나 갑 제1 내지 6호증의 각 기재에 의하여 이를 인정할 수 있다.

2. 처분의 적법성

원고는, 위 망인이 1988년 4월 8일경부터 1종 진폐증 환자로 분류등록되어 특별관리를 받으며 심폐기능이 약화된 상태에서 계속 근무하던 중 위와같은 추간판 탈출증 등의 업무상 재해를 입고 1년 이상 계속 병상생활을 하며 수술대기를 하는 동안 신체적기능이 정상인보다 빠른 속도로 악화되고 정신적 스트레스까지 가중된 나머지 위 심근경색증을 유발하여 사망한 것이므로 망인의 사망은 위 업무상 질병과 상당인과관계가 있는 업무상 재해에 해당하는 것임에도 불구하고 이와달리 보아 위 망인의 유족급여 등 신청을 기각한 피고의 이 사건 처분은 위법하여 그 취소를 면할 수 없다고 주장한다.

그러므로 살피건대, 갑제7 내지 15의 각 호증, 을제4, 5, 6호증의 각 기재와 증인 윤종학, 이종범의 각 증언에 변론의 전취지를 종합하여 보면, 위 망인은 1942년 1월 10일생의 남자로서 1976년경 대한석탄공사에 입사할 무렵에는 신체에 아무런 이상이 없는 건강한 사람이었는데 1988년 4월 8일경부터 광부의 직업병에 해당하는 진폐증의 제1종 환자로 분류 등록되어 특별관리를 받으면서 계속 근무하는 동안 심폐기능이 약화되어 방진마스크를 쓰고 작업을 할 수 없어 힘들게 근무하던 중 1990년 3월 14일경 작업중 위와같이 괴탄에 맞은 업무상 재해로 추간판탈출증 등의 상해를 입고 1년 이상 장성병원, 춘천성심병원, 한일의원등 여러 병원을 전전하며 입원치료를 받다가 척추수술을 받기 위하여 위 신화병원에 입원중이던 1991년 5월 초순경에는 육체적, 정신적으로 매우 쇠약하여진 상태로 척추수술이 잘못되면 평생 불구가 된다면 정신적으로 심한 스트레스를 받고 있는 상태였고 수술대기 중 추정사인 심근경색증으로 사망한 후 부검한 결과 심장이 확장되고 관상동맥에 고도의 경화 및 협착소견과 좌우심실벽 섬유화 소견이 발견된 사실,

위 추정사인으로 된 심근경색증은 의학상 좌심실벽의 관동맥 또는 그 분지에 혈전, 색전, 연축이 생겨 순환장애가 생기고 심근층에 경색이 생기는 증세로 대부분 관상동맥의 동맥경화가 그 원인이 되어 발병하며 심신이 과로와 고혈압, 스트레스 등이 그 유인이 될 수 있는 사실,

망인이 최후에 입원한 신화병원 의사 이종출은 망인이 위 추간판탈출증의 증세가

심근경색증의 직접적인 원인은 되지 아니하나 그와같은 병명으로 인한 심한 동통 혹은 스트레스로 기존의 심장질환이 악화되어 심근경색증을 유발하거나 갑자기 발병할 수 있다는 소견을 제시한 사실등이 각 인정된다.

위 인정사실에 비추건대, 위 망인은 위진폐증으로 심폐기능이 약화된 상태에서 힘들게 근무하던중 위와같은 추간판탈출증 등의 상병으로 1년 이상 계속 여러병원을 거치며 병상생활을 계속하는 동안 위 업무상 질병이 호전되지 아니하고 심신의 기능이 쇠약하여진 상태에서 위 척추수술을 받기 위하여 입원대기 중 더욱 심한 정신적 스트레스까지 겹쳐 심근경색증을 유발한 것으로 보여지고, 비록 사망하기전 근무 혹은 요양하던 기간중 기존의 심장질환등에 관하여 확인된 바가 없다 하더라도 위와 같은 상병 및 입원치료가 원인이 되어 기존의 심장질환이 정상인보다 빠른 속도로 유발 또는 악화되었거나 신체적 기능의 쇠퇴 및 정신적 스트레스가 축적된 나머지 위 심근경색증을 초래한 것으로 추단할 수 있고, 이 법원의 국립과학수사연구소장에 대한 사실조회 회보 결과중 의사 김상현의 의견은 위와같은 추단을 하는데에 방해가 되지 아니한다.

따라서, 위 망인의 사망은 그 업무와 상당인과관계가 있는 업무상의 재해에 해당한다 할 것이므로, 피고가 이와달리 보고한 이 사건 유족급여 및 장의비부지급처분은 위법하고 원고의 주장은 이유있다 할 것이다.

3. 결　　론

그렇다면, 이 사건 처분은 위법하므로 그 취소를 구하는 원고의 청구는 이유있어 이를 인용하고 소송비용은 패소자인 피고의 부담으로 하여 주문과 같이 판결한다.

판사 이건웅(재판장), 서기석, 손수일

● 재요양불승인 처분취소

서울고등법원 제10특별부. 1993. 6. 17. 판결 93구10493인용

판 시 사 항

◉ 부상치료, 직장복귀 6개월 후 미완치 발견시 재요양 승인 여부

판 결 요 지

상병상태가 고정되지 않았던 이상 원고가 당초 입은 상해가 치유된 것으로 스스로 판단하여 요양을 중단하고 직장에 복귀하여 작업을 수행하다가 상해가 완전히 치유되지 않았음을 알고 다시 재요양 신청을 하였다 하더라도 산업재해보상보험법의 취지에 어긋난다고 볼 수도 없다.

참조조문 산업재해보상보험법 제1조, 같은법 시행령 제8조

당 사 자 원고 김복연
피고 태백지방노동사무소장

주　　문 1. 피고가 1992년 9월 1일 원고에 대하여 한 재요양불승인 처분은 이를 취소한다.
2. 소송비용은 피고의 부담으로 한다.

청구취지 주문과 같다.

이　　유

1. 처분의 경위

갑제1호증의 2, 갑제2호증의 2, 을제1호증 내지 을제3호증의 각 기재에 변론의 전취지를 종합하면, 원고는 태백시 하전2동 산 47의 1소재 대덕광업소소속 채탄후산부로서 1991년 11월 22일 경내에서 막장지주시공을 위한 기재를 짊어지고 승구로 접근하다가 승인도로부터 굴러 내려온 부석(약 2㎏)에 우측 5번째 발가락을 맞는 사고(이하 이 사건 사고라 한다)로 인하여 우측 제5족지 말절골 골절상을 입고 요양중 1992년 1월 12일 그 요양을 종결하였는데, 원고가 다시 1992년 8월 21일 위 골절부위의 불융합상태에 대하여 산업재해보상보험법시행령 제8조의 규정에 의하여 재요양을 신청하였는바, 피고는 최초 상병상태가 고정되었다는 이유로 불승인 처분을 한 사실을 인정할 수 있다.

2. 처분의 적법성

가. 당사자 주장

원고는, 그가 이 사건 사고로 입은 우측 제5족지 말절골 골절상에 대하여 1992년 1월 12일까지 치료를 받고 직장에 복귀하여 작업을 하여 오던 중 지속적인 동통과 부종으로 1992년 7월 20일 성심의원에서 X-선 촬영결과의 골절부위가 불융합된 상태로서 동통성 부종으로 재요양이 필요하다는 진단을 받았음에도 피고가 원고의 상병상태가 고정되었다는 이유로 한 이 사건 처분은 위법하다고 주장한다.

이에 대하여 피고는 원고의 상병상태가 고정되었고, 가사 고정되지 않았다 하더라도 원고의 재요양신청은 원고가 당초 입은 상해에 대하여 요양을 받다가 자의에 의하여 임의로 요양중단하고 직장에 복귀하여 수개월 동안 작업을 한 후 신청한 것으로서 이를 승인하는 것은 산업재해보상보험법의 취지에 비추어 어긋나므로 피고의 이 사건 처분은 적법하다고 주장한다.

나. 사실관계

갑제1호증의 2, 갑제2호증의 2, 갑제3호증, 을제1, 2호증의 각 기재에 변론의 전취지를 종합하면 다음과 같은 사실을 인정할 수 있고, 위 인정에 어긋나는 을제3호증의 기재는 믿지 아니하고 을제4호증의 기재는 위 인정에 방해가 되지 아니하며 달리 반증이 없다.

(1) 원고는 1991년 11월 22일 발생한 이 사건 사고로 인하여 우측 제5족지 말절골 골절상을 입고 태백시 소재 한일의원에서 1991년 11월 23일부터 1992년 1월 12일까지 통원가료를 받음으로써 사고일부터 상당기간이 경과하였고, 또한 상해부위의 통증이 없어지자 원고는 위 상해가 치유된 것으로 스스로 판단하여 더 이상 치료를 받음이 없이 직장에 복귀하여 작업을 수행하였다.

(2) 그런데 원고가 직장에 복귀하여 작업을 하던 중 부상부위에 통증이 재발하고 부종이 생기자 1992년 7월 20일 태백시 소재 성심의원에서 X-선 촬영등을 받은 결과 이 사건 사고로 인하여 입은 우측 제5족지 원위지골 골절부분이 불융합상태로서 동통성 부종으로 재요양이 필요하다는 진단을 받고 위 병원에서 1992년 7월 20일부터 같은 해 12월 3일까지 통원치료를 받아 골융합되었으며 동통이 거의 소실되었다.

(3) 이에 원고는 위 성심의원에서 치료를 받던 중인 1992년 8월 21일 우측 제5족지 원위지골 골절의 불융합상태에 대하여 재요양을 신청하였던 바, 피고는 같은 해 9월 1일 최초 상병상태가 고정되었다는 이유로 재요양불승인처분을 하였다.

다. 판　　단

위 인정사실에 비추어 보면 원고가 당초 입은 우측 제5족지 말절골 골절상에 대하영 태백시 소재 한일의원에서 치료받다가 그 치료를 종결한 1992년 1월 12일 당시는 물론 피고가 이 사건 처분을 할 당시까지도 위 골절부분이 불융합되어 동통성 부종이 있는 등 그 상병상태가 고정되지 아니하였던 것임을 알 수 있고,

그 상병상태가 고정되지 않았던 이상 원고가 당초 입은 상해가 치유된 것으로 스스로 판단하여 요양을 중단하고 직장을 복귀하여 작업을 수행하다가 상해가 완전히 치유되지 않았음을 알고 다시 재요양 신청을 하였다 하더라도 그와 같은 사정만으로 그 재요양을 승인하는 것이 산업재해보상보험법의 취지에 어긋난다고 볼 수도 없으므로 피고의 이 사건 처분은 위법하다 할 것이다.

3. 결　　론

그렇다면, 이 사건 처분은 위법하여 그 취소를 면치 못할 것이므로 그 취소를 구하는 원고의 이 사건 청구는 이유 있어 이를 인용하고 소송비용은 패소자인 피고의 부담으로 하여 주문과 같이 관결한다.

판사 조윤(재판장), 안영률, 조용연

● 산재보상법재심사에관한판정취소

대법원 제2부, 1991.11.12. 판결, 91누5624 상고기각

판 시 사 항

◉ 업무상 재해를 입고 요양중 새로 발생한 추가질병이 업무상 재해로 인정되기 위한 요건

판 결 요 지

산업재해보상보험법 제3조 제1항 소정의 업무상 재해라 함은 근로자의 업무수행 중 그 업무에 기인하여 발생한 부상, 질병 등의 재해를 말하는 것이므로, 근로자가 업무상 재해를 입고 요양중 새로운 질병이 발생한 경우 그와 같은 추가질병까지 업무상 재해로 보기 위하여는 적어도 추가질병과 당초의 부상 또는 질병과의 사이에 인과관계가 있음이 밝혀져야 한다.

참조조문 산업재해보상보험법 제3조 제1항

당 사 자 원고, 상고인 김천곤
피고, 피상고인 대구지방노동청장

원심판결 대구고등법원 1991.5.15. 90구1107판결

주　　문 상고를 기각한다. 상고비용은 원고의 부담으로 한다.

이　　유

상고이유를 판단한다.

산업재해보상보험법 제3조 제1항 소정의 업무상 재해라 함은 근로자의 업무수행중

그 업무에 기인하여 발생한 부상, 질병 등의 재해를 말하는 것이므로, 근로자가 업무상 재해를 입고 요양중 새로운 질병이 발생한 경우 그와같은 추가질병까지 업무상 재해로 보기 위하여는 적어도 동 추가 질병과 당초의 부상 또는 질병과의 사이에 인과관계가 있음이 밝혀져야 할 것이다.

원심판결 이유에 의하면, 원심은 소외 덕성염직공업사에서 염색공으로 근무하던 원고가 회사 작업장내에서 작업중 무게 약 800킬로그램의 원단말대가 떨어져 양다리 부분을 충격함으로써 양대퇴 후면부 근육내출혈 등의 부상을 입고 치료를 받아 오던 중 추가로 만성중이염, 진주종 및 우측외이도 협착증등의 질병이 발견된 사실을 확정한 후,

위 추가질병도 업무상 재해인 판시 부상으로 인한 것이어서 이 역시 업무상 재해에 해당하는 것으로 보아야 한다는 원고의 주장에 대하여, 이 사건에서 업무상 재해로 인한 판시 부상과 위 추가질병 사이에 인과관계가 있다고 인정할 증거가 없다 하여 원고의 위 주장을 배척하고 있는바, 기록에 비추어 원심의 위와같은 조치는 정당한 것으로 보이고, 이에 소론이 주장하는 위법사유가 있다 할 수 없다.

논지는 이유없다.

이에 상고를 기각하고, 상고비용은 패소자의 부담으로 하여 관여법관의 일치된 의견으로 주문과 같이 판결한다.

대법관 김주한(재판장), 최재호, 윤관, 김용준

2. 장해 · 휴업급여

● 장해급여부지급처분취소

대법원 제1부 1995. 8. 22. 판결, 95누4896 상고기각

판 시 사 항

◉ 장해등급 판정 요령

판 결 요 지

제1차 요양종결 후 장해등급 8급 2호로 판정받았다고 하더라도 재요양 종결후 장해등급 6급 5호 이상에 해당한다 할 것인데도, 원고의 상태를 제1차 요양종결 당시와 마찬가지로 척추에 단순히 운동기능이 남아 있는 정도에 불과하다고 보고서 한 이 사건 처분은 위법하다.

참조조문 산업재해보상보험법

당 사 자 원고(피상고인) 최용출 소송대리인 변호사 김형배
피고(상고인) 근로복지공단

원심판결 대전고등법원 1995. 2. 17. 선고, 94구1881판결

주 문 상고를 기각한다. 상고비용은 피고의 부담으로 한다.

이 유

상고이유를 본다.

원심판결이유에 의하면, 원심은 원고는 1990. 3. 22. 산재사고로 요추부 염좌, 요추간판 패륜, 추간판 탈출증 등의 상해를 입고, 제1차 요양종결을 하였으나 척추에 운동기능장해가 남아있다 하여 장해등급 8

급 2호로 판정받은 사실,

그 후 해부위의 추간판 탈출증이 재발하여 요통과 방사통 및 감각이상증세를 보이는 등으로 악화되어 1992. 3. 26.경부터 약물 및 물리재활치료를 받아오다가 증세의 호전이 없자 1993. 5. 21, 요추조영술, 1993. 6. 24. 제3요추공 부분절제술 및 탈출수핵제거술을 시행받고 입원치료를 받다가 퇴원하였고 그 후에도 척추만곡증으로 인한 방사통 때문에 외래통원치료를 계속 받아 오다가 결국 1994. 1. 22. 다시 치료가 종결된 사실,

위 종결 당시 원고의 상태는 위 척추부위의 이상으로 신경계통에 일부 기능제한이 있고 척추에 상당한 제한이 남아 있었는데 척추의 운동범위는 전굴 30-40도, 후굴 5-10도, 우굴, 좌굴 각 10도, 좌회전, 우회전 각 20-25도(정상인의 경우는 전국 90도, 후굴 30도, 좌, 우굴 각 30도, 좌, 우회선 각 30도, AMA방식 기준)인 사실을 인정한 후,

원고에게는 위 재요양종결후 척추에 "뚜렷한" 기능장애가 남아있고 신경계통에 일부 기능장애가 있어 적어도 산업재해보상보험법 시행령상의 장해등급 6급 5호 이상에 해당한다 할 것인데도, 원고의 상태를 제1차 요양종결 당시와 마찬가지로 척추에 단순히 운동기능이 남아있는 정도에 불과하다고 보고서 한 이 사건 처분은 위법하다고 판단하였다.

기록에 비추어 검토하여 보면, 위와같은 원심의 판단은 정당한 것으로 수긍이 되고, 거기에 소론이 지적하는 바와 같이 산업재해보상보험법상의 장해등급의 판정에 관한 법리를 오해하였거나 노동부 예규상의 장해등급판정요령에 대한 해석을 잘못한 위법이 있다고 할 수 없다.

논지는 이유없다.

그러므로 상고를 기각하고 상고비용은 패소자의 부담으로 하기로하여 관여법관의 일치된 의견으로 주문과 같이 판결한다.

대법관 이임수(재판장), 김석수, 주심 정귀호, 이돈희

● 장해등급결정처분취소

대법원 제1부 1995. 2. 14. 판결, 94누12982 상고기각

판 시 사 항

◉ 중복장해의 장해등급 조정에 관하여 행정청의 재량이 배제되는지 여부

판 결 요 지

노동부 예규인 장해등급판정요령은 산업재해보상보험법이나 같은법 시행령에 근거를 두지 아니한 행정청 내부의 사무처리준칙에 불과하여 법규로서의 효력이 없다 할 것이므로, 장해등급결정처분의 적법여부는 구 산업재해보상보험법 제9조의 5 제1항(1994. 12. 22. 법률 제4826호로 전문 개정되기 전의 것), 산업재해보상보험법 시행령 제13조의 각 규정 및 취지에 적합한 것인가의 여부에 따라 판단하여야 할 것인바, 같은법 시행령 제13조 제2항에서 신체장해등급표상에 신체장해가 2 이상 있을 경우에

는 중한 신체장해에 해당하는 장해등급에 의하되 13급 이상에 해당하는 장해가 있을 경우에는 그 중 한 신체장해에 해당하는 등급을 1개 등급 내지 3개 등급을 인상 조정한다고 규정하고 있는 점에 비추어 보면, 중복장해의 조정에 관하여 행정청의 재량을 배제하고 있으므로, 행정청으로서는 같은법 시행령 제13조 제2항 단서 각호 소정의 중복장해에 해당하면 그 정함에 따라 장해등급을 인상 조정하여야 할 것이다.

참조조문 구 산업재해보상보험법(1994. 12. 22. 법률 제4826호로 전문 개정되기 전의 것), 제9조의 5 제1항(현행 제42조 참조) 산업재해보상보험법시행령 제13조 제2항

당 사 자 원고, 피상고인 김학기
피고, 상고인 부산북부지방노동사무소장

원심판결 부산고등법원 1994. 9. 23. 94구873판결

주　　문 상고를 기각한다. 상고비용은 피고의 부담으로 한다.

이　　유

상고이유를 본다.

원심판결 이유에 의하면 원심은,

원고가 그 판시와 같은 산재사고를 당하여 그 후유증으로 (1) 우수 제1, 2, 3지 근위지 골절절단, 우수 제4, 5지 중수지 관절절단, (2) 우완관절 1/2이상 운동제한이 남게 된데 대하여,

피고는 (1)의 후유장애는 산업재해보상보험법 시행령 제13조 제1항 별표 1의 신체장해등급표 제6급 제8호에 (2)의 후유장애는 위 신체장해등급표 제12급 제6호에 각 해당하고, 위와같이 신체장해가 2개 이상일 경우 종합등급판정을 위한 조정기준을 정하고 있는 위 시행령 제13조 제2항, 제3항에 의하면 종합장해등급이 제5급으로 상향조정되어야 할 것이나, 그렇게 되면 장해등급 제5급 제2호의 "한 팔을 손목관절 이상에서 잃은 사람"과 비교할 때 균형이 맞지 아니하여 노동부 예규인 장해등급 판정요령 제3조 제4항 제3호 단서 소정의 "서열을 문란하게 되는 때"에 해당한다는 이유로 원고에 대하여 장해등급 제6급으로 판정하는 이 사건 처분을 한 사실을 인정하고,

이어서 산업재해보상보험법 제9조의 5 제1항, 같은법 시행령 제13조 제 1 내지 3항의 각 규정을 종합하여 보면 노동부 예규인 장해등급판정요령은 행정청 내부의 사무처리준칙에 불과하여 법규로서의 효력이 없어 법원이나 국민을 기속하는 것은 아니므로, 이 사건 처분의 적법여부는 위 장해등급판정요령에 적합한 것인가의 여부에 따라 판단할 것이 아니고, 위 법 제9조의 5 제1항, 같은법 시행령 제13조의 각 규정 및 취지에 적합한 것인가의 여부에 따라 판단하여야 하나 위 등급판정의 근거가 되는 위 신체장해등급표의 분류기준 및 방법에 비추어 중복된 신체장해가 위 법시행령 제13조 제2항 단서에 의한 조정에 따른 장해등급에 속하는 구체적인 신체장해 사례들에 비교하여 명백히 미달되는 노동능력상실 정도를 가졌다고 판명될 때에는 해당 장해등급을 부여하여 줄 수 없다고 봄이 상당하다고 전제한 다음,

위에서 본 원고의 후유장애는 우선 우수의 5개 수지가 모두 절단 내지 폐용된 데다가 변론의 전취지에 의하면 손목 아래의 우수에 전혀 신경이 통하지 아니하여 사실상 손목이 절단된 것과 다름없으며, 여기에 우완관절이 1/2 이상 운동제한되는 장해를 더하여 본 상태에서의 노동능력상실이 결코 위 제5급 제2호의 장해하에서의 노동능력상실에 비하여 결코 못하다고 할 수 없으므로, 원고의 장해등급은 5급으로 판정하여야 함에도 이와 달리 한 피고의 이 사건 처분은 법령에 근거하지 아니하였거나 장해정도를 잘못 비교한 나머지 등급판정을 그르쳐 위법하므로, 취소되어야 한다고 판시하였다.

기록에 의하면 을 제1호증의 2(진단서)에는 우수 1, 2번 수지로 집는 기능은 가능하다고 기재되어 있을 뿐 달리 손목아래 우수부분에 신경이 통하지 않는다는 점을 인정할 증거가 없음에도 원심이 원고의 손목아래의 우수에 전혀 신경이 통하지 아니하여 사실상 손목이 절단된 것과 같다고 한 사실인정은 소론과 같이 증거없이 사실인정을 한 것으로 위법하다고 할 것이다.

그런데 위 장해등급판정요령은 위 법이나 위 시행령에 근거를 두지 아니한 행정청 내부의 사무처리준칙에 불과하여 법규로서의 효력이 없다 할 것이므로, 이 사건 처분의 적법여부는 원심판시와 같이 위 법 제9조의 5 제1항, 같은법 시행령 제13조의 각 규정 및 취지에 적합한 것인가의 여부에 따라 판단하여야 할 것인바, 위 시행령 제13조 제2항에서 신체장해등급표상에 신체장해가 2 이상 있을 경우에는 그중 한 신체장해에 해당하는 등급을 1개 등급 내지 3개 등급을 인상, 조정한다고 규정하고 있는 점에 비추어 보면, 중복장해의 조정에 관하여 행정청의 재량을 배제하고 있으므로, 행정청으로서는 위 시행령 제13조 제2항 단서 각호 소정의 중복장해에 해당하면 그 정함에 따라 장해등급을 인상 조정하여야 할 것이다.

따라서 원심이 적법하게 확정한 바와 같이 원고의 후유장애가 위 신체장해등급표 제6급 제8호 및 제12급 제6호에 해당된다면 위 시행령 제13조 제2항 단서 제3호에 의하여 위 신체장해등급표 5급으로 인상 조정되어야 할 것이므로,

원심판결에는 위에서 본 채증법칙위배의 위법과 그 설시에 부적절한 점이 없지 아니하나 결론에 있어서는 정당하다 할 것이니, 결국 논지는 이유없다.

그러므로 상고를 기각하고, 상고비용은 패소자의 부담으로 하기로 관여법관의 의견이 일치되어 주문과 같이 판결한다.

대법관 김석수(재판장), 정귀호, 이돈희(주심), 이임수

● 장해등급결정처분취소

대법원 제1부 1994. 11. 8. 판결 93누21927
상고기각

판 시 사 항

⊙ 행정처분이나 행정심판재결이 불복기간의 경과로 확정된 경우, 확정력의 의미
⊙ 산업재해요양불승인처분이 불복기간의 경과로 확정된 경우, 동일한 부

상을 이유로 장해보상급여처분을 다툴 수 있는지 여부
◉ 퇴행성 질환이라도 업무수행중 사고로 인하여 발현되거나 악화된 경우, 업무상질병에 속하는지 여부

판 결 요 지

가. 일반적으로 행정처분이나 행정심판재결이 불복기간의 경과로 인하여 확정될 경우, 그 확정력은 그 처분으로 인하여 법률상 이익을 침해받은 자가 당해 처분이나 재결의 효력을 더이상 다툴 수 없다는 의미일뿐, 더 나아가 판결에 있어서와 같은 기판력이 인정되는 것은 아니어서 그 처분의 기초가 된 사실관계나 법률적 판단이 확정되고 당사자들이나 법원이 이에 기속되어 모순되는 주장이나 판단을 할 수 없게 되는 것이다.

나. 산업재해요양불승인처분이 불복기간의 경과로 인하여 확정되었다 하더라도 그 불승인처분의 대상이 된 부상이 업무상의 사유에 의한 것인지의 여부까지 확정된 것은 아니므로, 그 부상으로 인한 신체장해가 업무상의 재해에 해당한다는 이유로 별도의 처분인 장해보상급여처분을 다툴 수 있다.

다. 치료종결 당시 남아 있던 요추간다발성수핵탈출증 및 요추부협착증이 본래 퇴행성 질환이라 하더라도 사고경위 등에 비추어 그 증상이 업무수행중의 사고로 인하여 발현된 것이거나 급속히 악화된 것이라고 인정되면 업무상의 질병에 해당한다.

참조조문 가. 나. 행정소송법 제1조〔행정처분일반〕
나. 행정심판법 제37조
나. 산업재해보상보험법 제9조
산업재해보상보험업무및심사에관한법률 제3조
다. 산업재해보상보험법 제3조

참조판례 가. 나. 대법원 1993. 4. 13. 92누17181판결
다. 대법원 1983. 12. 27. 82누455판결
1989. 6. 13. 88누4775판결
1992. 5. 12. 91누10466판결

당 사 자 원고, 피상고인 이호일
소송대리인 변호사 박철민
피고, 상고인 태백지방노동사무소장

원심판결 서울고등법원 1993. 9. 16. 92구30452판결

주　　문 상고를 기각한다. 상고비용은 피고의 부담으로 한다.

이　　유

상고이유를 판단한다.

1. 상고이유 첫째점에 대하여.

일반적으로 행정처분이나 행정심판 재결이 불복기간의 경과로 인하여 확정될 경우, 그 확정력은 그 처분으로 인하여 법률상 이익을 침해받은 자가 당해 처분이나 재결의 효력을 더이상 다툴 수 없다는 의미일뿐, 더 나아가 판결에 있어서와 같은 기판력이 인정되는 것은 아니어서 그 처분의 기초가 된 사실관계나 법률적 판단이 확정되고 당사자들이나 법원이 이에 기속되어 모순되는 주장이나 판단을 할 수 없게 되는 것은 아니다(당원 1993. 4. 13. 선고, 92누

17181판결 참조).

따라서 산업재해요양불승인처분이 불복기간의 경과로 인하여 확정되었다 하더라도 그 불승인처분의 대상이 된 부상이 업무상의 사유에 의한 것인지의 여부까지 확정된 것은 아니므로, 원고로서는 그 부상으로 인한 신체장해가 업무상의 재해에 해당한다는 이유로 별도의 처분인 이 사건 장해보상급여처분을 다툴 수 있다 할 것이다.

반대 취지의 논지는 이유없다.

2. 상고이유 둘째점에 대하여

원심판결 이유에 의하면, 원심은 원고가 1963. 3. 17. 부터 장성광업소소속 조차공으로 종사하던 중 1989. 6. 3. 갱내의 코스함에 탑승하다가 미끄러져 넘어지면서 코스함 좌측의 로프걸이에 작업복 상의가 걸려 10여미터 가량 끌려 내려가는 사고를 당하여 부상을 입고 ①다발성 열창, ②경부 및 우견갑부좌상, ③좌수부 피부결손 및 제2, 4수지 신진근파열, ④좌척골 경상돌기골절로 요양승인을 받고, 그 후 같은 해 10. 4. 특진을 받아 두부외상성증후군 및 제3-4, 4-5 요추부협착증의 진단을 받았는데 그 중 두부외상성증후군에 한하여 추가로 요양승인을 받고, 제 3-4, 4-5 요추부협착증에 관하여는 위 사고와 인과관계가 없다는 이유로 요양불승인처분을 받은 사실,

원고가 위 사고로 인한 부상에 대하여 요양을 받아 1991. 12. 30. 치료가 종결되었는데 위 치료종결 당시 원고에게는 제3-4, 4-5 요추간 다발성수핵 탈출증 및 제3-4, 4-5 요추부협착증으로 인한 잔존장해로서 요통 및 하지방사통이 있었으나 피고는 1992. 2. 24. 원고에게 위 요통 및 하지방사통의 잔존장해를 제외한 채 제9급 제15호의 장해등급결정을 한 사실,

원고는, 위 사고 이전에는 허리부위에 통증을 호소한 일이 없이 조차공으로 정상적으로 근무하여 온 사실 등을 인정한 다음, 치료종결 당시 원고에게 남아 있던 위 제3-4, 4-5 요추간 다발성 수핵 탈출증 및 제3-4, 4-5 요추부협착증이 본래 퇴행성 질환이라 하더라도 위 사고경위 등에 비추어 보면 그 증상이 위 사고로 인하여 발현된 것이거나 급속히 악화된 것이라 할 것이므로 업무상의 질병에 해당한다 할 것이니 그로 인한 위 장해를 제외하고 한 피고의 이 사건 장해등급결정처분은 위법하다고 판단하였다.

기록에 비추어 살펴볼 때, 원심의 위 사실인정과 판단은 옳고, 거기에 소론과 같은 법리오해나 사실오인의 위법이 있다고 할 수 없다.

논지는 이유 없다.

3. 그러므로 상고를 기각하고 상고비용은 패소자의 부담으로 하기로 하여 관여법관의 일치된 의견으로 주문과 같이 판결한다.

대법관 이임수(재판장), 김석수, 정귀호(주심), 이돈희

● 장해급여부지급결정처분취소

서울고등법원 제9특별부. 1993. 12. 17. 판결 93구24119인용

판 시 사 항

◉ 업무상재해를 입은 근로자가 더이상 치료효과를 기대할 수 없게 된 시점부터는 증상이 고정됐다고 보아야 하므로 그후 계속 통원치료를 받다 사망한 경우 산업재해보상보험법상의 장해급여를 지급해야 하는지의 여부

판 결 요 지

산업재해보상보험법상의 장해급여는 업무상 부상 또는 질병과 상당인과관계가 있는 장해가 남게 되는 경우 지급되는 보험급여로서 장해라 함은 부상 또는 질병의 치료후에도 더이상 치유의 효과를 기대할 수 없을 정도로 그 증상이 고정된 상태에 이른 후 피재자에게 잔존하는 영구적인 정신적 또는 육체적인 훼손상태 또는 그로 인한 노동력의 손실 및 감소를 뜻한다.

참조조문 산업재해보상보험법 제9조
당 사 자 원고 강태순
피고 태백지방노동사무소장
원심판결 변론종결 1993. 11. 26
환송판결 대법원 1993. 8. 27. 93누13124판결

주　　문

피고가 1991년 4월 18일 원고에 대하여 한 장해급여지급결정을 취소한다.

소송비용은 피고의 부담으로 한다.

청구취지 주문과 같다.

이　　유

1. 처분의 경위

소외 이도가 소외 대한석탄공사 산하 장성광업소에서 기계수리공으로 근무하던 중 1983년 9월 22일 업무상 재해를 당하여 뇌진탕, 우측요골하단부골절, 다발성좌상, 이비인후과적 질환, 외상후 정신증등으로 청량리 정신병원등에서 요양을 계속하다가 1991년 2월 8일 사인 뇌졸증, 뇌출혈, 뇌경색증으로 사망한 사실, 이에 위 이도(이하 피재자라 한다)의 처인 원고가 산업재해보상보험법상 장해급여 수급권자의 유족으로서 위 피재자가 사망하기 전에 난청 및 정신질환등의 증세가 이미 고정되었다고 하여 피고에게 그에 대한 장해급여를 청구하였으나 피고는 위 피재자가 요양이 종결되기 전에 사망하여 장해급여의 지급대상이 되지 아니한다는 이유로 이를 지급하지 아니하는 처분(이하 이 사건 처분이라 한다)을 한 사실은 당사자간에 다툼이 없거나 갑 제 1, 3, 5, 8, 9의 각호증의 기재에 의하여 인정된다.

2. 처분의 적법성

가. 당사자의 주장

원고는, 위 피재자가 1983년 9월 22일 업무상 피재되어 뇌진탕, 우측요골하단부골절, 다발성 좌상, 이비인후과적 질환, 외상후 정신증등으로 요양을 계속하다가 1991년 2월 8일 뇌졸증, 뇌출혈, 뇌경색증으로 사망하기 이전에 이 사건 사고로 인하여 발생한 청각장애 및 정신질환증이 더이상 치료효과를 기대할 수 없을 정도로 그 증세가 이미 고정되어 장해판정이 가능하였으므로 이에 대한 장해급여는 지급되어야 한다고 주장함에 대하여, 피고는 위 피재자의 경우 업무상 상병에 대한 요양이 종결되기 전에 사망하였음이 명백하여 장해급여의 지급대상이 되지 아니한다고 주장

하고 있다.

나. 판 단

그러므로 살피건대, 산업재해보상보험법은 보험급여의 종류로 요양급여, 휴양급여, 장해급여, 유족급여, 상병보상연금, 장의비를 규정하고 있고(제9조제1항), 위 각 보험급여의 종류별로 그 지급요건 및 기준을 따로이 명시하고 있으며(제9조의 3 내지 8), 다만 동일사유로 민법, 근로기준법등 타법령에서 이중적인 보상 또는 배상을 받지 못하도록 하는 규정(제11조)을 두고 있을 뿐이므로 산업재해보상보험법상의 종류가 다른 위 각 보험급여는 각 그 요건에의 해당여부를 별도로 판단하여 그 지급여부를 판단하여야 할 것이고, 산업재해보상보험법상의 장해급여는 근로자가 업무상 부상 또는 질병과 상당인과관계가 있는 장해가 남게되는 경우 지급되는 보험급여로서 장해라 함은 부상 또는 질병의 치료후에도 더이상 치유의 효과를 기대할 수 없을 정도로 그 증상이 고정된 상태에 이른 후 피재자에게 잔존하는 영구적인 정신적 또는 육체적인 훼손상태 또는 그로 인한 노동력의 손실 및 감소를 뜻한다고 해석된다.

그런데, 갑 제6, 7호증의 각 기재와 증인 이장주의 증언에 이 법원의 서울대학교병원장 및 청량리정신병원장에 대한 각 사실조회 회보결과를 종합하면, 피재자의 위 상병명중 이비인후과적 질환은 1987년 6월 24일 서울대학병원에서 최종진단 당시 상태가 더이상 호전될 가망이 없을 정도의 감각신경성 난청증세를 보였고(산업재해보상보험법상 장해등급 제9급 7항이나 제10급5항에 해당), 위 외상후 정신질환증에 대하여는 증상을 호전시키기 위하여 치료를 계속하였는데 불면, 불안, 초조, 두통, 소화장애, 정서불안, 정신운동지연 및 사회적 위축등의 증상은 다소 완하를 보였으나 충동조절장애, 기억력장애, 현실판단능력감퇴, 지남력장애 및 추상적 사고능력의 저하등은 장기간의 치료에도 불구하고 뚜렷한 호전을 보이지 않았으며 의학적으로 통상 1년반 정도의 경과에도 회복이 되지 아니하는 뇌손상은 불가역적인 것으로 간주되기 때문에 망인의 경우 외래치료가 시작된 시점이 1986년 8월 2일경 위 증상들은 근본적으로 회복하기 불가능하여 고정된 증상(장해등급상 제2급의 5에 해당)으로 볼 수 있는 사실, 피재자는 1986년 8월 2일 퇴원한 이후에도 위 난청 및 정신질환등 후유장해가 더 악화될 것을 우려한 나머지 계속하여 통원하면서 진단을 받고 그에 따라 보청기를 구입하여 착용하거나 약을 타 먹는 정도의 치료를 계속하여 온 사실이 각 인정되고, 을 제1, 2호증은 위 인정에 방해가 되지 아니하며 달리 이에 어긋나는 증거가 없다.

위 인정사실에 의하면, 위 피재자는 적어도 서울대학병원에서의 위 최종진단무렵에는 더이상 위 상병들에 대한 치료의 효과를 기대할 수 없게 되어 위 난청 및 정신질환증상은 고정되었다고 보아야 할 것이고, 피재자가 상태의 악화를 우려하여 그 이후에도 상당기간 계속 통원하면서 약을 받아먹었다하여 위 증상이 고정되지 아니하였다거나 치유가 계속되고 있었다고 볼 수 없다 할 것이다.

따라서, 이와달리 피재자가 사망시까지 잔존 장해상태가 고정되지 아니하고 계속하여 요양을 받았음을 전제로 한 피고의 이사건 처분은 위법하고 원고의 주장은 이유

있다 할 것이다.

3. 결　　론

그렇다면, 피고의 이 사건 장해급여 부지급결정처분은 위법하므로 그 취소를 구하는 원고의 청구는 이유있어 이를 인용하고 소송비용은 패소자인 피고의 부담으로 하여 주문과 같이 판결한다.

판사 이건웅(재판장), 서기석, 손수일

● 신체장해등급변경신청거부처분취소

대법원 제2부, 1989. 11. 14. 판결 88누11001상고기각

판 시 사 항

◉ 장해등급결정후 상병이 재발하여 악화된 경우 재발전의 장애등급결정을 다툴 수 있는 지 여부(소극)

판 결 요 지

장해등급결정후에 상병이 재발하여 장해가 더 악화됨으로써 장해등급에 변동이 생길 때에는 재요양종결후에 악화된 장해에 해당하는 장해급여를 청구할 수 있는 것이므로 일단 요양종결이 된 후에 상병이 재발되었다고 하여 재발전에 한 장해등급결정이 잘못된 것이라고 탓할 수는 없다.

참조조문 산업재해보상보험법 제9조의5 같은법 시행령 제13조

당 사 자 원고, 상고인 최태석
피고, 피상고인 노동부 마산지방사무소장

원심판결 대구고등법원 1988. 10. 19. 87구226판결

주　　문 상고를 기각한다. 상고비용은 원고의 부담으로 한다.

이　　유

원고의 상고이유(추가상고이유 포함)를 본다.

원심판결이유에 의하면, 원심은 그 거시증거에 의하여 원심판시와 같이 피고가 원고의 장해상태를 장해등급 제12급 제12호에 해당하는 것으로 보고 장해보상금 1,909,090원의 지급결정을 하게 된 경위사실을 인정하고 나서 피고의 위 장해등급 및 장해보상금지급결정은 그 결정당시의 상병상태로서는 정당한 결정이라고 판단하고 있는 바, 기록에 의하여 살펴보면 위와같은 원심판단은 정당하고 소론과 같은 위법이 없다.

기록에 의하면, 위 장해등급결정 후에 원고의 상병이 재발하여 좌종골 만성골수염으로 악화되어 재요양신청을 하고 이에 따라 좌종골만성골수염 수술을 받아 현재까지 통원치료중인 사실이 인정되나, 이로 인하여 원고의 장해가 더 악화됨으로써 장해등급에 변동이 생길때에는 재요양종결후에 악화된 장해에 해당하는 장해급여를 청구할 수 있는 것이므로 일단 요양종결이 된 후에 재발되었다고 하여 재발전에 한 이 사건 장해등급결정이 잘못된 것이라고 탓할 수는 없다고 할 것이다.

이와같은 취지로 판단한 원심조치는 정당하고 논지는 주장하는 것과 같은 위법이 없다.

결국 상고논지는 모두 이유없으므로 상고를 기각하고 상고비용은 패소자의 부담으로 하여 관여법관의 일치된 의견으로 주문과 같이 판결한다.

대법관 김상원(재판장), 이회창, 배석, 김주한

● 휴업급여지급 처분취소

대법원 제3부, 1989. 6. 27. 판결 88누2205 상고기각

판 시 사 항

◉ 산업재해보상보험법 제9조의4 소정의 "요양으로 인하여 취업하지 못한 기간"의 의미

판 결 요 지

산업재해보상보험법 제9조의4 소정의 "요양으로 인하여 취업하지 못한 기간"이라 함은 근로자가 업무상 부상으로 요양을 하느라고 근로를 제공할 수 없었기 때문에 임금을 받지 못한 기간을 의미하므로, 근로자가 의료기관에서 업무상 부상을 치료받은 기간뿐만 아니라 자기집에서 요양을 하느라고 실제로 취업하지 못하였기 때문에 임금을 받지 못한 기간도 포함된다.

참조조문 산업재해보상보험법 제9조의4

당 사 자 원고, 피상고인 장태근
피고, 상고인 노동부 서울관악지방사무소장

원심판결 서울고등법원 1988. 1. 14. 87구609판결

주 문 상고를 기각한다. 상고비용은 피고의 부담으로 한다.

이 유

피고 소송수행자의 상고이유에 대하여 판단한다.

업무상 부상으로 요양중에 있는 근로자와 그 가족의 최저생활을 보장하여 주기 위하여 평균임금의 100분의 60에 상당하는 금액을 하루분의 휴업급여로 지급할 것을 규정한 산업재해보상보험법 제9조의4 소정의 "요양으로 인하여 취업하지 못한 기간"이라 함은 근로자가 업무상부상으로 요양을 하느라고 근로를 제공할 수 없었기 때문에 임금을 받지 못한 기간을 의미하는 것이라고 해석되므로, 근로자가 의료기관에서 업무상 부상을 치료받은 기간뿐만 아니라 근로자가 자기집에서 요양을 하느라고 실제로 취업하지 못하였기 때문에 임금을 받지 못한 시간도 포함된다고 보아야 할 것이다.

그런데 피고는, 의료기관에서 업무상부상을 치료받은 기간만이 휴업급여의 지급대상이 되는 것으로 잘못 판단하여 근로자인 원고가 의료기관에서 업무상부상을 치료받은 기간을 제외한 나머지 전 기간에 대하여 휴업급여를 지급하지 않기로 하는 이 사건처분을 하였으니, 이 점에서 피고의 이 사건 처분은 위법한 것이라고 볼 수밖에 없다.

피고의 이 사건 처분이 위법한 것이라고 본 원심의 판단은 그 이유에 다소 미흡한 점이 있기는 하지만 결론은 정당하고 원심판결에 휴업급여에 관한 법리를 오해하였거나 심리를 제대로 하지 못한 위법이 있다고 볼 수 없다.

논지는 이유가 없다.

따라서 피고로서는 원고가 입은 업무상 부상의 정도 등에 비추어 원고가 업무상부상으로 자기집에서 요양을 하느라고 실제로 취업하지 못한 기간이 얼마나 되는지를 가려내어 그 기간에 대하여는 휴업급여를 지급하여야 할 것이다.

그러므로 피고의 상고를 기각하고, 상고비용은 패소자인 피고의 부담으로 하기로 관여법관의 의견이 일치되어 주문과 같이 판결한다.

대법관 이재성(재판장), 박우동, 윤영철, 김용준

● 장해보상금부지급처분취소 청구사건

서울고법 제1특별부. 1984. 11. 6. 판결 84구333기각

—판 시 사 항—

◉ 산업재해보상보험법 시행령 제13조 제1항 별표 1 제12등급 제3호 소정의 7개 이상의 치아에 대하여 치과보철을 가한 자의 의미

—판 결 요 지—

산업재해보상보험법 시행령 제13조 제1항 별표 1의 신체장해등급표규정의 각 신체장해정도는 실제로 입은 상해부위에 관한 신체장해정도를 의미한다고 봄이 상당하고 따라서 위 시행령 제13조 제1항 별표 1 제12등급 제3호 소정의 7개 이상의 치아에 대하여 치과보철을 가한 경우는 현실적으로 상실되거나 현저하게 결손된 치아에 대하여 치과보철을 한 경우만을 의미하고 상실 또는 현저하게 결손된 치아에 대한 치과보철을 하기 위하여 필요한 성한 그 인접치아에 대한 치과보철을 한 경우는 이에 포함되지 않는다.

참조조문 산업재해보상보험법 시행령 제13조 제1항

당 사 자 원고 오장근
피고 노동부 인천지방사무소장

주 문 1. 원고의 청구를 기각한다.
2. 소송비용은 원고의 부담으로 한다.

청구취지 피고가 1983. 9. 28. 제1961호로서 원고에 대하여 한 장해보상급여부지급 처분을 취소한다. 소송비용은 피고의 부담으로 한다라는 판결

이 유

성립에 다툼이 없는 갑 제1호증의 1, 2(각 장해보상청구서), 갑 제1호증의 3(진단서), 갑 제2호증의 1(우편엽서), 갑 제2호증의 2(보험급여 결정통지서), 갑 제5호증(질의회시), 을 제1호증의 1, 2(각 장애급여사정서), 을 제2호증(보험급여원부)의 각 기재에 변론의 전취지를 종합하면 원고가 산업재해보상보험법 제6조 제1항에 의한 보험가입자인 소외 영도건설산업주식회사의 목공근로자로 종사하던 중인 1983. 5. 28 위 소외회사가 시공하고 있던 인천 북구 가좌동 541의 1 소재 건축공사장 현장에서 속고판넬합판을 로프로 묶어 밑에서 받혀 올리던 중 위에서 위 로프를 잡아당겨

울리는 일을 맡아 보던 같으 소외회사의 목공근로자인 소외 유영준이 부주의로 원고가 올려주는 위 로프를 놓치는 바람에 위 로프가 아래로 떨어지면서 원고의 안면에 부딪혀 원고는 이로 인하여 상악우측 중절치, 측절치, 견치, 제1소구치가 발치되고 우측 구순부에 1센치미터 정도의 상흔을 남기는 구순부 열창상을 입었는데,

원고는, 위 발치된 4개의 치아에 대하여 보철을 하면서 위 발치된 4개의 치아뿐만 아니라 이에 인접한 좌측 측절치부터 상악우측 제1대구치등 성한 4개의 치아에 대하여도 치과보철을 한 사실,

그런데 피고는, 원고가 위와같은 재해를 입은 사실에 대하여 1983. 9. 16 산업재해보상보험법시행령 제13조 별표 1중의 제12급 제3호, 제14급 제2호 소정의 7개 이상 또는 3개 이상의 치아에 대하여 치아보철을 가한 경우라 함은 현실적으로 상실 또는 현저하게 결손된 치아에 대한 보철을 행한 경우를 의미한다는 장해등급판정요령(노동부예규) 제16조 제1항 제3호의 규정에 의거 원고가 입은 위 신체장해의 정도를 같은법 시행령 제13조 별표 1 제14등급 제2호 소정의 3개 이상의 치아에 대하여 치과보철을 가한 경우로 보아 같은법 제9조의 5 제1항 별표 1에 의한 장해보상일시금인 평균임금(금 13,500)의 50일분에 해당하는 금 675,000원을 지급하자 원고는 이에 불복하여 원고가 입은 위 신체장해의 정도가 같은법 시행령 제13조 별표 1 제12등급 제3호 소정의 7개 이상의 치아에 치과보철을 한 경우에 해당한다는 이유로 피고에 대하여 같은법 제9조의 5 제1항 별표 1에 의한 재해보상일시금인 평균임금(금 13,500원)의 140일분에 해당하는 금 1,890,000원(금 13,500원*140)에서 이미 지급받은 위 평균임금의 50일분에 해당하는 장해보상금 675,000원을 뺀 금 1,215,000원을 추가지급해줄 것을 구하였던바, 피고는 1983. 9. 28 제1961호로서 원고가 입은 위 신체장해의 정도가 앞서 본 바와 같은 같은 법시행령 제13조 제1항 별표 1 제14등급 제2호 소정의 3개 이상의 치아에 대하여 치과보철을 가한 경우에 해당한다는 이유로 그 지급을 하지 않겠다는 취지의 부지급처분을 한 사실을 인정할 수 있고 반증없다.

원고는, 이 사건 청구원인으로서 산업재해보상보험법 제13조 제1항 별표 1 제12등급 제3호 소정의 7개 이상의 치아에 대하여 치과보철을 가한 경우라 함은 현실적으로 상실 또는 현저하게 결손된 치아 뿐 아니라 위 상실되거나 현저하게 결손된 치아에 대한 치과보철을 하기 위하여 필요한 그 인접 치아에 대한 치과보철을 한 경우까지를 포함한다 할 것이고 따라서 원고가 이 사건 재해로 인하여 입은 신체장해정도는 같은 법 시행령 제13조 제1항 별표1 제12등급 제3호 소정의 장해등급(7개 이상의 치아에 대하여 치과보철을 한 경우)에 해당하여 이에 상응하는 장해보상일시금인 평균임금(금 13,500)의 140일분에 해당하는 금 1,890,000원을 지급받을 수 있다 할 것인바,

피고는, 위 산업재해보상보험법 및 같은 법 시행령에 그 근거도 두지 아니한 노동부 예규인 장해등급판정요령 제16조 제1항 제3호에 의거하여 위와같이 원고가 이건 재해로 인하여 입은 신체장해정도를 3개 이상의 치아에 대하여 치과보철을 가한 경우(같은법 시행령 제13조 제1항의 별표 1 제14등급 제2호)로만 보아 이에 해당하는 장해보상일시금인 평균임금(금 13,500원)의

50일분에 해당하는 금 675,000원만을 지급하고 나머지 금원 즉 위 12등급 제3호 소정의 신체장애 정도에 상응하는 장해보상금인 금 1,890,000원에서 이미 지급받은 장해보상일시금 금 675,000원을 공제한 금 1,215,000원의 부지급처분을 한 것은 위법하므로 위 부지급처분의 취소를 구한다고 주장하나 산업재해보상보험법 시행령 제13조 제1항 별표 1의 신체장해등급표 규정의 각 신체장해정도는 실제로 입은 상해부위에 관한 신체장해정도를 의미한다고 봄이 상당하고 따라서 같은법시행령 제13조 제1항 별표 1 제12등급 제3호 소정의 7개 이상의 치아에 대하여 치과보철을 가한 경우는 현실적으로 상실되거나 현저하게 결손된 치아에 대하여 치과보철을 한 경우만을 의미하고 상실 또는 현저하게 결손된 치아에 대한 치과보철을 하기 위하여 필요한 성한 그 인접치아에 대한 치과보철을 한 경우는 이에 포함되지 않는다고 봄이 옳다 할 것이므로 이와 견해를 달리하여 위 법시행령 제13조 제1항 별표1 제12등급 제3호 소정의 7개 이상의 치아에 대하여 치과보철을 가한 경우를 상실되거나 현저하게 결손된 치아에 대하여 치과보철을 한 경우뿐만 아니라 그 상실 또는 현저하게 결손된 치아에 대한 치과보철을 하기 위하여 필요한 성한 그 인접치아에 대한 치과보철을 가한 경우까지를 포함시켜 원고가 입은 그 신체장해정도가 위 제12등급에 해당함을 전제로 하는 원고의 이 사건 청구는 이유없어 이를 기각하고, 소송비용은 패소자인 원고의 부담으로 하여 주문과 같이 판결한다.

판사 김재철(재판장), 박동섭, 이유주

Ⅲ. 급여기준

1. 근로자

● 요양불승인 처분취소

대법원 제3부 1995.9.15.판결, 94누12067 상고기각

판시사항

◉ 근로계약을 체결한 외국인 산업연수생이 산재법상의 요양급여 지급대상인지 여부

판결요지

출입국 관리법상의 취업자격을 갖고 있지 않은 외국인 산업연수생이 근로계약을 체결하여 사용종속관계에서 근로를 제공하고 임금을 받았다면 근로기준법소정의 근로자였다 할 것이므로 산재법상의 요양급여를 받을 수 있는 대상에 해당한다.

참조조문 구 출입국관리법(1992. 12. 8. 법률 제4522호로 전면개정되기 전의 것) 제15조 제1,2항

당사자 원고(피상고인) 포티야 피트(Photiya Phit)
국적 태국
주거 시흥시 시화공단 2다 114 주식회사 홍진 내
피고(상고인) 근로복지공단
이사장 박홍섭

원심판결 서울고등법원 1994.9.1.선고, 94구2673판결

주문 상고를 기각한다. 상고비용은 피고의 부담으로 한다.

이유

상고이유를 판단한다.

1. 원심판결이유에 의하면 원심은,

원고가, 태국국적을 가진 외국인으로서 산업연수 체류자격으로 입국하여 고용될 수 있는 체류자격을 가지지 아니한 채 소외 주식회사 홍진(이하 소외회사라 한다)과 고용계약을 체결한 후 소외회사의 공장에서 노무직으로 종사하며 근무하던 중 1992. 12. 10. 15 : 00경 위 공장 작업장에서 작업을 하다가 작업대가 넘어져 덮치는 바람에 방광파열 등의 부상을 입은 사실,

소외회사는, 산업재해보상보험의 적용대상이 되는 사업장인 사실을 인정한 다음 "외국인은 허가된 체류자격과 체류기간의 범위안에서 대한민국에 체류할 수 있다"고 규정한 구 출입국관리법(1992. 12. 8. 법률 제4522호로 전면 개정되기 전의 것) 제15조 제1항이나 "누구든지 대통령령이 정하는 바에 따라 고용될 수 있는 체류자격을 가지지 아니한 외국인을 고용하여서는 아니된다"고 규정하고 있는 같은 조 제2항은 모두 국가가 외국인의 불법체류를 단속할 목적으로 이를 금지 또는 제한하는 단속법규라고 판단하고, 위 각 규정을 위반하여 고용계약을 체결하였다 하더라도 그 근로계약은 유효하므로 그 외국인은 근로기준법상의 근로자에 해당한다고 한 후 그 외국인이 산업재해보상보험법의 적용대상이 되는 사업 또는 사업장에 근로를 제공하다가 업무상 부상 또는 질병에 걸린 경우에는 산업재해보상보험법의 요양급여를 지급받을 수 있다고 판시하였다.

2. 위 구 출입국관리법 제15조 제1항에서 외국인이 대한민국에서 체류하여 행할 수 있는 활동이나 대한민국에 체류할 수 있는 신분 또는 지위에 관한 체류자격과 그 체류기간에 관하여 규율하면서 아울러 같은 조 제2항에서 누구든지 대통령령이 정하는 바에 따라 고용될 수 있는 체류자격 즉 취업활동을 할 수 있는 체류자격(이하 취업자격이라 한다)을 가지지 아니한 외국인을 고용하여서는 아니된다고 외국인 고용제한을 규정하고 있는 바, 그 입법취지가 단순히 외국인의 불법체류만을 단속할 목적으로 한 것이라고는 할 수 없고, 위 규정들은 취업자격 없는 외국인의 유입으로 인한 고용시장의 불안정을 해소하고 노동인력의 효율적 관리, 국내 근로자의 근로조건의 유지등의 목적으로 효율적으로 달성하기 위하여 외국인의 취업자격에 관하여 규율하면서 취업자격 없는 외국인의 고용을 금지시키기 위한 입법목적도 아울러 갖고 있다 할 것이다.

다만, 외국인 고용제한규정이 이와같은 입법목적을 지닌 것이라고 하더라도 이는 취업자격 없는 외국인의 고용이라는 사실적 행위 자체를 금지하고자 하는 것 뿐이지 나아가 취업자격 없는 외국인이 사실상 제공한 근로에 따른 권리나 이미 형성된 근로관계에 있어서의 근로자의 신분에 따른 노동관계법상의 제반권리 등의 법률효과까지 금지하려는 규정으로는 보기 어렵다 할 것이다.

따라서 취업자격 없는 외국인이 위 출입국관리법상의 고용제한규정을 위반하여 근로계약을 체결하였다 하더라도 그것만으로 그 근로계약이 당연히 무효라고는 할 수 없다 할 것이다.

그러나 취업자격은 외국인이 대한민국내에서 법률적으로 취업활동을 가능케 하는 것이므로 이미 형성된 근로관계가 아닌 한 취업자격 없는 외국인과의 근로관계는 정지된다고 하여야 할 것이고, 당사자는 언제든지 그와같은 취업자격이 없음을 이유로 근로계약을 해지할 수 있다 할 것이다.

3. 돌이켜 이 사건을 보건대, 원심이 적법하게 인정한 바와 같이 원고는 취업자격이 아닌 산업연수 체류자격으로 입국하여 산업재해보상보험법의 적용대상이 되는 사업장인 소외 회사와 고용계약을 체결하고 근로를 제공하다가 작업도중 그 판시와 같은 부상을 입었다는 것이고,

기록에 의하면, 원고는 소외 회사의 지휘·감독을 받으면서 근로를 제공하고 그 대가로 매월 갑종근로소득세를 공제한 급여를 지급받아 온 사실이 인정되는 바, 비록 원고가 출입국관리법상의 취업자격을 갖고 있지 않았다 하더라도 위 고용계약이 당연히 무효라고 할 수 없는 이상 위 부상 당시 원고는 사용종속관계에서 근로를 제공하고 임금을 받아온 자로서 근로기준법 소정의 근로자였다 할 것이므로 산업재해보상보험법상의 요양급여를 받을 수 있는 대상에 해당한다 할 것이다.

결국 원고가 위 부상 당시 근로기준법상의 근로자에 해당하여 산업재해보상보험법상의 요양급여를 받을 수 있다는 취지의 원심판단은 결론적으로 정당하고, 이를 다투는 상고 논지는 이유 없다.

4. 그러므로 상고를 기각하고, 상고비용은 패소자의 부담으로 하기로 관여법관의 의견이 일치되어 주문과 같이 판결한다.

대법관 안용득(재판장), 천경송, 지창권, 신성택(주심)

● 요양불승인 처분취소

서울고등법원 제9특별부, 1993. 11. 26. 판결93구16774인용

판 시 사 항

◉ 외국인이 국내사업주와 불법으로 고용계약을 체결한 경우 불법취업한 외국인도 근기법상의 근로자에 해당되어 업무상 부상등을 입은 경우 산업재해보상보험법의 적용대상이 되는지의 여부

판 결 요 지

산업재해보상보험법상 외국인 근로자에게 그 적용을 배제하는 특별한 규정이 없는 이상, 외국인의 지위를 보장한 헌법 제6조, 국적에 따른 근로조건의 차별대우를 금지한 근로기준법 제5조의 각 규정의 입법취지와 산업재해보상보험제도의 목적에 비추어 피재자가 외국인이라 할지라도 그가 근로기준법상의 근로자에 해당하는 경우에는 내국인과 마찬가지로 산업재해보상보험법상의 요양급여를 지급받을 수 있다.

참조조문 산업재해보상보험법 제9조 근로기준법 제78조, 제5조 헌법 제6조

당 사 자 원고 아키노엘 시바은
피고 서울동부지방노동사무소장

주　　문

피고가 1991년 10월 31일 원고에 대하여 한 요양불승인처분을 취소한다.

소송비용은 피고의 부담으로 한다.

주 문 주문과 같다.

이 유

1. 처분의 경위

원고가, 필리핀 국적을 가진 외국인으로서 소외 전오식이 경영하는 서울 성동구 상왕십리 16의 16 소재 에이아트공업사에서 플라스틱 사출공으로 종사하여 오던중 1992년 10월 2일 02시00분경 위 공업사 성형사출부 작업실에서 성형사출기에 플라스틱 원료를 투입하다가 왼손이 딸려 들어가는 바람에 좌 제2 내지 5 수지 좌멸창 골절(분쇄 개방성) 상 등의 부상을 입었다고 주장하면서 같은 해 10월 26일 피고에 대하여 요양신청을 하였으나, 피고는 고용체류자격이 없는 외국인 근로자인 원고가 불법취업중 발생한 재해로서 이는 산업재해보상법에 의한 보상대상이 되지 아니한다는 이유로 같은 해 10월 31일 원고에 대하여 요양불승인처분(이하 이 사건 불승인처분이라 한다)을 한 사실에 관하여는 당사자 사이에 다툼이 없다.

2. 처분의 적법 여부

가. 당사자의 주장

원고는, 원고가 불법체류중인 외국인이라는 점을 제외하고는 근로기준법의 적용을 받는 근로자이고, 근로기준법상 외국인을 근로자로 볼 수 없다는 규정이 없으며, 인도주의적 견지에서도 산업재해보상법의 적용을 받아야 함에도 이와달리 보고 한 이 사건 불승인처분은 위법하다고 주장하고, 이에 대하여 피고는, 원고가 고용체류자격 없이 국내사업장에 불법취업한 외국인으로서 그 사업주와 체결된 고용계약은 구 출입국관리법(1992년 12월 8일 법률 제4522호로 전문개정되기 전의 것, 이하 같다) 제15조 제2항에 위반되는 불법고용계약이므로 원고에게는 근로기준법이 적용되지 아니하며, 따라서 산업재해보상보험법도 적용될 수 없으므로 이 사건 불승인처분은 적법하다고 주장한다.

나. 판단

(1) 그러므로 살피건대, 산업재해보상보험법 제9조제2항, 제1항제1호, 제4조, 근로기준법 제78조의 각 규정을 종합하여 보면, 산업재해보상보험법상 요양급여는 근로자가 산업재해보상보험법의 적용대상이 되는 사업 또는 사업장에 근로를 제공하다가 업무상 부상 또는 질병에 걸린 경우에 보험급여를 받을 자(이하 '수급권자'라 한다)의 청구에 의하여 지급하도록 규정하고 있는데, 산업재해보상보험법 제3조 제2항에 의하면, 같은법에서 '근로자'라 함은 근로기준법에 규정된 '근로자'를 말한다고 규정하고 있고, 근로기준법 제14조에 의하면, 같은법에서 '근로자'라 함은 직업의 종류를 불문하고 사업 또는 사업장에 임금을 목적으로 근로를 제공하는 자를 말한다고 규정하고 있으므로 근로기준법상의 근로자에 해당하는 자가 산업재해보상보험법의 적용대상이 되는 사업 또는 사업장에 근로를 제공하다가 업무상 부상 또는 질병에 걸린 경우에는 요양급여를 지급받을 수 있다 할 것이며, 산업재해보상보험법상 외국인 근로자에게 그 적용을 배제하는 특별한 규정이 없는 이상, 외국인의 지위를 보장하는 헌법 제6조, 국적에 따른 근로조건의 차

별대우를 금지한 근로기준법 제5조의 각 규정의 입법취지와 산업재해보상보험제도가 산업재해에 관하여 국가가 보험자로서 재해보상책임을 져야 할 각 사업주, 사용자들을 보험가입자로 하고 재해보상청구권자인 피재자를 수급권자로 하여 산업재해 발생시 사업주등이 낸 보험료로 피재 근로자에게 신속, 공정하게 재해보상을 실시하는 보험제도의 일종으로서(산업재해보상보험법 제1조, 제4조), 이로써 근로자 보호에 충실을 기함과 동시에 사업주등이 부담할 배상의 위험을 분산, 경감시키려는 그 제도의 목적에 비추어 피재자가 외국인이라 할지라도 그가 근로기준법상의 근로자에 해당하는 경우에는 내국인과 마찬가지로 산업재해보상보험법상의 요양급여를 지급받을 수 있다 할 것이다. 그런데 구출입국관리법 제15조는 외국인의 체류에 관하여 규정하면서 그 제1항에서 '외국인은 허가된 체류자격과 체류기간의 범위안에서 대한민국에 체류할 수 있다'고 그 제2항에서 '누구든지 대통령령이 정하는 바에 따라 고용될 수 있는 체류자격을 가지지 안한 외국인을 고용하여서는 아니된다'고 각 규정하고 있고, 같은법 제45조 제6호, 제82조 제5호에 의하면, 같은법 제15조제1항의 규정에 위반한 외국인은 강제퇴거됨과 동시에 형사처벌을 받으며, 같은법 제84조제1호에 의하면, 같은법 제15조제2항의 규정에 위반한 내국인 사업주는 형사처벌을 받도록 각 규정하고 있다.

그러나 같은법은 대한민국에 입국하거나 대한민국에서 출국하는 모든 사람의 출입국관리와 대한민국에 체류하는 외국인의 등록등에 관한 사항을 규정함을 목적으로 하는 법으로서(같은법 제1조), 위 같은법 제15조제1항, 제2항의 각 규정은 모두 국가가 외국인의 불법체류를 단속할 목적으로 이를 금지 또는 제한하는 단속법규에 불과하므로 위 각 규정에 위반하여 한 행위에 대하여는 위에서 본 소정의 벌칙이 적용될 뿐 행위자체의 법률상 효력에는 아무런 영향이 없다 할 것이다.

따라서 위 관련법규에 관한 해석을 종합하여 보면, 고용체류자격을 가지지 아니한 외국인과 국내 사업장의 사업주가 구 출입국관리법 제15조제1항, 제2항의 각 규정에 위반하여 고용계약을 체결하였다 하더라도, 그 외국인이 같은법 제45조 제6호, 제82조 제5호에 의하여 강제퇴거됨과 동시에 형사처벌을 받고, 그 사업주가 같은법 제84조 제1호에 의하여 형사처벌을 받는 것은 별론으로 하고 그 근로계약은 유효하므로 그 외국인은 근로기준법상의 근로자에 해당한다고 할 것이며, 따라서 그가 산업재해보상법의 적용대상이 되는 사업 또는 사업장에 근로를 제공하다가 업무상 부상 또는 질병에 걸린 경우에는 산업재해보상보험법상의 요양급여를 지급받을 수 있다 할 것이다.

(2) 그런데 갑 제1 내지 5호증의 각 기재에 변론의 전취지를 종합하면, 원고는 필리핀 국적을 가진 외국인으로서, 고용체류자격을 가지지 아니하고 1992년 3월 28일 위 전오식과 고용계약을 체결한 후 그 시경부터 동인이 경영하는 위 에이아트공업사에서 플라스틱 사출공으로 종사하여 오던 중 같은 해 10월 2일 02시 00분경 위 공업사 성형사출부 작업실에서 성형사출기에 플라스틱 원료를 투입하다가 왼손이 딸려 들어가는 바람에 좌제2 내지 5수지 좌멸창 골절(분쇄 개방성) 상 등의 부상을 입은 사실, 한편 위 에이아트공업사는 산업재해보

상보험법의 적용대상이 되는 사업장인 사실이 각 인정된다.

(3) 위 인정사실을 위에서 본 관련법 규정에 관한 해석에 비추어 보면, 외국인으로서 고용체류자격을 가지지 아니한 원고와 국내사업장의 사업주인 위 전오식이 고용계약을 체결함으로써 구출입국관리법 제15조제1항, 제2항의 각 규정에 위반하였다 하더라도, 그 고용계약은 유효하므로 원고는 근로기준법상의 근로자에 해당한다고 할 것이고, 따라서 원고가 산업재해보상보험법의 적용대상이 되는 사업장인 위 공업사에 근로를 제공하다가 업무상 부상을 입은 이상 산업재해보상보험법상의 요양급여를 지급받을 수 있다 할 것임에도, 피고가 이와달리 보고 한 이 사건 불승인처분은 위법하다 할 것이다.

3. 결 론

그렇다면, 이 사건 불승인처분은 위법하므로 그 취소를 구하는 원고의 청구는 이유있어 이를 인용하고, 소송비용은 패소자인 피고의 부담으로 하여 주문과 같이 판결한다.

판사 이건웅(재판장), 서기석, 손수일

● 요양불승인 처분취소

대법원 제3부 1995. 7. 14. 판결, 94누4417, 서울고등법원 파기환송

판 시 사 항

◉ 실질적 고용관계의 근로자로서 업무를 수행하던 중에 발생한 재해의 업무상 재해인정 여부

판 결 요 지

산업재해보상보험의 적용을 받는 재하도급 공사현장의 근로자로서 업무를 수행하였다고 볼 수 없다고 판단한 원심을 파기환송한 사례

참조조문 산업재해보상보험법 시행령 제4조 제1항

당 사 자 원고(상고인) 양기순
피고(피상고인) 근로복지공단

원심판결 서울고등법원 1994. 2. 24. 선고, 93구8476판결

주 문 원심판결을 파기하고 사건을 서울고등법원에 환송한다.

이 유

원고소송대리인의 상고이유를 본다.

원심판결이유에 의하면 원심은, 판시 이 사건 공사는 산재보험 가입자인 소외 합자회사 명전사가 국방부로부터 도급받아 그 중 전기공사 부분을 주식회사 광신건설에게 하도급주었는데 소외 김성일 개인이 재하도급받은 것인 사실, 원수급인인 합자회사 명전사는 원수급공사에 대하여 피고에게 산업재해보상보험법 시행령 제4조 제1항에 의하여 보험관계성립신고서를 제출한 사실,

원고는, 소외 김성일이 대표이사로서 운영하는 소외 대동정밀주식회사(산재보험 가입자가 아니다, 이하 소외 회사라고만 한다) 소속의 운전기사로서 위 김성일의 지시에 따라 승용차를 운전하여 이 사건 공사현장에 가서 공사현장의 군무원으로부터 준공검사서류를 인수하여 돌아오던 중 차량이 미끄러지면서 가로수와 충돌하는 사

고를 당하여 판시 재해를 당한 사실을 전제하고 나서, 원고는 형식상 소외 회사의 근로자이나 실질적으로는 위 김성일에게 고용되어 이 사건 공사현장에 근로를 제공하고 임금을 지급받으면서 업무를 수행하던 중 이 사건 재해를 입었다는 원고의 주장에 부합하는 증거를 배척하고 오히려 원고는 소외 회사로부터 월급을 받아왔는데 위 김성일이 소외회사의 대표이사인 관계로 개인적으로 동인을 도와 가끔 이 사건공사에 소요되는 건설자재를 운반하고 창고자재 파악을 하는 일을 한 것뿐이라고 인정한 다음,

원고가 산업재해보상보험의 적용을 받는 재하도급 공사현장의 근로자로서 업무를 수행하였다고 볼 수 없다고 판단하여 피고의 이 사건 요양신청거부처분을 정당한 것으로 받아들였다.

그러나 원심 인정사실에 의하더라도 원고는 위 김성일의 지시에 따라 승용차를 운전하여 이 사건 공사현장에 가서 공사현장의 군무원으로부터 준공검사 서류를 인수하여 돌아오던 중 이 사건 사고를 당하였다는 것이므로 원고의 업무의 내용이 위 김성일에 의하여 정하여지고 업무의 수행과정도 구체적으로 동인의 지휘감독을 받은 것으로서, 업무종사의 승낙 여부의 재량이 원고에게 있다는 등의 특단의 사정이 없는 한, 원고는 이 사건 공사현장의 근로자라고 보아야 할 것이고, 기록을 살펴 보아도 원고가 위 김성일을 개인적으로 도와 이 사건 공사에 소요되는 건설자재를 운반하는 등의 일을 한 것이라고 인정할만한 자료는 없으며,

원심이 배척한 원심 증인 김성일의 증언에 의하면 소외 회사는 원래 소방기구제작 등을 목적으로 설립되었으나 공장등록조차 하지 못하여 그 업무가 전혀 없고 위 김성일이 세무 편의상 원고를 소외 회사의 근로자로 하여 둔 것에 불과하여 실질적으로는 위 김성일 개인이 원고를 지휘감독하여 이 사건 공사현장에 근로를 제공하게 한 것이라는 것인바, 기록에 의하여 인정되는 소외 회사의 규모, 인원 등에 비추어 보면 위 증언을 쉽사리 배척하기는 어려워 보인다.

따라서 위 본 원심인정사실 및 위와같은 증거관계에 의하면 원고는 이 사건 공사현장의 근로자로서 업무를 수행 중에 이 사건 사고를 당한 것이라고 볼 여지가 충분하고 이와달리 원심인정과 같이 위 김성일을 개인적으로 도와 운전을 하던중 이 사건 사고를 당한 것에 불과하다고 단정할 수는 없다할 것이다.

그럼에도 원심이 판시이유로 원고가 위 김성일의 근로자로서 업무를 수행하던 중에 이 사건 재해를 입게 된 것이 아니라고 판단하여 원고의 청구를 배척하였음은 이유모순 아니면 채증법칙을 위반하여 사실을 잘못 인정함으로써 판결결과에 영향을 미친 위법을 저질렀다 할 것이니 이 점을 지적하는 논지는 이유있다.

그러므로 나머지 상고이유에 대한 판단을 생략한 채 원심판결을 파기하고 사건을 다시 심리판단케하기 위하여 원심법원에 환송하기로 하여 관여법관의 일치된 의견으로 주문과 같이 판결한다.

대법관 천경송(재판장), 안용득, 지창권(주심), 신성택

● 유족보상일시금 등 부지급 처분 취소

대법원 제3부 1994. 9. 23. 판결. 93누12770 상고기각

판 시 사 항

◉ 정리회사의 대표이사가 근로기준법상의 근로자인지 여부

판 결 요 지

주식회사의 업무집행권을 가진 대표이사는 회사의 주주가 아니라 하더라도 회사로부터 회사의 영업에 관하여 재판상 또는 재판 외의 모든 행위를 할 권한을 위임받고 있는 것이므로, 특별한 사정이 없는 한 사용자의 지휘, 감독 아래 일정한 근로를 제공하고 소정의 임금을 받는 고용관계에 있는 것이 아니어서 근로기준법상의 근로자라고 할 수 없다고 할 것이고, 회사정리 절차 개시결정이 있을 때에는 회사 사업의 경영과 재산의 관리 및 처분을 하는 권리는 회사의 관리인에게 전속되므로(회사정리법 제53조 제1항) 회사의 대표이사는 회사정리절차 개시결정에 따라 관리인에게 이전되는 위의 권한을 상실하고 그 이외의 업무에 관해서만 권하을 갖게 되는 것이지만, 회사 정리절차의 개시에 의하여 그 지위를 상실하거나 관리인의 지휘, 감독하에 임금을 목적으로 근로를 제공하는 근로자의 지위에 서게 되는 것은 아니다.

참조조문 근로기준법 제14조
산업재해보상보험법 제3조 제2항
회사정리법 제53조 제1항

참조판례 대법원 1988. 8. 9. 86다카1858 판결

당 사 자 원고, 상고인 배장식 외 3인
원고들 소송대리인 변호사 하양명
피고, 피상고인 부산직할시 북부지방노동사무소장

원심판결 부산고등법원 1993. 5. 19. 92누1841판결

주 문 상고를 모두 기각한다. 상고비용은 원고들의 부담으로 한다.

이 유

원고들 소송대리인의 상고이유를 본다.

주식회사의 업무집행권을 가진 대표이사는 회사의 주주가 아니라 하더라도 회사로부터 회사의 영업에 관하여 재판상 또는 재판외의 모든 행위를 할 권한을 위임받고 있는 것이므로, 특별한 사정이 없는 한, 사용자의 지휘, 감독 아래 일정한 근로를 제공하고 소정의 임금을 받는 고용관계에 있는 것이 아니어서 근로기준법상의 근로자라고 할 수 없다고 할 것이고, 회사정리절차 개시결정이 있을 때에는 회사사업의 경영과 재산의 관리 및 처분을 하는 권리는 회사의 관리인에게 전속되므로(회사정리법 제53조 제1항) 회사의 대표이사는 회사정리절차 개시결정에 따라 관리인에게 이전되는 위의 권한을 상실하고, 그 이외의 업무에 관해서만 권한을 갖게 되는 것이지만, 회사정리절차의 개시에 의하여 그 지위를 상실하거나 관리인의 지휘, 감독하에 임금을 목적으로 근로하는 근로자의 지위에 서게 되는 것은 아니라고 할 것이다.

원심판결이유에 의하면 원심은, 소외 배면수는 전문 경영인으로 1988. 4. 16. 소외 한일정기주식회사에 대표이사로 취임하여 근무하였는데 소외회사는 1989. 3. 25. 부도가 나고, 같은 해 7. 22. 회사정리 개시결정이 되어 1990. 4. 16. 그에 따른 정리계획 인가가 되고 관리인이 따로 선임되었으나 위 배면수는 계속하여 소외 회사의 대표이사로 선임되어 근무하다가 1991. 8. 28. 고혈압증세가 악화되어 심근경색증세를 일으켜 사망에 이르게 된 사실을 인정한 다음 위 배면수가 비록 정리회사의 대표이사로 법적으로는 회사경영이나 재산관리 등에 아무런 권한이 없다고 할 것이나 그 이외의 업무에 관하여는 권한을 가지고 있었으므로 위 배면수를 사업주의 지휘명령에 복종하여 근로를 제공하는 근로기준법상의 근로자라고 볼 수 없다고 판단하였는바, 기록과 관계법령 및 위에서 설시한 법리에 비추어 원심의 위와같은 사실인정 및 판단은 정당하다고 수긍이 가고 거기에 소론과 같은 법리오해 등의 위법이 없다.

노동부에서 위 배면수에 대하여 산업재해보상보험료를 납입하라고 회시하였다는 등의 사정은 위의 결론을 좌우할 수 없는 것이라고 할 것이고, 소론이 들고 있는 당원의 판례들은 이 사건과 사안을 달리하여 이 사건에 원용하기에 적절하지 아니하다.

논지는 이유없다.

그러므로 상고를 모두 기각하고 상고비용은 패소자의 부담으로하여 관여법관의 일치된 의견으로 주문과 같이 판결한다.

대법관 지창권(재판장), 천경송(주심), 안용득, 신성택

● 유족급여 등 부지급 처분취소

대법원 제2부. 1993. 7. 13. 판결 93누7525 상고기각

판 시 사 항

◉ 사업자등록을 하고 건축설비업을 자영하는 자가 산업재해보상보험법상 근로자에 해당하지 아니한다고 본 사례

판 결 요 지

사업자등록을 하고 건축설비업을 자영하는 자가 산업재해보상보험법상 근로자에 해당하지 아니한다고 본 사례

참조조문 산업재해보상보험법 제3조 제2항
근로기준법 제14조, 제18조

참조판례 대법원 1972. 3. 28. 72도334판결
1986. 4. 8. 85다카2429판결

당 사 자 원고, 상고인 김정여 소송대리인 변호사 김병직
피고, 피상고인 울산지방노동사무소장

원심판결 부산고등법원 1993. 2. 24. 92구2394판결

주 문 상고를 기각한다. 상고비용은 원고의 부담으로 한다.

이 유

1. 원심판결의 이유의 요지

원심은, 원고의 남편인 소외 망 조경한은 서울에서 고려설비라는 상호로 사업자등록을 하고 배관, 난방공사 등의 건축설비업을 하고 있었는데, 피고와 산업재해보

상보험계약을 맺은 소외 주식회사 신성엔지니어링(이 뒤에는 "신성엔지니어링"이라고 약칭한다)이 소외 현대산업개발주식회사로부터 하도급받아 시공중이던 현대정공 울산공장 공작기계설치공사 가운데 에스시에이(SCA) 장비설치 및 배관설치부분 공사를 1990. 11. 6. 공사대금 192,500,000원에 재하도급받아 공사를 하고 있던 중, 11. 25. 07 : 30 무렵 숙소인 울산시 야음동에 있는 청수장여관에서 그의 소유인 서울 8고1299호 그레이스 승합자동차에 일용배관공인 소외 안문진 등을 태우고 현대정공 작업현장으로 가기 위하여 자신이 직접 운전하고 가다가 빗길에 미끄러지면서 중앙선을 침범하여 반대편에서 오던 차량과 충돌하여 상해를 입고 12. 4. 사망한 사실,

위 조경한은, 위와 같이 신성엔지니어링으로부터 에스시에이장비설치 및 배관공사를 하도급받음에 있어 공사기간은 1990. 11. 1. 부터 1991. 2. 28. 로 하고 신성엔지니어링이 제공하는 설계도 및 시방서에 따라 공사하도록 약정한 후, 1990. 11. 10. 배관공사부분은 다시 소외 원향식에게 노무도급하고 에이시에이장비 설치부분만 직접 시공하기 위하여 서울에서 배관공 4명을 고용하여 1인당 1일 기본임금 35,000원을 지급하기로 하고, 울산에서 숙식을 제공하면서 작업복과 교통수단까지 마련하여 신성엔지니어링이 제공하는 설계도 등을 가지고 배관공 등에도 작업지시를 하면서 공사를 하여온 사실 등을 인정한 다음,

위 인정사실에 의하면, 위 조경한은 사업자등록을 한 독립한 자영업자로서 신성엔지니어링이 도급받은 공사 중 일부를 직접 하도급받아 그 자신이 배관공을 고용하여 임금을 지급하고 있었던 점 등에 비추어 보면, 위 조경한은 사용자로부터 자기의 근로의 대상으로 금품을 받을 것을 목적으로하여 사용자에게 근로를 제공하는 근로자(당원 1986. 4. 8. 선고, 85다카2429판결 참조)에 해당한다고 할 수 없으므로, 위 조경한이 출근을 위하여 자동차를 운전하고 가다가 난 이른바 통근중의 재해가 업무상의 재해에 해당하는가를 살펴볼 필요없이 이 사건 유족급여 및 장의비 등 부지급처분의 취소를 구하는 원고의 청구는 이유없는 것이라고 판단하였다.

2. 원고 소송대리인의 상고이유 제1점에 대한 판단 소론이 지적하는 점들에 관한 원심의 인정판단은 원심판결이 설시한 증거관계에 비추어 정당한 것으로 수긍이 되고, 원심판결에 소론과 같이 채증법칙을 위반하여 사실을 잘못 인정한 위법이 있다고 볼 수 없다.

논지는 원심의 전권에 속하는 증거의 취사선택과 사실의 인정을 비난하는 것이어서 받아들일 수 없다.

3. 같은 상고이유 제2점에 대한 판단.

산업재해보상보험법 제3조 제2항과 근로기준법 제14조, 제18조 등에 의하면 산업재해보상보험법에서 근로자라 함은 근로기준법에 규정된 근로자를 말하는 것으로서, 자신의 근로의 대상으로 사용자로부터 금품을 받을 것을 목적으로 사용자에게 근로를 제공하는 자를 말하는 것인바(당원 1972. 3. 28. 선고, 72도334 판결 ; 1986. 4. 8. 선고, 85다카2429판결 등 참조),

사실관계가 원심이 확정한 바와 같다면, 위 망 조경한이 신성엔지니어링의 근로자에 해당하지 아니한다고 본 원심의 판단은 정당한 것으로 수긍이 되고, 원심판결에 소론과 같이 근로기준법 제14조에 관한 법리를 오해한 위법이 있다고 볼 수 없으므로, 논지도 이유가 없다.

4. 그러므로 원고의 상고를 기각하고 상고비용은 패소자인 원고의 부담으로 하기로 관여법관의 의견이 일치되어 주문과 같이 판결한다.

대법관 윤관(재판장), 김주한, 김용준(주심), 천경송

● 유족보상금 지급청구 부결처분 취소

대법원 제1부. 1989. 10. 24. 판결 89누4888상고기각

판 시 사 항

◉ 지입차주가 근로기준법과 산업재해보상보험법상의 근로자에 해당하지 않는다고 본 사례

판 결 요 지

갑이 화물자동차 1대를 운수회사에 지입한 후 차주 겸 운전사로서, 위 자동차를 운전하면서 고정된 업무를 처리하는 것이 아니고 그때 그때 주문에 따라 화물을 실어나르는 업무에 종사하였는데 회사로부터 급여를 받는 일은 없고 자신의 계산하에 운송수입금 전액을 자신의 수입으로 하되 다만 회사에 대하여는 지입료 및 제세공과금만을 납부하고 회사는 보험 등 행정적인 업무를 대신 처리하여 주는 방식으로 위 자동차를 운행하여 왔다면 갑이 회사에 산재보험료를 부담한 사실이 있더라도 임금을 목적으로 근로를 제공하는 자라고 할 수 없어서 근로기준법 소정의 근로자나 산업재해보상보험법 소정의 수혜대상인 근로자에 해당한다고 할 수 없다.

참조조문 근로기준법 제14조
산업재해보상보험법 제3조 제2항

당 사 자 원고, 상고인 이영자
피고, 피상고인 서울남부지방노동사무소장

원심판결 서울고등법원 1989. 6. 15. 89구307판결

주 문 상고를 기각한다. 상고비용은 원고의 부담으로 한다.

이 유

상고이유를 본다.

원심이 확정한 사실에 의하면, 소외 망 유운호(이하 망인이라고 한다)는 2.5톤 화물자동차 1대를 소외 한홍상공주식회사(이하 소외회사라고 한다) 명의로 구입하여 소외회사에 지입한 후 별도의 운전기사를 두지 않고 그가 차주 겸 운전사로서 위 자동차를 운전하면서 고정된 업무를 처리하는 것이 아니고 그때 그때 주문에 따라 이삿짐이나 판지 등의 화물을 실어나르는 업무에 종사하였는데 소외회사로부터 급여를 받는 일은 없고 자신의 계산하에 운송수입금 전액을 자신의 수입으로 하되 다만 소외회사에 대하여는 지입료 및 제세공과금만

을 납부하고 소외회사는 보험업무등 행정적인 업무를 대신처리하여 주는 방식으로 위 자동차를 운행하여 왔다는 것인바,

사실관계가 그와 같다면, 망인은 소외회사로부터 금품(임금)을 받을 것을 목적으로 근로를 제공하는 자라고 할 수 없어서 근로기준법 소정의 근로자나 산업재해보상보험법 소정의 수혜대상인 근로자에 해당한다고 할 수는 없을 것이고 망인이 소외회사에 산재보험료를 부담한 사실이 있다고 하여 망인이 소외회사의 근로자라고 할 수는 없을 것이다.

따라서 이와같은 취지의 원심판단은 정당하고 반대의 입장에서 원심판결을 비난하는 논지는 이유없다.

그러므로 상고를 기각하고, 상고비용은 패소자의 부담으로 하여 관여법관의 일치된 의견으로 주문과 같이 판결한다.

대법원판사 김덕주(재판장), 윤관, 배만운, 안우만

2. 임 금

● 손해배상

대법원 제1부. 1995. 12. 12. 판결 95다35517파기환송

판 시 사 항

◉ 도시일용노임에 대하여 건설협회가 조사한 시중노임단가의 적용문제

판 결 요 지

구 계약사무처리규칙(1994년 7월 20일 재무부령 제1995호로 개정되기 전의 것) 제7조가 1994년 7월 20일자로 개정·공포되어 그 이후부터는 통계법 제3조에 의하여 통계작성승인을 받은 기관의 조사·공표한 가격이 공사부문의 원가계산에 적용하는 노무비산정의 기준금액으로 되었고 위 공사부문의 원가에 관한 통계작성 승인을 받은 대한건설협회가 1994년 9월 1일부터 같은해 9월 30일까지를 조사기간으로 하여 조사·공표한 공사부문의 가격은 1995년 1월 1일부터 국가계약의 원가계산에 적용되게 되었으며 한편 위 개정된 구 계약사무처리규칙의 규정들은 동 규칙이 1995년 7월 6일자로 폐지된 후에도 같은 날짜로 시행된 국가를 당사자로 하는 계약에 관한 법률 시행규칙에 의하여 그대로 유지되고 있으므로, 결국 위 개정된 법령에 의하여 통계청의 승인을 받아 대한건설협회가 조사한 노임단가는 객관성과 보편성이 있다고 할 것이므로 이를 일실수입 산정의 기초가 되는 일용노임단가로 삼기에 충분하다.

참조조문 통계법 제3조

참조판결 대법원 1991. 6. 25 91다9602판결
대법원 1994. 10. 25 94다3711판결

당 사 자 원고, 상고인 황경아
피고, 피상고인 한국도로공사 외1인

원심판결 대전지방법원 1995. 7. 7. 선고, 94나4187판결

주　　문 1. 원심판결중 재산상의 손해에 관한 부분을 파기하여 그 부분사건을 대전지방법원 본원 합의부에 환송한다.
2. 상고가 기각된 부분에 대한 상고비용은 원고의 부담으로 한다.

이　　유

1. 상고이유(상고이유서제출기간 경과후에 제출된 원고 본인의 상고이유는 원고 소송대리인의 상고이유를 보충하는 범위내에서)를 본다.

가. 제1점에 대하여

손해배상청구사건에서 피해자에게 손해의 발생이나 확대에 관하여 과실이 있는 경우에는 배상책임의 범위를 정함에 있어서 당연히 이를 참작하여야 할 것이나, 과실상계의 사유에 관한 사실인정이나 그 비율을 정하는 것은 그것이 형평의 원칙에 비추어 현저히 불합리하다고 인정되지 아니하는 한 사실심의 전권사항에 속한다고 할 것인바, 기록에 의하여 인정되는 이 사건 사고당시의 제반상황에 비추어 볼 때 원심이 한 피해자에 대한 과실평가는 적절한 것으로 보여지고 원심판결에 논하는 바와 같이 채증법칙을 위반하거나 과실상계에 관한 법리를 오해한 위법이 있다고 볼 수 없으므로, 논지는 모두 이유가 없다.

나. 제2점에 대하여

원심은, 원고가 이 사건 사고로 입은 후유장애로 하반신완전마비, 양 상지불완전마비, 감각신경마비, 배변 및 배뇨장애등이 남게 되어 식사, 착탈의, 대소변, 체위변경 및 이동, 관절운동 등을 도와 줄 개호인이 필요하고, 원고가 개호인의 개호가 없으면 일상생활을 할 수 없는 것이기는 하나 그 개호인은 계속적으로 무슨일을 하여야 하는 것은 아니고 간헐적으로 시중을 들어주는 것이므로 1인의 개호로서 족하다고 판단하였는 바, 기록에 의하여 살펴보면 원심의 위와같은 인정과 판단은 정당하고 원심판결에 논하는 바와 같은 채증법칙 위반이나 법리오해가 있다고 볼 수 없으므로, 논지도 이유가 없다.

다. 제3점에 대하여

(1) 종래 당원은 손해배상액 산정의 기초가 되는 일용노임을 구 예산회계법시행령(1995년 7월 6일자로 폐지되기 전의 것) 제78조제1항제2호, 구계약사무처리규칙(1995년 7월 6일자로 폐지되기 전의 것으로서 1994년 7월 20일 재무부령 제1995호로 개정되기 전의 것) 제6조제1항제2호, 제7조 제1호의 규정에 의하여 정부 중앙관서의 장이 공사부문의 원가계산에 적용하는 노무비의 기준금액인 이른바 정부노임단가에 의하여 산정하도록 하여왔고, 대한건설협회가 조사한 시중노임단가는 그 조사기관, 조사의 대상 및 범위, 조사의 방법, 산출기준 등에 관하여 객관성 및 보편

성을 인정하기 어렵다는 이유로, 이를 손해배상액 산정의 기초가 되는 일용노임으로 삼을 수 없다고 판시하여 왔다.

그러나, 위 구계약사무처리규칙 제7조가 1994년 7월 20일자로 개정·공포되어 그 이후부터는 통계법 제3조의 규정에 의하여 통계작성 승인을 받는 기관이 조사·공표한 가격이 공사부문의 원가계산에 적용하는 노무비산정의 기준금액으로 되었는데, 갑제17호증의 1, 2의 각 기재에 의하면, 공사부문의 원가에 관한 통계작성승인을 받은 기관은 대한건설협회로 되었고, 대한건설협회가 1994년 9월 1일부터 같은 해 9월 30일까지를 조사기간으로 하여 조사·공표한 공사부문의 가격은 1995년 1월 1일부터 국가계약의 원가계산에 적용되게 되었음을 알 수 있으며, 위 개정된 구계약사무처리규칙의 규정들은 동 규칙이 1995년 7월 6일자로 폐지된 후에도 같은 날짜로 시행된 국가를 당사자로하는 계약에 관한 법률시행규칙에 의하여 그대로 유지되고 있다.

그렇다면, 위 개정된 법령에 의하여 통계청의 승인을 받아 대한건설협회가 조사한 노임단가는 객관성과 보편성이 있다고 할 것이므로, 이를 일실수입산정의 기초로 되는 일용노임단가로 삼기에 충분하다고 할 것이다(당원 1991. 6. 25. 선고, 91다9602 판결, 1991. 12. 24. 선고, 91다31227판결등 참조).

(2) 기록에 의하면, 원고 소송대리인은 1995. 4. 4. 자로 원심법원에 접수한 항소취지확장 및 청구원인변경신청서에서 1995. 1. 1. 이후의 일실수입과 개호비를 통계법 제3조의 규정에 의하여 통계작성을 승인받은 기관인 대한건설협회가 1994. 9. 을 기준으로 하여 조사한 노임단가인 1일 금2만7천2백18원을 기준으로 산정하여 달라고 주장하는 한편, 그에 대한 증거자료로 대한건설협회가 1995. 2. 에 발간한 월간거래가격을 증거로 제출하여 원심법원이 그에 대한 증거조사까지 마쳤는데, 원고 소송대리인은 마지막 변론기일에 「1995. 1. 1. 이후의 일실수입 및 개호비 산정의 기초인 일용노임을 1994년도 도시일용노임으로 구한다」고 진술하였음이 명백하고, 원심은 마지막 변론기일에서의 원고 소송대리인의 위 주장에 근거하여 1995. 1. 1. 이후의 일실수입과 개호비를 1994년도 정부노임단가에 의한 보통인부의 일용노임 1일 금2만2천3백원을 기초로 하여 산전하였다.

(3) 그러나, 원고 소송대리인은 마지막 변론기일에 일실수입과 개호비를 「1994년도 정부노임단가」로 구한다고 진술하지 아니하고 「1994년도 노임단가」로 구한다고 진술하였는바, 원고가 위 항소취지 확장및 청구원인변경신청서에서 「1995. 1. 1. 부터 가동연한이 끝나는 때가지는 통계법 제3조의 규정에 의하여 통계작성승인을 받은 기관인 대한건설협회가 1994. 9. 에 조사한 보통인부의 시중노임단가인 1일 금2만7천2백18원을 기초로 일실수입과 개호비를 구한다」고 주장한 후, 그 이후에는 기초임금에 관하여 아무런 주장을 한 바 없으므로, 원고 소송대리인이 마지막 변론기일에 1994년도 도시일용노임으로 구한다고 한 뜻은 대한건설협회가 위 1994년 9월에 조사한 도시일용노임으로 구한다는 뜻으로 볼 여지가 충분하다고 할 것이고, 가사 원심에서 그 취지가 불분명하였다면 그렇게 주장하는 취지가 무엇인지 석명을 구하여 원고 소송대리인의 진의를 밝히고 그에 대하여 판단하였어야만 할 것이다(당원 1994년 10월 25일 선고, 94다3711판결 참조).

그럼에도 불구하고 원심은, 원고가 1995

년 1월 1일 이후의 일실수입과 개호비를 1994년도 정부 노임단가에 의하여 구하는 것으로 속단한 나머지 1994년도 정부노임단가에 기초하여 일실수입과 개호비를 산정하고 말았으나, 원심판결중 재산상의 손해배상청구에 관한 부분에는 법리오해 또는 석명권불행사의 위법이 있다는 비난을 면할 수 없고, 따라서 이 점을 지적하는 논지는 이유가 있다.

2. 그러므로 원심판결중 재산상의 손해배상 청구에 관한 부분을 파기하여 그 부분 사건을 원심법원에 환송하고, 원고의 나머지 상고는 이유없어 이를 기각하며, 상고기간부분에 대한 상고비용은 패소자의 부담으로 하기로 하여 관여법관의 일치된 의견으로 주문과 같이 판결한다.

대법원판사 정귀호(재판장), 김석수, 이돈희(주심), 이임수

● 평균임금산정처분취소

서울고등법원 제12특별부, 1995. 10. 19. 판결95구10695 원고청구기각

판 시 사 항

◉ 운송회사의 운전사들이 운송수입금 중 사납금을 공제한 잔액을 운전사 개인의 수입으로 하여온 경우 그 수입의 임금 해당 여부

판 결 요 지

임금협정 등에 의하여 하루 총운송수입금에서 사납금을 공제한 나머지 수입금도 운전기사로 임의로 사용하지 못하고 회사에 이를 전액 입금하여야 하는 경우에 이를 무시하고 개인수입으로 하여 왔다고 하더라도 이를 근로의 대가로 사용자가 지급하는 임금이라 볼 수는 없다.

당 사 자 원고, 박기만 소송대리인 법무법인 부평종합법률사무소 담당변호사 문병호, 최원실
피고, 근로복지공단(경정전 피고 인천지방노동청장)
대표자 이사장 박홍섭
소송수행자 홍현기, 윤창섭, 권태인

변론종결 1995. 10. 5.

주　　문 1. 원고의 청구를 기각한다.
2. 소송비용은 원고의 부담으로 한다.

청구취지 피고가 원고에 대하여 한 1994. 8. 24. 자 평균임금정정처분을 취소한다.

이　　유

1. 이 사건 처분의 경위

아래 각 사실은 당사자 사이에 다툼이 없거나, 갑 제1호증 중의 1, 2 을 제2, 3, 4호 중의 각 기재 및 변론의 전취지를 종합하여 인정할 수 있고 반증없다.

가. 원고는, 1992. 10. 26. 소외 주식회사 신흥운수(이하 소외회사라 한다)에 입사하여 택시기사로 근무하여 오던중 1994. 2. 3. 제4-5 요추 및 제1천추간 추간판탈출증의 업무상 재해를 입어 그 무렵부터 1994. 8. 26. 경까지 2차례에 걸쳐 의료기관에서 수술을 받고, 계속 요양을 하고 있는 중인바, 그로 인하여 위 요양기간동안 취업하지 못하게 되었다.

나. 이에 원고는, 1994. 5. 경 경정전 피고 인천지방노동청장에 대하여 1994. 2. 14부터 같은 해 4. 13. 까지 59일간의 휴업 급여를 청구한 결과, 위 지방노동청장은 원고의 임금이 소외회사로부터 직접 지급받은 기본급 및 각종 수당에 한정된다고 보아 이를 산정기초로 하여 평균임금을 금 15,958원 56전으로 산출한 다음, 이를 적용하여 휴업급여를 지급하였는데, 원고가 이에 대하여 이의를 제기한 결과 위 지방노동청장은 같은 해 8. 24. 최초 산정시 누락된 상여금, 연차수당 등을 산입하고, 다만 하루 총 운송수입금에서 사납금을 공제한 나머지 수입금은 이를 임금으로 볼 수 없다 하여 이를 제외하고 평균임금을 산정하여 원고의 평균임금을 금 17,387원 92전으로 정정처분(이하 이 사건 처분이라 한다) 하고 이를 근거로 휴업급여를 지급하였고, 한편 노동부장관의 위임을 받은 위 지방노동청장의 행위는 1995. 5. 1. 부터는 산업재해보상보험법(1994. 12. 22 법률 제4826호로 전문 개정된 것) 부칙 제7조에 따라 피고가 행한 것으로 보게 되었다.

2. 이 사건 처분의 적법 여부

가. 원고의 주장

원고는, 소외 회사의 운송기사로 근무하면서 업적금 발생기준 1일 운송수입금 및 요금미터기상의 운송수입금(이하 사납금이라 한다)은 이를 소외회사에 입금시키고, 그 나머지 수입금은 이를 개인 수입금으로하여 왔고, 소외회사도 이를 묵인하여 왔으므로 사납금을 초과한 개인 수입금도 이를 임금으로 보아야 하므로 이를 임금으로 보지 아니하고 평균임금을 산정한 이 사건 처분은 위법하다고 주장한다.

나. 인정되는 사실관계

위에 인용한 증거와 갑 제 2, 3, 4호증, 갑 제5호증의 1 내지 10, 갑 제6, 7호증의 각 1, 2, 갑 제8, 9호증, 을 제5호증 1, 2, 을 제6, 7호증, 을 제8호증의 1, 2의 각 기재와 증인 노영래의 증언을 종합하면 다음과 같은 사실을 인정할 수 있고, 이에 반하는 증인 노영래의 각 증언부분은 믿지 아니하고 달리 반증없다.

(1) 인천지방노동위원회가 중재재정한 내용에 따라 인천택시운송사업조합이 위 중재재정서에 따라 작성한 '92년도 인천지역 택시업체 임금협정서 제5조에 의하여 운전기사의 임금은 기본급(본봉)과 제수당(야간근로수당, 주월차수당, 업적급, 승무수당, 휴일근로수당) 및 상여금으로 구분한다. 업적급은 제7조의 수입금기준액 초과의 60%를 지급한다고 규정하고, 제7조 제2항은 업적금 발생기준 1일 운송수입금은 중형을 50,000원으로, 소형을 43,900원으로 한다고 규정하고, 제8조 제1항은 기본급은 월 26일 근로를 기준으로 하여 월 336,840원을 재직운전기사 전원에게 전액 지급한다고 규정하고, 운전기사의 성실의무에 관하여 제6조는 운전기사는 단체협약 및 근로계약서상의 규정에 의한 출근시간을 엄수하여야 하고, 요금미터기상의 운송수입금과 기타 수입금은 전액 회사에 수납하여야 하며, 운송수입금을 임의로 사용 또는 유용할 수 없다고 규정하고 있고{위 협정은 노사 상호간이 이의가 없는 경우에는 협정 갱신시까지 자동 연장된다(제2조)}, 한편, 인천택시운송사업조합과 전국택시노련 인천시지부 인천지역택시노동조합 사이에 1994. 8. 1 체결된 임금협정서 제5조에도 운전기사의 성실의무로 위와같

이 규정하고 있다.

(2) 그런데, 원고는 요금미터기 상의 운송수입금은 이를 전부 소외회사에 입금(약 40,000원부터 68,000원에 이르는 등 그 금액은 일정하지 않다) 하였으나 할승수입금과 일부 장거리 수입금 등 요금미터기에 나오지 않는 수입금(근무일 1일 30,000~35,000원 정도)은 이를 소외회사에 입금하지 않고 개인수입으로 하여 임의로 사용하여 왔다.

다. 판 단

살피건대, 평균임금산정의 기초가 되는 임금이라 함은 근로기준법 제18조에 의하여 '사용자가 근로의 대상으로 근로자에게 임금, 봉급 기타 여하한 명칭으로든지 지급하는 일제의 금품'을 뜻하는데, 택시운전사의 하루 총수입금액중 사납금을 공제한 나머지 수입을 운전사 개인의 수입으로 하는 소위 일당도급제에 있어서는 운전사 개인의 수입으로 되는 부분 또한 그 성격으로 보아 근로의 대가인 임금에 해당한다고 할 것이나(대법원 1993. 12. 24. 선고, 91다36192판결 참조), 임금협정등에 의하여 하루 총운송수입금에서 사납금을 공제한 나머지 수입금도 운전기사가 임의로 사용하지 못하고 회사에 이를 전액 입금하여야 하는 경우에 이를 무시하고 개인수입으로 하여 왔다고 하더라도 이를 근로의 대가로 사용자가 지급하는 임금이라 볼 수는 없다고 할 것이다.

그런데 원고의 하루 총운송수입금에서 사납금을 공제한 나머지 수입금을 운전사 개인의 수입으로 하여 자유로운 처분을 맡겨왔다는 원고 주장에 관하여 보건데, 이에 부합하는 갑 제2, 3, 4호증, 갑 제5호증의 1 내지 10, 갑 제6, 7호증의 각 1, 2, 갑 제8, 9호증의 각 기재와 증인 노영래, 김옥자의 증언은 을 제5호증의 1, 2, 을 제7호증의 각 기재와 증인 조성삼의 증언에 비추어 믿을 수 없고, 달리 이를 인정할 만한 증거가 없으므로 결국 원고가 사납금을 공제한 나머지 수입금은 승객으로부터 수령하여 이를 임의로 사용한 것으로 볼 수밖에 없어 하루 총운송수입금에서 사납금을 공제한 나머지 수입금을 사용자인 소외 회사가 원고에게 지급한 임금이라고 볼수는 없다 하겠다.

따라서 피고가 원고의 개인수입으로 된 운송수입금 부분을 임금에 포함시키지 아니한 채 소외회사로부터 직접 지급받은 급여만을 기초로 하여 평균임금을 정정한 다음 이를 기준으로 하여 휴업급여를 결정한 것은 적법하다 할 것이다.

3. 결 론

그렇다면, 이 사건 처분의 취소를 구하는 원고의 이 사건 청구는 이유없어 기각하고, 소송비용은 패소자의 부담으로 하여 주문과 같이 판결한다.

판사 신명균, 성백현, 김동윤

● 해고무효확인등

대법원 제3부, 1993. 12. 24. 판결, 91다36192파기환송

판 시 사 항

⊙ 운송회사의 운전사들이 운송수입금 중 사납금을 공제한 잔액을 운전사 개인의 수입으로 하여온 경우 그 수입의 임금 해당 여부

─ 판 결 요 지 ─

운송회사가 그 소속 운전사들에게 매월 실제 근로일수에 따른 일정액을 지급하는 이외에 그 근로형태의 특수성과 계산의 편의 등을 고려하여 하루의 운송수입금 중 회사에 납입하는 일정액의 사납금을 공제한 잔액을 그 운전사 개인의 수입으로 하여 자유로운 처분에 맡겨 왔다면 위와같은 운전사 개인의 수입으로 되는 부분 또한 그 성격으로 보아 근로의 대가인 임금에 해당한다.

참조조문 근로기준법 제18조
참조판례 대법원 1985. 3. 26. 84도1861판결
1988. 3. 22. 87다카570판결
당 사 자 원고, 상고인 김동극
피고, 피상고인 함안교통 유한회사
원심판결 부산고등법원 1991. 8. 29. 90나8664판결
주 문 원심판결중 금원지급청구에 관한 원고패소부분을 파기하고, 이 부분 사건을 부산고등법원에 환송한다.
이 유

상고이유를 본다.

1. 임금청구에 대하여.

원판결 이유에 의하면 원심은, 피고 회사의 원고에 대한 이 사건 1989. 1. 25. 자 징계해고는 그 판시와 같은 이유로 무효라고 인정한 다음, 피고 회사의 운전사로 취업하여 월평균 금 500,000원 이상의 수입을 얻어왔으므로 그 복직시까지 매월 금 500,000원의 비율에 의한 금원의 지급을 구한다는 원고의 청구에 대하여, 원고 주장의 금원 중 원고가 피고 회사로부터 매월 지급받는 기본급과 1년에 기본급의 100%에 상당하는 상여금을 합한 매월 금 215,254원의 비율에 의한 금원만을 임금이라 하여 그 지급을 명하고, 하루의 운송수입금에서 피고회사에 납입하는 사납금을 공제한 나머지 원고 자신의 수입으로 차지하게 되는 금원은 임금이 아니라는 전제하에서 원고 자신의 수입으로 되는 위 금원의 청구는 이 사건 징계해고로 인한 기대수입 상실 손해의 배상을 구하는 것으로 파악하여 피고회사가 원고를 해고한 것만으로는 달리 특별한 사정이 없는 한 불법행위에 해당한다고 할 수 없다는 이유로 이 부분 청구를 배척하였다.

그러나 기록에 의하면, 피고회사는 그 소속 운전사들에게 매월 실제 근로일수에 따른 일정액을 지급하는 이외에 그 근로형태의 특수성과 계산의 편의 등을 고려하여 하루의 운송수입금 피고 회사에 납입하는 일정액의 사납금을 공제한 잔액은 그 운전사 개인의 수입으로 하여 자유로운 처분에 맡겨 왔다는 것인바, 위와같은 운전사 개인의 수입으로 되는 부분 또한 그 성격으로 보아 근로의 대가인 임금에 해당한다 할 것이고(당원 1988. 3. 22. 선고, 87다카570 판결 참조), 한편 원고는 피고회사로부터 근로일수에 따라 매월 지급받는 일정액과 하루 운송수입금 중 사납금을 공제한 나머지 원고 개인의 수입이 되는 부분을 합하여 그 월수입이 금 500,000원 정도된다는 취지로 주장, 입증하고 있고, 그 개인수입으로 되는 부분을 피고 회사로부터 매월 지급받는 일정액과 구분하여 특히 이를 손해배

상으로 청구한다고 명백히 밝히고 있지도 아니한 점으로 보면 원고는 위 금 500,000원 전부를 임금으로서 청구하고 있는 취지라고 봄이 상당하다 할 것이다.

따라서 원심으로서는 원고의 개인수입으로 되는 부분이 얼마인지를 밝혀 본 다음 그 청구의 당부를 판단하였어야 할 것임에도 불구하고 위와같은 이유만으로 이 부분 청구를 배척한 것은 운전사 개인수입으로 되는 부분의 성격을 오해하였거나 원고의 주장내용을 잘못 해석하여 심리를 다하지 아니하므로써 판결에 영향을 미친 잘못을 저질렀다 할 것이고, 이 점을 지적하는 취지의 논지는 이유있다.

2. 위자료청구에 대하여

원심판결 이유에 의하면 원심은, 피고가 원고를 부당하게 해고함으로 인하여 원고가 정신적 고통을 받았다는 이유로 위자료의 지급을 구함에 대하여, 이 사건 징계해고는 무효이지만 달리 특별한 사정이 없는 한 그것이 바로 불법행위를 구성한다고 할 수 없다고 하여 이를 배척하였다.

그러나 일반적으로 사용자가 근로자를 징계해고한 것이 정당하지 못하여 무효로 판단되는 경우 그 해고가 무효로 되었다는 사유만에 의하여 곧바로 그 해고가 불법행위를 구성하게 된다고 할 수 없음은 당연하다고 하겠으나, 사용자가 근로자를 징계해고할만한 사유가 전혀 없는데도 오로지 근로자를 사업장에서 몰아내려는 의도하에 고의로 어떤 명목상의 해고사유를 만들거나 내세워 징계라는 수단을 동원하여 해고한 경우나, 해고의 이유로 된 어느 사실이 소정의 해고사유에 해당되지 아니하거나 해고사유로 삼을 수 없는 것임이 객관적으로 명백하고, 또 조금만 주의를 기울이면 이와같은 사정을 쉽게 알아볼 수 있는데도 그것을 이유로 징계해고에 나아간 경우 등 징계권의 남용이 우리의 건전한 사회통념이나 사회상규상 용인될 수 없음이 분명한 경우에 있어서는 그 해고가 근로기준법 제27조 제1항에서 말하는 정당성을 갖지 못하여 효력이 부정되는데 그치는 것이 아니라, 위법하게 상대방에게 정신적 고통을 가하는 것이 되어 근로자에 대한 관계에서 불법행위를 구성할 수 있을 것이고, 이와 같은 경우에는 그 해고가 법률상 무효라고 하여 해고전의 상태로 돌아간다 하더라도 사회적 사실로서의 해고가 소급적으로 소멸하거나 해소되는 것은 아니므로 그동안 지급받지 못한 임금을 받게 된다고 하여 이것만 가지고 불법행위로 인한 정신적 고통의 손해가 완전히 치유되는 것이라고 할 수 없다(당원 1993. 10. 12. 선고, 92다43586 판결 참조).

그런데 원심이 확정한 바와 같이, 피고 회사가 내세운 원고에 대한 징계사유는 아예 징계사유에 해당되지 아니하거나 징계사유로 삼을 수 없는 것들이고, 더구나 피고 회사가 노사협의를 통하여 1987. 9. 경의 파업기간 중에 발생한 일은 일체 불문에 붙이기로 약정하고서도 이에 위배하여 1년 3개월이나 경과한 후에 새삼스럽게 파업기간 중의 일을 문제삼고 있는 점이나, 피고 회사 스스로 1986. 11. 경부터 원고에 대하여 부당한 해고예고와 부당한 해고를 거듭하면서 위 해고예교를 부당노동행위로 판정한 노동위원회의 구제명령이나 위 해고를 무효라고 판단한 법원의 판결마저 계속 무시한 채 원고의 근무나 복직을 적극 거부하면서도 도리어 원고가 아무런 이유없이 정상근무를 하지 않았다 하여 이 점까지 원고에 대한 이 사건 해고사유로 주장하고 있는 점 등에 비추어보면, 피고회사는 원고를 해고할만한 뚜렷한 사유가 없음에도 불구하고 노동조합을 설립하여 그 활동을 이끌어 가던 원고를 피고 회사로부터 완전히 배제시키려는 의도하에 이 사건 징계해고를 한 것이 아닌가 보여지고, 사정이 그러하다면 이는 우리의 건전한 사회통념이나 사회상규상 용인될 수 없음이 분명한 경우에 해당한다고 보아야 할 것이다.

원심이 그 판시와 같은 이유만으로 원고의 위자료청구를 배척한 것은 부당해고에 있어서의 불법행위성립에 관한 법리를 오해하여 판결에 영향을 미친 위법이 있다 할 것이고, 이 점을 지적하는 취지의 논지도 이유있다.

3. 그러므로 원심판결중 금원지급청구에 관한 원고 패소부분을 파기하고, 이 부분 사건을 부산고등법원에 환송하기로 하여 관여법관의 일치된 의견으로 주문과 같이 판결한다.

대법관 윤영철(재판장), 김상원, 박만호, 박준서(주심)

● 보험급여부지급결정취소

대법원 제2부, 1980. 12. 9. 80누411파기환송

판 시 사 항

◉ 보험사유발생 후 임금이 소급인상된 경우에 그에 따른 보상액 차액을 추가로 지급하여야 하는지 여부

판 결 요 지

산업재해보상보험법에 의한 재해보상은 보험사유발생시에 근로자가 현실로 받았거나 받을 것이 확정된 임금의 범위내에서 보상하여야 하는 것이므로 보험사유발생 후 임금수준이 소급 인상되어 퇴직한 근로자에 대하여 인상된 임금과 퇴직금이 추가 지급되었고 그에 해당하는 보험료가 납부되었다고 하더라도 그 인상에 따른 차액을 추가로 지급하여야 하는 것은 아니다.

참조조문 산업재해보상보험법 제9조

당 사 자 원고, 피상고인 현제숙 외 22인
원고등 소송대리인 변호사 조규광
피고, 상고인 노동청 영월지방사무소장
소송수행자 김병석

원심판결 서울고등법원 1980. 7. 15. 80구156판결

주 문 원판결을 파기하고 사건을 서울고등법원으로 환송한다.

이 유

피고 소송수행자의 상고이유를 판단한다.

산업재해보상보험법에 의한 재해보상은 사상 등의 원인인 사고발생의 날을 기준으로 하여 근로자가 입은 손실을 보상하는 것이며 또한 그 액은 어디까지나 사유발생시에 있어서 근로자가 현실로 받았거나 또는 받을 것이 확정된 임금의 범위내에서 보상하여야 하는 것이므로 이미 산정하여야 할 사유가 발생한 후에 임금수준이 소급하여

인상개정되었다 하더라도 보험사유 발생시의 임금수준에 기하여 평균임금을 산정하여야 할 것이지 보험사유 발생후에 인상된 액에 따른 차액을 추가지급을 하여야 하는 것은 아니라고 해석함이 보험법의 정신에 비추어 당연하다.

그러므로 이 건에서 소외 대한석탄공사가 1979. 1. 1. 이후 재직하다가 임금인상 협정시인 그 해 5. 9. 이전에 퇴직한 근로자에 대하여 그 후 소급 인상분 임금과 이를 기초로 한 퇴직금을 추가지급하였고, 추가지급분 중에서 해당 보험료를 적법한 이유 없이 납입한 사실이 있따 하더라도 이러한 사유만으로는 피고가 원고들에게 지급해야 할 산업재해보상보험법에 의한 재해보상액 산정을 함에 있어 사유발생 후 인상된 평균임금을 기초로 해야 할 것이라는 법리가 곧바로 나오는 것은 아니라 할 것이다.

그럼에도 불구하고 원심이 소외 대한석탄공사와 그 노동조합간에 임금 소급인상 협정이 있었고 위 석탄공사가 그 협정대로 1979. 1. 1 이후 재직했다가 퇴직한 근로자 등에 대하여 소급 인상분 임금과 이를 기초로 하여 산정한 퇴직금을 전부 추가 지급하고 그에 해당하는 보험료를 납부한 사실이 인정된다 하여 사망자들의 유족인 이건 원고들에게 지급해야 할 재해보상액 산정에 있어서 사유발생후 소급 인상된 임금을 기초로 한 차액을 추급할 의무있다고 판단하였음은, 산업재해보상보험급여액 산정에 있어서 기초가 되는 평균 임금산정의 법리를 오해하여 판결에 영향을 미친 위법을 범하였다 할 것이다.

이 점을 지적 논란하는 논지는 이유있고 원판결은 파기를 면할 수 없다.

따라서 원판결을 파기하고 사건을 원심인 서울고등법원으로 환송하기로 관여법관의 의견이 일치되어 주문과 같이 판결한다.

대법원판사 김용철(재판장), 한환진, 김기홍

3. 수급권자

● 유족급여등부지급처분취소

서울고법 제11특별부 1995. 9. 16. 판결 95구2557인용

판 시 사 항

◉ 직장을 옮겨 출근 첫날 사망한 경우 산재보험법상 유족급여의 대상 여부

판 결 요 지

전직후 새로이 발병한 질병이 종전 사업장에서의 근로계약 관계중에 원인이 있다고 인정되는 경우 그 유족은 산재보험법상의 수급권 취득이 인정된다(오랫동안 강동아파트 1단지 관리소장으로 근무하다 2단지 관리소장으로 옮겨 출근 첫날 사망한 경우)

참조조문 개정전 산업재해보상보험법 제9조의6 및 제9조의8

참조판례 대법원 1992. 5. 12. 91누10465판결

당 사 자 원고, 박기분
피고, 근로복지공단

변론종결 1995년 8월 8일

주 문 피고가 1994년 4월 14일자로 원고에 대하여 한 유족급여 및 장의비의 부지급처분을 취소한다.
소송비용은 피고의 부담으로 한다.

청구취지 주문과 같은 판결

이 유

1. 이 사건 처분의 경위

아래 각 사실은 당사자 사이에 다툼이 없거나, 갑제1호증의 1, 2, 갑제2, 4호증, 을제1, 2, 3, 4, 8호증의 각 기재와 증인 전충웅의 일부증언 및 변론의 전취지를 종합하여 인정할 수 있고 반증없다.

가. 원고의 망부(亡夫)인 소외 망 구은희는 1980년 10월 1일 서울 강동구 암사동에 있는 강동아파트 1단지 관리사무소에 관리계장으로 입사하였다가 1985년 12월 23일 동 관리사무소의 관리소장으로 승진한 이래 줄곧 같은 직책을 맡아 오던 중, 1993년 9월경 주민들로부터 집단항의를 받는 등 업무수행에 어려움을 겪게 되자 사직원을 제출하여 1994년 1월 22일자로 그 사직원이 수리되었으나 그 후에도 새로이 임용된 관리소장에게 업무를 인계하기 위하여 같은달 31일까지 계속하여 근무하였고, 한편 그 무렵 위 강동아파트 1단지에 인접하여 있는 강동아파트 2단지 관리사무소장으로 임용되어 1994년 2월 1일부터 위 2단지 관리사무소에서 근무하게 되었다.

나. 그런데 위 망인은 위 2단지 관리사무소의 관리소장으로 근무하게 된 첫날인 1994년 2월 1일 08시45분경 위 암사동 413에 있는 관리사무소에 출근하여 자리에 앉아 책상설합을 1/3쯤 열던 중 갑자기 머리가 좌측으로 기울어지자, 이를 본 동료직원이 위 망인을 부축하여 곧바로 구급차를 이용하여 인근에 있는 강동성모병원으로 호송하였으나 호송도중인 같은 날 09시05분경 구급차안에서 사망하였고, 위 병원에 도착한 후 사체부검을 실시하지 아니한 채 담당의사는 위 망인에 대하여 사인불명의 사체검안서를 발부하였다.

다. 이에 원고는 1994년 4월 7일 경정전 피고에게 개정전 산업재해보상보험법(1994년 12월 22일 법률 제4826호로 전문개정되기 이전의 것, 이하 「법」이라 한다) 제9조의 6 소정의 유족급여 및 법 제9조의 8 소정의 장의비의 지급을 청구하였으나, 경정전피고는 「위 망인이 위 강동아파트 2단지의 관리사무소에서 업무를 수행한 사실없이 입사당일 출근하자마자 사망하였고, 그 사망원인마저 사체검안서상 미상이므로 업무와 재해간의 인과관계를 인정하기 어렵다」라는 이유로 1994년 4월 14일자로 유족급여 및 장의비의 부지급처분(이하 「이 사건처분」이라 한다)을 하였다.

2. 이 사건 처분의 적법 여부

가. 인정되는 사실관계

아래 각 사실은 갑 제3, 7호증, 을제4, 5, 6, 7호증, 변론의 전취지에 의하여 진정성립이 인정되는 갑제5호증의 1, 2, 갑제9호증의 각 기재, 증인 전충웅의 1, 2, 갑제9호증이 각 기재, 증인 전충웅의 각 기재, 증인 전충웅의 일부증언, 이 법원의 사실조회에 대한 위 강동성모병원장의 회보결과 및 변론의 전취지를 종합하여 인정할 수 있고 반증없다.

(1) 위 망인이 관리소장으로 재직히던 강동아파트 1단지는 세대수가 3천세대에 이르고 관리사무소 소속 직원이 23명이나 되는 비교적 대규모 아파트단지로서 그 안에 상당한 넓이의 공원용지가 포함되어 있었는데, 서울특별시가 서울 정도 6백년의 기념사업의 일환으로 도심내 문화체육휴식공간의 조성사업을 추진하게 되자, 이러한 시책에 맞추어 강동구청에서는 1993년 6월경부터 입주자대표회의의 의결을 거쳐 위 아파트단지내 공원용지에 청소년 야외용 음악당을 건립하는 공사를 시작하였다.

(2) 그러나 동 공사가 전공정의 30% 정도 진척된 때인 1993년 9월경 일부 아파트 주민들이 이에 반대하여 집단적인 시위를 벌이기 시작하였고, 점차 시위열기가 거세어지자 당초에 위 공사시행을 결의하였던 대표자회의는 비난의 화살을 피하기 위하여 해산하여 버리고 그 대신 관리소장이던 위 망인의 잘못으로 위 공사가 착공된 것처럼 오해를 받아 아파트주민들로부터 비난의 대상이 되기에 이르렀다. 그리하여 위 아파트주민들이 위 망인이 근무하던 관리사무소앞에 적게는 3백명 많게는 1천명씩 모여 연일 「아파트관리소장이 땅 팔아먹었다」, 「관리소장 물러가라」라는 구호를 외쳤고, 이에 위 망인은 이러한 오해를 풀기 위하여 매일 낮에는 군중앞에 나아가 갖은 추구와 질책을 받으며 저간의 사정을 해명하는 한편, 저녁에는 늦게까지 주민회의에 참석하기도 하면서 22시00분 내지 23시00분경에 이르러서야 귀가할 정도로 사태수습에 힘썼다.

(3) 이러한 집단적인 시위와 항의는 강동구청장이 위 야외음악당 건립공사를 중단하고 원상복구 하기로 약속할 때까지 1개월여 계속되었으며, 그 과정에서 위 망인은 육체적 피로가 누적되었을 뿐만 아니라 주민들에 대한 서운한 생각과 배신감으로 인하여 심한 정신적 충격과 함께 스트레스에 시달리게 되었다. 특히 1993년 11월 초부터 같은 해 12월 중순까지 사이에 5~6일간 관리사무소의 운영에 관하여 감사를 받았으며, 더욱이 1993년 12월 20일까지는 확정되어야 할 1994년도 예산이 새로이 구성된 주민대표들의 경험부족으로 그 편성작업이 늦어지자 위 망인이 서둘러 이를 편성하면서 1994년 1월 4일부터 같은달 23일까지 사이에 8일 이상을 시간외 근무를 함으로써 평소에 비하여 무리한 업무수행을 하였다.

(4) 위 망인이 종전에 근무하던 강동아파트 1단지 관리사무소나 새로이 근무하게 된 같은 아파트 2단지 관리사무소는 모두 법의 적용을 받는 사업장이고, 위 2단지 관리사무소는 1 。관리사무소에 비하여 관리하여야 할 세대수가 적고 소속직원의 수도 14명에 불과하며 관리소장의 보수도 상대적으로 낮은 편이어서 위 망인은 위와같은 전직으로 인하여 적지않은 정신적 고통을 받았다.

(5) 한편 위 망인은 신장 1백65cm, 체중 60kg정도의 체격을 가지고 있었고, 성격은 소심하였으며 술은 거의 마사지 아니한 반면 담배는 1일 반갑정도를 피웠다. 또한 위 망인은 평소 건강상태에 별이상이 없이 지내왔고 1993년 4월 29일 실시한 정기건강검진에 있어서도 혈압은 110/80mmHg이고, 그밖의 점도 모두 정상이라는 판정을 받았는데 앞에서 본 바와같이 시위군중에게 시달리면서부터 때때로 뒷머리가 땡기고 가슴이 답답하며 명치끝이 심

하게 아프고 소화장애와 같은 증세를 주위 사람들에게 호소한 적이 있으나, 이를 치료하기 위하여 병원에서 정밀검사를 받지 아니한 채로 인근약국에서 청심환이나 위장약을 사서 복용하는 정도에 그쳤다.

(6) 서울 구로구에서 구로의원을 경영하는 의사 임상혁은 위 망인의 평소 건강상태, 사망전의 임상적 증상 및 사망 당시의 전후사정 등에 비추어 볼 때 위 망인이 과로로 인한 심근경색으로 사망한 것으로 추정된다고 판단하면서 심근경색의 발병요인으로는 과로, 스트레스, 흡연, 고지혈증, 당뇨병 등을 들고 있다. 또한 위 망인의 사체를 검안한 담당의사가 사실조회회보서에 첨부하여 송부한 의학자료와 내과전문의 윤여운이 작성한 의견서에 의하면, 40대에 나타나는 급사의 주된 원인은 관상동맥질환이고, 급사를 일으키는 질병들 중에도 수분내에 급작스런 사망을 초래할 수 있는 심혈관질환이나 심장질환이 대부분이고 심혈관질환이나 심장질환이 대표적인 예인 심근경색증이나 심장질환의 대표적인 예인 부적맥은 공통적으로 스트레스에 의하여 그 병이 악화될 수 있다고 한다.

나. 판 단

(1) 다른 사업장애로의 전직과 업무상재해의 인정기준

앞에서 인정한 사실관계에 의하면, 위 망인은 오랫동안 강동아파트 1단지 관리사무소의 관리소장으로 재직하다가 그 사업을 사직하고 다른 사업장인 같은 아파트 2단지의 관리사무소로 그 직장을 옮긴 후 출근 첫날 업무를 막 시작하려는 순간 갑자기 쓰러져 결국 그대로 사망에 이르게 되었는바, 이러한 경우 전직전의 사업장인 위 강동아파트 1단지 관리사무소의 업무로 인하여 위 망인에게 생긴 재해에 대하여도 그 유족인 원고가 법이 규정한 보험급여를 받을 권리(수급권)을 취득하는가 하는 것이 우선 문제로 된다.

살피건대, 근로자 또는 그 유족등의 법상 수급권은 법 제1조가 정하는 목적과 법 제9조가 정하고 있는 지급사유 및 산업재해보상보험제도의 본질에 비추어 볼 때, 산업재해보상보험의 보험가입자인 사업주와 근로계약관계가 성립한 것을 전제로 하여 업무상재해가 생겼을 때 자동적으로 발생하며, 법 제16조 제1항은 수급권은 그 퇴직을 이유로 소멸되지 아니한다고 규정하고 있으므로 계약관계종료후에 새로이 발생한 질병등도 근로계약관계 중에 그 원인이 있다고 인정되는 경우에는 근로자 또는 유족 등에게 수급권이 있다고 할 것이다(대법원 1992년 5월 12일 선고, 91누10466판결 참조). 그러므로 여러개의 사업장을 옮겨 다니며 근무한 근로자가 질병에 걸린 경우 그것이 업무상 질병에 해당하는지의 여부는 당해질병이 발생할 우려가 있는 업무에 종사하고 있었던 모든 사업장의 업무를 포함하여 판단하여야 할 것이다. 이렇게 볼 때 위 망인이 비록 강동아파트 1단지 관리사무소를 사직하고 다른 사업장으로 전직하였다고 할지라도, 전직후에 새로이 발생한 질병이 종전 사업장에서의 근로계약관계중에 그 원인이 있다고 인정되는이상, 그 유족인 원고가 법이 규정한 수급권을 취득한다고 할 것이다.

(2) 관리소장으로서의 업무와 사망과의 인과관게 유무

위 인정사실에 의하면, 위 망인은 비교적 건강한 상태에서 강동아파트 1단지 관리사무소의 관리소장으로 재직하였으나 위 아파트 단지내에 야외음악당을 건립하는 문제로 주민들로부터 집단적인 항의를 받기 시작한 1993년 9월경부터 매일 거듭되는 집단시위에 밤늦게까지 시달리면서 과로가 누적되게 되었을 뿐만 아니라 소심한 성격에 주민들로부터 계속하여 모욕적인 질책을 받는 바람에 정신적 스트레스가 가중되었다고 보이고, 더구나 집단적인 시위가 끝난 뒤에도 곧바로 업무수행에 대한 감사를 받고 이어서 1994년도 예산안편성을 위하여 야간작업을 계속하는 동안에 이러한 육체적·정신적으로 긴장이 가중되었다고 할 것이다. 이와같이 육체적 피로와 정신적 스트레스가 축적된 상태에 있던 위 망인이 강동아파트 1단지 관리소장직을 끝마친 바로 그 다음날 종전 직책보다 대우가 못한 같은 아파트 2단지 관리소장으로 첫 출근을 하면서 다시 심적인 고통을 받은 것으로 인정되고, 그로 인하여 갑자기 심근경색을 일으켜 발병후 약 20분만에 결국 사망에까지 이르렀다고 볼 것이다. 따라서, 위 망인의 사망은 법 제3조 제1항 소정의 업무상 사유로 인한 사망에 해당한다고 할 것이다.

3. 결 론

그렇다면, 위 소외망인의 사망이 업무상 사유로 인한 사망에 해당하지 아니함을 전제로 그 유족인 원고에 대하여 유족급여 및 장의비를 부지급하기로 결정한 이 사건 처분은 위법하다고 할 것이므로 그 취소를 구하는 원고의 이 사건 청구는 이유있어 이를 인용하며, 소송비용은 패소자인 피고의 부담으로 하여 주문과 같이 판결한다.

판사 권성(재판장), 박시환, 곽종훈

● 유족급여 등 부지급 처분취소

대법원 제2부. 1989. 7. 11. 판결 88누10565상고기각

판 시 사 항

◉ 근로자의 생모가 산업재해보상보험법상의 수급권자인 "모"에 해당하는지 여부(적극)

판 결 요 지

근로자의 생모는 호적상의 등재와 관계없이 산업재해보상보험법 제3조 제3항, 제12조, 같은법시행령 제25조 소정의 "모"에 해당한다.

참조조문 산업재해보상보험법 제3조 제3항, 제12조
같은법시행령 제25조

당 사 자 원고, 피상고인 최분예
피고, 상고인 노동부 부천사무소장

원심판결 서울고등법원 1988. 9. 22. 88구1976판결

주 문 상고를 기각한다. 상고 소송비용은 피고의 부담으로 한다.

이 유

상고이유에 대하여,

근로자의 생모는 호적상의 등재와 관계없이 산업재해보상보험법 제3조 제3항, 제12조, 같은법시행령 제25조 소정의 "모"에 해당한다.

같은 견해의 원심판단은 옳고 여기에 법리오해의 위법은 없다.

논지는 이유없어 이 상고를 기각하기로 관여법관의 의견이 일치되어 주문과 같이 판결한다.

대법관 김주한(재판장), 이회창, 배석, 김상원

● 유족급여 부지급 처분취소

대법원 제2부. 1992. 5. 12. 판결. 92누923 상고기각

판 시 사 항

◉ 근로자가 사망할 당시 산업재해보상보험법 제3조 제3항 소정의 유족이 없었고 유언으로 자신의 가장 가까운 친족인 조카를 수급권자로 지정한 경우 효력 유무(소극)

판 결 요 지

산업재해보상보험법 소정의 유족급여를 받을 수급권자는 같은법 제3조제3항 소정의 유족에 한정되고, 같은법시행령 제25조 제5항은 당해 근로자가 위 법조항에 수급권자로 규정된 유족들의 순위에 관하여 같은법 시행령에 규정된 순위와 달리 수급권자를 유언으로써 지정할 수 있음을 규정한 것에 불과하며, 유족급여의 수급권자의 범위에 관하여는 민법 제1001조의 대습상속에 관한 규정이 준용될 여지도 없으므로, 근로자가 사망할 당시 같은법 제3조 제3항 소정의 유족이 없었고 위 망인이 유언으로 가장 가까운 친족인 조카를 유족급여의 수급권자로 지정하였다 하더라도, 사망한 근로자의 조카가 유족급여의 수급권자로 될 수는 없는 것이다.

참조조문 산업재해보상보험법 제3조 제3항
같은법시행령 제25조 제5항

당 사 자 원고, 상고인 김성곤
피고, 피상고인 충주지방노동사무소장

원심판결 서울고등법원 1991. 12. 5. 91구14385판결

주　　문 상고를 기각한다. 상고비용은 원고의 부담으로 한다.

이　　유

원고의 상고이유에 대하여 판단한다.

원심은, 산업재해보상보험법 소정의 유족급여를 받을 수급권자는 같은법 제3조 제3항 소정의 유족에 한정되고, 같은법 시행령 제25조 제5항은 당해 근로자가 위 법조항에 수급권자로 규정된 유족들의 순위에 관하여 같은법 시행령에 규정된 순위와 달리 수급권자를 유언으로써 지정할 수 있음을 규정한 것에 불과하며, 유족급여의 수급권자의 범위에 관하여는 민법 제1001조의 대습상속에 관한 규정이 준용될 여지도 없으므로, 원고가 주장하는 바와 같이 원고의 숙부인 소외 망 김삼조가 사망할 당시 같은법 제3조 제3항 소정의 유족이 없었고 위 망인의 유언으로 가장 가까운 치족인 원고를 유족급여의 수급권자로 지정하였다고 하더라도 사망한 근로자인 위 망인의 조카인 원고가 유족급여의 수급권자로 될 수는 없는 것이라고 판단하였는바, 관계법령의 규정내용에 비추어 볼 때 원심의 위와같은 판단은 정당한 것으로 수긍이 되고, 원심판결에 소론과 같이 산업재해보상보험법

소정의 유족급여의 수급권자인 유족의 범위에 관한 법리를 오해한 위법이 있다고 볼 수 없으므로, 논지는 이유가 없다.

그러므로 원고의 상고를 기각하고, 상고비용은 패소자인 원고의 부담으로 하기로 관여법관의 의견이 일치되어 주문과 같이 판결한다.

대법관 윤관(재판장), 최재호, 김주한, 김용준

● 손해배상등

대법원 제3부, 1977. 12. 27. 판결 75다1098 일부파기환송

판 시 사 항

◉ 사실상 이혼한 법률상의 처와 현재 사실상 부양되던 여자가 있는 경우 산업재해보상보험법상 유족보상금의 수급권자

◉ 유족보상일시금이 수급권자에게 지급된 경우 이를 민법상의 손해배상액에서 공제할 것인지 여부

판 결 요 지

가. 사실상 이혼한 법률상의 처와 사실상 부양받던 여자가 있는 경우 부의 사망으로 인하여 지급되는 산업재해보상보험법상의 유족보상일시금의 수급권자는 사망 당시 부양되고 있던 사실상 혼인관계에 있던 여자이다.

나. 산업재해보상보험법상의 유족보상일시금을 그 수령권자인 사실상 배우자가 수령하였다면 보험가입자는 그 금액의 한도에서 민법상의 손해배상책임을 면하게 된다.

참조조문 산업재해보상보험법 제9조의 6, 제33조 제3항, 제12조, 제11조 제2항
산업재해보상보험법 시행령 제25조 제1항 제1호

당 사 자 원고, 상고인 겸 피상고인 최정숙
소송대리인 변호사 권오규
피고, 피상고인 대한민국
법률상 대표자 법무부장관 이선중
소송수행자 김형덕
피고, 상고인 진로주조주식회사
소송대리인 변호사 현규병

원심판결 서울고등법원 1975. 5. 16. 74나1716판결

주 문

피고 진로주조주식회사의 상고에 의하여 동 피고에 대한 원판결을 파기하고, 이 사건부분을 서울고등법원에 환송한다.

원고의 피고들에 대한 상고를 기각한다.

원고와 피고 대한민국 사이에 생긴 상고소송비용은 원고의 부담으로 한다.

이 유

(1) 원고소송대리인의 피고 대한민국에 대한 상고이유와 피고 진로주조주식회사에 대한 산업재해보상보험금 청구부분(동 피고회사의 상고이유 제3점 중 이에 관련된 부분과 제1점)에 대한 상고이유를 함께 판단한다. 원고는 산업재해보상보험법에 의한 보험금으로서의 유족보상일시금과 장의비를 피고들이 연대로 지급할 것을 주장하

고 있는 바, 동법에 의한 보험금은 동법 소정의 보험사업자(국가기관)가 지급하는 것이고, 동법 소정의 보험가입자에 불과한 피고 진로주조주식회사(아래서는 "피고 진로회사" 또는 "진로회사"라고 한다)에 대하여는 위 법에 의한 보험금 즉 유족보상일시금과 장의비를 청구할 법적근거가 없는 것이니(다만 근로기준법 소정의 유족보상금과 장사비를 청구할 요건이 갖추어져서 그것을 구할 수 있음은 별문제이다) 이점에 관한 "진로회사"에 대한 주장은 이유없다. 그뿐만 아니라 원심은 원고는 소외 최성준과 동 권묘남 사이에 출생한 여자로서 그 본명이 최정옥이며, 약 18년전에 소외 망 정윤조와 혼인하여 1961. 11. 8 그 혼인신고를 마쳤으나 그 혼인신고를 할 때에 원고의 성명을 최정숙으로 신고하였고 호적사무의 착오로 인하여 위 최성준의 호적에서 원고가 제적되지 않은채 위 소외 망 정윤조의 호적에 동인의 처 최정숙으로 등재된 사실과 원고의 위 소외 망인은 혼인생활을 하여 오다가 약 7, 8년전에 불활 인하여 별거하게 되자 원고는 소외 안용섭과 사실상 혼인관계를 맺고 동 안용섭과 동거하면서 그 사이에 소외 안창식을 출산하였으며 원고가 위 소외 망 정윤조와의 혼인에 따른 호적정리가 되지 아니하고 위 최성준의 호적에 그대로 남아 있음을 기화로 1970. 12. 13 위 안용섭과 다시 혼인신고를 하고 위 정윤조가 사망할 때까지 위 안용섭과 동거생활을 하고 있던 사실, 한편 위 송외 망 정윤조도 원고와 별거하자 소외 신순분과 사실상의 혼인관계를 맺고 동 신순분을 부양하면서 동거생활을 하다가 원판결 실시의 화상으로 사망한 사실을 인정하고 있는바, 원심거시의 증거를 살펴보면 원심의 위 사실인정을 수긍할 수 있고 그 사실인정 과정에 채증법칙위배의 위법이 없다.

산업재해보상보험법 제9조의 6과 제12조 제1항의 규정에 의하여 유족에게 지급되는 동법 소정의 유족보상일시금의 수급권자인 배우자(사망한 근로자의 배우자)에 관하여는 같은법 제3조 제3항에 규정되어 있으나 이것이 같은법 제12조 제2항에 의거하여 정하여진 같은법 시행령 제25조에 구체적으로 규정되어 있는바, 동 시행령 제25조 제1항 제1호를 보면 근로자의 사망당시 그 근로자에 의하여 부양되고 있던 배우자(사실상 혼인관계에 있던자를 포함한다)가 유족보상 일시금의 제1순위 수급권자이고 동 제1호에 해당하지 아니하는 배우자는 같은 조문 제2호에 규정되어 있다. 이 규정에 의하면 근로자의 사망 당시 그 근로자에 의하여 사실상 부양되고 있던 배우자에게 유족보상일시금을 우선적으로 지급하려는 취지가 포함되어 있는 것으로 보여지니 본건에 있어서와 같이 법률상의 처인 원고가 근로자인 위 소외 망 정윤조와 사실상 이혼하려 위 소외 안용섭과 사실상의 혼인관계를 맺고 동 안용섭에 의하여 부양되고 있는 경우에 있어서는 위 정윤조의 사망으로 인하여 지급되는 산업재해보상보험법상의 유족보상일시금의 수급권자는 원고가 아니라 위 정윤조의 사망당시 그에 의하여 부양되고 있던 위 소외 신순분이라고 해석함이 타당한 것이라 할 것이고 위 산업재해보상보험법상의 유족보상금 수급권자가 민법상의 불법행위로 인한 손해배상청구권의 취득자와 다른 경우가 있다고 하여 위 이론을 달리할 수는 없을 것이다. 그렇다면 같은 취지로 판단한 원심의 판단은 정당하고 따라서 이점에 있어서도 원고의 피고들에 대한 본건 유족보상일시금청구는 이유없다. 그리고 산업재해보상보험법 제

12조 제3항에 의하면 같은법 제9조의 8 소정의 장의비는 실제로 그 장제를 행하는 사람에게 지급되는 것이라고 할 것인바, 원고가 위 소외 망 정윤조의 장제를 하였다는 증거가 없다하여 원고의 동 장의비 청구를 배척한 조처도 적법하다고 원판결에 소론 법리오해의 위법이 없다.

논지는 모두 이유없다.

(2) 원고소송대리인의 "피고 진로회사"에 대한 상고논지 제2 내지 제4점(단위에서 판단한 부분 제외)을 함께 판단한다.

원심판결의 설시이유에 의하면 원심은 위 소외 정윤조는 1932. 10. 10. 생의 남자로서 1979. 6. 18 "진로회사" 상용인부로 고용되어 원판결 설시의 작업을 하다가 그 설시와 같은 경위로서 화상을 입고 같은 달 21일에 사망한바, 동 소외인의 평균여명은 29.4년이고 그 사고당시 "진로회사"로부터 하루평균 631원 13전의 임금을 받고 있었으며, 위 소외 신순분과 동거하면서 매월 생계비로서 최소한 도합 금11,300원을 소비한 사실을 인정하고, 위 망인이 종사한 것과 같은 노무에 종사하는 사람은 한달에 25일씩 55세까지 가동하 수 있다 하여 이 사건 사고로 말미암아 생긴 위 망인의 재산상손해액을 금 582,171원으로 산정하고 또 원고의 위자료청구에 관하여 원고의 학력 및 경력, 원고와 위 망인과의 관계 이 사건 사고의 경위 및 결과 등 변론에 나타난 모든 사정을 참작하여 원판결 설시의 금원이 원고의 위자료액으로서 상당한 것이라고 설시하고 있다. 살피건대 기록을 정산하면서 원심이 위 사실을 인정하기 위하여 거친 채증의 과정을 살펴보면 적법하고 원심의 판단 역시 정당하며(위 재산적 손해에 금 582,171원에서 공제될 금액이 있는 여부는 여기서는 판단하지 않는다) 원판결에 채증법칙위배의 위법이 없고 (원심설시의 위 소외 망 정윤조의 월생계비도 제1심 증인 신순분의 증언에 의하여 긍정되며 동 소외 망인의 가동연한에 관한 원심의 판단도 정당하다) 소론심리미진의 위법이나 다른 위법사유 있음을 찾아 볼 수 없으며 논지 지적의 본원 판결들은 본건에 적절한 것이 되지 못한다.

논지는 모두 이유없다.

(3) "피고 진로회사" 소송대리인의 상고이유를 판단한다.

(가) 상고이유 제2점 내지 제4점을 함께 판단한다.

원고의 본명이 최정옥인데도 최정숙 명의로서 위소의 망 정윤조와 혼인신고를 하였다고 함은 위에서 설시한 바이고 그 사실인정과정에 소론 채증법칙위배의 위법이 없다고 함에 위에서 설시한 바인데 원고가 본명 아닌 최정숙 명의로 위 소외 망인과 혼인을 하고 그 혼인신고를 하였다고 하여도 그 혼인이 소론 헌법 및 민법정신에 위배되어 무효이거나 호적법상 신고방식에 위배되어 무효라고 보아야 할 법적 근거는 없는 것이며, 따라서 소론과 같은 원고와 위 소외 안용섭과의 혼인신고가 원고와 위 소외 망 정윤조와의 혼인 신고보다 우선하여 효력이 생기는 것으로 볼 수는 없는 것이라고 할 것이니 원고를 위 소외 망인의 법률상의 처로 인정하여 위 소외 망인이 사망하므로 인하여 동 소외 망인이 사용자인 "진로회사"에 대하여 취득한 민법상의 불법행우로 인한 본건 손해보상청구권을 원고가 승계취득하였고 원고가 동 소외 망인의 법률상 처로서 소론 위자료청구권이 있는 것이라고 판단하여 원판결 설시의 위자료액을 인정한 원심의 조처는 정당하고 거기에 소론법리(민법 제746조의 불법원인급여에 관한 법리포함) 오행의 위법이나 소론 경험칙위배의 위법이 없고 논지지적의 본원판결들은 본건에 적절한 것이 되지 못한다.

논지는 모두 이유없다.

(나) 상고이유 제1점을 판단한다.

위 소외 정윤조가 사망하므로 인하여 유족인 그 배우자에게 지급되는 산업재해보상보험법상의 유족보상일시금의 수급권자는 원고가 아니라 위 소외 신순분이고 또는 원고는 위 소외 망인의 장제를 행하는 자가 아니어서 위 법상의 장의비의 청구권이 없다고 함은 위에서 설시한 바인데 원심은 "진로회사"의 항변에 대한 판단부분에 관하여 제1심판결의 설시를 인용하였는바, 상고논지 관련된 제1심 판결의 설시이유를 보면 "진로회사"는 원고가 이 사건에서 산업재해보상보험법의 규정에 의하여 피고 대한민국에 대하여 유족보상보험금의 지급을 구하고 있으므로 "진로회사"에 대한 불법행위로 인한 손해배상청구에서는 위 유족보상금은 공제되어야 한다고 주장하나, 위 보험법 제11조 제2항에 의하면 수급권자가 이미 같은법에 의한 보험금의 지급을 받았을 때에는 보험가입자는 그 금액의 한도내에서 손해배상책임을 면한다고 규정하고 있는데, 이는 수급권자가 현실적으로 보험금의 지급을 받을 경우에 한하여 공제되어야 한다고 해석하여야 할 것이고 아직 그 지급을 받지 못한 경우에는 위 보험법에 의한 보험금의 지급을 구하거나 민법 기타 법령에 의하여 사업주를 상대로 손해배상을 구하는 것은 수권자의 선택에 따를 것이라 하여 "진로회사"의 항변을 배척하고 있다.

살피건대 원심 1974. 11. 5. 자 및 같은 달 6일자로 각 접수된 "진로회사"제출의 각 준비서면(이것이 원심 제1차 변론기일에서 진술되었다)에 의하면 위 보험법에 의한 유족보상일시금과 장의비를 그 수급권자인 위 소외 신분순이가 피고 대한민국으로부터 수령하였으니 동 수령금액은 원고의 일실손해금에서 공제하고 그 나머지에 대한 손해배상청구권만이 원고에게 승계취득된 것이라고 "진로회사"가 항변하였음이 분명한 바, 본건 장의비에 관하여서는 위 소외 신분순이가 피고 대한민국으로부터 그것을 수령하였다고 하더라도 원고가 "진로회사"를 상대로 청구하고 있는 본건 일실이익금이나 위자료 금원에서 공제할 것은 못되므로 이점에 대하여는 원판결에 영향을 미친 것이 없다고 할 것이다.

그러나 위 보험법에 의한 유족보상일시금을 그 수령권자인 위 신순분이가 수령하였다면 위 보험법 제11조 제2항에 의하여 보험가입자인 "진로회사"는 그 금액의 한도내에서 민법상의 손해배상책임을 면하게 되고 원고의 일실이익금에서 위 신순분이가 수령한 유족보상일시금을 공제한 나머지 금원이 있을 경우에 한하여 그 나머지 금원에 대한 청구권을 원고가 승계취득하는 것이라고 해석하여야 하며 위 소외 신순분이가 위 보험법에 의한 유족보상일시금을 피고 대한민국으로부터 수령하였다는 "진로회사"의 주장에 부합되는 서증으로서 을 제7, 8호 각증이 있는데도 불구하고 원심은 "진로회사"의 항변을 잘못 받아들인 데다가 수급권자인 위 신순분이가 피고 대한민국으로부터 위 유족보상일시금을 수령한 사실에 부합되는 증거가 있는데도 동 유족보상일시금이 그 수급권자에게 현실적으로 지급되지 않았다고 하여 "진로회사" 위 항변을 배척하였음은 채증법칙위배 내지는 위 보험법의 법리를 오해한 위법을 범한 것이라고 할 것이며 이는 원고와 "진로회사" 사이의 원판결을 결과에 영향을 미쳤음이 분명하고 따라서 이 점을 지적하는 상고논지는 이유있다. 그렇다면 원고의 "피고 진로회사"와의 사이의 원판결은 나머지 상고논지에 대한 판단을 생략하고 이점에서 파기를 면하지 못한다.

(4) 그러므로 "피고 진로회사"의 상고에 의하여 원고와 "피고 진로회사" 사이의 원판결을 모두 파기하고 이 사건 부분을 원심법원에 환송하며, 원고의 피고들에 대한 상고를 모두 기각하고 원고와 피고 대한민국 사이에 생긴 상고소송비용은 패소자인 원고의 부담으로 정하여 관여법관의 일치된 의견으로 주문과 같이 판결한다.

대법원판사 김영세(재판장), 한환진, 안병수, 정태원

4. 시 효

● 요양불승인처분취소

대법원 제1부. 1993. 4. 13. 판결 92누17181파기환송

판 시 사 항

◉ 행정처분이나 행정심판 재결이 불복기간의 경과로 확정된 경우 확정력의 의미

◉ 종전의 산업재해요양보상급여취소처분이 불복기간의 경과로 확정된 후 다시 요양급여청구를 할 수 있는지 여부(적극) 및 그것이 거부된 경우 새로운 거부처분으로서 위법 여부를 청구할 수 있는지 여부(적극)

판 결 요 지

가. 행정처분이나 행정심판 재결이 불복기간의 경과로 인하여 확정될 경우 확정력은 처분으로 인하여 법률상 이익을 침해받은 자가 처분이나 재결의 효력을 더이상 다툴 수 없다는 의미일뿐 판결에 있어서와 같은 기판력이 인정되는 것은 아니어서 처분의 기초가 된 사실관계나 법률적 판단이 확정되고 당사자들이나 법원이 이에 기속되어 모순되는 주장이나 파단을 할 수 없게 되는 것은 아니다.

나. 종전의 산업재해요양급여취소처분이 불복기간의 경과로 인하여 확정되었더라도 요양급여청구권이 없다는 내용의 법률관계까지 확정된 것은 아니며 소멸시효에 걸리지 아니한 이상 다시 요양급여를 청구할 수 있고 그것이 거부된 경우 이는 새로운 거부처분으로서

위법여부를 청구할 수 있다.

참조조문 행정심판법 제37조
산업재해보상보험업무및심사에관한법률 제3조

참조판례 나. 대법원 1991. 6. 11. 91누10292판결
1992. 10. 27. 92누1643 판결
1992. 12. 8. 92누7542 판결

당 사 자 원고, 상고인 임봉섭
피고, 피상고인 서울동부지방노동사무소장

원심판결 서울고등법원 1992. 10. 8. 92구13105판결

주 문 원심판결을 파기하고 사건을 서울고등법원에 환송한다.

이 유

상고이유를 본다.

(1) 원심판결 이유에 의하면 원심은 산업재해보상보험업무및심사에관한법률 제3조에 산업재해보상보험법에 의한 보험급여에 이의가 있는 자는 산업재해보상보험 심사관에게 심사를 청구하고 그 결정에 이의가 있는 자는 산업재해보상보험 심사위원회에 재심사를 청구하고 그 재결에 이의가 있는 자는 행정소송을 제기할 수 있으며(제1항), 제1항의 규정에 의한 심사의 청구는 행정심판법 제18조에 의하고 재심사의 청구는 심사의 청구에 대한 결정이 있음을 안 날로부터 60일 이내에 제기할 수 있는 것으로(제2항) 규정되어 있음에 비추어 볼 때, 지방노동관서의 장으로부터 보험급여에 관한 결정을 받은 자가 이에 대하여 소정의 기간내에 심사청구등의 불복절차를 취하지 아니한 경우 또는 심사청구와 재심청구 등의 불복절차를 취하였다 하더라도 소정의 기간내에 행정소송을 제기하지 아니한 경우에는 보험급여에 관한 결정이 확정되고, 당사자로서는 동일한 사유를 원인으로 하는 보험급여관계에 대하여는 더 이상 다툴 수 없다고 전제하고, 이 사건 1991. 11. 28자 재요양불승인처분의 취소를 구하는 원고의 이 사건 소에 대하여, 원고가 이 사건 처분이 있기 전의 1989. 11. 27. 자 재요양승인취소처분에 대하여 심사청구와 재심사청구를 하여 기각결정을 받고도 행정소송을 제기치 아니하여 재요양급여청구권이 없다는 내용의 재요양승인취소처분이 확정되었으므로 원고로서는 동일한 사유를 원인으로 하는 재요양급여관계에 대하여는 더이상 다툴 수 없다는 이유로 이 사건 소를 부적법하다 하여 각하하였다.

(2) 산업재해보상보험법은 보험급여를 받을 권리는 3년간 행사하지 않으면 소멸시효가 완성된다고 규정하는 외 그 권리의 행사를 제한하는 별다른 규정을 두지 않고 있고, 산업재해보상보험업무및심사에관한법률은 산업재해보상보험법에 의한 보험으로 하여 제정된 법률로서 보험급여에 관한 결정에 이의가 있는 자가 거쳐야 할 행정심판에 관하여 그 불복기간과 절차, 심사(재심사)기관 등에 대하여 일반 행정처분에 관한 행정심판법과 다른 특별규정을 두고 있을 뿐 보험급여에 관한 처분이나 그 처분에 대한 심사(재심사)결정의 효력에 대하여 행정심판법과 다른 어떤 특별규정을 두고 있지 않으므로, 산업재해보상보험금 관련 처분이라 하여 그 처분이나 그에 대한 심사(재심사)결정이 불복기간의 경과로 확정된 경우 그 확정력에 있어서 일반 행정처분이나 행정심판 재결이 확정된 경우와 다른 특별한 효력이 있는 것으로는 보이지 않

는다.

(3) 그런데, 일반적으로 행정처분이나 행정심판재결이 불복기간의 경과로 인하여 확정될 경우 그 확정력은, 그 처분으로 인하여 법률상 이익을 침해받은 자가 당해 처분이나 재결의 효력을 더이상 다툴 수 없다는 의미일뿐 더 나아가 판결에 있어서와 같은 기판력이 인정되는 것은 아니어서 그 처분의 기초가 된 사실관계나 법률적 판단이 확정되고 당사자들이나 법원이 이에 기속되어 모순되는 주장이나 판단을 할 수 없게 되는 것은 아니다.

(4) 따라서 종전의 산업재해요양보상급여취소처분이 불복기간의 경과로 인하여 확정되었더라도 요양급여청구권이 없다는 내용의 법률관계까지 확정된 것은 아니며 원고로서는 소멸시효에 걸리지 아니한 이상 다시 요양급여를 청구할 수 있고 그것이 거부된 경우 이는 새로운 거부처분으로서 그 위법 여부를 소구할 수 있다고 하여야 할 것인데도 원심은 이를 부인하고 소를 각하하고 말았는바 이러한 원심판결에는 산업재해보상보험법이나 산업재해보상보험업무및심사에관한법률에 관한 법리나 일반 행정처분이나 행정심판 재결이 확정된 경우의 효력에 관한 법리를 오해한 위법이 있다 할 것이고 이러한 위법은 판결에도 영향을 미친 것이 분명하다. 논지는 이유있다.

(5) 이에 원심판결을 파기하고 사건을 원심법원에 환송하기로 하여 관여법관의 일치된 의견으로 주문과 같이 판결한다.

대법관 최재호(재판장), 배만운, 김석수, 최종영

● 토지분할거부처분취소

대법원 제2부, 1992. 12. 8. 판결 92누7542 상고기각

판 시 사 항

◉ 거부처분 이후 동일한 내용의 신청에 대하여 다시 거절의 의사표시를 명백히하였다면 새로운 처분으로 볼 수 있는지 여부(적극) 및 이 경우 행정심판과행정소송 제기기간의 진행기준(=각 처분시점)

◉ 지적 소관청의 토지분할신청 거부행위가 항고소송의 대상이 되는 행정처분인지 여부(적극)

◉ 건축물이 있는 대지의 분할을 제한하는 구 건축법(1991. 5. 31. 법률 제4381호로 전문개정되기 전의 것) 제39조의2의 규정취지

◉ 지적법상의 토지분할의 의의 및 지적측량이나 도시계획법상의 토지분할허가와의 관계

판 결 요 지

가. 거부처분은 행정청이 국민의 처분신청에 대하여 거절의 의사표시를 함으로써 성립되고, 그 이후 동일한 내용의 신청에 대하여 다시 거절의 의사표시를 명백히 한 경우에는 새로운 처분이 있는 것으로 보아야 할 것이며, 이 경우 행정심판 및 행정소송의 제기기간은 각 처분을 기준으로 진행된다.

나. 지적법 제17조 제1항, 같은 법 시행규칙 제20조 제1항 제1호의 규정에 의하여 1필지의 일부가 소유자가 다르게 되거나 토지소유자가 필요로 하는 때 토지의 분할을 신청할 수 있도록 되어 있음에도

지적공부 소관청이 이에 기한 토지 분할신청을 거부하는 경우에 분할 거부로 인하여 토지소유자의 당해 토지의 소유권에는 아무런 변동을 초래하지 아니한다 하더라도, 부동산등기법 제15조, 지적법 제3조 내지 제6조 등의 관계규정에 의하여 토지의 개수는 같은 법에 의한 지적공부상의 토지의 필수를 표준으로 결정되는 것으로 1필지의 토지를 수필로 분할하여 등기하려면 반드시 같은 법이 정하는 바에 따라 분할의 절차를 밟아 지적공부에 각 필지마다 등록되어야 하고, 이러한 절차를 거치지 아니하는 한 1개의 토지로서 등기의 목적이 될 수 없는 것이니 토지의 소유자는 자기소유 토지의 일부에 대한 소유권의 양도나 저당권의 설정 등 필요한 처분행위를 할 수 없게 되고, 특히 1필지의 일부가 소유자가 다르게 된 때에도 그 소유권을 등기부에 표창하지 못하고 나아가 처분도 할 수 없게 되어 권리행사에 지장을 초래하게 되는 점 등을 고려한다면, 지적 소관청의 이러한 토지분할신청의 거부행위는 국민의 권리관계에 영향을 미치는 것으로서 항고소송의 대상이 되는 처분으로 보아야 할 것이다.

다. 구 건축법(1991. 5. 31. 법률 제4381호로 전문 개정되기 전의 것) 제39조의2의 규정은 대지평수에 대한 그 위의 건물크기의 비율 등에 관한 제한규정일뿐 대지 자체의 적법한 원인에 의한 분할과 소유권이전까지 제한하는 취지는 아니다.

라. 토지의 분할이란 지적공부에 등재된 1필지의 토지를 소관청이 2필지 이상의 토지로 하여 지적공부에 등록하는 행위를 말하는 것으로서, 여기서 분할은 지적공부에 등록되어 있는 도면상의 경계를 나누어 놓는 것을 말하며, 토지대장의 정리도 포함된다 할 것이지만 이를 위하여 필수적으로 선행되는 지적측량절차와는 별개의 것임은 물론이고, 도시계획법상 도시계획구역 관할행정청이 행하는 토지분할의 허가와도 그 성질을 달리하는 것이다.

참조조문 가. 행정심판법 제18조
행정소송법 제20조
나. 라. 지적법 제17조 제1항
같은법 시행규칙 제20조 제1항 제1호
나. 행정소송법 제2조, 제19조
다. 구 건축법(1991. 531. 법률 제4381호로 전문 개정되기 전의 것) 제39조의 2
라. 지적법 제2조 제13호, 도시계획법 제4조 제1항. 측량법 제2조 제1호

참조판례 가. 대법원 1982. 7. 27. 81누37 판결
1991. 6. 11. 91누10292판결
1992. 10. 27. 92누1643판결
나. 대법원 1984. 3. 27. 83다카1135, 1136판결
1990. 12. 7. 90다카25208판결
다. 대법원 1980. 1. 15. 79다1870판결

당 사 자 원고, 피상고인 중앙시장주식회사

소송대리인 변호사 박두환
피고, 상고인 성남시 수정구청장
소송대리인 변호사 윤승영

원심판결 서울고등법원 1992. 4. 2. 91구10598판결

주 문 상고를 기각한다.
상고비용은 피고의 부담으로 한다.

이 유

상고이유를 판단한다.

1. 원심은 채택증거들에 의하여 다음과 같은 사실관계를 인정하였다.

(가) 원고는, 1970. 3. 경 시장개설운영을 목적으로 설립한 회사로서 경기 광주군 중부면 탄리 359의2 대 415평(행정구역변경으로 성남시 태평동 660 대 415평으로 변경되었다가 다시 같은 동 3681대 3,361.4평방미터의 일부로 되었다. 이하 이 사건 시장부지라고 한다)을 매수하여 같은 해 7. 3. 소유권이전등기를 경료하고 그 지상에 연건평 306평의 중앙시장 구관건물을 축조하여 시장을 개설운영하여 왔다.

(나) 서울특별시가 이 사건 시장부지 일대에 광주대단지사업을 시행하게 되었는데 그 기본계획에 의하면 시장부지는 최소한 1,000평 이상을 요하는 것으로 되어 있었던 관계로 교섭끝에 원고는, 같은 해 6. 1. 서울특별시와 사이에 서울특별시가 원고에게 이 사건 시장부지가 포함된 부근의 1,000평을 타시장 부지에 준하여 그 무렵의 시가를 감정하여 그 감정가격으로 불하하여 주는 것을 조건으로 위 451평을 서울특별시의 전답에 대한 수용가격인 평당 금 350원씩으로 매도하되 그 매매대금은 차후 위 1,000평의 불하시 그 대금에서 공제하여 정산하기로 하는 취지의 매매계약을 체결하고, 이에 따라 같은 달 12. 서울특별시에게 이 사건 시장부지에 관한 소유권이전등기를 경료하여 주었다.

(다) 이 사건 시장부지는 위와같이 서울특별시 앞으로 소유권이전등기가 경료된 후 경기도 명의를 거쳐 성남시 명의로 소유권이전등기가 경료되었는데 성남시 태평동 660으로 변경되었다가 1974. 9. 7. 자로 위 지번이 폐쇄되었고, 한편 이 사건 시장부지를 비롯한 인접지역 1,003평 2홉은 성남시가 토지구획정리사업을 하면서 모두 그 소유권을 취득하고 1976. 8. 22. 성남시 태평동 3681 대 3,316.4평방미터로 지번, 지적을 부여한 1필지의 토지가 되었다.

(라) 원고는, 성남시가 위 매매계약을 부인하자 이 사건 시장부지 415평에 관한 서울특별시 명의의 소유권이전등기 및 이에 터잡은 성남시 명의의 소유권이 전등기 역시 무효라는 이유로 성남시 태평동 3681 대 3,316.4평방미터 중 이 사건 시장부지 415평에 대한 성남시 명의의 소유권이전등기의 말소등기절차의 이행과 이 사건 시장부지가 원고의 소유임을 확인한다는 소송을 제기하여 최종적으로 1987. 1. 15. 서울고등법원(86나872)에서 원고승소판결이 선고되고 그 무렵 확정되었다.

(마) 원고는, 위 확정판결에 따른 말소등기절차의 이행을 위하여 1989. 12. 22. 이래 여러 차례 피고에게 이 사건 시장부지에 대한 지적정리를 요구하여 오다가 1991. 4. 18. 대한지적공사 성남시 수정구출장소에 이 사건 시장부지 415평ㅇ 대한

분할을 위한 지적측량을 신청하면서, 같은 날 피고에게 성남시 태평동 3681 대 3,316.4평방미터(1,003.2평) 중 이 사건 시장부지 415평을 분할하여 토지대장 등 토지공부를 정리하여 줌과 아울러 대한지적공사 성남시 수정구출장소가 원고의 지적분할측량 신청을 받아들여 분할측량을 하도록 감독권(지시)을 행사하여 달라는 신청을 하였다.

(바) 피고는, 1991.4.25. 토지분할에 따른 대장정리는 토지분할신청서와 측량성과도가 첨부되어 제출되어야 처리가 가능하나 원고가 요구하는 이 사건 토지의 지상에 건축물이 구축되어 있어 지적측량이 불가하며, 측량신청접수는 대한지적공사 성남시 수정구출장소에서 접수 처리하고, 피고의 지시나 승낙을 받아 업무를 수행하는 것은 아니라는 내용의 회신을 하였고, 대한지적공사 성남시 수정구출장소도 같은 날 본건 분할측량은 건물 관계로 측량이 불가하다는 회신을 하였다.

2. 원심의 판단

원고가, 1991.4.15. 피고에게 성남시 태평동 3681대 3,316.4평방미터 중 이 사건 시장부지 415평에 대한 분할을 신청하였으며, 같은 달 28. 피고가 이를 거부한 사실이 인정되고 원고에게 이 사건 시장부지 415평에 대한 분할을 신청할 권리도 있다 할 것이고, 또한 1필지의 토지 중 특정부분에 관하여 소유권이전등기의 말소를 명한 판결이 확정된 경우에는 토지대장 소관청에 판결정본과 확정증명을 첨부하여 특정부분 토지에 대한 대위분할신청을 하여 등기소에 그 분할된 토지의 대장등본과 판결정본, 판결확정증명 등을 첨부하여 특정부분 토지를 분필하는 대위등기신청을 하고, 그 분필된 토지의 등기용지에 전사된 위 소유권이전등기의 말소등기를 신청할 수 있는 점에 비추어 그 보호의 필요성도 있다 할 것이므로, 원고의 분할신청을 거부한 피고의 위 회신은 행정소송의 대상이 되는 거부처분으로 봄이 상당하다고 판단하고, 이어 위 인정사실과 관계법규정들의 취지를 종합하면, 토지소유자 또는 이를 대위하는 채권자는 1필지의 일부가 소유자가 다르게 되거나 토지소유자가 필요로 하는 때에는 토지분할을 소관청인 피고에게 신청할 수 있고, 토지분할을 하기 위한 지적측량은 피고가 이를 하되, 피고가 대행 법인인 대한지적공사로 하여금 이를 대행하게 할 수 있고, 지적측량의 신청을 받은 대한지적공사는 즉시 피고에게 측량대행계획서를 제출하여야 하고, 작성한 측량성과도는 피고의 사전검사와 확인을 거쳐 신청인에게 교부되며, 내무부 예규에 의하더라도 법원의 확정판결에 의하여 분할하는 경우의 측량성과는 지적법령이 정하는 바에 따라 사실심사방법에 의하여 결정하여야 하고, 이 경우 새로이 설정한 경계가 지상건물 등을 침범하거나 관통하는 경우에는 그 지상건물등의 위치현황을 측정하여 측량원도에 표시하도록 하고 있는 점에 비추어 피고는 자신의 대행기관인 대한지적공사가 비합리적 이유로 즉, 이 사건 시장부지 415평의 지상에 건물이 있어 지적측량을 할 수 없다고 하고 있음에도 대한지적공사에 대하여 감독권한을 행사하여 지적측량을 하도록 하지 아니한 채 대한지적공사 작성의 측량성과도가 없음을 이유로 확정판결에 의하여 성남시 태평동 3681 대 3,316.4평방미터 중 이 사건 시장부지 415평에 관한 성남시 명의의 소유권이전등기를 말소하기 위하여 한 원고의 이 사건 분할신청을 거부한 처분은 위법하다고 판단하였다.

3. 상고이유에 대한 판단.

제1점에 대하여

거부처분은 행정청이 국민의 처분신청에 대하여 그 거절의 의사표시를 함으로써 성립되고, 그 이후 동일한 내용의 신청에 대하여 다시 거절의 의사표시를 명백히 한 경우에는 새로운 처분이 있은 것으로 보아야 할 것이며(당원 1982. 7. 27. 선고, 81누37판결 및 1991. 6. 11. 선고, 90누10292 판결 참조), 이 경우 행정심판 및 행정소송의 제기기간은 각 처분을 기준으로 진행되고 종전 처분에 대한 쟁송기간이 도과하였다하여 그 이후의 새로운 거부처분에 대하여 행정쟁송을 할 수 없게 되는 것은 아니라 할 것이다.

기록에 의하면 원고는, 피고의 이 사건 1991.4.25.자 토지분할신청 거부처분에 대하여 적법하게 행정심판을 제기한 후 이 사건 소를 제기하였음이 인정되므로, 원심이 행정소송의 제소기간에 관한 법리를 오해하였거나 그 점에 관한 심리 판단을 다하지 아니하였다는 논지는 채용할 바가 못된다.

제2점에 대하여

원심판결이유에 의하면, 원심은 원고가 피고에게 이 사건 토지분할신청을 함에 있어 분할신청에 있어 필수적인 지적측량을 대한지적공사 수정구출장소가 거부하므로 이를 시정해 줄 것을 그 감독기관인 피고에게 아울러 요청한 사시과 피고가 이를 모두 거부한 사실을 인정하고 있음을 알 수 있으니, 원고가 피고에게 지적측량만을 신청하였고, 피고가 이를 거부하였을 뿐이었음을 전제로 이러한 지적측량 거부행위가 처분이 아니라는 주장은 원심이 인정하지 아니한 사실에 터잡은 것으로서 나아가 살필 필요도 없이 이유없다.

그리고 지적공부에 일정한 사항을 등록하거나 등재사항을 변경하는 행위는 행정사무집행상의 편의와 사실증명의 자료로 삼기 위한 것이고, 그 등재 또는 변경으로 인하여 실체상의 권리관계에 변동을 가져오는 것이 아니므로 이를 행정소송의 대상이 되는 처분이라고 볼 수 없다고 하는 것이 당원의 판례임은 소론이 지적하는 바와 같다.

그러나 지적법 제17조 제1항, 동시행규칙 제20조 제1항 제1호의 규정에 의하여 1필지의 일부가 소유자가 다르게 되거나 토지소유자가 필요로 하는 때 토지의 분할을 신청할 수 있도록 되어 있음에도 지적공부 소관청이 이에 기한 토지 분할신청을 거부하는 경우에, 비록 이러한 분할거부로 인하여 토지소유자의 당해 토지의 소유권에는 아무런 변동을 초래하지 아니한다 하더라도, 부동산등기법 제15조, 지적법 제3조 내지 제6조 등의 관계규정에 의하여 토지의 개수는 지적법에 의한 지적공부상의 토지의 필수를 표준으로 결정되는 것으로 1필지의 토지를 수필로 분할하여 등기하려면 반드시 지적법이 정하는 바에 따라 분할의 절차를 밟아 지적공부에 각 필지마다 등록되어야 하고, 이러한 절차를 거치지 아니하는 한 1개의 토지로서 등기의 목적이 될 수 없는 것이니(당원 1984. 3. 27. 선고, 83다카1135, 1136 판결 및 1990. 12.

7. 선고, 90다카25208 판결 참조), 토지의 소유자는 자기소유 토지의 일부에 대한 소유권의 양도나 저당권의 설정 등 필요한 처분행위를 할 수 없게 되고, 특히 1필지의 일부가 소유자가 다르게 된 때에도 그 소유권을 등기부에 표창하지 못하고 나아가 처분도 할 수 없게 되어 권리행사에 지장을 초래하게 되는 점 등을 고려한다면, 지적소관청의 이러한 토지분할신청의 거부행위는 국민의 권리관계에 영향을 미치는 것으로서 항고소송의 대상이 되는 처분으로 보아야 할 것이다.

따라서 같은 취지에서 피고의 이 사건 토지분할신청의 거부처분을 항고소송의 대상이 되는 행정처분으로 본 원심의 조치는 정당하고, 거기에 소론이 지적하는 바와 같이 행정처분에 관한 법리오해의 위법이 있다고 할 수 없다.

소론이 들고 있는 판례는 이 사건에 적절한 것이 아니며 논지는 이유없다.

제3점 및 제4점에 대하여

건축법 제39조의2의 규정은 대지평수에 대한 그 위의 건물크기의 비율 등에 관한 제한규정일 뿐 그 대지 자체의 적법한 원인에 의한 분할과 소유권이전까지 제한하는 취지는 아닐 뿐 아니라(당원 1980. 1. 15. 선고, 79다1870판결 참조), 도시계획법 제4조 제1항, 동법시행령(1992. 7. 1. 대통령령 제13684호로 개정되기 이전의 것) 제5조 제3항 단서의 규정에 의하면, 도시계획구역 안에서 건축법 제39조의2 소정의 대지최소면적 이하로의 토지분할을 하고자 할 경우에 미리 시장, 군수의 허가를 받도록 하되, 다만 확정판결에 기한 토지분할의 경우에는 건축법 제39조의 2 소정의 대지최소면적에 관한 제한을 받지 않도록 규정하고 있는 것이므로, 원심이 이 사건 분할신청이 건축법 제39조의2의 적용대상인지 여부에 관하여 심리하지 아니하였다 하여 무슨 잘못이 있다고 할 수 없다.

그리고 토지의 분할이란 이미 지적공부에 등재된 1필지의 토지를 소관청이 2필지 이상의 토지로 하여 지적공부에 등록하는 행위를 말하는 것으로서(지적법 제2조 제13호), 여기서 분할은 지적공부에 등록되어 있는 도면상의 경계를 나누어 놓는 것을 말하며, 토지대장의 정리도 포함된다 할 것이지만 이를 위하여 필수적으로 선행되는 지적측량절차와는 별개의 것임은 물론이고, 도시계획법상 도시계획구역관할행정청이 행하는 토지분할의 허가와도 그 성질을 달리하는 것이다.

원심판결을 기록과 대비하여 검토해 볼 때, 원심은 원고가 피고에게 구하였던 이 사건 신청이 도시계획법에 따른 분할허가신청이나 지적측량신청이 아니라 지적법 제17조 제1항에 따른 지적공부상의 토지분할신청이었음을 적법하게 인정하고 있으니, 원심이 증거없이 사실을 인정하였다거나 그 이유에 모순이 있다고 할 수 없고, 도시계획법이나 지적법에 관한 법리를 오해하여 토지분할신청을 지적측량신청이나 도시계획법상의 토지분할허가와 혼동하고 있다고도 볼 수 없다.

원심이 취소한 이 사건 거부처분이 도시계획법 소정의 토지분할허가나 지적측량의 거부임을 전제로 한 논지는 모두 이유없다.

4. 결 론

그러므로 상고를 기각하고 상고비용은 패소자의 부담으로 하여 관여법관의 일치된 의견으로 주문과 같이 판결한다.

대법관 최재호(주심), 윤관, 김주한, 김용준

● 이주대책제외처분취소

대법원 제1부. 1992.10.27. 판결 92누1643파기환송

판 시 사 항

◉ 신청에 대한 거부처분이 있은 후 다시 한 신청이 새로운 신청을 한 취지라면 그에 대한 거부처분도 새로운 거부처분으로 보아야 하는 여부(적극)

◉ 신청의 명칭이 이의신청으로 되어 있으나 종전의 거부처분에 대한 불복신청이라기보다 별개의 새로운 신청으로 보아 이에 대한 거절의 의사표시도 독립한 새로운 거부처분이라고 본 사례

판 결 요 지

가. 거부처분은 당사자의 신청에 대하여 관할 행정청이 이를 거절하는 의사를 대외적으로 명백히 표시함으로써 성립되는 것인바, 당사자가 한 시청에 대하여 거부처분이 있은 후 당사자가 다시 신청을 한 경우에 그 신청의 제목 여하에 불구하고 그 내용이 새로운 신청을 하는 취지라면 관할 행정청이 이를 다시 거절한 이상 새로운 거부처분이 있는 것으로 보아야 할 것이다.

나. 신청의 명칭이 이의신청으로 되어 있으나 종전의 거부처분에 대한 불복신청이라기보다 별개의 새로운 신청으로 보아 이에 대한 거절의 의사표시도 독립한 새로운 거부처분이라고 본 사례

참조조문 행정심판법 제2조, 제19조

참조판례 대법원 1991.6.11. 90누10292판결

당 사 자 원고, 상고인 이재길
소송대리인 변호사 문영우
피고, 피상고인 한국토지개발공사
소송대리인 변호 안영도

원심판결 서울고등법원 1991.12.19. 91구11034판결

주 문 원심판결을 파기하고 사건을 서울고등법원에 환송한다.

이 유

원고소송대리인의 상고이유를 본다.

원심판결이유에 의하면 원심은 그 거시증거에 의하여 원고가 피고에게 피고시행의 안양평촌지구 신시가지사업지구 내에 가옥을 소유하고 있다고 하면서 이주대책의 하나인 이주자택지공급신청을 하였으나 피고는 1990. 5.경 원고에게 원고는 택지공급대상자가 되지 않는다는 내용의 서면통지를 한 사실과 원고가 이에 대하여 1991. 1. 경 피고에게 이의신청을 하자 피고는 1991. 1. 17.자로 원고에게 원고는 위 이주대책에서 제외된다는 취지의 회신을 한 사실을 인정한 다음, 이 사건에서 피고의 거부처분은 위 1990.5.경의 통지에 의하여 있게 된 것이라 할 것이므로 원고는 위 1995. 5. 경의 처분을 이 사건 취소소송

의 대상으로 삼아야 함에도 불구하고 1991. 1. 17.에 있은 원고의 이의신청에 대한 피고의 회신을 그 대상으로 삼은 원고의 이 사건 소는 부적법하다고 판단하였다.

그러나 거부처분은 당사자의 신청에 대하여 관할 행정청이 이를 거절하는 의사를 대외적으로 명백히 표시함으로써 성립되는 것인바, 당사자가 한 신청에 대하여 거부처분이 있은 후 당사자가 다시 신청을 한 경우에 그 신청의 제목 여하에 불구하고 그 내용이 새로운 신청을 하는 취지라면 관할 행정청이 이를 다시 거절한 이상 새로운 거부처분이 있은 것으로 보아야 할 것이다(당원 1991.6.11. 선고, 90누10292판결 참조).

원심확정사실과 기록에 의하여 이 사건 처분의 경위 및 내용을 살펴보면 원고가 1990. 1. 피고에게 택지공급신청을 한 데 대하여 피고는 같은 해 5. 원고에게 위 건물이 증여된 것이라는 이유로 택지공급대상이 되지 않는다는 취지의 서면 통지를 하였고, 그 후 약 8개월이 경과한 뒤에 원고가 1991. 1. "가옥소유점유사실이의신청서"라는 제목하에 이 사건 가옥의 소유, 점유관계 및 등기관계 등을 자세히 언급하고 증거자료까지 첨부하여 원고가 택지공급대상자에 해당함을 주장하면서 피고에게 이주자택지공급을 해 줄 것을 신청하자, 이에 대하여 피고는 1991. 1. 17. 원고가 첨부한 각 증거자료에 대한 견해를 밝힌 후 결론적으로 원고는 법령 및 관계규정에 의할 때 보상계획공고일 현재 당해 가옥에 거주, 소유하면서 보상을 받은 자가 아니므로 이미 회신한 바와 같이 이 주택지공급대상자가 될 수 없다고 회신함으로써 결국 원고의 신청을 거부하고 있다.

위와같은 사실관계에 비추어 보면 원고의 위 1991. 1. 신청은 그 명칭이 비록 이의신청으로 되어 있으나 그 신청시기와 신청내용 등에 비추어 종전의 거부처분에 대한 불복신청이라기보다도 별개의 새로운 이주자택지공급신청으로 볼 여지가 있고, 그렇다면 피고의 이에 대한 거절의 의사표시도 독립한 새로운 거부처분으로서 취소소송의 대상이 된다고 보아야 할 것이다.

결국 원심판결에는 거부처분의 성립에 관한 법리를 오해하여 판결결과에 영향을 미친 위법이 있다고 할 것이므로 이 점을 지적하는 논지는 이유있다.

그러므로 원심판결을 파기환송하기로 하여 관여법관의 일치된 의견으로 주문과 같이 판결한다.

대법관 김석수(재판장), 이회창, 배만운, 최종영

● 산업재해요양신청 불승인 결정 취소

대법원 제2부, 1989. 11. 14. 판결 89누2318상고기각

판 시 사 항

⊙ 기존 질병이 업무로 인하여 악화된 경우가 산업재해보상보험법 소정의 업무상재해에 해당하는지 여부(적극)

⊙ 업무상 재해로 인한 질병이 계속되고 있는 경우 요양급여청구권의 시효소멸 여부

판 결 요 지

가. 산업재해보상보험법 제3조 제1항 소정의 업무상 재해라 함은 근로자가 업무수행에 기인하여 입은 재해를 뜻하는 것이어서 업무와 재해발생과의 사이에 인과관계가 있어야 하지만 그 재해가 업무와 직접 관련이 없는 기존의 질병이더라도 그것이 업무와 관련하여 발생한 다른 재해로 말미암아 더욱 악화되었다면 기존 질병의 악화와 업무와의 사이에는 인과관계가 존재한다고 보아야 한다.

나. 산업재해보상보험법상 보험급여를 받을 권리의 소멸시효기간의 기산점은 그 권리를 행사할 수 있는 때로서 요양급여청구권의 경우에는 요양에 필요한 비용이 구체적으로 확정된 날의 다음날, 즉 요양을 받은 날의 다음날부터 매일매일 진행한다고 할 것이므로 업무상 재해로 인한 질병이 계속되고 있는 경우에 있어서는 그 근로자가 요양급여의 신청을 한 때로부터 역산하여 3년이 넘는 부분에 대한 요양급여청구권은 이미 소멸시효가 완성되었더라도 3년 이내의 부분 및 장래 발생한 부분에 대한 요양급여청구권은 위 요양급여신청으로 인하여 시효의 진행이 중단된다.

참조조문 가. 산업재해보상보험법 제3조 제1항
나. 같은법 제30조 제1항, 제30조의2 제1항

당 사 자 원고, 피상고인 신동영
피고, 상고인 울산지방노동사무소장

원심판결 부산고등법원 1989. 3. 10. 88구971판결

주 문 상고를 기각한다. 상고소송비용은 피고의 부담으로 한다.

이 유

상고이유에 대하여,

1. 산업재해보상보험법 제3조 제1항 소정의 업무상 재해라 함은 근로자가 업무수행에 기인하여 입은 재해를 뜻하는 것이어서 업무와 재해발생과의 사이에 인과관계가 있어야 하는 것은 물론이지만 그 재해가 업무와 직접 관련이 없는 기존의 질병이라 하더라도 그것이 업무와 관련하여 발생한 다른 재해로 말미암아 더욱 악화되었다면 기존질병의 악화와 업무와의 사이에는 인과관계가 존재한다고 보아야 한다.

원심이, 원고는 소외 한국전력공사 소속의 변전원으로서 1980. 7. 13.과 1984. 9. 3.의 두차례에 걸쳐서 그 설시와 같은 작업을 하던 중 허리를 삐어 요추염좌상의 부상을 입은 사실이 인정된다 하고 나서 이 사건에서 문제로 되어 있는 원고의 척수종양이 위의 요추염좌상으로 인하여 발병한 것은 아니지만 적어도 이로 인하여 그 진행이 촉진되고 증세가 악화된 사실만큼은 인정되므로 원고의 척수종양 또한 업무상 질병에 해당한다고 판단한 것은 위에 밝힌바와 같은 취지에서 나온 것이어서 옳고, 여기에 소론과 같은 채증법칙위배로 인한 사실오인이나 인과관계에 관한 법리오해의 위법이 없다.

2. 산업재해보상보험법상의 보험급여를 받을 권리는 3년간 행사하지 아니하면 시

효소멸하도록 되어 있는데(위 법 제30조 제1항) 여기서 시효 기간의 기산점은 그 권리를 행사할 수 있는 때로서 요양급여청구권의 경우에는 요양에 필요한 비용이 구체적으로 확정된 날의 다음날, 즉 요양을 받은 날의 다음날부터 매일매일 진행한다고 할 것이므로 업무상 재해로 인한 질병이 계속되고 있는 이 사건에 있어서는 원고가 요양급여의 신청을 한 때로부터(위 법 제30조의2 제1항 제2호, 제9조제2항 참조) 역산하여 3년이 넘는 부분에 대한 요양급여청구권은 이미 소멸시효가 완성되었다 하더라도 3년 이내의 부분 및 장래 발생할 부분에 대한 요양급여청구권은 이 사건 요양급여신청으로 인하여 시효의 진행이 중단되어 그대로 존속하고 있다할 것이다.

원판결이유에 의하면, 원심은 요양급여청구권의 소멸시효기산점을 재해를 당한대로 해석하고 있어 이 점에서 법리오해의 위법을 저지르고 있으나 원심도 이유는 다를망정 원고의 요양급여청구권이 전부 시효소멸한 것은 아니라 하여 이 사건 불승인처분을 위법하다고 판단하고 있어 그 결과는 정당하므로 위에서 본 법리오해가 원판결의 결과에 영향을 미친 바는 없다.

3. 논지는 어느것이나 이유없으므로 이 상고를 기각하기로 관여법관의 의견이 일치되어 주문과 같이 판결한다.

대법관 김주한(재판장), 이회창, 배석, 김상원

제4장 다른 보상 또는 배상과의 관계

● 손해배상(산)

대법원 제1부. 1995. 4. 25. 판결 93다61703판결 상고기각

판 시 사 항

◉ 사고당시의 수익을 일실수익산정의 기초로 삼는 이유

◉ 피해자가 수령한 휴업급여금이나 장해급여금이 법원에서 인정된 소극적 손해액을 초과하더라도 그 초과부분을 그 성질을 달리하는 손해의 배상액을 산정함에 있어서 공제 여부

판 결 요 지

가. 피해자가 사고 당시 근무하고 있던 직장이 기간을 정한 타인과의 계약에 기한 것이어서 그 계약기간이 만료된 후에는 그 직장에 계속근무할 수 없는 사정이 있다 하더라도 피해자가 그 이후에는 일용노동에 종사하여 벌 수 있는 수익밖에 올릴 수 없다고 단정할 수는 없고, 특별한 사정이 없는 한 그 가동연한까지 종전 직장에서와 같은 정도의 수익이 있는 유사한 직종에 계속 종사할 수 있는 것으로 봄이 타당하다.

나. 손해배상은 손해의 전보를 목적으로 하는 것이므로 피해자가 근로기준법이나 산업재해보상보험법에 따라 휴업급여나 장해급여 등을 이미 지급받은 경우에 그 급여액을 일실수익의 배상액에서 공제하는 것은 그 손해의 성질이 동일하여 상호보완적 관계에 있는 것 사이에서만 이루어질 수 있고, 따라서 피해자가 수령한 휴업급여금이나 장해급여금이 법원에서 인정된 소극적 손해액을 초과하더라도 그 초과부분을 그 성질을 달리하는 손해의 배상액을 산정함에 있어서 공제할 것은 아니고, 같은 이치에서 휴업급여는 휴업기간중의 일실수익에 대응하는 것이므로 휴업급여금은 그것이 지급된 휴업기간중의 일실수익 상당의 손해액에서만 공제되어야 한다.

참조조문 가. 나. 민법 제763조(제393조)
나. 구 산업재해보상보험법(1994. 12. 22. 법률 제4826호로 개정되기 전의 것) 제9조의 4, 제9조의 5, 제11조 제2항

참조판례 대법원 1991. 7. 23. 90다11776
1987. 12. 22. 87다카2169

당 사 자 원고, 피상고인 김대원 외 4인
소송대리인 변호사 김선명
피고, 상고인 류재율 소송대리인 변호사 김형수, 박찬주

원심판결 대구고등법원 1993. 11. 12. 선고, 93나1344판결

주 문 상고를 기각한다. 상고비용은 피고의 부담으로 한다.

이 유

상고이유를 본다.

1. 상고이유 제1점에 대하여,

원심판결이유에 의하면, 원심은 원고 김대원은 1989. 12. 12. 피고 경영의 천막생산업체인 상신직물에 입사하여 와인더(winder) 부에 근무하다가 1991. 6. 24. 임의 퇴직한 뒤 같은해 9. 2. 재입사하여 연신부에서 소외 김보승과 함께 한조를 이루어 천막제조용 실을 발출하는 연신기계에 실원료를 투입하는 작업을 담당하여 왔는데, 같은 해 10. 6. 위 김보승이 결근하였음에도 피고가 작업인원을 보충하지 아니하여 원고가 혼자서 원료투입작업을 하게 되었는바, 일련의 다른 작업에 지장을 초래하지 않게 하기 위하여는 원료배합작업이 차질없이 이루어져야 하는 사정 때문에 심리적인 압박감을 느낀 상태에서 혼자서 서둘러 원료배합작업을 하던 중 08 : 15경 과중한 작업량과 부적당한 작업자세로 인하여 허리에 과도한 충격을 당함으로써 제4, 5요추간, 제5요추 및 제1천추간 요추간판 탈출증을 입게 된 사실을 인정한 다음, 이 사고는 피고의 작업감독상의 과실로 인하여 발생하였고, 한편 위 원고의 과실도 이 사건 사고 발생의 한 원인이 되었다고 할 것이며, 그 과실비율은 50%로 봄이 상당하다고 판단하였다.

원심이 설시한 증거관계를 기록과 대조하여 검토하면 원심의 위 사실인정과 판단은 정당한 것으로 수긍이 가고, 거기에 채증법칙에 위배하여 사실을 오인한 위법이 있다고 할 수 없고, 또한 원심이 인정한 과실상계 비율이 현저하게 부당하여 정의와 형평에 어긋난다고 할 수 없다.

논지는 모두 이유가 없다.

2. 상고이유 제2점에 대하여,

원심판결이유에 의하면, 원심은 원고 김대원이 1991. 9. 2. 피고가 운영하는 상신직물에 근로계약기간을 1992. 10. 2. 까지로 하는 내용의 근로계약을 체결하고 재입사하였다가 이 사건 사고로 1992. 6. 12. 퇴직한 사실, 위 원고는 이 사건 사고당시 월 금 630,000원의 급료를 받고 있었고, 상여금으로 급료의 총수령액중 근무기간이 6개월 이상일 경우에 60%, 12개월 이상일 경우에 100%, 24개월 이상일 경우에 200%에 해당하는 금원을 지급받기로 하는 근로계약을 체결한 사실을 인정한 다음, 위 근로계약기간이 만료되는 1992. 10. 2. 이후에도 위 상신직물의 취업규칙이 정한 정년인 55세가 되는 날인 2021. 7. 11. 까지 위 상여금을 포함한 급료와 위 정년이 될 때까지 계속근속연수 1년에 대하여 30일분의 평균임금에 상당하는 퇴직금 중 각 노동능력상실정도에 사응한 수익을 상실한 것으로 판단하였다.

불법행위로 인한 피해자의 일실수익은 피해자의 노동능력이 가지는 재산적 가치를 정당하게 반영하는 기준에 의하여 산정하여야 하며 사고당시 일정한 직업에 종사하여 수익을 얻고 있던 자는 특별한 사정이 없는 한 그 수익이 산정기준이 된다 할 것이다.

그리고 위와같이 사고당시의 수익을 일실수익산정의 기초로 삼는 것은 사고 당시의 수익이 피해자의 노동능력을 가장 객관적으로 평가할 수 있는 자료가 될 수 있기 때문이고, 그 피해자가 장래 구체적으로도 같은 액수의 수익을 계속 얻게 됨을 근거로 하는 것은 아니라 할 것이므로, 피해자가 사고당시 근무하고 있던 직장이 기간을 정한 타인과의 계약에 기한 것이어서 그 계약기간이 만료된 후에는 그 직장에 계속 근무할 수 없는 사정이 있다 하더라도 피해자가 그 이후에는 일용노동에 종사하여 벌 수 있는 수익밖에 올릴 수 없다고 단정할 수는 없고, 특별한 사정이 없는 한 그 가동연한까지 종전 직장에서와 같은 정도의 수익이 있는 유사한 직종에 계속 종사할 수 있는 것으로 봄이 타당하다(대법원 1987. 12. 22. 선고, 87다카2169 판결 참조).

기록에 비추어 볼 때, 원심의 위 사실인정과 판단은 정당한 것으로 수긍이 가고 거기에 소론이 주장하는 바와 같은 일실수입 산정에 관한 법리를 오해한 위법등이 있다 할 수 없다.

논지는 이유없다.

3. 상고이유 제3점에 대하여,

손해배상은 손해의 전보를 목적으로 하는 것이므로 피해자로 하여금 근로기준법이나 산업재해보상보험법에 따라 휴업급여나 장해급여 등을 이미 지급받은 경우에 그 급여액을 일실수익의 배상액에서 공제하는 것은 그 손해의 성질이 동일하여 상호보완적 관계에 있는 것 사이에서만 이루어질 수 있다고 할 것이고, 따라서 피해자가 수령한 휴업급여금이나 장애급여금이 법원에서 인정된 소극적 손해액을 초과하더라도 그 초과부분을 그 성질을 달리하는 손해의 배상액을 산정함에 있어서 공제할 것은 아니고, 같은 이치에서 휴업급는 휴업기간중의 일실수익에 대응하는 것이므로 휴업급여금은 그것이 지급된 휴업기간중의 일실수익 상당의 손해액에서만 공제되어야 할 것이다(대법원 1991. 7. 23. 선고, 90다11776판결 참조).

같은 취지에서 피고의 휴업급여 금 3,765,670원의 공제주장은 휴업기간인 1991. 10. 7. 부터 1992. 6. 12. 까지의 일실수익상당의 손해액인 금 608,528원의 범위내에서만 이유있다고 판시한 원심의 판단은 정당한 것으로 수긍이 가고, 거기에 손익상계에 관한 법리를 오해한 위법이 없다. 논지는 이유가 없다.

4. 상고이유 제4점에 대하여,

기록에 의하여 살펴보면, 원심이 산정한 위자료 액수도 적절하다고 보여지므로 원심이 위자료 산정에 있어 경험칙에 위배한 사실인정을 하였거나 법리를 오해하였다는 취지의 논지는 받아들일 수 없다.

5. 피고는 원심판결 패소부분 전부에 대하여 상고하였으나 향후치료비, 보조구입비, 향후 개호비 부분 등에 대하여는 아무런 상고이유를 개진하지 않고 있으므로 이 부분 상고는 이유없다.

6. 그러므로 상고를 기각하고 상고비용은 패소자의 부담으로 하기로 하여 관여법관의 일치된 의견으로 주문과 같이 판결한다.

대법관 이임수(재판장), 김석수, 정귀호(주심), 이돈희

● 유족보상금 청구에 대한 부결처분 취소

대법원 제3부. 1995. 3. 17. 판결 94누14391 상고기각

판 시 사 항

◉ 산재보험법과 공무원연금법상의 재해인정범위 차이에 따른 차별여부

판 결 요 지

산재보험법에 의한 보험사업은 공무원연금법상의 공무원연금제도와는 달리하는 것이므로, 위 양 제도 사이에 급여의 지급대상인 재해의 범위를 달리 인정하는 경우가 있다 하더라도 공무원이 아닌 피재자를 합리적인 이유없이 차별하는 것이라고 할 수 없다.

참조조문 산업재해보상보험법, 공무원연금법

당 사 자 원고(상고인) 김성희, 정금자
소송대리인 변호사 이영수
피고(피상고인) 광주지방노동청장

원심판결 광주고등법원 1994. 10. 6. 선고, 94구70판결

주 문 상고를 기각한다. 상고비용은 원고들의 부담으로 한다.

이 유

상고이유를 본다.

산재보험법에 의한 보험사업은 공무원연금법상의 공무원연금제도와는 달리하는 것이므로, 위 양 제도 사이에 급여의 지급대상인 재해의 범위를 달리 인정하는 경우가 있다 하더라도 소론과 같이 공무원이 아닌 피재자를 합리적인 이유없이 차별하는 것이라고 할 수 없다.

또한, 설사 소론과 같이 소외 한국전기통신공사가 그 조직의 운영이나 직원들의 관리감독에 있어 공무원과 동일 또는 유사한 체제를 가지고 있고, 이 사건 피재자들이 정부조직 개편으로 자신들의 의사와 관계없이 공무원의 신분을 잃게 되었다 하더라도 그러한 사정만으로써 이 사건 피재자들에 대하여 산업재해보상보험법에 의한 업무상재해의 범위를 달리 인정할 수 없는 것이다.

이와같은 취지의 원심판결은 옳고, 거기에 소론이 지적하는 업무상재해에 관한 법리오해 등의 위법이 없다.

그러므로 상고를 모두 기각하고, 상고비용은 패소자들의 부담으로 하여 관여법관의 일치된 의견으로 주문과 같이 판결한다.

대법관 안용득(재판장), 천경송, 지창권, 주심 신성택

● 보험금

대법원 제1부. 1995. 3. 14. 판결 93다42238 상고기각

판 시 사 항

◉ 근로기준법에 의한 재해보상을 받을 수 있는 경우를 면책사유로 규정한 자동차종합보험보통약관의 면책조항의 취지와 그 적용 범위

◉ 근로기준법 제10조 소정의 "상시 5인 이상의 근로자를 사용하는 사업

또는 사업장" 및 산업재해보상보험법 시행령 제2조 제5호 소정의 "상시 5인 미만의 근로자를 사용하는 사업"의 의미
◉ 당연히 산업재해보상보험법의 가입자가 되는 사업주의 근로자가 보험급여의 지급을 청구할 수 있는 요건

판 결 요 지

가. 자동차종합보험계약의 대인배상책임보험계약에 있어서 그 사고의 피해자가 배상책임 의무 있는 피보험자의 피용자로서 근로기준법에 의한 재해보상을 받을 수 있는 사림인 경우에는 그 사고로 인하여 피보험자가 입게 된 손해를 보험자가 보상하지 아니하기로 정한 자동차종합보험보통약관상의 면책조항은 노사관계에서 발생하는 재해보상에 대하여는 원칙적으로 산업재해보상보험에 의하여 전보받도록 하고 제3자에 대한 손해배상책임을 전보하는 것을 목적으로 한 자동차보험의 대인배상범위에서는 이를 제외하려는 데 그 취지가 있는 것이므로, 배상책임의무있는 피보험자의 피용자가 피해자인 경우에 보험자가 위의 면책조항에 의하면 면책되려면 그 피용자가 근로기준법에 의한 재해보상을 받을 수 있을 뿐만 아니라 산업재해보상보험법의 적용을 받아 같은법 소정의 보험급여를 지급받을 수 있어야 할 것이다.

나. 근로기준법의 적용범위를 정한 같은법 제10조 소정의 "상시 5인 이상의 근로자를 사용하는 사업 또는 사업장"이라 함은 "상시 근무하는 근로자의 수가 5인 이상인 사업 또는 사업장"을 뜻하는 것이 아니라 "사용하는 근로자의 수가 상시 5인 이상인 사업 또는 사업장"을 뜻하는 것임이 법문상 명백하고, 그 경우 상시라 함은 상태라고 하는 의미로 해석하여야 할 것이므로 근로자의 수가 때때로 5인 미만이 되는 경우가 있어도 상태적으로 보아 5인 이상이 되는 경우에는 이에 해당한다 할 것이며, 이 경우 근로자라고 함은 당해 사업장에 계속 근무하는 근로자 뿐만 아니라 그때 그때의 필요에 의하여 사용하는 일용 근로자를 포함한다고 해석하여야 하고, 산업재해보상보험법시행령 제2조 제5호는 "상시 5인 미만의 근로자를 사용하는 사업"을 산업재해보상보험법의 적용을 받지 아니하는 사업으로 들고 있으나, 위 규정도 근로기준법 제10조와 마찬가지로 해석하여야 한다.

다. 구 산업재해보상보험법(1994. 12. 22. 법률 제4826호로 개정되기 전의 것) 제6조 제1항, 제7조의 각 규정에 의하면, 사업의 사업주는 같은법 제4조 단서, 같은 법시행령 제2조의 사업이 아닌 한 당연히 산업재해보상보험의 보험가입자가 되어 당해 사업개시일에 보험관계가 성립하는 것으로 규정하고 있으므로 위와같이 당연 가입되는 사업주가 사업을 개시한 후에 그 사업에 소속한 근로자가 업무상 재해를 입은 때에는 그는 당연히 같은법 소정의 보험급여의 지급을 청구할 수 있다고 할 것이고, 사업

주가 같은법시행령 제4조 제1항 소정의 보험관계성립의 신고를 하거나 보험료를 납부하는 등의 절차를 밟은 후에 발생한 업무상재해에 한하여 보험급여의 지급을 청구할 수 있는 것은 아니라고 할 것이다.

참조조문 가. 상법 제659조, 제719조
구산업재해보상보험법 (1994. 12. 22. 법률 제4826호로 개정되기 전의 것) 제1조, 제4조
나. 근로기준법 제10조 산업재해보상보험법시행령 제2조 제5호
다. 구산업재해보상보험법 (1994. 12. 22. 법률 제4826호로 개정되기 전의 것) 제6조제1항, 제7조

참조판례 가. 대법원 1993. 11. 9. 93다23107판결
1994. 3. 11. 93다58622판결
1995. 2. 10. 94다4424판결
나. 대법원 1987. 4. 14. 87도153판결
1987. 7. 21. 87다카831판결

당 사 자 원고, 상고인 박영기, 소송대리인 변호사 여동영 외 1인
피고, 피상고인 한국자동차보험주식회사, 소송대리인 변호사 이보영

원심판결 대구지방법원 1993. 7. 7. 93나2924판결

주　　문 상고를 기각한다. 상고비용은 원고의 부담으로 한다.

이　　유

상고이유 제1, 2점을 아울러 본다.

1. 원고가 피고와 체결한 이 사건 자동차종합보험계약의 대인배상책임보험계약에 있어서 그 사고의 피해자가 배상책임의무 있는 피보험자의 피용자로서 근로기준법에 의한 재해보상을 받을 수 있는 사람인 경우에는 그 사고로 인하여 피보험자가 입게 된 손해를 보험자가 보상하지 아니하기로 정한 자동차종합보험보통약관상의 면책조항은 노사관계에서 발생하는 재해보상에 대하여는 원칙적으로 산업재해보상보험에 의하여 전보받도록 하고 제3자에 대한 손해배상책임을 전보하는 것을 목적으로 한 자동차보험의 대인배상범위에서는 이를 제외하려는데 그 취지가 있는 것이므로, 배상책임의무 있는 피보험자의 피용자가 피해자인 경우에 보험자가 위의 면책조항에 의하여 면책되려면 그 피용자가 근로기준법에 의한 재해보상을 받을 수 있을 뿐만 아니라 산업재해보상보험법의 적용을 받아 그 법 소정의 보험급여를 지급받을 수 있어야 할 것이다(당원 1993. 11. 9. 선고, 93다23107판결 등 참조).

2. 그런데 근로기준법의 적용범위를 정한 동법 제10조 소정의 "상시 5인 이상의 근로자를 사용하는 사업 또는 사업장"이라 함은 "상시 근무하는 근로자의 수가 5인 이상인 사업 또는 사업장"을 뜻하는 것이 아니라 "사용하는 근로자의 수가 상시 5인 이상인 사업 또는 사업장"을 뜻하는 것임이 법문상 명백하고, 그 경우 상시라 함은 상태라고 하는 의미로 해석하여야 할 것이므로 근로자의 수가 때때로 5인 미만이 되는 경우가 있어도 상태적으로 보아 5인 이상이 되는 경우에는 이에 해당한다 할 것이며, 이 경우 근로자라고 함은 당해 사업장에 계속 근무하는 근로자뿐만 아니라 그때그때의 필요에 의하여 사용하는 일용근로

자를 포함한다고 해석하여야 할 것이다(당원 1987. 4. 14. 선고, 87도153판결 ; 1987. 7. 21. 선고, 87다카831 판결 등 참조).

그리고 이 사건 사고 당시인 1991. 1. 7. 시행중이던 개정 전 산업재해보상보험법(1994. 12. 22. 법률 제4826호로 개정되기 전의 것) 제4조 단서는 사업의 위험률, 규모 및 사업장소 등을 참작하여 대통령령으로 적용하는 사업에는 동법의 적용을 배제하고 있었고, 그에 따라 동법시행령 제2조 제5호는 "상시 5인 미만의 근로자를 사용하는 사업"을 위 법의 적용을 받지 아니하는 사업을 들고 있으나, 위 규정도 근로기준법 제10조와 마찬가지로 해석하여야 할 것이다.

원심판결 이유에 의하면, 원심은 원고가 경영하는 반도환경기계제작소의 근로자 수는 1990년도 1월에 7명, 2월에 8명, 3월에 8명, 4월에 5명, 5월에 3명, 6월에 3명, 7월에 4명, 8월에 3명, 9월에 7명, 10월에 7명, 11월에 7명으로 월평균 5.6명이었으며, 위 사고일 가까운 1990. 11.의 근로자 중 4명은 월급제로 급여를 받는 상용 근로자이고 나머지 3명은 일당을 받는 일용 근로자인데 일용 근로자들의 11월 한달 근로일수는 총 54일에 이르러 이를 30일로 나누어 보면 1일 평균 1.8명의 일용근로자가 일한 것이 되고, 이를 상용근로자와 합하면 매일 5.8명의 근로자가 일한 셈이 되는 사실을 인정하고 위 인정사실에 나타난 근로자 수의 변동사황이나 그 근로관계의 내용에 비추어 보면 원고 경영의 반도환경기계제작소는 상시 5인 이상의 근로자를 사용하는 사업이라고 판단하였다.

기록을 살펴보면 원심의 위와같은 사실인정은 정당한 것으로 수긍이 되고, 또 앞에서 설시한 법리에 비추어보면 원고 경영의 반도환경기계제작소가 상시 5인 이상의 근로자를 사용하는 사업에 해당한다고 한 원심의 판단 또는 정당하다고 할 것이며, 거기에 소론과 같은 채증법칙위배, 심리미진 또는 근로기준법의 적용여부에 대한 법리를 오해한 위법이 있다고 할 수 없다. 이 점을 다투는 논지는 이유없다.

3. 그리고 위 개정전 산업재해보상보험법 제6조 제1항, 제7조의 각 규정에 의하면, 사업의 사업주는 동법 제4조의 단서, 동법시행령 제2조의 사업이 아닌한 당연히 산업재해보상보험의 보험가입자가 되어 당해 사업개시일에 보험관계가 성립하는 것으로 규정하고 있으므로 위와같이 당연 가입되는 사업주가 사업을 개시한 후에 그 사업에 소속한 근로자가 업무상재해를 입은 때에는 그는 당연히 위 법 소정의 보험급여의 지급을 청구할 수 있다고 할 것이고, 사업주가 동법시행령 제4조 제1항 소정의 보험관계성립의 신고를 하거나 보험료를 납부하는 등의 절차를 밟은 후에 발생한 업무상 재해에 한하여 보험급여의 지급을 청구할 수 있는 것은 아니라고 할 것이다.

그런데 원고 경영의 위 반도환경기계제작소가 상시 5인 이상의 근로자를 사용하는 사업에 해당함은 앞에서 본 바와 같으므로, 다른 특별한 사정이 없는 한, 위 사업에는 산업재해보상보험법이 당연히 적용된다고 할 것이고(위 사업이 동법 제4조 단서, 동법시행령 제2조 소정의 사업에 해당된다고 보이지도 아니한다), 다른 한편, 이 사건 자동차종합보험계약의 목적물인 원고 소유의 이 사건 자동차의 운행으로 인하여 상해를 입은 소외 박동진은 위 반도환경기계제작소의 근로자로서 그 상해가 업무상 재해에 해당한다고 하는 점은 원심이 적법하게 확정하고 있는 바와 같으므로, 결국 이 사건 사고는 이 보험계약상의 면책사유에 해당한다고 할 것이다.

이 점에 관한 원심의 설시는 다소 불충분하나 피고의 면책항변을 받아들인 그 결과에 있어서는 정당하고 거기에 소론과 같은 채증법칙위배, 심리미진 내지 산업재해보상보험법의 법리를 오해한 위법이 있다고 할 수 없으므로 이 점을 다투는 논지 또한 이유없다.

4. 이에 상고를 기각하고 상고비용은 패소자의 부담으로 하기로 하여 관여법관의 일치된 의견으로 주문과 같이 판결한다.

대법관 이임수(재판장), 김석수, 정귀호(주심), 이돈희

● 보험금

대법원 제2부. 1995. 2. 10. 판결 94다4424 상고기각

판 시 사 항

◉ 보험회사와 피보험자 사이에 피보험자의 보험금청구권이 부존재한다는 판결이 선고, 확정되었다는 사유만으로 당연히 피해자가 보험금을 직접 청구하지 못하게 되는지 여부

◉ 배상책임의무가 있는 피보험자의 피용자로서 근로기준법에 의한 재해보상을 받을 수 있는 경우를 면책사유로 규정하고 있는 자동차종합보험 보통약관의 취지와 적용범위

판 결 요 지

가. 책임보험인 자동차종합보험에 관하여 개정 상법(1991. 12. 31. 법률 제4470호)의 시행전에 그 약관에 의하여 인정되던 보험금 직접청구권은 피보험자의 보험자에 대한 보험금청구권에 바탕을 두고 그와 내용을 같이 하는 것이기는 하지만, 피해자가 그 약관에서 정한 요건을 갖추어 보험자에게 보험금청구권을 행사하기 이전에 보험자와 피보험자 사이에 피보험자의 보험자에 대한 보험금청구권이 부존재한다는 판결이 선고되고 그 판결이 확정되었다 하여도 그 판결의 당사자가 아닌 피해자에 대하여서까지 판결의 효력이 미치는 것이 아니어서 이 사유만으로 당연히 보험금을 청구하지 못하게 되는 것은 아니다.

나. 배상책임의무가 있는 피보험자의 피용자로서 근로기준법에 의한 재해보상을 받을 수 있는 사람이 죽거나 다친 경우를 면책사유로 규정하고 있는 자동차종합보험 보통약관의 취지는 노사관계에서 발생하는 업무상 재해로 인한 손해에 대하여 원칙적으로 산업재해보상보험에 의하여 전보받도록 하려는데 그 취지가 있는 것이지, 근로기준법상의 업무상 재해라고 하여 산업재해보상보험법에 의하여 보상을 받을 수 없는 경우까지 위 면책사유의 적용대상에 해당하는 것으로 취급하려는 것이 아니다.

참조조문 가. 나. 구 상법 제659조 제2항 (1991. 12. 31. 법률 제4470

호로 삭제)

가. 상법 제724조 제2항
민사소송법 제202조
나. 산업재해보상보험법 제1조, 제4조

참조판례 가. 대법원 1992.11.27. 92다12681판결
1993.4.13. 93다3622판결
1993.5.11. 93다2530판결
나. 대법원 1993.11.9. 93다23107판결
1994.1.11. 93다5376판결
1994.3.11. 93다58622판결

당 사 자 원고, 피상고인 박상옥 외1인
원고들 소송대리인 변호사 박호섭
피고, 상고인 한국자동차보험주식회사
소송대리인 변호사 정만조

원심판결 대전고등법원 1993.12.14. 93나2436판결

주 문 상고를 기각한다. 상고비용은 피고의 부담으로 한다.

이 유

상고이유와 상고이유서 제출기간 경과후에 제출된 상고이유보충서 중 상고이유를 보충하는 부분을 함께 판단한다.

1. 책임보험인 자동차종합보험에 관하여 개정상법(1991. 12. 31. 법률 제4470호)의 시행전에 그 약관에 의하여 인정되던 보험금 지급청구권은 피보험자의 보험자에 대한 보험금청구권에 바탕을 두고 그와 내용을 같이하는 것이기는 하지만, 피해자가 그 약관에서 정한 요건을 갖추어 보험자에게 보험금청구권을 행사하기 이전에 보험자와 피보험자 사이에 피보험자의 보험자에 대한 보험금청구권이 부존재한다는 판결이 선고되고 그 판결이 확정되었다고 하여도 그 판결의 당사자가 아닌 피해자에 대하여서까지 판결의 효력이 미치는 것이 아니어서 이 사유만으로 당연히 보험금을 청구하지 못하게 되는 것은 아니다. 원래 기판력이라 함은 법원이나 당사자가 동일한 사건에 관하여 전소판결의 판단에 배치되는 주장이나 판단을 할 수 없게 하는 효력이지 이에 의하여 존재하던 실체법상 청구권이 손멸되거나 존재하지 아니하던 실체법상 청구권이 새로 생겨나는 것이 아니기 때문에 보험자와 피보험자 사이의 전소판결에서 비록 약관에서 정한 면책사유의 존재로 인하여 피보험자에게 보험금청구권이 없다고 판단되었다고 하더라도 피해자가 그 약관에서 정한 요건을 갖추어 보험자를 상대로 하여 보험금을 직접 청구하는 사건의 경우에 있어서는 전소판결과 관계없이 피보험자가 보험자에 대하여 보험금청구권이 있는지 여부를 다시 따져보아야 하는 것이다.

원심이 같은 취지에서 보험자인 피고와 피보험자인 소외 김성태간의 확정판결의 효력이 이 사건에 미치지 않는다고 하여 피보험자인 소외 김성태의 피고에 대한 보험금청구권의 유무를 다시 심리, 판단하였음은 정당하고, 나아가 원심이 피해자의 보험금 직접청구권은 피보험자의 보험금청구권이 성립하는 경우에만 행사할 수 있다는 전제 아래, 적법한 증거판단의 과정을 거쳐 소외 김성태와 피고 사이의 전소 판결을 증거로 채용치 않고 다른 증거들에 의하여 면책사유의 존재로 인하여 김성태에게 보험금청구권이 없다는 피고의 주장을 모두 배척한 뒤 원고들의 보험금 직접청구권을 적법하게 인정하고 있는 이상 원심판결에

피해자의 보험금 직접청구권에 관한 법리오해나 판단유탈의 위법이 있다고 할 수 없다. 상고이유중 이 점을 지적하는 부분은 이유없다.

2. 원심판결이유를 기록에 비추어 살펴보면, 원심이 원고 박상옥은 그 판시의 '세정'이라고 하는 업체를 소외 김성태와 공동으로 경영하는 관계에 있지 아니하고 단지 위 김성태의 피용자에 지나지 아니할 뿐이이서 이 사건 사고 자동차에 대한 운행자의 지위에 있지 아니하였다고 인정한 것은 정당한 것으로 수긍이 가고, 그 과정에서 거친 증거판단에 채증법칙위배의 위법이 있다고 할 수 없으며, 원심이 인정한 바와 같이 원고 박상옥이 위 김성태의 피용자로서 이 사건 사고 당시 단지 사고 자동차의 조수석에 탑승중에 있었던 것일 뿐이라면, 피고가 상고이유에서 지적한 바와 같이 설사 위 원고가 그 당시 수행중이던 업무의 책임자로서 사고 전날 그 자동차를 운전한 일이 있다고 하더라도 그러한 사정만으로는 위 원고가 이 사건 보험약관 제11조 소정의 승낙피보험자로서 보험약관 제10조 제2항 제3호 소정의 면책사유가 있는 경우에 해당한다고 할 수 없는 것이다. 상고이유 중 이 점을 지적하는 부분도 이유없다.

3. 배상책임의무가 있는 피보험자의 피용자로서 근로기준법에 의한 재해보상을 받을 수 있는 사람이 죽거나 다친 경우를 면책사유로 규정하고 있는 보험약관 제10조 제2항 제4호의 취지는 노사관계에서 발생하는 업무상재해로 인한 손해에 대하여 원칙적으로 산업재해보상보험에 의하여 전보받도록 하려는데 그 취지가 있는 것이지, 근로기준법상의 업무상 재해라고 하여 산업재해보상보험법에 의하여 보상을 받을 수 없는 경우까지 위 면책사유의 적용대상에 해당하는 것으로 취급하려는 것이 아니라는 점은 대법원이 누차에 걸쳐 판시하여 온 확립된 견해(대법원 1991. 5. 14. 선고, 91다6634 판결 ; 1992. 1. 21. 선고, 93다카25499 판결 ; 1992. 8. 18. 선고, 91다38297 판결 ; 1993. 6. 8. 선고, 93다5192 판결 ; 1994. 3. 11. 선고, 93다58622판결 등 참조)로서 변경할 아무런 이유가 없다.

원심이 확정한 사실에 의하면 이 사건 사고 당시 원고 박상옥이 근무하고 있었다는 '세정'이라고 하는 업체는 전기모터 부속품을 판매하는 도소매업체로서 근로기준법이 적용되는 사업장이기는 하지만 그 당시 시행되던 산업재해보상보험법 및 그 시행령에서 정하고 있는 당연보험가입대상인 사업체에는 해당하지 아니할 뿐더러 사업주가 임의로 위 보험에 가입하고 있었던 것도 아니라는 것이므로 이 사건사고가 위 약관 소정의 면책대상에 해당한다고 할 수 없다.

상고이유 중 이 점을 지적하는 부분도 이유 없다.

4. 그러므로 상고를 기각하고 상고비용은 상고인인 피고의 부담으로 하기로 관여 법관의 의견이 일치되어 주문과 같이 판결한다.

대법관 박준서(재판장), 박만호, 김형선, 이용훈(주심)

● 유족급여 및 장의비 부지급 처분 취소

대법원 제3부, 1994.12.2. 판결 93누17485기각

판 시 사 항

◉ 산업재해보상보험법 제34조의 4 제2항에 위반하여 근로자에게 불리한 보험계약도 같은 조 소정의 해외근재보험에 해당한다고 한 사례

판 결 요 지

산업재해보상보험법 제34조의 4 제2항은 해외근재보험의 경우 보험회사가 지급하는 보험급여는 같은 법에 의한 보험급여보다 근로자에게 불이익하여서는 아니된다고 규정하고 있으나, 어떤 해외근재보험의 약관상 보험급여의 액수등이 같은 법에 의한 보험급여보다 근로자에게 불이익하게 규정되어 있다 하더라도 이러한 경우 근로자에게 불이익한 약관규정의 효력을 다툼은 별론으로 하고 그 해외근재보험이 같은법 제34조의 4 소정의 해외근재보험에 해당한다고 보는 데에는 아무런 지장이 없다.

참조조문 산업재해보상보험법 제34조의 4

당 사 자 원고, 상고인 김부화
소송대리인 변호사 한병식
피고, 피상고인 서울지방노동청장

환송판결 대법원 1992.7.14. 92누4475판결

원심판결 서울고등법원 1993.7.2. 92구22642판결

주 문 상고를 기각한다. 상고비용은 원고의 부담으로 한다.

이 유

상고이유를 본다.

1. 원심판결이유에 의하면 원심은, 소외 대림산업주식회사가 소속 근로자인 소외 망 홍성유의 국외 근무기간 중 발생한 업무상의 재해를 보상하기 위하여 소외 럭키화재해상보험주식회사와의 사이에 체결한 산업재해보상보험법(이하 산재법이라고 줄여 쓴다) 제34조의 4 소정의 해외근재보험계약을 1990. 5. 17. 위 망인이 일시 귀국한 1990. 5. 1. 자로 소급하여 해지 처리하였으나, 보험계약당사자들 사이에 근로자가 국외근무를 마치고 귀국하면 그 귀국일로 소급하여 당해 근로자에 관한 보험계약을 해지 처리하는 묵시적 합의 또는 관행이 있었다고 하더라도, 이 사건에 있어서와 같이 그 근로자에게 해외근재보험의 부보범위 내에 속하는 산업재해가 이미 발생한 경우에까지 그와 같은 묵시적 합의 또는 관행이 성립하여 있다고 볼 수 없어 이 사건 보험계약의 소급 해지는 부적법하다고 판단하고 있는바, 이와같은 원심의 판단은 정당한 것으호 수긍되고, 거기에 소론과 같이 보험약관의 해석 또는 상법 제663조의 적용범위에 관한 법리를 오해하였거나 이유모순의 위법이 있다고 할 수 없다.

논지는 이유 없다.

2. 산재법 제34조의 4 소정의 해외근재보험의 경우에는 노동부장관이 관장하는 산업재해보상보험이 적용되지 아니하는 것이다(당원의 환송판결 참조).

한편, 같은 조 제2항은 해외근재보험의 경우 보험회사가 지급하는 보험급여는 산재법에 의한 보험급여보다 근로자에게 불이익하여서는 아니된다고 규정하고 있으

나, 소론과 같이 이 사건 해외근재보험의 약관상 보험급여의 액수 등이 산재법에 의한 보험급여보다 근로자에게 불이익하게 규정되어 있다 하더라도 이러한 경우 근로자에게 불이익한 약관규정의 효력을 다툼은 별론으로 하고 이 사건 해외근재보험이 산재법 제34조의4 소정의 해외근재보험에 해당한다고 보는 데에는 아무런 지장이 없다 할 것이며, 따라서 노동부장관이 관장하는 산업재해보상보험은 적용될 여지가 없으므로, 설사 원심이 원고의 이 점에 관한 주장을 판단하지 아니하였다 하더라도 그것이 배척될 경우임이 명백한 이상 판결 결과에 아무런 영향이 없다.

논지는 모두 이유 없다.

3. 그러므로 상고를 기각하고, 상고비용은 패소자의 부담으로 하여 관여법관의 일치된 의견으로 주문과 같이 판결한다.

● 채무부존재확인

대법원 제3부, 1994. 6. 24. 판결 94다4554 상고기각

판 시 사 항

◉ 피해자가 배상책임 있는 피보험자의 피용자로서 근로기준법에 의한 재해보상을 받을 수 있는 경우를 보험자의 면책사유로 규정한 자동차종합보험약관의 취지와 적용범위

판 결 요 지

자동차종합보험약관에서 피해자가 배상책임있는 피보험자의 피용자로서 근로기준법에 의한 재해보상을 받을 수 있는 사람인 경우를 보험자의 면책사유로 규정한 것은 사용자와 근로자의 노사관계에서 발생한 업무상 재해로 인한 손해에 대하여는 노사관계를 규율하는 근로기준법에서 사용자의 각종 보상책임을 규정하는 한편 이러한 보상책임을 담보하기 위하여 산업재해보상보험법으로 산업재해보상제도를 설정하고 있음에 비추어 노사관계에서 발생하는 재해보상에 대하여는 원칙적으로 산업재해보상보험에 의하여 전보받도록 하려는 데에 그 취지가 있는 것이므로, 근로기준법상의 업무상재해라고 할지라도 산업재해보상보험법에 의하여 보상을 받을 수 없는 경우는 위 면책사유의 적용대상에 제외된다.

참조조문 상법 제659조
산업재해보상보험법 제1조, 제4조

참조판례 대법원 1993. 6. 8. 93다5192판결
1994. 1. 11. 93다5376판결
1994. 3. 11. 93다58622판결

당 사 자 원고, 상고인 해동화재해상보험주식회사
소송대리인 변호사 김교창
피고, 피상고인 목포시
소송대리인 변호사 박찬주

원심판결 광주고등법원 1993. 12. 10. 93나4877판결

주 문 상고를 기각한다. 상고비용은 원고의 부담으로 한다.

이 유

상고이유를 본다.

자동차종합보험보통약관에서 피해자가 배상책임있는 피보험자의 피용자로서 근로기준법에 의한 재해보상을 받을 수 있는 사람인 경우를 보험자의 면책사유로 규정한 것은 사용자와 근로자의 노사관계에서 발생한 업무상재해로 인한 손해에 대하여는 노사관계를 규율하는 근로기준법에서 사용자의 각종 보상책임을 규정하는 한편 이러한 보상책임을 담보하기 위하여 산업재해보상보험법으로 산업재해보상제도를 설정하고 있음에 비추어 노사관계에서 발생하는 재해보상에 대하여는 원칙적으로 산업재해보상보험에 의하여 전보받도록 하려는 데에 그 취지가 있는 것이므로, 근로기준법상의 업무상재해라고 할지라도 산업재해보상보험법에 의하여 보상을 받을 수 없는 경우는 위 면책사유의 적용대상에서 제외된다고 할 것이다(당원 1991. 5. 14. 선고, 91다6634 판결 ; 1992. 8. 18. 선고, 91다 38297 판결 ; 1993. 6. 8. 선고, 93다5192 판결 등 참조). 위 약관 소정의 면책사유를 위와같은 취지로 판단하고, 이어 피고가 직접 운영하는 목포시 일원의 쓰레기 처리사업은 지방자치단체에서 직접 행하는 사업으로서 산업재해보상보험법의 적용대상에서 제외되므로, 이 사건 교통사고는 이 사건 약관에서 규정하는 면책사유에 해당하지 아니한다고 판단한 원심은 정당하고, 거기에 소론과 같이 자동차종합보험보통약관의 해석을 그르친 위법이 있다고 할 수 없다.

또한 논지는 지방자치단체에서 직접 행하는 사업이어서 산업재해보상보험법이 적용되지 않는 사업이라고 하더라도 지방자치단체는 충분한 자력이 있어 이 사건 교통사고의 피해자에 대한 근로기준법상의 재해보상이 보장되어 있기 때문에 이러한 경우에는 위 면책조항이 적용되어야 한다는 것이나, 피용자인 피해자가 근로기준법에 의한 재해보상을 받을 수 있는지의 여부에 불구하고 산업재해보상보험법에 의하여 보상을 받을 수 없는 경우는 위 면책사유의 적용대상에서 제외되는 것이므로, 위 논지는 받아들일 수 없다.

소론이 들고 있는 당원 1990. 12. 11. 선고, 90다카26553 판결은 이 사건에서 원용하기에 적절한 선례가 아니다. 논지는 이유 없다.

그러므로 상고를 기각하고 상고비용은 패소자의 부담으로 하기로 하여 관여법관의 일치된 의견으로 주문과 같이 판결한다.

대법관 김상원(재판장), 윤영철, 박준서(주심)

● 구상금

대법원 제1부. 1994. 5. 24. 판결 93다38826 파기환송

판 시 사 항

◉ 재해로 인하여 근로자가 사용자로부터 먼저 재해보상을 받은 경우에 국가는 그 금액범위내에서 근로자에게 보험급여의 지급의무가 없고 사용자는 산재보험급여 요건이 갖추어진 경우 국가에 구상할 수 있다.

판 결 요 지

가. 산업재해보상보험법에 의한 보험급여는 사용자가 근로기준법에 의하여 보상하여야 할 근로자의

업무상 재해로 인한 손해를 국가가 보험자의 입장에서 근로자에게 직접 전보하는 성질을 가지고 있는 것으로서, 보험급여의 사유와 종류, 급여액의 산정기준이 재해보상과 동일하거나 유사하고, 손실전보라는 기능의 동일성을 근거로하여 상호 조정 규정을 두고 있는 점에 있어서 근로자의 생활 보장적성격외에 근로기준법에 따른 사용자의 재해보상에 대하여는 책임보험의 성질도 가지고 책임보험적 기능도 수행하고 있다고 보는 것이 상당하며, 사업주와 국가와의 관계에 있어서는 국가가 궁극적으로 보상책임을 져야 한다고 해석 할 것이고, 따라서 산업재해보상보험법이 1993. 12. 27. 개정되기 전에 있어서는 산재보험급여가 재해보상 전에 행하여진 경우에 사용자는 동일한 사유에 대하여 일체의 재해보상책임이 면책되고, 국가는 당연히 사용자에 대하여 구상할 수 없으나, 근로자가 사용자로부터 먼저 재해보상을 받은 경우에는 국가는 그 금액 범위 안에서 근로자에게 보험급여의 지급의무가 없고, 사업주(사용자)는 산재보험급여의 요건이 갖추어진 경우에 그 금액의 범위 안에서 국가에 대하여 구상할 수 있다고 보아야 한다.

나. 행정처분이 확정되어 그 처분의 효력을 더 이상 다툴 수 없게 되었다 하더라도 그 처분의 기초가 된 사실관계나 법률적 판단이 확정되고 당사자들이나 법원이 이에 기속되어 모순되는 주장이나 판단을 할 수 없게 되는 것은 아니므로, 사망한 근로자의 유족이 먼저 산재보험급여청구를 하였다가 노동지방사무소에 의하여 기각되자, 이에 대하여 불복을 하지 않았다는 사유는 사용자가 국가를 상대로 위 "가" 항의 구상을 청구함에 있어 장애가 된다고 할 수 없다.

참조조문 근로기준법 제87조
산업재해보상보험법 제11조

당 사 자 원고, 상고인 대진택시주식회사
피고, 피상고인 대한민국

원심판결 부산지방법원 1993. 6. 25. 93나2954판결

주 문 원심판결을 파기하고, 사건을 부산지방법원 합의부에 환송한다.

이 유

상고이유를 본다.

1. 원심판결 이유의 요지는 다음과 같다.

가. 원고의 청구원인

(1) 원고 소속 택시의 운전사이던 소외 망 박병옥(이하 망인이라 한다)이 1988년 12월 17일 천일자동차정비공업사에 위 택시의 수리를 맡기고 그동안 인근에서 술을 마시고 있다가 화장실에 간다는 것이 잘못하여 어떤 지하창고에 추락하여 사망하였고, 원고는 근로기준법 적용대상업체로서 산업재해보상보험법(이하 산재보험법이라고 한다)에 따른 보험(이하 산재보험이라고 한다)에 가입되어 있었기 때문에 망인의 처인 소외 김복조가 부산 북부지방노동

사무소에 유족급여와 장의비의 지급청구를 하였는데, 업무상 재해로 인정할 수 없다는 이유로 기각되었다.

(2) 그리하여 망인의 유족들은 원고를 상대로 근로기준법에 따른 유족보상과 장사비 청구소송을 제기하여 이 소송에서 망인은 업무상재해로 사망한 것으로 인정되어 금 1천3백48만1천1백20원을 지급하라는 판결이 선고되었고, 이에 따라 원고는 위 판결에 따른 지연손해금을 합쳐 금 1천5백만원을 지급하였다.

(3) 그러므로 원고는 피고에 대하여 유족에 대한 산재보험금 지급의무는 피고에게 제1차적 지급의무가 있음에도 원고가 그 의무를 이행하여 피고의 의무를 소멸케 하였으므로 위 지출금 상당의 구상을 구하고, 선택적으로 원고의 출재로 인하여 피고는 망인의 유족들에 대한 위 산재보험금 지급의무를 면하게 되어 같은 금액 상당의 부당이득을 얻었으므로 그 반환을 구하고, 또 선택적으로 원고는 변제할 이익이 있는 자라서 피고를 대위하여 피고의 위 의무를 이행한 것이므로 변제가 대위의 법리에 의하여 위 지출금의 지급을 구하며, 또 선택적으로 망인의 사망은 업무상 재해로 인한 것임에도 불구하고 피고는 업무상 재해가 아니라는 이유로 산재보험금 지급청구를 기각함으로써 원고와의 산재보험계약상의 채무를 불이행하였으므로 그로 인하여 원고가 입은 위 지출금 상당의 손해배상을 구한다.

나. 원심의 판단

산재보험법에 의한 보험급여는 사용자가 근로기준법에 의하여 보상하여야 할 근로자의 업무상 재해로 인한 손해를 국가가 보험자의 입장에서 근로자에게 직접 전보하는 성질을 가지고 있으나, 사용자가 그 재해로 인하여 부담하게 될 손해에 대한 책임보험의 성질까지 갖는 것은 아니므로, 원고가 망인의 유족에게 재해보상금을 지급하였다고 하여도 그 유족의 피고에 대한 보험급여청구권을 대위 취득하였다거나 원고가 피고에 대하여 구상권을 취득하였다고 할 수 없고, 또 원고가 사용자로서 민사상 손해배상책임에 터잡아 손해를 배상함으로써 그 금액범위내에서 피고가 보험급여의 지급의무를 면하게 되었다고 하여도 원고는 자신의 법률상의 의무를 이행한 것에 지나지 아니하여 손해를 입었다고 할 수 없으므로 피고에 대하여 보험급여에 대한 부당이득반환을 구하거나 손해배상을 청구할 여지가 없다.

2. 근로기준법상의 재해보상제도는 근로를 제공하는 근로자를 그 지배하에 두고, 재해보험이 내재된 기업을 경영하는 사용자로 하여금 그 과실유무를 묻지 아니하고 재해발생으로 근로자가 입은 손해를 보상케 하려는데에 그 목적이 있는 것이다(당원 1981년 10월 13일 선고, 81다카351전원합의체판결 참조), 근로자의 업무상 재해에 대한 손해보상과 아울러 생활보장적 성격도 가지고 있다고 보아야 할 것인바, 이와같이 근로자가 업무상 재해를 입은 경우 사용자는 근로자에 대하여 근로기준법에 따른 재해보상의무를 부담하지만 1963년 11월 5일 법률 제1438호로 제정된 산재보험법은 근로자의 업무상의 재해를 신속하고 공정하게 보상하기 위하여 산재보험제도를 설정하였다(제1조).

3. 근로기준법 제8장의 규정에 의하면,

재해보상에는 요양보상(제78조), 휴업보상(제79조), 장해보상(제80조), 유족보상(제82조), 장사비(제83조)가 있고, 같은 법 제87조는 보상을 받게 될 자가 동일한 사유에 의하여 민법 기타 법령에 의하여 같은 법의 재해보상에 상당하는 금품을 받을 경우에는 그 가액의 한도에 있어서 사용자는 보상의 책임을면하도록 규정하고 있고, 산재보험법은 산재보험사업은 노동부장관이 관장하고(제2조제1항), 사업의 사업주는 대통령으로 정하는 사업을 제외하고는 당연히 보험가입자가 되며(제6조), 노동부장관은 보험가입자로부터 보험료를 징수하고(제19조), 보험급여의 종류는 원래 근로기준법상의 재해보상에 대응하여 요양급여, 휴업급여, 장해급여, 유족급여, 장의비로 하였다가 1982년 12월 31일 법률 제3631호로 개정되면서 상병보상연금을 추가하였는바(제3장), 상병보상연금을 제외하고는 근로기준법 제78조 내지 제80조와 제82조 및 제83조에 규정된 재해보상의 사유가 발생한 때에 보험급여를 받을 자(이하 수급권자라 한다)의 청구에 의하여 지급하도록 규정하고(제9조), 같은 법(산재보험법) 제11조 제1, 2, 3항은 수급권자가 같은 법에 의하여 보험급여를 받은 때에는 보험가입자는 동일한 사유에 대하여는 근로기준법에 의한 모든 재해보상책임이 면제되고, 그 금액의 한도안에서 민법 기타 법령에 의한 손해배상의 책임이 면제되며, 수급권자가 동일한 사유로 민법 기타 법령에 의하여 같은 법의 보험급여 상당한 금품을 받은 때에는 그 금액의 한도안에서 보험급여를 지급하지 아니한다고 규정하였다가, 1993년 12월 27일 법률 제4641호로 개정되어 수급권자가 같은법에 의하여 보험급여를 받았거나 받을 수 있는 경우에는 보험가입자는 동일한 사유에 대하여는 재해보상 책임이 면제되는 것으로 바뀌었다.

위의 여러규정에 비추어 보면, 산재보험제도는 형식상은 근로기준법에 의한 재해보상제도로부터 직접 파생된 것으로 되어 있는 것은 아니고 근로자의 업무상재해에 대한 사업주의 보상책임의 법리를 공통의 기반으로 하여 병존하는 별개의 제도이기는 하지만, 산재보험법에 의한 보험급여는 사용자가 근로기준법에 의하여 보상하여야 할 근로자의 업무상재해로 인한 손해를 국가가 보험자의 입장에서 근로자에게 직접 전보하는 성질을 가지고 있는 것으로서, 사용자가 그 재해로 인하여 부담하게 될 민사상의 손해배상책임에 대하여는 책임보험의 성질까지 갖는 것은 아니다(당원 1989년 11월 14일 선고, 88다카28204판결 참조), 보험급여의 사유와 종류, 급여액의 산정기준이 재해보상과 동일하거나 유사하고, 손실전보라는 기능의 동일성을 근거로 하여 상호조정 규정을 두고 있는 점에 대하여 근로자의 생활보장적 성격외에 근로기준법에 따른 사용자의 재해보상에 대하여는 책임보험의 성질도 가지고 그 책임보험적 기능도 수행하고 있다고 보는 것이 상당하다.

4. 그러므로 재해를 입은 근로자는 위의 산재보험법이 개정된 후에 있어서는 별도로 논의할 문제이니 적어도 이것이 개정되기 전에 있어서는 사용자에 대한 재해보상 청구권과 국가에 대한 산재보험급여 청구권을 모두 가지고 있고, 산재보험이 책임보험적 성격을 가지고 있고, 일반적으로 산재보험이 재해보상보다 근로자에게 유리한 것이어서 산재보험급여의 청구를 우선하는 것이 바람직하기는 하지만, 근로자가 재해보상을 선택하여 청구하는 것을 막을

수는 없는 것이어서, 수급권자는 두 청구를 선택적으로 행사할 수 있고, 사용자는 산재보상급여청구권이 구체적으로 발생하고 있음을 주장, 입증하지 않는 한 재해보상책임을 면할 수 없다고 할 것이다(당원 1970년 11월 24일 선고, 70다2144판결 참조).

5. 그러나 이러한 입장은 재해를 입은 근로자의 사용자와 국가에 대한 관계에서 그렇게 보아야 한다는 것이고, 그렇다고 하여 사용자와 국가와의 관계에 있어서도 반드시 그렇다는 것은 아니며, 사용자(사업주)와 국가와의 사이에 있어서는 위에 본 재해보상과 산재보험과의 관계, 산재보험의 성격, 사업주는 산재보험에의 가입과 보험료의 납부가 강제되고 있는 점, 개정전의 산재보험법이 수급권자가 보험급여를 받으면 동일한 사유에 대한 보험가입자(사용자)의 모든 재해보상책임이 면제된다고 규정한 반면, 수급권자가 동일한 사유로 민법 기타 법령에 의하여 보험급여에 상당하는 금품을 받은 때에만 보험급여를 지급하지 아니한다고 규정하고 재해보상금이 지급되었을 때 산재보험급여를 지급하지 아니하는 규정을 두고 있지 아니한 점등에 비추어 보면, 사업주와 국가와의 관계에 있어서는 국가가 궁극적으로 그 보상책임을 져야 한다고 해석할 것이고 그렇지 아니하면 사업주의 보험이익을 박탈하고 산재보험의 재해보상에 관한 책임보험적 성질에 반하고 산재보험제도의 설정 목적에도 어긋나는 것이어서 부당하다고 아니할 수 없다.

따라서 위의 산재보험법이 개정되기 전에 있어서는 산재보험급여가 재해보상전에 행하여진 경우에는 사용자는 동일한 사유에 대하여는 일체의 재해보상책임이 면책되고, 국가는 당연히 사용자에 대하여 구상할 수 없다고 할 것이나, 근로자가 사용자로부터 먼저 재해보상을 받은 경우에는 국가는 그 금액 범위안에서는 근로자에게 보험급여의 지급의무가 없고, 사업주(사용자)는 산재보험급여의 요건이 갖추어진 경우에는 그 금액의 범위안에서 국가에 대하여 구상할 수 있다고 보는 것이 상당하다.

6. 돌이켜 이 사건에 관하여 보면, 망인의 처가 먼저 산재보험급여청구를 하였다가 부산 북부노동지방사무소에 의하여 기각되자 이에 대하여 불복을 하지 않고, 원고를 상대로 재해보상청구를 하고 원고가 그 소송에서 패소하여 재해보상금을 지급하였다는 것이나, 행정처분이 확정되어 그 처분의 효력을 더이상 다툴 수 없게 되었다 하더라도 그 처분의 기초가 된 사실관계나 법률적 판단이 확정되고 당사자들이나 법원이 이에 기속되어 모순되는 주장이나 판단을 할 수 없게 되는 것은 아니므로(당원 1993년 8월 27일 선고, 93누5437 판결), 위와같은 사유는 원고가 피고를 상대로 구상을 구상함에 있어 장애가 된다고 할 수 없다.

7. 산재보험법시행령(1986년 8월 27일 대통령령 제11960호로 개정된 것) 제35조에 의하면, 사업주가 같은 법에 의한 보험급여의 사유와 동일한 사유로 민법 기타 법령에 의하여 보험급여에 상당하는 금품을 수급권자에게 미리 지급한 경우로서 당해 금품이 보험급여를 체당하여 지급한 것으로 간주될 수 있는 경우에 사업주가 그 해당금액을 노동부장관으로부터 지급받고자 할 때에는 보험급여의 사유와 동일한 사유로 보험급여에 상당하는 금품을 미리 지급

한 사실을 증명하는 서류를 갖추어 노동부장관에게 청구하도록 규정하고 있는 바, 이 규정은 사재보험급여를 체당하여 지급한 것으로 간주될 수 있는 경우에 허용한 특별규정으로서, 이 때문에 사용자의 구상권 행사방법이 제한된다고 할 수 없다.

8. 원심판결에는 근로기준법과 산재보험법이 규정한 재해보상과 산재보험의 성격을 오해한 위법이 있다고 할 것이므로, 이 점을 지적하는 논지는 이유있다.

그러므로 상고이유의 나머지 점에 관하여 살필 것 없이 원심판결을 파기환송하기로 하여 관여법관의 일치된 의견으로 주문과 같이 판결한다.

대법관 김석수(재판장), 배만운(주심), 김주한, 정귀호

● 손해배상

대법원 제2부. 1994. 4. 26. 판결 94다6628 상고기각

판 시 사 항

◉ 피해자가 지급받은 휴업급여금은 그것이 지급된 휴업기간 중의 일실이익 상당의 손해액에서만 공제되어야 하는지 여부

판 결 요 지

휴업급여는 휴업기간 중의 일실이익에 대응하는 것이므로 휴업급여금은 그것이 지급된 휴업기간중의 일실이익 상당의 손해액에서만 공제되어야 한다.

참조조문 민법 제763조(제393조)
산업재해보상보험법 제9조의4, 제11조 제2항

참조판례 대법원 1993. 9. 10. 93다10651판결
1993. 12. 21. 93다34091판결

당 사 자 원고, 피상고인 장기수
피고, 상고인 성신양회공업주식회사
소송대리인 변호사 성기배

원심판결 대전고등법원 1993. 12. 23. 93나1648판결

주 문 상고를 기각한다. 상고비용은 피고의 부담으로 한다.

이 유

피고소송대리인의 상고이유에 대하여 판단한다.

1. 제1점에 대하여.

산업재해보상보험법에 규정한 휴업급여는 휴업기간 중의 일실이익에 대응하는 것이므로 휴업급여금은 그것이 지급된 휴업기간 중의 일실이익 상당의 손해액에서만 공제되어야 할 것이다.(당원 1993. 12. 21. 선고, 93다34091 판결 참조) 이와같은 취지의 원심판단은 정당하고, 원심판결에 소론과 같은 법리오해의 위법이 있다고 볼 수 없다. 논지는 이유가 없다.

2. 제2점에 대하여.

원심이 원고가 1990. 10. 부터 1992. 4. 까지 피고로부터 지급받은 임금 및 상여금은 원고의 일실이익손해에서 공제되어야 한다는 피고의 주장에 대한 판단을 명시하지 아니하였음은 소론과 같지만 원심판결

이유에 의하면, 원심은 위 기간의 원고의 일실이익 손해를 인용한 바 없으므로 위와 같은 사유는 판결에 영향을 미친 것이 되지 못한다.

논지도 이유가 없다.

3. 그러므로 상고를 기각하고 상고비용은 패소자의 부담으로 하기로 관여법관의 의견이 일치되어 주문과 같이 판결한다.

대법관 김용준(재판장), 안우만, 천경송, 안용득(주심)

● 보험금

대법원 제3부. 1994. 3. 11. 판결 93다58622 상고기각

판 시 사 항

◉ 피해자가 배상책임있는 피보험자의 피용자로서 근로기준법에 의한 재해보상을 받을 수 있는 경우를 보험자의 면책사유로 규정한 자동차종합보험약관의 취지와 적용범위

판 결 요 지

자동차종합보험보통약관 제10조 제2항 제4호가 피해자가 배상책임 있는 피보험자의 피용자로서 근로기준법에 의한 재해보상을 받을 수 있는 사람인 경우를 보험자의 면책사유로 규정한 것은 노사관계에서 발생하는 재해보상에 대하여는 원칙적으로 산업재해보상보험에 의하여 전보받도록 하자는 데 그 의미가 있는 것이므로, 근로기준법상의 업무상 재해라고 하더라도 산업재해보상보험법에 의하여 보상받을 수 없는 경우에는 면책사유의 적용대상에서 제외하여야 한다.

참조조문 상법 제659조
산업재해보상보험법 제1조, 제4조

참조판례 대법원 1993. 6. 8. 93다5192판결
1993. 11. 9. 93다23107판결
1994. 1. 11. 93다5376판결

당 사 자 원고, 피상고인 갱생보호회
소송대리인 법무법인 삼풍합동법률사무소
담당변호사 이용식 외 1인
피고, 상고인 국제화재해상보험주식회사
소송대리인 변호사 현종찬

원심판결 서울고등법원 1993. 10. 21. 93나17050판결

주 문 상고를 기각한다. 상고비용은 피고의 부담으로 한다.

이 유

상고이유에 대하여.

이 사건 자동차종합보험 보통약관 제10조 제2항 제4호가 피해자가 배상책임 있는 피보험자의 피용자로서 근로기준법에 의한 재해보상을 받을 수 있는 사람인 경우를 보험자의 면책사유로 규정한 것은, 사용자와 근로자의 노사관계에서 발생한 업무상 재해로 인한 손해에 대하여는 노사관계를 규율하는 근로기준법에서 사용자의 각종 보상책임을 규정하는 한편, 이러한 보상책임을 담보하기 위하여 산업재해보상보험법으로 산업재해보상보험제도를 설정하고 있으므로, 노사관계에서 발생하는 재해보상에

대하여는 원칙적으로 산업재해보상보험에 의하여 전보받도록 하자는 데 그 의미가 있는 것이므로, 근로기준법상의 업무상 재해라고 하더라도 산업재해보상보험법에 의하여 보상받을 수 없는 경우에는 위 면책사유의 적용대상에서 제외하여야 할 것이다(당원 1989. 11. 14. 선고, 88다카29177 판결 ; 1991. 5. 14. 선고, 91다6634 판결 참조).

원심판결 이유에 의하면, 원심은 이 사건 교통사고로 사망한 소외 윤갑성은 원고의 마산지부 소속 직원으로서 이 사건 교통사고 당일 마산지부의 총무과장인 소외 박주형을 비롯한 7명의 직원들이 마산지부 소속인 이 사건 자동차에 탑승하여 원고의 밀양지부에서 열리는 월계회에 참석하기 위하여 밀양읍으로 가던 중 이 사건 교통사고로 사망하였으므로, 위 윤갑성의 사망은 업무상 재해가 된다고 할것이고, 또 원고의 사업은 근로기준법이 적용되는 사업 또는 사업장이라 할 것이어서 위 망인은 근로기준법에 의한 재해보상을 받을 수 있는 사람이라 할 것이나, 한편 원고의 갱신보호사업은 한국산업표준분류표상 보건 및 사회복지사업에 해당하여 산업재해보상보험법 제4조, 동법시행령 제2조 제1항 제2호의 규정에 의하여 산업재해보상보험법의 적용대상인 사업 또는 사업장에 해당하지 아니한다 할 것이다.

따라서 위 망인은 이 사건 교통사고에 의한 위 망인의 사망에 대하여 위 산업재해보상보험법에 의하여 보상받을 수 없으므로, 위 자동차종합보험 보통약관 제10조 제2항 제4호의 면책대상에서 제외된다고 판시하였다.

원심의 위와같은 인정판단은 앞에서 본 법리에 따른 것으로 정당하고, 소론과 같은 자동차보험의 면책약관에 관한 해석을 잘못한 위법은 없다. 논지는 이유 없다.

그러므로 상고를 기각하고 상고비용은 패소자의 부담으로 하여 관여법관의 일치된 의견으로 주문과 같이 판결한다.

대법원 박준서(재판장), 김상원, 윤영철(주심), 박만호

● 채무부존재확인

대법원 제2부, 1994. 1. 11. 판결 93다5376 파기환송

판 시 사 항

◉ 피해자가 배상책임이 있는 피보험자의 피용자로서 근로기준법에 의한 재해보상을 받을 수 있는 경우를 보험자의 면책사유로 규정한 자동차종합보험약관의 취지와 적용범위

◉ 공무원이 공무로 인한 부상을 당하였을 경우의 재해보상 관계

판 결 요 지

가. 자동차종합보험약관 제10조 제2항 제4호에서 피해자가 배상책임있는 피보험자의 피용자로서 근로기준법에 의한 재해보상을 받을 수 있는 사람인 경우 보험자의 면책사유로 규정한 것은 노사관계에서 발생하는 재해보상에 대하여는 원칙적으로 산업재해보상보험에 의하여 전보받도록 하려는 데에 그 취지가 있는 것이므로, 피해자가 근로기준법에 의한 재해보상을 받

을 수 있는자가 아니거나 근로기준법에 의한 재해보상을 받을 수 있다고 하더라도 산업재해보상보험법에 의하여 보상을 받을 수 없는 경우에는 위 면책사유의 적용대상에서 제외되어야 한다.

나. 공무원연금법 제1조, 제25조, 제34조, 제42조, 제65조 제2항 등의 규정을 보면 그 법 제3조 제1항 제1호 소정의 공무원이 공무로 인한 부상을 당하였을 경우에는 근로기준법에 의한 재해보상을 받을 수 있는 것이 아니라 공무원연금법에 의한 급여를 받도록 되어 있는바, 도가 설립한 특수학교의 교장은 공무원연금법 제3조 제1항 제1호에서 말하는 공무원이라 볼 여지가 있고 사실이 그러하다면, 그는 사고로 인하여 부상을 당함으로써 입은 손해에 대하여 근로기준법에 의한 재해보상을 받을 수 있는 자가 아니라 공무원연금법에 의한 급여지급대상자가 된다고 보아야 한다.

참조조문 가. 상법 제659조
산업재해보상보험법 제1조, 제4조
나. 근로기준법 제11조, 제14조
공무원연금법 제1조, 제3조 제1항 제1호, 제25조, 제34조, 제42조, 제65조 제2항

참조판례 대법원 1992. 1. 21. 90다카25499 판결
1992. 8. 18. 91다38297판결
1993. 11. 9. 93다23107판결

당 사 자 원고, 피상고인 한국자동차보험주식회사
소송대리인 변호사 정웅태
피고, 상고인 제주도
소송대리인 변호사 문성윤

원심판결 광주고등법원 1992. 12. 15. 92나3495판결

주　　문 원심판결을 파기하고 사건을 광주고등법원에 환송한다.

이　　유

피고 소송대리인의 상고이유를 본다.

1. 원심판결 이유에 의하면 원심은 그 거시증거에 의하여 소외 박성훈이 피고가 설립한 교육법 제144조 소정의 특수학교인 제주 영지학교의 교장인바, 이 사건 사고일에 위 학교 부설 야영훈련장을 돌아보기 위하여 위 학교 소속 기능직 공무원인 소외 홍용수가 운전하는 이 사건 피보험차량에 승차하고 가다가 이 사건 사고를 당하여 상해를 입은 사실, 피고가 원고와 체결한 이 사건 자동차종합보험계약의 보통약관 제10조 제2항 제4호에 의하면 배상책임의무가 있는 피보험자의 피용자로서 근로기준법에 의하여 재해보상을 받을 수 있는 사람이 죽거나 다친 경우에는 이를 보상하지 않기로 규정되어 있는 사실 등을 인정한 다음, 위 인정사실에 의하면 위 박성훈은 교육공무원법 소정의 교원이라도 본질적으로는 임금을 목적으로 근로를 제공하는 근로기준법 제14조 소정의 근로자라 할 것이고 근로기준법 제11조에 의하여 국가 및 지방자치단체에 대하여도 적용되는 것이어서 결국 위 박성훈은 이 사건 자동차종합보험의 피보험자인 피고의 피용자로서 그 업무상재해에 해당하는 위 사고로 입은 손해에 대하여 근로기준법에 따른 재해보상을 받을 권리가 있다고 할 것이므로 위 보험사고는 위 약관 제10조 제2항 제4호 소정의 면책사유

에 해당하고 따라서 피고는 원고에 대하여 위 사고로 위 박성훈이 입은 손해에 관한 대인배상보험금의 지급을 청구할 수없다고 판단하였다.

2. 그러나 위 자동차종합보험약관 제10조 제2항 제4호에서 피해자가 배상책임있는 피보험자의 피용자로서 근로기준법에 의한 재해보상을 받을 수 있는 사람인 경우 보험자의 면책사유로 규정한 것은 사용자와 근로자의 노사관계에서 발생한 업무상 재해로 인한 손해에 대하여는 노사관계를 규율하는 근로기준법에서 사용자의 각종 보상책임을 규정하는 한편 이러한 보상책임을 담보하기 위하여 산업재해보상보험법으로 산업재해보상보험제도를 설정하고 있음에 비추어 노사관계에서 발생하는 재해보상에 대하여는 원칙적으로 산업재해보상보험에 의하여 전보받도록 하려는 데에 그 취지가 있는 것이므로(당원 1992. 8. 18. 선고, 91다38297 판결 참조), 피해자가 근로기준법에 의한 재해보상을 받을 수 있는 자가 아니거나 근로기준법에 의한 재해보상을 받을 수 있다고 하더라도 산업재해보상보험법에 의하여 보상을 받을 수 없는 경우에는 위 면책사유의 적용대상에서 제외되어야 할 것이다.

그런데 공무원연금법 제1조, 제25조, 제34조, 제42조, 제65조 제2항 등의 규정을 보면 그 법 제3조 제1항 제1호 소정의 공무원이 공무로 인한 보상을 당하였을 경우에는 근로기준법에 의한 재해보상을 받을 수 있는 것이 아니라 공무원연금법에 의한 급여를 받도록 되어 있는바, 이 사건에서 원심이 인정한 바와 같이 위 박성훈이 특수학교의 교장이라면 공무원연금법 제3조 제1항 제1호에서 말하는 공무원이라고 볼 여지가 있고, 사실이 그러하다면, 위 박성훈은 위 사고로 인하여 부상을 당함으로써 입은 손해에 대하여 근로기준법에 의한 재해보상을 받을 수 있는 자가 아니라 공부원연금법에 의한 급여지급대상자가 된다고 보아야 할 것이고, 따라서 이 사건 보험사고는 위 약관 제10조 제2항 제4호에 정한 면책사유에 해당하는 사고라고 할 수 없는 것이니 원심으로서는 위 박성훈이 공두원연금법 제3조 제1항 제1호 소정의 공무원에 해당하는지 여부를 심리하지 않고서는 위 박성훈이 근로기준법에 의한 재해보상을 받을 수 있는 자라고 단정할 수 없다고 할 것이다(위 박성훈이 근로기준법에 의한 재해보상을 받을 수 있는 자라고 하더라도 산업재해보상보험법에 의한 재해보상을 받을 수 있는 자가 아니라면 위 면책사유의 적용대상에서 제외된다고 보아야 할 것인데, 원심은 이 점에 관하여 아무런 심리판단을 하지 않았다).

따라서 원심이 이 사건 교통사고 피해자인 박성훈이 위 자동차손해배상 보통약관 제10조 제2항 제4호 소정의 배상의무있는 피보험자의 피용자로서 근로기준법에 의한 재해보상을 받을 수 있는 사람으로 보고 이 사건 보험사고가 위 약관에서 정한 보험자의 면책사유에 해당한다고 판단한 것은 위 박성훈이 공무원연금법 제3조 제1항 제1호의 공무원인지에 대한 심리를 다하지 아니하였거나 위 약관의 해석을 그르친 위법을 저지른 것이라 할 것이고 위와같은 위법은 판결에 영향을 미친 것임이 명백하므로 이 점을 지적하는 논지는 이유있다.

3. 그러므로 나머지 상고이유에 대한 판단을 생략하고 원심판결을 파기환송하기로 하여 관여법관의 일치된 의견으로 주문과

같이 판결한다.

대법관 안우만(재판장), 김용준, 천경송(주심), 안용득

● 손해배상

대법원 제1부, 1993. 12. 21. 판결 93다34091 파기환송

판 시 사 항

◉ 휴업급여를 지급받은 기간 이후의 일실수입만을 청구하는 경우엔 그 기간전에 지급받은 휴업급여를 일실수입에서 공제해도 되는지 여부

판 결 요 지

가. 당사자가 사실심의 변론종결에 이르기까지의 불법행위시 이후의 어느 시점을 기준으로 하여 그 이후의 일실손해의 배상을 청구하면서 그때까지의 중간 이자를 공제하는 방법으로 소득상실액의 가액을 산정하여 그 배상을 청구하는 경우에도 이것이 손해배상본래의 방법을 벗어나거나 이에 모순, 저촉되는 것이 아닌 한 이를 허용하여도 무방할 것이고, 다만 이와같은 경우에는 당연히 여기에 부가하여 그 이전의 지연손해금을 다시 청구하는 것은 허용될 수 없다.

나. 사용자의 불법행위로 인하여 재해를 입은 경우에 피해자가 근로기준법이나 산업재해보상보험법에 따라 휴업급여나 장해급여등을 이미 지급받은 경우에 그 급여액을 일실이익의 배상액에서 공제하는 것은 그 손해의 성질이 동일하여 상호 보완적 관계에 있는 것 사이에서만 이루어질 수 있으므로, 피해자가 수령한 휴업급여금이나 장해급여금이 법원에서 인정된 소극적 손해액을 초과하더라도 그 초과부분을 그 성질을 달리하는 손해의 배상액을 산정함에 있어서 공제할 것은 아니다.

다. 휴업급여는 휴업기간중의 일실이익에 대응하는 것이므로 휴업급여금은 그것이 지급된 휴업기간 중의 일실이익 상당의 손해액에서만 공제되어야 한다.

참조조문 가. 나. 다. 민법 제750조, 제763조(제393조)
가. 나. 산업재해보상보험법 제9조의4, 제9조의5, 제11조 제2항

당 사 자 원고, 상고인 최정학 외3인
피고, 피상고인 한국수출포장공업주식회사

원심판결 부산지방법원 1993. 6. 10. 93나477판결

주 문

원심판결의 원고 최청학의 재산상손해에 관한 패소부분중 금 7백96만2천2백50원 및 이에 대한 지연손해금에 대한 부분을 파기하고, 이 부분 사건을 부산지방법원 합의부에 환송한다.

나머지 원고들의 상고를 각하하고, 이 부분 상고비용을 같은 원고들의 부담으로 한다.

이 유

먼저 직권으로 원고 정옥희, 최대만, 최대욱의 상고의 적부에 관하여 본다.

기록에 의하면, 같은 원고들은 위자료만 청구하여 제1심에서 원고 정옥희는 금 1백 50만원, 원고 최대만, 최대욱은 각 금 30만원 및 이에 지연손해금의 승소판결을 받고 항소하였으나 원심에서 항소기각의 판결을 받았고, 같은 원고들은 이에 대하여 상고를 제기하였는바, 원고들이 제출한 상고장에 의하면 불복의 정도에 관하여 "주문기재사항중 휴업보상금 7백76만2천2백 50원에 대하여 불복한다"고 기재되어 있고, 인지도 그에 해당하는 것만 첨부하였음이 분명하다.

그렇다면 위 원고들은 원심판결에 불복할 사항이 없으면서도 상고를 한것이 되어 부적법하다고 아니할 수 없다.

원고 최정학의 상고이유에 대하여 본다.

1. 기록에 의하면 원고 최청학은 원심의 제2차 변론기일에 진술한 1993년 4월 30일자 청구원인변경신청에 의하여 같은 원고의 일실소득손해에 관하여 이 사건 사고 발생일인 1990년 10월 30일부터 55세가 되는 2000년 7월 30일까지 1백17개월 동안 금 58만8천5백80원의 손해를 입었다고 전제하고, 이 사건 사고일부터 1992년 1월 16일까지 치료 및 요양기간중의 휴업급여를 지급받았으므로 1992년 1월 17일부터 2000년 7월 30일까지 1백2개월 동안의 일실소득을 월 5/12%의 중간이자를 공제하는 호르만식계산법에 따라 1992년 8월 1일을 기준으로 하여 계산한 현가 금 5천97만7천2백66원(58만8천5백80원*86.6106, 그러나 이 86.6106은, 80.606을 잘못 적용한 것으로 보인다)과 정년 후의 일실손해의 현가금 8백22만4천8백62원을 합한 금 5천9백20만2천1백28원의 지급을 구하고, 또 일실퇴직금 4백90만7천3백14원의 지급을 구하는 것으로 변경하였으며 지원손해금은 그 이후인 제1심판결 선고(1992년 12월 3일) 익일부터 청구하고 있는데, 원심판결이유에 의하면 원심은 피고에게 같은 원고에 대한 손해배상을 명함에 있어, 같은 원고는 이 사건 사고로 인하여 사고일(1990년 10월 30일)부터 정년인 55세가 될 때까지 1백 29개월간은 피고회사의 인쇄공으로 종사하여 얻을 수 있었던 월수입 금 85만8천7백80원중 노동능력상실률(44%)에 상응한 월 금 37만7천8백63원, 그 이후 가동 연한인 60세가 될 때까지의 60개월간은 도시일용노동에 종사하여 얻을 수 있었을 월수입중 노동능력상실률에 상응하는 월 금 21만2천3백원(1만9천3백원*0.44)의 각 수입을 월차적으로 상실하는 손해를 입었다고 전제하고, 이를 일시에 지급받기 위하여 월 5/12%의 비율로 중간이자를 공제하는 호프만식 계산법에 따라 이 사건 사고당시의 현가로 계산하면 금 4천6백61만5백58원〔37만7천8백63원*1백3.0632+21만2천3백원(1백39.1762-1백3.0632)〕이 된다고 판단하고 일실퇴직금을 산정하여 과실상계(30%)를 한후, 여기에서 노동부로부터 지급받은 장해보상금 1천7백63만3천6백40원과 휴업보상금 7백96만2천2백50원을 공제한 다음 이 사건 사고일 이후로서 원고들이 구하는 제1심판결 선고익일부터의 지연손해금의 지급을 명하였다.

2. 원래 불법행위로 인한 손해배상채권은 불법행위시에 발생하고 그 이행기가 도래하는 것이므로 장래 발생할 소극적, 적극적 손해의 경우에도 불법행위시가 현가 산정의 기준시기가 되고 이때부터 장래의 손해발생시점까지의 중간이자를 공제한 금액에 대하여 다시 불법행위시부터의 지연

손해금을 부가하여 지급을 명하는 것이 원칙이나, 반드시 그와 같은 방식으로만 청구가 허용된다고 제한할 필요는 없고, 사실심의 변론종결전에 그 손해발생 시기가 경과한 경우에는 현실의 손해전부와 그 손해금을 손해발생일 이후의 지연손해금을 청구하는 것도 허용되어야 할 것이고, 같은 이치에서 아 사건에 있어서와 같이 당사자가 사실심의 변론종결에 이르기까지의 불법행위시 이후의 어느 시점을 기준으로 하여 그 이후의 일실손해의 배상을 청구하면서 그때까지의 중간이자를 공제하는 방법으로 소득상실액의 가액을 산정하여 그 배상청구를 하는 경우에도 이것이 위와같은 본래의 방법을 벗어나거나 이에 모순, 저촉되는 것이 아닌 한 이를 허용하여도 무방할 것이고, 다만 이와같은 경우에는 당연히 여기에 부가하여 그 이전의 지연손해금을 다시 청구하는 것은 허용될 수 없을 것이다(당원 1991년 1월 29일 선고, 70다2674판결, 같은 해 3월 9일 선고, 70다3006판결 참조).

3. 손해배상은 손해의 전보를 목적으로 하는 것이므로 피해자로 하여금 실손해 이상의 이익을 취득하게 하는 것은 손해배상의 본지에 반하는 것으로서 허용될 수 없고, 따라서 피해자가 손해를 입은 것과 동일한 원인으로 인하여 이익을 얻은 때에는 그 이익은 공제되어야 할 것이다. 그러나 사용자의 불법행위로 인하여 재해를 입은 경우에 피해자가 근로기준법이나 산업재해보상보험법에 따라 휴업급여나 장해급여등을 이미 지급받은 경우에 그 급여액을 일실이익의 배상액에서 공제하는 것은 그 손해의 성질이 동일하여 상호보완적 관계에 있는 것 사이에서만 이루어질 수 있다고 할 것이므로, 피해자가 수령한 휴업급여금이나 장해급여금이 법원에서 인정된 소극적 손해액을 초과하더라도 그 초과부분을 그 성질을 달리하는 손해의 배상액을 산정함에 있어서 공제할 것은 아니고(당원 1991년 7월 23일 선고, 90다11776판결 참조), 같은 이치에서 휴업급여는 휴업기간중의 일실이익에 대응하는 것이므로 휴업급여금은 그것이 지급된 휴업기간중의 일실이익 상당의 손해액에서만 공제되어야 할 것이며(당원 1993년 9월 10일 선고, 93다10651판결 참조), 따라서 이 사건에 있어서와 같이 피해자가 휴업급여를 지급받은 기간 이후의 일실수입상당의 손해액만을 청구하는 경우에는 휴업급여는 피해자가 청구하는 일실이익과는 관련이 없는 것이어서 공제의 대상이 될 수 없다고 보아야 할 것이다.

4. 그렇다면 원심이 같은 원고가 지급받은 휴업급여금이 어떠한 내용의 것인지 살펴보지도 아니하고, 같은 원고가 청구하지 아니한 1992년 7월 31일 이전의 일실이익 손해액까지를 포함하여 사고일인 1990년 10월 30일을 기준으로 한 현가액을 산정하고 여기에서 휴업급여금을 공제하여 그 잔액의 지급을 명한 것은 심리를 미진한 것이고, 이는 처별권주의의 원칙에도 반할 뿐만 아니라, 휴업급여금의 공제에 관한 법리를 오해한 위법이 있다고 아니할 수 없다.

따라서 논지는 이 범위에서 이유가 있다.

그러므로 원고 최청학의 패소부분중 같은 원고가 불복하는 재산상손해중 휴업보상금 7백96만2천2백50원을 공제한 부분과 이에 대한 지연손해금에 관한 부분을 파기환송하고, 나머지 원고들의 상고는 각하하고 이 부분 상고비용은 같은 원고들의 부담으로 하여 관여법관의 일치된 의견으로 주문과 같이 판결한다.

대법관 김석수(재판장), 배만운(주심), 김주한, 정귀호

● 보험금

대법원 제1부. 1993. 11. 9. 판결 93다23107 상고기각

판 시 사 항

◎ 출장중의 재해와 업무상재해
◎ 근로기준법에 의한 재해보상을 받을 수 있는 경우를 보험자의 면책사유로 정한 자동차종합보험보통약관의 면책조항의 취지와 그 적용

판 결 요 지

가. 근로자가 사업장을 떠나 출장중인 경우에는 그 용무의 성, 불성이나 수행방법 등에 있어서 포괄적으로 사업주에게 책임을 지고 있다 할 것이므로, 특별한 사정이 없는 한 일단 출장과정의 전반에 대하여 사업주의 지배하에 있다고 말할 수 있고 따라서 그 업무수행성을 인정할 수 있고, 다만 출장중의 행위가 출장에 당연 또는 통상 수반하는 범위 내의 행위가 아닌 자의적 행위나 사적 행위일 경우에 한하여 업무수행성을 인정할 수 없고, 그와 같은 행위에 즈음하여 발생한 재해는 업무기인성을 인정할 여지가 없게 되어 업무상재해로 볼 수 없다.

나. 자동차종합보험계약의 대인배상책임보험계약에 있어서, 그 사고의 피해자가 배상책임의무가 있는 피보험자의 피용자로서 근로기준법에 의한 재해보상을 받을 수 있는 사람인 경우에는 그 사고로 인하여 피보험자가 입게 된 손해를 보험자가 보상하지 아니하기로 정한 자동차종합보험보통약관상의 면책조항은, 노사관계에서 발생하는 재해보상에 대하여는 원칙적으로 산업재해보상보험에 의하여 전보받도록 하고 제3자에 대한 손해배상책임을 전보하는 것을 목적으로 한 자동차보험의 대인배상범위에서는 이를 제외하려는 데에 그 취지가 있는 것이고 따라서 피해자가 산업재해보상보험법에 의한 재해보상을 받을 수 있는 사람인 경우에 보험자는 위의 면책약관에 따라 피보험자에 대하여 보상책임을 지지 아니하게 된다.

참조조문 가. 산업재해보상보험법 제3조 제1항
나. 상법 제659조
산업재해보상보험법 제1조, 제4조

참조판례 가. 대법원 1985. 12. 24. 84누403판결
1992. 11. 24. 92누11046판결
나. 대법원 1989. 11. 14. 88다카29177판결
1992. 1. 21. 90다카25499 판결
1993. 6. 8. 93다5192판결

당 사 자 원고, 상고인 이원호 외4인
원고들 소송대리인 변호사 소중영

피고, 피상고인 현대해상화재 보험주식회사
소송대리인 변호사 이기창

원심판결 서울고등법원 1993.4.2. 92나40787 판결

주 문 상고를 모두 기각한다. 상고비용은 원고들의 부담으로 한다.

이 유

상고이유를 본다.

1. 원심이 취사한 증거를 기록에 비추어 보면 원심의 사실인정은 수긍할 사원으로 채용되어 근로계약을 체결한 후 그 취업규칙수 있고, 소외 망 이동림이 1991. 8. 13. 주식회사 월드텍스(이하 소외회사라고 한다) 사원으로 채용되어 근로계약을 체결한 후 그 취업규칙에 따른 2개월간의 수급기간 중에 당시 같은 신규채용 사원인 소외 김부태, 김기완, 유재로 등과 함께 소외 회사가 계획 실시하는 기초교육을 받던 중, 같은 달 20. 위 기초교육계획일정에 따라 전주시에 있는 동남견직공장에서의 현장견학 및 실습교육을 받기 위하여 무역부장인 소외 이현의 인솔아래 위 교육대상자 전원이 소외회사에서 제공한 이 사건 승용차편으로 진주시로 가던 중 잠시 교대운전을 하던 위 김부태의 운전부주의로 차량이 전복, 연소되는 바람에 이 사건 사고를 당한 것이라는 사실을 인정하고, 당시 소외 회사가 승용차를 제공하여 부장 인솔로 교육대상자들의 이동을 지시한 바 없는 데 위 이현이 마침 다른 용무로 진주출장을 떠나면서 위 망인 등의 편의를 봐주기 위하여 임의동승시킨 것이라는 원고들의 주장사실을 배척한 원심의 조처도 수긍할 수 있으며, 거기에 소론과 같은 심리를 다하지 아니하였거나 채증법칙을 어긴 위법이 있다고 할 수 없다.

2. 근로기준법이나 산업재해보상보험법상의 업무상재해라 함은 업무수행중 그 업무에 기인하여 발생한 재해를 말하는데, 근로자가 사업장을 떠나 출장중인 경우에는 그 용무의 성, 불성이나 수행방법 등에 있어서 포괄적으로 사업주에게 책임을 지고 있다 할 것이므로, 특별한 사정이 없는 한 일단 출장과정의 전반에 대하여 사업주의 지배하에 있다고 말할 수 있고 따라서 그 업무수행성을 인정할 수 있을 것이고, 다만 출장중의 행위가 출장에 당연 또는 통산 수반하는 범위내의 행위가 아닌 자의적 행위나 사적 행위일 경우에 한하여 업무수행성을 인정할 수 없고, 그와같은 행위에 즈음하여 발생한 재해는 업무기인성을 인정할 여지가 없게 되어 업무상재해로 볼 수는 없다고 할 것이다(당원 1985. 12. 24. 선고, 84누403판결 참조). 그러므로 이 사건에서 위와같이 위 망인 등이 현장견학과 실습을 받기 위하여 그 실습현장으로 이동하는 행위는 그 현장견학과 실습이라는 업무를 수행하기 위하여 당연히 수반되는 것이고, 소외회사의 중견간부이자 부서상사인 무역부장의 인솔아래 교육대상자 전원이 회사에서 제공한 차량을 이용한 것으로 이는 회사의 지배, 관리하에 있었다고 볼 것이므로, 그 이동중에 발생한 위 사고는 소외회사의 업무수행중 그 업무에 기인하여 발생한 재해에 해당한다고 봄이 상당하다. 따라서 같은 취지에서 원심이 위 망인이 근로기준법에 의한 재해보상을 받을 수 있는 사람에 해당한다고 판단한 조처도 정당하다. 논지는 사고차량에 동승한 위 망인의 행위는 순전히 자의적이고 사적인 편의를 위한 것으로서 업무수행을 벗어난 행위라는 것이나, 받아들일 수 없다.

3. 자동차종합보험계약의 대인배상책임 보험계약에 있어서, 그 사고가 피해자가 배상책임의무가 있는 피보험자의 피용자로서 근로기준법에 의한 재해보상을 받을 수 있는 사람인 경우에는 그 사고로 인하여 피보험자가 입게 된 손해를 보험자가 보상하지 아니하기로 정한 자동차종합보험보통약관상의 면책조항은, 노사관계에서 발생하는 재해보상에 대하여는 원칙적으로 산업재해보상보험에 의하여 전보받도록 하고 제3자에 대한 손해배상책임을 전보하는 것을 목적으로 한 자동차보험의 대인배상범위에서는 이를 제외하려는 데에 그 취지가 있는 것이고(당원 1991. 1. 21. 선고, 90다카25499판결 참조), 따라서 피해자가 산업재해보상보험법에 의한 재해보상을 받을 수 있는 사람인 경우에 보험자는 위의 면책약관에 따라 피보험자에 대하여 보상책임을 지지 아니하게 되는 것이다. 논지는 위와같은 경우에 피해자가 입은 손해 중 산업재해보상보험에 의하여 전보되지 아니한 부분은 보험자가 이를 보상하여야 한다는 것이나 받아들일 수 없다(당원 1989. 11. 14. 선고, 88다카29177판결 참조).

논지는 모두 이유없다.

그러므로 상고를 기각하고, 상고비용은 패소자의 부담으로 하여 관여법관의 일치된 의견으로 주문과 같이 판결한다.

대법관 김석수(재판장), 배만운(주심), 정귀호

● 손해배상

대법원 제3부. 1993. 9. 10. 판결 93다10651 상고기각

판 시 사 항

◉ 근로자의 일실이익 손해에서 휴업급여를 공제할 경우 공제의 대상이 되는 기간

판 결 요 지

요양중인 근로자가 휴업급여를 받았을 때에는 보험가입자는 그 금액의 한도 안에서 민법상의 손해배상책임이 면제가 되나 산업재해보상보험법 제9조의 4에서 규정한 휴업급여는 업무상의 사유에 의한 부상 또는 질병으로 인하여 요양중에 있는 근로자가 요양으로 인하여 취업하지 못한 기간 중에 일정액의 급여를 지급함으로써 근로자의 최저생활을 보장하려는 데 그 취지가 있는 것이므로, 보험가입자가 수급권자의 일실이익의 손해액에서 휴업급여금을 공제하여야 할 경우에는 그것이 지급된 휴업기간 중의 일실이익 상당의 손해액에서만 공제하여야 한다.

참조조문 민법 제763조(제393조)
산업재해보상보험법 제9조의 4, 제11조 제2항

참조판례 대법원 1977. 4. 26. 76다3034판결

당 사 자 원고, 피상고인 배대복 외2인
피고, 상고인 두암건설 주식회사
소송대리인 변호사 최병륜

원심판결 서울고등법원 1993. 1. 28. 92나27203판결

주　　문 상고를 기각한다. 상고비용은 피고의 부담으로 한다.

이 유

상고이유를 본다.

소론이 지적하는 점에 관한 원심의 인정판단은 원심판결이 설시한 증거관계에 비추어 정당한 것으로 수긍이 되고, 그 과정에 소론과 같이 채증법칙을 위반하거나 손해배상책임에 관한 법리를 오해하여 사실을 잘못 인정한 위법이 있다고 볼 수 없다. 이 사건 사고발생경위가 원심판시와 같다면 이 사건 사고발생에 있어서의 원고 배대복의 과실을 60%로 본 원심판단은 요양중인 근로자 수긍이 가고 거기에 소론과 같은 과실비율을 잘못 판단한 위법이 없으므로 논지는 이유없다.

휴업급여를 받았을 때에는 보험가입자는 그 금액의 한도 안에서 민법상의 손해배상책임이 면제가 되나(산업재해보상보험법 제11조 제2항) 산업재해보상보험법 제9조의 4에서 규정한 휴업급여는 업무상의 사유에 의한 부상 또는 질병으로 인하여 요양중에 있는 근로자가 요양으로 인하여 취업하지 못한 기간 중에 일정액의 급여를 지급함으로써 근로자의 최저생활을 보장하려는데 그 취지가 있는 것이므로, 보험가입자가 수급권자의 일실이익의 손해액에서 휴업급여금을 공제하여야 할 경우에는 그것이 지급된 휴업기간 중의 일실이익 상당의 손해액에서만 공제하여야 할 것이다. 같은 취지의 원심판결은 정당하고 거기에 소론과 같은 법리오해의 위법이 없다.

그러므로 상고를 기각하고 상고비용은 패소자의 부담으로 하기로 하여 관여법관의 일치된 의견으로 주문과 같이 판결한다.

대법관 박만호(재판장), 김상원, 안우만(주심), 윤영철

● 체당보험금부지급결정취소

대법원 제3부, 1993. 8. 27. 판결 93누5437 파기환송

판 시 사 항

◉ 행정처분이나 행정심판의 재결이 불복기간의 경과로 확정된 경우 확정력의 의미

◉ 유족급여지급 거부처분이 불복기간의 도과로 확정된 후 사업주가 유족보상금청구소송을 당하여 패소함에 따라 지급한 금원이 산업재해보상보험법시행령 제35조 소정의 보험급여금에 해당하는지 여부

판 결 요 지

가. 행정처분이나 행정심판 재결이 불복기간의 경과로 인하여 확정될 경우 그 확정력은 그 처분으로 인하여 법률상 이익을 침해받은 자가 당해 처분이나 재결의 효력을 더이상 다툴 수 없다는 의미일 뿐, 더 나아가 판결에서 인정되는 기판력과 같은 효력이 인정되는 것은 아니어서 그 처분의 기초가 된 사실관계나 법률적 판단이 확정되고, 당사자들이나 법원이 이에 기속되어 모순되는 주장이나 판단을 할 수 없게 되는 것이다.

나. 유족급여지급 거부처분이 불복기간의 도과로 확정되었다고 하더라도 유족보상금청구권이 없다는 내용의 법률관계까지 확정되는 것은 아니라 할 것이므로, 그

후 사업주가 근로기준법상의 유족보상금 청구소송을 당하여 패소함에 따라 이를 지급하였다면 이는 일응 산업재해보상보험법 시행령 제35조 소정의 "사업주가 산업재해보상보험법에 의한 보험급여의 사유와 동일한 사유로 민법 기타 법령에 의하여 보험급여에 상당하는 금품을 수급권자에게 미리 지급한 경우로서 당해 금품이 보험급여를 체당하여 지급한 것으로 간주될 수 있는 경우"에 해당한다.

참조조문 가. 행정심판법 제37조
나. 산업재해보상보험법 시행령 제35조

참조판례 가. 대법원 1993.4.13. 92누17181판결

당 사 자 원고, 상고인 일진운수주식회사
소송대리인 변호사 임경
피고, 피상고인 대구남부지방노동사무소장

원심판결 대구고등법원 1993.2.3. 92구1538판결

주 문 원심판결을 파기하고, 사건을 대구고등법원에 환송한다.

이 유

상고이유를 본다.

원심판결이유에 의하면, 원심은 그 거시증거에 의하여 소외 망 박용호는 1982. 6. 21. 산업재해보상보험법의 적용대상업체로서 택시운송사업을 영위하는 원고회사에 입사하여 사업과장으로 근무하여 왔는데, 1989.7.14. 09 : 30경 출근하여 근무중 갑자기 가슴이 답답한 증세를 호소하여 병원에 후송되어 치료를 받았으나 같은 날 12 : 05경 급성심근경색증으로 사망한 사실, 박용호의 처인 소외 김순자는 같은 해 11.22. 피고에게 박용호의 사망은 업무상 재해에 해당한다는 이유로 산업재해보상보험법에 따라 유족급여를 청구하였으나 피고는 업무외 재해라는 이유로 같은 해 11.24. 그 지급을 거부한 사실, 김순자는 그 거부처분에 대하여 불복하여 심사 및 재심사청구를 하였으나 모두 기각되자 행정소송을 제기하지는 아니하고 1990. 11. 1. 원고회사를 상대로 근로기준법상의 유족보상금의 지급을 구하는 민사소송을 대구지방법원 90가합19895호로 제기하여 그 판결에 대한 대구고등법원 91나4363호 항소심판결을 포함하여 박용호의 사망이 업무상 재해에 해당한다는 이유로 유족보상금을 지급하라는 승소판결을 받고, 그 판결이 1992.1.8. 확정된 사실, 원고회사는 이 판결에 따라 같은 해 1.15. 김순자에게 유족보상금 등 합계 금 24,7600,000원을 지급한 후 같은해 2.7. 피고에게 산업재해보상보험법시행령 제35조에 의하여 체당보험금의 지급을 청구하였으나, 피고는 박용호의 사망이 이미 업무외의 재해로 확정된 후에 원고가 보상금을 지급한것이므로 보험급여금의 체당지급에 해당하지 아니한다 하여 같은 해 3.16. 이를 지급하지 아니하기로 하는 이 사건 처분을 한 사실을 인정한 다음, 산업재해보상보험법상의 보험급여는 사업주가 근로기준법에 의하여 보상하여야 할 근로자의 업무상 재해로 인한 손실을 국가가 보험자의 입장에서 근로자에게 직접 전보하는 성질을 갖고 있는바, 근로자가 업무상 재해를 입고 보험급여가 지급되기 전에 사업주가 민법 기타 법령에 의하거나 합의등으로 업무상 부상, 질병에 대한 치료비를 지급하고, 그로 인한 소득상실에

관련있는 보상을 하거나, 사망으로 인한 일실이익에 대한 보상 등을 한 경우에 당해 금품이 산업재해보상보험법상의 보험급여와 같은 성격의 것이라면, 사업주가 지급한 금품은 궁극적으로 국가가 부담함이 합리적이라는 관점에서 노동부장관에게 지급을 청구할 수 있다고 규정한 것이라 할 것이며,

따라서 이와 같이 지급을 청구할 수 있기 위하여는

첫째, 사업주가 보험급여의 사유와 동일한 사유로 보험급여에 상당하는 금품을 수급권자에게 "미리" 지급한 경우이어야 하며,

둘째, 지급한 금품이 보험급여를 체당하여 지급한 것으로 간주될 수 있는 경우이어야 한다고 전제한 후, 이 사건의 경우 김순자가 피고에게 유족급여 청구를 하였다가 거부를 당하고, 심사 및 재심사청구를 하였으나 모두 기각되었음에도 불구하고 적법한 기간 내에 행정소송을 제기하지 아니함으로써 그 거부처분은 확정되었다고 볼 것이고, 비록 그 거부처분이 업무상 재해에 해당하는 것을 업무외의 재해로 잘못 인정한 것이라고 하더라도 거부처분이 확정된 이상 피고로서는 유족급여의 지급의무가 없어 원고회사가 업무상재해로 인한 민사판결에 의하여 근로기준법상의 유족보상금 등을 김순자에게 지급하였다고 하더라도, 그것은 피고에게 유족급여의 지급의무가 없는 것으로 확정된후이므로 그 지급을 가리켜 사업주가 보험급여에 상당하는 금품을 수급권자가 "미리" 지급한 경우에 해당한다거나, "보험급여를 체당하여" 지급한 것이라고는 볼 수 없다고 하여 원고의 청구를 배척하였다.

살피건대, 산업재해보상보험업무및심사에관한법률은 산업재해보상보험법에 의한 보험급여에 관한 이의의 심사에 관한 사항을 규율함으로써 보험급여의 공정을 기함을 목적으로 하여 제정된 법률로서 보험급여에 관한 결정에 이의가 있는자가 거쳐야 할 행정심판에 관하여 그 불복기간과 절차, 심사(재심사)기관 등에 대하여 일반 행정처분에 관한 행정심판법과 다른 특별 규정을 두고 있을 뿐, 보험급여에 관한 처분이나 그 처분에 대한 심사(재심사)결정이 불복기간의 경과로 확정된 경우 그 확정력에 있어서 일반행정처분이나 행정심판 재결이 확정된 경우와 다른 특별한 효력을 인정하고 있지는 아니하는바, 일반적으로 행정처분이나 행정심판 재결이 불복기간의 경과로 인하여 확정될 경우 그 확정력은 그 처분으로 인하여 법률상 이익을 침해받은 자가 당해 처분이나 재결의 효력을 더이상 다툴 수 없다는 의미일뿐, 더 나아가 판결에서 인정되는 기판력과 같은 효력이 인정되는 것은 아니어서 그 처분의 기초가 된 사실관계나 법률적 판단이 확정되고, 당사자들이나 법원이 이에 기속되어 모순되는 주장이나 판단을 할 수 없게 되는 것은 아니라 할 것이다(당원 1993. 4. 13. 선고, 92누17181판결 참조).

이 사건의 경우 피고의 김순자에 대한 유족급여지급 거부처분이 불복기간의 도과로 확정되었다고 하더라도, 김순자의 유족보상금청구권이 없다는 내용의 법률관계까지 확정되는 것은 아니라 할 것인데 그후 원고회사가 김순자로부터 근로기준법상의 유족보상금 청구소송을 당하여 패소함에 따라 이를 지급하였다면 이는 일응 산업재해보

상보험법 시행령 제35조 소정의 "사업주가 산업재해보상보험법에 의한 보험급여의 사유와 동일한 사유로 민법 기타 법령에 의하여 보험급여에 상당하는 금품을 수급권자에게 미리 지급한 경우로서 당해 금품이 보험급여를 체당하여 지급한 것으로 간주될 수 있는 경우"에 해당한다고 보아야 할 것이다. 따라서 원고회사로부터 체당보범금의 지급청구를 받은 피고로서는 원고회사가 지급한 금품이 보험급여의 지급요건에 해당하는지, 체당보험금으로서 지급할 성질의 것인지를 검토하여 그 지급 여부를 결정하여야 할 것이고, 단지 김순자에 대하여 한 유족급여지급 거부처분이 확정되었음을 이유로 하여 체당보험금의 지급을 거부할 수 없다고 보아야 할 것이다.

원심은 마땅히 위에 적시한 점을 심리하여 피고의 이 사건 처분이 적법한지의 여부를 판단하였어야 함에도 불구하고 이에 이르지 아니한 채 앞서의 김순자에 대한 피고의 거부처분이 확정되었다는 점에만 착안하여 원고의 청구를 배척하고 말았으니, 원심판결에는 행정처분의 확정력(존속력)에 관한 법리를 오해하고, 업무상 재해 해당여부와 체당보험금 지급요건에 관한 심리를 다하지 아니함으로써 판결의 결과에 영향을 미친 위법이 있다고 할 것이다.

이 점을 지적하는 논지는 이유있다. 이에 원심판결을 파기하고 다시 심리판단케 하기 위하여 사건을 원심법원에 환송하기로 관여법관의 의견이 일치되어 주문과 같이 판결한다.

대법관 윤영철(재판장), 김상원(주심), 안우만, 박만호

● 산재보험금 지급 결정 취소

대법원 제2부, 1993.6.22. 판결 92누16102 상고기각

판 시 사 항

◉ 산업재해보상보험급여 수급권자가 사용자로부터 별도 합의금을 받은 경우 산업재해보상보험법에 의한 보험급여청구권의 소멸 여부(소극)

판 결 요 지

산업재해보상보험급여 수급권자가 사용자로부터 산업재해보상보험금과 별도로 지급받은 합의금은 근로기준법상 유족보상, 장사비에 상당하는 손해배상금을 제외한 나머지 손해배상금을 뜻하므로 합의금을 지급받았다고 하여 근로기준법상 유족보상, 장사비 청구권이 소멸될 수 없고 사용자에 대하여 행사할 수 있는 권리로 존속하므로 그 전보를 목적으로 하는 산업재해보상보험법에 의한 보험급여청구권이 소멸되었다고 볼 수 없다.

참조조문 산업재해보상보험법 제15조 제2항

참조판례 대법원 1983.11.8. 83누242판결
1985.5.14. 85누12판결
1985.12.24. 84누697판결

당 사 자 원고, 피상고인 장성현 외1인
피고, 상고인 광주지방노동청장

원심판결 광주고등법원 1992.10.1. 91구1300판결

주　　문 상고를 기각한다. 상고비용은 피고의 부담으로 한다.

이 유

상고이유를 본다.

원심판결 이유에 의하면 원심은,

원고들의 아들인 소외 망 장윤호는 소외 유한회사 전남중기의 굴삭기 조종사로 근무하던 중 1989. 12. 21. 소외 정순열이 경영하는 동아개발의 석산현장에서 굴삭기를 조종하여 채석업무에 종사하다가 석산이 무너지면서 바윗돌이 위 장윤호에게 떨어져 사망한 사실,

위 정순열은 위 채탄작업시 낙석 등의 위험을 방지하기 위하여 방호망의 설치 등 필요한 조치를 하여야 할 의무가 있는데도 불구하고 이러한 조치를 취하지 아니하여 위 사고를 발생케 한 것에 대한 책임을 지고 원고들에게 손해배상을 해 주기로 하여 원고들이 노동부로부터 지급받을 산업재해보상보험금과는 별도로 1989. 12. 24. 원고들에게 합의금으로 금 15,000,000원을 지급한 사실,

원고들은 피고에게 산업재해보상보험법에 따라 망인의 평균임금의 1,300일분인 금 16,714,280원의 유족보상일시금을, 원고 장성현은 위 평균임금의 120일분인 금 1,542,850원의 장의비를 청구하였는데 피고는 이에 대하여 원고 장성현에게 위 장의비를 지급하기로 하는 한편 원고들에게 지급할 위 유족보상일시금은 그중 원고들이 위 정순열로부터 지급받은 위 합의금에 상당한 금 15,000,000원을 공제하고 나머지 금 1,714,280원만을 2등분하여 원고들에게 각 지급하기로 결정한 사실을 인정한 다음,

위 인정사실에 의하면 위 합의금은 근로기준법상의 유족보상, 장사비에 상당하는 손해배상금을 제외한 나머지 손해배상금을 뜻하는 것임이 분명하므로 원고들이 위 합의금을 지급받았다고 하여 근로기준법상의 유족보상, 장사비 청구권이 소멸될 수 없고 원고들이 사용자에 대하여 행사할 수 있는 권리로서 여전히 존속하며 따라서 그 전보를 목적으로 하는 산업재해보상보험법에 의한 보험급여청구권도 소멸되었다고 볼 수 없다고 판단하였다.

기록에 비추어 보면 원심의 위 인정과 판단은 옳고 피고가 장차 원고들에게 위 합의금 상당 금액을 공제하지 아니한 이 사건 보험급여를 하고 그 한도 내에서 가해자인 위 정순열에게 구상할 경우 위 정순열이 당초 합의금액보다 많은 금액을 구상당하게 될 우려가 있다는 사유나 그밖의 소론 주장들 또한 원고들이 이 사건 유족급여 등을 청구할 수 있는 데에 장애가 되지 아니한다.

결국 원심판결에는 소론과 같은 산업재해보상보험법 제15조 제2항에 관한 법리오해 등의 위법이 있다고 할 수 없으므로 논지는 이유없다.

그러므로 상고를 기각하고 상고비용은 패소자의 부담으로 하기로 하여 관여법관의 일치된 의견으로 주문과 같이 판결한다.

대법관 천경송(재판장), 윤관, 김주한(주심), 김용준

● 구상금

대법원 제2부, 1993. 6. 8. 판결 93다5192 상고기각

판 시 사 항

◉ 근로기준법에 의한 재해보상을 받을 수 있는 경우를 보험자의 면책사유로 들고 있는 업무용 자동차종합보험약관은 근로기준법상의 업무상 재해이지만 산업재해보상보험법에 의하여 보상을 받을 수 없는 경우에도 적용되는지 여부(소극)

판 결 요 지

배상책임의무가 있는 피보험자의 피용자로서 근로기준법에 의한 재해보상을 받을 수 있는 사람이 죽거나 다친 경우에는 보상하지 아니하도록 한 업무용 자동차종합보험약관 제10조 제2항 제4호의 취지는 노사관계에서 발생하는 재해보상에 대하여는 원칙적으로 산업재해보상보험에 의하여 전보받도록 하려는 데 있는 것이므로 근로기준법상의 업무상 재해라고 할지라도 산업재해보상보험에 의하여 보상받을 수 없는 경우에는 위 면책사유의 적용대상에서 제외되어야 할 것이다.

참조조문 상법 제659조
산업재해보상보험법 제1조, 제4조

참조판례 대법원 1991. 5. 14. 91다6634판결
1992. 1. 21. 90다카25499판결
1992. 8. 18. 91다38297판결

당 사 자 원고, 피상고인 유동수
소송대리인 변호사 유효봉
피고, 상고인 한국자동차보험 주식회사
소송대리인 변호사 백준현 외4인

원심판결 서울민사지방법원 1992. 11. 26. 92나24508판결

주 문 상고를 기각한다. 상고비용은 피고의 부담으로 한다.

이 유

상고이유를 본다.

이 사건 업무용 자동차종합보험약관 제10조 제2항 제4호에 의하면 배상책임의무가 있는 피보험자의 피용자로서 근로기준법에 의한 재해보상을 받을 수 있는 사람이 죽거나 다친 경우에는 피고가 보상하지 아니하도록 되어 있는데 이와같은 면책사유를 둔 취지는 노사관계에서 발생하는 재해보상에 대하여는 원칙적으로 산업재해보상보험에 의하여 전보받도록 하려는 데 있는 것이므로 근로기준법상의 업무상 재해라고 할지라도 산업재해보상보험법에 의하여 보상을 받을 수 없는 경우에는 위 면책사유의 적용대상에서 제외되어야 할 것이다(당원 1991. 5. 14. 선고, 91다6634판결 참조).

원심판결이유에 의하면 원심은 그 증거에 의하여 원고가 위 김영복 등을 고용하여 판시 주택신축공사를 하다가 이 사건 사고가 발생하였는데 그 신축공사는 공사금액이 금 3,600만원임을 확정한 다음 위 공사가 산업재해보상보험법 제4조, 같은법 시행령 제2조에서 규정한 소정의 총 공사대금이 금 4,000만원미만의 건설공사로서 위 법률의 적용대상에서 제외되어 위 법률에 의한 보상을 받지 못하는 경우에 해당하므

로 피고는 위 약관이 규정한 면책사유의 적용대상에서 제외된다고 판단하였는바, 기록에 비추어 원심의 판단은 정당하고 거기에 지적하는 바와 같은 법리의 오해나 채증법칙을 어긴 위법이 없다.

주장은 결국 원심의 전권인 사실의 인정과 증거의 취사에 관한 것이 아니면 이와 다른 견해에서 원심판결을 탓하는 것에 돌아간다.

그러므로 상고를 기각하고 상고비용은 패소자의 부담으로 하여 관여법관의 일치된 의견으로 주문과 같이 판결한다.

대법관 김용준(재판장), 윤관(주심), 김주한, 천경송

● 요양중지 처분취소

대법원 제2부. 1992. 12. 22. 판결 91누6368 상고기각

판 시 사 항

⊙ 산업재해보상보험법에 따른 급여액의 범위와 피재근로자의 가해자에 대한 손해배상 청구권 유무 및 피재근로자의 과실 유무와의 관계

판 결 요 지

노동부장관이 재해를 당한 근로자에게 산업재해보상보험법에 따라 지급하여야 할 여러가지 급여는 그 근로자가 그 재해에 대하여 배상책임이 있는 가해자에 대하여 손해배상책임을 물을 수 있든 없든 또 근로자에게 과실이 있든 없든 관계없이 위 법에 정한 전액이며 다만 다른 법령에 의하여 근로자가 이미 지급받았거나 근로자의 포기 등을 이유로 지급받은 것으로 간주되는 범위 내에서 그 지급의 의무를 면할 따름이다.

참조조문 산업재해보상보험법 제11조 제3항

당 사 자 원고, 피상고인 주형동
피고, 상고인 여수지방노동사무소장

원심판결 광주고등법원 1991. 6. 13. 90구1440판결

주 문 상고를 기각한다. 상고비용은 피고의 부담으로 한다.

이 유

상고이유를 본다.

1. 원심판결 이유에 의하면 원심은,

그 거시의 증거를 종합하여 원고는 산업재해보상보험에 가입된 소외 삼환기업 주식회사의 사업장에서 작업중 사고를 당하여 앞으로도 근위축, 관절고정, 욕창등의 방지를 위한 물리치료 외에 기질성 정신장애의 후유증에 대한 치료를 계속 받아야 하는 사실,

그런데 원고가 1989. 10. 10. 위 사고로 입은 개방성 두개골 함몰골절 외 14개 병명을 이유로 피고에 대하여 같은 해 10. 4. 부터 11. 28까지의 치료기간 연기신청을 하자 피고는 원고가 위 소외회사 등을 상대로 한 민사소송에서 승소하였음을 이유로 같은 해 11. 19. 까지만의 치료를 승인하는 처분을 한 사실,

한편 원고 및 그 가족들이 위 소외회사를 상대로 위 사고를 원인으로 하여 제기한 손해배상청구소송의 항소심에서 일실수입, 위자료와 개호비 외에 향후치료비로서 근위축, 관절고정, 욕창 등의 방지를 위한 여명동안의 물리치료비 등 손해배상으로 합계 금 81,895,976원 및 이에 대한 지연손해금을 지급하라는 판결이 선고된 후 원고 등과 위 소외회사 사이에 1988. 7. 18. 위 회사는 원고 등에게 노동부로부터 수령하게 될 제반 산업재해보상금(요양비, 휴업급여, 개호인비, 장애급여 등)을 제외한 금 84,406,892원을 지급하기로 하고 원고 등은 나머지 손해배상청구권을 포기하기로 하는 내용의 합의가 성립된 사실을 인정하고 있는바,

기록에 비추어 보면 원심의 인정은 정당하여 수긍이 되고 거기에 소론과 같은 채증법칙 위배나 심리미진의 위법이 없다.

2. 노동부장관이 재해를 당한 근로자에게 산업재해보상보험법에 따라 지급하여야 할 여러가지 급여는 그 근로자가 그 재해에 대하여 배상책임이 있는 가해자에 대하여 손해배상책임을 물을 수 있든 없든 또 근로자에게 과실이 있든 없든 관계없이 위 법에 정한 전액이며 다만 다른 법령에 의하여 근로자가 이미 지급받았거나 근로자의 포기 등을 이유로 지급받은 것으로 간주되는 범위 내에서 그 지급의 의무를 면할 따름이다.

원심이 원고는 위에서 인정한 기질성 정신장애에 대한 치료비 상당의 손해는 위 합의금에 포함되어 있지 아니한다고 본 것은 이 법리에 따른 것으로 정당하고 거기에 소론과 같은 산업재해보상보험법 제11조 제3항의 다른 보상 또는 배상과의 관계에 관한 법리를 오해한 위법이 있다 할 수 없다.

논지는 모두 이유 없다.

3. 그러므로 상고를 기각하고 상고비용은 패소자의 부담으로 하기로 하여 관여법관의 일치된 의견으로 주문과 같이 판결한다.

대법관 김주한(주심), 최재호, 윤관, 김용준

● 보 험 금

대법원 제2부, 1992. 8. 18. 판결 91다38297 상고기각

판 시 사 항

◉ 피해자가 배상책임있는 피보험자의 피용자로서 근로기준법에 의한 재해보상을 받을 수 있는 경우를 보험자의 면책사유로 들고 있는 자동차종합보험보통약관이 피해자가 산업재해보상보험법에 의하여 보상을 받을 수 없는 경우에도 적용되는지 여부(소극)

판 결 요 지

자동차종합보험보통약관에서 피해자가 배상책임있는 피보험자의 피용자로서 근로기준법에 의한 재해보상을 받을 수 있는 사람인 경우를 보험자의 면책사유로 규정한 것은 사용자와 근로자의 노사관계에서 발생한 업무상 재해로 인한 손해에 대하여는 노사관계를 규율하는 근로기준법에서 사용자의 각

종 보상책임을 규정하는 한편 이러한 보상책임을 담보하기 위하여 산업재해보상보험법으로 산업재해보상보험제도를 설정하고 있음에 비추어 노사관계에서 발생하는 재해보상에 대하여는 원칙적으로 산업재해보상보험에 의하여 전보받도록 하려는 데에 그 취지가 있는 것이므로, 근로기준법상의 업무상재해라고 할지라도 산업재해보상보험법에 의하여 보상을 받을 수 없는 경우는 위 면책사유의 적용대상에서 제외하여야 할 것이다.

참조조문 상법 제659조
산업재해보상보험법 제1조, 제4조

참조판례 대법원 1990. 4. 24. 89다카24070판결
1991. 5. 14. 91다6634판결
1992. 1. 21. 90다카25499판결

당 사 자 원고, 피상고인 강정식
소송대리인 변호사 배기원 외1인
피고, 상고인 럭키화재해상보험주식회사
소송대리인 변호사 유재방

원심판결 대구고등법원 1991. 9. 12. 91나2596판결

주 문 상고를 기각한다. 상고비용은 피고의 부담으로 한다.

이 유

상고이유를 본다.

자동차종합보험보통약관 제10조 제2항 제4호에서 피해자가 배상책임있는 피보험자의 피용자로서 근로기준법에 의한 재해보상을 받을 수 있는 사람인 경우를 보험자의 면책사유로 규정한 것은 사용자와 근로자의 노사관계에서 발생한 업무상재해로 인한 손해에 대하여는 노사관계를 규율하는 근로기준법에서 사용자의 각종 보상책임을 규정하는 한편 이러한 보상책임을 담보하기 위하여 산업재해보상보험법으로 산업재해보상보험제도를 설정하고 있음에 비추어 노사관계에서 발생하는 재해보상에 대하여는 원칙적으로 산업재해보상보험에 의하여 전보받도록 하려는 데에 그 취지가 있는 것이므로 근로기준법상의 업무상재해라고 할지라도 산업재해보상보험법에 의하여 보상을 받을 수 없는 경우는 위 면책사유의 적용대상에서 제외하여야 할 것이다(당원 1991. 5. 14. 선고, 91다6634판결 참조).

원심이 적법하게 확정한 사실에 의하면, 원고는 우진건설이라는 상호로 건설업을 영위하는 자로서 경남 밀양군으로부터 판시 수해복구공사를 대금 26,155,000원에 도급받아 공사를 진행하면서 피해자 박성영을 형틀목공으로 고용하여 위 공사장에 일하게 하였는데 사고당일 새벽 위 박성영은 밀양읍에 있는 위 우진건설의 사무실에서 위 우진건설의 운전사인 소외 이종화가 운전하는 사고 봉고버스를 타고 위 공사현장에 가던 중 이 사건 사고가 발생하였고, 그 당시 원고의 사업장에는 일용근로자를 합하여 5인 이상 일하고 있었다는 것인바, 위 사고는 근로기준법상의 업무상재해에 해당되나 위 공사는 총 도급금액이 40,000,000원미만인 건설공사이어서 산업재해보상보험법 제4조, 같은법 시행령 제2조의 규정에 의하여 산업재해보상보험법의 적용대상인 사업 또는 사업장에서 제외되어 그 법에 의한 보상을 받지 못하는 경우

에 해당하므로 위 자동차보험약관이 규정한 면책사유의 적용대상에서 제외된다고 보아야 할 것이다.

이와같은 취지의 원심판단은 정당하고 거기에 소론이 주장하는 바와 같은 법리오해로 인한 이유불비나 이유모순의 위법이 없으며, 내세우는 당원의 판례들과 위 인용판례가 서로 저촉되는 것이라 할 수 없다.

논지는 이유없다.

그러므로 상고를 기각하고 상고비용은 패소자의 부담으로 하기로 하여 관여법관의 일치된 의견으로 주문과 같이 판결한다.

대법관 최재호(재판장), 윤관, 김주한, 김용준

● 유족급여 및 장의비 부지급 처분 취소

대법원 제1부. 1992. 7. 14. 판결 92누4475 파기환송

판 시 사 항

◉ 해외근재보험이 국외근무 근로자를 고용한 사업주와의 사이에 성립되어 있고 근로자의 국외근무가 계속되고 있는 기간중 국외사업장 사용자의 지휘체계하에 있으면서 일시 귀국하였을때 산업재해가 발생한 경우, 해외근재보험의 적용 가부

판 결 요 지

산업재해보상보험법 제34조의4 등의 규정들을 검토하여 보면 노동부장관이 재무부장관과 협의하여 지정한 보험회사가 국외 근무기간중 발생한 근로자의 재해를 보상하기 위하여 관장, 영위하는 보험이 국외 근무 근로자를 고용한 사업주와 사이에 성립되어 있는 경우에는 노동부장관이 관장하는 산업재해보상보험은 적용되지 아니한다고 할 것이고 국외근무가 계속되고 있는 기간중 국외사업장 사용자의 근무에 대한 지휘체계하에 있으면서 일시 귀국하여 국내에 있을 때 산업재해가 발생하였다고 하더라도 그 재해가 국외근무에 기인한 경우에는 특별한 사정이 없는 한 그 재해가 국내에 있는 동안 발생하였다고 하여 해외근재보험이 적용되지 않는다고 할 수는 없다.

참조조문 산업재해보상보험법 제34조의4

당 사 자 원고, 피상고인 김부화
소송대리인 변호사 한병식
피고, 상고인 서울지방노동청장

원심판결 서울고등법원 1992. 2. 20. 91구10345판결

주 문 원심판결을 파기하고 사건을 서울고등법원에 환송한다.

이 유

상고이유를 본다.

(1) 소외 대림산업주식회사(이하 소외회사라고 한다). 소속 근로자인 소외 망 홍

덕유가 소외회사 이집트 현장에 파견되어 근무하던 중 1990. 5. 1. 휴가차 귀국하여 자택에 있다가 다음날인 5. 2. 17 : 40경 자택 응접실에서 텔레비젼을 시청하다가 갑자기 의식을 잃고 쓰러져 직접사인 "급성심장사"로 사망하자 위 망인의 처인 원고가 위 망 홍덕유의 사망이 업무상재해로 인한 것이라고 하여 피고에게 산업재해보상보험법(이하 산재법이라고 줄여쓴다) 제9조의6 소정의 유족급여와 같은 법 제9조의 8 소정의 장의비의 지급을 청구하였으나 피고가 1990. 9. 13. 위 망인의 사망이 업무에 기인한 것으로 볼 수 없다고 하여 위 각 보험급여를 지급하지 아니한다는 처분을 하였는데,

이에 대하여 원고는 위 홍덕유의 사망은 업무상의 정신적, 육체적 과로에 기인한 것임에도 불구하고 이를 업무외 재해로 보고서 행하여진 피고의 이 사건 처분은 위법하므로 취소되어야 한다고 주장하고 피고는 위 망 홍덕유는 국외근무근로자로서 산재법 제34조의4 규정에 대한 해외근재보험의 수혜자이므로 위 망인의 재해로 인한 보상은 위 해외근재보험사업을 관장하고 영위하는 보험회사에 의하여 행하여지는 것일뿐이고 산재법상의 보험급여의 지급대상이 아니라고 주장함에 대하여,

원심은 거시증거에 의하여 소외회사는 위 망인의 해외근무와 관련하여 위 망인을 보험수익자로 하고 보험기간을 1989. 5. 1. 부터 1990. 5. 1. 까지로 하여 소외 럭키화재해상보험주식회사에 해외근재보험에 가입하였다가 1990. 5. 1. 계약갱신으로 보험기간이 1990. 5. 1. 부터 1991. 5. 1. 까지로 변경부보되었는데 위 망인이 1990. 5. 1. 귀국함으로써 1990. 5. 1. 자로 위 망인에 대한 위 해외근재보험계약이 해지된 사실을 인정한 다음 위 망인은 위와같이 1990. 5. 1. 귀국후 그 다음날인 같은 해 5. 2. 사망하였으므로 이 사건 재해는 위 해외근재보험계약이 해지된 후에 발생한 것으로서 위 해외근재보험에 의하여 보험금이 지급될 것이 아니고 국내에서 생긴 재해로서 업무상재해 여부에 따라 산재법에 의한 보험급여가 이루어져야 할 것이고 따라서 위 망인의 사망은 해외근재보험의 적용대상이 아니라 산재법에 따른 보험급여 적용대상이라고 판단하였다.

(2) 산재법 제34조의 4 등 위법의 규정들을 검토하여 보면 노동부장관이 재무부장관과 협의하여 지정한 보험회사가 국외근무기간중 발생한 근로자의 재해를 보상하기 위하여 관장, 영위하는 보험이 국외근무 근로자를 고용한 사업주와 사이에 성립되어 있는 경우에는 노동부장관이 관장하는 산업재해보상보험은 적용되지 아니한다고 할 것이고 국외근무가 계속되고 있는 기간 중 국외 사업장 사용자의 근무에 대한 지휘체계하에 있으면서 일시 귀국하여 국내에 있을 때 산업재해가 발생하였다고 하더라도 그 재해가 국외근무에 기인한 경우에는 특별한 사정이 없는 한 그 재해가 국내에 있는 동안 발생하였다고 하여 해외근재보험이 적용되지 않는다고 할 수는 없다고 할 것이다.

기록에 의하여 살펴보면 위 소외회사는 위 망 홍덕유의 해외근무와 관련하여 위 망인을 보험수익자로 하고 보험기간을 1989. 5. 1. 부터 1991. 5. 1. 까지로 변경부보하였다가 1990. 5. 2. 위 망인의 사망사고가 일어난 후인 같은 해 5. 19. 에 위 망인이 같은 달 1. 귀국하였으니 위 보험계약을 해

지하여 달라는 통보를 위 보험회사에 하고 이에 따라 위 보험회사는 위 망인이 귀국한 같은 해 5. 1. 로 소급하여 위 해외근재보험을 해지한 사실과 위 망인은 해외근무가 계속되고 있던 중 휴가차 일시 귀국한 사실을 알 수 있고 이 사건 재해가 해외근무에 기인한 것임은 원심이 인정하고 있는바 노동부장관에 갈음하여 위 보험을 관장, 영위하는 위 보험회사가 상법 제649조 제1항, 제663조 등 보험에 관한 관계법규에 불구하고 그 보험기간 중 보험사고가 일어난 뒤에 소급하여 위 보험계약을 적법히 해지할 수 있는 사정을 알 수 있는 보험약관 등의 자료는 기록상 어디에서도 찾아볼 수 없다.

원심이 이러한 점에 대하여 더 심리를 하지 아니하고 1990. 5. 1. 위 홍덕유의 귀국으로 위 보험계약을 해지하였다는 럭키화재해상보험주식회사의 사실조회 회시만에 의하여 위에서 본 바와 같은 이유로 위 망인의 사망은 해외근재보험의 적용대상이 아니라 산재법에 따른 보험급여 적용대상이라고 판단한 것은 심리를 다하지 아니하였거나 해외근재보험계약의 해지에 관한 법리를 오해하여 판결에 영향을 미친 위법을 저질렀다고 할 것이고 이 점을 지적하는 논지는 이유 있다.

(3) 그러므로 나머지 상고이유에 대하여는 판단을 생략하고 원심판결을 파기환송하기로 하여 관여법관의 일치된 의견으로 주문과 같이 판결한다.

대법관 이회창(재판장), 배만운, 김석수

● 손해배상

대법원 제3부, 1992. 5. 8. 판결 91다39603 상고기각

판 시 사 항

◉ 장래 지급할 것이 확정된 산업재해보상보험법상의 보험급여를 수급권자에게 지급할 손해배상액에서 미리 공제할 수 있는지 여부(소극)

판 결 요 지

현실적으로 산업재해보상보험법상의 보험급여를 지급하지 아니한 이상 장래에 보험급여를 지급할 것이 확정되어 있더라도 이러한 장래의 보험급여액을 그 수급권자에게 지급할 손해배상액에서 미리 공제할 수는 없다.

참조조문 민법 제763조(제393조)
산업재해보상보험법 제11조

참조판례 대법원 1976. 4. 27. 75다1253판결
1979. 10. 30. 79다1211판결
1989. 6. 27. 88다카15512판결

당 사 자 원고, 피상고인 송두용
소송대리인 변호사 여동영 외1인
피고, 상고인 최해룡
소송대리인 변호사 배종수 외1인

원심판결 대구고등법원 1991. 9. 27. 90나6119판결

주 문 상고를 기각한다. 상고비용은 피고의 부담으로 한다.

이 유

피고소송대리인들의 상고이유(상고이유

보충서는 제출기간이 지난 뒤의 것이므로 상고이유를 보충하는 범위내에서)에 대하여.

원고가 이 사건 사고로 인하여 산업재해보상보험법에 따라 장래 1993. 11. 1. 부터 그 사망시까지 매년 금 3,035,683원의 장해연금을 지급받게 되어 있으므로 이를 원고의 재산적 손해액에서 공제하여야 한다는 피고의 주장에 대하여, 원심은 현실적으로 보험급여를 지급하지 아니한 이상 장래에 보험급여를 지급할 것이 확정되어 있더라도 이러한 장래의 보험급여액을 그 수급권자에게 지급할 손해배상액에서 미리 공제할 수는 없다고 판시하였는바, 이는 정당하고(당원 1976. 4. 27. 선고, 75다1253판결 ; 1979. 10. 30. 선고, 79다1211 판결 ; 1989. 6. 27. 선고 88다카15512판결 참조) 소론과 같은 위법이 있다고 할 수 없다. 논지는 이유없다.

이에 상고를 기각하고 상고비용은 패소자의 부담으로 하여 관여법관의 일치된 의견으로 주문과 같이 판결한다.

대법관 윤영철(재판장), 박우동, 김상원, 박만호

● 보험금채무부존재확인

대법원 제2부. 1992.1.21. 판결 90다카25499 상고기각

판 시 사 항

◉ 회사소속 택시운전사가 근무교대시 교대근무자의 택시를 타고 퇴근하다가 교통사고를 당한 경우 업무상재해에 해당하여 근로기준법에 의한 재해보상을 받을 수 있다고 본 사례

◉ 피해자가 배상책임있는 피보험자의 피용자로서 근로기준법에 의한 재해보상을 받을 수 있는 경우를 보험자를 면책사유로 들고 있는 자동차종합보험보통약관이 상법 제659조, 제663조에 위반되어 무효인지 여부(소극)

판 결 요 지

가. 택시회사 소속 운전사로서의 근무를 마치고 교대근무자가 운전하던 택시를 타고 자기집으로 퇴근하다가 사고를 당한 경우, 그것이 위 택시회사가 묵시적으로 이용하도록 한 교통수단을 이용하여 퇴근하던 중 발생한 사고라면, 위 회사의 피용자들의 노동력 제공에는 위 차량을 이용한 퇴근이 필연적인 사실에 비추어 위 퇴근하던 운전사의 사망은 업무상재해에 해당된다고 할 것이어서 그 운전사는 근로기준법에 의한 재해보상을 받을 수 있다고 본 사례.

나. 교통사고의 피해자가 배상책임의무가 있는 피보험자의 피용자로서 근로기준법에 의한 재해보상을 받을 수 있는 사람인 경우에는 그 사고로 인하여 피보험자가 입게 된 손해를 보험자가 보상하지 아니하기로 정한 자동차종합보험보통약관상의 면책조항(제10조 제2항 제4호)은, 사용자와 근로자의 노사관계에서 발생한 업무상 재해로 인한 손해에 대하여는 노사관계를 규율하는 근로기준법에서 사용자의 각종 보상책임을 규정하는 한편, 이러한 보상책임을 담보하기

위하여 산업재해보상보험법으로 산업재해보상보험제도를 설정하고 있어서, 노사관계에서 발생하는 재해보상에 대하여는 원칙적으로 산업재해보상보험에 의하여 전보받도록 하고 제3자에 대한 손해배상 책임을 전보하는 것을 목적으로 한 자동차보험의 대인배상범위에서는 이를 제외하려는 데에 그 취지가 있는 것이므로, 손해발생원인에 책임이 있는 자를 보험의 보호 대상에서 제외하려는 상법 제659조의 적용 대상이라고 보기 어렵고, 따라서 위 면책조항이 보험계약자 또는 피보험자 등에게 불이익하게 상법 제659조에 규정된 면책사유를 변경함으로써 같은 법 제663조에 위반되어 무효라고 볼 수는 없다.

참조조문 가. 근로기준법 제82조
나. 상법 제659조, 제663조
산업재해보상보험법 제1조, 제4조

참조판례 나. 대법원 1990. 4. 27. 89다카24070판결
1990. 12. 11. 90다카26553판결
1991. 5. 14. 91다6634판결

당 사 자 원고, 피상고인 해동화재해상보험주식회사
소송대리인 변호사 정명택
피고, 상고인 성일택시합자회사

원심판결 서울고등법원 1990. 6. 29. 90나7120판결

주 문 상고를 기각한다. 상고비용은 피고의 부담으로 한다.

이 유

1. 피고의 상고이유 제1점에 대한 판단.

원심이 인용한 제1심 판결의 이유에 의하면 제1심은, 피고회사가 1989. 1. 15. 그 소유의 충남 1바6766호 영업용 택시에 대하여 피고를 피보험자, 보험기간을 1989. 1. 16. 부터 1990. 1. 16. 까지로 하는 원고회사의 자동차종합보험에 가입하면서, 당시 보험약관에 따라 자동차 사고의 피해자가 피보험자인 피고의 피용자로서 근로기준법에 의한 재해보상을 받을 수 있는 사람인 경우에는 보험회사인 원고가 그로 인한 손해를 보상하지 아니하기로 약정한 사실, 피고회사의 운전사인 소외 최규재가 1989. 2. 21. 06 : 10경 위 택시를 운전하여 천안 시내를 운행하다가 운전부주의로 가로수를 들이받아 자신과 위 택시에 동승한 소외 망 이창학이 사망한 사실, 그런데 피고회사는 천원군에 소재하고 있고 피고회사의 피용자인 운전사들은 대부분 천안시내에 거주하고 있었던 관계로 그 운전자들이 교대근무를 할 때에는 피고회사의 묵시적 승인 아래 피고회사의 택시를 이용하여 출퇴근을 하여 온 사실, 이 이창학도 이 사건 사고 당일 피고회사 소속 운전사로서의 근무를 마치고 교대근무자인 위 최규대가 운전하던 위 택시를 타고 천안시내에 있는 자기 집으로 퇴근하다가 이 사건 사고를 당한 사실 등을 인정한 다음, 위 이창학이 피고회사가 묵시적으로 이용하도록 한 교통수단을 이용하여 퇴근하던 중 이 사건 사고가 발생한 것이고, 피고회사의 피용자들의 노동력 제공에는 위 차량을 이용한 퇴근이 필연적인 사실에 비추어 위 이창학의 사망은 업무상재해에 해당된다고 할 것이어서, 위 이창학은 피고회사의 피용자로서 근로기준법에 의한 재해보상을 받을 수 있는 사람이라고 판단하였다.

관계증거 및 기록과 관계법령의 규정내용에 비추어 볼 때, 원심의 위와같은 인정판단은 정당한 것으로 수긍이 되고, 원심판결에 소론과 같은 업무상 재해의 범위에 관한 법리를 오해한 위법이 있다고 볼 수 없으므로 논지는 이유가 없다.

2. 같은 상고이유 제2점에 대한 판단

자동차종합보험계약중 피보험자가 자동차의 운행으로 인하여 남을 죽게 하거나 다치게 하여 자동차손해배상보장법에 의한 손해배상책임을 짐으로써 입게 될 손해를 보험자로부터 보상받기로 하는 내용의 대인배상책임보험계약에 있어서, 그 사고의 피해자가 배상책임의무가 있는 피보험자의 피용자로서 근로기준법에 의한 재해보상을 받을 수 있는 사람인 경우에는 그 사고로 인하여 피보허자가 입게 된 손해를 보험자가 보상하지 아니하기로 정한 자동차종합보험보통약관상의 면책조항(제10조 제2항 제4호)은, 사용자와 근로자의 노사관계에서 발생한 업무상 재해로 인한 손해에 대하여는 노사관계를 규율하는 근로기준법에서 사용자의 각종 보상책임을 규정하는 한편, 이러한 보상책임을 담보하기 위하여 산업재해보상보험법으로 산업재해보상보험제도를 설정하고 있어서, 노사관계에서 발생하는 재해보상에 대하여는 원칙적으로 산업재해보상보험에 의하여 전보받도록 하고 제3자에 대한 손해배상책임을 전보하는 것을 목적으로 한 자동차보험의 대인배상 범위에서는 이를 제외하려는 데에 그 취지가 있는 것이므로, 손해발생원인에 책임이 있는 자를 보험의 보호대상에서 제외하려는 상법 제659조의 적용 대상이라고 보기 어렵고, 따라서 위 면책조항이 보험계약자 또는 피보험자 등에게 불이익하게 상법 제659조에 규정된 면책사유를 변경함으로써 같은법 제663조에 위반되어 무효라고 볼 수는 없다는 것이 당원의 판례(1989. 11. 1. 선고, 88다카29177 판결 ; 1990. 4. 27. 선고, 89다카24070 판결 ; 1990. 12. 11. 선고, 90다카 26553판결 ; 1991. 5. 14. 선고, 91다6634 판결 등)가 취하고 있는 견해이다.

그렇다면 위 면책조항이 유효한 것임을 전제로 하여, 위 이창학이 비록 소론과 같이 위 보험약관상 피보험자의 범위에 들지 않는 제3자라고 하더라도, 피고회사의 피용자로서 이 사건 사고로 인한 그의 사망이 업무상 재해에 해당하여 근로기준법에 의한 재해보상을 받을 수 있는 사람인 이상, 위 면책조항에 의하여 원고의 피고회사에 대한 보험금액 지급채무가 존재하지 아니한다고 본 원심의 판단은 정당하고, 이와는 반대로 위 면책조항이 상법의 규정에 위반되어 무효라는 독자적인 견해에서 원심판결을 비난하는 논지는 받아들일 수 없다.

3. 그러므로 피고의 상고를 기각하고 상고비용은 패소자인 피고의 부담으로 하기로 관여법관의 의견이 일치되어 주문과 같이 판결한다.

대법관 윤관(재판장), 최재호, 김주한, 김용준

● 손해배상

대법원 제1부. 1991. 7. 23. 판결 90다11776 상고기각

판 시 사 항

◉ 산업재해보상보험법 제11조 제2항 소정의 "동일한 사유"의 의미와 피해자가 보험금으로 수령한 휴업급여금과 장해보상급여금이 법원에서 인정된 소극적 손해액을 초과하는 경우 그 초과부분을 적극적 손해의 배상액 산정에 있어 공제하여야 하는지 여부(소극)

판 결 요 지

산업재해보상보험법 제11조 제2항 소정의 "동일한 사유"라고 하는 것은 보험급여의 대상이 된 손해와 민사상의 손해배상의 대상이 된 손해가 같은 성질을 띠는 것이어서 보험급여와 손해배상이 상호보완적 관계에 있는 경우를 말하므로, 피해자가 보험금으로 수령한 휴업급여금과 장해보상급여금이 법원에서 인정된 소극적 손해액을 초과하더라도 그 초과부분을 그 성질을 달리하는 적극적 손해의 배상액을 산정하는데 있어 공제할 것이 아니다.

참조조문 민법 제763조, 제393조
산업재해보상보험법 제11조 제2항

참조판례 대법원 1971. 4. 20. 71다372판결
1977. 7. 26. 77다537판결

당 사 자 원고, 피상고인 윤일환
소송대리인 변호사 이갑열
피고, 상고인 한국중공업주식회사
소송대리인 법무법인 중앙국제법률특허사무소 담당변호사 조태연외2인

원심판결 서울고등법원 1990. 9. 13. 90나19871판결

주 문 상고를 기각한다. 상고비용은 피고부담으로 한다.

이 유

원심판결이유에 의하면 원심은 원고가 이 사건 사고로 입은 손해액을 실수익금 28,897,664원, 향후치료비 1,500,000원, 개호비 43,363,861원이 된다고 인정하고 그것을 소극적 손해와 적극적 손해로 양분한 다음 원고의 과실비율을 40%로 보아 과실상계를 하여 가해자가 배상하여야 할 금액을 소극적 손해금 17,338,598원, 적극적 손해금 26,918,316원이 된다고 인정하는 한편 원고가 산업재해보상보험법에 따라 보험금으로 지급받은 금액이 휴업급여금 15,039,640원, 장해보상급여금 39,042,705원, 요양급여금 2,637,690원이 된다고 인정하고 그 중 전 2자는 소극적 손해를 전보하고 후자는 적극적 손해를 전보하는 성질을 가진다고 하여 성질을 같이하는 손해금에서 각기 공제하고 나서 소극적 손해에서는 원고가 손해액보다 36,743,792원을 더 전보받은 결과가 되나 적극적 손해에서는 손해액보다 24,280,626원을 아직 전보받지 못하였다고 인정하여 피고에게 위 적극적 손해 미전보분 24,280,626원과 위자료 3,000,000원의 지급을 명하였다.

살펴보건대 산업재해보상보험법 제11조 제2항에 의하면 수급권자가 동일한 사유에 대하여 이 법에 의한 보험급여를 받았을 때에는 보험가입자는 그 금액의 한도 안에서 민법 기타 법령에 의한 손해배상의 책임이 면제된다고 규정하고 있는바 여기서 동일

한 사유라고 하는 것은 보험급여의 대상이 된 손해와 민사상의 손해배상의 대상이 된 손해가 같은 성질을 띠는 것이어서 보험급여와 손해배상이 상호보완적 관계에 있는 경우를 말하는 것이므로 원심인정과 같이 원고가 보험금으로 휴업급여금 15,039,640원, 장해보상급여금 39,042,750원을 수령하여 원심인정의 소극적 손해액보다 36,743,792원을 더 전보받은 결과가 된다 하더라도 그 초과부분을 그 성질을 달리하는 적극적 손해의 배상액을 산정하는데 있어 공제할 것이 아니다.

원심판단은 정당한 것이다.

상고논지는 이유없으므로 상고를 기각하고 상고비용은 패소자에게 부담시키기로 관여법관의 의견이 일치되어 주문과 같이 판결한다.

대법관 김석수(재판장), 이회창, 이재성, 배만운

● 보험금

대법원 제1부, 1991. 5. 14. 판결 91다6634 파기환송

판 시 사 항

◉ 피해자가 배상책임있는 피보험자의 피용자로서 근로기준법에 의한 재해보상을 받을 수 있는 경우를 보험자의 면책사유로 들고 있는 자동차종합보험보통약관이 패하자가 산업재해보상보험법에 의하여 보상을 받을 수 없는 경우에도 적용되는지 여부(소극)

판 결 요 지

자동차종합보험보통약관에서 피해자가 배상책임있는 피보험자의 피용자로서 근로기준법에 의한 재해보상을 받을 수 있는 사람인 경우를 보험자의 면책사유로 규정한 것은 사용자와 근로자의 노사관계에서 발생한 업무상재해로 인한 손해에 대하여는 노사관계를 규율하는 근로기준법에서 사용자의 각종 보상책임을 규정하는 한편 이러한 보상책임을 담보하기 위하여 산업재해보상보험법으로 산업재해보상보험제도를 설정하고 있음에 비추어 노사관계에서 발생하는 재해보상에 대하여는 원칙적으로 산업재해보상보험에 의하여 전보받도록 하려는 데에 그 취지가 있는 것이므로, 근로기준법상의 업무상재해라고 할지라도 산업재해보상보험법에 의하여 보상을 받을 수 없는 경우는 위 면책사유의 적용대상에서 제외하여야 한다.

참조조문 상법 제659조
산업재해보상보험법 제1조, 제4조

참조판례 대법원 1989. 11. 14. 88다카29177판결
1990. 4. 27. 89다카24070판결

당 사 자 원고, 상고인 김인종
소송대리인 변호사 김충식
피고, 피상고인 제일화재해상보험주식회사
소송대리인 변호사 장한각 외3인

원심판결 서울고등법원 1991. 1. 15. 90나40189판결

주 문 원심판결을 파기하고 사건을 서울고등법원에 환송한다.

이 유

원고소송대리인의 상고이유를 본다.

1. 원심판결 이유에 의하면 원심은, 원고가 피고와 체결한 자동차종합보험계약의 보통약관 제10조 제2항 제4호에 의하면 피해자가 피보험자의 피용자로서 근로기준법에 의한 재해보상을 받을 수 있는 사람인 경우에는 보상을 하지 아니하기로 규정되어 있는데, 그 거시증거에 의하면 원고가 시행한 이 사건 손해복구공사는 근로기준법의 적용대상인 상시 5인 이상의 근로자를 사용하는 사업 또는 사업장에 해당하므로 이 사건 사고의 피해자인 소외 망 성백우는 원고의 피용자로서 근로기준법에 의한 재해보상을 받을 수 있는 사람이어서 위 면책조항에 따라 피고에게 보험금 지급의무가 없다고 판단하였다.

2. 기록에 의하여 살펴보면 원심이 원고가 시행하는 이 사건 공사가 근로기준법의 적용대상인 상시 5인 이상의 근로자를 사용하는 사업 또는 사업장에 해당한다고 판단한 것은 정당하고 이 점에 소론과 같이 채증법칙위반이나 심리미진으로 사실인정을 그르친 위법이 없다.

3. 그러나 위 자동차종합보험보통약관 제10조 제2항 제4호에서 피해자가 배상책임있는 피보험자의 피용자로서 근로기준법에 의한 재해보상을 받을 수 있는 사람인 경우를 보험자의 면책사유로 규정한 것은 사용자와 근로자의 노사관계에서 발생한 업무상 재해로 인한 손해에 대하여는 노사관계를 규율하는 근로기준법에서 사용자의 각종 보상책임을 규정하는 한편 이러한 보상책임을 담보하기 위하여 산업재해보상보험법으로 산업재해보상보험제도를 설정하고 있음에 비추어 노사관계에서 발생하는 재해보상에 대하여는 원칙적으로 산업재해보상보험에 의하여 전보받도록 하려는 데에 그 취지가 있는 것이므로(당원 1989. 11. 14. 선고, 88다카29177판결 참조), 근로기준법상의 업무상재해라고 할지라도 산업재해보상보험법에 의하여 보상을 받을 수 없는 경우는 위 면책사유의 적용대상에서 제외하여야 할 것이다.

기록에 의하면 원고는 원심변론에서 원고가 시행하던 이 사건 수해복구공사는 총공사금액이 12,500,000원에 불과하여 산업재해보상보험법의 적용대상이 아니라고 주장하면서 이에 부합하는 증거를 제출하고 있는 바(1990. 12. 7. 자 준비서면 및 갑 제7호증 참조), 산업재해보상보험법 제4조, 같은법 시행령 제2조의 규정에 의하면 총 공사금액이 4천만원 미만인 건설공사는 산업재해보상보험법의 적용대상인 사업 또는 사업장에서 제외되므로, 위 원고 주장이 인정된다면 원고의 이 사건 공사는 산업재해보상보험법의 적용대상인 사업 또는 사업장에 해당하지 아니하여 그 법에 의한 보상을 받지 못하는 경우에 해당하고 따라서 위 자동차종합보험보통약관이 규정한 면책사유의 적용대상에서 제외된다고 보아야 할 것이다.

그런데 원심은 위 원고주장에 관하여 아무런 판단을 하지 않은채 원고청구를 기각하고 말았으므로 판결에 영향을 미친 판단유탈의 위법을 저지른 것이라고 하지 않을 수 없어 이 점 논지는 이유있다.

4. 그러므로 원심판결을 파기환송하기로 하여 관여법관의 일치된 의견으로 주문과 같이 판결한다.

대법관 배만운(재판장), 이회창, 이재성, 김석수

● 보험금

대법원 제2부. 1990. 12. 11. 판결 90다카26553 상고기각

판 시 사 항

◉ 구 지방자치단체로 된 1988. 5. 1. 이전에 "성북구"가 자동차보험의 피보험자로 될 수 있는지 여부(소극) 및 이때 기명피보험자로 되어 있는 "성북구청장(청소과)"의 의미

◉ 피해자가 피보험자의 피용자등으로서 근로기준법에 의한 재해보상을 받을 수 있는 경우를 대인배상에 관한 보험회사의 면책사유로 들고 있는 자동차종합보험약관이 약관의규제에관한법률 제7조 제2호, 제6조 제2항에 해당되어 무효인지 여부(소극)

판 결 요 지

가. 보험계약 체결일 및 보험사고 발생일이 지방자치법(1988. 4. 6. 자 법률제4004호)이 전면 개정 실시된 1988. 5. 1. 의 전 이어서 당시 원고인 성북구는 법률상 독립된 법인격을 갖는 지방자치단체가 아니라 지방자치단체인 서울특별시 산하인 지역적 행정조직(행정기구)에 불구하고 구청장 역시 서울특별시 소속 공무원이었을 뿐이니 원고는 서울특별시장의 위임에 따라 서울특별시의 소유인 사고 자동차를 관리운행하고 서울특별시의 소속 공무원인 운전자를 지휘감독하고 있었음에 불과하고 대외적으로 그 운행으로 인한 손해배상책임을 부담할 권리의무의 주체가 될 수 없었음이 명백하므로 위 손해배상책임을 부담할 지위에 있음을 전제로 하는 자동차보험의 피보험자로 될 수는 없다 할 것이어서 기명피보험자로 기재되어 있는 "성북구청장(청소과)"은 서울특별시를 표시하는 것으로 봄이 상당하다 할 것이다.

나. 대인배상에 관한 보험회사의 면책사유로 피해자가 "배상책임의무가 있는 피보험자의 피용자로서 근로기준법에 의한 재해보상을 받을 수 있는 사람" 또는 "피보험자의 사용자의 업무에 종사중인 다른 피용자로서 근로기준법에 의한 재해보상을 받을 수 있는 사람"인 경우를 들고 있는 자동차종합보험 보통약관의 규정은 노사관계에서 생기는 재해보상에 대하여는 산업재해보상보험 등에 의하여 전보받도록 하고 제3자에 대한 배상책임을 전보하는 것을 목적으로 하는 자동차보험의 대인배상범위 내에서는 이를 제외한 취지라고 풀이되며 이러한 면책조항이 약관의 규제에관한법률 제7조 제2호 소정의 "상당한 이유없이 사업자의 손해배상범위를 제한하거나 사업자가 부담하여야 할 위험을 고객에게 이전시키는 조항"에 해당한다거나 동법률 제6조 제2항 소정의 "고객이 계약의 거래형태 등 제반사정에 비

추어 예상하기 어려운 조항"에 해당한다고도 볼 수 없으므로 이를 무효라고 할 수는 없다.

참조조문
가. 지방자치법 제2조 구 지방자치법(1973. 1. 15. 법률 제2437호에 의하여 개정된 것, 1988. 4. 6. 법률 제4004호로 전문개정되기 전의 것) 제2조, 제3조 제1항, 제145조 제1항, 제147조 제1항구 지방자치에관한임시조치법(1981. 4. 4. 법률 제3412호에 의하여 개정된 것, 1988. 4. 6. 법률 제4004호로 폐지됨) 제3조의3제1항, 제3항, 제5조의2 상법 제719조
나. 산업재해보상보험법 제1조, 제4조 약관의규제에관한법률 제6조 제2항, 제7조 제2호

참조판례 나. 대법원 1990. 4. 24. 89다카24070판결

당 사 자 원고, 상고인 성북구
소송대리인 변호사 유재방
피고, 피상고인 국제화재해상보험주식회사

원심판결 서울고등법원 1990. 7. 10. 90나16209판결

주 문 상고를 기각한다. 상고비용은 원고의 부담으로 한다.

이 유

1. 상고이유 제1점을 본다.

원심판결이유에 의하면 원심은 그 거시증거에 의하여 소외 서울특별시 소유의 청소차인 이 사건 자동차에 대하여 1987. 1. 27. 당시 이를 직접 관리하고 있던 성북구청에서 피고와의 사이에 보험기간을 1988. 1. 27. 까지로 하고 피고는 피보험자가 위 자동차의 사고로 인하여 법률상 손해배상책임을 짐으로써 입은 손해를 보상하는 자동차종합보험계약을 체결하고 보험료도 위 구청에서 피고회사 직원이 지급받은 사실, 위 자동차종합보험증권상의 피보험자는 "성북구청장(청소과)"으로 기재되어 있는 사실, 위 자동차의 운전자(성북구청 소속 서울특별시 공무원)인 소외 이부갑이 1987. 11. 19. 그 판시 장소에서 이 사건 자동차를 운전하여 가다가 판시와 같은 교통사고를 내어 청소작업중이던 마포구청 소속 청소원인 소외 이상조를 사망케하였으며 그후 위 망인의 상속인들이 서울특별시를 상대로 한 손해배상청구소송의 판결을 집행하여 서울특별시로부터 그 판시와 같은 금액을 지급받은 사실을 인정한 다음, 원고가 지방자치단체로서 법인격을 취득한 것은 지방자치법(1988. 4. 6. 자 법률 제4004호)이 전면개정실시된 1988. 5. 1. 부터라 할 것이고, 이 사건 자동차보험증권상에 피보험자 표시가 성북구청장이라고 표시되어 있었다 하더라도 위 보험계약당시로서는 성북구청장은 서울특별시장의 내부위임을 받아 그 수임사무를 처리하는 지위에 있었을 뿐이므로 대외적으로는 이 사건 자동차보험계약상의 피보험자는 서울특별시라고 보아야 할 것이니 원고는 이 사건 보험의 피보험자가 아니라고 판단하였다. 구 지방자치법(1973. 1. 15. 법률 제2437호로 의하여 개정된 것) 제2조, 제3조, 제1항, 제145조 제1항, 제147조 제2항, 구 지방자치에관한임시조치법(1981. 4. 4. 법률 제3412호에 의하여 개정된 것) 제3조의 3 제1항, 제3항, 제5조의2의 각 규정 취지와 기록에 의하면 이 사건 보험계약체결 당시 및 이 사건 사고발생 당시에는 원고인 성북구는 법률상 독립된 법인격을 갖는 지방자치단체가 아니라 지방자치단체인 서울특별시 산하의 지역적 행정조직(행

정기구)에 불과하고 구청장 역시 서울특별시 소속 공무원으로서 서울시장의 위임을 받아 그 지역적 행정사무를 처리하는 지위에 있었던 것이고 원고는 서울특별시장의 위임에 따라 서울특별시의 소유인 이 사건 자동차를 관리운행하고 서울특별시의 소속 공무원인 운전자를 지휘감독하고 있었음에 불과하고 대외적으로 그 운행으로 인한 손해배상책임을 부담할 권리의무의 주체가 될 수 없었음이 명백하므로 위 손해배상책임을 부담할 지위에 있음을 전제로 하는 이 사건 자동차보험의 피보험자로 될 수는 없다 할 것이어서 이 사건 기명 피보험자로 기재되어 있는 "성북구청장(청소과)"은 서울특별시를 표시하는 것으로 봄이 상당하다 할 것이니 이와같은 취지의 원심판단은 옳고 거기에 지적하는 바와 같은 기명 피보험자에 관한 법리오해, 이유불비 및 이유모순 등의 위법이 있다 할 수 없으므로 이 부분 논지는 이유없다.

2. 상고이유 제2점을 본다.

이 사건에 적용될 피고회사의 자동차종합보험보통약관 제10조 제2항 제4호 및 제5호의 규정에 의하면 대인배상에 관한 보험회사의 면책사유로 피해자가 "배상책임의무가 있는 피보험자의 피용자로서 근로기준법에 의한 재해보상을 받을수 있는 사람"(4호) 또는 "피보험자의 사용자의 업무에 종사중인 다른 피용자로서 근로기준법에 의한 재해보상을 받을 수 있는 사람"(4호) 또는 "피보험자의 사용자의 업무에 종사중인 다른 피용자로서 근로기준법에 의한 재해보상을 받을 수 있는 사람"(5호)인 경우를 들고 있는바, 사용자와 근로자의 노사관계에서 생기는 업무상재해로 인한 손해에 대하여는 근로기준법에서 사용자의 각종 보상책임을 규정하는 한편 이를 담보하기 위하여 산업재해보상보험법 등으로 산업재해보상보험제도를 설정하고 있으므로 위 각 면책조항은 위와 같은 노사관계에서 생기는 재해보상에 대하여는 산업재해보상보험 등에 의하여 전보받도록 하고 제3자에 대한 배상책임을 전보하는 것을 목적으로 하는 자동차보험의 대인배상범위에서는 이를 제외한 취지라고 풀이되며 이러한 면책조항이 약관의 규제에관한법률 제7조 제2호 소정의 "상당한 이유없이 사업자의 손해배상 범위를 제한하거나 사업자가 부담하여야 할 위험을 고객에게 이전시키는 조항"에 해당한다거나 동법률 제6조 제2항 소정의 "고객이 계약의 거래형태 등 제반사정에 비추어 예상하기 어려운 조항"에 해당한다고도 볼 수 없으므로 이를 무효라고 할 수는 없다.

원심이 같은 취지에서 위 면책조항을 유효하다고 보고 서울특별시는 피고회사에 대하여 이 사건 사고로 인한 보험금청구권이 없으므로 원고가 서울특별시의 보험금청구권을 승계하였다는 주장은 이유없다고 판단한 조치는 정당하고 거기에 소론과 같은 위 자동차보험약관의 면책조항에 관한 법리오해, 심리미진, 이유불비 등의 위법이 있다할 수 없으므로 이 부분 논지도 이유없다.

그러므로 상고를 기각하고 상고비용은 패소자의 부담으로 하기로 하여 관여법관의 일치된 의견으로 주문과 같이 판결한다.

대법관 이회창(재판장), 배석, 김상원, 김주한

● 보험금

대법원 제2부. 1990. 4. 27. 판결 89다카24070 일부파기환송

판시사항

◉ 보통 보험약관의 구속력의 근거와 이의 배제요건

◉ 피보험자의 고용인으로서 근로기준법에 의한 재해보상을 받을 수 있는 자가 피해인 경우를 대인배상에 관한 보험회사의 면책사유로 들고 있는 자동차종합보험약관이 상법 제663조에 위반되어 무효인지 여부(소극)

◉ 전항의 자동차종합보험약관의 면책조항이 약관의규제에관한법률 제7조 제2호에 해당되어 무효인지 여부(소극)

판결요지

가. 보통보험약관이 계약당사자에 대하여 구속력을 가지는 것은 그 자체가 법규범 또는 법규범적 성질을 가진 약관이기 때문이 아니라 보험계약 당사자 사이에서 계약내용에 포함시키기로 합의하였기 때문이라고 볼 것인바, 일반적으로 당사자 사이에서 보통보험약관을 계약내용에 포함시킨 보험계약서가 작성된 경우에는 계약자가 그 보험약관의 내용을 알지 못하는 경우에도 그 약관의 구속력을 배제할 수 없는 것이 원칙이나 다만 당사자 사이에서 명시적으로 약관에 관하여 달리 약정한 경우 또는 약관의 내용이 일반적으로 예상되는 방법으로 명시되어 있지 않다든가 또는 중요한 내용이어서 특히 보험업자의 설명을 요하는 경우에는 위 약관의 구속력은 배제된다.

나. 대인배상에 관한 보험회사의 면책사유의 하나로 피해자가 배상책임있는 피보험자의 피용자로서 근로기준법에 의한 재해보상을 받을 수 있는 사람인 경우를 들고 있는 자동차종합보험약관의 규정은 노사관계에서 발생하는 재해보상에 대하여는 산업재해보상보험에 의하여 전부받도록 하고 제3자에 대한 배상책임을 전보하는 것을 목적으로 한 자동차보험의 대인배상범위에서는 이를 제외한 취지라고 보는 것이 타당하며, 위와같은 면책조항이 상법 제659조 소정의 보험자의 면책사유보다 보험계약자 또는 피보험자에게 불이익하게 면책사유를 변경함으로써 같은법 제663조에 위반된다고 볼 수 없다.

다. 전항의 자동차종합보험약관의 면책조항이 약관의규제에관한법률 제7조 제2호 소정의 "상당한 이유없이 사업자(즉 보험회사)의 손해배상 범위를 제한하거나 사업자가 부담하여야 할 위험을 고객에게 이전시키는 조항"에도 해당되지 아니하므로 이를 무효라고 할 수 없다.

참조조문 가. 상법 제638조
나. 상법 제659조, 제663조
산업재해보상보험법 제1조, 제4조
다. 약관의규제에관한법률 제7조 제2호

참조판례 가. 대법원 1985. 11. 26. 84다카2543판결

1986.10.14.84다카122판결
1989.11.14.88다카29177판결

나. 대법원 1989.11.14. 88다카29177판결

당 사 자 원고, 피상고인 주식회사 대광전기
피고, 상고인 동양화재해상보험주식회사
소송대리인 변호사 유재방

원심판결 부산고등법원 1989.7.19. 89나978판결

주 문 원심판결중 피고 패소부분을 파기하고, 이 부분 사건을 부산고등법원에 환송한다.

이 유

1. 상고이유 제1점을 본다.

보통보험약관이 계약당사자에 대하여 구속력을 가지는 것은 그 자체가 법규범 또는 법규범적 성질을 가진 약관이기 때문이 아니라 보험계약 당사자 사이에서 계약내용에 포함시키기로 합의하였기 때문이라고 볼 것인바, 일반적으로 당사자 사이에서 보통보험약관을 계약내용에 포함시킨 보험계약서가 작성된 경우에는 계약자가 그 보험약관의 내용을 알지 못하는 경우에도 그 약관의 구속력을 배제할 수 없는 것이 원칙이나 다만 당사자 사이에서 명시적으로 약관에 관하여 달리 약정한 경우에는 위 약관의 구속력은 배제된다 할 것이고(당원 1985. 11. 26. 선고, 84다카2543 판결 ; 1986. 10. 14. 선고, 84다카122 판결 ; 1989. 11. 14. 선고, 88다카29177 판결 각 참조), 약관의 내용이 일반적으로 예상되는 방법으로 명시되어 있지 않다든가 또는 중요한 내용이어서 특히 보험업자의 설명을 요하는 경우에도 위 약관의 구속력은 배제된다고 보아야 할 것이다(위 당원 1989. 11. 24. 선고, 88다카29177판결 참조).

원심이 적법하게 확정한 사실에 의하면, 이 사건 보험계약의 당사자인 원·피고는 피고회사의 자동차 종합보험보통약관을 계약내용에 포함시킨 보험계약서를 스스로 작성하고 원고가 피고에게 보험료까지 지급하였음이 분명한 바, 위 약관 제10조 제2항 제4호의 면책규정의 내용이 일반적으로 예상되는 방법으로 명시되어 있지 않다든가(예컨대, 아주 작은 활자로 인쇄되어 있거나 눈에 잘 뜨지 않는 곳에 기재되어 있는 경우) 또는 보험업자의 설명을 요할 정도의 중요한 것이라고 보기 어려운 이 사건에 있어서(위 면책조항은 자동차종합보험보통약관에 있어서(위 면책조항은 자동차종합보험보통야관에 있어서 일반적이고 공통되는 규정이다), 보험계약자인 원고가 위 약관내용을 자세히 살펴보지 아니 하거나 보험업자의 설명을 듣지 아니하여 알지 못한다는 이유로 위 약관의 구속력에서 벗어날 수 없다고 할 것이다.

그런데 원심판결은 위 약관이 보험계약 당사자인 원·피고에 대하여 구속력이 있음을 전제로 나아가 면책조항의 유효여부에 관하여 판단하고 있음이 그 판시이유에서 명백하므로 원심판결이 자동차종합보험보통약관의 구속력에 관한 법리를 오해하여 판결에 영향을 미쳤다는 논지는 이유없다.

2. 상고이유 제2점을 본다.

이 사건에 적용될 피고회사의 자동차종합보험보통약관 제10조 제2항 제4호의 규

정에 의하면, 대인배상에 관한 보험회사의 면책사유의 하나로 피해자가 배상책임있는 피보험자의 피용자로서 근로기준법에 의한 재해보상을 받을 수 있는 사람인 경우를 들고 있는 바, 사용자와 근로자의 노사관계에서 발생한 업무상 재해로 인한 손해에 대하여는 노사관계를 규율하는 근로기준법에서 사용자의 각종보상책임을 규정하는 한편 이러한 보상책임을 담보하기 위하여 산업재해보상보험법으로 산업재해보상보험제도를 설정하고 있으므로 위 면책조항은 노사관계에서 발생하는 재해보상에 대하여는 산업재해보상보험에 의하여 전보받도록 하고 제3자에 대한 배상책임을 전보하는 것을 목적으로 한 자동차보험의 대인배상위에서는 이를 제외한 취지라고 보는 것이 타당하며, 위와같은 면책조항이 상법 제659조 소정의 보험자의 면책사유보다 보험계약자 또는 피보험자에게 불이익하게 면책사유를 변경함으로써 같은법 제663조에 위반된다고 볼 수 없으며(위 1989. 11. 14. 선고, 88다카29177판결 참조), 약관의규제에관한법률 제7조 제2호 소정의 "상당한 이유없이 사업자(즉 보험회사)의 손해배상범위를 제한하거나 사업자가 부담하여야 할 위험을 고객에게 이전시키는 조항"에도 해당되지 아니하므로 이를 무효라고 할 수 없다.

이와같이 위 자동차종합보험보통약관 제10조 제2항 제4호는 유효한 것임에도 불구하고, 원심판결은 이와 취지를 달리하여 위 면책약관이 무효라고 판시한 다음 원고의 이 사건 보험금청구를 설시와 같이 인용하였으니 원심판결에는 결국 판결에 영향을 미친 위 약관에 관한 법리오해의 위법이 있다 할 것이므로 논지는 이유있고, 이는 소송촉진등에관한 특례법 제12조 제2항의 파기사유에 해당한다.

3. 그러므로 원심판결중 피고의 패소부분을 파기하고, 이 부분 사건을 원심법원에 환송하기로 하여 관여법관의 일치된 의견으로 주문과 같이 판결한다.

대법관 이회창(재판장), 배석, 김상원, 김주한

● 유족보상금지급 청구부결 처분취소

대법원 제2부, 1989. 12. 26. 판결 88누9510 파기환송

판 시 사 항

◉ 공무원연금법에 기한 유족보상금 지급청구에 대하여 산업재해보상보험법에 따른 보상금지급을 인용함으로써 처분권주의에 위배한 사례

판 결 요 지

공무원연금법에 기한 유족보상금지급청구에 대하여 산업재해보상보험법에 따른 보상금 지급을 인용함으로써 처분권주의에 위배한 사례

참조조문 공무원연금법 제61조
산업재해보상보험법 제9조의6
행정소송법 제8조 제2항
민사소송법 제188조

당 사 자 원고, 피상고인 최정자
소송대리인 변호사 장희목
피고, 상고인 공무원연금관리공단

원심판결 서울고등법원 1988. 7. 7. 88구2924판결

주 문 원심판결을 파기하고 사건을 서울고등법원에 환송한다.

이 유

상고이유 제2점을 본다.

기록에 의하면, 원고는 소외 망 이덕로가 공무에 기인하여 사망하였다는 이유로 공무원연금법 제61조에 따라 유족보상금의 지급을 청구하였으나 피고는 위 이덕로의 사망원인을 본인의 신체적인 조건에 기인된 것이지 공무로 인한 것이 아니라는 이유로 부지급처분을 하였으므로 피고의 그 부지급 처분이 위법하다는 이유로 그 취소를 구하고 있음이 명백하다.

그런데 원심판결에 의하면,

원심은 원고가 피고에게 산업재해보상보험법에 의한 유족급여의 지급을 청구하였으나 피고가 부지급처분을 하였는바, 근로기준법 제82조, 제83조, 산업재해보상보험법 제9조의6, 제9조의8, 제3조 제1항의 각 규정에 따르면 위 이덕로의 사망이 업무에 기인한 사망으로 봄이 상당하고 위 이덕로의 처인 원고도 산업재해보상보험법 제9조의6 (원심판결에는 제9조 제6항으로 표현하였으나 오기로 보인다) 소정의 유족보상일시금을 지급받을 권리가 있다고 하여 피고의 위 유족보상지급청구부결처분을 취소한다고 판시하였다.

결국 원심은 이 사건 청구의 내용을 오해하여 원고가 청구하지 아니한 사항에 대하여 판결하였으니 이는 처분권주의에 위배하여(행정소송법 제8조 제2항, 민사소송법 제188조 참조) 판결결과에 영향을 미친 위법을 저질렀다고 할 것이므로 이점에 관한 논지는 이유있다.

그러므로 나머지 상고이유에 관하여는 판단을 아니하고 원심판결을 파기하여 사건을 다시 심리판단케 하기 위하여 원심법원에 환송하기로 관여법관의 의견이 일치되어 주문과 같이 판결한다.

대법관 이회창(재판장), 배석, 김상원, 김주한

● 보험금

대법원 제2부. 1989. 11. 14. 판결 88다카29177 상고기각

판 시 사 항

◉ 피보험자의 고용으로서 근로기준법에 의한 재해보상을 받을 수 있는 자가 피해자인 경우를 대인배상에 관한 보험회사의 면책사유로 들고 있는 자동차종합보험보통약관의 효력
◉ 산업재해보상보험과 자동차종합보험에 함께 가입한 경우 중복보험에 해당하는지 여부(소극)
◉ 보통보험약관의 구속력

판 결 요 지

가. 피해자가 배상책임있는 피보험자의 고용인으로서 근로기준법에 의한 재해보상을 받을 수 있는 사람인 경우를 대인배상에 관한 보험회사의 면책사유의 하나로 들고 있는 자동차종합보험보통약관의 규정은 노사관계에서 발생한 업무상재해로 인한 손해에 대하여는 산업재해보상보험에 의하여 전보받도록 하고 제3자에 대한 배상책

임을 전보하는 것을 목적으로 한 자동차 보험의 대인배상범위에서는 이를 제외한 취지라고 보는 것이 타당하며, 위와 같은 면책조항이 상법 제659조에 규정된 면책사유보다 보험계약자에게 불이익하게 변경한 규정이라고 볼 수 없다.

나. 산업재해보상보험과 자동차종합보험(대인배상보험)은 보험의 목적과 보험사고가 동일하다고 볼 수 없는 것이이서 사용자가 위 보험들에 함께 가입하였다고 하여도 동일한 목적과 동일한 사고에 관하여 수개의 보험계약이 체결된 경우를 말하는 상법 제672조 소정의 중복보험에 해당한다고 할 수 없다.

다. 보통보험약관이 계약당사자에 대하여 구속력을 가지는 것은 그 자체가 법규범 또는 법규범적 성질을 가진 약관이기 때문이 아니라 보험계약 당사자 사이에서 계약내용에 포함시키기로 합의하였기 때문이라고 볼 것인바, 일반적으로 보험계약자가 보통보험약관을 계약내용에 포함시킨 보험계약서를 스스로 작성한 이상 그 약관의 내용이 일반적으로 예상되는 방법으로 명시되어 있지 않다든가 또는 중요한 내용이어서 특히 보험업자의 설명을 요하는 것이 아닌한 보험계약자가 위 약관내용을 자세히 살펴보지 아니하거나 보허업자의 설명을 듣지 아니하여 알지 못한다는 이유로 약관의 구속력에서 벗어날 수 없다.

참조조문 가. 상법 제659조
산업재해보상보험법 제1조, 제4조
나. 상법 제672조
다. 상법 제638조

참조판례 대법원 1985. 11. 26. 84다카2543 판결
1986. 10. 14. 84다카122판결

당 사 자 원고, 상고인 주식회사 서울피스톤
소송대리인 변호사 김교창
피고, 피상고인 동양화재해상보험주식회사
소송대리인 법무법인 한미합동법률사무소
담당변호사 유경희 외3인

원심판결 서울고등법원 1988. 10. 12. 88나4180판결

주 문 상고를 기각한다. 상고비용은 원고의 부담으로 한다.

이 유

원고 소송대리인의 상고이유를 본다.

1. 이 사건에 적용할 자동차종합보험보통약관 제2조 제2항 제4호의 규정에 의하여면 대인배상에 관한 보험회사의 면책사유의 하나로 피해자가 배상책임있는 피해보험자의 고용인으로서 근로기준법에 의한 재해보상을 받을 수 있는 사람인 경우를 들고 있는바, 사용자와 근로자의 노사관계에서 발생한 업무상 재해로 인한 손해에 대하여는 노사관계를 규율하는 근로기준법에서 사용자의 각종 보상책임을 규정하는 한편 이러한 보상책임을 담보하기 위하여 산업재해보상보험법으로 산업재해보상보험제도를 설정하고 있으므로, 위 면책조항은 노사관계에서 발생하는 재해보상에 대하여는 산업재해보상보험에 의하여 전보받도록 하고 제3자에 대한 배상책임을 전보하는

것을 목적으로 한 자동차보험의 대인배상 범위에서는 이를 제외한 취지라고 보는 것이 타당하고, 위와 같은 면책조항이 상법 제659조에 규정된 면책사유보다 보험계약자에게 불이익하게 면책사유를 변경한 규정이라고 볼 수 없다.

원심판결이유에 의하면, 원심은 이 사건 사고의 피해자인 소외 최병구는 피보험자인 원고회사의 종업원으로서 원고가 가입한 산업재해보상보험에 의하여 노동부 수원지방사무소로부터 장해보상금, 휴업보상금과 개호비, 치료비, 휠체어 대금 등을 수령한 사실을 인정한 다음 위 최병구는 위 자동차종합보험보통약관상 대인배상의 면책조항에 해당하는 피해자라는 이유로 원고의 이 사건 보험금청구를 배척하였는바, 이러한 원심조치는 정당하고 소론과 같이 보험계약의 법리 및 보통보험약관의 해석을 그르친 위법이 없으므로 논지는 이유없다(원심판결은 이 사건 사고는 위 보험약관상 자손사고에 해당한다고 판단하고 있으나 이는 부가적 판단에 불과하여 판결결과에 영향이 없으므로 이점에 관한 논지도 받아들일 것이 못된다).

이밖에 논지는 위와 같은 면책조항은 중복보험의 경우에 중복되는 범위내에서만 부담을 면하도록 규정한 상법 제672조에 저촉되는 것으로서 보험계약자에게 불리한 특약이므로 무효라고 주장하나, 상법 제672조의 중복보험은 동일한 목적과 동일한 사고에 관하여 수개의 보험계약이 체결된 경우를 말하는 것인바, 산업재해보상보험과 자동차종합보험(대인 배상보험)은 보험의 목적과 보험사고가 발생하다고 볼 수 없는 것이어서 사용자가 산업재해보상보험과 자동차종합보험에 함께 가입하였다고 하여도 상법 제672조 소정의 중복보험에 해당한다고 할 수 없으므로 위 논지도 이유없다.

2. 보통보험약관이 계약당사자에 대하여 구속력을 가지는 것은 그 자체가 법규범 또는 법규범적 성질을 가진 약관이기 때문이 아니라 보험계약 당사자 사이에서 계약내용에 포함시키기로 합의하였기 때문이라고 볼 것인바(당원 1985. 11. 26. 선고, 84다카2543 판결 ; 1986. 10. 14. 선고, 84다카122 판결 각 참조), 일반적으로 보험계약자가 보통보험약관을 계약내용에 포함시킨 보험계약서를 스스로 작성한 이상 그 약관의 내용이 일반적으로 예상되는 방법으로 명시되어 있지 않는다든가 또는 중요한 내용이어서 특히 보험업자의 설명을 요하는 것이 아닌 한 보험계약자가 위 약관내용을 자세히 살펴보지 아니하거나 보험업자의 설명을 듣지 아니하여 알지 못한다는 이유로 약관의 구속력에서 벗어날 수 없다고 할 것이다.

기록에 의하여 살펴보면, 이 사건 면책조항의 구속력을 인정한 조치에 수긍이 가고 그것이 신의성실의 원칙에 반하여 무효라든가 또는 약관의규제에관한법률의 취지에 위배되어 무효라고 주장하는 논지는 독자적인 견지에서 원심판단을 탓하는 것에 불과하여 이유없다.

3. 그러므로 상고를 기각하고, 상고비용은 패소자의 부담으로 하여 관여법관의 일치된 의견으로 주문과 같이 판결한다.

대법관 김상원(재판장), 이회창, 배석, 김주한

● 체당금

대법원 제2부, 1989. 11. 14. 판결 88다카28204 상고기각

판 시 사 항

◉ 공사도중 사고를 당한 공사수급인의 피용인에 대하여 손해배상을 한 도급인에게 공사수급인이 그 배상액을 변상한 것이 산업재해보상보험법상 보험급여금의 체당지급으로 간주되지 않는다고 본 사례

◉ 사용자가 근로자에게 손해배상을 한 경우 근로자의 산업재해보상보험법상의 급여청구권을 대위취득하는지 여부(소극)

◉ 전항의 경우 사용자의 국가에 대한 부당이득반환청구 가부(소극)

판 결 요 지

가. 산업재해보상보험에 가입한 사업주가 한국전력공사로부터 도급받아 시공중인 승압공사장에서 그 피용인이 작업중 감전사고로 상해를 입고 사업주와 한국전력공사를 상대로 손해배상청구소송을 제기한 결과 손해금의 지급을 명하는 승소확정판결을 받게 되자, 한국전력공사가 판결에서 이용된 금액 및 지연손해금을 그 피용인에게 전액 변제하고 사업주는 도급계약상의 변상약정에 따라 위 지급금액을 한국전력공사에게 전액 변상하였다면, 그 변상을 가리켜 산업재해보상보험법 시행령 제32조 제1항 제1호 소정의 긴급 기타 부득이한 사정으로 보험급여금을 그 수령권자에게 체당지급하거나 지급한 것으로 간주되는 경우에 해당한다고 할 수 없다.

나. 산업재해보상보험법에 의한 보험급여는 사용자가 근로기준법에 의하여 보상하여야 할 근로자의 업무상 재해로 인한 손해를 국가가 보험자의 입장에서 근로자에게 직접 전보하는 성질을 갖고 있으나 사용자가 그 재해로 인하여 부담하게 될 민사상 손해배상책임에 대한 책임보험의 성질까지 갖는 것은 아니므로, 사용자가 근로자에게 민사상 손해배상금을 지급하였다고 하여도 근로자의 국가에 대한 보험급여청구권을 대위 취득할 수는 없다.

다. 산업재해보상보험에 가입한 사업주가 업무상재해로 손해를 입은 근로자에게 사용자로서의 민사상 손해배상책임에 기하여 손해를 배상함으로써 그 금액범위내에서 국가가 보험급여의 지급의무를 면하게 되었다고 하여도, 사업주는 자신의 법률상 의무를 이행한 것에 지나지 아니하고, 수급권자에게 보험급여가 이미 지급되었다면 그 금액의 한도내에서 사용자는 동일한 사유에 대하여 민사상의 손해배상책임을 면하므로 손해배상액에서 이를 공제하여야 할 것이나 현실적으로 보험급여가 지급되지 않은 이상 장래에 보험급여를 지급할 것이 확실하더라도 이를 미리 손해배상액에서 공제할 것이 아니므로 보험급여액을 공제하지 않은채 손해배상액을 지급하였다고 하여 사업주에게 손해가 발생하였다고 할 수 없는 것이므로 국가에 대하여 보험급여에 대한 부당이득반환을 구할 여지가 없다.

참조조문 가. 산업재해보상보험법 제16조 제2항, 같은법 시행령 제32조 제1항 제1호
나. 민법 제481조, 산업재해보상보험법 제9조 제2항
다. 민법 제741조, 산업재해보상보험법 제11조

참조판례 대법원 1989. 6. 27. 88다카15512 판결

당 사 자 원고, 상고인 허형무
소송대리인 변호사 신선길
피고, 피상고인 대한민국

원심판결 서울고등법원 1988. 10. 5. 87나5075판결

주　　문 상고를 기각한다. 상고비용은 원고의 부담으로 한다.

이　　유

1. 원고 소송대리인의 상고이유 제1점을 본다.

(1) 보험급여의 체당지급에 관하여,

산업재해보상보험법 제16조 제2항의 규정에 의하면, 보험급여를 받을 권리는 양도 또는 압류할 수 없고 다만 대통령령의 정하는 바에 따라 그 수령을 위임할 수 있도록 되어 있고, 같은법시행령 제32조 제1항 제1호의 규정에 의하면 보험급여의 수령을 사업주에게 위임할 수 있는 경우의 하나로 보험급여를 받을 권리있는 자가 긴급 기타 부득이한 사정으로 사업주로부터 그 보험급여액에 상당하는 금액을 체당하여 지급받았음이 보험급여를 받을 권리 있는 자의 명시적 의사에 의하여 인정되는 때를 들고 있다.

이 사건에서 원심이 확정한 사실에 의하면, 원고는 산업재해보상보험의 가입자인데 원고의 피용인인 소외 이영범이 원고가 소외 한국전력공사로부터 도급받아 시공중인 승압공사장에서 작업중 감전사고로 손해를 입고 원고와 위 한국전력공사를 상대로 손해배상청구소송을 제기한 결과 손해금 94,284,830원(재산적 손해 금 91,284,830원, 위자료 3,000,000원)의 지급을 명하는 승소확정판결을 받게 되자, 위 한국전력공사는 판결에서 인용된 금액 및 지연손해금 도합 106,385,590원을 위 이영범에게 전액 변제하였으므로 원고는 위 한국전력공사와의 도급계약에 의한 변상약정에 따라 위 지급금액 전액을 위 한국전력공사에게 전액 변상하였다는 것인바, 위 인정과 같은 경위로 원고가 위 한국전력공사에게 그의 지급배상금을 변상한 것을 가리켜 위 산업재해보상보험법시행령 제32조 제1항 제1호 소정의 긴급 기타 부득이 한 사정으로 보험급여금을 그 수령권자에게 체당지급하거나 지급한 것으로 간주되는 경우에 해당한다고 할 수 없다.

원심판결이 위와같은 취지에서 원고가 보험급여액을 체당지급하였음을 전제로 원고에게 그 보험급여의 수령권한이 위임되었다는 원고의 주장을 배척한 조치는 정당하고 소론과 같은 위법이 없다.

(2) 보험급여청구권의 대위취득에 관하여,

산업재해보상보험법에 의한 보험급여는 사용자가 근로기준법에 의하여 보상하여야 할 근로자의 업무상재해로 인한 손해를 국가가 보험자의 입장에서 근로자에게 직접 전보하는 성질을 갖고 있으나 사용자가 그 재해로 인하여 부담하게 될 민사상 손해배

상책임에 대한 책임보험의 성질까지 갖는 것은 아니므로,

사용자가 근로자에게 민사상 손해배상금을 지급하였다고 하여도 근로자의 국가에 대한 보험급여청구권을 대위취득할 수는 없다고 보아야 할 것이다.

원심이 같은 취지에서 원고의 대위취득 주장을 배척한 판단은 정당하고 소론과 같은 위법이 없다.

2. 같은 상고이유 제2,3점을 본다.

산업재해보상보험에 가입한 사업주가 업무상재해로 손해를 입은 근로자에게 사용자로서의 민사상 손해배상책임에 기하여 손해를 배상함으로써 그 금액 범위내에서 국가가 보험급여의 지급의무를 면하게 되었다고 하여도, 사업주는 자신의 법률상의무를 이행한 것에 지나지 아니하여 손해를 입었다고 말할 수 없으므로 국가에 대하여 보험급여에 대한 부당이득반환을 구할 여지가 없다고 할 것이다.

논지는 사업주가 재해를 입은 근로자에게 지급할 손해배상액에서 보험급여액을 반드시 공제하여야 함에도 부룩하고 이를 공제하지 않고 손해배상액을 지급하였다면 사업주에게 위 보험급여액상당의 손해가 발생한 것이라고 주장하나, 수급권자에게 보험급여가 이미 지급되었다면 그 금액의 한도내에서 사용자는 동일한 사유에 대하여 민사상의 손해배상책임을 면하므로 손해배상액에서 이를 공제하여야 할 것이나 현실적으로 보험급여가 지급되지 않은 이상 장래에 보험급여를 지급할 것이 확실하더라도 이를 미리 손해배상액에서 공제할 것이 아니므로(당원 1989. 6. 27. 선고, 88다카15512판결 참조), 보험급여액을 공제하지 않은 채 손해배상액을 지급하였다고 하여 사업주에게 손해가 발생하였다고 할 수 없는 것이다.

결국 원심판결은 정당하고, 소론과 같이 산업재해보상보험법 및 부당이득의 법리와 형평의 법리를 오해한 위법이 없으니 논지는 모두 이유없다.

결국 원심판결은 정당하고, 소론과 같이 산업재해보상보험법 및 부당이득의 법리와 형평의 법리를 오해한 위법이 없으니 논지는 모두 이유없다.

3. 그러므로 상고를 기각하고, 상고비용은 패소자의 부담으로 하여 관여법관의 일치된 의견으로 주문과 같이 판결한다.

대법관 김상원(재판장), 이회창, 배석, 김주한

● 손해배상

대법원 제2부. 1989. 6. 27. 판결 88다카15512 일부파기환송

— 판 시 사 항 —

⊙ 장래에 지급할 것이 확정된 산업재해보상보험법상의 보험급여를 사용자의 손해배상액에서 미리 공제할 필요가 있는지 여부(소극)

⊙ 호프만식계산법에 의하여 중간이자를 공제함에 있어 총기간이 414개월을 초과하지만 배상청구가 없는 기간을 공제한 후의 현가율이 240을 넘지 않는 경우의 계산방법

판 결 요 지

가. 산업재해보상보험법 제11조 제2항의 규정은 같은 법에 의한 보험급여는 사용자가 근로기준법에 의하여 보상하여야 할 업무상재해로 인한 손해를 국가가 보험자의 입장에서 직접 전보하는 성질을 갖는 것이므로 일단 수급권자에게 보험급여가 지급된 이상 그 금액의 한도내에서 사용자는 동일한 사유에 대하여 민법상의 손해배상책임을 면한다는 이치를 명시한 것에 불과하고, 현실적으로 보험급여를 지급하지 않은 이상 장래에 보험급여를 지급할 것이 확정되어 있더라도 이러한 장래의 보험급여액을 수급권자에게 지급할 손해배상액에서 미리 공제할 필요가 없다.

나. 개호비의 현가액을 계산함에 있어서 총 기간이 414개월을 초과하더라도 개호비를 청구하지 않는 기간을 공제한 후의 현가율의 수치가 240을 넘지 않는다면 그에 해당하는 수치를 적용하여 현가를 산정할 수 있다.

참조조문 가. 산업재해보상보험법 제11조
가. 나. 민법 제763조

참조판례 가. 대법원 1967. 10. 31. 67다2110판결
1968. 4. 23. 68다382판결
1976. 4. 27. 75다1253판결
1979. 10. 30. 79다1211판결
나. 대법원 1986. 3. 25. 85다카2375판결
1988. 6. 28. 87다카1858판결

당 사 자 원고, 상고인 겸 피상고인 하성순
소송대리인 변호사 이영수
원고, 피상고인 김정선 외3인
피고, 피상고인 겸 상고인 신성산업개발합자회사
소송대리인 법무법인 을지합동법률사무소
담당변호사 이완희

원심판결 서울고등법원 1984. 4. 14. 87나4028판결

주 문

원심판결 중 원고 하성순의 재산상 손해에 관한 패소부분을 파기하고, 이 부분 사건을 서울고등법원에 환송한다.

피고의 상고를 기각하고, 이 상고기각 부분에 관한 상고비용은 피고의 부담으로 한다.

이 유

1. 원고 하성순 소송대리인의 상고이유 제1점을 본다.

(1) 소론지적과 같은 사유 및 광산보안법 규정만으로는 이 사건 광산의 갱도내에 광부들이 탑승할 수 있는 인차를 설치하는 것이 갱도내에서의 안전상 필수적인 것이라고 인정하기 어렵고, 또 소론 광산보안법 시행규칙 중 인차에 관한 규정은 인차설치 의무를 규정한 것이 아니라 인차를 설치할 경우의 보안유지 시설기준을 정한 것에 불과하므로, 피고에게 인차 설치의무가 있음을 전제로 하여 원심판결에 광산보안법상의 보안의무의 법리를 오해한 위법이 있다는 논지는 이유없다.

(2) 또 원심이 확정한 사실에 의하면, 피고 광업소의 안전규칙상 일반 광부들에 대하여는 광차의 탑승이 금지되어 있다는

것이므로, 가사 소론과 같이 이 사건 사고당시 광차가 운행하는 갱도의 천정높이가 낮았기 때문에 광차에 타고가는 위 원고가 머리를 부딪치게 된 것이라고 하더라도 탑승금지에 위반한 탑승자의 머리가 부딪치지 않게끔 갱도의 천정 높이를 유지하지 못한 과실이 피고에게 있다고 말할 수 없을 것이다.

원심판결이 원고와 피고의 과실을 비교함에 있어서 이 사건 갱도의 천정높이를 유지하지 못한 피고의 과실을 참작하지 않은 것이 잘못이라는 논지는 이유없다.

(3) 또 원심판결이유에 의하면, 원심은 이 사건 사고당시 조차공인 소외 정동영이 빈 광차를 타고 권양장까지 내려온 다음 탄을 실은 광차를 권양기에 연결하던 중 원고 하성순이 보안계원이 없는 틈을 타서 위 광차에 편승하려고 올라타므로 위 원고에게 내릴 것을 요구했으나 옷이 젖고 몸이 불편하다는 이유를 들어 불응하자 더이상 제지하지 않고 권상신호를 하였고, 또 위 원고에게 광차탑승자의 안전에 관하여 별다른 주의를 주지 아니한 사실을 인정하였는바, 기록에 의하여 원심이 취사한 증거를 살펴보면 위와같은 원심인정은 정당하고 소론과 같이 처음부터 위 정동영의 승낙을 받아 편승하였다고 보기 어려우므로 이점에 관한 원심의 사실오인과 과실상계비율을 탓하는 논지는 이유없다.

2. 같은 상고이유 제2점을 본다.

(1) 원심판결 이유에 의하면, 원심은 산업재해를 입은 근로자에게 산업재해보상보험법에 의한 보험급여가 지급된 때에는 그 급여금액의 한도내에서 사용자의 불법행위로 인한 손해배상책임은 면제됨이 원칙이고 위 법상 장해급여 수급권자인 근로자가 장해보상일시금이 아닌 연금의 지급을 선택하여 장래에 있어 분할하여 급여받을 것이 확정되어 있는 경우에도 불법행위자인 사용자의 손해배상액에서 공제함이 형평의 원칙 내지 공평의 이념에 비추어 타당하다고 할 것이고 위 법이 근로자에게 장해보상일시금 또는 연금의 선택권을 부여한 것은 산업재해를 입은 근로자의 정책적 보호를 위한 것임에 비추어 손해배상액에서 공제할 보험급여액은 그 일시금과 연금의 현가를 비교하여 적은 금액을 택함이 근로자에게 장해보상일시금 또는 연금의 선택권을 보장한 위 법의 입법취지에 부합한다고 한 후, 원고 하성순에 대한 장해보상연금의 현가액보다 적은 장해보상일시금 20,069,997원에서 위 원고가 이미 수령한 장해보상연금 9,375,980원을 공제한 금 10,694,017원을 피고가 배상할 금액에서 공제하고 있다.

(2) 그러나 산업재해보상보험법에 의한 보험급여는 사용자가 근로기준법에 의하여 보상하여야 할 업무상재해로 인한 손해를 국가가 보험자의 입장에서 직접 전보하는 성질을 갖는 것이므로, 일단 수급권자에게 보험급여가 지급된 이상 그 금액의 한도내에서 사용자는 동일한 사유에 대하여 민법상의 손해배상책임을 면한다고 보는 것이 타당하고 산업재해보상보험법 제11조 제2항의 규정은 이러한 이치를 명시한 것에 불과하다. 위와같이 사용자가 민법상 손해배상책임을 면하는 것이 보험급여가 손해전보적 성질을 갖는데에 있는 이상 현실적으로 국가가 보험급여를 지급함으로써 손해전보가 된 경우에 한하여 손해배상청구권이 상실된다고 볼 것이고 현실적으로 보험

급여를 지급하지 않은 이상 장래에 보험급여를 지급할 것이 확정되어 있다고 하더라도 이러한 장래의 보험급여액을 수급권자에게 지급할 손해배상액에서 미리 공제할 필요가 없다고 할 것이다(당원 1976. 4. 27. 선고, 75다1253판결 및 1979. 10. 30. 선고, 79다1211 판결 각 참조. 그밖에 군사원호법상의 급여금과 연금에 관하여 당원 1967. 10. 31. 선고, 67다2110판결 및 1968. 4. 23. 선고, 68다382 판결도 같은 취지다. 당원 1975. 2. 10. 선고, 74다1951 판결 ; 1974. 7. 16. 선고, 74다565 판결 및 1978. 2. 14. 선고, 67다2119 판결은 이 사건과 사안이 다르거나 판시요지가 다르므로 위 견해와 저촉되는 선례가 아니다).

결국 원심판결은 산업재해보상보험법에 의한 보험급여의 성질에 관한 법리를 오해하여 판결에 영향을 미친 위법이 있고 이는 소송촉진등에관한특례법 제12조 제2항 소정의 파기사유에 해당하므로 이 점에 관한 논지는 이유있다.

3. 같은 상고이유 제3점을 본다.

기록에 의하여 살펴보면, 원심이 원고 하성순은 하반신의 완전마비, 배뇨 및 배분장애로 인하여 배변관리와 거동 등을 도와줄 성인여자 1인의 개호를 1일 24시간 필요로 한다고 인정한 조치에 수긍이 가고 거기에 소론과 같이 채증법칙위반의 위법이 없으니 이 점 논지는 이유없다.

4. 피고 소송대리인의 상고이유를 본다.

(1) 원심판결 이유에 의하면, 원심은 원고 하성순이 광차에 타고 나오다가 머리를 들어 천반에 부딪치면서 그 충격으로 상체가 뒤로 제쳐져 허리부위가 광차의 상단 적재함에 걸려 꺾여 제12흉추압박골절, 제10흉수손상으로 인한 하반신 완전마비, 방광 및 직장마비 등의 상해를 입은 사실과 위 광차의 조차공인 소외 정동영에게도 위 원고의 탑승을 적극적으로 제지 아니하고 광차 탑승시의 안전에 관하여 별다른 주의를 주지 아니한 과실을 인정하였는바, 기록에 의하여 원심이 취사한 증거관계를 살펴보면 위와같은 원심인정에 수긍이 가고 소론과 같이 채증법칙 위반으로서 사실을 오인한 위법이나 이유모순의 위법이 없다.

또 원심채용 증거에 의하면, 원고 김정선은 이 사건 사고당시 원고 하성순과 사이에 자녀까지 출산하여 동거중이던 내연의 처임이 인정되므로 같은 원고의 위자료청구권을 인정한 원심조치는 정당하고 소론과 같은 위법이 없으니 이 점을 다투는 논지도 이유없다.

(2) 원심이 인정한 원고 하성순의 상해정도와 후유증에 비추어 위 원고에게는 1일 24시간 개호가 필요하다고 본 원심판단에 수긍이 가므로 원심이 위 원고 청구범위내에서 1일 8시간씩 근무하는 여자 개호인 2인의 개호비용을 인정한 조치는 정당하고 소론 각 판례는 이 사건과 사안을 달리하여 적절한 선례가 되지 못한다.

또 기록에 의하면, 위 원고는 이 사건 사고 당시까지 농촌에 거주하고 있었고 사고후 가족들이 상경하여 개호를 한 사정이 엿보이므로 원심이 농촌 여자일용노임을 기준으로 개호비를 산정한 조치에 잘못이 없다.

또 개호비의 현가액을 계산함에 있어서 총기간이 414개월을 초과하더라도 개호비를 청구하지 않는 기간을 공제한 후의 현가율의 수치가 240을 넘지 않는다면 그에 해당하는 수치를 적용하여 현가를 산정할 수 있는 것인바(당원 1986. 3. 25. 선고, 85나카2375판결 ; 1988. 6. 28. 선고, 87다카1858판결 각 참조), 이 사건에서 총기간은 456개월이어서 단리 연금현가율은 255.2032이나 여기에서 개호비를 청구하지 않은 21개월의 단리 연금현가율 20.0913을 공제한 뒤의 현가율의 수치는 235.1119로서 240을 넘지 않으므로 이에 따라 개호비액을 산정한 원심조치는 정당하고 소론판례는 위와같은 현가율 산정과 저촉되는 취지가 아니므로 판례위반을 주장하는 논지는 이유없다.

(3) 끝으로 논지는 원심이 원고 하성순에 대한 이 사건 손해배상액에서 장해보상연금의 현가액 전액을 공제하지 아니하고 장해보상일시금을 공제한 것은 법리오해의 위법을 저질은 것이라고 하나, 이 점은 원고 하성순의 상고이유에 관한 판단에서 설시한 바와 같이 공제 자체가 위법한 것이므로 더 판단할 것도 없이 논지는 이유없다.

5. 그러므로 원심판결중 원고 하성순의 재산상 손해에 관한 패소부분을 파기하여 이 부분 사건을 원심법원에 환송하고 피고의 상고를 기각하며, 상고기각부분에 관한 상고비용은 패소자의 부담으로 하여 관여법관의 일치된 의견으로 주문과 같이 판결한다.

대법관 김상원(재판장), 이회창, 배석, 김주한

● 손해배상 청구사건

인천지법 제3민사부, 1988. 7. 14. 판결 87가합1670 일부인용(일부기각)

판 시 사 항

◉ 건설공사 하수급인의 피용자가 한 불법행위에 대하여 원수급인의 사용자 책임을 인정한 사례

판 결 요 지

공사금 40,000,000원 이상인 건설공사에 있어서는 하도급, 재하도급 등이 행하여진 경우라 하더라도 동 공사에 투입된 모든 작업자를 위하여 원칙적으로 원수급인이 공사착공일로부터 보험가입자가 되는 것으로 법률상 의제되고 있는 산업재해보상보험법의 취지에 비추어 공사금 40,000,000원 이상 규모의 건설공사 원수급인은 비록 작업자가 하수급인에 의하여 채용되어 동공사에 투입되었다 하더라도 동인에 대한 사용자의 지위를 취득하는 것으로 법률상 의제된다고 평가함이 상당하므로 동인의 직무상 과실로 인하여 피해자들이 입은 모든 손해를 사용자책임의 법리를 따라 배상하여야 할 의무가 있다 할 것이다.

참조조문 민법 제756조
산업재해보상보험법 제4조, 제6조, 제6조의2
동법시행령 제2조

당 사 자 원고, 김창곤 외3인
피고, 신화공업주식회사

주 문

1. 피고는 원고 김창곤에게 금 6,108,

469원, 같은 윤안양에게 금 700,000원, 같은 김상희, 같은 김종훈에게 각 금 500,000원 및 위 각 금원에 대하여 1987. 6. 24. 부터 1988. 7. 14. 까지는 연 5푼의, 그 다음날부터 완제일까지는 연 2할 5푼의 비율에 의한 금원을 지급하라. 원고들의 나머지 청구를 각 기각한다.

2. 소송비용은 이를 10분하여 그 7은 원고들의, 나머지는 피고의 각 부담으로 한다.

3. 위 1항은 가집행할 수 있다.

청구취지

피고는 원고 김창곤에게 금 23,407,469원, 같은 윤안양에게 금 1,500,000원, 같은 김상희, 같은 김종훈에게 각 금 1,000,000원 및 위 각 금원에 대하여 1987. 6. 24. 부터 이 사건 판결선고일까지는 연 5푼의 그 다음날부터 완제일까지는 연 2할 5푼의 각 비율에 의한 금원을 지급하라.

소송비용은 피고의 부담으로 한다라는 판결 및 가집행의 선고.

이 유

1. 손해배상책임의 발생 각 성립에 다툼이 없는 갑 제1호증(호적등본), 갑 제4호증(요양신청서), 을 제1호증의3(사업자등록증), 을 제9호증(보험관계성립통지서), 증인 유선근의 증언에 의하여 진정성립이 인정되는 을 제1호증의 1(계약서), 2(견적서)의 각 기재에 증인 손을선, 같은 유선근, 같은 유정용의 각 증언(다만, 증인 유선근의 증언 중 뒤에서 믿지 않는 일부제외)와 당원의 인천지방노동청장에 대한 사실조회 결과 및 변론의 전취지를 종합하면, 원고 김창곤은 1987. 6. 24. 10 : 10경 피고회사가 소외 삼양하나마루끼주식회사(이하, 소외회사라 한다)로부터 도급받은 인천 부평소재 된장제조공장 구내 기계제작 공사현장 2층 작업장내에서 소외 손을선과 함께 용접작업을 위한 준비로 2층 바닥에 고무판을 깔고 있던 중, 기계설치를 위하여 천정(2층 천정이자 3층 바닥이다)에다 길이 5-6미터, 폭 2미터 가량의 크기로 뚫어둔 구멍으로부터 무게 약 80킬로그램의 고무판 두루말이가 떨어지면서 위 원고의 좌측다리를 내려쳐 좌슬내측부인대 및 십자인대파열, 좌족관절내과 골절 등의 상해를 입은 사실, 피고회사는 산업기계프랜트 제조 및 판매업을 목적으로 하여 설립된 회사로서 같은 해 4. 13. 소외회사로부터 위 기계제작공사를 176,000,000원(부가세 별도)에 도급을 받아 그중 86-p002 된장제조 프랜트 제작부분을 같은 달 23. 소외 하민희(우진기업대표)에게 금 10,600,000원에 하도급을 주었으며, 이에 소외 하민희는 위 원고와 소외 손을선, 소외 박병구 외 수명의 노무자를 고용하여 위 프랜트제작공사에 투입하였는데, 위 박병구는 이 사건 사고당시 앞서 본 고무판두루말이를 4층에서 2층으로 운반해주는 작업을 맡아 하면서, 2층에서는 위 원고와 소외 손을선 등이 용접작업을 위반 준비로서 바닥에 고무판을 깔고 있었으므로 그들의 안전을 위해서 계단을 이용하여 안전하게 고무판을 2층까지 운반해주었어야 함에도 불구하고 자신의 편의만을 위해 앞서본 기계설치용 구멍을 통하여 4층 바닥으로부터 2층 바닥으로 고무판두루말이를 밀어던진 탓으로(위 기계설치용 구멍은 2층 천정과 3층 천정에 꼭 같은 규격과 위치로 뚫려 있었던 것 같다) 2층 바닥에서 고무판 깔기 작업을 하고 있던 위 원고가 이 사건 상해를 입게 된 사실, 산업재해보상보험법 제4조, 제6조, 제6조의2, 동법시행령 제2조

제1항 제8호 등의 규정에 의하면, 공사금 40,000,000원 이상인 건설공사에 있어서는 하도급, 재하도급 등이 행하여진 경우라 하더라도 동 공사에 투입된 모든 근로자를 위하여 원칙적으로 원수급인이 공사착공일로부터 보험가입자가 되는 것으로 법률상 의제되고 있는 사실(따라서 가령 원수급인이 보험가입절차를 해태하였다 하더라도, 당해 공사에 투입된 노무자를 위한 보험관계는 공사착공일에 소급하여 성립되는 것으로 되며, 이 사건의 경우에도 위 원고는 이 사건 사고발생 후에 산재보험처리를 받았는데, 관계서류상 보험관계 성립일자가 1986. 9. 15.로 기재된 것은 소외회사와 피고회사 사이에 체결된 원도급계약서상의 공사착공일이 위 날짜로 적혀 있었기 때문으로 보인다), 원고 윤안양은 원고 김창곤의 모, 원고 김상희, 동 김종훈은 그 자녀들인 사실을 인정할 수 있고, 위 인정에 어긋나는 증인 유선근의 일부 증언은 이를 믿지 아니하며 달리 반증없는 바, 위 인정사실에 의하면 이 사건 사고는 소외 박병구의 직무상 과실로 인하여 발생하였음이 분명하다 할 것이고, 한편 위 산업재해보상보험법의 취지에 비추어 공사금 40,000,000원 이상 규모의 건설공사 원수급인인 피고회사는 소외 박병구가 비록 하수급인인 소외 하민희에 의하여 채용, 위 공사에 투입되었다 하더라도 동 박병구에 대한 사용자의 지위를 취득하는 것으로 법률상 의제된다고 평가함이 상당하다 할 것이므로 동 박병구의 직무상 과실로 인하여 원고들이 입은 이 사건 모든 손해를 사용자책임의 법리에 따라 배상해야 할 의무있다 할 것이다(이러한 평가는 원도급인과 원수급인 사이의 법률관계가 사용자, 피용자 관계인지의 여부에 관한 판단과는 그 차원을 달리하는 바로서, 영세하거나 무자력한 하수급인에 의하여 고용되어 당해 건설공사에 투입된 근로자들이 입게되는 산업재해에 대한 보상을 보다 완전하게 하기 위한 것이다).

한편, 위에 나온 이 사건 사고의 경위에 관한 각 증거들에 의하면, 천정에 구멍이 뚫린 공사현장에서 고무판깔기작업을 하게 된 원고 김창곤으로서는(이 사건 사고가 발생하기 직전에도 이미 동 원고는 그 구멍을 통하여 4층의 인부들이 고무판 두루말이를 떨어뜨리는 것을 목격한 바 있다) 4층의 인부들에게 고무판 두루말이를 천정구멍을 통하여 떨어 뜨리지 않도록 주의를 환기시키든지, 아니면 고무판두루말이의 낙하가 예상되는 위험구역을 피하여 안전한 지점을 골라 작업을 함으로써(당시 작업의 성질상 그같은 선택의 여지는 충분히 있었던 것으로 보여진다) 자신의 안전을 도모할 주의의무가 있음에도 불구하고 작업자 자신의 안전을 위한 아무런 조치를 취하지 아니한 채 만연히 위험한 지점서 작업을 하다가 이 사건 사고를 당한 과실을 인정할 수 있고 달리 반증없는 바, 이러한 원고의 과실도 이 사건 사고의 한 원인이 되었다 할 것이나, 피고회사의 책임을 면제할 정도에는 이르지 아니하므로, 다만 뒤에서 피고회사가 배상할 손해액을 산정함에 있어 이를 참작하기로 한다.

2. 손해배상책임의 범위

가. 재산상 손해

(1) 일실수입

위에 나온 갑 제1호증, 각 성립에 다툼이 없는 갑 제3호증의 1, 2(각 세별기대여 명표지 및 내용), 갑 제5호증(국가기술자격증) 의 각 기재에 증인 손을선의 증언 및 당원의 연세의대 인천세브란스병원장에 대한 신체감정촉탁결과를 종합하면, 원고 김창곤은 1949. 2. 18. 생으로서 이 사건 사고당시 38세 4월 남짓한 보통 건강한 남자이고 그 기대여명은 29. 91년인 사실, 위 원고는 1979. 전기용접기능사 2급 자격증을 취득하고 2차에 걸쳐 3년 6개월동안 해외에서 용접공으로 취업하였으며, 이 사건 사고당시 1일 금 15, 000원을 지급받고 있었는데, 이 사건 사고로 인하여 앞서본 바와 같은 상해를 입고 인천부평소재 안병원 등지에서 입원 및 통원치료를 받았으나 좌측슬관절의 전방불안정성, 운동장애 등 후유증이 남아 있어 종전 직종인 용접공으로 종사하는 경우 그 노동능력의 36. 1퍼센트를 상실한 사실을 인정할 수 있고, 달리 반증 없으며, 용접공으로 종사하는 사람은 한달 평균 25일씩 55세가 끝날 때까지 가동할 수 있음은 경험칙상 명백하다.

위 인정사실에 의하면, 위 원고는 이 사건 사고가 없었더라면 적어도 사고일이후 그의 여명기간내로서 55세가 끝나는 2005. 2. 17. 까지 17년 7개월 (211개월, 월 미만은 계산의 편의상 버림) 동안 용접공으로 종사하여 매월 금 375, 000원 (15, 000*25일) 상당의 수입 (갑제6호증의 1, 2 (산재기록송부 및 보험급여원부) 의 기재에 의하면 위 원고의 월수입은 금 387, 567원 (12, 741. 93*365/12개월) 으로 위 원고 주장의 월수입보다 많으므로 그 범위내에서 위 원고주장 수입을 기초로 삼기로 한다) 을 얻을 수 있었을 터인 데 이 사건 사고로 인하여 앞서 본 상해를 입게 됨으로써 가동능력 상실비율만큼인 매월 금 135, 375원 (375, 000*36. 1/100) 씩을 얻지 못하게 되는 손해를 월차적으로 입게 되었다 할 것인바, 위 원고는 이 사건 사고당시를 기준으로 일시에 위 손해전부의 지급을 구하므로 월 5/12푼의 비율에 의한 중간이자를 공제하는 호프만식계산법에 의하여 위 손해액에 대한 사고 당시 현가를 산정하면, 금 20, 463, 975원 (135, 375원*151. 1651 : 원미만 버림, 이하 같다) 이 됨은 계산상 명백하다.

(2) 향후치료비

위에 나온 신체감정촉탁결과에 의하면, 원고 김창곤은 이 사건 사고로 인하여 향후 좌측족관절 내과에 고정된 내고정물 제거술이 필요하게 되었는데, 그 비용은 2주간의 입원비, 식대 등 도합 금 582, 600원이 지출된 것으로 예상되는 사실을 인정할 수 있고 달리 반증없는바, 이 사건 사고일 이후 1년이 경과한 이 사건 변론종결 당시까지 위 원고가 위 치료를 받았다는 아무런 주장 및 입증이 없을뿐더러 위 원고는 이 사건 사고당시를 기준으로 일시에 위 향후 치료비의 지급을 구하므로 연 5푼의 비율에 의한 중간이자를 공제하는 호프만식계산법에 의하여 위 향후치료비의 사고당시 현가를 산정하면, 금 554, 857원 (582, 600원*1/1+0. 051*1) 이 된다.

(3) 과실상계 등

따라서 원고 김창곤이 이 사건 사고로 인하여 입은 재산상 손해는 위 인정의 각 금원을 합한 금 21, 018, 832원 (20, 463, 975원 + 554, 857원) 이 되나, 위 원고에게도 앞서 본 바와 같은 과실이 있으므로 이를 참작하면, 피고회사가 위 원고에게 배상할 재산상손해액은 금 6, 305, 649원 (21, 018, 832원*30/100) 이 된다. 한편, 성립에 다틈이 없는 을제10호증(보험급여지급확인원)의 기재에 증인 유선근의 증언을 더하여 보면, 위 원고는 이 사건 사고로 인한 휴업급여금 1,697,180원을 수령한 사실을 인정할 수 있고, 달리 반증없으므로 이를 공제하면 결국 피고회사가 배상할 재산상 손해액은 금 4,608,469원(6,305,649원－1,697,180원)이 남는다.

나. 위 자 료

원고 김창곤이 이 사건 사고로 인하여 앞서 본 바와 같은 상해를 입게 됨으로써 그 자신은 물론 그와 앞서 본 신분관계에 있는 나머지 원고들이 상당한 정신적 고통을 받았을 것임은 경험칙상 넉넉히 인정할 수 있으므로 피고회사는 이를 금전으로 위자할 의무가 있다 할 것인바, 앞서 본 이 사건 사고의 경위와 그 결과, 쌍방의 과실정도, 그밖에 변론에 나타난 원고들의 나이, 가족관계, 재산 및 교육정도 등 여러가지 사정을 두루 참작하면, 피고회사는 그 위자료로서 원고 김창곤에게 금 1,500,000원, 같은 윤안양에게 금 700,000원, 나머지 원고들에게 각 금 500,000원씩 지급함이 상당하다 할 것이다.

3. 결　론

그렇다면, 피고는 원고 김창곤에게 금 6,108,469원(4,608,469원＋1,500,000원), 같은 윤안양에게 금 700,000원, 같은 김상희, 같은 김종훈에게 각 금 500,000원 및 위 각 금원에 대하여 원고들이 구하는 바, 이 사건 사고발생일인 1987. 6. 24.부터 이 사건 판결선고일인 1988. 7. 14.까지는 민법 소정 연 5푼의 그 다음날부터 완제일까지는 소송촉진등에관한특례법 소정 연 2할 5푼의 각 비율에 의한 지연손해금을 지급할 의무가 있다 할 것이므로 원고들의 이 사건 청구는 위 인정 범위내에서 이유있어 이를 인용하고, 소송비용의 부담에 관하여는 민사소송법 제89조, 제92조, 제93조를 가집행의 선고에 관하여는 위 특례법 제6조, 민사소송법 제199조를 각 적용하여 주문과 같이 판결한다.

판사 윤규한(재판장), 신명중, 최정열

● 손해배상

대법원 제4부. 1987.6.9. 판결 86다카2581 상고기각

판 시 사 항

◉ 산업재해보상보험법에 의한 유족보상금을 수령권자가 기 수령한 경우의 일실수익산정

판 결 요 지

산업재해보상보험법에 의한 유족보상금을 그 수령권자가 수령하였다면 보험가입자는 그 금액의 한도내에서 민법상의 손해배상책임을 면하게 되고, 사망자의 재산상속인들은 사망한 자가 장차 얻을 수 있는 일실이익에서 그 수령권자가 이미 지급받은 유족보상금을 공제한 나머지를 민법이 규정한 바에 따라 공동상속한다.

참조조문 민법 제763조, 제1009조
산업재해보상보험법 제9조의6, 제11조

참조판례 대법원 1969.2.4. 68다2178전원합의체 판결

1977. 12. 27. 75다1098판결

당 사 자 원고, 피상고인 유용순 외3인
피고, 상고인 한국전기통신공사
소송대리인 변호사 황창주, 박일재

원심판결 광주고등법원 1986. 10. 17. 86나59판결

주 문 상고를 기각한다. 상고 소송비용은 피고의 부담으로 한다.

이 유

상고이유를 판단한다.

산업재해보상보험법에 의한 유족보상금을 그 수령권자가 수령하였다면 보험가입자는 그 금액의 한도내에서 민법상의 손해배상책임을 면하게 되고, 사망자의 재산상속인들은 사망한 자가 장차 얻을 수 있는 일실이익에서 그 수령권자가 이미 지급받은 유족보상액을 공제한 나머지를 민법의 규정한 바에 따라 공동상속하는 것인바(당원 1969. 2. 4. 선고, 68다2178 판결 ; 1977. 12. 27. 선고, 75다1098판결 등 참조), 같은 취지에서 원심이 이 사건 교통사고로 사망한 소외 망 정선일의 처 및 자녀들인 원고들은 소외 망 정선일이 이 사건 사고로 인하여 입은 일실손해액에서 처인 원고 유용순이 수령한 위 법률에 의한 유족보상액을 공제하고 남은 손해액중 각자의 법정상속비율에 따른 부분만을 상속하였다고 판단한 조치는 정당하고, 거기에 논지가 주장하는 바와 같은 유족보상금을 수령할 유족의 범위와 그 순위에 관한 법리오해의 위법이 없다.

논지는 위 법률에 의한 유족보상금은 그 수령권자만이 수령할 권한이 있는 것으로서 공동상속인을 대표하여 수령하는 것이 아니므로 이미 지급된 유족보상금을 공제함에 있어서는 망인의 일실수익금에서 공제할 것이 아니라 일실수익금을 재산상속인들에게 상속시킨 다음 유족보상금을 수령한 재산상속인의 상속분에서 이를 공제하여야 하고, 실제로 유족보상금을 수령한 바 없는 다른 재산상속인의 상속분에서 이를 공제하는 것은 부당하다는 취지로 주장하나 위 주장에 따른다면 유족보상금의 수령인이 상속인이 아닌 경우에는 그 전액이 수령한 유족보상금액보다 실제의 재산상속분이 적은 경우에는 그 차액만큼이 이중으로 보상되는 결과가 되어 부당하므로 위 주장은 받아들일 수 없다.

논지 이유없다.

그러므로 상고를 기각하고, 상고 소송비용은 패소자의 부담으로 하여 관여법관의 일치된 의견으로 주문과 같이 판결한다.

대법원판사 황선당(재판장), 이병후, 김달식

● 요양중지 및 보험급여회수처분 등 취소청구사건

광주고법 특별부. 1987. 5. 7. 판결 86구160일부인용(일부기각)

판 시 사 항

◉ 산업재해보상보험법 제9조, 제9조의3, 제9조의5, 제9조의7 및 근

로기준법 제80조에 따른 장해급여, 상병보상연금의 성질

―판 결 요 지―

산업재해보상보험법 제9조, 제9조의3, 제9조의5, 제9조의7, 근로기준법 제80조의 각 규정을 종합하면 장해급여는 치료완료 후의 근로능력상실의 정도에 따른 보상의 성격을 갖고 있고, 상병보상연금은 요양치료가 계속되는 동안 취업하지 못한데 대한 보상의 성격을 갖고 있어(따라서 상병보상연금이 지급되는 때에는 휴업급여는 지급되지 아니한다), 요양치료가 계속되어 상병보상연금이 지급되는 동안은 장해급여는 지급되지 아니하기 때문에 위 두 급여가 동시에 중복하여 지급되지는 아니하며 요양급여는 근로자가 업무상의 부상, 질병에 걸린 경우에 노동부장관이 지정하는 보험시설이나 의료기관에서 그에 필요한 요양을 하게 하거나 부득이한 때에는 요양비를 지급하는 것으로서 이는 근본적으로 요양치료비와 동일한 성질을 갖는다고 풀이할 것인바, 위 각 보험급여의 성질이 위와 같다면 장해급여와 상병보상연금은 재산적 손해중 소극적 손해인 휴업과 노등력상실에 따른 일실손해에 대한 보상이고, 요양급여는 요양치료비에 대한 것으로서 이는 적극적 손해에 대응하는 보상이다.

참조조문 근로기준법 제80조
산업재해보상보험법 제9조, 제9조의3, 제9조의5, 제9조의7

당 사 자 원고 김철남
피고 노동부 목포지방사무소장

주　　문

1. 피고가 1985. 12. 24. 원고에 대하여 한 요양중지처분과 요양급여 금 388,964원의 회수처분 및 요양급여부지급처분을 각 취소한다.

2. 원고의 나머지 청구를 기각한다.

3. 소송비용의 2/3는 피고의 나머지, 1/3은 원고의 각 부담으로 한다.

청구취지

피고가 1985.12.24 원고에 대하여 한 요양중지처분과 보험급여(요양급여 금 388,964원, 상병보상연금 303,703원)의 회수처분 및 제 보험급여(장해급여, 요양급여, 상병보상연금)의 부지급처분은 이를 취소한다.

소송비용은 피고의 부담으로 한다라는 판결

이　　유

각 성립에 다툼이 없는 갑 제1호증(요양중지 지시 및 보험급여회수 갑 제2호증의2(보험급여부지급결정통지), 갑 제3호증(수립통지), 갑 제4호증의 2(결정서), 갑 제5호증의 2(재결서), 갑제6호증(합의약정서), 변론의 전취지를 위하여 그 진정성립이 인정되는 갑 제7호증의2(소장), 3,4(감정신청서, 진단서)의 각 기재에 변론의 전취지를 종합하면 원고는 착암공으로 1983.5.22. 소외 민경산업주식회사(대표이사 이대규)가 경영하는 전남 완도군 노화면 구석리 노화공업소 제5현장 갱내에서 동 업소 작업감독인 소외 김병인의 작업지휘로 굴착작

업을 하기 위한 천반부석제거작업중 동갱천반으로부터 갑자기 무게 약 5,000킬로그램의 돌이 떨어져 허리부분을 강타당하여 제12흉추 압박골절, 제1요추 압박 골절 및 탈구, 하반신마비, 우측경골 개방성분쇄골절 감염, 우측 하퇴부 연부조직괴사, 우측 쇄골골절, 우측 늑골골절 등의 중상을 입고, 1984.6.경 위 소외회사를 상대로 서울민사지방법원 84가합2654호로 불법행위로 인한 손해배상청구의소를 제기하여 소송진행중 1985.4.3. 원고와 소외회사 사이에 소외회사는 원고에게 위 사고로 인한 손해배상금 및 위자료조로 금 63,000,000원을 지급하되 합의당일 금 13,000,000원을 지급하고 나머지 금 50,000,000원은 1985. 5. 3.부터 1985. 8. 3까지 4회에 걸쳐 매월 3일에 금 12,500,000원씩 균분지급하기로 하는 한편 원고가 산업재해보상보험법의 규정에 따라 지급받을 요양 및 장해급여, 상병보상금 등 모든 보험급여금은 원고가 피고로부터 별도로 지급받기로 하는 내용의 합의를 하고 원고는 위 손해배상청구의 소를 취하한 후 원고는 위 합의내용에 따라 1985. 8. 20까지 위 합의금 63,000,000원을 전액 수령한 사실, 원고는 위 업무상재해로 인하여 1983. 5. 22.부터 1985. 12. 24.까지 산업재해보상보험법상의 제급여로 요양중이었는데 피고는 원고가 소외 민경산업주식회사와 위 사가로 인한 손해배상에 관하여 합의를 하여 피고가 지급하여야 할 제 보험급여금액에 상당하는 금액 이상의 돈인 금 63,000,000원을 지급받았다는 이유로 1985. 12. 24 청구취지기재와 같이 원고에 대하여 요양중지처분과 보험급여(요양급여 388,964원, 상병보상연금 303,703원)의 회수처분 및 재보험급여(장해급여, 요양급여, 상병보상연금)의 부지급처분을 한 사실을 인정할 수 있고 다른 반증이 없다.

원고는 원고와 보험가입자인 소외회사와의 사이에 피고에 대한 요양 및 장해급여, 상병보상연금 등 제급여금청구권을 원고에게 유보시킨 채 그 나머지의 손해에 대하여 합의한 것이므로 원고가 이 사건 재해로 인하여 위와같이 손해배상금을 받았다 하여도 그것이 산업재해보상보험법에 의한 보험급여청구에는 아무런 영향을 미칠 수 없는데도 위 손해배상금을 받았다는 이유로 피고가 청구취지 기재의 각 처분을 하였음은 위법하다고 주장하므로 살피건대, 산업재해보상보험법 제9조, 제11조(특히 제3항)의 각 규정을 종합하면 산업재해보상보험법상의 보험급여의 원인이 되는 업무상재해가 불법행위의 요건도 갖추고 있는 경우에 동법에 의한 수급권자가 그 재해에 관하여 불법행위를 원인으로 민법에 의한 손해배상을 받았을 때에는 그 금액의 한도내에서 산업재해보상보험법에 의한 보험급여의 책임이 면제된다고 할 것인바, 위 갑 제6호증(합의약정서), 갑 제7호증의2(소장)의 각 기재에 변론의 전취지를 종합하면 원고는 1951. 8. 28생으로 위 재해당시 연령이 만 32년 9월로서 그 평균여명이 40여년이고 착암공으로서 적어도 만 55세까지는 매월 금 450,000원씩의 수입을 얻을 수 있는데 위 재해로 이를 상실하였다고 하여 이에 대한 일실손해금으로 금 104,602,230원, 위자료는 원고의 처와 자녀들분을 포함하여 금 9,000,000원의 지급을 구하는 소를 제기하여 진행중 위와 같이 산업재해보상보험법상의 제급여는 원고가 지급받기로 하고 금 63,000,000원에 합의한 사실을 인정할 수 있는바, 위 인정사실에 의하면 원고는 이건 재해로 인한 재산적 손해 중 소극적 손해(장래의 일실이익) 배상청구와 위자료의 지급을 구한 소송중 이에 대한 합의가 이루어졌다고 할 것이고, 산업재해보상보험법 제9조, 제9조의3 제9조의5, 제9조의7, 근로기준법 제80조의 각 규정을 종합하여 고찰하면, 장해급여는 근로자가 업무상 부상 또는 질병에 걸려 완치후 신체에 장해가 있는 경우에 그 장해정도에 따라 지급하는 급여이고, 상병보상연금은 요양급여를 받는 근로자가 요양개시후 2년이 경과된 날 이후에 당해 부상 또는 질병이 치유되지 아니한 상태이고, 그 부상 또는 질병에 의한 폐질의 정도가 대통령령이 정하는 폐질등급기준에 해당한 때에 위 폐질등급기준에 따라 지급하고, 이 상병보상연금을 지급한 때에는 휴업급여를 지급하지 아니하도록 되어 있어 장해급여나 상병보상연금은 결국 장해등급이나 폐질등급에 따라 지급되는 것으로서 장해급여는 치료완료후의 근로능력상실의 정도에 따른 보상의 성격을 갖고 있고, 상병보상연금은 요양치료가 계속되는 동안 취업하지 못한 데 대한 성격을 갖고 있다(따라서 상병보상연금이 지급되는 때에는 휴업급여는 지급하지 아니한다).

요양치료가 계속되어 상병보상연금이 지급되는 동안은 장해급여는 지급되지 아니하기 때문에 위 두 급여가 동시에 중복하여 지급되지는 아니하며 요양급여는 근로자가 업무상의 부상 또는 질병에 걸린 경우에 노동부장관이 지정하는 보험시설이나 의료기간에서 그에 필요한 요양을 하게 하거나 부득이한 때에는 요양비를 지급하는 것으로서 이는 근본적으로 요양치료비와 동일한 성질을 갖는다고 풀이할 것인바, 위 각 보험급여의 성질이 위와 같다면 장해급여와 상병보상연금은 재산적 손해 중 소극적손해인 휴업과 노동능력상실에 따른 일실손해에 대한 보상으로서 원고가 위 소외회사와 합의한 손해 금 63,000,000원 중에 포함된다고 하겠고, 위 보험급여상당액(장해급여와 상병보상연금급여)은 위 합의금형식으로 이미 원고에게 지급되었음이 명백하여 이를 이유로 피고가 원고에 대하여 한 장해급여와 상병보상연금부지급처분 및 상병보상연금회수처분은 적법하다고 하겠으나, 요양급여는 요양치료비에 관한 것으로서 이는 적극적 손해에 대응하는 항목이므로 위 합의된 손해배상금 중에는 포함되어 있지 아니하여 요양급여 상당액이 원고에게 지급되었다고는 볼 수 없으므로 위 요양급여 상당액도 원고에게 지급되었음을 전제로 한 피고의 요양중지처분과 요양급여부지급처분 및 요양급여 금 388,964원의 회수처분은 위법하다고 할 것이다.

그렇다면 피고의 이건 처분중 요양중지처분과 요양급여회수처분 및 요양급여부지급처분은 위법하다고 할 것이므로 그 취소를 구하는 한도내에서 원고의 이 사건 청구는 이유있어 인용하고 그 나머지 청구는 이유없어 기각하며, 소송비용의 부담에 관하여는 행정소송법 제8조 제2항, 민사소송법 제89조, 제92조를 각 적용하여 주문과 같이 판결한다.

판사 이한구(재판장), 이용회, 신정식

● 위자료등

대법원 제3부, 1986. 8. 19. 판결 83다카1670 상고기각

판 시 사 항

◉ 근로기준법 제82조 소정의 업무상 사망의 의미

◉ 수급권자가 산업재해보상보험법에 의한 보험급여를 받지 못하는 것으로 확정된 경우, 동일한 사유로 동 보험가입자인 사업주에게 근로기준법상의 재해보상금을 청구할 수 있는지 여부

판 결 요 지

가. 근로기준법 제82조 소정의 업무상 사망으로 인정되기 위하여는 당해 사망이 업무수행중의 사망이어야 함은 물론이고, 업무에 기인하여 발생한 것으로서 업무와 사망과의 사이에 상당인과관계가 있는 것이어야 한다.

나. 산업재해보상보험법 제11조 제1항은 동법이 근로기준법상의 각종의 재해보상을 목적으로 하고 있는 터이어서 보험가입자로 하여금 이중의 보상책임으로부터 벗어나게 하려는 데 그 취지가 있는 것 뿐이므로 위 규정을 수급권자가 위 법에 의한 보험급여를 받지 못하게 확정된 경우에 수급권자는 동일한 사유로 보험가입자인 사업주에 대하여 근로기준법상의 재해보상금을 다시 청구할 수 없다고 확정해석 할 수는 없다.

참조조문 가. 근로기준법 제82조
나. 산업재해보상보험법 제11조 제1항

당 사 자 원고, 상고인 김옥영
소송대리인 변호사 김호영
피고, 피상고인 경상여객자동차주식회사

원심판결 대구고등법원 1983. 7. 6. 83나414판결

주 문 상고를 기각한다. 상고 소송비용은 원고의 부담으로 한다.

이 유

상고이유 제1점을 본다.

근로기준법 제82조 소정의 업무상 사망으로 인정되기 위하여는 당해 사망이 업무수행중의 사망이어야 함은 물론이고, 업무에 기인하여 발생한 것으로서 업무와 사망과의 사이에 상당인과관계가 있는 것이어야 한다고 할 것이다.

원심이 적법히 확정한 사실에 의하면, 소외 망 김재원은 피고회사의 운전사로 종사하던중 1982. 3. 19. 18 : 10분경 피고회사 소속 경북 5아2063호 시외완행버스를 운전, 대구 서구 내당동 소재 서부공용 자동차정류장을 출발하여 같은 날 19 : 50경 종점인 경북 성주군 수륜면 작은동에 도착한 뒤 피고회사 종업원의 지정숙소인 소외 박정각의 집에서 잠을 자다가 같은 날 23 : 00경부터 그 다음날 06 : 00경까지 사이에 사망하였는바,

소외 망인이 피고회사에 입사한 뒤 위 사망일에 이르기까지의 근무상황이나 위 사망당일의 업무내용에 비추어 과로로 인하여 사망하였다고는 할 수 없고, 소외 망인의 사망원인의 의학상 불명하여 다만 급성

신부전으로 추정되므로 이는 자동차의 운행과는 아무런 의학적인 인과관계가 없다는 것이다.

그렇다면 소외 망인이 비록 업무수행중 사망하였음이 인정된다 하더라도 더나아가 그 사망과 업무수행과의 사이에 상당인과관계가 인정되지 아니하므로, 이와같은 경우에는 이를 근로기준법 제82조 소정의 업무상 사망으로 볼 수 없다고 할 것이므로, 같은 취지로 판단한 원심의 조치는 정당하고, 이에 반하여 그 사망에 업무수행성이 인정되는 경우에는 특별한 사정이 없는 한 업무기인성이 있는 것으로 보아 이를 업무상 사망으로 인정하여야 한다는 논지는 독자적인 견해에 불과하여 이를 받아들일 수 없다.

2. 상고이유 제2점을 본다.

원심판결은 그 이유에서, 산업재해보상보험법 제11조 제1항의 규정은 수급권자가 위법에 의한 보험급여를 받지 못하게 확정된 경우에는 수급권자는 동일한 사유로 보험가입자인 사업주에 대하여 근로기준법상의 재해보상금을 다시 청구할 수 없다고 해석하여야 할 것인데, 증거에 의하면 소외 망인의 유족인 원고는 1981. 4. 노동부 대구지방사무소장을 상대로 유족보상일시금을 청구하였다가 기각 결정을 받은 뒤 산업재해보상보험업무및심사에관한법률 제3조에 의하여 같은해 6. 20 노동부 산재심사관에게, 같은 해 8. 13 노동부산재 심사위원회에 각 심사 및 재심사청구를 하여 모두 기각결정을 받았음에도 불구하고 적법기간내에 행정소송을 제기하지 않음으로써 위 기각결정이 확정된 사실이 인정되므로, 원고는 보험가입자인 피고회사에 대하여 동일한 사유에 기한 근로기준법 제82조에 의한 이 사건 재해보상금도 청구할 수 없다고 판시하였다.

살피건대, 산업재해보상보험법 제11조 제1항은 "수급권자가 이 법에 의하여 보험급여를 받은 때에는 보험가입자는 동일한 사유에 대하여는 근로기준법에 의한 모든 재해보상책임이 면제된다"고 규정하고 있는바, 이는 위 법이 근로기준법상의 각종의 재해보상을 목적으로 하고 있는 터이어서 보험가입자로 하여금 이중의 보상책임으로부터 벗어나게 하려는데 그 취지가 있는 것이고, 위 규정을 원심이 판시하고 있는 바와 같이, 수급권자가 위 법에 의한 보험급여를 받지 못하게 확정된 경우에 수급권자는 동일한 사유로 보험가입자인 사업주에 대하여 근로기준법상의 재해보상금을 다시 청구할 수 없다고 확장 해석할 수는 없다고 할 것이므로(원심은 당원 1970. 11. 24. 선고, 70다2144 판결을 인용하고 있으나, 그 판시내용을 오인한 것으로 보인다), 이와 견해를 달리한 원심의 위 판시에는 산업재해보상보험법 제11조 제1항의 해석을 그르친 위법이 있다 할 것이다.

그러나 원심판결 이유에 의하면, 원심의 위와같은 설시는 원고의 청구가 이유 없었음을 나타내기 위한 또 다른 이유설명으로서 부연된 것에 불과함이 뚜렷하므로 결국 원심의 위 법규해석이 잘못된 것이라 할지라도 위에서 본 바와 같이 위 망인이 업무상사망에 해당되지 아니한다는 이유로 원고의 청구를 기각한 판결결과에 영향을 미친 것은 아니라고 할 것이어서 위 논지는 또한 이유없다.

3. 따라서 상고를 기각하고, 상고 소송

비용은 패소자의 부담으로 하기로 관여법관의 의견이 일치되어 주문과 같이 판결한다.

대법원판사 박우동(재판장), 김형기, 정기승, 김달식

● 산업재해보상금 기각처분취소

대법원 제3부. 1986. 1. 21. 판결 85누673 상고기각

판 시 사 항

◉ 근로자와 사용자 사이에 장해 및 휴업급여청구권을 유보한 나머지 손해에 대하여만 합의한 경우, 위 휴업급여청구권의 소멸여부

판 결 요 지

근로자와 사용자사이에 장애 및 휴업급여청구권은 유보시킨 채 그 나머지 손해에 대하여만 합의한 경우 위 합의금원에 휴업급여금이 포함되었다고 볼 수 없으므로 피고로서는 원고의 휴업급여청구를 일단 받아들여 이를 심사한 다음 그에 합당한 급여금을 지급하였어야 할 것이고 위 합의만을 이유로 부지급처분을 하였음은 위법하다.

참조조문 산업재해보상보험법 제9조의4, 제11조
근로기준법 제79조, 제87조

참조판례 대법원 1983. 11. 8. 83누242판결

당 사 자 원고, 피상고인 서영진
피고, 상고인 노동부 서울남부지방사무소장

원심판결 서울고등법원 1985. 7. 9. 85구55판결

주 문 상고를 기각한다. 상고비용은 피고의 부담으로 한다.

이 유

상고이유를 본다.

기록에 의하여 원심판결이 채택한 증거들을 살펴보면 원심이 1983. 10. 8 원고는 소외 유원건설주식회사와의 사이에 위 회사는 원고에게 이 사건 사고로 인한 재산적, 정신적 손해금으로 금 27,000,000원을 지급하되, 산업재해 장해급여금과 휴업급여금은 원고가 피고로부터 별도로 수령하기로 하는 내용의 합의가 이루어졌다고 확정한 조처는 수긍이 가고, 그거친 채증의 과정에 소론과 같은 채증법칙위배와 심리미진의 위법이 있다고 할 수 없다.

그리고 위와같이 재해자인 원고와 보험가입자인 위 회사사이에 피고에 대한 산업재해장해 및 휴업급여청구권은 유보시킨 채 그 나머지 손해에 대하여 합의한 이상 (원심은 또한 원고가 위 합의시 위 회사로부터 수령한 금 27,000,000원이 재해자인 원고의 손해를 전보하기에 상당한 금액이라고 볼만한 자료도 없다고 적법히 확정하고 있다) 위 합의금원에 이 사건 휴업급여금이 포함되었다고 보기 어렵고, 따라서 피고로서는 원고의 이 사건 휴업급여청구를 일단 받아들여 이를 심사한 다음 그에 합당한 급여금을 지급하였어야 할 터인데도 이에 이르지 아니하고 이 사건 부지급처분으 하였음은 위법하다 할 것이므로(당원 1983. 11. 8 선고, 83누242판결 참조) 같은 취지의 원심판결은 정당하고, 거기에 소론과 같은 법리오해의 위법이 없다.

소론의 당원 1983. 7. 26. 선고, 82누290 판결은 재해에 대한 상당한 손해배상을 모두 받은 경우이어서 이 사건에 적절한 것이 되지 못한다.

논지는 이유없다.

이리하여 상고를 기각하고, 상고비용은 패소자인 피고의 부담으로 하여 관여법관의 일치된 의견으로 주문과 같이 판결한다.

대법원판사 오성환(재판장), 강우영, 윤일영, 김덕주

● 장해급여지급처분변경

대법원 제3부, 1986. 1. 21. 판결 85누101 상고기각

판 시 사 항

◉ 업무상재해에 관하여 불법행위를 원인으로 손실배상을 받은 경우, 산업재해보상보험법상의 보험급여청구권의 소멸여부

판 결 요 지

산업재해보상보험법에 의한 보험급여는 근로자의 재해로 인한 손실을 전보하려는데 목적이 있는 것이므로 그 보험급여의 원인이 되는 업무상재해가 동시에 불법행위의 요건도 갖추고 있는 경우에 동법에 의한 수급권자가 그 재해에 관하여 불법행위를 원인으로 하여 민법에 의한 손실배상을 받았을 때에는 그 범위내에서 수급권자의 보험급여청구권은 소멸하고, 따라서 노동부장관(국가)은 범위내에서 보험급여의 지급 책임을 면한다.

참조조문 산업재해보상보험법 제11조 제3항

참조판례 대법원 1983.7.26. 82누290판결

당 사 자 원고, 상고인 엄영식
소송대리인 변호사 김용달
피고, 피상고인 노동부 영월지방사무소장

원심판결 서울고등법원 1985.1.23. 84구434판결

주 문 상고를 기각한다. 상고비용은 원고의 부담으로 한다.

이 유

원고 소송대리인의 상고이유를 본다.

기록에 의하여 관계증거를 살펴보면, 원심이 그 판시의 화해계약당시 장해급여금은 원고가 직접 수령하기로 합의하였다는 원고주장에 부합하는 갑 제2호증(합의사실확인서)과 원심증인 김진두의 증언을 채택하지 아니한 조처는 수긍이 가고, 거기에 소론과 같은 채증법칙위배의 위법이 있다고 할 수 없다.

그리고 산업재해보상보험법에 의한 보험급여는 근로자의 재해로 인한 손실을 전보하려는데 목적이 있는 것이므로 그 보험급여의 원인이 되는 업무상재해가 동시에 불법행위의 요건도 갖추고 있는 경우에 동법에 의한 수급권자가 그 재해에 관하여 불법행위를 원인으로 하여 민법에 의한 손해배상을 받았을 때에는 그 범위내에서 수급권자의 보험급여청구권은 소멸하고, 따라서 노동부장관(국가)은 그 범위내에서 보험급여의 지급 책임을 면한다고 하여야 할 것이다(당원 1983. 7. 26. 선고, 82누290판결 참조) 같은 취지에서 원심이 원고가 이 사

건에서 주장하는 장해급여는 이 사건 화해금액에 포함되어 배상을 받은 것으로 보는 것이 타당하다고 한 조처는 정당하고, 거기에 소론과 같은 채증법칙위배나 법리오해 등의 위법이 없다.

소론 판례는 이 사건에 적절한 것이 아니다.

논지는 모두 이유없다.

이에 상고를 기각하고, 상고비용은 패소자의 부담으로 하여 관여법관의 일치된 의견으로 주문과 같이 판결한다.

대법원판사 오성환(재판장), 강우영, 윤일영, 김덕주

● 유족급여 및 장의비 부지급결정 취소

대법원 제1부. 1985. 12. 24. 판결 84누697 상고기각

판 시 사 항

◉ 민법에 의한 손실보상청구권과 근로기준법상의 산재보험급여청구권과의 관계

판 결 요 지

산업재해보상보험법에 의한 보험급여는 국가가 보험자의 입장에서 사용자가 보상하여야 할 근로자의 업무상재해로 인한 손실을 근로자에게 직접 전보하는 성질의 것이므로 수급권자가 그 보험급여의 원인이 되는 업무상재해와 동일한 사유로 사용자로부터 민법에 의한 손해배상등을 받음으로써 사용자에 대한 근로기준법상의 재해보상청구권이 소멸한 경우에는 이 보험급여청구권도 소멸한다고 보아야 할 것이나, 수급권자가 사용자에 대한 근로기준법상의 재해보상청구권을 행사할 수 있는 지위에 있는 이상 그 전보를 목적으로 하는 위 보험급여청구권은 소멸되지 않는다.

참조조문 산업재해보상보험법 제11조
근로기준법 제82조, 제83조, 제87조

참조판례 대법원 1983. 11. 8. 83누242판결
1985. 5. 14. 85누12판결

당 사 자 원고, 피상고인 김수자
소송대리인 변호사 주재우
피고, 상고인 노동부 부산동래지방사무소 북부출장소장

원심판결 대구고등법원 1984. 10. 26. 84구197판결

주　　문 상고를 기각한다. 상고비용은 피고의 부담으로 한다.

이　　유

상고이유를 본다.

산업재해보상보험법에 의한 보험급여는 사용자가 근로기준법에 의하여 보상하여야 할 근로자의 업무상재해로 인한 손실을 국가가 보험자의 입장에서 근로자에게 직접 전보하는 성질의 것이므로, 이와같은 보험급여청구권의 성질상 수급자가 그 보험급여의 원인이 되는 업무상재해와 동일한 사유로 사용자로부터 민법에 의한 손해배상을 받는 등 함으로써 사용자에 대한 근로기준법상의 재해보상청구권이 소멸한 경우에

는 이 보험급여청구권도 소멸한다고 보아야 할 것이나, 수급권자가 사용자에 대한 근로기준법상의 재해보상청구권을 행사할 수 있는지 위에 있는 이상 그 전보를 목적으로 하는 위 보험급여청구권은 소멸되지 아니한다 할 것이다(당원 1983. 11. 8. 선고, 83누242판결 참조).

이 사건에 있어서 원심이 확정한 사실에 의하면, 원고는 이 사건 업무상재해에 관하여 보험가입자인 사용자 소외 김지현과 제3자인 금성제분주식회사와 사이에 손해배상금은 금 22,000,000원으로 하되, 위 김지현과 금성제분주식회사로부터 금 14,000,000원만을 지급받고, 유족보상과 장사비는 산재결정에 따라 피고로부터 직접 수령하기로 하는 합의를 하였다는 것인바, 그렇다면 원고가 위 김지현과 금성제분으로부터 수령한 금 14,000,000원의 손해배상금은 근로기준법상의 유족보상, 장사비에 상당하는 손해배상금 이외의 것을 뜻하는 것임이 분명하다 하겠으므로, 원고가 위와같은 합의에 따라 금 14,000,000원을 지급받았다 하여 근로기준법상의 유족보상, 장사비청구권이 소멸될 수 없는 이치이고 이는 원고가 사용자에 대하여 행사할 수 있는 권리로서 여전히 존속한다 할 것이니 그 전보를 목적으로 하는 산업재해보상보험법에 의한 장해보험급여청구권도 소멸되었다고 볼 수 없다.

따라서 같은 취지의 이유로 원고가 위 김지현과 금성제분으로부터 위에 설시한 바와 같은 합의금 14,000,000원을 지급받았으므로 산업재해보상보험법에 의한 보험급여청구권이 소멸되었다 하여 그 지급을 거절한 피고의 처분이 위법하다고 판단하고 위 처분을 취소한 원심판결은 정당하며 거기에 근로기준법이나 산업재해보상보험법의 법리를 오해한 위법에 있다고 할 수 없다.

논지는 이유없다.

따라서 상고를 기각하고, 상고 소송비용은 패소자의 부담으로 하기로 관여법관의 의견이 일치되어 주문과 같이 판결한다.

대법원판사 전상석(재판장), 이회창, 정기승

● 손해배상 청구사건

서울고법 제6민사부. 1985.7.18. 판결 85나861 인용

판 시 사 항

◉ 산업재해보상보험법에 의하여 장차 받게될 보험급여를 손해배상액에서 공제할 수 있는지 여부

판 결 요 지

피해자가 앞으로 산업재해보상보험법에 따라 장해급여를 지급받게 되어 있다고 하더라도 위 장해급여를 현실적으로 지급받지 아니한 이상 위 금원을 불법행위로 인한 손해배상액에서 공제할 수 없다.

참조조문 산업재해보상보험법 제11조

참조판례 대법원 1979.10.30. 79다1211판결

당 사 자 원고, 피항소인 겸 항소인 윤주홍 외5인

피고, 항소인 겸 피항소인 신환

종합건설주식회사

원심판결 제1심 서울지방법원 북부지원 (84가합584판결)

주 문

1. 원판결 중 원고 윤주홍에 대한 부분을 다음과 같이 변경한다.

(1) 피고는 원고 윤주홍에게 금 32,020,113원 및 이에 대한 1984.5.부터 완제일까지 연 5푼의 비율에 의한 금원을 지급하라.

(2) 원고 윤주홍의 나머지 청구를 기각한다.

2. 피고의 원고 정희섭, 같은 윤나영, 같은 윤희, 같은 윤경화, 같은 김태순에 대한 항소를 각 기각한다.

3. 소송비용중 원고 윤주홍과 피고 사이에 생긴 부분은 제1,2심 모두 이를 3등분하여 그 2를 위 원고의, 나머지를 피고의 각 부담으로 하고, 원고 정희섭, 같은 윤나영, 같은 윤희, 같은 윤경화, 같은 김태순과 피고 사이에 생긴 항소심 비용은 모두 피고의 부담으로 한다.

4. 위 제1항중 금원 지급부분 및 원판결 주문 제1항, 원고 정희섭, 같은 윤나영, 같은 윤희, 같은 윤경희, 같은 김태순의 각 승소금원 중 원심에서 가집행이 선고되지 아니한 부분은 각 가집행 할 수 있다.

청구취지

피고는 원고 윤주홍에게 금 122,532,787원 및 이에 대한 1984.5.8.부터 1985.2.21.까지는 연 5푼, 금 다음날부터 완제일까지는 연 2할5푼의 비율에 의한 금원을 원고 정희섭에게 금 700,000원, 원고 윤나영, 같은 윤희, 같은 윤경화, 같은 김태순에게 각 금 500,000원 및 각 이에 대한 1984. 5. 8.부터 완제일까지 연 5푼의 비율에 의한 금원을 각 지급하라.

소송비용은 피고의 부담으로 한다라는 판결 및 가집행선고(원고 윤주홍은 원심에서 재산상 손해액 금 81,036,690원, 위자료 금 2,000,000원, 합계 금 83,036,690원 및 이에 대한 1984. 5. 8.부터 완제일까지 연 5푼의 비율에 의한 금원의 지급을 구하다가 당심에 이르러 재산상 손해액 금 121,032,787원 및 위자료 금 1,500,000원 합계 금 122,532,787원 및 이에 대하여 위와같은 지연손해금의 지급을 구하였다)

항소취지

(1) 원고 윤주홍, 원판결을 다음과 같이 변경한다.

피고는 원고 윤주홍에게 위 청구취지 기재 금원을 지급하라.

소송비용은 제1,2심 모두 피고의 부담으로 한다라는 취지의 판결 및 가집행선고

(2) 피고, 원판결중 피고의 원고들에 대한 패소부분을 각 취소하고 이 취소부분에 해당하는 원고들의 청구를 각 기각한다.

소송비용은 제1,2심 모두 원고들의 부담으로 한다라는 판결

이 유

1. 손해배상책임의 발생.

각 성립에 다툼이 없는 갑 제1호증(호적등본), 갑 제3호증(진단서)의 각 기재, 원심 증인 김수복, 같은 손영원, 같은 장정명의 각 일부 증언(다만, 아래에서 믿지 아니하는 부분 각 제외), 원심이 한 현장검증결과 및 원고 윤주홍 본인 신문결과의 일부(아래에서 믿지 아니하는 부분 제외)에 변론의 전취지를 종합하면, 피고가 시공하는 인천 남구 학익동 413의 1등 소재 장미아파트 신축공사장에서 1984. 5. 1. 부터 목공으로 종사하던 원고 윤주홍이가 같은달 8. 14 : 00경 위 아파트 16동 2층 베란다 부위(1층 천정부위)에서 그 베란다 스라브공사를 위한 장치인 거푸집 조립을 위하여 그 베란다가 될 부분 바닥에 다른 작업원이 이미 연이어 깔아놓은 넓이 약 40센치미터, 길이 약 2미터 40센치미터 규격의 이른바 속고라는 판자 위에다 먼저 높이 약 30센치미터, 길이 약 2미터 40센치미터 되는 판자 1장을 위 속고위에 세우고 못을 박아 이를 고정시킨 다음 다시 다음 판자를 위와같이 속고위에 고정시키기 위해 그 판자 1장을 가지고 위 속고위를 뒷걸음질하다가 위 속고와 속고 사이의 약 10센치미터 가량의 틈새에 발이 걸려 몸의 균형을 잃고 위 베한다 부위에서 지상으로 떨어져 위 원고는 양상하지 부전마비상 등을 입은 사실, 위 원고의 위 작업위치는, 지상에서 약 3미터 10센치미터 높이에 있는 장소로서 그곳에서 작업원들이 추락하는 경우 상당한 위험성이 있고 또한 위 장소는 베란다 부위이므로 작업원들이 그 작업중 추락할 수 있음이 예견되는 곳임에도 피고는 그 방지를 위하여 위 작업장에 안전망을 설치하거나 그 작업원들에게 안전대를 착용케 하고 또 작업발판 등을 설치하여 준 바 없는 사실, 원고 정희섭은 위 원고의 처이고, 원고 김태순은 그의 모, 나머지 원고들은 그의 자녀인 사실등을 인정할 수 있고 이에 반하는 원심증인 김수복, 같은 손영원, 같은 장정명의 각 일부 증언 및 원심의 원고 윤주홍, 본인 신문결과의 일부는 위 인정 각 증거에 비추어 믿지 아니하고 달리 이에 반하는 증거없다.

위 인정사실에 의하면, 위 사고는 피고나 그 피용자인 위 공사현장 감독자등이 위 아파트를 신축함에 있어 원고 윤주홍 등 작업원이 작업중 추락할 것에 대비한 위험방지시설이나 조치등을 취하지 아니한 과실로 인하여 발생하였다 할 것이므로 피고는 위 신축아파트 현장의 점유자 및 위 현장감독자 등의 사용자로서 위 사고로 인하여 원고들이 입은 손해를 배상할 책임이 있다 하겠다.

한편 앞서 살핀 각 증거에 의하면, 위 속고와 속고사이의 틈새는 다른 작업원의 작업중 생긴 것이라 할지라도 그 뒤 작업원인 원고 윤주홍으로서는 위 작업장소가 추락위험성이 있는 곳임을 감안하여 위 속고가 깔린 상태를 살펴 조심스럽게 위 작업에 임했어야 함에도 위 원고는 위 작업전 점심시간에 술을 먹고 위와 같은 주의를 소홀히 한 채 위 작업을 하다가 위와같은 사고를 당하였음을 인정할 수 있으므로 위 사고발생에는 위 원고에게도 적지않은 과실이 있다 할 것이나 그 과실의 정도는 피고의 위 손해배상책임을 면제함에는 이르지 아니한다고 보이므로 이를 피고가 배상할 수액을 정함에 있어 참작하기로 한다.

2. 손해배상의 범위

가. 소극적 손해

앞서 살핀 갑 제1호증, 각 성립에 다툼이 없는 갑 제4호증(평균기대여명표), 갑 제6호증의 2(보험급여원부), 갑 제9호증(신체감정서)의 각 기재 및 원심의 신체감정 촉탁에 의한 서울대학교병원장의 감정회신에 변론의 전취지를 종합하면, 원고 윤주홍은 1949. 5. 15. 출생한 위 사고당시의 나이가 34세 11개월 남짓된 남자이고, 위와같은 나이의 우리나라 남자의 평균여명은 33년 가량인 사실, 위 원고는 위 사고당시 앞서 본 바와 같이 위 건축공사장에서 목공으로 종사하면서 하루 금 15,000원의 수입을 얻고 있었던 바, 위 사고로 인하여 양 상하지가 모두 마비되어 아무런 노동에도 종사할 수 없게 된 사실등을 인정할 수 있고 반증없으며, 위 목공에 종사하는 사람이 특단의 사정이 없는 한 매달 25일씩 그 나이55세가 끝날 때까지 일할 수 있음은 경험칙상 인정된다.

위 인정사실에 의하면, 위 원고는 위 사고가 없었더라면 특단의 사정이 없는 한 위 사고일로부터 55세가 끝날때까지 기간중 위 원고가 구하는 240개월간 위 사고당시와 같이 목공으로 종사하여 매달 금 375,000원(15,000×25)씩의 수입을 얻을 수 있었을 것인데 위 사고로 인하여 이를 모두 상실하게 되어 같은액 상당의 손해를 입게 되었다할 것인바, 위 원고를 이를 위 사고일을 기준으로 일시지급을 구하므로 이를 호프만식계산법에 따라 월 5/12푼의 비율에 의한 중간이자를 공제하여 위 사고당시의 현가로 산정하면, 이는 금 62,289,562원(375,000원×166.1055)이 됨이 계산상 분명하다.

나. 개호비

당심 증인 김부길의 증언 및 앞서 살핀 서울대학교병원장의 감정회신에 변론의 전취지를 종합하면, 위 원고는 위 사고로 인하여 양 사하지가 모두 마비되어 평생 성인남자의 개호를 받아야 하는 바, 위 원고는 1984. 7. 1. 부터 현재까지 소외 김무길의 개호를 받고 동인에게 개호비로 매달 금 200,000원씩을 지급하여 온 사실을 인정할 수 있고 반증없으므로 위 원고는 위 사고로 인하여 그가 구하는 바에 따라 원심 변론종결일인 1985. 2. 7(위 사고시부터 8개월 남짓 후)부터 평균여명까지 기간중 위 원고가 구하는 31년간 위 개호비를 지출하였거나 또는 이를 지출하게 되어 매년 금 2,400,000원(200,000원×12)씩의 손해를 순차로 입게되었다 할 것인바, 위 원고는 이를 위 사고일을 기준으로 일시지급을 구하므로 이를 호프만식 계산법에 따라 연5푼의 비율에 의한 중간이자를 공제하여 위 사고당시의 현가로 산정하면, 이는 금 45,848,880원〔2,400,000원×(18.8060-0.9523〕이 됨이 계산상 명백하다.

다. 보조기구 비용

당심 증인 김무길의 증언에 의하여 진정성립이 인정되는 갑 제8호증(간이세금계산서)의 기재, 같은 증인의 증언 및 앞서 살핀 감정회신에 변론의 전취지를 종합하면, 위 원고는 위 사고는 위 사고로 인한 상해로 인하여 평생 휠체어를 사용하여야 하는 사실, 휠체어 1대의 가격은 금 300,000원이고, 그 수명은 2년인 사실, 위 원고는 1984.7.16. 위 휠체어를 구입하여 이를 지

금까지 사용하는 사실등을 인정할 수 있고 반증없으므로 위 원고는 위 사고로 인하여 그가 구하는 바에 따라 원심변론종결일 이후부터 그의 평균여명까지 기간 중 위 원고가 구하는 31년간 매 2년마다 휠체어 구입비용으로, 금 300,000원씩을 지출하거나 지출하는 손해를 입게 되었다고 할 것인바, 위 원고는 이를 위 사고일을 기준으로 일시지급을 구하므로 이를 호프만식 계산법에 의하여 연 5푼의 비율에 의하 중간이자를 공제하여 위 사고당시를 기준으로 한 일시금으로 산정하면, 이는 금 2,865,270원〔300,000원×(0.9523+0.8695+0.8+0.7407+0.6896+0.6451+0.6060+0.5714+0.5405+0.5128+0.4878+0.4651+0.4444+0.4255+0.4081+0.3921)〕이 됨이 계산상 분명하다.

라. 과실상계 등.

따라서 원고 윤주홍이가 위 사고로 인하여 입은 재산상 손해액은 모두 금 108,003,712원(62,289,562원+42,848,880원+2,865,270원)이 되나 위 사고에 있어 살핀 위 원고의 과실을 참작하면 피고는 이 중 위 원고에게 금 32,401,113원(108,003,712원×30/100)만을 배상함이 상당하고, 한편 위 원고는 그간 노동부 인천지방사무소에서 휴업급여로 금 1,881,000원을 수령한 사실을 자인하면서 스스로 이를 위 배상액에서 공제하고 있으므로 이를 피고의 위 배상액에서 공제하면 피고가 위 원고에게 배상할 금원은 이제 금 30,520,113원(32,401,113원 − 1,881,000원)이 남게 된다.

피고는, 위 원고는 앞으로 노동부 인천지방사무소로부터 산업재해보상보험법에 따라 장해급여로 금 15,946,000원 상당을 지급받게 되어 있으므로 위 금원은 피고의 위 배상액에서 공제되어야 한다고 주장하나 위 원고가 위 장해급여금을 현실적으로 지급받지 아니한 이상 위 금원을 피고의 위 배상액에서 공제할 수는 없는 것이므로 위 주장은 더 나아가 살필 것도 없이 그 이유가 없다.

마. 위자료

위 사고로 인하여 원고 윤주홍 자신은 물론 그와 앞서 본 신분관계에 있는 나머지 원고들 역시 각각 적지않은 정신적 고통을 받았으리라 함은 경험칙상 넉넉히 이를 인정할 수 있으므로 피고는 이를 각 금전지급으로 위자할 의무가 있는바, 앞서 살핀 위 사고의 경위, 그 결과, 원고 윤주홍이 연령, 직업, 원고들의 신분관계 및 기타 이 사건 변론에 나타난 원고들의 생활정도 등 여러 사정을 종합하면, 그 액수는 원고 윤주홍에게 금 1,500,000원, 원고 정희섭에게 금 500,000원 및 나머지 원고들에게 각 금 300,000원씩으로 정함이 각 상당하다.

3. 결 론

그렇다면 피고는 원고 윤주홍에게 위 재산상 손해와 위자료를 합한 금 32,020,113원(30,520,113원+1,500,000원), 원고 정희섭에게 위자료로 금 500,000원, 나머지 원고들에게 역시 위자료로 각 금 300,000원 및 각 이에 대하여 위 사고일인 1984. 5. 8. 부터 완제일까지 연 5푼의 비율에 의한 민사법정 지연손해금을 각 지급할 의무가 있다 할 것이므로(피고는 원고들의 이 사건 청구에 관하여 당심변론종결시까지 그 이행의무의 존부 및 범위등에 관하여 항쟁함이 상당하다고 인정되므로 소송촉진등에 관한 특례법 제3조 제1항의 지연손해금은 같은 제2항에 의하여 이를 적용하지 아니한다. 원고들의 이 사건 청구는 위 인정범위내에서만 그 이유있어 이를 인용하고, 원고들의 나머지 청구는 그 이유없으므로 이를 기각할 것인바, 원판결중 원고 윤주홍에 대한 부분은 이와 결론을 달리하여 부당하므로 이를 변경하여 피고에게 위 인용금원의 지급을 명하되 위 원고의 나머지 청구는 그 이유없으므로 이를 기각하고, 원판결중 위 원고를 제외한 나머지 원고들에 대한 그 이유없으므로 이를 기각하고, 소송비용의 부담과 가집행선고에 관하여는 민사소송법 제89조, 제92조, 제95조, 제96조, 제199조 및 소송촉진등에관한 특례법 제6조를 각 적용하여 주문과 같이 판결한다.

판사 최종영(재판장), 최병학, 박인호

● 보험급여 부지급 결정처분취소

대법원 제2부. 1985. 5. 14. 판결 85누12 상고기각

판 시 사 항

◉ 민법에 의한 손실배상책임과 산재보험급여청구권의 관계

판 결 요 지

산업재해보상보험법에 의한 보험급여는 근로자의 재해로 인한 손실을 국가가 보험자의 지위에서 근로자에게 직접 보상하려는데 목적이 있으므로 그 보험급여의 원인이 되는 업무상 재해가 동시에 불법행위의 요건을 갖춘 경우에 이를 원인으로 민법에 의한 손해배상을 받았을 때에는 그 범위내에서 수급권자의 보험급여청구권은 소멸하고 노동부장관은 그 범위내에서 보험금여의 지급책임을 면하는 것이나 그 받은 배상액에 포함되지 아니한 보험급여청구권은 소멸되지 아니하며 따라서 노동부장관은 이에 대한 보험금지급의무가 있다.

참조조문 산업재해보상보험법 제11조

참조판례 대법원 1983. 7. 26. 82누290판결
1983. 11. 8. 83누242판결

당 사 자 원고, 피상고인 김호연
소송대리인 변호사 임규오
피고, 상고인 노동부 영월지방사무소장

원심판결 서울고등법원 1984. 12. 11. 84구810판결

주 문 상고를 기각한다. 상고 소송비용은 피고의 부담으로 한다.

이 유

피고의 상고이유를 판단한다.

산업재해보상보험법에 의한 보험급여는 근로자의 재해로 인한 손실을 국가가 보험자의 지위에서 근로자에게 직접 보상하려는데 목적이 있으므로 그 보험급여의 원인이 되는 업무상재해가 동시에 불법행위의 요건을 갖춘 경우에 이를 원인으로 민법에 의한 손해배상을 받았을 때에는 그 범위내에서 수급권자의 보험급여청구권은 소멸하고 노동부장관은 그 범위내에서 보험급여의 지급책임을 면하는 것이다(당원 1983. 7. 26. 선고, 82누290판결 참조) 그 받은 배상액에 포함되지 아니한 보험급여청구권

은 소멸되지 아니하며 따라서 노동부장관은 이에 대한 보험금지급의무가 있다 할 것인바(당원 1983. 11. 8. 선고, 83누242판결 참조).

이 사건에서 원심이 확정한 사실에 의하면 원고는 이 사건 업무상 재해에 관하여 사용자인 소외 유경석을 상대로 불법행위를 원인으로 한 손해배상청구소송을 제기하여 재산적, 정신적 손해로 금 28,206,566원(소극적 손해 금26,988,499원, 치료비 218,117원, 위자료 1,000,000원)을 인용하는 일부 승소판결을 받았다가 위 유경석과 재산적, 정신적 손해금으로 금 13,000,000원만 받기로 하는 대신 장해급여금은 원고가 산재결정에 따라 직접 수령하기로 합의하였다는 것인바, 그렇다면 원고가 사용자인 위 유경석으로부터 지급받기로 한 13,000,000원의 손해배상금은 근로기준법상의 장해보상에 상당하는 손해배상금을 제외한 나머지 손해금을 뜻하는 것임이 분명하다 하겠으니 원고가 그와같은 합의에 따라 사용자로부터 합의한 금원을 지급받았다 하여 근로기준법상의 장해보상청구권이 소멸될 수 없는 이치이므로 재해로 인한 손실의 전보를 목적으로 하는 산업재해보상보험법에 의한 장해보험급여청구권도 소멸되었다고 볼 수 없다.

따라서 같은 취지의 이유로 원고가 사용자로부터 위에 설시한 바와 같은 합의금 13,000,000원을 지급받았으므로 산업재해보상보험법에 의한 보험급여청구권이 소멸되었다하여 그 지급을 거절한 피고의 처분이 위법하다고 판단, 취소한 원심판결은 정당하고 거기에 근로기준법이나 산업재해보상보험법의 법리를 오해한 위법이 있다 할 수 없고 소론이 지적하는 당원판례는 위와같은 해석에 저촉되는 것이 아니므로 그에 대한 판단이 없다 하여 심리미진의 위법이 있다 할 수 없으므로 논지 이유없다.

이에 상고를 기각하고, 상고 소송비용은 패소자의 부담으로 하여 관여법관의 일치된 의견으로 주문과 같이 판결한다.

대법원판사 정태균(재판장), 이정우, 신정철, 김형기

● 산업재해장해급여 부지급처분취소

대법원 제3부, 1983.11.8. 판결 83누242 상고기각

판 시 사 항

◉ 민법상의 손해배상금의 수령과 산재보험급여청구권의 소멸

판 결 요 지

가. 산업재해보상보험법에 의한 보험급여는 사용자가 근로기준법에 의하여 보상하여야 할 근로자의 업무상재해로 인한 손실을 국가가 보험자의 입장에서 근로자에게 직접 전보하는 성질의 것이므로 수급권자의 사용자에 대한 근로기준법상의 재해보상청구권이 소멸한 경우에는 이 보험급여청구권도 소멸한다고 보아야 할 것이나 수급권자가 사용자에 대한 근로기준법상의 재해보상청구권을 행사할 수 있는 지위에 있는 이상 위 보험급여청구권은 소멸되지 아니한다.

나. 원고가 업무상재해에 관하여 사용자와의 사이에 사용자로부

> 터는 재산적 정신적 손해금의 일부만을 지급받기로 하는 대신 장해급여금은 원고가 산재결정에 따라 피고로부터 직접 수령하기로 하는 합의를 하였다면 그 합의에 따른 금원을 사용자로부터 지급받았다 하여 근로기준법상의 장해보상청구권이 소멸될 수는 없으므로 그 전보를 목적으로 하는 산업재해보상보험법에 의한 장해보험급여청구권도 소멸되었다고 볼 수 없다.

참조조문 산업재해보상보험법 제11조
근로기준법 제80조, 제87조

당 사 자 원고, 피상고인 김수동
피고, 상고인 노동부태백지방사무소장

원심판결 서울고등법원 1983. 3. 31. 82구828판결

주 문 상고를 기각한다. 상고비용은 피고의 부담으로 한다.

이 유

피고의 상고이유를 본다.

산업재해보상보험법에 의한 보험급여는 사용자가 근로기준법에 의하여 보상하여야 할 근로자의 업무상 재해로 인한 손실을 국가가 보험자의 입장에서 근로자에게 직접 전보하는 성질의 것이므로 이와같은 보험급여청구권의 성질상 수급권자가 그 보험급여의 원인이 되는 업무상재해와 동일한 사유로 사용자로부터 민법에 의한 손해배상을 받는 등 함으로써 사용자에 대한 근로기준법상의 재해보상청구권이 소멸한 경우에는 이 보험급여청구권도 소멸한다고 보아야 할 것이나, 수급권자가 사용자에 대한 근로기준법상의 재해보상청구권을 행사할 수 있는 지위에 있는 이상 그 전보를 목적으로 하는 위 보험급여청구권은 소멸되지 아니한다 할 것이다.

이 사건에 있어서 원심이 확정한 사실에 의하면, 원고는 이 사건 업무상 재해에 관하여 사용자인 소외 대한석탄공사를 상대로 불법행위를 원인으로 한 손해배상소송을 제기하여 재산적, 정신적 손해로 21,649,966원을 인용한 일부 승소판결을 받았다가 같은 소외 공사로부터는 재산적, 정신적 손해금으로 18,800,000원만을 지급받기로 하는 대신 장해급여금은 원고가 산재결정에 따라 피고로부터 직접 수령하기로 하는 합의를 하였다는 것인바, 그렇다면 원고가 사용자인 소외 대한석탄공사로부터 지급받기로 한 18,800,000원의 손해배상금은 근로기준법상의 장해보상에 상당하는 손해배상금 이외의 것을 뜻하는 것임이 분명하다 하겠으므로 원고가 그와 같은 합의에 따라 사용자로부터 금 18,800,000원을 지급받았다 하여 근로기준법상의 장해보상청구권이 소멸될 수 없는 이치이고, 이는 원고가 사용자에 대하여 행사할 수 있는 권리로서 여전히 존속한다 할 것이니 그 전보를 목적으로 하는 산업재해보상보험법에 의한 장해보험급여청구권도 소멸되었다고 볼 수 없다.

따라서 같은 취지의 이유로 원고가 사용자로부터 위에 설시한 바와 같은 합의금 18,800,000원을 지급받았으므로 산업재해보상보험법에 의한 보험급여청구권이 소멸되었다하여 그 지급을 거절한 피고의 처분이 위법하다고 판단, 취소한 원심판결은 정당하고 거기에 근로기준법이나 산업재해보상보험법의 법리를 오해한 위법이 있다 할 수 없으므로 논지 이유없다.

이에 상고를 기각하고, 상고비용은 패소자의 부담으로 하여 관여법관의 일치된 의견으로 주문과 같이 판결한다.

대법원판사 윤일영(재판장), 정태균, 김덕주, 오성환

● 산재심사재결처분취소

대법원 제3부, 1983. 7. 26. 판결 82누290 상고기각

판 시 사 항

◉ 불법행위로 인한 손해배상을 받은 경우 산업재해보상보험법상의 보험금급여청구권의 소멸여부(적극)

판 결 요 지

구 산업재해보상보험법(1982. 12. 31. 공포 법률 제3631호로 개정되기 전의 법) 제1조, 제9조, 제11조, 제15조 및 근로기준법 제87조의 규정을 종합하면 보험급여의 원인이 되는 업무상재해가 동시에 불법행위의 요건도 갖추고 있는 경우에 수급권자가 불법행위를 원인으로 하여 민법에 의한 손해배상을 받았을 때에는 그 범위내에서 보험금급여청구권은 소멸하고 노동부장관(국가)은 그 범위내에서 보험급여의 지급책임은 면하게 되며, 이러한 법리는 손해배상청구소송에서 수급권자(원고)와 사업주 사이에 보험급여금을 수급권자가 직접 수령하기로 합의하였다 하여 달라지는 것은 아니고 그같은 합의가 제3자인 피고 노동부장관(국가)에게 어떤 구속력이 있는 것도 아니다.

참조조문 구 산업재해보상보험법(1982. 12. 31. 개정전의 법) 제9조, 제11조, 제15조 산업재해보상보험법(1982. 12. 31 공포 법률 제3631호 개정) 제11조 제3항 근로기준법 제87조 민법 제750조, 제763조

당 사 자 원고, 상고인 황덕규
피고, 피상고인 노동부 서울관악지방사무소장

원심판결 서울고등법원 1982. 5. 12. 81구381판결

주 문 상고를 기각한다. 상고비용은 원고의 부담으로 한다.

이 유

원고의 상고이유를 본다.

이 사건 당시 시행되던 1982. 12. 31. 개정전의 산업재해보상보험법 제1조, 제9조, 제11조, 제15조 및 근로기준법 제87조의 각 규정을 종합하여 생각하여 보면 산업재해보상보험법에 의한 보험급여는 근로자의 재해로 인한 손실을 전보하려는 데 목적이 있는 것이므로 그 보험급여의 원인이 되는 업무상 재해가 동시에 불법행위의 요건도 갖추고 있는 경우에 동법에 의한 수급권자가 그 재해에 관하여 불법행위를 원인으로 하여 민법에 의한 손해배상을 받았을 때에는 그 범위내에서 수급권자의 보험금급여청구권은 소멸하고, 따라서 노동부장관(국가)은 그 범위내에서 보험급여의 지급책임을 면한다고 새겨야 할 것이다. (동법은 1982. 12. 31. 공포 법률 제3631호로 개정되어 그 제11조 제3항에 위와같은 취지를 규정하였다). 그리고 이와 같은 법리는 이 사건에 있어서와 같이 원고(수급자)와 소외 이윤장(사업주) 사이에 이 사건 재

해로 인한 보험급여금을 원고가 직접 수령하기로 합의하였다고 하여서 달라지는 것도 아니고 이러한 합의가 제3자인 피고에게 어떤 구속력이 있는 것도 아니라고 할 것이다.

같은 취지에서 원고의 이 사건 청구를 기각한 원심의 조치는 정당하고, 다른 견해에서 원심판결을 탓하는 논지는 받아들일 수 없다.

그러므로 상고를 기각하고 상고비용은 패소자인 원고의 부담으로 하여 관여법관의 일치된 의견으로 주문과 같이 판결한다.

대법원판사 오성환(재판장), 정태균, 윤일영, 김덕주

1-1 서울고법 제2특별부, 1982. 5. 12. 판결 81구381기각

사 건 명 산재심사재결처분취소청구사건

참조조문 산업재해보상보험법 제1조, 제9조, 제11조, 제15조 근로기준법 제87조

참조판례 1980. 10. 14. 79다2260판결

당 사 자 원고, 황덕규
피고, 노동부 서울관악지방사무소장

주　　문 원고의 청구를 기각한다. 소송비용은 원고의 부담으로 한다.

청구취지

원고에 대하여 피고가 한 1980. 11. 25. 자 요양불승인, 1980. 12. 20자 휴업급여부지급 및 1980. 12. 18자 장해급여부지급의 각 처분은 이를 취소한다.

소송비용은 피고의 부담으로 한다.

이　　유

성립에 다툼이 없는 갑 제1호증의 1(요양결정 결의서) 2(치료기간 연기신청서), 갑 제2호증의 1(휴업급여부 지급사정서), 2(휴업급여 청구서), 갑 제3호증의 1(장해급여부 지급사정서), 2(휴업급여 청구서), 갑 제3호증의 1(장해급여부 지급사정서), 2(장해보상청구서), 갑 제6호증(판결), 갑 제7호증(항소장), 갑 제8호증(합의서), 갑 제9호증(항소취하 증명원)의 각 기재에 변론의 전취지를 종합하면, 원고는 소외 이윤창이 경영하는 서울엔진베아링제작소에서 폐수의 분석, 실험등업무에 종사하다가 1978. 9. 14. 12 : 35경 위 제작소의 압축공기저장탱크 폭발사고로 그 파편에 맞아 우측대퇴부절단 등 중상을 입고 위 이윤창을 상대로 서울민사지방법원 79가합2013호로써 불법행위로 인한 손해배상 청구소송을 제기하여 1979. 12. 26. 그 손해배상으로 금 24, 704, 049원의 인용판결(일부승소 판결)을 받았으나 이에 불복 항소하였다가 1980. 2. 4 위 이윤창과의 사이에 "산재보험금은 위 승소금액에 포함시키지 아니하고 원고가 직접 수령하도록 한다"는 조건하에 위 민사판결을 승복하며 항소는 포기하기로 합의하고 그날 위 민사판결 인용금액중 가 집행선고 부분 1, 700만원을 수령하고 그해 2. 22. 위 항소를 취하한 후 그해 3. 4. 경 나머지 인용금액을 모두 수령한 사실,

원고는 위 이윤창과의 합의조건에 따라 피고에 대하여 산업재해보상보험법상의 각

해당 법조에 의거하여 1980. 9. 25. 자로 좌슬관절 및 고관절 운동장애의 물리치료를 위하여 1980. 9. 26. 부터 그해 10. 25. 까지 30일간 치료기간 연기신청을 한다는 요지의 요양급여신청(치료기가 연기신청)을 1980. 12. 15. 자에 그해 7. 26. 부터 그해 9. 25. 까지 62일간의 요양기간중의 휴업급여로서 금 240, 177원의 지급을 구하는 휴업급여신청과 위 상해에 관한 장해급여신청을 하였던바,

피고는 원고가 위 민사판결에 의한 손해배상을 받고서도 또 다시 동일한 사유에 관하여 산업재해보상보험법상의 보험급여를 받으려고 하는 것은 2중 보상이 된다는 이유로 청구취지 기재와 같이 원고에 대하여 1980. 11. 25. 자로 요양불승인, 그해 12. 20자로 휴업급여부지급, 그해 12. 18자로 장해급여부지급의 각 처분을 한 사실을 인정할 수 있다.

원고는 이 사건 청구원인으로 산업재해보상보험법에 의한 보험급여 지급사유가 동시에 불법행위를 구성하는 경우라도 동법에 의한 보험급여지급과 불법행위로 인한 손해배상은 각 그 취지와 요건을 달리하는 것이므로 원고가 이 사건 재해에 관하여 위 민사판결에 의한 손해배상금을 받았다 하여도 그것이 산업재해보상보험법에 의한 보험급여 청구에는 아무런 영향을 미칠 수 없는데도 피고가 위 민사판결에 의한 손해배상을 이유로 청구취지 기재와 같이 원고의 이 사건 각 보험급여 신청을 받아들이지 아니한 것은 위법이라 주장하므로 살피건대, 산업재해보상보험법 제9조, 제11조, 근로기준법 제87조의 각 규정을 종합하여 보면 산업재해보상보험법상의 보험급여의 원인이 되는 업무상재해가 불법행위의 요건도 갖추고 있는 경우에 동법에 의한 수급권자가 그 재해에 관하여 불법행위를 원인으로 민법에 의한 손해배상을 받았을 때에는 그 금액의 한도안에서 산업재해보상보험법에 의한 보험급여의 책임이 면제된다고 해석되는 바, 위 갑 제6호증(민사판결)의 기재에 의하면 원고의 위 민사판결 인용금액 금 24, 704, 049원은 산재보험금으로 이미 지급받은 휴업급여 금 1, 138, 396원을 공제한 금액인데 이중에는 퇴직금, 위자료 외에 적극적 손해로서 향후 금속판 제거수술비 및 좌측 발목관절등에 대한 물리치료비 금 600, 000원, 여명기간 의족 대금 1, 439, 284원과 소극적 손해로서 1979. 3. 1. 부터(사고시부터 1979. 2. 말까지의 봉급은 이미 수령하였다) 1979. 7. 31 치료종결 때까지의 월 일실임금 162, 111원의 5개월 뿐 현가 금 765, 901원, 1979. 8. 1. 부터 55세가 끝날때까지 일용노동능력 48퍼센트 상실에 따른 월 일실임금 118, 821원의 241개월 뿐 현가 금 19, 164, 904원이 포함되어 있는 사실을 인정할 수 있는바, 위 인정사실에 의하면 원고가 이 사건에서 구하는 요양급여는 위 판결의 적극적 손해(금속판 제거수술비 및 좌측발목관절 등에 대한 물리치료비 600, 000원)로써, 장해급여는 위 판결이 소극적 손해중 노동능력상실에 따른 일실손해금으로써 각 인용되었고 휴업급여는 위 판결 이전에 그 상당액이 이미 지급(금 1, 138, 396원) 되었을뿐 아니라 원고가 이 휴업급여 청구의 전제로서 주장하는 요양기간(1980. 7. 26. 그해 9. 25)은 그가 위 1980. 2. 4. 자 합의에 따라 위 민사판결 인용금원 전부를 수령한 후로서 휴업급여 청구의 원인이 되는 요양이었다고도 보기 어렵고, 위 각 보험급여 상당액은 이미 원고에게 지급된 것이 명백하다.

그렇다면 피고가 원고에 대하여 한 청구취지기재 산재보험급여거부처분은 적법하다 하겠으므로 동 처분이 위법함을 전제로 그 취소를 구하는 이 사건 청구는 이유없으므로 이를 기각하고, 소송비용은 패소자인 원고의 부담으로 하여 주문과 같이 판결한다.

판사 황도연(재판장), 조희래, 이문재

● 손해배상

대법원 전원합의체, 1981. 10. 13. 판결 81다카351 일부파기환송

판 시 사 항

◉ 근로기준법상의 요양보상에 과실상계의 적용 여부(소극)

판 결 요 지

근로기준법상의 재해보상 중 휴업보상과 장해보상에 대하여는 근로자에게 중대한 과실이 있음을 이유로 그 보상책임을 면할 길이 있으나(근로기준법 제81조), 그 외의 요양보상 또는 유족보상 등에 있어서는 근로자에게 중대한 과실이 있다고 하여도 사용자가 이를 참작하여 그 보상책임을 면하거나 과실상계의 이론에 따라 보상의 범위를 제한하지 못한다. 따라서 재해근로자가 수령한 요양보상 중 과실비율에 따른 금원을 부당이득이라 하여 사용자의 손해배상액으로부터 공제할 수 없다.

참조조문 근로기준법 제78조
산업재해보상보험법 제9조의3, 제11조
민법 제763조

참조판례 대법원 1981. 6. 23. 80다2316판결(변경)
1981. 7. 28. 80다3252 판결(변경)

당 사 자 원고, 상고인 민지원
소송대리인 변호사 송병률
피고, 피상고인 대한석탄공사
소송대리인 변호사 임채홍

원심판결 서울고등법원 1981. 4. 13. 81나495판결

주 문

1. 원심판결의 원고 민재원 패소부분 중 160,503원 및 이에 대한 1980. 8. 21.부터 완제시까지 연 5푼의 비율에 의한 금원의 지급청구를 기각한 부분을 파기하고, 이 부분 사건을 서울고등법원에 환송한다.

2. 위 파기부분의 나머지 패소부분에 대한 원고의 상고를 기각한다.

3. 위 상고기각 부분에 관한 상고비용은 원고의 부담으로 한다.

이 유

원고대리인의 상고이유를 본다.

1. 근로기준법상의 재해보상제도는 근로를 제공하는 근로자를 그 지배하에 두고 재해위험이 내재된 기업을 경영하는 사용자로 하여금 그 과실유무를 묻지 아니하고 재해발생으로 근로자가 입은 손해를 보상케 하려는 데에 그 목적이 있으므로, 근로자의 업무상 부상 또는 질병이 사용자의 과실에 기한 것임을 요하지 않음은 물론, 근로자에게 과실이 있는 경우에도 이를 참작하여 그 보상책임을 면하거나 보상의 범위를 제한하지 못하는 것이 원칙이라고 하겠으

며, 이러한 점에서 과실책임의 원칙과 과실상계의 이론은 법률에서 특별히 규정한 경우를 제외하고는 위 재해보상 책임에는 적용되지 않는다고 보아야 할 것이다.

위와같은 재해보상책임의 원칙에 대한 예외로서 근로기준법 제81조는 근로자가 중대한 과시롤 인하여 업무상 부상 또는 질병에 걸리고 또는 사용자가 그 과실에 대하여 노동위원회의 인정을 받은 경우에 휴업보상 또는 장해보상을 행하지 아니하여도 무방하다고 규정하고 있는바, 이에 의하면 휴업보상과 장해보상에 대하여는 근로자에게 중대한 과실이 있음을 이유로 그 보상책임을 면할 길이 있으나 그 외의 요양보상 또는 유족보상 등에 있어서는 근로자에게 중대한 과실이 있다고 하여도 사용자의 보상책임에 아무런 영향이 없다는 것이다(다만, 요양 보상의 경우에 산업재해보상보험법 제14조 제2항의 규정에 의하여 노동청장은 요양에 관한 지시를 위배하거나 그 치유를 방해한 근로자에 대하여는 보험급여의 전부 또는 이를 하지 않을 수 있도록 되어 있다).

2. 이 사건에서 원심은 그 거시증거에 의하여 원고의 이 사건 광산재해 사고로 인한 기대 수익 상실액이 21,406,515원, 퇴직금 손해액이 5,688,867원 및 향후 치료비가 1,582,900원 도합 28,678,282원이 되는 사실을 인정하고, 이 사건 사고에 경합된 원고의 과실을 참작하여 피고의 배상액을 21,500,000원으로 정한 다음, 원고가 수령하였음을 자인하는 휴업급여금 444,445원 및 요양급여금 642,015원 중 원고의 과실비율에 따른 액수인 160,503원을 위 배상액으로부터 공제하였다.

그러나 위 공제액 중 요양급여금의 공제는 위 요양급여금 642,015원 중 원고과실비율에 상당한 금액은 원고가 부담하여야 할 것을 피고가 지급한 것으로서 피고에게 그 부당이득 반환청구권이 있으니 이것과 대등액에서 상계한다는 취지의 피고 항변을 일부 받아들여 공제한 것임이 분명한 바, 위 요양급여금이란 것이 근로기준법 제78조에 규정된 요양보상을 의미하는 것이라면 위에서 설시한 바와 같이 사용자인 피고는 특단의 사정이 없는 한 그 전액을 지급할 의무가 있고 원고의 과실이 있다고 하여 그 과실비율에 상당한 금액의 지급을 면할 수는 없는 것이므로 이 금액부분에 대한 부당이득 반환청구권이 발생할 여지가 없는 것이다.

원심으로서는 피고가 주장하는 요양급여금이 근로기준법 제79조 소정의 요양보상인지 아닌지를 밝힌 다음 위 요양보상에 해당하는 것이라면 특별한 사정이 없는 한 그 일부라도 공제하지 못하는 것임에도 불구하고 이에 이르지 아니한 위법이 있고, 이러한 위법은 현저히 정의와 형평에 반하는 중대한 법령위반이라고 하겠으므로 원심판결중 이 부분은 파기를 면치 못하는 것으로서 논지는 이유있다.

3. 그러므로 이 판결에 저촉되는 종전의 당원 견해(1981. 6. 23. 선고, 80다2316 판결결과 1981. 7. 28. 선고, 80다3252 판결)는 이를 변경하기로 한다.

결국 원심판결의 원고 패소부분 중 160,503원 및 이에 대한 1980. 8. 21. 부터 완제시까지 연 5푼의 비율에 의한 금원의 지급청구를 기각한 부분을 파기하여 이부분 사건을 다시 심리케 하고자 서울고등법원에 환송하며, 위 파기부분 외의 나머지 패소부분에 대한 상고는 이유가 없어 기각하고, 상고기각 부분에 관한 상고비용은 상고인의 부담으로 하여, 법관 전원의 일치된 의견으로 주문과 같이 판결한다.

대법원판사 유태흥(재판장), 이일규, 김중서, 정태균, 강우영, 이성렬, 전상석, 이정우, 윤일영, 김덕주, 신정철, 이회창

● 손해배상 등

대법원 제3부. 1981.10.13. 판결 80다2928 상고기각

판 시 사 항

◉ 산업재해보상보험법상의 유족급여, 장의비와 근로기준법상의 유족보상, 장사비와의 관계

◉ 근로기준법 또는 산업재해보상보험법에 의한 유족보상 또는 유족급여가 위자료의 성질을 갖는지 여부(소극)

판 결 요 지

가. 산업재해보상보험법상의 모든 보험급여는 근로기준법상의 당해 재해보상에 해당하는 것이므로 산업재해보상보험법상의 유족급여, 장의비와 근로기준법상의 유족보상, 장사비는 그 성질이 동일하다.

나. 근로기준법 제82조 또는 산업재해보상보험법 제9조의6 소정의 유족보상 또는 유족급여는 근로자의 사망으로 인하여 장래 얻을 수 있는 수입을 상실하게 된 재산상 손해를 전보하기 위하여 일정액을 소정 유족에게 지급하는 것으로서 이는 위자료의 성질을 가지는 것이 아니다.

참조조문 가. 산업재해보상보험법 제9조, 제11조, 근로기준법 제87조
나. 근로기준법 제82조, 산업재해보상보험법 제9조의6

참조판례 대법원 1969.1.28. 68다1464판결
1969.2.4. 68다2274판결
1969.3.25. 68다2445판결
1974.7.23. 74다566판결
1977.7.26. 77다537판결

당 사 자 원고, 피상고인 민정자 외3인
피고, 상고인 현대건설주식회사
소송대리인 변호사 박철우

원심판결 서울고등법원 1980.10.31. 80나2550판결

주　　문 상고를 기각한다. 상고 소송비용은 피고의 부담으로 한다.

이　　유

피고 소송대리인의 상고이유 제1점을 판단한다.

원심판결 이유에 의하면, 원심은 소외 망 박용기의 장래의 수입상실 손해금으로 금 12,000,000원을 인정하였으나 원고들이 산업재해보상보험법에 의하여 유족보상일시금 14,524,467원과 장의비 1,307,202원을 받았으니 위 유족보상 일시금을 가지고도 위 수입상실 손해금을 전보하고 남으므로 피고는 원고들에게 원판시와 같은 위자료만을 지급할 의무가 있다고 판시

하고 있는데 대하여, 논지는 원고들이 산업재해보상보험법이 아닌 근로기준법에 의하여 위와같은 유족보상금과 장례비를 받았으니 위 유족보상금에는 위자료가 포함되어 있으니 피고로서는 판시와 같은 위자료 지급의무도 없다고 하고 있다.

살피건대, 산업재해보상보험법 제9조 제1, 2항에 의하면 산업재해보상보험법에 의한 보험급여는 근로기준법에 규정된 재해보상의 사유가 발생할 때에 수급권자의 청구에 의하여 지급하도록 되어 있고 그의 산업재해보상보험법이나 근로기준법에 규정하고 있는 보상사유는 서로 일치하고 있으며, 또 보상체제 간에도 서로 균형을 유지하고 있어 산재보험상의 모든 보험급여는 근로기준법상의 당해 재해보상에 상당하는 것이라고 할 것이므로 두 법에 의한 유족보상금이나 장사비(장의비)는 그 성질에 있어서도 마찬가지라고 할 것이다.

따라서 원심이 위 유족보상금과 장사비를 어느 법에 의한 것으로 보고 판단하였다 하더라도 거기에 잘못은 없다 할 것이다.

이에따라 보면 근로기준법 제82조, 산업재해보상보험법 제9조의 6 소정의 유족보상은 근로자의 사망으로 인하여 장래 얻을 수 있는 수입을 상실하게 된 재산상 손해를 전보하기 위하여 일정액을 소정 유족에게 지급하는 것으로서 이는 위자료의 성질을 가진 것은 아니라 할 것이니(대법원 1969. 2. 4. 선고, 68다2274, 1969. 1. 28 선고, 68다1464, 1969. 3. 25. 선고, 68다2445, 1974. 7. 23. 선고, 74다566, 1977. 7. 26. 선고, 77다537 판결 참조), 같은 취지에서 위 유족보상금과 장례비의 성질을 해석한 원심의 판단은 적절한 것으로 시인되고, 거기에 소론과 같은 법률해석의 위반이 있다고는 할 수 없다.

논지는 이유없다.

같은 상고이유 제2점을 판단한다.

위에서 본 바와 같이 근로기준법상의 유족보상금이나 장사비 그리고 이에 상응하는 산업재해보상보험법에 의한 유족보상일시금, 장의비는 근로자가 업무상 사망한 경우 사용자나 근로자의 과실 유무를 불문하고 근로자의 재산상 손해를 전보하기 위하여 무조건 일정액을 지급하도록 되어 있는 것으로 이는 민법상의 손해배상과는 성격을 달리하고 있으므로 사망한 근로자의 과실 여부를 가려 그 과실에 해당하는 부분만큼을 위 유족보상금이나 장사비에서 손익상계할 수는 없는 것이고, 또한 설사 위 유족보상금이나 장례비의 액수가 나중에 민법 기타의 법령에 의하여 산출된 재산상 손해배상액을 초과하게 되는 경우가 생긴다 할지라도 위 유족보상금이나 장사비의 성질에 비추어 그 지급자에 대한 초과부분에 대하여 부당이득 반환청구권이 발생할 여지는 없다 할 것이다.

따라서 같은 취지로 판단한 원심의 조처는 정당하다고 시인되고, 거기에 소론과 같은 심리미진의 위법이 있다고 할 수 없으니, 논지 역시 이유없다.

이에 상고를 기각하고, 상고 소송비용은 패소자의 부담으로 하여 관여법관의 일치된 의견으로 주문과 같이 판결한다.

대법원판사 김덕주(재판장), 김중서, 정태균, 윤일영

● 손해배상

(변경) 대법원 제2부, 1981. 7. 28. 판결 80다3252 상고기각

판 시 사 항

◉ 산업재해보상보험법에 의한 요양급여를 수령한 경우 피해자의 손해액에서 위 요양급여 중 피해자의 과실에 상당하는 부분의 공제 여부(적극)

판 결 요 지

피해자인 원고가 산업재해보상보험법의 규정에 따라 요양급여를 받았기 때문에 치료비를 청구하지 아니하는 경우에도 사용자인 피고의 항변에 따라 원고가 이미 지급받은 위 요양급여중 원고자신의 과실비율에 따른 금원을 피고가 배상할 손해배상액중에서 공제하였음은 정당하다.

참조조문 산업재해보상보험법 제11조
민법 제763조 4

참조판례 대법원 1981. 6. 23. 80다2316판결

당 사 자 원고, 상고인 서동수
소송대리인 변호사 조영황
피고, 피상고인 한양개발주식회사
소송대리인 변호사 백낙민

원심판결 서울고등법원 1980. 11. 27. 80나3790판결

주 문 상고를 기각한다. 상고 소송비용은 원고의 부담으로 한다.

이 유

원고 소송대리인의 상고이유를 판단한다.

제1점에 대하여,

산업재해보상보험법상의 수급권자는 그 재해발생에 과실이 있더라도 그 보험급여 청구권이 민법 등의 과실상계의 규정에 의하여 제한되지 아니하고, 또 수급권자가 보험급여를 받았을 때에는 보험가입자는 산업재해보상보험법 제11조 제2항의 규정에 의하여 그 금액의 한도내에서 민법 기타 법령에 의한 손해배상책임이 면제됨은 물론이다.

그런데 수급권자가 국가에 대하여 보험급여를 청구하는 것이 아니고, 불법행위를 원인으로 가입자인 사용자에 대하여 손해배상청구를 하는 경우에는 과실상계의 규정이 준용되므로(민법 제763, 제396조), 피해자인 원고가 산업재해보상보험법의 규정에 따라 요양급여를 받았기 때문에 치료비를 청구치 아니한 경우에도 사용자인 피고가 그 사고발생에 있어서 피해자의 과실도 경합되었으니 이미 지급받은 요양급여중에서 그 과실에 상응하는 금액을 피고가 배상할 손해배상금중에서 참작 공제되어야 한다고 주장하기 때문에 법원이 심리해 본 결과 과연 피해자에게도 과실이 인정될 때에는, 치료비를 공제한 나머지 부분의 손해배상액 범위를 정함에 있어서 이를 참작하여야 할 것인바(동지 대법원 1980. 5. 27. 선고, 80다452판결, 1975. 7. 22선고, 75다153판결 참조) 이러한 전제 아래에서 원심이 이건 사고발생에 있어서 원고에게도 과실이 있다고 보고, 원고가 이미 지급받은 요양급여 금 2,643,565원 중 원고자신의 과실비율에 따른 금 793,075원을 피고가 배상할 손해배상액중에서 공제하였

음은 기록에 비추어 수긍이 가고, 거기에 논지와 같이 산업재해보상보험법의 법리를 오해한 바 없다.

제2점에 대하여,

원심이 원고는 타이루 부착공이 아니고, 그 보조공에 지나지 않기 때문에 이를 도시 일반일용노동자에 해당된다고 하여 그 노동능력의 20퍼센트를 상실하였다고 판단하였는바, 원심이 위와 같은 사실을 인정함에 거친 증거의 취사과정을 기록에 비추어 살펴보아도 원심의 인정은 정당하고, 거기에 논지와 같은 채증법칙 위배 또는 이유모순의 위법을 찾아볼 수 없다.

논지는 모두 이유없다.

따라서 상고를 기각하고, 상고 소송비용은 패소자의 부담으로 하여 관여법관의 일치된 의견으로 주문과 같이 판결한다.

대법원판사 이정우(재판장), 서일교, 강우영, 신정철

● 손해배상등

서울고등법원 제2민사부, 1981. 3. 6. 판결, 80나2968취소자판

판 시 사 항

◉ 산업재해보상보험법에 따른 요양급여 중 피해자의 과실비율에 상응한 금원을 손해배상금에서 공제할 것인지 여부

판 결 요 지

산업재해보상보험법에 의한 요양급여는 재해를 입은 근로자에게 사회보장적 견지에서 일정한 병원에서의 치료비를 부담해주는 것으로서 피해자에게 과실이 있다 하더라도 사후에 그 치료비중에서 재해자의 과실비율에 상응한 금액을 반환청구한다는 전제아래 지급되는 것이 아니므로 이를 손해배상금에서 공제하여서는 안된다.

참조조문 민법 제750조
산업재해보상보험법 제9조의3
근로기준법 제78조

참조판례 대법원 1981. 6. 23. 80다2316판결
1981. 10. 13. 81다카351판결

당 사 자 원고, 피항소인 이해영 외6인
피고, 항소인 동원탄좌개발주식회사

원심판결 제1심 춘천지방법원 원주지원 (79가합103 판결)

주 문

원판결의 원고 이해영에 대한 부분 중 금 3,774,760원 및 이에 대한 1978. 7. 30.부터 완제일까지 연 5푼의 비율에 의한 금원을 초과하는 피고 패소부분을 취소하고, 그 부분의 위 원고 청구를 기각한다.

위 원고에 대한 나머지 항소와 나머지 원고들에 대한 각 항소를 모두 기각한다.

원고 이해영과 피고 사이에 생긴 총 소송비용은 이를 3분하여 그 2는 위 원고의 나머지는 피고의 각 부담으로 하고, 나머지 원고들과 피고 사이에 생긴 항소비용은 피고의 부담으로 한다.

원고 이해영을 제외한 나머지 원고들에게 대하여 원판결 주문1항중 가집행

선고가 붙지 아니한 부분은 가집행 할 수 있다.

청구취지

피고는 원고 이해영에게 금 15,906,745원, 원고 전금낭에게 금 300,000원, 원고 이정환, 이정희, 이정화, 이용택, 나금옥에게 각 금 200,000원 및 이에 대한 1978. 7. 30. 부터 완제일까지 연 5푼의 비율에 의한 금원을 지급하라.

소송비용은 피고의 부담으로 한다라는 판결과 위 제1항에 대한 가집행의 선고

항소취지

원판결을 취소한다.

원고들의 청구를 기각한다.

소송비용은 원고들의 부담으로 한다라는 판결

이 유

1. 이 사건 손해배상책임의 발생 및 사고발생에 있어 원고 이해영의 과실도 경합되어 손해배상책임의 범위를 정함에 있어 참작되어야 할 것이라는 점에 관하여 당원이 설시할 이유는 원판결의 그것과 같으므로 민사소송법 제390조에 의하여 이를 여기에 그대로 인용하기로 한다.

2. 손해배상의 범위

(1) 원고 이해영의 소극적 재산손해성립에 다툼이 없는 갑 제1호증(호적등본), 갑 제2호증(간이생명표), 갑제5호증의 1, 2, 을 제4호증의 1, 2(각 농협조사월보 표지 및 내용)의 각 기재와 원심의 사실조회회보 결과 및 당심감정인 최길수의 감정결과를 종합하면, 위 원고는 1942. 1. 24. 생의 보통 건강체 남자로서 위 사고당시 36년 6개월 남짓하였고 그 나이의 한국인 남자 평균여명은 33.24년인 사실, 위 원고는 위 사고로 입은 상해의 치료가 끝났으나 그 후 유증으로 광부로서의 노동능력 50%와 농업노동자로서의 노동능력 30%를 각 상실하여 광부로서는 더 이상 종사할 수 없게 된 사실, 위 원고의 광부로서의 평균임금은 위 사고당시에는 금 6,063원이었고(이 점은 당사자 사이에 다툼이 없다) 그것이 1979. 1. 1. 에 30% 인상되어 금 3,981원 (3,063×1.3 원고는 원미만을 포기하고 있다. 이하같다)이 되고, 이건 변론종결일에 가까운 1980. 4. 1에는 다시 20%인상되어 금 4,770원(3,981×1.2)이 된 사실, 한편 성인남자의 농촌일용노임은 위 사고당시에는 1일금 3,606원이었으나 그것이 1979. 1. 1. 에는 금 4,216원, 1980. 4. 1. 에는 금 6,222원, 이건 변론종결일에 가까운 1980. 7. 1에는 금 6,683원이 된 사실을 각 인정할 수 있고, 위 인정의 노동능력 상실정도의 점에 어긋나는 원심감정인 안재인의 감정결과는 믿지 아니하고 달리 반증이 없으며, 피고회사의 광부정년은 50세이고 농촌일용노동에는 한달에 25일씩 55세를 마칠때까지 종사할 수 있음은 당사자 사이에 다툼이 없다.

그렇다면, 위 원고는 위 사고가 없었더라면 특별한 사정이 없는 한 그의 평균여명 범위내에서 50세까지는 피고 회사의 광부로 종사하다가 퇴직하여 55세를 마칠때까지는 농촌노동에 각 종사하여 그 수입을 얻을 것인데 위 사고로 말미암아 광부로는 더 이상 종사하지 못하고 다만 잔존 노동능력 범위내에서 농촌일용노동에나 종사하여 감소된 수입을 얻게 되었다 할 것이므로 이로 인한 손해는

(ㄱ) 위 사고 이후인 1978. 1 부터

1978. 12. 31까지 5개월 동안은 매월 금 30,061원(3,063×365/12-3,606×25 ×0.7),

(ㄴ) 1979. 1. 1부터 1980. 3. 31.까지 15개월 동안은 매월 금 47,308원(3,981 ×365/12-4,216×25×0.7),

(ㄷ) 1980. 4. 1.부터 같은해 6.30까지 3개월 동안은 매월 금 26,415원(4,777 ×365/12-6,222×25×0.7),

(ㄹ) 같은해 7.1부터 광부정년 50세가 되는 1992.1.23.까지 138개월 동안(원고는 단수 23일분은 포기하고 있다)은 매월 금 28,348원(4,777×365/12-6,683×25 ×0.7),

(ㅁ) 50세로부터 55세가 끝날때까지 72개월 동안은 매월 금 50,122원(6,683×25 ×0.3)씩이 된다 할 것이니 이 월차적인 손해를 원고의 청구에 따라 위 사고당시를 기준으로 하여 일시에 받을 수 있는 금액으로 연 5푼의 비율에 의한 중간이자를 공제하고 호프만식 계산법에 따라 산출하면 금 5,771,369원〔(30,061×4.9384)+47,308(19.1718-4.9384)+36415(21.9199-19.1718)+28348(122.9968-21.9199)+50122(162.5835-122.9968)〕이 된다.

(2) 과실상계 및 손익상계

그렇다면 위 사고로 인하여 위 원고가 입은 재산적 손해는 금 5,771,369원이 되는바, 여기서 위에서 본 원고 자신의 과실을 참작하면 피고가 배상하여야 할 범위는 금 5,200,000원으로 정함이 상당하다. 한편 위 원고는 피고로부터 산업재해보상보험법에 따라 휴업급여로 금 446,701원, 장해급여로 금 1,378,539원을 각 수령한 사실을 자인하고 있고, 그것은 모두 이건 재산적 손해에 대한 보상의 성질을 가지므로 이를 이건 배상금에서 공제하여야 할 것인바, 그렇다면 남는 금액은 금 3,374,760원(5,200,000-(446,701+1,378,539)〕이 된다. 피고는 또 위 원고가 산업재해보상보험법에 따라 금 1,469,299원 상당의 요양급여를 받았는바, 그 중 위 사고에 있어 원고 자신의 과실비율에 상응한 금액은 이건 배상금에서 공제되어야 한다고 주장하나 위 법에 의한 요양급여는 재해를 입은 근로자에게 사회보장적 견지에서 일정한 병원에서의 치료비를 부담해 주는 것으로서, 설사 피해자에게 사고발생에 있어 과실이 있다 하더라도 사후에 그 치료비중에서 재해자의 과실비율에 상응한 금액을 반환청구 한다는 전제하에 치료비를 부담해 주는 것은 아니므로 피고의 위 주장은 받아들일 수 없다.

(3) 위자료

위 사고로 인하여 위 원고가 상해를 입고 후유증까지 남게 되므로서 위 원고 자신은 물론 그와의 신분관계에 관하여 당사자들 사이에 다툼이 없는 그의 처인 원고 전금낭, 그의 자녀들인 원고 이정환, 이정희, 이정화와 그의 부모인 원고 이용택, 나금옥 등도 상당한 정신상의 고통을 느꼈을 것임은 경험칙상 당연한 사리에 속한다 할 것이므로 피고는 원고들의 위 각 정신상 고통에 대하여 위자료를 지급할 의무가 있다 할 것인바 여기서 위에 밝혀진 위 사고의 경위, 위 원고 이해영의 상해의 부위와 정도, 그 후유증, 위 사고에 경합된 피해자의 과실, 원고들의 각 신분관계, 연령 등 변론에 나타난 모든 사정을 아울러 참작하면 피고가 원고들의 위 각 정신상 고통에 대하여 위자할 금액은 이를 원고 이해영에 대하여는 금 400,000원, 그의 처인 원고 전금낭에 대하여는 금 200,000원, 나머지 원고들에 대하여는 각 금 100,000원씩으로 정함이 상당하다고 인정된다.

3. 결　　론

따라서 피고는 원고 이해영에게 금 3,774,760(3,374,760+400,000) 원고 전금낭에게 금 200,000원, 나머지 원고들에게 각 금 100,000원 및 이에 대하여 위 사고일인 1978. 7. 30부터 완제일까지 연5푼의 비율에 의한 민사법정 지연손해금을 지급할 의무있으므로 원고들의 이건 청구는 그 범위안에서 이유있어 인용하고 나머지 청구는 이유없어 이를 기각하여야 할 것인바, 원판결은 그 중 원고 이해영에 대한 부분이 이와 결론을 달리하여 부당하므로 피고의 그 원고에 대한 항소는 일부 이유있어 받아들여 원판결의 피고 패소부분중 위 3,774,760원 및 이에 대한 위 지연손해금을 초과하는 부분을 취소하고, 그 부분의 위 원고 청구를 기각하기로 하고, 피고의 그 원고에 대한 나머지 항소와 나머지 원고들에 대한 각 항소는 모두 이유없어 이를 기각하기로 하여 소송비용의 부담 및 가집행선고에 관하여는 민사소송법 제96조, 제95조, 제89조, 제92조, 제199조를 각 적용하여 주문과 같이 판결한다.

판사 이석선(재판장), 이용우, 강봉수

● 손해배상

대법원 제2부, 1979.10.30. 판결 79다1211 상고기각

판 시 사 항

◉ 산업재해보상보험법에 의하여 받게 될 요양보상이나 휴업보상을 손해배상액에서 공제하여야 하는지 여부

판 결 요 지

산업재해보상보험법에 의하여 앞으로 받게 된다고 주장하는 요양보상이나 휴업보상은 불법행위로 인한 손해보상액에서 당장 공제할 성질의 것은 아니다.

참조조문 산업재해보상보험법 제11조

참조판례 대법원 1979.12.27. 75다1698판결

당 사 자 원고, 피상고인 송신근 외4인
피고, 상고인 동아타이어공업주식회사
소송대리인 변호사 박우재

원심판결 대구고등법원 1979.5.25. 78나496판결

주　　문 상고를 기각한다. 상고소송비용은 피고의 부담으로 한다.

이　　유

피고 소송대리인의 상고이유 1내지 3점을 함께 판단한다.

원심은 그 거시의 증거를 종합하여, 이 사건 사고의 발생은 피고의 점유관리하는 공작물인 가류기의 보존의 하자로 인하여 발생한 것으로 보고, 이어서 그와 같은 상태하에서 원고가 설사 그 기계 옆에 부착되

어 있다고 주장하는 비상스위치를 눌렀다 하여도, 급강하하는 위 가류기의 상판을 내려오지 않도록 막을 수는 없다고 보아서, 이 사건 사고 발생에 있어서 원고에게도 과실이 경합되었다는 피고의 주장을 배척하고 있는바, 원심이 이러한 사실을 인정함에 있어 거친 증거취사과정을 기록에 비추어 보니 정당하고 거기에 소론과 같은 채증법칙 위배로 인한 사실오인이나, 심리미진의 위법이 있다고는 인정되지 아니하며, 산업재해보상보험법에 의하여 앞으로 받게 된다고 주장하는 요양보상이나 휴업보상은, 이 사건 손해배상액에서 당장 공제할 성질의 것이 아니므로 이를 공제하지 아니하였음을 다투는 소론 또한 이유없다.

논지는 이유없으므로 이 상고를 기각하고, 상고비용은 패소한 피고의 부담으로 하여 관여법관의 일치된 의견으로 주문과 같이 판결한다.

재판장 대법원판사 김윤행, 민문기, 한환진, 김용철

● 손해배상

대법원 제2부. 1977. 9. 13. 판결 77다807 파기환송

판 시 사 항

◉ 사업주가 보험급여액의 기준이 되는 평균임금을 적게 보고한 경우의 손해배상책임

◉ 행정청의 잘못 산정된 보험급여결정에 대한 불복절차

판 결 요 지

가. 보험가입자인 사업주가 근로자에게 지급할 임금과 이에 따른 보험료에 관하여 허위보고를 한 경우에 노동청장은 위 보고가 사실과 다르다고 의심할만한 특별한 사정이 없는 한 이를 진실한 것으로 믿는데 과실이 있다고 할 수 없고 사업주의 사실과 다른 허위보고와 이에 터잡은 보험급여액의 결정사이에 상당인과관계가 없다고는 보기 어렵다.

나. 위와같은 경우 보험급여의 수급권자인 근로자는 노동청장의 잘못 산정된 보험급여액의 결정에 대하여 산업재해보상보험업무및심사에관한법률에 따른 불복절차를 취하여 그 시정을 요구하거나 사업주를 상대로 민사소송에 의한 손해배상청구를 하는 등 임의로 선택할 수 있다고 봄이 상당하다.

참조조문 산업재해보상보험법 제36조 제1호

당 사 자 원고, 상고인 이안근
소송대리인 변호사 한기준
피고, 피상고인 동신버스주식회사
소송대리인 변호사 황영선

원심판결 대구고등법원 1977. 4. 12. 76나872판결

주　　문 원판결을 파기하고, 사건을 대구고등법원으로 환송한다.

이　　유

원고 소송대리인의 상고이유(보충상고이유는 상고이유서 제출기간 경과의 것이

므로 기간내에 제출된 상고이유를 보충하는 범위내에서)를 판단한다.

원판결이유에 의하면 원심은 산업재해보상보험법, 근로기준법과 산업재해보상보험업무및심사에관한법률의 관계규정을 열거 종합한 끝에 업무상의 재해를 입은 근로자에 대하여 지급되는 장해급여 및 휴업급여등 보험급여의 금액은 그 수급권자인 근로자의 평균임금에 따라 산정지급하도록 되어 있는 것이고, 보험가입자인 사업주가 부담 납부하는 보험료의액이나 그가 보고하는 각 근로자의 임금의 액에 따라 결정되는 것은 아닐 뿐 아니라 보험가입자가 부담 납부하는 보험료액 역시 그가 매 보험년도마다 그 일년간에 사용하는 모든 근로자에게 지급하는 임금 총액에 동종의 사업에 적용되는 보험료율을 곱한 금액에 의하여 결정되는 것이고 보험가입자인 사업주의 보험료액에 관한 보고 또는 그가 보고한 각 근로자의 임금의 액에 따라 결정되는 것은 아님을 알 수 있으므로 이러한 보험급여관계에 의하면 이 사건에 있어서 피고회사에 피용된 운전사인 원고가 노동청장으로부터 원고 주장과 같은 1일 평균임금 5,100원보다 훨씬 적은 1,860원을 원고의 1일평균임금이라 하여 이를 기준으로 장해급여 및 휴업급여금을 산정 지급받았다고 하여도 이를 보험가입자인 사업주 피고가 원고의 1일 평균임금액을 원고 주장의 5,100원에 미달된 1,860원이라 보고하고 그에 따른 보험료만을 납부한 때문에 원고가 보험급여액을 위와같이 적게 산정 지급받았다고 할 수는 없고, 그것은 오히려 노동청장이 원고의 평균임금이 1일 1860원을 초과하는데도 피고가 그렇지 않다고 잘못 보고한 것을 간과하여 원고의 평균임금을 적게 산정한 결과이고 또 원고 스스로도 노동청장의 그와같은 산정에 대하여 보험급여에 대한 이의사유로서 심사 및 재심사의 청구를 거쳐 행정소송을 제기하여 그 시정을 요구하지 아니하여 보험급여관계가 확정된 결과라 할 것이므로 피고의 보험료액에 관한 보고납부가 잘못된 것이라 하더라도 그로 인하여 원고에게 그 주장 평균임금을 기준으로 산정지급받아야 할 보험급여액과 잘못 보고된 평균임금을 기준으로 산정지급받은 보험금액과의 차액 상당의 손해가 발생하였다고 할 수 없어 피고에게 이에 대한 손해배상책임이 있다고 할 수 없다 하여 원고의 이건 청구를 기각하였다.

그러나 보험가입자인 사업주 피고회사가 노동청장에게 보험료를 납부함에 있어서 원고의 1일 임금을 원고 주장과 같이 금 1,860원이라고 보고한 사실은 다투지 아니하는 것으로 보여지는 이 사건에 있어서 만일 피고가 원고 주장대로의 평균임금(1일 금 5,100원)을 노동청장에게 보고하고 이에 따른 보험료를 납부하였더라면 원고는 그 주장 평균임금을 기준으로 한 보험급여액을 지급받았을 것임을 가히 짐작하기에 충분할 뿐 아니라 보험가입자인 사업주의 근로자에게 지급할 임금과 이에 따른 보험료에 관한 허위보고에 관하여는 형사처벌로써 다스리고 있는점(산업재해보상보험법 제36조 1호)에 비추어 보면 노동청장은 보험가입자인 피고의 보고가 사실과 다르다고 의심할만한 특별한 사정이 없는 한 그 보고를 진실한 것으로 믿는 것이 보통이고 이를 믿는데 과실이 있다고 할 수는 없고, 노동청장이 피고의 사실과 다른 보고를 간과하여 원고의 평균임금을 적게 본 것에 말미암은 결과에 대하여 원고가 심사 및 재심사의 청구와 행정소송을 제기하여 그 시정을 요구하지 아니하였다 하여 피고의 사실과 다른 허위보고와 이에 터잡은 보험급여액의 결정사이에 상당인관관계가 없다고는 보기 어렵다. 실상 원심과 같이 본다면 보험가입자인 사업주가 잘못 보고한 결과에 대하여는 근로자가 책임지고 이를 시정하여야 하고 시정하지 못하면 사업주는 책임을 면하고 그의 잘못으로 인한 불이익을 근로자에게 전가 감수케하는 심히 부당한 결론으로 되고 말 것이다. 위와 같은 경우 보험급여의 수급권자인 근로자는 노동청장의 잘못 산정된 보험급여액의 결정에 대하여 산업재해보상보험업무및심사에관한법률에 따른 불복절차를 취하여 그 시정을 요구하거나 사업주를 상대로 민사소송에 의한 손해배상청구를 하는 등 임의로 선택할 수 있다고 봄이 상당하다.

이렇다면 원심은 반대되는 견해에서 결국 불법행위로 인한 손해배상청구에 관한 인과관계 기타 법리를 오해한 위법있는 것이되어 판결에 영향을 미쳤다 할 것이고 논지는 이유있다.

그러므로 원판결을 파기환송하기로 하여 관여법관의 일치된 의견으로 주문과 같이 판결한다.

대법원판사 임항준(재판장), 주재황, 양병호, 라길조

● 부당이득금반환

대법원 제2부. 1976. 9. 14. 판결 75다414 파기환송

판 시 사 항

◉ 산재보험법 제9조7 소정 수급권자가 민법에 의한 손해배상청구에 갈음하여 보험사업자에 대하여 유족특별급여를 청구하기 위한 요건

판 결 요 지

수급권자가 보험사업자인 국가에 대하여 산재보험법 제9조의 7에 의한 유족특별급여를 청구하려면 보험가입자인 사업주로부터 민법에 의한 손해배상금을 수령한 사실이 없어야 한다.

참조조문 산업재해보상보험법 제9조의7

당 사 자 원고, 상고인 김기원 외35명
소송대리인 변호사 조승각
피고, 피상고인 (1) 대한민국
법률상 대표자 법무부장관 황산덕
소송수행자 검사 이기형
(2) 주식회사 빅토리아호텔
소송대리인 변호사 이용훈

원심판결 서울고등법원 1975. 1. 17. 74나1273판결

주 문

원심판결중 원고들의 항소를 기각한 부분(원고들의 패소부분)을 모두 파기하고 사건을 서울고등법원에 환송한다.

이 유

(1) 원고들 소송대리인의 피고 주식회사 빅토리아호텔에 대한 상고이유에 관하여 먼저 판단한다.

원판결 이유에 의하면 원심은, 피고 회사의 전신인 대연각호텔의 화재로 인하여 그 업무수행중 사망한 종업원들의 산업재

해보상보험법상의보험금이 수급권자들인 원고들(원고 (1) 김기원, (2) 이명원은 제외)이, 위 보험법에 의하여 국가(노동청)로부터 급여받을 각 사망 종업원의 평균임금 90일분의 장례비와 1000일분의 유족보상일시금의 수령권한을 피고회사에게 위임하여 피고회사가 국가로부터 이를 모두 수령한 다음 위 원고들에게 그중 90일분의 장례비와 500일분의 유족보상일시금만을 지급하였을 뿐 나머지 500일분의 유족보상일시금은 지급하지 않고 있음은 당사자들 사이에 다툼이 없다고 전제하면서도 원심이 채택한 증거들을 종합하여 보면, 피고회사는 위 화재로 인하여 사망한 종업원들의 유족들에게 사망자 1인당 50만원의 장례비와 100만원(외국인에게는 500만원)의 손해배상금을 일률적으로 지급하기로 합의하고, 우선 장례비 50만원씩을 지급한 다음 손해배상금 100만원을 지급함에 있어서 그 유족인 원고들은 이 화재로 인한 위 이외의 손해배상을 청구하지 않기로 하고, 특히 원고들이 유족으로서 국가로부터 지급받을 수 있는 평균임금 90일분의 장례비와 1000일분의 유족보상일시금이 위 150만원 중에 포함되어 있었으므로 피고회사가 이를 체당 지급한 것으로 하고, 산업재해보상보험법시행령 제32조에 의하여 피고회사가 원고들로부터 그 보험금 수급권한을 위임받아 노동청에 이를 청구하였으나 노동청에서는 위 화재는 보험가입자인 피고회사의 중대한 과실로 인하여 발생된 것이므로 유족보상일시금 중 50퍼센트에 해당하는 금액을 피고회사로부터 징수하기로 하였다는 이유로 1973. 3. 경 500일분을 공제한 90일분의 장례비와 500일분의 유족보상일시금만을 지급하였으므로 피고회사는 이를 수령하여 전액 그대로를 다시 위 원고들에 추가하여 지급한 사실이 인정된다 하여 원고들의 이 사건 나머지 500일분에 관한 부당 이득금 반환청구를 배척하고 있다.

원심의 위 판단은 원고들이 피고회사로부터 지급받은 위 손해배상금 150만원중에는 원고들이 국가로부터 지급받을 수 있는 평균임금의 90일분에 해당하는 장례비와 1000일분에 해당한 유족일시금을 체당 지급한 액수가 포함되어 있었으므로 원고들이 이 보험금을 체당 지급한 피고회사에게 이에 관한 수급권한을 위임하였던 것이고, 따라서 피고회사가 이 위임에 기하여 국가로부터 지급받은 보험금은 피고회사의 위 체당금에 충당되어 피고회사가 이를 원고들에게 지급할 성질의 것은 아니지만 피고회사는 국가로부터 수령한 90일분의 장례비와 500일분의 유족일시금을 원고들에게 호의와 은혜로서 다시 추가하여 이를 지급한 바 있으므로 피고회사가 국가로부터 나머지 500일분에 해당하는 유족일시금을 수령한 여부에 불구하고 원고들은 더이상 피고회사에게 유족일시금을 청구할 권리가 없다는 취지로 이해된다.

그러나 원심이 인정한 바와 같이 원고들이 피고회사로부터 지급받은 위 150만원 속에 과연 원고들이 국가로부터 지급받을 위 보험금에 해당하는 액수가 포함되어 잇고 피고회사가 이를 체당 지급한 것이라고 본다면, 피고회사로부터 합계 550만원을 지급받은 중국인 원고(5) 유가영을 제외하고라도 원고들 중 원고(24) 유임순은 청구기준 평균임금이 1,429.54원이고, 원고(36) 김학수는 평균임금이 1,480.61원으로서 수급가능 1090일분에 해당한 장례비와 유족일시금을 합하면 오히려 150만원을 초과하여 그들이 피고회사로부터 지급받은 위 150만원은 손해배상은 고사하고 보험금에도 미달되고, 또 원심이 원고들의 이 사건 피고 대한민국에 대한 청구에서 판단하고 있는바와 같이 원고들은 산업재해보상보험법 제9조의 7에 의하여 본건의 경우 피고회사에 대한 민법상의 손해배상 청구에 갈음하면 국가로부터 다시 평균임금의 1000일분에 상당하는 유족특별급여금을 받을 수 있는 지위에 있었다는 것이니, 그렇다면 더구나 원고 (3) 하덕천, (7) 최상조, (20) 김순희, (24) 유임순, (30) 이우련, (31) 김기영, (33) 서은수, (36) 김학수 등이 각각 국가로부터 150만원을 초과하는 보험금을 지급받을 수 있었음이 그들의 평균임금에 비추어 계산상 명백한 바이다.

이와같이 이 원고들 중에는 피고회사로부터 민법상의 손해배상금을 수령하지 않더라도 산업재해보상보험법에 의하여 소정의 절차만 밟으면 당연히 국가로부터 지급받을 수 잇는 장례비와 유족보상일시금 및 유족특별급여금을 합한 액수가 위 원고들이 피고회사로부터 손해배상금등 명목으로 지급받았다고 하는 150만원을 훨씬 상회하는 자들이고, 이 사건 화재는 보험가입자인 피고회사의 중대한 과실로 인하여 발생되었다고 인정되어 국가에서 위 보험법 제26조의2 제1항 제3항을 적용하여 피고회사에 대하여 국가가 원고들에게 지급한 본건 유족일시금의 50퍼센트에 해당하는 금액을 피고회사로부터 징수하기로 부과결정하였다는 것인데, 본건에서 피고회사에 대한 위 부과금을 원고들 모두가 일률적으로 자기들만의 몫에서 이를 부담하여야 할 특별한 사정이 있었음에도 보이지 않는다. 이렇게 본다면 원심이 채택하고 있는 서증들 특히 원고들이 작성하여 피고회사에 제출하였다는 합의서나 각서 중 산재보험금이 위 150만원에 포함되었다는 기재나 피고회사에게 이 수령권을 위임한다는 취지의 기재부분은 그 형식상의 문귀에 불구하고 원고들이 노동청에 대하여 이 보험금을 일괄하여 청구하기 위한 한낱 사무 절차상의 방편이었던 것으로 짐작할 수가 있고, 따라서 원고들이 지급받은 위 150만원을 보험금과는 관계없이 순전한 손해배상금으로서 피고회사로부터 지급받았던 것이라고 볼 여지가 없지 않다.

그렇다면 위 원고들이 피고회사와의 사이에 스스로 자기들에게 불리한 계약을 체결하지 않으면 안될 위와같은 어떤 특별한 사정이 있었음을 규명하지 않은채 위 합의서와 각서들의 기재부분만에 의하여 피고회사가 원고들 이외의 피해자와 다함께 원고들에게 일률적으로 지급한 150만원중에 같은 원고들이 국가로부터 지급받을 90일분의 장례비와 1000일분의 유족보상일시금이 그 금액의 다과에 불구하고 모두 이에 포함되었고, 피고회사가 이를 체당 지급한 것이라고 인정하였음은 필경 증거없이 사실을 인정하였거나 그렇지 않으면 증거판단을 잘못함으로써 우리의 경험에 반하는 채증을 하여 판결에 영향을 미쳤다고 할 것이므로 나머지 상고이유를 판단할 것없이 이점에 관한 상고논지는 그 이유 있음에 귀착된다 할 것이다.

(2) 같은 상고이유중 피고 대한민국에 대한 부분에 관하여 판단한다. 산재보험법 제9조의 7에 의하면 "보험가입자의 고의 또는 중대한 과실로 재해가 발생하여 근로자가 사망하였을 경우에 수급권자가 민법에 의한 손해배상청구에 갈음하여 유족특별급여를 청구한 때에는 유족보상일시금 외에 평균임금의 1000일분에 상당하는 금액을 지급할 수 있다"고 규정하고 있으므로 수급권자인 원고들(원고(15), (20) 김

순희는 제외 이하 같다)이 보험사업자인 피고 대한민국에 대하여 위 유족특별급여를 청구하려면 적어도 보험가입자이고 사업주인 피고 회사로부터 민법에 의한 손해배상금을 수령한 사실이 없어야 할 것이다. 그런데 이 사건에서 위 원고들이 피고회사로부터 금 150만원씩을 수령(단 원고 (5) 유가영은 550만원을 수령)하였다는 사실을 원심이 적법히 확정하고 있는 것이므로 이 150만원이 민법상의 손해배상금이냐의 여부에 따라서 필연적으로 원고들이 국가에 대하여 유족특별급여를 청구할 수 있는지의 여부가 결정된다고 아니할 수 없다.

그러므로 원고들의 피고 주식회사 빅토리아호텔에 대한 청구에서 위 150만원의 성질이 아직 확정되지 않은 본건에 있어서는 그 결론 여하에 따라서 피고 대한민국에 대한 청구에도 영향이 미칠 수 있다고 보여 결국 원고들의 피고 대한민국에 대한 상고는 이점에서 그 이유있는 것이 된다 할 것이다.

(3) 위와같은 이유에서 원고들의 항소를 기각함으로써 원고들의 청구를 배척한 제1심 판결을 유지한 원심판결부분을 파기하고, 사건을 원심법원에 환송하기로 하여 관여법관들의 일치한 의견으로 주문과 같이 판결한다.

대법원판사 이영섭(재판장), 민문기, 김윤행, 김용철

● 보상금

대법원 제1부, 1970.11.24. 판결 70다2144 상고기각

판 시 사 항

◉ 산업재해보상보험법 제11조 제2항의 취지 : (산업재해보상보험법에 의한 보험급여청구와 근로기준법에 의한 재해보상청구와의 관계)

판 결 요 지

가. 근로자가 업무상 사망한 경우에 그 유족은 근로기준법에 의한 유족보상청구권과 산업재해보상보험법에 의한 보험급여청구권 중의 어느 하나를 선택행사 할 수 있다.

나. 만약 위의 유족이 보험급여청구권을 행사하지 아니하고 사용자를 상대로 유족보상청구를 하였을 때 사용자로서는 그에게 산업재해보상보험법에 의한 보험급여청구권이 구체적으로 발생하고 있음을 주장 입증하지 못하는 한 근로기준법 제82조에 의한 유족보상금 지급의무를 면할 수 없다.

참조조문 산업재해보상보험법 제9조 제1항, 제11조, 제12조
근로기준법 제82조, 제87조

당 사 자 원고, 피상고인 박복녀
피고, 상고인 한국전력주식회사
소송대리인 변호사 조건묵

원심판결 서울고등법원 1970.9.2. 70나161판결

주 문 이 상고를 기각한다. 상고비용은 피고의 부담으로 한다.

이 유

피고대리인의 상고이유를 본다.

산업재해보상보험법 제11조 제2항의 규정에 의하면 보험가입자는 이 법에 의한 보험급여의 한도내에서 근로기준법에 의한 재해보상의 책임이 면제된다라고 규정되어 있는데 그 취지는 다음과 같이 풀이하는 것이 상당하다.

즉, 근로자가 업무상 사망한 경우에는 그 유족은 사용자에게 대하여 유족보상청구권이 있고(근로기준법 제82조) 또 한편으로는 산업재해보상보험법에 의하여 보험급여청구권도 있는데 유족으로서는 그 중 어느 하나를 선택 행사할 수 있다.

만일 그 유족이 보험급여청구권을 행사하지 아니하고 사용자를 상대로하여 근로기준법 제82조에 의한 유족보상을 청구하여 왔을 경우에 사용자측에서 산업재해보상보험에 의한 보험급여청구권이 구체적으로 발생하고 있음을 주장 입증한다면 모르거니와 그렇지 못하는 한 사용자는 근로기준법 제82조에 의한 유족보상금의 지급의무를 면할 수 없다고 보는 것이 상당하다.

그런데 이 사건에서는 사용자인 피고가 원고에게 산업재해보상보험법에 의한 구체적 급여청구권이 발생한 사실에 관하여 그 주장 입증을 다하였다고 볼 수 없으므로 피고는 근로기준법 제82조에 의한 이 사건 유족보상금지급책임을 면할 수 없다 할 것이다.

이러한 취지로 판시한 것으로 볼 수 있는 원판결은 정당하고 여기에는 논지가 공격하는 바와 같은 산업재해보상보험법이나 근로기준법의 해석 적용을 잘못한 위법사유가 없다.

그렇다면 이 상고는 그 이유없으므로 기각하고 상고비용은 패소자의 부담으로 한다.

이 판결에는 관여법관들의 견해가 일치된다.

대법원판사 주재황(재판장), 양희경, 이영섭, 민문기

제5장 제3자에 대한 구상권

● 구상금

대법원 제1부, 1995.5.23 판결 94다53679 상고기각

판 시 사 항

◉ 하나의 사업의 의미

판 결 요 지

가. "하나의 사업"이라 함은 위 법 소정의 보험에 가입한 둘 이상의 사업주가 각각 위 법 제4조 소정의 사업을 행하되 동일장소, 동일 위험권 내에서 같은 사업(목적물)의 완성을 위하여 행하는 것을 의미

나. 소외 주식회사 삼표제작소(이하 "소외회사"라 한다)와 피고회사는 모두 강원산업주식회사의 자(子)회사로서, 소외회사의 태백지점이 피고회사와 같은 지전내에 인접하여 있었기 때문에 후생복지시설이나 통근버스 등을 공동으로 이용하는 관계에 있었고(이 사건 재해도 피고회사의 통근버스를 타고 가던 소외회사의 피용자들이 다친 사고이다), 피고회사가 사용하는 탄광시설이나 채광기계 등은 소외회사로부터 공급받아 왔으며, 그 보수관리업무 또한 소외회사가 맡아왔다 하더라도, 소외회사는 탄광시설이나 채광기계를 전문으로 제작하는 회사로서 위 강원산업에서 분리 독립한 이래 피고회사 뿐만 아니라 다른 탄광에도 탄광시설이나 채광기계를 제작, 납품하여 왔고, 그 주업무의 내용 또한 피고회사가 위험한 갱도에서 채굴작업을 하는 것과는 달리 소외회사는 안전한 갱외에서 주문받은 탄광용 시설이나 채광기계를 제작한 다음 그 설치 또는 보수를 위하여 필요한 경우에만 갱내에 들어가 작업한 것에 지나지 아니하였기 때문에 소외회사에 대하여는 피고회사 보험요율의 약 20분의 1에 불과한 보험요율이 적용되었다면, 소외회사의 태백지점이 피고회사와 함께 동일장소, 동일한 위험권내에서 석탄채굴이라는 동일한 사업을 분할하려 행하는 관계에 있다고는 도저히 볼 수 없다

참조조문 산업재해보상보험법 제15조 제1항

참조판례 대법원 1994.10.11 선고 94다29225 판결
1994.11.18 선고93다3592 판결

당 사 자 원고, 피상고인 대한민국
피고, 상고인 강원탄광 주식회사 대표이사 김지현
소송대리인 변호사 이명갑

원심판결 서울고등법원 1994.9.30 선고 94나1458 판결

주 문 상고를 기각한다. 상고비용은 원고의 부담으로 한다.

이 유

피고소송대리인의 상고이유를 본다.

산업재해보상보험법 제15조 제1항은, "노동부장관은 제3자의 행위에 의한 재해로 인하여 보험급여를 한 때에는 그 급여액의 한도 안에서 급여를 받은 자의 그 제3자에 대한 손해배상청구권을 대위한다. 다만, 보험가입자인 둘 이상의 사업주가 같은 장소에서 하나의 사업을 분할하여 각각 행하다가 그중 사업주를 달리하는 근로자의 행위로 재해가 발생한 때에는 그러하지 아니하다"라고 규정하고 있는 바, 위 단서 소정의 "하나의 사업"이라 함은 위 법 소정의 보험에 가입한 둘 이상의 사업주가 각각 위 법 제4조 소정의 사업을 행하되 동일장소, 동일 위험권내에서 같은 사업(목적물)의 완성을 위하여 행하는 것을 의미한다고 할 것이다(당원 1994.10.11 선고 94다29225 판결, 1994.11.18 선고 93다3592 판결 각 참조)

원심이 적법하게 확정한 바와 같이, 소외 주식회사 삼표제작소(이하 "소외회사"라 한다)와 피고회사는 모두 강원산업주식회사의 자(子)회사로서, 소외회사의 태백지점이 피고회사와 같은 지번내에 인접하여 있었기 때문에 후생복지시설이나 통근버스 등을 공동으로 이용하는 관계에 있었고(이 사건 재해도 피고회사의 통근버스를 타고 가던 소외회사의 피용자들이 다친 사고이다), 피고회사가 사용하는 탄광시설이나 채광기계 등은 소외회사로부터 공급받아 왔으며, 그 보수관리업무 또한 소외회사가 맡아왔다 하더라도 소외회사는 탄광시설이나 채광기계를 전문으로 제작하는 회사로서 위 강원산업에서 분리독립한 이래 피고회사 뿐만 아니라 다른 탄광에도 탄광시설이나 채광기계를 제작, 납품하여 왔고, 그 주업무의 내용 또한 피고회사가 위험한 갱도에서 채굴작업을 하는 것과는 달리 소외회사는 안전한 갱외에서 주문받은 탄광용 시설이나 채광기계를 제작한 다음 그 설치 또는 보수를 위하여 필요한 경우에만 갱내에 들어가 작업한 것에 지나지 아니하였기 때문에 소외회사에 대하여는 피고회사 보험료율의 약 20분의1에 불과한 보험료율이 적용되었다면, 소외회사의 태백지점이 피고회사와 함께 동일장소, 동일한 위험권내에서 석탄채굴이라는 동일한 사업을 분할하려 행하는 관계에 있다고는 도저히 볼 수 없다 할 것이다.

따라서 소외회사와 피고회사가 위 법 제15조제1항 단서에 해당함을 전제로 피고에 대하여 구상권을 행사할 수 없다는 취지의 피고의 주장은 이유없다 할 것이므로, 같은 취지에서 피고의 위 주장을 배척한 원심의 조치는 정당하다 할 것이고, 거기에 논하는 바와 같은 법리오해의 위법이 있다 할 수 있으며, 논지가 지적하는 당원의 판례는 이 사건과 사안을 달리하여 원용하기가 적절하지 않다. 논지는 이유가 없다.

그러므로 상고를 기각하고 상고비용은 패소자의 부담으로 하기로하여 관여법관의 일치된 의견으로 주문과 같이 판결한다.

대법관 정귀호(재판장), 김석수, 이돈희, 이임수(주심)

● 구상금

ㅐ법원 제3부, 1994.11.18 판결 93다 3592
일부파기환송

판 시 사 항

◉ 산업재해보상보험법 제15조제1항 단서상 손해배상청구권의 대위행사가 제한되는 요건인 "하나의사업"의 의미

◉ 유족이 사업주로부터 유족보상 일시금에 해당하는 금액을 포함한 합의금을 지급받고 합의하면서 국가로부터 받을 위 유족보상금의 영수권한을 사업주에게 위임하였다면 합의 당시 가해자에 대하여 사고로 인한 민형사상의 이의를 하지 않겠다는 취지의 약정을 하였다고 하더라도 위 보상금 상당에 관하여는 이로써 유족이 가해자에 대한 손해배상청구권을 포기하였다고 볼 수 없다

◉ 사업주가 업무상 재해로 사망한 근로자의 장례를 실행하고 유족의 확인을 받아 국가로부터 장의비를 지급받은 경우에는 국가가 유족을 대위하여 가해자에게 그 부분의 손해배상을 청구할 수 없다.

판 결 요 지

가. 산업재해보상보험법 제15조제1항 단서 소정의 "하나의 사업"이라 함은 동법에 가입한 보험가입자인 2이상의 사업주가 각각 동법 제4조 소정의 사업을 행하되 동일장소, 동일 위험권 내에서 같은 사업(목적물)의 완성을 위하여 행하는 것을 의미한다고 한 것이고, 반면 보험가입주인 2 이상의 사업주가 동일장소에서 사업을 행하더라도 그 각 사업의 내용이 같은 사업이나 목적물의 완성을 위하여 행하는 것이 아닐 때에는 통상 그 위험의 정도도 서로 다를 것으로 보아야 할 것이므로 위 단서 소정의 하나의 사업을 분할하여 각각 행하는 경우에 해당한다고 볼 수 없다.

나. 수급권자인 유족이 사업주인 회사로부터 합의금을 지급받으면서 회사나 가해자에 대하여 사고로 인한 민형사상의 이의를 제기하지 않기로 한 경우, 그 지급받은 돈 중 유족보상일시금에 해당하는 금액은 회사로부터 체당지급 받았다고하여 같은 법 제16조제2항, 같은법시행령 제32조의 제1항제1호에 의하여 위 금액의 수령을 회사에게 위임하였고 그에 따라 회사가 위 금액을 국가로부터 수령하였다면, 그 유족은 회사로부터 위 금액을 손해배상이 아니라 같은 법 소정의 유족보상일시금으로 지급받은 것이라고 할 것이고, 따라서 그 유족으로서는 위 유족보상일시금 상당에 대하여는 가해자에 대한 관계에 있어서 손해배상청구권을 포기한 것이 아니라고 보아야 할 것이다.

다. 사업주가 보험급여를 받을 권리가 있는 자에게 보험급여를 체당지급한 경우라도 당연히 사업주가 국가에 대하여 직접 보험급여를 청구할 수 있는 것은 아니며, 수급권자가 그 수령을 위임한 경우에 한하여 대신 수령할 수 있는 것에

한하여 대신 수령할 수 있는 것에 지나지 않으므로 이를 가리켜 변제자대위의 법리가 적용되어 보험급여를 받은 자의 급여청구권이 사업주에게 이전되는 것이라고는 할 수 없다.

라. 회사가 근로자의 장제를 회사가 실행하였다는 유족의 확인을 받아 자신이 장의비의 급여를 받을 권리자라하여 직접 원고 산하 인천지방노동청장에게 그 지급을 청구하여 장의비를 지급받은 경우 원고로서는 위 장의비 부분에 관한 한 유족을 대위하여서는 피고에게 손해배상을 청구할 수 없다.

참조조문 가. 나. 다. 산업재해보상보험법 제15조제1항 동법 제4조
나. 동법 시행령 제32조제1항 제1호 동법 시행령 제32조 제1항제1호 민법 제506조
다. 산업재해보상보험법 제12조 제3항제9조의8

참조판례 가. 대법원 1994.10.11 94다29225 판결
나. 대법원 1979.12.26 79다 1668 판결
다. 대법원 1981. 2.10 80다 1229 판결

당 사 자 원고, 피상고인 대한민국
피고, 상고인 한라중공업주식회사 소송대리인 변호사 정승화

원심판결 서울고등법원 1992.12.15 92나34850 판결

주 문

1. 원심판결 중 피고에 대하여 금45,500, 000원 및 이에 대하여 1990. 5.27부터 1992.12.15까지는 연5푼의, 그 다음날부터 완제일까지는 연2할 5푼의 각 비율에 의한 금원을 초과하여 지급을 명한 피고 패소부분을 파기하고 위 파기부분에 해당하는 원고의 항소를 기각한다.

2. 피고의 나머지 상고를 기각한다.

3. 소송총비용은 이를 10분하여 그 9는 피고의, 나머지는 원고의 각부담으로 한다.

이 유

피고소송대리인의 상고이유를 본다.

1. 상고이유 제4점에 대하여.

산업재해보상보험법 제15조 제1항은, "노동부장관은 제3자의 행위에 의한 재해로 인하여 보험급여를 한 때에는 그 급여액의 한도 안에서 급여를 받은 자의 그 제3자에 대한 손해배상청구권을 대위한다. 다만, 보험가입자인 2이상의 사업주가 같은 장소에서 하나의 사업을 분할하여 각각 행하다가 그 중 사업주를 달리하는 근로자의 행위로 재해가 발생한 때에는 그러하지 아니하다"라고 규정하고 있는데, 위 단서 소정의 "하나의 사업"이라 함은 위 법에 가입한 보험가입자인 2 이상의 사업주가 각각 위 법 제4조 소정의 사업을 행하되 동일 장소, 동일위험권 내에서 같은 사업(목적물)의 완성을 위하여 행하는 것을 의미한다고 할 것이고(당원 1994.10.11 선고, 94다29225 판결 참조), 반면 보험가입주인 2이상의 사업주

가 동일 장소에서 사업을 행하더라도 그 각 사업의 내용이 같은 사업이나 목적물의 완성을 위하여 행하는 것이 아닐 때에는 통상 그 위험의 정도도 서로 다를 것으로 보아야 할 것이므로 위 단서 소정의 하나의 사업을 분할하여 각각 행하는 경우에 해당한다고 볼 수 없다.

그러므로 원심이, 위 법 소정의 산업재해보상보험에 가입한 사업주인 소외 주식회사 영성이 1990. 5. 4 피고로부터 피고가 경영하는 이 사건 조선소 내의 공장시설 중 판시 기중기 궤도로 사용되는 주기둥구조물상의 볼트이완부분 체결 및 교체와 공장지붕 등의 부식부분 등에 대한 도장공사 등의 보수공사를 도급받고 위 회사의 근로자인 소외 김기원이 위 공사작업에 종사하던 중 같은 해 5. 7. 13:05경 피고 소속의 근로자인 소외 장학기가 운전하던 기중기에 충격되어 그 다음날 16:20경 사망한 사실, 이에 원고 산하 노동부 인천지방노동청은 같은 해 5. 26 위 김기원의 사망에 이르게 된 이 사건 사고가 위 법상의 업무상 재해라고 인정하여 위 김기원의 처인 소외 홍후례에게 위 법에 따른 보험급여를 지급한 사실을 각 적법하게 확정하고, 이 사건 사고는 피고의 피용자인 위 장학기 등의 과실로 인하여 발생한 것이므로 원고는 위 홍후례를 대위하여 피고에 대하여 위 홍후례가 가지는 손해배상청구권을 대위행사 할 수 있다고 판단하는 한편 원고는 위 법 제15조제1항 단서에 의하여 피고에 대하여 구상권을 행사할 수 없다는 피고의 주장을 배척한 것은 정당하고 거기에 소론과 같이 위 조항의 법리를 오해한 위법이 있다고는 할 수 없다. 논지는 이유 없다.

2. 상고이유 제1,2,3점에 대하여

가. 원심은, 피고는 위 홍후례에게 위 법상의 유족급여로 금 45,500,000원을, 장의비로 4,200,000원 합계 금49,700,000원을 지급한 사실 및 위 보험급여액이 위 홍후례가 이 사건 사고로 인하여 배상받을 손해액 범위라는 사실을 인정하고 피고는 원고에게 위 금 49,700,000원을 지급할 의무가 있다고 판단한 다음, 위 홍후례는 원고가 위 보험급여를 지급하기 전인 1990. 5.14 위 회사로부터 금 58,000,000원을 지급받고 피고에 대한 손해배상청구권을 포기하였으므로 위 홍후례의 피고에 대한 손해배상청구권은 이미 소멸하였다는 취지의 피고의 주장에 대하여는, 위 홍후례 및 위 김기원의 자인 소외 김은영(미성년자로서 친권자인 위 홍후례가 법정대리인이 되었다)이 그 날 위 회사와의 사이에 금 58,000,000원을 지급받되 피고나 위 회사에 대하여 이 사건 사고로 인한 민형사상의 이의를 제기하지 않기로 하고 그날 위 돈을 지급받기는 하였으나 당시 위 홍후례와 위 회사는 위 합의금 속에 위 홍후례가 원고로부터 지급받을 보험급여금을 모두 포함시키되 다만 위 회사가 먼저 위 합의금 전액을 지급한 다음 위 망인의 사업주로서 위 홍후례의 수령위임을 받아 보험급여를 수령하여 이를 위 홍후례에게 미리 지급한 합의금에 대체하기로 약정하였고 그에 따라 위 홍후례의 위임을 받은 위 회사가 위 홍후례의 위임을 받아 앞에서 본 바와 같은 금액의 보험급여를 수령하여 이를 위 합의금의 일부로 충당하였던 사실을 인정하고, 위 인정사실에 비추어보면 위 홍후례가 위 회사와 합의한 취지는 이 사

건 사고로 인한 위 회사와 피고에 대한 손해배상청구권 중 위 산재급여금을 초과하는 부분만을 포기하였다고 보일 뿐이고 달리 위 홍후례의 피고에 대한 손해배상청구권이 모두 소멸되었다고 인정할 만한 아무런 증거가 없다고하여 이를 배척하였으며, 위 회사와 피고 사이에 위 회사가 위 도급공사로 인하여 발생한 일체의 손해를 위 회사가 책임지기로 약정하였다 하여도 위 홍후례의 피고에 대한 손해배상청구권을 대위행사하는 원고에게 피고와 위 회사 사이의 약정으로 대항할 수 없다 할 것이라고 판시하였다.

나. 기록에 의하면 위 홍후례는 위 회사로부터 지급받은 돈 중 유족보상일시금에 해당하는 금 45,500,000원은 위 회사로부터 체당지급 받았다고하여 위 법제16조제2항, 동시행령 제32조제1항제1호에 의하여 이 금액의 수령을 위 회사에게 위임하였고 그에 따라 위 회사가 위 금액을 원고로부터 수령한 사실이 인정되므로 위 홍후례는 위 회사로부터 위 금 45,500,000원을 손해배상이 아니라 위 법 소정의 유족보상일시금으로 지급받은 것이라고 할 것이고(위 홍후례가 위 회사에 대하여 작성하여 준 영수증이 갑 제7호증의 4에도 위 돈 58,000,000원을 산재보상금 등을 포함하여 영수한다고 기재되어 있다)따라서 위 홍후례로서는 위 유족보상일시금 상당에 대하여는 피고에 대한 관계에 있어서 손해배상청구권을 포기한 것이 아니라고 보아야 할 것이다. 만일 이 부분 손해배상청구권까지 포기한 것이라고 본다면 위 홍후례로서는 국가에 대한 유족보상일시금 청구권을 상실하게 되므로(당원 1979.12.26 선고, 79다1668 판결 참조), 위 홍후례는 유족보상일시금을 지급받으면서 동시에 이를 지급받을 권리를 소멸시킨다는 불합리한 행동을 한 것이 되기 때문이다.

그러므로 원심이 피고의 위 주장을 배척한 것은 위 금 45,000,000원 부분에 관하여는 정당하다고 할 것이고, 위 법 제16조, 같은법 시행령 제32조의 규정에 의하면 이처럼 사업주가 보험급여를 받을 권리가 있는 자에게 보험급여를 체당지급한 경우라도 당연히 사업주가 국가에 대하여 직접 보험급여를 청구할 수 있는 것은 아니며 수급권자가 그 수령을 위임한 경우에 한하여 대신 수령할 수 있는 것에 지나지 않으므로 이를 가리켜 변제자대위의 법리가 적용되어 보험급여를 받을 자의 급여청구권이 사업주에게 이전되는 것이라고는 할 수 없고 따라서 위 회사가 피고에 대하여 체당지급하였다는 이유만으로 위 홍후례의 급여청구권이 위 회사에게 이전되어 원고로서는 위 회사를 대위하여서만 피고에 대하여 구상청구를 할 수 있음을 전제로 하는 논지도 이유없다.

다. 그러나 위 법 제12조제3항은 위 법 제9조의8의 규정에 의한 장의비는 그 장제를 행하는 자에게 지급한다고 규정되어 있는데, 이 사건 기록, 특히 원심이 인용하고 있는 갑 제9호증의 6내지 9의 각 기재에 의하면 위 회사는 위 김기원의 장제를 위 회사가 실행하였다는 위 홍후례의 확인을 받아 자신이 위 장의비의 급여를 받을 권리자라하여 직접 원고 산하 인천지방노동청장에게 그 지급을 청구하여 위 장의비 금 4,200,000원을 지급받은 것으로 인정되므로(위 법 시행령 제32조

제1항제1호는 장의비를 사업주가 체당지급에 기하여 수령을 위임받을 수 있는 보험급여로 열거하고 있지도 않다)원고로서는 위 장의비 부분에 관한 한 위 홍후례를 대위하여서는 피고에게 손해배상을 청구할 수는 없다고 할 것이고, 가사 원고의 청구 가운데 위 회사를 대위하여 피고에게 위 장의비 상당의 지급을 구하는 취지가 포함되어 있다고 본다고 하여도, 피고가 이 사건 사고 후인 1990.5. 8. 위 회사에게 위 김기원의 유족들에 대한 손해배상금 명목으로 금32,000,000원을 지급하고, 위 회사가 피해자측과 합의함에 있어 그 합의금이 위 금액을 초과할 경우 그 초과금액을 위 회사가 책임지기로 약정한 사실은 원심도 인정하고 있는 바이므로 위 회사로서는 피고에 대하여 위 장의비 상당의 지급을 청구할 권리가 없다고 하지 않을 수 없고 따라서 원고로서는 위 회사를 대위하면서도 피고에 대하여 위 장의비 상당의 지급을 구할 수 없다고 할 것이다(당원 1981.2.10 선고, 80다1229 판결 참조).

그럼에도 불구하고 원심이 위 회사가 위 장의비까지 위 홍후례에게 지급하고 그 수령을 위임받아 원고로부터 이를 수령한 것으로 인정하고, 위 회사와 피고사이에 위와 같이 구상할 수 없다는 약정이 있다 하여도 이로써 위 홍후례의 피고에 대한 손해배상청구권을 대위행사하는 원고에게 대항할 수 없다고 판시한 것은 증거를 잘못 판단하여 판결에 영향을 미친 위법을 저지른 것이라고 할 것이니 이 점을 지적하는 논지는 이유있다.

3.결론

이에 원심판결의 피고 패소부분 중 위 장의비에 상당하는 금 4,200,000원 및 그 지연손해금의 지급을 명한 부분(금 45,500,000원 및 그 지연손해금을 초과하여 지급을 명한 부분)을 파기하고, 이 부분 사건은 당원이 판단하기에 충분하므로 자판하기로 하되, 그 청구부분은 이유 없으므로 이를 기각할 것인바, 제1심 판결은 당원과 결론을 같이하여 정당하므로 이 부분에 해당하는 원고의 항소를 기각하고, 피고의 나머지 상고는 이유없으므로 이를 기각하며 소송총비용의 부담에 관하여는 민사소송법 제89조, 제92조, 제96조를 적용하여 관여법관의 일치된 의견으로 주문과 같이 판결한다.

대법관 안용득(재판장), 천경송, 지창권, 신성택(주심)

● 구상금

대법원 제1부, 1994.10.11 판결 94다29225 상고기각

판 시 사 항

◉ 산업재해보상보험법 제15조 제1항 단서 소정의 "하나의 사업"의 의미

◉ 공장신축공사 중 자료, 기계류의 운반 및 하역작업을 수급한 갑 회사와 신축공사보일러의 제작, 설치작업을 수급한 을 회사가 '가'항 소정의 관계에 있다고 보아, 갑 회사 소속 근로자가 작업중 을 회사 소속 근로자를 사망케 한 사고를 업무상재해로 인정하여 산재보

험급여를 한 뒤 국가가 갑 회사 및 그 소속 근로자에 대하여 제기한 구상금청구를 배척한 사례

판 결 요 지

가. 산업재해보상보험법 제15조 제1항 단서 소정의 "하나의 사업"이라 함은 산업재해보상보험법에 가입한 보험가입자(사업주)가 각각 같은 법 제4조 소정의 사업을 행하되 동일장소, 동일위험권 내에서 같은 사업(목적물)의 완성을 위하여 행하는 것을 의미한다.

나. 공장신축공사 중 자재, 기계류의 운반 및 하역작업을 수급한 갑 회사와 신축공장 보일러의 제작, 설치작업을 수급한 을 회사가 '가'항 소정의 관계에 있다고 보아, 갑 회사소속 근로자가 작업중 을 회사 소속 근로자를 사망케 한 사고를 업무상재해로 인정하여 산재보험급여를 한 뒤 국가가 갑 회사 및 소속 근로자에 대하여 제기한 구상금청구를 배척한 사례.

참조조문 산업재해보상보험법 제4조, 제5조제1항

당 사 자 원고, 상고인 대한민국
피고, 피상고인 유한회사 이리중기 외 1인

원심판결 광주고등법원 1994. 5.13 94나1486 판결

주　　문 상고를 기각한다. 상고비용은 원고의 부담으로 한다

이　　유

상고이유를 본다.

산업재해보상보험법 제15조 제1항은 "노동부 장관은 제3자의 행위에 의한 재해로 인하여 보험 급여를 한 때에는 그 급여액의 한도 안에서 급여를 받은 자의 그 제3자에 대한 손해배상청구권을 대위한다. 다만, 보험가입자인 2 이상의 사업주가 같은 장소에서 하나의 사업을 분할하여 각각 행하다가 그 중 사업주를 달리하는 근로자의 행위로 재해가 발생한 때에는 그러하지 아니하다"라고 규정하고 있는 바, 위 단서 소정의 "하나의 사업"이라 함은 산업재해보상보험법에 가입한 보험가입자(사업주)가 각각 위 법 제4조 소정의 사업을 행하되 동일 장소, 동일 위험권내에서 같은 사업(목적물)의 완성을 위하여 행하는 것을 의미한다고 할 것이다.

그러므로 원심이 적법하게 확정한 바와 같이 피고회사와 소외 고신열관리주식회사는 모두 산업재해보상보험에 가입한 사업주들로서 피고 회사는 소외 주식회사 청구물산의 원심판시 공장신축공사 중 자재, 기계류의 운반 및 하역작업을, 위 고신열관리는 위 청구물산으로부터 위 신축공장의 보일러를 제작하여 설치하는 작업을 각 도급받았는데, 피고 회사소속 근로자인 피고 김관중이 원심판시 일시 및 장소에서 피고 회사 소유의 지게차를 이용하여 위 고신열관리가 제작한 다음 설치하기 위하여 가져 온 버너를 트럭에서 하차하다가 그 판시와 같은 경위로 위 고신열관리 소속 근로자인 소외 황낙선을 사망하게 하였으며, 그 후 원고산하 수원지방노동사무소가 위 사고를 업무상 재해로 인정하여 위 장의비를 지급하였다면 피고 회사와 위 고신열관리의 각기 그 작업내용이 다르고, 위 고신열관리가 위 버너를

다른 곳에서 제작하였다 하더라도 그 제작은 위 신축공사에 설치하기 위한 준비작업일 뿐이어서 결국 작업장소가 동일하고, 위 각 작업들은 공장신축이라는 하나의 사업을 같이 완성하여 가는 관계에 있다 할 것이어서 산업재해보상보험법 제15조제1항 단서에 따라 원고는 피고들에게 구상을 할 수 없다고 할 것이므로, 이와 같은 취지에서 원고의 청구를 배척한 원심판결은 정당하고 거기에 소론과 같은 산업재해보상보험법 제15조제1항 단서에 관한 법리오해의 위법이 있다 할 수 없다.

논지는 이유 없다.

이에 상고를 기각하고, 상고비용은 패소자의 부담으로 하기로 관여법관의 의견이 일치되어 주문과 같이 판결한다.

대법관 김석수(재판장), 정귀호, 이돈희(주심), 이임수

● 구상금

대법원 제1부, 1994.1.11 판결 93다32958 상고기각

판 시 사 항

◉ 보험자가 공동불법행위자중 1인과의 보험계약에 따라 피해자에게 손해배상한 경우 보험자대위에 의하여 다른 공동불법행위자에 대한 구상권을 취득 하는지 여부

◉ 위 "가"항의 구상권의 소멸시효의 기산점과 기간

판 결 요 지

가. 공동의 불법행위로 피해자에게 가한 손해를 연대하여 배상할 책임이 있는 공동불법 행위자 중의 1인과 체결한 보험계약에 따라 보험자가 피해자에게 모두 지급함으로써 공동불법행위자들이 공동면책된 경우에, 보험금액을 지급한 보험자는 상법 제682조 소정의 보험자대위에 의하여 그 공동불법행위자가 공동면책됨으로써 다른 공동불법행위자의 부담부분에 대하여 행사할 수 있는 구상권을 취득한다.

나. 위 "가"항의 구상권의 소멸시효의 기산점과 그 기간은 대위에 의하여 이전되는 권리자체를 기준으로 판단하여야 하며 위와 같은 구상권은 그 소멸시효에 관하여 법률에 따로 정한 바가 없으므로 일반원칙으로 돌아가 일반채권과 같이 그 소멸시효는 10년으로 완성된다고 해석함이 상당하고 그 기산점은 구상권이 발생한 시점, 즉 구상권자가 현실로 피해자에게 지급한 때이다.

참조조문 가 . 나. 상법 제682조
가. 민법 제760조제1항
나. 민법 제162조제1항

참조판례 대법원 1989.11.28 89다카9194 판결

당 사 자 원고, 피상고인 한국자동차보험주식회사
피고, 상고인 정윤진

원심판결 대구지방법원 1993. 6. 2 93나2221 판결

주 문 상고를 기각한다. 상고비용은

원고의 부담으로 한다

이 유

상고이유를 본다.

공동의 불법행위로 피해자에게 가한 손해를 연대하여 배상할 책임이 있는 공동불법 행위자 중의 1인과 체결한 보험계약에 따라 보험자가 피해자에게 그 손해배상금을 보험금액으로 모두 지급함으로써 공동불법행위자들이 공동면책된 경우에, 보험금액을 지급한 보험자는 상법 제682조 소정의 보험자대위에 의하여 그 공동불법행위자가 공동면책됨으로써 다른 불법행위자의 부담부분에 대하여 행사할 수 있는 구상권을 취득한다고 할 것이고(당원 1993.1.26 선고, 92다4871 판결 참조), 이 때에 보험자가 취득하는 구상권의 소멸시효의 기산점과 그 기간은 대위에 의하여 이전되는 권리자체를 기준으로 판단하여야 하며(당원 1993. 6.29 선고, 93다1770 판결 참조), 위와 같은 구상권은 그 소멸시효에 관하여 법률에 따로 정한 바가 없으므로 일반원칙으로 돌아가 일반채권과 같이 그 소멸시효는 10년으로 완성된다고 해석함이 상당하고 그 기산점은 구상권이 발생한 시점, 즉 구상권자가 현실로 피해자에게 지급한 때라 할 것이다(당원 1979. 5.15 선고, 78다528 판결 참조).

원심이 같은 견해에서 원고가 보험자대위에 의하여 취득한 소외 태양석유주식회사의 피고에 대한 구상금채권은 공동불법행위자 중 1인이 자기의 출재로 인하여 공동면책 된 다른 공동불법행위자의 부담부분에 대하여 가지는 구상권으로서 일반민사채권이고 그 소멸시효기간이 10년이라고 판단한 것은 정당하고 거기에 소론과 같은 법리오해 등의 위법이 있다고 할 수 없다.

그러므로 상고를 기각하고 상고비용은 패소자의 부담으로 하기로하여 관여법관의 일치된 의견으로 주문과 같이 판결한다.

대법관 정귀호(재판장), 배만운, 김주한(주심), 김석수

● 손해배상

대법원 제2부, 1993.7.27 판결 93다357 상고기각

판 시 사 항

◉ 민법 제766조 제2항의 "불법행위를 한 날"의 의미와 소멸시효 진행의 기산점

◉ 사용자가 피용자에게 산업재해보험급여를 받는데 필요한 증명을 하여 준것이 손해배상채무를 승인한 것으로 볼 수 있는지 여부

판 결 요 지

가. 불법행위에 기한 손해배상채권에 있어서 민법 제766조 제2항에 의한 소멸시효의 기산점이 되는 "불법행위를 한 날"이란 가해행위로 인한 손해의 결과발생이 현실적인 것으로 되었다고 할 수 있을 때를 의미하고 그 소멸시효는 피해자가 손해의 결과발생을 알았거나 예상할 수 있는가 여부에 관계없이 가해행위로 인한 손해가 현실적인

것으로 되었다고 볼 수 있는 때로부터 진행한다.

나. 피용자가 산업재해보험급여를 받는데 필요한 증명을 요구함에 따라 회사가 산업재해보상보험법 시행령 제34조 제2항의 규정에 따라 사업주로서 그 증명을 하여 준 것 또는 같은 조 제1항의 규정에 의하여 그 보험급여청구의 절차에 조력하여 준 것만으로 회사가 피용자 등에 대하여 손해배상채무가 있음을 승인하였던 것이라고 볼 수는 없다.

참조조문 가. 민법 제766조 제2항
나. 민법 제168조 제3호
산업재해보상보험법시행령 제34조

참조판례 대법원 1990.1.12 88다카25168 판결

당 사 자 원고, 상고인 권오식 외 4인
원고들 소송대리인 변호사 박상훈
피고, 피상고인 쌍용건설주식회사

원심판결 서울고등법원 1992.11.26 92나31318 판결

주 문 상고를 모두 기각한다. 상고비용은 원고들의 부담으로 한다.

이 유

원고들 소송대리인의 상고이유를 본다.

1. 불법행위에 기한 손해배상채권에 있어서 민법 제766조 제2항에 의한 소멸시효의 기산점이 되는 "불법행위를 한 날"이란 가해행위로 인한 손해의 결과발생이 현실적인 것으로 되었다고 할 수 있을 때를 의미하는 것인바, 이 사건에 있어서 원심이 인용한 제1심판결이 인정한 바와 같이 원고 권오식이 1981. 1.29 이 사건 사고로 인하여 제4,5요추 추간판탈출증의 상해를 입고 수술 등의 치료를 받았는데 그 후 위 상해가 재발하였다면, 원고가 위 사고로 입은 상해의 부위 및 정도, 위 상해에 대한 치료방법과 경과 및 요추추간판탈출증의 경우는 후유증이 생기는 것이 대부분이며 이 사건의 경우도 치료종결 후에 병증이 재발한 점 등에 비추어 볼 때 위 상해로 인하여 생긴 판시 후유장해는 이 사건 사고일인 1981. 5.29 당시 현실적인 것으로 되었다고 봄이 상당하므로, 이 사건 손해배상청구권의 민법 제766조 제2항에 의한 소멸시효가 1981. 5.29부터 진행한다고 판단한 원심은 정당하다(다만 원심이 타인의 가해행위로 인하여 상해를 입은 경우에는 그 상해가 발생한 날 즉시 그 가해행위로 인한 손해의 결과발생이 확정적으로 현실화되었다고 할 것이라고 설시한 제1심판결 부분을 인용한 것은 소론이 지적하는 바와 같이 적절하지 못한 판시이나 결국 이는 판결결과에는 영향이 없는 것이다). 또 민법 제766조 제2항에 의한 소멸시효는 동조 제1항의 소멸시효와는 달리 피해자가 손해의 결과발생을 알았거나 예상할 수 있는가 여부에 관계없이 가해행위로 인한 손해가 현실적인 것으로 되었다고 볼 수 있는 때로부터 진행하는 것이므로, 이 사건 손해배상청구권의 민법 제766조 제2항에 의한 소멸시효는 원고들이 이 사건 사고 당시 위 상해로 인한 후유장해가 발생할 것을 예상할 수 있는지의 여부에 관계없이 진행한다는 취지로 판단한 원심은 정당하고 거기에 소론과 같은 위법이 없다. 결국 원심판결에 민법 제766조 제

2항 소정의 소멸시효에 관한 법리오해의 위법이 있다는 논지는 이유 없다.

2. 원심판결 이유에 의하면 원심은 피고 회사가 1990. 1.29경 원고 권오식이 위와 같이 재발한 제4,5요추간 추간판탈출증세에 대하여 재요양을 받고자 하였을 때 산업재해보상보험법시행령 제8조 제1항의 규정에 의하여 노동부에 제출되는 위 원고 명의의 그 재요양신청에 위 원고가 과거 피고 회사에 고용되어 일할 당시인 1981. 5.29 척추를 다쳐 입원수술을 받았다가 최근에 다시 그 증세가 재발한 것이 틀림없다는 증명을하여 주고, 1990. 6월경에는 위 시행령 제10조의2 제4항의 규정에 의한 위 원고 명의의 평균임금 개정신청서에 위 원고와 같은 직종의 근로자에게 지급되는 통상임금이 위 사고 당시에 비하여 227.26퍼센트 인상된 것이 틀림없다는 증명을하여 주었으며, 다시 같은 해 9.14에는 위 시행령 제12조의 규정에 의한 위 원고 명의의 장해보상청구서에 위 원고가 피고 회사의 콘크리트공으로 근무하던 중 1981. 5.29 부상당하였다는 취지의 증명을하여 주었던 사실을 인정할 수 있으나, 이는 위 원고가 산업재해보험급여를 받는데 필요한 증명을 요구함에 따라 피고 회사가 위 시행령 제34조 제2항의 규정에 따라 사업주로서 그 증명을하여 준 것 또는 같은 조 제1항의 규정에 의하여 그 보험급여청구의 절차에 조력하여 준 것으로 보일 뿐, 위와 같은 사실만으로 피고 회사가 원고들에 대하여 이 사건 사고로 인한 손해배상채무가 있음을 승인하였던 것이라고 볼 수는 없다고 판단하였는바, 원심의 위와 같은 판단은 정당하고 거기에 소론과 같은 소멸시효중단에 관한 법리오해의 위법이 없으므로 이 점에 관한 논지도 이유 없다.

3. 그러므로 상고를 모두 기각하고 상고비용은 패소자의 부담으로하여 관여법관의 일치된 의견으로 주문과 같이 판결한다.

대법관 김주한(재판장), 윤 관, 김용준, 천경송(주심)

● 구상금

서울고등법원 제11부, 1993.7.20 판결 92나66796 일부파기자판

판 시 사 항

◉ 산재보험을 가입한 중기지입회사가 중기 및 운전기사를 산재보험에 가입한 건설회사에 임대하여, 공사현장에 투입, 작업중 과실로 사고를 내어 그 건설회사 직원에게 피해를 입힘으로써 국가가 피해자에게 산재보상을 한 경우 국가가 중기지입회사나 지입차주에게 구상권을 행사할 수 있는지의 여부

판 결 요 지

중기를 건설현장에 대여하는 것을 주된 사업으로 하는 피고가 중기와 함께 그 소속 근로자인 운전기사를 다른 보험가입자의 건설현장에 파견하여 작업하게 하였다면, 설사 법률상으로는 임대차의 형식을 취하였다 하더라도 피고는 그 운전기사에 대한 근로기준법 및 산업재해보상보험법상의 사용자

로서의 지위를 가지면서 민법상 사용자 책임을 면할 수 없는 이상, 그 작업의 한도내에서 이는 피고의 사업이라 할 것이고, 따라서 이 사건 사고는 보험가입자인 2 이상의 사업자가 같은 장소에서 하나의 사업을 분할하여 각각 행하다가 그중 사업자를 달리하는 근로자의 행위로 재해가 발생한 때에 해당한다고 봄이 상당하므로 산업재해보상보험법 제15조 제1항 단서에 의하여 원고는 손해배상청구권을 대위할 수 없다.

참조조문 산업재해보상보험법제15조 제1항

당 사 자 원고, 피항소인 대한민국
피고, 항소인 대정중기 주식회사 외1인

원심판결 서울지방법원 서부지원 1992. 10.9 92가합2776 판결

주 문

1. 원심판결 중 피고들 패소부분을 취소하고 그 부분에 해당하는 원고의 청구를 각 기각한다.
2. 원고와 피고들 사이의 제1,2심 소송비용은 원고의 부담으로 한다.

청구취지

피고들은 연대하여 금 4천9백70만원 및 이에 대한 1991년 12월 28일부터 이 사건 소장부본 송달일까지는 연 5푼의, 그 다음날부터 다 갚을 때까지는 연 2할5푼의 각 비율에 의한 금원을 지급하라

항소취지 주문과 같다

이 유

1. 기초사실

가. 각 성립에 다툼이 없는 갑 제1호증의 1,2(각 제3자의 행위에 의한 재해발생신고서), 갑 제3호증(사망진단서), 갑 제4호증(보험급여원부), 갑 제7호증(재해사고 및 보험급여의 조사복명서), 갑 제8호증(중대재해조사결과보고), 을 제4호증(임대차계약서), 을 제5호증(판결), 각 원본의 존재 및 그 진정성립에 다툼이 없는 을 제2호증의 5,6,9,10(각 피의자신문조서사본), 14(공소장사본), 15(공판조서사본)의 각 기재에 변론의 전취지를 종합하면, 산업재해보상보험가입자인 소외 한보철강공업주식회사(이하, 소외 한보철강이라 한다)가 서울 중구 광희동 1가 202의 1 소재 지하철 5호선 5-26 공구 공사를 시공하면서 1991년 11월 25일, 피고 대정중기주식회사(이하, 피고 대정중기라 한다)로부터 운전기사와 함께 서울 02-7078호 굴삭기 1대를 금 30만원에 임차하기로 하는 계약을 체결하고, 피고 대정중기는 그 다음날인 1991년 11월 26일 그 피용자인 원심 공동피고 신종천을 위 굴삭기 운전기사로 위 공사현장에 파견하여 근무하게 한 사실, 한편 위 신종천은 같은 날 08:15경 위 공사현장에서 위 굴삭기를 조종하여 길이 약 10m, 무게 약 7백76kg인 강관의 중간부분을 쇠줄로 위 굴삭기의 굴삭장치의 이빨부분에 묶은 뒤 위 굴삭기 몸체를 회전하여 위 강관을 옆으로 이동하는 작업을 하게 되었는바, 굴삭기 조종업무에 종사하는 자로서는 본래 땅파는 작업에 사용되는 중기인 굴삭기를 위와 같이 강관이동작업에 사용하여서는 아니되고, 불가피하게 굴삭기를 강관이동작업에 사용하게 되었을지라도 그 작업에 앞서 전후,

좌우 또는 상하 방면에 사람 또는 장애물이 있는지를 잘 살펴서 작업에 임하여야 할 것임에도 이를 게을리한 채 그대로 강관이동작업을 한 과실로, 위 강관의 한쪽 끝이 위 공사현장에 설치된 소외 진로건설주식회사 현장사무실 바깥벽 상단에 부딪혀 그 충격으로 위 굴삭기 굴삭장치의 이빨부분에 묶었던 쇠줄이 미끄러져 빠지면서 때마침 위 현장사무실 옆에 설치된 간이창고에서 작업복을 갈아입고 있던 소외 한보철강 근로자인 소외 신종식의 머리위로 위 강관이 떨어져 동인으로 하여금 같은 날 09:18경 사망에 이르게 한 사실, 한편 피고 최태순은 위 굴삭기의 사실상 소유자로서 중기대여업을 하면서 다만 위 굴삭기를 피고 대정중기 명의로 등록하고 제반 행정업무를 피고 대정중기에 위탁관리케 한 이른바 지입차주인 사실, 위사고 때문에 원고 산하 노동부 서울지방사무소는 1991년 12월 27일 산업재해보상보험법에 따라 위 망인의 처 소외 신희정에게 유족보상일시금으로 금 4천5백50만원, 장의비로 금 4백20만원 합계 금 4천9백70만원을 지급한 사실을 각 인정할 수 있고 달리 반증이 없다.

나. 위 인정사실에 의하면, 위 사고는 피고 대정중기의 피용자이자 피고 최태순의 지휘, 감독을 받는 위 신종천의 사무집행상의 과실로 인하여 발생한 것이라 할 것이므로 피고 대정중기와 피고 최태순은 피고 신종천의 사용자들로서 각자 위 망 신종식이 위 사고로 입은 손해를 배상할 의무가 있었다 할 것이고, 위 원고가 위 신종식 및 그 유족들의 손해를 배상함으로써 공동면책되었다고 할 것이다.

2. 피고들의 항변에 대한 판단

가. 원고가 위 공동면책을 이유로 산업재해보상보험법 제15조 제1항에 따라 위 신종식 및 그 유족의 피고들에 대한 손해배상청구권을 대위하여 위 보험급여액 상당의 금원의 지급을 구함에 대하여, 먼저 피고들은 위 중기 운전사인 신종천은 위 공사현장에서 소외 한보철강의 지시하에 작업을 하였으므로 그 작업에 관한한 소외 한보철강이 위 신종천의 사용자라 할 것이므로 산업재해보상보험법 제15조 소정의 제3자에 해당하지 아니한다고 주장하므로 살펴본다. 산업재해보상보험법 제15조 제1항 본문 소정의 제3자는 피재근로자와의 사이에 산업재해보상보험관계가 없는 자로서 피재근로자에 대하여 불법행위 등으로 인한 손해배상책임을 지는 자를 지칭하고, 같은 법 제2항에서 말하는 근로기준법에 규정된 근로자란 사용자로부터 자기의 근로의 대상으로 금품을 받을 것을 목적으로하여 사용자에게 근로를 제공하는 자를 뜻한다 할 것인데, 앞에서 믿은 각 증거들에 의하면 위 신종천은 위 공사현장에서 소외 한보철강의 지시감독하에 작업을 한 사실은 인정되나, 한편 피고 대정중기가 위 신종천의 위 근로의 대가에 대한 임금을 지급하기로 하고 소외 한보철강은 위 신종천의 숙식비 및 잡비만을 위 신종천에게 지급하기로 한 사실을 인정할 수 있고 달리 반증 없는 바, 위 인정사실에 의하면 위 신종천은 산업재해보상보험법 및 근로기준법상 피고 대정중기의 근로자이지 소외 한보철강의 근로자는 아니라고 할 것이고 따라서 위 신종천은 산업재해보상보험법 제15조 제1항의 제3자에 해당한다 할 것이므로 피고들의 위 주장은 이유 없다.

나. 피고들은, 또한 피고 대정중기 역

시 산업재해보상보험 가입자이고, 이 사건 사고는 소외 한보철강과 피고 대정중기가 같은 지하철공구 건설현장에서 지하철건설공사라는 하나의 사업을 분할하여 행하다가 피고 대정중기의 근로자인 피고 신종천의 행위로 소외 한보철강소속 근로자가 재해를 입은 것이므로, 산업재해보상보험법 제15조 제1항 단서에 해당하여, 원고는 보험급여를 받은 망 신종식의 유족들의 손해배상청구권을 대위행사할 수 없다고 항변하므로 살펴본다.

앞에서 믿은 증거들과 각 성립에 다툼이 없는 을제1호증(보험료보고서), 2,3(각 납부영수증)의 각 기재에 의하면, 피고 대정중기는 중기대여업 등을 목적으로 하는 회사로서 1991년 1월1일부터 같은 해 12월 31일까지를 보험기간으로 하는 산업재해보상보험에 가입한 사실을 인정할 수 있고 달리 반증 없는 바, 이 사건에서와 같이 중기를 건설현장에 대여하는 것을 주된 사업으로 하는 피고 대정중기가 중기와 함께 그 소속근로자인 운전기사를 다른 보험가입자의 건설현장에 파견하여 작업하게 하였다면, 설사 법률상으로는 임대차의 형식을 취하였다 하더라도 피고 대정중기는 그 운전기사에 대한 근로기준법 및 산업재해보상보험법상의 사용자로서의 지위를 가지면서 민법상 사용자책임을 면할 수 없는 이상, 그 작업의 한도내에서는 이는 피고 대정중기의 사업이라 할 것이고, 따라서 이 사건 사고는 보험가입자인 2 이상의 사업자가 같은 장소에서 하나의 사업을 분할하여 각각 행하다가 그중 사업자를 달리하는 근로자의 행위로 재해가 발생한 때에 해당한다고 봄이 상당하므로 위 산업재해보상보험법 제15조 제1항 단서에 의하여 원고는 같은 항 본문에 의한 피해자의 손해배상청구권을 대위할 수 없다고 할 것이므로 피고들의 위 항변은 이유 있다(피고 대정중기는 피고 최태순과의 위탁계약에 따라 산업재해보상보험에 가입한 것이므로 피고 최태순 또한 산업재해보상보험법상으로는 원고에 대하여 피고 대정중기와 동일한 법적 지위에 있다 할 것이어서 피고 최태순에 대한 구상권 또한 발생하지 아니한다).

3. 결론

그렇다면 원고가 위 산업재해보상보험법 제15조 제1항에 본문에 의한 구상권을 취득하였음을 전제로 하는 원고의 청구는 더 나아가 판단할 필요없이 이유없어 이를 기각할 것인 바, 이와 결론을 일부 달리한 원심판결의 피고들 패소부분은 그 범위 내에서 부당하므로 이를 취소하고 그 부분에 해당하는 원고의 청구를 각 기각하며 원고와 피고들 사이의 제1,2심 소송비용은 패소한 원고의 부담으로하여 주문과 같이 판결한다.

판사 강봉수(재판장), 한위수, 김동환

● 구상금

대법원 제1부, 1993.6.29 판결 93다1770 상고기각

판 시 사 항

◉ 보험사고를 일으킨 자가 상법 제682조 소정의 "피보험자"에 해당될 경우 보험자의 보험자대위권 행사 거부

◉ 피보험자의 제3자에 대한 손해배상청구권이 시효로 소멸한 경우 보험자대위의가부 및 보험자가 대위할 손해배상청구권의 소멸시효의 기산점과 그 기간

판 결 요 지

가. 상법 제682조 소정의 보험자대위는 보험사고로 인한 손해가 제3자의 행위로 인하여 생긴 경우에 보험금액을 지급한 보험자가 보험계약자 또는 피보험자의 그 제3자에 대한 권리를 취득하는 제도이므로 보험계약의 해석상 보험사고를 일으킨 자가 위 법 소정의 "제3자"가 아닌 "피보험자"에 해당될 경우에는 보험자는 그 보험사고자에 대하여 보험자대위권을 행사할 수 없다.

나. 상법 제682조 규정은 피보험자 등의 제3자에 대한 손해배상청구권이 있음을 전제로하여 지급한 보험금액의 한도에서 그 청구권을 취득한다는 취지에 불과한 것이므로 피보험자 등의 제3자에 대한 손해배상청구권이 시효로 인하여 소멸하였다면 보험자가 이를 대위할 여지가 없다고 할 것이고, 이때에 보험자가 취득할 손해배상청구권의 소멸시효의 기산점과 기간은 그 청구권 자체를 기준으로 판단하여야 할 것이다.

참조조문 가. 나. 상법 제682조
나. 민법 제766조

참조판례 가. 대법원 1991.11.26 90다1063 판결
1993.1.12 91다7828 판결
나. 대법원 1981.7.7 80다1643 판결

당 사 자 원고, 상고인 한국자동차보험주식회사
소송대리인 변호사 전병덕
피고, 피상고인 박종균 외1인

원심판결 전주지방법원 1992.11.19 92나2175 판결

주 문 상고를 기각한다 상고비용은 원고의 부담으로 한다

이 유

상고이유를 본다

제1점에 대하여

1. 상법 제682조 소정의 보험자대위는, 보험사고로 인한 손해가 제3자의 행위로 인하여 생긴 경우에 보험금액을 지급한 보험자가 보험계약자 또는 피보험자의 그 제3자에 대한 권리를 취득하는 제도이므로, 보험계약의 해석상 보험사고를 일으킨 자가 위 법 소정의 "제3자"가 아닌 "피보험자"에 해당될 경우에는 보험자는 그 보험사고자에 대하여 보험자대위권을 행사할 수 없는 것이다(당원 1991.11.26 선고, 90다10063 판결 참조).

2. 원심이 확정한 사실에 의하면, 이 사건 사고차량인 전북 7자2602호 봉고트럭은 소외 강진용달의 소유이고, 그 운전사는 위 강진용달의 피용자인 피고 박주봉인데, 이 박주봉이 1985.3.20 운전면허가 없는 피고 박종균에게 일시 위 차량을 운전하게하여 위 박종균이 이를 운전하다가 이 사건 사고를 일으켰고, 원고회사는 1985.1.18 위 강진용달과의 사

이에 위 차량을 피보험차량으로, 보험기간을 1985.1.18부터 같은 해 7.18까지로 하는 자동차종합보험대인배상계약을 체결하였다는 것이다.

3. 사정이 위와 같다면, 자동차종합보험의 대인배상은 피보험자가 자동차의 사고로 인하여 남을 죽게 하거나 다치게하여 법률상 손해배상책임을 짐으로써 입은 손해를 보상하는 것이고, 대인배상에서의 피보험자는 보험증권에 기재된 기명피보험자, 기명피보험자와 같이 살거나 살림을 같이하는 친족으로서 자동차를 사용 또는 관리중인 자, 기명피보험자의 승낙을 얻어 자동차를 사용 또는 관리중인 자, 기명피보험자의 고용주(다만 기명피보험자가 자동차를 고용주의 업무에 사용하고 있는 때에 한함), 위 각 피보험자를 위하여 자동차를 운전중인 자(운전보조자 포함)인 이 사건 보험계약관계에 있어서, 피고 박주봉은 기명피보험자인 위 강진용달의 피용운전사로서 "피보험자를 위하여 자동차를 운전중인 자"에 해당되는 "피보험자"일 뿐, 상법 제682조에서 말하는 "제3자"에 포함되는 자라고 볼 수 없으므로, 보험자인 원고는 위 피고에 대하여 보험자대위권을 행사할 수 없다고 할 것이다.

따라서 이와 같은 취지의 원심판단은 정당하고, 거기에 보험대위에 있어 제3자에 관한 법리를 오해하고 자동차종합보험약관의 해석을 잘못하거나 채증법칙을 어긴 위법이 있다고 할 수 없다.

4. 논지는 원심이 위 피고를 위 강진용달의 승낙을 얻어 자동차를 사용 또는 관리중인 자로 보고 위 피고가 보험자대위에 있어서의 제3자에 해당하지 아니한다고 판단하였음을 전제로하여 위 피고가 기명피보험자의 승낙을 얻어 자동차를 사용 또는 관리중인 자에 해당할 수 없다고 주장하고 있으나, 원심의 판단이 그와 같은 취지라고 볼 수 없다.

따라서 논지는 이유가 없다.

제2점에 대하여

1. 상법 제682조에 의하면 손해가 제3자의 행위로 인하여 생긴 경우에 보험금액을 지급한 보험자는 그 지급한 금액의 한도에서 그 제3자에 대한 보험계약자 또는 피보험자의 권리를 취득한다고 규정하고 있으나, 이는 피보험자 등의 제3자에 대한 손해배상청구권이 있음을 전제로하여 지급한 보험금액의 한도에서 그 청구권을 취득한다는 취지에 불과한 것이므로 (당원 1981.7.7 선고, 80다1643 판결 참조), 피보험자 등의 제3자에 대한 손해배상청구권이 시효로 인하여 소멸하였다면 보험자가 이를 대위할 여지가 없다고 할 것이고, 이 때에 보험자가 취득할 손해배상청구권의 소멸시효의 기산점과 그 기간은 그 청구권 자체를 기준으로 판단하여야 할 것이다.

2. 원심이 확정한 사실에 의하면, 이 사건 보험계약의 피보험자인 위 강진용달의 피용자가 아닌 피고 박종균이 그 피용자인 피고 박주봉의 승낙을 얻어 피보험차량을 운전하다가 운전부주의로 사고를 일으켜 위 강진용달이 이로 인한 손해배상책임을 짐으로써 손해를 입게 되었다는 것이어서, 이로 인하여 위 강진용달이 피고 박종균에 대하여 가지는 손해배상청구권은 불법행위로 인한 것임이 분명하므

로, 원심이 그러한 전제 아래 위 강진용 달은 특별한 사정이 없는 한 위 사고 당시 그 손해 및 가해자를 알았다고 보아 위 손해배상청구권은 사고 다음날부터 3년이 경과한 1988.3.21에 그 소멸시효가 완성되어 소멸하였다고 판단하였음은 정당하다.

3. 논지는 보험자가 보험자대위에 의하여 취득하는 권리는 피보험자가 제3자에 대하여 가지는 손해배상청구권이나 그 변형이 아니라 이와 법적 성질을 달리하는 특별한 권리이므로, 그 권리의 취득시기는 보험금 지급시기이고 권리를 행사할 수 있는 시기도 그때이며, 그 소멸시효기간도 일반채권과 같이 10년으로 보아야 한다는 것이나, 받아들일 수 없다.

논지는 이유 없다.

그러므로 상고를 기각하고, 상고비용은 패소자의 부담으로하여 관여법관의 일치된 의견으로 주문과 같이 판결한다.

대법관 최종영(재판장), 최재호, 배만운(주심), 김석수

● 손해배상

대법원 제2부, 1993.1.26 판결 92다4871 파기환송

판 시 사 항

◉ 교통사고로 인한 상해의 치료 중 의사의 과실 등으로 증상이 악화되거나 새로운 증상이 생겨 손해가 확대된 경우 확대손해와 교통사고 사이에 상당인과관계가 있는지 여부(한정적극)

◉ 공동불법행위자 중 1인과 체결한 보험계약이나 공제계약에 따라 보험자나 공제사업주가 손해배상금을 지급하여 공동불법행위자들에 대한 구상권행사 가부(적극) 및 보험자나 공제사업자가 보험자대위에 의하여 위 구상권을 취득하는지 여부(적극)

판 결 요 지

가. 교통사고로 인하여 상해를 입은 피해자가 치료를 받던 중 의사의 과실 등으로 인한 의료사고로 증상이 악화되거나 새로운 증상이 생겨 손해가 확대된 경우 특별한 다른 사정이 없는 한 그와 같은 손해와 교통사고 사이에도 상당인과관계가 있다고 보아야 하므로, 교통사고와 의료사고가 각기 독립하여 불법행위의 요건을 갖추고 있으면서 객관적으로 관련되고 공동하여 위법하게 피해자에게 손해를 가한 것으로 인정된다면, 공동불법행위가 성립되어 공동불법행위자들이 연대하여 손해를 배상할 책임이 있다.

나. 공동불법행위자 중의 1인과 사이에 체결한 보험계약이나 공제계약에 따라 보험자나 공제사업자가 피해자에게 손해배상금을 보험금액으로 모두 지급함으로써 공동면책이 된 경우 보험계약이나 공제계약을 체결한 공동불법행위자가 변제 기타 자기의 출재로 공동면책이 된 때와 마찬가지로 그 공동불법행위자는 다른 공동불법행위자

의 부담부분에 대하여 구상권을 행사할 수 있고, 보험금액을 지급한 보험자나 공제사업자는 상법 682조 소정의 보험자대위의 제도에 따라 공동불법행위자의 다른 공동불법행위자에 대한 위와 같은 구상권을 취득한다.

참조조문 가. 나. 상법 제760조
가. 민법 제750조
나. 상법 682조

참조판례 가. 대법원 1982.6.8 다카 1130 판결
1984.4.12 87다카 2951 판결
1989.5.23 87다카 2723 판결
나. 대법원 1988.4.27 87다카 1012 판결
1989.11.28 89다카 9194 판결
1989.12.12 89다카 586 판결

당 사 자 원고, 상고인 전국택시운송사업조합연합회 소송대리인 변호사 조준희
피고, 피상고인 이광범
소송대리인 변호사 한광세

원심판결 서울고등법원 1991.12.24 90나34443 판결

주　문 원심판결을 파기한다 사건을 서울고등법원에 환송한다

이　유

원고소송대리인의 상고이유 제2점에 대하여 먼저 판단한다.

1. 원심이 인정한 사실관계의 요지

가. 원고는 육운진흥법 제8조 및 같은 법시행령 제11조에 따라서 그 내부에 공제조합을 설치하여, 공제계약을 체결한 택시운송사업자가 그 소유자동차의 운행으로 인한 교통사고로 제3자에게 치료비 등 손해배상책임을 지게 되는 경우, 원고가 그 조합원을 대위하여 그 손해를 보상하는 공제사업을 수행하고 있다.

나. 소외 용성용이 1984.7.10 21:20경 위 공제조합의 조합원인 소외 대한상운 주식회사 소유의 서울 4파2066호 택시에 치어 좌측대퇴골 분쇄골절 등의 상해를 입고, 강남성모병원에서 응급치료를 받은 후 7.13 피고 경영의 서울 성동구 성수동 2가 289의1 소재 이광범정형외과의원에 입원하여 1.19경 피고로부터 환부에 대한 1차 수술을 받았으나 수술부위에 천공이 생기고 고름이 나오는 등 골수염 및 골절부위 부전유합증세를 보여 12.11경 해당 골절부위 관혈적 정복술 및 금속제 교정, 골이식수술을 다시 받은 결과 골절부위유합상태도 양호하고 별다른 합병증의 조짐도 보이지 아니하여 1985.3 초순경에는 피고의 권고에 따라 구입한 보행보조기만 착용하고서 혼자 걸어 다닐 정도로 호전되어 더 이상 입원할 필요없이 퇴원하여 통원치료만 며칠 받으면 족하니 퇴원해도 무방하다는 권유를 피고로부터 받던 중 3.20경 위 병원원장실에서 피고로부터 관절굴신운동을 시키는 물리치료를 받게 되었다.

다. 그런데 위 병원에는 물리치료를 위한 특별한 시설이 따로 없어 피고는 진찰용침대에 위 용성용을 엎드리게 하고 손으로 그의 좌측다리를 이리저리 꺾는 방법으로 관절굴신운동을 시키는 물리치료

를 시행하게 되었는데, 이러한 경우 의사로서는 환자의 관절강직상태에 맞추어 무리가 가지 아니하는 범위내에서 조심하면서 위와 같은 굴신운동을 시켜야 하는데도 불구하고 위 용성용의 환부관절강직상태를 잘 살펴보지 아니한 채 다리를 이리저리 꺾어 위 용성용이 그 무릎에 굉장한 통증을 느껴 이를 호소하는데도 이를 무시하고 2분 내지 3분간 계속적으로 무리하게 위 다리를 꺾어 환부 내의 금속고정물이 이완되고, 위 골절부위가 다시 골절되었다(위 용성용이 위 물리치료를 받을 때까지 위 물리치료 외에는 넘어지거나 제대로 유합되었던 그 환부가 다시 골절될 정도로 다리에 충격을 받은 일이 없었다).

라. 위 물리치료 후에는 위 용성용이 좌측대퇴부의 통증을 피고에게 수차 호소하였으나 피고는 간호원을 통하여 뜨거운 수건으로 찜질만 시키다가 1주일만에야 환부를 확인하고 엑스선촬영을하여 본 결과 위와 같이 금속내고정물이 이완되고 제대로 유합되었던 골절부위가 다시 골절되었음을 확인하여, 4.4에 3차로 관혈적 정복술 및 금속재고정술을 시행하였으나 환부에서 고름이 나오고 위 3차 수술후 3개월이 경과하도록 골유합이 되지 아니하자 7.23 그를 국립의료원으로 옮겨 입원하여 치료를 받으라고 하였다.

마. 위 용성용은 1985.7.23부터 1987.6.12까지 위 국립의료원에서 좌측대퇴골부전유합 및 골결손 등으로 좌측대퇴골이 6cm 내지 7cm 소실된 상태에서 입원 및 통원을 하면서 금속고정물제거, 우비골혈관이식 및 내고정시술을 받았고, 그 사이인 1986. 3.18부터 8.4까지는 권혁채정형외과에서 입원 및 통원치료를 받았으며, 한편 원고는 위 용성용의 위 국립의료원 및 권혁채정형외과 대한 치료비채무를 보증한 관계로 그의 치료비로서 1987.6.19까지 위 국립의료원에 금 38,492,450원, 1986.10.13까지 위 권혁채정형외과에 금 2,182,000원 합계금 40,674,450원을 지급하였다.

2. 원심은 위와 같은 시설들을 전제로, 원고가 위 공제계약에 따른 공제사업자로서 그 공제계약자(조합원) 또는 피공제자의 제3자에 대한 손해배상청구권을 대위행사한다는 취지의 원고의 주장에 대하여 판단하기를, 육운진흥법 제8조 및 같은법 시행령 제11조의 규정에 의한 원고의 위 공제사업은 성질상 상호보험과 유사한 것이므로, 상법 제 664조를 유추적용하여 "손해가 제3자의 행위로 인하여 생긴 경우에 보험금액을 지급한 보험자는 그 지급한 금액의 한도에서 그 제3자에 대한 보험계약자 또는 피보험자의 권리를 취득한다"는 보험자대위에 관한 상법 682조를 준용할 수 있다고는 보아야 할 것이지만, 보험자대위에 의하여 보험자가 취득하는 권리는 당해 사고의 발생 자체로 인하여 피보험자가 제3자에 대하여 가지는 불법행위로 인한 손해배상청구권이나 채무불이행으로 인한 손해배상청구권에 한하는 것이라고 할 것인바, 앞서 인정한 사실에 의하면 위 용성용이 위 교통사고로 좌측대퇴부 분쇄골절 등의 상해를 입었으나 1984.7.13부터 1985.3.20경까지 8개월 이상 피고 경영의 위 병원에 입원하여 2회에 걸쳐 수술을 받은 결과 골유합상태가 양호하여 조만간 퇴원해도 무방하다는 권유를 받을 정도로 환부가 치유된 상태에서 피고의 물리치료상의 과실

로 인하여 제대로 유합되었던 골절부위가 다시 골절된 것이고, 위 용성용이 그 후 피고로부터 4개월 가량 치료를 더 받은 후 국립의료원 및 권혁채정형외과 위 재골절로 인한 상해를 치료받게 된 것이므로, 위 재골절은 피고의 잘못으로 인한 것으로서 위 교통사고와 위 재골절 사이에는 사실적(자연적)인과관계는 존재한다 하더라도 그 사이에 법적 인과관계(상당인과관계)는 없다 할 것이므로(원고 스스로도 위양병원에 지급한 치료비는 전적으로 피고의 물리치료상의 과실로 인한 재골절에 따른 상해를 치료받기 위하여 지출된 것임을 전제로 이 사건 청구를 하고 있고, 피고 또한 위 용성용의 좌측대퇴부위가 1985.3.20경 재골절되지 아니하였더라면 위 용성용은 늦어도 위 국립의료원으로 전원하기 이전에 피고의 위 병원에서 퇴원할 수 있었다는 점은 인정하고 있다), 위 교통사고와는 별개인 이 사건 의료사고로 인한 손해배상청구권을 원고가 대위행사할 수는 없는 것이라는 이유로, 원고의 위 주장을 배척하였다.

3. 그러나 교통사고로 인하여 상해를 입은 피해자가 치료를 받던 중 치료를 하던 의사의 과실 등으로 인한 의료사고로 증상이 악화되거나 새로운 증상이 생겨 손해가 확대된 경우에는, 특별한 다른 사정이 없는 한 그와 같은 손해와 교통사고 사이에도 상당인과관계가 있다고 보아야 할 것이므로, 교통사고와 의료사고가 각기 독립하여 불법행위의 요건을 갖추고 있으면서 개관적으로 관련되고 공동하여 위법하게 피해자에게 손해를 가한 것으로 인정된다면, 공동불법행위가 성립되어 공동불법행위자들이 연대하여 그와 같은 손해를 배상할 책임이 있는 것이다(당원 1988.4.12 선고, 87다카2951 판결; 1989.5.23 선고, 87다카2723 판결 등 참조).

그리고 공동의 불법행위로 피해자에게 가한 손해를 연대하여 배상할 책임이 있는 공동불법행위자 중의 1인과 간에 체결한 보험계약이나 그 성질이 상호보험과 유사한 이 사건 공제계약과 같은 계약에 따라 보험자나 공제사업자가 피해자에게 그 손해배상금을 보험금액으로 모두 지급함으로써 공동불법행위자들이 공동면책이 된 경우에는, 보험계약이나 공제계약을 체결한 그 공동불법행위자가 변제 기타 자기의 출재로 공동면책이 된 때와 마찬가지로, 그 공동불법행위자는 다른 공동불법행위자의 부담부분에 대하여 구상권을 행사할 수 있고, 보험금액을 지급한 보험자나 공제사업자는 상법 제682조 소정의 보험자대위의 제도에 따라 그 공동불법행위자의 다른 공동불법행위자에 대한 위와 같은 구상권을 취득한다고 할 것이다(당원 1988.4.27 선고, 87다카1012 판결;1989.11.28 선고, 89다카9194 판결;1989.12.12 선고, 89다카586 판결 등 참조).

4. 이 사건의 경우, 원심도 채용한 갑 제12호증의 1,2의 각 기재와 제1심증인 용성용 및 양인석이 각 증언 등에 의하면, 위 용성용은 피고가 경영하는 이광범정형외과의원에 입원하여 관혈적 정복술 및 금속판고정술과 골이식수술 등의 치료를 받은 결과 골절부위의 유합상태가 양호하게 되어 1985.3 중순경에는 보조기를 구입하여 착용하고 보행연습 할 정도가 되었고, 1985.3.20 당시에는 피고로부터 이제 얼마간 물리치료만 받으면 퇴

원할 수 있다는 말을 들을 정도로 치유된 사실을 인정할 수 있을 뿐, 원심이 채용한 모든 증거들에 의하더라도 1985.5.20 당시 위 용성용의 상태가 조만간 퇴원할 수 있을 정도로 호전되어 있었거나 이미 완치의 정도에까지 이르렀다고 보이지는 아니함에도 불구하고(완치의 정도에까지 이를 정도로 치유되었다면 의사의 위와 같은 물리치료만에 의하여 쉽사리 재골절되지는 아니하였을 것이다), 원심은 그 당시 위 용성용이 거의 완치되었다가 피고의 과실로 인하여 재대로 유합된 골절부위가 다시 골절된 것처럼 사실을 인정하였으니, 원심판결에는 채증법칙을 위반하여 사실을 잘못 인정한 위법이 있다고 하지 않을 수 없다.

사실관계가 이와 같다면, 위 용성용은 이 사건 교통사고로 인하여 좌측대퇴골분쇄골절 등의 상해를 입고 피고가 경영하는 정형외과의원에 입원하여 치료를 받던 중 의사인 피고의 물리치료상의 과실로 말미암아 유합되었던 골절부위가 다시 골절된 것으로서, 그 당시 원래 골절되었던 상해부위가 상당한 정도로 치유되었다고 하더라도, 특별한 다른 사정이 없는 한 위와 같은 재골절과 이 사건 교통사고 사이에도 상당인과 관계가 있다고 보아야 할 것이므로, 이 사건 교통사고와 의료사고는 위 용성용이 위와 같은 재골절로 인하여 입은 손해에 대한 관계에서 공동불법행위를 구성한다고 할 것이고, 따라서 이 사건 교통사고에 관하여 공제계약을 체결한 공제사업자인 원고가, 공제계약을 체결한 위 소외 회사의 부담부분을 초과하여 피해자인 위 용성용에게 손해를 배상하였다면, 공동불법행위자인 피고의 부담부분에 대하여는 위 소외 회사를 대위하여 구상권을 행사할 수 있을 것이다.

그럼에도 불구하고, 원심은 위 용성용의 재골절과 이 사건 교통사고 사이에 상당인과관계가 없다고 볼 만한 특별한 사정이 있는지의 여부에 관하여는 제대로 심리판단하지도 아니한 채, 위 용성용의 재골절이 피고의 잘못으로 인한 것이라는 이유만으로 이 사건 교통사고와 재골절 사이에는 사실적(자연적)인과관계는 존재한다고 하더라도 법적 인과관계(상당인과관계)는 없다고 할 것이라고 판단한 끝에, 이 사건 교통사고와는 별개의 사고인 의료사고로 인한 손해배상청구권을 원고가 대위행사할 수는 없는 것이라고 판단하였으니, 원심판결에는 공동불법행위와 그로 인하여 발생한 손해와 사이의 인과관계에 관한 법리를 오해한 위법이 있다고 할 것이다.

원심이 저지른 위와 같은 위법들은 판결에 영향을 미친 것임이 분명하므로, 이 점을 지적하는 논지는 이유가 있다.

5. 그러므로 그밖의 상고이유 제1점에 대하여는 판단을 생략한 채 원심판결을 파기하고 다시 심리판단하게 하기 위하여 사건을 원심법원에 환송하기로 관여법관의 의견이 일치되어 주문과 같이 판결한다.

대법관 김용준(주심), 최재호, 윤 관, 김주한

● 구상금

대법원 제1부, 1992.12.8 판결 92다23360 파기환송

판 시 사 항

◉ 산업재해가 제3자와 보험가입자의 공동불법행위로 인하여 발생한 경우 구 산업재해보상보험법(1989.4.1 법률 제4111호로 개정되기 전의 것) 제15조 제1항에 의한 구상권행사 가부(적극) 및 구상권의 범위

◉ 갑, 을 회사가 사용자책임에 의해 공동불법행위책임을 지는 관계에 있어 국가가 갑 소속 피해근로자에게 산업재해보상보험급여를 한 후 을에게 구상하자 을의 보험자 병이 대위변제한 경우 갑은 같은법 제11조 소정의 보험가입자 해당여부와 관계없이 병의 구상청구에 응할 의무가 있는지 여부(적극)

판 결 요 지

가. 산업재해보상보험법(1989.4.1 법률 제4111호 개정되기 전의 것)제15조 제1항에 규정된 구상권 행사의 상대방인 제3자라 함은 피해 근로자와의 사이에 산업재해보험관계가 없는 자로서 피해 근로자에 대하여 불법행위 등으로 인한 재해배상책임을 지는 자를 말하나 그 구상권은 제3자와 보험가입자 또는 소속 근로자의 공동불법행위로 인하여 발생한 경우에도 행사할 수 있는 것이고 이 경우에도 보험가입자 또는 그 피용자의 과실비율에 따른 부담부분에 관계없이 구상권을 행사할 수 있으며 국가의 구상에 응한 제3자가 장차 보험가입자에게 과실비율에 따라 부담부분의 재구상을 할 것까지 미리 예상하여 보험가입자의 부담부분에 대하여 구상권을 행사할 수 없다고 볼 것은 아니다.

나. 갑, 을 회사가 사용자 책임에 의해 공동불법행위책임을 지는 관계에 있어 국가가 갑 소속 피해근로자에게 산업재해보상보험급여를 한 후 을에게 구상권을 행사하여 을의 상법상 보험자 병이 대위변제한 경우 사업주가 산업재해보상보험에 가입되어 있다고하여 소속 피해근로자에 대한 사업주의 공동불법행위자로서의 손해배상책임이 발생하지 아니한다고 할 수 없으므로 갑은 같은 법 제11조 소정의 보험가입자에 해당하는 여부와 관계없이 을의 공동불법행위에 따른 손해배상책임의 공동면책에 의한 구상권을 대위취득한 병에게 그의 부담부분 중 면책받은 금액을 지급할 의무가 있다.

참조조문 가. 구 산업재해보상보험법(1989.4.1 법률 제4111호로 개정되기 전의 것) 제15조 제1항

나. 같은법 제11조 상법 682조

참조판례 가. 대법원 1989.6.27. 87다카1946 판결

1989.9.26 87다카3109 판결

1992.2.25 91다28726 판결

당 사 자 원고, 상고인 현대해상화재보험주식회사

소송대리인 변호사 이기창

피고, 피상고인 두성건설주식회사

원심판결 부산고등법원 1992.5.6 91나 16365 판결

주　　문 원심판결을 파기하고 사건을 부산고등법원에 환송한다

이　　유

상고이유를 본다.

(1)원심은, 피고 회사 소속 근로자인 소외 김종철, 배세환, 이상선 등이 1988.4.23. 11:00경 일동기업주식회사 소유의 기중기를 조종하는 위 회사 소속 근로자인 소외 김승필과 함께 피고가 대선조선주식회사로부터 하도급 받은 교량 기초공사 현장으로 운반하기 위하여 길이 약 10m, 무게 약 1.5t의 아이 빔(I beam)강재를 기중기로 집어 올려 트럭에 싣는 작업을 하다가 기중기 집게가 빠짐으로 인해 집어 올린 강재가 떨어져 구르는 것을 피하지 못한 위 김종철이 우경골 및 비골 개방성 분쇄골절 등의 상해를 입었는데 위 사고는 피고의 근로자인 배세환, 이상선의 과실과 위 일동기업의 근로자인 김승필의 과실이 경합하여 발생한 사실, 위 교량기초공사의 원수급자인 위 대선조선은 하수급자인 피고의 피용자들을 포함한 위 공사현장의 전 작업자에 관하여 산업재해보상보험에 가입한 관계로 나라는 위 김종철에게 산업재해보상보험법(1984.4.1 법률 제4111호로 개정되기 전의 것, 이하 단순히 법이라고만 한다)에 의한 보험급여로 합계 돈 39,850,650원을 지급한 다음 법 제15조 제1항에 의하여 위 김종철의 손해배상청구권을 대위취득하였다 하여 위 일동기업을 상대로 위 보험급여액 상당의 구상금 청구의 소를 제기하여 승소판결을 받아 그 판결이 확정된 사실, 이에 위 기중기에 관하여 위 일동기업과 체결한 자동차종합보험계약의 보험자인 원고는 나라에게 위 판결에서 지급을 명한 원금과 지연손해금으로 합계 42,035,320원을 지급한 사실을 인정한 다음, 원고가 상법 제682조에 의하여 일동기업이 공동불법행위자인 피고에 대하여 가진 공동면책에 따른 구상권을 대위취득하였다고하여 이 사건 청구를 하고, 피고는 피고도 위 김종철과의 사이에 실질적으로 산업재해보험관계에 있어 법 제15조 제1항 소정의 "제3자"라 할 수 없고 법 제11조 제2항의 규정에 따라 그 규정상의 "보험가입자"라고 보아야 할 피고는 그 보험급여의 금액 한도 안에서 손해배상책임도 면제되었으므로 원고의 청구는 이유없다고 주장함에 대하여, 사업이 수차의 도급에 의하여 행하여지는 경우에는 그 원수급인을 사업주나 사용자로 본다고 규정한 법 제6조의2 제1항, 근로기준법 제91조 제1항의 입법취지에 비추어 피고는 비록 형식적으로는 보험가입자로되어 있지 아니하지만 실질적으로 산업재해보험관계에 있다고 보아야 하므로 법 제11조 제1,2항, 제15조 제1항에 규정된 보험가입자가 아니라고 할 수 없고, 한편 법 제11조 제1,2항, 제15조 제1항, 근로기준법 제87조의 규정이 보험금지급의 원인이 된 사고에 관하여 보험가입자, 나라 이외의 제3자에게 원인이 있는 경우 그 손해의 전보는 종국적으로 나라에 의할 것이 아니라 그 제3자에 의하여야 한다는 조리에 입각한 것이라 할 것이며, 법 제15조 제1항 소정의 "제3자"에 보험가입자나 그 소속 근로자도 포함된다고 보는 경우에 생길 수 있는 그 설시와 같은 불합리한 점, 1989.4.1자 산업재해보상보험법 개정시 "다만 보험가입자인 2 이상의 사업주가 같은 장소에서 하나의

사업을 분할하여 각각 행하다가 그중 사업주를 달리하는 근로자의 행위로 재해가 발생한 때에는 그러하지 아니하다"라는 단서를 신설하여 구상권을 배제하고 있는 입법취지 등을 합쳐 보면 피고나 그 소속 근로자인 위 배세환, 이상선은 법 제15조 제1항 소정의 "제3자"에 해당하지 아니한다고 보아야 할 것이므로 나라는 위 사람들에 대하여 위 법조항에 의한 구상권을 취득하지 못한다고 할 것이고 피고는 법 제11조 제2항에 의하여 민법 기타 법령에 의한 손해배상 책임이 면제되어 확정적으로 소멸되었다고 할 것이어서 원고가 대위하는 나라의 피고에 대한 구상권이 성립되지 않는다는 이유로 원고 청구의 일부를 인용한 제1심 판결을 취소하고 그 부분에 관한 원고의 청구를 기각하였다.

(2) 구 산업재해보상보험법(1989.4.1 법률 제4111호로 개정되기 전의 것) 제15조 제1항에 규정된 구상권 행사의 상대방인 제3자라 함은 피해 근로자와의 사이에 산업재해보험관계가 없는 자로서 피해근로자에 대하여 불법행위 등으로 인한 재해배상책임을 지는 자를 말하나 그 구상권은 제3자와 보험가입자 또는 그 소속 근로자의 공동불법행위로 인하여 발생한 경우에도 행사할 수 있는 것이고 이 경우에도 보험가입자 또는 그 피용자의 과실비율에 따른 부담부분에 관계없이 구상권을 행사할 있으며 국가의 구상에 응한 제3자가 장차 보험가입자에게 과실비율에 따라 그 부담부분의 재구상을 할 것까지 미리 예상하여 보험가입자의 그 부담부분에 대하여는 구상권을 행사할 수 없다고 볼 것은 아니라고 함이 당원의 확립된 판례이고(당원 1988.3.8 선고 85다카2285 판결; 1989.6.27 선고, 87다카1946 판결; 1989.9.26 선고, 87다카3109 판결; 1992.2.25 선고, 91다28726 판결 등 참조), 사업주가 산업재해보상보험에 가입되어 있다고하여 이 사건과 같은 경우 소속 피해 근로자에 대한 사업주의 공동불법 행위자로서의 손해배상책임이 발생하지 아니한다고 할 수는 없으므로 피고가 법 제11조 소정의 보험가입자에 해당하는 여부와는 관계없이 피고는 일동기업의 공동불법행위에 따른 손해배상책임의 공동면책에 의한 구상권을 대위취득한 원고에게 그의 부담부분 중 면책받은 금액을 지급할 의무가 있다고 할 것이다. 근로기준법이 민법상의 불법행위 책임과는 다른 근로자의 생존권보장의 측면에서 사용자의 고의, 과실을 묻지 않고 사용자에게 근로자의 업무상 재해로 인한 손해를 보상하도록 특별한 책임을 부담시키고 이의 실효성 확보를 위하여 산업재해보상보험법에서 산업재해보상보험제도를 마련하고 있는데 이 보험제도는 상법상의 손해보험적 성격을 넘어 사회보장적 성격도 있는 것이고 산업재해보상보험법 제11조는 피해근로자가 보험급여를 받음으로써 손해를 전보받았다는 점을 감안하여 피해근로자에 대한 관계에 한하여 보험자의 산업재해보험금 지급의무, 사용자의 민법 등에 의한 손해배상책임, 피해근로자의 산업재해보험급여청구권 및 손해배상청구권과의 조정관계를 규정한 것에 그칠 뿐이고 공동불법행위자간의 구상관계까지 규율하거나 영향을 미치는 것은 아니라고 보아야 할 것이며, 이 사건의 경우 나라의 보험급여 지급 전에 위 일동기업이 위 김종철에게 손해배상책임을 이행하였다면 나라는 법 제15조 제2항의 규정에 의하여 그 지급된 배상액의 한도 안에서 보험급여를 하지 아니할 것이고 위 일동기업은 법상의 보험급

여액에 상당하는 금액을 포함한 피고의 면책부분의 금액 전부에 관하여 구상권을 행사할 수 있음은 의문의 여지가 없다고 할 것인데 나라에 의한 보험급여 지급이 먼저 되었다하여 위와 같은 결론이 달라진다는 것은 오히려 불합리하다고 할 것인바, 이러한 점 등에 비추어 보면 위와 같은 해석을 취하는 경우에 생기는 원심설시의 불합리한 점들을 불합리한 것으로 볼 것은 아니다.

한편 현행 산업재해보상보험법 제15조 제1항 단서는 산업재해보상보험의 성질이나 법논리상의 관점에서가 아니라 보험가입자의 보호라는 입법정책적 관점에서 신설된 것으로 보이므로 위 단서 규정이 신설되기 전에 재해가 발생한 이 사건에 있어서의 법률해석에 영향을 미치는 바 있다고 할 수 없다.

따라서 원심판결에는 법 제15조 제1항, 제11조에 대한 법률해석을 잘못하여 판결에 영향을 미친 위법이 있다고 할 것이고 논지는 이 점에 관한 범위 내에서 이유 있다.

(3) 그러므로 원심판결을 파기환송하기로하여 관여법관의 일치된 의견으로 주문과 같이 판결한다.

대법관 김석수(주심), 이회창, 배만운, 최종영

● 구상금

대법원 제3부, 1992.6.26 판결 92다10968 상고기각

판 시 사 항

◉ 국가가 산업재해보상보험법에 의하여 제3자에 대한 구상권을 행사하는 경우 그 구상금소송에서 제3자의 손해배상책임의 존부 및 범위에 대하여 바로 심리, 판단 할 수 있는지 여부(적극)

◉ 원심판결에 피고의 소멸시효 등의 항변에 대하여 판단하지 아니한 잘못이 있으나, 원심의 위 판단유탈은 판결결과에 영향이 없어 판결의 파기이유가 되는 위법이라고는 할 수 없다고 한 사례.

판 결 요 지

가. 국가가 제3자의 행위에 의한 재해로 인하여 보험급여를 한 후 산업재해보상보험법 제15조에 의하여 그 제3자에 대한 구상권을 행사하려면 그 제3자의 손해배상책임의 존부 및 범위가 확정되어야 하나, 이는 반드시 구상금 소송 이전에 별도로 불법행위에 기한 손해배상청구소송을 통하여 확정되어 있어야 하는 것은 아니고 구상금소송에서 바로 이에 대하여 심리, 판단 할 수 있다.

나. 원심판결에, 소각하 판결의 확정으로 피고의 손해배상책임 없음이 확정되었고, 또한 위 손해배상책임이 있음을 전제로 한 것이고, 또한 그 손해배상채무의 소멸시효기간이 경과하지 않았음이 역수상 명백하다면 원심의 위 판단유탈은 판결결과에 영향이 없어 판결의 파기 이유가 되는 위법이라고 할 수 없다고 한 사례.

참조조문 가. 민법 제763조(제393조)
산업재해보상보험법 제15조
나. 민사소송법 제193조 제2항, 제393조

당 사 자 원고, 피상고인 대한민국
피고, 상고인 주식회사 삼환까뮤 소송대리인 변호사 박재봉

원심판결 부산고등법원 1992.2.14 91나3977 판결

주　　문 상고를 기각한다. 상고비용은 피고의 부담으로 한다

이　　유

1. 상고이유 제1점에 대하여.

국가가 제3자의 행위에 의한 재해로 인하여 보험급여를 한 후 산업재해보상보험법 제15조에 의하여 그 제3자에 대한 구상권을 행사하려면 그 제3자의 손해배상책임의 존부 및 범위가 확정되어야 함은 소론과 같으나, 이는 반드시 구상금소송이전에 별도로 불법행위에 기한 손해배상청구소송을 통하여 확정되어 있어야 하는 것은 아니고 구상금소송에서 바로 이에 대하여 심리, 판단할 수 있는 것이므로, 원심이 그 설시의 증거에 의하여 바로 피고의 손해배상책임을 인정한 데에 소론과 같은 채권자대위권행사의 법리 또는 산업재해보상보험법상의 구상권행사의 법리를 오해한 위법이 없다.

논지는 독자적 견해로서 이유 없다.

2. 상고이유 제2점에 대하여

원심이, 이 사건 사고는 피고의 피용자인 소외인들의 사무집행상의 과실에 의하여 발생하였다는 사실을 인정하는 한편, 보험금의 수급권자인 소외 주명희가 피고로부터 금 19.000.000원만 지급받고 나머지는 면제하기로 합의하였다는 피고의 항변을 배척한 것은 옳고, 거기에 채증법칙 위배로 인한 사실오인이나 손해배상책임의 면제에 관한 법리오해의 위법이 없으므로, 논지도 이유 없다.

3. 상고이유 제3점에 대하여.

한편, 원심은, 소외 망 정광림의 상속인들이 피고를 상대로 제기한 부산지방법원 87가합3578 손해배상청구소송에서 소각하 판결이 선고, 확정됨으로써 피고의 손해배상책임 없음이 확정되었고, 또 위 손해배상채무는 3년의 단기소멸시효가 완성되어 소멸하였다는 취지의 피고의 항변(기록 210정, 297정)에 대하여 판단하지 아니한 잘못이 있기는 하나, 기록에 의하여 보건대, 위 부산지방법원 87가합3578 판결은 소외 망 정광림의 상속인들이 피고와의 부제소특약에 위반하여 제소하였으나 소가 부적법하다는 것으로서 오히려 피고에게 손해배상책임이 있음을 전제로하고 있고, 또 손해배상채무의 시효소멸 여부는 원고와의 관계에 있어서는 원고가 이 사건 유족보상금을 지급한 1988.10.6을 기준으로하여 판단할 것인바, 이 사건 사고일인 같은 해 9.15로부터 위 유족보상금 지급일까지 3년의 소멸시효기간이 경과하지 않았음이 역수상 명백하므로, 피고의 위 항변들은 결국 이유 없어 배척될 경우임이 명백하다. 따라서 원심의 이러한 잘못은 판결결과에 영향이 없어 판결의 파기 이유가 되는 위법이라고는 할 수 없다. 논지는 역시 이유 없다.

4. 결국 이 사건 상고는 이유 없으므로

이를 기각하고 상고비용은 패소자인 피고의 부담으로 하기로 관여법관의 의견이 일치되어 주문과 같이 판결한다.

대법관 김상원(재판장), 윤영철, 박만호

● 손해배상

서울민사지방법원 제36부, 1992.4.21 판결, 90가합39151 기각

판 시 사 항

◉ 불법행위로 인한 손해배상청구권의 소멸시효기산일인 "그 손해는 안 때"의 의미

판 결 요 지

일반적으로 불법행위로 인한 손해배상청구권의 소멸시효기산일인 그 손해를 안 때라는 의미는 그 가해행위가 위법하다는 것과 그로 인하여 손해가 발생한 것을 알면 되는 것이고 그 손해의 정도나 액수를 구체적으로 알 필요는 없는 것이므로 통상의 경우에는 상해의 피해자는 상해를 입었을 때 그 손해를 알았다고 보아야 할 것이고, 다만 그 후유증으로 인하여 불법행위 당시에는 전혀 예견할 수 없었던 새로운 손해가 확대된 경우에는 그러한 사유가 판명된 때 비로소 새로이 발생 또는 확대된 손해를 알았다고 보아야 할 것이다.

참조조문 민법 제166조

당 사 자 원고, 한성우

피고 한보철강공업(주)

주 문

1. 원고의 주위적 청구를 기각한다

2. 피고는 원고에게 금 1천1백17만1천1백36원 및 이에 대한 1992년1월15일부터 1992년4월21일까지는 연5푼의, 그 다음날부터 완제일까지는 연2할 5푼의 각 비율에 의한 금원을 지급하라

3. 원고의 나머지 예비적 청구를 기각한다

4. 소송비용은 3분하여 그 1은 피고의, 그 나머지는 원고의 각 부담으로 한다

5. 제1항은 가집행할 수 있다

청구취지

주위적 청구취지

피고는 원고에게 금 3천2백76만7천42원 및 이에 대한 이 사건 소장부본송달일부터 이 사건 판결선고일까지는 연5푼의, 그 다음날부터 완제일까지는 연2할5푼의 각 비율에 의한 금원을 지급하라는 판결

예비적 청구취지

피고는 원고에게 금 2천5백52만6천844원 및 이에 대한 이 사건 소장부본송달익일부터 이 사건 판결선고일까지는 연5푼의, 그 다음날부터 완제일까지는 연2할5푼의, 각 비율에 의한 금원을 지급하라 라는 판결.

이 유

1. 각 성립에 다툼이 없는 갑 제2호증의 1,2(각 진단서), 3(검사기록), 4(의료보고서), 갑 제4호증의 1(기록 송부), 2(담당의사초진진단서), 3(재해발생보고

서), 4(재해 자진술서), 5(진료리포트), 갑 제5호증의 1(입원확인서), 2(입, 통원확인서)의 각 기재에 변론의 전취지를 종합하면, 원고는 1984년3월13일 피고회사와 사이에 그 계약 기간을 출국일로부터 1년으로 하는 해외근로계약을 체결하고 출국하여 피고회사가 시공하는 요르단국 쟈이지구에 있는 정수장 건설공사장에서 기계설치공으로 근무하다가 그 공사를 마친 다음 그 계약기간을 1년 연장하여 정수장 사후 관리요원으로 계속 근무하여 온 사실, 원고는 1986년1월8일 및 같은 달 9일 위 정수장에서 피고회사 현장소장인 성명불상자로부터 녹이 슬어 작동이 중단된 위 정수장의 2호 정수기(염소가루를 사용하여 정수함)를 수리하라는 지시를 받고 위 정수기를 분해하여 그 녹슨 부분을 모두 닦아내고 새로 조립하는 작업을 하던중 주위에 염소가루가 날리고 호흡이 곤란해지는 증상을 느꼈으나 그대로 진행하여 그 작업을 마친사실, 원고는 같은 달 10일 염소중독으로 인하여 온몸이 붓고 코피와 혈뇨가 나오는 증세로 현지에 있는 루즈밀라병원에 입원하여 같은 해 2월11일까지 치료를 받았으나 더 이상 근무를 계속할 수가 없어 같은 달 13일 귀국하였고, 같은 달 19일 중앙대학교 부속병원에 입원하여 미세변화사구체병에 의한 신증후군 및 우측신정맥부분혈전증이라는 진단을 받고 같은 해 4월 2일까지 치료를 받은 후 퇴원하여 1987년5월15일까지 통원치료를 받았고, 이어 1990년 1월9일 경희대학교 부속병원에서 같은 병명의 진단을 받은 후 1991년1월23일까지 입원 및 통원치료를 받은 사실을 인정할 수 있고 달리 반증 없다.

2. 주위적 청구에 대한 판단.

원고는 이 사건 주위적 청구원인으로써, 이 사건 사고는 피고회사가 원고에게 위 정수기의 분해수리작업을 지시하면서 염소중독에 대비한 방독면을 지급하지 아니하였고 그 수명이 1년도 보장되지 않는 불량정수기를 구입 설치함으로써 발생하였는데 피고회사는 원고가 귀국한 후에도 즉시 치료하여 주지 아니하고 그 1주일 후에나 입원하게하여 그 증세를 악화시킴으로 인하여 원고가 위와 같은 상해를 입게 되었으므로 피고 회사는 불법행위자로서 원고가 위 사고로 잃게 된 1986년2월부터 1991년2월까지의 일실수익인 금 3천2백76만7천42원(=농촌 성인남자의 일용노임을 기초로 한 2백53만9천4백원+3백17만4백50원+3백68만2천4백50원+4백54만8천6백50원+5백56만8천9백25원+7백33만3천2백25원) 상당의 손해를 배상할 의무가 있다고 주장함에 대하여, 피고는 원고가 이 사건 손해와 가해자를 안 날로부터 3년이 경과됨으로써 그 손해배상청구권의 소멸 시효가 완성되었다고 항변하므로 살피건대, 일반적으로 불법행위로 인한 손해배상청구권의 소멸시효기산일인 그 손해를 안 때라는 의미는 그 가해행위가 위법하다는 것과 그로 인하여 손해가 발생한 것을 알면 되는 것이고 그 손해의 정도나 액수를 구체적으로 알 필요는 없는 것이므로 통상의 경우에는 상해의 피해자는 상해를 입었을 때 그 손해를 알았다고 보아야 할 것이고, 다만 그 후유증으로 인하여 불법행위 당시에는 전혀 예견할 수 없었던 새로운 손해가 발생하였다거나 예상외로 손해가 확대된 경우에는 그러한 사유가 판명된 때 비로소 새로이 발생 또는 확대된 손해를 알았다고 보아야 할 것인 바, 위 인정사실에 의하면 원고는 특별한 사정이 없는 한 이 사건 사고로 인한 상해에 대하여 1986년2월29일 중앙대학교 부속병원에서 신증후군 및 신정맥혈전증이라는 진단을 받았을 때 또는 늦어도 그 입원치료가 끝난 같은 해 4월2일경에는 이미 그 손해 및 가해자를 확정적으로 알았다고 할 것이고, 원고의 이 사건 소가 그로부터 3년이 경과하였음이 역수상 명백한 1990년6월11일 제기되었음은 기록상 명백한 즉 원고의 위 손해배상청구권은 이미 시효로 인하여 소멸하였다고 할 것이므로 피고의 위 항변은 이유 있다.

3. 예비적 청구에 대한 판단

원고는 이 사건 예비적 청구인원으로서, 원고는 앞서 본 바와 같이 업무상 부상을 당한 후 1991년1월23일까지 그 상해를 치료하기 위하여 요양하였으므로 피고에게 그 기간 동안의 휴업보상 및 1989년11월30일 이후의 요양보상을 구한다고 주장하므로 살피건대, 앞서 본 바와 같이 원고는 1986년1월8일 및 같은 달 9일 위 정수기 수리작업을 하다가 염소가루에 중독되어 미세변화사구체병에 의한 신증후군 및 우측신정맥부분혈전증의 상해를 입고 같은 달 13일 조기귀국한 이래 1991년1월23일까지 중앙대학교 부속병원 및 경희대학교 부속병원에서 입원 및 통원치료를 받거나 자가 치료하기 위하여 근로하지 못하고 요양한 사실이 인정되므로, 피고회사는 원고의 재해 당시의 사용자로서 특별한 사정이 없는한 위 원고의 업무상 재해로 인한 요양기간 동안 근로기준법에 정해진 바에 따라 휴업보상 및 요양기간 내로서 원고의 구하는 바에 따른 1989년11월30일 이후의 요양보상을 할 의무가 있다고 할 것이다.

이에 대하여 피고는, 원고의 이 사건 재해보상청구권은 원고가 이 사건재해를 당한 후 1987년5월15일 치료를 종결하였으므로 그로부터 3년이 경과함으로써 시효로 인하여 소멸하였다고 항변하므로 살피건대, 근로기준법 제93조에 의하면 이 법 규정에 의한 재해보상청구권은 3년간 행사하지 아니하는 경우에는 시효로 인하여 소멸한다고 규정함으로써 그 재해보상청구권의 시효기간을 명시하고 있으나 같은법 제78조에 의한 요양보상 및 같은법 제79조에 의한 휴업보상청구권을 행사할 수 있는 시기 즉 그 이행기에 관하여는 특별한 규정이 없으므로 민법 제166조에 의하여 각 요양보상청구권 및 휴업보상청구권을 행사할 수 있는 때로부터 그 시효가 진행된다고 보아야 할 것인바, 근로기준법시행령 제58조에 의하면 요양보상 및 휴업보상은 매월 1회 이상 행하여야 한다고 규정하고 있어 사용자의 요양보상 및 휴업보상금지급채무는 적어도 당해 요양기간 내지 휴업기간이 속하는 달의 말일이 경과함으로써 이행지체에 빠진다고 볼 것이므로 그 요양보상 및 휴업보상청구권의 소멸시효의 기산점도 각 그 이행기인 당해 요양 내지 휴업기간이 속하는 달의 마지막이라고 할 것이어서, 이 사건 휴업보상금지급청구권에 관하여는 원고의 이 사건 요양보상 및 휴업보상을 구하는 청구취지 및 원인정정 신청서가 이 법원에 접수된 날임이 기록상 명백한 1992년1월14일부터 3년을 역산한 1989년1월14일이 속하는 달의 전달까지(1986년1월8일부터 1988년12월31일까지)부분은 그 시효로 인하여 소멸하였다고 할 것이므로 이에 대한 피고의 위 항변은 위 인정범위 내에서 이유있고, 이 사건 요양보상금 지급청구권에 관하여는 앞서 본 바와 같이 원고가 그 소멸시효의 기산점 이후임이 역수상 명백한 1989년 11월30일 이후의 요양보상만을 구하고 있으므로 이에 대한 피고의 위 항변은 이유없다 할 것이다.

나아가 피고가 지급하여야 할 요양보상 및 휴업보상의 액수에 관하여 보건대, 근로기준법 제78조에 의하면 사용자는 요양보상으로써 그 비용으로 필요한 요양을 행하거나 또는 필요한 요양비를 부담하여야 한다고 규정하고 있으므로 재해를 당한 근로자가 그 자신의 비용으로 요양을 한 경우에는 그 지출한 요양비 상당을 요양보상으로 지급하여야 할 것이고, 같은 법 제79조에 의하면 사용자는 휴업보상으로서 근로자의 요양중 평균임금의 1백분의 60의 휴업보상을 행하도록 규정하고 있는바. 각 성립에 다툼이 없는 갑 제6호증의 2내지 4(각 월급여 내역서) 및 갑 제7호증의 1 내지 13(각 계산서)의 각 기재에 의하면, 원고는 이 사건 사고로 인하여 퇴직하기 전 3개월 동안 1985년11월분 월급으로서 금 75만5천8백20월, 같은 해 12월분 월급으로서 금 72만32원, 1986년1월분 월급으로서 금 61만7백63원을 각 수령하였으며, 한편 1989년11월30일부터 1990년3월22일까지 이 사건 사고로 인한 요양을 위하여 그 치료비로 합계 금 92만4천42원(93만2천5백61원이 되나 원고의 구하는 바에 따른다)을 지출한 사실을 인정할 수 있으므로, 피고가 원고에게 지급하여야 할 요양보상액은 위 치료비 금 92만4천42원이 되고, 그 휴업보상액은 위 인정된 요양기간인 1989년1월1일부터 1991년1월23일까지(=7백53일)동안의 평균임금의 1백분의 60에 상당한 금 1천24만7천94원(=75만5천8백20원+72만32원+61만7백63원)/92(*7백53*60/100,원 미만 버림)이 된다고 할 것이다.

4. 결론

그렇다면 피고는 원고에게 위 요양보상 및 휴업보상의 합계금 1천1백17만1천1백36원(=92만4천42원+1천24만7천94원) 및 이에 대하여 각 그 변제기 이후로서 원고의 구하는 바에 따라 이 사건 청구취지 및 청구원인정정 신청서부본 송달익일임이 기록상 명백한 1992년1월15일부터 이 사건 판결선고일인 1992년4월21일까지는 민법 소정의 연5푼의, 그 다음날부터 완제일까지는 연2할 5푼의, 각 비율에 의한 지연손해금을 지급의무가 있으므로, 원고들의 이 사건 예비적 청구는 위 인정범위내에서 이유있어 인용하고, 그 나머지 예비적 청구 및 주위적 청구는 각 이유없어 모두 기각하며, 소송비용의 부담에 관하여는 민사소송법 제89조, 제92조를, 가집행선고에 관하여는 같은법 제199조를 각 적용하여 주문과 같이 판결한다.

판사 구도일(재판장), 황성주, 윤현주

● 약정금

대법원 제2부 1992. 2.25 판결 91다 28726 상고기각

판 시 사 항

◉ 산업재해가 제3자와 보험가입자의 공동불법행위로 인하여 발생한 경우 구 산업재해보상보험법

(1989.4.1 법률 제4111호로 개정되기 전의 것) 제15조 제1항에 의한 구상권 행사 가부(적극)

◉ 위 "가"항의 경우 구상권의 범위

◉ 위 "가"항의 경우 당사자 간의 내부적 부담관계에 관한 약정이 국가의 구상권 행사에 영향을 미치는지 여부(소극) 및 그와 같은 약정과 산업재해보상보험법 제11조 제2항과의 관계

판 결 요 지

가. 구 산업재해보상보험법(1989.4.1 법률 제4111호로 개정되기 전의 것)제15조 제1항에 규정된 구상권 행사의 상대방인 제3자라 함은 피해근로자와의 사이에 산업재해보험관계가 없는 자로서 피해근로자에 대하여 불법행위 등으로 인한 재해배상책임을 지는 자를 말하나, 그 구상권은 재해가 제3자만의 불법행위로 인하여 발생한 경우뿐만 아니라 제3자와 보험가입자 또는 그 소속 근로자의 공동불법행위로 인하여 발생한 경우에도 행사할 수 있다.

나. 위 "가"항과 같은 법 조항에 의한 국가의 구상권은 보험급여를 받은 자의 제3자에 대한 손해배상청구권을 대위하는 것이므로 그 구상권의 범위는 보험급여액의 한도 내에서 급여를 받은 피해자가 불법행위를 한 제3자에 대한 손해배상청구권의 범위와 동일하고, 피해자가 제3자와 보험가입자 또는 그 피용자와의 공동불법행위로 재해를 입은 경우에도 보험가입자 또는 그 피용자의 과실비율에 따른 부담부분에 관계없이 구상권을 행사할 수 있고 국가의 구상에 응한 제3자가 장차 보험가입자에게 과실비율에 따라 그 부담부분의 재구상을 할 것까지 미리 예상하여 보험가입자의 그 부담부분에 대하여는 구상권을 행사할 수 없다고 볼 것이 아니다.

다. 위 "가"항의 경우 국가의 구상권은 당사자간의 내부적 부담관계에 관한 약정에 의하여 영향을 받지 않는다고 할 것이고, 보험급여가 있는 경우에 산재보험 가입자의 손해배상책임이 면책된다는 산업재해보상보험법 제11조 제2항의 규정은 손해배상과 재해보상간의 상호보완관계를 명시한 것일 뿐 당사자간의 위와 같은 내부적 부담부분에 관한 약정과는 아무런 관계가 없다.

참조조문 가.나.다. 구산업재해보상보험법(1989.4.1 법률 제4111호가 개정되기 전의 것)제15조 제1항
다. 산업재해보상보험법 제11조 제2항

참조판례 가.나.대법원 1988.3.8 85다카2285 판결
1989.6.27 87 다카1946 판결
1989.9.26 87 다카3109 판결
나. 대법원 1989.4.25 88다카5041 판결
1990.2.13 89다

카5997 판결

당 사 자 원고, 피상고인 한국전력공사
소송대리인 변호사 정운조
피고, 상고인 합자회사 부광전업사
소송대리인 변호사 조열래

원심판결 부산고등법원 1991.7.12 91나5808 판결

주 문 상고를 기각한다

이 유

상고이유를 본다.

산업재해보상보험법(1989.4.1 법률제4111호로 개정되기 이전의 것) 제15조 제1항에 규정된 구상권 행사의 상대방인 제3자라 함은 피해 근로자와의 사이에 산업재해보험관계가 없는 자로서 피해근로자에 대하여 불법행위 등으로 인한 재해배상책임을 지는 자를 말하나, 그 구상권은 재해가 제3자만의 불법행위로 인하여 발생한 경우뿐만 아니라 제3자와 보험가입자 또는 그 소속 근로자의 공동불법행위로 인하여 발생한 경우에도 행사할 수 있다고 할 것이며, 같은 조항에 의한 국가의 구상권은 보험급여를 받은 자의 제3자에 대한 손해배상청구권을 대위하는 것이므로 그 구상권의 범위는 보험급여액의 한도 내에서 급여를 받은 피해자가 불법행위를 한 제3자에 대하여 갖는 손해배상청구권의 범위와 동일하고, 피해자가 제3자와 보험가입자 또는 그 피용자와의 공동불법행위로 재해를 입은 경우에도 보험가입자 또는 그 피용자의 과실비율에 따른 부담부분에 관계없이 구상권을 행사할 수 있고 국가의 구상에 응한 제3자가 장차 보험가입자에게 과실비율에 따라 그 부담부분의 재구상을 할 것까지 미리 예상하여 보험가입자의 그 부담부분에 대하여는 구상권을 행사할 수 없다고 볼 것이 아니다(당원 1989.6.27 선고, 87다카1946 판결; 1989.9.26 선고, 87다카3109 판결 각 참조). 그리고 위와 같은 국가의 구상권은 당사자 간의 내부적 부담관계에 관한 약정에 의하여 영향을 받지 않는다고 하여야 할 것이고, 보험급여가 있는 경우에 산재보험가입자의 손해배상책임이 면책된다는 위 법 제11조 제2항의 규정은 손해배상과 재해보상 간의 상호보완관계를 명시한 것일 뿐 당사자간의 위와 같은 내부적 부담부분에 관한 약정과는 아무런 관계가 없다 할 것이다.

원심판결 이유에 의하면, 원심은 그 증거에 의하여 피고는 1984.7.20 원고로부터 부산 부산진구 범천4동 주택지역 84 배전선로 절연화 공사를 도급받아 피고 소속 전공인 소외 최영태, 같은 이갑용이 같은 해 9.14 11:30경 같은 동 산 39 소재 원고가 소유자로서 점유하는 범천 41 좌9호 높이 12미터, 하부직경 40센티미터 가량되는 목전주에 올라가 전선교체 작업을 하던 중 그 전주가 지상 2.5미터 가량의 높이에서 부러지는 바람에 전주와 함께 땅에 떨어져 소외 최영태는 다발상늑골골절상 등을, 소외 이갑용은 뇌좌상 및 우측전두부개방성 복잡함몰 골절상 등을 각 입은 사실, 피고는 산업재해보상보험법에 의하여 동 보험에 가입한 사업자였으므로 보험자인 소외 대한민국은 위 사고의 피해자인 위 최영태에게 요양급여로 1985.8.1부터 1986.2.29까지 사이에 5회에 걸쳐 합계 금 2,259,270원, 휴업급여로 1984.10.24부터 1985.6.12까지 사이에 10회에 걸쳐 합계 금 4,662,000원, 장애급여로 1985.6.13 금 4,200,000원 합계 금 11,121,270원을,

같은 피해자인 소외 이갑용에게 요양급여로 1985.5.1부터 1986.2.24까지 사이에 6회에 걸쳐 합계 금 4,043,990원, 휴업급여로 1984.10.24부터 1985.5.29까지 사이에 9회에 걸쳐 합계 금 4,338,000원, 장애급여로 1985.7.18 금 4,200,000원 합계 금 12,581,990원을 각 지급한 사실, 그 후 소외 대한민국은 위 급여액의 한도 내에서 산업재해보상보험법 제15조 제1항 규정에 의하여 위 최영태, 이갑용의 원고에 대한 위 사고로 인한 손해배상청구권을 대위취득하였다고 주장하면서 원고를 상대로 구상금청구소송을 제기하여 부산지방법원을 거쳐 1989.1.27. 부산고등법원으로부터 원고(위 소송에서는 피고)는 소외 대한민국(위 소송에서는 원고)에게 금 22,442,208원 및 위 금원 중 금 9,344,340원에 대한 1985.6.11부터 나머지 금 13,098,268원에 대한 1986.10.21부터 각 1988.7.11까지는 연 5푼의, 그 다음날부터 완제일까지는 연 2할5푼의 각 비율에 의한 금원을 지급하라는 판결이 선고되고, 원고가 상고허가신청을 하였으나 그 상고허가신청이 기각됨으로써 위 판결이 확정된 사실, 위 판결이 확정되자 원고는 1989.8.21 소외 대한민국에게 위 판결에 기한 금 22,442,608원 및 위 금원 중 금 9,344,340원에 대한 1985.6.11부터 1988.7.11까지 사이의 연 5푼의 비율에 의한 지연손해금 1,439,940원, 나머지 금 13,098,268원에 대한 1986.10.21부터 1988.7.11까지 사이의 연5푼의 비율에 의한 지연손해금 1,127,650원, 전체금원인 금 22,442,608원에 대한 1988.7.12부터 1989.8.21까지 사이의 연 2할5푼의 비율에 의한 지연손해금 6,240,880원등 합계 금 31,251,070원을 지급한 사실(정확한 합산액은 금 31,251,078원인데 위 갑제2호증의1에 의하면 금 31,251,070원이 지급되었다), 원, 피고 사이에 위 도급계약을 체결함에 있어 수급자인 피고는 도급자인 원고가 제정한 도급공사자의 안전수칙을 준수하여야 함과 아울러 본공사 중 발생한 천재지변 기타 불가항력으로 인한 손해를 제외한 일체의 재해(제3자에게 피해를 주었을 경우 포함)에 대하여 책임을 지면 안전사고가 발생한 때에는 피해자측에 합의배상하고, 그로부터 수급자인 피고와 도급자인 원고를 상대로 한 일체의 민, 형사상 청구권을 포기하겠다는 피해자측의 연명의 합의서를 받아 도급인인 원고에게 제출하여야 하며, 원고는 합의서를 제출할 때까지 공사대금(타공사대금 및 제보증금 포함)의 지불을 보류한다(도급계약서 제17조 제3항)라고 약정한 사실, 원고는 국가의 원고에 대한 위 구상금청구소송에서 위와 같은 약정의 존재를 주장하여 다툰 사실을 인정한 다음, 위에 본 바에 같이 이미 확정판결에 의하여 보험급여액 전액에 대한 국가의 구상청구가 인용되어 원고가 이를 국가에 지급한 이상 이로써 원고는 이 사건 사고의 피해자인 소외 최영태, 이갑용의 원고 및 피고에 대하여 갖는 손해배상채권을 위 금액의 범위 내에서 원고 단독으로 지급하여 공동면책시킨 것과 결과적으로 동일하게 되었다고 할 것이므로 원고로서는 피고에 대하여 피고의 내부적 부담부분에 대하여 다시 구상할 수 있다고 보아야 할 것이므로 원고로서는 피고에 내하여 피고의 내부적 부담부분에 대하여 다시 구상할 수 있다고 보아야 할 것이며, 위 약정은 결국 재해사고로 인한 대외적 손해배상책임에 관한 내부적 부담에 관한 특약으로서 특별한 사정이 없는 한 이 사건과 같이 원고와 피고의 공동과실로 인한 사고에 대하여도 그 효력이 있다고 판시하고 피고가 위 약정의 효력을 다투면서 그 근거로 내세우고 있는 산업재해보상보험법 제11조 제2항의 규정은 앞서 본 바와 같은 취지에서 위 약정에 아무런 영향이 없다고하여 배척하였으며, 위 약정은 보험급여를 한 국가에 대한 관계에서는 국가의 제3자에 대한 구상권을 임의로 제한하는 것이 되므로 국가로부터 구상청구를 받는 제3자는 위와 같은 액정을 들어 대항할 수는 없다고 할 것이고, 더욱이 원고는 국가는 원고에 대한 구상금청구소송에서 위 약정의 존재를 주장하여 다투었음은 앞서 본 바와 같으므로 결국 피고는 위 약정에 따라 원고의 청구에 응할 의무가 있다고 판단하고 있다. 같은 취지에 따른 원심의 위와 같은 판단은 그 이유설시에 다소 미흡한 점이 있긴 하나 그 결론에 있어서 옳고, 거기에 지적하는 바와 같은 산업재해보상보험법 제15조 제1항의 법리를 오해하여 판결 결과에 영향을 미친 위법이 없다.

내세우는 당원판결은 이 사건과 사안을 달리하는 것으로서 적절한 것이 아니다.

주장은 이유 없다.

그러므로 상고를 기각하고 상고비용은 패소자의 부담으로하여 관여법관의 일치된 의견으로 주문과 같이 판결한다.

재판장 대법관 김용준(재판장), 최재호, 윤 관, 김주한

● 구상금

대법원 제2부, 1991.8.27 판결 91다19081 상고기각

판 시 사 항

◉ 수급자의 가해자에 대한 손해배상청구권 소멸 후 지급된 산업재해보상보험급여와 이에 따른 국가의 구상권 발생 여부(소극)

판 결 요 지

산업재해보상보험법 제15조 제1항에 의한 구상권은 수급권자가 제3자인 가해자에 대하여 손해배상청구권을 가지고 있음을 전제로 하는 것이므로 그 손해배상청구권이 소멸한 후에 국가가 위 보험급여를 하였다고 하더라도 그 보험급여에 따른 구상권은 발생할 여지가 없는 것이다.

참조조문 산업재해보상보험법 제15조 제1항

참조판례 대법원 1979.12.26 79다1668 판결

당 사 자 원고, 상고인 대한민국
피고, 피상고인 배철 외 1인

원심판결 서울고등법원 1991.4.26 90나57224 판결

주 문 상고를 기각한다. 상고비용은 원고의 부담으로 한다.

이 유

상고이유를 판단한다.

현승일의 유족에게 판시와 같은 보험급여(유족보상일시금 및 장의비)를 지급한 사실을 설시한 다음, 갑 제6호증(합의서)에 의하여 원고가 위 보험급여를 하기 이전인 1988.4.2 위 망인의 유족대표인 소외 강연주(처), 현유만(장남)은 망인의 사용자(사업주)인 소외 오인사와 사이에 위 유족들이 망인의 사망에 따른 장례비 및 보상금조로 금 1,500만원을 받고, 이후 선사(11 달성호) 및 하역회사(성산삼우운수)에 대한 민형사상 일체의 이의를 하지 않기로 하는 합의를 한 사실을 인정하고, 그 합의서에서 선사(11 달성호)라 함은 사고선박의 선주 및 선장인 피고들을 포함하는 뜻이므로 위 유족들의 피고들에 대한 손해배상청구권은 위 합의에 의하여 이미 소멸된 것이고, 산업재해보상보험법 제15조 제1항에 의한 구상권은 수급권자가 제3자인 가해자에 대하여 손해배상청구권을 가지고 있음을 전제로 하는 것이므로, 그 손해배상청구권이 소멸한 후에 원고가 위 망인의 유족에게 보험급여를 하였다고 하더라도 그 보험급여에 따른 구상권은 발생할 여지가 없는 것이라고 판단하고 있다. 기록에 비추어 보면 원심의 위와 같은 사실 인정과 판단은 정당한 것으로 수긍이 된다.

원심이 채용한 갑 제6호증(합의서)의 합의당사자에 위 망인의 사용자인 소외 오인사만 표시되고, 사고선박측의 책임자인 피고들이 그 당사자로 표시되지 아니하였음은 소론과 같으나, 그 합의금의 일부는 피고들이 부담한 것이고 또 그 합의내용에 선사(11달성호)에 대하여도 일체 이의를 하지 않겠다고 명기하고 있는 점에 비추어 보면, 위 소외 오인사는 피고들을 대리하는 입장도 겸하여 위의 합의를 한 것으로 보아야 할 것이므로 같은 취지인 원심의 판단은 옳고 거기에 소론과 같은 판단유탈의 위법은 없다.

그리고 갑 제6호증(합의서)의 내용문언에 의하면 유족대표가 금 1,500만원을 받고 이후 선사(11 달성호) 및 하역회사(성산삼우운수)에 대한 민형사상의 이의를 하지 않기로 하는 문언 다음에 산재보험수령에 따른 구상권청구와는 관계 없는 것으로하여 합의한다는 기재가 덧붙여져 있기는 하나, 이 기재부분을 문언대로 해석하더라도 이것을 유족대표가 선사(11 달성호)에 대한 손해배상청구권을 여전히 유보하는 취지의 약정이라고는 해석할 수 없는 것이므로, 원심이 이점에 대한 아무런 판단을 하지 아니하였다 하더라도 판결결과에는 영향이 없는 것이다.

논지는 모두 이유없다.

그러므로 상고를 기각하고 상고소송비용은 패소자의 부담으로하여 관여법관의 일치된 의견으로 주문과 같이 판결한다.

대법관 김주한(재판장), 최재호, 윤 관, 김용준

● 구상금

대법원 제1부, 1990.12.11 판결 90다5634
상고기각

—판 시 사 항—

◉ 산업재해보상보험법에 가입한 원고와 가입하지 아니한 피고의 공동불법행위로 인하여 산재사고가 발생하여 원고가 피해자에게 전액을 손해배상한 후 산재보험금을 수령한 경우 원고가 피고에 대하여 구상할 수 있는 범위

판 결 요 지

산재보험금을 수령한 피해자가 불법행위자를 상대로 배상청구를 하는 경우에는 청구의 상대방이 보험가입자인지의 여부에 관계없이 이미 수령한 보험금은 손해배상액에서 공제되어야 하는 것이고 제3자에 의하여 산재사고가 발생한 경우 산재급여를 한 국가는 불법행위자인 제3자에 대하여 구상할 수 있는 것이어서 산업재해보상보험에 가입하지 아니한 피고(공동불법행위자)는 국가의 보험급여로 아무런 이익도 얻지 못하면서 국가로부터 구상을 당하게 되는 반면에 이에 가입한 원고는 공동불법행위가 보험가입자가 아니라는 우연한 사정 때문에 보험면책의 이익을 독점함으로써 그의 부담부분에 미치지 못하는 근소한 배상을 하게 되는 불합리한 결과에 이르게 된다 할 것이므로 원고와 피고의 공동불법행위로 인하여 산재사고가 발생하여 원고가 피해자에게 손해전액을 배상한 후 산재보험금을 수령한 경우, 원고의 피고에 대한 구상범위는 원고가 유족들에게 지급한 금원에서 산재보험을 공제한 나머지를 가지고 원, 피고의 과실비율에 따라 산정하여야 한다.

참조조문 민법 제760조, 제763조, 제393조
산업재해보상보험법 제9조, 제15조 제1항

참조판례 대법원 1987.6.9 86다카2581 판결

당 사 자 원고, 상고인 대한통운주식회사
소송대리인 변호사 이영구
피고, 피상고인 범양상선주식회사

원심판결 부산고등법원 1990.7.25 89나510 판결

주 문 상고를 기각한다. 상고비용은 원고의 부담으로 한다.

이 유

상고 이유를 본다.

제1점에 대하여 원심판결 이유에 의하면 원심은 그 증거에 의하여 인정되는 판시와 같은 이 사건 사고경위를 바탕으로 그 과실비율을 원고 측을 65/100, 피고 측을 35/100로 보았는바 기록에 비추어 원심의 판단은 옳게 수긍이 되고 거기에 지적되는 바와 같은 채증법칙을 어겼거나 이유불비의 위법이 없다.

내세우는 판례는 이 사건과 사안을 달리하여 적절한 것이 아니다.

제2점에 대하여 원심판결은 그 이유에서 원고가 망인들의 유족들에게 지급된 것으로서 상당하다고 인정되는 금 101,070,300원 중에서 원고가 망인들의 유족들을 대신하여 수령하였다고 자인하는 산재보험금 21,364,000원을 공제한 금 79,706,300원을 원고의 출재에 의하여 공동면책된 것으로 보고 이를 원, 피고의 과실비율에 따라 그 부담범위를 정하였다.

산재보험급여의 수령권자는 산재사고의 피해자 및 그 유족이므로 그들과 보험가입을 한 사업주간에 사업주가 미리 피해자 등에게 손해를 배상하고 나중에 노동부로부터 피해자 등이 수령할 보험금을

차지하기로 약속하였다면 이는 사업주가 노동부를 대신하여 보험금을 피해자 등에게 미리 지급하고 후에 노동부로부터 지급되는 보험금을 갖게 됨으로써 수령권자가 미리 받은 보험급여상당액을 사업주에게 반환하는 것이 될 뿐 보험급여 자체가 사업주에게 귀속된다든지 보험금 수급권자가 사업주로 변경되는 것이 아니다.

그리고 보험금을 수령한 피해자가 불법행위자를 상대로 배상청구를 하는 경우에는 청구의 상대방이 보험가입자인지의 여부에 관계없이 이미 수령한 보험금은 손해배상액에서 공제되어야 하는 것이고(당원 1987.6.9 선고, 86다카2581 판결 참조) 산업재해보상보험법 제15조 제1항에 의하면 제3자에 의하여 산재사고가 발생한 경우 산재급여를 한 국가는 불법행위자인 제3자에 의하여 산재사고가 발생한 경우 산재급여를 한 국가는 불법행위자인 제3자에 대하여 구상할 수 있도록 규정하고 있어서 보험급여를 한 국가는 산재보험에 가입하지 않은 피고에게 보험급여상 당액에 대하여 장차 구상권을 행사할 가능성도 있다 할 것인데 피고는 국가의 보험급여로 아무런 이익도 얻지 못하면서 국가로부터 구상을 당하게 되는 반면에 원고는 공동불법행위자가 보험가입자가 아니라는 우연한 사정 때문에 보험면책의 이익을 독점함으로써 그의 부담부분에 미치지 못하는 근소한 배상을 하게 되는 불합리한 결과에 이르게 된다 할 것이므로 결국 원심이 원고의 이 사건 구상범위를 원고가 망인들의 유족들에게 지급한 금원에서 이 사건 산재보험금을 공제한 나머지를 가지고 원, 피고의 과실비율에 따라 산정하여야 한다고 판단한 것은 정당하다.

결국 원심판결에 지적하는 바와 같은 법리오해의 위법이 없다. 내세우는 판례는 이 사건에 적절한 것이 아니다. 주장은 모두 이유 없다.

그러므로 상고를 기각하고 상고비용은 패소자의 부담으로하여 관여법관의 일치된 의견으로 주문과 같이 판결한다.

대법관 안우만(재판장), 김덕주, 윤 관, 배만운

●구상금

대법원 제3부, 1990.2.23 판결 89다카22487 일부파기환송

—판 시 사 항—

◉ 산업재해보상보험급여를 지급받은 후 피재근로자가 가해자에 대한 나머지 손해배상청구권을 포기한 경우에 있어서의 보험자의 구상권의 범위

◉ 산업재해보상보험금을 지급한 보험자가 피재근로자의 가해자에 대한 위자료청구권을 대위할 수 있는지 여부(소극)

—판 결 요 지—

가. 보험자가 피재근로자에게 산업재해보상보험급여를 하면 피재근로자의 손해배상청구권을 대위취득하게 되고, 그 한도내에서 피재근로자의 가해자에 대한 손해배상청구권은 감축되는 것이며 피재근로자가 가해자에 대한 손해배상청구권의 일부나 전부를 포기한다

하더라도 그 보험급여 한도내에서는 보험자에게 대항할 수 없는 것이고, 다만 그 경우 피재근로자는 손해액 중 자신의 과실이 상계된 금액만을 가해자에 대하여 청구할 수 있으므로 보험자의 이에 대한 구상청구범위도 이에 한정된다.

나. 산업재해보상보험은 근로자 내지 유족이 입은 재산상 손해의 전보를 목적으로 하는 것으로서 정신적 손해의 전부까지 목적으로 하는 것은 아니라 할 것이므로, 보험자가 구상할 수 있는 대상채권은 피재근로자가 제3자에 대하여 갖는 금액중 위자료청구권을 제외한 것이 된다고 보아야 할 것이다.

참조조문 가. 나. 산업재해보상보험법 제15조 제1항
나. 민법 제763조

참조판례 가. 대법원 1977.6.28 77다 251 판결
1987.4.28 86다카 2348 판결
1989.6.27 87다카 2057 판결
나. 대법원 1969.1.28 68다 1464 판결
1969.3.25 68다 2445 판결
1981.10.13 80다 2928 판결

당 사 자 원고, 상고인 대한민국
피고(인수참가인), 피상고인 주식회사 중원중기

원심판결 광주고등법원 1989.7.13 89나137 판결

주 문 원심판결 중 원고 패소부분을 파기하고, 이 부분 사건을 광주고등법원에 환송한다.

이 유

상고 이유를 본다.

(1)원심은 산업재해보상보험의 보험자인 원고가 이 사건 산업재해를 입은 소외 박만규에게 요양급여로 금 9,165,630원, 휴양급여로 금 3,674,640원, 장해급여로 금 7,957,600원, 합계 20,797,870원을 지급하였는데, 이 사건 사고는 탈퇴 피고의 피용인인 소외 김상규의 원심판시와 같은 과실로 인하여 발생한 것이므로, 탈퇴피고는 위 박만규의 손해에 대하여 사용자로서 이를 배상할 책임이 있으므로, 원고는 산업재해보상보험법 제15조 제1항에 의하여 그 급여의 한도에서 탈퇴 피고에 대하여 이를 구상할 수 있는 바, 그 구상의 범위는 을제7호증(판결)에 의하여 인정되는 액수, 즉 위 박만규가 탈퇴 피고를 상대로 소송을 제기하여 승소한 사고 당시의 일실수입 현가 금 13,043,434원 및 우대퇴골에 부착되어 있는 금속판 등의 제거수술시 소요되는 향휴치료비 금 2,000,000원의 합계 금 15,043,434원 중 자신의 과실 2할이 상계된 금 12,043,435원에 한정된다고 할 것이므로, 피고는 원고에게 위 금 12,043,435원만을 지급할 의무가 있다고 하고, 원고가 지급한 요양급여 금 9,165,630원으로도 위 박만규의 탈퇴피고에 대한 손해배상청구권을 대위할 수 있으므로 이를 합치면 위 금 12,043,435원을 초과하여 인용되어야 한다는 주장에 대하여 본 바와 같이 원고의 피고에 대한 구상청

구의 범위는 을제7호증에 의하여 인정된 범위를 넘을 수 없다고하여 원고의 주장을 배척하였다.

결국 원심은 위 박만규가 탈퇴피고를 상대로 한 손해배상청구소송에서 일실수익과 향후치료비를 청구하여 승소한 금 12,043,435원을 초과하여서는 그 소송에서 청구하지 아니한 요양급여라도 구상할 수 없다는 취지로 판단하였다.

(2)살피건대, 산업재해보상보험법 제15조 제1항, 제2항은 보험급여의 수급자가 보험급여와 손해배상에 의하여 중복전보를 받는 것과 유책의 제3자가 그 책임을 면탈하는 것을 방지하고 보험재정의 확보를 꾀하려는데 그 규정의 취지가 있다고 할 것이므로, 보험자가 피재근로자에게 보험급여를 하면 피재근로자의 손해배상청구권을 대위 취득하게 되고, 그 한도내에서 피재근로자의 가해자에 대한 손해배상청구권은 감축되는 것이며 피재근로자가 가해자에 대한 손해배상청구권의 일부나 전부를 포기한다 하더라도 그 보험급여한도내에서는 보험자에게 대항할 수 없는 것이다(당원 1987.4.28 선고, 86다카2348 판결 참조). 이 사건에서 기왕의 치료비를 요양급여로서 이미 지급받은 위 박만규가 탈퇴 피고에 대하여 적극적 재산상 손해로 향후치료만을 청구하고, 기왕의 치료비를 따로 청구하지 아니하였다고 하더라도(그 부분을 청구하였더라도 요양급여를 받았으므로 받아들여지지 않았을 것이다). 원고는 위 박만규에게 위 요양급여를 하였을 때 그 급여의 한도내에서 위 박만규가 탈퇴 피고에 대하여 갖고 있었던 기왕의 치료비 채권을 이미 대위취득하였으므로 을제7호증(판결)과 상관없이 배상청구권을 대위행사할 수 있다고 보아야 할 것이다.

다만 그 경우 위 박만규는 요양급여액금 9,165,630원중 위 박만규의 과실 2할이 상계된 금액만을 탈퇴피고에 대하여 청구할 수 있으므로 원고의 이에 대한 청구범위도 이에 한정된다고 하여야 할 것이다.

(3) 위 박만규의 탈퇴피고에 대한 위자료청구권도 대위한다는 주장은 원심에서 주장하지 아니하였을 뿐만 아니라, 산업재해보상보험은 근로자 내지 유족이 입은 재산상 손해의 전보를 목적으로 하는 것으로서 정신적 손해의 전보까지 목적으로 하는 것은 아니라 할 것이므로, 위에서 본 법리에 비추어 보험자가 구상할 수 있는 대상채권은 피재근로자가 제3자에 대하여 갖는 금액중 위자료청구권은 그 대상에서 제외된다고 보아야 할 것이다(당원 1981.10.13 선고, 80다2928 판결 참조).

(4) 원심은 산업재해보상보험법 제15조 제1항의 규정에 의한 구상의 범위에 관한 법리를 오해한 위법을 범하였다 할 것이므로, 원심판결 중 원고 패소부분을 파기하고, 그 부분 사건을 광주고등법원에 환송하기로하여 관여법관의 일치된 의견으로 주문과 같이 판결한다.

대법관 박우동(재판장), 이재성, 윤영철, 김용준

● 구상금

대법원 제2부, 1990.2.13 판결 89다5997
일부파기환송, 일부파기자판

판 시 사 항

◉ 국가가 산업재해보상보험법 제15조 제1항에 의하여 제3자에 대하여 가지는 구상권의 범위

판 결 요 지

산재보험보상보험법에 따라 보험급여를 받은 피해자가 제3자에 대하여 손해배상청구를 하고 그 손해발생에 피해자의 과실이 경합되어 과실상계를 할 때에는 먼저 산정된 손해액에서 과실상계를 한 후 거기에서 보험급여를 공제하여야 하고 그 공제되는 보험급여에 대하여는 다시 과실상계를 할 수 없다 할 것이므로 국가가 산업재해보상보험법 제15조 제1항에 의하여 제3자에게 구상하는 범위도 보험급여를 한 전액이라고 할 것이며, 다만 국가는 피해자가 제3자에 대하여 가지는 손해배상청구권을 대위하는 것이므로 그 구상권은 그 손해배상청구권의 범위를 초과하지 못한다.

참조조문 산업재해보상보험법 제15조, 제1항

참조판례 대법원 1989.4.25 88다카 5041 판결

당 사 자 원고, 상고인 대한민국
피고, 피상고인 경동화물자동차주식회사

원심판결 대구고등법원 1989.9.28 89나1033 판결

주 문

1. 원심판결의 원고 패소부분 중 다음에서 추가로 지급을 명하는 부분을 파기한다.

피고는 원고에게 금 1,643,070원 및 이에 대하여 1988.4.22부터 1989.9.28까지 연5푼의, 그 다음날부터 완제일까지는 연 2할 5푼의 각 비율에 의한 금원을 지급하라.

2. 원고의 나머지 상고를 기각한다.

3. 파기부분에 대한 소송 총비용은 피고의, 상고기각 부분에 대한 상고비용은 원고의 각 부담으로 한다.

이 유

상고 이유를 본다.

산업재해보상보험법에 따라 보험급여를 받은 피해자가 제3자에 대하여 손해배상청구를 하고 그 손해발생에 피해자의 과실이 경합되어 과실상계를 할 때에는 먼저 산정된 손해액에서 과실상계를 한 후 거기에서 보험급여를 공제하여야 하고 그 공제되는 보험급여에 대하여는 다시 과실상계를 한 후 거기에서 보험급여를 공제하여야 하고 그 공제되는 보험급여에 대하여는 다시 과실상계를 할 수 없다고 할 것이므로 국가가 산업재해보상보험법 제15조 제1항에 의하여 제3자에게 구상하는 범위도 보험급여를 한전액이라고 할 것이고(당원 1989.4.25 선고, 88다카5041 판결 참조), 다만 국가는 피해자가 제3자에 대하여 가지는 손해배상청구권을 대위하는 것이므로 그 구상권은 그 손해배상청구권의 범위를 초과하지 못한다고 할 것이다. 원심판결에 의하면 원심은, 피고회사는 원고가 이 사건 피해 근로자에게 요양급여 및 휴양급여를 지급함으로써 피고는 그에 해당하는 금액상당의

지급의무를 면하였다 할 것이어서, 원고는 산업재해보상보험법 제15조에 의하여 위 보험급여액 한도내에서 피해자인 소외 김유영의 과실비율 부분을 참작 상계(다만 뒤에서 보는 바와 같이 그 휴업급여금 중 일부는 제외)한 나머지 금액 범위내의 손해배상청구권을 대위행사할 수 있다는 법령의 해석을 하고 피고회사는 원고의 대위에 의한 구상금청구에 응할 의무가 있다고 판시한 다음, 원고가 소외 김유영의 요양급여로 합계 금 25,300,920원을, 휴업급여로 함께 금 8,182,420원을 각 지급한 한편, 위 김유영이 피고 회사를 상대로 이 사건 사고로 인한 손해배상청구소송을 제기하여 1988.5.4 서울고등법원 87나5429 판결(이하 전소판결이라 한다)에서 위 김유영의 사고 이후의 일실수익금으로 금 51,448,236원, 향후치료비 손해로 금 13,490,610원, 개호비손해로 금 3,187,200원 등 합계 금 68,126,046원으로 산정하고 사고발생에 경합된 위 김유영 자신의 과실을 50퍼센트로 참작 상계하여 피고회사가 배상하여야 할 재산상 손해액을 금 34,063,023원으로 정하고 원고로부터 위 김유영에게 지급된 휴업급여금 4,896,280원을 공제한 나머지 금 29,166,743원을 지급하라는 판결이 선고되어 위 판결이 1988.6.1 확정된 사실을 인정하고, 위 각 급여액 중 피고회사가 부담하여야 할 부분은 전소판결에서 전액공제된 바 있는 휴업급여액 금 4,896,280원 전부 및 요양급여액 금 25,300,920원과 휴업급여액 중 금 3,286,140원(8,182,420원-4,896,280원)가운데 앞서 본 위 김유영의 과실비율 부분을 참작 상계한 나머지 금액인 금 14,293,530원(25,300,920원×50/100+3,286,140원×50/100)을 합한 금 19,189,810원(휴업급여분 4,896,280원+요양급여분 12,650,460원+휴업급여분 1,643,070원)이 된다고 판단하였다.

결국 원심판결에는 위와 같이 공제되는 보험급여액에 대하여도 과실상계를 할 수 있다는 법령해석의 판단을 함으로써 산업재해보상보험법 제15조 제1항의 구상권의 범위에 관한 당원의 판례와 상반된 해석을하여 소송촉진 등에 관한 특례법 제11조 제1항 제3호에 해당하는 위법을 저질렀다고 할 것이다.

나아가 원고의 보험급여의 한도가 위 김유영의 피고회사에 대한 손해배상청구권의 범위를 초과하는지 여부를 살펴보건대, 먼저 휴업급여에 관하여는 전소판결에서 인정된 일실수익금이 금 25,724,118원(51,448,236×50/100)인데 원고가 급여한 휴업급여는 금 8,182,420원이어서 위 일실수익금의 범위를 초과하지 아니하므로 원고는 휴업급여의 전액을 대위할 수 있다고 할 것인데, 원시판결은 이보다 적은 금 6,539,350원(4,896,280+3,286,140×50/100)만을 인용하였으므로 원심판결의 원고 패소부분 중 휴업급여에 관한 금 1,643,070원(8,182,420-6,539,350)을 배척한 것은 위법이어서 이 점에 관한 논지는 이유 있다.

다음 요양급여에 관하여는 전소판결에서 인정한 치료비와 개호비가 금 8,338,635원 〔(13,496,610+3,187,200)×50/100〕 인데 원고가 급여한 요양급여는 금 25,300,920원이므로 원고가 대위할 수 있는 금액은 전소판결에서 인정된 치료비 및 개호비 금액의 범위로 제한되고 그 금액을 초과하는 요양급여는 대위에 의한 구상을 할 수 없다고 할 것이다. 그런데 원심판결이 인정한 요양급여에 관한 구상금이 금 12,650,460(25,300,920원×50/100)이므로 위 인정의 구상금 범위를 초과하는 부분은 위법하다 하겠으나 원고만이 상고한 이 사건에서 이를 그대로 유지할 수밖에 없다 할 것이므로 이 점에 관한 논지는 이유가 없다고 할 것이다.

그러므로 원심판결 중 휴업급여에 관한 원고의 해소부분을 파기할 것인바, 이 사건은 원심이 확정한 사실에 의하여 당원에서 자판하기에 충분한 경우이므로 위에서 본 바와 같은 이유에서, 원심판결의 원고 패소부분 중 다음에서 추가로 지급을 명한 부분을 파기하고 피고는 원고 패소부분 중 다음에서 추가로 지급을 명한 부분을 파기하고 피고는 원고에게 금 1,643,070원 및 이에 대하여 휴업급여를 마지막으로 지급한 다음날인 위 1988.4.22부터 원심판결 선고일인 1989.9.28 까지는 민법소정의 연 5푼의, 그 다음날부터 완제일까지는 소송촉진 등에 관한 특례법 제3조 소정의 연 2할 5푼의 각 비율에 의한 지연손해금을 지급할 것을 명하기로 하고, 한편 원고의 나머지 상고는 이유없으므로 이를 기각하며, 파기부분의 소송총비용과 상고비용의 각 부담에 관하여는 각 패소자의 부담으로 하기로 관여 법관의 의견이 일치되어 주문과 같이 판결한다.

대법관 이회창(재판장), 배 석, 김상원, 김주한

● 구상금

대법원 제1부, 1989.11.28 판결 89다카9194 파기환송

판 시 사 항

◉ 보험자가 공동불법행위자 중 인과의 보험계약에 따라 피해자에게 손해배상을 한 경우 다른 공동불법행위자에 대한 구상권행사 가부(적극)

판 결 요 지

피해자가 입은 손해를 연대하여 배상할 의무가 있는 공동불법행위자들이 그 손해배상책임의 부담부분을 각 2분의 1씩으로 약정하였고, 보험회사가 위 공동불법행위자 중 1인과의 보험계약에 따라 그를 대위하여 피해자가 입은 손해액 전액을 지급함으로써 공동불법행위자들이 공동면책을 얻는 것이라면 이는 보험에 가입한 그 공동불법행위자의 변제, 기타 자기의 출재로 공동면책을 얻은 것으로 보아야 할 것이므로 그 공동불법행위자는 다른 공동불법 행위자의 부담부분에 대하여 구상권을 행사할 수 있다.

참조조문 민법 제760조, 제1항, 제425조
상법 제682조

참조판례 대법원 1988.4.27 87다카1012 판결

당 사 자 원고, 상고인 한국자동차보험주식회사
소송대리인 변호사 김평우

외 3인
피고, 피상고인 삼성중공업주식회사
소송대리인 변호사 서예교

원심판결 서울고등법원 1989.2.28 88나2870 판결

주 문 원심판결을 파기하고, 사건을 서울고등법원에 환송한다.

이 유

상고 이유를 본다.

1. 원심판결 이유에 의하면, 원심은 원판시 이 사건 사고는 소외 최광옥의 기중기 조종상의 과실로 인하여 발생한 것이므로, 소외 삼영기계 공업주식회사와 피고는 위 최광옥의 사용자 겸 위 기중기의 운행자로서 이 사건 사고로 인하여 소외 이양균 등이 입은 손해를 연대하여 배상할 책임이 있음을 확정한 후 원고의 주장 즉, 원고는 위 소외회사와 위 기중기에 관하여 자동차종합보험계약을 체결한 보험자로서 피보험자인 위 소외회사를 대위하여 위 이양균이 입은 손해액 전액 상당을 지급하여 피고가 면책되었고, 피고와 소외회사는 그 손해배상책임의 부담부분을 2분의 1씩으로 하기로 약정하였으므로 위 소외회사는 그 부담부분을 초과하여 지급한 배상액의 범위내에서 피고에 대하여 구상권을 취득하였으므로 위 소외회사는 그 부담부분을 초과하여 지급한 배상액의 범위내에서 피고에 대하여 구상권을 취득하였으므로, 위 소외회사를 대위하여 피고에 대하여 그 부담부분에 해당하는 금원의 지급을 구한다는 주장에 대하여, 위 소외회사가 피고에 대하여 구상권을 행사하려면 위 소외회사가 피해자에게 현실적으로 손해를 배상하여 공동면책을 받아야 할 것인데, 원고의 주장 자체에 의하더라도 위 이양균에 대한 손해배상금의 지급은 원고가 보험계약에 따라 위 소외회사를 대위하여 한 것이고, 위 소외회사가 자기의 출재로 피고를 면책시킨 것이 아니어서 위 소외회사가 피고에 대하여 구상권을 취득할 여지가 없으므로 위 소외회사가 구상권을 취득하였음을 전제로 하는 원고의 주장은 더 나아가 판단할 필요없이 이유없다하여 원고의 청구를 배척하고 있다.

2. 그러나 원심이 확정한 바와 같이 피고와 소외 삼여기계공업주식회사가 원판시 사고로 인하여 소외 이양균이 입은 손해를 연대하여 배상할 의무가 있고 원고가 주장하는 바와 같이 피고와 위 소외회사가 위 손해배상책임의 부담부분을 각 2분의 1씩으로 약정하였고 원고가 원판시 보험자로서 소외회사를 대위하여 소외 이양균이 입은 손해액 전액을 지급함으로써 피고와 소외회사가 공동면책을 얻는 것이라면 이는 소외회사가 변제, 기타 자기의 출재로 공동면책을 얻은 것으로 보아야 할 것이므로 소외회사는 피고의 부담부분에 대하여 구상권을 행사할 수 있다할 것이다.

원심이 반대의 입장에서 소외회사가 피고에 대하여 구상권을 취득할 수 없다고 판단한 것은 구상권에 관한 법리오해의 위법어 있다 할 것이므로 논지는 이유있다.

그러므로 원심판결을 파기하고, 사건을 원심법원에 환송하기로하여 관여법관의 일치된 의견으로 주문과 같이 판결한다.

대법관 배만운(재판장), 김덕주, 윤 관, 안우만

● 구상금

대법원 제1부, 1989.9.26 판결 87다카3109 상고기각

판시사항

◉ 산업재해가 제3자와 보험가입자의 불법행위가 경합하여 발생한 경우 산업재해보상보험법 제15조 제1항에 의한 구상권행사 가부(적극)

◉ 전항의 경우 국가의 구상권의 범위

판결요지

가. 산업재해보상보험법 제15조 제1항 소정의 구상권행사의 상대방인 제3자라 함은 피해근로자와의 사이에 산업재해보험관계가 없는 자로서 피해근로자에 대하여 불법행위 등으로 인한 재해발생책임을 지는 자를 말하나, 그 재해가 제3자만의 불법행위로 인하여 발생한 경우 뿐만 아니라 제3자의 불법행위와 보험가입자 또는 그 소속근로자의 불법행위가 경합하여 발생한 경우에도 적용된다.

나. 산업재해보상보험법 제15조 제1항에 의한 국가의 구상권은 보험급여를 받은 자의 제3자에 대한 손해배상청구권을 대위하는 것이므로 그 구상권의 범위는 보험급여액의 한도내에서 급여를 받은 피해자가 불법 행위를 한 제3자에 대하여 가지는 손해배상청구권의 범위와 동일한 것이고, 피해자가 불법행위를 한 제3자에 대하여 가지는 손해배상청구권의 범위와 동일한 것이고, 피해자가 제3자와 보험가입자 또는 그 피용자와의 공동불법행위로 재해를 입은 경우에도 보험가입자 또는 그 피용자의 과실비율에 따른 부담부분에 관계없이 보험급여액의 한도 안에서 구상권을 행사할 수 있다.

참조조문 산업재해보상보험법 제15조, 제1항

참조판례 가. 나. 대법원 1988.3.8 85다카2285 판결
나. 대법원 1989.6.27 87다카 1946 판결

당 사 자 원고, 피상고인 대한민국
피고, 상고인 삼일운수주식회사 외 1인

원심판결 광주고등법원 1987.11.19 87나580 판결

주 문 상고를 기각한다. 상고비용은 피고들의 부담으로 한다.

이 유

상고 이유를 본다.

1. 산업재해보상보험법 제15조 제1항에 규정된 구상권행사의 상대방인 제3자라 함은 피해근로자와의 사이에 산업재해보험관계가 없는 자로서 피해근로자에 대하여 불법행위 등으로 인한 재해배상책임을 지는 자를 말하나, 위 구상권은 그 재해가 제3자만의 불법행위로 인하여 발생한 경우 뿐만 아니라 제3자의 불법행위와 보험가입자 또는 그 소속근로자의 불법행위가 경합하여 발생한 경우에도 적용된다고 함이 당원의 견해인 바(1988.3.8 선고, 85다카2285 판결 참조) 원심이 같

은 견해에서 원고의 이 사건 구상권을 인정한 조치는 정당하고 거기에 소론과 같은 법리오해의 위법이 없다.

2. 산업재해보상보험법 제15조 제1항의 규정에 의한 국가의 구상권은 보험급여를 받은 자의 제3자에 대한 손해배상청구권을 대위하는 것이므로 그 구상권의 범위는 보험급여액의 한도내에서 급여를 받은 피해자가 불법행위를 한 제3자에 대하여 가지는 손해배상청구권의 범위와 동일한 것이고, 피해자가 제3자와 보험가입자 또는 그 피용자와의 공동불법행위로 재해를 입은 경우에도 보험가입자 또는 그 피용자의 과실비율에 따른 부담부분에 관계없이 구상권을 행사할 수 있다고 할 것이므로(당원 1988.3.8 선고, 85다카2285 판결 및 1989.6.27 선고, 87다카1946 판결 각 참조) 위와 같은 취지에서 원심이 이 사건 재해에 대한 피고회사의 운전사인 피고 박을덕과 보험가입자인 주식회사 광주소속의 운전사인 소외 박동수의 과실비율과는 관계없이 원고의 보험급여액 한도 안에서 피해자 고영순의 피고들에 대한 손해배상채권액 전부를 이 사건 구상금액으로 인정한 조치는 정당하며 거기에 소론과 같은 구상권행사의 범위에 관한 법리오해의 위법이 없다.

3. 그러므로 상고를 기각하고, 상고비용은 패소자의 부담으로 하기로하여 관여법관의 일치된 의견으로 주문과 같이 판결한다.

대법관 윤 관(재판장), 김덕주, 배만운, 안우만

● 구상금

대법원 제2부, 1989.6.27 판결 87다카2057 상고기각

판 시 사 항

◉ 피해근로자가 산업재해보상보험법에 의한 보험급여를 받은 후 가해자와 손해배상청구권에 관한 합의를 한 경우 그 합의의 효력

판 결 요 지

피해근로자가 제3자의 행위에 인한 재해로 인하여 산업재해보상보험법에 따라 국가로부터 보험급여를 받은 때에는 그의 제3자에 대한 손해배상청구권은 그 급여액의 한도에서 국가에 의하여 대위취득되어 그만큼 감축되므로, 피해근로자가 국가로부터 보험급여를 받은 뒤에 제3자와 손해배상청구권에 관하여 합의를 하더라도 이미 국가에 의하여 대위취득된 피해근로자의 제3자에 대한 손해배상청구권의 범위에는 아무런 영향을 줄 수 없다.

참조조문 산업재해보상보험법 제15조, 제1항

당 사 자 원고, 피상고인 대한민국
피고, 상고인 천일정기화물주식회사
소송대리인 법무법인 대구종합법률사무소
담당변호사 문양

원심판결 대구고등법원 1987.7.7 87나29 판결

주 문 상고를 기각한다. 상고비용은 피고의 부담으로 한다.

이 유

상고이유 제1점을 본다.

산업재해보상보험법 제15조 제1항은 "노동부장관은 제3자의 행위에 의한 재해로 인하여 보험급여를 한 때에는 그 급여액의 한도에서 급여를 받은 자의 제3자에 대한 손해배상청구권을 대위한다"라고 규정하고 있는 바, 여기서 "제3자"라 함은 피해 근로자와의 사이에 산업재해보상보험관계가 없는 자로서 피해근로자에 대하여 불법행위 등으로 인한 손해배상책임을 지는 자를 지칭하는 것이고, 위 규정은 당해 재해가 "제3자"만의 불법행위에 의하여 발생한 경우이거나 또는 "제3자"와 보험가입자 또는 그 소속근로자의 불법행위가 경합하여 발생한 경우이거나를 가리지 않고 적용된다 할 것이므로(당원 1988.3.8 선고, 85다카2285 판결 참조), 피해 근로자와의 사이에 산업재해보상보험관계가 없는 자는 비록 산업재해보상보험가입자라 하더라도 "제3자"의 범위에서 제외되지 아니한다 할 것이다.

같은 취지의 원심의 판단은 정당하고, 거기에 산업재해보상보험법 제15조 제1항 소정의 "제3자"의 범위에 관하여 법리를 오해한 위법이 없다.

2. 상고이유 제2점을 판단한다.

피해근로자가 제3자의 행위에 인한 재해로 인하여 산업재해보상보험법에 따라 국가로부터 보험급여를 받은 때에는 그의 제3자에 대한 손해배상청구권은 그 급여액의 한도에서 국가에 의하여 대위취득되어 그만큼 감축되는 것이므로, 피해근로자가 국가로부터 보험급여를 받은 뒤에 제3자와 손해배상청구권에 관하여 합의를 하였다고 하더라도 이미 국가에 의하여 대위취득된 피해근로자의 제3자에 대한 손해배상청구권의 범위에는 아무런 영향을 줄 수 없는 것이다.

기록에 의하면, 피해근로자인 소외 김석구가 피고 및 주식회사 동방과 손해배상청구권에 관하여 합의를 한 것은 김석구가 국가로부터 보험급여를 받은 후임이 명백하므로, 국가가 이미 대위취득한 김석구의 피고에 대한 이 사건 손해배상청구권의 범위에는 아무런 영향이 없다 할 것이고, 따라서 원심이 이 점을 심리 판단하지 아니하였다 하더라도 구상범위에 관한 법리를 오해한 위법이 있다 할 수 없다.

논지는 모두 이유 없다.

3. 그러므로 상고를 기각하고 상고비용은 패소자의 부담으로 하기로하여 관여법관의 일치된 의견으로 주문과 같이 판결한다.

대법관 배 석(재판장), 이회창, 김상원, 김주한

● 구상금

대법원 제2부, 1989.6.27 판결 87다카1946 상고기각

판 시 사 항

◉ 산업재해보상보험법 제15조 제1항 소정의 구상권행사의 상대방인 제3자의 의미

◉ 같은 조항에 의한 구상권의 범위

판 결 요 지

가. 산업재해보상보험법 제15조 제1항 소정의 구상권행사의 상대방인 제3자라 함은 피해근로자와의 사이에 산업재해보험관계가 없는 자로서 피해근로자에 대하여 불법행위 등으로 인한 재해발생책임을 지는 자를 말하나, 그 구상권은 재해가 제3자만의 불법행위로 인하여 발생한 경우 뿐만 아니라 제3자와 보험가입자 또는 그 소속근로자의 공동불법행위로 인하여 발생한 경우에도 행사할 수 있다.

나. 같은 조항에 의한 국가의 구상권은 보험급여를 받은 자의 제3자의 대한 손해배상청구권을 대위하는 것이므로 그 구상권의 범위는 보험급여액의 한도내에서 급여를 받은 피해자가 불법행위를 한 제3자에 대하여 갖는 손해배상청구권의 범위와 동일하고, 피해자가 제3자와 보험가입자 또는 그 피용자와의 공동불법행위로 재해를 입은 경우에도 보험가입자 또는 그 피용자대위하여 피해자가 입은 손해액 전액을 지급함으로써 공동불법행위자들이 공동면책을 얻는 것이라면 이는 보험에 가입한 그 공동불법행위자의 변제, 기타 자기의 출재로 공동면책을 얻은 것으로 보아야 할 것이므로 그 공동불법행위자는 다른 공동불법 행위자의 부담부분에 대하여 구상권을 행사할 수 있다.

참조조문 산업재해보상보험법 제15조, 제1항

참조판례 가. 대법원 1978.10.10 78다1246 판결
1989.6.27 87다카2057 판결, 88다카10685 판결

당 사 자 원고, 피상고인 대한민국
피고, 상고인 홍한중기주식회사
소송대리인 변호사 김봉환

원심판결 서울고등법원 1987.5.29 86나2295 판결

주　　문 상고를 기각한다. 상고비용은 피고들의 부담으로 한다.

이　　유

1. 피고 소송대리인의 상고이유 제1점을 본다.

산업재해보상보험법 제15조 제1항에 규정된 구상권행사의 상대방인 제3자라 함은 피해근로자와의 사이에 산업재해보험관계가 없는 자로서 피해근로자에 대하여 불법행위 등으로 인한 재해배상책임을 지는 자를 말하나, 위 구상권은 그 재해가 제3자만의 불법행위로 인하여 발생한 경우 뿐만 아니라 제3자와 보험가입자 또는 그 소속근로자의 공동불법행위로 인하여 발생한 경우에도 행사할 수 있다고 함은 당원이 그동안 밝혀온 견해인 바(1978.10.10선고, 78다1246 판결 및 1988.3.8 선고, 85다카 2285 판결 각 참조), 소론 지적과 같은 사유만으로는 위 구상권 규정을 제3자만의 불법행위로 인한 재해발생의 경우에 국한하여 적용되는 규정이라고 해석되지 않으며, 위와 같은 당원의 종전 견해를 변경할 필요를 느끼지 않는다.

위 견해와 같은 취지로 판단한 원심판결은 정당하고 소론과 같은 구상권의 법리를 오해한 위법이 없으니 논지도 이유 없다.

2. 같은 상고이유 제2점을 본다.

산업재해보상보험법 제15조 제1항의 규정에 의한 국가의 구상권은 보험급여를 받은 자의 제3자에 대한 손해배상청구권을 대위하는 것이므로 그 구상권의 범위는 보험급여액의 한도내에서 급여를 받은 피해자가 불법행위를 한 제3자에 대하여 갖는 손해배상청구권의 범위와 동일한 것이고, 피해자가 제3자와 보험가입자 또는 그 피용자와의 공동불법행위로 재해를 입은 경우에도 보험가입자 또는 그 피용자의 과실비율에 따른 부담부분에 관계없이 구상권을 행사할 수 있다고 할 것이며, 국가의 구상에 응한 제3자가 장차 보험가입자에게 과실비율에 따라 그 부담부분의 재구상을 할 것까지 미리 예상하여 보험가입자의 그 부담부분에 대하여는 구상권을 행사할 수 없다고 볼 것이 아니다(당원 1988.3.8 선고, 85다카 2285 판결 참조).

위와 같은 취지로 판단한 원심판결은 정당하고 소론과 같이 구상권의 법리를 오해하거나 구상권에 관한 입법취지에 위반한 위법이 없으니 논지는 이유 없다.

3. 그러므로 상고를 기각하고, 상고비용은 패소자의 부담으로하여 관여법관의 일치된 의견으로 주문과 같이 판결한다.

대법관 김상원(재판장), 이회창, 배 석, 김주한

● 구상금

대법원 제1부, 1989.4.25 판결 88다카 5041 일부파기환송

판 시 사 항

◉ 산업재해보상보험법 제15조 제1항 소정의 제3자에 대한 구상권의 범위

판 결 요 지

산업재해보상보험법에 따라 보험급여를 받은 피해자가 제3자에 대하여 손해배상청구를 하고 그 손해발생에 피해자의 과실이 경합된 때에는 먼저 산정된 손해액에다 과실상계를 한 후 거기에서 보험급여를 공제하여야 하고 그 공제되는 보험급여에 대하여는 다시 과실상계할 수 없으므로 국가가 산업재해보상보험법 제15조 제1항에 의하여 제3자에게 구상하는 범위도 보험급여를 한 전액이다.

참조조문 산업재해보상보험법 제15조, 제1항

당 사 자 원고, 상고인 대한민국
피고, 피상고인 주식회사 삼조교통
소송대리인 변호사 김인규

원심판결 대구고등법원 1988.1.19 87나911 판결

주 문 원심판결중 휴업급여에 관한 원고의 패소부분을 파기하고, 그 부분사건을 대구고등법원에 환송한다.

원고의 나머지 상고를 기각한다.

상고가 기각된 부분의 상고비용은 원고

의 부담으로 한다.

이 유

상고 이유를 본다.

산업재해보상보험법에 따라 보험급여를 받은 피해자가 제3자에 대하여 손해배상청구를 하고 그 손해발생에 피해자의 과실이 경합되어 과실상계를 할 때에는 먼저 산정된 손해액에다 과실상계를 한 후 거기에서 보험급여를 공제하여야 하고 (당원1981.6.9 선고, 80다3277 판결; 1973.10.23 선고, 73다337 판결 등 참조) 그 공제되는 보험급여에 대하여는 다시 과실상계를 할 수 없다고 할 것이므로 국가가 산업재해보상보험법 제15조 제1항에 의하여 제3자에게 구상하는 범위도 보험급여를 한 전액이라고 할 것이다. 만일 그렇게 하지 아니하고 보험급여액에 대하여 다시 과실상계를 한 금액만을 구상할 수 있다고 한다면 그 급여중 피해자의 과실비율에 상응하는 금액에 대하여는 국가의 손해 아래 제3자가 그 배상책임을 면하는 부당한 결과를 가져오기 때문이다.

그런데도 원심이 피해자의 총일실손해금에다 과실상계를 한 후 피해자에게 지급한 보험급여에 대하여 다시 과실상계를 한 금액만을 원고가 피고에게 구상할 수 있다고 판단한 것은 산업재해보상보험법 제15조 제1항에 따른 국가의 구상범위에 관한 법리를 오해하여 판결결과에 영향을 미쳤다 하겠고 이는 소송촉진 등에 관한 특례법 제12조 제2항의 파기사유에 해당한다.

이점을 지적하는 주장도 이유있다.

다만 원심판결에 의하면, 원심은 원고의 구상범위를 피해자의 피고에 대한 일실수익손해배상청구로 하면서도 그와 소송물을 달리하는 요양급여에 대하여도 대위권을 행사하는 원고의 청구를 일부 인용한 잘못이 있으나 이에 대하여는 피고의 불복이 없으므로 결국 이에 관한 원고의 상고는 이유 없다.

그러므로 원심판결 중 휴업급여와 장애급여에 관한 원고의 패소부분을 파기하여 그 부분 사건을 원심법원에 환송하고, 원고의 나머지 상고를 기각하며 상고 기각부분에 대한 상고비용은 원고의 부담으로 하여 관여법관의 일치된 의견으로 주문과 같이 판결한다.

대법관 안우만(재판장), 김덕주, 윤 관, 배만운

● 구상금

대법원 제3부, 1988.3.8 판결 85다카2285 상고기각

판 시 사 항

◉ 산업재해보상보험법 제15조 제1항 소정 제3자의 의미

◉ 산업재해보상보험법 제15조 제1항의 적용 범위

◉ 산업재해보상보험법 제15조 제1항에 의한 국가의 구상권의 범위

판 결 요 지

가. 산업재해보상보험법 제15조 제1항에서 제3자라 함은 피해근로

가 없는 자로서 피해근로자에 대하여 불법행위 등으로 인한 재해배상책임을 지는 자를 지칭하는 것이다.

나. 산업재해보상보험법 제15조 제1항은 당해 재해가 제3자만의 불법행위에 의하여 발생한 경우이거나 또는 제3자의 불법행위와 보험가입자 또는 그 소속근로자의 불법행위가 경합하여 발생한 경우이거나를 가리지 않고 적용된다.

다. 산업재해보상보험법 제15조 제1항에 의한 국가의 구상권은 "급여를 받은 자의 제3자에 대한 손해배상청구권을 대위"하는 것이므로 그 구상권의 범위 역시 급여액의 한도안에서 급여를 받은 피해자가 불법행위를 한 제3자에 대하여 갖는 손해배상청구권의 범위와 동일한 것이다.

참조조문 산업재해보상보험법 제15조, 제1항

참조판례 가. 대법원 1986.4.8 85다카2429 판결
나. 대법원 1978.1.17 77다1641 판결
1978.10.10 78다1246 판결

당 사 자 원고, 피상고인 대한민국
피고, 상고인 주식회사 대성상회
소송대리인 변호사 김동환

원심판결 대구고등법원 1986.10.17 85나199 판결

주 문 상고를 기각한다. 상고비용은 피고의 부담으로 한다.

이 유

상고 이유를 판단한다.

원심판결 이유기재에 의하면, 원심은 그 거시증거를 종합하여 피고회사 소속 경북 7아7205호 8톤 트럭의 운전수인 소외 장원백이 1982.9.29 17:50경 위 트럭을 운전하여 경북 선산군 장천면 석우동 소재 대구 안동간 국도를 운행하던 중 산업재해보상보험법에 의한 보험가입자인 소외 대구문화방송주식회사 소속 대구5다1695호 찝차(소외 강호창이 운전)와 정면충돌하여 위 찝차에 타고 있던 위 강호창 및 소외 문기상, 백광수, 홍갑진, 이진수, 김상길에게 각 상해를 입혔는데 위 사고는 쌍방 운전수인 위 장원백과 강호창의 공동과실로 인하여 발생한 것인 사실 및 원고는 이 사건 사고를 산업재해보상보험법에 의한 업무상의 재해로 인정하여 위 피해자들에게 보험급여로서 그 판시와 같은 금원을 지급한 사실을 각 인정하고, 따라서 원고는 같은 법률 제15조에 의하여 위 급여액의 한도안에서 위 피해자들의 피고회사에 대한 손해배상청구권을 대위하여 행사할 수 있다고 판단한 다음, 위 피해자들의 손해배상채권액을 산정하여 위 급여액의 한도내에서 피고에 대한 원고의 구상청구권을 인정하고 나머지 청구를 배척하였다. 산업재해보상보험법 제15조 제1항에 의하면, "노동부장관은 제3자의 행위에 의한 재해로 인하여 보험급여를 한 때에는 그 급여액의 한도안에서 급여를 받은 자의 제3자에 대한 손해배상청구권을 대위한다"고 규정되어 있는바, 여기서 〈제3자〉라 함은 피해근로자와의 사이에 산업재해보험관계가 없는 자로서, 피해근로자에 대하여 불법행위 등으로 인한 재해배상책임을 지는 자를 지칭하는 것이며(당원 1986.4.8 선고,

85다카2429 판결 참조), 위 규정은 당해 재해가 제3자의 불법행위와 보험가입자 또는 그 소속근로자의 불법행위가 경합하여 발생한 경우이거나를 가리지 않고 적용된다고 할 것이므로(당원 1978.1.17 선고, 77다1641 판결;1978.10.10 선고, 78다1246 판결 등 참조) 제3자인 피고의 불법행위와 위 보험가입자측의 불법행위가 경합되어 재해가 발생한 이 사건에 있어서 원고의 구상청구권을 인정한 원심판결은 정당하며, 거기에 위법규정의 해석을 잘못한 위법이 있다고 할 수 없다. 그리고 위 규정에 의한 국가의 구상원은 〈급여를 받은 자의 제3자에 대한 손해배상청구권을 대위〉하는 것인 즉, 그 구상권의 범위 역시 급여액의 한도안에서 급여를 받은 피해자가 불법행위를 한 제3자에 대하여 갖는 손해배상청구권의 범위와 동일한 것이라고 할 것인바, 따라서 공동 불법행위자가 아님은 물론, 그 자신 아무런 과실이 없어서 불법행위를 한 피고에 대하여 그 손해액 전부의 배상을 청구할 수 있는 피해자들의 손해배상청구권을 국가가 대위 행사하는 이 사건에 있어서, 이 사건 재해에 대한 피고의 과실비율(공동불법행위자인 위 강호창과의 과실비율)과는 관계없이 원고의 보험급여액 한도안에서 피해자들의 피고에 대한 손해배상채권액 전부를 이 사건 구상금액으로 인정한 원심의 조치는 정당하며, 국가의 제3자인 피고에 대한 구상범위가 피해자들의 손해배상채권액 중 이 사건 재해에 대한 피고의 과실비율에 따른 금액으로 한정되어야 한다는 논지는 독자적인 견해에 불과하여 채택할 수 없다.

논지는 모두 이유없다.

따라서 상고를 기각하고, 상고비용은 패소자의 부담으로 하기로 관여법관의 의견이 일치되어 주문과 같이 판결한다.

대법원판사 최재호(재판장), 정기승, 김달식

● 구상금

대법원 제3부, 1987.11.24 판결 87다카1013 상고기각

판 시 사 항

◉ 산업재해보상보험법 제15조에 의한 구상권행사와 과실상계의 법리

판 결 요 지

국가가 산업재해보상보험에 가입되어 있는 갑회사 소유의 자동차 운전사인 을이 그 회사직원들인 병 등을 태우고 운행 중 을 자신의 과실과 정 회사소유의 버스운전사인 무의과실로 사고가 발생함으로써 피해를 입은 병 등에게 보험급여를 한 다음 산업재해보상보험법 제15조 제1항에 따라 정 회사에 대하여 구상권을 행사하고 있다면 국가가 대위행사하는 것은 보험급여를 받은 각 피해자들의 정 회사에 대하여갖는 손해배상청구권이므로 그 경우에 과실상계를 하려면 당해 피해자의 과실로써 상계함은 별론으로 하고 다른 제3자(을)의 과실을 들어 상계할 수는 없다고 할 것이다.

참조조문 산업재해보상보험법 제15조, 제1항 민법 제763조, 제369조
참조판례 대법원 1978.10.10 78다1246 판결
당 사 자 원고, 피상고인 대한민국
피고, 상고인 신일여객자동차주식회사
소송대리인 변호사 김인규
원심판결 대구고등법원 1987.3.18 86나1482 판결
주　　문 상고를 기각한다. 상고비용은 피고의 부담으로 한다.
이　　유

상고 이유를 본다.

제1점에 대하여

원심판결 이유에 의하면, 원심은 그 증거에 의하여 피고회사 소유의 판시 시외버스 운전사인 소외 도원한이 위 버스를 운전하여 가다가 판시 사고지점에 이르렀는데 그곳은 중앙선이 그어져 있는 편도1차선의 우회전 급커브길인데다가 그 때 비가 내리고 있어 매우 미끄러웠으므로 그 진로의 반대편에서 위 커브길을 돌아 나오는 다른 차량의 유무 및 그 동태 등을 세심히 살피면서 안전하게 자기 차선을 따라 회전함으로써 미끄러운 길에서 일어날 수 있는 충돌사고를 방지할 주의의무가 있었는데도 이를 게을리 한 과실로 그 판시와 같은 자동차 충돌사고가 일어난 사실을 확정하고 있는 바 기록에 비추어 원심의 사실인정은 옳게 수긍이 가고 거기에 주장하는 바와 같은 채증법칙을 어긴 위법이 없다.

주장은 이유없다.

제2점에 관하여,

원심판결은 그 이유에서 이 사건 사고의 피해자인 박종광은 소외 김해모직주식회사 소유의 판시 자동차 운전사이고 그 자동차에 타고있던 나머지 피해자들은 그 회사의 직원인 사실과 소외 회사가 원고 관할의 산업재해보상보험에 가입되어 있어 원고가 그들에게 판시와 같은 내용의 보험급여를 한 사실을 인정하고 나서 원고는 산업재해보상보험법 제15조 제1항의 규정에 따라 위 각 보험급여액의 범위내에서 피해자들이 피고에 대하여 갖는 위 손해배상청구권을 대위행사 할 수 있다고 판시하고 있다.

산업재해보장보험법 제15조 제1항은 노동부장관은 제3자의 행위에 의한 재해로 인하여 보험급여를 한때에는 그 급여액의 한도내에서 급여를 받은 자의 그 제3자에 대한 손해배상청구권을 대위한다고 규정하고 있으므로 원심이 인정한 앞서의 사실관계에 따른다면 원고가 이 사건 피해자들에게 보험급여를 한 한도내에서 피해자들의 피고에 대한 손해배상청구권을 대위할 수 있음은 법리상 당연하다.

그리고 이와 같이 원고가 대위행사하는 것은 보험급여를 받은 각 피해자들이 피고에 대하여 갖는 손해배상청구권이므로 위 법조에 의하여 국가가 구상권을 행사하는 경우에 과실상계를 하려면 당해 피해자의 과실로써 상계함은 별론으로 하고 적어도 다른 제3자의 과실을 들어 상계할 수는 없다 할 것이므로(당원 1978.10.10 선고, 78다1246 판결참조)같은 취지에서 원심이 소외 회사 운전사인 박종광의 판시와 같은 과실을 참작하면서 그 자동차의 승객에 불과한 나머지 피해

자들에게 아무런 과실이 없음을 이유로 그들에 대한 피고의 과실상계 항변을 배척한 조치는 정당하고 비록 위 피해자들이 모두 같은 사업장내에서 근무한다 하더라도 제3자인 위 박종광의 과실로는 나머지 피해자들에 대하여 과실상계를 할 수 없는 그 법리는 마찬가지라고 할 것이다. 주장은 어느 것이나 이와 다른 견해를 내세워 원심판결을 탓하고 있음에 불과하다.

주장은 이유없다.

그러므로 상고를 기각하고, 상고비용은 피고의 부담으로하여 관여법관의 일치된 의견으로 주문과 같이 판결한다.

대법원판사 정기승(재판장), 이명희, 윤 관

● 구상금

대법원 제4부, 1987.7.21 판결 86다카2948 상고기각

판 시 사 항

◉ 산업재해보상보험법 제15조 제1항에서 말하는 "급여를 받은 자"라 함의 의미

판 결 요 지

산업재해보상보험법 제15조 제1항에서 말하는 "급여를 받은 자"를 수급권자로서 실제로 보험급여를 지급받은 사람 뿐 아니라 피재근로자의 상속인인 유족들이 모두 포함되는 것으로 확장 해석하게 되면 수급권자 이외의 상속인인 유족 둘은 보험급여를 지급하지 않고도 그들이 제3자에 대하여 가지는 손해배상청구권을 잃든다 그 액을 감액당하는 경우가 발생하여 그 유족들에게 뜻하지 아니한 손해를 입히게 될 것이므로 위에서 말하는 "급여를 받은 자"라 함은 그 문언대로 현실로 국가로부터 보험급여에 의하여 보상을 받은 자를 의미하는 것으로 풀이함이 상당하다.

참조조문 산업재해보상보험법 제15조, 제1항

당 사 자 원고, 상고인 대한민국
피고, 피상고인 관악포장중기 주식회사

원심판결 대구고등법원 1986.11.14 86나712 판결

주　　문 상고를 기각한다. 상고비용은 원고의 부담으로 한다.

이　　유

상고 이유를 판단한다.

원심은 그 판결이유에서, 산업재해보상보험 가입자인 소외 쌍용종합건설주식회사의 피용근로자인 소외 망 이필임이 업무수행중 제3자인 피고의 원심판시와 같은 불법행위로 사망하므로 인하여 동 망인에 대한 원심판시의 유족보상일시금을 동 망인의 남편으로서 제1순위 수급권자인 소외 곽효영에게 지급한 원고가 산업재해보상보험법 제15조 제1항에 의하여 피고에 대위행사할 수 있는 손해배상청구권은 망인의 일실이익 중 수급권자인 소외 곽효영의 상속분에 한정된다고 판단하

였는 바, 원심의 판단은 정당하고, 거기에 위 규정에 의한 제3자에 대한 구상권의 법리를 오해한 위법이 없다.

논지는, 위 법 제15조 제1항에서 말하는 "급여를 받은 자"라 함은 수급권자로서 실제로 보험급여를 지급받은 사람뿐 아니라 피재근로자의 상속인인 유족들이 모두 포함되는 것으로 해석하여야 한다고 주장하나 위와 같이 확장해석하는 것은 그 근거가 없어 허용될 수 없다 할 것이고, 또 그와 같이 확장해석하면 수급권자 이외의 상속인인 유족들은 보험급여를 지급받지 않고도 그들이 제3자에 대하여 가지는 손해배상청구권을 잃던가 그 액을 감액당하는 경우가 발생하여 그 유족들에게 뜻하지 아니한 손해를 입히게 될 것이므로 위에서 말하는 "급여를 받은 자"라 함은 그 문언대로 현실로 국가로부터 보험급여에 의하여 보상을 받은 자를 의미하는 것으로 풀이함이 상당하다 할 것이다.

논지는 이유없다.

그러므로 상고를 기각하고, 상고 소송비용은 패소자의 부담으로하여 관여법관의 일치된 의견으로 주문과 같이 판결한다.

대법원판사 황선당(재판장), 이병후, 김달식

● 구상금 청구사건

서울민사지법 제12부, 1987.5.7 판결 86가합3357 일부인용(일부기각)

판 시 사 항

◉ 보험가입자와 공동불법행위의 관계에 있는 제3자에 대한 산업재해보상보험법 제15조 제1항 소정 대위권 행사의 범위

판 결 요 지

수급권자에 대한 산업재해보험급여가 보험가입자와 제3자의 공동불법행위로 인하여 이루어진 경우에는 보험자는 제3자의 수급권자에 대한 손해배상액 중 보험가입자의 과실에 상당하는 부분을 대위행사할 수는 없고, 단지 제3자의 과실상당액만을 대위행사할 수 있다.

참조조문 산업재해보상보험법 제15조,

참조판례 서울민사지방법원 1984.5.4 84가합801 제11부 판결

당 사 자 원고 대한민국

피고 주식회사 대일중기 외1인

주 문

1. 피고들은 각자 원고에게 그 1,926,656원 및 이에 대한 1986.7.15부터 1987.5.7까지는 연 5푼의, 그 다음날부터 완제일까지는 연 2할 5푼의 각 비율에 의한 금원을 지급하라.

2. 원고의 나머지 청구를 모두 기각한다.

3. 소송비용은 이를 5분하여 그 1은 원고의, 나머지는 피고들의 각 부담으로 한다.

4. 제1항은 가집행할 수 있다.

청구취지 피고들은 각자 원고에게 금 2,896,727원 및 이에 대한 이 사건 최후 소장 송달 다음날부터 완제일까지

연2할 5푼의 비율에 의한 금원을 지급하라. 소송비용은 피고들의 부담으로 한다는 판결 및 가집행선고.

이 유

1. 구상금채권의 발생

각 그 성립에 다툼이 없는 갑 제1호증의 1,2(각 재해발생신고서), 갑 제3호증(중기등록증), 갑 제4호증(요양신청서), 갑 제5호증(보험급여원부), 갑 제7호증(장비 임대차계약서, 피고 주식회사 대일중기는 이 계약서가 사후에 장비 임차인인 소외 유림토건주식회사의 강요로 일자를 소급하여 작성된 것이라고 다투지만 이를 인정할 아무런 증거가 없다), 갑 제8호증, 갑 제15호증의 1,2(각 문답서), 갑 제9호증(부분시공계약서), 갑 제13호증(공사기간연장각서)의 각 기재 및 증인 안병삼의 증언에 변론의 전취지를 종합하면, 소외 삼부토건주식회사(이하 소외 삼부토건이라 한다)는 서울 중구 을지로 지하철 2호선 6,7 공구 제6차 공사를 시공하면서 위 공사 중 토공사만을 소외 유림토건주식회사(이하 소외 유림토건이라 한다.)에게 자재는 소외 삼부토건이 공급하고 유림토건은 장비와 인력을 동원하여 소외 삼부토건의 작업지서, 감독하에 공사를 시행하는 이른바 노무도급을 준 사실, 소외 유림토건은 피고 주식회사 대일중기(이하 피고 대일중기라 한다)로부터 위 토공사에 필요한 굴토작업 장비인 서울 02의 7078호 4.5톤 굴삭기(일명 포크레인)1대를 그 운전수와 함께 임차, 사용하였으며, 피고 대일중기는 그 피용인 소외 문주선, 피고 김춘성 2인을 위 굴삭기 운전수로 위 공사현장에 파견하여 근무하게 한 사실, 위 공사현장에서 소외 삼부토건 소속 노무과장 소외 신부용의 지시, 감독을 받는 소외 유림토건 소속 토공작업 반장 소외 김화삼은 1983.7.27 위 굴착기 운전수인 피고 김춘성 등에게 지하철 환기구 설치를 위한 굴착작업을 지시하고, 소외 유림토건 소속의 다른 작업원들에게는 위 굴착작업과 병행하여 지하 약 1.9미터 깊이로 굴착된 지점의 옹벽이 붕괴되는 것을 방지하기 위한 토류판설치작업을 지시하였는데, 위 토류판 설치작업을 하던 소외 안병삼이 같은 날 17:00경 피고 김춘성이 운전하던 위 굴삭기의 뒤쪽 우측에 근접한 지상에 서서 굴착된 지하에서 작업하는 인부들에게 토류판에서 흙이 흘러 내리니 이를 보완하라고 일러 주던 중 위 굴삭기의 상부 몸체에 부딪혀 넘어지면서 우고관절 외상성 탈구상을 입은 사실, 위 사고는 피고 김춘성이 운전면허도 없이 혼자서 위 굴삭기를 운전하면서 위 굴삭기 뒤 근접한 곳에서 다른 작업원들이 토류판 설치작업을 하고 있는 것을 알고 있었음에도 그 작업원들 스스로 위 굴삭기의 작업반경내에는 접근하지 않으리라고 경신하고 위 굴삭기의 뒤쪽 작업상황에 아무런 주의를 기울이지 아니한 채 만연히 흙을 파내어 인도쪽으로 부으려고 굴삭기 상부몸체를 죄회전시킨 과실과 소외 삼부토건 소속 노무과장 위 신부용 및 소외 유림토건 소속 토공작업반장 위 김희삼이 피고 김춘성은 굴삭기 운전면허가 없는 사실을 알면서도 중전부터 같은 피고가 위 굴삭기를 운전하는 것을 방치하고 또한 위 굴삭기로 굴착작업을 하는 바로 뒤에서 다른 작업원들로 하여금 이와 병행하여 토류판 설치작업을 하는 바로 뒤에서 다른 작업원들로 하여금 이와 병행하여 토류판 설치작업을 하게 하면서도 안전유도 요원을 배치하거나 기타 위 굴삭기 접근 방지조치를 다하지 아니한 과실 등으로 인하여 발생한 사실, 한편 위 굴삭기의 작업반경대에 근접하여서는 아니된다는 것을 알았음은 물론 당시 위 굴착기에 시동이 걸려있는 것을 잘 알면서도 마침 휴식시간이라서 아직 굴착작업이 개시되지 않은 줄로 경신하고 위 굴삭기에 근접하여서 있었던 위 안병삼의 잘못도 위 사고발생의 한 원인이 되었던 사실, 소외 삼부토건은 그 하도급업체인 소외 유림토건의 피용인들을 포함한 위 공사현장의 전 작업원들에 대하여 일괄하여 산업재해보상보험법에 의한 동 보험에 가입한 보험가입자였으므로 그 보험자인 원고는 위 사고의 피해자인 소외 안병삼에게 휴업급여로 1983.10.24에 금 302,580원, 같은 해 11.24에 금 121,032원, 1984.1.30에 금209,780원, 장해급여로 같은 달 26에 금 941,360원, 요양급여로 같은 해 2.23에 금 1,321,975원 합계 금 2,896,727원을 지급한 사실 등을 인정할 수 있고 달리 반증없다.

원고는 이 사건 청구원인사실로서, 위 산업재해보상보험법에 의한 보험급여는 제3자인 피고 김춘성의 행위로 말미암은 재해로 인하여 이루어진 것이므로, 같은 피고 및 그 사용자인 피고 대일중기는 각자 같은법 제15조 제1항에 의하여 위 보험급여액의 한도내에서 수급권자인 소외 안병삼의 피고들에 대한 손해배상청구권을 대위취득한 원고에게 위 보험급여액 합계 금 2,896,727원을 지급할 의무가 있다고 주장하므로 살피건대, 위 인정사실에 의하면 이 사건 사고는 제3자인 피고 김춘성과 보험가입자인 소외 삼부토건의 피용인들인 소외 신부용, 같은 김희삼(소외 김희삼은 소외 유림토건에 고용된 자이지만 소외 유림토건이 소외 삼부토건과 노무도급관계에 있으므로 그는 소외 삼부토건의 지시, 감독을 받는 피용자인 지위에 있다)의 공동불법행위로 인한 것이라 할 것인 바, 이와 같이 수급권자에 대한 보험급여가 보험가입자와 제3자의 공동불법행위로 인하여 이루어진 경우에는 보험자인 국가는 제3자에 대하여 그 급여액의 한도안에서 수급권자의 제3자에 대한 손해배상액 중 보험가입자의 과실에 상당하는 배상액을 대위행사할 수는 없고 단지 제3자의 과실비율 상당액만을 대위하여 행사할 수 있다 할 것이다.

2. 구상금채권의 범위

앞서 든 갑 제4, 5, 13호증, 각 그 성립에 다툼이 없는 갑 제10호증의 1,2(기대여명표 표지 및 내용), 갑 제11호증의 1,2(신체장애등급표 표지 및 내용), 갑 제14호증의 1, 2(건설물가 표지 및 내용)의 각 기재에 변론의 전취지를 종합하면, 소외 안병삼은 1939.7.1생의 건강한 남자로서 이 사건 사고당시 44세 남짓하였고, 같은 나이의 우리나라 남자의 평균 여명은 24년 여인 사실, 위 소외인은 앞서 본 지하철 공사장에서 일반노무공으로 토공작업에 종사하다가 이 사건 사고로 인하여 앞서 본 상해를 입고 사고시부터 1984.2.21까지 서울 중구 을지로 소재 을지병원에서 입원 및 통원치료를 받아 그 무렵 상해의 증상이 고정되었으나 그 후유증으로 말미암아 그 노동능력의 14퍼센트를 상실한 사실, 위 공사장의 토공작업은 1983.7.31 종료된 사실, 위 토공작업 종료시에 가까운 같은 해 3월말 현재 도시 일용 보통인부의 1일 임금은 금 5,800원인 사실 등을 인정할 수 있고 달리 반증없으며, 도시 일용보통인부로 종사하는 자가 매월 25일씩 55세말까지 가동할 수 있음은 경험칙상 명백하다.

위 인정사실에 의하면, 위 소외인은 이 사건 사고로 인하여 원고가 구하는 바에 따라 위 토공작업이 종료된 1983.8.1부터 55세말까지 131개월(계산상 143개월이 되나 원고가 구하는 바에 따름)동안 도시 보통인부로 종사하여 얻을 수 있었을 월 수입금 145,000원(5,800원*25)중에서 위 노동능력상실비율에 상당하는 금20,300원(145,000원*14/100)의 수입부분을 각 월차적으로 얻지 못하게 된 손해를 입게되었다 할 것인바, 이를 호프만식계산법에 따라 원고가 구하는 이 사건 사고당시의 현가로 환산하면 금 2,118,483원(20,300원*104.3588원 미만은 버림)이 됨이 계산상 명백하고, 또한 위 갑 제5호증의 기재에 변론의 전취지를 종합하면, 위 소외인은 위 상해를 치료하기 위하여 금 1,321,975원이 소요된 사실을 인정할 수 있고 달리 반증없다.

따라서 소외 안병삼이 이 사건 사고로 입은 재산상 손해는 위 각 금원을 합한 금 3,440,458원(2,118,483+1,321,975원)이 된다 할 것이나, 위 안병삼에게도 앞서 본 과실이 있고 가해자인 피고 김춘성, 소외 신부용, 김희삼 대 피해자인 위 안병삼의 과실비율은 70 : 30으로 봄이 상당하므로, 이를 참작하면, 위 안병삼이 피고들에게 구할 수 있는 재산상 손해액은 금 2,408,320원(3,440,458원*70/100원 미만은 버림)이 된다.

한편 앞서 본 사실관계에 비추어 볼 때 보험가입자인 소외 삼부토건측인 소외 신부용, 김희삼의 과실과 제3자인 피고 김춘성의 과실비율은 20 : 80으로 정함이 상당하므로, 결국 피고 김춘성과 그의 사용자인 피고 대일중기는 각자 위 안병삼의 손해배상청구권을 대위한 원고에게, 위 재산상 손해액 중에서 그 과실비율에 따른 금 1,926,656원(2,408,320원*80/100원 미만은 버림)을 지급할 의무가 있다 할 것이다. 그렇다면, 피고 등은 각자 원고에게 위 금 1,926,656원 및 이에 대하여 앞서 본 각 보험급여일 이후로서 원고가 구하는 이 사건 최후소장송달 다음날임이 기록상 명백한 1986.7.15부터 이 사건 판결 선고일인 1987.5.7까지는 민법 소정의 연 5푼의(원고는, 소송촉진 등에 관한 특례법 소정의 연 2할5푼의 비율에 의한 금원의 지급을 구하나, 피고들이 이 사건구상금채무의 존부와 범위에 관하여 항쟁함이 상당하므로 위 특례법 제3조 제2항을 적용한다.) 그 다음날부터 완제일까지는 연 2할5푼의 각 비율에 의한 지연손해금을 지급할 의무가 있다 할 것이므로, 원고의 이 사건 청구는 위 인정범위내에서 이유있어 이를 인용하고 나머지 청구는 이유없어 이를 모두 기각하며, 소송비용의 부담에 관하여는 민사소송법 제89조, 제92조, 제93조를, 가 집행선고에 관하여는 같은 법 제199조, 위 특례법 제6조를 각 적용하여 주문과 같이 판결한다.

판사 황상현(재판장), 유남석, 이광범

● 구상금

대법원 제1부, 1987.4.28 판결 86다카2348

파기환송

판 시 사 항

◉ 실제치료비 등으로 지급받은 산업재해보험급여액보다 적은 손해배상액을 지급하기로 하는 내용의 화해가 성립된 경우 피해자의 산업재해보험급여수령권의 소멸 여부

◉ 산업재해보험급여를 지급받은 후 가해자에 대하여 나머지 손해배상청구권을 포기한 경우와 국가의 구상권

판 결 요 지

가. 피해자가 산업재해보상보험법에 의한 치료비 상당의 보험급여를 받으면서 계속 치료중에 있고 그 후에도 치료비 등이 더욱 소요될 상태에서 가해자와 화해를 하게 되었고, 한편 가해자로서도 피해자가 화해 당시 위 법 소정의 보험급여를 받고 있었다는 사실을 알고 있었고 앞으로도 그 보험급여를 받게 되리라고 예상되는 상황에서, 피해자가 손해배상액으로 이미 보험급여로서 지급받은 실제 치료비 등의 금액보다 더 적은 금액을 지급받고 그 손해배상액을 초과하는 손해는 그 배상을 면제하기로 하는 내용의 화해가 성립되었다면 위 화해 당시 피해로서는 특단의 사정이 없는 한 이미 보험급여로서 지급받은 실제 치료비 등의 금액보다 더 적은 금액을 받고 국가로부터 지급되는 보험급여를 포함하는 모든 나머지 채권을 포기하였다고 보기보다는 위와 같은 화해를 한 것이라고 봄이 경험칙상 상당하다.

나. 근로자가 그 업무수행중 제3자 소유의 차량에 의하여 사고를 입고 산업재해보상보험법에 따른 보험급여를 지급받고 있었다면 위 근로자가 제3자와의 사이에 위 사고로 입은 손해에 관하여 일정한 금원을 지급받고 나머지 손해배상청구권을 포기하기로 화해한 사실이 있다고 하더라도 위 손해배상청구권의 포기는 이미 지급된 보험급여액의 한도에 있어서는 근로자의 제3자에 대한 손해배상청구권에 대한 노동부장관의 대위권이 발생한 후에 이루어진 것으로서 이로써 노동부장관에게 대항할 수 없다.

참조조문 가. 민법 제763조
산업재해보상보험법 제11조
나. 산업재해보상보험법 제15조

참조판례 대법원 1977.6.28 77다251 판결

당 사 자 원고, 상고인 대한민국
피고 피상고인 김병석

원심판결 광주고등법원 1986.9.12 86나164 판결

주　　문 원심판결을 파기하고, 사건을 광주고등법원에 환송한다.

이　　유

상고이유를 판단한다.

1. 먼저 제3점에 관하여 본다

원심판결 이유에 의하면, 원심은 그 거시증거에 의하여 이 사건 피해자인 김영란은 피고로부터 1982.8.25 금 380만원, 그 해 10.22 금 320만원, 합계 금 7

00만원을 이 사건 사고로 인한 손해배상금으로 지급받았고, 위 금 320만원을 지급받을 당시 위 사고로 인한 피고의 손해배상채무중위 금 700만원을 초과하는 부분은 이를 면제하기로 화해가 성립되었다는 사실을 인정하고, 위 김영란이 산업재해보상보험법에 따라 국가로부터 지급받은 보험급여 상당의 손해배상채권은 위 화해시 면제한 채권 중에 포함되었으므로 원고의 이 사건 청구는 그 대위할 채권이 없다하여 이를 배척하고 있다.

그런데, 기록에 의하면 위 김영란은 1981.6.16 위 사고를 당하여 전치 64주일간이나 되는 좌대퇴부골간부 개방성분쇄골절상 등의 상해를 입고 그때부터 위화해시인 1982.10.22까지도 병원에서 치료를 받고 있으면서 그 치료비, 개호료 등으로 이미 금 700만원 이상이 소요되어 산업재해보상보험법에 의한 보험급여로서 이를 지급받고 있었고, 계속 치료중에 있어 그 후에도 치료비 등이 더욱 소요될 상태에서 위와 같은 내용의 화해를 하게 되었고, 한편 피고로서도 원고측으로부터 1982.4.17경 그 무렵까지의 산업재해보상보험법 소정의 보험급여금 6,365,330원을 피해자에게 지급하였으니 이에대한 구상권행사를 한다는 내용의 통지를 받고 피해자가 위 화해 당시 이미 위 법 소정의 보험급여를 받고 있었다는 사실을 알게 되었고 앞으로도 그 보험급여를 받게 되리라고 예상할 수 있었던 사실 등을 엿볼 수 있는 바, 사실관계가 이와 같다면 위 화해당시 위 김영란으로서는 특단의 사정이 없는 한 이미 보험급여로서 지급받은 실제치료비 등의 금액보다 더 적은 금액을 받고 국가로부터 지급되는 보험급여를 포함하는 모든 나머지 채권을 포기하였다고 보기보다는 위와 같은 보험급여는 산재결정에 따라 별도로 수령하기로하고 위와 같은 화해를 한 것이라고 봄이 경험칙상 상당하다고 할 것이다.

그럼에도 불구하고 원심은 위와 같은 특단의 사정이 있는지 여부에 관하여 더 심리하지 아니하고 그 거시 증거들만에 의하여 위와 같이 원고가 이 사건에서 주장하는 보험급여는 위 김영란이 이 사건 화해당시 그 면제(또는 포기)한 부분에 포함되는 것으로 단정하였으니 원심판결에는 결국 심리미진 내지 채증법칙위배로 인한 사실오인의 위법이 있다 할 것이다. 이 점을 탓하는 논지는 이유 있다.

2. 다음 제1점에 관하여 본다.

산업재해보상보험법은 제15조 제1항에서 노동부장관은 제3자의 행위에 의한 재해로 인하여 보험급여를 한 때에는 그 급여액의 한도에서 급여를 받은 자의 그 제3자에 대한 손해배상청구권을 대위한다고 규정하고 있는 바, 근로자가 그 업무수행중 제3자 소유의 차량에 의하여 사고를 입고, 위법에 따른 보험급여를 지급받고 있었다면 위 근로자가 제3자와의 사이에 위 사고로 입은 손해에 관하여 일정한 금원을 지급받고 나머지 손해배상청구권을 포기하기로 화해한 사실이 있을지라도 위 손해배상청구권의 포기는 이미 지급된 보험급여액의 한도에 있어서 근로자의 제3자에 대한 손해배상청구권에 대한 노동부장관의 대위권이 발생한 후에 이루어진 것으로서, 이로써 노동부장관에게 대항할 수 없다고 할 것이다(당원 1977.6.28 선고, 77다215 판결 참조).

원심판결 이유에 의하면, 원심은 1981. 8.28부터 1983.3.9까지의 사이에 원고 산하 노동부 전주지방사무소가 이 사건 사고로 인하여 상해를 입은 위 김영란에게 산업재해보상보험법 소정의 보험금으로서 그 판시 요양급여, 장해급여 및 휴업급여를 지급한 사실을 인정하면서도 위 김영란이 가해자인 피고에 대한 모든 손해배상청구권을 사적 자치의 원칙에 따라 포기(면제)하였으며 이는 원고에게 대항할 수 있다는 전제 하에서 원고의 청구를 기각하였는 바, 이는 결국 산업재해보상보험법 제15조에 의한 대위권의 법리를 오해한 소치라 할 것이고 이 점을 탓하는 논지 역시 이유있다.

3. 이에 원심판결을 파기하고, 사건을 원심법원에 환송하기로하여 관여법관의 일치된 의견으로 주문과 같이 판결한다.

대법원판사 배석(재판장), 윤일영, 최재호

● 구상금

대법원 제3부, 1986.4.8 판결 85다카2429 파기환송

판 시 사 항

◉ 산업재해보상보험법 제15조 소정의 제3자의 의미

◉ 산업재해보상보험법상 근로자의 의미

판 결 요 지

가. 산업재해보상보험법 제15조 소정의 "제3자"는 피해근로자와의 사이에 산업재해보험관계가 없는 자로서 피해 근로자에 대하여 불법행위 등으로 인한 손해배상책임을 지는 자를 지칭하는 것인 바, 이 경우 피해근로자와 산업재해보상보험가입자 사이에 산업재해보험관계의 성립이 있다고 할 수 있으려면 위 피해자가 보험가입자의 근로자에 해당되어야 한다.

나. 산업재해보상보험법 제3조 제2항에서 말하는, 근로기준법에 규정된 근로자란 사용자로부터 자기의 근로의 대상으로 금품을 받을 것을 목적으로하여 사용자에게 자기의 근로를 제공하는 자를 뜻하는 바, 산업재해보험관계의 성립이 있다고 할 수 있으려면 위 피해자가 피고회사의 근로자에 해당되어야 할 것이므로, 피고회사가 운전하는 기중기를 임차하였고, 위 피해자는 피고회사의 지휘감독을 받으면서 기중기의 운전업무에 종사하였다는 사실만을 확정하고, 피고회사와 위 피해자 사이에 앞서와 같은 근로의 제공, 임금 수령의 관계가 있었는지 여부를 가려봄이 없이 산업재해보험관계의 성립이 있다고 판단한 조처는 위법하다.(사안=피고회사가 운전기사와 함께 기중기를 임차하여 사용중 피고회사 직원의 과실로 위 기중기 운전기사가 감전상해를 당한 사안에서 원고 대한민국이 기중기 기사에게 요양급여와 휴업급여를 지급하였음을 이유로 위 피해자의 피고회사에 대한 손해배상청구권을 취득(보험자대위)하였다하여 구상청구함에 대하여 원고의 청구를 기각한 원심판결을 파기하여 환송함.)

참조조문 가. 산업재해보상보험법 제15
나. 산업재해보상보험법 제3조 제2항, 근로기준법 제14조

참조판례 가. 대법원 1978.2.14 77다1967 판결
나. 대법원 1972.3.28 72도334 판결

당 사 자 원고, 상고인 대한민국
피고, 피상고인 진흥기업주식회사

원심판결 서울민사지방법원 1985.10.29 85나572 판결

주 문 원심판결을 파기하고, 사건을 서울민사지방법원 합의부로 환송한다

이 유

상고이유를 본다.

1. 원심판결은 그 이유에서 산업재해보상보험법에 의한 보험가입자인 피고회사가 소외 인천중기주식회사(마찬가지로 산업재해보상보험법에 의한 보험가입자이다)로부터 기중기를 임차하였기 때문에 서울 강남구 신사동 78의6 앞 서울시 지하철 3호선 제328공구에서 피고회사의 지휘감독을 받으면서 그 기중기를 운전하는 업무에 종사하던 위 소외회사 소속의 기중기 운전기사인 소외 김종호가, 1982.4.30 08:50경 기중기 운전작업중 피고회사 소속 작업원인 소외 정진태의 과실로 감전되어 사지 및 복부에 화상을 입은 사실과 원고가 위 김종호에게 법이 정한 요양급여와 휴업급여로 4,996,798원을 지급한 사실을 확정한 다음, 위 사고는 피고의 피용자인 소외 정진태의 사무집행상의 과실로 인하여 발생된 것이고 위 정진태의 사용자인 피고는 산업재해보상보험법 제15조 소정의 제3자에 해당하므로 같은 제1항에 기하여 보험금액을 지급함으로써 수급권자인 소외 김종호의 피고에 대한 손해배상청구권을 취득한 보험자의 지위에서 위 보험급여액의 상환을 구한다는 원고의 주장에 대하여, 같은법 제15조 소정의 제3자라 함은 피해근로자와의 사이에 산업재해보험관계가 없는 자로서 피해근로자에 대하여 불법행위등으로 인한 손해배상책임을 지는 자를 지칭한다 할 것인바, 산업재해보상보험 가입자인 피고회사는 소외회사로부터 위 김종호가 운전사로 있는 기중기를 임차하였고, 위 김종호는 피고회사의 지휘감독을 받으면서 기중기의 운전업무에 종사하였던 것이므로 동인은 피고회사에 대하여 근로자의 지위에 있게 된다할 것이고, 위 김종호와 피고회사 사이에는 산업재해보험관계가 성립되어 피고는 같은법 제15조 소정의 제3자에 해당하지 아니한다고 판단하여 배척하였다.

2. 산업재해보상보험법 제15조 소정의 제3자가 피해근로자와의 사이에 산업재해보험관계가 없는 자로서 피해근로자에 대하여 불법행위 등으로 인한 손해배상책임을 지는 자를 지칭한다 함은 원심의 판단과 같다(당원 1978.2.14 선고, 77다1967 판결 참조).

그러나 이 사건에 있어서 피해자인 소외 김종호와 산업재해보상보험 가입자인 피고회사와의 사이에 산업재해보험관계의 성립이 있다고 할 수 있으려면 위 김종호가 피고회사의 근로자에 해당되어야 할 것인바, 산업재해보상보험법 제3조 제2항에 의하면 이 법에서 근로자라 함은 근로기준법에 규정된 근로자를 말한다고 되어 있고, 근로기준법 제14조에서는 이

법에서 근로자라 함은 직업의 종류를 불문하고 사업 또는 사업자에 임금을 목적으로 근로를 제공한자를 말한다고 규정하고 있으며, 같은 법 제18조는 이 법에서 임금이라 함은 사용자가 근로의 대상으로 근로자에게 임금, 봉급 기타 여하한 명칭으로든지 지급하는 일체의 금품을 말한다고 규정하고 있으므로, 근로기준법의 적용을 받는 근로자란 사용자로부터 자기의 근로의 대상으로 금품을 받을 것을 목적으로하여 사용자에게 근로를 제공하는 자를 말한다 할 것인데(당원 1972.3.28 선고, 72도334 판결 참조), 원심이 확정한 사실만으로는 소외 김종호와 피고회사 사이에 위와 같은 관계가 있었는지 여부를 가려볼 수 없다. 만일 소외 김종호가 직접 피고회사로부터 자기의 근로의 대상으로 금품을 받을 것을 목적으로하여 근로를 제공하는 지위에 있지 않았다면 설령 원심 확정과 같이 피고회사의 지휘감독을 받아 같은 회사가 임차한 소외 인천중기주식회사 소유의 중기를 운전하였다 하더라도 같은 소외인을 가리켜 피고회사의 근로자라 할 수 없을 것이고, 따라서 피고회사와 같은 소외인 사이에는 산업재해보험관계의 성립을 인정할 수 없어 피고회사는 산업재해보상보험법 제15조 소정의 제3자에 해당한다고 보아야 할 것이다.

원심이 그 판시와 같은 사실만을 확정하고 피고회사와 소외 김종호 사이에 앞서와 같은 근로의 제공, 임금수령의 관계가 있었는지 여부를 가려봄이 없이 산업재해보험관계의 성립이 있다고 판단하여 원고의 청구를 배척한 조처에는 산업재해보상보험법상의 근로자의 정의와 같은 법 제15조에서 말하는 제3자에 관한 법리오해 및 심리미진, 이유불비 등의 위법이 있고, 이는 소송촉진 등에 관한 특례법 제12조 소정의 파기사유에 해당한다 할 것이므로 상고논지는 이유있다.

3. 그러므로 원심판결을 파기하고, 사건을 다시 심리판단케 하고자 환송하기로 관여법관의 의견이 일치되어 주문과 같이 판결한다.

재판장 대법원판사 윤일영, 강우영, 김덕주, 오성환

● 구상금

대구고등법원 제1민사부, 1985.3.8 판결 84나1013 항소기각

판 시 사 항

◉ 산업재해보상보험법에 의한 수급권자와 민법상의 상속인이 일치하지 아니한 경우 유족보상일시금을 지급한 국가의 제3자에 대한 구상권의 범위

판 결 요 지

제3자의 불법행위로 인하여 국가가 산업재해보상보험법에 의한 유족보상일시금을 수급권자에게 지급하여 동법 제15조 제1항에 의하여 그 급여액의 한도안에서 급여를 받은 자의 손해배상청구권을 대위하는 경우에 동법에 의한 수급권자와 민법상의 공동상속인이 일치하지 아니하는 경우에는 수급권자의 제3자에 대한 손해배상청구권 중

> 그의 상속분과 수급권자가 망인의 사망으로 인하여 지출하였거나 지출하였을 비용만을 대위행사할 수 있다.

참조조문 산업재해보상보험법 제15 제1항
산업재해보상보험법시행령 제25조

당 사 자 원고, 항소인 대한민국
피고, 피항소인 곽병해

원심판결 제1심 대구지방법원(83가합 2277 판결)

주　　문 항소를 기각한다. 항소비용은 원고의 부담으로 한다.

청구취지 및 항소취지

원판결을 다음과 같이 변경한다.

피고는 원고에게 돈 6,688,416원 및 이에 대한 1982.9.29부터 완제일까지 연2할5푼의 비율에 의한 돈을 지급하라.

소송비용은 모두 피고의 부담으로 한다.

제2항에 한하여 가집행할 수 있다.

이　　유

1. 그 성립에 다툼에 없는 갑 제1호증의 1,2,4,9, 갑 제2호증, 6호증, 7호증, 8호증, 10호증 내지 13호증의 각 기재에 당사자변론의 전취지를 종합하면, 소외 진풍개발소속 포크레인 조수인 피고는 1982.8.11 14:00경 대구시 서구 내당1동 429에 있는 상수도 건설공사장에서 위 공사장(시공업자 광명건설주식회사)현장 감독인 소외 윤병원의 지시에 의하여 그곳 공사장 진흙구덩이에 뒷바퀴가 빠진 당성화물자동차주식회사 소유인 대구 7아2058호 덤프트럭(8톤)을 끌어내기 위하여 그 차의 운전수인 소외 망 황은구 외 1명과 같이 위 트럭 뒷바퀴 밑에 흙과 돌을 채우고 시동을 걸어 전진시켜 보아도 뒷바퀴가 빠져나오지 아니하자, 위 망인의 제의로 위 트럭의 적재함을 들어 올리고 있는 동안에 나무토막을 바퀴밑에 집어 넣어서 위 뒷바퀴를 빼내기로 하고, 위 망인의 제의에 따라 피고는 위 망인으로부터 위 트럭 적제함을 상하로 오르내리게 하는 레바조작법을 2,3회하여 간단히 배운 다음 피고는 운전석에서 적재함의 상승하강작업을 맡아 위 망인의 지시에 따라 적재함을 들어 올렸다가 내리는 순간에 위 망인은 그동안 뒷바퀴 밑에 나무토막을 집어넣는 작업을 하게 되었는바, 이러한 경우에 피고로서는 레바의 조작법을 정확히 알지 못하므로 위 망인의 요청을 거절하든지 만부득이 조작을 하여야할 경우에는 레바의 조작법을 충분히 익혀 레바조작을 하여야 할 주의의무가 있음에도 불구하고 이를 게을리하고, 위 적재함을 상하로 작동시키는 방법만 배우고 정지시키는 방법을 배우지 아니한 채 운전석에 앉아 위와 같이 적재함을 올린 후 내리는 조작을 하다가 위 뒷바퀴 밑에 나무토막을 집어넣은 위 망인이 됐다 됐다면서 정지하라는 신호를 함에도 불구하고 위 적재함의 하강작업을 정지하는 방법을 몰라서 그대로 있으므로 인하여 위 적재함이 계속 내려와 위 망인의 머리를 부딪치게 하여 그날 위 망인으로 하여금 중증뇌좌상 및 부종 등으로 사망에 이르게 한 사실, 원고 산하 노동부 대구지방사무소는 산업재해보상보험가입자인 위 달성화물자동차주식회사의 피용자로 업무상 재해로 인한 위 망인의 사망에 대하여 1982.9.29에 위 망인의 처인 김말순에게 유족보

상금 일시금으로 돈 6,000,000원, 장의비로 돈 54,000원을, 1982.12.30에 계명대학교 동산병원에 위 망인의 진료비로 돈 148,416원을 각 지급한 사실을 인정할 수 있고, 달리 이에 어긋나는 증거없는 바이다. 원고는 피고에게 위 돈 6,688,416원(6,000,000원+540,000원+148,416원)의 지급을 구하므로 살피면, 산업재해보상보험법시행령 제25조에 의하면 유족보상일시금을 받을 권리있는 유족의 순위는 처가 제1순위로 되어 있으므로 위 김말순은 위 법에 규정된 제 1순위의 수급권자로서 유족보상일시금을 수령한 것이라고 할 것이고 (따라서 위 김말순이가 본인 및 공동상속인의 대리인으로 이를 수령하였다는 원고의 주장은 그 이유가 없다) 위에서 인정한 바와 같이 제3자인 피고의 불법행위로 인하여 원고 나라가 위법에 의한 유족보상일시금을 수급권자에게 지급하여 위 법 제15조 제1항에 의하여 그 급여액의 한도안에서 급여를 받은 자의 제3자에 대한 손해배상청구권을 대위하는 경우에 위 법에 의한 수급권자와 민법상의 공동상속인이 일치하지 아니하는 경우(이 사건의 경우에는 아래에서 판시하는 바와 같이 다른 공동상속인이 3명이 있다)에는 수급권자(이 사건의 경우에는 위 김말순)의 제3자에 대한 손해배상청구권 즉 망인의 일실이익중 그의 상속분과 수급권자가 망인의 사망으로 인하여 지출하였거나 지출하였을 비용만을 대위행사할 수 있다고 할 것이고(따라서 위자료청구권은 대위행사의 목적이 되지 않는다), 위에서 당원이 받아들이는 증거와 위 인정사실이 의하면, 소외 망 황은구에게도 트럭 적재함 레바작동방법을 전혀 알지 못하는 피고에게 레바조작을 시키지 말아야 하고, 만부득히 레바조작을 부탁함에는 위 적재함의 정지방법도 아울러 가르켜 주어야 할 뿐 아니라 뒷바퀴부근에서 작업을 하였던 운전수인 위 망인으로서도 위 적재함이 계속 내려오는지 여부를 잘 살펴서 스스로의 안전을 도모하였어야 함에도 이에 이르지 아니한 잘못이 이 사고의 발생에 경합되었다 할 것인 바, 이로써 피고의 손해배상책임을 면제할 정도에는 이르지 아니한다 할 것이므로 피고의 책임범위를 정함에 있어 이를 참작하기로 하며, 이에 의하면 위 망인과 피고의 과실비율은 2/3대 1/3로 봄이 상당하다.

2. 구상책임의 범위.

가. 장의비

각 성립에 다툼없는 갑 제1호증의 5,7의 각 기재 및 당사자 변론의 전취지에 의하면 소외 김말순이 1982.8.13 그의 주관하에 (다른 공동상속인은 미성년이다) 망 황은구의 장례를 치른 사실을 인정할 수 있고, 그 비용으로서는 위 보험급여액인 돈 540,000원 정도가 상당하다고 인정된다.

나. 일실이익 각 성립에 다툼이 없는 갑 제1호증의 7,8 갑 제2호증, 갑 제4호증의 1,2의 각 기재에 변론의 전취지를 종합하면, 소외 망 황은구는 1941.3.21생의 신체 건강한 보통남자로서 이 사고 당시 달성화물자동차주식회사에 운전사로 월 평균 170,000원의 수입이 있었고(위 갑 제7호증에 의하면 조수인 피고의 월수입이 돈 150,000원이다)그 연령의 평균 기대여명은 27.28년인 사실을 인정할 수 있고, 위

망인의 생계비로 수입의 3분의 1정도가 소요되며 자동차 운전사로서 55세가 끝날 때까지 가동할 수 있음은 경험칙상 이를 인정할 수 있다. 이에 의하면 소외 망 황은구는 위 사고가 없었더라면 별다른 사정이 없는 한 사고일로부터 여명 범위내에서 55세가 끝나는 때까지 175개월 동안 생계비를 공제하고도 매월 돈 113,333원 (170,000×2/3:원 미만은 버림)씩의 수익을 얻을 수 있을 터인데, 이 사고로 사망함으로써 이를 얻지 못하게 되어 그만큼의 손해를 입었다 할 것인바, 이러한 장래의 순차적 손해를 연 5푼의 중간이자를 공제하는 호프만식 계산법에 따라 이 사고일의 현가로 계산하면 돈 14,871,883원 (113,000*131.22289098)이 된다.

3. 과실상계와 소외 김말순의 상속분

앞서 본 소외 망 황은구의 과실을 참작하면, 피고는 장의비로서 돈 180,000원, 치료비로 돈 49,472원, 일실수익으로서 돈 4,957,278원을 배상함이 상당하다 할 것인바, 한편 위 갑 제1호증의 7의 기재에 의하면, 소외 망 황은구에 대하여 소외 김말순은 처, 소외 황병철은 호주상속인인 장남, 소외 황소희는 미혼의 딸, 소외 황병일은 차남인 사실을 인정할 수 있으므로, 소외 김말순은 소외 망 황은구의 사망과 동시에 민법 소정 상속분에 따라 망인의 위 일실수익중 돈 1,487,183원(4,957,278원 ×3/10원 이하는 버림)을 상속하였다 할 것이다.

4. 결론

그렇다면 피고는 소외 김말순을 대위한 원고에게 위 합계 돈 1,716,655원(180,000 +49,472+1,487,183) 및 이중 돈 1,667,183원에 대하여는 원고의 위 보험급여일인 1983.12.30부터 원심판결선고일인 1984.6.8까지는 의무의 범위에 관하여 항쟁함이 상당하다고 인정되므로 민법소정 연 5푼을, 그 다음날부터 완제일까지는 소송촉진 등에 관한 특례법 소정 연 2할 5푼의 각 비율에 의한 지연손해금을 각 지급할 의무가 있다 할 것이니, 원고의 이 사건 청구는 위 인정 범위내에서 이유가 없으므로 이를 인용하고, 나머지는 이유가 없으므로 이를 기각할 것이나 원고만이 항소한 이 사건에 있어서 민사소송법 제385조에 의하여 원고에게 원판결보다 더 불리하게 할 수 없으므로 원판결은 결과적으로 정당하여 원고의 항소는 그 이유가 없으므로 이를 기각하고, 소송비용은 패소자의 부담으로하여 주문과 같이 판결한다.

판사 이민수(재판장), 여춘동, 김창균

● 구상금 청구사건

대구고법 제4민사부, 1984.10.18 판결 84나493 일부취소자판

판 시 사 항

◉ 국가가 산업재해보상보험법 제15조 제1항 규정에 의거 구상권 행사로서 제3자에게 한 변제촉구가 시효중단의 효력이 있는지 여부(적극)

판 결 요 지

국가가 산업재해보상보험법 규정에 따라 보험급여를 하고 급여를 받은 자의 제3자에 대한 손해배상청구권을 대위행사하면서 한 변제 촉구는 예산회계법 제73조 소정의 납입고지에 해당한다 할 것이므로 시효중단의 효력이 있다.

참조조문 예산회계법 제73조
산업재해보상보험법 제15조 제1항

참조판례 대법원 1977.2.8 76다1720 전원합의체판결

당 사 자 원고, 피항소인 대한민국
피고, 항소인 권순팔

원심판결 제1심 대구지방법원 안동지원 (83가합185 판결)

주 문

원판결중 돈 4,628,950원 및 이에 대한 1981.12.5부터 1983.10.21까지 연 5푼, 그 다음날부터 완제일까지 연 2할 5푼의 비율에 의한 돈을 초과하여 지급을 명한 피고 패소부분을 취소하고, 이 부분에 대한 원고의 청구를 기각한다.

피고의 나머지 항소를 기각한다.

소송비용은 제1,2심을 통하여 2분하여 그 1은 원고의, 나머지는 피고의 각 부담으로 한다.

청구취지

피고는 원고에게 돈 8,014,358원 및 이에 대한 1981.12.5부터 이 사건 소장 송달일까지는 연 5푼, 그 다음날부터 완제일까지는 연 2할 5푼의 비율에 의한 돈을 지급하라

소송비용은 피고의 부담으로 한다는 판결 및 가집행선고

항소취지

원판결중 피고 패소부분을 취소하고 이 부분에 대한 원고의 청구를 기각한다

소송비용은 제1,2심 모두 원고의 부담으로 한다는 판결

이 유

1. 구상권의 발생

피고의 피용자인 소외 손준목이 1980. 5.4. 18:30경 피고 소유의 경북 7나 1581호 타이탄 트럭을 운전하여 경북 의성군 단촌면 하화동 소재 김치윤 경영의 과수원 앞 국도를 지나가다가 소외 이명우가 운전하는 경북 2바2047호 콜택시와 충돌하여 그 충격으로 위 이명우에게 전치 543일을 요하는 우측대퇴골 개방성 분쇄골절상 등을 입게 한 사실은 당사자 사이에 다툼이 없고, 성립에 다툼이 없는 갑 제7호증의 2(갑 제11호증의 4와 같다), 갑 제8호증, 갑 제11호증의 6, 을 제1호증의 4 내지 10, 을 제2호증의 2, 4의 각 기재에 당심 증인 김치윤, 고수문의 각 증언을 종합하면, 당시 위 손준목은 위 트럭을 운전하여 의성에서 안동면으로 진행하던 중 위 사고지점에 이르러 전방 약 20미터 지점에서 위 이명우가 운전하는 위 택시가 중앙선을 침범하여 진행하여 오는 것을 발견하였는 바, 그곳은 백색 중안선이 그어진 노폭 6.7미터의 좁은 편도 1차선 도로이므로 이러한 경우 속도를 줄이지 아니하고 전방을 잘 살피지도 아니한 채 만연히 중앙선을 침범하여 진행하다가 위와 같은 충돌사고를 일으킨 사실을 각 인정할 수 있고 이에 반하는 갑 제11호증의 7,8의 각 기재는

믿지 아니하며 달리 반증없다.

위 인정사실에 의하면, 위 사고는 위 손준목과 위 이명우의 운전상 과실이 경합되어 발생하였다 할 것인바, 그 과실비율은 2대8로 봄이 상당하므로 피고는 자기를 위하여 자동차를 운전하는 자로서 자동차 손해배상보장법 제3조의 규정에 따라 그 피용자인 위 손준목의 과실로 인한 위 사고로 위 이명우가 입게 된 손해의 10분의 2를 위 이명우에게 배상하여야 할 것이고, 한편 성립에 다툼이 없는 갑 제1호증의 1,2갑 제 2,3호증의 각 기재에 변론의 전 취지를 종합하면, 위 사고당시 위 택시가 소속된 소외 경북 호출택시주식회사가 원고 관할의 산업재해보상보험에 가입되어 있어 원고가 위 이명우에게 위 사고로 인한 부상에 대한 장해보상으로 1981.12.3 돈 1,750,000원, 요양급여로 1980.7.29부터 1982.9.17까지 사이에 도합 돈 4,643,358원, 휴업급여로 1980.7.11부터 1981.11.18까지 사이에 도합 돈1,581,000원 합계 돈 8,014,358원을 지급한 사실을 인정할 수 있고 달리 반증 없으니, 원고는 산업재해보상보험법 제15조 제1항의 규정에 따라 위 이명우에게 지급한 위 보험급여 돈 8,014,358원을 한도로 위 이명우의 피고에 대한 재산상 손해배상청구권을 대위 행사할 수 있다고 할 것이다.

2. 구상의 범위

앞에 나온 갑 제1호증의 1,2, 갑 제3호증, 성립에 다툼이 없는 갑 제2호증, 변론의 전취지에 의하여 진정 성립이 인정되는 갑 제10호증의 1,2 갑 제12호증의 1,2의 각 기재, 원심감정인 김익동의 신체감정 결과에 변론의 전취지를 종합하면, 위 이명우는 1952.1.20생의 신체건강한 남자로서 위 사고당시 28세 3개월 남짓하여 그 평균 여명의 범위내에서 55세가 끝날때까지 생존할 수 있는 사실, 위 이명우는 위 사고당시 위 경북 호출택시주식회사 소속 운전사로 근무하여 매월 돈 220,500원 상당의 수입을 얻고 있었는데, 위 사고로 인한 부상으로 우하지가 약 3센티미터 단축되고 우슬관절 기능장애가 생김에 따라 운전사로서의 노동능력 및 일반노동능력을 모두 19퍼센트씩 상실하게 된 사실, 위 사고당시의 1980. 성인남자의 농촌일용노동 임금은 1일 돈 6,509원인 사실, 위 이명우는 위 사고로 인한 부상으로 1980.5.4부터 1981.11.15경까지 안동 성소병원 등지에서 입원치료를 받음에 따라 그 치료비로 도합 돈 4,683,358원을 지출한 사실을 각 인정할 수 있고 달리 반증없으며, 성인남자의 경우 매월 25일씩 55세가 끝날 때까지 운전사 및 일반노동에 종사할 수 있음은 경험칙상 분명하다 할 것이니, 위 이명우는 위 사고가 없었더라면 사고당시부터 평균여명내로서 55세가 끝날 때까지 332개월간 운전사로 종사하여 매월 돈 220,500원 상당의 수입을 얻을 수 있었을 것인데 위 사고로 인한 부상으로 운전사로서의 노동능력을 19퍼센트 상실함에 따라 향후 운전사로서는 더 이상 종사할 수 없게 되었고 일반 노동능력마저 19퍼센트 상실하여 매월 돈 88,692원 〔220,500-(6,509*25*0.81)〕 상당의 재산상 손해를 입게 되었다 할 것인바, 월차적으로 발생하는 위 손해를 원고가 구하는 바에 따라 월 12분의 5푼의 비율에 의한 중간이자를 공제하는 호프만식 계산법에 의하여 위 사고당시의 현가를 산출하면 도합 돈 18,461,395원(88,692*208.1500)이 됨이 계산상 명백하고, 이 돈에 앞서 인정한 바와 같이 위 이명우가 위 사고로 인한 부상으로 지출한 치료비 돈 4,683,358원을 보태면 위 이명우는 위 사고로 도합 돈 23,144,753원 상당의 재산상 손해를 입게 되었다 할 것이니, 피고는 위 돈중 위 손준목의 과실비율에 따른 돈 4,628,950원 (23,144,755*0.2)을 위 이명우에게 배상하여야 할 것이고, 따라서 피고는 위 이명우의 재산상 손해배상청구권을 대위 행사하는 원고에게 지출한 위 보험급여 돈 8,014,358원의 범위 내인 위 돈 4,628,950원을 지급할 의무가 있다고 할 것이다.

3. 피고의 소멸시효 주장

피고는, 이 사건 사고발생일인 1980.5.4부터 3년이 경과한 후인 1983.9.27 원고가 이 사건 소를 제기하였는 바, 이는 그 기초가 된 위 이명우의 손해배상청구권이 시효의 완성으로 이미 소멸된 후이므로 원고의 청구에 응할 수 없다고 주장하므로 살피건대, 원고가 피고의 위 주장과 같이 위 사고로 인한 손해 및 가해자를 안 날로부터 3년이 경과한 후에 이 사건 소를 제기한 것은 분명하나, 성립에 다툼이 없는 갑 제9호증의 1 내지 6의 각 기재에 의하면, 원고는 위 사고일로부터 3년이 경과되기 전인 1980.6.13부터 1983.4.22까지 사이에 수차에 걸쳐 피고에게 그동안 원고가 위 이명우에게 지급한 요양, 휴업, 장해급여의 변제를 촉구한 사실을 인전할 수 있고 달리 반증없는 바, 원고의 위 변제촉구는 예산회계법 제73조 소정의 납입고지에 해당한다 할 것이어서(대법원 1977.2.8 선고, 76다1720 전원합의부 판결) 그 각 일시에 이미 위 이명우의 피고에 대한 위 손해배상청구권은 그 소멸시효의 진행이 중단되었다 볼 것이니 피고의 위 주장은 이유없다 할 것이다.

4. 결론

그렇다면, 피고는 원고에게 돈 4,678,950원 및 이에 대한 위 사고발생일 이후로써 원고가 구하는 1981.12.5부터 이 사건 소장송달일인 1983.10.21까지는 원고가 구하는 민법소정의 연5푼의, 그 다음날부터 완제일까지는 소송촉진등에관한 특례법 제3조 제1항 소정의 연 2할 5푼의 비율에 따른 지연손해금을 지급할 의무가 있다고 할 것이니, 원고의 이 사건 청구는 위 인정범위내에서 이유있어 인용하고 그 나머지 청구는 이유없어 기각할 것인바, 원판결은 이와 일부 결론을 달리하여 항소는 일부 이유있으므로 원판결중 위 인용부분을 초과하여 지급을 명한 피고 패소부분을 취고하고 이 부분에 대한 원고의 청구를 기각하며 피고의 나머지 항소는 이유없으므로 기각하고, 소송비용은 제1,2심을 통하여 2분하여 그 1은 원고의, 나머지는 피고의 각 부담으로하여 주문과 같이 판결한다.

판사 유근완(재판장), 성기창, 이영석

● 약정금 청구사건

서울고법 제14민사부, 1984.7.31 판결 84나841 항소기각

판 시 사 항

◉ 산업재해보상보험금 수급권자가 가해자인 제3자에 대한 손해배상청구권을 면제한 경우 산업재해보상보험금 청구권 소멸 여부

판 결 요 지

산업재해보상보험금의 수급권자가 가해자인 제3자에 대한 손해배상청구권을 면제하는 등의 사유로 이를 상실한 경우에는 노동청장이 위 손해배상청구권을 대위할 수 없게 되므로 위 수급권자는 산업재해보상보험금 청구권을 상실하는 것이다.

참조조문 산업재해보상보험법 제15조
참조판례 대법원 1978.2.14 76다2119 판결
당 사 자 원고, 피항소인 이덕유 외 1인
피고, 항소인 기창통신건설주식회사
원심판결 제1심 서울지방법원 남부지원(83가합2606 판결)

주 문

피고의 항소를 기각한다.
항소비용은 피고의 부담으로 한다.
원판결의 주문 제1항은 가집행 할 수 있다.

청구취지

피고는 원고들에게 금 9,800,000원 및 이에 대한 1983.11.10부터 완제일까지 연 2할5푼의 비율에 의한 금원을 지급하라.
소송비용은 피고의 부담으로 한다는 판결 및 가집행선고.

항소취지

원판결을 취소한다.
원고들의 청구를 기각한다.
소송비용은 1,2심 모두 원고들의 부담으로 한다는 판결.

이 유

원고 이덕유의 아들이자 원고 정광숙의 오빠인 소외 망 정준섭이 피고회사의 직원으로 근무하던 중 1983.7.31 07:30경 강원 간성읍 상2리 소재 체신3호 전주에 올라가 통신전선 선로 가설작업을 하다가 감전되어 사망한 사실은 당사자 사이에 다툼이 없고, 성립에 다툼이 없는 갑 제1호증, 을 제1호증(각 합의서, 을 제2호증의 3은 을 제1호증과 같다), 을 제2호증의 2(보석허가청구서), 같은 호증의 7(공소장), 같은 호증의 10(불기소사건기록), 같은 호증의 13(의견서), 같은 호증의 14(범죄인지보고서), 같은 호증의 27(수사결과보고)의 각 기재 및 당심 증인 최백수의 증언일부(뒤에서 믿지 아니하는 부분 제외)에 변론의 전취지를 종합하면, 위 감전사고는 유선방송업자인 소외 이수봉이 위 체신전주에 가설한 유선방송선이 아래로 처지지 아니하게 하는 역할을 하는 철제지지선이 한전 전주에서 수용가에 들어가는 180볼트의 전류가 흐르는 인입전선과 혼촉되어 전류가 흐르고 있었는데 이를 알지못한 위 망 정준섭이 위 지지선을 왼손으로 잡다가 일어났는데 위 사고로 위 이수봉은 위 지지선과 인입선의 혼촉여부를 점검하지 아니하고 접지시설을 하지 아니하였다는 이유로 업무상과실치사죄로 입건되어 구속되었고 그 외에도 한국전력주식회사 간성출장소장인 소외 김종현은 관내인 입선에 대한 안전점검을 소홀히 하였다는 혐의로, 피고회사의 위 통신전선 증설공사의 현장감독인 소외 이도

휘는 공사현장을 점검하고 감전예방을 위하여 위 망인으로 하여금 장갑을 끼고 작업을 하도록 하는 등의 안전관리를 소홀히 하였다는 혐의로 업무상과실치사죄로 각 입건조사를 받게 되자 같은해 9.3 위 망인의 유족인 원고들과 이수봉 사이에 동인이 원고들에게 위 망 정준섭의 감전사고에 대한 손해배상 및 위자료로서 금 9,000,000원을 지급하는 대신 원고들은 동인에 대한 손해배상 청구권을 포기하기로 하는 합의가 이루어지고 이어 같은달 9. 피고회사와 원고들과의 사이에 원고들이 피고회사를 상대로 형사고소 및 민사상 제소를 하지 아니하는 대신 피고회사가 원고들에게 위 감전사고로 인한 손해배상 및 위자료로서 금 25,000,000원을 지급하기고 하되 다만 앞으로 원고들이 노동청장으로부터 산업재해보상보험법에 따른 유족보상금 및 장례비로 합계 금 10,000,000원을 지급받을 수 있을 것으로 예상하고 위 금 10,000,000원과 위 이수봉이 부담한 손해배상금 9,000,000원을 위 금 25,000,000원에서 공제하기로 하는 내용의 약정이 이루어진 사실, 피고는 위 약정에 따라 원고들에게 그 약정당일 금 6,000,000원을 지급하였고 그 후 위 유족보상금 및 장례비등 산업재해보상보험금 액수가 금 9,800,000원 정도인 것으로 알려지자 금 200,000원을 더 지급한 사실을 인정할 수 있고 위 인정에 어긋나는 당심 증인 최백수의 증언일부는 이를 믿지 아니하고 달리 위 인정을 좌우할만한 증거없다. 원고들이 피고가 원고들에게 지급하기로 한 위 약정금 25,000,000원에서 위 이수봉으로부터 받은 금 9,000,000원과 피고로부터 받은 금 6,200,000원을 공제한 나머지 금 9,800,000원의 지급을 구함에 대하여 피고는 위 금 9,8000,000원은 피고가 실제 지급하기로 한 것이 아니고 위 망 정준섭이 업무상재해로 사망하게 됨으로 인하여 산업재해보상보험법에 따라 지급될 유족보상금 및 장례비로 충당하기로 한 것인데 위 산업재해보상보험금의 수급권자는 피고회사가 아니고 유족인 원고들이며 피고회사는 다만 원고들이 위 산업재해보상보험금을 받도록 절차상 협조하기로 한 것뿐이고 피고회사는 절차상의 협조를 다하였으니만큼 위 원고청구에 응할 수 없다고 주장하므로 살피건대, 피고회사에게는 원고들로 하여금 위 유족보상금 및 장례비를 받도록 절차상 협조할 의무가 있을 뿐이라는 피고의 주장사실에 부합하는 듯한 당심증인 최백수의 증언은 이를 믿지 아니하고 달리 이를 인정할만한 증거없고 앞서 본대로 피고회사는 원고들에게 금 25,000,000원을 지급하되 다만 산업재해보상보험법에 의한 유족보상금 및 장례비가 위 망인의 유족인 원고들에게 지급되면 동 금원상당을 원고들에게 배상하기로 한 위 금 25,000,000원에서 공제하기로 합의한 것인데 성립에 다툼이 없는 갑 제3호증(사실조회회보)의 기재에 위증인 최백수의 증언을 종합하면 원고 이덕유가 피고회사와의 약정 이후인 1983.10.7 노동청장에게 위 유족보상금 및 장례비를 청구하였으나 노동청장이 같은달 26. 이를 지급하지 아니하는 결정을 함으로써 이를 지급받지 못하게 된 사실을 인정할 수 있으므로 피고의 위 주장은 이유없다.

또 피고는 원고들이 소외 이수봉과 합의하여 동인에 대한 손해배상청구권을 포기하였기 때문에 노동청장으로부터 위 유족보상금 및 장례비를 지급받지 못하게 된 것인데 이는 원고들의 책임있는 사유로 말미암아 발생한 것이고 피고에게는 책임이 없으므로 원고 청구에 응할 수 없다고 주장하므로 살피건대, 산업재해보상보험금의 수급권자가 가해자인 제3자에 대한 손해배상청구건을 면제하는 등의 사유로 이를 상실한 경우에는 노동청장이 위 손해배상청구권을 대위할 수 없게되므로 위 수급권자는 산업재해보상보험금 청구권을 상실하는 것이고(대법원 1978.2.14, 76다2119 판결 참조), 위 갑 제3호증의 기재에 의하면 노동청장이 원고들의 유족보상 및 장례비 등 산업재해보상보험금청구를 배척한 이유는 원고들이 위 이수봉으로부터 금 9,000,000원을 받고 동인에 대한 손해배상청구권을 포기하여 노동청장으로하여금 이수봉에 대한 손해배상청구권을 대위할 수 없게 하였다는 것임을 알 수 있으나 앞서 인정한 사실에 의하면 원, 피고들간의 1983.9.9자 약정은 그 이전인 같은달 3에 원고들과 위 이수봉 사이에 이루어진 원고들 이수봉으로부터 9,000,000원을 받고 동인에 대한 손해배상청구권을 포기하기로 하는 합의를 전제로 하여 피고가 원고들에게 지급하기로 한 금 25,000,000원에서 위 합의에 따라 위 이수봉이 부담한 금 9,000,000원을 제공하는 한편 원고들이 위 이수봉으로부터 금 9,000,000원을 받고 동인에 대한 손해배상청구권을 포기하여도 원고들이 산재보험금을 지급받을수 있을 것으로 예상하고 원고들이 산재보험금을 지급받으면 이를 피고회사가 원고들에게 지급하기로 약정한 위 금 25,000,000원에서 공제하기로 한 것임을 알 수 있고 그러하다면 위 산업재해보상보험금 불지급 사유는 원, 피고들 사이의 위 약정시에 이미 확정적으로 발생하여 있었던 것이며 위 약정 이후에 원고들의 책임있는 사유로 인하여 비로소 발생한 것이라 할 수 없으므로 원, 피고들 사이의 위 약정시의 예상과는 달리 원고들이 위 산업재해보상보험금을 지급받지 못하게 되었다하여 피고는 위 약정에 따른 책임을 면하지 못한다 할 것이므로 위 주장 역시 받아들일 수가 없다.

그렇다면 피고는 원고들에게 금 9,800,000원 및 이에 대한 이 사건 소장송달인 다음날임이 기록상 명백한 1983.11.10부터 완제일까지 연2할5푼의 비율에 의한 소송촉진등에 관한 특례법 소정의 지연손해금을 지급할 의무가 있다 할 것이므로 그 이행을 구하는 원고들의 청구는 이유있어 이를 인용할 것인바, 이와 결론을 같이한 원판결은 정당하므로 이에 대한 피고의 항소를 기각하고 항소비용의 부담 및 가집행선고에 관하여는 민사소송법 제95조, 제89조, 제199조를 각 적용하여 주문과 같이 판결한다.

판사 천경송(재판장), 박주봉, 송기홍

● 구상금 청구사건

서울민사지법 제11부, 1984.5.4 판결 84가합801 기각

판 시 사 항

◉ 산업재해보상보험법 제15조 제1항 소정의 제3자에는 보험가입자와 공동불법행위의 관계에 있는 제3자도 포함되는지 여부

판 결 요 지

산업재해보상보험법 제15조 제1항은 수급권자가 입은 재해가 보

험가입자와는 관계없이 순전히 제3자만의 불법행위로 인한 경우에만 적용되고 보험가입자와 제3자의 과실이 경합한 공동불법행위의 경우에는 보험자인 국가는 상법 제682조에 의하여 보험가입자의 제3자에 대한 그의 과실비율에 따른 구상권을 대위하여 행사할 수 있을 뿐이다.

참조조문 산업재해보상보험법 제11조, 제15조
참조판례 대법원 1978.2.14 76다2119 판결
1979.12.26 79다1668 판결
당 사 자 원고, 대한민국
피고, 부성산업주식회사
주　　문 1. 원고의 청구를 기각한다.
2. 소송비용은 원고의 부담으로 한다.

청구취지

피고는 원고에게 금 9,541,306원 및 이중 금 1,259,854원에 대하여는 1981.2.27부터 금 131,905원에 대하여는 같은해 3.1부터, 금 2,006,101원에 대하여는 같은해 3.18부터, 금 86,420원에 대하여는 같은해 3.22부터, 금 68,226원에 대하여는 같은 해 4.1부터 금 5,988,800원에 대하여는 같은해 4.24부터 각 이 사건 소장부본이 피고에게 송달된 날까지는 연5푼의, 그 다음날부터 각 완제일까지는 연 2할 5푼의 각 비율에의한 금원을 지급하라

소송비용은 피고의 부담으로 한다라는 판결 및 가집행의 선고

이　　유

1. 각 성립에 다툼이 없는 갑 제1호증(보험급여원부), 갑 제4호증(판결, 을 제2호증과 같다)의 각 기재와 변론의 전취지를 종합하면, 피고는 서울 서대문구 불광동에서 지하철공사를 시공하던 소외 대림산업주식회사(이하 소외 대림산업이라 약칭한다)의 하도급업체인 소외 한동토건주식회사(이하 소외 한동토건이라 약칭한다)에게 굴토작업 장비인 서울 02-6032호 굴착기(일명 "포크레인")1대를 임대하면서 피고회사 소속의 굴착기 운전사인 소외 이진규를 위 공사현장에서 근무하게 하였던 사실, 소외 대림산업의 근로자인 소외 한훈태는 1980.10.9 15:00 경위 공사현장에서 작업을 하던중, 위 소외 이진규 및 소외 대림산업과 같은 한동토건의 각 피용자들의 각 업무상 과실로 인하여 우측족부, 우경골 및 비골개방성 복잡골절상 등을 입은 사실(이하 이 사건 사고라 부른다)소외 대림산업은 이 사건 사고 당시에 산업재해보상보험법에 의하여 산업재해보상보험에 가입한 보험가입자였으므로 그 보험자인 원고는 위 법 제9조에 의하여 소외 대림산업의 근로자인 소외 한훈태에게 1981.2.26부터 같은해 4.23까지 사이에 6차례에 걸쳐 요양급여와 휴업급여 및 장해급여로서 합계 금 9,541,306원을 지급한 사실 등을 인정할 수 있고 달리 반증이 없다.

2. 원고는 이 사건 청구원인으로서 첫째, 위 산업재해보상보험법에 의한 보험급여는 제3자인 피고와 소외 대림산업 및 같은 한동토건의 각 피용자들의 행위에 의한 재해로 인하여 이루어진 것이므로 원고는 위 법 제15조 제1항에 따라 위 보험급여액의 한도안에서 위 보험급여의 수급권자인 소외 한훈태의 피고에 대한

손해배상청구권을 대위하여 취득한 구상권을 행사한다는 취지로 주장하므로 과연 보험자인 원고가 위법 제15조 제1항에 의하여 소외 한훈태의 피고에 대한 손해배상청구권을 대위하여 행사할 수 있는가에 관하여 살피건대, 소외 한훈태가 부상을 입은 이 사건 사고는 피고와 소외 대림산업 및 같은 한동토건의 각 피용자들의 공동불법행위로 인한 것임은 앞에서 인정한 바와 같고, 한편 산업재해보상보험법 제15조 제1항의 규정은, 수급권자가 입은 재해가 보험가입자와는 관계없는 순전히 제3자만의 불법행위로 인한 경우에만 적용하는 것이 옳은 해석이라 할 것인바, 이 사건 사고와 같이 산업재해보상보험의 가입자(이 사건에 있어서는 소외 대림산업)의 과실과 제3자(이 사건에 있어서는 피고)의 과실이 경합한 공동불법행위의 경우에는 보험자인 국가가 상법 제 682조에 의하여 피보험자(보험 가입자)의 제3자에 대한 구상권을 대위하여 행사할 수 있음은 별론으로 하고, 직접 수급권자의 제3자에 대한 손해배상청구권을 대위할 수 없는 법리라고 해석하여야 할 것이므로(만일 보험가입자의 과실과 제3자의 과실이 경합된 공동불법행위의 경우에도 보험자인 국가가 수급권자의 제3자에 대한 손해배상청구권을 대위하여 행사할 수 있다고 한다면, 제3자는 보험자인 국가가 수급권자에게 산업재해보상보험상의 보험급여를 함으로써 그 한도내에서 공동불법행위자인 보험가입자와 공동으로 면책되었을 경우에는, 보험가입자의 제3자에 대한 구상금채권을 대위한 국가에 대하여 위 공동불법행위에 있어서의 그의 과실비율만큼 구상의무를 부담하는 이외에, 또 다시 수급권자의 제3자에 대한 손해배상청구권을 대위한 국가에 대하여 전액 구상의무를 부담하게 되어서 결국 2중으로 그 범위가 다른 구상의무를 부담하게 되는 부당한 결과를 초래하게 된다), 원고가 수급권자인 소외 한훈태의 피고에 대한 손해배상청구권을 대위하였음을 전제로한 이 부분 청구는 이유없다 할 것이다.

3. 원고는 또, 산업재해보상보험의 보험자인 원고가 보험가입자인 소외 대림산업의 근로자인 소외 한훈태에게 위 보험급여를 지급함으로써 피고는 그 한도내에서 공동불법행위자인 소외 대림산업과 공동으로 면책되었으므로, 보험자인 원고는 상법 제682조에 의하여 보험가입자(피보험자)인 소외 대림산업의 피고에 대한 구상금 채권을 대위하여 피고의 과실비율에 상당하는 금원을 구상한다는 취지로 주장하므로, 원고가 소외 한훈태에게 위와 같이 보험급여를 함으로써 과연 피고가 소외 대림산업과 공동으로 면책되었는가의 점에 관하여 살피건대, 앞에서 든 갑 제4호증, 각 성립에 다툼이 없는 을 제1호증 및 을 제3호증의 1,2(각 판결)의 각 기재와 변론의 전취지를 종합하면, 이 사건 사고로 부상을 입은 소외 한훈태와 그의 어머니인 소외 임복례가 피고와 소외 대림산업 및 소외 한동토건을 상대로 당원에다 이 사건 사고를 이유로 손해배상 청구소송을 제기하여 당원은 1981.5.12 80가합6928호로서, 피고와 소외 대림산업 및 소외 한동토건은 연대하여 위 한훈태에게 금 20,086,092원, 임복례에게 금 300,000원 및 각 이에 대한 지연손해금을 지급하라는 내용의 위 소외인들 일부승소의 판결을 선고하고, 피고와 소외 대림산업 및 같은 한동토건은 이에 불복하여 소외 한훈태에 대하여서만 항소를

제기함으로써 서울고등법원은 1981.10.15 81나2023호로서 원판결중 피고와 소외 대림산업 및 같은 한동토건의 패소부분중 아래에서 인용되는 금원을 넘는 부분을 취소하고 그 나머지 항소를 모두 기각하면서, 위 소외 한훈태가 이 사건 사고로 인하여 입은 재산적 손해는 위 소외인 자신의 과실을 참작하면 금 20,460,497원이 되나 이 중에서 소외 대림산업이 소외 한훈태를 위하여 가입한 산업재해보상보험에서 소외 한훈태가 지급받은 휴업급여 금 568,554원, 장해급여 금 5,988,880원, 합계 금 6,557,434원을 공제하고 나면 금 13,903,063원이 남게 되고 위자료로서는 금 500,000원으로 인정함이 상당하다고 하면서 피고와 소외 대림산업 및 같은 한동토건은 연대하여 위 한훈태에게 금 14,403,063원(13,903,063+500,000) 및 이에 대한 지연손해금을 지급하라는 내용의 판결을 선고하였으며, 위 판결은 그 무렵 확정됨으로써, 이 사건 사고의 공동불법행위자인 피고와 소외 대림산업 및 같은 한동토건은 원고가 보험자로서 지급한 위 산업재해보상보험의 보험급여 금 6,557,434원에 한하여 공동으로 면책된 사실, 피고는 이 사건 사고 이전에 소외 안국화재해상보험주식회사(이하 소외 보험회사라 약칭한다)와의 사이에 이 사건 사고를 일으킨 위 굴착기에 관하여 손해배상책임보험계약을 체결하고 그 보험에 가입하였으며 이에 따라 위 소외 보험회사는 1981.11.2 피보험자인 피고를 대위하여 이 사건 사고의 피해자인 소외 한훈태와 같은 임복례에게 위 확정판결에서 인용된 손해배상금중 금 15,040,119원을 지급(나머지 일부는 면제되었음)함으로써 대위 변제한 사실, 소외 보험회사는 이 사건 사고의 공동불법행위자중 위 손해배상책임보험계약의 피보험자인 피고를 제외한 소외 대림산업과 같은 한동토건을 상대로 위 대위변제에 기한 보험자 대위를 원인으로 하여 당원에다 구상금 청구소송를 제기하고 이에 따라 당원은 1982.2.25 81가합6242호로서, 소외 보험회사에게 소외 대림산업은 금 8,560,853원, 소외 한동토건은 금 2,700,000원 및 각 이에 대한 지연손해금을 지급하라는 내용의 소외 보험회사 일부 승소판결을 선고하였고, 이에 대하여 위 소외 보험회사와 소외 대림산업, 같은 한동토건은 쌍방이 모두 항소를 각 제기함으로써 서울고등법원은 1982.5.26 82나976호로서 원판결중 소외 보험회사의 소외 한동토건에 대한 패소부분중 아래에서 인용되는 금원을 넘는 부분을 취소하고 소외 보험회사의 항소와 소외 보험회사에게 금 4,319,510원을 지급하라는 내용의 판결을 선고하였으며, 위 판결은 그 무렵 확정된 사실, 그런데 위 구상금 청구소송의 각 판결(제1,2심)에서는 산업재해보상보험법 제11조 제2항에 근거하여, 위 보험급여로 인한 손해배상책임의 면제를 이 사건 사고의 공동불법행위자중 보험급여인 소외 대림산업에게만 한정하여 면책시키고(위 판결들에서는 공동불법행위자들에 대한 구상금 청구소송에도 산업재해보상보험법 제11조 제2항을 확대 적용한 것으로 보인다) 피고와 소외 한동토건에 대하여서는 이를 면책시키지 아니한 사실을 각 인정할 수 있고 달리 반증이 없는 바, 그렇다면 위 보험금 급여로 인하여 면책된 당사자는 결국 소외 대림산업뿐이라 할 것이므로, 원고가 소외 대림산업에 대하여 부당이득반환청구를 함은 별론으로 하고 피고가 소외 대림산업과 공동으로 면책되었음을 전제로 한 원고의 이 부분 청구도 이유없다 할 것이다.

4. 그렇다면 원고가 소외 한훈태의 피고에 대한 손해배상청구권 및 소외 대림산업의 피고에 대한 구상금 채권을 대위하였음을 전제로 한 원고의 이 사건 청구는 모두 부당하므로 이를 기각하기로 하고, 소송비용의 부담에 관하여는 민사소송법 제89조를 적용하여 주문과 같이 판결한다.

판사 조열래(재판장), 김대휘, 주한일

● 구상금 청구사건

서울고법 제2민사부, 1983.1.14 판결 82나2177 일부취소자판

판 시 사 항

◉ 국가가 산업재해보상보험법상의 유족급여를 지급한 경우 유족의 가해자에 대한 위자료 청구권까지 대위취득하는 것인지 여부

판 결 요 지

산업재해보상보험법이 규정하고 있는 유족급여는 근로자의 사망에 의한 수입의 상실을 전보하는 것을 그 목적으로 하는 것이고 정신상의 고통에 대한 위자료를 그 목적으로 하는 것은 아니므로 국가가 유족에게 유족급여를 지급하였다 하더라도 유족의 가해자에 대한 위자료청구권을 대위취득할 수 없다.

참조조문 산업재해보상보험법 제9조의6, 제15조

당 사 자 원고, 피항소인 대한민국
피고, 항소인 이조경

원심판결 제1심 수원지방법원 인천지원 (81가합568 판결)

주 문

원판결 중 금 7,650,000원 및 이에 대한 1981.4.8부터 완제일까지 연5푼의 비율에 의한 금원의 지급을 명하는 부분을 초과하는 피고 패소부분을 취소하고 위 취소부분에 대응한 원고의 청구를 기각한다.

피고의 나머지 항소를 기각한다.

소송비용은 제1,2심 모두 4분하여 그 1은 원고의, 나머지는 피고의 각 부담으로 한다.

청구취지

피고는 원고에게 금 10,344,819원 및 이에 대한 1981.4.8부터 완제일까지 연5푼의 비율에 의한 금원을 지급하라

소송비용은 피고의 부담으로 한다라는 판결 및 가집행선고

항소취지

원판결을 취소한다.

원고의 청구를 기각한다.

소송비용은 제1,2심 모두 원고의 부담으로 한다라는 판결

이 유

성립에 다툼이 없는 갑 제16 내지 제18 각 호증의 각 기재내용에 변론의 전취지를 종합하면 소외 망 김상수는 오토바이를 타고 운행중 1981.2.28. 11:30경 부천시 내동 소재 내리인터체인지 앞 교차로 상에서 피고의 피용자인 소외 이준

섭이 운전하던 피고 소유의 서울 8라5327호 트럭과 충돌하여 좌후두골골절 등의 상해를 입고 그로 인하여 같은해 3.3. 11:25경 사망한 사실을 인정할 수 있다.

그런데 피고는 피고소유의 위 서울8라5327호 차량의 운전사인 소외 이준섭은 운행에 관하여 주의를 태만히 하지 아니하였는데 오로지 피해자인 위 소외 망 김상수의 과실에 기인하여 이 사건 사고가 발생한 것인 이상 피고에게는 손해배상책임이 없다고 주장하므로 살피건대, 위 갑제16내지 제18 각 호증의 성립에 다툼이 없는 갑 제6호증의 각 기재 내용 및 당심증인 정규재의 증언(뒤에서 믿지 아니하는 일부증언 제외)과 원심의 기록검증 결과(뒤에서 믿지 아니하는 기록검증 일부결과 제외) 당심의 현장검증결과에 변론의 전취지를 종합하면, 위 소외 이준섭이 1981.2.28 11:30경 위 차량을 운전하여 부천시 내동 209 소재 내리인터체인지 교차로 상을 인천시 북구 오정동쪽에서 부천시내 쪽(별지도면 참조)으로 시속 약 40킬로미터의 속도로 운행중 반대방향에서 진행하여 오는 번호불상의 버스와 교행하게 되었고 당시 전방좌측 약 10미터의 위 인터체인지 출구 옆 안전지대(별지도면표시 "다"지점)에서 피해자 위 소외 망 김상수가 오토바이에 올라탄채 위 소외 이준섭의 진행방향과 같은 방향으로 출발 준비를 갖추고 있는 것을 발견하였으면서도 좌측방 주시를 소홀히 한채 별 사고 없으리라고 생각하여 위 버스와 교행하다가 그때 위 소외 망 김상수가 출발하여 위 소외 이준섭의 진로상으로 좌회전하여 들어오는 것을 전방 약 5 내지 6미터의 지점에서야 뒤늦게 발견하고 급제동조치를 취하면서 우측으로 피하려고 핸들을 조작하였으나 미치지 못하여 위 차량의 좌측 차체부분으로 위 오토바이를 충격하고 위 소외 망 김상수를 땅에 넘어뜨린 사실, 위 소외 망 김상수는 이로 인하여 위에서 본바와 같이 좌후두골골절 등의 상해를 입고 사망한 사실, 한편 위 소외 망 김상수는 무면허로 안전모자를 쓰지 아니한채 위 오토바이를 운행하여 위 소외 이준섭이 운전하는 위 차량을 잘 살피지도 아니하고 위에서 본 소외 이준섭의 운행차량과 교행하는 버스뒤에서 위에서 본 바와 같이 좌회전한 사실, 위 사고지점은 차량의 통행이 빈번한 곳으로 부천시내와 인천시 북구 오정동을 연결하는 국도와 경인고속도로에의 진입로가 접속된 지점으로서 경인고속도로의 인천행 노선에서 위 진입로를 통하여 나오는 차량이 부천방면으로 갈 경우에는 별지 도면표시 "가"부분 분리대의 남쪽인 위 도면표시 "나"부분 도로를 따라 좌회전하게 되어 있고 위 오정동 방향으로 운행하는 차량은 위 도면표시 "다"부분 도로를 따라 우회전하게 되어 있어 위 도면표시 "다"부분에서는 부천시와 오정동간의 도로에로의 좌회전을 할 수 없게 되어있는 사실 및 소외 김정희, 김동준, 김지영은 위 소외 망 김상수의 상속인들인 사실등을 인정 할 수 있고 위 인정에 반하는 듯한 당심증인 정규재의 일부증언 및 위 기록검증 일부결과는 믿지 아니하고 달리 위 인정을 번복할만한 증거가 없다.

위에서 인정한 사실에 의하면, 이 사건 충돌사고는 소외 이준섭이 자동차를 운전하는 자로서 위 소외 망 김상수가 오토바이에 올라탄 채 자신의 진행방향과 같은 방향으로 출발할 준비를 갖추고 있는 것을 발견하였으면 좌측 전방을 잘 살피면서 서행하여야 할 업무상의 주의의무가 있음에도 불구하고 위와 같은 주의 의무를 다하지 아니한채 만연히 위 버스와 교행하면서 좌측전방을 잘 살피지도 아니하고 서행하지 아니한 과실이 하나의 원인이 되었다 할 것이고, 한편, 이 사건 사고 발생에 있어서는 위 소외 망 김상수가 면허도 없이 안전모자를 쓰지도 아니하고 오토바이를 운행하였을뿐더러 이 사고 지점은 좌회전 금지구역이므로 좌회전하여서는 아니되고, 좌회전하는 경우에는 주위를 잘 살피고 좌회전하여야 함에도 불구하고 주의를 잘 살피지 아니하고 교통량이 많은 좌회전금지구역에서 좌회전한 과실로 그 한 원인이 되었다 할 것이다.

그렇다면 위 소외 이준섭이 위 차량의 운행에 관하여 주의를 태만히 하지 아니하였음을 내세운 피고의 위 면책의 주장(자동차손해배상보장법 제3조 단서 사유임)은 이유가 없으므로 피고는 자기를 위하여 자동차를 운행하는 자로서 그 운행으로 인하여 위 소외 망 김상수에게 입힌 손해를 배상할 책임이 있다고 할 것이고 한편(위 소외 망 김상수의 과실은 피고의 손해배상책임을 면제할 정도에는 이르지 않는다 할 것이다)위 소외 망 김상수의 과실은 아래에서 손해배상액을 산정함에 있어 이를 참작하기로 한다.

소외 망 김상수가 입은 재산상손해의 액에 관하여 본다. 위 갑 제1,제6 각 호증, 성립에 다툼이 없는 갑 제9,제12 각호증의 각 기재내용에 변론의 전취지를 종합하면 소외 망 김상수는 1951.7.18생으로 1981.3.3 이 사건 사고로 사망할 당시 만 29세 7개월 남짓한 건강한 남자인 사실, 같은 나이의 우리나라 남자의 평균 생존여명이 38년 정도인 사실, 위 소외 망인은 이 사건 사고당시 한국도로공사 인천관리사무소 소속 영업사원인 상용근로자로서 하루평균 9,490원 66전의 수입을 얻고 있었던 사실을 인전할 수 있고 달리 위 인정을 번복할만한 증거가 없으며 위 소외 망인과 같은 직종의 근로자는 55세가 다할 때까지 종사할 수 있는 사실과 위 망인의 생계비가 그 수입의 1/3정도 소요될 것이라는 사실 및 위 소외 망인은 이 사건 사고가 없었더라면 위 55세가 다할 때까지 위 도로공사의 상용근로자로 계속 종사하여 위 임금정도의 수입을 얻을 것이라는 사실등은 당사자 사이에 다툼이 없다.

위에서 인정한 사실관계로 미루어 본다면 특별한 다른 사정이 없는한 위 소외망인은 이 사건 사고가 없었더라면 이 사건 사고로 사망한 1981.3.3부터 만 55세가 끝나는 2007.7.17까지 316개월(26년 4월 월 미만은 버림)간은 상용근로자로서 매월 금 189,813원{9,490.66*30(원고가 구하는 바에 따름)*(1-1/3)원 미만 버림, 이하 같다}씩의 순수입을 얻지 못하게 됨으로 말미암아 그만큼의 손해를 입었다고 볼 것인바 위 상실수입액의 총액에서 호프만식 계산법에 따라 월 5/12푼의 비율에 의한 중간이자를 공제하여 위 소외 망인이 위 사망 당시를 기준으로 삼아 피고에게 일시에 청구할 수 있는 위 상실수입액의 현가를 산출하면 금 38,218,308원(189,813*201.341.34715888)이 됨이 계산상 명백하다.

그런데 이와 같은 손해의 발생에 대하여는 그 피해자인 위 소외 망인에게도 상당한 과실이 있었으므로 이를 참작하다면 피고가 배상하여야 할 위 손해액을 금 7,650,000원으로 판정함이 상당하다 할 것이다.

위에서 본 위 소외 망 김상수의 손해배상청구권은 위 소외 망인의 사망과 동시에 소외 김정희, 김동준, 김지영들에게 각 상속되었다고 할 것이다.

또한 위 갑 제6호증, 성립에 다툼이 없는 갑 제1 내지 제5 각 호증의 각 기재내용에 변론의 전취지를 종합하면 위 소외 망 김상수는 원고산하 노동부 인천북부지방사무소 관할 사업장인 한국도로공사 인천도로관리사무소(산업재해보상보험법의 적용·대상임) 부천영업소 소속 근로자인바, 위 소외 망인의 통상의 업무중의 하나인 고속도로의 통행권을 부천시 소재 인터체인지에 위치한 내리요금소에 전달하고 오토바이를 타고 위 부천영업소로 돌아오던 중 위에서 본바와 같이 이 사건 사고로 인하여 사망한 사실, 위 소외 망 김상수의 위 업무상의 재해에 대하여 노동부 인천북부사무소가 1981.4.8 위 소외 망인의 처인 소외 김정희에게 산업재해보상보험법이 규정하는 바에 따라 유족보상일시금으로 금 9,490,660원, 장의비로 금 854,159원(한국도로공사 인천도로관리사무소장 소외 이연우가 위 장의비를 수령하였으나, 이는 위 소외 망인의 처인 위 소외 김정희를 대리하여 수령한 것으로 보여진다)을 지급한 사실을 인정할 수 있다.

위 인정사실에 의하면, 산업재해보상보험법 제15조 제1항이 규정하는 바에 따라 원고는 위 소외 망 김상수의 상속인들(위 소외 김정희, 김동준, 김지영)이 피고에 대하여 가지는 위 금 7,650,000원의 소극적 재산상 손해배상청구권을(위 노동부 인천북부사무소가 위 소외 김정희에게 지급한 유족급여 금 9,490,660원의 한도내이므로) 대위 취득하였다는 것이다.

그런데 피고는, 피고와 위 소외 김정희 사이에 1981.7.8 위 소외 김정희가 이 사건 사고로 인한 손해에 대한 일체의 권리를 포기하기로 약정한 이상 위 소외 김정희가 피고에 대하여 손해배상청구권을 가지고 있음을 전제로 한 원고의 이 사건 청구에 응할 수 없다는 취지의 주장을 하므로 살피건대, 성립에 다툼이 없는 을 제1호증의 기재내용에 변론의 전취지를 종합하면 피고와 위 소외 김정희 사이에 1981.7.8 피고가 위 소외인에게 이 사건 사고에 대한 손해금으로 금 8,000,000원을 지급함과 동시에 위 소외인은 이 사건으로 인한 일체의 손해배상청구권을 포기하기로 약정한 후 당일 피고가 위 소외 김정희에게 금 8,000,000원을 지급한 사실(피고가 1981.4.24자로 변제 공탁한 금 3,000,000원+ 위 약정시의 금 5,000,000원)을 인정할 수 있으나 위 약정은 위에서 본 바와 같이 원고가 위 소외 김정희에게 유족급여를 지급한 1981.4.8 이후인 같은 해 7.8에야 이루어진 이상 원고가 위 유족급여를 지급 할 때 그 급여한도내(유족급여 금 9,490,660원)에서 위 소외 망 김상수의 상속인들(위 소외 김정희, 김동준, 김지영)의 피고에 대한 소극적 손해배상청구권을 대위취득하였음이 법리상 명백하므로 위 소외 김정희가 1981.7.8 현재 피고에 대하여 소극적 손해배상청구권을 가지고 있음을 전제로하여 이를 포기하였다는 피고의 위 주장은 위에서 본 바와 같이 원고가 위 소외 망 김상수의 상속인들이 가지는 소극적 손해배상청구권의 전부를 대위취득한 이상 그 이유가 없다 할 것이다.

또한 원고는, 원고가 위 소외 김정희의 피고에 대한 위자료청구권을 대위취득하였음을 전제로하여 위 소외 김정희의 위

자료로서 금 1,000,000원의 지급을 구함과 아울러 위에서 본 장의비 금 854,159원의 지급을 구한다고 주장하므로 살피건대, 산업재해보상보험법이 규정하고 있는 유족급여는 업무상재해를 입은 근로자의 사망에 의한 수입의 상실을 전보하는 것을 그 목적으로 하는 것이고 정신상의 고통에 대한 위자를 그 목적으로 하는 것은 아니어서, 원고가 위에서 본 바와 같이 위 소외 김정희에게 유족급여를 지급하였다 하더라도 위 소외 김정희의 피고에 대한 위자료청구권을 대위 취득할 수 없음이 법리상 명백하므로 원고가 위 위자료청구권을 대위취득하였음을 전제로 한 위자료 청구부분은 더 나아가 살펴볼 필요도없이 그 이유가 없다고 할 것이고, 나아가 위 장의비지급 청구부분에 관하여 보건대, 원고가 소외 김정희에게 위에서 본바와 같이 적극적 재산상의 손해를 전보하기 위하여 장의비를 지급하였다 하더라도, 이로써 원고가 소외 김정희의 피고에 대한 소극적 재산상의 손해배상청구권을 대위취득할 수 없음이 법리상 명백하므로 (원고는 소외 김정희의 피고에 대한 소극적 재산상의 손해배상청구권에 대한 주장 입증만을 하고 있다) 원고가 지급한 장의비의 한도내에서 소외 김정희의 피고에 대한 소극적 재산상의 손해배상청구권을 대위취득하였음을 전제로 한 장의비 금 854,159원의 지급청구부분 역시 더 나아가 살펴볼 필요도 없이 그 이유가 없다고 할 것이다.

그렇다면 피고는 원고에게 위 금 7,650,000원 및 이에 대한 원고가 유족급여를 지급한 1981.4.8부터 완제일까지 연 5푼의 민사법 정이율에 의한 지연손해금을 지급할 의무가 있다고 할 것이므로 원고의 청구는 이 의무의 이행을 구하는 한도내에서 이유가 있어 이를 인용하고, 나머지 청구는 이유가 없어 이를 기각할 것인바, 원판결은 위 인용한도를 초과하여 원고의 청구를 인용하였으므로 이 부분에 대한 피고의 항소를 받아들여 민사소송법 제386조에 따라서 위 인용한도를 초과하여 원고의 청구를 인용한 부분을 취소하여 그 부분에 대응한 원고의 청구를 기각하는 한편, 피고의 나머지 항소는 이유없음에 귀착되므로 같은 법 제384조에 따라 이를 기각하기로 하고 소송비용의 부담에 관하여는 민사소송법 제96조, 제95조, 제92조, 제89조를 각 적용하여 주문과 같이 판결한다.

판사 김용준(재판장), 임창원, 조중한

● 손해배상

(변경) 대법원 제2부, 1981.6.23. 판결 80다2316 일부파기환송

판 시 사 항

◉ 산업재해보상보험법상의 보험급여(치료비)를 수령한 경우 피해자의 손해액에서 위 보험급여중 피해자의 과실에 상당하는 부분의 공제 여부(적극)

판 결 요 지

불법행위의 피해자가 산업재해보상보험법상의 보험금 수급권자로서 국가로부터 보험급여로서 치료비를 지급받았기 때문에 가해자에 대하여 별도의 치료비를 청구하고 있지 아니하는 경우에는 이미

지급받은 치료비중 당해 불법행위에 대한 피해자의 과실에 상당하는 부분은 가해자의 손해배상액에서 공제하여야 한다.

참조조문 산업재해보상보험법 제11조
민법 제763조

당 사 자 원고, 피상고인 겸 상고인 유두식 외 5인
원고 유두식 소송대리인 변호사 서극형
피고, 상고인 겸 피상고인 창희유리공업주식회사
소송대리인 변호사 오승근

원심판결 서울고등법원 1980. 8.22. 79나3558 판결

주 문

1. 원심판결의 원고 유두식의 패소부분 중 재산적 손해에 관한 패소부분을 파기하고, 이 부분 사건을 서울고등법원으로 환송한다.

2. 피고의 상고와 원고 유두식의 위자료에 관한 패소부분에 대한 상고를 모두 기각한다.

3. 상고기각된 부분에 관한 상고비용은 각 상고인의 부담으로 한다.

이 유

1. 피고 소송대리인의 상고이유 제1,2점과 원고 유두식 소송대리인의 상고이유 제2점을 판단한다.

원판결에 의하면, 원심은 원고 유두식이 피고 회사의 일용 목수로서 1977.5.23. 14:30경 피고 회사 전용목수인 소외 임희용과 같이 피고 회사공장 2층 변전실 옆 환기창문 조립작업 중 위 원고가 작업용으로 들고 있던 각목이 위 변전실에 설치된 고압선에 접촉, 감전된 이 건 사고가 피고 회사의 공작물인 변전실의 설치 보존상의 하자와 전선주 위에서 작업을 함에 있어서 감전사고에 대한 주의의무를 다하지 아니한 위 원고의 과실이 경합하여 발생한 사실을 인정한 후, 피고 회사의 위 불법 행위에 대한 위 원고의 과실의 정도를 판시 손해배상액 산정에서 참작, 상계하고 있는바, 이를 기록에 비추어 대조하여 보면 원심의 위와 같은 사실인정 및 과실상계 조치는 수긍할 수 있고 거기에 소론 채증법칙 위배 및 심리미진이 있다거나 과실상계에 관한 법리오해가 있다고는 할 수 없으므로 논지 이유없다.

2. 원고 유두식 소송대리인의 상고이유 제1점을 판단한다.

(1) 불법행위로 인하여 장래 발생할 수익상실의 손해액에 관하여는 피해자의 청구하는 바에 따라 사고당시를 기준으로 한 현가로 할 수도 있고, 변론종결 이전에 이미 확정된 수익상실 손해액에 대하여는 그 확정된 손해액으로 할 수도 있으므로 법원은 전자의 경우에는 수익상실 시기로부터 사고 당시까지의 중간이자를 공제한 금액에 사고당시 이후 피해자가 구하는 시기부터 지연손해금을 부가한 액수로 할 것이고 후자의 경우에는 확정된 수익액에 그 수익이 확정된 후 피해자가 구하는 시기부터 지연손해금을 부가한 금액으로 손해액을 산정함이 상당하다 할 것인바, 원심판결에 의하면, 원심은 원고는 건설목공으로서 사고 당시부터 16개월간은 월 80,000원(3,200×25일), 그 후 20개월간은 월 158,750원(6,350×25일), 그 후 55세까지 13개월은 월 금

226,750원(9,070×25)을 벌 수 있었는데 이 건 사고로 목수로 일할 수 없게 되었으므로, 사고 이후 36개월은 입원치료관계로 전액 벌지 못하였고 그 이후는 도시 일반노동에 종사하여(노동능력 30%) 월 금 36,825원(4,910×25×30/100)을 벌 수 있으므로 그 차액금 189,925원(226,750-36,825)을 벌 수 없게 되고 위 수입손실은 모두 사고 후 월차로 생기는 연금적 손해인데, 원고가 사고일을 기준으로 한꺼번에 이를 청구하므로 호프만식 계산법에 따라 중간이자를 공제한 사고 당시의 현가를 산출한 손해액수 중 과실상계 등으로 일정액을 공제한 후 그 확정한 손해액수에 대하여 원고 대리인이 구하는 1980.6.3부터 완제에 이르기까지 연 5푼의 비율에 의한 지연손해금을 피고는 지급할 의무가 있다고 판시하고 있다.

기록에 의하면, 원심 제6차 변론기일에서 진술된 1980.5.28자 청구취지 및 원 인정서와 같은 제7차 변론기일에서 진술된 같은 해 6.27자 준비서면의 각 기재에 의하면 원고 유두식은 이 건 사고로 입은 상해로 인하여 사고일인 1977.5.23부터 1980.6.2까지 36개월 동안(월 미만 버림)입원치료를 받았기 때문에 위 기간 동안은 전혀 생업에 종사할 수 없었다는 이유로 중간이자를 공제함이 없이 계산한 사고일로부터 16개월 동안의 수익상실손해금 1,280,000원(3,200×25일×16월), 그 후부터 20개월 동안의 수익상실금 3,175,000원(6,350×25일×20월) 합계 금 4,455,000원과 그 이후부터만 55세가 끝날 때까지의 노동능력 감퇴로 인한 예상 수익상실 손해에 대하여는 호프만식 계산법에 의한 중간이자를 공제하여 환산한 금 2,399,588원 및 각 이에 대한 1980.6.3부터 완제일까지 연5푼의 비율에 의한 지연손해금의 지급을 구하고 있음이 분명한 바, 원심판결에 의하면 원심은 아무런 합리적인 이유의 설시없이 이미 확정적으로 발생한 수익상실의 손해라하여 위 원고가 구하고 있는 금 4,455,000원 부분에 관하여도 호프만식 계산법에 의한 중간이자를 공제하여 사고 당시의 현가로 환산한 후, 그 지연손해금의 기산에 한해서만 위 원고의 청구(1980.6.3부터)에 따름으로써 원고가 구하는 위 확정된 소극적 손해금 4,455,000원 중 이에 대한 사고 당시부터 1980.6.2까지의 지연손해금 상당액을 공제하여 손해액을 인정하고 그 공제액 상당부분에 대하여는 아무런 판단도 하지 않고 있다. 이는 필경 원고의 주장을 판단하지 아니한 판단유탈의 위법 내지는 불법행위로 인한 소극적 손해배상의 범위에 관한 법리를 오해하였거나 석명권 불행사로 인하여 손해액 산정을 그릇한 잘못을 저질렀다 할 것이므로 논지는 이유있다.

(2) 개호비에 관하여 원심이 사고 3년 후부터 여명 기한까지 17년동안 성년남자 1인의 개호가 계속 필요하고, 성년남자의 일용노임이 하루 금 4,910원이라는 당사자 사이의 다툼없는 사실에 기하여 연 5푼의 중간이자를 공제하여 손해액의 현가를 산출한 조치를 기록에 대조하여 살펴보면 수긍이 가므로 개호비에 관한 논지 이유없다.

3. 원고 유두식 소송대리인의 상고이유 제3점을 판단한다.

산업재해보상보험법 제1조, 제11조, 제15조 등 관계규정과 손익상계의 법리에 비추어 볼 때 불법행위의 피해자가 위 같은

법상의 보험금 수급권자로서 국가로부터 같은 법 소정의 보험급여를 받았을 때에는 보험가입자인 가해자는 그 금액의 한도안에서 민법 기타 법령에 의한 손해배상의 책임이 면제되는 것이므로 불법행위의 피해자가 보험급여로서 치료비를 이미 지급받았기 때문에 가해자에 대하여 별도의 치료비를 청구하고 있지 아니하는 경우라면 이미 지급받은 치료비중 당해 불법행위에 대한 피해자의 과실에 상당하는 부분은 같은 피해자가 부담하여야 할 것을 가해자 측이 부담한 것이 되어 이를 가해자의 손해배상책임액에서 공제하여야 할 것인바, 기록에 의하면 원고 유두식 치료비를 별도로 청구하지 아니하는 이 사건에 있어서 원심이 위 원고의 과실에 상당하는 범위를 넘어서 위 원고가 국가로부터 치료비(요양비)로 지급받은 금 9,102,970원 전액을 피고의 손해배상책임액에서 공제하고 있으므로 이러한 원심의 조치는 산업재해보상보험법 및 손익산계에 관한 법리를 오해하여 판결에 영향을 미쳤다고 할 것이다.

따라서 이 점 논지는 위 판단 범위안에서 이유있고, 치료비 전액이 공제되어서는 아니된다는 논지는 독자적인 견해로서 채용될 수 없는 것이다.

4. 원고 유두식 소송대리인의 상고이유 제4점을 판단한다.

먼저 요양비에 관하여, 피고가 변제를 주장하고 있는 금 4,455,000원 중에 요양비가 포함되어 있지 아니함은 을 제1호증의 기재에 의하여 명백하며, 논지 이유없고, 개호비에 관해서는 피고가 금 1,398,280원의 공제를 주장하였다가 원심제7차 변론기일에서 그 주장을 철회하여 원의 손해액에서 공제된 바 없음이 판문상 분명하므로 위 개호비가 공제되었음을 전제로 하는 논지 또한 이유없으며, 의족대 85,000원이 위 금 4,155,000원 중에 포함되어 있는 사실은 을 제3호증의 23의 기재에 의하여 인정되나 위 원고에게 소요될 의족대의 사고당시의 현가가 금 100,000원인 사실은 당사자 사이에 다툼이 없는 바이니 원심이 의족대 손해로서 금 100,000원을 인정한 후 이미 지급된 금 85,000원을 공제한 조치에 어떠한 잘못이 있다 할 수 없으며, 기타의 금원이 위자료의 성격을 가지는 것이라고도 보이지 아니하므로 논지는 이유없다.

다만, 위 금 4,155,000원 중 간식비 명목으로 지급된 합계 금 760,000원은 그것이 치료비의 성격을 가지는 식대로 지급된 것인지 그렇지 않으면 원고의 어떠한 손해에 대한 변제인지를 석명을 통하여 분명히 한 후, 그 전액을 공제할 것인지 아니면 과실의 정도에 따라 공제할 것인지를 판단해야 할 것인데 원심이 석명권을 행사하지 아니하는 등 심리를 다하지 아니함으로써 판결에 영향을 미쳤다고 할 것이므로 이 점 논지는 이유있다.

5. 그리고 원고들의 위자료에 관하여는 상고이유에서 원고 유두식 및 피고가 아무런 언급을 하고 있지 않으니 이 부분에 관한 상고는 모두 기각을 면치 못할 것이다.

6. 그러므로 피고의 상고와 원고 유두식의 위자료에 관한 패소부분에 대한 상고를 모두 기각하고, 상고기각된 부분에 관한 상고비용은 각 상고인의 부담으로 하고, 원심판결의 원고 유두식 패소부분

중 재산적 손해에 관한 패소부분을 파기하여 이 사건 부분을 다시 심리 판단케 하기 위하여 원심인 서울고등법원에 환송하기로 관여법관의 의견이 일치되어 주문과 같이 판결한다.

대법원판사 강우영(재판장), 이정우, 신정철

● 보상금

대법원 제1부, 1980.10.14. 판결 79다2260 상고기각

판 시 사 항

◉ 산업재해보상보험법에 의한 수급권자가 가해자로부터 위자료를 지급받은 경우와 보험급여액

판 결 요 지

산업재해보상보험법에 의하여 지급되는 재해보상금은 재산상 손해를 배상하는 것이므로 피해자가 제3자인 가해자로부터 받은 위자료는 위 보험급여에서 공제되어서는 아니된다.

참조조문 산업재해보상보험법 제11조
참조판례 대법원 1977.7.26 77다537 판결
당 사 자 원고, 피상고인 박수영
피고, 상고인 대한민국
법률상대표자 법무부장관 오탁근 소송수행자 허종성
원심판결 부산지방법원 1979.11.23 79나270 판결
주 문 상고를 기각한다. 상고비용은 피고의 부담으로 한다.

이 유

피고 소송수행자의 상고이유를 판단한다.

원심이 인용한 제1심 판결은, 을 제1호증(합의서) 기재에 의하여 원고가 그에게 중상을 입힌 제3자인 가해자 소외 박영기로부터 받은 금 700,000원은 위자료였다고 인정하였는 바, 원심의 위 인정과정에 채증법칙위반의 허물이 없고 동판결은 나아가 원고가 그 판시와 같이 확정된 장해등급에 의한 요양 및 휴양 휴업장해 급여로 확정된 금 2,092,500원 중 나머지 금 700,000원의 지급을 피고에게 청구하고(금 1,392,500원은 이미 지급받았으므로)피고는 산업재해보상보험법 제15조 제2항에 의하여 원고가 제3자인 가해자로부터 손해배상을 받았으므로 그 한도 내에서 보험급여를 할 수 없다고 항변하는데 대하여 원고가 재산상 손해배상이 아닌 위자료로서 수령한 금액은, 위 보험급여에서 공제할 수 없다는 취지로 판단하고 있는 바, 무릇 수급권자가 산업재해보상금으로 지급받은 금원은 재산상 손해를 배상함에 충당된다고 할 것이니(당원 1977.7.26 선고, 77다 537 판결)반대로 본건과 같이 제3자인 가해자로부터 받은 재산상 손해배상 아닌 위자료는 위 보험급여에서 공제할 수 없다고 할 것이므로 같은 취지의 원심의 위 판단은 정당하고 거기에 산업재새보상보험법 제15조를 오해한 위법이 없다.

논지는 모두 이유없음에 돌아간다.

그러므로 상고를 기각하기로 하고 상고비용은 패소자의 부담으로하여 관여법관의

일치된 의견으로 주문과 같이 판결한다.

재판장 대법원판사 주재황, 라길조, 김태현

● 구상금

대법원 제3부, 1979.12.26. 판결 79다1668 상고기각

판 시 사 항

◉ 산업재해보상보험법 제15조 소정의 제3자에 대한 구상권의 취지

◉ 산업재해보상보험법에 의한 보험금 수급권자가 가해자인 제3자의 손해배상채무를 면제할 수 있는지 여부

판 결 요 지

가. 산업재해보상보험법 제15조의 노동청장은 제3자의 행위에 의한 재해로 인하여 보험급여를 한 때에는 그 급여액의 한도에서 급여를 받은 자의 그 제3자에 대한 손해배상청구권이 있음을 전제하여 대위한다는 취지에 불과하다.

나. 보험금 수급권자의 가해자에 대한 손해배상청구권은 통상의 불법행위상의 채권이므로 보험금급여자가 제3자에 대한 구상권이 있다 하여도 수급권자가 사법자치의 원칙에 따라 제3자의 손해배상채무의 전부 또는 일부를 면제할 수 있다.

참조조문 산업재해보상보험법 제15조

참조판례 대법원 1978.2.14 76다2119 전원합의체 판결

당 사 자 원고, 상고인 대한민국
법률상 대표자 법무부장관 김치열
소송수행자 김학준, 강현권
피고, 피상고인 김현여

원심판결 서울지방법원 1979.8.30 79나615 판결

주 문 상고를 기각한다. 상고 소송비용은 원고의 부담으로 한다.

이 유

상고이유를 판단한다.

기록에 의하면 원고는 망 임헌건이 피고 경영의 송죽여인숙 객실에서 연탄까스 중독으로 사망한 데 따른 손해에 관하여 동 망인의 유족대표(정확하게 말하면 망인의 아우 임헌오)와 피고가 금 200,000원에 화해가 성립되어 그것이 수수된 사실을 시인하나 그 화해된 금액의 내용은 유족의 위자료에 관한 것 뿐이지 망인의 일실손해에 관한 것은 아니라고 다투었음이 명백하고 소론과 같이 그 화해는 위 망인의 처자식등 손해배상 청구권을 가진 자와 한 것이 아니므로 동망인의 사망으로인한 손해에 관하여는 아무런 효력이 없다고 함은 사실심에서 주장하지 아니한 시실이므로 이제와서 새로운 사실과 자료를 들고 원판시를 공격하는 것으로 적절한 상고사유라 할 수 없다.

근로기준법시행령 제61조 산업재해보상보험법 제25조에 급여를 받을 유족의 범위를 정하고 있음은 소론과 같으나 사

실심에서 유족과 화해한 점을 시인한 이상 새삼스레 그가 법정 수급권자가 아니라는 점을 들고 원판시를 비의할 수 없는 것이라 하겠다.

그리고 성립에 다툼이 없는 갑 제5호증(합의서)에 의하면 피고는 위 망인의 유족대표에게 위로금조로 금 200,000원을 지급하고 (단 영체운구에 수반되는 비용은 별도)유족대표는 피고에 대하여 향후 민, 형사간 일체 책임을 묻지 않기로 합의 하였다고 기재되어 있는 바, 이에 의하면 위 합의는 시체운구에 수반되는 비용 이외 전 손해에 관하여 화해한 것으로 본 원심의 판단은 정당하다고 시인된다.

산업재해보상법 제15조에 의하면 노동청장은 제3자의 행위에 의한 재해로 인하여 보험급여를 한 때에는 그 급여액의 한도에서 급여를 받은 자의 그 제3자에 대한 손해배상청구권을 대위한다고 규정하고 있으나, 이는 어디까지나 수급권자의 제3자에 대한 손해배상 청구권이 있음을 전제하여 급여의 한도에서 그 청구권을 대위한다는 취지에 불과하다.

수급권자의 가해자에 대한 손해배상청구권은 통상의 불법행위상의 채권이므로 이런 규정이 있다하여 위 손해배상청구권의 성질에 무슨 소장이 있다고는 할 수 없으니 수급권자는 사법자치의 원칙에 따라 제3자가 자기에게 부담하고 있는 손해배상채무의 전부 또는 1부를 면제할 수 있다 할 것이다(당원 1978.2.14 선고, 76다2119 판결 참조).

그러므로 산업재해보상보험 가입자인 망 임헌건의 유가족 대표와 피고간의 합의가 성립되어 망 임헌건의 사망으로 인한 손해중 금 200,000원(다만 시체운구비 재외)를 초과한 부분은 면제되었다하여 이의 대위권을 원인으로 하는 원고의 본건 청구는 이유없다고 한 원심의 판단은 또한 정당하다고 할 것이니, 견해를 달리하는 소론의 논지 이유없다.

그러므로 상고를 기각하고 상고 소송비용은 패소자의 부담으로 하기로 관여법관의 의견이 일치되어 주문과 같이 판결한다.

재판장 대법원판사 김용철, 민문기, 이일규, 정태원

● 구상금

대법원 제1부, 1979.5.15. 판결 78다528 상고기각

판 시 사 항

◉ 피해자에게 손해금을 지급한 공동불법행위자중 1인의 다른 공동불법행위자에 대한 구상금 채권의 소멸시효기간

판 결 요 지

교통사고의 피해자들에게 손해배상을 한 공동불법행위자의 1인의 다른 공동불법행위자에 대한 구상금 채권은 일반채권과 같이 구상권자가 현실로 피해자에게 손해금을 지급한 때로부터 10년간 이를 행사하지 아니하면 시효소멸한다.

참조조문 민법 제162조 제1항

당 사 자 원고, 피상고인 겸 상고인 대한민국
법률상대표자 법무부장관 이선중 소송수행자 김환영
피고, 상고인 겸 피상고인 경북교통주식회사
소송대리인 변호사 임종옥

원심판결 대구고등법원 1978.2.28 77나361 판결

주 문 상고를 모두 기각한다. 상고 소송비용은 상고인 각자의 부담으로 한다.

이 유

1. 먼저 피고 소송대리인의 상고이유를 판단한다.

(가) 원판결이유에 의하면 원심의 그 채택한 증거에 의하여 이 사건 교통사고는 원고 예하 철도청 소속 철도건널목 간수인 소외 정수웅, 동 장재영의 과실과 피고회사소속운전사인 소외 권화식의 과실이 경합하여 발생케 되었으며 그 과실의 비율은 원고측이 7, 피고측이 3이라고 단정한 후 원고는 이 사고 후 이 사고로 인하여 사망한 소외 김유도등 11명에게 배상금 및 위자료, 장례비 등 명목으로 원판결 첨부별지 사망자의 명단 및 피해보상내역 기재와 같이 합계 금 14,914,200원을 지급하였으며 이 사고로 인하여 부상을 당한 소외 최영희 등 32명에게 배상금 및 위자료, 치료비, 첨부인료 등 명목으로 원판결 첨부 별지 부상자의 명단 및 피해보상내역 기재와 같은 합계 금 7,967,697ㅇ원을 지급한 사실을 인정하고 나서 위 인정의 금 22,890,892원은 이 사고와 상당인과관계에 있는 비용이므로 피고는 원고에게 원고가 지급한 위 금원중 그 과실의 비율에 따라 금 6,867,267원을 지급하여야 한다고 판시하고 있는 바 원심이 채택한 증거를 기록과 대조하여 보면 원심의 위 인정사실은 능히 수긍이 되고 그 판단조처도 정당하며, 거기에 채증법칙을 어겨 사실을 오인하였다거나 손해배상의 범위에 관한 법리를 오해하였다고 할 수 있는 사유를 찾아볼 수 없으므로 이 점에 관한 논지는 이유없다.

(나) 또 원심은 원고의 이 사건청구는 피해자들에 대하여 원고가 손해배상을 하였음을 사유로 피해자들의 입장에서 구상하는 것이므로 그 권리는 원고가 손해배상을 한 1972.7.2부터 3년이 경과함으로써 소멸시효 완성으로 소멸하였다는 피고의 항변에 대하여 법리상 구상권의 행사를 피해자의 손해배상청구권의 대위 행사로 볼 수는 없고 구상채권의 소멸시효에 관하여 법률상 따로이 정한 바 없으므로 일반원칙으로 돌아가 일반채권과 같이 그 소멸시효는 10년으로 완성한다고 해석함이 상당하고 그 기산점은 구상권이 발생한 시점 즉, 구상권자가 현실로 피해자에게 지급한 때라 할 것이므로 위 주장은 받아들일 수 없다고 판시하고 있는 바, 원심의 위와 같은 판단조처는 정당하고 기록에 의하면 원고가 이 사고 후 피해자들에게 위 인정의 금원을 지급한 때로부터 이 사건 소제기시까지 아직 10년이 경과되지 아니하였음이 분명한 이 건에 있어서 원심의 위 조처에 불법행위로 인한 소멸시효에 관한 법리를 오해한 위법이 있다는 소론 역시 채용할 수 없다.

2. 다음에 원고 소송수행자의 상고 이

유를 판단한다.

(가) 원심은 원고는 피고가 원고를 상대로 제가한 대구지방법원 71가합793 손해배상 등 청구사건의 확정판결에 기하여 1974.4.30 이 사건 사고로 인하여 피고가 별도로 지출 부담한 금 2,145,000원을 피고에게 지급하였으므로 피고의 과실의 비율에 따른 금 715,000원의 구상을 구한다는 원고의 주장에 대하여 이를 인정할만한 아무런 증거가 없을 뿐만 아니라 그 주장과 같이 원고의 피고에 대한 확정판결에 의하여 부담한 채무인 이상 그 금액을 구상권을 행사할 수액의 산출기초에 산입하는 것은 그 자체 기판력에 저촉되어 부당하다고 판시하고 있는 바, 기록을 정사하여도 우선 원고가 피고에게 그 주장과 같은 금원을 지급하였다고 볼 만한 아무런 재료를 찾아볼 수 없으므로 원심의 위 판단조처에 채증법칙을 위배하여 사실을 오인하였다거나 기판력의 객관적 범위에 관한 법리를 오해할 위법이 있다는 소론은 받아들일 수 없다.

(나) 또 원심은 원고가 이 사고후 소외 김유도 등 41명 등에게 지급한원판결첨부 별지 기타 비용지출내역 기재 합계 금 1,638,300원중 소외 이수봉에게 지급한 위자료 금 40,000원은 동인이 이 사건사고의 피해자임을 인정할 아무런 증거가 없고 그 나머지 지출항목들은 어느 것이나 이 사건 사고와 상당인과관계에 있는 비용이라고 볼 수 없다고 판시하고 있는 바, 기록에 의하면 원심의 위 판단조처는 정당하고 거기에 손해배상의 범위에 관한 법리를 오해한 위법의 흠이 없으며 소론 증거들은 모두 원심에 제출된 바 없으므로 논지 이유없다.

3. 그러므로 원고 및 피고의 이 사건 각 상고는 모두 이유없으므로 이를 각 기각하고 소송비용은 각 패소자의 부담으로 하여 관여법관의 일치된 의견으로 주문과 같이 판결한다.

대법원판사 임항준(재판장), 주재황, 강안희, 라길조
재판장 대법원판사 임항준 해외출장으로 서명날인 불능,
대법원판사 강안희

● 구상금

대법원 제4부, 1978.10.10 판결 78다1246
파기환송

—판 시 사 항—

◉ 한국도로공사가 국가 산하기관으로서 대상이 되는지 여부

—판 결 요 지—

가. 산업재해보상보험법 제15조에 의하여 국가가 구상권을 행하는 경우에 과실상계를 하려면 급여받은 피해자측의 과실로써 상계함은 별도거니와 피해자 아닌 제3자의 과실로써 상계함은 부당하다.

나. 한국도로공사는 국가와는 별개로 한국도로공사법에 의하여 설립된 독립한 특수법인이며 국가에 속하는 단체이거나 기관이 아니므로 이 공사 내지 그 직원의 과실을 국가의 과실이라 할 수 없다.

참조조문 한국도로공사법 제2조
산업재해보상보험법 제15조

당 사 자 원고, 상고인 대한민국
법률상대표자 법무부장관 이선중 소송수행자 장한수
피고, 피상고인 구백정기화물합자회사

원심판결 광주고등법원 1978.5.31 77나323 판결

주 문 원심판결 중 원고 패소부분을 파기하고 사건을 광주고등법원에 환송한다

이 유

상고이유를 판단한다.

1. 원심판결은 그 이유에서 피고회사 소속 전남 7사 1042호 화물자동차 운전수인 소외 이봉균이 1974.11.22 22:30경 부산에서 화물탁송물을 싣고 서울방면으로 향하여 시속 60키로미터의 속도로 운행중 동월 23. 11:00경 충남 청원군 성지면 정촌리 앞 경부고속도로 서울기점 76.7키로미터 지점 비상활주로 상행선에 진입하게 되었는 바 동인의 운전과실로 차체가 미끄러지면서 중앙선을 넘어 하행선상의 추월선에 진입하게 되었는데 이때 원고 산하 한국도로공사 천안관리사무소 소속 충남 5가2541호 중형버스(소외 망 김대영 운전)와 충돌하여 동 버스에 승차한 위 천안 사무소 보수과장 성낙영, 동 사무소 운전수 김대영, 동 사무소 조경기사 유지홍, 동 사무소 토목기사 김일수 등 4명이 현장에서 뇌손상 등으로 사망하고 동 사무소 보수계장 김윤보는 동년 12.26. 서울 용산구 한남동 소재 순천향병원에서 가료중 뇌좌상 및 두 개강내혈종으로 사망한 사실과 원고 산하 노동청장이 산업재해보상보험법의 적용대상 사업자인 원고 산하 한국도로공사의 피용자인 동 망인들이 입은 손해를 동법에 의한 업무상의 재해로 인정하여 동법에 따라 망 성낙영의 유족에게 금 4,486,360원의 유족급여금과 금 403,772원의 장의비를, 망 김대영의 유족에게 금 2,204,860원의 유족급여금과 금 198,437원의 장의비를, 망 유지홍의 유족에게 금 1,852,920원의 유족급여금과 금 166,762원의 장의비를, 망 김일수의 유족에게 금 3,026,040원의 유족급여금과 금 272,343원의 장의비를, 망 김윤보의 유족에게 금 3,511,500원의 유족급여금과 금 316,035원의 장의비 및 금 677,390원의 요양급여금 총계 17,116,419원을 지급한 사실을 인정하고 한편 위 교통사고는 원고 산하 한국도로공사의 피용자인 위 김대영의 운전과실 및 위 사고지점의 도로관리를 제대로 하지 못한 원고 산하 한국도로공사의 과실이 경합하여 발생한 것이라 단정한 다음 산업재해보상보험법 제15조 1항에 의하면 원고 산하 노동청장은 제3자의 행위에 의한 재해로 인하여 보험급여를 할 때에는 그 급여금 한도안에서 급여를 받은 자의 그 제3자에 대한 손해배상청구권을 대위하도록 되어 있으므로 원고는 피고에 대하여 위 망인들의 유족들에게 지급한 앞서 본 보험급여액의 한도안에서 구상할 권리가 있다 할 것이나 앞서 살펴본 바와 같이 원고측과 피고측의 과실 등을 참작하여 보면 이 사건 사고발생의 원인이 된 과실의 합을 1,000으로 보는 경우 원고측 과실은 715, 피고측 과실은 285의 비율이 된다고 인정되므로 원고가 피고에게 구상할 수 있는 액수는 위 보험급여액중에서 피고측의 과실비 28.5퍼센트에 해당하는 액수라 할

것이라 판시하여 위 급여액의 28.5퍼센트에 해당하는 액에 한하여 원고의 청구를 인용하고 나머지 청구를 배척하였다.

2. 위 판시에서 본 바와 같이 본건은 산업재해보상보험법 제15조에 의한 대위청구임이 분명한 바, 동 법조에 의하면 노동청장은 제3자의 행위에 의한 재해로 인하여 보험급여를 한 때에는 그 급여액의 한도안에서 급여를 받은 자의 그 제3자에 대한 손해배상청구권을 대위한다고 규정하고 있다.

그러므로 본건에서 과실상계를 하려면은 급여받은 피해자측의 과실로써 상계를 함은 별도거니와 피해자 아닌 제3자인 한국도로공사의 과실로써 상계함은 부당하다 할 것이다. 그 까닭은 피해자측이 직접 가해자에 대하여 손해배상청구를 하는 경우에 제3자의 과실로써 상계할 수 없는 이치에 견주어 볼 때 명확하기 때문이다(민법 제763조 및 제396조 참조) 그럼에도 불구하고 원심판결이 피해자 전원에 대하여 제3자인 한국도로공사의 과실을 김대영을 제외한 피해자에 대하여 제3자인 김대영의 과실을 참작 상계하였음은 위법하다고 아니할 수 없다.

그리고 위 원판에서 본 바와 같이 원심은 한국도로공사를 원고의 산하에 있다는 표현을 하고 한국도로공사 및 그 소속 운정원 김대영의 과실을 원고측의 과실이라하여 과실상계를 하고 있는 바, 그 "산하"라는 용어의 개념이 어떤 것인지는 차치하더라도 한국도로공사법에 의하면 한국도로공사는 원고와는 별개로 동법에 의하여 설립된 독립한 특수법인임이 분명하므로(동법 제2조 참조) 동 공사가 비록 동법에 의하여 원고의 통제와 감독을 받는다 할지라도 원고에 속하는 단체이거나 기관이 아니라 할 것이니 공사 내지 그 직원의 과실을 곧 원고의 과실이라고는 볼 수 없다 할 것이니 위 도로공사 및 그 직원의 과실(위 김대영의 유족과의 관계에서만은 김대영의 과실을 참작함은 정당하다)을 원고측의 과실이라하여 상계한 원판시는 이유에 엇갈림이 있다. 그러므로 과실상계가 부당하다는 논지는 결국 이유있어 원심판결중 원고패소부분을 파기 환송하기로 관여법관의 의견이 일치되어 주문과 같이 판결한다.

재판장 대법원판사 정태원, 민문기, 이일규, 강안희

● 구상금

대법원 제3부, 1978.2.14 판결 77다1967 상고기각

판 시 사 항

◉ 산업재해보상험법 제15조에서 말하는 제3자의 범위

판 결 요 지

산업재해보상보험법 제15조에서 말하는 제3자라 함은 피해 근로자에 대한 직접의 가해자 뿐 아니라 민법 제756조 규정에 의하여 손해배상책임이 있는 직접의 가해자의 사용자도 포함되며, 그 사용자가 타 근로자와의 보험관계가 있어 산업재해보상보험법의 적용을 받는 사업장의 사업주라 하더라도 예외 일 수는 없다.

참조조문 산업재해보상보험법 제15조
민법 제756조

당 사 자 원고, 상고인겸 피상고인 대한민국
법률상대표자 법무부장관 이선중 소송수행자 김창한, 김용필
원고, 보조참가인 선경운수주식회사
피고, 피상고인겸 상고인 합자회사 평안운송사

원심판결 서울고등법원 1977.9.6 76나2926 판결

주 문 각 상고를 모두 기각한다
상고비용은 원고의 상고로 생긴 부분은 원고의, 피고의 상고로 생긴 부분은 피고의 각 부담으로 한다

이 유

원고의 상고이유에 대한 판단,

원판결이 인용한 제1심 판결 이유에 의하면 원심은 본건 사고는 피고회사 소속 차량의 운전사인 소외 허홍석이 본건 고속도로상의 주행선을 운행함에 있어 앞차와의 안전거리 100미터를 유지하면서 전방을 예의 주시하여 장애물이 나타나더라도 안전하게 피할 수 있도록 운행할 주의의무가 있는데도 이를 태만히하여 졸면서 운전하다가 전방 30미터 지점에 이르러 비로서 앞에 정거하고 있던 본 건 산업재해보상보험 가입회사 소속차량을 들이 받은 잘못으로 일어난 것이라고 설시하는 한편 본건 사고원인에는 본건 피해근로자인 소외 망 정대용의 고속도로 상에서는 부득이한 사유가 없는 한 노변에 정거해서는 아니되고 정거한다 하더라도 차체의 일부라도 주행선을 침범하지 않도록 하여야 하는데도 이를 게을리한 잘못이 경합되어 있다고 확정한 다음 본건 사고로 인한 소외 망 정대용의 본건 일실손해금을 산정 인용함에 있어 그 판시와 같이 금 6,317,787원으로 산정하고 이중 동 망인의 앞서본 과실을 참작하여 그중 금 3,160,000원만을 인용하였다. 원심의 이와 같은 조처를 기록에 대조하여 검토하여 보아도 원판결에 채증법칙을 어겨 판결에 영향을 미친 위법이 있다거나 심리미진 내지 과실상계에 관한 법리오해의 위법이 있다할 수 없으므로 논지는 채용할 수 없다.

피고의 상고이유에 대한 판단,

그러나 산업재해보상보험법 제15조에서 말하는 제3자라고 함은 피해 근로자와의 사이에 산업재해보험관계가 없는 자로서 피해 근로자에 대하여 불법행위 등으로 인한 손해배상책임을 지는 자를 지칭한다고 할 것이요, 따라서 피해 근로자에게 대한 직접의 가해자뿐만 아니라 본 건과 같은 민법 제756조 규정에 의하여 위 가해자의 사용자로서 손해배상책임을 지는 자를 포함하는 것이라고 해석하는 것이 상당하다 할 것이고, 그 배상책임을 지는 자가 피해 근로자와의 사이에 산업재해보상 보험관계가 없고 우연히 타 근로자와의 보험관계가 있어 산업재해보상보험법의 적용받는 사업장의 사업주였다고 하여 위 해석을 달리할 바 못 된다고 할 것인바, 원판결이 이와 같은 견해에서 한 판단 판결은 정당하고 또 그 손해배상청구에 있어서 피해근로자의 과실을 참작하여 손해액을 인정하고 있음이 명백하므로 원판결에는 논지가 지적한 법률해석을 그릇친 위법이 있다거나 또는 심리미진 내지 이유불비의 위법이 있다고 할 수 없으므로 논지는 채용할 수 없다.

그러므로 각 상고는 이유없어 모두 기각하기로 하고 상고비용은 각 패소자들의 부담으로하여 관여법관의 일치된 의견으로 주문과 같이 판결한다.

대법원판사 한환진(재판장), 김영세, 안병수, 정태원

● 손해배상

대법원 전원합의체, 1978.2.14 판결 76다2119 파기환송

판 시 사 항

◉ 산업재해보상보험법에 의한 보험금수급권자가 제3자의 가해행위로 재해를 입고 가해자에 대한 손해배상채무를 일부 면제하여 준 경우 보험금 수급권의 상실여부

판 결 요 지

노동청장이 제3자에 대한 손해배상청구권을 대위하기 전에는 수급권자 스스로가 제3자의 자기에 대한 손해배상 채무의 전부 또는 일부를 면제할 수 있는 것이며 그 면제한 한도에서 손해배상청구권을 상실한 경우에는 그 면제한 것으로 인정될 수 없는 특별한 사정이 없는 한 그 면제한 한도에 있어서의 산재보험금청구권을 상실한다.(다수의견)

참조조문 산업재해보상보험법 제15조, 제16조 제2항

참조판례 대법원 1974.7.16 74다565 판결

당 사 자 원고, 상고인 대한민국
법률상대표자 법무부장관 이선중 소송수행자 임대섭, 김두수, 김중화, 정승조
피고, 피상고인 (1) 김옥진 (2) 인치해 (3)인치복 (4)인치봉

원심판결 서울고등법원 1976.7.22 76나1643 판결

주 문 원심판결중 원고, 패소부분을 파기하고 사건을 서울고등법원으로 환송한다.

이 유

원고 소송수행자의 상고이유를 본다.

원심판결 이유에 의하면 원심은 원고 산하 노동청 마산사무소 관할사업장인 한국화성공업주식회사 진해공장장으로 근무하던 소외 망 인양환이 1969.8.22 소외 세기항공주식회사 소유의 비행기에 탑승하였다가 비행기 추락사고로 사망한 사실, 위 소외 망 인양환의 유족인 피고들이 위 소외 항공회사를 상대로 손해배상청구소송을 제기하였다가 1970.1.15 금 3,011,788원을 수령하기로 하는 내용의 법정화해를하여 위 금원을 수령한 사실, 피고들은 그후 원고 산하 노동청 마산사무소에 위 사고로 인한 산업재해보상보험법에 따른 산재보험금을 청구함에 있어서 위 소외회사로부터 실제로 수령한 금액보다 금 500,000원이 적은 금 2,511,788원만 위 항공쇠사로부터 수령한양 신고함으로써 1970.4.29 위 노동청 마산사무소로부터 위 소외 망인에 대한 산재보험금으로 인정된 금 6,126,454원중에서 위 법정화해금으로 수령한 금액으로 신고한 금 2,511,788원을 공제한 금 3,614,666원을 수령한 사실을 각 인정한 다음, 원고의 주장 즉 피고들은 위 소외 항공회

사에 대한 손해배상청구소송에서 금 16, 034,272원의 승소판결을 받았음에도 위와같이 금 3,011,788원에 법정화해함으로써 위 소외회사에 대하여 승소한 부분의 나머지 손해배상 청구권을 포기한 이상 원고의 제3자에 대한 손해배상자 대위가 불가능하게 되었으므로 그 화해금액을 넘는 포기한 부분에 대한 산재보상보험금의 청구권도 당연히 소멸된다 할 것임에도 위와 같이 화해금액을 넘는 산재보험을 수령한 것은 법률상 원인없는 이득이므로 그 반환을 구한다는 주장에 대하여 원심은 산재보험금은 산업재해보상보험법의 규정에 따라 보험사고가 발생하는 경우에 국가는 급여액의 한도내에서 급여받는 자의 제3자에 대한 손해배상청구권을 대위하며, 만일 수급권자가 제3자로부터 동일한 사유로 인하여 손해배상을 받는 때에는 그 배상액의 한도내에서 국가는 보험금의 지급의무를 면하도록 되어 있는 바, 본건과 같이 위 소외 항공회사와 법정화해를하여 나머지 손해배상청구권을 포기한 경우에는 국가가 대위행사할 손해배상청구권은 그 법정 화해금을 초과하는 부분이 소멸되기는 하나, 그렇다고 하여 수급권자인 피고들의 국가에 대한 산재보험금청구권의 범위까지도 당연히 위 법정화해금의 범위내로 축소되는 것은 아니며, 여전히 피고들은 산재보험금 중 위 법정화해금으로 수령한 금액을 공제한 잔액을 수령할 권한이 있다는 취지의 판단에서 원고의 주장을 배척하고 있다.

살피건대 산업재해보상보험법에 의한 보상보험금 수급권자가 제3자의 가해행위로 인하여 재해를 입은 경우에 그 제3자에 대하여 가지는 손해배상청구권은 통상의 불법행위상의 채권으로서 그 재해에 관하여 산업재해보상보험법에 의한 보험에 가입되어 있다하여 위 손해배상청구권의 성질에 소장이 있다고는 할 수 없다 할 것이므로 일반적으로는 위 수급권자는 사법자치의 원칙에 비추어서 제3자가 자기에 대하여 부담하는 손해배상 채무의 전부 또는 일부를 면제할 수 있다할 것이고, (위법 제16조 제2항에 의하면 보험급여는 받을 권리는 양도 또는 압류할 수 없다고 규정하고 있으나 이들 보험급여를 받을 권리는 양도 또는 압류할 수 없다고 규정하고 있으나 이들 보험급여는 수급권자의 청구에 의하여 지급한다는 위법 제9조 제2항과 아울러 보면 보험급여를 받을 권리를 양도 또는 압류할 수 없는 것이기는 하나 그렇다고하여 이로서 곧 보험급여를 받을 권리 그 자체를 수급권자 스스로가 반드시 행사하지 않으면 안되는 취지라고는 풀이되지 아니한다 할 것이고, 위법 제15조 제1항규정에 의하면 노동청장의 제3자에 대한 수급권자의 손해배상청구권의 대위규정이 있으나 이로서 그 대위하게 된 이전에 있어서도 수급권자의 위와 같은 면제가 제한된다고는 풀이될 수도 없는 이치라 할 것이므로 위법 제16조 제2항 및 제15조 제1항의 규정으로 말미암아 수급권자의 자기에 대하여 부담하는 제3자의 손해배상채무의 전부 또는 일부의 면제가 제한된다고 볼 수 없다 할 것이다) 재해보상보험제도는 수급권자가 입은 재해를 그 청구에 의하여 보상함에 그 목적이 있다 할 것이며(위법 제1조 및 제9조 제2항) 위법 제15조 제2항의 규정은 수급권자가 제3자로부터 동일한 사유로 인하여 손해를 받을 때에는 노동청장(국가)은 수급권자가 받은 그 손해액의 한도안에서 보험급여를 하지 아니한다는 것을 밝히고 있고, 제3자의 행위에 의한 재해로 인하여 수급권자의 보험급여청구원이 발생하였을 경우에 수급권자의 보험급여 청구권은 그의 제3자에 대한 손해배상청구권과 상호 보완관계에 있다 할 것이므로 수급권자의 지급받은 보험급여액은 가해 제3자에 대한 손해배상액에서 공제되어야 한다는 취지의 법리(대법원 1974.7.16 선고, 74다565 판결참조) 및 위법 제15조 제2항 규정의 노동청장은 수급권자가 제3자로부터 동일사유로 인하여 손해배상을 받을 때에는 그 받은 손해액의 한도안에서 보험급여를 하지 아니한다는 취지로 미루어, 하물며 수급권자가 마땅히 받을 그 배상액의 전부 또는 일부를 면제한 것이라면 노동청장은 수급권자의 그 면제한 한도에 있어서의 보험급여도 역시 지급하지 아니하는 취지로 풀이되는 등 여러모를 종합해서 보면, 위법 제15조 제1항 규정에 의하여 노동청장이 제3자에 대한 손해배상청구권을 대위하기 전에는 수급권자 스스로가 제3자의 자기에 대한 손해배상 채무의 전부 또는 일부를 면제할 수 있는 것이며 그 면제한 한도에서 손해배상청구권을 상실한 경우에는 그 면제한 것으로 인정될 수 없는 특별한 사정이 없는 한 그 면제한 한도에 있어서의 산재보험금청구권을 상실한 것으로 보아야 할 것이고, 따라서 노동청장(국가)은 수급권자의 그 면제한 한도부분에 있어서의 보험급여지급이 면책되는 것으로 해석함이 상당하다 할 것이다.

다만 이와 같이 해석한다면 수급권자의 경솔한 또는 진의 아닌 화해등으로 보험급여를 받을 권리를 상실하게 되어 수급권자에 대한 신속 공정한 보상을 하려는 산재보험제도의 취지의 어긋나는 결과가 될 우려가 없다고는 할 수 없으나, 이는 위 설시와 같이 위 산업재해보상보험법 규정 및 사법자치원칙 등의 해석상 부득이하다 하지 아니할 수 없으므로 위와 같이 바람직하지 못한 것으로 예상 될 수도 있는 점은 산재보험제도에 대한 수급권자의 인식을 주지시키고, 보험급여지급을 신속히 하는 한편 손해배상채무의 면제가 수급권자의 진의에 의한 것인지의 여부, 특히 착도 또는 사기, 강박등에 의한 것인지를 신중히 가려내는 등으로 가능한한 그 예상될 수 있는 폐단을 방지하거나 축소케 할 수 없는 바는 아니라 할 것이다. 그렇다면 원심이 확정한 사실과 같이 수급권자인 피고들이 가해 제3자인 소외 항공회사와의 간의 손해배상청구에서한 화해에 있어서 그 면제한 부분의 효력을 다투는 아무런 주장입증을 한 바 없고, 특히 그 면제가 법정화해에 의한 것으로서 그 화해로서의 기판력에 저촉되는 주장을 할 수 없는 본건의 경우에 있어서는 위 설시와 같이 수급권자인 피고들의 위와 같은 면제는 그 진의에 따른 것으로 볼 수밖에 없다 할 것이고, 따라서 그 면제한 부분에 있어서는 노동청장에 대한 산재보험급여청구권은 상실된 것으로 보아야 할 것임에도 원심이 위와 같이 피고들의 법정화해에서 면제한 손해배상금액 부분에 대하여서도 여전히 수급권자로서의 그 보험급여를 청구할 권한이 있다고 한 판단조처는 산업재해보상보험법에 있어서의 보험급여청구에 관한 법리를 오해하므로서 판결결과에 영향을 미쳤다 할 것이니 이 점을 논난하는 보험급여청구권이 상실되었다는 논지의 결론은 이유있다 할 것이므로 원심판결중 원고 패소부분은 파기를 면치 못한다 할 것이다.

그러므로 원심판결중 원고 패소부분을

파기하고 원심으로 하여금 다시 심리판단케 하기 위하여 이부분 사건을 서울고등법원으로 환송하기로하여 관여법관중 대법원 판사 김영세, 동 민문기, 동 임항준, 동 이일규, 동 강안희, 동 김용철, 동 정태원의 다음과 같은 반대의견을 제외한 전원의 의견으로 주문과 같이 판결한다.

대법원판사 김영세, 동 민문기, 동 임항준, 동 이일규, 동 강안희, 동 김용철, 동 정태원의 반대의견은 다음과 같다.

산업재해보상보험제도는 근로자 보호에 기여함을 그 목적으로 하여(법 제1조) 법이 정한 근로자가 업무상 부상을 입었거나 사망한 경우에 그 근로자나 유족에게 보험급여를 하도록 규정되어 있으면서도(법9조) 동 보험사업의 재원은 근로자로부터 징수하는 것이 아니고 보험가입이 강제된 사업주와 국고의 부담(법2조의2)으로 충당하게 되어 있으며 법은 근로자의 보험금수급권을 보호하기 위하여 보험급여를 받을 권리는 양도 또는 압류도 할 수 없고(법16조 2항), 보험금에 대하여는 조세 기타 공과금도 부과하지 못하도록 규정하는 등(법17조) 산업재해보상보험법 전 규정의 정신은 근로자 보호에 철저를 기하고자함에 있음을 알 수 있는 바 이러한 제도하의 근로자의 보험금수급권이 상실되거나 소멸되려면 법에 규정된 소멸시효가 완성되거나(법30조) 근로자가 제3자의 불행위로 인하여 손해를 입는 경우에 그 제3자로부터 손해배상을 이미 받은 경우 등(법15조2항)법에 명문의 규정이 있는 경우에 한한다 할 것이요, 이러한 명문의 규정없이 근로자의 보험금 수급권이 박탈될 수 없음은 너무나 당연한 법리라 할 것이다. 위와 같은 사리는 사법상 일반적인 권리도 명문의 규정없이 이를 제한하거나 박탈할 수 없음은 명백한 법리인데 하물며 사회정책적 목적으로 근로자에게 일방적인 혜택을 주려는 특별법상의 이건 보험금 수급권을 명문의 규정없이 상실되었다고 가볍게 선언한 조처는 법을 일탈할 것이라고 아니할 수 없다.

다수의견은 법 15조 1,2항의 규정을 들어 이건의 경우 피고들이 소외 세기항공회사로부터 손해배상을 받을 권리를 포기함으로써 원고 산하 노동청장으로 하여금 동 항공회사에 대한 피고들의 손해배상청구권을 대위행사할 수 없도록 하였으니 따라서 보험급여청구권이 상실되었다는 취지인 것 같으나 법의 어느 조문을 보아도 위와 같이 수급권자가 가해자인 제3자에 대한 손해배상청구권을 면제하거나 포기한 경우에는 보험급여를 아니한다는 규정은 없고 다만 15조 2항에 수급권자가 제3자로부터 손해배상을 받은 때에는 그 한도에서 보험급여를 아니한다는 규정이 있을 뿐이므로 다수의견은 위 조항을 유추해석하여 위와 같은 판단을 한 것 같으나 법의 유추해석으로 타인의 권리를 박탈할 수 있다는 법리도 없거니와 가사 그러한 법리가 있다고 하더라도 위 조항은 가해자인 제3자로부터 근로자에게 이미 손해배상금이 지급된 경우에는 또다시 2중으로 보험금을 지급하지 아니한다는 규정일 뿐 동규정이 있다하여 근로자가 제3자로부터 손해배상금을 받은 경우가 아니더라도 동 손해배상 청구권을 근로자가 포기한 경우에는 보험급여 청구권은 소멸된다는 비약적 유추해석은 다음과 같은 이유로 인하여 도저히 나올 여지가 없다 할 것이다. 즉 산업재해보상보험제도에 있어서는 근로자의 부상이나 사망이 제3

자의 불법행위로 인한 경우라도 법15조 1항에 의한 대위권행사로 인하여 노동청장이 받는 손해배상금으로 보험급여를 하는 것이 아니고 위 대위권 행사로 인하여 손해배상을 받고 안받고에 관계없이 보험금이 지급될 것임은 법의 규정상 명백한 법리인 이상 노동청장의 보험금 지급의무와 법15조 1항의 대위권과는 법률상 아무런 연관이 없다 할 것인데 어떠한 법적 근거로 노동청장의 대위권을 상실시킨 근로자측의 행위로 인하여 근로자의 보험금 수급권이 상실된단 말인가, 이는 근로자가 노동청장의 권리를 상실시켰으니 노동청장도 근로자의 다른 권리를 상실시켜야 한다는 법에 근거없는 보복적 사고에서 연유된 논지에 불과하다고 아니할 수 없다. 차라리 법에 충실하려면 근로자측의 행위로 인하여 노동청장의 위 대위권이 상실되었으니 근로자는 이로 인한 손해배상을 할 의무가 있다 함은 별문제라 할 것이고 이 경우 근로자에게 노동청장에 대한 손해배상 의무가 있다하여 근로자가 가지는 산업재해보상보험법상의 보험금 수급권이 상실된다는 법리는 있을 수 없다 할 것이다. 결국 다수의견은 법리에 어긋나는 유추해석으로 적법한 원판결을 위법하다하여 파기하는 잘못을 저지른 결과가 되었다고 아니할 수 없다.

대법원판사 민복기(재판장), 이영섭, 주재황, 김영세, 민문기, 양병호, 한환진, 임항준, 안병수, 김윤행, 이일규, 강안희, 라길조, 김용철, 유태홍, 정태원

● 구상금

대법원 제4부, 1978.1.17 판결 77다1641 상고기각

판 시 사 항

◉ 산업재해보상보험법 제15조에 의한 구상권의 범위

판 결 요 지

산업재해보상보험법 제15조에 의한 노동청장의 구상권은 보험급여를 받은 자의 제3자(가해자)에 대한 손해배상채권에 대한 것이며 그 채권도 과실상계의 법리가 적용된다.

참조조문 산업재해보상보험법 제15조 민법 제396조, 제763조

당 사 자 원고, 상고인 대한민국
법률상대표자 법무부장관 이선중
소송수행자 이재성, 권의홍
피고, 피상고인 주식회사 퓨리나코리아
소송대리인 변호사 김홍한, 김의재

원심판결 서울고등법원 1977.7.13 77나639 판결

주　　문 본건 상고를 기각한다. 상고비용은 원고가 부담하라

이　　유

원고 소송수행자의 상고이유를 판단한다.

(1) 첫째점.

산업재해보상보험법 제15조의 대위는 보험금 받은 자의 제3자(가해자)에 대한 손해배상채권에 대한 것이며, 그 채권에 과실상계의 법리가 안들어 간다고 할 수 없어 이로 인하여 배상채권이 보험급여에 미치지 못할 수도 없다고는 못하리니, 이런 경우에 있어서는 보험급여액이 구상권의 대상이 될 수는 없다. 이 사건에서 원심이 원고가 대위하여야 할 손해배상채권을 과실상계하는 등으로 간정한 액수를 원심이 피고에게 책임지운 액수로 인정하고, 이를 대위한 범위에서 원고의 청구를 옳다고 판단한 조치는 옳다. 이 판단과 다른 견해위에 선 논지는 이유 없다.

(2) 그 다음점.

논지가 주장하는 법조항은 논지 주장 대로의 취지가 아니므로 이를 전제로하여 펴는 주장은 채용할 길이 없다. 논지는 이유없다.

(3) 마지막점.

원판결은 증거에 의하여 논지 주장 부분의 금액을 판정한 조치는 정당하고 원심 인정이 돈으로 본 수자를 소론 검수표시에 지나지 않는다고 아니본 원심판단 취지에 채증상의 위법이 없으니 논지도 이유 있다고 할 수 없다.

(4) 결론

이상 이유로 논지는 모두 이유없어 일치된 의견으로 주문처럼 판결한다.

대법원판사 강안희(재판장), 민문기, 이일규, 정태원

●구상금

대법원 제2부, 1977.6.28 판결 77다251
상고기각

판 시 사 항

◉ 산업재해보상보험법 26조의2(보험가입자로부터의 보험급여액의 징수)의 취지

판 결 요 지

산업재해보상보험법 26조의2(보험가입자로부터의 보험급여액의 징수)는 노동청장이 보험가입자로부터 보험급여액을 따로 징수할 수 있는 경우에 관한 제재 규정이다.

참조조문 산업재해보상보험법 제26조 (현행:산재법 법률제4826호 제72조)

당 사 자 원고, 피상고인 대한민국
법률상대표자 법무부장관
소송수행자 박종수, 구윤섭
피고, 상고인 대성운수(주)
소송대리인 변호사 이장섭

원심판결 서울고등법원 1977.1.25 76나2190 판결

주 문 상고를 기각한다. 상고소송비용은 피고의 부담으로 한다.

이 유

피고 소송대리인의 상고이유 제1점을 판단한다.

원심이 1975.11.21 원고 산하 노동청 수원지방사무소는 산업재해보상보험법

第6조 소정의 사업주로서 위 법에 의한 보험가입자인 소외 공영토건 주식회사의 토목기사로서 업무수행중 이건 차량운전사고로 사망한 소외 박현성의 유족에게 위법에 의한 보험금으로서 그 판시 유족급여금과 장의비를 지급한 사실을 확정한 다음 위 소외 망인의 유족들이 1975.12. 31 위 차량운전수의 소속회사인 피고와 사이에 위 사고로 입은 손해에 관하여 소론 금원을 지급받고 나머지 손해배상청구권을 포기하기로 합의한 사실이 있을지라도 위 손해배상 청구권의 포기는 보험급여액의 한도안에서 위 유족들을 대위할 수 있는 위 손해배상 청구권에 대한 원고의 대위권이 발생한 후에 이루어진 것으로서 원고에게 대항할 수 없다하여 원고의 구상금 전액의 청구를 인용하였음은 정당하고 이건 손해배상의 범위를 결정함에 있어서 위 소외 망인 자신의 과실을 참작하여야 할 것이라 함은 원심에서 주장하지도 아니한 새로운 사실로서 상고이유에서 삼을 것이 못된다. 원판결에 손해배상의 범위에 관한 법리나 산업재해보상보험법 제15조 제3자에 대한 구상권의 법리를 오해한 위법이 있다고 볼 수 없으니 논지는 이유없다.

같은 상고이유 제2점을 판단한다.

원심이 산업재해보상보험법 제26조의 2는 노동청장이 보험가입자로부터 보험급여액을 따로 징수할 수 있는 경우에 관한 제재규정이요 제3자의 행위에 의한 재해로 인하여 노동청장이 대위할 수 있은 위에서 본바와 같은 제3자에 대한 손해배상청구권 대위행사의 범위를 제한하거나 제3자가 배상할 의무있는 손해배상 금액을 면제하는 규정이라고는 할 수 없다는 해석하에 이에 관한 피고의 주장을 이유없다고 배척하였음은 정당하다 할 것이고 상치되는 견해에서 법률적용의 잘못이 있다 함에 비롯된 논지는 이유없다.

그러므로 상고를 기각하기로 하고 상고소송비용은 패소자의 부담으로 하기로하여 관여법관의 일치된 의견으로 주문과 같이 판결한다.

대법관 임항준(재판장), 주신황, 양병호, 나길조

● 구상금

대법원 전원합의부, 1977.2.8 판결 76다1720 파기환송

판 시 사 항

◉ 예산회계법 제73조 소정의 납입의 고지는 그 권리발생원인이 사법상의 것이라도 시효중단의 효력이 있는지 여부

판 결 요 지

예산회계법 제73조 소정의 법령의 규정에 의하여 국가가 행하는 납입의 고지라 함은 국가가 조세기타의 세입의 징수를 하기 위하여 동법 제49조 및 동법시행령 제36조 등의 규정에 의거하여 하는 공적인 절차를 말하며 이 절차는 법규에 의거한 공적인 절차로서 명확한 형식이 정해져 있고 이 형식적 정확성에 의하여 일반 사인이 하는 일정한 형식에 제한이 없는 최고와

> 일정한 형식에 제한이 없는 최고와는 다른 시효중단의 효력을 인정하고 있다 할 것이므로 위 법조의 형식과 절차를 거쳐서 한 납입의 고지는 그 권리의 발생원인이 공법상의 것이거나 사법상의 것이건 시효중단의 효력이 있다 해석함이 상당하다(다수의견).

참조조문 예산회계법 제49조, 제71조 제72조, 제73조

당 사 자 원고, 상고인 대한민국
법률상대표자 법무부장관
소송수행자 성진기, 권의홍
피고, 피상고인 주식회사 퓨리나코리아
소송대리인 변호사 김의재

원심판결 서울고등법원 1976.5.28 76나836 판결

주　　문 원심판결을 파기하고, 사건을 서울고등법원에 환송한다.

이　　유

원고 소송수행자의 상고 이유를 본다.

원심판결이유에 의하면 원심은 피고회사의 피용자인 소외 하재택이 1970.9.22 피고 회사 창고에서 직무수행을 함에 있어 저지른 원심판시와 같은 불법행위로 인하여 산업재해보상보험법의 보험가입자인 소외 조양운수주식회사의 피용자인 소외 김천석이 위 창고에서 업무수행중 척추골절 등의 상처를 입게 된 사실, 원고 예하의 노동청 인천지방사무소는 위 김천석에게 산업재해보상보험법에 의한 보험급여로 1970.12.31부터 1972.1.19까지 16차례에 걸쳐서 도합금 1,771,891원을 지급한 사실을 인정하는 한편 원고가 산업재해보상보험법 제15조 제1항의 규정에 의하여 위 보험급여를 받은 위 김천석의 피고의 대한 손해배상청구권을 대위하여 청구하는 본소는 피해자인 김천석이 본건사고 발생일인 1970.9.22 그 손해발생과 가해자를 알았다고 볼 수 있는 날로부터 3년이 경과한 후인 1973.10.4에 제기한 것이므로 본건 손해배상청구권은 민법 제766조1항 규정의 시효완성으로 소멸되었다고 판단하고 나아가 원고 이하의 노동청 인천지방사무소장이 1972.1.6자로 산업재해보상보험법 제15조 제1항에 의하여 위 김천석의 피고에 대한 손해배상청구권을 대위 행사하여 피고에게 원고가 지급한 금 1,406,992원의 납입을 최고하고 다시 동년 2.5자로 재차 납부하도록 최고 조치를 취한 것을 가리켜 산업재해보상보험법 제30조 제2항 규정에 해당되는 것이 아니며 달리 원고의 최고를 예산회계법 제73조 소정의 법령의 규정에 의하여 국가가 행하는 납입의 고지라고 볼 수 없다고 판단하여 원고의 시효중단의 재항변을 배척하고 있다.

그러나 예산회계법 제73조에 의하면 법령의 규정에 의하여 국가가 행하는 납입의 고지는 시효중단의 효력이 있다고 규정하여 민법의 시효중단에 대한 예외규정을 하고 있으며, 동법 제71조, 72조의 규정의 금전의 급부를 목적으로 하는 국가의 권리 가운데에는 국가의 공권력을 발동으로 하는 행위는 물론이고 국가의 사법상 행위에서 발생하는 국가에 대한 금전채무도 포함한다 할 것인바(대법원 1962.12.27 선고 62다700판결, 1967.7.4 선고 67다751 판결 참조)위 법조의 금전의 급부를 목적으로 하는 국가의 권리로서 동

법 제49조 및 동법 시행령 제36조의 규정에 의거한 납입의 고지는 동법 제73조 소정의 납입의 고지에 해당한다고 봄이 상당하고, 그 법조에 의한 시효중단의 효력이 있다 해석함이 타당하다 할 것이다. 왜냐하면 예산회계법 제73조 소정의 법령의 규정에 의하여 국가가 행하는 납입의 고지라 함은 국가가 조세 기타의 세입의 징수를 하기 위하여 동법 제 49조 및 동법 시행령 제36조 등의 규정에 의거하여 하는 공적인 절차를 말하며 이 절차는 법규에 의거한 공적인 절차로서 명확한 형식이 정해져 있고, 이 형식적 정확성에 의하여 일반사인이 하는 일정한 형식에 제한이 없는 최고와는 다른 시효중단의 효력을 인정하고 있다 할 것이므로 위 법조의 형식과 절차를 거쳐서 한 납입의 고지는 그 권리의 발생원인의 "공법상의 것이거나 사법상의 것이건 시효중단의 효력이 있다 해석함이 상당하다 할 것이고, 이는 동법 제73조에서 동조 소정의 납입의 고지는 시효중단의 효력이 있다고 규정하여 민법의 시효중단의 규정에 대한 예외 규정을 하고 있는 점으로 미루어 보아서도 그러하다 할 것이다, 기록에 의하여 보건대, 원심이 채용하고 있는 갑2호 증(기안용지)에 의하면 원고 예하의 노동청 인천지방사무소장이 지급한 보험급여 금 1,406,992원에 관하여 피고에게 1972.1.6자로 산업재해보상보험법 제15조의 대위에 의하여 예산회계법 제49조 및 동시행령 제36조에 해당되는 납입의 최고를 하고 있음이 분명하므로 이는 예산회계법 제71조 규정의 금전의 급부를 목적으로 하는 국가의 권리로서 위 납입의 최고는 동법 제49조 및 동시행령 제36조에 의거한 것으로서 동법 제73조 소정의 법령의 규정에 의하여 국가가 행한 납입의 고지라 할 것이니 시효중단의 효력이 있는 것이라 할 것임에도 불구하고 원심이 이를 동법소정의 납입의 고지로 볼 수 없다고 한 판단은 필경 예산회계법 제71조 내지 제73조에 관한 법리를 오해하여 판결 결과에 영향을 미쳤다 할 것이므로 시효가 완성되지 않았다는 상고논지는 결과적으로 이유있다 할 것이니 원심판결은 이점에서 파기를 면치 못한다 할 것이다.

그러므로 원심판결을 파기하고 사건을 다시 심리판단케 하기 위하여 원심인 서울고등법원으로 환송하기로하여 관여법관중 대법원판사 민문기, 동 임항준, 동 안병수, 동 김윤행, 동 이일규 동 정태원을 제외한 전원의 일치된 의견으로 주문과 같이 판결한다.

대법원판사 민문기, 동 임항준, 동 안병수, 동 김윤행, 동 이일규, 동 정태원의 반대의견은 다음과 같다.

이 사건에 있어서의 쟁점은 국가(노동청장)가 산업재해보상보험법 제15조 소정의 제3자의 불법행위로 인하여 재해를 받은 자에게 보험급여를 한 경우에는 국가가 그 피해자(보험급여를 받은자)의 가해자(위 제3자)에 대한 손해배상청구권(급여액 한도내)에 대위하는 경우에 국가의 위 가해자(제3자)에 대한 손해배상의 청구행위(그 형식이 납입고지이건 최고이건 간에)가 예산회계법 제73조(법령의 규정에 의하여 국가가 행하는 납입의 고지는 시효중단의 효력이 있다)의 납입고지에 해당하여 민법상의 "최고"이상의 절대적 시효중단의 효력이 있는가의 여부에 있는 바, 다수 의견은 예산회계법 제71조(금전의 급부를 목적으로 하는 국가의 권리로서 시효에 관하여 타 법률에 규정이 없는 것은 5년간 행하지 아니할 때는 시효로 인하여 소멸한다)와 제72조(금전의 급부를 목적으로 하는 국가의 권리에 있어서는 소멸시효의 중단, 정지 기타의 사항에 관하여 적용할 타 법률의 규정이 없을 때에는 민법의 규정을 준용한다)에 규정된 "금전의 급부를 목적으로 하는 국가의 권리" 가운데는 국가의 공권력에 근거한 관리는 물론 국가의 사법상의 행위에서 발생하는 권리도 포함한다 할 것이므로 위 제71조. 제72조 상의 국가의 금전의 급부를 목적으로 하는 국가의 권리로서 동법 제49조(세입징수관은 조세 기타세입을 징수할 때에는 조사 결정하여 납세의무자 기타채무자에 대하여 납입의 고지를 하여야 한다)에 의거한 납입의 고지는 동법 제73조 소정의 납입의 고지에 해당한다고 봄이 상당하고 따라서 그 법조에 의한 시효중단의 효력이 있다고 해석함이 타당하다는 취지로 판단한 후, 다수설은 이어서 왜냐하면 국가가 가지는 권리로서 그 발행원인이 공법상의 것이거나 사법상의 것이거나 간에 예산회계법 제73조 소정의 "법령의 규정에 의하여 국가가 행하는 납입의 고지"라 함은 국가가 예산회계법 제49조 및 동 시행령 제36조의 규정에 의거한 공적인 절차를 말하며 이 납입고지라는 절차는 법규에 의거한 공적인 절차로서 명확한 형식이 정해져 있고 이 형식적 정확성에 의하여 일반사인이 하는 일정한 형식에 제한이 없는 "최고"와는 달리 별도의 시효중단의 효력을 인정하고 있는 것이라 할 것이므로 위 형식과 절차를 거쳐서 한 납입의 고지는 국가의 권리가 공법상의 것이거나 사법상의 것이거나 간에 시효중단의 효력이 있다고 해석함이 타당하다는 취지로 그 이유를 설시하고 있다.

그러나 법 73조의 "납입고지"중에는 국가의 공법상의 권리나 사법상의 권리에 의한 모든 청구행위를 다 포함한다는 취지의 판단은 국가의 재정권력작용으로서의 재정하명인 행정행위와 재정관리작용으로서의 이행의 청구인 사법적 행위를 행정행위로 오인한 위법이 있다고 할 것이다. 예산회계법 제71조 제72조중 "금전의 급부를 목적으로 하는 국가의 권리"중에 국가의 공권력에 의한 권리나 사법상의 권리를 다 포함한다는 것은 판례를 인용할 것도 없이 동 조문 등의 문리 해석상 이론이 있을 수 없는 귀결이라 할 것이다. 다수설은 어떠한 이유로 이 사건의 쟁점과는 하등관련이 없는 제71조 제72조를 적시해놓고 "제71조 제72조의 국가의 권리의 제49조에 의건한 납입고지는"이라는 설시하여 제49조의 납입의 고지가 제71조 제72조의 모든경우에 당연히 할 수 있다는 결론으로 비약하였는지 예산 회계법의 관계 조문에도 그 근거가 없고 국가의 사업상의 권리에도 "납입의 고지"를 할 수 있다는 법리가 어디에 있는지 다수설의 판단중에 납득할만한 설시가 없으니 그 이유를 알 수 없다. 다수설은 법 제73조에 규정된 "납입고지"가 국가의 공법상의 권리에 의한 것이건 사업상의 권리에 의한 것이건 시효중단의 효력이 발생하는 이유로서 설시하기를 예산회계법 제73조에 규정된 "법령의 규정에 의하여 국가가 행하는 납입고지"라 함은 동법 제49조 동 시행령 제36조의 규정에 의한 공적인 절차를 말한다고 단정하여 법 제73조 중의 "법령의 규정"을 법 제49조와 시행령 제36조를 지칭하는 것으로 판단하고 나서 법 제73조의 납입고지가 민법상의 최고에 비하여 강한 시효중단의 효력을 발생하는 이유는 명확한 공적인 절차와 형식의 정확성 등에 있다고 결론짓고 있으나, 위 다수설의 이유설시는 어떠한 근거로 제73조 소정의 납입의 고지를 할 수 있는 권리가 공법상의 것이거나 사법상의 것이거나 다 납입고지를 할 수 있다는 것인지의 쟁점에 대한 이유설시로는 도저히 볼 수 없고 단순히 "납입고지"라는 절차에서 민법상의 "최고"이상의 시효중단의 효력이 발생하는 이유 설시라고 밖에 볼 수 없어 이 사건의 쟁점에 대한 이유설시로 볼 수 없을 뿐 아니라 법 제73조의 납입고지에 대하여 어떠한 이유로 강한 시효중단의 효력을 부여하였는지에 대한 이유설시 자체도 제73조의 법리에 위배된 결론이라 아니할 수 없고 또 법제73조 소정의 "법령의 규정"이란 법 제49조와 시행령 제36조를 지칭한다는 해석도 법 제73조의 법리에 어긋나는 견해라 할 것이다. 즉

(1) 첫째 이 사건에 있어서의 쟁점이 반대의견의 모두에 설시한 바와 같이 법 제73조의 "납입고지"중에 국가의 사법상의 권리의 이행요청 행위가 포함되느냐 아니되느냐에 있는데 사법상의 권리도 포함된다는 이유로서 법 제73조의 "법령의 규정"이란 법 제49조와 시행령 제36조를 지칭하는 것이므로 포함된다는 취지라면 법 제49조와 시행령 제36조의 어디에 사법상의 권리도 포함한다고 볼 수 있는 근거가 있는가, 또 "납입고지"에 강한 시효중단의 효력을 부여한 이유설시는 왜 법 제73조의 납입고지 중에 사법상의 권리의 이행요청 행위도 포함되는가에 대한 대답은 아닌 것이 분명하므로 다수설시의 위 이유설시는 이 사건의 쟁점에 대한 이유설시가 아니다.

(2) 다음법 제73조 소정의 납입고지에 민법상의 최고보다 강한 시효중단의 효력을 부여한 이유가 과연 다수설대로 공적인 절차로서 그 명확성과 정확성에 근거가 있을 것인가, 위 다수설의 이론은 조세 등 국가의 공법상의 금원청구권을 강제징수할 수 있는 이유도 "납입고지"나 "독촉"절차등이 공적인 절차로서 그 명확성과 정확성에 있다고 주장하는 것과 동일한 이론으로 밖에 볼 수 없어 법이론상 수긍할 수 없다 할 것이다.

법 제73조의 "납입고지"에 동법 소정의 강한 시효중단을 부여한 이유는 제73조의 "납입고지"가 국가의 재정권력 작용으로서의 재정하명의 한 절차에 해당하므로 국가세입의 대종을 이루는 조세등 국가의 공법상의 급부청구권을 강력히 행사하여 그 권리실현에 있어 사법상의 청구권보다 강한 효과를 부여한 것으로서 위 재정하명이 일반통치권에 기한급부를 명하는 행정행위이기 때문에 이를 강제징수할 수도 있게 하였고, 강한 시효중단의 효력을 부여한 것이요, 납입고지서의 공적성질 형식의 명확성이나 정확성 등 지엽적인 이유 때문에 강한 시효중단의 효력을 부여한 것으로는 도저히 볼 수 없다 할 것이다. 시행령 제36조에 보면 구두로 납입고지 할 수 있는 경우도 있는데 이 경우에는 형식의 명확성 정확성이 결여되어 제73조 소정의 시효중단의 효력이 없을 것인가.

(3) 셋째, 가사 제 73조의 납입고지가 제49조의 납입고지를 지칭한다고 하더라도 납입고지에 사법상권리의 급부요청도 포함된다는 근거가 없다함은 위에 설시한 바와 같으나 법 제73조의 소정의 "법령의 규정"은 법 제49조와 시행령 제36조를 지

칭하는 것은 아니고 아래에 설시하는 바와 같이 국세징수법등 각 행정 법규에 공법상의 세입의 징수에 관한 규정이 있는데 그 법령의 규정에 근거한 납입고지라는 뜻이라 할 것이다.

다수설의 주장대로 제73조의 "법령의 규정"의 뜻이 법 제49조의 납입고지를 지칭한다면 법 제73조의 형식이 "제49조의 납입의 고지는 시효중단의 효력이 있다"고 명쾌하게 규정할 것이요 개괄적으로 "법령의 규정에 의하여 국가가 행하는 납입고지는..."이라는 식의 이매한 표현을 할 입법자는 있을 수 없을 것이다. 그러므로 위 공법상의 급부요청인 이상 그 형식이 시행령 제36조에 위배되었다 하더라도 이는 법 제73조의 납입고지라 할 것이고 이와 반대로 국가가 사법상의 급부청구를 법 제49조와 시행령 제36조에 의하여 납입고지 한다는 식으로 시행령 제36조의 규격에 합치하도록하여 형식의 명확과 정확을 기하였다 하더라도 이는 사법상의 급부요청에 불과하다는 이유 때문에 민법상의 최고의 효력을 넘지 못할 것이다.

결국 다수설이 내세운 이유설시는 위와 같이 수긍할 수 없으므로 다수설은 결과적으로 국가의 공권력에 속하는 권리와 사법적권리의 실현수단과 절차에 차이가 없어 이를 혼용하는 것으로 오해하거나 국가가 가지는 사법상의 권리는 그 권리의 실현수단과 절차에 있어 사법에 의할 것이 아니고 전부 공법상의 절차에 의하여 실현하는 것으로 오해한 위법이 있다고 할 것이다. 즉, 법 제73조의 "법령의 규정에 의하여 국가가 행하는 납입고지"란 국가의 재정권력작용으로서의 재정하명(급부하명)으로서 국가가 재정상의 목적을 위하여 국민에 대하여 일반통치권에 기한 급부를 명하는 행정행위(부과처분)로서 조사결정과 납입고지라는 2단계의 절차를 합하여 이를 부과처분이라 칭하는 것이다. 그러므로 이에 대하여 국민이 불응하는 경우엔 행정상의 강제징수를 할 수 있는 것이요 부과처분으로서의 납입고지에 불복이 있는 경우에는 행정상의 쟁송의 방법으로 다툴 수 있을 뿐인 것이다.

그러므로 예산회계법 제73조의 "법령의 규정에 의하여 국가가 행하는 납입의 고지"란 국세징수법 제9조 관세법 제17조 전기통신법 제49조 수도법 제32조 공원법 제17조 하천법 제33조 등 행정법규에 산재한 징수절차가 규정된 그 법 규정에 근거를 둔 납입고지만을 지칭하는 것이고 법령의 규정에 의하여 발생한 채권이면 공법상의 것이건 사법상의 것이건 전부 납입고지 할 수 있다는 법리가 아닌 점은 제73조의 문리해석상으로도 이를 알 수 있는 것이다.

다수설의 견해에 의하면 국가가 그 소속공무원의 신원보증인에 대한 손해배상의 청구도 제73조 소정의 법령의 규정에 의하여 국각 행하는 납입고지하고 보아야 한다고 하여야만 그 이론이 일관할 것이지만 신원보증인에 대한 국가의 손해배상채권은 사법상의 권리이며 그 실현방법에 관하여 신원보증법의 어디에도 그 징수절차에 관한 조문이 없으므로 국가가 납입고지를 하는 예도 없거니와 설사 납입고지서라는 형식을 밟어 이행청구를 하였다 하여도 이는 제73조 소정의 납입은 고지라고 볼 수 없는 것이다. 공법상의 권리에 근거한 의무이행 요청 "납입고지"이고 이에 대한 이행은 "납입"이요 "지급"이 아니며 사법상의 권리에 근거한 의무 이행 요청은 "이행의 청구" 또는 "최고"이고 이에 대한 이행은 "지급"이요 "납입"이 아니어서 공법상과 사법상의 권리실현 과정에는 위와 같이 확연한 법적 개념의 구분이 있는 것인데 어떠한 법 이론적 근거로 사법상의 권리라 하더라도 국가가 행사하는 경우에는 이행의 청구나 최고가 아닌 납입고지가 되며 이에 대한 의무이행은 변제나 지급이 아니고 납입이 된다는 것인가, 예산회계법 제73조도 "납입고지"란 용어의 개념을 일반적으로 공법상이나 사법상의 권리에 의한 의무이행 요청 행위를 다 포함한다고 보는 식의 혼란을 막기 위하여 단순히 "국가가 행하는 납입의 고지"라는 표현을 피하고 "법령의 규정에 의하여 국가가 행하는 납입의 고지"라고 표현하여 각 행정법규에 납입의 고지의 방법으로 급부요청을 할 수 있다는 근거가 있는 경우의 "납입고지"로 한정한다는 취지로 당연한 이론을 주위적으로 규정한 것이라 할 것인데 다수설은 위와 같은 행정법과 사법상의 상위되는 법적개념과 위에 적시된 예산회계법의 각 법조문을 도외시하고 예산회계법 제73조의 "납입고지"에는 사법상의 급부요청 행위도 포함한다고 단정한 조치는 위법이라 아니할 수 없다. 혹은 위 산재보험법 제15조에 규정된 국가의 대위하여 손해배상청구를 할 수 있는 권리를 공권력에 의한 국가권리에 해당하므로 제73조의 납입의 고지에 해당한다고 본다면 이는 국가가 개인의 손해배상청구권을 대위행사하는데 불과한 것을 공권력에 의한 청구권으로는 도저히 볼 수 없는 것이고 이를 공권력에 의한 청구로 본다면 원고는 납입의 고지에 불응하는 피로에 대하여 행정상의 강제징수 절차를 밟을 수 있을 뿐 민사소송절차에 의한 이행청구는 할 수 없다 할 것이니 원고의 이건 소는 부적법하여 각하하여야 한다는 결론이 될 것이다.

결국 원고가 밟은 절차는 그 형식의 여하에 불구하고 이건 원고의 대위청구권이 사법상의 청구권임이 분명하고 그 징수절차에 관하여 산재보험법의 어디에도 하등 규정된 바 없으니 원고의 행위는 민법상의 최고 이상의 효력이 발생될 수 없다 할 것이므로 이를 제73조 소정의 납입의 고지라고 볼 수 없다는 취지의 원심의 판단은 적법하다 할 것이다.

대법원판사 민복기(재판장), 이영섭, 주재황, 김영세, 민문기, 양병호

● 구상금

대법원 제3부, 1974.2.26 판결 73다76
상고기각

판 시 사 항

◉ 국가가 산업재해보상보험법에 따라 지급한 보험급여액이 피해자의 손해액을 초과하는 경우에 국가가 재해를 일으킨 제3자에게 보험급여액 전액을 구상할 수 있는지 여부

판 결 요 지

국가가 산업재해보상보험법에 따라 지급한 보험급여액이 피해자

의 손해액을 초과하더라도 그 초과액에 대하여는 재해를 일으킨 제3자에게 위법 제15조의 규정에 의한 구상권을 행사할 수 없다.

참조조문 산업재해보상보험법 제15조
당 사 자 원고, 상고인 대한민국
피고, 피상고인 서영염
원심판결 서울고등법원 1972.12.6 72나1437 판결
주　　문 상고를 기각한다. 상고소송비용은 원고의 부담으로 한다.
이　　유

상고이유를 판단한다.

원심판결은 그 이유에서 피해자 소외 망 이한범의 수익상실금은 금 2,862,333원으로 산출하고 동 망인의 장례비로 동 망인 아버지 소외 이완호가 지출한 액을 금 50,000원으로 단정한 다음 피해자의 과실을 참작하여 피고가 본건 사고로 발생한 손해로서 배상하여야 할 액을 금 400,000원이라고 확정하였는 바 소론은 과실상계를 50% 한도로 할 것이라고 주장하나 과실상계는 법원의 소송상 나타난 모든 사정을 참작하여 그 재량에 의하여 결정하는 것이며, 일건 기록을 정사하면 원심의 위와 같은 조치는 정당하다고 할 것이므로 과실상계가 과다하다는 논지는 이유없고 따라서 원고가 원심판결이 인정한 금 400,000원을 초과하여 산업재해보상보험법에 따라 급여액을 지급하였다 하여도 그를 초과한 부분에 대하여는 애초부터 피해자측에서 손해배상청구권을 갖고 있지 아니하는 것이므로 없는 청구권을 대위할 수 없음은 자명한 바이니 이런 취지에서 한 원심판결에는 무슨 법리의 오해란 있을 수 없다 할 것이여서 이 점을 비의하는 논지를 채택할 수 없다.

그러므로 이 상고는 이유없어 기각하고 소송비용은 패소자의 부담으로 하기로 관여법관의 의견이 일치되어 주문과 같이 판결한다.

대법원판사 김영세(재판장), 주재황, 이병호, 이일규

제6장 기　타

● 해고무효등

서울고법 제9민사부. 1985. 9. 19. 판결 94나43544 기각

판 시 사 항

◉ 업무상재해를 당한자에 대해 신체장해를 이유로 해고처분한 것이 정당한지의 여부

판 결 요 지

업무상재해를 당해 종전에 담당하던 업무를 더이상 감당할 능력이 없어서 임시로 다른 업무에 종사케 했으나 그 업무조차도 원활히 수행치 못하였고 신체조건에 맞는 다른 직종을 찾기도 어려운 경우 해고처분은 정당하다.

참조조문 산업재해보상보험법
장애인고용촉진등에관한법률 제35조 및 제38조
단체협약 제29조(해고)

당 사 자 원고, 피항소인 임병갑
피고, 항소인 고려합섬주식회사

원심판결 수원지방법원 1994. 11. 18. 선고93가합18214판결

주　　문 1. 원심판결중 피고패소부분을 취소하고, 위 취소부분에 해당하는 원고의 청구를 기각한다.
2. 소송비용은 제1, 2심 모두 원고의 부담으로 한다.

청구취지 피고가 1993년 1월 12일 원고에게 한 퇴직처분은 무효임을 확인한다.
피고는 원고에게 1993년 1월 13일부터 원고를 복직시킬때까지 월 금 98만1천9백18원의 비율에 의한 금원을 지급하라는 판결

항소취지 주문과 같다.

이　　유

1. 기초사실

원고가 1986년 8월 4일 피고회사의 생산직 사원으로 입사하여 피고회사가 운영하는 안양공장의 생산2부 제사1과에서 근무하여 오다가 1991년 5월 10일 업무상재해를 입은 사실, 피고가 1993년 1월 12일 원고의 피고회사의 취업규칙중 해고사유에 관한 제10조제3호 소정의 「신체장해로 인하여 직무를 감당할 수 없을 때」에 해당한다는 이유로 원고에 대하여 퇴직처분을 한 사실은 당사자 사이에 다툼이 없다.

2. 퇴직사유의 존부에 관한 주장과 이에 대한 판단

가. 당사자의 주장

피고는, 원고가 위와 같이 재해를 입은 후 그 후유장애로 오른팔을 거의 사용할 수 없어 종전까지 담당하여 오던 업무를 감당할 수 없게 되었고, 이에 따라 원고의 담당

업무를 「디에스(DS)공정 체크 업무」로 전환하여 배치하였으나 원고는 이를 처리할 능력이 현저하게 결여되어 있고 달리 원고를 적정한 직종으로 전환 배치할 방법이 없으면 더욱이 피고회사에서는 1992년경부터 장기적인 인력 감량 계획을 수립하여 이를 운영하고 있는 형편인바, 따라서 이 퇴직처분은 정당하다고 주장한다.

이에 대하여 원고는 자산은 위 공정 점검업무를 제대로 수행하지 못한 바 없고 위 업무를 수행할 만한 근로능력이 없는 것도 아니며, 피고는 원고가 피고를 상대로 위 재해를 원인으로 한 손해배상 청구소송을 제기하자 이에 대한 보복으로 그 소송의 판결이 선고되기 수일 전 위 퇴직처분을 한 것이므로, 위 퇴직처분은 정당한 사유를 갖추지 못한 것으로서 무효라고 주장한다.

나. 판　단

(1) 인정사실

아래 각 사실은 을제1호증, 을제2호증, 을제3호증, 을제4호증, 을제5호증의 1 내지 4, 을제6호증의 1, 2, 을제7호증, 을제8호증, 을제9호증의 1, 2, 을제10호증, 을제12호증, 을제13호증, 을제14호증의 1 내지 6, 을제15호증, 을제17호증, 을제18호증의 1, 2, 3, 4, 을제21호증, 을제23호증, 을제24호증의 각 기재와 원심증인 홍철기, 양홍건, 당심증인 이경준의 각 증언에 변론의 전취지를 종합하면 인정할 수 있고 이 인정에 배치되는 원심증인 강동진, 김원기의 각 일부증언은 믿기 어려우며 달리 반증없다.

① 원고는 1991년 5월 10일 피고회사가 운영하는 위 공장내에서 대차위에 올라가 끊어진 실을 연결하는 작업을 하다가 동료 사원이 원사를 실은 차(크릴 카)를 밀면서 위 대차를 충격하는 바람에 대차에서 추락하여 우측요골골두골절상, 우측환관절부염좌상 등의 상해를 입었다. 이로 인하여 오른손잡이인 원고는 우측 주관절에 동통을 느끼고 운동에 제한을 받는 장애가 영구적으로 남았고(위 운동 제한의 범위는 신전 20도, 굴곡 106도, 회외전 80도, 회내전 70도로서, 이는 정상적인 운동범위인 3백10도에 미치지 못한다), 그 신체장애율을 맥브라이드표에 의하여 산출하면 24.2%이다.

② 원고가 위 재해를 입기전까지 제사과에서 수행하여 온 업무는 중합과에서 이동되어 온 폴리에스틸 원사를 실패에 감을 수 있도록 실을 연결한 후(실이 끊어졌을 경우에는 이를 연결하여야 한다) 실패에 감고 원사가 감겨진 중량 6kg 내지 12kg의 실패를 두 손으로 빼내어 운반차에 실은 다음 운반차를 포장팀까지 밀고가는 것을 주된 내용으로 한다. 위 업무는 모두 10개의 라인에서 행해지는데 각 라인은 1 내지 3명이 담당하고, 작업과정이 자동화되어 있지 않아 모두 수작업으로 수행하며, 한 사람이 하루에 행하는 작업량은 실패를 평균 3백개 정도 빼내어 적재하는 것으로 되어 있다.

③ 원고는 위 재해시 입은 상해에 대하여 약 3개월간의 치료를 받고 1991년 8월 20일에 다시 출근하기 시작하였다. 그러나 원고는 위 요양치료에도 불구하고 우측팔에 동통을 수반한 상당한 정도의 운동장애가 남아있어 양손으로 하루 3백개 정도의 실패를 취급하여야 했던 종전의 업무에 종사하는 것은 이미 부적절하였다. 이에 원고의 담당부서 책임자인 피고회사의 생산2부 제사1과장은 1991년 9월 21일 관리부 인사과에 원고가 현업무를 감당할 능력이 부족함을 이유로 근무지를 변경하여 줄 것

을 요청하였고, 위 요청이 받아들여져 원고는 같은해 9월 25일부터는 제사1과 업무중 비교적 육체적 노동을 적게 필요로 하는 디에스공정점검업무에 종사하도록 조치되었다.

④ 위 디에스공정점검업무는 원래 3명의 이공계를 졸업한 직원으로 하여금 담당케 하여 왔었는데, 원고가 산재사고를 당하기 전인 1991년 초경부터는 피고회사의 인력합리화 계획의 하나로 위 업무를 관리자업무로 전환하여 작업반장인 소외 김을환이 여자사원 1명의 보조를 받아 이를 수행해 왔고 위 남자 직원인 정원은 이를 폐지하였었는데, 원고가 위 사고로 인하여 그 업무능력이 현저히 저하되어 달리 적절한 업무를 찾을 수도 없는 실정이었으므로 임시적인 방편으로 위 김을환을 보조하여 위 공정점검업무를 수행하도록 하였다. 그러나 위 공정점검업무는 작업기계 전반의 압력, 온도, 정압 등을 기록하고 이를 토대로 기계의 정상작동여부를 점검, 판단하는 것으로서 원사생산에 직접적인 영향을 미치며 고도의 기술적 지식, 판단력 및 즉각 조치능력을 필요로 하는 업무인데, 인문계 고등학교를 졸업하고 특별한 기술적 지식이 없어 단순 육체노동업무에만 계속 종사하여 온 원고에게는 부적절한 업무였으며, 그 결과 생산된 원사에 등급 저하를 초래하는 사고가 발생하는 등 제품생산에 차질이 생겨서 피고회사로서는 원고에게 안심하고 업무를 맡길 수도 없었고 결국 기존의 공정점검업무를 담당하는 소외 김을환이 중복하여 원고의 업무를 수행하여야만 하였고, 원고는 고졸출신 여직원이 담당하여 그 업무능력이 현저히 저하되어 달리 적절한 업무를 찾을 수도 없는 실정이었으므로 임시적인 방편으로 위 김을환을 보조하여 위 공정점검업무를 수행하도록 하였다. 그러나 위 공정점검업무는 작업기계 전반의 압력, 온도, 정압 등을 기록하고 이를 토대로 기계의 정상작동여부를 점검, 판단하는 것으로서 원사생산에 직접적이 영향을 미치고 고도의 기술적 지시, 판단력 및 즉각 조치 능력을 필요로 하는 업무인데, 인문계 고등학교를 졸업하고 특별한 기술적 지식이 없이 단순 육체노동업무에만 계속 종사하여 온 원고에게는 부적절한 업무였으며, 그 결과 생산된 원사에 등급 저하를 초래하는 사고가 발생하는 등 제품생산에 차질이 생겨서 피고회사로서는 원고에게 안심하고 업무를 맡길 수도 없었고 결국 기존의 공정점검업무를 담당하는 소외 김을환이 중복하여 원고의 업무를 수행하여야만 하였고, 원고는 고졸출신 여직원이 담당하여야 할 수치기록, 기록관리 등 보조업무외에는 위 변경된 업무도 이를 감당할 능력이 현저히 결여되어 있어서 원고로 하여금 더이상 위 변경된 업무에 종사시킬 수 없는 상황이었다.

⑤ 이에 위 제사1과장은 1992년 4월 6일 및 같은 해 7월 10일과 같은해 10월 20일 등 모두 3차례에 걸쳐 「위 공정점검업무는 기술적 지식과 고도의 숙련도(10년 이상 경력)를 요하는 것인데 원고에게는 이것이 결여되어 있어 업무수행이 불가능하므로 원고에 대하여 다시 적절한 인사조치를 하여 달라」고 요청하였다.

⑥ 그러나 피고회사 안양공장의 인력구조는 일반 관리직사원과 기술직사원 그리고 원고와 같은 생산직(기능직)사원으로 구성되고, 일반관리직과 기술직, 생산직은 그 채용과정에서부터 채용조건, 급여체계, 기능, 인력수요 등이 전혀 다른 것이므로 생산직사원인 원고를 일반관리직이나 기술직으로 전환할 수도 없었다. 더구나 피고회사는 1990년 이후 섬유제조업계의 전반

적인 불황으로 인한 재고누적과 급격한 생산량의 감소가 있어 피고회사로서는 인력구조의 합리적, 능률적인 재구축을 통한 관리혁신이 불가피하였고, 이에 인력합리화 방안으로 1992년경부터는 일부특수기능 소요직을 제외한 원고와 같은 단순 생산직 남자사원의 채용동결, 명예퇴직제도입을 통한 퇴직유도, 중복업무 통폐합 및 기구축소 등의 방법으로 장기적이고 지속적인 인력감량계획을 시행중에 있었다(피고회사 안양공장의 인력현황은 생산직사원의 경우 1991년 1월경에는 1천88명, 1993년 1월경에는 1천17명, 1995년 1월경에는 9백45명으로 감소추세에 있었으며, 1995년 4월말 현재는 9백6명으로서 1995년 인력감량목표 인원은 96명이었다).

⑦ 한편, 원고는 1992년 6월 22일 그가 당한 업무상 재해가 피고회사의 피용자의 과실에 의한 것임을 이유로 피고회사를 상대로 수원지방법원 92가합11827호로서 손해배상청구소송을 제기하여 1993년 1월 19일 원고 일부승소의 판결이 선고되고, 다시 서울고등법원의 1993년 11월 30일자 선고 93나11687호 항소심판결에서도 「피고회사는 원고의 위 업무상재해로 인한 노동능력상실(24%)로 입게 된 정년까지의 수입상실등의 손해에 대하여 원고 본인에게 금 3천1백47만1천6백38원, 그의 처 김순자에게 금 1백70만원, 그의 딸 임계연에게 금 60만원 및 지연이자를 지급하여 이를 배상하라」는 추지의 판결이 선고되고 그무렵 위판결이 확정됨으로써, 피고회사는 1993년 12월 30일까지 원고에게 위 판결에서 명한 금원 전부를 지급하였다.

⑧ 피고회사는 원고가 제기한 위 손해배상청구소송이 진행중이던 1993년 1월 12일 원고가 신체장해로 인한 직무를 감당할 수 없음을 이유로 원고를 퇴직처분하였다.

(2) 판　단

위 인정 사실에 의하면, 피고회사는 원고가 위 업무상의 재해를 당하여 종전에 담당하여 오던 생산부 업무를 더이상 감당할 능력이 없어서 임시적 방편으로 공정점검 업무에 종사케 하였으나, 원고는 위 업무조차도 원활히 수행하지 못하였고, 전신육체노동을 요하는 원고 소속 생산부 업무의 특성상 원고의 신체조건에 맞는 경미한 직종을 찾기가 어려웠고, 더구나 피고회사가 연차적으로 인력감량계획을 시행하여 인력의 효율적 합리적 운용을 기하고 있는 상태에서 원고의 급여수준에 맞는 적정한 직종으로 전환 배치할 방법도 없어 원고를 퇴직처분하기에 이른 것이며, 앞서 인정한 바와 같이 피고는 원고의 노동능력상실에 따른 정년에 이르기까지의 손해를 이미 배상한 바 있으므로 이러한 여러 사정을 종합하여 보면 피고회사가 취업규칙 제10조에 따라 원고를 「신체장해로 인하여 직무를 감당할 수 없을 때」에 해당한다고 보아 퇴직케 한 것은 정당한 것이고, 달리 피고회사의 위 퇴직처분이 보복적 해고로서 부당노동행위에 해당한다고 볼만한 증거도 없다(장해인고용촉진등에관한법률 제35조 및 제38조에 의하면 사업주는 그 시행령이 정하는 비율 이상의 장애인을 의무적으로 고용하도록 되어 있고 위 법정고용비율 미달시에는 그에 해당하는 분담금을 납부하도록 규정되어 있는바, 을제23호증의 기재에 의하면 피고회사 안양공장의 총인원은 1995년 5월 31일 현재 9백77명으로서 법정의무고용인원은 16명이나 실제로는 4명을 고용하고 있고 나머지 비고용인원 12명에 대해서는 노동부에 1인당 월14만9천원으로 계산한 분담금을 납부하고 있으며 1994년도의 경우 분담납입금은 금 2천1백45만6천원이었던 사실을 인정할 수 있는바, 피고회사로서는 위와같은 일부 장애인의 고용 및 분담금의 납입으로서 위 법소정의 의무는 다하였다 할 것이고 여기에서 더 나아가 피고회사에게 업무능력이 상실된 원고와의 사이에 고용관계를 계속 유지하여야 할 법률상 의무가 있다고는 할 수 없다).

3. 퇴직처분의 절차 등에 관한 주장과 이에 대한 판단

가. 취업규칙 제10조의 효력

(1) 원고는 피고가 위 퇴직처분의 근거로 삼은 위 취업규칙 제10조는 단체협약 제29조에 위반되어 무효이고 따라서 위 퇴직처분도 무효라고 주장한다.

(2) 살피건대, 위에 본 을제1호증, 을제2호증의 기재를 합쳐 보면 피고회사와 그 노동조합 사이에 채결된 단체협약 제29조(해고)가 회사는 근로기준법 또는 이 협약의 징계에 관한 조항에 의한 해고 이외에는 조합원을 해고하지 아니한다고 규정하고 있는 사실은 이를 인정할 수 있다. 그러나 다른 한편 위 증거들에 의하면 위 단체협약은 제35조에서 징계의 종류와 그 내용(제1항), 노동조합과의 협의 또는 합의(제2항), 서면 통보(제3항), 징계위원회 개최시기(제4항) 등에 관하여 규정하고, 제36조에서 징계가 무효일 경우 회사가 취해야 할 조치에 관하여 규정하고 있으며, 이와는 별도로 제27조(퇴직)에서 회사는 조합원으로서 다음 각호에 해당하는 때에는 퇴직처분한다 하여 제1호 내지 5호 및 제7호에서 조합원이 퇴직을 원하는 때, 조합원이 사망한 때, 정년에 달한 경우, 무단결근이월 7일 이상에 달한 때, 휴직기간이 만료된 후 7일 이내에 복직하지 않은 때, 신원 및 학력을 위장하여 입사하였을 때 등을 열거하는 한편 제6호로 「정신 또는 육체적 장해로 업무를 감당하지 못하는 자」를 들고 있는 사실이 인정되는 바, 위 규정 체제를 참작하면 위 단체협약 제29조는 일반의 해고중 징계해고의 경우에는 그 절차를 위 단체협약에 정하여진 바에 따라 행하여야 한다는 취지이고 같은법 제27조는 그밖의 근로계약관계의 종료사유를 「퇴직」이란 용어 아래 한정 열거하고 있는 취지로 봄이 상당하다. 그렇다면 위 취업규칙 제19조제3호는 단체협약 제29조에 위반된 것이라고 할 수 없음이 명백하므로, 위 주장은 이유없다.

나. 해고 절차의 적법여부

(1) 원고는, 위 퇴직처분은 인사위원회의 개최와 단체협약에 정해진 의사의 진단서 발급절차없이 된 것이고, 가사진단서 발급을 위 손해배상청구소송에서의 신체감정으로 대치할 수 있다 하더라도 그 신체감정 시행일로부터 수개월이 지난 후에 퇴직처분을 한 것은 신의칙에 위반된 것이며, 또 원고는 피고회사내에 설립된 노동조합의 임원인데도 불구하고 피고는 단체협약에 정해진 사전합의 절차없이 위 퇴직처분을 한 것이므로, 위 퇴직처분은 무효라고 주장한다.

(2) 살피건대, 위 단체협약이나 취업규칙상 피고회사가 조합원 또는 종업원을 징계해고가 아닌 다른 사유로 해고함에 있어서 인사위원회를 개최하여야 한다는 규정은 이를 찾아볼 수 없고, 위 단체협약이나 취업규칙에서 퇴직사유로 규정된 사항을 검토하여 보면 그와같은 사유의 존부 판단에 있어 반드시 해당 근로자의 권익을 위하여 인사위원회에 의한 심사 기타의 절차를 거쳐야만 할 필요성이 있다고 보기도 어려

우므로, 이점에 관한 주장은 이유없다.

또 위에서 본 단체협약 제29조제6호에서 「정신 또는 육체적 장해로 업무를 감당하지 못하는 자는 의사진단서 발급일」이라고 규정한 취지는 정신장해 등의 사유에 의한 퇴직의 경우 그 장해 정도에 대하여 객관적으로 의학적 근거가 제시되지 않은 이상 함부로 조합원인 종업원에 대하여 퇴직처분을 하여서는 아니된다는 취지로 봄이 상당하다. 그런데 위에 본 을제3, 4호증의 기재에 변론의 전취지를 합쳐 보면 원고는 1992년 6월 2일 피고를 상대로 위 재해의 원인으로 한 손해배상 청구소송을 제기한 바 있고 그 소송에서 법원이 신체감정을 촉탁하여 그 결과, 원고의 후유장애가 확정된 사실이 인정되는바, 위 신체감정 결과에 의하여 위 규정에서 요구하는 객관적인 의학적 근거 제시의 요건은 충족되었다고 봄이 상당하다. 또 사정이 위와같은 이상 피고회사가 그 즉시 원고에 대하여 퇴직처분을 하지 않고 있다가 수개월이 경과한 후에야 이를 행하였다 하여 그와같은 사유만으로 이를 신의칙에 위반된다고 할 수도 없는 것이므로, 이점에 관한 주장은 이유없다.

위 마지막 주장에 대하여 보건대, 위에 든 증거에 의하면 위 단체협약 제22조제2항에서 조합 임원의 징계, 전보, 휴직, 복직 및 감원은 조합과 사전 합의를 거친 후에 시행한다고 규정하고 있는 사실은 인정되나, 같은 제1항은 조합임원의 인사취급에 있어서는 조합과 사전협의를 겨쳐 시행하며 조합(장)의 의견을 존중한다고 규정하고 있는 사실이 인정되고 이에 배치되는 증인 김원기의 증언은 믿기 어려운바, 위 규정에 의하면 조합임원에 대한 퇴직처분은 위 제22조제2항의 어느 것에도 해당하지 않음이 명백하다. 다만, 이는 위 제2항의 「인사취급」에 해당하여 여기에 노동조합과의 사전협의가 필요하다고는 할 것이나, 한편 을제7호증, 을제8호증, 을제9호증의 1, 2, 갑제8호증의 기재에 변론의 전취지를 합쳐 보면 피고회사는 원고에 대한 퇴직처분을 하기 전인 1992년 12월 30일에 위 노동조합에 원고의 신체장애 정도와 이에 따른 업무수행능력의 저하에 관하여 설명하고 이것이 퇴직처분의 사유가 된다고 하여 퇴직처분을 행할것임과 아울러 이에 대한 위 노동조합의 의견을 구하는 내용의 통고서를 보낸 사실, 위 노동조합은 1993년 1월 4일 피고회사에게 「원고에 대한 퇴직처분은 노동조합과의 협의사항이 아니라 합의사항이라는 이유로 위 퇴직처분에 관한 합의를 거부한다」라는 내용의 회신을 보낸 사실이 인정되는 바, 위 인정사실에 의하면 피고회사는 위 단체협약에 정하여진 바에 따른 협의절차를 거쳤다고 할 것이므로, 이 점에 관한 주장도 이유없다.

4. 피고의 임금 지급의무에 관한 판단

원고는 피고회사의 위 퇴직처분이 무효임을 전제로 위 퇴직처분일 이후의 임금의 지급을 구하고 있으나, 앞에서 본 바와 같이 피고회사의 위퇴직처분은 정당한 것이었으므로 원고의 위 청구는 더 나아가 살펴볼 필요없어 이유없다.

5. 결　　론

그렇다면 피고의 퇴직처분이 무효임을 전제로 한 원고의 이 사건 청구는 이유없으므로 이를 모두 기각할 것인바, 원심판결은 이와 결론을 달리하여 부당하므로 피고의 항소를 받아들여 원심판결중 피고 패소부분을 취소하고 위 취소부분에 해당하는 원고의 청구를 기각하며, 소송비용은 제1, 2심 모두 패소자인 원고의 부담으로 하여 주문과 같이 판결한다.

판사 박용상(재판장), 박태동, 황정규

● 해고무효 및 임금청

대법원 제1부. 1995. 5. 9. 판결 93다51263 파기환송

판 시 사 항

◉ 좌측대퇴부가 절단된 장애자에 대한 전보명령의 무효여부

판 결 요 지

전직이나 전보명령은 원칙적으로 인사권자인 사용자의 권한에 속하여 업무상 필요한 범위안에서는 상당한 재량을 인정하여야 할 것이지만 그것이 근로기준법 제27조 제1항 또는 제105조에 위반하거나 권리남용에 해당하는 등 특별한 사정이 있는 경우에는 허용되지 아니한다 할 것인바, 원고는 좌측대퇴부가 절단된 장애자로서 인천에서 서울로 근무지를 변경함에 따라 출퇴근시간이 늘어날 뿐만 아니라 정상인과는 달리 육체적으로 이를 감내하기가 극히 어렵다고 보여짐에 반하여, 피고회사는 원고에 대한 전보의 업무의 필요성에 대하여 그 구체적인 주장, 입증을 하고 있지 아니하고 있는 점에 비추어 보면, 이 사건 전보로 인하여 원고가 입은 불이익의 정도보다 이 사건 전보의 필요성이 크다고 볼 수는 없을뿐만 아니라, 그 전보명령을 하는 과정에서 원고와의 협의 등 신의칙상 요구되는 절차를 전혀 거치지 아니하였으므로 이 사건 전보명령은 무효라고 할 것이다.

참조조문 근로기준법 제27조 제1항 및 제105조

당 사 자 원고, 상고인 정대현
피고, 피상고인 이천전기공업주식회사

원심판결 서울고등법원 1993. 9. 3. 선고, 나22932판결

주　　문 원심판결을 파기하고 이 사건을 서울고등법원에 환송한다.

이　　유

1. 상고이유 제1점을 본다.

원심판결이유에 의하면, 원심은 원고가 1990년 1월 1일자로 서울에 위치한 피고회사의 회전기사업부로 전보발령을 받았으나 피고회사 재직중 입은 다리절단의 부상으로 인하여 출퇴근하기가 불편하다는 이유로 피고회사가 같은해 2월 28일 전보발령을 취소할 때까지 피고회사의 전보명령에 항의하면서 장기간 출근거부를 한 것은 상당성을 결여한 행위라 할 것이므로 해고사유에 해당한다고 판시하여 위 전보명령의 효력 유무에 관계없이 위 행위가 징계사유에 해당한다고 판단하였다.

그러나, 위 전보명령이 무효라면 이에 응하지 아니한 원고의 행위를 징계사유로 삼을 수는 없다고 할 것이므로(당원 1991년 9월 24일 선고, 90다12366판결 참조), 결국 위 행위가 징계사유에 해당하느냐의 여부는 위 전보명령이 유효한지의 여부에 달려 있다고 할 것이다.

한편, 근로자에 대한 전직이나 전보는 피용자가 제공하여야 할 근로의 종류와 내

용 또는 장소등에 변경을 가져온다는 점에서 피용자에게 불이익한 처분이 될 수도 있으나 이는 원칙적으로 인사권자인 사용자의 권한에 속하여 업무상 필요한 범위안에서는 상당한 재량을 인정하여야 할 것이지만, 그것이 근로기준법 제27조 제1항 또는 제105조에 위반하거나 권리남용에 해당하는 등 특별한 사정이 있는 경우에는 허용되지 않는다고 할 것이고(위 90다12366판결 ; 당원 1994년 4월 26일 선고, 93다10279판결 ; 1994. 5. 10. 선고, 93다47677판결 등 참조), 전직처분이 정당하 인사권의 범위내에 속하는지 여부는 전직명령의 업무상의 필요성과 전직에 따른 근로자의 생활상 불이익과의 비교교량, 근로자 본인과의 협의 등 그 전직명령을 하는 과정에서 신의칙상 요구되는 절차를 거쳤는지의 여부에 의하여 결정되어야 할 것이다(위 93다47677판결 ; 당원 1993. 2. 23. 선고, 92누11121판결 등 참조).

원심은 이 점에 관하여 아무런 심리판단을 하고 있지 아니하나, 기록에 의하면, 원고는 좌측 대퇴부가 절단된 장애자(갑제23호증, 장애수첩)로서 인천에서 서울로 근무지를 변경함에 따라 출퇴근시간이 늘어날뿐 아니라 정상인과는 달리 육체적으로 이를 감내하기가 극히 어렵다고 보여짐에 반하여, 피고회사는 원고에 대한 전보의 업무상 필요성에 대하여 그 구체적인 주장, 입증을 하고 있지 아니하고 있는바, 이러한 점에 비추어 보면, 이 사건 전보로 인하여 원고가 입은 불이익의 정도보다 이 사건 전보의 필요성이 크다고 볼 수는 없을 뿐 아니라, 그 전보명령을 하는 과정에서 원고와의 협의 등 신의칙상 요구되는 절차를 전혀 거치지 아니하였으므로 이 사건 전보명령은 무효라고 할 것이다(피고회사는 위 전보명령을 낸 후 원고의 진정에 따라 인천지방노동청으로부터 원고를 원직에 복귀시키라는 통보를 받게 되자 같은 해 3월 6일자로 원고를 복직시켰다).

따라서, 원심이 이 사건 전보명령의 효력 유무에 관하여 나아가 심리를 하지 아니한 채 단지 원고가 피고회사의 전보명령에 항의하면서 장기간 출근거부를 한 것이 상당성을 결여한 행위로서 해고사유에 해당한다고 판시한 것은 심리를 다하지 아니하고 징계사유에 관한 법리를 오해한 것으로서 위법하다고 할 것이므로, 이를 지적하는 취지의 논지는 이유있다.

2. 상고이유 제2점을 본다.

원심은 그 거시증거에 의하여 원고에 대한 징계사유의 하나로 원고가 1990년 11월 28일부터 같은해 12월 1일까지 매일 4, 5시간씩 작업장을 무단 이탈하여 타공장을 배회하거나 영선보에서 잡담을 하는 등으로 소일하고, 그 이후에도 같은 해 12월 7일부터 같은달 18일까지 사이에 매일 또는 며칠간격으로 작업장을 무단 이탈하여 타공장을 배회하고, 다른 직원들과 잡담을 하거나 사무실에서 취침하는 등으로 업무를 태만히 하였다고 인정하고 있다.

그런데, 원심이 채택한 증거중 위 근무태만 등의 비위사실과 직접 관련이 있는 것으로는 을제7호증의1(답변서 제출), 5(인사조치의건), 8(징계결과 보고)의 각 기재와 제1심 및 원심증인 노형석의 증언이 있으나 그 중 을제7호증의 1은 피고회사의 일방적인 주장을 기재한 것이고, 위 증인의 증언은 소외 피재년이 원고의 근무지 이탈에 관하여 메모를 해두었다는 취지에 불과한 것으로서, 결국 원심은 을제7호증의 5와 이에 근거하여 작성된 을제7호증의 8에 의존하여 사실을 인정한 것으로 보인다.

그러나, 을제7호증의 5는 위 문서가 1990년 12월 10일 작성된 것임에도 불구하고 작성 당시로서는 미래인 같은달 11일의 상황이 자세히 기재되어 있고, 더욱이 을제7호증의 8에는 아무런 근거없이 같은달 17, 18일의 상황이 추가로 기재되어 있어 그 신빙성에 의문이 갈 뿐만 아니라, 위 노형석의 증언에 의하면 원고가 근무하는 대형전동기과는 설계도에 따라 각 부품들을 조립하는 부서로서, 원고의 도면검토는 조립작업현황을 수시로 파악하면서 그 설계도면에 따른 조립이 원활한지, 설계도에 의해 조립된 기계가 작업현장 상황에 맞는지를 확인하고 수정 또는 보완하는 것이어서 항시 현장 작업사정에 밝아야 하고, 위 대형전동기과는 거의 매일 연장근로를 하기 때문에 다음날 아침에 전날의 작업진행 상황을 파악하기 위하여 현장을 둘러보아야 할 경우도 있으며, 증인은 피고가 원고에게 근무지 이탈을 이유로 주의나 경과를 하는 것을 본 일이 없을뿐 아니라, 원고는 좌측 대퇴부가 절단된 장애자로서 양변기 화장실이 아니면 이용할 수 없고, 양변기 화장실은 원고의 근무부서와 약 2백미터 정도 떨어진 본관 2층에 있다는 것인바, 위와같은 원고의 업무내용, 근무태만, 장애자로서의 특수성 등을 고려하면, 을제7호증의 5, 8에 「현장배회」「일 안함」 등으로 기재되어 있다는 것만으로 원고가 1990년 1월 28일부터 같은해 12월 1일까지 매일 4, 5시간씩 작업장을 무단 이탈하여 타 공장을 배회하거나 영선반에서 잡담을 하는 등으로 소일하고, 그 이후에도 같은해 12월 7일 부터 같은 달 18일까지 사이에 매일 또는 며칠간격으로 작업장을 무단이탈하여 타공장을 배회하고, 다른 직원들과 잡담을 하거나 사무실에서 취침하는 등으로 업무를 태만히 하였다고 인정하기에는 부족하다 할 것이다.

따라서, 원심이 원고의 업무태만 여부에 관하여 위와 같은 신빙성이 없는 증거에 의하여 원고의 징계사유를 인정한 것은 채증법칙에 위배하여 사실을 오인한 위법이 있다고 할 것이므로 이를 지적한 논지는 이유있다.

3. 상고이유 제3점을 본다.

피고회사의 단체협약이나 취업규칙에 피고가 노동조합의 운영에 개입하여 규제를 가할 수 있는 근거조항이 있는 것으로 볼 수는 없으므로 피고회사의 단체협약이나 취업규칙이 헌법 제33조 제1항이나 노동조합법 제1, 3조 및 제39조 제4항에 배치된다고 할 수 없고, 피고회사는 1990년 2월 7일 원고에 대한 상벌위원회를 개최하여 원고를 징계해고하기로 의결하였다가 이를 철회하였을 뿐 이 사건 해고사유와 동일한 사유로 원고를 징계한적이 없으므로 이 사건 징계가 일사부재리의 원칙에 위배된다고 볼 수도 없다. 논지는 이유없다.

4. 상고이유 제4점을 본다.

비록, 원고가 1987년 12월부터 1989년 2월경까지 노동조합의 위원장으로 재직중 퇴직금누진제를 주장하는 등 비교적 적극적으로 조합활동을 하여 온 사실은 인정되나, 그러한 사정만으로 원고가 실질적으로 종전의 정당한 조합활동을 위한 행동때문에 징계해고 되었다고 단정할 수는 없으므로, 이 사건 해고가 부당노동행위라고 보기는 어렵고 거기에 소론과 같은 부당노동행위에 대한 법리를 오해한 위법이 있다고 할 수 없다. 논지도 이유없다.

5. 상고이유 제5점을 본다.

원심은 피고회사가 1990년 2월 7일 원고에 대한 상벌위원회를 개최하여 원고를 징계해고하기로 의결하였다가 이를 철회하였으나, 원고에 대한 이 사건 해고사유에는 위 징계해고의 철회이후 밝혀지거나 새로 저지른 비위사실이 포함되어 있을 뿐 아니라 징계해고를 철회하여 반성의 기회를 주었음에도 불구하고 여전히 불성실한 근무자세를 버리지 아니하였으므로 그 이전의 사유도 징계해고의 사유에 포함시킬 수 있다고 판시하고 있다.

그러나, 위와같이 피고회사가 원고에 대한 상벌위원회를 개최하여 원고를 징계해고하기로 의결하였다가 이를 철회한 후 10개월 가량 지난다음 새로운 비위사실이 없음에도 불구하고 원고를 다시 징계해고하는 것은 징계권의 남용에 해당한다고 할 것인바 원고에 대한 징계사유중 1990년 11월 28일부터 같은 해 12월 1일 까지와 같은해 12월 7일 부터 같은 달 18일까지의 사이의 근무태만 등의 비위사실을 제외하고는 모두 위 징계해고의 철회 이전에 저지른 비위사실임이 명백하고 또한 위 징계해고의 철회 이후에 새로이 밝혀진 비위사실이 포함되어 있다는 증거도 찾아볼 수 없다.

다만, 을제3호증(결정서), 을제7호증의 18(진술조서) 등에 의하면, 피고회사의 경영 및 피고회사의 간부와 노동조합의 간부들을 비방하는 내용의 유인물 초안이 1990년 12월 13일 피고회사 공장내부 휴게실에서 발견되었다고 기재되어 있고, 원심은 이를 근거로 원심판결 2의 마항의 비위사실이 원고에 대한 징계해고의 철회이후에 새로이 밝혀졌다고 인정한 것으로 보이나, 특별한 사정이 없는 한 1989년 7월경부터 같은해 11월경까지 사이에 작성되었다는 유인물 초안이 그로부터 1년 남짓 지난후에야 발견되었다는 점을 선듯 납득하기 어려울 뿐 아니라, 증인 노형석의 증언에 의하여 피고회사 직원이 위 유인물 초안(을 제5호증의 1 내지 8)을 몇번에 걸쳐 발견했다는 것이고, 1989년 8월 4일부터 1990년 12월 17일까지의 사내유인물 수거현황이 기재되어 있으며 위 유인물 초안이 모두 첨부되어 있는 을제7호증의 17(유인물수거현황)에도 1990년 12월 13일 유인물 초안이 발견되었다는 기재는 없으므로, 위 유인물 초안이 1990년 12월 13일 피고회사 공장내부 휴게실에서 발견되었다는 을 제3호증, 을제7호증의 18등은 믿을 수 없다고 할 것이다.

따라서, 앞서 본 바와 같이 위 제2항의 근무태만 등의 비위사실이 인정되지 아니하고 또한 위 징계해고의 철회이후에 새로이 밝혀진 비위사실이 포함되어 있다는 증거가 없는 한, 원고에 대한 1990년 12월 31일자 해고는 징계권의 남용에 해당되어 무효라고 할 것이므로, 원심은 채증법칙에 위배하여 사실을 오인하고 징계해고에 관한 법리를 오해하여 판결에 영향을 미친 위법을 저질렀다고 할 것이니 이를 지적하는 취지의 논지는 이유있다.

가사 위 원심판결 2의 마항의 비위사실이 원고에 대한 징계해고의 철회이후에 새로이 밝혀졌다고 하더라도, 피고회사는 위 유인물을 직접 작성 배포하였을 뿐 아니라 근무지 무단이탈로 경고처분을 받은 전력이 있는 소외 호익환에 대하여는 1990년 3월 9일 징계해고를 하였다가(을 제13호증의 2, 3)위 소외인이 소송을 제기하자 같은해 10월경 복직시켰는바(증인 노형석, 황성일의 증언), 이에 비추어 보면 위 홍기환보다 그 비위정도가 무겁다고 할 수 없는 원고에 대한 이 사건 징계해고는 이 점에서도 징계재량권을 일탈한 것이라고 할 것이다.

6. 그러므로 원심판결을 파기하여 사건을 원심법원에 환송하기로 하여 관여법관의 일치된 의견으로 주문과 같이 판결한다.

대법원판사 이일수(재판장), 김석수, 정귀호(주심), 이돈희

[별첨]

관 련 법 령

Ⅰ. 근로기준법 · 시행령

(관련조항발췌)

제1조[목 적] 본법은 헌법에 의하여 근로조건의 기준을 정함으로써 근로자의 기본적생활을 보장, 향상시키며 균형있는 국민경제의 발전을 기함을 목적으로 한다.

제2조[근로조건의 기준] 본법에서 정하는 근로조건은 최저기준이므로 근로관계당사자는 이 기준을 이유로 근로조건을 저하시킬 수 없다.

제3조[근로조건의 결정] 근로조건은 근로자와 사용자가 동등한 지위에서 자유의사에 의하여 결정되어야 한다.

제4조[근로조건의 준수] 근로자와 사용자는 단체협약, 취업규칙과 근로계약을 준수하여야 하며 각자가 성실하게 이행할 의무가 있다.

제10조[적용범위] ①이 법은 상시근로자 5인이상을 사용하는 모든 사업 또는 사업장에 적용된다. 다만, 동거의 친족만을 사용하는 사업 또는 사업장과 가사사용인에 대해서는 작용하지 아니한다.

②상시 4인이하의 근로자를 사용하는 사업 또는 사업장에서는 대통령령이 정하는 바에 따라 이 법의 일부규정을 적용할 수 있다.

영제1조[적용범위] 근로기준법(이하 "법"이라 한다) 제10조 단서의 규정에 의하여 법을 적용하지 아니하는 사업 또는 사업장은 상시 4인이하의 근로자를 사용하는 사업 또는 사업장으로 한다. 다만, 상시 10인미만의 근로자를 사용하는 사업 또는 사업장에 대하여는 법 제2조 내지 제7조, 법 제9조, 법 제12조 내지 제27조의 2, 법 제29조 내지 제41조 제51조, 법 제53조, 법 제54조, 법 제58조, 법 제64조 내지 제73조 법 제78조 내지 제99조, 법 제103조, 법 제105조, 법 제106조, 법 제107조, 법 제109조 내지 제112조의 규정만을 적용한다.

제13조[대통령령과 규칙의 명시] ①사용자는 이 법과 이 법에 기하여 발하는 대통령령의 요지와 취업규칙을 상시 각사업장에 게시 또는 비치하여 근로자에게 주지시켜야 한다.

②사용자는 제1항명령중 기숙사에 관한 규정과 기숙사규칙을 기숙사에 게시 또는 비치하여 기숙하는 근로자에게 주지시켜야 한다.

제14조[근로자의 정의] 이 법에서 근로자라 함은 직업의 종류를 불문하고 사업 또는 사업장(이하 "사업"이라 한다)에 임금을 목적으로 근로를 제공하는 자를 말한다.

제15조[사용자의 정의] 이 법에서 사용자라 함은 사업주 또는 사업경영담당자 기타 근로자에 관한 사항에 대하여 사업주를 위하여 행위하는 자를 말한다.

제16조[근로의 정의] 이 법에서 근로자라 함은 정신노동과 육체노동을 말한다.

제17조[근로계약의 정의] 이 법에서 근로계약이라 함은 근로자가 사용자에게 근로를 제공하고 사용자는 이에 대하여 임금을 지급함을 목적으로 체결된 계약을 말한다.

제18조[임금의 정의] 이 법에서 임금이라 함은 사용자가 근로의 대상으로 근로자에게 임금, 봉급 기타 여하한 명칭으로든지 지급하는 일체의 금품을 말한다.

제19조[평균임금의 정의] ①이 법에서 평균임금이라 함은 이를 산정하여야 할 사유가 발생한 날 이전 3월간에 그 근로자에 대하여 지급된 임금의 총액을 그 기간의 총일수로 제한 금액을 말한다. 취업후 3월미만도 이에 준한다.

②제1항의 규정에 의하여 산출된 금액이 당해 근로자의 통상임금보다 저액일 경우에는 그 통상임금액을 평균임금으로 한다.

영제2조[평균임금] 법 제19조에 규정한 기간중에 아래의 각호의 1에 해당하는 기간이 있는 경우에는 그 일수와 그 기간중에 지불된 임금은 당해 기간과 임금의 총액에서 공제한다.

1. 업무수행으로 인한 부상 또는 질병의 요양을 위하여 휴업한 기간
2. 사용자의 귀책사유로 인하여 휴업한 기간

영제3조[평균임금] 법 제19조에 규정한 임금의 총액에는 임시로 지불된 임금 · 수당과 통화 이외의 것으로 지불된 임금으로서 노동부장관이 정하는 이외의 것은 산입하지 아니한다.

영제4조[일용근로자의 평균임금] 일용근로자

에 대하여는 노동부장관이 사업별 또는 직업별로 정하는 금액을 평균임금으로 한다.

영제5조【특별한 경우의 평균임금】 법 제19조 및 제2조 내지 제4조의 규정에 의하여 평균임금을 산정할 수 없는 경우에는 노동부장관이 정하는 바에 의한다.

영제6조【평균임금의 개정】 ①법 제79조 · 법 제80조 및 법 제82조 내지 법 제84조의 규정에 의한 보상금등을 산정함에 있어서 적용할 평균임금은 그 근로자가 소속한 사업 또는 사업장에서 동일한 직종의 근로자에게 지급된 통상임금의 1인당 1개월 평균액(이하 "평균액"이라 한다)이 그 부상 또는 질병이 발생한 날이 속하는 달에 동일한 직종의 근로자에게 지급된 통상임금의 평균액의 100분의 110이상이 되거나 100분의 90이하로 된 경우에는 그 변동비율에 의하여 인상 또는 인하된 금액으로 하되, 그 변동사유가 발생한 달의 다음 달부터 이를 적용한다. 다만, 제2회 이후의 평균임금의 증감을 위한 개정은 직전회의 변동사유가 발생한 달의 통상임금을 산정기준으로 한다.

②제1항의 경우 그 근로자가 소속한 사업 또는 사업장이 폐지된 경우에는 그 근로자의 업무상 부상 또는 질병이 발생한 당시에 그 사업과 같은 종류, 같은 규모의 사업 또는 사업장을 기준으로 하여 제1항의 규정을 적용한다.

③제1항 및 제2항의 경우에 그 근로자와 동일한 직종의 근로자가 없는 때에는 그와 유사한 직종의 근로자에게 지급된 통상임금의 평균액의 변동비율에 의한다.

④법 제78조의 규정에 의한 업무상 부상 또는 질병자에 대한 법 제28조의 규정에 의한 퇴직금을 산정함에 있어서 적용할 평균임금은 제1항 내지 제3항에 의하여 개정된 평균임금으로 한다.

영제31조【통상임금의 정의】 ①법과 이 영에서 "통상임금"이라 함은 근로자에게 정기적 · 일률적으로 소정근로 또는 총근로에 대하여 지급하기로 정하여진 시간급금액 · 일급금액 · 주급금액 · 월급금액 또는 도급금액을 말한다.

②제1항의 규정에 의한 통상임금을 시간급금액으로 산정할 때에는 다음 각호에 의한다. 이 경우 일급금액으로 통상임금을 산정할 때에는 시간급 금액에 1일의 소정근로시간수를 곱하여 계산한다.

1. 시간급금액으로 정하여진 임금에 대하여는 그 금액
2. 일급금액으로 정하여진 임금에 대하여는 그 금액을 1일의 소정근로 시간수로 나눈 금액
3. 주급금액으로 정하여진 임금에 대하여는 그 금액을 주의 소정근로시간수로 나눈 금액
4. 월급금액으로 정하여진 임금에 대하여는 그 금액을 월의 소정근로시간수로 나눈 금액
5. 월 · 주외의 일정한 기간으로 정하여진 임금에 대하여는 제1호 내지 제4호에 준하여 산정된 금액
6. 도급제에 의하여 정하여진 임금에 대하여는 그 임금산정기간에 있어서 도급제에 의하여 계산된 임금의 총액을 당해 임금산정기간(임금마감일이 있는 경우에는 임금마감기간. 이하 같다)의 총근로시간수로 나눈 금액
7. 근로자가 받는 임금이 제1호 내지 제6호에서 정한 2이상의 임금으로 되어 있는 경우에는 그 부분에 대하여 제1호 내지 제6호에 의하여 각각 산정된 금액의 합산액

③제2항에서 "1일의 소정근로시간"이라 함은 법 제42조 제1항본문 산업안전보건법 제46조 또는 법 제55조 본문의 규정에 의한 근로시간의 범위안에서 근로자와 사용자간에 정한 시간을 말하며, "월의 소정근로시간"이라 함은 월의 소정근로일수에 1일의 소정근로시간을 곱한 시간을 말한다.

제20조【본법위반의 근로계약】 ①이 법에 정한 기준에 달하지 못하는 근로조건을 정한 근로계약은 그 부분에 한하여 무효로 한다.

②제1항의 규정에 의하여 무효로 된 부분은 이 법에 정한 기준에 의한다.

제27조【해고등의 제한】 ①사용자는 근로자에 대하여 정당한 이유없이 해고, 휴직, 정직, 전직,

감봉 기타 징벌을 하지 못한다.

②사용자는 근로자가 업무상 부상 또는 질병의 요양을 위한 휴업기간과 그 후 30일간 또는 산전, 산후의 여자가 이 법에 규정된 휴업기간과 그 후 30일기간은 해고하지 못한다. 다만, 사용자가 제84조에 규정된 일시보상을 지급하였을 경우 또는 천재, 사변 기타 부득이한 사유로 인하여 사업계속이 불가능할 때에는 그러하지 아니하다.

③제2항 단서 후단의 경우에는 그 사유에 관하여 노동부장관의 인정을 받아야 한다.

영제9조【해고의 승인신청】 사용자가 법 제27조 제3항 또는 법 제27조의2 제1항단서 전단의 규정에 의하여 노동부장관의 인정 또는 승인을 받고자 하는 경우에는 노동부장관이 정하여 고시하는 서식, 법 제27조의2 제2항의 규정에 의하여 노동위원회의 인정을 받고자 하는 경우에는 노동부장관이 정하여 고시하는 서식에 의하여야 한다.

제30조【금품청산】 사용자는 근로자가 사망 또는 퇴직한 경우에는 그 지급사유가 발생한 때로부터 14일 이내에 임금 · 보상금 기타 일체의 금품을 지급하여야 한다. 다만, 특별한 사정이 있을 경우에는 당사자간의 합의에 의하여 기일을 연장할 수 있다.

영제12조【금품청산기간】 법 제30조 단서의 규정에 의한 기일연장은 3월을 초과하지 못한다.

제30조의2【임금채권우선변제】 ①임금 · 퇴직금 · 재해보상금 기타 근로관계로 인한 채권은 사용자의 총재산에 대하여 질권 또는 저당권에 의하여 담보된 채권을 제외하고는 조세 · 공과금 및 다른 채권에 우선하여 변제되어야 한다. 다만, 질권 또는 저당권에 우선하는 조세 · 공과금에 대하여는 그러하지 아니하다.

②제1항의 규정에 불구하고 최종 3월분의 임금과 퇴직금 및 재해보상금은 사용자의 총재산에 대하여 질권 또는 저당권에 의하여 담보된 채권, 조세 · 공과금 및 다른 채권에 우선하여 변제되어야 한다.

제36조【임금지불】 ①임금은 통화로 직접 근로자에게 그 전액을 지급하여야 한다. 단, 법령 또는 단체협약에 특별한 규정이 있는 경우에는 임금의 일부를 공제하거나 또는 통화이외의 것으로 지급할 수 있다.

②임금은 매월 1회이상 일정한 기일을 정하여 지급하여야 한다. 다만, 임시로 지급하는 임금, 수당 기타 이에 준하는 것 또는 대통령령으로써 정하는 임금에 대하여는 그러하지 아니하다.

제37조【비상시지불】 사용자는 근로자가 출산, 질병, 재해 기타 대통령령으로써 정한 비상한 경우의 비용에 충당하기 위하여 청구하는 경우에는 지급기일전이라도 기왕의 근로에 대한 임금을 지급하여야 한다.

영제19조【비상시의 정의】 법 제37조에 규정된 "비상한 경우"라 함은 근로자 또는 그의 수입에 의하여 생계를 유지하는 자가 다음 각호의 1에 해당하게 되는 경우를 말한다.

1. 출산하거나 질병 또는 재해를 입었을 경우
2. 혼인 또는 사망한 경우
3. 부득이한 사유로 인하여 일주일 이상 귀향하게 되는 경우

제38조【휴업지불】 사용자의 귀책사유로 인하여 휴업하는 경우에는 사용자는 휴업기간중 당해근로자에 대하여 평균임금의 100분의 70이상의 수당을 지급하여야 한다. 다만, 부득이한 사유로 사업계속이 불가능하여 노동위원회의 승인을 얻은 경우에는 그 범위이하의 휴업지불을 할 수 있다.

영제20조【휴업수당의 산출】 사용자의 귀책사유로 인한 휴업기간중에 근로자가 임금의 일부를 받은 경우에는 사용자는 법 제38조의 규정에 의하여 당해 근로자에게 그 평균임금과 그 부분과의 차액의 100분의 60 이상의 수당을 지급하여야 한다.

영제21조【휴업지불의 예산신청】 사용자가 법 제38조 단서의 규정에 의하여 노동위원회의 승인을 받고자할 때에는 그 사유가 발생한 후 적어도 5일이내에 노동부장관이 정하여 고시하는 서식에 의하여 이를 신청하여야 한다.

제41조【임금의 시효】 이 법 규정에 의한 임금채권은 3년간 행사하지 아니하는 때에는 시효로 인하여 소멸한다.

제43조【유해, 위험작업】 지하작업 기타 대통령령으로써 정한 유해, 위험한 작업은 1일에 6시간, 1주일에 34시간을 초과할 수 없다. 다만,

노동부장관의 인가를 얻은 경우에는 1일 2시간 이내, 1주일 12시간이내의 한도로 연장할 수 있다.

제64조[안전과 보건] 근로자의 안전과 보건에 관하여는 산업안전보건법이 정하는 바에 의한다. (전문개정 1990. 1. 13 법4220호)

제65조 내지 제73조 삭제(1990. 1. 13 법4220호)

제78조[요양보상] ①근로자가 업무상 부상 또는 질병에 걸린 경우에는 사용자는 그 비용으로 필요한 요양을 행하거나 또는 필요한 요양비를 부담하여야 한다.

②제1항에 규정한 업무상 질병과 요양의 범위는 대통령령으로써 정한다.

영제54조[업무상질병의 범위] 법 제78조 제2항의 규정에 의한 "업무상의 질병"은 다음에 계기하는 것을 말한다.

1. 업무상의 부상에 기인하는 질병
2. 무겁고 힘든 업무로 인한 근육·건·관절의 질병과 내장탈
3. 고열·자극성의 가스나 증기·유해광선 또는 이물로 인한 결막염 기타의 안질환
4. 라듐방사선·자외선·엑스선·기타 유해방사선으로 인한 질병
5. 덥고 뜨거운 장소에 있어서의 업무로 인한 일사병 및 열사병
6. 덥고 뜨거운 장소에 있어서의 업무 또는 고열물체를 취급하는 업무로 인한 제2도 이상의 열상 및 춥고 차가운 장소에 있어서의 업무 또는 저온 물체를 취급하는 업무로 인한 제2도 이상의 동상
7. 분진을 비산하는 장소에 있어서의 업무로 인한 진폐증 및 이에 따르는 폐결핵
8. 지하작업으로 인한 안구진탄증
9. 이상기압하에 있어서의 업무로 인한 잠함병 기타의 질병
10. 제사 또는 방적등의 업무로 인한 수지봉와직염 및 피부염
11. 착암기·빈타기등의 사용으로 인하여 신체에 현저한 진동을 주는 업므로 인한 신경염 기타의 질병
12. 강렬한 소음을 발하는 장소에 있어서의 업무로 인한 이(귀) 질환
13. 전신수·타이피스트·필경수등의 수지의 경련 및 서경
14. 연·그 합금 또는 그 화합물로 인한 중독 및 그 속발증
15. 수은·아마루감 또는 그 화합물로 인한 중독 및 그 속발증
16. 망간 또는 그 화합물로 인한 중독 및 그 속발증
17. 크롬·닉클·알미늄 또는 이상의 화합물로 인한 궤양 기타의 질병
18. 아연 기타의 금속증기로 인한 금속열
19. 비소 또는 그 화합물로 인한 중독 및 그 속발증
20. 인 또는 그 화합물로 인한 중독 및 그 속발증
21. 초기 또는 아황산가스로 인한 중독 및 그 속발증
22. 유화수소로 인한 중독 및 그 속발증
23. 유화탄소로 인한 중독 및 그 속발증
24. 1산화탄소로 인한 중독 및 그 속발증
25. 청산 기타의 시안화합물로 인한 중독과 그 속발증 또는 기타의 질병
26. 광산·가성알카리·염소·불소석탄산 또는 이상의 화합물 기타 부식성 또는 자극성의 물체로 인한 부식·궤양 및 염증
27. 벤젠 또는 그 동족체와 그 디트로 및 아미노유도체로 인한 중독 또는 그 속발증
28. 아세톤 또는 기타의 용제로 인한 중독 또는 그 속발증과 기타의 질병
29. 제27호 및 제28호 이외의 지방족 또는 방향족의 탄화수소화합물로 인한 중독 및 그 속발증 기타의 질병
30. 매연·광물류·동유·칠·탈·세멘트 등으로 인한 산외직염, 습진 기타 피부질환
31. 매연·탈·핏치·아스팔트·광물류·파라핀 또는 이상의 물질을 포함한 것으로 인한 원발성상피암
32. 제14호 내지 제31호에 게기한 것 이외의 독성·극성 기타 유해물로 인한 중독 및 그 속발증 또는 피부 및 점막의 질환
33. 환자의 검진·치료·간호 기타 병원체로 인하여 오염할 우려가 있는 업무로 인한 각종 전염성질환

34. 습윤지에 있어서의 업무로 인한 와일씨병
35. 옥외노동에 기인하는 양충병
36. 동물 또는 그 시체 · 짐승의 털 · 피혁 기타 동물성의 물체 및 넉마 기타 고물의 취급으로 인한 탄저병 · 단독 · 페스트 및 두창
37. 제1호 내지 제36호 이외에 중앙노동위원회의 동의를 얻어 노동부장관이 지정하는 질병
38. 기타 업무로 기인한 것이 명확한 질병

영제55조[요양의 범위] 법 제78조 제2항의 규정에 인한 요양의 범위는 다음에 계기하는 것으로서 요양상 적당하다고 인정하는 것이라야 한다.

1. 진 찰
2. 약제 또는 진료재료와 의지 기타 보철구의 지급
3. 처치 · 수술 기타의 치료
4. 의료시설에의 수용
5. 개호(1975. 4. 28 본호개정)
6. 이 송

영제56조[진 단] 근로자가 취업중 또는 사업장이나 사업의 부속건물내에서 부상하거나 질병에 걸리거나 또는 사망한 경우에는 사용자는 지체없이 의사에게 진단시켜야 한다.

제79조[휴업보상] 제78조의 규정에 의하여 요양중에 있는 근로자에 대하여는 사용자는 근로자의 요양중 평균임금의 100분의 60의 휴업보상을 행하여야 한다.

영제57조[휴업보상의 산출] 법 제79조의 규정에 의하여 휴업보상을 받을 기한내에 그 보상을 받을 자가 사용자로부터 임금의 일부를 지불받았을 경우에는 사용자는 평균 임금과 그 부분과의 차액의 100분의 60의 휴업보상을 행하여야 한다.

영제58조[요양 및 휴업보상의 지불시기] 요양보상 및 휴업보상은 매월 1회이상 이를 행하여야 한다.

제80조[장해보상] 근로자가 업무상 부상 또는 질병에 걸려 완치후 신체에 장해가 있는 경우에는 사용자는 그 장해정도에 응하여 평균임금에 별표에 정한 일수를 승하여 얻은 금액의 장해보상을 행하여야 한다.

영제59조[장해등급의 결정] ①법 제80조의 규정에 의하여 장해보상을 행할 신체장해의 등급은 별표에 의한다.

②별표에 게기된 신체장해가 2이상 있을 경우에는 중한 신체장해에 해당하는 등급에 의한다.

다만, 다음 각호의 경우에는 그 중한 신체장해에 해당하는 등급을 다음의 구분에 따라 이를 조정한다. 이 경우에 그 조정된 등급이 제1급을 초과하는 때에는 제1급으로 한다.

1. 제5급 이상에 해당하는 신체장해가 2이상 있는 경우에는 3개등급 이상
2. 제8급 이상에 해당하는 신체장해가 2이상 있는 경우에는 2개등급 이상
3. 제13급 이상에 해당하는 신체장해가 2이상 있는 경우에는 1개등급 인상

③별표에 게기한 것 이외의 신체장해가 발생한 자에 대하여는 그 장해정도에 따라 별표에 게기한 신체장해에 준하여 장해보상을 행하여야 한다.

④이미 신체에 장해가 있는 자가 부상 또는 질병으로 인하여 동일한 부위에 장해를 가중한 경우에는 그 가중된 장해에 해당하는 장해보상액으로부터 이미 받은 상해에 해당하는 장해보상의 금액을 공제한 금액의 장해보상을 행하여야 한다.

제81조[휴업보상, 장해보상의 예외] 근로자가 중대한 과실로 인하여 업무상 부상 또는 질병에 걸리고 또한 사용자가 그 과실에 대하여 노동위원회의 인정을 받은 경우에는 휴업보상 또는 장해보상을 행하지 아니하여도 무방하다.

영제60조[업무상부상등에 관한 중대과실인정신청] 사용자는 법 제81조의 규정에 의한 중대한 과실의 인정에 있어서는 그 사실을 증명하는 서면을 첨부하여 노동부장관이 정하여 고시하는 서식에 의하여 지방노동위원회의 인정을 받아야 한다.

제82조[유족보상] 근로자가 업무상 사망한 경우에는 사용자는 그 유족에 대하여 평균임금의 1,000일분의 유족보상을 행하여야 한다.

영제61조[유족의 범위] ①법 제82조의 "유족"의 범위는 다음 각호에 게기한 자로 하되,

그 순위는 다음 각호의 순서에 의하며, 그 각호에 게기된 자의 사이에 있어서는 그 기재된 순서에 의한다.

1. 근로자의 사망당시 그에 의하여 부양되고 있던 배우자(사실상 혼인관계에 있던 자를 포함한다)
2. 제1호에 해당하지 아니하는 배우자·자녀·부모·손 및 조부모와 근로자의 사망당시 그에 의하여 부양되고 있던 형제자매
3. 제2호에 해당하지 아니하는 형제자매

②유족의 순위를 정하는 경우에 부모에 있어서는 양부모를 선순위로 실부모를 후순위로 하고, 조부모에 있어서는 양부모의 부모를 선순위로 실부모를 후순위로 하되 부모의 양부모를 선순위로 부모의 실부모를 후순위로 한다.

③제1항 및 제2항의 규정에 불구하고 근로자가 유언 또는 사용자에 대하여 예고로써 그 중의 특정한 자를 지정하였을 경우에는 이에 따른다.

영제62조【동순위자】 유족보상을 받을 동순위의 자가 2인이상 있을 경우에는 유족보상을 그 인원수에 의하여 등분한다.

영제63조【보상수령확정자의 사망】 유족보상을 받기로 확정된 유족이 사망한 경우에 그 유족보상은 동순위자가 있는 때에는 동순위자에게 동순위자가 없는 때에는 차순위자에게 지급한다.

제83조【장사비】 근로자가 업무상 사망한 경우에는 사용자는 평균임금의 90일분의 장사비를 지급하여야 한다.

영제64조【보상시기】 ①장해보상은 근로조자의 부상 또는 질병의 완치후 지체없이 하여야 한다.

②유족보상 및 장사비는 근로자의 사망후 지체없이 하여야 한다.

영제65조【재해보상시의 평균임금산정일】 재해보상을 하는 경우에는 사상의 원인이 되는 사고가 발생한 날 또는 진단에 의하여 질병이 발생되었다고 확정된 날을 평균임금을 산정할 사유의 발생할 날로 한다.

제84조【일시보상】 제78조의 규정에 의하여 보상을 받는 근로자가 요양개시후 2년을 경과하여도 부상 또는 질병이 완치되지 아니하는 경우에는 평균임금의 1,340일분의 일시보상을 행하여 그 후의 이 법에 의함 모든 보상책임을 면할 수 있다.

제85조【분할보상】 사용자는 지급능력이 있는 것을 증명하고 보상을 받을 자의 동의를 얻은 경우에 있어서는 제80조 또는 제82조 또는 제84조의 규정에 의한 보상금을 1년간에 걸쳐 분할보상할 수 있다.

제86조【보상청구권】 보상을 받을 권리는 퇴직으로 인하여 변경되지 아니하며 양도 또는 압류하지 못한다.

제87조【다른 손해배상과 관계】 보상을 받게 될 자가 동일한 사유에 대하여 민법 기타 법령에 의하여 이 법재해보상에 상당한 금품을 받을 경우에는 그 가액의 한도에 있어서 사용자는 보상의 책임을 면한다.

제88조【노동부장관의 심사와 중재】 ①업무상의 부상, 질병 또는 사망의 인정, 요양의 방법, 보상금액의 결정 기타 보상실시에 관하여 이의가 있는 자는 노동부장관에게 심사 또는 사건의 중재를 청구할 수 있다.

②제1항의 청구가 있는 경우에는 노동부장관은 1월이내에 심사 또는 중재를 하여야 한다.

③노동부장관은 필요에 의하여 직권으로써 심사 또는 사건의 중재를 할 수 있다.

④노동부장관은 심사 또는 중재를 위하여 필요하다고 인정하는 경우에는 의사에게 진단 또는 검안을 시킬 수 있다.

⑤제1항의 규정에 의한 심사 또는 중재의 청구와 제2항의 규정에 의한 심사 또는 중재의 개시는 시효의 중단에 관하여는 이를 재판상의 청구로 본다.

영제66조【심사중재청구】 법 제88조의 규정에 의하여 노동부장관의 심사 또는 중재를 청구하고자 하는 경우에는 노동부장관이 정하여 고시하는 서식에 의하여야 한다.

제89조【노동위원회의 심사와 중재】 ①제88조 제2항의 기간내에 심사 또는 중재를 하지 아니하거나 심사와 중재의 결과에 불복이 있는 자는 노동위원회의 심사 또는 중재를 청구할 수 있다.

②제1항의 청구가 있는 경우에는 노동위원회는

1월 이내에 심사 또는 중재를 하여야 한다.

제91조[도급사업에 대한 예외] ①사업이 수차의 도급에 의하여 행하여지는 경우에는 재해보상에 대하여는 그 원수급인을 사용자로 본다.

②제1항의 경우에 원수급인이 서면상 계약으로써 하수급인에게 보상을 담당하게 하는 경우에는 그 수급인도 또한 사용자로 한다. 다만, 2인 이상의 하수급인에게 동일한 사업에 대하여 중복하여 보상을 담당하게 하지 못한다.

③제2항의 경우에 원수급인이 보상의 청구를 받은 경우에 있어서는 보상을 담당한 하수급인에 대하여 우선 최고할 것을 청구할 수 있다. 다만, 그 하수급인이 파산의 선고를 받거나 또는 행방이 알려지지 아니하는 경우에는 그러하지 아니하다.

제92조[서류보전] 사용자는 재해보상에 관한 중요한 서류를 2년간 보존하여야 한다.

제93조[시 효] 이 법 규정에 의한 재해보상청구권을 3년간 행사하지 아니하는 경우에는 시효로 인하여 소멸한다.

영제68조[기록보존기간의 기산일] 법 제92조에 규정된 기록을 보존할 기간의 계산은 재해보상이 끝난 날로부터 기산한다.

Ⅱ. 산업재해보상보험법 연혁

公布番號	1438	公布日字	1963·11·5	題名	産業災害補償保險法

〔新規制定〕

社會保障에관한法律에 의하여 産業災害補償保險事業을 행함으로써 勤勞者가 業務上의 災害를 신속하고 公正하게 補償할 수 있도록 하려는 것임.

①保健社會部에 勤勞者, 使用者 및 公益을 代表하는 者 각 3人으로 構成되는 産業災害補償保險審議委員會를 설치하여 保險事業에 관한 重要事項을 審議하도록 함.

②事業主는 産業災害補償保險의 保險加入者가 되도록 함.

③保險關係의 成立·消滅要件을 정함.

④保險給與를 療養給與, 休業給與, 障害給與, 遺族給與, 葬祭給與 및 一般給與로 區分하고 각 給與別로 保險金을 정함.

⑤保險加入者등이 虛僞事項을 申告하거나 保險料의 納付를 태만히 할 때, 故意 또는 重大한 過失로 保險給與의 事由인 災害를 發生하게 한 때에는 保險金을 支給하지 아니할 수 있도록 하고 또한 第3者의 行爲로 인한 災害로 給與를 한 경우 第3者에 대한 求償權을 規定함.

⑥保險金의 受給權者를 明白히 하고, 受給權의 讓渡나 押留를 禁하며 保險金에 대한 租稅 기타 公課金을 免除함.

⑦기타 保險料의 徵收·算定·料率의 決定등에 관한 事項을 정함.

公布番號	2271	公布日字	1970·12·31	題名	産業災害補償保險法中改正法律

〔一部改正〕

業務上 災害를 입은 勤勞者에 대한 災害補償의 신속·公正을 保障하는 동시에 事業主의 危險負擔을 輕減시키려는 産業災害補償保險의 根本理念에 따라 保險給與事由를 擴大하고, 障害給與와 遺族給與에 대하여는 一時補償이 아닌

年金制度로 할 수 있게 하고 障害等級을 細分化하여 勤勞者保護政策의 長期的인 發展基礎를 마련하려는 것임.

①地方事務所와 출장소에 관한 규정을 명시함.

②金融業, 證券業, 保險業등에 관한 적용배제규정을 明文化함.

③死亡의 추정규정을 新設함.

④療養給與, 休業給與 不支給의 한계일수를 단축함.

⑤遺族特別給與制를 신설함.

⑥부정이득의 徵收規定을 신설함.

⑦受領委任制度를 신설함.

⑧保險施設設置根據規定을 신설함.

⑨보험료의 委託徵收規定을 신설함.

⑩加算金制를 신설함.

⑪徵收金의 缺損處分規定을 신설함.

公布番號	2437	公布日字	1973·1·15	題名	政府組織法中改正法律

〔一部改正〕

政府組織法의 改正으로 國家의 地方行政機關은 原則的으로 大統領令으로 設置할 수 있게 됨에 따라 地方事務所의 設置根據에 관한 規定을 削除하려는 것임.

公布番號	2607	公布日字	1973·3·13	題名	産業災害補償保險法中改正法律

〔一部改正〕

企業의 負擔을 輕減시키고 便宜를 提供하며, 勤勞者의 療養管理와 保險給與의 適正을 기하려는 것임.

①延滯金의 比率을 1일 7전으로 인하함.

②요양중 정당한 指示違反으로 傷病을 악화시킬 때에는 保險給與를 제한할 수 있도록 함.

③報告등의 義務不履行에 대하여는 保險給與의 지급을 일시 중지할 수 있도록 함.

④金融業·保險業·證券業에 대하여는 다른 사업과 같이 大統領令으로 정하는 바에 의하여 이 法을 適用하도록 함.

⑤保險給與受領前에 수급권자가 死亡한 경우에는 그 遺族이 請求受領할 수 있도록 함.

公布番號	2912	公布日字	1976·12·22	題名	産業災害補償保險法中改正法律

〔一部改正〕

産業災害補償保險의 業務處理基準을 明白히 하여 事業主와 勤勞者의 便宜를 圖謀하는 한편, 保險事業의 效率的인 運營을 기하려는 것임.

①保險金의 一時給與에 있어서 災害 當時의 賃金을 算定基礎로 하여 支給하던 것을 賃金變動順應率制를 適用하여 保險金支給 當時의 同種勤勞者의 賃金을 그 算定基礎로 하여 支給할 수 있도로 함.

②勤勞者 또는 保險加入者의 重大한 過失로 인하여 災害가 발생한 경우에 있어서 保險金의 支給制限 基準을 大統領令으로 정하도록 함.

③勞動廳長이 設置한 保險施設을 指定하는 法人으로 하여금 運營하게 할 경우에는 그 施設을 無償으로 貸與할 수 있도록 함.

④勞動廳長은 障害給與를 받은 身體障害者의 雇傭을 위하여 努力하도록 함.

⑤分割納付할 수 없는 性質의 保險料는 그 全額을 法定納付期限內에 納付하더라도 控除惠澤을 주지 아니하도록 함.

⑥保險給與請求 및 保險料의 徵收에 관한 消滅時效期間을 勤勞基準法과 같이 2年에서 3年으로 延長함.

公布番號	3026	公布日字	1977·12·19	題名	産業災害補償保險法中改正法律

〔一部改正〕

保險給與水準을 向上시켜 勤勞者 및 그 家族의 生計를 보호하고 保險金支給

事務를 金融機關에 委託하여 受給權者의 便宜를 圖謀하여 保險料率算定期間을 短縮함으로써 事業主의 災害豫防努力을 強化하려는 것임.

①모든 保險給與에 賃金變動順應率制를 適用함.

②低賃金勤勞者의 平均賃金을 勞動廳長이 정하도록 하여 低賃金勤勞者의 保險給與水準을 向上함.

③保險金의 支給에 관한 事務를 金融機關에 委託할 수 있도록 함.

④勤勞者의 重大過失規定을 削除함.

⑤保險料의 보고와 納付期限을 60日로 延長하여 一致시키고 그 期限내에는 保險料를 自進納付할 수 있도록 함.

⑥保險料의 超過額을 滯納保險料 기타 徵收金에 職權充當할 수 있도록 함.

⑦保險料의 超過額에 所定의 利子를 加算하도록 함.

⑧障害補償年金의 給與水準을 引上함.

公布番號	3422	公布日字	1981·4·8	題名	政府組織法中改正法律

〔一部改正〕

勞動廳이 勞動部로 改編됨에 따라 關聯條項을 整備하려는 것임.

公布番號	3467	公布日字	1981·12·17	題名	産業災害補償保險法中改正法律

〔一部改正〕

療養 및 休業給與와 障害補償年金 給與의 범위를 擴大하고 障害者가 一時金보다는 年金을 選擇하도록 誘導하기 위하여 年金의 先給 및 差額一時金의 支給制度를 新設하며, 障害年金水準을 引上함.

①療養給與 및 休業給與를 支給하지 아니하는 療養 또는 休業期間을 7日이내에서 3日이내로 短縮함.

②障害等級 第4級 내지 第7級 해당자에 대하여도 年金을 支給할 수 있도록 하고 年金給與額水準을 12% 引上함.

③障害年金 支給者에게 年金을 先給할 수 있게 하고 年金受領者가 死亡한

경우 이미 받은 年金額이 障害補償一時金에 未達하는 때에는 그 差額을 支給할 수 있도록 함.
④60日이내에 終了되는 建設工事등 期間의 정함이 있는 사업에 있어서는 概算保險料를 事業終了日 前日까지 報告·納付하도록 함.

公布番號	3631	公布日字	1982·12·31	題名	產業災害補償保險法中改正法律

〔一部改正〕

療養勤勞者를 특별히 보호하기 위하여 長期療養을 요하는 廢疾勤勞者에 대한 傷病補償年金制度를 新設하는 한편 塵肺勤勞者의 補償水準을 높이고 產業災害에 대한 民事上의 損害賠償을 신속히 해결하기 위하여 障害特別給與制度를 新設하며, 建設工事의 保險事務節次를 簡素化하려는 것임.
①建設工事의 產業災害保險 適用에 있어서 同一事業主가 施工하는 2이상의 建設工事를 하나의 事業으로 一括適用할 수 있도록 함.
②塵肺勤勞者를 특별히 보호하기 위하여 保險給與를 支給함에 있어서 平均賃金算定의 特例를 인정함.
③產業災害로 인하여 2年이상 長期療養을 필요로 하는 廢疾勤勞者에게 그 狀態가 계속되는 동안 傷病補償年金을 支給함.
④障害特別給與制度를 新設하여 事業主의 故意 또는 過失로 災害가 발생하여 勤勞者가 障害를 입은 경우에 勤勞者의 請求에 의하여 障害特別給與를 支給한 때에는 事業主는 民法에 의한 損害賠償責任을 免할 수 있도록 함.
⑤事業主의 故意 도는 過失로 災害가 발생하여 勤勞者가 死亡한 경우에 支給하는 遺族特別給與의 支給要件을 완화하고 支給額의 計算方法을 개선함.
⑥產業災害로 인하여 療養을 開始한 후 3年이 경과되고 傷病補償年金을 받고 있을 때에는 勤勞基準法上 一時補償을 支給한 것으로 보도록 함.

公布番號	3713	公布日字	1983·12·31	題名	產業災害補償保險法中改正法律

〔一部改正〕

產業安全保健法의 制定(1981·12·31, 法律 第3532號)으로 產業災害와 보건장해를 예방하기 위하여 事業主에 대한 각종 規制措置가 과하여짐에 따라서 산업재해의 발생원인이 사업주의 故意 또는 重大한 過失로 인한 경우에는 노동부장관이 勤勞者에게 지급한 保險金의 일부를 당해 사업주로부터 徵收하던 制度를 폐지하여 사업주에 대한 負擔을 완화하는 한편, 보험가입대상사업체의 증가에 따른 징수업무 간소화등 產業災害補償保險制度의 內實化를 기하려는 것임.

①保險料등 징수금의 위탁징수제도를 개선하여 이를 간소화함으로써 人力과 豫算을 절감하고 아울러 기업의 편의를 도모함.

②보험료의 초과납부액을 반환하거나 충당하는 경우 利子相當額을 가산하여 지급하도록 한 바, 이 利子支給의 기산일을 합리적으로 조정함으로써 사업주에게 적당한 이자가 지급되도록 함.

公布番號	3818	公布日字	1986·5·9	題名	產業災害補償保險法中改正法律

〔一部改正〕

產業災害補償保險料率의 결정방식을 개선하여 保險財政의 安定을 기하는 한편, 災害發生의 頻度에 따른 事業場別 保險料 調整率의 幅을 확대하여 事業主의 災害豫防 意慾을 높이고, 災害勤勞者와 그 遺族의 福祉增進을 위한 事業範圍를 확대하려는 것임.

①事業主로부터 產業災害補償保險業務를 委託받아 행할 수 있는 保險事業組合으로 許可받을 수 있는 대상이 현재는 特別法에 의하여 設置된 保險加入者를 構成員으로 하는 事業主團體에 한정되어 있는 것을 保險加入者를 構成員으로하여 勞動部長官의 許可를 받아 設立된 非營利法人을 추가하여 保險事務組合에 의한 保險事務運營의 活性化를 기하도록 함.

②保險料率을 결정함에 있어서 현재는 과거 3年간의 災害率만을 基礎로 하고 있는 것을 年金등 保險給與에 필요한 금액도 감안하도록 함.

③事業場별로 災害發生이 많고 적음에 따라 保險料率을 增加 혹은 輕減시켜 적용한 增減幅을 현재의 30퍼센트에서 40퍼센트로 확대함.

④概算保險料를 分割納付할 수 있는 者가 최초의 納期內에 全額을 납부할 경우에는 一定額을 공제하여 주는 控除率을 현재의 10퍼센트에서 5퍼센트로 下向調整함.
⑤保險料의 滯納에 대한 延滯金負擔率을 100원에 대하여 1日 7錢의 한도안에서 大統領令으로 정하도록 함.
⑥保險料등의 滯納者에 대한 滯納處分에 있어서 押留財產중 公賣에 전문성이 요구되는 등의 것은 成業公社에 委託할 수 있도록 함.
⑦勞動部長官 또는 勤勞福祉公社가 행하는 災害豫防 기타 勤勞者의 福祉增進을 위한 事業의 범위에 災害勤勞者의 子女에 대한 奬學事業을 추가함.
⑧가벼운 義務違反行爲에 대한 罰則을 過怠料로 전환하도록 함.

公布番號	4111	公布日字	1989·4·1	題名	產業災害補償保險法中改正法律

〔一部改正〕

產業災害補償保險事業의 事務執行費를 一般會計에서 負擔하도록 하고, 保險給與를 現實에 맞게 上向調整하여 產災勤勞者 및 遺族에 對한 保護를 強化하려는 것임.
①保險事業의 事務執行에 所要되는 費用을 앞으로는 전부 一般會計에서 負擔하도록 함.
②產業災害補償保險의 適用範圍를 勤勞基準法의 適用을 받는 事業만으로 하던 것을 앞으로는 모든 事業으로 擴大하여 零細事業主도 保險에 加入할 수 있도록 함.

公布番號	4641	公布日字	1993·12·27	題名	產業災害補償保險法中改正法律

〔一部改正〕

建設災害를 효율적으로 豫防하기 위하여 建設工事의 災害發生程度에 따라 保險料를 차등하여 賦課하고, 法人稅法上의 決算確定日을 고려하여 保險料納付期限을 연장함으로써 事業主의 負擔을 완화하는 등 現行制度의 운영상 나타난 일부 未備點을 개선·補完하려는 것임.

①동일한 事業主가 같은 종류의 사업을 2이상 동시에 행하고 있을 경우에는 이를 하나의 사업으로 보아 法을 一括適用함.

②保險에 임의로 加入하는 사업의 保險關係成立日을 勞動部長官의 保險加入承認을 얻은 날에서 保險加入承認을 얻은 날의 다음 날로 변경함.

③特定 勤勞者에게 平均賃金이 낮아 그 勤勞者의 적절한 보호가 어려울 때에 勞動部長官이 정하게 되어 있는 금액을 그 勤勞者의 平均賃金으로 보는 대상에서 療養期間이 2年이상 지났으나 負傷 또는 疾病이 치유되지 아니한 勤勞者에게 休業給與에 갈음하여 지급하는 傷病補償年金을 제외함으로써 休業給與受領者와 傷病補償年金受領者 사이의 형평을 도모함.

④療養給與의 범위 및 금액등 療養給與의 算定基準을 勞動部長官이 정하도록 하고, 醫療機關의 所在地·人力 또는 施設이 勤勞者의 療養을 담당하기에 부적당하다고 인정되는 경우에는 勞動部長官이 勤勞者에 대하여 다른 醫療機關에게 療養을 받게 措置할 수 있도록 함.

⑤障害補償年金 또는 遺族補償年金을 지급받고 있던 者가 受領權을 상실한 경우에 이미 지급한 年金額이 一時金보다 적을 때에 지급하는 금액을 補償日分을 기준으로 하여 算定하도록 함.

⑥障害等級 3級이상에 해당되어 障害補償年金을 지급받고 있던 者가 再療養을 하고 있는 기간중에는 休業給與에 갈음하여 障害補償年金의 수준과 같은 傷病補償年金을 지급할 수 있도록 함.

⑦保險給與에 소요되는 비용뿐만 아니라 災害의 豫防 및 災害勤勞者의 福祉增進에 소요되는 비용등도 고려하여 保險料率을 결정하도록 함.

⑧概算保險料 및 確定保險料의 보고·納付期限을 年度初日 또는 保險關係成立日부터 60日이내에서 70日이내로 연장함.

⑨증가하고 있는 建設災害를 보다 효율적으로 豫防하기 위하여 建設工事의 災害發生程度에 따라 保險料를 差等賦課할 수 있도록 함.

⑩保險給與受給權者가 保險給與를 請求하기 곤란한 경우등에는 事業主가 이에 협조하도록 함.

公布番號	4826	公布日字	1994·12·22	題名	產業災害補償保險法中改正法律

〔全文改正〕

政府에서 직접 관리·운영하던 產業災害補償保險에 관한 일선업무를 勞動部 산하 勤勞福祉公社에 委託하게 됨에 따라 同 公社의 운영체제를 비수익적 성격을 가진 勤勞福祉公團으로 개편하여 產業災害報償保險業務의 전문성과 효율성를 확보하고, 產業災害補償保險特別會計法 및 產業災害補償保險業務및審査에관한法律을 이 法으로 統合·整備함으로써 產業災害補償保險業務의 효율화를 촉진하려는 것임.

①勤勞者의 業務上 災害에 대한 補償保險業務와 그에 필요한 保險施設의 設置·운영 및 勤勞者福祉增進事業을 전문적·효율적으로 추진하기 위하여 종전의 勤勞福祉公社를 勤勞福祉公團으로 개편하여 同 公團으로 하여금 이들 業務를 수행하게 함.

②勤勞福祉公團은 大統領이 任命하는 理事長 1人을 포함하는 15人이내의 理事와 監事 1人으로 구성되며, 그 주요업무로 保險料의 徵收, 保險給與의 결정·지급, 產業災害補償保險施設의 設置·운영, 勤勞者의 福祉增進을 위한 사업 기타 政府로부터 委託받은 사업등을 수행하도록 함.

③產業災害補償保險業務를 勤勞福祉公團에 委託함에 따라 產業災害補償保險特別會計를 廢止하고, 產業災害補償保險基金을 설치하며, 同 基金은 保險料·基金運用收益金·積立金·基金의 決算상 剩餘金·다른 基金으로부터의 出捐金·借入金 및 기타 收入金등으로 조성하도록 함.

④勤勞福祉公團이 행한 保險給與에 관하여 불복이 있는 者는 同 公團에 審査請求를 할 수 있고, 同 公團의 審査請求에 대한 결정에 관하여 불복이 있는 경우에는 勞動部에 설치된 產業災害補償保險審査委員會에 再審査請求를 할 수 있으며, 同 審査請求 또는 再審査請求에 대한 결정 또는 裁決은 각각 提起된 날부터 50日이내에 하도록 함으로써 勤勞者의 權益을 보호하고 保險給與業務의 공정성과 책임성을 확보하도록 함.

⑤勤勞福祉公社는 勤勞福祉公社法이 廢止됨과 동시에 解散되며, 同 公社의 財產·權利·義務 및 고용관계에 대하여는 勤勞福祉公團이 이를 포괄승계하도록 함.

● 産業災害補償保險法〔1963 · 11 · 5 法律第1438號〕

第1章 總 則

第1條(目的) 이 法은 社會保障에관한法律에 의하여 產業災害補償保險事業(이하 "保險事業"이라 한다)을 행함으로써 勤勞者의 業務上의 災害를 신속하고 公正하게 補償함을 目的으로 한다.

第2條(保險의 管掌과 保險年度) ①이 法에 의한 保險事業은 保健社會部長官이 이를 管掌한다.

②이 法에 의한 保險事業의 保險年度는 每年 1月 1日부터 12月 31日까지로 한다.

第3條(用語의 定義) ①이 法에서 "業務上의 災害"라 함은 業務遂行중 그 業務에 기인하여 발생한 災害를 말한다.

②이 法에서 "勤勞者"·"賃金" 또는 "平均賃金"이라 함은 勤勞基準法에 規定된 "勤勞者"·"賃金" 또는 "平均賃金"을 말한다.

第4條(適用範圍) 이 法은 勤勞基準法의 適用을 받는 事業 및 事業場(이하 "事業"이라 한다)에 대하여 이를 적용한다. 그러나, 危險率·事業의 規模등을 參酌하여 閣令으로 정하는 事業은 예외로 한다.

第5條(產業災害補償保險審議委員會) ①保健社會部長官의 諮問에 응하여 保險事業에 관한 重要事項을 審議하게 하기 위하여 保健社會部에 產業災害補償保險審議委員會(이하 "委員會"라 한다)를 둔다.

②委員會는 勤勞者를 代表하는 者, 使用者를 代表하는 者 및 公益을 代表하는 者 각 3人으로 構成한다.

③委員會의 運營에 관하여 필요한 事項은 閣令으로 정한다.

第2章 保險加入者

第6條(保險加入者) ①事業의 事業主는 당연히 產業災害補償保險(이하 "保險"이라 한다)의 保險加入者가 된다. 다만, 閣令으로 정하는 事業의 事業主는 예외로 한다.

②第4條의 但書의 規定에 의한 事業의 事業主는 保健社會部長官의 承認을 얻어 保險에 加入할 수 있다.

③事業이 數次의 都給에 의하여 행하여지는 경우에는 그 元受給人을 이 法의 適用을 받는 事業의 事業主로 본다. 다만, 元受給人이 書面契約으로 下受給人에게 保險料의 納付를 引受하게 하는 경우에 元受給人의 申請에 의하여 保健社會部長官이 이를 承認한 때에는 그 下受給人을 이 法의 適用을 받는 事業의 事業主로 본다.

第7條(保險關係의 成立) 保險關係는 다음 各號의 1에 해당하는 날에 成立한다.

1. 前條第1項의 規定에 의하여 당연히 保險에 加入하게 되는 事業에 있어서는 그 事業이 前條第1項의 規定에 해당하게 된 날
2. 前條第2項의 規定에 의하여 保險에 加入하는 事業에 있어서는 그 事業의 事業主가 保健社會部長官의 保險加入承認을 얻은 날

第8條(保險關係의 消滅) ①保險關係는 다음 各號의 1에 해당하는 날에 消滅한다.

1. 事業이 폐지된 날의 翌日
2. 第6條第2項의 規定에 의하여 保險에 加入한 경우에는 保健社會部長官의 承認을 얻어 保險契約을 解約한 날의 翌日

②前項第2虎의 解約은 保險關係가 成立한 날로부터 1년이 경과된 후라야 한다.

第3章 保 險 給 與

第9條(保險給與의 種類와 保險金) ①保險給與의 種類와 保險金은 다음 各號와 같다.

1. 療養給與

   保險金은 療養費의 全額으로 한다. 다만, 10日 이내의 療養으로 治癒될 수 있다고 醫師(齒科醫師를 포함한다. 이하 같다)가 診斷하는 負傷 또는 疾病에 대하여는 이를 지급하지 아니한다.

2. 休業給與

   保險金은 療養으로 인한 休業期間중 1日에 대하여 平均賃金의 100分의 60에 상당하는 金額으로 한다. 다만, 休業期間인 10日이내인 때에는 이를 支給하지 아니한다.

3. 障害給與

保險金은 別表에 의하되 그 等級基準은 閣令으로 정한다.

4. 遺族給與

保險金은 平均賃金의 千日分에 상당하는 金額으로 한다.

5. 葬祭給與

保險金은 平均賃金의 90日分에 상당하는 金額으로 한다.

6. 一時給與

保險金은 平均賃金의 千日分에 상당하는 金額으로 한다.

②前項第1號의 療養給與에 있어서는 保健社會部長官은 閣令이 정하는 바에 의하여 保險金의 支給에 갈음하여 당해 勤勞者를 直接 療養시킬 수 있다.

③保險給與를 받고자 하는 者는 閣令이 정하는 바에 의하여 保健社會部長官에게 이를 請求하여야 한다.

第10條(療養의 內容) 前條第2項의 療養은 保健社會部令의 정하는 바에 의하여 다음 各號의 全部 또는 一部로 한다.

1. 診　察
2. 藥劑 또는 治療材料의 支給
3. 處置·手術 기타의 治療
4. 醫療施設에의 收容
5. 看　護
6. 移　送

第11條(保險給與의 事由와 負責) ①第9條第1項의 規定에 의한 保險給與는 勤勞基準法 第78條 내지 第80條와 第82條에 規定된 災害補償의 事由가 발생한 때에 支給한다.

②保險加入者는 이 法에 의한 保險給與의 限度안에서 勤勞基準法에 의한 災害補償의 責任이 免除된다.

第12條(受給權者) ①第9條第1項第1號 내지 第4號 및 第6號의 保險金은 당해 勤勞者, 그 遺族이나 그 勤勞者의 死亡당시 그의 賃金에 의하여 生計를 維持하던 事實上 婚姻關係에 있던 者에게 支給한다. 事實上 婚姻關係에 있던 者가 支給받을 順位와 支給額은 配偶者와 같다.

②第9條第1項第5號의 葬祭給與를 행하는 葬祭를 행하는 者에게 支給한다.

第13條(保險金의 分割支給) 障害給與·遺族給與 및 一時給與의 保險金은 期間을 정하여 閣令이 정하는 바에 의하여 分割하여 支給할 수 있다.

第14條(保險給與의 制限) ①保健社會部長官은 保險加入者 또는 勤勞者가 다음 各號의 1에 해당하는 경우에는 保險金의 全部 또는 一部를 支給하지 아니할 수 있다. 다만, 第2號의 경우에는 保險料의 納付를 태만히 한 期間중에 발생한 災害에 대한 保險給與의 保險金의 全部 또는 一部를 支給하지 아니할 수 있는 一部를 支給하지 아니할 수 있다.

1. 保險加入者가 保險料의 算出 또는 保險給與의 基礎가 되는 중요한 事項에 관하여 虛僞事實을 申告한 때
2. 保險加入者가 故意 또는 중대한 過失로 인하여 保險料의 納付를 태만히 한 때
3. 保險加入者 또는 勤勞者가 故意 또는 중대한 過失로 인하여 保險給與의 事由가 되는 災害를 발생하게 한 때

②保健社會部長官이 前項의 規定에 의하여 保險給與의 全部 또는 一部를 支給하지 아니하기로 한 때에는 지체없이 이를 관계保險加入者와 勤勞者에게 통지하여야 한다.

第15條(第三者에 대한 求償權) ①保健社會部長官은 第三者의 行爲로 인한 災害로 保險給與를 한 때에는 그 給與를 받은 者가 그 第三者에게 대하여 가지는 損害賠償의 請求權을 取得한다.

②前項의 경우에 保險給與을 받을 者가 그 第三者로부터 동일한 事由로 인하여 이미 損害賠償을 받은 때에는 保健社會部長官은 그 받은 賠償額의 限度안에서 保險給與를 하지 아니한다.

第16條(受給權의 보호) ①勤勞者의 保險給與를 받을 權利는 그 退職을 理由로 消滅되지 아니한다.

②保險給與를 받을 權利는 讓渡 또는 押留할 수 없다.

第17條(租稅 기타 公課金의 免除) 保險給與로서 支給된 金品에 대하여는 租稅 기타 國家 또는 地方自治團體의 公課金을 賦課하지 아니한다.

第18條(保險施設) 保健社會部長官은 保險事業에 필요한 醫療·休養·療養 또는 職業輔導등을 위한 施設을 設置할 수 있다.

第4章 保 險 料

第19條(保險料의 徵收) 保健社會部長官은 保險事業에 所要되는 費用에 충당하기 위하여 保險加入者로부터 保險料를 徵收한다.

第20條(保險料의 算定) 保險料는 保險加入者가 經營하는 事業의 賃金總額에 同種의 事業에 適用되는 保險料率을 乘한 金額으로 한다.

第21條(保險料率의 決定) 保險料率은 過去 5年間의 災害率을 基礎로 하여 保健社會部長官이 이를 數等級으로 區分하여 정한다. 이 경우에 賃金 1원을 保險料率의 算出單位로 한다.

第22條(保險料率決定의 特例) 閣令이 정하는 事業으로서 每年 9月 30日 現在로 保險關係가 成立한지 3年을 경과한 事業에 있어서는 그 保險料의 額에 대한 保險給與의 額의 比率 100分의 85를 넘거나 100分의 75이하인 때에는 保健社會部長官은 그 事業에 適用되는 保險料率을 100分의 30의 범위안에서 閣令이 정하는 바에 의하여 引上 또는 引下한 率을 당해 事業에 대한 다음 保險年度의 保險料率로 할 수 있다.

第23條(槪算保險料의 보고와 納付) ①保險加入者는 每保險年度마다 그 1年間에 사용할 모든 勤勞者(保險年度중에 保險關係가 成立한 事業에 있어서는 保險關係가 成立한 날로부터 그 保險年度의 末日까지 사용할 모든 勤勞者)에게 支給할 賃金總額의 推定額에 保險料率을 乘하여 算定한 額(이하 "槪算保險料"라 한다)을 閣令이 정하는 바에 의하여 保險年度의 初日로부터 15日이내(保險年度중에 保險關係가 成立한 事業에 있어서는 保險關係가 成立한 날로부터 5日이내)에 保健社會部長官에게 보고하고 그 槪算保險料를 保險年度의 初日(保險年度중에 保險關係가 成立한 事業에 있어서는 保險關係가 成立한 날)로부터 30日이내에 保健社會部長官에게 納付하여야 한다.

②保險加入者는 前項의 規定에 의하여 槪算保險料를 納付한 후 賃金總額이 100分의 20이상 增加한 때에는 그 增加후의 賃金總額의 推定額에 대한 槪算保險料의 額을 그 增加한 날로부터 閣令이 정하는 바에 의하여 5日이내에 保健社會部長官에게 보고하고 그 額과 이미 納付한 槪算保險料의 額과의 差額을 그 增加된 날로부터 30日이내에 保健社會部長官에게 納付하여야 한다.

③保險加入者는 第1項의 槪算保險料를 閣令이 정하는 바에 의하여 分割納付할 수 있다.

④保健社會部長官은 保險加入者가 第1項 및 第2項의 規定에 의한 보고를 하지 아니하거나 또는 그 보고가 事實과 다른 때에는 그 事實을 調査하여 槪算保險料를 算定하여 徵收하되 이미 納付된 것이 있을 때에는 그 差額을 徵收한다.

第24條(保險料率의 引上에 따른 追加徵收) 保健社會部長官은 保險料率을 引上한 때에는 槪算保險料를 追加徵收한다.

第25條(確定保險料의 보고·納付와 精算) ①保險加入者는 每保險年度의 末日 또는 保險關係가 消滅한 날까지 사용한 모든 勤勞者에게 支給한 賃金總額에 保險料率을 乘하여 算定한 確定保險料의 額을 閣令이 정하는 바에 의하여 그 保險年度의 末日 또는 保險關係가 消滅한 날로부터 15日이내에 保健社會部長官에게 報告하여야 한다.

②第23條 또는 第24條의 規定에 의하여 納付 또는 追加徵收한 槪算保險料의 額이 前項의 確定保險料의 額을 초과하는 경우에는 保健社會部長官의 그 超過額을 保險加入者에게 返還하여야 하며 不足되는 경우에는 保險加入者는 그 不足額을 당해 保險年度의 末日 또는 保險關係가 消滅한 날로부터 30日이내에 納付하여야 한다.

③保健社會部長官은 保險加入者가 第1項의 規定에 의한 보고를 하지 아니하거나 또는 그 보고가 事實과 다른 때에는 그 事實을 調査하여 確定保險料의 額을 算定하고 保險加入者가 槪算保險料를 納付하지 아니한 경우에는 그 確定保險料의 全額을 徵收하고 이미 槪算保險料를 納付한 경우에는 그 額이 確定保險料의 額을 초과하는 때에는 그 超過額을 保險加入者에게 返還하여야 하며 不足되는 때에는 그 不足額을 徵收한다.

④保健社會部長官은 第2項 또는 第3項의 規定에 의하여 초과한 額을 返還할 때에는 保險加入者에게 미리 그 額을 통지하여야 하며 保險加入者는 閣令이 정하는 바에 의하여 이를 請求하여야 한다.

第26條(延滯金의 徵收) ①保健社會部長官은 保險加入者가 保險料의 納付를 태만히 한 때에는 閣令으로 정하는 경우를 제외하고 그 金額 100원에 대하여 1日 8전의 比率로 納付期間滿了日의 翌日로부터 保險料의 完納 또는 押留日의 前

日까지의 日數에 의하여 計算한 延滯金을 徵收한다.

②前項의 경우에 保險料의 一部를 納付한 때에는 그 納付日의 翌日로부터 그 納付한 保險料의 額을 控除한 殘額에 대하여 延滯金을 徵收한다.

第27條(徵收金의 督促) ①保健社會部長官은 保險加入者가 保險料 기타 이 法에 의한 徵收金을 納付하지 아니한 때에는 期限을 정하여 이를 督促하여야 한다.

②保健社會部長官은 前項의 規定에 의하여 督促을 할 경우에는 督促狀을 發付하여야 한다. 이 경우에 納付期限은 적어도 10日이상의 餘裕가 있도록 하여야 한다.

③第1項의 規定에 의하여 督促을 받은 者가 그 期限내에 保險料 기타 徵收金을 納付하지 아니한 때에는 保健社會部長官은 國稅滯納處分의 例에 의하여 이를 徵收할 수 있다.

第28條(書類의 送達) 保險料 기타 徵收金에 관한 書類의 送達에 관하여는 國稅徵收法 第24條·第24條의2 및 第25條의 規定을 準用한다.

第5章 補　　則

第29條(통지) 保健社會部長官은 保險料 기타 徵收金을 徵收하고자 할 때에는 保健社會部令이 정하는 바에 의하여 保險加入者에게 그 額과 納付期限을 書面으로 통지하여야 한다.

第30條(時效) ①保險料 기타 徵收金을 徵收하거나 그 返還을 받을 權利 및 保險給與를 받을 權利는 2年間 行使하지 아니하면 消滅時效가 完成된다.

②第9條第3項 또는 第25條第4項의 規定에 의한 請求, 第27條의 規定에 의한 督促 및 前條의 規定에 의한 통지는 民法 第147條의 規定에 불구하고 時效中斷의 效力을 가진다.

第31條(印紙稅의 免除) 이 法에 의한 保險에 관한 書類에는 印紙稅를 賦課하지 아니한다.

第32條(보고등) 保健社會部長官은 필요하다고 인정할 때에는 閣令이 정하는 바에 의하여 이 法의 適用을 받는 事業의 使用者 또는 당해 事業에 종사하는 勤勞者에게 保險事業에 관하여 필요한 보고 또는 關係書類의 제출을 命할 수 있다.

第33條(檢査) ①保健社會部長官은 필요하다고 인정할 때에는 關係公務員으로 하여금 이 法의 適用을 받는 事業의 事務所 또는 事業場에 출입하여 關係人에게 質問을 하게 하거나 關係書類를 檢査하게 할 수 있다.

②前項의 경우에 關係公務員은 그 權限을 표시하는 證票를 關係人에게 제시하여야 한다.

第34條(보고와 檢査) ①保健社會部長官은 保險給與를 위하여 필요하다고 인정할 때에는 閣令이 정하는 바에 의하여 保險給與를 받는 勤勞者의 診療를 담당한 醫師에게 당해 勤勞者의 診療에 관한 보고 또는 그 診療에 관한 書類나 物件의 제출을 命하거나 關係公務員으로 하여금 당해 醫師에게 質問을 하게 하거나 關係書類나 物件을 檢査하게 할 수 있다.

②前條第2項의 規定은 前項의 경우에 이를 準用한다.

第35條(施行令) 이 法 施行에 관하여 필요한 事項은 閣令으로 정한다.

第6章 罰 則

第36條(罰則) 다음 各號의 1에 해당하는 者는 3萬원이하의 罰金에 處한다.

1. 第23條·第25條·第32條 또는 第34條의 規定에 의한 보고를 하지 아니하거나 虛僞의 보고를 한 者
2. 第32條 또는 第34條의 規定에 의한 書類나 物件을 제출하지 아니한 者
3. 第33條 또는 第34條의 規定에 의한 關係公務員의 質問에 答辯을 拒否하거나 虛僞의 答辯을 하거나 또는 關係公務員의 檢査를 拒否·방해 또는 忌避한 者

第37條(兩罰規定) 法人의 代表者 또는 法人이나 個人의 代理人·使用人 기타 從業員이 그 法人 또는 個人의 業務에 관하여 前條의 違反行爲를 한 때에는 行爲者를 處罰하는 외에 그 法人 또는 個人에 대하여도 前條의 罰金에 處한다.

附 則

①(施行日) 이 法은 1964年 1月 1日부터 施行한다.

②(經過措置) 이 法 施行日로부터 5年間의 保險料率은 第21條 및 第22條의 規定에 불구하고 保健社會部長官이 委員會의 審議를 거쳐 數等級으로 區分하여 이를 정한다.

③(同前) 이 法 施行日로부터 1年間은 당해 保險年度末에 保險料의 額에 대한 保險給與의. 額의 比率이 100分의 85를 초과하거나 100分의 75이하인 때에는 保健社會部長官의 각 事業의 事業主에 대하여 第21條·第22條 및 第25條의 規定에 불구하고 前記比率이 100分의 85를 초과하는 경우에는 그 초과된 額을 徵收하고 100分의 75이하인 때에는 그 남은 額을 返還한다.

〔別 表〕

障 害 給 與 表

等 級	給 與
第1級	平均賃金의 千日分
第2級	平均賃金의 8百日分
第3級	平均賃金의 6百日分
第4級	平均賃金의 5百日分
第5級	平均賃金의 4百日分
第6級	平均賃金의 3百日分
第7級	平均賃金의 2百日分
第8級	平均賃金의 150日分
第9級	平均賃金의 百日分
第10級	平均賃金의 50日分

● 產業災害補償保險法中改正法律〔1970·12·31 法律第2271號〕

產業災害補償保險法中 다음과 같이 改正한다.

第1條를 다음과 같이 한다.

第1條(目的) 이 法은 社會保障에관한法律 및 勤勞基準法에 의하여 產業災害補償保險事業(이하 "保險事業"이라 한다)을 행함으로써 勤勞者의 業務上 災害를 신속하고 公正하게 補償하고 이 事業에 필요한 施設을 設置하는 것을 目的으로 한다.

第2條第2項을 第5項으로 하고 "每年 1月 1日부터 12月 31日까지로 한다"를 "政

府會計年度에 따른다"로 한다.

第2條에 第2項 내지 第4項을 다음과 같이 新設한다.

②이 法에 의한 保險料의 徵收와 保險給與의 支給등에 관한 業務를 分掌하게 하기 위하여 勞動廳長所屬下에 地方事務所와 그 出張所를 둔다.

③前項의 地方事務所와 그 出張所의 名稱·位置·管轄區域·業務範圍와 職制 기타 運營에 관하여 필요한 事項은 大統領令으로 정한다.

④保險事業의 業務를 監察하게 하기 위하여 勞動廳에 產災監察官 2人이상을 둔다.

第2條의2를 다음과 같이 新設한다.

第2條의2(國庫의 負擔) 國家는 每年度 豫算의 範圍안에서 保險事業의 事務執行에 所要되는 費用의 全部 또는 一部를 一般會計에서 負擔할 수 있다.

第3條第3項을 다음과 같이 新設한다.

③이 法에서 遺族이라 함은 勤勞者의 配偶者(事實上 婚姻關係에 있는 者를 포함한다. 이하 같다)·子女·父母·孫·祖父母 또는 兄弟姉妹로서 第12條第2項의 規定에 의하여 遺族으로 決定된 者를 말한다.

第4條를 다음과 같이 한다.

第4條(適用範圍) 이 法은 勤勞基準法의 적용을 받는 事業 또는 事業場(이하 "事業"이라 한다)에 적용한다. 다만, 金融業·保險業·證券業과 事業의 危險率 規模 및 事業場所등을 參酌하여 大統領令으로 정하는 事業은 그러하지 아니하다.

第6條第1項의 但書를 다음과 같이 한다.

다만, 第4條 但書의 規定에 의한 事業의 事業主는 그러하지 아니하다.

第7條第2項을 다음과 같이 新設한다.

②前項第1號에 의하여 保險關係가 成立된 事業이 事業의 規模, 種類등의 變動으로 인하여 당연히 적용되는 事業에 해당되지 아니하게 된 때에는 그 다음 날로부터 前項第2號에 의하여 保險關係가 成立된 것으로 본다.

第8條第1項을 다음과 같이 한다.

①保險關係는 다음 各號의 1에 해당하는 날에 消滅한다.

1. 事業이 廢止된 날의 다음 날

2. 第6條第2項의 規定에 의하여 保險에 加入한 경우(前條第2項의 規定에 의하여 保險加入이 擬制된 경우를 포함한다)에는 勞動廳長의 承認을 얻어 保險契約을 解約한 날의 다음 날

3. 前2號 이외의 事由로 勞動廳長이 保險關係를 維持할 수 없다고 認定하여 保險關係의 消滅을 決定 통지한 경우에는 그 통지한 날의 다음 날

第9條를 다음과 같이 한다.

第 9 條(保險給與의 種類와 支給事由) ①保險給與의 種類는 다음과 같다.

1. 療養給與
2. 休業給與
3. 障害給與
4. 遺族給與
5. 遺族特別給與
6. 葬儀費
7. 一時給與

②前項의 規定에 의한 保險給與(一時給與를 除外한다)는 勤勞基準法 第78條 내지 第80條와 第82條 및 第83條에 規定된 災害補償의 事由가 발생한 때에 保險給與를 받을 者(이하 "受給權者"라 한다)의 請求에 의하여 이를 支給한다.

③一時給與는 療養給與를 받은 勤勞者가 療養開始후 2年을 經過하여도 負傷 또는 疾病이 完治되지 아니하는 경우에 勞動廳長이 필요하다고 인정하는 때에 이를 支給한다.

第9條의2 乃至 第9條의9를 다음과 같이 新設한다.

第 9 條의2(死亡의 推定) ①事故가 발생한 船舶 또는 航空機에 탔던 勤勞者의 生死가 不明하거나 航行중의 船舶 또는 航空機에 탔던 勤勞者의 行方不明 기타의 事由로 그 生死가 不明한 때에는 大統領令이 정하는 바에 의하여 死亡으로 推定하고 遺族給與 및 葬儀費에 관한 規定을 적용한다.

②前項의 規定에 의한 死亡의 推定으로 保險給與를 받은 후 그 勤勞者의 生存이 確認된 때에는 그 給與를 받은 者가 善意인 경우에는 받은 金額을 惡意인 경우에는 받은 金額의 倍額을 返還하여야 한다.

第 9 條의3(療養給與) ①療養給與는 療養費의 全額으로 하되, 勞動廳長이 設置한

保險施設 또는 推定한 醫療機關에서 療養을 하게 한다. 다만, 부득이한 경우에는 療養費를 支給할 수 있다.

②前項의 경우에 負傷 또는 疾病이 7日이내의 療養으로 治癒될 수 있는 때에는 療養給與를 支給하지 아니한다.

③第1項의 療養給與의 範圍는 다음과 같다.

1. 診　察
2. 藥劑 또는 診療材料의 義肢 기타 補綴具의 支給
3. 處置·手術 기타의 治療
4. 醫療施設에의 收容
5. 介　護
6. 移　送
7. 기타 勞動廳長이 정하는 事項

第9條의4(休業給與) 休業給與는 療養으로 인하여 就業하지 못한 期間중 1日에 대하여 平均賃金의 100分의 60에 상당하는 金額으로 한다. 다만, 就業하지 못한 期間이 7日이내인 때에는 이를 支給하지 아니한다.

第9條의5(障害給與) ①障害給與는 別表 1에 의한 障害補償年金 또는 別表 2에 의한 障害補償一時金으로 하되 그 等級基準은 大統領令으로 한다.

②前項의 規定에 의한 障害補償年金 또는 障害補償一時金은 受給權者의 選擇에 따라 이를 支給한다.

③第1項의 規定에 의한 障害補償年金算定에 있어서 그 勤勞者가 所屬한 事業의 同一한 職種의 勤勞者에게 支給되는 通常賃金이 顯著히 變動한 때에는 大統領令이 정하는 바에 따라 平均賃金을 增減할 수 있다.

第9條의6(遺族給與) ①遺族給與는 遺族補償年金 또는 遺族補償一時金으로 하되 遺族補償年金의 支給基準, 受給資格 및 失格과 支給停止등에 관한 事項은 大統領令으로 정한다.

②遺族補償一時金은 平均賃金의 1,000日分에 상당하는 金額으로 한다.

③第1項의 規定에 의한 遺族補償年金 또는 遺族補償一時金은 受給權者의 選擇애 따라 이를 支給한다.

第9條7(遺族特別給與) ①保險加入者의 故意 또는 重大한 過失로 災害가 발생하

여 勤勞者가 死亡하였을 경우에 受給權者가 民法에 의한 損害賠償請求에 갈음하여 遺族特別給與를 請求한 때에는 .前條의 遺族給與외에 平均賃金의 4日分에 상당하는 金額을 支給할 수 있다.

②受給權者가 前項의 規定에 의한 遺族特別給與를 받은 때에는 第11條第2項의 規定에 불구하고 그 保險加入者와 民事訴訟法의 規定에 의한 裁判上의 和解가 成立된 것으로 본다.

③前項의 和解는 文書로 하되 그 效力은 遺族全體에 미친다.

第9條의8(葬儀費) 葬儀費는 平均賃金의 90日分에 상당하는 金額으로 한다.

第9條의9(一時給與) 一時給與는 平均賃金의 1,340日分에 상당하는 金額으로 하되 一時給與를 행한 때에는 이 法에 의한 다른 保險給與를 行하지 아니한다.

第10條를 削除한다.

第11條를 다음과 같이 한다.

第11條(다른 補償 또는 賠償과의 關係) ①受給權者가 이 法에 의하여 保險給與를 받은 때에는 保險加入者는 同一한 事由에 대하여는 勤勞基準法에 의한 모든 災害補償責任이 免除된다.

②受給權者가 同一한 事由에 대하여 이 法에 의하여 保險給與를 받았을 때에는 保險加入者는 그 金額의 한도안에서 民法 기타 法令에 의한 損害賠償의 責任이 免除된다.

第12條를 다음과 같이 한다.

第12條(受給權者의 範圍) ①第9條의3내지 第9條의7과 第9條의9 規定에 의한 保險給與는 당해 勤勞者나 그 遺族에게 支給한다.

②前項의 規定에 의한 遺族의 決定은 大統領令이 정하는 바에 의한다.

③第9條의8의 規定에 의한 葬儀費는 그 葬祭를 행하는 者에게 支給한다.

第13條중 "障害給與, 遺族給與 및 一時給與"를 "障害補償一時金, 遺族補償一時金, 遺族特別給與金 및 一時給與"로 한다.

第14條를 다음과 같이 한다.

第14條(保險給與支給의 制限) ①勤勞者의 重大한 過失로 인하여 災害가 발생한 때에는 勤勞基準法 第81條의 規定에 불구하고 그 勤勞者에게 대하여는 休業給與 및 障害給與의 全部 또는 一部를 행하지 아니할 수 있다.

②勞動廳長은 前項의 規定에 의하여 保險給與를 행하지 아니하기로 한 때에는 遲滯없이 이를 關係保險加入者와 勤勞者에게 통지하여야 한다.

第14條의2를 다음과 같이 新設한다.

第14條의2(不正利得의 徵收) ①勞動廳長은 虛僞 기타 不正한 方法으로 保險給與를 받은 者에 대하여 그 給與額의 倍額을 徵收할 수 있다. 이 경우에 保險加入者가 虛僞의 보고 또는 證明을 함으로써 保險給與를 하게 한 때에는 그 保險加入者도 連帶하여 責任을 진다.

第15條를 다음과 같이 한다.

第15條(第3者에 대한 求償權) ①勞動廳長은 第3者의 행위에 의한 災害로 인하여 保險給與를 한 때에는 給與額의 한도안에서 給與를 받은 者의 그 第3者에 대한 損害賠償請求權을 代位한다.

②勞動廳長은 前項의 規定에 의한 第3者가 保險加入者로서 그 災害발생이 故意 또는 重大한 過失로 인한 때에는 지체없이 加害한 保險加入者로부터 保險給與相當額을 徵收하고, 기타의 경우에는 第22條의 규정에 의하 保險料率決定에 있어서 그 保險給與상당액을 加害한 保險加入者의 保險給與額에 加算하여 算定한다.

③前2項의 경우에 受給權者가 第3者로부터 同一한 事由로 인하여 損害賠償을 받은 때에는 勞動廳長은 그 받은 賠償額의 한도안에서 保險給與를 하지 아니한다.

④受給權者 및 保險加入者는 第3者의 행위로 인한 災害가 발생한 때에는 지체없이 勞動廳長에게 보고하여야 한다.

第16條第2項에 但書를 다음과 같이 新設한다.

다만, 大統領令이 정하는 바에 의하여 保險給與의 受領은 이를 委任할 수 있다.

第18條를 다음과 같이 한다.

第18條(保險施設) ①勞動廳長은 保險事業에 필요한 醫療·療養 및 職業再活등을 위한 施設과 災害豫防에 필요한 保險施設을 設置할 수 있다.

②勞動廳長은 前項의 保險施設을 法人으로 하여금 이를 행하게 할 수 있다.

第19條의2를 다음과 같이 新設한다.

第19條의2(保險料의 委託徵收) ①勞動廳長은 建設工事등 期間의 정함이 있는 事業에 대하여는 大統領令이 정하는 바에 의하여 保險料 기타 徵收金을 委託徵收할 수 있다.

②前項의 規定에 의하여 委託徵收를 하고자 할 때에는 大統領令이 정하는 바에 의하여 徵收費用을 交付할 수 있다.

③第1項의 規定에 의하여 委託徵收하는 保險料의 納期는 大統領令으로 정한다.

第21條第2項을 다음과 같이 新設한다.

②이 法의 적용을 받은 지 5年미만의 事業에 대한 保險料率은 前項의 規定에 불구하고 勞動廳長의 委員會의 審議를 거쳐 數等級으로 區分하여 이를 정한다.

第23條를 다음과 같이 한다.

第23條(槪算保險料의 보고와 納付) ①保險加入者는 每保險年度마다 그 1年間에 사용할 모든 勞動者(保險年度中에 保險關係가 成立한 事業에 있어서는 保險關係가 成立한 날로부터 그 保險年度의 末日까지 사용할 모든 勞動者)에게 支給할 賃金總額의 推定額에 保險料率을 곱하여 算定한 額(이하 "槪算保險料率"이라 한다)을 大統領令이 정하는 바에 의하여 保險年度의 初日(保險年度중에 保險關係가 成立된 사업에 있어서는 保險關係成立日)로부터 30日이내에 勞動廳長에게 보고하고 50日이내에 納付하여야 한다. 다만, 建設工事等 期間의 정함이 있는 事業에 있어서의 槪算保險料의 納付期限은 따로 大統領令으로 정한다.

②保險加入者는 前項의 規定에 의하여 槪算保險料를 納付한 후 賃金總額의 推定額이 大統領令이 정하는 範圍를 초과하여 增加한 때에는 다음 달 15日이내에 增加후의 賃金總額의 推定額에 의한 槪算保險料額과 이미 보고한 槪算保險料額과의 差額을 勞動廳長에게 보고하고 다음 달 末日까지 納付하여야 한다.

③勞動廳長은 保險加入者가 前 2項의 規定에 의한 보고를 하지 아니하거나 또는 그 보고가 事實과 다른 때에는 그 事實을 調査하여 槪算保險料를 算定하여 徵收하되 이미 納付된 것이 있을 때에는 그 差額을 徵收한다.

④保險加入者는 第1項의 槪算保險料를 大統領令이 정하는 바에 의하여 分割納付할 수 있다.

⑤保險加入者가 第1項 및 第2項의 規定에 의하여 槪算保險料를 法定納付期限內에 全額을 納付하는 경우에는 納付하여야 할 保險料의 額에서 100分의 10에 상당하는 金額을 控除하여 徵收한다.

第24條의2를 다음과 같이 新設한다.

第24條의2(槪算保險料의 減額調整) 勞動廳長은 保險關係가 消滅하거나 保險加入者가 年度중 事業規模를 縮小한 때 또는 保險料率의 引下등으로 인하여 이미 算定보고된 槪算保險料 總額이 實際의 槪算保險料의 總額보다 大統領令이 정하는 基準이상으로 된 때에는 保險加入者의 申請에 의하여 그 해당액을 減額할 수 있다.

第25條第1項과 第2項 및 第4項을 다음과 같이 한다.

①保險加入者는 每保險年度의 末日 또는 保險關係가 消滅한 날까지 사용한 모든 勤勞者에게 支給한(支給하기로 決定된 額도 포함한다) 賃金總額에 保險料率을 곱하여 算定한 額(이하 "確定保險料"라 한다)을 大統領令이 정하는 바에 의하여 다음 保險年度의 初日로부터 30日이내(保險年度중에 保險關係가 消滅한 事業에 있어서는 保險關係가 消滅한 다음 날로부터 15日이내)에 勞動廳長에게 보고하여야 한다.

②第23條 및 第24條의 規定에 의하여 納付 또는 追加徵收한 槪算保險料의 額이 前項의 確定保險料의 額을 초과하는 경우에는 勞動廳長은 그 초과액을 保險加入者에게 返還하여야 하며 不足되는 경우에는 保險加入者는 그 不足額을 다음 保險年度의 初日로부터 50日이내(保險年度중에 保險關係가 消滅한 事業에 있어서는 消滅한 날의 다음 날로부터 30日이내)에 納付하여야 한다.

④勞動廳長은 前 2 項의 規定에 의하여 초과한 額을 返還하고자 할 때에는 保險加入者에게 미리 그 額을 통지하여야 하며 保險加入者는 大統領令이 정하는 바에 의하여 이를 請求하여야 한다.

第25條의2를 다음과 같이 新設한다.

第25條의2(加算金의 徵收) 勞動廳長은 前條第3項의 規定에 의한 保險料를 徵收할 경우에는 그 保險料에 대하여 100分의 10에 상당하는 額을 加算金으로 徵收한다.

第26條를 다음과 같이 한다.

第26條(延滯金의 徵收) ①勞動廳長은 保險加入者가 保險料 기타 徵收金의 納付를 태만히 한 때에는 大統領令으로 정하는 경우를 제외하고 그 金額 100원에 대하여 1日 12錢의 比率로 納付期間 滿了日의 다음 날로부터 保險料 기타 徵收金의 完納 또는 精算日의 前日까지의 日數에 의하여 計算한 延滯金을 徵收한다.

②前項의 境遇에 保險料 기타 徵收金의 一部를 納付한 때에는 그 納付日의 다음날로부터 그 納付한 額을 控除한 殘額에 대하여 延滯金을 徵收한다.

第26條의2, 第27條의2 및 第27條의3을 다음과 같이 新設한다.

第26條의2(保險加入者로부터의 保險給與額의 徵收) ①勞動廳長은 다음 各號의 1에 해당하는 災害에 대하여 保險給與를 支給한 때에는 그 給與額의 全部 또는 一部를 따로 保險加入者로부터 徵收할 수 있다.

1. 第6條第1項의 規定에 의한 事業主가 保險關係成立申告를 태만히 한 期間중 발생한 災害
2. 保險加入者가 保險料의 納付를 태만히 한 期間중에 발생한 災害
3. 保險加入者의 故意 또는 重大한 過失로 인하여 발생한 災害

②勞動廳長은 前項의 規定에 의하여 支給한 保險給與의 全部 또는 一部를 徵收하기로 決定한 때에는 지체없이 이를 保險加入者에게 통지하여야 한다.

第27條의2(徵收金의 缺損處分) 勞動廳長은 다음 各號의 1에 해당하는 事由가 있을 때에는 保險料 기타 이 法에 의한 徵收金을 缺損處分할 수 있다.

1. 滯納處分이 終結되고 滯納額에 充當될 配分金額이 그 滯納額에 不足될 때
2. 第30條第1項의 規定에 해당하게 될 때
3. 大統領令이 정하는 바에 의하여 徵收할 可望이 없을 때

第27條의3(保險料徵收의 優先順位) 保險料 기타 이 法에 의한 徵收金의 徵收優先順位는 國稅 및 地方稅의 다음으로 한다.

第36條 本文중 "3萬원"을 "6月이하의 懲役 또는 10萬원"으로 한다.

이 法중 "閣令"을 "大統領令"으로, "保健社會部長官"을 "勞動廳長"으로, "保健社會部"를 "勞動廳"으로 한다.

附　　則

①(施行日) 이 法은 1971年 1月 1日부터 施行한다.

②(經過措置) 이 法 施行당시 産業災害補償保險業務및審査에關한法律에 의한 産業災害補償保險事務所 및 監察官은 이 法에 의한 地方事務所 및 産業監察官으로 본다.

③(適用例) 이 法 施行당시 다음 各號의 1에 해당하는 때에는 이 法에 의한다.

1. 第9條第3項의 規定의 對象者에 대하여 이 法 施行당시 一時給與를 하지 아니한 때

2. 第9條의2의 規定에 의한 死亡의 推定者의 遺族에 대하여 이 法 施行당시 保險給與를 하지 아니한 때
3. 第9條의5 내지 第9條의7의 規定에 의한 保險給與의 支給事由가 이 法 施行이후에 발생한 때

〔별표 1〕

障害補償年金給與表

等 級	給 與 額
제1급 장해등급 제1급에 해당하는 장해가 있는 자	평균임금의 240일분
제2급 장해등급 제2급에 해당하는 장해가 있는 자	평균임금의 213일분
제3급 장해등급 제3급에 해당하는 장해가 있는 자	평균임금의 188일분

〔별표 2〕

障害補償一時金給與表

等 級	給 與 額
제 1 급 장해등급 제 1 급에 해당하는 장해가 있는 자	평균임금의 1,340일분
제 2 급 장해등급 제 2 급에 해당하는 장해가 있는 자	평균임금의 1,190일분
제 3 급 장해등급 제 3 급에 해당하는 장해가 있는 자	평균임금의 1,050일분
제 4 급 장해등급 제 4 급에 해당하는 장해가 있는 자	평균임금의 920일분
제 5 급 장해등급 제 5 급에 해당하는 장해가 있는 자	평균임금의 790일분
제 6 급 장해등급 제 6 급에 해당하는 장해가 있는 자	평균임금의 670일분
제 7 급 장해등급 제 7 급에 해당하는 장해가 있는 자	평균임금의 560일분
제 8 급 장해등급 제 8 급에 해당하는 장해가 있는 자	평균임금의 450일분
제 9 급 장해등급 제 9 급에 해당하는 장해가 있는 자	평균임금의 350일분
제10급 장해등급 제10급에 해당하는 장해가 있는 자	평균임금의 270일분
제11급 장해등급 제11급에 해당하는 장해가 있는 자	평균임금의 200일분
제12급 장해등급 제12급에 해당하는 장해가 있는 자	평균임금의 140일분
제13급 장해등급 제13급에 해당하는 장해가 있는 자	평균임금의 90일분
제14급 장해등급 제14급에 해당하는 장해가 있는 자	평균임금의 50일분

● 政府組織法中改正法律〔1973·1·15 法律第2437號〕

〔本文 省略〕

附　　　則

①(施行日) 이 法은 公布한 날로부터 施行한다.

②내지 ⑤省略

⑥(特別地方行政機關에 관한 經過措置) 地方援護官署設置法·稅關官署設置法·地方稅務官署設置法·地方專賣官署設置法·地方調達事務所設置法·營林官署設置法·地方建設官署設置法·地方交通官署設置法·地方遞信官署設置法·公報館設置法·出入國管理法중 第76條, 行刑法中 第2條第1項, 少年院法중 第4條, 兵役法 第73條中 第2項, 農產物檢査法중 第4條, 水產物檢査法중 第5條 및 第6條, 產業災害補償保險法第2條중 第2項·第3項 및 第4項, 保健所法중 第2條, 職業安全法 第4條중 第1項 및 第4項, 檢疫法중 第3條, 農村振興法중 第3條 및 第4條, 地方自治法중 第150條·第151條 및 第152條의2, 海洋警察隊設置法, 水產振興法중 第4條 및 第5條第2項, 蠶業法 第23條중 第3項, 國立農業資材檢査所設置法중 第1條·第2條 및 第4條, 國立種畜場設置法中 第1條·第2條 및 第4條, 國立劇場設置法 및 國立映畵製作所設置法은 이를 廢止하되, 동 규정에 의하여 設置된 각 特別地方行政機關은 이 法 第3條第1項의 규정에 의하여 그에 代置될 特別地方行政機關의 設置를 위하여 大統領令이 施行될 때까지 存續한다.

⑦내지 ⑪省略

● 산업재해보상보험법중개정법률〔1973·3·13 法律第2607號〕

산업재해보상보험법중 다음과 같이 개정한다.

제3조제2항을 다음과 같이 한다.

②이 법에서 "근로자", "임금", "평균임금" 또는 "통상임금"이라 함은 근로기준법에 규정된 "근로자", "임금", "평균임금" 또는 "통상임금"을 말한다. 다만, 근로기준법의 규정에 의하여 "임금" 또는 "평균임금"을 결정하기 곤란하거나 이를 적용하는 것이 현저하게 부적당하다고 인정되는 경우에는 노동청장이 따

로 정하여 고시하는 금액을 당해 “임금” 또는 “평균임금”으로 한다.

제3조제3항중 “근로자”를 “사망한 자”로 한다.

제4조 단서중 “금융업·보험업·증권업과”를 삭제한다.

제5조제2항중 “대표하는 자 각 3인으로 구성한다”를 “대표하는 자로 구성하되, 그 수는 각각 동수로 한다.”로 하고, 동조제3항중 “위원회의 운영”을 “위원회의 조직과 운영”으로 한다.

제9조의4에 제2항을 다음과 같이 신설한다.

②전항의 규정에 의한 휴업급여를 산정함에 있어서 그 근로자의 요양기간이 부상 또는 질병이 발생한 날로부터 1년이상 경과되고 그 근로자가 소속한 사업의 동일하 직종의 근로자에게 지급되는 통상임금이 현저히 변동한 때에는 대통령령이 정하는 바에 따라 평균임금을 증감할 수 있다.

제12조의2를 다음과 같이 신설한다.

제12조의2(미지급의 보험급여) ①보험급여의 수급권자가 사망한 경우에 그 수급권자에게 지급하여야 할 보험급여로서 아직 지급되지 아니한 보험급여가 있는 때에는 당해 수급권자의 유족(유족급여의 경우에는 그 유족급여를 받을 수 있는 다른 유족)의 지급청구에 의하여 그 보험급여를 지급한다.

②전항의 경우에 그 수급권자가 사망전에 보험급여를 청구하지 아니한 때에는 동항의 규정에 의한 유족의 급여청구에 의하여 그 보험급여를 지급한다.

제14조를 다음과 같이 한다.

제14조(보험급여지급의 제한) ①노동청장은 근로자의 중대한 과실로 인하여 재해가 발생한 경우에는 근로기준법 제81조의 규정에 불구하고 그 근로자에 대하여는 휴업급여 및 장해급여의 전부 또는 일부를 하지 아니할 수 있다.

②노동청장은 근로자가 정당한 이유없이 요양에 관한 지시를 위배함으로써 부상·질병 또는 신체장해의 상태를 악화시키거나 그 치유를 방행한 것이 명백한 경우에는 보험급여의 전부 또는 일부를 하지 아니할 수 있다.

③노동청장은 전2항의 규정에 의하여 보험급여를 하지 아니하기로 한 때에는 지체없이 이를 관계보험가입자와 근로자에게 통지하여야 한다.

제15조중 제2항을 삭제한다.

제15조제3항중 “전2항”을 “전항”으로 하여 동항을 제2항으로 하고, 제4항을 제3

항으로 한다.

제19조의2제1항중 "건설공사등 기간의 정함이 있는 사업에 대하여는"을 삭제하고, 동조제3항을 삭제한다.

제23조제3항 및 제25조제3항에 후단을 각각 다음과 같이 신설한다.

이 경우에 노동청장은 적어도 20일간의 여유가 있는 납부기한을 정하여 그 보험가입자에게 통지하여야 한다.

제25조제4항에 단서를 다음과 같이 신설한다.

다만, 보험가입자의 신청이 있는 경우에는 전2항의 규정에 불구하고 그 초과액을 대통령령이 정하는 바에 의하여 다음 보험연도의 당해 보험가입자의 개산보험료에 충당할 수 있다.

제26조제1항중 "12전"을 "7전"으로 한다.

제27조제1항중 "보험가입자가"를 삭제한다.

제30조제2항중 "제9조제3항"을 "제9조제2항"으로 한다.

제34조의2 및 제34조의3을 각각 다음과 같이 신설한다.

제34조의2(진찰명령) 노동청장은 보험급여에 관하여 필요하다고 인정될 때에는 대통령령이 정하는 바에 의하여 보험급여를 받은 자 또는 이를 받고자 하는 자에 대하여 노동청장이 지정하는 의료기관에서 진철을 받을 것을 명할 수 있다.

제34조의3(보험급여의 일시중지) 노동청장은 보험급여를 받고자 하는 자가 정당한 이유없이 이 법에 의한 보고등의 의무 또는 노동청장이 명하는 사항을 이행하지 아니한 경우에는 보험급여의 지급을 일수 중지할 수 있다.

부　　칙

이 법은 공포한 날로부터 시행한다. 다만, 제4조 단서의 규정은 1973년 7월 1일부터 시행한다.

● 産業災害補償保險法中改正法律〔1976·12·22 法律第2912號〕

産業災害補償保險法중 다음과 같이 改正한다.

第1條를 다음과 같이 한다.

第1條(目的) 이 法은 産業災害補償保險事業(이하 "保險事業"이라 한다)을 행하여 勤勞者의 業務上의 災害를 신속하고 公正하게 補償하고 이에 필요한 保險施設을 設置·運營함으로써 勤勞者 보호에 寄與함을 目的으로 한다.

第7條第1項중 "前條第1項"을 "第6條第1項"으로, "前條第2項"을 "第6條第2項"으로 하고, 同條第2項중 "前項第1號"를 "第1項第1號"로 "前項第2號"를 "第1項第2號"로 한다.

第8條第1項第2號중 "前條第2項"을 "第7條第2項"으로 하고, 同項第3號중 "前2號"를 "第1號 및 第2號"로 하며, 同條第2項중 "前項第2號"를 "第1項第2號"로 한다.

第9條의7第1項중 "前條"를 "第9條의6"으로 하고, 同條第2項중 "前項"을 "第1項"으로 하며, 同條第3項중 "前項"을 "第2項"으로 한다.

第9條의9에 第2項을 다음과 같이 新設한다.

②第1項의 規定에 의한 一時給與를 算定함에 있어서 그 勤勞者가 소속한 事業의 同一한 職種의 勤勞者에게 支給는 通常賃金이 顯著히 變動한 때에는 大統領令이 정하는 바에 따라 平均賃金을 增減할 수 있다.

第14條第1項중 "勞動廳長은"을 "勞動廳長은 大統領令이 정하는 바에 의하여"로 하고, 同條第3項중 "前2項"을 "第1項 및 第2項"으로 한다.

第18條를 다음과 같이 한다.

第18條(保險施設) ①勞動廳長은 다음 各號의 保險施設을 設置·運營할 수 있다.

1. 療養 또는 外科후 處理에 관한 施設
2. 醫療再活 또는 職業再活에 관한 施設
3. 災害豫防에 관한 施設

②勞動廳長은 大統領令이 정하는 바에 의하여 第1項의 規定에 의한 保險施設을 그가 指定하는 法人으로 하여금 運營하게 할 수 있다. 이 경우 指定된 法人에게는 保險施設을 無償으로 貸與할 수 있다.

第18條의2를 다음과 같이 新設한다.

第18條의2(身體障害者 雇傭促進) 勞動廳長은 이 法에 의한 障害給與를 받은 者의 障害程度를 參酌하여 保險加入者가 當該者를 適性에 맞는 業務에 雇傭하도록 노력하여야 한다.

第19條의2第1項중 "保險料 기타 徵收金"을 "保險料 기타 이 法에 의한 徵收金"으로 하고, 同條第2項중 "前項"을 "第1項"으로 한다.

第23條第2項중 "前項"을 "第1項"으로 하고, 同條第3項중 "前2項"을 "第1項 및 第2項"으로 하며, 同條第4項중 "第1項"을 "第1項 및 第2項"으로 하고, 同條第5項을 다음과 같이 한다.

⑤保險加入者가 第1項 및 第2項의 規定에 의한 概算保險料중 第4項의 規定에 의하여 分割納付할 수 있는 概算保險料의 全額을 第1項 및 第2項의 法定納付期限내에 納付하는 경우에는 그 概算保險料의 額에서 100분의 10에 상당하는 金額을 控除하여 徵收한다.

第25條第2項중 "前項"을 "第1項"으로 하고, 同條第4項중 "前2項"을 "第2項 및 第3項"으로 한다.

第25條의2를 다음과 같이 한다.

第25條의2(加算金의 徵收) 勞動廳長은 第25條第3項의 規定에 의하여 保險料를 徵收할 때에는 大統領令이 정하는 경우를 제외하고 그 徵收하여야 할 保險料의 100분의 10에 상당하는 額을 加算金으로 徵收한다.

第26條第1項중 "保險料 기타 徵收金"을 "保險料 기타 이 法에 의한 徵收金"으로 하고, 同條第2項중 "前項"을 "第1項"으로 "保險料 기타 徵收金"을 "保險料 기타 이 法에 의한 徵收金"으로 한다.

第26條의2第1項중 "保險給與를 支給한 때에는" 다음에 "大統領令이 定하는 바에 의하여"를 삽입하고 同條第2項중 "前項"을 "第1項"으로 한다.

第28條를 다음과 같이 한다.

第28條(書類의 送達) 保險料 기타 이 法에 의하여 徵收金에 관한 書類의 送達에 관하여는 國稅基本法 第8條 내지 第12條의 規定을 準用한다.

第29條중 "保險料 기타 徵收金"을 "保險料 기타 이 法에 의한 徵收金"으로 한다.

第30條第1項중 "保險料 기타 徵收金"을 "保險料 기타 이 法에 의한 徵收金"으로 "2年間"을 "3年間"으로 하고, 同條第2項을 다음과 같이 한다.

②第1項의 消滅時效에 관하여는 이 法에 특별한 規定이 있는 경우를 제외하고는 民法에 의한다.

第30條의2를 다음과 같이 新設한다.

第30條의2(時效의 中斷) ①第30條의 規定에 의한 消滅時效는 다음 各號의 事由로 인하여 中斷한다.

1. 第9條第2項 또는 第25條第4項의 規定에 의한 請求
2. 第27條의 規定에 의한 督促 또는 第29條의 規定에 의한 통지
3. 第27條第3項의 規定에 의한 滯納處分節次에 따라 행하는 交付請求

②第1項의 規定에 의하여 中斷된 消滅時效는 다음 各號의 期間이 경과한 때로부터 새로이 進行한다.

1. 督促에 의한 納付期間
2. 第29條의 規定에 의하여 통지한 納付期間
3. 交付請求중의 期間

第34條第2項중 "前條第2項"을 "第33條第2項"으로, "前項"을 "第1項"으로 한다.

第37條중 "前條"를 "第36條"로 한다.

第9條第2項·第9條의2第2項·第9條의3第2項·第9條의4第2項·第9條의5第2項·第12條第2項·第12條의2第2項·第15條第2項·第21條第2項·第27條第2項 및 第33條第2項중 "前項"을 각각 "第1項"으로 한다.

附　　則

①(施行日) 이 法은 公布한 날로부터 施行한다.

②(經過措置) 이 法 施行당시 종전의 規定에 의한 消滅時效의 期間이 경과되지 아니한 權利에 대하여는 이 法의 時效에 관한 規定을 適用한다.

● 産業災害補償保險法中改正法律〔1977·12·19 法律第3026號〕

産業災害補償保險法중 다음과 같이 改正한다.

第3條第2項중 但書를 다음과 같이 한다.

다만, 근로기준법에 의하여 "임금" 또는 "평균임금"을 결정하기 곤란하다고 인정되는 경우에는 노동청장이 따로 정하여 고시하는 금액을 당해 "임금" 또는

"평균임금"으로 한다.

第9條의 題目 "保險給與의 種類와 支給事由"를 "保險給與의 種類와 支給事由등"으로 하고, 同條에 第4項 및 第5項을 다음과 같이 新設한다.

④保險給與의 算定에 있어서 그 勤勞者가 소속한 事業의 同一한 職種의 勤勞者에게 支給되는 通常賃金이 變動된 때에는 大統領令이 정하는 바에 따라 平均賃金을 增減할 수 있다.

⑤保險給與의 算定에 있어서 당해 勤勞者의 賃金이 낮아 그 平均賃金을 適用하는 것이 勤勞者의 보호에 부적당하다고 인정되는 경우에는 勞動廳長이 따로 정하는 金額을 당해 勤勞者의 平均賃金으로 한다. 다만, 休業給與에 대하여는 이를 適用하지 아니한다.

第9條의4第2項, 第9條의5第3項 및 第9條의9第2項을 각각 削除한다.

第13條의2를 다음과 같이 新設한다.

第13條의2(保險金支給事務의 委託) 勞動廳長은 保險金의 支給에 관한 事務를 大統領令이 정하는 바에 의하여 金融機關에 委託할 수 있다.

第14條第1項을 削除하고, 同條第3項중 "第1項 및"을 削除한다.

第21條第1項중 "過去 5年間의"를 "每年 9月 30日 現在로 過去 3年間의"로 하고 同條第2項중 "5年未滿의"를 "3年未滿의"로 한다.

第23條第1項 및 第2項을 각각 다음과 같이 하고, 第5項중 "控除하여 徵收한다"를 "控除한다"로 한다.

①保險加入者는 每保險年度마다 그 1年間에 使用할 모든 勤勞者나 保險關係가 成立한 날로부터 그 保險年度의 末日까지 사용할 勤勞者에게 支給할 賃金總額의 推定額(大統領令으로 정하는 경우에는 前年度에 사용한 모든 勤勞者에게 支給한 賃金總額)에 保險料率을 곱하여 算定한 額(이하 "槪算保險料"라 한다)을 大統領令이 정하는 바에 의하여 保險年度의 初日 또는 保險關係成立日로부터 60日내에 勞動廳長에게 보고하고 納付하여야 한다.

②保險加入者는 大統領令이 정하는 바에 따라 第1項의 規定에 의하여 槪算保險料를 納付한 후 賃金總額의 推定額이 一定範圍를 초과하여 增加한 때에는 다음달 末日까지 增加후의 賃金總額의 推定額에 의한 槪算保險料額과 이미 보고한 槪算保險料額과의 差額을 勞動廳長에게 보고하고 納付하여야 한다.

第25條第1項중 "30日이내"를 "60日내"로, "15日이내"를 "30日내"로 하고, 同條第2項중 "50日이내"를 "60日내"로 하며, 同條第4項을 다음과 같이 하고, 同條에 第5項을 다음과 같이 新設한다.

④勞動廳長은 第2項 및 第3項의 規定에 의하여 초과한 額을 返還하고자 할 때에는 大統領令이 정하는 바에 의하여 그 超過額을 당해 保險加入者의 保險料 기타 이 法에 의한 徵收金에 충당하고 그 殘額을 返還하여야 한다.

⑤勞動廳長은 第4項의 規定에 의하여 超過額을 保險料 기타 이 法에 의한 徵收金에 충당하거나 返還하는 때에는 다음 各號에 게기하는 날의 다음 날로부터 충당 또는 返還하기로 決定된 날까지의 期間에 대하여 大統領令이 정하는 바에 의한 利子率에 따라 計算한 金額을 그 超過額에 加算하여야 한다.

1. 錯誤納付, 二重納付, 納付후 그 賦課의 取消 또는 更定決定으로 인한 超過額에 있어서는 그 納付日
2. 適法하게 納付한 保險料에 대한 減額 또는 確定精算으로 인한 超過額에 있어서는 그 決定日

第34條의4를 다음과 같이 新設한다.

第34條의4(國外의 事業에 대한 特例) ①國外勤務期間중 발생한 勤勞者의 災害를 補償하기 위하여 우리나라가 當事國이 된 社會保障에 관한 條約이나 協定 기타 大統領令으로 정하는 國家나 地域에서의 事業에 대하여는 勞動廳長이 財務部長官과 協議하여 指定하는 者(이하 "保險會社"라 한다)로 하여금 이 法에 의한 保險事業을 管掌하여 자기의 計算으로 營爲하게 할 수 있다.

②第1項의 規定에 의한 保險會社는 保險業法의 規定에 의한 事業方法에 따라 保險事業을 營爲한다. 이 경우 保險會社가 支給하는 保險給與는 이 法에 의한 保險給與보다 勤勞者에게 不利益하여서는 아니된다.

③第1項의 規定에 의하여 保險事業을 營爲하는 保險會社는 이 法과 勤勞者를 위한 社會保障關係條約에서 政府가 負擔하는 모든 責任을 성실히 履行하여야 한다.

④第1項의 規定에 의한 國外의 事業과 이를 對象으로 하는 保險事業에 대하여는 第2條, 第2條의2, 第4條 但書, 第5條, 第13條, 第21條, 第22條와 産業災害補償保險業務및審査에관한法律과 産業災害補償保險特別會計法은 이를 適用하지

아니한다.

⑤第1項의 規定에 의한 保險事業을 營爲함에 있어서 保險會社의 長은 이 法중 勞動廳長의 權限을 行使할 수 있다.

〔別表 1〕을 別紙와 같이 한다.

附　則

①(施行日) 이 法은 公布한 날로부터 施行한다.

②(經過措置) 이 法 施行당시 國外에서 年金附勤勞者災害補償責任保險을 營爲하고 있는 大韓再保險公社는 이 法의 規定에 의하여 勞動廳長이 指定한 保險會社로 본다.

〔別表 1〕

障害補償年金給與表		
	等　級	給 與 額
第 1 級	障害等級 第1級에 해당하는 障害가 있는 者	平均賃金의 279日分
第 2 級	障害等級 第2級에 해당하는 障害가 있는 者	平均賃金의 248日分
第 3 級	障害等級 第3級에 해당하는 障害가 있는 者	平均賃金의 219日分

● 政府組織法中改正法律〔1981 · 4 · 8 法律第3422號〕

〔本文 省略〕

附　則

第1條(施行日) 이 法은 公布한 날로부터 施行한다.〈但書 省略〉

第2條 및 第3條 省略

第4條(다른 法律의 改正 및 다른 法律과의 관계) ①내지 ⑨省略

⑩産業災害補償保險法중 다음과 같이 改正한다.

1. 第29條중 "保健社會部令"을 "勞動部令"으로 한다.

2. 第5條第1項중 "勞動廳"을 "勞動部"로 한다.
3. 第2條第1項, 第3條第2項, 第5條第1項, 第6條第2項·第3項, 第7條第1項, 第8條第1項, 第9條第3項·第5項, 第9條의3第1項·第3項, 第13條의2, 第14條 내지 第15條, 第18條 내지 第19條, 第19條의2第1項, 第21條, 第22條, 第23條第1項 내지 第3項, 第24條 내지 第27條의2, 第29條, 第32條, 第33條第1項, 第34條第1項, 第34條의2, 第34條의3, 第34條의4第1項·第5項 및 法律 第3026號 產業災害補償保險法 附則 第2項중 "勞動廳長"을 각각 "勞動部長官"으로 한다.

⑪내지 ⑱省略

● 產業災害補償保險法中改正法律〔1981·12·17 法律第3467號〕

產業災害補償保險法중 다음과 같이 改正한다.

第3條第1項을 다음과 같이 한다.

①이 法에서 "業務上의 災害"라 함은 業務上의 事由에 의한 勤勞者의 負傷, 疾病, 身體障害 또는 死亡을 말한다.

第9條의3第2項중 "7日이내"를 "3日이내"로 한다.

第9條의4第1項중 "7日이내"를 "3日이내"로 한다.

第9條의5를 다음과 같이 한다.

第9條의5(障害給與) ①障害給與는 障害等級에 따라 別表에 의한 障害補償年金 또는 障害補償一時金으로 하되, 그 障害等級의 基準은 大統領令으로 정한다.

②第1項의 規定에 의한 障害補償年金 또는 障害補償一時金은 受給權者의 選擇에 따라 이를 支給한다.

③障害補償年金은 受給權者의 選擇에 따라 그 年金의 最初의 1年分 또는 2年分을 先給할 수 있다.

④障害補償年金 受給權者가 死亡한 경우에 이미 支給한 年金合計額의 別表에 의한 障害補償一時金에 未達할 때에는 그 差額을 第12條第2項의 規定에 의한 遺族에게 一時金으로 支給한다.

第23條第1項에 但書를 다음과 같이 新設한다.

다만, 建設工事등 期間의 정함이 있는 事業으로서 60日이내에 終了되는 事業에 있어서는 그 事業의 終了日 前日까지 보고하고 納付하여야 한다.

〔別表 1〕 및 〔別表 2〕를 削除하고,〔別表〕를 別紙와 같이 新設한다.

附　　則

①(施行日) 이 法은 1982年 1月 1日부터 施行한다.

②(療養給與 및 休業給與에 관한 經過措置) 이 法 施行전에 발생한 負傷 또는 疾病으로 인하여 4日 이상 7日이내의 療養 또는 休業을 요하는 者에 대한 이 法 施行후의 療養 또는 休業에 대하여는 第9條의3 및 第9條의4의 規定을 適用한다.

③(障害給與에 관한 經過措置) 이 法 施行전에 第4級 내지 第7級에 해당되는 障害等級으로 決定된 者에 대하여는 종전의 規定에 의하여 障害補償一時金을 支給한다.

〔別　表〕

障 害 給 與 表　　(平均賃金基準)

障 害 等 級	障害補償年金	障害補償一時金
第 1 級	313일분	1,340일분
第 2 級	277일분	1,190일분
第 3 級	245일분	1,050일분
第 4 級	213일분	920일분
第 5 級	184일분	790일분
第 6 級	156일분	670일분
第 7 級	131일분	560일분
第 8 級		450일분
第 9 級		350일분
第10級		270일분
第11級		200일분
第12級		140일분
第13級		90일분
第14級		50일분

● 產業災害補償保險法中改正法律〔1982 · 12 · 31 法律第3631號〕

產業災害補償保險法중 다음과 같이 改正한다.

第6條第3項을 削除한다.

第6條의2를 다음과 같이 新設한다.

第6條의2(都給 및 建設工事의 一括適用) ①事業이 數次의 都給에 의하여 행하여지는 경우에는 그 元受給人을 이 法의 適用을 받는 事業의 事業主로 본다. 다만, 元受給人이 書面契約으로 下受給人에게 保險料의 納付를 引受하게 하는 경우에 元受給人의 申請에 의하여 勞動部長官이 이를 承認한 때에는 그 下受給人을 이 法의 適用을 받는 事業의 事業主로 본다.

②2이상의 建設工事가 다음 各號의 要件에 해당되는 때에는 이를 하나의 事業으로 보아 이 法을 適用할 수 있다.

1. 事業主가 同一人일 것
2. 각각의 工事는 勞動部長官이 정하는 保險料率表상 同種의 事業일 것
3. 기타 大統領令이 정하는 要件에 해당할 것

③第2項의 規定에 의하여 하나의 事業으로 適用받고자 하는 者는 大統領令이 정하는 바에 따라서 勞動部長官에게 申請하여 承認을 얻어야 한다.

第9條第1項第5號를 다음과 같이 하고, 同項第7號를 削除하며, 同條第2項중 "(一時給與를 除外한다)"를 "(傷病補償年金을 제외한다)"로 하고, 同條第3項을 削除한다.

5. 傷病補償年金

第9條에 第6項을 다음과 같이 新設한다.

⑥保險給與의 算定에 있어서 塵肺로 인하여 保險給與를 받게 되는 勤勞者에게 그 平均賃金을 適用하는 것이 勤勞者의 보호에 부적당하다고 인정되는 경우에는 大統領令이 정하는 算定方法에 의하여 따로 정하는 金額을 당해 勤勞者의 平均賃金으로 한다.

第9條의5第1項 및 第4項중 "別表"를 "別表 1"로 한다.

第9條의7을 第10條의2로 하여 同條를 다음과 같이 한다.

第10條의2(遺族特別給與) ①保險加入者의 故意 또는 過失로 業務上 災害가 발생하여 勤勞者가 死亡한 경우에 受給權者가 民法에 의한 損害賠償請求에 갈음하여 遺族特別給與를 請求한 때에는 第9條의6의 遺族給與외에 大統領令이 정하는 遺族特別給與를 支給할 수 있다.

②受給權者가 第1項의 規定에 의한 遺族特別給與를 받은 때에는 同一한 事由에 대하여 保險加入者에게 民法 기타 法令의 規定에 의한 損害賠償을 請求할 수 없다.

③勞動部長官은 第1項의 規定에 의하여 遺族特別給與를 支給한 때에는 大統領令이 정하는 바에 의하여 그 給與額의 全額을 保險加入者로부터 徵收한다.

第9條의7을 다음과 같이 新設한다.

第9條의7(傷病補償年金) ①療養給與를 받는 勤勞者가 療養開始후 2年이 경과된 날 이후에 다음 各號의 要件에 해당하는 狀態가 계속되는 경우에는 療養給與외에 傷病補償年金을 受給權者에게 支給한다.

1. 당해 負傷 또는 疾病이 治療되지 아니한 狀態에 있을 것
2. 그 負傷 또는 疾病에 의한 廢疾의 정도가 大統領令이 정하는 廢疾等級基準에 해당할 것

②傷病補償年金은 別表 2에 의한 廢疾等級에 따라 支給한다.

③第2項의 規定에 의한 傷病補償年金 受給權者에게는 休業給與를 支給하지 아니한다.

第9條의9를 削除한다.

第10條를 다음과 같이 新設한다.

第10條(障害特別給與) ①保險加入者의 故意 또는 過失로 業務上 災害가 발생하여 勤勞者가 大統領令이 정하는 障害等級에 해당하는 障害를 입은 경우에 受給權者가 民法에 의한 損害賠償請求에 갈음하여 障害特別給與를 支給할 수 있다.

②受給權者가 第1項의 規定에 의한 障害特別給與를 받은 때에는 同一한 事由에 대하여 保險加入者에게 民法 기타 法令의 規定에 의한 損害賠償을 請求할 수 없다.

③勞動部長官은 第1項의 規定에 의하여 障害特別給與를 支給한 때에는 大統領

令이 정하는 바에 의하여 그 給與額의 全額을 保險加入者로부터 徵收한다.

第11條에 第3項 및 第4項을 다음과 같이 新設한다.

③受給權者가 同一한 事由로 民法 기타 法令에 의하여 이 法의 保險給與에 상당한 金品을 받은 때에는 勞動部長官은 그 金額의 한도안에서 이 法에 의한 保險給與를 支給하지 아니한다.

④療養給與를 받는 勤勞者가 療養을 開始한 후 3年이 경과된 날 이후에 傷病補償年金을 支給받고 있는 경우에는 勤勞基準法 第27條第2項 但書의 規定을 適用함에 있어서 당해 使用者는 그 3年이 경과된 날 이후에는 同法 第84條에 規定된 一時補償을 支給한 것으로 본다.

第12條第1項중 "第9條의7과 第9條의9의"를 "第9條의7의"로 한다.

第13條중 "障害補償一時金·遺族補償一時金·遺族特別給與金 및 一時給與"를 "障害補償一時金 및 遺族補償一時金"으로 한다.

第36條 本文중 "10萬원이하"를 "50萬원이하"로 하고, 同條第3號를 削除한다.

第36條의2를 다음과 같이 新設한다.

第36條의2(罰則) 第33條 또는 第34條의 規定에 의한 關係公務員의 質問에 答辯을 拒否하거나 虛僞의 答辯을 하거나 關係公務員의 檢査를 拒否·방해 또는 忌避한 者는 50萬원이하의 罰金에 處한다.

"別表"를 "別表 1"로 하고, "別表 2"를 別紙와 같이 新設한다.

附 則

이 法은 1983年 7月 1日부터 施行한다. 다만, 第6條의2第2項 및 第3項과 第10條의 改正規定은 1984年 1月 1日부터 施行한다.

〔別表 2〕

傷 病 補 償 年 金 表

廢 疾 等 級	傷 病 補 償 年 金
第 1 級	平均賃金의 313日分
第 2 級	平均賃金의 277日分
第 3 級	平均賃金의 245日分

● 産業災害補償保險法中改正法律〔1983·12·31 法律第3713號〕

産業災害補償保險法중 다음과 같이 改正한다.

第18條第1項 本文을 다음과 같이 한다.

勞動部長官은 다음 各號의 保險施設을 設置·運營하거나 勤勞福祉公社法에 의한 勤勞福祉公社로 하여금 設置·運營하게 할 수 있다.

第19條의2를 다음과 같이 한다.

第19條의2(産業災害補償保險事務組合) ①保險加入者를 構成員으로 하는 團體로서 特別法에 의하여 設立된 團體(이하 "事業主團體"라 한다)는 保險加入者의 委託을 받아 保險加入者가 納付하여야 할 保險料 기타 이 法에 의한 徵收金의 納付와 기타 保險에 관한 事務(이하 "保險事務"라 한다)를 행할 수 있다. 이 경우 保險事務를 委託할 수 있는 保險加入者의 범위는 大統領令으로 정한다.

②事業主團體가 第1項의 規定에 의하여 保險事務를 행하고자 할 때에는 大統領令이 정하는 바에 의하여 勞動部長官의 認可를 받아야 한다.

③第2項의 認可를 받은 事業主團體(이하 "保險事務組合"이라 한다)는 第1項의 規定에 의한 業務를 廢止하거나 認可內容을 變更하고자 할 때에는 勞動部長官에게 申告하여야 한다.

④勞動部長官은 保險事務組合이 保險事務를 처리함에 있어서 法令에 違反하거나 그 처리가 부당하거나 事務處理를 懈怠한 것으로 인정되는 때에는 認可를 取消할 수 있다.

⑤保險事務組合이 保險事務를 처리한 때에는 大統領令이 정하는 바에 의하여 徵收費用을 交付할 수 있다.

第19條의3 내지 第19條의5를 각각 다음과 같이 新設한다.

第19條의3(保險事務組合에 대한 통지등) 勞動部長官은 保險事務를 委託한 保險加入者에 대하여 하여야 할 保險料 기타 이 法에 의한 徵收金의 納付通知 기타의 통지와 返還金의 違反을 保險事務組合에 대하여 할 수 있다. 이 경우에 保險事務組合에 대하여 保險料 기타 이 法에 의한 徵收金의 納付通知 기타의 통지와 返還金의 返還은 당해 保險加入者에 대하여 한 것으로 본다.

第19條의4(保險事務組合의 納付義務등) ①保險事務組合은 保險事務를 委託한 保

險加入者로부터 保險料 기타 이 法에 의한 徵收金을 受領하여 法定納付期日내에 그 金額을 納付하여야 한다.

②勞動部長官이 第25條의2의 規定에 의한 加算金, 第26條의 規定에 의한 延滯金 및 第26條의2第1項第2號의 規定에 의한 保險給與額을 徵收하는 경우에 그 徵收事由가 保險事務組合의 歸責事由로 인한 때에는 그 限度안에서 그 保險事務組合이 納付하여야 한다.

第19條의5(保險事務組合의 帳簿備置등) 保險事務組合은 大統領令이 정하는 바에 의하여 保險事務에 관한 事項을 記載한 帳簿 및 기타 書類를 事務所에 備置하여야 한다.

第23條第3項 後段을 削除한다.

第25條第3項을 다음과 같이 한다.

③勞動部長官은 保險加入者가 第1項의 規定에 의한 보고를 하지 아니하거나 그 보고가 事實과 다른 때에는 그 事實을 調査하여 確定保險料의 額을 算定하고, 保險加入者가 概算保險料를 納付하지 아니한 경우에는 그 確定保險料의 全額을 徵收하고, 이미 概算保險料를 納付한 경우에는 그 額이 確定保險料의 額을 초과하는 때에는 그 超過額을 保險加入者에게 返還하며 이미 納付한 概算保險料의 額이 確定保險料의 額에 不足되는 때에는 그 不足額을 徵收한다.

第25條第5項第2號를 다음과 같이 하고 同項에 第3號를 다음과 같이 新設한다.

2. 適法하게 納付한 保險料를 減額申請한 경우 그 超過額에 있어서는 概算保險料減額申請書接受日로부터 7日
3. 適法하게 納付한 保險料를 確定精算한 경우 그 超過額에 있어서는 確定保險料報告書接受日로부터 7日

第26條의2第1項第3號를 削除한다.

第32條중 “당해 事業에 종사하는 勤勞者”를 “당해 事業에 종사하는 勤勞者 및 保險事務組合”으로 한다.

第33條第1項중 “事務所 또는 事業場”을 “事務所 또는 事業場과 保險事務組合의 事務所”로 한다.

第36條의2를 다음과 같이 한다.

第36條의2(罰則) 다음 各號의 1에 해당하는 者는 50萬원이하의 罰金에 處한다.

1. 第33條 또는 第34條의 規定에 의한 關係公務員의 質問에 答辯을 拒否하거나 虛僞의 答辯을 하거나 關係公務員의 檢査를 拒否·방해 또는 忌避한 者
2. 第19條의5의 規定에 의한 帳簿나 關係書類를 備置하지 아니하거나 虛僞의 記載를 한 者

附　　則

①(施行日) 이 法은 公布후 3月이 경과한 날로부터 施行한다.

②(槪算保險料의 減額申請등에 관한 經過措置) 이 法 施行전에 槪算保險料의 減額申請을 하거나 確定保險料의 보고를 한 경우 이 法 施行日까지 그 保險料額에 대하여 返還 또는 充當決定을 하지 아니한 분에 대하여는 이 法 施行日에 槪算保險料減額申請書 또는 確定保險料報告書가 接受된 것으로 보아 第25條第5項의 改正規定을 適用한다.

③(保險加入者에 대한 保險給與額의 徵收에 관한 經過措置) 이 法 施行전에 保險加入者의 故意 또는 중대한 過失로 인하여 발생한 災害의 경우에 保險加入者에 대한 保險給與額의 徵收에 관하여는 종전의 第26條第1項第3號의 規定에 의한다.

● 產業災害補償保險法中改正法律〔1986·5·9 法律第3818號〕

產業災害補償保險法중 다음과 같이 改正한다.

第1條중 "保險施設을 設置·運營함으로써"를 "保險施設을 設置·운영하며 災害豫防 기타 勤勞者의 福祉增進을 위한 事業을 행함으로써"로 한다.

第9條의6에 第4項을 다음과 같이 新設한다.

④遺族補償年金을 받던 者가 그 受給資格을 잃은 경우 다른 受給資格者가 없고 이미 支給한 遺族補償年金額의 合計額이 第2項의 規定에 의한 遺族補償一時金에 미달한 때에는 그 差額을 遺族補償年金 受給資格者가 아닌 다른 遺族에게 一時金으로 支給한다.

第18條 및 第18條의2를 각각 削除한다.

第19條의2第1項중 "特別法에 의하여 設立된 團體"를 "特別法에 의하여 設立된

團體 또는 民法 第32條의 規定에 의하여 勞動部長官의 許可를 받아 設立된 團體"로 한다.

第21條第1項중 "災害率을 基礎로 하여"를 "災害率을 基礎로 하고 이 法에 의한 年金등 保險給與에 필요한 額을 감안하여"로 한다.

第22條중 "100分의 30의"를 "100分의 40의"로 한다.

第23條第1項 本文중 "60日내에"를 "60日이내에"로 하고, 同條第5項중 "100分의 10에"를 "100分의 5에"로 한다.

第24條의2중 "保險關係가 消滅하거나"를 削除한다.

第25條第1項중 "60日내"를 "60日이내"로, "30日내"를 "30日이내"로 하고, 同條第2項중 "60日내"를 "60日이내"로 하며, 同條第4項 및 第5項을 각각 削除한다.

第25條의2를 第25條의3으로 하고, 第25條의2를 다음과 같이 新設한다.

第25條의2(保險料등 過納額의 충당과 반환) ①勞動部長官은 保險加入者가 保險料 기타 이 法에 의한 徵收金과 滯納處分費로서 납부한 금액중 過誤納付한 금액 또는 第24條의2, 第25條第2項 및 第3項의 規定에 의하여 초과납부한 금액을 반환하고자 할 때에는 大統領令이 정하는 바에 의한 順位에 따라 保險料 기타 이 法에 의한 徵收金에 우선 충당하고 그 殘額을 당해 保險加入者에게 반환하여야 한다.

②勞動部長官은 第1項의 規定에 의하여 過誤納付한 금액 또는 초과납부한 금액을 保險料 기타 徵收金에 충당하거나 반환하는 때에는 다음 各號에 規定된 날의 다음 날로부터 충당 또는 반환하기로 決定된 날까지의 期間에 대하여 大統領令이 정하는 利子率에 따라 計算한 금액을 그 過誤納付한 금액 또는 초과납부한 금액에 加算하여야 한다.

1. 錯誤納付, 二重納付, 납부후 그 賦課의 取消 또는 更正決定으로 인한 超過額에 있어서는 그 納付日
2. 第24條의2의 規定에 의한 減額申請에 의하여 保險料를 減額한 경우 그 超過額에 있어서는 槪算保險料減額申請書 接受日로부터 7日
3. 第25條第2項 또는 第3項의 規定에 의하여 반환하는 경우에는 確定保險料報告書 接受日로부터 7日

第26條第1項을 다음과 같이 한다.

①勞動部長官은 保險加入者가 保險料 기타 이 法에 의한 徵收金의 납부를 태만히 한 때에는 그 금액 100원에 대하여 1日 7錢의 한도안에서 大統領令이 정하는 率에 따라 納付期間滿了日의 다음 날로부터 保險料 기타 이 法에 의한 徵收金의 完納 또는 精算日의 前日까지의 일수에 의하여 精算한 延滯金을 徵收한다. 다만, 大統領令이 정하는 경우에는 그러하지 아니하다.

第27條第3項을 削除한다.

第27條의3을 第27條의4로, 第27條의2를 第27條의3으로 하고, 第27條의2를 다음과 같이 新設한다.

第27條의2(徵收金의 滯納處分) ①第27條의 規定에 의하여 督促을 받은 者가 그 期限내에 保險料 기타 徵收金을 납부하지 아니한 때에는 勞動部長官은 國稅滯納處分의 예에 의하여 이를 徵收할 수 있다.

②勞動部長官은 第1項의 規定에 의한 滯納處分의 예에 따라 押留한 財產을 公賣함에 있어서 專門知識이 필요하거나 기타 특수한 事情이 있어 직접 公賣하기에 적당하지 아니하다고 인정되는 때에는 大統領令이 정하는 바에 의하여 韓國產業銀行法 第52條의3의 規定에 의하여 設立된 成業公社로 하여금 이를 代行하게 할 수 있으며 이 경우의 公賣는 勞動部長官이 한 것으로 본다.

③勞動部長官은 第2項의 規定에 의하여 成業公社가 公賣를 代行하는 경우에는 勞動部令이 정하는 바에 의하여 手數料를 支給할 수 있다.

④第2項의 規定에 의하여 成業公社가 公賣를 代行하는 경우에 成業公社의 職員은 刑法, 기타 法律에 의한 罰則의 適用에 있어서 이를 公務員으로 본다.

⑤第2項의 規定에 의하여 成業公社가 代行하는 公賣에 관하여 필요한 사항은 大統領令으로 정한다.

第28條 다음에 第4章의2(第28條의2 및 第28條의3)를 다음과 같이 新設한다.

第4章의2 勞動福祉事業

第28條의2(勤勞福祉事業) ①勞動部長官은 災害의 豫防 및 災害勤勞者의 福祉增進등을 위한 다음 各號의 事業을 행한다.

1. 業務上의 災害를 입은 勤勞者의 원활한 社會復歸를 促進하기 위한 다음 各目의 保險施設의 設置·운영

가. 療養 또는 外科후 處置에 관한 施設
나. 醫療再活 또는 職業再活에 관한 施設
다. 災害豫防에 관한 施設
2. 奬學事業등 災害勤勞者와 그 遺族의 福祉를 위하여 필요한 事業
3. 災害豫防活動에 대한 支援事業 및 勤勞者의 安全과 保健의 유지·增進을 위하여 필요한 事業

②勞動部長官은 勤勞福祉公社法에 의하여 設立된 勤勞福祉公社 또는 災害의 豫防 및 災害勤勞者의 福祉增進을 위하여 設立된 法人중 勞動部令이 정하는 바에 의하여 勞動部長官의 지정을 받은 法人(이하 "指定法人"이라 한다)으로 하여금 第1項의 規定에 의한 事業을 행하게 하거나 第1項第1號의 規定에 의한 保險施設을 委託받아 운영하게 할 수 있다.

③勞動部長官은 第2項의 規定에 의한 指定法人에게 豫算의 범위안에서 그 事業을 위하여 필요한 費用의 일부를 補助할 수 있다.

第28條의3(身體障害者雇傭促進) 勞動部長官은 이 法에 의한 障害給與를 받는 者의 障害程度를 참작하여 保險加入者가 당해 勤勞者를 適性에 맞는 業務에 雇傭하도록 勸告하거나 기타 필요한 措置를 강구하여야 한다.

第36條를 다음과 같이 한다.

第36條(罰則) 第32條第1項 및 第2項 또는 第25條第1項의 規定에 의한 보고를 하지 아니하거나 허위의 보고를 한 者는 6月이하의 懲役 또는 50萬원이하의 罰金에 處한다.

第36條의2를 다음과 같이 한다.

第36條의2(過怠料) ①다음 各號의 1에 해당하는 者에 대하여는 50萬원이하의 過怠料에 處한다.
1. 第19條의5의 規定에 의한 帳簿나 기타 書類를 비치하지 아니하거나 허위의 기재를 한 者
2. 第32條 또는 第34條의 規定에 의한 보고를 하지 아니하거나 허위의 보고를 한 者
3. 第32條 또는 第34條의 規定에 의한 書類나 물건의 제출명령에 응하지 아니한 者

4. 第33條 또는 第34條의 規定에 의한 關係公務員의 質問에 答辯을 거부하거나 關係公務員의 檢査를 거부·방해 또는 기피한 者

②第1項의 規定에 의한 過怠料는 大統領令이 정하는 바에 의하여 勞動部長官이 賦課·徵收한다.

③第2項의 規定에 의한 過怠料處分에 불복이 있는 者는 그 處分이 있음을 안 날로부터 30日이내에 勞動部長官에게 異議를 제기할 수 있다.

④第2項의 規定에 의한 過怠料處分을 받은 者가 第3項의 規定에 의하여 異議를 제기한 때에는 勞動部長官은 지체없이 管轄法院에 그 사실을 통보하여야 하며, 그 통보를 받은 管轄法院은 非訟事件節次法에 의한 過怠料의 裁判을 한다.

⑤第3項의 規定에 의한 期間내에 異議를 제기하지 아니하고 過怠料를 납부하지 아니한 때에는 國稅滯納處分의 예에 의하여 이를 徵收한다.

附　　則

이 法은 1986年 7月 1日부터 施行한다.

● 產業災害補償保險法中改正法律〔1989 · 4 · 1 法律第4111號〕

產業災害補償保險法중 다음과 같이 改正한다.

第2條의2중 "費用의 全部 또는 一部를 一般會計에서 負擔할 수 있다."를 "費用을 一般會計에서 부담하여야 한다."로 한다.

第2條의3을 다음과 같이 新設한다.

第2條의3(國庫의 지원) 國家는 每年度 豫算의 범위안에서 保險事業에 소요되는 費用의 일부를 지원할 수 있다.

第4條중 "勤勞基準法의 적용을 받는 事業"을 "모든 事業"으로 한다.

第6條의2 題目중 "建設工事"를 "同種事業"으로 하고, 同條第2項 本文중 "建設工事가"를 "事業이"로 하며, 同項第2號중 "工事는"을 "事業은"으로 한다.

第9條第4項중 "通常賃金이 變動된 때에는"을 "通常賃金이 變動되었거나 事業의 廢止·休業 기타 부득이한 사유가 있을 때에는"으로 하고, 同條第6項중 "塵肺로"

를 "塵肺등 大統領令으로 정하는 職業病으로"로 한다.

第9條의4第1項중 "100分의 60"을 "100分의 70"으로 한다.

第9條의5第2項에 但書를 다음과 같이 新設한다.

다만, 大統領令이 정하는 勞動力을 완전히 喪失한 障害等級의 勤勞者에 대하여는 障害補償年金을 支給한다.

第9條의5第3項에 但書를 다음과 같이 新設한다.

다만, 第2項 但書의 勤勞者에게는 그 年金의 최초의 1年分, 2年分, 3年分 또는 4年分을 先給할 수 있다.

第9條의6第2項중 "1,000日分"을 "1,300日分"으로 한다.

第9條의8중 "90日分"을 "120日分"으로 한다.

第13條를 다음과 같이 한다.

第13條(保險給與의 支給) 保險給與는 支給決定日로부터 14日이내에 支給하여야 한다.

第15條第1項에 但書를 다음과 같이 新設한다.

다만, 保險加入者인 2이상의 事業主가 같은 場所에서 하나의 事業을 分割하여 각각 행하다가 그중 事業主를 달리하는 勤勞者의 행위로 災害가 발생한 때에는 그러하지 아니하다.

第19條의4第2項중 "第25條의2"를 "第25條의3"으로 한다.

第30條의2第1項第1號중 "第25條第4項"을 "第25條의2第1項"으로 하고, 同條同項 第3號중 "第27條第3項"을 "第27條의2第1項"으로 한다.

第30條의3을 다음과 같이 新設한다.

第30條의3(確定保險料의 消滅時效) 第25條에 의한 確定保險料의 消滅時效는 다음 保險年度의 初日(保險年度중에 保險關係가 消滅한 事業에 있어서는 保險關係가 消滅한 다음 날)부터 進行한다.

〔別表 1〕 및 〔別表 2〕를 別紙와 같이 한다.

附　　則

①(施行日) 이 法은 公布한 날로부터 施行한다.

②(損害賠償請求權의 代位에 관한 經過措置) 이 法 施行전 第15條第1項의 規定

에 의하여 第3者에 대한 損害賠償請求權의 請求原因이 발생한 事件에 관하여는 종전의 規定에 의한다.

③(經過措置) 第9條의6 및 第9條의8, 〔別表 1〕 및 〔別表 2〕의 改正規定은 1989年 6月 1日부터 施行한다.

④(經過措置) 第2條의2의 改正規定은 1990年 1月 1日부터 施行한다.

〔別表 1〕

障害給與表

(平均賃金基準)

障害等級	障害補償年金	障害補償一時金
第1級	329일분	1,474일분
第2級	291일분	1,309일분
第3級	257일분	1,155일분
第4級	224일분	1,012일분
第5級	193일분	869일분
第6級	164일분	737일분
第7級	138일분	616일분
第8級		495일분
第9級		385일분
第10級		297일분
第11級		220일분
第12級		154일분
第13級		99일분
第14級		55일분

〔別表 2〕

傷病補償年金表

廢疾等級	傷病補償年金
第1級	平均賃金의 329日分
第2級	平均賃金의 291日分
第3級	平均賃金의 257日分

● 産業災害補償保險法中改正法律〔1993·12·31 法律第4641號〕

産業災害補償保險法중 다음과 같이 改正한다.

第6條에 第3項 및 第4項을 각각 다음과 같이 新設한다.

③第2項의 規定에 의하여 保險에 加入한 事業主가 保險契約을 解止하고자 할 때에는 勞動部長官의 승인을 얻어야 한다. 다만, 이 경우의 解止는 그 保險關係가 成立한 날부터 1年을 경과한 때에 한한다.

④勞動部長官은 계속해서 保險關係를 유지할 수 없다고 인정하는 경우에는 당해 保險關係를 消滅시킬 수 있다.

第6條의2를 第6條의3으로 하고, 第6條의2를 다음과 같이 新設한다.

第6條의2(保險의 擬制加入) ①第6條第1項의 規定에 의하여 事業主가 保險의 당연 加入者가 되는 사업이 사업규모의 변동등으로 인하여 第4條 但書의 規定에 의한 사업에 해당하게 된 경우에는 당해 事業主는 그 해당하게 된 날부터 第6條第2項의 規定에 의하여 保險에 加入한 것으로 본다.

②第6條第3項의 規定은 第1項의 規定에 의한 事業主에 의한 保險契約의 解止에 관하여 이를 準用한다.

第6條의3(종전의 第6條의2)第2項을 다음과 같이 하고, 同條第3項을 削除한다.

②2이상의 사업이 다음 各號의 요건에 해당하는 경우에는 이 法의 적용에 있어서는 이를 하나의 사업으로 본다.

1. 事業主가 同一人일 것
2. 각각의 사업은 기간의 정함이 있는 사업일 것
3. 각각의 사업은 第21條의 規定에 의하여 勞動部長官이 정하는 사업종류에 있어서 동일한 사업에 속할 것
4. 기타 大統領令이 정하는 요건에 해당할 것

第7條 및 第8條를 각각 다음과 같이 한다.

第7條(保險關係의 成立日) 保險關係는 다음 各號의 1에 해당하는 날에 成立한다.

1. 第6條第1項의 規定에 의하여 그 事業主가 保險의 당연 加入者가 되는 사업에 있어서는 당해 사업이 개시된 날. 다만, 第4條 但書의 規定에 의한 사업이

第6條第1項의 規定에 의하여 事業主가 保險의 당연 加入者가 되는 사업에 해당하게 된 경우에는 그 해당하게 된 날로 한다.

2. 第6條第2項의 規定에 의하여 保險에 加入하는 사업에 있어서는 그 사업의 事業主가 勞動部長官의 승인을 얻은 날의 다음 날

第8條(保險關係의 消滅日) 保險關係는 다음 各號의 1에 해당하는 날에 消滅한다.

1. 사업이 廢止 또는 종료된 날의 다음 날
2. 第6條第3項(第6條의2第2項의 規定에 의하여 準用되는 경우를 포함한다)의 規定에 의하여 事業主가 保險契約을 解止하는 경우에는 그 解止에 관하여 勞動部長官의 승인을 얻은 날의 다음 날
3. 第6條第4項의 規定에 의하여 勞動部長官의 保險關係의 消滅을 決定·통지한 날의 다음 날

第8條의2를 다음과 같이 新設한다.

第8條의2(保險關係의 申告) ①事業主는 第6條의 規定에 의하여 保險의 加入者가 되거나 사업의 廢止·종료로 인하여 保險關係가 消滅한 때에는 각각 事業開始日 또는 保險關係消滅日부터 14日이내에 이를 勞動部長官에게 申告하여야 한다.

②第6條의3第2項의 規定에 의한 一括適用事業의 事業主는 그 사업(第1項의 規定에 의하여 申告된 사업을 제외한다)의 開始日부터 14日이내에 이를 勞動部長官에게 申告하여야 한다.

第9條第5項 但書중 "休業給與"를 "休業給與와 傷病補償年金"으로 한다.

第9條의3에 第4項 및 第5項을 각각 다음과 같이 新設한다.

④第1項 및 第3項의 規定에 의한 療養給與의 범위·費用등 療養給與의 算定基準은 勞動部長官이 정하여 告示한다.

⑤勞動部長官은 第1項의 規定에 의한 保險施設 또는 醫療機關의 所在地·人力 또는 施設등이 勤勞者의 療養을 담당하기에 부적당하다고 인정되는 경우에는 勤勞者에 대하여 勞動部長官이 정하는 保險施設 또는 醫療機關에서 療養을 받을 것을 명할 수 있다.

第9條의5第4項을 다음과 같이 한다.

④障害補償年金受給權者가 死亡한 경우에 이미 지급한 年金額을 지급 당시의 각각의 平均賃金으로 나눈 日數의 합계가 別表 1에 의한 障害補償一時金의 日數에 미달하는 경우에는 그 미달하는 日數에 死亡 당시의 平均賃金을 곱하여 算定한 금액을 遺族에게 一時金으로 지급한다.

第9條의6第4項중 "遺族補償年金의 合計額이 第2項의 規定에 의한 遺族補償一時金에 미달한 때에는 그 差額"을 "年金額을 지급 당시의 각각의 平均賃金으로 나눈 日數의 合計가 1,300日에 미달하는 경우에는 그 미달하는 日數에 受給資格喪失 당시의 平均賃金을 곱하여 算定한 금액"으로 한다.

第9條의7第1項 本文에 後段을 다음과 같이 新設한다.

이 경우 第9條의5第2項 但書의 規定에 의한 障害補償年金을 받고 있던 者가 負傷 또는 疾病이 再發하여 療養하고 있는 경우에는 療養開始후 2年이 경과된 것으로 본다.

第11條第1項중 "保險給與를 받은 때에는"을 "保險給與를 받았거나 받을 수 있는 경우에는"으로 하고, 同條第2項의 後段을 다음과 같이 新設한다.

이 경우 障害補償年金 또는 遺族補償年金을 받고 있는 者는 障害補償一時金 또는 遺族補償一時金을 받은 것으로 본다.

第11條第3項을 다음과 같이 한다.

③受給權者가 동일한 사유로 民法 기타 法令에 의하여 이 法의 保險給與에 상당한 金品을 받은 때에는 勞動部長官은 그 받은 金品을 大統領令이 정하는 방법에 따라 換算한 금액의 한도안에서 이 法에 의한 保險給與를 지급하지 아니한다. 다만, 第2項 後段의 規定에 의하여 受給權者가 지급받은 것으로 보게 되는 障害補償一時金 또는 遺族補償一時金에 해당하는 年金額에 대하여는 그러하지 아니하다.

第15條第2項중 "損害賠償을 받은 때에는 勞動部長官은 그 받은 賠償額의 한도안에서 保險給與를 하지 아니한다"를 "이 法의 保險給與에 상당하는 損害賠償을 받은 경우에는 勞動部長官은 그 賠償額을 大統領이 정하는 방법에 따라 換算한 금액의 한도안에서 이 法에 의한 保險給與를 지급하지 아니한다"로 한다.

第21條第1項을 다음과 같이 한다.

①保險料率은 매년 9月 30日 현재 과거 3年間의 災害率을 기초로 하고 이 法에 의한 年金등 保險給與에 필요한 額, 災害豫防 및 災害勤勞者의 福祉增進등에 소요되는 費用 기타 사정을 고려하여 勞動部長官이 사업종류별로 구분하여 정한다. 이 경우 賃金 1원을 保險料率의 算出單位로 한다.

第21條第2項중 "數等級으로 區分하여"를 "사업종류별로 구분하여"로 한다.

第23條第1項 本文 및 但書, 第25條第1項 및 第2項중 "60日이내"를 각각 "70日이내"로 한다.

第25條의2 및 第25條의3을 각각 第25條의3 및 第25條의4로 하고, 第25條의2를 다음과 같이 新設한다.

第25條의2(確定保險料의 보고·납부 및 精算의 特例) ①大統領令이 정하는 규모에 해당하는 建設工事등 기간의 정함이 있는 사업에 있어서 第25條第1項의 規定에 의한 確定保險料의 금액에 대한 保險給與의 금액의 比率이 100分의 85를 넘거나 100分의 75이하인 경우에 勞動部長官은 第20條의 規定에 불구하고 第25條第1項의 規定에 의한 確定保險料의 금액을 기준으로 하여 100分의 40의 범위안에서 大統領令이 정하는 率만큼 引上하거나 引下하여 얻은 금액을 保險加入者가 그 사업에 관하여 납부하여야 할 保險料의 금액으로 決定한다. 이 경우 每保險年度의 末日 또는 保險關係가 消滅한 날 이후에도 지급하여야 할 保險給與의 금액이 있는 경우에 있어서 保險給與의 금액의 算定方法은 大統領令으로 정한다.

②第23條 또는 第24條의 規定에 의하여 납부 또는 追加徵收한 槪算保險料의 금액이 第1項의 規定에 의하여 算定한 保險料의 금액을 초과하는 경우에는 勞動部長官은 그 초과액을 保險加入者에게 반환하여야 하며, 부족되는 경우에는 保險加入者는 그 부족액을 大統領令이 정하는 기간이내에 납부하여야 한다.

③勞動部長官은 保險加入者가 第25條第1項의 規定에 의한 보고를 하지 아니하거나 그 보고가 사실과 다른 경우에는 그 사실을 조사하여 第1項의 規定에 의한 保險料의 금액을 算定하고, 保險加入者가 槪算保險料를 납부하지 아니한 경우에는 그 保險料의 全額을 徵收하며, 이미 槪算保險料를 납부하여 그 금액이 保險料의 금액을 초과하는 경우에는 그 초과액을 保險加入者에게 반환하고, 이

미 납부한 槪算保險料의 금액이 保險料의 금액에 부족되는 때에는 그 부족액을 徵收한다.

第25條의3(종전의 第25條의2)第1項중 "第25條第2項 및 第3項"을 "第25條第2項·第3項, 第25條의2第2項 및 第3項"으로 하고, 同條第2項第3號중 "第25條第2項 또는 第3項"을 "第25條第2項·第3項, 第25條의2第2項 및 第3項"으로 한다.

第25條의4(종전의 第25條의3)중 "第25條第3項"을 "第25條第3項 및 第25條의2第3項"으로 한다.

第26條의2第1項 本文중 "支給한 때"를 "지급하기로 한 경우"로 하고, 同項第1號를 다음과 같이 한다.

1. 事業主가 第8條의2의 規定에 의한 保險에의 加入申告 또는 事業開始申告를 태만히 한 기간중에 발생한 災害

第32條에 第2項 및 第3項을 각각 다음과 같이 新設한다.

②障害補償年金 또는 遺族補償年金을 받을 權利가 있는 者는 保險給與支給에 관하여 필요한 사항으로서 大統領令이 정하는 사항을 勞動部長官에게 보고하여야 한다.

③遺族補償年金의 受給權者 그 受給權을 잃은 때에는 지체없이 勞動部長官에게 申告하여야 한다.

第32條의2를 다음과 같이 新設한다.

第32條의2(事業主의 助力) ①保險給與를 받을 者가 사고로 인하여 保險給與의 請求등의 節次를 행하기 곤란한 경우에는 事業主는 이에 助力하여야 한다.

②事業主는 保險給與를 받을 者가 保險給與를 받는 데 필요한 증명을 요구하는 때에는 그 증명을 하여야 한다.

③事業主의 行方不明 기타 부득이한 사유로 第2項의 規定에 의한 증명이 불가능한 경우에는 그 증명을 생략할 수 있다.

第36條를 다음과 같이 하고, 第36條의2 및 第37條를 削除한다.

第36條(過怠料) ①第23條第1項 및 第2項 또는 第25條第1項의 規定에 의한 보고를 하지 아니하거나 허위의 보고를 한 者는 100萬원 이하의 過怠料에 處한다.

②다음 各號의 1에 해당하는 者는 50萬원이하의 過怠料에 處한다.

1. 第19條의5의 規定에 의한 帳簿나 기타 書類를 비치하지 아니하거나 허위의 기재를 한 者
2. 第32條第1項 또는 第34條의 規定에 의한 보고를 하지 아니하거나 허위의 보고를 한 者
3. 第32條第1項 또는 第34條의 規定에 의한 書類나 物件의 제출명령에 응하지 아니한 者
4. 第33條 또는 第34條의 規定에 의한 關係公務員의 質問에 答辯을 거부하거나 關係公務員의 檢査를 거부·방해 또는 기피한 者

③第1項 또는 第2項의 規定에 의한 過怠料는 大統領令이 정하는 바에 따라 勞動部長官이 賦課·徵收한다.

④第3項의 規定에 의한 過怠料處分에 불복이 있는 者는 그 처분의 告知를 받은 날부터 30日 이내에 勞動部長官에게 異議를 제기할 수 있다.

⑤第3項의 規定에 의한 過怠料處分을 받은 者가 第4項의 規定에 의하여 異議를 제기한 때에는 勞動部長官은 지체없이 管轄法院에 그 사실을 통보하여야 하며, 그 통보를 받은 管轄法院은 非訟事件節次法에 의한 過怠料의 裁判을 한다.

⑥第4項의 規定에 의한 기간내에 異議를 제기하지 아니하고 過怠料를 납부하지 아니하는 때에는 國稅滯納處分의 예에 의하여 이를 徵收한다.

附　　則

第1條(施行日) 이 法은 公布한 날로부터 施行한다.

第2條(傷病補償年金에 대한 平均賃金適用등에 관한 經過措置) 이 法 施行전에 業務上 災害를 입은 勤勞者에 대하여는 第9條第5項, 第9條의5第4項, 第9條의6第4項, 第11條, 第15條第2項 및 第26條의2第1項의 改正規定에 불구하고 종전의 規定에 의한다.

第3條(建設工事에 대한 經過措置) 第25條의2의 改正規定은 1994年 7月 1日이후 着工한 建設工事에 대하여 이를 적용한다.

第4條(罰則에 관한 經過措置) 이 法 施行전에 행한 행위에 대한 罰則의 적용에 있어서는 종전의 規定에 의한다.

● 産業災害補償保險法改正法律〔1994・12・22 法律第4826號〕

産業災害補償保險法을 다음과 같이 改正한다.

産業災害補償保險法

第1章 總 則

第1條(目的) 이 法은 産業災害補償保險事業(이하 "保險事業"이라 한다)을 행하여 勤勞者의 業務상의 災害를 신속하고 公正하게 補償하고, 이에 필요한 保險施設을 設置·운영하며 災害豫防 기타 勤勞者의 福祉增進을 위한 사업을 행함으로써 勤勞者 보호에 이바지함을 目的으로 한다.

第2條(保險의 管掌과 保險年度) ①이 法에 의한 保險事業은 勞動部長官이 이를 管掌한다.

②이 法에 의한 保險事業의 保險年度는 政府會計年度에 따른다.

第3條(國庫의 負擔 및 지원) ①國家는 每會計年度 豫算의 범위안에서 保險事業의 事務執行에 소요되는 費用을 一般會計에서 부담하여야 한다.

②國家는 每會計年度 豫算의 범위안에서 保險事業에 소요되는 費用의 일부를 지원할 수 있다.

第4條(定義) 이 法에서 사용하는 用語의 定義는 다음 各號와 같다.

1. "業務상의 災害"라 함은 業務상의 사유에 의한 勤勞者의 負傷·疾病·身體障害 또는 死亡을 말한다.
2. "勤勞者"·"賃金"·"平均賃金"·"通常賃金"이라 함은 각각 勤勞基準法에 의한 "勤勞者"·"賃金"·"平均賃金"·"通常賃金"을 말한다. 다만, 勤勞基準法에 의하여 "賃金" 또는 "平均賃金"을 決定하기 곤란하다고 인정되는 경우에는 勞動部長官이 정하여 告示하는 금액을 당해 "賃金" 또는 "平均賃金"으로 한다.
3. "遺族"이라 함은 死亡한 者의 配偶者(사실상 婚姻關係에 있는 者를 포함한다)·子女·父母·孫·祖父母 또는 兄弟姉妹를 말한다.

第5條(적용범위) 이 法은 모든 사업 또는 事業場(이하 "사업"이라 한다)에 적용한다. 다만, 사업의 危險率·규모 및 事業場所등을 참작하여 大統領令이 정하

는 사업은 그러하지 아니하다.

第6條(産業災害補償保險審議委員會) ①保險事業에 관한 중요사항을 審議하게 하기 위하여 勞動部에 産業災害補償保險審議委員會(이하 "委員會"라 한다)를 둔다.

②委員會는 勤勞者를 代表하는 者, 使用者를 代表하는 者 및 公益을 代表하는 者로 구성하되, 그 수는 각각 同數로 한다.

③委員會는 그 審議事項을 검토·조정하고 委員會의 審議를 보조하게 하기 위하여 委員會에 專門委員會를 둘 수 있다.

④委員會 및 專門委員會의 組織과 운영에 관하여 필요한 사항은 大統領令으로 정한다.

第2章 保險加入者

第7條(保險加入者) ①사업의 事業主는 당연히 産業災害補償保險(이하 "保險"이라 한다)의 保險加入者가 된다. 다만, 第5條 但書의 規定에 의한 사업의 事業主는 그러하지 아니하다.

②第5條 但書의 規定에 의한 사업의 事業主는 第13條의 規定에 의한 勤勞福祉公團의 승인을 얻어 保險에 加入할 수 있다.

③第2項의 規定에 의하여 保險에 加入한 事業主가 保險契約을 解止하고자 할 때에는 勤勞福祉公團의 승인을 얻어야 한다. 다만, 이 경우의 解止는 그 保險關係가 成立한 날로부터 1年을 경과한 때에 한한다.

④勤勞福祉公團은 계속해서 保險關係를 유지할 수 없다고 인정하는 경우에는 당해 保險關係를 消滅시킬 수 있다.

第8條(保險의 擬制加入) ①第7條第1項의 規定에 의하여 事業主가 保險의 當然加入者가 되는 사업이 사업규모의 변동등으로 인하여 第5條 但書의 規定에 의한 사업에 해당하게 된 경우에는 당해 事業主는 그 해당하게 된 날로부터 第7條第2項의 規定에 의하여 保險에 加入한 것으로 본다.

②第7條第3項의 規定은 第1項의 事業主에 의한 保險契約의 解止에 관하여 이를 準用한다.

第9條(都給 및 同種事業의 一括適用) ①사업의 數次의 都給에 의하여 행하여지

는 경우에는 그 元受給人을 이 法의 적용을 받는 사업의 事業主로 본다. 다만, 元受給人이 書面契約으로 下受給人에게 保險料의 納付를 引受하게 하는 경우에 元受給人의 申請에 의하여 勤勞福祉公團이 이를 승인한 때에는 그 下受給人을 이 法의 적용을 받는 사업의 事業主로 본다.

②第7條第1項의 規定에 의한 保險의 當然加入者인 事業主의 각각의 사업이 다음 各號의 요건에 해당하는 경우에는 당해 사업 전부를 이 法의 적용에 있어서 하나의 사업으로 본다.

1. 事業主가 同一人일 것
2. 각각의 사업은 기간의 정함이 있는 사업일 것
3. 각각의 사업은 第63條의 規定에 의하여 勞動部長官이 정하는 事業種類에 있어서 동일한 사업에 속할 것
4. 기타 大統領令이 정하는 요건에 해당할 것

③第2項의 規定에 의하여 一括適用을 받는 事業主외의 事業主가 同項第1號 내지 第3號의 요건에 해당하는 사업 전부를 하나의 사업으로 보아 이 法의 적용을 받고자 하는 경우에는 勤勞福祉公團의 승인을 얻어야 한다. 이 경우 一括適用關係가 第4項의 規定에 의하여 解止되지 아니하는 한 당해 事業主는 그 保險年度 이후의 保險年度에도 계속하여 그 사업 전부에 대하여 一括適用을 받는 것으로 본다.

④第3項의 規定에 의하여 一括適用을 받고 있는 事業主가 그 一括適用機關을 解止하고자 하는 경우에는 勤勞福祉公團에 申請하여야 한다. 다만, 이 경우의 一括適用關係의 解止는 다음 保險年度의 保險關係로부터 적용한다.

第10條(保險關係의 成立日) 保險關係는 다음 各號의 1에 해당하는 날에 成立한다.

1. 第7條1項의 規定에 의하여 그 事業主가 保險의 當然加入者가 되는 사업에 있어서는 당해 사업이 開始된 날(第5條 但書의 規定에 의한 사업이 第7條第1項의 規定에 의하여 事業主가 保險의 當然加入者가 되는 사업에 해당하게 된 경우에는 그 해당하게 된 날)
2. 第7條第2項의 規定에 의하여 保險에 加入하는 사업에 있어서는 그 사업의 事業主가 勤勞福祉公團의 승인을 얻은 날의 다음 날

第11條(保險關係의 消滅日) 保險關係는 다음 各號의 1에 해당하는 날에 消滅한다.

1. 사업이 廢止 또는 종료된 날의 다음 날
2. 第7條第3項(第8條第2項의 規定에 의하여 準用되는 경우를 포함한다)의 規定에 의하여 事業主가 保險契約을 解止하는 경우에는 그 解止에 관하여 勤勞福祉公團의 승인을 얻은 날의 다음 날
3. 第7條第4項의 規定에 의하여 勤勞福祉公團이 保險關係의 消滅을 決定·통지한 날의 다음 날

第12條(保險關係의 申告) ①事業主는 第7條의 規定에 의하여 保險의 加入者가 되거나 사업의 廢止·종료로 인하여 保險關係가 消滅한 때에는 각각 事業開始日 또는 保險關係 消滅日부터 14日이내에 이를 勤勞福祉公團에 申告하여야 한다.

②第9條第2項의 規定에 의한 一括適用事業의 事業主는 그 사업(第1項의 規定에 의하여 申告된 사업을 제외한다)의 開始日부터 14日이내에 이를 勤勞福祉公團에 申告하여야 한다.

第3章 勤勞福祉公團

第13條(勤勞福祉公團의 設立) 勞動部長官이 委託을 받아 第1條의 目的을 달성하기 위한 사업을 효율적으로 수행하기 위하여 勤勞福祉公團(이하 "公團"이라 한다)을 設立한다.

第14條(公團의 사업) 公團은 다음 各號의 사업을 수행한다.

1. 保險加入者 및 受給權者에 관한 기록의 관리·유지
2. 保險料 기타 이 法에 의한 徵收金의 徵收
3. 保險給與의 決定 및 지급
4. 保險給與에 관한 審査請求의 審理·決定
5. 雇傭保險料의 徵收와 관련하여 勞動部長官이 委託하는 업무
6. 産業災害補償保險施設의 設置·운영
7. 勤勞者의 福祉增進을 위한 사업
8. 기타 政府로부터 委託받은 사업

9. 第6號 내지 第8號의 사업에 부대되는 사업

第15條(法人格) 公團은 法人으로 한다.

第16條(事務所) ①公團은 주된 事務所의 所在地는 定款으로 정한다.

②公團은 필요한 때에는 定款이 정하는 바에 의하여 分事務所를 둘 수 있다.

第17條(定款) ①公團의 定款에는 다음 各號의 사항을 기재하여야 한다.

1. 目　的
2. 名　稱
3. 주된 事務所와 分事務所에 관한 사항
4. 任員 및 職員에 관한 사항
5. 理事會에 관한 사항
6. 사업에 관한 사항
7. 豫算 및 決算에 관한 사항
8. 資産 및 會計에 관한 사항
9. 定款의 변경에 관한 사항
10. 內部規程의 制定·改正 및 廢止에 관한 사항
11. 公告에 관한 사항

②公團의 定款은 勞動部長官의 認可를 받아야 한다. 이를 변경하고자 할 때에도 또한 같다.

第18條(設立登記) 公團은 그 주된 事務所의 所在地에서 設立登記를 함으로써 成立한다.

第19條(任員) ①公團의 任員은 理事長 11人과 常任理事 4人을 포함한 15人이내의 理事와 監事 1人으로 한다.

②理事長은 勞動部長官의 提請에 의하여 大統領이 任命하고, 理事와 監事는 理事長의 提請에 의하여 勞動部長官이 任命한다. 다만, 當然職理事를 제외한다.

③非常任理事에 대하여는 報酬를 지급하지 아니한다. 다만, 직무수행에 소요되는 實費를 지급할 수 있다.

第20條(任員의 職務) ①理事長 및 理事의 任期는 3年으로 하고, 監事의 任期는 2年으로 하되, 각각 連任할 수 있다. 다만, 當然職理事의 任期는 그 再任期間으로 한다.

第21條(任員의 職務) ①理事長은 公團을 代表하고 公團의 業務를 統轄한다.

②常任理事는 定款이 정하는 바에 의하여 公團의 業務를 分掌하고, 理事長이 事故가 있을 때에는 定款이 정하는 順位에 따라 그 職務를 代行한다.

③監事는 公團의 業務 및 會計를 監査한다.

第22條(任員의 缺格事由) 다음 各號의 1에 해당하는 者는 公團의 任員이 될 수 없다.

1. 大韓民國 國民이 아닌 者
2. 國家公務員法 第33條 各號의 1에 해당하는 者

第23條(任員의 當然退任·解任) ①任員이 第22條 各號의 1에 해당하게 된 때에는 그 任員은 당연히 退任한다.

②任命權者는 任員이 다음 各號의 1에 해당하게 된 때에는 그 任員을 解任할 수 있다.

1. 身體 또는 精神상의 障碍로 職務를 수행할 수 없다고 인정될 때
2. 職務상의 義務를 위반한 때
3. 故意 또는 중대한 過失로 인하여 公團에 損失을 발생하게 한 때

第24條(任職員의 兼職制限) 公團의 常任任員 및 職員은 그 業務외의 營利를 目的으로 하는 業務에 종사하지 못하며, 常任任員은 勞動部長官의, 職員은 理事長의 許可를 받지 아니하고 다른 職務를 겸할 수 없다.

第25條(理事會) ①公團에는 그 業務에 관한 중요사항을 審議·議決하기 위하여 理事會를 둔다.

②理事會는 理事長 및 理事로 구성한다.

③理事長은 理事會를 召集하고 그 議長이 된다.

④理事會는 在籍構成員 過半數의 출석과 出席構成員 過半數의 贊成으로 議決한다.

⑤監事는 理事會에 출석하여 발언할 수 있다.

⑥理事會의 운영에 관하여 필요한 사항은 定款으로 정한다.

第26條(職員의 任免 및 代理人의 選任) ①理事長은 定款이 정하는 바에 의하여 公團의 職員을 任免한다.

②理事長은 定款이 정하는 바에 의하여 職員중에서 業務에 관한 裁判상 또는

裁判외의 행위를 할 수 있는 權限을 가진 代理人을 選任할 수 있다.

第27條(罰則適用에 있어서의 公務員擬制) 公團의 任員 및 職員은 刑法 第129條 내지 第132條의 적용에 있어서는 이를 公務員으로 본다.

第28條(業務의 指導·監督) ①公團은 大統領令이 정하는 바에 의하여 每會計年度의 事業運營計劃과 豫算에 관하여 勞動部長官의 승인을 얻어야 한다.

②公團은 每會計年度 종료후 2月이내에 事業實績과 決算을 勞動部長官에게 보고하여야 한다.

③勞動部長官은 公團에 대하여 그 사업에 관한 보고를 명하거나, 사업 또는 財産狀況을 檢査할 수 있으며, 필요하다고 인정하는 때에는 定款의 변경을 명하는 등 監督상 필요한 措置를 할 수 있다.

第29條(公團의 會計) ①公團의 會計年度는 政府會計年度에 따른다.

②公團은 保險事業에 관한 會計를 公團의 다른 會計와 구분하여 計理하여야 한다.

③公團은 勞動部長官의 승인을 얻어 會計規程을 정하여야 한다.

第30條(資金의 借入등) ①公團은 第14條의 規定에 의한 사업을 위하여 필요한 경우에는 勞動部長官의 승인을 얻어 資金을 借入(國際機構·外國政府 또는 外國人으로부터의 借入을 포함한다)할 수 있다.

②公團은 每會計年度 保險事業과 관련하여 支出이 收入을 초과하게 될 때에는 第84條의 規定에 의한 責任準備金의 범위안에서 勞動部長官의 승인을 얻어 産業災害補償保險基金에서 移入하여 충당할 수 있다.

第31條(剩餘金의 처리) 公團은 每會計年度末에 決算상 剩餘金이 있을 때에는 公團의 會計規程이 정하는 바에 의하여 會計別로 구분하여 損失金을 補塡하고 나머지는 이를 積立하여야 한다.

第32條(業務의 委託) ①公團은 保險料 기타 이 法에 의한 徵收金의 納付와 保險給與의 지급 기타 그 業務의 일부를 遞信官署 또는 金融機關에 委託할 수 있다.

②第1項의 規定에 의하여 公團이 委託할 수 있는 업무의 범위는 大統領令으로 정한다.

第33條(手數料등의 徵收) 公團은 第14條의 規定에 의한 사업에 관하여 勞動部長

官의 승인을 얻어 公團施設의 이용료·業務委託手數料등 그 사업에 필요한 비용을 受益者로 하여금 부담하게 할 수 있다.

第34條(資料提供의 요청) 公團은 業務상 필요하다고 인정되는 경우에는 關係行政機關이나 保險事業과 관련되는 機關·團體등에 대하여 필요한 資料의 제공을 요청할 수 있다.

第35條(出資등) ①公團은 公團의 사업을 효율적으로 수행하기 위하여 필요한 경우에는 第14條第6號 내지 第8號의 사업에 出資하거나 出捐할 수 있다.

②公團은 保險施設의 원활한 운영을 위하여 필요한 경우에는 勞動部長官의 許可를 얻어 非營利法人을 設立할 수 있다. 이 경우 公團은 당해 非營利法人의 업무에 관하여 指導·監督한다.

③第1項 및 第2項의 規定에 의한 出資·出捐 또는 非營利法人의 設立에 관하여 필요한 사항은 大統領令으로 정한다.

第36條(유사명칭의 사용금지) 公團이 아닌 者는 勤勞福祉公團 또는 이와 유사한 명칭을 사용하지 못한다.

第37條(民法의 準用) 公團에 관하여 이 法에 規定된 것을 제외하고는 民法중 財團法人에 관한 規定을 準用한다.

第 4 章 保險給與

第38條(保險給與의 종류와 지급사유등) ①保險給與의 종류는 다음 各號와 같다.

1. 療養給與
2. 休業給與
3. 障害給與
4. 遺族給與
5. 傷病補償年金
6. 葬儀費

②第1項의 規定에 의한 保險給與(傷病補償年金을 제외한다)는 勤勞基準法 第78條 내지 第80條, 第82條 및 第83條에 規定된 災害補償의 사유가 발생한 때에 保險給與를 받을 者(이하 "給與權者"라 한다)의 請求에 의하여 이를 지급한다.

③保險給與의 算定에 있어서 그 勤勞者가 소속된 사업과 동일한 職種의 勤勞者에게 지급되는 通常賃金이 변동되거나 사업의 廢止·休業 기타 부득이한 사유가 있을 때에는 大統領令이 정하는 기준에 따라 平均賃金을 增減할 수 있다.

④保險給與의 算定에 있어서 당해 勤勞者의 賃金이 낮아 그 平均賃金을 적용하는 것이 勤勞者의 보호에 적당하지 아니하다고 인정되는 경우에는 勞動部長官이 정하는 기준에 따라 산정한 금액을 당해 勤勞者의 平均賃金으로 한다. 다만, 休業給與 및 傷病補償年金의 경우에는 그러하지 아니하다.

⑤休業給與와 傷病補償年金을 算定함에 있어서 勤勞者의 平均賃金이 最低賃金法 第5條의 規定에 의한 最低賃金額에 미달되는 경우에는 그 最低賃金額을 平均賃金으로 한다.

⑥保險給與의 算定에 있어서 塵肺등 大統領令이 정하는 職業病으로 인하여 保險給與를 받게되는 勤勞者에게 그 平均賃金을 적용하는 것이 勤勞者의 보호에 적당하지 아니하다고 인정되는 경우에는 大統領令이 정하는 算定方法에 따라 算定하는 금액을 당해 勤勞者의 平均賃金으로 한다.

第39條(死亡의 推定) ①事故가 발생한 船舶 또는 航空機에 있던 勤勞者의 生死가 不明하거나 航行중에 船舶 또는 航空機에 있던 勤勞者의 行方不明 기타의 사유로 그 生死가 不明한 때에는 大統領令이 정하는 바에 의하여 死亡으로 推定하고, 遺族給與 및 葬儀費에 관한 規定을 적용한다.

②第1項의 規定에 의한 死亡의 推定으로 保險給與를 받은 후 그 勤勞者의 生存이 확인된 때에는 그 給與를 받은 者가 善意인 경우에는 받은 금액을, 惡意인 경우에는 받은 금액의 2倍에 해당하는 금액을 返還하여야 한다.

第40條(療養給與) ①療養給與는 療養費의 全額으로 하되, 公團이 設置한 保險施設 또는 公團이 지정한 醫療機關에서 療養을 하게 한다. 다만, 부득이한 경우에는 療養에 갈음하여 療養費를 지급할 수 있다.

②第1項의 경우에 負傷 또는 疾病이 3日이내의 療養으로 治療될 수 있는 때에는 療養給與를 지급하지 아니한다.

③第1項의 療養給與의 범위는 다음 各號와 같다.

1. 診 察

2. 藥劑 또는 診療材料와 義肢 기타 補綴具의 지급

3. 處置·手術 기타의 治療

4. 醫療施設에의 收用

5. 介　護

6. 移　送

7. 기타 勞動部令이 정하는 사항

④第1項 및 第3項의 規定에 의한 療養給與의 범위·費用등 療養給與의 算定基準은 勞動部令으로 정하여 告示한다.

⑤公團은 勞動者가 療養히고 있는 保險施設 또는 醫療機關의 所在地·人力 또는 施設등이 그 勤勞者의 療養에 적합하지 아니하다고 인정되는 경우에는 다른 保險施設 또는 醫療機關을 지정하여 그 保險施設 또는 醫療機關에서 療養하게 할 수 있다.

第41條(休業給與) 休業給與는 療養으로 인하여 就業하지 못한 기간에 대하여 지급하되, 1日당 支給額은 平均賃金의 100分의 70에 상당하는 금액으로 한다. 다만, 就業하지 못한 기간이 3日이내인 때에는 이를 지급하지 아니한다.

第42條(障害給與) ①障害給與는 障害等級에 따라 別表 1에 의한 障害補償年金 또는 障害補償一時金으로 하되, 그 障害等級의 기준은 大統領令으로 정한다.

②第1項의 規定에 의한 障碍補償年金 또는 障害補償一時金은 受給權者의 선택에 따라 이를 지급한다. 다만, 大統領令이 정하는 勞動力을 완전히 상실한 障害等級의 勤勞者에 대하여는 障害補償年金을 지급한다.

③障害補償年金은 受給權者의 申請이 있는 경우에는 그 年金의 最初의 1年分 또는 2年分을 先給할 수 있다. 다만, 第2項 但書의 規定에 의한 勤勞者에게는 그 年金의 最初의 1年分 내지 4年分을 先給할 수 있다.

④障害補償年金受給權者가 死亡한 경우에 이미 지급한 年金額을 지급당시의 각각의 平均賃金으로 나눈 日數의 합계가 別表 1에 의한 障害補償一時金의 日數에 미달하는 경우에는 그 미달하는 日數에 死亡당시의 平均賃金을 곱하여 算定한 금액을 遺族에게 一時金으로 지급한다.

第43條(遺族給與) ①遺族給與는 遺族補償年金 또는 遺族補償一時金으로 하되, 遺族補償年金의 지급기준, 受給資格 및 資格喪失과 지급정지등에 관한 사항은 大統領令으로 정한다.

②遺族補償一時金은 平均賃金의 1,300日分에 상당하는 금액으로 한다.

③第1項의 規定에 의한 遺族補償軟禁 또는 遺族補償一時金은 受給權者의 선택에 따라 이를 지급한다.

④遺族補償年金을 받던 者가 그 受給資格을 잃은 경우 다른 受給資格者가 없고 이미 지급한 年金額을 지급당시의 각각의 平均賃金으로 나눈 日數의 合計가 1,300日에 미달하는 경우에는 그 미달하는 日數에 給與資格喪失당시의 平均賃金을 곱하여 算定한 금액을 遺族補償年金受給資格者가 아닌 다른 遺族에게 一時金으로 지급한다.

第44條(傷病補償年金) ①療養給與를 받은 勤勞者가 療養開始후 2年이 경과된 날 이후에 다음 各號의 要件에 해당하는 상태가 계속되는 경우에는 療養給與외에 傷病補償年金을 受給權者에게 지급한다. 이 경우 第42條第2項 但書이 規定에 의한 障害補償年金을 받고 있던 者가 負傷 또는 疾病이 재발하여 療養하고 있는 경우에는 療養開始후 2年이 경과된 것으로 본다.

1. 당해 負傷 또는 疾病이 治療되지 아니한 상태에 있을 것
2. 그 負傷 또는 疾病에 의한 폐질의 정도가 大統領令이 정하는 폐질등급기준에 해당할 것

②傷病補償年金은 別表 2에 의한 폐질등급에 따라 지급한다.

③第2項의 規定에 의한 傷病補償年金 受給權者에게는 休業給與를 지급하지 아니한다.

第45條(葬儀費) 葬儀費는 平均賃金의 120日分에 상당하는 금액으로 한다.

第46條(障害特別給與) ①保險加入者의 故意 또는 過失로 발생한 業務상 災害로 인하여 勤勞者가 大統領令이 정하는 障害等級에 해당하는 障害를 입은 경우에 受給權者가 民法에 의한 損害賠償請求에 갈음하여 障害特別給與를 請求한 때에는 第42條의 障害給與외에 大統領令이 정하는 障害特別給與를 지급할 수 있다. 다만, 勤勞者와 保險加入者 사이에 障害特別給與에 관하여 合意가 이루어진 경우에 한한다.

②受給權者가 第1項의 規定에 의한 障害特別給與를 받은 때에는 동일한 사유에 대하여 保險加入者에게 民法 기타 法令의 規定에 의한 損害賠償을 請求할 수 없다.

③公團은 第1項의 規定에 의하여 障害特別給與를 지급한 때에는 大統領令이 정하는 바에 의하여 그 給與額의 全額을 保險加入者로부터 徵收한다.

第47條(遺族特別給與) ①保險加入者의 故意 또는 過失로 발생한 業務상 災害로 인하여 勤勞者가 死亡한 경우에 受給權者가 民法에 의한 損害賠償請求에 갈음하여 遺族特別給與를 請求한 때에는 第43條의 遺族給與외에 大統領令이 정하는 遺族特別給與를 지급할 수 있다.

②第46條第1項 但書·第2項 및 第3項의 規定은 第1項의 遺族特別給與에 관하여 이를 準用한다. 이 경우 "障害特別給與"는 "遺族特別給與"로 본다.

第48條(다른 補償 또는 賠償과의 관계) ①受給權者가 이 法에 의하여 保險給與를 받았거나 받을 수 있는 경우에는 保險加入者는 동일한 사유에 대하여 勤勞基準法에 의한 災害補償責任이 免除된다.

②受給權者가 동일한 사유에 대하여 이 法에 의한 保險給與를 받은 경우에는 保險加入者는 그 금액의 한도안에서 民法 기타 法令에 의한 損害賠償의 責任이 免除된다. 이 경우 障害補償年金 또는 遺族補償年金을 받고 있는 者는 障害補償一時金 또는 遺族補償一時金을 받은 것으로 본다.,

③受給權者가 동일한 사유로 民法 기타 法令에 의하여 이 法의 保險給與에 상당한 金品을 받은 때에는 公團은 그 받은 金品을 大統領令이 정하는 방법에 따라 換算한 금액의 한도안에서 이 法에 의한 保險給與를 지급하지 아니한다. 다만, 第2項 後段의 規定에 의하여 受給權者가 지급받은 것으로 보게 되는 障害補償一時金 또는 遺族補償一時金에 해당하는 年金額에 대하여는 그러하지 아니하다.

④療養給與를 받는 勤勞者가 療養을 개시한 후 3年이 경과된 날 이후에 傷病補償年金을 지급받고 있는 경우에는 勤勞基準法 第27條第2項 但書의 規定을 적용함에 있어서 당해 使用者는 그 3年이 경과된 날 이후에는 同法 第84條에 規定된 一時補償을 지급한 것으로 본다.

第49條(受給權者의 범위) ①第40條 내지 第44條의 規定에 의한 保險給與는 당해 勤勞者나 그 遺族에게 지급한다.

②第1項의 規定에 의한 保險給與의 受給權者인 遺族의 범위 및 그 順位는 大統領令으로 정한다.

③第45條의 規定에 의한 葬儀費는 그 葬祭를 행하는 者에게 지급한다.

第50條(未支給의 保險給與) ①保險給與의 受給權者가 死亡한 경우에 그 受給權者에게 지급하여야 할 保險給與로서 아직 지급되지 아니한 保險給與가 있는 때에는 당해 受給權者의 遺族(遺族給與의 경우에는 그 遺族給與를 받을 수 있는 다른 遺族)의 請求에 의하여 그 保險給與를 지급한다.

②第1項의 경우에 그 受給權者가 死亡전에 保險給與를 請求하지 아니한 때에는 同項의 規定에 의한 遺族의 請求에 의하여 그 保險給與를 지급한다.

第51條(保險給與의 지급) 保險給與는 支給決定日부터 14日이내에 지급하여야 한다.

第52條(保險給與支給의 制限) ①公團은 勤勞者가 정당한 이유없이 療養에 관한 지시를 위반함으로써 負傷·疾病 또는 身體障害의 상태를 악화시키거나 그 治療를 방해한 것이 명백한 경우에는 保險給與의 전부 또는 일부를 지급하지 아니할 수 있다.

②公團은 第1項의 規定에 의하여 保險給與를 지급하지 아니하기로 決定한 때에는 지체없이 이를 관계保險加入者와 勤勞者에게 통지하여야 한다.

第53條(不正利得의 徵收) 公團은 허위 기타 부정한 방법으로 保險給與를 받은 者에 대하여 그 給與額의 2倍에 해당하는 금액을 徵收할 수 있다. 이 경우 保險給與의 지급이 保險加入者의 허위의 申告 또는 증명으로 인한 때에는 그 保險加入者도 連帶하여 責任진다.

第54條(第三者에 대한 請求權)㉑公團은 第三者의 행위에 의한 災害로 인하여 保險給與를 지급한 경우에는 그 給與額의 한도안에서 給與를 받은 者의 第三者에 대한 損害賠償請求權을 代位한다. 다만, 保險加入者인 2이상의 事業主가 같은 場所에서 하나의 사업을 分割하여 각각 행하다가 그중 事業主를 달리하는 勤勞者의 행위로 災害가 발생한 경우에는 그러하지 아니하다.

②第1項의 경우에 受給權者가 第三者로부터 동일한 사유로 인하여 이 法의 保險給與에 상당하는 損害賠償을 받은 경우에는 公團은 그 賠償額을 大統領令이 정하는 방법에 따라 換算한 금액의 한도안에서 이 法에 의한 保險給與를 지급하지 아니한다.

③受給權者 및 保險加入者는 第三者의 행위로 인한 災害가 발생한 때에는 지

체없이 이를 公團에 申告하여야 한다.

第55條(受給權의 보호) ①勤勞者의 保險給與를 받을 權利는 그 退職으로 인하여 消滅되지 아니한다.

②保險給與를 받을 權利는 讓渡 또는 押留할 수 없다. 다만, 大統領令이 정하는 바에 의하여 保險給與의 受領은 이를 家族 또는 事業主에게 위임할 수 있다.

第56條(公課金의 免除) 保險給與로서 지급된 金品에 대하여는 國家 또는 地方自治團體의 公課金을 賦課하지 아니한다.

第5章 保險料

第57條(保險料의 徵收) 公團은 保險事業에 소요되는 費用에 충당하기 위하여 保險加入者로부터 保險料를 徵收한다.

第58條(産業災害補償保險事務組合) ①保險加入者를 構成員으로 하는 團體로서 特別法에 의하여 設立된 團體 또는 民法 第32條의 規定에 의하여 勞動部長官의 許可를 받아 設立된 法人(이하 "事業主團體"라 한다)은 保險加入者의 委託을 받아 保險加入者가 납부하여야 할 保險料 기타 이 法에 의한 徵收金의 납부와 기타 保險에 관한 사무(이하 "保險事務"라 한다)를 행할 수 있다. 이 경우 保險事務를 委託할 수 있는 保險加入者의 범위는 大統領令으로 정한다.

②事業主團體가 第1項의 規定에 의하여 保險事務를 행하고자 할 때에는 大統領令이 정하는 바에 의하여 公團의 許可를 받아야 한다. 許可받은 사항(勞動部令이 정하는 경미한 사항을 제외한다)을 변경하고자 할 때에도 또한 같다.

③第2項의 規定에 의하여 認可를 받은 事業主團體(이하 "保險事務組合"이라 한다)는 第1項의 規定에 의한 업무의 전부 또는 일부를 廢止하거나 第2項의 規定에 의한 勞動部令이 정하는 사항을 변경하고자 할 때에는 公團에 申告하여야 한다.

④公團은 保險事務組合이 保險事務를 違法 또는 부당하게 처리하거나 그 처리를 懈怠하였다고 인정되는 경우에는 第2項의 規定에 의한 認可를 取消할 수 있다.

⑤公團은 保險事務組合이 保險事務를 처리한 때에는 大統領令이 정하는 바에

의하여 徵收費用을 교부 할 수 있다.

第59條(保險事務組合에 대한 통지등) 公團은 保險料 기타 이 法에 의한 徵收金의 납입등의 통지 또는 返還金의 返還을 保險加入者가 保險事務를 委託한 保險事務組合에 대하여 행함으로써 당해 保險加入者에 대한 통지 또는 返還에 갈음할 수 있다.

第60條(保險事務組合의 納付義務등) ①保險事務組合은 保險事務를 委託한 保險加入者로부터 保險料 기타 이 法에 의한 徵收金을 수령하여 納付期日내에 그 금액을 납부하여야 한다.

②公團이 第70條의 規定에 의한 加算金, 第71條의 規定에 의한 延滯金 및 第72條第1項第2號의 規定에 의한 保險給與額을 徵收하는 경우에 그 徵收事由가 保險事務組合의 歸責事由로 인한 때에는 그 한도안에서 그 保險事務組合이 이를 납부하여야 한다.

第61條(保險事務組合의 帳簿備置등) 保險事務組合은 大統領令이 정하는 바에 의하여 保險事務에 관한 사항을 기재한 帳簿 및 기타 書類를 事務所에 비치하여야 한다.

第62條(保險料의 算定) ①保險料는 保險加入者가 경영하는 사업의 賃金總額에 同種의 사업에 적용되는 保險料率을 곱한 금액으로 한다.

②第65條第1項 및 第67條第1項의 規定에 의한 賃金總額의 推定額 또는 賃金總額을 決定하기 곤란한 경우에는 勞動部長官이 정하여 告示하는 勞動比率에 의하여 賃金總額의 推定額 또는 賃金總額을 決定한다.

第63條(保險料率의 결정) ①保險料率은 매년 9月 30日 현재 과거 3年間의 賃金總額에 대한 保險給與總額의 比率을 기초로 하고 이 法에 의한 年金등 保險給與에 소요되는 金額, 災害豫防 및 災害勤勞者의 福祉增進등에 소요되는 費用 기타 사정을 고려하여 勞動部令이 정하는 바에 의하여 사업종류별로 구분·決定한다. 이 경우 賃金 1원을 保險料率의 算出單位로 한다.

②勞動部長官은 第1項의 規定에 불구하고 保險關係가 成立하여 3年이 되지 아니한 사업에 대한 保險料率은 勞動部令이 정하는 바에 의하여 委員會의 審議를 거쳐 사업종류별로 따로 이를 정한다.

第64條(保險料率決定의 特例) 公團은 大統領令이 정하는 사업으로서 매년 9月

30日 현재 保險關係가 成立하여 3年을 경과한 사업에 있어서 당해年度 9月 30日 현재 과거 3년간의 過怠料의 금액에 대한 保險給與의 금액의 比率이 100분의 85를 넘거나 100분의 75이하인 경우에는 그 사업에 적용되는 保險料率을 100분의 40의 범위안에서 大統領令이 정하는 바에 의하여 引上 또는 引下한 率을 당해 사업에 대한 다음 保險年度의 保險料率로 할 수 있다.

第65條(槪算保險料의 申告와 납부) ①保險加入者는 每保險年度마다 그 1年간(保險年度중에 保險關係가 成立한 경우에는 그 成立日부터 그 保險年度의 末日까지의 기간)에 사용할 모든 勤勞者에게 지급할 賃金總額의 推定額(大統領令이 정하는 경우에는 前年度에 사용한 모든 勤勞者에게 지급할 賃金總額)에 保險料率을 곱하여 算定한 금액(이하 "槪算保險料"라 한다)을 大統領令이 정하는 바에 의하여 保險年度의 初日(保險年度중에 保險關係가 成立한 경우에는 그 保險關係의 成立日)부터 70日이내에 公團에 申告·납부하여야 한다. 다만, 建設工事등 기간의 정함이 있는 사업으로서 70日이내에 종료되는 사업에 있어서는 그 사업의 終了日 전일까지 申告·납부하여야 한다.

②保險加入者는 第1項의 規定에 의하여 槪算保險料를 납부한 후 賃金總額의 推定額이 大統領令이 정하는 기준이상으로 증가한 경우에는 그 증가한 날이 속하는 달의 다음 달 末日까지 증가후의 賃金總額의 推定額에 따라 算定한 槪算保險料額과 이미 납부한 槪算保險料額과의 差額을 公團에 申告·납부하여야 한다.

③公團은 保險加入者가 第1項 및 第2項의 規定에 의한 申告를 하지 아니하거나 그 申告가 사실과 다른 경우에는 그 사실을 調査하여 槪算保險料를 算定하여 徵收하되 이미 납부된 금액이 있을 때에는 그 差額을 徵收한다.

④保險加入者는 第1項 및 第2項의 槪算保險料를 大統領令이 정하는 바에 의하여 分割納付할 수 있다.

⑤保險加入者가 第4項의 規定에 의하여 分割納付할 수 있는 槪算保險料를 第1項 및 第2項의 規定에 의한 納付期限내에 全額 납부하는 경우에는 그 槪算保險料의 금액에서 100分의 5에 상당하는 금액을 공제한다.

第66條(保險料率의 引上 또는 引下등에 따른 措置) ①公團은 保險料率이 引上 또는 引下된 때에는 槪算保險料를 追加徵收 또는 減額調整한다.

②公團은 保險加入者가 保險年度중에 사업의 규모를 축소하여 이미 申告한 概算保險料總額이 실제의 槪算保險料總額보다 大統領令이 정하는 기준이상으로 초과하게 된 경우에는 保險加入者의 申請에 의하여 그 超過額을 減額할 수 있다.

第67條(推定保險料의 申告·납부와 精算) ①保險加入者는 每保險年度의 末日 또는 保險關係가 消滅한 날까지 사용한 모든 勤勞者에게 지급한 賃金總額(지급하기로 결정된 금액을 포함한다)에 保險料率을 곱하여 算定한 금액(이하 "確定保險料"라 한다)을 大統領令이 정하는 바에 의하여 다음 保險年度의 初日부터 70日(保險年度중에 保險關係가 消滅한 사업에 있어서는 保險關係가 消滅한 날의 다음 날부터 30日)이내에 公團에 申告하여야 한다.

②第65條 및 第66條第1項의 規定에 의하여 납부 또는 追加徵收한 槪算保險料의 금액이 第1項의 確定保險料의 金額을 초과하는 경우에는 公團은 그 超過額을 保險加入者에게 返還하여야 하며, 부족되는 경우에는 保險加入者는 그 不足額을 다음 保險年度의 初日부터 70日(保險年度중에 保險關係가 消滅한 사업에 있어서는 消滅한 날의 다음 날부터 30日)이내에 납부하여야 한다.

③公團은 保險加入者가 第1項의 規定에 의한 申告를 하지 아니하거나 그 申告가 사실과 다른 때에는 그 사실을 調査하여 確定保險料의 금액을 算定하여야 한다.

④公團은 第3項의 規定에 의하여 確定保險料의 금액을 算定한 경우에 保險加入者가 槪算保險料를 납부하지 아니한 때에는 그 確定保險料의 全額을 徵收하고, 槪算保險料를 납부한 경우에 있어서는 그 금액이 確定保險料의 금액을 초과하는 때에는 그 超過額을 保險加入者에게 返還하며, 납부한 槪算保險料의 金額이 確定保險料의 금액에 부족되는 때에는 그 不足額을 徵收한다.

第68條(確定保險料의 申告·납부 및 精算의 特例) ①公團은 第62條의 規定에 불구하고 기간의 정함이 있는 사업으로서 大統領令이 정하는 규모의 해당하는 建設工事등에 있어서 確定保險料의 금액에 대한 保險給與의 금액의 比率이 100분의 85를 넘거나 100분의 75이하인 경우에는 確定保險料의 금액을 기준으로 하여 100분의 40의 범위안에서 大統領令이 정하는 率만큼 引上하거나 引下하여 얻은 금액을 保險加入者가 그 사업에 관하여 납부하여야 할 保險料의 금액으로 결정한다. 이 경우 每保險年度의 末日 또는 保險關係가 消滅한 날 이후

에도 지급하여야 할 保險給與의 금액이 있는 경우에 있어서 保險給與의 금액의 算定方法은 大統領令으로 정한다.

②第65條 또는 第66條第1項의 規定에 의하여 납부 또는 追加徵收한 概算保險料의 금액이 第1項의 規定에 의하여 算定한 保險料의 금액을 초과하는 경우에는 公團은 그 超過額을 保險加入者에게 返還하여야 하며, 부족되는 경우에는 保險加入者는 그 不足額을 大統領令이 정하는 기간이내에 납부하여야 한다.

③公團은 保險加入者가 第67條第1項의 規定에 의한 申告를 하지 아니하거나 그 申告가 사실과 다른 경우에는 그 사실을 調査하여 第1項의 規定에 의한 確定保險料의 금액을 算定하여야 한다.

④公團은 第3項의 規定에 의하여 確定保險料의 금액을 算定한 경우에 保險加入者가 概算保險料를 납부하지 아니한 때에는 그 確定保險料의 全額을 徵收하고, 概算保險料를 납부한 경우에 있어서는 그 금액이 確定保險料의 금액을 초과하는 때에는 그 超過額을 保險加入者에게 返還하며, 납부한 概算保險料의 금액이 確定保險料의 금액에 부족되는 때에는 그 不足額을 徵收한다.

第69條(保險料등 過納額의 충당과 返還) ①公團은 保險加入者가 保險料 기타 이 法에 의한 徵收金과 滯納處分費로서 납부한 금액중 過誤納付한 금액 또는 第66條, 第67條第2項·第4項 또는 第68條第2項·第4項의 規定에 의하여 超過納付한 금액을 返還하고자 할 때에는 大統領令이 정하는 順位에 따라 保險料 기타 이 法에 의한 徵收金에 우선 충당하고 그 殘額을 당해 保險加入者에게 返還하여야 한다.

②公團은 第1項의 規定에 의하여 過誤納付한 금액 또는 超過納付한 금액을 保險料 기타 이 法에 의한 徵收金에 충당하거나 返還하는 때에는 다음 各號의 1에 規定된 날의 다음 날부터 충당 또는 返還하기로 결정된 날까지의 기간에 대하여 大統領令이 정하는 利子率에 따라 計算한 금액을 그 過誤納付한 금액 또는 超過納付한 금액에 加算하여야 한다.

1. 錯誤納付, 二重納付, 납부후 그 賦課의 取消 또는 更正 決定으로 인한 超過額에 있어서는 그 納付日
2. 第66條第2項의 規定에 의한 減額申請에 의하여 保險料를 減額한 경우의 超過額에 있어서는 概算保險料減額申請書 接受日부터 7日

3. 第67條第2項·第4項 또는 第68條第2項·第4項의 規定에 의하여 返還하는 경우에는 確定保險料申告書 接收日부터 7日

第70條(加算金의 徵收) 公團은 第67條第4項 또는 第68條第4項의 規定에 의하여 保險料를 徵收할 때에는 그 徵收하여야 할 保險料의 100分의 10에 상당하는 금액을 加算金으로 徵收한다. 다만, 加算金의 금액이 少額이거나 기타 그 徵收가 적절하지 아니하다고 인정하는 경우로서 大統領令이 정하는 경우를 제외한다.

第71條(延滯金의 徵收) ①公團은 保險加入者가 第65條 내지 第67條의 規定에 의한 납부기간까지 保險料 기타 이 法에 의한 徵收金을 납부하지 아니한 때에는 그 금액 100원에 대하여 1일 7錢의 한도안에서 大統領令이 정한는 率에 따라 納付期間滿了日의 다음 날부터 保險料 기타 이 法에 의한 徵收金을 完納하거나 精算한 날의 전날까지의 日數에 의하여 計算한 延滯金을 徵收한다. 다만, 延滯金의 금액이 少額이거나 기타 그 徵收가 적절하지 아니하다고 인정하는 경우로서 大統領令이 정하는 경우를 제외한다.

②第1項의 경우에 保險料 기타 이 法에 의한 徵收金의 일부를 납부한 때에는 그 納付日의 다음 날부터 그 납부한 금액을 공제한 殘額에 대하여 延滯金을 徵收한다.

第72條(保險加入者로부터의 保險給與額의 徵收) ①公團은 다음 各號의 1에 해당하는 災害에 대하여 保險給與를 지급하는 경우에는 大統領令이 정하는 바에 의하여 그 給與額의 전부 또는 일부를 保險加入者로부터 徵收할 수 있다.

1. 事業主가 第12條의 規定에 의한 保險加入申告 또는 사업 開始申告를 태만히 한 기간중에 발생한 災害
2. 保險加入者가 保險料의 납부를 태만히 한 기간중에 발생한 災害

②公團은 第1項의 規定에 의하여 保險給與額의 전부 또는 일부를 徵收하기로 規定한 때에는 지체없이 이를 保險加入者에게 통지하여야 한다.

第73條(徵收金의 독촉) ①公團은 保險料 기타 이 法에 의한 徵收金의 납부통지에도 불구하고 이를 납부하지 아니한 때에는 期限을 정하여 그 納付義務者에게 납부를 독촉하여야 한다.

②公團은 第1項의 規定에 의하여 독촉을 할 경우에는 독촉장을 발부하여야 한다. 이 경우 納付期限은 10日이상의 여유가 있도록 하여야 한다.

第74條(徵收金의 滯納處分) 公團은 第73條의 規定에 의하여 독촉을 받은 者가 그 期限내에 保險料 기타 이 法에 의한 徵收金을 납부하지 아니한 때에는 勞動部長官의 승인을 얻어 國稅滯納處分의 예에 의하여 이를 徵收할 수 있다.

第75條(徵收金의 缺損處分) ①公團은 다음 各號의 1에 해당하는 사유가 있을 때에는 勞動部長官의 승인을 얻어 保險料 기타 이 法에 의한 徵收金을 缺損處分할 수 있다.

1. 滯納處分이 終結되고 滯納額에 충당될 配分金額이 그 滯納額에 부족되는 경우
2. 당해 權利에 대한 消滅時效가 완성된 경우
3. 徵收할 가망이 없다고 인정하여 大統領令이 정하는 경우

②公團은 第1項第3號의 規定에 의하여 缺損處分을 한 후 다른 押留할 수 있는 財產이 있었던 것을 발견한 때에는 지체없이 그 처분을 取消하고, 滯納處分을 하여야 한다.

第76條(保險料 徵收의 優先順位) 保險料 기타 이 法에 의한 徵收金의 徵收優先順位는 國稅 및 地方稅의 다음으로 한다.

第77條(書類의 送達) 國稅基本法 第8條 내지 第12條의 規定은 保險料 기타 이 法에 의한 徵收金에 관한 書類의 송달에 관하여 이를 準用한다.

第6章 勤勞福祉事業

第78條(勤勞福祉事業) ①勞動部長官은 勤勞者의 福祉增進을 위한 다음 各號의 사업을 시행한다.

1. 業務상의 災害를 입은 勤勞者의 원활한 社會復歸를 촉진하기 위하 다음 各目의 保險施設의 設置·운영
   가. 療養 또는 外科後 處罰에 관한 施設
   나. 醫療再活 또는 職業再活에 관한 施設
2. 奬學事業등 災害勤勞者와 그 遺族의 福祉增進을 위한 사업
3. 기타 勤勞者의 福祉增進을 위한 施設의 設置·운영사업

②勞動部長官은 公團 또는 災害勤勞者의 福祉增進을 위하여 設立된 法人중 勞動部長官의 지정을 받은 法人(이하 "指定法人"이라 한다)으로 하여금 第1項의 規定에 의한 사업을 행하게 하거나 同項第1號의 規定에 의한 保險施設의 운영

을 委託할 수 있다.

③第2項의 規定에 의한 指定法人의 지정기준에 관하여 필요한 사항은 勞動部令으로 정한다.

④勞動部長官은 豫算의 범위안에서 指定法人의 사업에 필요한 費用의 일부를 보조할 수 있다.

第79條(身體障害者의 雇傭促進) 勞動部長官은 障害給與를 받은 者의 障害程度를 참작하여 保險加入者가 災害勤勞者를 그 적성에 맞는 업무에 雇傭하도록 勸告하거나 기타 필요한 措置를 강구하여야 한다.

第7章 産業災害補償保險基金

第80條(基金의 設置 및 造成) ①勞動部長官은 保險事業에 필요한 財源을 확보하고, 保險給與에 충당하기 위하여 産業災害補償保險基金(이하 "基金"이라 한다)을 設置한다.

②基金은 保險料·基金運用收益金·積立金·基金의 決算상 剩餘金·다른 基金으로부터의 出損金·借入金 기타 收入金을 財源으로 하여 이를 조성한다.

第81條(基金의 運用) 基金은 다음 各號의 用途에 사용한다.

1. 保險給與의 지급 및 返還金의 返還
2. 借入金 및 그 利子의 償還
3. 公團에의 出捐
4. 産業安全保健法에 의한 産業災害豫防基金에의 出損
5. 災害勤勞者의 福祉增進
6. 기타 保險事業 및 基金의 관리·運用

第82條(基金의 관리·運用) ①基金은 勞動部長官이 관리·運用한다.

②勞動部長官은 다음 各號의 방법에 의하여 基金을 관리·運用하여야 한다.

1. 金融機關 또는 遞信官署에의 預入 및 金錢信託
2. 財政資金에의 預託
3. 投資信託등의 受益證券 買入
4. 國家·地方自治團體 또는 金融機關이 직접 발행하거나 債務履行을 보증하는 有價證券의 買入

5. 기타 基金增殖을 위하여 大統領令이 정하는 사업

③勞動部長官은 第2項의 規定에 의하여 基金을 관리·運用함에 있어서는 그 收益이 大統領令이 정하는 수준이상이 되도록 하여야 한다.

④勞動部長官은 企業會計의 原則에 따라 基金을 計理하여야 한다.

⑤勞動部長官은 基金의 관리·運用에 관한 업무의 일부를 公團에 委託할 수 있다.

第83條(基金의 運用計劃) ①勞動部長官은 每會計年度마다 委員會의 審議를 거쳐 基金運用計劃을 수립하여야 한다.

②勞動部長官은 第1項의 規定에 의한 基金運用計劃을 수립한 때에는 國務會議의 審議를 거쳐 大統領의 승인을 얻어야 한다.

第84條(責任準備金의 積立) ①勞動部長官은 保險給與에 충당하기 위하여 責任準備金을 積立하여야 한다.

②勞動部長官은 每會計年度마다 責任準備金을 算定하여 積立金 保有額이 責任準備金의 금액을 초과하는 경우에는 그 超過額을 장래의 保險給與 支給財源으로 사용하고, 부족한 경우에는 그 不足額을 保險料 收入에서 積立하여야 한다.

③第1項의 規定에 의한 責任準備金의 算定基準 및 積立에 관하여 필요한 사항은 大統領令으로 정한다.

第85條(剩餘金과 損失金의 처리) ①基金의 決算상 剩餘金이 생긴 때에는 이를 積立金으로 積立하여야 한다.

②基金의 決算상 損失金이 생긴 때에는 積立金을 사용할 수 있다.

第86條(借入金) ①基金에 속하는 經費를 지급하기 위하여 필요한 때에는 基金의 負擔으로 借入할 수 있다.

②基金에 있어서 支給상 現金의 부족이 생긴 때에는 基金의 負擔으로 一時借入을 할 수 있다.

③第2項의 規定에 의한 一時借入金은 당해 會計年度안에 償還하여야 한다.

第87條(基金의 出納등) 기금의 관리·運用에 있어서의 出納節次등에 관한 사항은 大統領令으로 정한다.

제8章　審査請求 및 再審査請求

第88條(審査請求의 제기) ①保險給與에 관한 決定에 대하여 불복이 있는 者는 公團에 審査請求를 할 수 있다.

②第1項의 規定에 의한 審査請求는 당해 保險給與에 관한 決定을 행한 公團의 所屬機關을 거쳐 公團에 제기하여야 한다.

③第1項의 規定에 의한 審査請求는 保險給與에 관한 決定이 있음을 안 날부터 60日이내에 하여야 한다.

④第2項의 規定에 의하여 審査請求書를 받은 公團의 所屬機關은 5日이내에 意見書를 첨부하여 이를 公團에 송부하여야 한다.

⑤保險給與에 관한 決定에 대하여는 行政審判法에 의한 行政審判을 제기할 수 없다.

第89條(審査請求에 대한 審理·決定) ①公團은 第88條第4項의 規定에 의하여 審査請求書를 송부받은 날부터 50日이내에 審査請求에 대한 決定을 하여야 한다. 다만, 부득이한 사유로 인하여 그 기간내에 決定을 할 수 없을 때에는 1次에 한하여 10日을 넘지 아니하는 범위내에서 그 기간을 연장할 수 잇다.

②公團은 審査請求의 審理를 위하여 필요한 경우에는 請求人의 申請 또는 職權에 의하여 다음 各號의 행위를 할 수 있다.

1. 請求人 또는 關係人을 指定場所에 출석하게 하여 質問하거나 의견을 진술하게 하는 것
2. 請求人 또는 關係人에게 증거가 될 수 있는 文書 기타 물건을 제출하게 하는 것
3. 專門的인 知識이나 經驗을 가진 第三者로 하여금 鑑定하게 하는 것
4. 所屬職員으로 하여금 事件에 관계가 있는 事業場 기타 場所에 출입하여 事業主·勤勞者 기타 관계인에게 質問하게 하거나, 文書 기타 물건을 檢査하게 하는 것
5. 審査請求와 관계가 있는 勤勞者에 대하여 公團이 지정하는 醫師 또는 齒科醫師의 診斷을 받게 하는 것

③第2項第4號의 規定에 의한 質問이나 檢査를 행하는 所屬職員은 그 權限을

표시하는 證票를 관계인에게 내보여야 한다.

第90條(再審査請求의 제기) ①第89條第1項의 規定에 의한 審査請求에 대한 決定에 불복이 있는 者는 第91條의 規定에 의한 産業災害補償保險審査委員會에 再審査請求를 할 수 있다.

②第1項의 規定에 의한 再審査請求는 당해 保險給與에 관한 決定을 행한 公團의 所屬機關을 거쳐 産業災害補償保險審査委員會에 제기하여야 한다.

③第1項의 規定에 의한 再審査請求는 審査請求에 대한 決定이 있음을 안 날부터 60日이내에 제기하여야 한다.

④第88條第4項의 規定은 再審査請求에 관하여 이를 準用한다. 이 경우 "審査請求書"는 "再審査請求書"로, "公團"은 "産業災害補償保險審査委員會"로 본다.

第91條(産業災害補償保險審査委員會) ①第90條의 規定에 의한 再審査請求를 審理·裁決하게 하기 위하여 勞動部에 産業災害補償保險審査委員會(이하 "審査委員會"라 한다)를 둔다.

②審査委員會는 委員長을 포함한 15人이내의 委員으로 구성하되, 委員중 2人은 常任委員으로, 1人은 當然職委員으로 한다.

③審査委員會의 委員중에는 勤勞者 및 使用者를 代表하는 者 각 1人을 포함하여야 한다.

④審査委員會의 委員은 다음 各號의 1에 해당하는 者중에서 勞動部長官의 提請으로 大統領이 任命한다. 다만, 當然職委員은 勞動部長官이 소속 2級 또는 3級의 一般職公務員중에서 지명하는 者로 한다.

1. 3級이상의 公務員으로 在職하고 있거나 있었던 者
2. 判事·檢事 또는 辯護士의 資格이 있는 者
3. 敎育法에 의한 大學에서 副敎授이상으로 在職하고 있거나 있었던 者
4. 勞動關係業務에 15年이상 종사한 者로서 勞動部長官이 資格이 있다고 인정하는 者
5. 社會保險 또는 産業醫學에 관한 學識과 經驗이 있는 者로서 勞動部長官이 資格이 있다고 인정하는 者
6. 勤勞者團體 및 使用者團體에서 推薦한 者로서 勞動部長官이 資格이 있다고 인정하는 者

⑤다음 各號의 1에 해당하는 者는 委員에 任命될 수 없다.

1. 禁治產·限定治產 또는 破產의 宣告를 받고 復權되지 아니한 者
2. 禁錮이상의 刑을 받고 그 刑의 執行이 종료되거나 執行을 받지 아니하기로 확정된 후 3年이 경과되지 아니한 者
3. 心神喪失者·心神薄弱者

⑥委員(當然職委員을 제외한다)의 任期는 3年으로 하되, 連任할 수 있다. 다만, 補闕委員의 任期는 前任者의 殘任期間으로 한다.

⑦委員은 다음 各號의 1에 해당하는 경우외에는 그 의사에 반하여 免職되지 아니한다.

1. 禁錮이상의 刑의 宣告를 받은 경우
2. 長期의 心神衰弱으로 職務를 수행할 수 없게 된 경우

⑧審查委員會에 事務局을 둔다.

⑨審查委員會 및 事務局의 組織·운영등에 관하여 필요한 사항은 大統領令으로 정한다.

第92條(再審查請求에 대한 審理·裁決) ①第89條의 規定은 再審查請求에 대한 心理·裁決에 관하여 이를 準用한다. 이 경우 "公團"은 "審查委員會"로, "審查請求"는 "再審查請求"로, "決定"은 "裁決"로, "所屬職員"은 "審查委員會의 委員"으로 본다.

②審查委員會의 裁決은 公團을 羈束한다.

第93條(審查 및 再審查請求人의 地位承繼) 心審查請求人 또는 再審查請求人이 死亡한 경우 그 請求人이 保險給與의 受給權者인 때에는 第49條 또는 第50條의 規定에 의한 遺族이, 그 외의 者인 때에는 相續人 또는 審查請求나 再審查請求의 대상인 保險給與에 관련된 權利·利益을 承繼한 者가 각각 請求人의 地位를 承繼한다.

第94條(다른 法律과의 관계) ①第88條 및 第90條의 規定에 의한 審查請求 및 再審查請求의 제기는 時效中斷에 관하여 民法 第168條의 規定에 의한 裁判상의 請求로 본다.

②製9條의 規定에 의한 再審查請求에 대한 裁決은 行政訴訟法 第18條를 적용함에 있어 이를 行政審判에 대한 裁決로 본다.

③第88條 및 第90條의 規定에 의한 審查請求 및 再審查請求에 관하여 이 法에서 정하고 있지 아니한 사항에 대하여는 行政審判法 規定에 의한다.

第9章 補 則

第95條(통지) 公團은 保險料 기타 이 法에 의한 徵收金을 徵收하고자 할 때에는 勞動部令이 정하는 바에 의하여 保險加入者에게 그 금액과 納付期限을 書面으로 통지하여야 한다.

第96條(時效) ①保險料 기타 이 法에 의한 徵收金을 徵收하거나 그 返還을 받을 權利 및 保險給與를 받을 權利는 3年간 행사하지 아니하면 消滅時效가 完成된다.

②第1項의 規定에 의한 消滅時效에 과하여는 이 法에 規定된 것을 제외하고는 民法의 規定에 의한다.

第97條(時效의 중단) ①第96條의 規定에 의한 消滅時效는 다음 各號의 사유로 인하여 중단한다.

1. 第38條第2項 또는 第69條第1項의 規定에 의한 請求
2. 第73條의 規定에 의한 독촉 또는 第95條의 規定에 의한 통지
3. 第74條의 規定에 의한 滯納處分節次에 따라 행하는 交付請求

②第1項의 規定에 의하여 중단된 消滅時效는 다음 各號의 기간이 경과한 때부터 새로 진행한다.

1. 독촉에 의한 납부기간
2. 第95條의 規定에 의하여 통지한 납부기간
3. 交付請求중의 기간

第98條(確定保險料의 消滅時效) 第67條의 規定에 의한 確定保險料의 消滅時效는 다음 保險年度의 初日(保險年度중에 保險關係가 消滅한 사업에 있어서는 保險關係가 消滅한 날의 다음날)부터 진행한다.

第99條(보고등) ①公團은 필요하다고 인정할 때에는 大統領令이 정하는 바에 의하여 이 法의 적용을 받는 사업의 事業主 또는 당해 사업에 종사하는 勤勞者 및 保險事務組合에게 保險事業에 관하여 필요한 보고 또는 關係書類의 제출을 요구할 수 있다.

②障害補償年金 또는 遺族補償年金을 받을 權利가 있는 者는 保險給與支給에 관하여 필요한 사항으로서 大統領令이 정하는 사항을 公團에 申告하여야 한다.

③遺族補償年金의 受給權者가 그 受給權을 잃은 때에는 지체없이 公團에 申告하여야 한다.

第100條(事業主의 助力) ①保險給與를 받을 者가 사고로 인하여 保險給與의 請求등의 節次를 행하기 곤란한 경우에는 事業主는 이에 助力하여야 한다.

②事業主는 保險給與를 받을 者가 保險給與를 받는 데 필요한 증명을 요구하는 때에는 그 증명을 하여야 한다.

③事業主의 行方不明 기타 부득이한 사유로 第2項의 規定에 의한 증명이 불가능한 경우에는 그 증명을 생략할 수 있다.

第101條(檢査) ①公團은 필요하다고 인정할 때에는 所屬職員으로 하여금 이 法의 적용을 받는 사업의 事務所 또는 事業場과 保險事務組合의 事務所에 출입하여 관계인에게 質問을 하게 하거나 關係書類를 檢査하게 할 수 있다.

②第1項의 경우에 公團職員은 그 權限을 표시하는 證票를 관계인에게 내보여야 한다.

第102條(보고와 檢査) ①公團은 保險給與에 관하여 필요하다고 인정할 때에는 大統領令이 정하는 바에 의하여 保險給與를 받는 勤務者의 診療를 담당한 醫師에게 당해 勤務者의 診療에 관한 보고 또는 그 診療에 관한 書類나 물건의 제출을 요구하거나 所屬職員으로 하여금 당해 醫師에게 質問을 하게 하거나 關係書類나 물건을 檢査하게 할 수 있다.

②第101條第2項의 規定은 第1項의 檢査에 관하여 이를 準用한다.

第103條(診察要求) 公團은 保險給與에 관하여 필요하다고 인정할 때에는 大統領令이 정하는 바에 의하여 保險給與를 받은 者 또는 이를 받고자 하는 者에 대하여 公團이 지정하는 醫療機關에서 診察를 받을 것을 요구할 수 있다.

第104條(保險給與의 일시중지) 公團은 保險給與를 받고자 하는 者가 정당한 이유없이 이 法에 의한 보고등의 義務 또는 公團이 요구하는 사항을 이행하지 아니한 경우에는 保險給與의 지급을 일시중지할 수 있다.

第105條(國外의 사업에 대한 特例) ①國外勤務期間중 발생한 勤務者의 災害를 補償하기 위하여 우리나라가 當事國이 된 社會保障에 관하 條約이나 協定(이

하 “社會保障關聯條約”이라 한다) 기타 大統領令이 정하는 國家나 地域에서의 사업에 대하여는 勞動部長官이 財務部長官과 協議하여 지정하는 者(이하 “保險會社”라 한다)로 하여금 이 法에 의한 保險事業을 自己의 計算으로 영위하게 할 수 있다.

②第1項의 規定에 의한 保險會社는 保險業法의 規定에 의한 사업방법에 따라 保險事業을 영위한다. 이 경우 保險會社가 지급하는 保險給與는 이 法에 의한 保險給與보다 勤勞者에게 불이익하여서는 아니된다.

③第1項의 規定에 의하여 保險事業을 영위하는 保險會社는 이 法과 勤勞者를 위한 社會保障關聯條約에서 政府가 부담하는 모든 責任을 성실히 이행하여야 한다.

④第1項의 規定에 의한 國外의 사업과 이를 대상으로 하는 保險事業에 대하여는 第2條, 第3條第1項, 第5條 但書, 第6條, 第51條, 第63條, 第64條와 第7章 및 第8章의 規定은 이를 적용하지 아니한다.

⑤保險會社는 第1項의 規定에 의한 保險事業을 영위함에 있어서는 이 法에 의한 公團의 權限을 행사할 수 있다.

第10章 罰 則

第106條(過怠料) ①第36條의 規定에 위반하여 유사명칭을 사용한 者 또는 第65條第1項·第2項 및 第67條第1項의 規定에 의한 申告를 하지 아니하거나 허위의 申告를 한 者는 100萬원이하의 過怠料에 處한다.

②다음 各號의 1에 해당하는 者에 대하여는 50萬원이하의 過怠料에 處한다.

1. 第61條의 規定에 의한 帳簿나 기타 書類를 비치하지 아니하거나 허위의 記載를 한 者
2. 第89條第2項(第92條第1項에서 準用하는 경우를 포함한다)의 規定에 의한 質問에 答辯하지 아니하거나, 허위의 答辯을 하거나 檢査를 거부·방해 또는 기피한 者
3. 第99條第1項 또는 第102條의 規定에 의한 보고를 하지 아니하거나 허위의 보고를 한 者
4. 第99條第1項 또는 第102條의 規定에 의한 書類나 무건의 提出命令에 응하

지 아니한 者

5. 第101條 또는 第102條의 規定에 의한 公團의 所屬職員의 質問에 答辯을 거부하거나, 檢査를 거부·방해 또는 기피한 者

③第1項 또는 第2項의 規定에 의한 過怠料는 大統領令이 정하는 바에 따라 勞動部長官이 賦課·徵收한다.

④第3項의 規定에 의한 過怠料處分에 불복이 있는 者는 그 처분의 고지를 받은 날부터 30日이내에 勞動部長官에게 異議를 제기할 수 있다.

⑤第3項의 規定에 의한 過怠料處分을 받은 者가 第4項의 規定에 의하여 異議를 제기한 때에는 勞動部長官은 지체없이 管轄法院에 그 사실을 통보하여야 하며, 그 통보를 받은 管轄法院은 非訟事件節次法에 의한 過怠料의 裁判을 한다.

⑥第4項의 規定에 의한 기간내에 異議를 제기하지 아니하고 過怠料를 납부하지 아니한 때에는 國稅滯納處分의 예에 의하여 이를 徵收한다.

附　則

第1條(施行日) 이 法은 1995年 5月 1日부터 施行한다. 다만, 附則 第3條·第4條 및 第8條의 規定은 公布한 날로부터 施行한다.

第2條(다른 法律의 廢止) 다음 各號의 法律은 이를 각각 廢止한다.

1. 勤勞福祉公社法
2. 産業災害補償保險特別會計法
3. 産業災害補償保險業務및審査에관한法律

第3條(設立準備) ①勞動部長官은 公團의 設立에 관한 사무를 처리하게 하기 위하여 이 法 公布日부터 30日이내에 7人이내의 設立委員을 위촉하여야 한다.

②設立委員은 公團의 定款을 작성하여 勞動部長官의 認可를 받아야 한다.

③設立委員은 第2項의 規定에 의한 認可를 받아 이 法의 施行日에 連名으로 公團의 設立登記를 하여야 한다.

④設立委員은 公團의 設立登記를 마친 후 지체없이 公團의 理事長에게 사무를 引繼하여야 한다.

⑤設立委員은 第4項의 規定에 의한 事務引繼가 끝난 때에는 解囑된 것으로 본다.

第4條(設立費用) 公團의 設立費用은 이 法 施行당시의 勤勞福祉公社法에 의한 勤勞福祉公社(이하 "公社"라 한다)가 부담한다. 다만, 産業災害補償保險基金에서 이를 지원할 수 있다.

第5條(公社에 관한 經過措置) ①公社는 勤勞福祉公社法의 廢止日에 解散되며, 公社의 財産과 權利·義務 및 雇傭關係는 公團이 이를 包括承繼한다.

②公社의 解散당시의 政府出資金은 公社 解散日에 公團에 出捐된 것으로 본다.

③第1項의 規定에 의하여 包括承繼된 權利·義務에 관한 登記簿 기타 公簿에 표시된 公社의 名義는 公團의 名義로 본다.

④第1項의 規定에 의하여 包括承繼된 財産의 價額은 公團의 設立登記日 전일의 帳簿價額으로 한다.

第6條(産業災害補償保險特別會計의 財産에 관한 經過措置) 이 法 施行당시의 産業災害補償保險特別會計法에 의한 産業災害補償保險特別會計의 財産과 權利·義務는 基金에 包括承繼된다.

第7條(처분 및 審査請求등에 관한 經過措置) ①이 法에 의하여 公團으로 委任되는 業務와 관련하여 이 法 施行전에 勞動部長官이 행한 행위 또는 勞動部長官에 대하여 행하여진 행위와 公社가 행한 행위 또는 公社에 대하여 행하여진 행위는 각각 이 法에 의하여 公團이 행한 행위 또는 公團에 대하여 행하여진 행위로 본다.

②이 法 施行전에 종전의 産業災害補償保險業務및審査에관한法律에 의하여 제기된 審査請求 및 再審査請求는 각각 이 法에 의하여 제기된 審査請求 및 再審査請求로 본다.

第8條(基金運用計劃의 수립에 관한 經過措置) 勞動部長官은 1995年 4月 30日까지 經濟企劃院長官과 協議하여 1995年度 基金運用計劃을 수립한 후 國務會議의 審議를 거쳐 大統領의 승인을 얻어야 한다.

第9條(公務員의 派遣) ①公團은 保險事業의 원활한 운영을 위하여 필요하다고 인정할 때에는 勞動部長官에게 그 所屬公務員의 派遣을 요청할 수 있다.

②勞動部長官은 第1項의 規定에 의하여 派遣要請을 받은 때에는 公團設立日부터 3年의 범위내에서 그 所屬公務員을 派遣할 수 있다.

第10條(다른 法律의 改正) ①産業安全保健法중 다음과 같이 改正한다.

第53條第2項第1號 및 第3項중 "産業災害補償保險特別會計法에 의한 歲出豫算總額"을 각각 "産業災害補償保險法 第81條 各號에 해당하는 支出豫算總額"으로 한다.

②中小企業勤勞者福祉振興法중 다음과 같이 改正한다.

第6條第1項중 "勤勞福祉公社法에 의한 勤勞福祉公社(이하 "公社"라 한다)"를 "産業災害補償保險法에 의한 勤勞福祉公團(이하 "公團"이라 한다)"으로 한다.

第12條第1項중 "公社가"를 "公團이"로 하고, 同條第2項중 "公社는"을 "公團은"으로, "公社의"를 "公團의"로 한다.

第14條第1項중 "公社는"을 각각 "公團은"으로 한다.

第15條第1項중 "公社의"를 "公團의"로 한다.

③塵肺의豫防과塵肺勤勞者의보호등에관한法律중 다음과 같이 改正한다.

第37條第5項중 "産業災害補償保險法 第12條第2項"을 "産業災害補償保險法 第49條第2項"으로 한다.

第38條第2項중 "産業災害補償保險法 第3條第2項 및 第9條第6項"을 "産業災害補償保險法 第4條第2號 및 第38條第6項"으로 한다.

第39條第1號중 "産業災害補償保險法 第10條 또는 第10條의2"를 "産業災害補償保險法 第46條 또는 第47條"로 한다.

④雇傭保險法중 다음과 같이 改正한다.

第60條第3項을 다음과 같이 한다.

③産業災害補償保險法 第65條第3項 내지 第5項 및 同法 第66條의 規定은 概算保險料의 보고와 납부에 관하여 이를 준용한다. 이 경우 同法 第65條第3項 내지 第5項 및 第66條중 "公團"은 "勞動部長官"으로, "申告"는 "보고"로, "保險加入者"는 "事業主"로 본다.

第61條第2項을 다음과 같이 한다.

②産業災害補償保險法 第67條第2項 내지 第4項의 規定은 確定保險料의 보고·납부 및 精算에 관하여 이를 準用한다. 이 경우 同法 第67條第2項 내지 第4項중 "公團"은 "勞動部長官"으로, "申告"는 "보고"로, "保險加入者"는 "事業主"로 본다.

第64條第4項을 다음과 같이 한다.

④産業災害補償保險法 第58條第4項 및 第5項, 同法 第59條 내지 第61條의 規定은 雇傭保險事務組合 및 雇傭保險事務組合에 의한 保險事務의 처리에 관하여 이를 準用한다. 이 경우 同法 第58條第4項, 第59條 및 第60條중 “公團”은 “勞動部長官”으로, “保險加入者”는 “事業主”로 본다.

第65條를 다음과 같이 한다.

第65條(準用) 産業災害補償保險法 第69條 내지 第71條, 同法 第73條 내지 第77條 및 同法 第95條의 規定은 保險料 기타 이 法에 의한 徵收金의 납부와 徵收(失業給與의 返還을 포함한다)에 관하여 이를 準用한다. 이 경우 同法 第69條 내지 第71條, 同法 第73條 내지 第75條 및 同法 第95條중 “公團”은 “勞動部長官”으로, 同法 第69條중 “確定保險料申告書”는 “確定保險料報告書”로, 同法 第69條·第71條 및 第95條중 “保險加入者”는 “事業主”로 본다.

第74條第1項중 “확인 또는 第5章의 규정에 의한 失業給與에 관한 處分”을 “확인 또는 第5章의 規定에 의한 失業給與에 관한 처분(이하 “原處分등”이라 한다)으로 하고, 同條第2項을 削除하며, 同條第3項 및 第4項을 각각 第2項 및 第3項으로 한다.

第75條第2項중 “하여야 한다”를 “하여야 한다. 다만, 부득이한 사정으로 인하여 그 기간내에 決定할 수 없을 때에는 1次에 한하여 10日을 넘지 아니하는 범위내에서 그 기간을 연장할 수 있다”로 한다.

第75條第4項을 다음과 같이 하고, 同條에 第5項을 다음과 같이 新設한다.

④當事者는 審査官에게 審理·決定의 公正을 기대하기 어려운 사정이 있을 경우에는 당해 審査官에 대한 忌避申請을 勞動部長官에게 할 수 있다.

⑤審査請求人이 死亡한 경우 그 審査請求人이 失業給與의 受給權者인 때에는 第44條의 規定에 의한 遺族이, 그외의 者인 때에는 相續人 또는 審査請求의 대상인 原處分등에 관계되는 權利 또는 이익을 承繼한 者가 각각 審査請求人의 地位를 承繼한다.

第75條의2 내지 第75條의11을 각각 다음과 같이 新設한다.

第75條의2(審査의 請求등) ①第74條第1項의 規定에 의한 審査의 請求는 原處分등을 행한 職業安定機關을 거처 당해 職業安定機關의 管轄區域을 관할하는 審査官에게 하여야 한다.

②職業安定機關은 審査請求書를 받은 날부터 5日이내에 意見書를 첨부하여 이를 管轄審査官에게 송부하여야 한다.

第75條의3條(請求의 方式) 審査의 請求는 大統領令이 정하는 바에 의하여 文書로 하여야 한다.

第75條의4(補正 및 却下) ①審査의 請求가 第74條第2項의 規定에 의한 기간이 경과되었거나 法令상의 方式에 위반하여 補正하지 못할 것인 때에는 審査官은 이를 決定으로 却下하여야 한다.

②審査의 請求가 法令상의 方式에 위반한 것이라도 補正할 수 있는 것인 때에는 審査官은 상당한 기간을 정하여 審査請求人에게 이를 補正할 것을 명할 수 있다. 다만, 補正할 사항이 경미한 경우에는 審査官이 職權으로 이를 補正할 수 있다.

③審査官은 審査請求人이 第2項의 기간내에 그 補正을 하지 아니한 때에는 決定으로써 그 審査請求를 却下하여야 한다.

第75條의5(移送) ①審査官은 審査의 請求가 관할위반인 경우에는 大統領令이 정하는 바에 의하여 그 사건을 管轄審査官에게 移送하고, 그 사실을 審査請求人에게 통지하여야 한다.

②第1項의 規定에 의하여 移送된 사건은 처음부터 그 移送을 받은 審査官에게 請求된 것으로 본다.

第75條의6(原處分의 執行의 정지) ①審査의 請求는 原處分등의 執行을 정지시키지 아니한다. 다만, 審査官은 原處分등의 執行에 의하여 발생하는 중대한 위해를 피하기 위하여 긴급한 필요가 잇다고 인정할 때에는 職權으로 그 執行을 정지시킬 수 있다.

②審査官은 第1項 但書의 規定에 의하여 執行을 정지시키고자 할 때에는 그 이유를 기재한 文書로 이를 통지하여야 한다.

③職業安定機關의 長은 第2項의 規定에 의한 통지를 받은 때에는 지체없이 그 執行을 정지하여야 한다.

④審査官은 第2項의 規定에 의하여 執行을 정지시킨 때에는 지체없이 이를 審査請求人에게 文書로 통지하여야 한다.

第75條의7(審査官의 權限) ①審査官은 審査의 請求에 대한 審理를 위하여 필요

하다고 인정할 때에는 審査請求人의 申請 또는 職權에 의하여 다음 各號의 調査를 할 수 있다.

1. 審査請求人 또는 관계인을 指定場所에 출석하게 하여 質問하거나 의견을 진술하게 하는 것
2. 審査請求人 또는 관계인에게 증거가 될 수 있는 文書 기타 물건을 제출하게 하는 것
3. 전문적인 知識이나 經驗을 가진 第三者로 하여금 鑑定하게 하는 것
4. 사건에 관계가 있는 事業場이거나 기타 場所에 出入하여 事業主·從業員이나 기타 관계인에게 質問하거나 文書 기타 물건을 檢査하는 것

②審査官은 第1項第4號의 規定에 의한 質問과 檢査를 행하는 경우에는 그 權限을 표시하는 證票를 관계인에게 내보여야 한다.

第75條의8(實費辨償) 第75條의7第1項第1號의 規定에 의하여 지정한 場所에 출석한 者와 同項第3號의 規定에 의하여 鑑定을 한 鑑定人에게는 勞動部長官이 정하는 實費를 辨償한다.

第75條의9(決定) 審査官은 審査의 請求에 대한 審理를 종결한 때에는 原處分등의 전부 또는 일부를 取消하거나 審査請求의 전부 또는 일부를 棄却한다.

第75條의10(決定의 방법) ①第75條의 規定에 의한 決定은 大統領令이 정하는 바에 의하여 文書로 행하여야 한다.

②審査官은 決定을 한 때에는 審査請求人 및 原處分등을 행한 職業安定機關의 長에게 각각 決定書의 正本을 송부하여야 한다.

第75條의11(決定의 효력) ①決定은 審査請求人 및 職業安定機關의 長에게 決定書의 正本을 송부한 날부터 효력이 발생한다.

②決定원 元處分등을 행한 職業安定機關의 長을 羈束한다.

第76條第4項 및 第5項을 각각 다음과 같이 하고, 同條에 第6項 내지 第8項을 각각 다음과 같이 新設한다.

④다음 各號의 1에 해당하는 者는 委員에 任命될 수 없다.

1. 禁治產者·限定治產者 또는 破產의 宣告를 받고 復權되지 아니한 者
2. 禁錮이상의 刑을 받고 그 刑의 執行이 종료되거나 執行을 받지 아니하기로 확정된 후 3年이 경과되지 아니한 者

⑤委員은 刑의 宣告를 받았거나 心神衰弱 또는 현저한 能力不足으로 職務를 수행하기 곤란한 때 외에는 그 의사에 반하여 免職되지 아니한다.

⑥常任委員은 政黨에 加入하거나 政治에 관여하여서는 아니된다.

⑦審査委員會는 第74條第1項의 規定에 의하여 再審査의 請求를 받은 때에는 50日이내에 裁決을 하여야 한다. 이 경우 第75條第2項 但書의 規定은 裁決期間의 연장에 관하여 이를 準用한다.

⑧審査委員會의 구성·운영 및 事務行政組織등에 관하여 필요한 사항은 大統領令으로 정한다.

第76條의2 내지 第76條의5를 각각 다음과 같이 新設한다.

第76條의2(再審査의 相對方) 再審査의 請求는 原處分등을 행한 職業安定機關의 長을 相對方으로 한다.

第76條의3(審理) ①審査委員會는 再審査의 請求를 수리한 때에는 그 請求에 대한 審理期日 및 場所를 정하여 審理期日 3日전까지 當事者 및 그 事件을 審査한 審査官에게 통지하여야 한다.

②當事者는 審査委員會에 文書 또는 口頭로 그 의견을 陳述할 수 있다.

③委員會의 再審査請求에 대한 審理는 公開한다. 다만, 當事者의 雙方 또는 一方의 申請이 있는 경우에는 公開하지 아니할 수 있다.

④審査委員會는 審理調書를 작성하여야 한다.

⑤當事者 또는 관계인은 第4項의 審理調書의 閱覽을 申請할 수 있다.

⑥委員會는 當事者 또는 관계인으로부터 第5項의 規定에 의한 閱覽申請이 있은 때에는 정당한 사유없이 이를 거부하여서는 아니된다.

⑦第75條의7 및 第75條의8은 再審査請求에 대한 審理에 관하여 이를 準用한다. 이 경우 "審査官"은 "審査委員會"로, "審査의 請求"는 "再審査의 請求"로, 이 경우 "審査請求人"은 "審再査請求人"으로 본다.

第76條의4(準用規定) 第75條第4項·第5項, 第5條의3, 第75條의4, 第75條의6, 第75條의9, 第75條의10 및 第75條의11의 規定은 審査委員會 및 再審査에 관하여 이를 準用한다. 이 경우 第75條第4項중 "審査官"은 "審査委員會의 委員"으로, 第75條第4項·第75條의10·第75條의11중 "決定"은 "裁決"로, 第75條의3·第75條의6·第75條의9중 "審査의 請求"는 "再審査의 請求"로, 第75條의6·第75條의9·

第75條의10중 "審査官"은 "審査委員會"로, 第75條의6·第75조의10·第75條의11 중 "審査請求人"은 "再審査請求人"으로 본다.

第76條의5(告知) 職業安定機關의 長이 原處分등을 하거나 審査官이 第75條의10 第2項의 規定에 의하여 決定書의 正本을 송부하는 경우에는 그 相對方 또는 審査請求人에게 原處分등 決定에 관하여 審査 또는 再審査를 請求할 수 있는지의 여부, 請求하는 경우의 經由節次 및 請求期間을 알려야 한다.

第77條를 다음과 같이 한다.

第77條(다른 法律과의 관계) ①再審査의 請求에 裁決은 行政訴訟法 第18條를 적용함에 있어서 이를 行政審判에 대한 裁決로 본다.

②審査 및 再審査의 請求에 관하여 이 法에서 정하고 있지 아니하는 사항에 대하여는 行政審判法의 規定에 의한다.

第79條第4項을 다음과 같이 한다.

④産業災害補償保險法 第97條의 規定은 消滅時效의 중단에 관하여 이를 準用한다.

第11條(다른 法令과의 관계) ① 이 法 施行당시 다른 法令에서 종전의 産業災害補償保險法·産業災害補償保險特別會計法·産業災害補償保險業務및審査에관한法律·勤勞福祉公社法 또는 그 規定을 인용한 경우 이 法중 그에 해당하는 條項이 있을 때에는 종전의 規定에 갈음하여 이 法 또는 이 法의 해당 條項을 인용한 것으로 본다.

②이 法 施行당시 다른 法令에서 종전의 勤勞福祉公社法에 의한 勤勞福祉公社를 인용한 경우에는 이 法에 의한 勤勞福祉公團을 인용한 것으로 본다.

〔別表 1〉

障害給與表

(平均賃金基準)

障害等級	障害補償年金	障害補償一時金
第 1 級	329日分	1,474日分
第 2 級	291日分	1,309日分
第 3 級	257日分	1,155日分
第 4 級	224日分	1,012日分
第 5 級	193日分	869日分
第 6 級	164日分	737日分
第 7級	138日分	616日分
第 8 級		495日分
第 9 級		385日分
第10級		297日分
第11級		220日分
第12級		154日分
第13級		99日分
第14級		55日分

〔別表 2〕

傷病補償年金表

廢 疾 等 級	傷病補償年金
第 1 級	平均賃金의 329日分
第 2 級	平均賃金의 291日分
第 3 級	平均賃金의 257日分

産業災害補償保險業務및審査에관한法律(廢止)

沿 革

公布番號	1625	公布日字	1963·12·16	題名	産業災害補償保險業務및審査에 관한法律

〔新規制定〕

産業災害補償保險法에 의한 保險業務를 행하게 하기 위한 産業災害補償保險事務所의 設置에 관한 事項과 保險給與에 관한 異議의 審査에 관한 事項을 規定하여 保險給與의 公正을 기할 수 있도록 하려는 것임.

①保險料의 徵收 및 保險給與에 관한 事項을 分掌하게 위하여 勞動廳長 소속하에 産業災害補償保險事務所를 둘 수 있도록 함.

②勞動廳에 産業災害補償保險審査官을 두고 保險給與의 異議에 관한 事項을 審査하도록 하고, 審査官은 勞動廳소속 一般職國家公務員중에서 勞動廳長이 任命하도록 함.

③産業災害補償保險審査官의 決定에 異議가 있을 때는 産業災害補償保險審査委員會에 再審査를 請求할 수 있도록 함.

④産業災害補償保險審査委員會는 委員長을 포함한 委員 5人으로 構成되며, 委員長은 委員중에서 互選하고 委員은 社會保險에 관한 學識과 經驗이 있는 者중에서 勞動廳長을 경유 保健社會部長官의 추천으로 國務總理의 提請에 의하여 大統領이 任命하도록 함.

公布番號	2272	公布日字	1970·12·31	題名	産業災害補償保險業務및審査에 관한法律中改正法律

〔一部改正〕

産業災害補償保險事務所設置에 관한 근거규정을 産業災害補償保險法에 규정함에 따라 이와 관련되는 條項을 削除하고 産災審査委員會의 구성 및 위원의 任用資格등을 조정하려는 것임.

①종래 이 法에서 規定하였던 産災保險事務所의 설치에 관한 사항은 産業災

害補償保險法에서 규정하도록 하고, 이 法에서는 保險給與에 관한 異議의 審査에 관한 事項만을 規定하도록 함.

②行政審判制度의 효율적인 이용을 도모하기 위하여 再審査의 기능을 가지고 있는 産災審査委員會에 事務局을 두는 한편 위원수도 2人 增加시켰을 뿐만 아니라, 위원의 자격과 任用節次를 엄격히 제한 내지 상세히 規定함.

③常任委員이 刑의 선고를 받았거나 心神衰弱 또는 현저한 能力不足으로 직무를 수행하기 곤란한 때 이외는 그 意思에 反하여 免職되지 않도록 하고, 委員은 政黨에 가입하거나 政治에 관여할 수 없도록 함.

④委員會의 재심사에는 勞使代表者를 참여시킬 수 있도록 함.

公布番號	3422	公布日字	1981·4·8	題名	政府組織法中改正法律

〔一部改正〕

勞動廳이 勞動部로 改編됨에 따라 관련條項을 整備하려는 것임.

公布番號	3941	公布日字	1987·11·28	題名	産業災害補償保險業務및審査에관한法律中改正法律

〔一部改正〕

行政審判法이 制定(法律 第3755號, 1984·12·15)되어 行政審判請求期間이 연장되는 등 行政救濟制度가 개선되었으므로 이에 맞추어 이 法을 改正·補完함으로써 勞動者의 權益을 최대한 보호하고 아울러 保險給與의 공정을 기하려는 것임.

①産業災害補償保險給與에 대한 異議의 審査請求期間이 현재는 保險給與에 관한 통지를 받은 날로부터 60日이내로 되어 있는 바, 그 期間에 관하여는 行政審判法에 의하도록 함.

②審査請求人이 死亡한 때에는 産業災害補償保險法에 의한 保險給與의 受給權者인 遺族이 그 審査請求人의 地位를 承繼하도록 함.

③勞動部地方事務所의 所長이 保險給與의 決定을 書面으로 하거나 産業災害補償保險審査官이 審査의 請求에 대한 決定書의 謄本을 審査請求人에게 송

부하는 경우의 그에 대한 不服告知制度를 新設함.

④事件의 審理를 행한 産業災害補償保險審査官 또는 産業災害補償保險審査委員會委員은 質問에 答辯을 하지 아니하거나, 허위의 答辯을 하거나, 檢査를 거부·방해 또는 기피한 者에 대하여는 현재는 3千원이하의 科料에 處하도록 한 것을 앞으로는 50萬원이하의 過怠料에 處하도록 함.

公布番號	4576	公布日字	1993·8·5	題名	産業災害補償保險業務및審査에관한法律中改正法律

〔一部改正〕

産業災害補償保險法給與의 支給에 관한 再審査請求의 事件이 크게 증가하고 있는 趨勢에 적절히 對處하기 위하여 産業災害補償保險審査委員會의 委員數는 7人에서 15人으로 늘리고, 委員 7人으로 구성되는 會議에서 保險給與의 지급에 관한 再審査請求事件의 大部分을 취급하도록 하여 保險給與의 지급에 관한 再審査 事務處理의 效率性을 높임으로써 産業災害를 입은 勞動者등이 신속하게 保險給與를 지급받을 수 있도록 하려는 것임.

①産業災害補償保險審査委員會의 委員數는 현재의 7人이내에서 15人이내로 擴大하고, 會議의 종류를 委員 7人으로 구성하는 會議의 委員 全員으로 구성하는 會議로 구분하여 운영하도록 함.

②再審査請求의 事件은 常任委員 2人·當然職委員 1人 및 委員長이 지명하는 委員 4人으로 구성하는 7人會議가 이를 취급하도록 하되, 그 7人會議에서 제시된 의견이 종전의 裁決과 다른 경우등에는 委員 全員으로 구성하는 會議에서 이를 취급하도록 함.

〔廢　　止〕

産業災害補償保險法改正法律(法律 第4826號, 1994·12·22) 附則 第2條第3號의 規定에 의하여 廢止됨.

● 產業災害補償保險業務및審査에관한法律〔1963· 12· 16 法律第1625號〕

第1章 總 則

第1條(目的) 이 法은 產業災害補償保險法에 의한 保險業務를 행하게 하기 위한 產業災害補償保險事務所의 設置에 관한 事項과 保險給與에 관한 異議의 審査에 관한 事項을 規定하여 保險給與의 公正을 기함으로 목적으로 한다.

第2條(保險事務所의 設置등) ①產業災害補償保險法에 의한 保險料의 徵收 및 保險給與에 관한 事項을 分掌하게 하기 위하여 勞動廳長소속하에 필요한 곳에 產業災害補償保險事務所(이하 "保險事務所"라 한다)를 둔다.

②前項의 保險事務所의 事務를 分掌하게 하기 위하여 필요한 곳에 出張所를 둘 수 있다.

③保險事務所와 그 出張所의 職制, 公務員의 種類 및 定員과 名稱·位置 및 管轄區域과 기타 필요한 事項은 大統領令으로 정한다.

④保險業務를 監察하게 하기 위하여 勞動廳에 監察官 2人을 둔다.

第3條(審査와 再審査) ①產業災害補償保險法에 의한 保險給與에 異議가 있는 者는 產業災害補償保險審査官에게 審査를 請求하고 그 決定에 異議가 있는 者는 產業災害補償保險審査委員會에 再審査를 請求하고 그 裁決에 異議가 있는 者는 行政訴訟을 提起할 수 있다.

②前項의 規定에 의한 審査 및 再審査의 請求와 行政訴訟의 提起는 保險給與(이하 "原處分"이라 한다)의 通知書, 審査의 請求에 대한 決定書, 再審査의 請求에 대한 裁決書를 받은 날로부터 각각 60일이내에 이를 하여야 한다.

③第1項의 規定에 의한 審査 및 再審査의 請求는 時效中斷에 관하여 民法 第168槽의 規定에 의한 裁判上의 請求로 본다.

第2章 審 査

第1節 產業災害補償保險審査官

第4條(產業災害補償保險審査官) ①第3條의 規定에 의한 審査를 행하게 하기 위

하여 勞動廳에 産業災害補償保險審査官(이하 "審査官"이라 한다)을 둔다.

②前項의 審査官은 第2條의 規定에 의하여 設置하는 保險事務所와 그 出張所에 配置한다.

③前項의 審査官의 定員, 管轄區域과 이 法에 規定된 것을 제외하고 그 職務에 관하여 필요한 事項은 大統領令으로 정한다.

④審査官은 勞動廳소속 一般職國家公務員중에서 勞動廳長이 任命한다.

第2節 審査의 節次

第5條(審査의 請求) 第3條의 規定에 의한 審査의 請求는 原處分을 행한 保險事務所의 管轄區域을 管轄하는 審査官(이하 "管轄審査官"이라 한다)에게 하여야 한다.

第6條(請求의 方式) 審査의 請求는 大統領令이 정하는 바에 의하여 文書로 하여야 한다.

第7條(補正 및 却下) ①審査의 請求가 第3條第2項의 規定에 의한 期間이 경과되었거나 法令上의 方式에 違反하여 補正하지 못할 것인 때에는 審査官은 이를 決定으로 却下하여야 한다.

②審査의 請求가 法令上의 方式에 違反한 것이라도 補正할 수 있는 것인 때에는 審査官은 상당한 期間을 정하여 審査請求人에게 이를 補正할 것을 命할 수 있다.

③審査官은 審査請求人이 前項의 期間內에 그 補正을 하지 아니한 때에는 決定으로써 그 審査의 請求를 却下하여야 한다.

第8條(移送) ①審査官은 審査의 請求가 管轄違反인 것인 때에는 大統領令이 정하는 바에 의하여 그 事件을 管轄審査官에게 移送하고 그 移送한 사실을 審査請求人에게 통지하여야 한다.

②前項의 規定에 의하여 移送된 事件은 그 移送을 받은 審査官에게 처음부터 審査의 請求를 한 것으로 본다.

第9條(통지등) ①審査官은 審査의 請求를 受理한 때에는 大統領令이 정하는 바에 의하여 原處分을 행한 保險事務所의 所長에게 이를 통지하여야 한다.

②審査請求人과 前項의 規定에 의하여 통지를 받은 保險事務所의 所長은 審査

官에게 文書 또는 口頭로 그 意見을 陳述할 수 있다.

第10條(原處分의 執行의 停止) ①審査의 請求는 原處分의 執行을 停止시키지 아니한다. 다만, 審査官은 原處分의 執行에 의하여 발생한 중대한 損害를 避하기 위하여 緊急한 필요가 있다고 인정할 때에는 職權으로 그 執行을 停止시킬 수 있다.

②審査官은 前項 但書의 規定에 의하여 執行의 停止를 하게 하고자 할 때에는 그 理由를 부쳐서 文書로 保險事務所의 所長에게 통지하여야 한다.

③保險事務所의 所長은 前項의 規定에 의한 통지를 받은 때에는 지체없이 그 執行을 停止하여야 한다.

④審査官은 第2項의 規定에 의하여 執行을 停止시킨 때에는 지체없이 이를 審査請求人에게 文書로 통지하여야 한다.

第11條(審査官의 權限) ①審査官은 審査를 위하여 필요하다고 인정할 때에는 審査請求人의 申請에 의하거나 또는 職權으로 다음 各號의 1에 해당하는 行爲를 할 수 있다.

1. 審査請求 또는 關係人을 그 지정하는 場所에 출석하게 하여 質問하거나 審査請求人과 기타 關係人으로부터 意見이나 보고를 요구하는 것
2. 審査請求人 또는 關係人에게 證據가 될 수 있는 文書나 기타의 物件의 제출을 요구하는 것
3. 鑑定人에게 鑑定을 하게 하는 것
4. 事件에 관계가 있는 事業場이나 기타 場所에 출입하여 事業主·從業員이나 기타 關係人에게 質問하거나 필요한 文書나 기타 物件을 檢査하는 것
5. 審査의 請求와 관계가 있는 勤勞者에 대하여 審査官이 지정하는 醫師 또는 齒科醫師의 診斷을 받을 것을 命하는 것

②第1項第4號의 規定에 의한 檢査와 質問을 행하는 審査官은 그 權限을 표시하는 證票를 關係人에게 제시하여야 한다.

③審査請求人이 다음 各號의 1에 해당할 때에는 審査官은 그 請求를 決定으로 棄却하거나 그 意見을 採擇하지 아니할 수 있다. 다만, 정당한 事由가 있다고 인정할 때에는 예외로 한다.

1. 第1項製1號의 規定에 의한 출석요구에 응하지 아니하거나 質問에 答辯을

하지 아니하거나 보고를 하지 아니하거나 虛僞의 答辯이나 보고를 한 때

2. 第1項第2號의 規定에 의한 요구에 응하지 아니한 때

3. 第1項第5號의 規定에 의한 命令에 違反한 때

第12條(實費辨償) 前條第1項第1號의 規定에 의하여 지정한 場所에 출석한 者와 同條第1項第3號의 規定에 의하여 鑑定을 한 鑑定人에게는 大統領令이 정하는 바에 의하여 實費를 辨償한다.

第13條(決定) 審査官은 審査를 終結한 때에는 原處分의 全部 도는 一部를 取消하는 決定이나 審査請求의 全部 또는 一部를 棄却하는 決定을 하여야 한다.

第14條(決定의 方法) ①決定은 大統領令이 정하는 바에 의하여 文書로 행하여야 한다.

②審査官은 前條의 規定에 의한 決定을 한 때에는 審査請求人 및 原處分을 행한 保險事務所의 所長에게 각각 決定書의 謄本을 송부하여야 한다.

第15條(決定의 效力) ①決定은 審査請求人 및 原處分을 행한 保險事務所의 所長에게 각각 決定書의 謄本을 송부한 날로부터 效力이 발생한다.

②決定은 原處分을 행한 保險事務所의 所長을 羈束한다.

第3章 再審査

第1節 産業災害補償保險審査委員會

第16條(設置) 第3條의 規定에 의한 再審査를 행하게 하기 위하여 勞動廳에 産業災害補償保險審査委員會(이하 "委員會"라 한다)를 둔다.

第17條(構成) 委員會는 委員長 1人을 포함한 委員 5人으로 構成한다.

第18條(委員의 任命) ①委員長은 委員中에서 互選한다.

②委員은 社會保險에 관한 學識과 經驗이 있는 者중에서 勞動廳長이 任命한다.

第19條(委員의 任期등) ①委員의 任期는 3年으로 하되 連任할 수 있다.

②委員중 1人은 常任으로 한다.

③委員의 處遇에 관하여는 大統領令으로 정한다.

第20條(缺格事由) 다음 各號의 1에 해당하는 者는 委員에 任命될 수 없다.

1. 禁治産·限定治産 또는 破産의 宣告를 받고 復權이 되지 아니한 者

2. 禁錮이상의 刑을 받고 그 刑의 執行이 終了되거나 執行을 받지 아니하기로 確定된 後 3年이 경과되지 아니한 者

2. 心神喪失者·心神薄弱者

第21條(委員長) ①委員長은 委員會의 會議를 召集하며 그 議長이 된다.

②委員長은 會務를 統理하며 委員會를 代表한다.

③委員長이 事故가 있을 때에는 委員長이 지정하는 委員이 그 職務를 代行한다.

第22條(會議) ①委員會의 會議는 過半數의 출석과 出席委員 過半數의 贊成으로 議決한다.

②議長은 表決權을 가지며 可否同數인 때에는 決定權를 가진다.

第2節 再審査의 節次

第23條(再審査의 相對方) 再審査에 있어서는 原處分을 행한 保險事務所의 所長을 相對方으로 한다.

第24條(통지등) ①委員會는 再審査의 請求를 受理한 때에는 大統領令이 정하는 바에 의하여 그 請求에 대한 審理期日 및 場所를 정하여 적어도 審理期日 5日전까지 再審査 請求人 및 原處分을 행한 保險事務所의 所長(이하 "當事者"라 한다)과 그 事件을 審査한 審査官에게 각각 통지하여야 한다.

②當事者는 委員會에 文書 또는 口頭로 그 意見을 陳述할 수 있다.

第25條(委員會의 權限) ①委員會는 再審査를 위하여 필요하다고 인정할 때에는 再審査請求人의 申請에 의하거나 또는 職權으로 第11條第1項 各號의 1에 해당하는 事項을 행할 수 있다. 이 경우에 있어서는 同項第4號의 規定에 의한 質問이나 檢査는 그 지정하는 委員으로 하여금 행하게 된다.

②第11條第2項의 規定은 前項의 規定에 의한 質問이나 檢査를 행하는 委員에게 이를 準用한다.

第26條(審理의 公開) 委員會의 審理는 公開한다. 다만, 當事者의 雙方 또는 一方의 申請이 있는 때에는 예외로 한다.

第27條(審理調書) ①委員會는 大統領令이 정하는 바에 의하여 再審査의 審理經過에 관한 審理調書를 作成하여야 한다.

②當事者 또는 關係人은 前項의 審理調書의 閱覽을 申請할 수 있다.

③委員會는 當事者 또는 關係人으로부터 前項의 閱覽申請이 있을 때에는 정당한 事由없이 이를 拒否하지 못한다.

第28條(裁決) 委員會는 審理를 終結한 때에는 原處分의 全部 또는 一部를 取消하는 裁決이나 再審査請求의 全部 또는 一部를 棄却하는 裁決을 하여야 한다.

第29條(準用規定) 第6條·第7條·第10條·第12條·第14條 및 第15條의 規定은 委員會와 委員會의 再審査에 관하여 이를 準用한다. 이 경우에 "審査"는 "再審査"로, "審判官"은 "委員會"로, "決定"은 "裁決"로, "決定書"는 "裁決書"로 한다.

第4章 補　　則

第30條(施行令) 이 法 施行에 관하여 필요한 事項은 大統領令으로 정한다.

第5章 罰　　則

第31條(罰則) 第11條第1項第4號 또는 第25條第1項 後段의 規定에 의한 質問에 答辯을 하지 아니하거나 虛僞의 答辯을 하거나 檢査를 拒否·妨害 또는 忌避한 者는 3千원이하의 過料에 處한다.

附　　則

이 法은 1964年 1月 1日부터 施行한다.

産業災害補償保險業務및審査에관한法律中改正法律 [1970· 12· 31 法律第2272號]

産業災害補償保險業務및審査에관한法律中 다음과 같이 改正한다.

第1條를 다음과 같이 한다.

第1條(目的) 이 法은 産業災害補償保險法에 의한 保險給與에 관한 異議의 審査에 관한 事項을 規定함으로써 保險給與의 公正을 期함을 目的으로 한다.

第 2 條를 削除한다.

第 3 條中 "産業災害補償保險審査官"을 "産災審査官"으로, "産業災害補償保險審査委員會"를 "産災審査委員會"로 한다.

第 2 章第 1 節의 題目 "産業災害補償保險審査官"을 "産災審査官"으로 한다.

第 4 條를 다음과 같이 한다.

第 4 條(産災審査官) ①第3條의 規定에 의한 審査를 行하기 위하여 勞動廳에 産災審査官(以下 "審査官"이라 한다)를 둔다.

②前項의 審査官의 定員·資格·任免·職務配置 기타 이 法에 規定된 것을 제외하고 그 職務에 관하여 필요한 事項은 大統領令으로 정한다.

第3章第1節의 題目 "産業災害補償保險審査委員會"를 "産災審査委員會"로 한다.

第16條中 "産業災害補償保險審査委員會"를 "産災審査委員會"로 하고, 同條에 第2項 및 第3項을 다음과 같이 新設한다.

②委員會에 事務局을 둔다.

③事務局에 관하여 필요한 事項은 大統領令으로 정한다.

第17條의 乃至 第19條를 다음과 같이 한다.

第 17 條(委員會의 構成등) ①委員會는 委員長 1人을 포함한 委員 7人이내로 構成한다.

②前項의 委員중 2人은 常任委員으로 한다.

第 18 條(委員의 任用資格 및 節次) ①委員會의 委員은 다음 各號의 1에 該當하는 者에서 勞動廳長의 추천에 의하여 保健社會部長官의 제청으로 大統領이 任命한다.

1. 1級 상당의 公務員으로 1年이상 재직한 者
2. 2級 상당의 公務員으로 3年이상 재직한 者
3. 判事·檢事·軍法務官 또는 辯護士의 職에 6年이상 在職한 者
4. 公認된 大學에서 副敎授이상으로 6年이상 在職한 者
5. 社會保險 또는 産業醫學에 관한 學識과 經驗이 있는 者에서 勞動廳長이 資格이 있다고 인정하는 者

②常任委員은 前項第1號 또는 第2號에 해당하는 者중에서 任命한다.

③勞動廳長이 指名하는 勞動廳所屬 2級公務員 1人은 當然職委員이 된다.

第19條(委員의 任期등) ①委員의 任期는 3年으로 하되 연임할 수 있다. 다만, 前條第3項의 規定에 의한 當然職委員의 任期는 大統領令으로 정한다.

②補闕委員의 任期는 前任者의 殘任期間으로 한다.

③委員의 처우에 관하여는 大統領令으로 정한다.

第20條의2 및 第20條의3을 다음과 같이 新設한다.

第20條의2(身分保障) 常任委員은 刑의 宣告를 받았거나 心神衰弱 또는 현저한 能力不足으로 職務를 수행하기 곤란한 때 이외는 그 意思에 反하여 免職되지 아니한다.

第20條의3(政治關與禁止) 常任委員은 政黨에 加入하거나 政治에 관여할 수 없다.

第21條를 다음과 같이 한다.

第21條(委員長) ①委員會의 委員長은 委員중에서 互選한다.

②委員長이 事故가 있을 때에는 常任委員중 委員長이 指定하는 委員이 職務를 代行한다.

第22條의2를 다음과 같이 新設한다.

第22條의2(勞使代表者의 參與) ①勞動廳長은 委員會의 再審査에 관하여 意見을 陳述하게 하기 위하여 勞使代表者를 參與하게 할 수 있다.

第24條 다음과 같이 한다.

第24條(通知등) ①委員會는 再審査의 請求를 受理한 때에는 大統領令이 정하는 바에 의하여 그 請求에 대한 審理期日 및 場所를 정하여 적어도 審理期日 5日 전까지 再審査請求人 및 原處分을 행한 地方事務所長(以下 "當事者"라 한다), 그 事件을 審査한 審査官 및 第22條의2에 의한 勞使代表者에게 名名 통지하여야 한다.

②當事者 및 第22條의2에 의한 勞使代表者는 委員會에 文書 또는 口頭로 그 의견을 陳述할 수 있다.

이 法중 "産業災害補償保險事務所"를 "地方事務所"로 한다.

附　　則

①(施行日) 이 法은 1971年 1月 1日부터 施行한다.

②(經過措置) 이 法 施行당시 任命된 産業災害補償保險審査委員은 이 法에 의하

여 産災審査委員으로 任命된 것으로 본다.

③(適用例) 이 法 施行후 最初로 任命된 勞動廳所屬公務員이 아닌 委員의 任期는 第19條의 規定에 불구하고 3人은 3年으로, 殘餘任員은 1年6月로 한다.

● 政府組織法中改正法律 〔1981·4·8 法律第3422號〕

〔本文 省略〕

附　　則

第1條(施行日) 이 法은 公布한 날로부터 施行한다.〈但書 省略〉

第2條 및 第3條 省略

第4條(다른 法律의 改正 및 다른 法律과의 관계) ①내지 ⑩생략

⑪産業災害補償保險業務및審査에관한法律중 다음과 같이 改正한다.

1. 第4條第1項, 第16條第1項 및 第18條第3項중 "勞動廳"을 각각 "勞動部"로 한다.
2. 第18條第1項第5號·第3項 및 第22條의2第1項중 "勞動廳長"을 각각 "勞動部長官"으로 하고, 第18條第1項 본문중 "勞動廳長의 推薦에 의하여 保健社會部長官"을 "勞動部長官"으로 한다.

⑫내지 ⑱생략

● 産業災害補償保險業務및審査에관한法律中改正法律

〔1987·11·28 法律第3941號〕

産業災害補償保險業務및審査에관한法律중 다음과 같이 改正한다.

第3條第1項중 "産災審査官"을 "産業災害補償保險審査官"으로, "産災審査委員會"를 "産業災害補償保險審査委員會"로 하고, 同條第2項을 다음과 같이 한다.

②第1項의 規定에 의한 審査의 請求는 行政審判法 第18條에 의하여 再審査의 請求는 審査의 請求에 대한 決定이 있음을 안 날로부터 60日이내에 제기하여야 한다.

第2章第1節의 節名, 第4條의 題目 및 同條第1項중 "産災審査官"을 각각 "産業災

害補償保險審査官"으로 하고, 同條第2項중 "前項의 審査官의 定員, 資格, 任免, 職務配置 기타 이 法에 規定된 것을 제외하고 그"를 "第1項의 審査官은 勞動部所屬公務員중에서 任命하며, 그 定員·資格·配置 및"으로 한다.

第2章第1節에 第4條의2를 다음과 같이 新設한다.

第4條의2(審査官의 기피) 當事者는 審査官에게 審査·決定의 공정을 기대하기 어려운 사정이 있는 경우에는 忌避申請을 할 수 있다. 이 경우 勞動部長官은 忌避申請에 대하여 決定한다.

第2章에 第1節의2를 다음과 같이 新設한다.

第1節의2 當事者 및 관계인

第4條의3(審査請求人의 地位承繼) 審査請求人이 死亡한 경우 그 審査請求人이 産業災害補償保險法에 의한 保險給與의 受給權者인 때에는 同法 第12條 및 第12條의2의 規定에 의한 遺族이, 그외의 者인 때에는 相續人, 그밖에 法令에 의하여 審査의 請求의 대상인 保險給與의 決定(이하 "原處分"이라 한다)에 관계되는 權利 또는 이익을 承繼한 者가 각각 審査請求人의 地位를 承繼한다.

第5條를 다음과 같이 한다.

第5條(審査의 請求등) ①第3條의 規定에 의한 審査의 原處分을 행한 地方事務所 또는 事務所(이하 "地方事務所"라 한다)를 거쳐 당해 地方事務所의 管轄區域을 관할하는 審査官(이하 "管轄審査官"이라 한다)에게 하여야 한다.

②地方事務所는 審査請求人이 審査의 請求를 취하한 경우를 제외하고는 審査請求書를 받은 날로부터 5日이내에 그 審査請求書를 管轄審査官에게 송부하여야 한다.

第7條第3項중 "前項의"를 "第2項의"로 한다.

第8條第2項·第17條第2項·第22條의2第2項 및 第25條第2項중 "前項"을 각각 "第1項"으로 한다.

第9條를 削除한다.

第10條第2項중 "前項 但書의"를 "第1項 但書의"로 하고, 同條第3項중 "前項의"를 "第2項의"로 한다.

第11條第2項중 "關係人에게 제시하여야"를 "關係人에게 내보여야"로 하고, 同條

第3項을 削除한다.

第12條중 "前條第1項第1號의"를 "第11條第1項第1號의"로 "大統領令이 정하는 바에 의하여"를 "勞動部長官이 정하는"으로 한다.

第13條의2를 다음과 같이 新設한다.

第13條의2(決定期間) ①決定은 第5條第1項의 規定에 의하여 原處分을 행한 地方事務所가 審査請求書를 받은 날로부터 50日이내에 하여야 한다.

②부득이한 사정으로 인하여 第1項의 規定에 의한 期間내에 決定할 수 없을 때에는 1次에 한하여 10日을 넘지 아니하는 범위안에서 그 決定期間을 연장할 수 있다.

第14條第2項중 "前條의"를 "第13條의"로 한다.

第3章第1節의 節名 및 第16條第1項중 "産災審査委員會"를 각각 "産業災害補償保險審査委員會"로 한다.

第18條第1項第1號 내지 第4號를 각각 다음과 같이 하고, 同條第2項중 "前項第1號"를 "第1項第1號"로 하며, 同條第3項중 "2級公務員"을 "2級 또는 3級公務員"으로 한다.

1. 3級이상의 公務員(이에 상당하는 公務員을 포함한다)으로 在職한 者
2. 勞動關係業務에 15年이상 종사한 者로서 勞動部長官이 資格이 있다고 인정하는 者
3. 判事·檢事 또는 辯護士의 資格이 있는 者
4. 教育法 第109條의 規定에 의한 大學에서 副教授이상으로 在職하고 있거나 있었던 者

第19條第1項중 "前條第3項의"를 "第18條第3項의"로 한다.

第20條의2중 "常任委員은"을 "委員은"으로 하고, 同條에 但書를 다음과 같이 新設한다.

다만, 第18條第3項의 規定에 의한 當然職委員은 그러하지 아니하다.

第21條를 다음과 같이 한다.

第21條(委員長과 副委員長) ①委員會는 委員長과 副委員長 각 1人을 둔다.

②委員長은 常任委員중에서 勞動部長官이 任命하고, 副委員長은 委員중에서 互選한다.

第21條의2를 다음과 같이 新設한다.

第21條의2(職務) ①委員長은 委員會를 代表하며, 會務를 統轄한다.

②副委員長은 委員長을 補佐하며, 委員長이 事故가 있을 때에는 그 職務를 代行한다.

第24條第1項중 "再審査請求人 및 原處分을 行한 地方事務所長(以下 "當事者"라 한다)"을 "當事者,"로 한다.

第27條第2項중 "前項의"를 "第1項의"로 하고, 同條第3項중 "前項의"를 "第2項의"로 한다.

第29條중 "第6條·第7條·第10條·第12條"를 "第4條의3·第5條 내지 第7條·第10條·第12條·第13條의2"로 한다.

第4章에 第29條의2 및 第29條의3을 각각 다음과 같이 新設한다.

第29條의2(告知) 地方事務所의 所長이 原處分을 書面으로 하거나 第14條第2項의 規定에 의하여 審査官이 決定書의 謄本을 송부하는 경우에는 그 相對方 또는 審査請求人에게 原處分 또는 決定에 관하여 審査請求 또는 再審査請求를 제기할 수 있는지의 여부, 제기하는 경우의 經由節次 및 請求期間을 알려야 한다.

第29條의3(다른 法律과의 관계) 審査 및 再審査에 관하여 이 法에 規定되지 아니한 사항에 관하여는 각각 行政審判法이 정하는 바에 의한다.

第31條를 다음과 같이 한다.

第31條(過怠料) ①第11條第1項第4號 또는 第25條第1項 後段의 規定에 의한 質問에 答辯을 하지 아니하거나, 허위의 答辯을 하거나, 檢査를 거부·방해 또는 기피한 者는 50萬원이하의 過怠料에 處한다.

②第1項의 規定에 의한 過怠料는 大統領令이 정하는 바에 의하여 勞動部長官이 賦課·徵收한다.

③第2項의 規定에 의한 過怠料處分에 불복이 있는 者는 그 處分이 있음을 안 날로부터 30日이내에 勞動部長官에게 異議를 제기할 수 있다.

④第2項의 規定에 의한 過怠料處分을 받은 者가 第3項의 規定에 의하여 異議를 제기한 때에는 勞動部長官은 지체없이 管轄法院에 그 사실을 통보하여야 하며, 그 통보를 받은 管轄法院은 非訟事件節次法에 의한 過怠料의 裁判을 한다.

⑤第3項의 規定에 의한 期間내에 異議를 제기하지 아니하고 過怠料를 납부하

지 아니한 때에는 國稅滯納處分의 예에 의하여 이를 徵收한다.

附 則

①(施行日) 이 法은 公布한 날로부터 施行한다.

②(經過措置) 이 法 施行전에 제기된 審査請求 또는 再審査請求에 대하여는 이 法 施行후에도 종전의 規定에 의한다.

③(經過措置) 이 法 施行당시 産災審査官 및 産災審査委員會委員은 이 法에 의한 産業災害補償保險審査官 및 産業災害補償保險審査委員會委員으로 본다.

● 産業災害補償保險業務및審査에관한法律中改正法律

〔1993·8·5 法律第4576號〕

産業災害補償保險業務및審査에관한法律중 다음과 같이 改正한다.

第5條第1項을 다음과 같이 하고, 同條第2項중 "地方事務所"를 "地方勞動官署"로 한다.

①第3條의 規定에 의한 審査의 請求는 原處分을 행한 地方勞動廳 또는 地方勞動事務所(이하 "地方勞動官署"라 한다)를 거쳐 당해 地方勞動官署의 管轄區域을 관할하는 審査官에게 하여야 한다.

第7條第2項에 但書를 다음과 같이 新設한다.

다만, 補正할 사항이 경미한 경우에는 審査官이 職權으로 이를 補正할 수 있다.

第10條第2項 및 第3項중 "地方事務所의 所長"을 각각 "地方勞動官署의 長"으로 한다.

第13條의2第1項중 "地方事務所"를 "地方勞動官署"로 한다.

第14條第2項·第15條第1項 및 第2項중 "地方事務所의 所長"을 각각 "地方勞動官署의 長"으로 한다.

第17條를 다음과 같이 한다.

第17條(委員會의 委員) ①委員會에 委員長 1人을 포함한 15人이내의 委員을 둔다.

②第1項의 規定에 의한 委員중 2人은 常任委員으로 하고, 1人은 當然職委員으로 한다.

第17條의2 및 第17條의3을 각각 다음과 같이 新設한다.

第17條의2(會議의 구분) 委員會의 會議는 常任委員 2人 및 當然職委員 1人과 委員長이 지명하는 委員 4人으로 구성하는 會議(이하 "7人會議"라 한다)와 委員全員으로 구성하는 會議(이하 "全員會議"라 한다)로 구분한다.

第17條의3(委員會의 소관사항) ①7人會議는 再審査請求의 事件을 취급한다.

②全員會議는 다음 各號의 1에 해당하는 사항을 취급한다.

1. 7人會議가 法令의 解釋 또는 적용에 관하여 제시된 의견이 종전의 裁決에 반하는 것으로 인정하여 이를 全員會議에서 취급하도록 결정한 事件
2. 委員長이 全員會議에서 취급할 필요가 있다고 인정하는 事件
3. 기타 委員會의 운영에 관하여 委員長이 필요하다고 인정하는 사항

第18條第3項을 다음과 같이 한다.

③當然職委員은 勞動部所屬 2級 또는 3級의 一般職公務員중에서 勞動部長官이 지명하는 者로 한다.

第22條를 다음과 같이 한다.

第22條(會議의 召集·議決) ①委員長은 7人會議 및 全員會議를 召集하며, 각각 그 會議의 議長이 된다.

②委員會의 會議는 委員 過半數의 출석과 出席委員 過半數의 贊成으로 議決한다. 이 경우 第18條第1項第3號의 資格이 있는 委員과 同條同項第5號의 資格이 있는 委員이 각각 1人이상 출석하여야 한다.

第23條 및 第29條의2중 "地方事務所의 所長"을 각각 "地方勞動官署의 長"으로 한다.

附 則

①(施行日) 이 法은 公布후 3月이 경과한 날부터 施行한다.

②(經過措置) 이 法 施行전에 제기된 再審査請求의 事件에 대하여는 종전의 規定에 의한다.

産業災害補償保險法改正法律 〔1994. 12. 22 法律第4826號〕

〔本文 省略〕

附 則

第1條(施行日) 이 法은 1995年 5月 1日부터 施行한다.〈但書 省略〉

第2條(다른 法律의 改正) 다음 各號의 法律은 이를 각각 廢止한다.

1. 및 2. 省略

3. 産業災害補償保險業務및審査에관한法律

第3條내지 第6條 省略

第7條(處分 및 審査請求등에 관한 經過措置) ①省略

②이 法 施行전에 종전의 産業災害補償保險業務및審査에관한法律에 의하여 제기된 審査請求 및 再審査請求는 각각 이 法에 의하여 제기된 審査請求 및 再審査請求로 본다.

第8條 내지 第11條 省略

Ⅲ. 산업재해보상보험법 · 령 · 규칙

산업재해보상보험법

제정 : 1963. 11. 5 법1438호
개정 : 1970. 12. 31 법2271호
개정 : 1973. 1. 15 법2437호
개정 : 1973. 3. 13 법2607호
개정 : 1976. 12. 22 법2912호
개정 : 1977. 12. 19 법3026호
개정 : 1981. 4. 8 법3422호
개정 : 1981. 12. 17 법3467호
개정 : 1982. 12. 31 법3631호
개정 : 1983. 12. 31 법3713호
개정 : 1986. 5. 9 법3818호
개정 : 1989. 4. 1 법4111호
개정 : 1993. 12. 27 법4641호
전문개정 : 1994. 12. 22 법4826호

제1장 총 칙

제1조[목 적] 이 법은 산업재해보상보험사업(이하 "보험사업"이라 한다)을 행하여 근로자의 업무상의 재해를 신속하고 공정하게 보상하고, 이에 필요한 보험시설을 설치 · 운영하며 재해예방 기타 근로자의 복지증진을 위한

산업재해보상보험법시행령

제정 1964. 6. 9 영 1837호
전개 1971. 11. 19 영 5846호
개정 1973. 6. 23 영 6740호
개정 1975. 4. 28 영 7611호
개정 1977. 3. 14 영 8489호
개정 1978. 2. 13 영 8857호
개정 1981. 4. 8 영10278호
개정 1982. 6. 14 영10839호
개정 1983. 8. 6 영11197호
개정 1984. 5. 28 영11430호
개정 1986. 8. 27 영11960호
개정 1987. 5. 15 영12157호
개정 1987. 12. 9 영12306호
개정 1991. 4. 11 영13346호
개정 1991. 12. 12 영13515호
개정 1994. 11. 9 영14412호
전문개정 1995. 4. 15 영14628호

제1장 총 칙

제1조[목 적] 이 영은 산업재해보상보험법(이하 "법"이라 한다)에서 위임된 사항과 그 시행에 관하여 필요한 사항을 규정함을 목적으로 한다.

산업재해보상보험법시행규칙

제정 1964. 6. 18 영139호
전개 1973. 12. 15 영433호
개정 1977. 8. 13 영568호
개정 1978. 2. 24 영590호
개정 1982. 6. 26 영 12호
개정 1983. 8. 10 영 21호
개정 1984. 6. 29 영 26호
개정 1984. 12. 6 영 28호
개정 1986. 11. 15 영 37호
개정 1987. 6. 15 영 40호
개정 1991. 7. 8 영 66호
개정 1993. 1. 18 영 81호
전문개정 1995. 4. 29 영 97호
개정 1996. 3. 19 영107호

제1장 총 칙

제1조[목적] 이 규칙은 산업재해보상보험법(이하 "법"이라 한다)및 동법시행령(이하 "영"이라 한다)에서 위임된 사항과 그 시행에 관하여 필요한 사항을 규정함을 목적으로 한다.

<table>
<tr><th>법 률</th><th>시 행 령</th><th>시 행 규 칙</th></tr>
<tr><td>사업을 행함으로써 근로자 보호에 기여함을 목적으로 한다.
제2조[보험의 관장과 보험년도] ①이 법에 의한 보험사업은 노동부장관이 이를 관장한다.
②이 법에 의한 보험사업의 보험년도는 정부회계년도에 따른다.
제3조[국고의 부담 및 지원] ①국가는 매년도 예산의 범위안에서 보험사업의 사무집행에 소요되는 비용을 일반회계에서 부담하여야 한다.
②국가는 매회계년도 예산의 범위안에서 보험사업에 소요되는 비용의 일부를 지원할 수 있다.</td><td></td><td></td></tr>
<tr><td>**제4조[정 의]** 이 법에서 사용하는 용어의 정의는 다음 각호와 같다.
1. "업무상의 재해"라 함은 업무상의 사유에 의한 근로자의 부상·질병·신체장해 또는 사망을 말한다.
2. 근로자"·"임금"·"평균임금"·"통상임금"이라 함은 각각 근로기준법에 의한 "근로자"·"임금"·"평균임금"·"통상임금"을 말한다. 다만, 근로기준법에 의하여 "임금" 또는 "평균임금"을 결정하기 곤란하다고 인정되는 경우에는 노동부장관이 정하여 고시하는 금액을 당해 "임금" 또는 "평균임금"으로 한다.</td><td>**제2조[정 의]** ①이 영에서 사용하는 용어의 정의는 다음 각호와 같다.
1. "총공사"라 함은 건설공사에 있어서 최종공작물(최종목적물)을 완성하기 위하여 행하여지는 토목공사, 건축공사, 기타 공작물의 건설공사와 건설물의 개조·보수·변경 및 해체등의 공사 또는 각각의 공사를 행하기 위한 준비공사등과 상호 관련하여 행하여지는 작업 일체를 말한다.
2. "총공사금액"이라 함은 총공사를 행함에 있어 계약상의 도급금액을 말한다. 다만, 발주자로부터 따로 제공받은 재료가 있는 경우에는 도급금액에 그 재료의 시가환산액을</td><td>**제2조[정 의]** 이 규칙에서 사용하는 용어의 정의는 다음 각호와 같다.
1. "재해"라 함은 사고 또는 유해요인에 의한 근로자의 부상·사망·장해 또는 질병을 말한다.
2. "유해요인"이라 함은 물리적인자·화학물질·분진·병원체·신체에 과도한 부담을 주는 작업방법등 근로자의 건강장해를 일으킬 수 있는 요인을 말한다.
3. "진폐증"이라 함은 분진을 흡입함으로써 폐장내에 병적 변화를 가져오는 질병을 말한다.
4. "장해"라 함은 부상 또는 질병이 치유되었</td></tr>
</table>

3. "유족"이라 함은 사망한 자의 배우자(사실상 혼인관계에 있는 자를 포함한다)·자녀·부모·손·조부모 또는 형제자매를 말한다.	가산한 금액을 말한다. 3. "원수급인"이라 함은 사업이 수차의 도급에 의하여 행하여지는 경우에 있어서 최초로 사업을 도급받아 행하는 자를 말한다. 4. "하수급인"이라 함은 원수급인으로부터 그 사업의 전부 또는 일부를 도급받아 행하는 자와 하수급인으로부터 그 사업의 전부 또는 일부를 도급받아 해하는 자를 말한다. 5. "총공사실적"이라 함은 당해 보험연도 건설공사의 총기성공사금액을 말한다. ②총공사금액을 산정함에 있어서 위탁 기타 명칭여하에 불구하고 최종공작물의 완성을 위하여 행하는 동일한 건설공사를 2이상으로 분할하여 도급(발주자가 공사의 일부를 직접 행하는 경우를 포함한다)하는 경우에는 각 도급금액을 합산하여 산정한다. 다만, 도급단위별 공사가 시간적으로 또는 장소적으로 분리되어 독립적으로 행하여지는 경우에는 그러하지 아니하다.	으나 신체에 남은 영구적인 정신적 또는 육체적 훼손(이하 "폐질"이라 한다)으로 인하여 노동능력이 손실 또는 감소된 상태를 말한다. 5. "치유"라 함은 부상 또는 질병이 완치되거나 부상 또는 질병에 대한 치료의 효과를 더이상 기대할 수 없게 되고 그 증상이 고정된 상태에 이르게 된 것을 말한다.
제5조【적용범위】 이 법은 모든사업 또는 사업장(이하 "사업"이라 한다)에 적용한다. 다만, 사업의 위험율·규모 및 사업장소등을 참작하여 대통령령이 정하는 사업은 그러하지 아니하다.	**제3조【법의 적용제외 사업】** ①법 제5조 단서에서 "대통령령으로 정하는 사업"이라 함은 다음 각호의 사업 또는 사업장(이하 "사업"이라 한다)을 말한다. 1. 임업중 벌목업으로 벌목재적량이 800세제곱미터 미만의 사업 2. 금융 및 보험업, 국제 및 기타 외국기관, 기타 공공·사회 및 개인서비스업중 회원단체	**제2장 보험가입자** **제3조【상시근로자수의 산정 및 적용시점】** ①영 제3조1항제5호의 규정을 적용함에 있어서 당해 사업의 사업기간이 1년미만인 경우에는 그 사업기간동안 사용한 근로자의 연인원을 당해 사업이 연간 사용한 연인원으로 본다. ②영 제3조제1항제7호의 규정을 적용함에 있

법 률	시 행 령	시 행 규 칙
	3. 국가 또는 지방자치단체에서 직접 행하는 사업 4. 선원법 또는 사립학교교원연금법에 의하여 재해보상이 행하여지는 사업 5. 기간의 정함이 있는 사업(제1호의 벌목업 및 제6호의 건설공사를 제외한다) 또는 계절사업으로서 연간 연인원 1천350인미만의 근로자를 사용하는 사업 6. 건설공사중 총공사금액이 4천만원미만인 공사 또는 주택건설촉진법에 의한 주택사업자(이하 "주택사업자"라 한다) 기타 건설업법에 의한 건설업자(이하 "건설업자"라 한다)가 아닌 자가 시공하는 공사로서 건설업법 제4조제2호 본문의 규정에 해당하지 아니하는 공사 7. 제1호 내지 제6호의 사업외의 사업으로서 상시 5인미만의 근로자를 사용하는 사업 ②제1항 각호의 사업의 범위에 관하여 이 영에 특별한 규정이 있는 것을 제외하고는 통계법에 의하여 통계청장이 고시하는 한국표준산업분류표에 의한다. ③제1항제6호의 규정에 의한 총공사금액이 4천만원미만인 건설공사가 법 제9조제2항 또는 제3항의 규정에 의하여 일괄적용을 받게 되거나 설계변경(사실상의 설계변경이 있는 경우를 포함한다)으로 그 총공사금액이 4천만원이	어서 상시 5인 이상의 근로자를 사용하는 사업은 당해 사업 개시일 이후 근로자수가 최초로 5인이상 된 날부터 당해 사업의 가동기간 30일동안 사용한 연인원을 30으로 나누어 평균 5인이상되는 사업으로 한다. 다만, 최초로 5인이상이 된 날부터 당해 사업의 가동기간이 30일미만인 경우에는 당해 사업의 가동기간동안 사용한 연인원을 그 가동일수로 나누어 산정한다. ③제1항의 규정에 의하여 산정한 근로자수가 상시 5인이상이 되는 사업에 대하여 최초로 5인이상이 된 날부터 법을 적용한다. **제4조【벌목업에 대한 적용】** 영 제3조제1항제1호의 규정을 벌목업에 적용함에 있어서 그 사업단위 및 벌목재적량은 당해 벌목을 위하여 산림법 기타 관계 법령의 규정에 의하여 행정기관의 인·허가를 받거나 신고를 한 경우에는 그 인·허가를 받거나 신고한 단위를 기준으로 한다. **제5조【생산제품의 설치공사에 대한 적용특례】** 사업주가 상시적으로 고유제품을 생산하여 당해 제품의 구매자와의 계약에 의하여 직접 설치하는 경우로서 다음 각호의 요건에 해당하는 경우에는 그 설치공사는 이를 당해 제품의 제조업에 포함되는 것으로 본다. 1. 제조한 제품이 독립적으로 성능을 발휘하는

제6조【산업재해보상보험심의위원회】 ①보험사업에 관한 중요사항을 심의하게 하기 위하여 노동부에 산업재해보상보험심의위원회(이하 "위원회"라 한다)를 둔다.

②위원회는 근로자를 대표하는 자, 사용자를 대표하는 자 및 공익을 대표하는 자로 구성하되, 그 수는 각각 동수로 한다.

상으로 된 때에는 그 때로부터 법의 적용을 받는다.

제4조【산업재해보상보험심의위원회의 기능】 법 제6조제1항의 규정에 의한 산업재해보상보험심의위원회(이하 "위원회"라 한다)는 다음 각호의 사항을 심의한다.

1. 법 제63조제1항 및 제2항의 규정에 의한 보험료율의 결정에 관한 사항
2. 법 제83조의 규정에 의한 산업재해보상보험기금운용계획의 수립에 관한 사항
3. 기타 노동부장관이 산업재해보상보험사업에 관하여 부의하는 사항

제5조【위원회의 구성】 위원회의 위원은 다음 각호의 구분에 따라 각각 노동부장관이 임명 또는 위촉한다.

1. 근로자를 대표하는 위원은 총연합단체인 노동조합이 추천하는 자 5인
2. 사용자를 대표하는 위원은 전국을 대표하는 사용자단체가 추천하는 자 5인
3. 공익을 대표하는 위원은 노동부차관 및 노동부의 산업재해보상보험업무를 담당하는 2급 또는 3급 공무원 1인과 노동부장관이 사회보험에 관한 학식과 경험이 풍부하다고 인정하는 자 3인

제6조【위원의 임기】 ①위원의 임기는 3년으로 하되 연임할 수 있다. 다만, 노동부차관인 위원과 노동부의 산업재해보상보험업무를 담당하

것일 것.

2. 도급단위별로 제조부문의 근로자수 또는 임금총액의 비중이 설치공사의 근로자수 또는 임금총액의 비중보다 클것
3. 도급단위별로 제조부문의 도급금액이 설치공사부문의 도급금액보다 클 것
4. 도급단위별로 자가생산제품의 설치공사외에 다른 건설공사가 포함되어 있지 아니할 것

법 률	시 행 령	시 행 규 칙
	는 2급 또는 3급 공무원인 위원은 그 재직기간으로 한다. ②보궐위원의 임기는 전임자의 잔임기간으로 한다. **제7조[위원장과 부위원장]** ①위원회의 위원장과 부위원장 각 1인을 둔다. ②위원장은 노동부차관이 되고, 부위원장은 공익을 대표하는 위원중에서 위원회가 선임한다. ③위원장은 위원회를 대표하며, 위원회의 회무를 통할한다. ④부위원장은 위원장을 보좌하며 위원장이 사고가 있을 때에는 그 직무를 대행한다. **제8조[위원회의 회의]** ①위원장은 위원회의 회의를 소집하고 그 의장이 된다. ②위원회의 회의는 노동부장관의 요구가 있거나 재적위원과반수의 요구가 있을 때 소집한다. ③위원회의 회의는 재적위원 과반수의 출석으로 개의하고, 출석위원 과반수의 찬성으로 의결한다.	
③위원회는 그 심의사항을 검토 · 조정하고 위원회의 심의를 보조하게 하기 위하여 위원회에 전문위원회를 둘 수 있다. ④위원회 및 전문위원회의 조직과 운영에 관하여 필요한 사항은 대통령령으로 정한다.	**제9조[전문위원회]** ①법 제6조제3항의 규정에 의한 전문위원회는 전문위원 약간인으로 구성한다. ②전문위원은 사회보험에 관한 학식과 경험이 있는 자중에서 위원장이 위촉하되, 비상임으	

로 한다.

③전문위원회는 위원장의 명을 받아 산업재해보상보험에 관한 사항을 조사·연구하여 위원회에 보고하여야 한다.

④전문위원회의 구성·운영 기타 필요한 사항은 위원회의 의결을 거쳐 위원장이 정한다.

제10조【위원회의 간사】 ①위원회에 그 사무처리를 위하여 간사 1인을 둔다.

②간사는 노동부장관이 그 소속공무원중에서 임명한다.

제11조【위원의 수당】 위원회의 회의에 출석한 노동부차관 및 노동부소속 공무원이 아닌 위원과 전문위원에 대하여는 예산의 범위안에서 수당을 지급할 수 있다.

제12조【운영세칙】 위원회의 운영에 관하여 필요한 세칙은 위원회의 의결을 거쳐 위원장이 정한다.

제13조【대리인】 ①사업의 사업주(이하 "사업주"라 한다)는 대리인을 선임하여 사업주가 법과 이 영에 의하여 행할 사항을 대리인으로 하여금 행하게 할 수 있다.

②사업주는 대리인을 선임하거나 해임한 때에는 이를 법 제13조의 규정에 의한 근로복지공단에 신고하여야 한다.

법 률	시 행 령	시 행 규 칙
제2장 보험가입자	**제2장 보험가입자**	
제7조【보험가입자】 ①사업의 사업주는 당연히 산업재해보상보험(이하 "보험"이라 한다)의 보험가입자가 된다. 다만, 제5조단서의 규정에 의한 사업의 사업주는 그러하지 아니하다. ②제5조단서의 규정에 의한 사업의 사업주는 제13조의 규정에 의한 근로복지공단의 승인을 얻어 보험에 가입할 수 있다. ③제2항의 규정에 의하여 보험에 가입한 사업주가 보험계약을 해지하고자 할 때에는 근로복지공단의 승인을 얻어야 한다. 다만, 이 경우의 해지는 그 보험관계가 성립한 날부터 1년을 경과한 때에 한한다. ④근로복지공단은 계속해서 보험관계를 유지할 수 없다고 인정하는 경우에는 당해 보험관계를 소멸시킬 수 있다. **제8조【보험의 의제가입】** ①제7조제1항의 규정에 의하여 사업주가 보험의 당연가입자가 되는 사업이 사업규모의 변동등으로 인하여 제5조단서의 규정에 의한 사업에 해당하게 된 경우에는 당해 사업주는 그 해당하게 된 날부터 제7조제2항의 규정에 의하여 보험에 가입한 것으로 본다. ②제7조제3항의 규정은 제1항의 사업주에 의한 보험계약의 해지에 관하여 이를 준용한다.		

제9조【도급 및 동종사업의 일괄적용】 ①사업이 수차의 도급에 의하여 행하여지는 경우에는 그 원수급인을 이 법의 적용을 받는 사업의 사업주로 본다. 다만, 원수급인이 서면계약으로 하수급인에게 보험료의 납부를 인수하게 하는 경우에 원수급인의 신청에 의하여 근로복지공단이 이를 승인한 때에는 그 하수급인을 이 법의 적용을 받는 사업의 사업주로 본다.	**제14조【하수급인을 보험가입자로 하는 승인신청】** 원수급인이 법 제9조제1항 단서의 규정에 의하여 보험료의 납부인수에 관한 승인을 얻고자 하는 때에는 당해 납부인수에 관한 서면계약이 성립된 날부터 14일이내에 이를 근로본지공단에 신청하여야 한다.	**제6조【하수급인의 보험료납부인수 승인요건】** 법 제9조제1항 단서의 규정에 의한 보험료납부인수에 관한 승인요건은 하수급인의 사업종류별로 각각 다음 각호와 같다. 1. 건설업 가. 사업주가 건설업법에 의한 건설업면허를 받은 자일 것 나. 하도급공사의 도급공사금액이 1억원이상일 것 다. 원수급인이 당해 보험료를 납부하지 아니하였을 것 라. 원수급인과 하수급인간에 보험료 납부의 인수에 관한 서면계약을 체결할 것. 마. 원수급인이 하수급인의 보험료미납부에 연대하여 책임진다는 각서를 제출할 것 바. 하수급인의 사업이 보험료 및 보험급여의 산정기초가 되는 임금을 산정할 수 있을 것 2. 제조업 · 수선업 기타의 사업 가. 사업주가 부가가치세법에 의한 사업자등록을 행한 자일 것 나. 사업장의 인사 · 회계등을 독립적으로 처리하는 사업주일 것 다. 원수급인의 사업장과는 별도의 자체 시설과 장비를 갖추고 있는 사업장일 것 라. 제1호 다목 내지 바목의 요건에 해당하는 사업일 것

법 률	시 행 령	시 행 규 칙
		제7조【보험료 납부인수 승인】 ①원수급인이 영 제14조의 규정에 의하여 하수급인보험료납부인수에 관한 승인을 신청하고자 하는 경우에는 하수급인보험료납부인수에 관한 승인을 신청하고자 하는 경우에는 하수급인보험료납부인수승인신청서에 다음 각호의 서류를 첨부하여 법 제13조의 규정에 의한 근로복지공단(이하 "공단"이라 한다)에 제출하여야 한다. 1. 도급계약서 사본 2. 보험료납부인수에 관한 서면계약서 사본 3. 하수급인의 보험료미납부에 대한 연대책임각서 ②공단은 제1항의 규정에 의하여 하수급인보험료납부인수승인신청서를 접수한 때에는 접수일부터 5일이내에 그 승인여부를 원수급인 및 하수급인에게 결정·통지하여야 한다.
②제7조제1항의 규정에 의한 보험의 당연가입자인 사업주의 각각의 사업이 다음 각호의 요건에 해당하는 경우에는 당해 사업 전부를 이 법의 적용에 있어서는 하나의 사업으로 본다. 1. 사업주가 동일인일 것 2. 각각의 사업은 기간의 정함이 있는 사업일 것 3. 각각의 사업은 제63조의 규정에 의하여 노동부장관이 정하는 사업종류에 있어서 동일한 사업에 속할 것		**제8조【보험료 납부인수승인취소】** ①공단은 하수급인인 보험가입자가 법에 의한 의무를 이행하지 아니하거나 보험관계를 유지할 수 없다고 인정될 때에는 하수급인의 보험료납부인수에 관한 승인을 취소할 수 있다. ②공단은 제1항의 규정에 의하여 하수급인 보험료납부인수 승인을 취소한 때에는 하수급인인 보험가입자 및 원수급인에게 이를 즉시 통지하여야 한다.

4. 기타 대통령령이 정하는 요건에 해당할 것

③제2항의 규정에 의하여 일괄적용을 받는 사업주외의 사업주가 동항제1호 내지 제3호의 요건에 해당하는 사업 전부를 하나의 사업으로 보아 이 법의 적용을 받고자 하는 경우에는 근로복지공단의 승인을 얻어야 한다. 이 경우 일괄적용관계가 제4항의 규정에 의하여 해지되지 아니하는 한 당해 사업주는 그 보험년도이후의 보험년도에도 계속하여 그 사업 전부에 대하여 일괄적용을 받는 것으로 본다.

④제3항의 규정에 의하여 일괄적용을 받고 있는 사업주가 그 일괄적용관계를 해지하고자 하는 경우에는 근로복지공단에 신청하여야 한다. 다만, 이 경우의 일괄적용관계의 해지는 다음 보험년도의 보험관계부터 적용한다.

제10조【보험관계의 성립일】 보험관계는 다음 각호의 1에 해당하는 날에 성립한다.

제15조【동종사업의 일괄적용】 ①법 제9조제2항제4호에서 "대통령령이 정하는 요건"이라 함은 다음 각호의 요건을 갖춘것을 말한다.

1. 사업자가 건설업자, 주택사업자, 전기사업법에 의한 공사업자, 전기통신공사업법에 의한 공사업자일 것
2. 당해 보험연도의 2년전 보험연도의 총공사실적이 50억원이상일 것
3. 당해 보험연도 초일 현재 법 제7조제1항의 규정에 의한 사업이 1이상 시행중에 있을 것.

②법 제9조제3항의 규정에 의하여동종사업의 일괄적용승인을 받고자 하는 자는 당해 보험연도 개시 7일전까지 근로복지공단에 이를 신청하여야 한다.

③법 제9조제2항 및 제3항의 규정에 의하여 동종사업의 일괄적용을 받는 사업주가 법 제65조의 규정에 의한 개산보험료를 신고·납부하는 때에는 당해 보험연도중의 모든 일괄적용 대상사업을 포함하여야 한다.

④동종사업의 일괄적용을 받고 있는 사업주가 법 제9조제4항의 규정에 의하여 그 일괄적용관계를 해지하고자 하는 경우에는 다음 보험연도 개시 7일전까지 이를 근로복지공단에 신청하여야 한다.

제9조【일괄적용승인】 ①영 제15조제2항의 규정에 의하여 일괄적용 승인을 신청하고자 하는 자는 동종사업일괄적용승인신청서에 당해 보험연도에 행하게 될 공사내역서를 첨부하여 공단에 제출하여야 한다.

②공단은 제1항의 규정에 의하여 동종사업일괄적용승인신청서를 접수한 때에는 접수일부터 5일이내에 그 승인여부를 신청인에게 결정·통지하여야 한다.

법률	시행령	시행규칙
1. 제7조제1항의 규정에 의하여 그 사업주가 보험의 당연가입자가 되는 사업에 있어서는 당해 사업이 개시된 날.(제5조단서의 규정에 의한 사업이 제7조제1항의 규정에 의하여 사업주가 보험의 당연가입자가 되는 사업에 해당하게 된 경우에는 그 해당하게 된 날) 2. 제7조제2항의 규정에 의하여 보험에 가입하는 사업에 있어서는 그 사업의 사업주가 근로복지공단의 승인을 얻은 날의 다음 날 **제11조[보험관계의 소멸일]** 보험관계는 다음 각호의 1에 해당하는 날에 소멸한다. 1. 사업이 폐지 또는 종료된 날의 다음 날 2. 제7조제3항(제8조제2항의 규정에 의하여 준용되는 경우를 포함한다)의 규정에 의하여 사업주가 보험계약을 해지하는 경우에는 그 해지에 관하여 근로복지공단의 승인을 얻은 날의 다음날 3. 제7조제4항의 규정에 의하여 근로복지공단이 보험관계의 소멸을 결정·통지한 날의 다음 날		
제12조[보험관계의 신고] ①사업주는 제7조의 규정에 의하여 보험의 가입자가 되거나 사업의 폐지·종료로 인하여 보험관계가 소멸한 때에는 각각 사업개시일 또는 보험관계 소멸일부터 14일이내에 이를 근로복지공단에 신고	**제16조[보험관계 성립 및 소멸의 신고등]** ① 법 제12조제1항의 규정에 의하여 보험관계의 성립 또는 소멸을 신고 또는 신청하고자 하는 사업주는 각각 성립일 또는 소멸일부터 14일 이내에 보험관계성립신고서 또는 보험관계소멸	

하여야 한다. ②제9조제2항의 규정에 의한 일괄적용사업의 사업주는 그 사업(제1항의 규정에 의하여 신고된 사업을 제외한다)의 개시일부터 14일이내에 이를 근로복지공단에 신고하여야 한다.	신고(또는 신청)서를 근로복지공단에 제출하여야 한다. 다만, 건설공사가 기간의 정함이 있는 사업으로서 14일이내에 종료되는 사업에 있어서는 그 종료일 전일까지 보험관계성립신고서를 제출하여야 한다. ②근로복지공단은 보험관계가 성립되거나 소멸된 경우에는 각각 당해 사업주에게 이를 통지하여야 한다.	
제3장 근로복지공단	**제3장 근로복지공단**	
제13조【근로복지공단의 설립】 노동부장관의 위탁을 받아 제1조의 목적을 달성하기 위한 사업을 효율적으로 수행하기 위하여 근로복지공단(이하 "공단"이라 한다)을 설립한다. **제14조【공단의 사업】** 공단은 다음 각호의 사업을 수행한다. 1. 보험가입자 및 수급권자에 관한 기록의 관리·유지 2. 보험료 기타 이 법에 의한 징수금의 징수 3. 보험급여의 결정 및 지급 4. 보험급여에 관한 심사청구의 심리·결정 5. 고용보험료의 징수와 관련하여 노동부장관이 위탁하는 업무 6. 산업재해보상보험시설의 설치·운영 7. 근로자의 복지증진을 위한 사업 8. 기타 정부로부터 위탁받은 사업		

법　률	시 행 령	시행규칙
9. 제6호 내지 제8호의 사업에 부대되는 사업 **제15조【법인격】** 공단은 법인으로 한다. **제16조【사업소】** ①공단의 주된 사업소의 소재지는 정관으로 정한다. ②공단은 필요한 때에는 정관이 정하는 바에 의하여 분사무소를 둘 수 있다. **제17조【정　관】** ①공단의 정관에는 다음 각호의 사항을 기재하여야 한다. 1. 목적 2. 명칭 3. 주된 사무소와 분사무소에 관한 사항 4. 임원 및 직원에 관한 사항 5. 이사회에 관한 사항 6. 사업에 관한 사항 7. 예산 및 결산에 관한 사항 8. 자산 및 회계에 관한 사항 9. 정관의 변경에 관한 사항 10. 내부규정의 제정·개정 및 폐지에 관한 사항 11. 공고에 관한 사항 ②공단의 정관은 노동부장관의 인가를 받아야 한다. 이를 변경하고자 할 때에도 또한 같다. **제18조【설립등록】** 공단은 그 주된 사업소의 소재지에서 설립등록를 함으로써 성립한다.		
제19조【임　원】 ①공단의 임원은 이사장 1인과 상임이사 4인을 포함한 15인이내의 이사와	**제17조【공단의 비상임이사】** ①법 제13조의 규정에 의한 근로복지공단(이하 "공단"이라	

감사 1인으로 한다.

②이사장은 노동부장관의 제청에 의하여 대통령이 임명하고, 이사와 감사는 이사장의 제청에 의하여 노동부장관이 임명한다. 다만, 당연직이사를 제외한다.

③비상임이사에 대하여는 보수를 지급하지 아니한다. 다만, 직무수행에 소요되는 실비를 지급할 수 있다.

제20조【임원의 임기】 이사장 및 이사의 임기는 3년으로 하고, 감사의 임기는 2년으로 하되, 각각 연임할 수 있다. 다만, 당연직이사의 임기는 그 재임기간으로 한다.

제21조【임원의 직무】 ①이사장은 공단을 대표하고 공단의 사업을 통할한다.

②상임이사는 정관이 정하는 방에 의하여 공단의 업무를 분장하고, 이사장이 사고가 있을 때에는 정관이 정하는 순위에 따라 그 직무를 대행한다.

③감사는 공단의 업무 및 회계를 감사한다.

제22조【임원의 결격사유】 다음 각호의 1에 해당하는 자는 공단의 임원이 될 수 없다.

1. 대한민국 국민이 아닌 자
2. 국가공무원법 제33조 각호의 1에 해당하는 자

제23조【임원의 당연퇴임·해임】 ①임원이 제22조 각호의 1에 해당하게 된 때에는 그 임원은 당연히 퇴임한다.

한다)의 당연직이사는 다음 각호의 자로 한다.

1. 재정경제원의 공단예산을 담당하는 2급 또는 3급 공무원
2. 노동부의 산업재해보상보험사업을 담당하는 2급 또는 3급 공무원

②공단의 당연직이사를 제외한 비상임이사가 될 수 있는 자는 총연합단체인 노동조합이 추천하는 자·전국을 대표하는 사용자단체가 추천하는 자·사회보험 또는 근로복지사업에 관한 학식과 경험이 풍부한 자로 한다. 이 경우 총연합단체인 노동조합이 추천하는 자와 전국을 대표하는 사용자단체가 추천하는 자는 그 수를 동수로 한다.

법 률	시 행 령	시 행 규 칙
②임명권자는 임원이 다음 각호의 1에 해당하게 된 때에는 그 임원을 해임할 수 있다. 1. 신체 또는 정신상의 장애로 직무를 수행할 수 없다고 인정될 때 2. 직무상의 의무를 위반할 때 3. 고의 또는 중대한 과실로 인하여 공단에 손실을 발생하게 한 때 **제24조[임직원의 겸직제한]** 공단의 상임임원 및 직원은 그 업무외의 영리를 목적으로 하는 업무에 종사하지 못하며, 상임임원은 노동부장관, 직원은 이사장의 허가를 받지 아니하고 다른 직무를 겸할 수 없다. **제25조[이사회]** ①공단에는 그 업무에 관한 중요사항을 심의·의결하기 위하여 이사회를 둔다. ②이사회는 이사장 및 이사로 구성한다. ③이사장은 이사회를 소집하고 그 의장이 된다. ④이사회는 재적구성원 과반수의 출석과 출석구성원 과반수의 찬성으로 의결한다. ⑤감사는 이사회에 출석하여 발언할 수 있다. ⑥이사회의 운영에 관하여 필요한 사항은 정관으로 정한다. **제26조[직원의 임면 및 대리인의 선임]** ①이사장은 정관이 정하는 바에 의하여 공단의 직원을 임면한다.		

법	령	규칙
②이사장은 정관이 정하는 바에 의하여 직원 중에서 업무에 관한 재판상 또는 재판외의 행위를 할 수 있는 권한을 가진 대리인을 선임할 수 있다. **제27조【벌칙적용에 있어서의 공무원의제】** 공단의 임원 및 직원은 형법 제129조 내지 제132조의 적용에 있어서는 이를 공무원으로 본다. ※ 형법 제129조(수뢰·사전수뢰) 제130조(제3자 뇌물제공) 제131조(수뢰후부정처사, 사후수뢰) 제132조(알선수뢰)		
제28조【업무의 지도·감독】 ①공단은 대통령령이 정하는 바에 의하여 매회계년도의 사업운영계획과 예산에 관하여 노동부장관의 승인을 얻어야 한다.	**제18조【사업운영계획 및 예산】** ①공단은 법 제28조제1항의 규정에 의하여 다음 회계연도의 사업운영계획과 예산에 관하여 노동부장관의 승인을 얻고자 할 때에는 당해 연도 10월 31일까지 예산요구서에 다음 각호의 서류를 첨부하여 노동부장관에게 제출하여야 한다. 1. 다음 연도의 사업운영계획서 및 자금수지계획서 2. 다음 연도의 추정손익계산서 및 추정대차대조표 3. 기타 예산요구서의 내용을 확인하는데 필요한 서류 ②공단이 제1항의 규정에 의하여 승인을 얻은 사업운영계획과 예산을 변경하고자 할 때에는 그 변경사유 및 변경내용을 기재한 서류를 노동부장관에게 제출하여 승인을 얻어야 한다.	

법 률	시 행 령	시 행 규 칙
②공단은 매회계년도 종료후 2월이내에 사업실적과 결산을 노동부장관에게 보고하여야 한다.	**제19조【결산서의 제출】** 공단은 법 제28조제2항의 규정에 의하여 매 회계연도의 결산서를 노동부장관에게 제출한 때에는 다음 각호의 서류를 첨부하여야 한다. 1. 당해 연도의 사업계획 및 자금수지계획과 그 집행실적과의 대비표 2. 당해 연도의 손익계산서 및 대차대조표 3. 노동부장관이 지정하는 공인회계사 및 공단의 감사의 의견서 4. 기타 결산서의 내용을 확인하는데 필요한 자료	
③노동부장관은 공단에 대하여 그 사업에 관한 보고를 명하거나, 사업 또는 재산상황을 검사할 수 있으며, 필요하다고 인정하는 때에는 정관의 변경을 명하는 등 감독상 필요한 조치를 할 수 있다.		
제29조【공단의 회계】 ①공단의 회계년도는 정부회계년도에 따른다. ②공단은 보험사업에 관한 회계를 공단의 다른 회계와 구분하여 계리하여야 한다. ③공단은 노동부장관의 승인을 얻어 회계규정을 정하여야 한다.	**제20조【공단규정의 승인】** 공단은 다음 각호의 사항에 관한 규정을 제정하거나 개정하고자 할 때에는 노동부장관의 승인을 얻어야 한다. 1. 공단의 조직 및 정원에 관한 사항 2. 임직원의 인사 및 보수에 관한 사항 3. 공단의 회계에 관한 사항	

	4. 기타 보험사업 및 근로복지사업에 관한 중요한 사항	
제30조[자금의 차입등] ①공단은 제14조의 규정에 의한 사업을 위하여 필요한 경우에는 노동부장관의 승인을 얻어 자금을 차입(국제기구·외국정부 또는 외국인으로부터의 차입을 포함한다)할 수 있다.	**제21조[자금차입등의 승인신청]** ①공단은 법 제30조제1항의 규정에 의하여 자금의 차입에 관한 승인을 얻고자 할 때에는 다음 각호의 사항을 기재한 승인신청서를 노동부장관에게 제출하여야 한다. 1. 차입의 사유 2. 차입처 3. 차입금액 4. 차입의 조건 5. 차임금의 상환방법 및 상환기간 6. 기타 자금의 차입과 그 상환에 관하여 필요한 사항	
②공단은 매회계년도 보험사업과 관련하여 지출이 수입을 초과하게 될 때에는 제84조의 규정에 의한 책임준비금의 범위안에서 노동부장관의 승인을 얻어 산업재해보상보험기금에서 이입하여 충당할 수 있다.	②공단은 법 제30조제2항의 규정에 의하여 산업재해보상보험기금으로부터의 이입충당에 관한 승인을 얻고자 할 때에는 이입충당사유 및 금액등에 관한 사항을 기재한 승인신청서를 노동부장관에게 제출하여야 한다.	
제31조[잉여금의 처리] 공단은 매회계년도말에 결산상 잉여금이 있을 때에는 공단의 회계규정이 정하는 바에 의하여 회계별로 구분하여 손실금을 보전하고 나머지는 이를 적립하여야 한다.		
제32조[업무의 위탁] ①공단은 보험료 기타 이 법에 의한 징수금의 수납과 보험급여의 지급 기타 그 업무의 일부를 체신관서 또는 금	**제22조[업무의 위탁]** ①공단이 법 제32조제1항의 규정에 의하여 업무를 위탁한 때에는 그 위탁을 받은 자에게 위탁에 따른 수수료를 지	

법 률	시 행 령	시 행 규 칙
융기관에 위탁할 수 있다. ②제1항의 규정에 의하여 공단이 위탁할 수 있는 업무의 범위는 대통령령으로 정한다.	급할 수 있다. ②공단이 법 제32조제2항의 규정에 의하여 위탁할 수 있는 업무의 범위는 다음 각호와 같다. 1. 보험료 기타 법에 의한 징수금의 수납에 관한 사항 2. 보험급여의 지급에 관한 사항 3. 보험료등 과납액의 반환금 지급에 관한 사항 4. 제1호 내지 제3호의 사항에 부대되는 업무	
제33조[수수료등의 징수] 공단은 제14조의 규정에 의한 사업에 관하여 노동부장관의 승인을 얻어 공단시설의 이용료·업무위탁수수료등 그 사업에 필요한 비용을 수익자로 하여금 부담하게 할 수 있다.		
제34조[자료제공의 요청] 공단은 업무상 필요하다고 인정되는 경우에는 관계행정기관이나 보험사업과 관련되는 기관·단체등에 대하여 필요한 자료의 제공을 요청할 수 있다.		
제35조[출자등] ①공단의 공단의 사업을 효율적으로 수행하기 위하여 필요한 경우에는 제14조제6호 내지 제8호의 사업에 출자하거나 출연할 수 있다. ②공단은 보험시설의 원활한 운영을 위하여 필요한 경우에는 노동부장관의 허가를 얻어 비영리법인을 설립할 수 있다. 이 경우 공단	**제23조[출자등]** 공단이 법 제35조의 규정에 의하여 출자·출연하거나 비영리법인을 설립하고자 하는 때에는 다음 각호의 사항을 기재한 신청서를 제출하여 노동부장관의 승인 또는 허가를 얻어야 한다. 1. 출자·출연 또는 비영리법인 설립의 필요성 2. 출자 또는 출연할 재산의 종류 및 가액	

은 당해 비영리법인의 업무에 관하여 지도·감독한다. ③제1항 및 제2항의 규정에 의한 출자·출연 또는 비영리법인의 설립에 관하여 필요한 사항은 대통령령으로 정한다. **제36조【유사명칭의 사용금지】** 공단이 아닌 자는 근로복지공단 또는 이와 유사한 명칭을 사용하지 못한다. **제37조【민법의 준용】** 공단에 관하여 이 법에 규정된 것을 제외하고는 민법중 재단법인에 관한 규정을 준용한다.	3. 사업의 개요 4. 기타 출자·출연 또는 비영리법인의 설립에 관하여 필요한 사항	
제4장 보험급여	**제4장 보험급여**	**제4장 보험급여**
제38조【보험급여의 종류와 지급사유등】 ①보험급여의 종류는 다음 각호와 같다. 1. 요양급여 2. 휴업급여 3. 장해급여 4. 유족급여 5. 상병보상연금 6. 장의비 ②제1항의 규정에 의한 보험급여(상병보상연금을 제외한다)는 근로기준법 제78조 내지 제80조, 제82조 및 제83조에 규정된 재해보상의 사유가 발생한 때에 보험급여를 받을 자(이하 "수급권자"라 한다)의 청구에 의하여 이를 지		**제1절 평균임금산정의 특례**

법 률	시 행 령	시 행 규 칙
급한다. ※ 근로기준법제78조(요양보상)、제79조(휴업보상) 제80조(장해보상) 제82조(유족보상) 제83조(장사비)의 규정은 별첨부록 근로기준법 참조		
	제24조【보험급여의 청구, 결정통지등】 ①법 제38조제2항의 규정에 의하여 휴업급여·장해보상일시금 또는 장해보상연금(법 제42조제4항의 규정에 의한 일시금을 포함한다)·유족보상일시금 또는 유족보상연금·장의비등을 받고자 하는 자는 각각 당해 보험급여에 대한 청구서 또는 신청서를 공단에 제출하여야 한다. ②공단은 제1항의 규정에 의한 보험급여 청구를 받은 때에는 보험급여의 지급여부·지급내용등을 결정하여 청구인에게 통지하여야 한다. ③공단은 제2항의 규정에 의하여 보험급여의 지급결정을 통지함에 있어서 당해 보험급여가 장해보상연금 또는 유족보상연금인 경우에는 그 수급권자에게 연금증서를 교부하여야 한다.	
③보험급여의 산정에 있어서 그 근로자가 소속한 사업의 동일한 직종의 근로자에게 지급되는 통상임금이 변동되거나 사업의 폐지·휴업 기타 부득이한 사유가 있을 때에는 대통령	**제25조【평균임금의 증감】** ①법 제38조제3항의 규정에 의하여 보험급여를 산정하는 경우에 적용할 평균임금의 증감은 별표 1의 규정에 의한다.	

<table>
<tr><td>령이 정하는 기준에 따라 평균임금을 증감할 수 있다.</td><td>②보험급여의 수급권자는 법 제38조제3항의 규정에 의한 평균임금의 증감을 신청하고자 하는 때에는 평균임금증감신청서를 공단에 제출하여야 한다.</td><td></td></tr>
<tr><td>④보험급여의 산정에 있어서 당해 근로자의 임금이 낮아 그 평균임금을 적용하는 것이 근로자의 보호에 적당하지 아니하다고 인정되는 경우에는 노동부장관이 정하는 기준에 따라 산정한 금액을 당해 근로자의 평균임금으로 한다. 다만, 휴업급여와 상병보상연금의 경우에는 그러하지 하니하다.</td><td></td><td>제10조[최저보상기준] ①법 제38조제4항 본문의 규정에 의하여 당해 근로자의 임금에 갈음하여 그 근로자의 평균임금이 되는 금액(이하 "최저보상기준금액"이라 한다)은 최저임금법에 의한 최저임금의 전년대비조정율을 기준으로 하여 다음의 산식에 따라 계산한 금액으로 한다.
최저보상기준금액＝전년도 최저보상기준금액 ×(1＋최저임금의 전년대비조정율)
②최저보상기준금액을 산정함에 있어서 원단위미만은 이를 버린다.</td></tr>
<tr><td>⑤휴업급여와 상병보상연금을 산정함에 있어서 근로자의 평균임금이 최저임금법 제5조의 규정에 의한 최저임금액에 미달되는 경우에는 그 최저임금액을 평균임금으로 한다.</td><td></td><td>제11조[적용기간] 최저보상기준금액의 적용기간은 당해 연도최저임금의 적용기간으로 한다.</td></tr>
<tr><td>⑥보험급여의 산정에 있어서 진폐등 대통령령이 정하는 직업병으로 인하여 보험급여를 받게 되는 근로자에게 그 평균임금을 적용하는 것이 근로자의 보호에 적당하지 아니하다고 인정되는 경우에는 대통령령이 정하는 산정방법에 따로 산정하는 금액을 당해 근로자의 평균임금으로 한다.</td><td>제26조[업무상 질병이환자에 대한 평균임금 산정특례] ①법 제38조제6항에서 "대통령령이 정하는 직업병"이라 함은 근로기준법시행령 제54조에 규정된 질병을 말한다. 다만, 업무상 부상에 기인한 질병을 제외한다.
※ 근로기준법시행령 제54조(업무상질병의 범위)의 규정은 별첨부록 근로기준법시행령 참조</td><td></td></tr>
</table>

법 률	시 행 령	시 행 규 칙
	②법 제38조제6항에서 "대통령령이 정하는 산정방법에 따라 산정하는 금액"이라 함은 통계법 제2조의 규정에 의하여 노동부장관이 작성하는 매월노동통계조사보고서상의 임금중 직업병으로 확인된 날이 속하는 분기의 전전분기의 당해 근로자와 소속 사업장의 업종·규모 및 성별·직종이 동일한 근로자의 월 급여총액을 합산한 금액을 그 분기의 일수로 나눈 금액을 말한다. ③법 제38조제6항의 규정에 적용함에 있어서 당해 근로자가 소속한 사업이 휴업 또는 폐업되거나 그 근로자의 퇴직등으로 인하여 평균임금을 산정할 수 없는 경우에는 제2항의 규정에 의하여 산정된 금액을 그 근로자의 평균임금으로 본다.	**제12조【업무상 질병이환자에 대한 특례의 적용기준】** ①영 제26조제2항에서 "직업병으로 확인된 날"이라 함은 초진소견서 또는 진단서가 발급된 날을 말한다. ②영 제26조제2항의 규정에 의한 사업장의 업종 및 규모의 동일성의 판단에 관하여 필요한 기준은 공단이 정한다.
	④법 제38조제6항의 규정에 의한 평균임금 산정방법을 특례를 적용받고자 하는 자는 평균임금산정특례신청서를 공단에 제출하여야 한다.	**제13조【특례적용여부 통지】** 공단은 영 제26조제4항의 규정에 의하여 평균임금산정특례신청서를 접수한 때에는 접수일부터 10일이내에 특례적용여부를 신청인에게 결정·통지하여야 한다.
제39조【사망의 추정】 ①사고가 발생한 선박 또는 항공기에 있던 근로자의 생사가 불명하거나 항해중의 선박 또는 항공기에 있던 근로자의 행방불명 기타의 사유로 그 생사가 불명한 때에는 대통령령이 정하는 바에 의하여 사망으로 추정하고, 유족급여 및 장의비에 관한 규정을 적용한다.	**제27조【사망의 추정등】** ①법 제39조제1항의 규정에 의하여 사망으로 추정하는 경우는 다음 각호의 1에 해당하는 경우로 한다. 1. 선박이 침몰·전복·멸실 또는 행방불명되거나 항공기가 추락·멸실 또는 행방불명(이하 이 조에서 "사고"라 한다)된 경우에 그 선박 또는 항공기에 타고 있던 근로자의	

②제1항의 규정에 의한 사망의 추정으로 보험급여를 받은 후 그 근로자의 생존이 확인된 때에는 그 급여를 받은 자가 선의인 경우에는 받은 금액을, 악의인 경우에는 받은 금액의 2배에 해당하는 금액을 반환하여야 한다.	생사나 사고가 발생한 날로부터 3월간 불명한 때 2. 항해중의 선박 또는 항공기에 타고 있던 근로자가 행방불명되어 그 생사가 행방불명된 날부터 3월간 불명한 때 ②제1항의 규정에 의하여 사망으로 추정되는 자는 그 사고가 발생한 날 또는 행방불명된 날에 사망한 것으로 추정한다. ③제1항의 각호의 사유로 인하여 그 생사가 불명하였던 자가 사고가 발생한 날 또는 행방불명된 날부터 3월이내에 사망한 것이 확인되었으나 그 사망 시기가 불명한 경우에도 제2항에 규정에 의한 날에 사망한 것으로 추정한다. ④보험가입자는 제1항 각호의 사유가 발생한 때 또는 사망이 확인된 때(제3항의 규정에 의하여 사망한 것으로 추정되는 때를 포함한다)에는 지체없이 근로자실종(또는 사망확인)신고서를 공단에 제출하여야 한다. ⑤법 제39조제2항의 규정에 의하여 보험급여를 반환하여야 할 사유가 발생한 때에는 당해 보험급여를 받은 자 및 보험가입자는 그 사유가 발행한 날부터 15일이내에 근로자생존확인신고서를 공단에 제출하여야 한다. 이 경우 공단은 당해 보험급여를 받은 자에 대하여 보험급여의 반환을 통지하여야 한다.	

법 률	시 행 령	시 행 규 칙
	⑥법 제39조제2항의 규정에 의하여 보험급여의 반환에 관한 통지를 받은 자는 그 통지를 받은 날부터 30일이내에 이를 공단에 반환하여야 한다.	
제40조[요양급여] ①요양급여는 요양비의 전액으로 하되, 공단이 설치한 보험시설 또는 공단이 지정한 의료기관에서 요양을 하게 한다. 다만, 부득이한 경우에는 요양에 갈음하여 요양비를 지급할 수 있다.	**제28조[의료기관의 지정]** ①법 제40조제1항의 규정에 의하여 공단이 지정할 수 있는 의료기관은 다음 각호와 같다. 1. 의료법 제3조의 규정에 의한 종합병원·병원·의원·치과병원 및 치과의원 2. 보건소법 제2조의 규정에 의한 보건소 3. 기타 공단이 정하는 의료기관 ②제1항의 규정에 의한 의료기관의 지정요건, 지정절차, 지정의 취소등에 관하여 필요한 사항은 공단규정으로 정한다. ③공단은 의료기관을 지정하거나 그 지정을 취소한 때에는 공단규정이 정하는 바에 의하여 이를 공고하여야 한다.	**제2절 요양관리등**
	제29조[요양급여의 신청등] ①법 제40조제1항 본문의 규정에 의한 요양을 받고자 하는 자는 요양신청서를 공단에 제출하여야 한다. ②법 제40조제1항 단서의 규정에 의하여 수급권자가 지급받을 수 있는 요양비는 다음 각호의 비용으로 한다. 1. 공단이 설치한 보험시설 또는 공단이 지정한 의료기관외의 의료기관에서 응급진료등 긴급하게 요양을 받은 경우의 요양비	**제14조[요양 및 요양연기결정]** ①공단은 재해를 당한 근로자로부터 영 제29조제1항의 규정에 의한 요양신청서(요양연기신청서를 포함한다)를 접수한 때에는 특별한 사유가 없는한 의사의 자문을 받아 접수일부터 7일이내에 요양 또는 요양연기여부를 신청인에게 결정·통지하여야 한다. ②제1항의 규정에 의한 자문의사의 위촉·임무·자격 기타 필요한 사항은 공단이 정한다.

2. 법 제40조제3항제2호 · 제5호 및 제6호의 요양급여에 소요되는 비용
3. 기타 공단이 정당한 사유가 있다고 인정하는 요양비

③법 제40조제1항 단서의 규정에 의한 요양비를 지급받고자 하는 자는 요양비청구서를 공단에 제출하여야 한다.

④공단은 긴급 기타 부득이한 사유가 있을 때에는 당해 근로자의 청구에 의하여 법 제40조제6호의 규정에 의한 이송에 소요되는 비용을 미리 지급할 수 있다.

③제1항의 규정에 의한 요양결정통지를 받은 근로자의 법제40조제1항의 규정에 의한 공단이 설치한 보험시설 또는 공단이 지정한 의료기간(이하 "지정의료기간"이라 한다)간의 전원(轉院)과 그에 따른 보험급여지급등에 관하여 필요한 사항은 공단이 정한다.

제15조【재요양】 ①공단은 요양을 받은 근로자가 다음 각호의 1에 해당하는 경우에는 재요양을 인정하여야 한다.

1. 일반상병으로서 당초의 상병과 재요양신청한 상병간에 의학적으로 상당인과관계가 인정되고, 재요양을 함으로써 치료효과가 기대될 수 있다는 의학적 소견이 있는 경우
2. 내고정술에 의하여 삽입된 금속핀등 내고정물의 제거가 필요한 경우
3. 의지장착을 위하여 절단부위의 재수술이 필요하다고 인정되는 경우

②공단은 재요양신청서를 접수한 경우에는 증상경과 · 임상결과등에 관하여 자문의사 또는 당해 근로자의 주치의사의 의견을 들어 접수일부터 7일이내에 재요양여부를 신청인에게 결정 · 통지하여야 한다.

③공단은 제2항의 규정에 의하여 재요양여부를 결정하기 곤란한 경우에는 법 제103조의 규정에 의하여 당해 근로자로 하여금 동조의 규정에 의한 의료기관에서 진찰을 받도록 하

법 률	시 행 령	시 행 규 칙
②제1항의 경우에 부상 또는 질병이 3일이내의 요양으로 치유될 수 있는 때에는 요양급여를 지급하지 아니한다. ③제1항의 요양급여의 범위는 다음 각호와 같다. 1. 진찰 2. 약제 또는 진찰재료와 의지 기타 보철구의 지급 3. 처치·수술 기타의 치료 4. 의료시설에의 수용 5. 개호 6. 이송 7. 기타 노동부령이 정하는 사항		여 그 결과에 따라 재요양여부를 결정하여야 한다. **제16조[치료종결]** ①공단은 요양중인 근로자의 상병이 계속치료를 하더라도 의학적인 효과를 기대할 수 없게 되고, 그 증상이 고정된 상태에 이른 경우에는 당해 근로자의 치료를 종결시켜야 한다. 다만, 다음 각호의 1에 해당되는 경우에는 미리 제3항의 규정에 의한 치료종결심의협의회의 심의를 거쳐야 한다. 1. 치료종결의견에 대하여 주치의사가 이견을 제시한 경우 2. 치료종결시기등 의학적인 소견에 대하여 주치의사와 자문의사간에 이견이 있는 경우 3. 기타 공단이 필요하다고 인정하는 경우 ②공단은 제1항 본문의 규정에 의하여 치료를 종결하는 경우에는 당해 근로자 또는 그 가족에게 미리 통보하여야 한다. ③제1항 단서 각호에 해당되는 경우의 치료종결여부를 심의하게 하기 위하여 공단에 치료종결심의협의회를 둔다. ④제3항의 규정에 의한 치료종결심의협의회의 구성·운영기타 필요한 사항은 공단이 정한다.
④제1항 및 제3항의 규정에 의한 요양급여의 범위·비용등 요양급여의 산정기준은 노동부령으로 정하여 고시한다.	**제30조[요양급여심의위원회]** ①법 제40조제4항의 규정에 의한 요양급여의 범위·비용등 요양급여의 산정기준과 기타 요양관리에 관하	**제17조[요양급여의 범위 및 비용]** ①법 제40조제4항의 규정에 의하여 요양급여의 범위 및 요양에 소요된 비용의 산정기준은 의료보험법

⑤공단은 근로자가 요양하고 있는 보험시설 또는 의료기관의 소재지·인력 또는 시설등이 그 근로자의 요양에 적합하지 아니하다고 인정되는 경우에는 다른 보험시설 또는 의료기관을 지정하여 그 보험시설 또는 의료기관에서 요양하게 할 수 있다.

여 필요한 사항을 심의하게 하기 위하여 노동부에 요양급여심의위원회를 둔다.

②요양급여심의위원회는 위원장을 포함한 15인이내의 위원으로 구성한다.

③요양급여심의위원회의 위원장은 노동부차관이 된다.

④요양급여심의위원회의 위원은 노동부의 산업재해보상보험업무를 담당하는 2급 또는 3급 공무원 1인과 다음 각호의 1에 해당하는 자중에서 노동부장관이 임명하는 자로 한다.

1. 보상의학 및 사회보험에 관한 학식과 경험이 풍부한 자
2. 전문과목별로 의학에 관한 학식과 경험이 풍부한 자
3. 방사선에 관한 학식과 경험이 풍부한 자
4. 심폐기능검사에 관한 학식과 경험이 풍부한 자
5. 총연합단체인 노동조합 및 전국을 대표하는 사용자단체에서 추천하는 자

⑤제6조·제8조 및 제10조 내지 제12조의 규정은 위원의 임기, 위원에 대한 수당지급 및 회의 기타 요양급여심의위원회의 운영에 관하여 이를 준용한다.

제35조의 규정에 의하여 보건복지부장관이 고시하는 요양급여기준 및 진료수가기준에 의한다. 다만, 요양급여의 범위 및 요양에 소요된 비용중 동기준에서 정한 사항이 근로자 보호를 위하여 적당하지 아니하다고 인정되거나 동기준에서 정하고 있지 아니한 사항에 대하여는 노동부장관이 영 제30조의 규정에 의한 요양급여심의위원회의 심의를 거쳐 고시하는 산업재해보상보험요양비산정기준(이하 "요양비산정기준"이라 한다)에 의한다.

②공단은 법 제78조제1항제1호의 규정에 의한 보험시설에서 행하는 요양에 대한 요양급여의 범위·비용등에 대하여는 노동부장관의 승인을 얻어 제1항 본문 또는 단서의 기준을 조정하여 적용할 수 있다.

제18조[국외재해발생신고] 근로자가 국외에서 업무상 재해를 당하여 외국 의료기관에서 요양을 받는 경우에 보험가입자는 재해발생일부터 10일이내에 다음 각호의 서류를 공단에 제출하여야 한다. 다만, 부득이한 사유로 10일이내에 다음 각호의 서류를 제출할 수 없는 경우에는 재해발생신고서 및 지연사유서를 우선 제출하여야 한다.

1. 재해발생신고서 2부
2. 주재공관장 확인서 또는 당해 외국의 공증서
3. 초진소견서

법 률	시 행 령	시 행 규 칙
		제19조[국내요양통보] ①공단은 제18조의 규정에 의한 재해가 30일이상의 장기요양을 필요로 하는 경우에는 보험가입자 및 당해 근로자에게 국내에서 요양을 받도록 통보하여야 한다. 이 경우 국내요양을 위하여 30일이상의 여유기간을 주어야 한다. ②공단은 당해 근로자가 정당한 이유없이 제1항의 국내요양 통보에 응하지 아니하는 경우 귀국지정일의 다음 날부터 발생하는 요양비는 동일한 업무상 재해에 대하여 당해 보험연도(당해 보험연도의 지급실적이 없거나 그 확인이 불가능한 경우에는 전보험연도)에 지급된 전국의 평균진료비에 준하여 산정한다. **제20조[요양비청구]** 제18조의 규정에 의한 근로자가 외국 의료기관에서 행한 요양에 대하여 법 제40조제1항 단서의 규정에 의하여 요양비를 청구하는 경우에는 요양비청구서 2부에 다음 각호의 서류를 첨부하여 공단에 제출하여야 한다. 1. 초진소견서 또는 진단서 2부 2. 진료비 지불영수증 사본 2부 3. 기타 요양비의 지급여부의 결정을 위하여 필요한 서류로서 공단이 정하는 서류 **제21조[요양비산정]** 제20조의 규정에 의한 요양비의 산정은 제17조의 규정에 불구하고 당해 외국 의료기관에 지급한 금액으로 한다.

다만, 제19조제2항의 규정에 의한 요양의 경우를 제외한다.

제22조【적용환율】 제20조의 규정에 의하여 요양비를 지급하는 경우의 적용환율은 다음 각호와 같다.

1. 국내에서 외국의료기관으로 진료비를 송금한 경우에는 국내 금융기관을 통하여 국외로 외환이 송출된 시점의 환율
2. 해외지점·출장소·영업소등에서 당해 외국의료기관에 직접 진료비를 지불하였을 경우에는 당해 외국의료기관이 진료비 수납영수증을 발부한 시점의 환율

제23조【개호료 및 이송료】 외국요양 및 국내요양을 위하여 소요되는 기간중의 개호료 및 이송료에 관하여는 제24조 내지 제31조의 규정을 준용한다.

제24조【개호의 범위】 ①법 제40조제3항제5호의 규정에 의한 개호는 입원요양중인 근로자로서 다음 각호의 1에 해당되는 자에 대하여 이를 인정한다. 다만, 제3호·제7호 및 제8호의 경우에는 통원 및 재가요양중인 근로자에게도 인정할 수 있다.

1. 두 손의 손가락을 모두 잃어 혼자힘으로 식사를 할 수 없는 자
2. 두 눈의 실명등으로 타인의 조력없이는 거동이 전혀 불가능한 자
3. 두부손상등으로 정신이 혼미하거나 착란되

법 률	시 행 령	시 행 규 칙
		어 절대안정을 요하는 자 4. 말하는 기능의 장해등으로 의사소통이 안됨으로써 치료에 뚜렷한 지장을 초래할 수 있는 자 5. 체표면적의 35퍼센트이상에 걸친 화상등으로 수시로 적절한 조치를 강구할 필요가 있는 자 6. 골절로 인한 견인장치 또는 석고붕대등을 하여 혼자서 배뇨·배변을 할 수 없는 자 7. 하반신마비등으로 배뇨·배변을 제대로 가누지 못하거나 욕창방지를 위하여 수시로 체위를 변형시킬 필요가 있는 자 8. 직업병 이환자로서 신체가 몹시 허약하여 타인의 조력없이는 거동이 전혀 불가능한 자 9. 수술등으로 일정기간 거동이 제한되어 생명유지에 필요한 일상생활의 처리동작을 환자 힘으로 할 수 없는 자. 다만, 이 경우 개호기간은 1주일을 초과할 수 없으며, 중환자실 및 회복실에 있는 기간은 인정하지 아니한다. 10. 기타 제1호 내지 제9호에 준하는 상태로서 입원요양중인 자 ②개호담당자수는 개호를 받아야 할 근로자 1인에 대하여 1인으로 하다. ③철야개호는 제1항제2호·제5호·제7호 기타

이에 준하는 상태로서 타인의 조력없이는 거동이 전혀 불가능한 입원요양중인 자(사지마비의 경우에는 통원중인 자를 포함한다)에 대하여 인정한다.

제25조【개호담당자의 자격】 개호를 담당할 수 있는 자는 의료법에 의한 간호사 또는 간호조무사에 한한다. 다만, 간호사 및 간호조무사의 자격을 가진 자를 구할 수 없는 경우에는 개호에 필요한 지식을 가진 타인으로 하여금, 타인도 구할수 없는 경우에는 당해 근로자의 배우자(사실상 혼인관계에 있는 자를 포함한다)·부모·13세이상이 되는 자녀 또는 형제로 하여금 개호를 담당하게 할 수 있다.

제26조【개호료】 ①개호료는 통계법 제2조의 규정에 의하여 노동부장관이 작성하는 전년도분 임금구조기본통계조사보고서상의 직종별 월급여총액을 기초로하여 노동부장관이 고시하는 금액으로 한다. 이 경우 개호료의 적용기간은 당해 연도 9월 1일부터 다음 연도 8월 31일까지로 한다.

②개호담당자가 철야하여 개호를 하는 경우에는 제1항의 개호료에 50퍼센트를 가산한 금액을, 2인이상을 동시에 개호할 경우에는 그 개호료에 20퍼센트를 가산한 금액을 그 개호담당자에 대한 개호료로 한다.

③삭제 1996.3.19

법 률	시 행 령	시 행 규 칙
		제27조【청구방법】 ①개호료를 받고자 하는 자는 진료비청구서에 개호증명서를 첨부하여 공단에 제출하여야 한다. 다만, 당해 근로자의 가족이 개호를 담당한 경우에는 요양비청구서에 개호증명서를 첨부하여 청구하여야 한다. ②공단은 제1항의 규정에 의한 청구서를 접수한 때에는 접수일부터 10일이내에 지급여부를 결정·통지하여야 한다. **제28조【이송의 범위】** ①법 제40조제3항제6호의 규정에 의한 이송의 범위는 다음 각호의 1과 같다. 1. 재해현장에서 의료기관까지의 이송 2. 공단의 통보 또는 주치의사의 소견에 의한 의료기관까지의 이송 및 의료기관을 변경하기 위한 이송 3. 재요양을 위하여 자택등으로부터 의료기관에 수용하기 위한 이송 4. 주치의사의 소견에 의한 퇴원 및 통원의 경우로서 의료기관과 당해 근로자의 거주지(근무처를 포함한다)의 거리가 편도로 1키로미터이상인 경우와 1키로미터미만이더라도 상병상태로 보아 교통수단을 이용하지 아니하고는 퇴원 및 통원이 불가능한 경우의 그 퇴원 및 통원 **제29조【이송비용】** ①이송비는 당해 근로자와 동행하는 간호인의 이송에 소요되는 비용으로

한다.

②이송비중 교통비는 순로에 의하여 당해 근로자 및 동행하는 간호인의 이송에 실제로 소요된 금액으로 한다. 다만, 등급의 차이가 있는 교통수단을 이용하는 경우에는 제2등급에 해당하는 등급을 기준으로 산정하되, 당해 근로자의 상병상태로 보아 상위등급의 교통수단을 이용할 필요성이 의학적으로 인정되는 경우에는 제1등급을 기준으로 산정할 수 있다.

③이송비중 숙박료 및 식대는 당해 근로자와 동행하는 간호인중 숙식이 필요한 자에 한하여 지급한다. 이 경우 숙박료는 공중위생법시행령 제3조의 규정에 의한 여관업을 기준으로 하며, 식대는 요양비산정기준에 의한 종합병원급의 식대를 기준으로 계산한다.

④제2항의 경우에 의료기관 소유의 자동차로 이송하는 때에는 그 교통비는 당해 지역 택시요금에 준하는 금액으로 한다.

제30조【동행 간호인】 ①당해 근로자의 상병상태로 보아 이송에 간호인이 필요하다고 인정되는 경우에는 간호인 1인이 동행할 수 있다. 다만, 주치의가 특히 필요하다고 인정하는 경우에는 2인까지 동행할 수 있다.

②동행 간호인의 개호료는 당해 간호인의 자격에 따라 제26조제1항의 규정을 준용한다.

제31조【청구방법】 ①의료기관이 제29조제2항의 규정에 의한 교통비를 받고자 하는 경우에

법률	시행령	시행규칙
		는 진료비청구서에 그 내역을 첨부하여 청구하여야 한다. ②당해 근로자가 직접 이송비를 지출한 경우에는 요양비청구서에 이송비 내역을 첨부하여 청구하여야 한다. ③제27조제2항의 규정은 이송비 지급결정에 관하여 이를 준용한다. **제3절 업무상 재해의 기본원칙** **제32조【업무상 사고】** 사고로 인한 근로자의 사상이 다음 각호의 요건에 해당되는 경우에는 이를 업무상 재해로 본다. 1. 근로자가 근로계약에 의한 업무를 사업주의 지배관리하에 수행하는 상태에서 사고가 발생하거나 사업주가 관리하고 있는 시설물의 결함 또는 관리상의 하자로 인하여 사고가 발생하여 사상하였을 것 2. 사고와 근로자의 사상간에 상당인과관계가 있을 것 3. 근로자의 고의 · 자해행위나 범죄행위 또는 그것이 원인이 되어 발생한 사상이 아닐 것. **제33조【업무상 질병】** ①근로자의 질병에의 이환이 다음 각호의 요건에 해당되는 경우로서 그 질병이 근로기준법시행령 제54조의 규정에

		의한 업무상 질병의 범위에 속하는 경우에는 업무상 요인에 의하여 이환된 질병이 아니라는 명백한 반증이 없는 한 이를 업무상 질병으로 본다. 1. 근로자가 업무수행과정에서 유해요인을 취급하거나 이에 폭로된 경력이 있을 것. 2. 유해요인을 취급하거나 이에 폭로될 우려가 있는 업무를 수행함에 있어서 작업시간·근무기간·폭로량 및 작업환경등에 의하여 유해인자의 폭로정도가 근로자의 질병 또는 건강장해를 유발할 수 있다고 인정될 것 3. 유해요인에 폭로되거나 취급방법에 따라 영향을 미칠 수 있는 신체부위에 그 유해인자로 인하여 특이한 임상증상이 나타났다고 의학적으로 인정될 것 4. 질병에 이환되어 의학적인 요양의 필요성이나 보험급여 지급사유가 있다고 인정될 것 ②업무상 부상으로 인하여 질병에 이환된 근로자의 상태가 다음 각호의 요건에 해당되는 경우에는 이를 업무상 질병으로 본다. 1. 부상으로 인한 신체의 손상과 질병간에 신체부위 및 시간적·기능적 관련성이 의학적으로 인정될 것 2. 부상의 원인·정도 및 상태등이 질병의 원인임이 의학적으로 인정될 것 3. 기초질환 또는 기존질병이 있는 근로자의 경우 그 질환 또는 질병이 자연발생적으로

법률	시행령	시행규칙
		나타난 증상이 아닐 것 **제34조[작업시간중 사고]** ①근로자가 사업장내에서 작업시간중에 다음 각호의 1에 해당되는 행위를 하고 있던 중 발생한 사고로 인하여 사상한 경우에는 이를 업무상 재해로 본다. 다만, 업무와 사고간에 상당인과관계가 없음이 명백한 경우에는 그러하지 아니하다. 1. 작업 2. 용변등 생리적 필요행위 3. 작업준비 · 마무리행위등 작업에 수반되는 필요적 부수행위 ②근로자가 사업장내에서 천재지변 또는 화재등의 돌발적인 사고가 발생하여 사회통념상 예견될 수 있는 구조행위 또는 긴급피난행위를 하고 있을 때 발생한 사고로 인하여 사상한 경우에는 제1항 본문의 규정을 준용한다. **제35조[작업시간외 사고]** ①근로자가 사업장내에서 작업시간외의 시간을 이용하여 제34조제1항 각호의 1에 해당되는 행위를 하고 있을 때 발생한 사고로 인하여 사상한 경우에는 동조제1항 본문의 규정을 준용한다. ②사업주가 관리하고 있는 시설(차량 · 장비등을 포함한다)의 결함 또는 사업주의 시설관리소홀로 인하여 재해가 발생한 경우에는 그 재해가 작업시간외의 시간중에 발생한 때에도 당해 근로자의 자해행위 또는 사업주의 구체

		적인 지시사항을 위반한 행위로 인하여 사상한 경우를 제외하고는 이를 업무상 재해로 본다. 다만, 관리 또는 사용권이 사상한 근로자의 전속적 권한에 속하는 시설을 이용하고 있던 중 발생한 사고로 인하여 사상한 경우에는 그러하지 아니하다. ③태풍 · 홍수 · 지진 · 눈사태등의 천재지변이나 돌발적인 사고가 발생할 우려가 많은 장소에서 업무를 수행하는 근로자가 다음 각호의 1에 해당되는 행위를 하고 있던중 발생한 사고로 인하여 사상한 경우로서 작업장소(인근지역을 포함한다)에서 그러한 행위를 하는 것이 사회통념상 인정되는 경우에는 이를 업무상 재해로 본다. 다만, 업무와 사고간에 상당인과관계가 없음이 명백한 경우에는 그러하지 아니하다. 1. 근로자의 자유로운 행동이 허용되고 있는 휴식시간을 이용하여 사적행위를 하고 있을 때 2. 근로자가 작업시간외의 시간중에 사업장내의 시설을 자유롭게 이용하고 있을 때 3. 근로자가 사업장내에서 자유롭게 출 · 퇴근하고 있거나 출 · 퇴근중에 잠시 머무르고 있을 때 ④근로자가 출 · 퇴근하는 도중에 발생한 사고로 인하여 사상한 경우로서 다음 각호의 요건에 해당되는 경우에는 이를 업무상 재해로 본

법 률	시 행 령	시 행 규 칙
		다. 다만, 업무와 사고간에 상당인과관계가 없음이 명백한 경우에는 그러하지 아니하다. 1. 사업주가 소속 근로자들의 출·퇴근용으로 제공한 교통수단의 이용중에 발생한 사고일 것 2. 사업주가 제공한 교통수단에 대한 관리·이용권이 사상한 근로자에게 전담되어 있지 아니할 것 **제36조【출장중 사고】** ①근로자가 사업주의 출장지시를 받아 사업장 밖에서 업무를 수행하고 있을 때 발생한 사고로 인하여 사상한 경우에는 이를 업무상 재해로 본다. 다만, 다음 각호의 1에 해당하는 사상의 경우에는 그러하지 아니하다. 1. 출장도중 정상적 경로(순로)를 벗어났을 때 발생한 사고로 인한 근로자의 사상 2. 근로자의 사적행위·자해행위나 범죄행위 또는 그것이 원인이 되어 발생한 사상 3. 사업주의 구체적인 지시를 위반한 행위로 인한 근로자의 사상 ②근로자가 사업주의 지시를 받아 출·퇴근중에 업무를 수행하고 있을 때 발생한 사고로 인하여 사상한 경우에는 제1항의 규정을 준용한다. ③사업주의 지시를 받아 사업장외의 장소로 출·퇴근하여 직무를 수행하고 있는 근로자

(외근근로자)가 최초로 직무수행장소에 도착하여 직무를 시작한 때부터 최후로 직무를 완수한 후 퇴근하기 전까지의 사이에 발생한 사고로 인하여 사상한 경우에는 제1항의 규정을 준용한다.

제37조【행사중 사고】 ①근로자가 운동경기·야유회·등산대회 등 각종행사(이하 "행사"라 한다)에 참가중 사고로 인하여 사상한 경우로서 다음 각호의 요건에 해당되는 경우에는 이를 업무상 재해로 본다. 다만, 업무와 사고간에 상당인과관계가 없음이 명백한 경우에는 그러하지 아니하다.

1. 사회통념상 행사에 근로자를 참여시키는 것이 노무관리 또는 사업운영에 필요하다고 인정될 것
2. 사업주가 행사에 참여하는 근로자에 대해 행사당일을 통상의 출근으로 처리하는 등 사업주의 적극적이고 구체적인 지시에 의하여 근로자를 행사에 참여하도록 하였다고 인정될 것

②행사참가를 위한 준비연습중에 발생한 사고로 인하여 근로자가 사상한 경우에는 제1항의 규정을 준용한다.

③행사의 기획·운영업무를 담당하고 있는 근로자가 그 행사의 기획·운영업무를 수행하던 중 발생한 사고로 인하여 사상한 경우에는 제34조 및 제36조제1항의 규정을 준용한다.

법 률	시 행 령	시 행 규 칙
		제38조【기타 사고】 ①타인의 폭력행위에 의하여 근로자가 사상한 경우로서 다음 각호의 요건에 해당되는 경우에는 이를 법 제54조의 규정에 의한 제3자의 행위에 의한 업무상 재해로 본다. 1. 재해발생경위 및 사상한 근로자가 담당한 업무의 성질이 가해행위를 유발할 수 있다고 사회통념상 인정될 것 2. 타인의 가해행위와 사상한 근로자의 사상간에 상당인과관계가 있을 것 ②제3장의 행위에 의하여 발생한 사고로 인하여 제34조제1항 각호의 1에 해당되는 행위를 하고 있던 근로자가 사상한 경우에는 이를 법 제54조의 규정에 의한 제3자의 행위에 의한 업무상 재해로 본다. 다만, 업무와 사상간에 상당인과관계가 없음이 명백한 경우에는 그러하지 아니하다. ③업무상 재해를 당하여 요양중에 있는 근로자가 요양과 관련된 행위중에 발생한 사고로 인하여 사상한 경우로서 요양중인 행위와 사고간에, 사고와 새로운 사상간에 각각 상당인과관계가 있다고 인정되는 경우에는 이를 업무상 재해로 본다. **제39조【업무상 질병 또는 그 원인으로 인한 사망】** ①업무상 질병 또는 업무상 질병으로 인한 사망에 대한 업무상 재해의 인정기준은 별

제41조【휴업급여】 휴업급여는 요양으로 인하여 취업하지 못한 기간에 대하여 지급하되, 1일당 지급액은 평균임금의 100분의 70에 상당하는 금액으로 한다. 다만, 취업하지 못한 기간이 3일 이내인 때에는 이를 지급하지 아니한다.

제42조【장해급여】 ①장해급여는 장해등급에 따라 별표 1에 의한 장해보상연금 또는 장해보상일시금으로 하되, 그 장해등급의 기준은 대통령령으로 정한다.

[**별표 1**]

장해급여표

(평균임금기준)

장애등급	장해보상 연 금	장해보상 일 시 금
제 1급	329일분	1,474일분
제 2급	291일분	1,309일분

제31조【장해급여의 등급기준】 ①법 제42조제1항의 규정에 의한 장해급여를 행할 신체장해등급기준은 별표 2의 규정에 의한다.

표 1과 같다.

②공단은 근로자의 업무상 질병 또는 업무상 질병으로 인한 사망에 대하여 업무상 재해여부를 결정하는 경우에는 별표 1의 기준외에 당해 근로자의 성별·연령·건강정도 및 체질등을 참작하여야 한다.

제4절 장해등급 및 폐질등급

제40조【기본원칙】 ①장해는 신체를 해부학적으로 구분한 부위(이하 "장해부위"라 한다) 및 장해부위를 생리학적으로 장해군으로 구분한 부위(이하 "장해계열"이라 한다)별로 판정한다.

②장해부위는 다음 각호과 같이 구분하되, 좌·우 양기관을 가지고 있는 부위에 대하여는 각각 별개의 부위로 본다. 다만, 안구와 내이는 좌·우를 동일한 장해부위로 본다.

1. 눈은 안구와 눈꺼풀의 좌 또는 우
2. 귀는 내이등과 귓바퀴의 좌 또는 우
3. 코

법 률	시 행 령	시 행 규 칙
제 3급 257일분 1,155일분 제 4급 224일분 1,012일분 제 5급 193일분 869일분 제 6급 164일분 737일분 제 7급 138일분 616일분 제 8급 495일분 제 9급 385일분 제10급 297일분 제11급 220일분 제12급 154일분 제13급 99일분 제14급 55일분	②별표 2의 규정에 의한 신체장해등급기준에 해당하는 신체장해가 2이상인 경우에는 그중 중한 신체장해에 해당하는 장해등급을 그 근로자의 장해등급으로 하되, 제13등급이상의 신체장해가 2이상인 경우에는 다음 각호의 구분에 따라 조정된 장해등급을 그 근로자의 장해등급으로 한다. 다만, 조정의 결과 제1급을 초과하게 되는 경우에는 제1급을 그 근로자의 장해등급으로 하고, 그 신체장해의 정도가 조정된 등급에 규정된 다른 장해의 정도에 비하여 낮다고 인정되는 경우에는 조정된 등급보다 낮은 등급을 그 근로자의 장해등급으로 한다. 1. 제5급이상에 해당하는 신체장해가 2이상 있는 경우에는 3개등급 인상 2. 제8급이상에 해당하는 신체장해가 2이상 있는 경우에는 2개등급 인상	4. 입 5. 신경계통의 기능 또는 정신기능 6. 두부 · 안면 · 경부 7. 흉복부장기(외부생식기를 포함한다) 8. 체간은 척주와 기타의 체간골 9. 팔은 팔의 좌 또는 우, 손가락의 좌 또는 우 10. 다리는 다리의 좌 또는 우, 발가락의 좌 또는 우 ③장해계열은 별표 2의 구분에 의한다. ④영 제31조제2항의 규정에 의한 장해등급의 조정은 장해계열이 다른 장해가 2이상인 경우에 행한다. 다만, 다음 각호의 경우에는 동일부위에 계열을 달리하는 장해가 발생하더라도 이를 조정하지 아니한다. 1. 양 안구의 시력장해 · 조절기능장해 · 운동기능장해 · 시야장해 상호간 2. 같은 팔의 기능장해와 손가락의 결손 또는 기능장해 3. 같은 다리의 기능장해와 발가락의 결손 또는 기능장해 ⑤장해계열을 달리하는 장해가 2이상 있는 경우라도 다음 각호에 해당하는 경우에는 장해등급의 조정을 행하지 아니하고 영 별표 2에 의한 신체장해등급표(이하 "신체장해등급표"라 한다)에 의하여 등급을 결정한다. 1. 두 팔 및 두 다리의 결손장해로서 그 장해

	3. 제13급이상에 해당하는 신체장해가 2이상 있는 경우에는 1개등급 인상 ③별표 2의 신체장해등급기준에 규정되지 아니한 신체장해가 있을 때에는 그 장해정도에 따라 신체장해등급기준에 규정된 신체장해에 준하여 그 신체장해의 등급을 결정한다.	의 조합에 대하여 신체장해등급표에 하나의 장해등급(이하 "조합등급"이라 한다)으로 정하고 있는 경우 2. 하나의 장해가 신체장해등급표에 의하여 2이상의 등급에 해당되더라도 하나의 신체장해를 각각 다른 관점에서 평가하는데 지나지 아니한 경우, 이 경우에는 그 중 상위의 등급을 인정한다. 3. 하나의 장해에 다른 장해가 파생되는 관계에 있는 경우. 이 경우의 등급인정에 관하여는 제2호 후단의 규정을 준용한다.
	④이미 신체장해(업무상재해여부를 불문한다)가 있던 자가 업무상 부상 또는 질병으로 인하여 동일부위에 장해의 정도를 가중한 경우에 그 장해에 대한 장해급여의 금액은 법 별표 1의 장해등급별 일분을 기준으로 하여 다음 각호의 구분에 따라 산정한 금액으로 한다. 1. 장해보상일시금으로 지급하는 경우 : 가중된 장해에 해당하는 장해보상일시금의 일수에서 기존의 장해에 해당하는 장해보상일시금의 일수를 공제한 일수에 급여청구사유 발생당시의 평균임금을 곱하여 산정한 금액 2. 장해보상연금으로 지급하는 경우 : 가중된 장해에 해당하는 장해보상연금의 일수에서 기존의 장해에 해당하는 장해보상연금의 일수(기존의 장해가 제8급 내지 제14급에 해	⑥영 제31조제4항의 규정에 의하여 장해등급을 가중함에 있어서 기존의 장해에 대하여 장해보상을 행한 후 당해 장해의 정도가 변경된 경우에도 이미 장해보상을 행한 등급을 기존의 장해등급으로 본다. ⑦동일한 장해계열의 장해의 정도를 가중하고 다른 장해계열에도 새로운 장해가 남은 경우에는 먼저 동일한 장해계열의 가중된 장해에 대한 장해등급을 정하고, 다른 장해계열의 장해에 대한 등급을 정한 후 이들 장해등급에 대한 등급 조정을 행한다. ⑧신체장해등급표에 조합등급으로 정하여져 있는 장해부위의 한쪽에 장해가 있던 자가 다른 한쪽에 새로운 장해가 발생함으로써 다음 각호의 1에 해당하게 된 경우에는 그 장해계열의 상이에 불구하고 새로운 장해 대하여 별

법 률	시 행 령	시 행 규 칙
	당하는 장해인 경우에는 그 장해에 해당하는 장해보상 일시금의 일수에 25분의 1을 곱한 일수)를 공제한 일수에 연금지급당시의 평균임금을 곱하여 산정한 금액. 다만, 기존의 장해에 대하여 장해보상연금을 지급받고 있던 자의 경우에는 가중된 장해에 대한 장해보상연금의 전액으로 한다.	도의 장해등급을 결정하지 아니하고, 기존의 장해에 새로운 장해가 가중된 것으로 보아 장해등급을 결정한다. 1. 두 팔의 결손 또는 기능장해(제1급제5호·제6호 및 제2급제3호) 2. 두 손의 손가락의 결손 또는 기능장해(제3급제5호 및 제4급제6호) 3. 두 다리의 결손 또는 기능장해(제1급제7호·제8호, 제2급제4호 및 제4급제7호) 4. 두 발의 발가락의 결손 또는 기능장해(제5급제6호 및 제7급제11호) 5. 두 눈의 눈꺼풀의 결손 또는 운동기능장해(제9급제4호·제11급제2호·제13급제3호) ⑨가중된 장해에 대한 장해급여의 금액(일수)는 영 제31조제4항의 규정에 의하여 산정한 장해급여의 금액(일수)이 새로운 장해만 남은 것으로 하는 경우의 장해급여의 금액(일수)보다 적은 경우에는 그 새로운 장해만 남은 것으로 인정하여 이를 산정한다. ⑩장해등급의 판정은 요양이 종료된 때에 증상이 고정된 상태에서 행한다. 다만, 요양종료시 증상이 고정되지 아니한 경우에는 다음 각호의 구분에 따라 행한다. 1. 6월이내에 증상이 고정될 수 있음이 의학적으로 인정되는 경우에는 그 증상이 고정된 때에 행함. 다만, 6월이내에 증상이 고정되

②제1항의 규정에 의한 장해보상연금 또는 장해보상일시금은 수급권자의 선택에 따라 이를 지급한다. 다만, 대통령령이 정하는 노동력을 완전히 상실한 장해등급의 근로자에 대하여는 장해보상연금을 지급한다.

③장해보상연금은 수급권자의 신청이 있는 경우에는 그 연금의 최초의 1년분 또는 2년분을 선급할 수 있다. 다만, 제2항 단서의 규정에 의한 근로자에게는 그 연금의 최초의 1년분 내지 4년분을 선급할 수 있다.

④장해보상연금수급권자가 사망한 경우에 이미 지급한 연금액을 지급당시의 각각의 평균임금으로 나눈 일수의 합계가 별표 1에 의한 장해보상일시금의 일수에 미달하는 경우에는 그 미달하는 일수에 사망당시의 평균임금을 곱하여 산정한 금액을 유족에게 일시금으로 지급한다.

제43조[유족급여] ①유족급여는 유족보상연금 또는 유족보상일시금으로 하되, 유족보상연금의 지급기준, 수급자격 및 자격상실과 지급정지 등에 관한 사항은 대통령령으로 정한다.

⑤법 제42조제2항 단서에서 "대통령령이 정하는 노동력을 완전히 상실한 장해등급"이라 함은 별표 2의 제1급 내지 제3급의 장해등급을 말한다.

제32조[유족보상연금의 수급자의 범위] ①법 제43조제1항의 규정에 의한 유족보상연금을 받을 수 있는 자(이하 "유족보상연금수급자격자"라 한다)는 근로자의 유족으로서 근로자의

지 아니한 경우에는 6월이 되는 날에 고정될 것으로 인정하는 증상에 대하여 행한다.
2. 6월이내에 증상이 고정될 수 없음이 의학적으로 인정되는 경우에는 요양이 종료되는 때에 장차 고정될 것으로 인정되는 증상에 대하여 행함.

제41조[운동기능장해측정] ①정상인의 신체 각 관절에 대한 평균 운동가능영역은 별표 3과 같다.

②운동기능장해의 정도는 다음 각호의 방법에 의하여 측정한 당해 근로자의 신체 각 관절에 대한 운동가능영역과 별표 3의 운동가능영역을 비교하여 산출한다.
1. 측정하는 각도는 각 관절에 의하여 연결되는 신체 각 부위의 중앙을 통하는 선을 축선 및 축심으로하여 측정함
2. 관절의 기능장해는 장해의 원인을 밝힌 후에 각도를 측정함.

제42조[신체부위별 장해등급결정] 신체부위별 장해에 대한 장해등급결정은 별표 4의 기준에 의한다.

법 률	시 행 령	시 행 규 칙
②유족보상일시금은 평균임금의 1,300일분에 상당하는 금액으로 한다. ③제1항의 규정에 의한 유족보상연금 또는 유족보상일시금은 수급권자의 선택에 따라 이를 지급한다. ④유족보상연금을 받던 자가 그 수급자격을 잃은 경우 다른 수급자격자가 없고 이미 지급한 연금액을 지급 당시의 각각의 평균임금으로 나눈 일수의 합계가 1,300일에 미달하는 경우에는 그 미달하는 일수에 수급자격상실 당시의 평균임금을 곱하여 산정한 금액을 유족보상연금 수급자격자가 아닌 다른 유족에게 일시금으로 지급한다.	사망당시 그에 의하여 부양되고 있던 자중 처(사실상 혼인관계에 있는 자를 포함한다. 이하 같다) 및 근로자의 사망당시 다음 각호의 1의 해당하는 자로 한다. 1. 남편(사실상 혼인관계에 있는 자를 포함한다. 이하 같다)·부모 또는 조부모에 있어서는 60세이상 2. 자녀 또는 손으로서 18세미만 자 3. 형제자매로서 18세미만이거나 60세이상인 자 4. 제1호 내지 제3호의 1에 해당하지 아니하는 남편·자녀·부모·손·조부모 또는 형제자매로서 별표 2의 제3급이상에 해당하는 신체장해가 있는 자 ②근로자의 사망당시 태아이었던 그 자녀가 출생한 경우에는 제1항의 규정의 적용에 있어서 출생한 때부터 장래에 향하여 그 근로자가 사망당시 그에 의하여 부양되고 있던 자인 것으로 본다. ③유족보상연금수급자격자가 유족보상연금을 받을 권리의 순위는 배우자(사실상 혼인관계에 있는 자를 포함한다. 이하 같다)·자녀·부모·손·조부모 및 형제자매의 순서로 한다. **제33조[유족보상연금 청구에 관한 대표자 선임 등]** ①유족보상연금을 받을 권리가 있는 유	

족보상연금수급자격자(이하 "유족보상연금수급권자"라 한다)가 2인이상 있을 때에는 그중의 1인을 유족보상연금의 청구와 수령에 관한 대표자로서 선임할 수 있다.

②제1항의 규정에 의하여 대표자를 선임하거나 그 선임된 대표자를 해임한 때에는 지체없이 그 선임 또는 해임을 증명할 수 있는 서류를 첨부하여 공단에 신고하여야 한다.

제34조[유족보상연금액] 유족보상연금의 금액은 별표 3의 규정에 의하여 산정한 금액으로 한다.

제35조[유족보상연금수급자격자의 실격] ①유족보상연금수급자격자인 유족이 다음 각호의 1에 해당하게 된 때에는 그 자격을 잃는다.

1. 사망한 때
2. 사망근로자의 배우자가 혼인(사실상의 혼인관계에 있는 경우를 포함한다)한 때
3. 사망근로자와의 친족관계가 종료한 때
4. 자녀·손 또는 형제자매에 있어서는 18세에 달한 때. 다만, 근로자의 사망당시 제32조제1항제4호의 규정에 의한 신체장해가 있었던 자로서 그 상태가 아직 계속되고 있는 때를 제외한다.
5. 제32조제1항제4호의 규정에 의한 신체장해가 있었던 자로서 그 상태가 해소된 때. 다만, 남편·부모·조부모 또는 형제자매로서 근로자의 사망당시 60세이상이었던 경우와

법 률	시 행 령	시 행 규 칙
	자녀·손 또는 형제자매로서 아직 18세미만인 때를 제외한다. ②유족보상연금수급권자가 그 자격을 잃은 경우에 유족보상연금을 받을 권리는 같은 순위자가 있는 때에는 같은 순위자에게, 같은 순위자가 없는 때에는 다음 순위자에게 이전한다. ③제2항의 규정에 의하여 유족보상연금을 새로 받고자 하는 자는 공단에 이를 신청하여야 한다. **제36조[유족보상연금의 지급정지등]** ①공단은 유족보상연금수급권자가 1년이상 행방불명인 경우에는 같은 순위자의 신청에 의하여, 같은 순위자가 없는 때에는 다음 순위자의 신청에 의하여 행방불명된 달의 다음 달분부터 그 행방불명인 기간의 연금의 지급을 정지한다. ②제1항의 규정에 의하여 연금의 지급이 정지된 때에는 같은 순위자의 청구에 의하여, 같은 순위자가 없는 때에는 다음 순위자의 청구에 의하여 그 행방불명된 달의 다음 달분부터 당해 청구인에게 별표 3의 규정에 의하여 산정한 금액의 유족보상연금을 지급할 수 있다. 이 경우 별표 3의 규정을 적용함에 있어서 제1항의 규정에 의한 행방불명이 된 자는 이를 새로운 유족보상연금수급권자에 의하여 부양되고 있는 유족보상연금수급자격자의 범위에서	

법	시행령	시행규칙
	제외한다. ③제1항의 규정에 의하여 유족보상연금의 지급이 정지된 자는 언제든지 그 지급정지의 해제를 신청할 수 있다. **제37조【유족보상연금액의 개정】** 공단은 다음 각호의 사유가 발생한 경우에는 직접 또는 유족보상연수급권자의 신청에 의하여 그 사유가 발생한 달의 다음 달분부터 유족보상연금의 금액을 개정한다. 1. 근로자의 사망당시 그 태아이었던 자녀가 출생한 경우 2. 유족보상연금수급자격자가 제35조제1항의 규정에 의하여 자격을 잃은 경우 3. 제36조제3항의 규정에 의하여 지급정지가 해제된 경우 4. 유족보상연금수급자격자가 행방불명이 된 경우	
제44조【상병보상연금】 ①요양급여를 받는 근로자가 요양개시후 2년이 경과된 날 이후에 다음 각호의 요건에 해당하는 상태가 계속되는 경우에는 요양급여외에 상병보상연금을 수급권자에게 지급한다. 이 경우 제42조제2항단서의 규정에 의한 장해보상연금을 받고 있던 자가 부상 또는 질병이 재발하여 요양하고 있는 경우에는 요양개시후 2년이 경과된 것으로 본다. 1. 당해 부상 또는 질병이 치유되지 아니한 상	**제38조【상병보상연금의 지급등】** ①법 제44조제1항의 규정에 의한 상병보상연금을 받고자 하는 자는 그 사유가 발생한 날부터 14일이내에 상병보상연금청구서에 폐질상태를 증명할 수 있는 의사의 진단서를 첨부하여 공단에 제출하여야 한다. ②상병보상연금을 받고 있는 근로자는 폐질등급에 변동이 있는 때에는 14일이내에 폐질상태신고서에 폐질상태를 증명할 수 있는 의사의 진단서를 첨부하여 공단에 신고하여야 한	

법 률

태에 있을 것

2. 그 부상 또는 질병에 의한 폐질의 정도가 대통령령이 정하는 폐질등급기준에 해당할 것

②상병보상연금은 별표2에 의한 폐질등급에 따라 지급한다.

③제2항의 규정에 의한 상병보상연금 수급권자에게는 휴업급여를 지급하지 아니한다.

[별표 2]

상병보상연금표

폐질등급	상병보상연급
제1급	평균임금의 329일분
제2급	평균임금의 291일분
제3급	평균임금의 257일분

시 행 령

다.

③상병보상연금을 받고 있는 근로자의 폐질등급이 변동된 때에는 변동된 달의 다음 달분부터 새로운 폐질등급에 따른 상병보상연금을 지급한다.

제39조【상병보상연금의 등급기준등】 ①법 제44조제1항의 규정에 의한 상병보상연금을 지급하기 위한 폐질등급기준은 별표 4와 같다.

②제31조제2항 및 제4항의 규정은 별표 2의 규정에 의한 폐질등급에 해당하는 폐질이 2이상 있는 경우 및 새로운 업무상 부상 또는 질병으로 인하여 기존의 폐질의 정도가 가중된 경우에 관하여 이를 준용한다.

시 행 규 칙

제43조【폐질등급 적용시기】 영 별표 4의 규정에 의한 폐질등급의 적용시기는 요양이 개시된 후 2년이 경과되어도 치유되지 아니하고 상당한 기간을 같은 상태가 계속된다고 인정되는 경우에 그 2년이 경과된 후 폐질상태를 진단받은 날(폐질상태진단서 발급일)이 속하는 달의 다음 달부터 한다.

제44조【폐질등급 결정기준】 법 제44조의 규정에 의한 상병보상연금의 지급을 위한 폐질등급의 결정기준은 제43조의 규정에 의한 폐질상태진단 당시의 신체부위별 장해등급결정기준을 준용한다. 다만, 요양이 개시된 후 2년이 경과되었으나 6월이내에 폐질의 상태가 변경될 것으로 예상되어 폐질등급을 결정하기 곤란한 경우에는 과거 6월간의 폐질상태를 종합하여 해당되는 폐질등급을 인정한다.

제5절 진폐증

제45조【진폐증의 업무상 재해 인정기준】 근로자가 분진이 비산되는 작업(이하 "분진작업"

이라 한다)에 종사하면서 분진을 흡입함으로써 진폐증에 이환된 경우에는 이를 업무상 재해로 인정한다.

제46조【분진작업의 범위】 제45조의 규정에 의한 분진작업에 범위는 산업보건기준에관한규칙 제33조제2호의 규정에 의한 분직작업과 당해 작업장에 종사함으로 인하여 명백히 진폐증에 이환될 우려가 있다고 인정되는 장소에서의 작업으로 한다.

제47조【요양급여의 신청등】 ①진폐증으로 인하여 요양을 받고자 하는 자는 영 제29조제1항의 규정에 의하여 요양신청서에 다음 각호의 서류를 첨부하여 공단에 제출하여야 한다. 다만, 재요양을 받고자 하는 경우에는 제1호의 서류에 관하여는 사업주의 증명을 생략할 수 있다.

1. 사업주의 증명에 의한 분진작업직력확인서 1부
2. 진폐판정에 사용된 가로·세로 각각 14인치이상인 엑스선 사진 1매
3. 의료기관의 소견서 또는 진단서 1부

②진폐증으로 인한 재요양신청은 제52조제2항의 규정에 의한 공단의 요양대상여부 및 장해정도의 판정일부터 1년이 경과된 경우에 한한다. 다만, 전문의에 의하여 재요양의 필요성이 인정되는 경우에는 그러하지 아니하다.

제48조【진단의뢰】 공단은 제47조의 규정에 의

법 률	시 행 령	시 행 규 칙
		한 신청서를 접수한 때에는 지체없이 초진소견서 또는 진단서와 엑스선 사진을 첨부하여 제55조의 규정에 의한 진폐정밀진단의료기관에 진단을 의뢰하여야 한다. **제49조[진단을 위한 조치]** 제48조의 규정에 의한 진폐정밀진단의뢰를 받은 진폐정밀진단의료기관은 특별한 사유가 없는한 접수일부터 7일이내에 정밀진단대상여부를 판정하여 그 결과를 공단에 통보하여야 한다. 이 경우 정밀진단이 필요하다고 판정된 자에 대하여는 진단예정일시를, 정밀진단이 불필요하다고 판정된 자에 대하여는 그 사유를 명시하여야 한다. **제50조[진단결정조치]** ①제49조의 규정에 의한 통보를 받은 공단은 정밀진단대상여부를 신청인에게 결정·통지하여야 한다. ②제1항의 규정에 의한 진단결정통지서를 받은 자는 다음 각호의 서류등을 지참하여 지정된 일시에 정밀진단을 받아야 한다. 다만, 부득이한 사유로 인하여 진단예정일시에 진단을 받지 못하는 경우에는 미리 그 사실을 공단에 통보하여 일정을 변경받아야 한다. 1. 정밀진단결정통지서 2. 주민등록증·인장 및 증명사진 1매 **제51조[진단결과통보]** ①진폐정밀진단의료기관은 진단이 종료된 날부터 5일이내에 다음 각

호의 서류를 첨부하여 그 결과를 공단에 통보하여야 한다.

1. 진폐진단소견서
2. 재해보상에 관한 의견서
3. 엑스선 사진

②진폐진단담당의사는 국제통용기호에 의하여 진폐진단소견서를 작성하여야 한다.

③진폐진단담당의사는 공단의 요구가 있을 경우에는 진단결과에 대하여 의견을 제시하여야 한다.

第52條[진폐심사협의회] ①진폐증 이환여부와 이에 따르는 요양대상여부 및 장해정도를 심사하기 위하여 공단에 진폐심사협의회를 둔다.

②공단은 진폐정밀진단의료기관으로부터 제51조제1항의 규정에 의한 진단결과를 통보받은 때에는 지체없이 제1항의 규정에 의한 진폐심사협의회의 심사를 거쳐 진폐증 이환여부와 이에 따르는 요양대상여부 및 장해정도를 판정하여야 한다.

③제1항의 규정에 의한 진폐심사협의회의 구성·운영 기타 필요한 사항은 공단이 정한다.

第53條[특례인정] 진폐의예방과진폐근로자의보호등에관한법률(이하 "진폐근로자보호법"이라 한다) 제17조 및 제18조의 규정에 의한 진폐관리구분판정 및 재심사청구에 대한 결정을 통지받은 진폐근로자는 제47조 내지 제52조의

법 률	시 행 령	시 행 규 칙
		규정에 의한 절차를 거치지 아니하고 법 제40조 및 법 제42조의 규정에 의한 보험급여를 청구할 수 있다. 이 경우 진폐근로자보호법 제17조 또는 제18조의 규정에 의한 진폐관리구분판정 또는 재심사청구에 대한 결정은 이를 제52조제2항의 규정에 의한 진폐판정으로 본다. **제54조[진폐정밀진단 진료비]** 진폐정밀진단에 소요되는 진료비는 진폐근로자보호법시행규칙 제18조의 규정에 의하여 노동부장관이 고시하는 금액으로 한다. **제55조[진폐정밀진단의료기관]** 공단은 제58조제2항의 규정에 의한 검사를 충분히 행할 수 있는 의료인과 시설을 구비한 의료기관을 진폐정밀진단의료기관(이하 "진단의료기관"이라 한다)으로 지정하여야 한다. **제56조[진폐요양담당의료기관]** 공단은 법 제40조제1항의 규정에 의하여 진폐근로자의 요양을 담당할 의료기관을 지정하고자 하는 경우에는 의료법에 의한 병원 또는 종합병원중에서 다음 각호의 요건을 갖춘 병원 또는 종합병원을 지정하여야 한다. 1. 의료인은 다음 각목의 자를 갖추고 있을 것 가. 결핵 또는 내과계전문의로서 진폐증에 관한 풍부한 지식과 경험이 있는 의사 나. 방사선전문의로서 진폐증에 관한 풍부한

지식과 경험이 있는 의사

다. 기흉배기술을 시행할 수 있는 의사. 다만, 가목의 의사가 동시술을 할 수 있는 경우를 제외한다.

라. 임상병리기사

마. 폐기능검사에 충분한 경험을 가진 의료종사자

2. 의료시설은 다음 각목의 시설을 갖추고 있을 것

가. 결핵정밀진단에 필요한 제반검사기기(도말 또는 집균·균배양에 필요한 기기)

나. 폐기능 검사기

다. 엑스선 촬영기(500밀리미터이상으로 단층촬영이 가능할 것)

라. 혈액가스 분석기

마. 폐결핵에 합병된 진폐근로자 격리병동

바. 기타 진폐증과 폐결핵치료에 필요한 시설

제57조【요양기준·폐질등급기준 및 장해등급기준】 진폐근로자에 대한 요양기준·폐질등급기준 및 장해등급기준은 별표 5와 같다.

제58조【정밀진단】 ①진폐증 판정을 요하는 근로자에 대한 정밀진단은 대상 근로자를 진단의료기관에 수용하여 실시한다.

②공단은 제1항의 정밀진단에 필요한 검사항목·검사방법 기타 필요한 사항을 공단규정으로 정하여야 한다.

법 률	시 행 령	시 행 규 칙
		제59조[업무협조] ①공단은 진단의료기관으로 하여금 다음 각호의 사항에 대한 협조를 요청할 수 있다. 1. 진폐에 관한 연구의뢰 2. 요양의료기관에 대한 기술협력 및 지도 ②공단은 진단의료기관이 제1항의 규정에 의한 업무를 원활이 수행할 수 있도록 필요한 지원을 할 수 있다.
	제40조[연금의 지급기간등] ①연금인 보험급여의 지급은 그 지급사유가 발생한 달의 다음 달의 초일부터 개시되며, 그 지급받을 권리가 소멸한 달의 말일에 종료된다. ②연금인 보험급여는 그 지급을 정지할 사유가 발생한 때에는 그 사유가 발생한 달의 다음 달의 초일부터 그 사유가 소멸한 달의 말일까지 지급하지 아니한다. ③연금인 보험급여는 매년 이를 4등분하여 2월, 5월 8월, 11월에 각각 그 전월분까지를 지급한다. 다만, 상병보상연금은 매년 이를 12등분하여 월별로 지급한다. ④연금을 받을 권리가 소멸한 경우 소멸한 때까지의 기간에 해당하는 연금중 지급하지 아니한 부분이 있는 경우에는 그 지급기일전이라도 이를 지급할 수 있다.	
제45조[장의비] 장의비는 평균임금의 120일분에 상당하는 금액으로 한다.		

제46조【장해특별급여】 ①보험가입자의 고의 또는 과실로 발생한 업무상 재해로 인하여 근로자가 대통령령이 정하는 장해등급에 해당하는 장해를 입은 경우에 수급권자가 민법에 의한 손해배상청구에 갈음하여 장해특별급여를 청구한 때에는 제42조의 장해급여외에 대통령령이 정하는 장해특별급여를 지급할 수 있다. 다만, 근로자와 보험가입자사이에 장해특별급여에 관하여 합의가 이루어진 경우에 한한다. ②수급권자가 제1항의 규정에 의한 장해특별급여를 받은 때에는 동일한 사유에 대하여 보험가입자에게 민법 기타 법령의 규정에 의한 손해배상을 청구할 수 없다. ③공단은 제1항의 규정에 의하여 장해특별급여를 지급한 때에는 대통령령이 정하는 바에 의하여 그 급여액의 전액을 보험가입자로부터 징수한다.	**제41조【장해특별급여의 지급기준등】** ①법 제46조제1항 본문에서 "대통령령이 정하는 장해등급"이라 함은 별표 2의 규정에 의한 제1급 내지 제3급의 장해등급을 말한다. ②법 제46조제1항 본문에서 "대통령령이 정하는 장해특별급여"라 함은 평균임금의 30일분에 별표 5의 규정에 의한 신체장해등급별 노동력상실율과 별표 7의 규정에 의한 취업가능기간에 대응하는 계수를 곱하여 산정한 금액에서 법 제42조의 규정에 의한 장해보상일시금을 공제한 금액을 말한다. ③제2항의 규정에 의한 장래 취업가능기간은 신체장해가 판정된 날부터 단체협약 또는 취업규칙이 정하는 취업정년까지로 한다. 이 경우 단체협약 또는 취업규칙에서 취업정년을 정하고 있지 아니한 때에는 55세를 취업정년으로 본다.	
제47조【유족특별급여】 ①보험가입자의 고의 또는 과실로 발생한 업무상 재해로 인하여 근로자가 사망한 경우에 수급권자가 민법에 의한 손해배상청구에 갈음하여 유족특별급여를 청구한 때에는 제43조의 유족급여외에 대통령령이 정하는 유족특별급여를 지급할 수 있다. ②제46조제1항단서·제2항 및 제3항의 규정은 제1항의 유족특별급여에 관하여 이를 준용한다. 이 경우 "장해특별급여"는 "유족특별급여"로 본다.	**제42조【유족특별급여의 지급기준등】** ①법 제47조제1항에서 "대통령령이 정하는 유족특별급여"라 함은 평균임금의 30일분에서 사망자 본인의 생활비(평균임금의 30일분에 별표 6의 규정에 의한 생활비비율을 곱하여 산정한 금액)를 공제한 후 별표 7의 규정에 의한 취업가능기간에 대응하는 계수를 곱하여 산정한 금액에서 법 제43조의 규정에 의한 유족보상일시금을 공제한 금액을 말한다. ②제41조제3항의 규정은 제1항의 취업가능기	

법 률	시 행 령	시 행 규 칙
	간의 산정에 관하여 이를 준용한다. **제43조【특별급여의 징수】** ①보험가입자는 법 제46조제3항 및 법 제47조제2항의 규정에 의하여 장해특별급여액 또는 유족특별급여액의 납부통지를 받은 때에는 이를 1년간에 걸쳐 4회로 등분하여 분할납부할 수 있다. ②제1항의 규정에 의하여 장해특별급여액 또는 유족특별급여액을 분할납부하고자 하는 경우 최초의 납부액은 납부통지를 받은 날이 속하는 분기의 말일까지 납부하고, 그 이후의 납부액은 각각 그 분기의 말일까지 납부하여야 한다.	
제48조【다른 보상 또는 배상과의 관계】 ①수급권자가 이 법에 의하여 보험급여를 받았거나 받을 수 있는 경우에는 보험가입자는 동일한 사유에 대하여는 근로기준법에 의한 모든 재해보상책임이 면제된다. ②수급권자가 동일한 사유에 대하여 이 법에 의하여 보험급여를 받은 경우에는 보험가입자는 그 금액의 한도안에서 민법 기타 법령에 의한 손해배상의 책임이 면제된다. 이 경우 장해보상연금 또는 유족보상연금을 받고 있는 자는 장해보상일시금 또는 유족보상일시금을 받은 것으로 본다. ③수급권자가 동일한 사유로 민법 기타 법령에 의하여 이 법의 보험급여에 상당한 금품을	**제44조【손해배상을 받은 자에 대한 보험급여 조정범위】** ①법 제48조제3항 본문에서 "그	

받은 때에는 공단은 그 받은 금품을 대통령령이 정하는 방법에 따라 환산한 금액의 한도안에서 이 법에 의한 보험급여를 지급하지 아니한다. 다만, 제2항후단의 규정에 의하여 수급권자가 지급받은 것으로 보게 되는 장해보상일시금 또는 유족보상일시금에 해당하는 연금액에 대하여는 그러하지 아니하다.

④요양급여를 받는 근로자가 요양을 개시한 후 3년이 경과된 날 이후에 상병보상연금을 지급받고 있는 경우에는 근로기준법 제27조제2항 단서의 규정을 적용함에 있어서 당해 사용자는 그 3년이 경과된 날 이후에는 동법 제84조에 규정된 일시보상을 지급한 것으로 본다.

제49조[수급권자의 범위] ①제40조 내지 제44조의 규정에 의한 보험급여는 당해 근로자나 그 유족에게 지급한다.

②제1항의 규정에 의한 보험급여의 수급권자인 유족의 범위 및 그 순위는 대통령령으로 정한다.

③제45조의 규정에 의한 장의비는 그 장제를 행하는 자에게 지급한다.

받은 금품을 대통령령이 정하는 방법에 따라 환산한 금액"이라 함은 그 받은 금품을 손해배상액 산정당시의 평균임금으로 나눈 일수에 해당하는 보험급여의 금액을 말한다. 다만, 그 받은 금품이 요양인 경우에는 그 요양금액으로 환산한 금액으로 한다.

②제1항의 규정을 적용함에 있어서 수급권자에게 지급할 보험급여가 유족보상연금 또는 휴업급여인 경우에는 각 유족보상연금급여액 또는 휴업급여액을 당해 급여액 산정당시의 평균임금으로 나눈 일수를 당해 보험급여액의 일수로 보고, 그 평균임금을 당해 보험급여의 1일분 급여액으로 본다.

제45조[수급권자인 유족의 결정등] ①법 제49조제1항 및 제2항의 규정에 의한 보험급여의 수급권자인 유족의 범위는 유족에 해당하는 자 전부로 하고, 유족간의 수급권의 순위는 다음 각호의 순서로 하되, 각호의 자간에 있어서는 각각 그 기재된 순서에 의한다. 다만, 유족보상연금의 경우를 제외한다.

1. 근로자의 사망당시 그에 의하여 부양되고 있던 배우자·자녀·부모·손 및 조부모
2. 근로자의 사망당시 그에 의하여 부양되고 있지 아니하던 배우자·자녀·부모·손 및 조부모 또는 근로자의 사망당시 그에 의하여 부양되고 있던 형제자매

법 률	시 행 령	시 행 규 칙
	3. 형제자매 ②제1항의 경우에 부모에 있어서는 양부모를 선순위로, 실부모를 후순위로 하고, 조부모에 있어서는 양부모의 부모를 선순위로, 실부모의 부모를 후순위로 하며, 부모의 양부모를 선순위로, 실부모를 후순위로 한다. ③같은 순위에 있는 보험급여를 받을 권리가 있는 유족이 2인이상인 경우에는 각 유족에게 등분하여 보험급여를 지급한다. ④보험급여를 받기로 확정된 유족이 사망한 경우에 그 보험급여는 같은 순위자가 있는 때에는 같은 순위자에게, 같은 순위자가 없는 때에는 다음 순위자에게 지급한다. ⑤제1항 내지 제4항의 규정에 불구하고 근로자가 특히 유언으로써 보험급여를 받을 유족의 순위를 지정한 경우에는 그 지정에 따른다.	
제50조[미지급의 보험급여] ①보험급여의 수급권자가 사망한 경우에 그 수급권자에게 지급하여야 할 보험급여로서 아직 지급되지 아니한 보험급여가 있는 때에는 당해 수급권자의 유족(유족급여의 경우에는 그 유족급여를 받을 수 있는 다른 유족)의 청구에 의하여 그 보험급여를 지급한다. ②제1항의 경우에 그 수급권자가 사망전에 보험급여를 청구하지 아니한 때에는 동항의 규	**제46조[미지급보험급여의 청구권자의 결정등]** 제45조제1항 내지 제3항 및 제5항의 규정은 법 제50조의 규정에 의한 미지급보험급여의 청구권자의 결정에 관하여 이를 준용한다.	

정에 의한 유족의 청구에 의하여 그 보험급여를 지급한다.

제51조【보험급여 지급】 보험급여는 지급결정일로부터 14일이내에 지급하여야 한다.

제52조【보험급여지급의 제한】 ①공단은 근로자가 정당한 이유없이 요양에 관한 지시를 위반함으로써 부상·질병 또는 신체장해의 상태를 악화시키거나 그 치유를 방해한 것이 명백한 경우에는 보험급여의 전부 또는 일부를 하지 아니할 수 있다.

②공단은 제1항의 규정에 의하여 보험급여를 지급하지 아니하기로 결정한 때에는 지체없이 이를 관계 보험가입자와 근로자에게 통지하여야 한다.

제6절 보험급여지급의 제한

제60조【요양관리】 ①공단 또는 지정의료기관은 요양중인 근로자가 다음 각호의 행위로 인하여 그 부상·질병 또는 신체 장해의 상태를 악화시키거나 치유를 방해할 우려가 있다고 인정되는 경우에는 서면으로 당해 근로자에게 그 행위의 시정을 요구하여야 한다.

1. 입원중의 부득이한 사유없는 외출·외박
2. 공단 또는 지정의료기관에서 정한 주의사항의 불이행

②지정의료기관은 요양중인 근로자가 제1항의 규정에 의한 시정요구사항을 정당한 이유없이 이행하지 아니하는 경우에는 지체없이 이를 공단에 통보하여야 한다.

제61조【보험급여지급제한의 대상 및 금액】 공단은 법 제52조의 규정에 의하여 당해 근로자가 제60조제1항의 규정에 의한 요구사항을 이행하지 아니하여 부상·질병 또는 장해의 상태를 악화시키거나 그 치유를 방해한 것이 명백한 경우에는 이를 인정한 그 다음 날 이후에 지급사유가 발생되는 휴업급여 또는 상병보상연금의 20일분에 상당하는 금액을 지급하지 아니할 수 있다. 다만, 지급사유발생기간이 20일미만인 경우에는 그 기간으로 한다.

법률	시행령	시행규칙
제53조【부정이득의 징수】 공단은 허위 기타 부정한 방법으로 보험급여를 받은 자에 대하여 그 급여액의 2배에 해당하는 금액을 징수할 수 있다. 이 경우에 보험급여의 지급이 보험가입자의 허위의 신고 또는 증명으로 인한 때에는 그 보험가입자도 연대하여 책임진다.	**제47조【부정이득의 징수】** ①공단은 법 제53조의 규정에 의한 부정이득을 징수하기로 결정한 때에는 지체없이 납부책임이 있는 자에게 그 금액의 납부를 통지를 하여야 한다. ②제1항의 규정에 의하여 통지를 받은 자는 그 통지를 받은 날부터 30일이내에 그 금액을 납부하여야 한다.	**제7절 부정이득의 징수**
제54조【제3자에 대한 구상권】 ①공단은 제3자의 행위에 의한 재해로 인하여 보험급여를 지급한 경우에는 그 급여액의 한도안에서 급여를 받은 자의 제3자에 대한 손해배상청구권을 대위한다. 다만, 보험가입자인 2이상의 사업주가 같은 장소에서 하나의 사업을 분할하여 각각 행하다가 그중 사업주를 달리하는 근로자의 행위로 재해가 발생한 때에는 그러하지 아니하다.	③제1항의 규정에 의한 부정이득의 징수범위 및 징수방법등에 관하여 필요한 사항은 노동부령으로 정한다.	**제62조【징수범위】** 영 제47조제3항의 규정에 의한 부정이득의 징수범위는 보험급여를 받은 자가 지급받은 보험급여액중 허위 기타 부정한 방법에 의한 것으로 인정되는 금액의 2배에 해당하는 금액으로 한다. 다만, 허위 기타 부정한 방법으로 보험급여를 받은 자 및 보험가입자의 고의 또는 과실에 의한 것이 아닌 경우에는 정당한 보험급여액을 초과하는 금액으로 한다.
②제1항의 경우에 수급권자가 제3자로부터 동일한 사유로 인하여 이 법의 보험급여에 상당하는 손해배상을 받은 경우에는 공단은 그 배상액을 대통령령이 정하는 방법에 따라 환산한 금액의 한도안에서 이 법에 의한 보험급여를 지급하지 아니한다. ③수급권자 및 보험가입자는 제3자의 행위로 인한 재해가 발생한 때에는 지체없이 이를 공단에 신고하여야 한다.	**제48조【제3자로부터 배상받은 자에 대한 보험급여의 조정】** 제44조의 규정은 수급권자가 제3자로부터 손해배상을 받은 경우에 당해 배상금을 법 제54조제2항의 규정에 의하여 보험급여를 지급하지 아니하는 금액으로 환산함에 있어서 그 환산방법에 관하여 이를 준용한다.	
제55조【수급권의 보호】 ①근로자의 보험급여를 받을 권리는 그 퇴직으로 인하여 소멸되지		

아니한다.

②보험급여를 받을 권리는 양도 또는 압류할 수 없다. 다만, 대통령령이 정하는 바에 의하여 보험급여의 수령은 이를 가족 또는 사업주에게 위임할 수 있다.

제56조【공과금의 면제】 보험급여로서 지급된 금품에 대하여는 국가 또는 지방자치단체의 공과금을 부과하지 아니한다.

제49조【보험급여의 수령위임】 ①보험급여를 받을 권리가 있는 자는 법 제55조제2항 단서의 규정에 의하여 보험급여의 수령을 위임할 수 있는 자는 다음 각호의 자로 한다.

1. 법 제40조제1항 단서의 규정에 의한 요양비, 법 제41조의 규정에 의한 휴업급여, 법 제42조의 규정에 의한 장해보상일시금, 법 제43조의 규정에 의한 유족보상일시금 또는 법 제44조의 규정에 의한 상병보상연금에 있어서 보험급여를 받을 권리있는 자가 긴급 기타 부득이한 사정으로 사업주로부터 그 보험급여액에 상당하는 금액을 대체지급 받았음이 보험급여를 받을 권리있는 자의 명시적 의사에 의하여 확인되는 경우의 그 사업주
2. 법 제40조제1항 단서의 규정에 의한 요양비, 법 제41조의 규정에 의한 휴업급여, 법 제42조의 규정에 의한 장해보상연금 · 장해보상일시금, 법 제43조의 규정에 의한 유족보상연금 · 유족보상일시금 또는 법 제44조의 규정에 의한 상병보상연금에 있어서 보험급여를 받을 권리있는 자가 부상 또는 질병으로 인하여 직접 수령함이 곤란하다고 인정되는 경우의 그 가족

②제1항의 규정에 의하여 보험급여의 수령을 위임하고자 할 때에는 그 당사자는 당해 보험

법 률	시 행 령	시 행 규 칙
	급여청구서에 그 사실을 증명할 수 있는 서류를 첨부하여 공단에 제출하여야 한다. ③공단은 제1항 및 제2항의 규정에 의하여 보험급여 수령의 위임이 있는 경우에는 당해 보험급여를 받을 권리가 있는 자에게 구두 기타의 방법으로 위임여부를 조사확인하여야 한다. **제50조【급여원부의 작성】** ①공단은 보험급여를 행한 때에는 그 급여를 받은 근로자별 급여원부를 작성하고, 이를 비치하여야 한다. ②공단은 보험급여에 관계있는 자의 청구가 있는 때에는 급여원부를 열람시켜야 하며, 필요한 때에는 증명서를 발부할 수 있다. **제51조【대체지급한 보험급여금의 청구】** 사업주가 법에 의한 보험급여의 지급사유와 동일한 사유로 민법 기타 법령에 의하여 보험급여에 상당하는 금품을 수급권자에게 미리 지급한 경우로서 당해 금품이 보험급여를 대체하여 지급한 것으로 인정되는 경우에 사업주가 그 해당 금액을 공단으로부터 지급받고자 할 때에는 그 사실을 증명하는 서류를 갖추어 공단에 청구하여야 한다. 이 경우 장해보상연금수급권자 또는 유족보상연금수급권자에 대하여 사업주가 대체지급한 금액이 법 제42조의 규정에 의한 장해보상일시금 또는 법 제43조의 규정에 의한 유족보상일시금을 초과하는 경우	

법	령	규칙
	에는 장해보상일시금 또는 유족보상일시금에 상당하는 금액을 대체지급한 것으로 본다.	
제5장 보험료	**제5장 보험료**	**제4장 보험료** **제1절 보험료의 대행납부승인**
제57조【보험금의 징수】 공단은 보험사업에 소요되는 비용에 충당하기 위하여 보험가입자로부터 보험료를 징수한다.	**제52조【공사발주자에 의한 보험료의 대행납부】** ①국가·지방자치단체·정부투자기관관리기본법에 의한 정부투자기관 기타 국가 또는 지방자치단체가 출연하는 기관은 건설공사를 발주하는 경우에 그 공사금액에 보험료가 명시되어 있고 원수급인이 동의하는 때에는 공단의 승인을 얻어 원수급인의 보험료를 대행 납부할 수 있다. ②제1항의 규정에 의항 보험료를 대행 납부하는 자는 다음 각호의 사항이 변경된 때에는 지체없이 공단에 신고하여야 한다. 1. 보험료 대행납부자의 명칭, 소재지 및 대표자의 이름 2. 공사금액, 공사기간 및 공사내용 3. 기타 보험료 대행납부업무를 수행함에 있어 기초가 되는 사항 ③공단은 보험료 대행납부가 필요없게 되거나 기타 상당한 이유가 있다고 인정되는 경우에는 노동부령이 정하는 바에 의하여 보험료 대행납부의 승인을 취소할 수 있다.	**제63조【보험료대행납부】** ①공단은 영 제52조제1항의 규정에 의한 보험료대행납부승인신청을 접수한 경우에는 접수일부터 5일이내에 그 승인여부를 신청인 및 원수급인에게 결정·통지하여야 한다. ②공단은 영 제52조제3항의 규정에 의하여 보험료대행납부의 승인을 취소한 때에는 지체없이 이를 보험료대행납부자 및 원수급인에게 통지하여야 한다. **제2절 보험사무조합을 통한 징수**
제58조【산업재해보상보험사무조합】 ①보험가입자를 구성원으로 하는 단체로서 특별법에	**제53조【보험사무를 위탁할 수 있는 보험가입자의 범위】** ①법 제58조제1항 후단의 규정에	**제64조【위탁대상 보험사무의 범위】** 법 제58조제1항의 규정에 의하여 보험가입자가 보험사

법 률	시 행 령	시 행 규 칙
의하여 설립된 단체 또는 민법 제32조의 규정에 의하여 노동부장관의 허가를 받아 설립된 법인(이하 "사업주단체"라 한다)은 보험가입자의 위탁을 받아 보험가입자가 납부하여야 할 보험료 기타 이 법에 의한 징수금의 납부와 기타 보험에 관한 사무(이하 "보험사무"라 한다)를 행할 수 있다. 이 경우 보험사무를 위탁할 수 있는 보험가입자의 범위는 대통령령으로 정한다. ②사업주단체가 제1항의 규정에 의하여 보험사무를 행하고자 할 때에는 대통령령이 정하는 바에 의하여 공단의 인가를 받아야 한다. 인가받은 사항(노동부령이 정하는 경미한 사항을 제외한다)을 변경하고자 할 때에도 또한 같다. ③제2항의 규정에 의하여 인가를 받은 사업주단체(이하 "보험사무조합"이라 한다)는 제1항의 규정에 의한 업무의 전부 또는 일부를 폐지하거나 제2항의 규정에 의한 노동부령이 정하는 사항을 변경하고자 할 때에는 공단에 신고하여야 한다.	의하여 보험사무를 위탁할 수 있는 보험가입자의 범위는 상시 300인미만의 근로자를 사용하는 보험가입자로 한다. 다만, 건설업의 경우에는 상시 200인미만의 근로자를 사용하는 보험가입자로 한다. ②보험사무를 위탁한 보험가입자가 사업의 확장 또는 합병등으로 인하여 제1항의 규정에 의한 상시 근로자수를 초과하여 사용하게 된 경우에도 당해 보험연도중에는 계속하여 보험사무를 위탁할 수 있다. **제54조【보험사무조합의 인가】** ①사업주단체가 법 제58조제2항의 규정에 의하여 보험사무조합의 인가를 받고자 하는 경우에는 보험사무조합인가신청서에 다음 각호의 서류를 첨부하여 공단에 제출하여야 한다. 1. 사업주단체의 법인등기부등본 및 정관 2. 사업주단체의 전연도의 대차대조표·손익계산서 및 재산목록 그 재산의 소유를 증명할 수 있는 서류 3. 사업주단체와 보험가입자간의 보험사무위탁처리규약 ②법 제58조제2항의 규정에 의하여 보험사무조합의 인가를 받고자 하는 자는 다음 각호의	무조합에 위탁할 수 있는 사무의 범위는 다음 각호와 같다. 1. 개산보험료·증가개산보험료·확정보험료의 신고 및 납부 2. 연체금·가산금·급여징수금·부정이득징수금의 납부고지 및 납부 3. 보험관계의 성립·변경·소멸의 신고 기타 보험에 관한 사무 **제65조【보험가입자의 상시근로자 수의 산정】** 영 제53조제1항의 규정을 적용함에 있어서 보험가입자가 사용하는 상시근로자의 수는 보험사무조합과 보험사무의 위탁계약 당시의 상시근로자수를 기준으로 하되, 보험가입자의 사업이 건설업인 경우에는 다음의 산식에 의하여 산정한 근로자의 수를 기준으로 한다. 이 경우 임금총액의 파악이 곤란한 경우에는 보험사무를 위탁하는 보험연도의 전년도 총공사실적액에 전년도의 노무비율을 곱한 금액을 임금총액으로 한다. $\text{상시근로자수} = \frac{\text{위탁보험연도의 전년도 임금총액}}{\text{위탁보험연도의 전년도 건설업종사근로자의 평균임금} \times 300}$ **제66조【보험사무위탁처리규약의 내용】** 영 제54조제1항제3호의 규정에 의한 보험사무위탁처리규약에는 다음 각호의 사항이 포함되어야 한다.

	요건을 갖추어야 한다. 1. 정관 또는 법인등기부등본에 보험사무를 행할 수 있도록 명시되어 있을 것 2. 자체수입에 의하여 결손없이 운영되고 있음이 당해 사업주단체의 대차대조표 및 손익계산서등에 의하여 증명될 수 있을 것	1. 보험사무처리의 위탁 및 해지절차 2. 보험사무처리의 방법 및 절차 3. 보험사무조합의 재정보증등 책임이행 방법 4. 보험사무조합의 회계처리방법 및 절차 **제67조[인가신청에 대한 통지]** 공단은 영 제54조제1항의 규정에 의하여 보험사무조합인가신청서를 접수한 때에는 접수일부터 20일이내에 그 인가여부를 서면으로 결정·통지하여야 한다.
	③법 제58조제2항의 규정에 의하여 노동부장관의 인가를 받은 사업주단체(이하 "보험사무조합"이라 한다)가 동조제3항의 규정에 의하여 그 업무를 폐지하고자 하는 경우에는 폐지하고자 하는 날의 60일전까지, 인가받은 사항중 노동부령이 정하는 사항을 변경하고자 하는 경우에는 변경하고자 하는 날의 10일전까지 각각 공단에 신고하여야 한다. **제55조[보험사무의 수탁 및 수탁해지 신고]** 보험사무조합은 보험사무를 위탁받거나 보험사무의 위탁이 해지된 때에는 각각 10일이내에 이를 공단에 신고하여야 한다.	**제68조[폐지신고]** 보험사무조합이 영 제54조제3항의 규정에 의하여 보험사무조합폐지신고를 하고자 하는 때에는 보험사무조합폐지신고서에 다음 각호의 서류를 첨부하여 공단에 제출하여야 한다. 1. 보험사무조합 인가서 2. 보험사무를 위탁한 보험가입자별 체납보험료 현황
④공단은 보험사무조합이 보험사무를 위법 또는 부당하게 처리하거나 그 처리를 해태하였다고 인정되는 경우에는 제2항의 규정에 의한 인가를 취소할 수 있다.	**제56조[보험사무조합 인가의 취소]** ①공단은 보험사무조합이 다음 각호의 1에 해당하는 경우에는 법 제58조제4항의 규정에 의하여 그 인가를 취소할 수 있다. 다만, 제1호에 해당하는 경우에는 인가를 취소하여야 한다. 1. 허위 기타 부정한 방법으로 인가받은 경우	

법 률	시 행 령	시 행 규 칙
	2. 정당한 사유없이 계속하여 2월이상 보험사무를 중단한 경우 3. 보험사무를 허위 기타 부정한 방법으로 운영하거나 정당한 사유없이 보험연도중 보험료 납부실적이 없는 경우 4. 기타 법 또는 법에 의한 명령에 위반한 경우 ②공단은 제1항의 규정에 의하여 보험사무조합의 인가를 취소한 때에는 지체없이 이를 당해 보험사무조합 및 보험가입자에게 통지하여야 한다.	
⑤공단은 보험사무조합이 보험사무를 처리한 때에는 대통령령이 정하는 바에 의하여 징수비용을 교부할 수 있다.	**제57조【보험사무조합에 대한 징수비용의 교부】** ①공단은 보험사무조합이 보험사무를 위탁한 보험가입자로부터 매 보험연도중에 징수하여야 할 보험료 기타 징수금의 100분의 90이상을 수령하여 납부한 경우에는 법 제58조제5항의 규정에 의하여 징수비용교부금을 지급한다. 다만, 보험사무조합이 제54조제3항의 규정에 의하여 보험연도중에 폐지신고를 한경우에는 당해 보험연도의 초일부터 폐지일이 속하는 분기의 말일까지 납부기한이 만료되는 보험료 기타 징수금을 수령하여 납부한 실적을 기준으로 한다.	
	②제1항의 규정에 의한 징수비용교부금의 금액은 보험료 기타 징수금의 수령·납부 실적이 100분의 90이상 100분의 95미만인 경우에	**제69조【징수비용교부금의 지급기준】** 영 제57조제2항의 규정을 적용함에 있어서 보험가입자가 사용하는 상시근로자의 수는 보험가입자

는 납부한 금액의 100분의 1에 상당하는 금액으로 하고, 수령·납부 실적이 100분의 95이상인 경우에는 다음 각호의 기준에 의하여 산정한 금액의 합계액으로 한다.

1. 상시 16인미만의 근로자를 사용하는 보험가입자로부터 수령·납부한 금액의 100분의 5에 상당하는 금액과 보험가입자 1인당 기초징수실비 3,000원을 가산한 금액
2. 상시 16인이상 30인미만의 근로자를 사용하는 보험가입자로부터 수령·납부한 금액의 100분의 3에 상당하는 금액과 보험가입자 1인당 기초징수실비 3,000원을 가산한 금액
3. 상시 30인이상의 근로자를 사용하는 보험가입자로부터 수령·납부한 금액의 100분의 1에 상당하는 금액

③공단은 보험사무조합이 다음 각호의 1에 해당하는 경우에는 노동부령이 정하는 바에 의하여 당해 보험연도의 징수비용교부금의 전부 또는 일부를 지급하지 아니할 수 있다.

1. 법 제74조의 규정에 의하여 체납처분을 받은 경우
2. 허위 또는 부정한 행위로 보험료 기타 징수금의 징수에 손실을 초래하게 한 경우
3. 납부한 보험료 기타 징수금을 허위 또는 부정한 방법으로 반환받은 경우
4. 보험사무조합의 인가가 취소된 경우

가 보험사무를 위탁한 보험연도의 확정보험료 보고서상의 근로자수를 기준으로 한다.

제70조[징수비용교부금의 지급제한] 공단은 보험사무조합이 영 제57조제3항제2호 및 제3호의 규정에 해당하는 때에는 징수비용교부금의 전부를 지급하지 하니하며, 동조동항제1호 및 제4호의 규정에 해당하는 때에는 징수비용

법 률	시 행 령	시 행 규 칙
	④보험사무조합이 제1항의 규정에 의한 징수비용교부금을 지급받고자 하는 때에는 당해 보험연도가 종료된 날부터 2월(제54조제3항의 규정에 의하여 폐지신고를 한 경우에는 폐지일부터 30일)이 경과한 후에 공단에 징수비용교부금의 지급을 신청하여야 한다.	교부금의 3분의 1을 지급하지 아니한다. **제71조【징수비용교부금의 신청】** 보험사무조합이 영 제57조제4항의 규정에 의하여 징수비용교부금을 신청하고자 하는 때에는 징수비용교부금신청서에 사업장 규모별 징수금납부내역명세서를 첨부하여 공단에 제출하여야 한다.
제59조【보험사무조합에 대한 통지등】 공단은 보험료 기타 이 법에 의한 징수금의 납입등의 통지 또는 반환금의 반환을 보험가입자가 보험사무를 위탁한 보험사무조합에 대하여 행함으로써 당해 보험가입자에 대한 통지 또는 반환에 갈음할 수 있다.	**제58조【보험사무조합의 보험료등의 신고등】** ①보험사무조합은 보험가입자로부터 수령한 보험료 기타 징수금을 어떠한 이유로도 다른 목적에 사용하여서는 아니된다. ②보험사무조합은 보험가입자가 납부기한내에 보험료 기타 징수금의 납부를 위탁하지 아니한 경우에는 지체없이 그 사실을 공단에 신고하여야 한다.	
제60조【보험사무조합의 납부의무등】 ①보험사무조합은 보험사무를 위탁한 보험가입자로부터 보험료 기타 이 법에 의한 징수금을 수령하여 납부기일내에 그 금액을 납부하여야 한다. ②공단이 제70조의 규정에 의한 가산금, 제71조의 규정에 의한 연체금 및 제72조제1항제2호의 규정에 의한 보험급여액을 징수하는 경우에 그 징수사유가 보험사무조합의 귀책사유로 인한 때에는 그 한도안에서 그 보험사무조합이 이를 납부하여야 한다.		**제72조【보험료등의 신고·납부등】** 법 제60조제1항의 규정에 의하여 보험사무조합이 공단에 보험료 기타 징수금을 납부하는 경우에는 보험료(기타 징수금)납부신고서에 다음 각호의 서류를 첨부하여 공단에 제출하여야 한다. 1. 보험료(기타 징수금)신고내역 총괄표 2. 보험가입자별 보험료(기타 징수금)신고내역서 3. 보험료(기타 징수금)납부 영수증서 사본
제61조【보험사무조합의 장부비치등】 보험사무조합은 대통령령이 정하는 바에 의하여 보험사무에 관한 사항을 기재한 장부 및 기타 서류를 사무소에 비치하여야 한다.	**제59조【보험사무조합의 장부비치등】** 법 제61조의 규정에 의하여 보험사무조합이 작성·비치하여야 할 장부 기타의 서류는 다음과 같다.	**제73조【보험사무조합에 대한 지도감독】** 공단은 보험사무조합에 대하여 영 제59조의 규정에 의한 장부 기타 서류의 작성·비치에 관하여 지도감독 할 수 있다.

제62조【보험료의 산정】 ①보험료는 보험가입자가 경영하는 사업의 임금총액에 동종의 사업에 적용되는 보험요율을 곱한 금액으로 한다.

②제65조제1항 및 제67조제1항의 규정에 의한 임금총액의 추정액 또는 임금총액을 결정하기 곤란한 경우에는 노동부장관이 정하여 고시하는 노무비율에 의하여 임금총액의 추정액 또는 임금총액을 결정한다.

제63조【보험료율의 결정】 ①보험료율은 매년 9월30일 현재 과거 3년간의 임금총액에 대한 보험급여총액의 비율을 기초로 하고 이 법에 의한 연금등 보험급여에 소요되는 금액, 재해예방 및 재해근르자의 복지증진등에 소요되는 비용 기타 사정을 고려하여 노동부령이 정하는 방에 의하여 사업종류별로 구분·결정한다. 이 경우 임금 1원을 보험료율의 산출단위로 한다.

②노동부장관은 제1항의 규정에 불구하고 보험관계가 성립하여 3년이 되지 아니한 사업에 대한 보험료율은 노동부령이 정하는 바에 의하여 위원회의 심의를 거쳐 사업종류별로 따로 이를 정한다.

1. 보험사무의 처리를 위탁한 보험가입자의 명부
2. 보험가입자별 징수업무처리장부
3. 보험사무조합과 보험가입자의 보험사무위탁관계서류
4. 징수비용 교부금지급신청관계서류 및 수령관계서류
5. 보험가입자에게 행한 보험료 기타 징수금의 납입통지서류 및 영수관계서류

제60조【보험료율의 고시】 노동부장관은 법 제63조의 규정에 의하여 보험료율을 결정한 때에는 그 적용대상사업의 종류 및 내용을 함께 명시하여 관보 및 일간신문등에 고시하여야 한다.

제3절 보험료율의 결정 및 적용

제74조【사업종류별 보험료율의 결정】 ①법 제63조제1항의 규정에 의한 사업종류별 보험료율은 이를 천분률로 표시하되, 그 구성과 산정방법은 별표 6과 같다.

②노동부장관은 법 제63조제1항의 규정에 의하여 보험료율을 결정하는 경우의 사업종류는 재해발생의 위험성과 경제활동의 동질성을 기초로 이를 분류한다. 다만, 동일한 사업 종류라도 사업장에 따라 임금총액에 대한 보험급여총액의 비율이 현저한 차이가 있어 동일하게 보험료율을 산정·결정함이 타당하지 아니하다고 인정되는 경우에는 당해 사업의 종류를 2이상의 등급으로 구분·결정할 수 있다.

제75조【보험료율 결정의 예외】 노동부장관은 제74조의 규정에 의하여 결정된 사업종류별 보험료율을 적용함에 있어서 보험가입자의 공평부담의 원칙에 맞지 아니하다고 인정되는 경우에는 제74조의 규정에 불구하고 연도별

법 률	시 행 령	시 행 규 칙
		보험료율 및 보험료의 금액에 대한 보험급여의 금액의 비율의 변동사항을 참작하여 당해 사업종류별 보험료율을 따로 정할 수 있다.
	제61조[보험료율의 적용] ①하나의 사업장내에서 보험료율이 다른 사업이 2이상 행하여지는 경우에는 그중 근로자수 및 임금총액등의 비중이 큰 사업(이하 "주된 사업"이라 한다)에 적용되는 보험료율을 당해 사업장안의 모든 사업장에 적용한다. 다만, 건설공사에 있어서 주된 사업과 시간적 또는 장소적으로 분리되어 독립적으로 행하여지는 사업으로서 주된 사업에 해당하는 보험료율을 적용함이 현저히 부적당하다고 인정되는 경우에는 그 사업에 대하여는 당해 사업에 해당하는 보험료율을 적용한다. ②제1항의 규정에 의한 주된 사업의 결정은 다음 각호의 순서에 따라 행한다. 1. 근로자의 수가 많은 사업 2. 근로자의 수가 동일하거나 그 수를 파악할 수 없는 경우에는 임금총액이 많은 사업 3. 제1호 및 제2호의 규정에 의하여 주된 사업을 결정할 수 없는 경우에는 매출액이 많은 제품을 제조하거나 서비스를 제공하는 사업	**제76조[보험료율의 적용]** 영 제61조제1항 단서의 규정에 의한 건설공사에 있어 보험료율을 적용은 다음 각호의 기준에 의한다. 1. 최종공작물의 완성을 위하여 행하는 건설공사를 2이상으로 분할도급하여 시공하는 경우에는 이를 동일한 사업종류로 보아 하나의 보험료율을 적용함. 다만, 도급단위별 공사가 영 제61조제1항 단서의 규정에 해당하는 때에는 도급단위별 사업종류에 해당하는 보험료율을 각각 적용한다. 2. 단일 도급공사 또는 동일한 건설공사를 2이상으로 분할하여 시공하는 경우에 당해 건설공사가 영 제2조제2항의 규정에 의한 총공사로 적용되는 때에는 최종적으로 완성되는 목적물의 사업종류에 해당하는 보험료율을 적용함. 다만, 도급단위별 건설공사가 영 제60조의 규정에 의하여 노동부장관이 고시하는 산재보험료율상의 적용대상사업의 종류가 다른 건설공사를 병행하여 시공하는 경우에는 각각의 사업에 대하여 그에 해당하는 사업종류별 보험료율을 적용한다.
제64조[보험료율결정의 특례] 공단은 대통령령이 정하는 사업으로서 매년 9월30일 현재	**제62조[보험료율 결정의 특례 적용 사업]** 법 제64조에서 "대통령령이 정하는 사업"이라 함	**제77조[보험료율 결정의 특례 적용사업장 판단기준]** 영 제62조제1호의 규정에 의한 보험료

보험관계가 성립하여 3년을 경과한 사업에 있어서 당해 년도 9월 30일 현재 과거 3년간의 보험료의 금액에 대한 보험급여의 금액의 비율이 100분의 85를 넘거나 100분의 75이하인 경우에는 그 사업에 적용되는 보험료율을 100분의 40의 범위안에서 대통령령이 정하는 바에 의하여 인상 조는 인하한 율을 당해 사업에 대한 다음 보험년도의 보험료율로할 수 있다.

은 다음 각호의 사업을 말한다.

1. 상시 30인이상 또는 연간 연인원 7천500인이상(연인원의 적용은 계절사업에 한한다)의 근로자를 사용하는 광업, 제조업, 전기·가스 및 상수도사업, 운수·창고 및 통신업, 임업(벌목업을 제외한다), 어업, 농업에 해당하는 사업
2. 건설업중 법 제9조제2항 및 제3항의 규정에 의하여 일괄적용을 받는 사업으로 매년 당해 보험연도의 2년전 보험연도의 총공사실적이 100억원이상인 사업

제63조【보험료율 결정의 특례를 위한 보험수지율 산정】 ①법 제64조의 규정에 의하여 보험료의 금액에 대한 보험급여액의 비율을 산정함에 있어서 보험료의 금액은 그 연도(이하 이조에서 "기준보험년도"라 한다) 9월 30일 현재를 기준으로 하여 다음 각호의 금액의 합산한 금액으로 한다.

1. 기준보험연도의 개산보험료액의 12분의 9에 상당하는 금액
2. 기준보험연도의 직전 2개 보험연도의 확정보험료액의 합계액에 다음 산식에 의하여 산정한 금액을 합산한 금액

$$\frac{(\text{기준보험연도의 3년전 보험연도의 확정보험료액}) \times 3}{(\text{기준보험연도의 3년전 보험연도에 있어서 보험관계가 지속된 기간의 총월수})}$$

율 결정의 특례(이하 "개별실적료율"이라 한다)를 적용하는 사업의 판단기준은 기준보험연도의 전년도 10월 1일부터 기준보험연도의 9월 30일까지 사용한 연인원을 당해 기간의 가동일수로 나눈 근로자수가 30인이상 또는 계절사업인 경우에는 같은 기간의 연간 연인원이 7천500인 이상인 사업으로 한다.

제78조【개별실적료율 적용제외 사업】 영 제62조제1호의 규정에 해당하는 사업이 기준 보험연도의 9월 30일 이전 3년의 기간중에 보험료율 적용사업종류가 변경된 경우에는 개별실적료율을 적용하지 아니한다. 다만, 사업종류가 변경된 경우라도 기계설비·작업공정등 당해 사업의 주된 작업실태가 변경되지 아니하였다고 인정되는 경우에는 그러하지 아니하다.

제79조【개별실적료율의 결정시기】 ①공단은 법 제64조의 규정에 의하여 개별실적료율을 결정하는 경우에는 영 제60조의 규정에 의한 보험료율의 고시일부터 10일이내에 결정하여야 한다. 다만, 보험료율 고시일부터 보험연도 개시일까지 10일이 되지 아니할 때에는 보험연도 개시일 전일까지로 한다.

②공단은 제1항의 경우 이외에 사업주의 이의신청 또는 개별실적료율 결정의 착오등 기타의 사유로 개별실적료율을 조정 또는 변경하고자 하는 때에는 그 사유가 발생한 때부터 5일이내에 이를 조정 또는 변경하여야 한다.

법 률	시 행 령	시 행 규 칙
	②법 제64조의 규정에 의하여 보험료액에 대한 보험급여액의 비율계산에 있어서의 보험급여의 금액은 기준보험연도의 3년전 보험연도의 10월1일부터 기준보험연도의 9월30일까지의 사이에 지급 결정(지출원인행위를 말한다. 이하 같다)된 보험급여의 금액의 합산액으로 한다. 이 경우 지급 결정된 보험급여가 장해보상연금 및 유족보상연금인 경우에는 당해 연금이 최초로 지급 결정된 때에 장해보상일시금 및 유족보사일시금이 지급결정된 것으로 본다.	**제80조【개별실적료율의 결정통보】** 공단은 제79조의 규정에 의하여 개별실적료율을 결정 및 조정 · 변경한 때에는 보험가입자에게 이를 지체없이 통보하여야 한다.
	제64조【특례에 의한 보험료율의 증감비율】 ①법 제64조의 규정에 의한 보험료율의 인상 또는 인하는 별표 8의 비율에 의한다. ②공단은 법 제64조의 규정에 의하여 보험료율의 인상 또는 인하를 결정한 때에는 지체없이 그 인상 또는 인하한 보험료율을 당해 보험가입자에게 통지하여야 한다.	
제65조【개산보험료의 보고와 납부】 ①보험가입자는 매보험년도마다 그 1년간(보험년도중에 보험관계가 성립한 경우에는 그 성립일부터 그 보험년도의 말일까지의 기간)에 사용할 모든 근로자에게 지급할 임금총액의 추정액(대통령령이 정하는 경우에는 전년도에 사용한 모든 근로자에게 지급한 임금총액)에 보험료율을 곱하여 산정한 금액(이하 "개산보험료"	**제65조【개산보험료의 신고 · 납부】** 보험가입자가 법 제65조제1항의 규정에 의하여 개산보험료를 납부하고자 하는 경우에는 공단에 개산보험료보고서를 제출하고, 납부서에 의하여 이를 납부하여야 한다. **제66조【임금총액의 추정액 및 그 증가범위】** ①법 제65조제1항에서 "대통령령이 정하는 경우"라 함은 당해 보험연도의 임금총액의 추정	

라 한다)을 대통령령이 정하는 바에 의하여 보험년도의 초일(보험년도중에 보험관계가 성립한 경우에는 그 보험관계의 성립일)부터 70일이내에 공단에 신고·납부하여야 한다. 다만, 건설공사등 기간의 정함이 있는 사업으로서 70일이내에 종료되는 사업에 있어서는 그 사업의 종료일 전일까지 신고·납부하여야 한다.

②보험가입자는 제1항의 규정에 의하여 개산보험료를 납부한 후 임금총액의 추정액이 대통령령이 정하는 기준이상으로 증가한 경우에는 그 증가한 날이 속하는 달의 다음 달 말일까지 증가후의 임금총액의 추정액에 따라 산정한 개산보험료액과 이미 납부한 개산보험료액과의 차액을 공단에 신고·납부하여야 한다.

③공단은 보험가입자가 제1항 및 제2항의 규정에 의한 신고를 하지 아니하거나 그 신고가 사실과 다른 경우에는 그 사실을 조사하여 개산보험료를 산정하여 징수하되 이미 납부된금액이 있을 때에는 그 차액을 징수한다.

④보험가입자는 제1항 및 제2항의 개산보험료를 대통령령이 정하는 바에 의하여 분할납부할 수 있다.

⑤보험가입자가 제4항의 규정에 의하여 분할납부할 수 있는 개산보험료를 제1항 및 제2항의 규정에 의한 납부기한내에 납부하는 전액이 전년도 임금총액의 100분의 70이상 100분의 130이하인 경우에 말한다.

②법 제65조제2항에서 "대통령령이 정하는 기준"이라 함은 100분의 100을 말한다.

③제65조의 규정은 법 제65조제2항의 규정에 의하여 개산보험료차액의 신고·납부에 관하여 이를 준용한다.

제67조[개산보험료의 조사징수통지] 공단은 법 제65조제3항의 규정에 의하여 개산보험료를 징수하고자 할 때에는 미리 그 개산보험료 또는 차액의 납부에 관한 통지를 하여야 한다.

제68조[개산보험료의 분할납부] ①법 제65조제4항의 규정에 의한 개산보험료의 분할납부는 연 4기로 하되 각 기의 구분은 다음 각호와 같다.

1. 제1기 : 1월1일부터 3월 31일까지
2. 제2기 : 4월1일부터 6월 30일까지

법　　률	시 행 령	시 행 규 칙
납부하는 경우에는 그 개산보험료의 금액에서 100분의 5에 상당하는 금액을 공제한다.	3. 제3기 : 7월1일부터 9월 30일까지 4. 제4기 : 10월1일부터 12월 31일까지 ②법 제65조제4항의 규정에 의하여 개산보험료를 분할납부할 수 있는 사업은 개산보험료액이 10만원이상인 사업에 한한다. 다만, 당해 보험연도의 7월1일 이후에 보험관계가 성립되거나 법 제65조제2항의 규정에 의한 개산보험료액의 차액(이하 "증가개산보험료"라 한다)의 납부사유가 발생한 사업 및 건설공사등 기간의 정함이 있는 사업으로서 그 기간이 6월미만인 사업을 제외한다. ③보험연도중에 보험관계가 성립되거나 증가개산보험료의 사유가 발생한 경우의 개산보험료와 증가개산보험료의 분할납부의 최초의 시기는 다음 각호의 기간으로 한다. 1. 1월 2일부터 3월 31일 사이에 보험관계가 성립되거나 증가개산보험료의 납부사유가 발생한 경우에는 각각 보험관계 성립일 또는 증가개산보험료의 납부사유 발생일로부터 6월 30일까지 2. 4월 1일부터 6월 30일 사이에 보험관계가 성립되거나 증가개산보험료의 납부사유가 발생한 경우에는 각각 보험관계 성립일 또는 증가개산보험료의 납부사유 발생일로부터 9월 30일까지 ④제1항 및 제2항의 규정에 의한 각 기의 개	

법	시행령	시행규칙
	산보험료는 당해 연도의 개산보험료를 각 기별로 등분한 금액으로 한다. ⑤개산보험료를 분할납부하는 사업주는 최초의 기분의 개산보험료를 법 제65조제1항의 규정에 의한 납부기한까지 납부하고, 그 이후의 각 기분의 개산보험료는 각각 그 전기의 말일까지 납부하여야 한다.	
제66조[보험료율의 인상 또는 인사등에 따르 조치] ①공단은 보험료율이 인상 또는 인하된 때에는 개산보험료를 추가징수 또는 감액조정한다.	**제69조[보험료율의 변동에 따른 개산보험료의 조정]** ①공단은 법 제66조제1항의 규정에 의하여 보험료율의 인상 또는 인하에 따라 개산보험료를 추가징수 또는 감액조정하고자 하는 경우에는 보험료율의 인상 또는 인하를 결정한 날부터 20일이내에 이를 통지하여야 한다. ②제1항의 규정에 의하여 개산보험료의 추가납부를 통지받은 자는 그 통지를 받은 날부터 30일이내에 납부하여야 한다.	
②공단은 보험가입자가 보험년도중에 사업의 규모를 축소하여 이미 신고한 개산보험료총액이 실제의 개산보험료총액보다 대통령령이 정하는 기준이상으로 초과한 된 경우에는 보험가입자의 신청에 의하여 그 초과액을 감액할 수 있다.	**제70조[개산보험료의 감액조정의 기준]** 법 제66조제2항에서 "대통령령이 정하는 기준"이라 함은 100분의 30을 말한다.	
제67조[확정보험료의 신고 · 납부와 정산] ①보험가입자는 매보험년도의 말일 또는 보험관계가 소멸한 날까지 사용한 모든 근로자에게 지급한 임금총액(지급하기로 결정된 금액을 포함한다)에 보험료율을 곱하여 산정한 금액	**제71조[확정보험료의 신고 · 납부]** 제65조의 규정은 법 제67조 제1항의 규정에 의한 확정보험료의 신고 · 납부에 관하여 이를 준용한다.	

법 률	시 행 령	시 행 규 칙
(이하 "확정보험료"라 한다)을 대통령령이 정하는 바에 의하여 다음 보험년도의 초일로부터 70일(보험년도중에 보험관계가 소멸한 사업에 있어서는 보험관계가 소멸한 다음 날로부터 30일)이내에 공단에 신고하여야 한다. ②제65조 및 제66조제1항의 규정에 의하여 납부 또는 추가징수한 개산보험료의 금액이 제1항의 확정보험료의 금액을 초과하는 경우에는 공단은 그 초과액을 보험가입자에게 반환하여야 하며, 부족되는 경우에는 보험가입자는 그 부족액을 다음 보험년도의 초일로부터 70일(보험년도중에 보험관계가 소멸한 사업에 있어서는 소멸한 날의 다음 날부터 30일)이내에 납부하여야 한다. ③공단은 보험가입자가 제1항의 규정에 의한 신고를 하지 아니하거나 그 신고가 사실과 다른 때에는 그 사실을 조사하여 확정보험료의 금액을 산정하여야 한다. ④공단은 제3항의 규정에 의하여 확정보험료의 금액을 산정한 경우에 보험가입자가 개산보험료를 납부하지 아니한 때에는 그 확정보험료의 전액을 징수하고, 개산보험료를 납부한 경우에 있어서는 그 금액이 확정보험료의 금액을 초과하는 때에는 그 초과액을 보험가입자에게 반환하며, 납부한 개산보험료의 금액이 확정보험료의 금액에 부족되는 때에는 그 부족액을 징수한다.		

제68조[확정보험료의 신고·납부 및 정산의 특례] ①공단은 제62조의 규정에 불구하고 기간이 정함이 있는 사업으로서 대통령령이 정하는 규모에 해당하는 건설공사등에 있어서 확정보험료의 금역에 대한 보험급여의 금액의 비율이 100분의 85를 넘거나 100분의 75이하인 경우에 확정보험료의 금액을 기준으로 하여 100분의 40의 범위안에서 대통령령이 정하는 율만큼 인상하거나 인하하여 얻은 금액을 보험가입자가 그 사업에 관하여 납부하여야 할 보험료의 금액으로 결정한다. 이 경우 매보험년도의 말일 또는 보험관계가 소멸한 날 이후에도 지급하여야 할 보험급여의 금액이 있는 경우에 있어서 보험급여의 금액의 산정방법은 대통령령으로 정한다.

②제65조 또는 제66조제1항의 규정에 의하여 납부 또는 추가징수한 개산보험료의 금액이 제1항의 규정에 의하여 산정한 보험료의 금액을 초과하는 경우에는 공단은 그 초과액을 보험가입자에게 반환하여야 하며, 부족되는 경우에는 보험가입자는 그 부족액을 대통령령이 정하는 기간이내에 납부하여야 한다.

③공단은 보험가입자가 제67조제1항의 규정에 의한 신고를 하지 아니하거나 그 신고가 사실과 다른 경우에는 그 사실을 조사하여 제1항

제72조[확정보험료의 신고·납부 및 정산특례]

①법 제68조제1항 전단에서 "대통령령이 정하는 규모에 해당하는 건설공사등"이라 함은 다음 각호의 사업을 말한다. 다만, 법 제64조의 규정에 의하여 보험료율결정의 특례를 적용받는 건설공사를 제외한다.

1. 총공사금액이 30억원이상인 건설공사
2. 임업중 벌목업으로서 벌목재적량이 1만세제곱미터이상인 사업

②법 제68조제1항의 경우에 확정보험료의 금액에 대한 보험급여액의 비율을 계산함에 있어서 비교대상이 되는 보험급여액은 연도말까지 보험관계가 종료되지 아니하는 경우에는 연도초일(연도중에 보험관계가 성립한 경우에는 보험관계성립일을 말한다. 이하 이 항에서 같다)부터 연도말까지의 사이에 지급 결정된 보험급여의 금액의 합산액으로 하며, 연도중에 보험관계가 종료되는 경우에는 연도초일부터 다음 각호의 날까지의 사이에 지급 결정된 보험급여의 금액의 합산액으로 한다. 이 경우 지급 결정된 보험급여가 장해보상 연금 또는 유족보상연금인 경우에는 당해 연금이 최초로 지급 결정된 때에 장해보상일시금 또는 유족보상일시금이 지급 결정된 것으로 본다.

1. 사업종료일부터 3월이후에 지급해야 할 보

제4절 확정보험료의 정산특례

제81조[정산시기] ①공단은 법 제68조 및 영 제72조 규정에 의하여 확정보험료의 금액을 정산하는 때에는 그 사업의 종료일부터 3월 또는 9월이 되는 날의 다음 날부터 20일이내에 정산하여야 한다.

②공단은 제1항의 경우 이외에 사업주의 이의신청 또는 확정보험료정산 착오등의 사유로 확정보험료의 금액을 정산하고자 하는 때에는 그 사유가 발생한 날부터 5일이내에 이를 정산하여야 한다.

제82조[정산결과 통보] 공단은 제81조의 규정에 의하여 확정보험료의 금액을 정산한 때에는 보험가입자에게 이를 지체없이 통보하여야 한다.

법 률	시 행 령	시 행 규 칙
의 규정에 의한 확정보험료의 금액을 산정하여야 한다. ④공단은 제3항의 규정에 의하여 확정보험료의 금액을 산정한 경우에 보험가입자가 개산보험료를 납부하지 아니한 때에는 그 확정보험료의 전액을 징수하고, 개산보험료를 납부한 경우에 있어서는 그 금액이 확정보험료의 금액을 초과하는 때에는 그 초과액을 보험가입자에게 반환하며, 납부한 개산보험료의 금액이 확정보험료의 금액에 부족되는 때에는 그 부족액을 징수한다.	험급여액이 없는 경우에는 사업종료일부터 3월이 되는 날의 다음 날 2. 사업종료일부터 3월이후에도 지급해야 할 보험급여액이 있는 경우에는 사업종료일부터 9월이 되는 날의 다음 날 ③법 제68조제1항 전단에서 "대통령령이 정하는 율"이라 함은 별표 8의 증감율을 말한다. ④공단은 법 제68조제1항의 규정에 의하여 보험료의 인하 또는 인상을 결정한 때에는 지체없이 그 인하 또는 인상된 보험료를 보험가입자에게 통지하여야 한다. ⑤법 제68조제2항에서 "대통령령이 정하는 기간"이라 함은 30일을 말한다. **제73조【확정보험료의 조사징수 및 가산금의 징수통지】** 제67조의 규정은 법 제67조제4항, 법 제68조제4항 및 법 제70조의 규정에 의한 확정보험료 및 가산금의 징수에 관하여 이를 준용한다.	
제69조【보험료등 과납액의 충당과 반환】 ①공단은 보험가입자가 보험료 기타 이 법에 의한 징수금과 체납처분비로서 납부한 금액중 과오납부한 금액 또는 제66조, 제67조제2항·제4항 또는 제68조제2항·제4항의 규정에 의하여 초과납부한 금액을 반환하고자 할 때에는 대통령령이 정하는 순위에 따라 보험료 기타 이 법에 의한 징수금에 우선 충당하고 그 잔액을	**제74조【보험료등 과납액의 충당·반환 및 이자】** ①법 제69조제1항에서 "대통령령이 정하는 순위"라 함은 다음 각호의 순위를 말한다. 이 경우 같은 순위의 보험료 기타 징수금이 2 이상 있을 때에는 납부기한이 빠른 보험료 기타 징수금을 선순위로 한다. 1. 법 제74조의 규정에 의한 체납처분비 2. 법 제71조의 규정에 의한 연체금	

당해 보험가입자에게 반환하여야 한다.

②공단은 제1항의 규정에 의하여 과오납부한 금액 또는 초과납부한 금액을 보험료 기타 이 법에 의한 징수금에 충당하거나 반환하는 때에는 다음 각호어 1에 규정된 날의 다음 날부터 충당 또는 반환하기로 결정된 날까지의 기간에 대하여 대통령령이 정하는 이자율에 따라 계산한 금액을 그 과오납부한 금액 또는 초과납부한 금액에 가산하여야 한다.

1. 착오납부, 이중납부, 납부후 그 부과의 취소 또는 갱정결정으로 인한 초과액에 있어서는 그 납부일
2. 제66조제2항의 규정에 의한 감액신청에 의하여 보험료를 감액한 경우의 초과액에 있어서는 개산보험료감액신청서 접수일부터 7일
3. 제67조제2항·제4항 또는 제68조제2항·제4항의 규정에 의하여 반환하는 경우에는 확정보험료보고서 접수일부터 7일

제70조【가산금의 징수】 공단은 제67조제4항 또는 제68조제4항의 규정에 의하여 보험료를 징수할 때에는 그 징수하여야 할 보험료의 100분의 10에 상당하는 금액을 가산금으로 징수한다. 다만, 가산금의 금액이 소액이거나 기타 그 징수가 적절하지 아니하다고 인정하는 경우로서 대통령령이 정하는 경우를 제외한다.

3. 법 제70조의 규정에 의한 가산금
4. 법 제72조의 규정에 의한 보험급여액의 징수금
5. 법 제65조제1항의 규정에 의한 개선보험료, 법 제65조제2항의 규정에 의한 증가개산보험료 및 법 제67조제1항 및 법 제68조제1항의 규정에 의한 확정보험료

②보험가입자는 보험료 기타 징수금을 납부함에 있어서 과납액이 생길 경우에는 법 제69조제1항의 규정에 의하여 이를 다음 연도의 보험료 기타 징수금에 충당시켜 줄 것을 공단에 신청할 수 있다.

③공단은 법 제69조제1항의 규정에 의하여 보험료등 과납액을 보험료 기타 징수금에 우선 충당하거나 그 잔액을 반환하고자 하는 경우에는 보험가입자에게 이를 통지하여야 한다.

④법 제69조제2항에서 "대통령령이 정하는 이자율"이라 함은 보험료 기타 징수금 100원에 대한 1일 3전의 율을 말한다.

제75조【가산금 징수의 예외】 법 제70조의 단서에서 "대통령령이 정하는 경우"라 함은 다음 각호의 경우를 말한다.

1. 가산금의 금액이 1,000원미만인 경우
2. 확정보험료를 신고하지 아니한 것이 천재·지변 기타 노동부령이 정하는 사유에 의한 경우

법 률	시 행 령	시 행 규 칙
제71조【연체금의 징수】 ①공단은 보험가입자가 제65조 내지 제67조의 규정에 의한 납부기간까지 보험료 기타 이 법에 의한 징수금을 납부하지 아니한 때에는 그 금액 100원에 대하여 1일 7전의 한도안에서 대통령령이 정하는 율에 따라 납부기간만료일의 다음 날부터 보험료 기타 이 법에 의한 징수금을 완납하거나 정산한 날의 전날까지의 일수에 의하여 계산한 연체금을 징수한다. 다만, 연체금의 금액이 소액이거나 기타 그 징수가 절절하지 아니하다고 인정하는 경우로서 대통령령이 정하는 경우를 제외한다. ②제1항의 경우에 보험료 기타 이 법에 의한 징수금의 일부를 납부한 때에는 그 납부일의 다음 날부터 그 납부한 금액을 공제한 잔액에 대하여 연체금을 징수한다.	**제76조【연체금징수의 예외】** ①법 제71조제1항 본문에서 "대통령령이 정하는 율"이라 함은 보험료 기타 징수금 100원에 대한 1일 5전의 율을 말한다. ②법 제71조제1항 단서에서 "대통령령이 정하는 경우"라 함은 다음 각호의 경우를 말한다. 1. 연체금의 금액이 1,000원미만인 경우 2. 연체금·가산금, 법 제53조의 규정에 의하여 징수하는 금액 또는 법 제72조의 규정에 의하여 징수하는 보험급여의 금액이 체납된 경우 3. 보험금 기타 징수금의 체납이 천재·지변 기타 노동부장관이 인정하는 부득이한 사유에 의한 경우	
제72조【보험가입자로부터의 보험 급여액의 징수】 ①공단은 다음 각호의 1에 해당하는 재해에 대하여 보험급여를 지급하는 경우에는 대통령령이 정하는 바에 의하여 그 급여액의 전부 또는 일부를 따로 보험가입자로부터 징수할 수 있다. 1. 사업주가 제12조의 규정에 의한 보험가입신고 또는 사업개시신고를 태만히 한 기간중에 발생한 재해	**제77조【보험가입자로부터의 보험급여액의 징수】** 보험가입자가 법 제72조의 규정에 의하여 보험급여의 금액의 전부 또는 일부의 납부통지를 받은 때에는 그 통지를 받은 날부터 50일이내에 이를 납부하여야 한다. **제78조【보험급여액의 징수기준】** ①법 제72조제1항제1호의 규정에 의한 보험급여액의 징수는 보험에의 가입신고 또는 사업개시신고를 하여야 할 기한이 만료된 날의 다음 날부터 보험가입신고 또는 사업개시신고를 한 날까지	

	의 기간중에 발생한 재해에 대한 요양급여 · 휴업급여 · 장해급여 · 유족급여 · 상병보상연금에 대하여 행하되, 징수할 금액은 가입신고를 태만히 한 경우에는 지급 결정된 보험급여의 금액의 100분의 50에 해당하는 금액으로 하고, 사업개시신고를 태만히 한 경우에는 지급 결정된 보험급여의 금액의 100분의 5에 해당하는 금액으로 한다. 다만, 요양을 개시한 날(재해발생과 동시에 사망한 경우에는 그 재해 발생일)부터 1년이 되는 날이 속하는 달의 말일까지의 기간중에 급여청구사유가 발생한 보험급여에 한한다.	
2. 보험가입자가 보험료의 납부를 태만히 한 기간중에 발생한 재해 ②공단은 제1항의 규정에 의하여 보험급여액의 전부 또는 일부를 징수하기로 결정한 때에는 지체없이 이를 보험가입자에게 통지하여야 한다.	②법 제72조제1항제2호의 규정에 의한 보험급여액의 징수는 법 제65조제1항 및 제2항의 규정에 의한 개산보험료의 납부기한(법 제65조제4항의 규정에 의한 분할납부의 경우에는 각 분기의 납부기한)의 다음 날부터 당해 보험료를 납부한 날의 전날까지의 기간중에 발생한 재해에 대한 요양급여 · 휴업급여 · 장해급여 · 유족급여 · 상병보상연금에 대하여 행하되, 징수할 금액은 재해가 발생한 날부터 보험료를 납부한 날의 전날까지의 기간중에 급여청구사유가 발생한 보험급여의 금액의 100분의 10에 해당하는 금액으로 한다. 다만 납부하여야 할 보험료에 대한 미납 보험료의 비율(분할납부의 경우에는 재해가 발생한 분기까지 납부하여야 할 보험료에 대한 미납보험료의 비율)이 100분의 50미만인 경우를 제외한다.	

법 률	시 행 령	시 행 규 칙
제73조[징수금의 독촉] ①공단은 보험료 기타 이 법에 의한 징수금의 납부통지에도 불구하고 이를 납부하지 아니한 때에는 기한을 정하여 그 납부의무자에게 납부를 독촉하여야 한다. ②공단은 제1항의 규정에 의하여 독촉을 할 경우에는 독촉장을 발부하여야 한다. 이 경우에 납부기한은 10일이상의 여유가 있도록 하여야 한다.	③제1항 또는 제2항의 규정에 의하여 보험급여액을 징수함에 있어서 지급 결정된 보험급여가 장해보상연금 또는 유족보상연금인 경우에는 최초의 급여청구사유가 발생한 날에 장해보상일시금 또는 유족보사일시금이 지급 결정된 것으로 본다. ④법 제72조제1항제1호 및 제2호에 해당하는 사유가 경합된 때에는 경합된 때부터 그 경합된 기간동안에는 보험급여액의 징수비율이 가장 높은 징수금만을 징수한다.	
제74조[징수금의 체납처분] 공단은 제73조의 규정에 의하여 독촉을 받은 자가 그 기한내에 보험료 기타 이 법에 의한 징수금을 납부하지 아니한 때에는 노동부장관의 승인을 얻어 국세체납처분의 예에 의하여 이를 징수할 수 있다.	**제79조[체납징수금의 징수우선순위]** 제74조제1항의 규정은 법 제74조의 규정에 의한 체납처분에 의한 보험료 기타 징수금을 징수하는 경우 그 징수순위에 관하여 이을 준용한다.	
제75조[징수금의 결손처분] ①공단은 다음 각호의 1에 해당하는 사유가 있을 때에는 노동부장관의 승인을 얻어 보험료 기타 이 법에 의한 징수금을 결손처분할 수 있다. 1. 체납처분이 종결되고 체납액에 충당될 배분금액이 그 체납액에 부족될 때 2. 당해 권리에 대한 소멸시효가 완성된 경우 3. 징수할 가망이 없다고 인정하여 대통령령이 정하는 경우 ②공단은 제1항제3호의 규정에 의하여 결손처	**제80조[보험료 기타 징수금의 결손처분]** ①법 제75조제1항제3호에서 "대통령령이 정하는 경우"라 함은 다음 각호의 경우를 말한다.	

분을 한 후 다른 압류할 수 있는 재산이 있었던 것을 발견한 때에는 지체없이 그 처분을 취소하고, 체납처분을 하여야 한다.

제76조【보험료 징수의 우선순위】 보험료 기타 이 법에 의한 징수금의 징수우선순위는 국세 및 지방세의 다음으로 한다.

제77조【서류의 송달】 국세기본법 제8조 내지 제12조의 규정은 보험료 기타 이 법에 의한 징수금에 관한 서류의 송달에 관하여는 이를 준용한다.

1. 체납자의 행방이 불명인 경우
2. 체납처분의 재산이 없거나 체납처분의 목적물인 총재산의 견적가격이 체납처분비에 충당하고 잔여가 생길 여지가 없음이 확인된 경우
3. 체납처분의 목적물인 총재산이 보험료 기타 징수금보다 우선하는 국세·지방세등의 채권의 변제에 충당하고 잔여가 생길 여지가 없음이 확인된 경우

②공단이 제1항제1호의 규정에 의하여 결손처분을 하고자 할 때에는 시·군·세무서 기타 대하여 체납자의 행방 또는 재산유무를 조사 확인하여야 한다. 다만, 체납액이 10만원미만인 경우에는 그러하지 아니한다.

제81조【보험료등의 회계기관】 공단의 이사장은 보험료 기타 징수금의 징수업무를 담당하게 하기 위하여 공단의 상임이사중에서 산업재해보상보험기금 세입징수관을, 그 직원중에서 산업재해보상보험기금 분임세입징수관을 임명할 수 있다.

제82조【보험료 기타 징수금카드의 작성】 ①공단은 법 제7조 내지 제9조의 규정에 의하여 보험관계가 성립 또는 승인이 된 때에는 사업장별로 보험료 기타 징수금카드를 작성·비치하여야 한다.

②공단은 보험에 관계있는 자의 청구가 있는 때에는 보험료 기타 징수금카드를 열람시켜야

법 률	시 행 령	시 행 규 칙
	하며 필요한 때에는 증명서를 발부할 수 있다.	
제6장 근로복지사업		**제5장 근로복지사업**
제78조[근로복지사업] ①노동부장관은 근로자의 복지증진등을 위한 다음 각호의 사업을 행한다. 1. 업무상의 재해를 입은 근로자의 원활한 사회복귀를 촉진하기 위한 다음 각목의 보험시설의 설치·운영 가. 요양 또는 외과후 처치에 관한 시설 나. 의료재활 또는 직업재활에 관한 시설 2. 장학사업등 재해근로자와 그 유족의 복지증진을 위한 사업 3. 기타 근로자의 복지증진을 위한 시설·운영사업 ②노동부장관은 공단 또는 재해근로자의 복지증진을 위하여 설립된 법인중 노동부장관의 지정을 받은 법인(이하 "지정법인"이라 한다)으로 하여금 제1항의 규정에 의한 사업을 행하게 하거나 동항 제1호의 규정에 의한 보험시설의 운영을 위탁할 수 있다. ③제2항의 규정에 의한 지정법인의 지정기준에 관하여 필요한 사항은 노동부령으로 정한다.		**제83조[지정법인의 지정기준]** 법 제78조제3항의 규정에 의한 지정법인의 지정기준은 다음 각호와 같다. 1. 의료·요양·직업재활 또는 근로자의 복지증진 사업을 주된 목적으로 할 것 2. 이사중에 노동행정에 풍부한 경험이 있는 자 및 산업의학에 관한 학식과 경험에 있는 자가 각각 1인이상 있을 것 **제84조[지정법인의 지정신청]** ①법 제78조제2항의 규정에 의한 지정을 받고자 하는 법인은 다음 각호의 서류를 노동부장관에게 제출하여야 한다. 1. 정관 2. 임원의 명단 3. 재산의 종류·수량 및 금액을 기재한 재산목록(재단법인인 경우에는 기본재산·보통재산 및 운영재산으로 구분하여 기재할 것) 4. 당해 연도 수지예산서 및 사업계획서 5. 법인등기부등본 ②노동부장관은 제1항의 규정에 의한 지정신청을 받은 때에는 지체없이 지정여부를 결

④노동부장관은 예산의 범위안에서 지정법인의 사업에 필요한 비용의 일부를 보조할 수 있다. **제79조[신체장애자의 고용촉진]** 노동부장관은 장해급여를 받은 자의 장해정도를 참작하여 보험가입자가 재해근로자를 그 적성에 맞는 업무에 고용하도록 권고하거나 기타 필요한 조치를 강구하여야 한다.		정·통지하여야 한다. **제85조[지정의 취소]** 노동부장관은 지정법인이 다음 각호의 1에 해당하게 된 때에는 그 지정을 취소할 수 있다. 1. 목적외의 사업을 한 때 2. 제83조 각호의 요건에 해당되지 아니하게 되거나 동요건을 위반한 때 3. 기타 공익을 해하는 행위를 한 때 **제86조[사업계획서등의 제출]** ①지정법인은 매년도의 사업계획서 및 수지예산서를 작성하여 당해 회계연도 개시전에 노동부장관에게 제출하여야 한다. ②지정법인은 매 회계연도말 현재의 사업실적보고서 및 수지결산서를 작성하여 다음 회계연도 3월말까지 노동부장관에게 제출하여야 한다. **제87조[지도감독 등]** 노동부장관은 감독상 필요하다고 인정할 때에는 지정법인에 대하여 그 업무상황에 관한 보고서의 제출을 명하거나 소속공무원으로 하여금 그 업무를 지도감독하게 할 수 있다.
제7장 산업재해보상보험기금 **제80조[기금의 설치 및 조성]** ①노동부장관은 보험사업에 필요한 재원을 확보하고, 보험급여에 충당하기 위하여 산업재해보상보험기금	**제6장 산업재해보상보험기금**	

법　　　률	시 행 령	시 행 규 칙
(이하 "기금"이라 한다)을 설치한다. ②기금은 보험료·기금운용수익금·적립금·기금의 결산상 잉여금 다른 기금으로부터의 출연금·차입금 기타 수입금을 재원으로 하여 이를 조성한다. **제81조【기금의 용도】** 기금은 다음 각호의 용도에 사용한다. 1. 보험급여의 지급 및 반환금의 반환 2. 차입금 및 그 이자의 상환 3. 공단에의 출연 4. 산업안전보건법에 의한 산업재해예방기금에의 출연 5. 재해근로자의 복지증진 6. 기타 보험사업 및 기금의 관리·운용 **제82조【기금의 관리·운용】** ①기금은 노동부장관이 관리·운용한다. ②노동부장관은 다음 각호의 방법에 의하여 기금을 관리·운용하여야 한다. 1. 금융기관 또는 체신관서에의 예입 및 금전신탁 2. 재정자금에의 예탁 3. 투자신탁등의 수익증권 매입 4. 국가·지방자치단체 또는 금융기관이 직접 발행하거나 채무이행을 보증하는 유가증권의 매입		
5. 기타 기금증식을 위하여 대통령령이 정한	**제83조【기금의 운용】** ①법 제82조제2항제5호	

사업	에서 "대통령령이 정하는 사업"이라 함은 근로자후생복지사업을 위한 융자를 말한다.	
③노동부장관은 제2항의 규정에 의하여 기금을 관리·운용함에 있어서는 그 수익이 대통령령이 정하는 수준이상이 되도록 하여야 한다. ④노동부장관은 기업회계의 원칙에 따라 기금을 계리하여야 한다.	②법 제82조제3항에서 "대통령령이 정하는 수준"이라 함은 은행법에 의한 금융기관의 1년만기 정기예금이자율을 고려하여 노동부장관이 정하는 수익율을 말한다. 이 경우, 노동부장관은 재정경제원장관과 협의하여 제1항의 규정에 의한 근로자후생복지사업을 위한 융자의 이자율을 다른 사업의 수익율과 달리 정할 수 있다. **제84조[기금계정의 설치]** 노동부장관은 한국은행에 산업재해보상보험기금계정을 설치하여야 한다.	
⑤노동부장관은 기금의 관리·운용에 관한 업무의 일부를 공단에 위탁할 수 있다.	**제85조[보험료등의 기금에의 납입등]** ①공단은 징수한 보험료 기타 징수금의 금액을 산업재해보상보험기금계정에 납입하여야 한다. ②공단은 징수한 전월분의 보험료 기타 징수금의 금액, 미수납된 금액등의 징수현황을 매월 말일까지 노동부장관에게 문서로 보고하여야 한다.	
제83조[기금의 운용계획] ①노동부장관은 매회계년도마다 위원회의 심의를 거쳐 기금운용계획을 수립하여야 한다. ②노동부장관은 제1항의 규정에 의한 기금운용계획을 수립한 때에는 국무회의 심의를 거쳐 대통령의 승인을 얻어야 한다.	**제86조[기금의 운용계획]** 법 제83조의 규정에 의한 산업재해보상보험기금(이하 "기금"이라 한다)의 운용계획에는 다음 각호의 사항이 포함되어야 한다. 1. 기금의 수입 및 지출에 관한 사항 2. 당해 연도의 사업계획·지출원인행위계획 및 자금계획에 관한 사항	

법 률	시 행 령	시 행 규 칙
	3. 전년도 이월자금의 처리에 관한 사항 4. 책임준비금에 관한 사항 5. 기타 기금운용에 필요한 사항	**제6장 보 칙**
제84조【책임준비금의 적립】 ①노동부장관은 보험급여에 충당하기 위하여 책임준비금을 적립하여야 한다. ②노동부장관은 매회계년도마다 책임준비금을 산정하여 적립금 보유액이 책임준비금의 금액을 초과하는 경우에는 그 초과액을 장래의 보험급여 지급재원으로 사용하고, 부족한 경우에는 그 부족액을 보험료 수입에서 적립하여야 한다.		**제88조【적립금계정의 설치】** ①노동부장관은 법 제84조의 규정에 의한 책임준비금을 적립하기 위하여 산업재해보상보험기금의 수입과 지출외에 따로 산업재해보상보험적립금(이하 "적립금"이라 한다)계정을 설치한다. ②적립금의 출납은 노동부장관이 임명한 출납공무원이 이를 행하며 그 출납상황을 명백하게 하여야 한다.
③제1항의 규정에 의한 책임준비금의 산정기준 및 적립에 관하여 필요한 사항은 대통령령으로 정한다. **제85조【잉여금과 손실금의 처리】** ①기금의 결산상 잉여금이 생긴 때에는 이를 적립금으로 적립하여야 한다. ②기금의 결산상 손실금이 생긴 때에는 적립금을 사용할 수 있다. **제86조【차입금】** ①기금에 속하는 경비를 지급하기 위하여 필요한 때에는 기금의 부담으로 차입할 수 있다. ②기금에 있어서 지급상 현금의 부족이 생긴 때에는 기금의 부담으로 일시차입을 할 수 있다.	**제87조【책임준비금의 산정기준】** 법 제84조제3항의 규정에 의한 책임준비금의 산정기준은 매년 12월 31일을 기준으로 하여 다음 각호의 금액을 합산하여 산정한 금액으로 한다. 1. 당해 보험연도의 초일부터 당해 보험연도의 말일까지의 사이에 지급 결정한 장해보상연금, 유족보상연금 및 상병보상연금을 합한 금액에 6을 곱하여 산정한 금액 2. 다음 보험연도중에 지급 결정한 것으로 예상되는 보험급여액에 12분의 3을 곱하여 산정한 금액	

③제2항의 규정에 의한 일시차입금은 당해 회계년도안에 상환하여야 한다.

제87조[기금의 출납등] 기금의 관리·운용에 있어서의 출납절차등에 관한 사항은 대통령령으로 정한다.

제88조[기금의 회계기관등] ①노동부장관은 소속공무원중에서 기금의 지출원인행위와 징수에 관한 사무를 담당하는 기금출납명령관과 기금의 수납 및 지출에 관한 사무를 담당하는 기금출납공무원을 임명하여야 한다.

②공단의 이사장은 법 제82조제5항의 규정에 의하여 기금의 관리·운용에 관한 업무를 위탁받은 경우에는 상임이사중에서 기금출납이사를, 직원중에서 기금출납직원을 임명할 수 있으며, 이를 노동부장관에게 보고하여야 한다. 이 경우 기금출납이사는 기금출납명령관의 업무를, 기금출납직원은 기금출납공무원의 업무를 행한다.

③회계관계직원등의책임에관한법률중 재무관과 세입징수관에 관한 규정은 기금출납명령관과 기금출납이사에게, 지출관과 출납공무원에 관한 규정은 기금출납공무원과 기금출납직원에게 각각 이를 준용한다.

④노동부장관은 제1항 및 제2항의 규정에 의한 기금출납명령관·기금출납공무원·기금출납이사 및 기금출납직원의 임명사항을 감사원장 및 한국은행총재에게 각각 통보하여야 한다.

제89조[기금의 지출원인행위] ①노동부장관은 기금출납명령관에게 기금의 월별 지출한도액을

법률	시행령	시행규칙
	배정하고 이를 기금출납공무원에게 통지하여야 한다. ②기금출납명령관은 제1항의 규정에 의하여 배정된 한도액의 범위안에서 지출원인행위를 하여야 한다. **제90조【기금의 지출】** ①기금출납명령관이 기금출납공무원으로 하여금 기금을 지출하게 할 때에는 지출원인행위 관계서류를 기금출납공무원에게 송부하여야 한다. ②기금출납공무원이 기금출납명령관의 지출원인행위에 의하여 기금을 지출하고자 할 때에는 한국은행, 은행법에 의한 금융기관 또는 체신관서를 지급인으로 하는 수표를 발행하여야 한다. ③기금출납명령관이 지출원인행위를 한 후 불가피한 사유로 당해 회계연도내에 지출하지 못한 금액은 다음 연도에 이월하여 집행할 수 있다. **제91조【현금취급의 금지】** 기금출납공무원은 현금을 보관 또는 출납할 수 없다. 다만, 예산회계법 제65조의 규정에 의한 경우에는 그러하지 아니하다. **제92조【기금의 결산보고】** 노동부장관은 매 회계연도의 기금의 결산에 관한 다음 각호의 서류를 작성하여 다음 회계연도 2월말까지 재정경제원장관에게 제출하여야 한다.	

1. 기금결산의 개황
2. 대차대조표 및 손익계산서등 재무제표
3. 기금의 운용계획과 실적의 대비표
4. 수입 및 지출계산서
5. 기타 결산의 내용을 명백히 하기 위하여 필요한 서류

제8장 심사청구 및 재심사청구

제88조【심사청구의 제기】 ①보험급여에 관한 결정에 대하여 불복이 있는 자는 공단에 심사청구를 할 수 있다.

②제1항의 규정에 의한 심사청구는 당해 보험급여에 관한 결정을 행한 공단의 소속기관을 거쳐 공단에 제기하여야 한다.

제7장 심사청구 및 재심사청구

제93조【심사청구의 방식】 ①법 제88조의 규정에 의한 심사청구는 다음 각호의 사항을 기재한 문서(이하 "심사청구서"라 한다)로 하여야 한다.

1. 심사청구인의 이름 및 주소
2. 심사청구의 대상이 되는 보험급여의 결정내용
3. 보험급여에 관한 결정이 있음을 안 날
4. 심사청구의 취지 및 이유
5. 심사청구에 관한 고지의 유무 및 고지의 내용

②심사청구인이 재해를 당한 근로자가 아닌 경우에는 심사청구서에 제1항 각호의 사항외에 다음 각호의 사항을 기재하여야 한다.

1. 재해를 당한 근로자의 이름
2. 재해를 당한 근로자의 재해당시 소속 사업장의 명칭 및 소재지

③심사청구가 선정대표자 또는 대리인에 의하

법 률	시 행 령	시 행 규 칙
	여 제기되는 것인 때에는 제1항 및 제2항의 규정에 의한 사항외에 선정 대표자 또는 대리인의 이름과 주소를 청구서에 기재하여야 한다. ④심사청구서에는 청구인 또는 대리인이 기명·날인하여야 한다.	
③제1항의 규정에 의한 심사청구는 보험급여에 관한 결정이 있음을 안 날부터 60일이내에 하여야 한다. ④제2항의 규정에 의하여 심사청구서를 받은 공단의 소속기관은 5일이내에 의견서를 첨부하여 이를 공단에 송부하여야 한다. ⑤보험급여에 관한 결정에 대하여는 행정심판법에 의한 행정심판을 제기할 수 없다.	**제94조【보정 및 각하】** ①심사청구가 법 제88조제3항의 규정에 의한 기간이 경과하여 제기되었거나 법령상의 방식에 위반하여 보정할 수 없을 때 또는 제2항 본문의 규정에 의한 기간내에 보정하지 아니한 때에는 공단은 결정으로 이를 각하하여야 한다. ②심사청구가 법령상의 방식에 위반한 것이라도 보정할 수 있는 때에는 공단은 상당한 기간을 정하여 심사청구인에게 이를 보정할 것을 요구할 수 있다. 다만, 보정할 사항이 경미한 경우에는 공단이 직권으로 이를 보정할 수 있다. ③공단은 제2항 단서의 규정에 의하여 직권으로 심사청구를 보정한 경우에는 그 사실을 심사청구인에게 통지하여야 한다. **제95조【보험급여에 관한 결정의 집행정지】** ①심사청구는 당해 보험급여에 관한 결정의 집행을 정지시키지 아니한다. 다만, 공단은 그 집행에 의하여 발생할 중대한 손실을 피하기 위하여 긴급한 필요가 있다고 인정할 때에는	

	그 집행을 정지시킬 수 있다. ②공단은 제1항 단서의 규정에 의하여 집행을 정지시킨 때에는 지체없이 이를 심사청구인 및 당해 보험급여에 관한 결정을 행한 공단의 소속기관에서 문서로 통지하여야 한다. ③제2항의 규정에 의한 통지서에는 다음 각호의 사항을 기재하여야 한다. 1. 심사청구 사건명 2. 집행정지 대상인 보험급여에 관한 결정 및 집행정지의 내용 3. 심사청구인의 이름 및 주소 4. 집행정지의 이유	
제89조【심사청구에 대한 심리·결정】 ①공단은 제88조제4항의 규정에 의하여 심사청구서를 송부받은 날부터 50일이내에 심사청구에 대한 결정을 하여야 한다. 다만, 부득이한 사유로 인하여 그 기간내에 결정을 할 수 없을 때에는 1차에 한하여 10일을 넘지 아니하는 범위내에서 그 기간을 연장할 수 있다.	**제96조【심사청구에 대한 결정의 방법】** ①법 제89조제1항의 규정에 의한 심사청구에 대한 결정은 문서로 행하여야 한다. ②제1항의 규정에 의한 결정서에는 다음 각호의 사항을 기재하여야 한다. 1. 사건번호 및 사건명 2. 심사청구인 또는 대리인의 이름 및 주소 3. 심사청구인이 재해를 당한 근로자가 아닌 때에는 재해를 당한 근로자의 이름 및 주소 4. 주문 5. 심사청구의 취지 6. 이유 7. 결정연월일 ③공단은 제1항의 규정에 의하여 심사청구에 대한 결정을 한 때에는 심사청구인에게 심사	

법 률	시 행 령	시 행 규 칙
	결정서의 정본을 송부하여야 한다. ④공단이 보험급여에 관한 결정을 하거나 심사청구에 대한 결정을 하는 경우에는 그 상대방 또는 심사청구인에게 그 보험급여에 관한 결정 또는 심사청구에 대한 결정에 관하여 심사청구 또는 재심사청구를 제기할 수 있는지의 여부, 제기하는 경우의 절차 및 청구기간을 알려야 한다.	
②공단은 심사청구의 심리를 위하여 필요한 경우에는 청구인의 신청 또는 직권에 의하여 다음 각호의 행위를 할 수 있다. 1. 청구인 또는 관계인을 지정장소에 출석하게 하여 질문하거나 의견을 진술하게 하는 것 2. 청구인 또는 관계인에게 증거가 될 수 있는 문서 기타 물건을 제출하게 하는 것 3. 전문적인 지식이나 경험을 가진 제3자로 하여금 감정하게 하는 것 4. 소속직원으로 하여금 사건에 관계가 있는 사업장 기타 장소에 출입하여 사업주·근로자 기타 관계인에게 질문하게 하거나, 문서 기타 물건을 검사하게 하는 것 5. 심사청구와 관계가 있는 근로자에 대하여 공단이 지정하는 의사 또는 치과의사의 진단을 받게 하는 것 ③제2항제4호의 규정에 의한 질문이나 검사를 행하는 소속직원은 그 권한을 표시하는 증표	**제97조【심리를 위한 조사】** ①법 제89조제2항의 규정에 의한 심사청구에 대한 심리를 위한 조사의 신청은 다음 각호의 사항을 기재한 문서로 하여야 한다. 1. 심사청구 사건 2. 신청의 취지 및 이유 3. 출석을 요하는 관계인의 이름 및 주소(법 제89조제2항제1호의 경우에 한한다) 4. 제출을 요하는 문서 기타 물건의 표시 및 그 소유자 또는 보관자의 이름과 주소(법 제89조제2항제2호의 경우에 한한다) 5. 감정을 요하는 사항 및 그 이유(법 제89조제2항제3호의 경우에 한다) 6. 출입할 사업장 기타 장소의 명칭과 소재지, 질문할 사업주·근로자 기타 관계인의 이름과 주소, 검사할 문서 기타 물건의 표시(법 제89조제2항제4호의 경우에 한한다) 7. 진단을 받을 근로자의 이름 및 주소(법 제	

를 관계인에게 내보여야 한다.	89조제2항제5호의 경우에 한한다) ②공단이 법 제89조제2항의 규정에 의하여 조사를 한 경우에는 다음 각호의 사항을 기재한 조서를 작성하여야 한다. 이 경우 법 제89조제2항제1호의 규정에 의하여 심사청구인 또는 관계인으로부터 진술을 받은 때에는 진술조서를 작성하여 첨부하여야 한다. 1. 사건번호 및 사건명 2. 조사의 일시 및 장소 3. 조사대상 및 조사방법 4. 조사의 결과	
	제98조【실비변상】 법 제89조제2항제1호의 규정에 의하여 지정된 장소에 출석한 관계인과 동항제3호의 규정에 의하여 감정을 한 감정인에게는 노동부령이 정하는 바에 의하여 실비를 지급한다.	**제89조【실비변상】** 영 제98조의 규정에 의한 실비변상의 지급범위 및 기준은 다음 각호와 같다. 1. 심사 및 재심사청구인 또는 관계인에게 지급할 실비변상의 지급범위 및 기준에 관하여는 제28조 내지 제30조의 규정을 준용함. 2. 감정인에게 지급할 실비변상의 지급기준은 감정당시의 가격으로 함. 다만, 감정가격이 없거나 감정가격을 산정하기 곤란한 경우에는 보건복지부장관이 고시하는 요양급여기준 및 진료수가 기준중에서 감정실시 내용과 가장 유사한 가격에 의한다.
제90조【재심사청구의 제기】 ①제89조제1항의 규정에 의한 심사청구에 대한 결정에 불복이 있는 자는 제91조의 규정에 의한 산업재해보상보험심사위원회에 재심사청구를 할 수 있다. ②제1항의 규정에 의한 재심사청구는 당해 보험급여에 관한 결정을 행한 공단의 소속기관을 거쳐 산업재해보상보험심사위원회에 제기하여야 한다. ③제1항의 규정에 의한 재심사청구는 심사청구에 대한 결정이 있음을 안 날부터 60일이내	**제99조【재심사청구의 방식】** ①법 제90조의 규정에 의한 재심사청구는 다음 각호의 사항을 기재한 문서로 하여야 한다. 1. 재심사청구인의 이름 및 주소 2. 재심사청구의 대상이 되는 보험급여의 결정 내용 3. 심사청구에 대한 결정이 있음을 안 날 4. 재심사청구의 취지 및 이유 5. 재심사청구에 관한 고지유무 및 그 내용 6. 재심사청구의 연월일 ②제93조제2항 내지 제4항의 규정은 재심사청	

<table>
<tr><th>법 률</th><th>시 행 령</th><th>시 행 규 칙</th></tr>
<tr><td>에 제기하여야 한다.
④제88조제4항의 규정은 재심사청구에 관하여 이를 준용한다. 이 경우 "심사청구서"는 "재심사청구서"로, "공단"은 "산업재해보상보험심사위원회"로 본다.
제91조[산업재해보상보험심사위원회] ①제90조의 규정에 의한 재심사청구를 심리·재결하게 하기 위하여 노동부에 산업재해보상보험심사위원회(이하 "심사위원회"라 한다)를 둔다.
②심사위원회는 위원장을 포함한 15인이내의 위원으로 구성하되, 위원중 2인은 상임위원으로, 1인은 당연직위원으로 한다.
③심사위원회의 위원중에는 근로자 및 사용자를 대표하는 자 각 1인을 포함하여야 한다.
④심사위원회의 위원은 다음 각호의 1에 해당하는 자중에서 노동부장관의 제청으로 대통령이 임명한다. 다만, 당역직위원은 노동부장관이 소속 2급 또는 3급의 일반직공무원중에서 지명하는 자로 한다.
1. 3급이상의 공무원으로 재직하고 있거나 있던 자
2. 판사·검사 또는 변호사의 자격이 있는 자
3. 교육법에 의한 대학에서 부교수이상으로 재직하고 있거나 있었던 자
4. 노동관계업무에 15년이상 종사한 자로서 노동부장관이 자격이 있다고 인정하는 자</td><td>구에 관하여 이를 준용한다. 이 경우 "심사청구인"은 "재심사청구인"으로, "심사청구서"는 "재심사청구서"로 본다.
제100조[산업재해보상보험심사위원회의 구성] ①법 제91조의 규정에 의한 산업재해보상보험심사위원회(이하 "심사위원회"라 한다)에 위원장과 부위원장 각 1인을 둔다.
②위원장은 상임위원중에서 노동부장관이 임명하고, 부위원장은 위원중에서 호선한다.
③위원장은 심사위원회를 대표하며, 회무를 통할한다.
④부위원장은 위원장을 보좌하며, 위원장이 사고가 있을 때에는 그 직무를 대행한다.
제101조[심사위원회의 운영] ①위원장은 심사위원회의 회의를 소집하며, 그 의장이 된다.
②위원장이 심사위원회의 회의를 소집하고자 하는 때에는 회의개최 5일전까지 회의의 일시·장소 및 안건을 각 위원에게 서면으로 통지하여야 한다. 다만, 긴급을 요하는 때에는 그러하지 아니하다.
③심사위원회의 회의는 재적위원 과반수의 출석과 출석위원과반수의 찬성으로 의결한다. 이 경우 법 제91조제4항제2호의 자격이 있는</td><td></td></tr>
</table>

5. 사회보험 또는 산업의학에 관한 학식과 경험이 있는 자로서 노동부장관이 자격이 있다고 인정하는 자
6. 근로자단체 및 사용자단체에서 추천한 자로서 노동부장관이 자격이 있다고 인정하는 자

⑤다음 각호의 1에 해당하는 자는 위원에 임명될 수 없다.

1. 금치산·한정치산 또는 파산의 선고를 받고 복권되지 아니한 자
2. 금고이상의 형을 받고 그 형의 집행이 종료되거나 집행을 받지 아니하기로 확정된 후 3년이 경과되지 아니한 자
3. 심신상실자·심신박약자

⑥위원(당연직위원을 제외한다)의 임기는 3년으로 하되, 연임할 수 있다. 다만, 보궐위원의 임기는 전임자의 잔임기간으로 한다.

⑦위원은 다음 각호의 1에 해당하는 경우외에는 그 의사에 반하여 면직되지 아니한다.

1. 금고이상의 형의 선고를 받은 경우
2. 장기의 심신쇠약으로 직무를 수행할 수 없게된 경우

⑧심사위원회에 사무국을 둔다.

⑨심사위원회 및 사무국의 조직·운영등에 관하여 필요한 사항은 대통령령으로 정한다.

위원과 동항제5호의 자격이 있는 위원이 각각 1인이상 출석하여야 한다.

④심사위원회의 회의에 출석한 상임위원 및 당연직위원외의 위원에 대하여는 예산의 범위안에서 수당을 지급한다.

법률	시행령	시행규칙
제92조【재심사청구에 대한 심리·재결】 ①제89조의 규정은 재심사청구에 대한 심리·재결에 관하여 이를 준용한다. 이 경우 "공단"은 "심사위원회"로, "심사청구"는 "재심사청구"로, "결정"은 "재결"로, "소속직원"은 "심사위원회의 위원"으로 본다. ②심사위원회의 재결은 공단을 기속한다. **제93조【심사 및 재심사청구인의 지위승계】** 심사청구인 또는 재심사청구인이 사망한 경우 그 청구인이 보험급여의 수급권자인 때에는 제49조 또는 제50조의 규정에 의한 유족이, 그 외의 자인 때에는 상속인 또는 심사청구나 재심사청구의 대상인 보험급여에 관련된 권리·이익을 승계한 자가 각각 청구인의 지위를 승계한다.	**제102조【재심사 심리기일 및 장소의 통지등】** ①심사위원회는 재심사청구를 수리한 때에는 그 청구에 대한 심리기일 및 장소를 정하여 적어도 심리기일 5일전까지 당사자 및 공단에 각각 문서로 통지하여야 한다. ②제1항의 규정에 의한 통지는 직접 전달하거나 등기우편에 의하여야 한다. **제103조【심리의 공개】** ①심사위원회의 심리는 공개하여야 한다. 다만, 당사자의 쌍방 또는 일방의 신청이 있는 때에는 그러하지 아니하다. ②제1항 단서의 규정에 의한 신청은 그 취지 및 이유를 기재한 문서로 하여야 한다. **제104조【심리조서】** ①심사위원회는 재심사의 심리경과에 관하여 다음 각호의 사항을 기재한 심리조서를 작성하여야 한다. 1. 사건번호 및 사건명 2. 심리 일시 및 장소 3. 출석한 위원의 이름 4. 출석한 당사자의 이름 5. 심리의 내용 6. 기타 필요한 사항 ②제1항의 심리조서에는 작성 연월일을 기재하고, 위원장이 서명·날인하여야 한다. ③당사자 또는 관계인은 문서로 제1항의 규정에 의한 심리조서의 열람을 신청할 수 있다.	

	④심사위원회는 당사자 또는 관계인으로부터 제3항의 규정에 의한 열람신청이 있을 때에는 정당한 사유없이 이를 거부하지 못한다. **제105조【소위원회의 구성·운영】** ①심사위원회는 재심사청구의 효율적인 심리를 위하여 필요하다고 인정하는 경우에는 상임위원 2인 및 당연직위원 1인과 위원장이 지명하는 위원 4인으로 소위원회를 구성·운영할 수 있다. ②소위원회는 위원장이 지정하는 재심사청구 사건을 검토하여 위원회에 보고하여야 한다. ③제101조(제3항 후단을 제외한다)의 규정은 소위원회에 관하여 이를 준용한다.	
제94조【다른 법률과의 관계】 ①제88조 및 제90조의 규정에 의한 심사청구 및 재심사청구의 제기는 시효중단에 관하여 민법 제168조의 규정에 의한 재판상의 청구로 본다. ②제90조의 규정에 의한 재심사청구에 대한 재결은 행정소송법 제18조를 적용함에 있어 이를 행정심판에 대한 재결로 본다. ③제88조 및 제90조의 규정에 의한 심사청구 및 재심사청구에 관하여 이 법에서 정하고 있지 아니한 사항에 대하여는 행정심판법의 규정에 의한다.	**제106조【준용규정】** 제94조 내지 제98조의 규정은 재심사청구에 관하여 이를 준용한다. 이 경우 "심사청구"는 "재심사청구"로, "심사청구인"은 "재심사청구인"으로, "공단"은 "심사위원회"로, "공단"의 "소속기간"은 "공단"으로, "심사청구에 대한 결정"은 "재심사청구에 대한 재결"로, "심사결정서"는 "재결서"로 보고, 제96조제3항중 "심사청구인"은 "공단 및 재심사청구인"으로, 동조제4항중 "심사청구 또는 재심사청구"는 "행정소송"으로 본다.	

<table>
<tr><th>법 률</th><th>시 행 령</th><th>시 행 규 칙</th></tr>
<tr><td>제9장 보 칙

제95조【통 지】 공단은 보험료 기타 이 법에 의한 징수금을 징수하고자 할 때에는 노동부령이 정하는 바에 의하여 보험가입자에게 그 금액과 납부기한을 서면으로 통지하여야 한다.
제96조【시 효】 ①보험료 기타 이 법에 의한 징수금을 징수하거나 그 반환을 받을 권리 및 보험급여를 받을 권리는 3년간 행사하지 아니하면 소멸시효가 완성된다.
②제1항의 규정에 의한 소멸시효에 관하여는 이 법에 규정된 것을 제외하고는 민법의 규정에 의한다.
제97조【시효의 중단】 ①제96조의 규정에 의한 소멸시효는 다음 각호의 사유로 인하여 중단한다.
1. 제38조제2항 또는 제69조제1항의 규정에 의한 청구
2. 제73조의 규정에 의한 독촉 또는 제95조의 규정에 의한 통지
3. 제74조의 규정에 의한 체납처분절차에 따라 행하는 교부청구
②제1항의 규정에 의하여 중단된 소멸시효는 다음 각호의 기간이 경과한 때로부터 새로이 진행한다.</td><td>제8장 보 칙</td><td></td></tr>
</table>

1. 독촉에 의한 납부기간
2. 제95조의 규정에 의하여 통지한 납부기간
3. 교부청구중의 기간

제98조[확정보험료의 소멸시효] 제67조의 규정에 의한 확정보험료의 소멸시효는 다음 보험년도의 초일(보험년도중에 보험관계가 소멸한 사업에 있어서는 보험관계가 소멸한 날의 다음 날)부터 진행한다.

제99조[보고등] ①공단은 필요하다고 인정할 때에는 대통령령이 정하는 바에 의하여 이 법의 적용을 받는 사업의 사업주 또는 당해 사업에 종사하는 근로자 및 보험사무조합에게 보험사업에 관하여 필요한 보고 또는 관계서류의 제출을 요구할 수 있다.

②장해보상연금 또는 유족보상연금을 받을 권리가 있는 자는 보험급여지급에 관하여 필요한 사항으로서 대통령령이 정하는 사항을 공단에 신고하여야 한다.

③유족보상연금의 수급권자가 그 수급권을 잃은 때에는 지체없이 공단에 신고하여야 한다.

제100조[사업주의 조력] ①보험급여를 받을 자가 사고로 인하여 보험급여의 청구등의 절차를 행하기 곤란한 경우에는 사업주는 이에 조력하여야 한다.

②사업주는 보험급여를 받을 자가 보험급여를 받는 데 필요한 증명을 요구하는 때에는 그 증명을 하여야 한다.

제107조[변경사항의 신고] 법 제99조의 규정에 의하여 보험가입자는 다음 각호의 1에 해당하는 사항에 변경이 생긴 때에는 지체없이 이를 공단에 신고하여야 한다.
1. 보험가입자의 이름 및 주소
2. 사업의 명칭 및 사업장의 소재지
3. 사업의 종류
4. 사업기간(건설공사 또는 벌목업등 기간의 정함이 있는 사업의 경우에 한한다.

②보험가입자는 보험급여의 지급사유가 되는 재해가 발생한 때에는 지체없이 그 재해의 원인과 내용 및 재해를 입은 근로자에 관한 사항을 공단에 신고하여야 한다.

제108조[법령요지등의 게시] ①보험가입자는 보험관계법령중 근로자와 관계있는 규정의 요지와 보험관계 성립에 관하여 근로자에게 주지시킬 필요가 있는 사항을 사업장의 보기 쉬운 장소에 상시 게시하여야 한다.

②보험가입자는 그 사업에 관한 보험관계가

법률	시행령	시행규칙
③사업주의 행방불명 기타 부득이한 사유로 제2항의 규정에 의한 증명이 불가능한 경우에는 그 증명을 생략할 수 있다.	소멸될 때에는 그 일자를 근로자가 알 수 있도록 이를 게시하여야 한다.	
제101조【검 사】 ①공단은 필요하다고 인정할 때에는 소속직원으로 하여금 이 법의 적용을 받는 사업의 사무소 또는 사업장과 보험사무조합의 사무소에 출입하여 관계인에게 질문을 하게 하거나 관계서류를 검사하게 할 수 있다. ②제1항의 경우에 공단직원은 그 권한을 표시하는 증표를 관계인에게 내보여야 한다.	**제109조【서류의 보존의무】** 보험가입자 또는 보험가입자이었던 자(보험사무조합 또는 보험사무조합이었던 자를 포함한다)는 그 보험에 관한 서류를 그 완결의 날로부터 3년간 보존하여야 한다. **제110조【보고 · 제출 요구】** 법 제99조 및 법 제102조의 규정에 의한 보고 · 제출요구는 문서로 하여야 한다.	
제102조【보고와 검사】 ①공단은 보험급여에 관하여 필요하다고 인정할 때에는 대통령령이 정하는 바에 의하여 보험급여를 받는 근로자의 진료를 담당한 의사에게 당해 근로자의 진료에 관한 보고 또는 그 진료에 관한 서류나 물건의 제출을 요구하거나 소속직원으로 하여금 당해 의사에게 질문을 하게 하거나 관계서류나 물건을 검사하게 할 수 있다. ②제101조제2항의 규정은 제1항의 검사에 관하여 이를 준용한다.	**제111조【진찰요구대상등】** ①법 제103조의 규정에 의하여 공단이 진찰을 요구할 수 있는 경우는 다음 각호와 같다. 1. 장기요양중인 재해근로자에 대한 계속요양의 필요성을 판단하기 위한 진찰 2. 장해등급 판정을 위한 진찰 3. 업무상 질병여부를 판단하기 위한 진찰 4. 재요양여부를 판단하기 위한 진찰 ②제1항제1호 및 제2호의 규정에 의한 진찰비용은 이에 소요되는 실비로 지급한다.	
제103조【진찰명령】 공단은 보험급여에 관하여 필요하다고 인정할 때에는 대통령령이 정하는 바에 의하여 보험급여를 받은 자 또는 이를 받고자 하는 자에 대하여 공단이 지정하는 의료기관에서 진찰을 받을 것을 요구할 수 있다.	③제1항제3호의 규정에 의한 진찰비용에는 업무상 질병으로 추정할 수 있는 증상을 가진 자로서 그 증세가 위독하거나, 진찰중 이에 대한 치료를 하지 아니할 경우 증세가 급속히 악화하여 진찰과 사후치료에 지장이 있다는 의학적 소견에 따른 치료에 소요되는 비용을	**제90조【특별진찰의료기관】** 법 제103조의 규정에 의한 "공단이 지정하는 의료기관"이라 함은 국 · 공립종합병원, 대학부속병원 및 법 제78조제1호의 규정에 의한 보험시설을 말한다.

제104조[보험급여의 일시중지] 공단은 보험급여를 받고자 하는 자가 정당한 이유없이 이 법에 의한 보고등의 의무 또는 공단이 요구하는 사항을 이행하지 아니한 경우에는 보험급여의 지급을 일시 중지할 수 있다.

제105조[국외의 사업에 대한 특례] ①국외근무기간중 발생한 근로자의 재해를 보상하기 위하여 우리나라가 당사국이 된 사회보장에 관한 조약이나 협정(이하 "사회보장관련조약"이라 한다) 기타 대통령령이 정하는 국가나 지역에서의 사업에 대하여는 노동부장관이 재정경제원장관과 협의하여 지정하는 자(이하 "보험회사"라 한다)로 하여금 이 법에 의한 보험사업을 자기의 계산으로 영위하게 할 수 있다.

②제1항의 규정에 의한 보험회사는 보험업법의 규정에 의한 사업방법에 따라 보험사업을 영위한다. 이 경우 보험회사가 지급하는 보험급여는 이 법에 의한 보험급여보다 근로자에게 불이익하여서는 아니된다.

③제1항의 규정에 의하여 보험사업을 영위하는 보험회사는 이 법과 근로자를 위한 사회보장관계조약에서 정부가 부담하는 모든 책임을 성실히 이행하여야 한다.

④제1항의 규정에 의한 국외의 사업과 이를 대상으로 하는 보험사업에 대하여는 제2조, 제3조제1항, 제5조단서, 제6조, 제51조, 제

포함할 수 있다.

④제110조의 규정은 법 제103조의 규정에 의한 진찰요구의 경우에 이를 준용한다.

제112조[일시중지의 사유] ①법 제104조의 규정에 의한 보험급여의 일시중지는 다음 각호의 1에 해당하는 경우에 하여야 한다.

1. 제35조제3항의 규정에 의한 유족보상연금수급권자변경신고서를 제출하지 아니한 때
2. 제49조제3항의 규정에 의한 질문 또는 조사에 응하지 아니하는 때
3. 법 제99조의 규정에 의한 보고 또는 제출, 신고를 하지 아니하거나 법 제101조의 규정에 의한 질문 또는 검사에 응하지 아니하는 때
4. 법 제103조의 규정에 의한 진찰명령에 응하지 아니하는 때

②공단은 제1항의 규정에 의한 보험급여의 지급을 중지하기전에 그 보험급여를 받고자 하는 자에게 2회에 걸쳐 상당한 기간을 정하여 문서로 의무이행을 촉구하여야 한다.

③법 제104조의 규정에 의하여 일시중지할 수 있는 보험급여는 보험급여를 받고자 하는 자가 제1항의 규정에 의한 의무를 이행하지 아니함으로써 그에게 지급될 보험급여의 지급결정을 함이 곤란하거나 이에 지장을 초래하게 되는 모든 보험급여로 하며, 그 기간은 당해 의무를 이행할 때까지로 한다.

법 률	시 행 령	시 행 규 칙
63조, 제64조와 제7장 및 제8장의 규정은 이를 적용하지 아니한다. ⑤보험회사는 제1항의 규정에 의한 보험사업을 영위함에 있어서는 이 법에 의한 공단의 권한을 행사할 수 있다.	**제113조【금융기관의 지정】** 법 및 이 영의 규정에 의하여 보험급여 또는 반환금을 받고자 하는 자는 공단이 지정하는 금융기관에 계좌를 개설하여야 한다.	
제10장 벌 칙		
제106조【과태료】 ①제36조의 규정에 위반하여 유사명칭을 사용한 자 또는 제65조제1항·제2항 및 제67조제1항의 규정에 의한 신고를 하지 아니하거나 허위의 신고를 한 자는 100만원 이하의 과태료에 처한다. ②다음 각호의 1에 해당하는 자에 대하여는 50만원 이하의 과태료에 처한다. 1. 제61조 규정에 의한 장부나 기타 서류를 비치하지 아니하거나 허위의 기재를 한 자 2. 제89조제2항(제92조제1항에서 준용하는 경우를 포함한다)의 규정에 의한 질문에 답변하지 아니하거나, 허위의 답변을 하거나 검토를 거부·방해 또는 기피한 자 3. 제99조제1항 또는 제102조의 규정에 의한 보고를 하지 아니하거나 허위의 보고를 한 자. 4. 제99조제1항 또는 제102조의 규정에 의한 서류나 물건의 제출명령에 응하지 아니한 자	**제114조【과태료의 부과】** ①노동부장관은 법 제106조의 규정에 의하여 과태료를 부과하고자 하는 때에는 당해 위반행위를 조사·확인한 후 위반행위의 종류·과태료의 금액 및 납부기한등을 명시하여 서면으로 당해 과태료처분 대상자에게 통지하여야 한다. ②노동부장관은 과태료를 부과하고자 하는 때에는 10일이상의 기간을 정하여 과태료처분대상자에게 구술 또는 서면에 의한 의견진술의 기회를 주어야 한다. 이 경우 지정된 기일까지 의견진술이 없는 때에는 의견이 없는 것으로 본다. ③노동부장관은 과태료의 금액을 정함에 있어서는 당해 위반행위의 동기와 그 결과등을 참작하여야 한다.	

법	영	규칙
5. 제101조 또는 제102조의 규정에 의한 공단의 소속직원의 질문에 답변을 거부하거나, 검사를 거부·방해 또는 기피한 자 ③제1항 또는 제2항의 규정에 의한 과태료는 대통령령이 정하는 바에 따라 노동부장관이 부과·징수한다. ④제3항의 규정에 의한 과태료처분에 불복이 있는 자는 그 처분의 고지를 받은 날부터 30일이내에 노동부장관에게 이의를 제기할 수 있다. ⑤제3항의 규정에 의한 과태료처분을 받은 자가 제4항의 규정에 의하여 이의를 제기한 때에는 노동부장관은 지체없이 관할법원에 그 사실을 통보하여야 하며, 그 통보를 받은 관할법원은 비송사건절차법에 의한 과태료의 재판을 한다. ⑥제4항의 규정에 의한 기간내에 이의를 제기하지 아니하고 과태료를 납부하지 아니하는 때에는 국세체납처분의 예에 의하여 이를 징수한다.		**제91조【서식】** ①법·영 및 이 규칙의 시행에 관하여 필요한 신고서·신청서·청구서·통지서 및 납부서등의 서식은 노동부장관의 승인을 얻어 공단이 정한다. ②공단은 제1항의 규정에 의하여 서식을 정함에 있어서 법·영 및 이 규칙에서 정하는 서류외의 서류의 첨부를 요구하여서는 아니된다. 다만, 제출된 서식만으로는 그 서식에 기재된 사항의 사실여부의 확인이 곤란한 경우로서 그 확인을 위하여 서류의 보완을 요구하는 경우에는 그러하지 아니한다.
부　　칙	부　　칙	부　　칙
제1조【시행일】 이 법은 1995년 5월 1일부터 시행한다. 다만, 부칙 제3조·제4조 및 제8조의 규정은 공포한 날부터 시행한다.	**제1조【시행일】** 이 영은 1995년 5월 1일부터 시행한다. **제2조【교육·보건사업등에 대한 법 적용에 관한 경과조치】** 제3조제1항의 규정에 불구하고	**제1조【시행일】** 이 규칙은 1995년 5월 1일부터 시행한다. **제2조【개호료에 관한 적용례】** 제26조제1항 후단의 규정에 불구하고 1995년 5월 1일부터 동

법 률	시 행 령	시 행 규 칙
	교육·보건 및 사회복지사업, 부동산임대 및 서비스사업중 연구 및 개발업에 대하여는 1995년 12월 31일까지 법을 적용하지 아니한다.	년 8월 31일까지의 개호료의 금액은 제26조제1항의 규정에 의하여 산출한 금액으로 한다. **제3조[최저보상기준금액에 관한 경과조치]** 이 규칙 시행당시 종전의 법 제9조제5항의 규정에 의하여 노동부장관이 정한 금액은 이 규칙 제10조의 규정에 의하여 산정된 최저보상기준금액으로 본다.
제2조[다른 법률의 폐지] 다음 각호의 법률은 이를 각각 폐지한다. 1. 근로복지공사법 2. 산업재해보상보험특별회계법 3. 산업재해보상보험업무 및 심사에 관한법률 **제3조[설립준비]** ①노동부장관은 공단의 설립에 관한 사무를 처리하게 하기 위하여 이 법 공포일부터 30일이내에 7인이내의 설립위원을 위촉하여야 한다. ②설립위원은 공단의 정관을 작성하여 노동부장관의 인가를 받아야 한다. ③설립위원은 제2항의 규정에 의한 인가를 받아 이 법의 시행일에 연명으로 공단의 설립등록을 하여야 한다. ④설립위원은 공단의 설립등기를 마친 후 지체없이 공단의 이사장에게 사무를 인계하여야 한다. ⑤설립위원은 제4항의 규정에 의한 사무인계가 끝난 때에는 해촉된 것으로 본다.	**제3조[다른 법령의 폐지]** 다음 각호의 법령은 이를 각각 폐지한다. 1. 근로복지공사법시행령 2. 산업재해보상보험특별회계법시행령 3. 산업재해보상보험업무및심사에관한법률시행령 4. 산업재해보상보험심의위원회규정 5. 요양급여심의위원회규정 6. 산업재해보상보험금지급규정	**제4조[다른 법령의 폐지]** 다음 각호의 법령은 이를 각각 폐지한다. 1. 산업재해보상보험법시행규칙 2. 산업재해보상보험특별회계여유금운용규칙 3. 산업재해보상보험업무 및 심사에 관한 법률시행규칙 4. 산업재해보상보험시설의 설치 및 운영에 관한규칙

제4조[설립비용] 공단의 설립비용은 이 법 시행 당시의 근로복지공사법에 의한 근로복지공사(이하 "공사"라 한다)가 부담한다. 다만, 산업재해보상보험기금에서 이를 지원할 수 있다.

제5조[공사에 관한 경과조치] ①공사는 근로복지공사법의 폐지일에 해산되며, 공사의 재산과 권리·의무 및 고용관계는 공단이 이를 포괄승계한다.

②공사의 해산 당시의 정부출자금은 공사 해산일에 공단에 출연된 것으로 본다.

③제1항의 규정에 의하여 포괄승계된 권리·의무에 관한 등록부 기타 공부에 표시된 공사의 명의는 공단의 명의로 본다.

④제1항의 규정에 의하여 포괄승계된 재산의 가액은 공단의 설립등록일 전일의 장부가액으로 한다.

제6조[산업재해보상보험특별회계의 재산에 관한 경과조치] 이 법 시행 당시의 산업재해보상보험특별회계법에 의한 산업재해보상보험특별회계의 재산과 권리·의무는 기금에 포괄승계된다.

제7조[처분 및 심사청구등에 관한 경과조치]

①이 법에 의하여 공단으로 위탁되는 업무와 관련하여 이 법 시행전에 노동부장관이 행한 행위 또는 노동부장관에 대하여 행하여진 행위와 공사가 행한 행위 또는 공사에 대하여

법 률	시 행 령	시 행 규 칙
행하여진 행위는 각각 이 법에 의하여 공단이 행한 행위 또는 공단에 대하여 행하여진 행위로 본다. ②이 법 시행전에 종전의 산업재해보상보험업무 및 심사에 관한법률에 의하여 제기된 심사청구 및 재심사청구는 각각 이 법에 의하여 제기된 심사청구 및 재심사청구로 본다. **제8조[기금운용계획의 수립에 관한 경과조치]** 노동부장관은 1995년 4월 30일까지 재정경제원장관과 협의하여 1995년도 기금운용계획을 수립한 후 국무회의의 심의를 거쳐 대통령의 승인을 얻어야 한다. **제9조[공무원의 파견]** ①공단은 보험사업의 원활한 운영을 위하여 필요하다고 인정할 때에는 노동부장관에게 그 소속 공무원의 파견을 요청할 수 있다. ②노동부장관은 제1항의 규정에 의하여 파견요청을 받은 때에는 공단설립일부터 3년의 범위내에서 그 소속공무원을 파견할 수 있다.		
제10조[다른 법률의 개정] ①산업안전보건법중 다음과 같이 개정한다. 제52조제2항제1호 및 제3항중 "산업재해보상보험특별회계법에 의한 세출예산총액"을 각각 "산업재해보상보험법 제81조 각호에 해당하는 지출예산총액"으로 한다.	**제4조[다른 법령의 개정]** ①행정권한의위임및위탁에관한규정 중 다음과 같이 개정한다. 제44조제1항제1호중 "산업재해보상보험업무및심사에관한법률 제31조"를 "산업재해보상보험법 제106조"로 하고, 동항 제14호중 "산업재해보상보험법 제28조의2"를 "산업재해보상보험법 제78조"로 한다.	**제5조[다른 법령의 개정]** ①진폐의 예방과 진폐근로자의 보호등에 관한법률시행규칙중 다음과 같이 개정한다. 제18조제1항제2호중 "산업재해보상보험법시행령 제10조"를 "산업재해보상보험법시행규칙 제17조"로 한다. 제27조제2항중 "산업재해보상보험법 제9조의4

②중소기업근로자복지진흥법중 다음과 같이 개정한다.
제6조제1항중 "근로복지공사법에 의한 근로복지공사(이하 "공사"라 한다)"를 "산업재해보상보험법에 의한 근로복지공단(이하 "공단"이라 한다)"으로 한다.
제12조제1항중 "공사가"를 "공단이"로 하고, 동조 제2항중 "공사는"을 "공단은"으로, "공사의"를 "공단의"로 한다.
제14조제1항중 "공사는"을 각각 "공단은"으로 한다.
제15조제1항중 "공사의"를 "공단의"으로 한다.

③진폐의 예방과 진폐근로자의 보호등에 관한 법률중 다음과 같이 개정한다.
제37조제5항중 "산업재해보상보험법 제12조제2항"을 "산업재해보상보험법 제49조제2항"으로 한다.
제38조제2항중 "산업재해보상보험법 제3조제2항" 및 제9조제6항"을 "산업재해보상보험법 제4조제2호 및 제38조제6항"으로 한다.
제39조제1항중 "산업재해보상보험법 제10조 또는 제10조의2"를 "산업재해보상보험법 제46

②중소기업근로자복지진흥법시행령중 다음과 같이 개정한다.
제3조제1항중 "근로복지공사법에 의한 근로복지공사(이하 "공사"라 한다)는"을 "산업재해보상보험법에 의한 근로복지공단(이하 "공단"이라 한다)은"으로 한다.
제4조제1항중 "공사"를 "공단"으로 하고, 동조제3항본문중 "공사의 사장"을 각각 "공단의 이사장"으로 하며, 동조동항제1호중 "공사의 집행간부"를 "공단의 상임이사"로 한다.
제5조제1항 및 제3항중 "공사는"을 각각"공단은"으로 한다.
제6조중 "공사가"를 "공단이"로 한다.
제7조중 "공사의 사장"을 "공단의 이사장"으로 한다.
제8조제1항중 "공사는"을 "공단은"으로 하고, 동조제2항중 "공사로"를 "공단으로"로 한다.
③진폐의예방과진폐근로자의보호등에관한법률시행령중 다음과 같이 개정한다.
제31조제2항중 "근로복지공사법에 의한 근로복지공사"를 "산업재해보상보험법에 의한 근로복지공단"으로 한다.
④공인노무사법시행령중 다음과 같이 개정한다.
〔별표 1〕중 제7호를 삭제한다.
〔별표 2〕의 노동법의 비고란중 "산업재해보상보험업무및심사에관한법률"을 삭제한다.

및 제9조의3제3항제6호"를 "산업재해보상보험법 제41조 및 제40조제3항제6호"로 한다.
②산업안전보건법시행규칙중 다음과 같이 개정한다.
제113조를 다음과 같이 한다.
제113조(건강관리수첩의 용도) 수첩소지자가 산업재해보상보험법시행령 제29조의 규정에 의하여 요양급여를 신청하는 경우에는 수첩을 제출함으로써 동재해에 관한 의사의 초진소견서의 제출에 갈음할 수 있다.

법 률	시 행 령	시 행 규 칙
조 또는 제47조"로 한다.	⑤직업훈련기본법시행령중 다음과 같이 개정한다. 제3조제2호중 "산업재해보상보험법 제9조제5항"을 "산업재해보상보험법 제38조제4항"으로 한다. ⑥고용정책기본법시행령중 다음과 같이 개정한다. 제16조제2항중 "근로복지공사법에 의한 근로복지공단를"을 "산업재해보상보험법에 의한 근로복지공단을"로 한다.	
④고용보험법중 다음과 같이 개정한다. 제60조제3항을 다음과 같이 한다. ③산업재해보상보험법 제65조제3항 내지 제5항 및 동법 제66조의 규정은 개산보험료의 보고와 납부에 관하여 이를 준용한다. 이 경우 동법 제65조제3항 내지 제5항 및 제66조중 "공단"은 "노동부장관"으로, "신고"는 "보고"로, "보험가입자"는 "사업주"로 본다. 제61조제2항을 다음과 같이 한다. ②산업재해보상보험법 제67조제2항 내지 제4항의 규정은 확정보험료의 보고·납부 및 정산에 관하여 이를 준용한다. 이 경우 동법 제67조제2항 내지 제4항중 "공단"은 "노동부장관"으로, "신고"는 "보고"로, "보험가입자"는 "사업주"로 본다.	⑦고용보험법시행령중 다음과 같이 개정한다. 제73조 및 제74조를 각각 다음과 같이 한다. 제73조【준용】 산업재해보상보험법시행령 제67조 내지 제70조의 규정은 개산보험료의 보고와 납부에 관하여 이를 준용한다. 이 경우 제67조 및 제69조제1항중 "공단"은 "노동부장관"으로 본다. 제74조【준용】 산업재해보상보험법시행령 제73조의 규정은 법 제61조제2항의 규정에 의한 준용되는 확정보험료의 조사·징수에 관하여 이를 준용한다. 제80조 및 제81조를 각각 다음과 같이 한다. 제80조【준용】 산업재해보상보험법시행령 제56조제2항, 제57조 내지 제59조의 규정은 고용보험사무조합에 의한 보험사무의 처리에 관하여 이를 준용한다. 이 경우 제56	

제64조제4항을 다음과 같이 한다.

④산업재해보상보험법 제58조제4항 및 제5항, 동법 제59조 내지 제61조의 규정은 고용보험사무조합 및 고용보험사무조합에 의한 보험사무의 처리에 관하여 이를 준용한다. 이 경우 동법 제58조제4항, 제59조 및 제60조중 "공단"은 "노동부장관"으로, "보험가입자"는 "사업주"로 본다.

제65조를 다음과 같이 한다.

제65조【준 용】 산업재해보상보험법 제69조 내지 제71조, 동법 제73조 내지 제77조 및 동법 제95조의 규정은 보험료 기타 이 법에 의한 징수금의 납부와 징수(실업급여의 반환을 포함한다)에 관하여 이를 준용한다. 이 경우 동법 제69조 내지 제71조, 동법 제73조 내지 제75조 및 동법 제95조중 "공단"은 "노동부장관"으로, 동법 제69조중 "확정보험료신고서"는 "확정보험료보고서"로, 동법 제69조 · 제71조 및 제95조중 "보험가입자"는 "사업주"로 본다.

제74조제1항중 "확인 또는 제5장의 규정에 의한 실업급여에 관한 처분"을 확인 또는 제5장의 규정에 의한 실업급여에 관한 처분(이하 "원처분등"이라 한다)"로 하고, 동법 제2항을 삭제하며, 동조 제3항 및 제4항을 각각 제2항 및 제3항으로 한다.

제75조제2항중 "하여야 한다"를 "하여야 한조제2항, 제57조제1항, 제3항 및 제4항, 제58조제2항중 "공단"은 "노동부장관"으로, 제56조제2항, 제57조제1항 및 제2항, 제58조 및 제59조중 "보험가입자"는 "사업주"로 본다.

제81조【준용】 산업재해보상보험법시행령 제74조 내지 제76조 및 제80조의 규정은 보험료의 납부와 징수에 관하여 이를 준용한다. 이 경우 제74조제3항, 제80조제2항중 "공단"은 "노동부장관"으로, 제74조제2항 및 제3항중 "보험가입자"는 "사업주"로, 제75조제2호의 "신고"는 "보고"로, 제74조제1항제4호 및 제76조제2항제2호중 "법 제72조의 규정"은 "고용보험법 제48조의 규정"으로, "보험급여액"은 "기본급여 또는 기본급여액에 상당하는 금액"으로 본다.

⑧선원법시행령중 다음과 같이 개정한다.

제26조중 "산업재해보상보험법 제9조의3제3항제5호"를 "산업재해보상보험법 제40조제3항제5호"로 한다.

제27조중 "산업재해보상보험법시행령 제13조"를 "산업재해보상보험법시행령 제31조"로 한다.

⑨석탄산업법시행령중 다음과 같이 개정한다.

제41조제4항제5호중 "산업재해보상보험법 제9조의5제1항"을 "산업재해보상보험법 제42조제1항"으로, "동법 제9조의6제1항"을 "동법 제

법 률	시 행 령	시 행 규 칙
다. 다만, 부득이한 사정으로 인하여 그 기간내에 결정할 수 없을 때에는 1차에 한하여 10일을 넘지 아니하는 범위내에서 그 기간을 연장할 수 있다."로 한다. 제75조제4항을 다음과 같이 하고, 동조에 제5항을 다음과 같이 신설한다. ④당사자는 심사관에게 심리·결정의 공정을 기대하기 어려운 사정이 있는 경우에는 당해 심사관에 대한 기피신청을 노동부장관에게 할 수 있다. ⑤심사청구인이 사망한 경우 그 심사청구인이 실업급여의 수급권자인 때에는 제44조의 규정에 의한 유족이, 그 외의 자인 때에는 상속인 또는 심사청구의 대상인 원처분등에 관계되는 권리 또는 이익을 승계한 자가 각각 심사청구인의 지위를 승계한다. 제75조의2 내지 제75조의11을 각각 다음과 같이 신설한다. 제75조의2【심사의 청구등】 ①제74조제1항의 규정에 의한 심사의 청구는 원처분등을 행한 직업안정기관을 거쳐 당해 직업안정기관의 관할구역을 관할하는 심사관에게 하여야 한다. ②직업안전기관은 심사청구서를 받은 날부터 5일이내에 의견서를 첨부하여 이를 관할 심사관에게 송부하여야 한다.	43조제1항"으로 한다. ⑩국민연금법시행령중 다음과 같이 개정한다. 제42조제1항중 "산업재해보상보험법 제9조의3제1항"을 "산업재해보상보험법 제40조제1항"으로 한다. 제85조중 "산업재해보상보험법 제9조의5"를 "산업재해보상보험법 제42조"로 "산업재해보상보험법 제9조의5에 의한 장해급여 또는 동법 제9조의6에 의한 유족급여"를 "산업재해보상보험법 제42조에 의한 장해급여 또는 동법 제43조에 의한 유족급여"로 한다. ⑪국민투자기금법시행령중 다음과 같이 개정한다. 제3조제3호중 "산업재해보상보험법특별회계법"을 "산업재해보상보험법"으로 한다. ⑫국유재산의현물출자에관한법률시행령중 다음과 같이 개정한다. 제2조제38호를 다음과 같이 한다. 38. 근로복지공단 ⑬조세감면규제법시행령중 다음과 같이 개정한다. 제81조제5호중 "근로복지공사가"를 "근로복지공단이"로 한다. ⑭범죄피해자구조법시행령중 다음과 같이 개정한다. 제9조제2호를 다음과 같이 한다.	

제75조의3【청구의 방식】 심사의 청구는 대통령령이 정하는 바에 의하여 문서로 하여야 한다.

제75조의4【보정 및 각하】 ①심사의 청구가 제74조제3항의 규정에 의한 기간이 경과되었거나 법령상의 방식에 위반하여 보정하지 못할 것인 때에는 심사관은 이를 결정으로 각하하여야 한다.

②심사의 청구가 법령상의 방법에 위반한 것이라도 보정할 수 있는 것인 때에는 심사관은 상당한 기간을 정하여 심사청구인에게 이를 보정할 것을 명할 수 있다. 다만, 보정할 사항이 경미한 경우에는 심사관이 직권으로 이를 보정할 수 있다.

③심사관은 심사청구인이 제2항의 기간내에 그 보정을 하지 아니한 때에는 결정으로써 그 심사청구를 각하하여야 한다.

제75조의5【이 송】 ①심사관은 심사의 청구가 관할위반인 경우에는 대통령령이 정하는 바에 의하여 그 사건을 관할심사관에게 이송하고, 그 사실을 심사청구인에게 통지하여야 한다.

②제1항의 규정에 의하여 이송된 사건은 처음부터 그 이송을 받은 심사관에게 청구된 것으로 본다.

제75조의6【원처분의 집행의 정지】 ①심사의 청구는 원처분등의 집행을 정지시키지 아니

2. 산업재해보상보험법에 의한 장해급여 · 유족급여 · 상병보상연금

⑮특정범죄가중처벌등에관한법률시행령중 다음과 같이 개정한다.

제2조제27호를 다음과 같이 한다.

27. 근로복지공단

법 률	시 행 령	시 행 규 칙
한다. 다만, 심사관은 원처분등의 집행에 의하여 발생하는 중대한 위해를 피하기 위하여 긴급한 필요가 있다고 인정할 때에는 직권으로 그 집행을 정지시킬 수 있다. ②심사관은 제1항단서의 규정에 의하여 집행을 정지시키고자 할 때에는 그 이유를 기재한 문서로 이를 통지하여야 한다. ③직업안정기관의 장은 제2항의 규정에 의한 통지를 받은 때에는 지체없이 그 집행을 정지하여야 한다. ④심사관은 제2항의 규정에 의하여 집행을 정지시킨 때에는 지체없이 이를 심사청구인에게 문서로 통지하여 한다. 제75조의7【심사관의 권한】 ①심사관은 심사의 청구에 대한 심리를 위하여 필요하다고 인정할 때에는 심사청구인의 신청 또는 직권에 의하여 다음 각호의 조사를 할 수 있다. 1. 심사청구인 또는 관계인을 지정장소에 출석하게 하여 질문하거나 의견을 진술하게 하는 것 2. 심사청구인 또는 관계인에게 증거가 될 수 있는 문서 기타 물건을 제출하게 하는 것 3. 전문적인 지식이나 경험을 가진 제3자로 하여금 감정하게 하는 것		

4. 사건에 관계가 있는 사업장이거나 기타 장소에 출입하여 사업주·종업원이나 기타 관계인에게 질문하거나 문서 기타 물건을 검사하는 것

②심사관은 제1항제4호의 규정에 의한 질문과 검사를 행하는 경우에는 그 권한을 표시하는 증표를 관계인에게 내보여야 한다.

제75조의8【실비변상】 제75조의7제1항제1호의 규정에 의하여 지정한 장소에 출석한 자와 동항제3호의 규정에 의하여 감정을 한 감정인에게는 노동부장관이 정하는 실비를 변상한다.

제75조의9【결정】 심사관은 심사의 청구에 대한 심리를 종결한 때에는 원처분등의 전부 또는 일부를 취소하거나 심사청구의 전부 또는 일부를 기각한다.

제75조의10【결정의 방법】 ①제75조의 규정에 의한 결정은 대통령령이 정하는 바에 의하여 문서로 행하여야 한다.

②심사관은 결정을 한 때에는 심사청구인 및 원처분등을 행한 직업안정기관의 장에게 각각 결정서의 정본을 송부하여야 한다.

제75조의11【결정의 효력】 ①결정은 심사청구인 및 직업안정기관의 장에게 결정서의 정본을 송부한 날부터 효력이 발생한다.

②결정은 원처분등을 행한 직업안정기관의 장을 기속한다.

법 률	시 행 령	시 행 규 칙
제76조제4항 및 제5항을 각각 다음과 같이 하고, 동조에 제6항 내지 제8항을 각각 다음과 같이 신설한다. ④다음 각호의 1에 해당하는 자는 위원에 임명될 수 없다. 1. 금치산자 · 한정치산자 또는 파산의 선고를 받고 복권되지 아니한 자 2. 금고이상의 형을 받고 그 형의 집행이 종료되거나 집행을 받지 아니하기로 확정된 후 3년이 경과되지 아니한 자 ⑤위원은 형의 선고를 받았거나 심신쇠약 또는 현저한 능력부족으로 직무를 수행하기 곤란한 때 외에는 그 의사에 반하여 면직되지 아니한다. ⑥상임위원은 정당에 가입하거나 정치에 관여하여서는 아니된다. ⑦심사위원회는 제74조제1항의 규정에 의하여 재심사의 청구를 받은 때에는 50일이내에 재결을 하여야 한다. 이 경우 제75조제2항단서의 규정은 재결기간의 연장에 관하여 이를 준용한다. ⑧심사위원회의 구성 · 운영 및 사무행정조직등에 관하여 필요한 사항은 대통령령으로 정한다. 제76조의2 내지 제76조의5를 각각 다음과 같이 신설한다.		

제76조의2【재심사의 상대방】 재심사의 청구는 원처분등을 행한 직업안정기관의 장을 상대방으로 한다.

제76조의3【심리】 ①심사위원회는 재심사의 청구를 수리한 때에는 그 청구에 대한 심사기일 및 장소를 정하여 심리기일 3일전까지 당사자 및 그 사건을 심사한 심사관에게 통지하여야 한다.

②당사자는 심사위원회에 문서 또는 구두로 그 의견을 진술할 수 있다.

③위원회의 재심사청구에 대한 심리는 공개한다. 다만, 당사자의 쌍방 또는 일방의 신청이 있는 경우에는 공개하지 아니할 수 있다.

④심사위원회는 심리조서를 작성하여야 한다.

⑤당사자 또는 관계인은 제4항의 심리조서의 열람을 신청할 수 있다.

⑥위원회는 당사자 또는 관계인으로부터 제5항의 규정에 의한 열람신청이 있은 때에는 정당한 사유없이 이를 거부하여서는 아니된다.

⑦제75조의7 및 제75조의8은 재심사청구에 대한 심리에 관하여 이를 준용한다. 이 경우 "심사관"은 "삼사위원회"로, "심사의 청구"는 "재심사의 청구"로 "심사청구인"은 "재심사청구인"으로 본다.

법 률	시 행 령	시 행 규 칙
제76조의4【준용규정】 제75조제4항·제5항, 제75조의3, 제75조의4, 제75조의6, 제75조의9, 제75조의10 및 제75조의11의 규정은 심사위원회 및 재심사에 관하여 이를 준용한다. 이 경우 제75조제4항중 "심사관"은 "심사위원회의 위원"으로, "제75조제4항·제75조의10·제75조의11중 "결정"은 "재결"로, 제75조의3·제75조의6·제75조의9중 "심사의 청구"는 "재심사의 청구"로, 제75조의6·제75조의9·제75조의10중 "심사관"은 "심사위원회"로, 제75조의6·제75조의10·제75조의11중 "심사청구인"은 "재심사청구인"으로 본다. 제76조의5【고지】 직업안정기관의 장이 원처분등을 하거나 심사관이 제75조의10제2항의 규정에 의하여 결정서의 정본을 송부하는 경우에는 그 상대방 또는 심사청구인에게 원처분등 또는 결정에 관하여 심사 또는 재심사를 청구할 수 있는지의 여부, 청구하는 경우의 경유절차 및 청구기간을 알려야 한다. 제77조를 다음과 같이 한다. 제77조【다른 법률과의 관계】 ①재심사의 청구에 대한 재결은 행정소송법 제18조를 적용함에 있어서 이를 행정심판에 대한 재결로 본다.		

②심사 및 재심사의 청구에 관하여 이 법에 정하고 있지 아니하는 사항에 대하여는 행정심판법의 규정에 의한다. 제79조제4항을 다음과 같이 한다. ④산업재해보상보험법 제97조의 규정은 소멸시효의 중단에 관하여 이를 준용한다.		
제11조[다른 법령과의 관계] ①이 법 시행 당시 다른 법령에서 종전의 산업재해보상보험법·산업재해보상보험특별회계법·산업재해보상보험업무 및 심사에 관한 법률·근로복지공사법 또는 그 규정을 인용한 경우 이 법중 그에 해당하는 조항이 있을 때에는 종전의 규정에 갈음하여 이 법 또는 이 법의 해당 조항을 인용한 것으로 본다. ②이 법 시행당시 다른 법령에서 종전의 근로복지공사법에 의한 근로복지공사를 인용한 경우에는 이 법에 의한 근로복지지공단을 인용한 것으로 본다.	**제5조[다른법령과의 관계]** 이 영 시행 당시 다른 법령에서 종전의 산업재해보상보험법시행령·산업재해보상보험특별회계법시행령·산업재해보상보험업무및심사에관한법률시행령·근로복지공사법시행령 또는 그 규정을 인용한 경우에 이 영중 그에 해당하는 조항이 있을 때에는 종전의 규정에 갈음하여 이 영 또는 영의 해당 조항을 인용한 것으로 본다.	**제6조[다른 법령과의 관계]** 이 규칙 시행당시 다른 법령에서 종전의 산업재해보상보험법시행규칙·산업재해보상보험특별회계여유자금운용규칙·산업재해보상보험업무및심사에관한법률시행규칙·산업재해보상보험시설의설치및운영에관한규칙 또는 그 규정을 인용한 경우에 이 규칙중 그에 해당하는 조항아 있을 때에는 종전의 규정에 갈음하여 이 규칙 또는 규칙의 해당 조항을 인용한 것으로 본다. **부 칙**(96.3.19) ①(시행일) 이 규칙은 1996년 3월 21일부터 시행한다. 다만, 제26조제1항의 개정규정은 1996년 9월 1일부터 시행한다. ②(적용례) 별표 1의 개정규정은 이 규책 시행후에 발생한 업무상 발병 또는 사망에 대하여, 별표 4의 개정규정은 이 규칙 시행후에 치유가 종료된 신체상 부위별 장해에 대하여 각각 적용한다.

영[별표 1]

평균임금의 증감(제25조제1항관련)

1. 평균임금의 증감은 다음 산식에 의하여 산출한다. 다만, 보험급여중 장해보상연금 및 유족보상연금의 산정을 위한 평균임금의 증감과 평균임금을 증감하여야 할 근로자와 동일한 직종의 근로자가 당해 사업장에 없거나 당해 근로자가 소속한 사업의 폐지·휴업등의 사유로 인하여 통상임금의 변동율을 확인할 수 없는 근로자 및 퇴직한 근로자의 보험급여 산정에 적용할 평균임금의 증감을 제2호의 규정에 의한다.
전회의 평균임금+(전회의 평균임금×전회의 평균임금 산정이후의 통상임금의 변동율)
주 : 1) 이 산식은 통상임금평균액의 변동율이 5/100을 초과하거나, -5/100미만인 경우에 한하여 적용함. 통상임금평균액의 변동율이 -5/100이상, 5/100이하인 경우에는 이를 0으로 본다.
2) 이 산식은 통상임금의 변동이 있은 달의 다음 달의 평균임금의 산정부터 적용함.
3) 통상임금은 당해 근로자가 소속한 사업에서 동일한 직종의 근로자에게 지급되는 1인당 평균액으로 함.
4) 동일한 직종은 통계청장이 고시한 한국표준직업분류상 세분류의 구분에 따른다. 다만, 세분류에 의한 동일한 직종의 근로자가 없는 경우에는 소분류의 구분에 따른 수 있다.
2. 제1호 단서의 규정에 의한 평균임금의 증감방법은 다음과 같다.
가. 업무상재해의 발생일부터 1년간 : 업무상재해 발생일 현재의 당해 근로자의 평균임금
나. 업무상재해발생일부터 1년이후 : 다음의 산식에 의하여 산출된 금액
전회의 평균임금액×(2년전 보험연도의 7월1일부터 1년전 보험연도의 6월30일까지의 전근로자의 월 평균 정액급여/3년전 보험연도의 7월1일부터 2년전 보험연도의 6월30일까지의 전 근로자의 월 평균 정액급여)
주 : 1) 전근로자의 월평균 정액급여는 노동부장관이 통계법 제2조의 규정에 의하여 작성하는 매월 노동통계조사보고서에 의한 전 산업 전근로자의 월별 정액급여의 평균액을 합하여 12로 나눈 금액으로 함.
2) 전회의 평균임금은 산정하고자 하는 평균임금의 직전의 평균임금을, 2년전 보험연도 및 3년전 보험 연도는 각각 산정하고자 하는 평균임금이 속하는 보험연도의 2년전 또는 3년전 보험연도를 말함.
3. 제1호 및 제2호의 규정에 의한 통상임금평균액의 변동율 및 전근로자의 월평균정액급여의 변동을 산정시 0.01% 미만의 단수는 사사오입한다.
4. 제1호의 경우에 있어 한 사업장내 동일직종 근로자의 재해가 같은 달에 2건이상 발생하였을 때에는 1인의 통상임금평균액 변동율을 일괄적용할 수 있다.

영[별표 2]

신체장해등급표(제31조제1항관련)

제1급

1. 두 눈이 실명된 사람
2. 말하는 기능과 음식물을 씹는 기능을 모두 영구적으로 완전히 잃은 사람
3. 신경계통의 기능 또는 정신기능에 뚜렷한 장해가 남아 항상 개호를 받아야 하는 사람
4. 흉복부장기의 기능에 뚜렷한 장해가 남아 항상 개호를 받아야 하는 사람
5. 두 팔을 팔꿈치관절이상에서 잃은 사람
6. 두 팔을 영구적으로 완전히 사용하지 못

하게 된 사람
7. 두 다리를 무릎관절이상에서 잃은 사람
8. 두 다리를 영구적으로 완전히 사용하지 못하게 된 사람

제2급
1. 한 눈이 실명되고 다른 눈의 시력이 0.02이하로 된 사람
2. 두 눈의 시력이 각각 0.02이하로 된 사람
3. 두 팔을 손목관절이상에서 잃은 사람
4. 두 다리를 발목관절이상에서 잃은 사람
5. 신경계통의 기능 또는 정신기능에 뚜렷한 장해가 남아 수시로 개호를 받아야 하는 사람
6. 흉복부장기의 기능에 뚜렷한 장해가 남아 수시로 개호를 받아야 하는 사람.

제3급
1. 한 눈이 실명되고 다른 눈의 시력이 0.06이하로 된 사람
2. 말하는 기능 또는 음식물을 씹는 기능을 영구적으로 완전히 잃은 사람
3. 신경계통의 기능 또는 정신기능에 뚜렷한 장해가 남아 일생동안 노무에 종사할 수 없는 사람
4. 흉복부장기의 기능에 뚜렷한 장해가 남아 일생동안 노무에 종사할 수 없는 사람
5. 두 손의 손가락을 모두 잃은 사람

제4급
1. 두 눈의 시력이 각각 0.06이하로 된 사람
2. 말하는 기능과 음식물을 씹는 기능에 뚜렷한 장해가 남은 사람
3. 고막의 전부의 결손이나 그 외의 원인으로 인하여 두 귀의 청력을 완전히 잃은 사람
4. 한 팔을 팔꿈치관절이상에서 잃은 사람
5. 한 다리를 무릎관절이상에서 잃은 사람
6. 두 손의 손가락을 모두 제대로 못쓰게 된 사람
7. 두 발을 리스푸랑관절이상에서 잃은 사람

제5급
1. 한 눈이 실명되고 다른 눈의 시력이 0.1이하로 된 사람
2. 한 팔을 손목관절이상에서 잃은 사람
3. 한 다리를 발목관절에서 잃은 사람
4. 한 팔을 영구적으로 완전히 사용하지 못하게 된 사람
5. 한 다리를 영구적으로 완전히 사용하지 못하게 된 사람
6. 두 발의 발가락을 모두 잃은 사람
7. 흉복부장기의 기능에 뚜렷한 장해가 남아 특별히 손쉬운 노무외에 종사할 수 없는 사람
8. 신경계통의 기능 또는 정신기능에 뚜렷한 장해가 남아 특별히 손쉬운 노무외에 종사할 수 없는 사람

제6급
1. 두 눈의 시력이 가각 0.1이하로 된 사람
2. 말하는 기능 또는 음식물을 씹는 기능에 뚜렷한 장해가 남은 사람
3. 고막의 대부분의 결손이나 그 외의 원인으로 인하여 두 귀의 청력이 모두 귓바퀴에 대고 말하지 아니하고서는 큰 말소리를 알아 듣지 못하게 된 사람
4. 한 귀가 전혀 들리지 아니하게 되고 다른 귀의 청력이 40센티미터이상의 거리에서는 보통의 말소리를 알아 듣지 못하게 된 사람
5. 척주에 뚜렷한 기형이나 뚜렷한 기능장해가 남은 사람
6. 한 팔의 3대 관절중 2개 관절이 제대로 못쓰게 된 사람
7. 한 다리의 3대 관절중 2개 관절이 제대로 못쓰게 된 사람
8. 한 손의 5개의 손가락 또는 엄지손가락과 둘째 손가락을 포함하여 4개의 손가락을 잃은 사람

제7급
1. 한 눈이 실명되고 다른 눈의 시력이 0.6이하로 된 사람
2. 두 귀의 청력이 모두 40센티미터이상의

거리에서 보통의 말소리를 알아 듣지 못하게 된 사람
3. 한 귀가 전혀 들리지 아니하게 되고 다른 귀의 청력이 1미터이상의 거리에서 보통의 말소리를 알아 듣지 못하게 된 사람
4. 신경계통의 기능 또는 정신기능에 장해가 남아 손쉬운 노무외에는 종사하지 못하는 사람
5. 흉복부장기의 기능에 장해가 남아 손쉬운 노무외에는 종사하지 못하는 사람
6. 한 손의 엄지손가락과 둘째손가락을 잃은 사람 또는 엄지손가락이나 둘째손가락을 포함하여 3개이상의 손가락을 잃은 사람
7. 한 손의 5개의 손가락 또는 엄지손가락과 둘째손가락을 포함하여 4개의 손가락을 제대로 못쓰게 된 사람
8. 한 발을 리스프랑관절이상에서 잃은 사람
9. 한 팔에 가관절이 남아 뚜렷한 운동기능장해가 남은 사람
10. 한 다리에 가관절이 남아 뚜렷한 운동기능장해가 남은 사람
11. 두 발의 발가락을 모두 제대로 못쓰게 된 사람
12. 외모에 뚜렷한 흉터가 남은 여자
13. 양쪽 고환을 잃은 사람

제8급

1. 한 눈이 실명되거나 한 눈의 시력이 0.02이하로 된 사람
2. 척주에 경도의 기형이나 기능장해가 남은 사람
3. 한 손의 엄지손가락을 포함하여 2개의 손가락을 잃은 사람
4. 한 손의 엄지손가락과 둘째손가락을 제대로 못쓰게 된 사람 또는 엄지손가락이나 둘째손가락을 포함하여 3개이상의 손가락을 제대로 못쓰게 된 사람
5. 한 다리가 5센티미터이상 짧아진 사람
6. 한 팔의 3대 관절중 1개 관절을 제대로 못쓰게 된 사람
7. 한 다리의 3대 관절중 1개 관절을 제대로 못쓰게 된 사람
8. 한 팔에 가관절이 남은 사람
9. 한 다리에 가관절이 남은 사람
10. 한 발의 5개의 발가락을 모두 잃은 사람
11. 비장 또는 한쪽의 신장을 잃은 사람

제9급

1. 두 눈이 시력이 각각 0.6이하로 된 사람
2. 한 눈의 시력이 0.06이하로 된 사람
3. 두 눈에 모두 반맹증, 시야협착 또는 시야변상이 남은 사람
4. 두 눈의 눈꺼풀에 뚜렷한 결손이 남은 사람
5. 코가 결손되어 그 기능에 뚜렷한 장해가 남은 사람
6. 말하는 기능과 음식물을 씹는 기능에 장해가 남은 사람
7. 두 귀의 청력이 모두 1미터이상의 거리에서는 큰 말소리를 알아 듣지 못하게 된 사람
8. 한 귀의 청력이 귓바퀴에 대고 말하지 아니하고서는 큰 말소리를 알아 듣지 못하고 다른 귀의 청력이 1미터이상의 거리에서는 보통의 말소리를 알아듣지 못하게 된 사람
9. 한 귀의 청력을 영구적으로 완전히 잃은 사람
10. 한 손의 엄지손가락을 잃은 사람 또는 둘째손가락을 포함하여 2개의 손가락을 잃은 사람 또는 엄지손가락과 둘째손가락외의 3개의 손가락을 잃은 사람
11. 한 손의 엄지손가락을 포함하여 2개의 손가락을 제대로 못쓰게 된 사람
12. 한 발의 엄지발가락을 포함하여 2개이상의 발가락을 잃은 사람
13. 한 발의 발가락을 모두 제대로 못쓰게 된 사람
14. 생식기에 뚜렷한 장해가 남은 사람
15. 신경계통의 기능 또는 정신기능에 장해가 남아 노무가 상당한 정도로 제한된 사람

16. 흉복부장기의 기능에 장해가 남아 노무가 상당한 정도로 제한된 사람

제10급
1. 한 눈의 시력이 0.1이하로 된 사람
2. 말하는 기능 또는 음식물을 씹는 기능에 장해가 남은 사람
3. 14개이상의 치아에 대하여 치과보철을 한 사람
4. 한 귀의 청력이 귓바퀴에 대고 말하지 아니하고서는 큰 말소리를 알아 듣지 못하게 된 사람
5. 두 귀의 청력이 모두 1미터이상의 거리에서는 보통의 말소리를 알아 듣지 못하게 된 사람
6. 척추에 기능장해가 남았으나 보존적 요법으로 치유된 사람
7. 한 손의 둘째손가락을 잃은 사람 또는 엄지손가락과 둘째손가락외의 2개의 손가락을 잃은 사람
8. 한 손의 엄지손가락을 제대로 못쓰게 된 사람 또는 둘째손가락을 포함하여 2개의 손가락을 제대로 못쓰게 된 사람 또는 엄지손가락과 둘째손가락의 3개의 손가락을 제대로 못쓰게 된 사람
9. 한 다리가 3센티미터 이상 짧아진 사람
10. 한 발의 엄지발가락 또는 그 외의 4개의 발가락을 잃은 사람
11. 한 팔의 3대 관절중 1개 관절의 기능에 뚜렷한 장해가 남은 사람
12. 한 다리에 3대 관절중 1개 관절의 기능에 뚜렷한 장해가 남은 사람

제11급
1. 두 눈이 모두 안구의 조절기능에 뚜렷한 장애가 남거나 뚜렷한 운동기능장해가 남은 사람
2. 두 눈의 눈꺼풀에 운동기능장해가 남은 사람
3. 한 눈의 눈꺼풀에 뚜렷한 결손이 남은 사람
4. 한 귀의 청력이 40센티미터이상의 거리에서는 보통의 말소리를 알아 듣지 못하게 된 사람
5. 척주에 기형이 남은 사람
6. 한 손의 가운데손가락 또는 넷째손가락을 잃은 사람
7. 한 손의 둘째손가락을 제대로 못쓰게 된 사람 또는 엄지손가락과 둘째손가락외의 2개의 손가락을 제대로 못쓰게 된 사람
8. 한 발의 엄지발가락을 포함하여 2개이상의 발가락을 제대로 못쓰게 된 사람
9. 흉복부장기의 기능에 장해가 남은 사람
10. 10개이상의 치아에 대하여 치과보철을 한 사람
11. 두 귀의 청력이 모두 1미터이상의 거리에서는 작은 말소리를 알아듣지 못하게 된 사람

제12급
1. 한 눈의 안구의 조절기능에 뚜렷한 장해가 있거나 뚜렷한 운동기능장해가 남은 사람
2. 한 눈의 눈꺼풀에 뚜렷한 운동기능장해가 남은 사람
3. 7개 이상의 치아에 대하여 치과보철을 한 사람
4. 한 귀의 귀바퀴의 대부분이 결손된 사람
5. 쇄골 · 흉골 · 늑골 · 견갑골 또는 골반골에 뚜렷한 기형이 남은 사람
6. 한 팔의 3대 관절중 1개 관절의 기능에 장해가 남은 사람
7. 한 다리의 3대 관절중 1개 과절의 기능에 장해가 남은 사람
8. 장관골에 기형이 남은 사람
9. 한 손의 가운데손가락 또는 넷째손가락을 제대로 못쓰게 된 사람
10. 한 발의 둘째발가락을 잃은 사람 또는 둘째발가락을 포함하여 2개의 발가락을 잃은 사람 또는 가운데발가락이하의 3개의 발가락을 잃은 사람
11. 한 발의 엄지발가락 또는 그 외의 4개의 발가락을 제대로 못쓰게 된 사람
12. 국부에 완고한 신경증상이 남은 사람
13. 외모에 뚜렷한 흉터가 남은 남자
14. 외모에 흉터가 남은 여자

제13급

1. 한 눈의 시력이 0.6이하로 된 사람
2. 한 눈에 반맹증·시야협착 또는 시야변상이 남은 사람
3. 두 눈의 눈꺼풀의 일부에 결손이 남거나 또는 속눈썹에 결손이 남은 사람
4. 5개이상의 치아에 대하여 치과보철을 한 사람
5. 한 손의 새끼손가락을 잃은 사람
6. 한 손의 엄지손가락의 지골의 일부를 잃은 사람
7. 한 손의 둘째손가락의 지골의 일부를 잃은 사람
8. 한 손의 둘째손가락의 말괄절을 굽히고 펼 수 없게 된 사람
9. 한 다리가 1센티미터이상 짧아진 사람
10. 한 발의 가운데발가락이하의 1개 발가락 또는 2개의 발가락을 잃은 사람
11. 한 발의 둘째발가락을 제대로 못쓰게 된 사람 또는 둘째발가락을 포함하여 2개의 발가락을 제대로 못쓰게 된 사람 또는 가운데발가락이하의 3개의 발가락을 제대로 못쓰게 된 사람

제14급
1. 한 눈의 눈꺼풀의 일부에 결손이 남거나 속눈썹에 결손이 남은 사람
2. 3개이상의 치아에 대하여 치과보철을 한 사람
3. 팔의 노출된 면에 손바닥 크기의 흉터가 남은 사람
4. 다리의 노출된 면에 손바닥 크기의 흉터가 남은 사람
5. 한 손의 새끼손가락을 제대로 못쓰게 된 사람
6. 한 손의 엄지손가락과 둘째손가락외의 손가락의 지골의 일부를 잃은 사람
7. 한 손의 엄지손가락과 둘째손가락외 손가락의 말관절을 굽히고 펼 수 없게 된 사람
8. 한 발의 가운데발가락이하의 1개 또는 2개의 발가락을 제대로 못쓰게 된 사람
9. 국부에 신경증상이 남은 사람
10. 외모에 흉터가 남은 남자
11. 한 귀의 청력이 1미터이상의 거리에서는 보통의 말소리를 알아 듣지 못하게 된 사람

〈참고〉
1. 시력의 측정은 국제식 시력표에 의하며, 굴절이상이 있는 사람에 대하여는 원칙적으로 교정시력을 측정한다.
2. 손가락을 잃은 것이란 엄지손가락에 있어서는 지관절, 기타 손가락에 있어서는 제1지관절이상을 잃은 경우를 말한다.
3. 손가락을 제대로 못쓰게 된 것이란 손가락의 말단의 2분의 1이상을 잃거나 중수지관절 또는 제1지관절(엄지손가락에 있어서는 지관절)에 뚜렷한 운동기능장해가 남은 경우를 말한다.
4. 발가락을 잃은 것이란 발가락의 전부를 잃은 경우를 말한다.
5. 발가락을 제대로 못쓰게 된 것이란 엄지발가락에 있어서는 말절의 2분의1이상을 기타의 발가락에 있어서는 말괄절이상을 잃은 경우 또는 중족지관절 또는 제1지관절(엄지발가락에 있어서는 지관절)에 뚜렷한 운동기능장해가 남은 경우를 말한다.

영 [별표 3]

유족보상연금표(제34조관련)

유족보상연금은 다음의 기본금액과 가산금액을 합산한 금액으로 한다.

1. 기본금액
급여기초액(평균임금에 365를 곱하여 얻은 금액)의 100분의 47에 상당하는 금액
2. 가산금액
유족보상연금 수급권자 및 그에 의하여 부양되고 있는 유족보상연금 수급자격자 1인당 급여기초연액의 100분의 5에 상당하는 금액의 합산액. 다만, 그 합금액이 급여기초연액의 100분의 20을 넘을 때에는 급여기초연액의 100분의 20에 상당하는 금액

으로 한다.

[별표 4]

폐 질 등 급 표(제39조제1항관련)

제1급
1. 두 눈이 실명한 사람
2. 말하는 기능과 음식물을 씹는 기능을 모두 영구적으로 완전히 잃은 사람
3. 신경계통의 기능 또는 정신기능에 뚜렷한 장해가 있어 항상 개호를 받아야 하는 사람
4. 흉복부장기의 기능에 뚜렷한 장해가 있어 항상 개호를 받아야 하는 사람
5. 두 팔을 팔꿈치관절이상에서 잃은 사람
6. 두 팔을 영구적으로 완전히 사용하지 못하게 된 사람
7. 두 다리를 무릎관절이상에서 잃은 사람
8. 두 다리를 영구적으로 완전히 사용하지 못하게 된 사람
9. 제1호 내지 제8호에 정한 것과 같은 정도이상의 폐질의 상태에 있는 사람

제2급
1. 두 눈의 시력이 각각 0.02이하로 된 사람
2. 신경계통의 기능 또는 정신기능에 뚜렷한 장해가 있어 수시로 개호를 받아야 하는 사람
3. 흉복부장기의 기능에 뚜렷한 장해가 있어 수시로 개호를 받아야 하는 사람
4. 두 팔을 손목관절이상에서 잃은 사람
5. 두 다리를 발목관절이상에서 잃은 사람
6. 제1호 내지 제5호에 정한 것과 같은 정도이상의 폐질의 상태에 있는 사람

제3급
1. 한 눈이 실명되고 다른 눈의 시력이 0.06이하로 된 사람
2. 말하는 기능 또는 음식물을 씹는 기능을 영구적으로 잃은 사람
3. 신경계통의 기능 또는 정신기능에 뚜렷한 장해가 있어 상시 노무에 종사하지 못하는 사람
4. 흉복부장기의 기능에 뚜렷한 장해가 있어 상시 노무에 종사하지 못하는 사람
5. 두 손의 손가락을 모두 잃은 사람
6. 제3호 및 제4호에 정한 장해외의 장해로 상시 노무에 종사하지 못하는 사람
7. 제1호 내지 제6호에 정한 것과 같은 정도이상의 폐질의 상태에 있는 사람

〈참고〉
1. 시력의 측정은 국제식 시력표에 의하며, 굴절이상이 있는 사람에 대하여는 원칙적으로 교정시력을 측정한다.
2. 손가락을 잃은 것이란 엄지손가락에 있어서는 지관절, 기타 손가락에 있어서는 제1지관절이상을 잃은 경우를 말한다.

영[별표 5]

신체장해등급에따른노동력상실율표
(제41조제2항관련)

등 급	노동력상실율
제1급	100%
제2급	100%
제3급	100%

영[별표 6]

사망자본인의 생활비비율표
(제42조제1항관련)

구 분	생활비비율
부양가족이 없는자	40%
부양가족 1인	35%
부양가족 2인	30%
부양가족 3인이상	25%

비고 : 부양의무자 및 부양가족의 범위는 민법에 의하되, 사실상 혼인관계에 있는 자를 포함한다.

영[별표 7]

취업가능 기간에 대응하는 라이프니츠계수표
(제41조제2항 및 제42조제1항관련)

취업가능월수	계수	취업가능월수	계수
1	0.9958	35	32.5047
2	1.9875	36	33.3657
3	2.9751	37	34.2231
4	3.9586	38	35.0769
5	4.9381	39	35.9272
6	5.9134	40	36.7740
7	6.8847	41	37.6172
8	7.8520	42	38.4570
9	8.8153	43	39.2933
10	9.7746	44	40.1261
11	10.7298	45	40.9554
12	11.6812	46	41.7814
13	12.6286	47	42.6038
14	13.5720	48	43.4229
15	14.5115	49	44.2386
16	15.4472	50	45.0509
17	16.3789	51	45.8598
18	17.3068	52	46.6653
19	18.2309	53	47.4676
20	19.1511	54	48.2665
21	20.0674	55	49.0620
22	20.9800	56	49.8543
23	21.8888	57	50.6433
24	22.7938	58	51.4290
25	23.6951	59	52.2115
26	24.5926	60	52.9907
27	25.4865	61	53.7666
28	26.3766	62	54.5394
29	27.2630	63	55.3089
30	28.1457	64	56.0753
31	29.0247	65	56.8385
32	29.9002	66	57.5985
33	30.7719	67	58.3553
34	31.6401	68	59.1090
69	59.8596	111	88.7249
70	60.6071	112	89.3526
71	61.3514	113	89.9777
72	62.0927	114	90.6002
73	62.8309	115	91.2201
74	63.5661	116	91.8374
75	64.2982	117	92.4522
76	65.0272	118	93.0644
77	65.7532	119	93.6741
78	66.4763	120	94.2813
79	67.1963	121	94.8859
80	67.9133	122	95.4881
81	68.6274	123	96.0877
82	69.3384	124	96.6849
83	70.0466	125	97.2795
84	70.7518	126	97.8717
85	71.4541	127	98.4615
86	72.1534	128	99.0488
87	72.8499	129	99.6336
88	73.5434	130	100.2161
89	74.2341	131	100.7961
90	74.9220	132	101.3737
91	75.6069	133	101.9489
92	76.2891	134	102.5217
93	76.9684	135	103.0922
94	77.6448	136	103.6603
95	78.3185	137	104.2260
96	78.9894	138	104.7894
97	79.6575	139	105.3504
98	80.3228	140	105.9091
99	80.9854	141	106.4655
100	81.6452	142	107.0196
101	82.3023	143	107.5714
102	82.9566	144	108.1209
103	83.6082	145	108.6681
104	84.2572	146	109.2130
105	84.9034	147	109.7557
106	85.5469	148	110.2961
107	86.1878	149	110.8343
108	86.8261	150	111.3703
109	87.4616	151	111.9040
110	88.0946	152	112.4355

153	112.9649	195	133.3207	237	150.4147	279	164.7696
154	113.4290	196	133.7633	238	150.7864	280	165.0818
155	114.0169	197	134.2041	239	151.1566	281	165.3927
156	114.5397	198	134.6431	240	151.5253	282	165.7022
157	115.0602	199	135.0803	241	151.8924	283	166.0105
158	115.5787	200	135.5156	242	152.2580	284	166.3175
159	116.0949	201	135.9492	243	152.6220	285	166.6233
160	116.6091	202	136.3809	244	152.9846	286	166.9277
161	117.1211	203	136.8109	245	153.3457	287	167.2310
162	117.6309	204	137.2391	246	153.7052	288	167.5329
163	118.1387	205	137.6653	247	154.0633	289	167.8336
164	118.6443	206	138.0901	248	154.4199	290	168.1330
165	119.1479	207	138.5129	249	154.7750	291	168.4312
166	119.6493	208	138.9340	250	155.1286	292	168.7282
167	120.1487	209	139.3534	251	155.4808	293	169.0239
168	120.6460	210	139.7710	252	155.8315	294	169.3184
169	121.1413	211	140.1869	253	156.1807	295	169.6117
170	121.6345	212	140.6011	254	156.5285	296	169.9038
171	122.1256	213	141.0135	255	156.8749	297	170.1947
172	122.6147	214	141.4243	256	157.2198	298	170.4843
173	123.1018	215	141.8333	257	157.5633	299	170.7727
174	123.5868	216	142.2406	258	157.9053	300	171.0600
175	124.0699	217	142.6463	259	158.2460	301	171.3461
176	124.5509	218	143.0502	260	158.5852	302	171.6309
177	125.0300	219	143.4525	261	158.9230	303	171.9146
178	125.5070	220	143.8531	262	159.2595	304	172.1971
179	125.9821	221	144.2521	263	159.5945	305	172.4785
180	126.4552	222	144.6493	264	159.9281	306	172.7586
181	126.9263	223	145.0450	265	160.2604	307	173.0376
182	127.3955	224	145.4390	266	160.5912	308	173.3155
183	127.8628	225	145.8314	267	160.9207	309	173.5922
184	128.3281	226	146.2221	268	161.2489	310	173.8677
185	128.7914	227	146.6112	269	161.5756	311	174.1422
186	129.2529	228	146.9987	270	161.9010	312	174.4154
187	129.7124	229	147.3846	271	162.2251	313	174.6876
188	130.1700	230	147.7689	272	162.5478	314	174.9586
189	130.6258	231	148.1516	273	162.8692	315	175.2284
190	131.0796	232	148.5327	274	163.1892	316	175.4972
191	131.5315	233	148.9123	275	163.5080	317	175.7649
192	131.9816	234	149.2902	276	163.8253	318	176.0314
193	132.4298	235	149.6666	277	164.1414	319	176.2968
194	132.8762	236	150.0414	278	164.4562	320	176.5611

321	176.8244	363	186.9475	405	195.4485	447	202.5873
322	177.0865	364	187.1676	406	195.6334	448	202.7426
323	177.3476	365	187.3836	407	195.8174	449	202.8972
324	177.6075	366	187.6052	408	196.0008	450	203.0511
325	177.8664	367	187.8226	409	196.1833	451	203.2044
326	178.1242	368	188.0391	410	196.3652	452	203.3571
327	178.3810	369	188.2547	411	196.5462	453	203.5091
328	178.6367	370	188.4694	412	196.7265	454	203.6606
329	178.8913	371	188.6832	413	196.9061	455	203.8113
330	179.1449	372	188.8961	414	197.0849	456	203.9615
331	179.3974	373	189.1082	415	197.2630	457	204.1110
332	179.6488	374	189.3194	416	197.4403	458	204.2600
333	179.8992	375	189.5296	417	197.6169	459	204.4083
334	180.1486	376	189.7391	418	197.7928	460	204.5559
335	180.3970	377	189.9476	419	197.9679	461	204.7030
336	180.6443	378	190.1553	420	198.1423	462	204.8495
337	180.8906	379	190.3621	421	198.3160	463	204.9953
338	181.1358	380	190.5681	422	198.4889	464	205.1406
339	181.3001	381	190.7732	423	198.6612	465	205.2852
340	181.6233	382	190.9775	424	198.8327	466	205.4293
341	181.8656	383	191.1809	425	199.0035	467	205.5727
342	182.1068	384	191.3834	426	199.1736	468	205.7156
343	182.3470	385	191.5852	427	199.3430	469	205.8578
344	182.5862	386	191.7861	428	199.5117	470	205.9995
345	182.8245	387	191.9861	429	199.6798	471	206.1406
346	183.0617	388	192.1854	430	199.8471	472	206.2811
347	183.2980	389	192.3838	431	200.0137	473	206.4210
348	183.5332	390	192.5813	432	200.1796	474	206.5603
349	183.7675	391	192.7781	433	200.3448	475	206.6991
350	184.0009	392	192.9740	434	200.5094	476	206.8372
351	184.2332	393	193.1692	435	200.6732	477	206.9748
352	184.4646	394	193.3635	436	200.8364	478	207.1119
353	184.6951	395	193.5570	437	200.9989	479	207.2483
354	184.9245	396	193.7497	438	201.1607	480	207.3842
355	185.1531	397	193.9416	439	201.3219	481	207.5196
356	185.3806	398	194.1327	440	201.4824	482	207.6543
357	185.6073	399	194.3230	441	201.6422	483	207.7886
358	185.8330	400	194.5126	442	201.8014	484	207.9222
359	186.0577	401	194.7013	443	201.9599	485	208.0553
360	186.2816	402	194.8893	444	202.1177	486	208.1879
361	186.5045	403	195.0765	445	202.2749	487	208.3199
362	186.7264	404	195.2629	446	202.4314	488	208.4513

489	208.5822	531	213.6165	573	217.8442	615	221.3943
490	208.7126	532	213.7260	574	217.9361	616	221.4716
491	208.8424	533	213.8350	575	218.0276	617	221.5484
492	208.9717	534	213.9436	576	218.1188	618	221.6250
493	209.1005	535	214.0517	577	218.2096	619	221.7012
494	209.2287	536	214.1594	578	218.3000	620	221.7772
495	209.3563	537	214.2666	579	218.3901	621	221.8528
496	209.4835	538	214.3734	580	218.4797	622	221.9281
497	209.6101	539	214.4797	581	218.5690	623	222.0031
498	209.7362	540	214.5856	582	218.6579	624	222.0777
499	209.8618	541	214.6911	583	218.7465	625	222.1521
500	209.9869	542	214.7961	584	218.8347	626	222.2262
501	210.1114	543	214.9007	585	218.9225	627	222.2999
502	210.2354	544	215.0048	586	219.0100	628	222.3734
503	210.3589	545	215.1085	587	219.0971	629	222.4465
504	210.4819	546	215.2118	588	219.1838	630	222.5193
505	210.6044	547	215.3147	589	219.2702	631	222.5919
506	210.7264	548	215.4171	590	219.3562	632	222.6641
507	210.8478	549	215.5191	591	219.4419	633	222.7360
508	210.9688	550	215.6207	592	219.5272	634	222.8077
509	211.0893	551	215.7218	593	219.6121	635	222.8790
510	211.2092	552	215.8226	594	219.6917	636	222.9500
511	211.3287	553	215.9229	595	219.7809	637	223.0208
512	211.4476	554	216.0228	596	219.8648	638	223.0912
513	211.5661	555	216.1223	597	219.9484	639	223.1614
514	211.6841	556	216.2214	598	220.0316	640	223.2313
515	211.8016	557	216.3200	599	220.1144	641	223.3009
516	211.9186	558	216.4183	600	220.1970	642	223.3701
517	212.0351	559	216.5161	601	220.2791	643	223.4392
518	212.1512	560	216.6136	602	220.3610	644	223.5079
519	212.2667	561	216.7106	603	220.4425	645	223.5763
520	212.3818	562	216.8073	604	220.5236	646	223.6444
521	212.4964	563	216.9035	605	220.6044	647	223.7123
522	212.6105	564	216.9993	606	220.6849	648	223.7799
523	212.7242	565	217.0948	607	220.7650	649	223.8472
524	212.8373	566	217.1898	608	220.8449	650	223.9142
525	212.9500	567	217.2845	609	220.9243	651	223.9810
526	213.0623	568	217.3787	610	221.0035	652	224.0474
527	213.1741	569	217.4726	611	221.0823	653	224.1136
528	213.2854	570	217.5661	612	221.1608	654	224.1795
529	213.3962	571	217.6591	613	221.2390	655	224.2452
530	213.5066	572	217.7518	614	221.3168	656	224.3106

657	224.3757		
658	224.4405		
659	224.5051		
660	224.5694		
661	224.6334		
662	224.6971		
663	224.7606		
664	224.8239		
665	224.8868		
666	224.9496		

비고 : 1월미만은 1월로 한다.

영 [별표 8]

보험료율증감표
(제64조제1항 및 제72조제3항관련)

보험료의 금액에 대한 보험급여액의 비율	보험료율에 대한 증감비율
10%까지의 것	40%를 감한다
10%를 넘어 20%까지의 것	35%를 감한다
20%를 넘어 30%까지의 것	30%를 감한다
30%를 넘어 40%까지의 것	25%를 감한다
40%를 넘어 50%까지의 것	20%를 감한다
50%를 넘어 60%까지의 것	15%를 감한다
60%를 넘어 70%까지의 것	10%를 감한다
70%를 넘어 75%까지의 것	5%를 감한다
75%를 넘어 85%까지의 것	0
85%를 넘어 90%까지의 것	5%를 증가한다
90%를 넘어 100%까지의 것	10%를 증가한다
100%를 넘어 110%까지의 것	15%를 증가한다
110%를 넘어 120%까지의 것	20%를 증가한다
120%를 넘어 130%까지의 것	25%를 증가한다
130%를 넘어 140%까지의 것	30%를 증가한다
140%를 넘어 150%까지의 것	35%를 증가한다
150%를 넘는 것	40%를 증가한다

규칙[별표 1]

업무상 질병 또는 업무상 질병으로 인한 사망에 대한 업무상 재해인정기준

(제39조제1항 관련)

1. 뇌혈관질환 또는 심장질환
  가. 근로자가 업무수행중에 다음의 1에 해당되는 원인으로 인하여 뇌실질내출혈 · 지주막하출혈 · 뇌경색 · 고혈압성뇌증 · 협심증 · 심근경색증이 발병되거나 같은 질병으로 인하여 사망이 인정되는 경우에는 이를 업무상 질병으로 본다. 업무수행중에 발병되지 아니한 경우로서 그 질병의 유발 또는 악화가 업무와 상당인과관계가 있음이 시간적 · 의학적으로 명백한 경우에도 또한 같다.
    (1) 돌발적이고 예측곤란한 정도의 긴장 · 흥분 · 공포 · 놀람 등과 급격한 작업환경의 변화로 근로자에게 현저한 생리적인 변화를 초래한 경우
    (2) 업무의 양 · 시간 · 강도 · 책임 및 작업환경의 변화등 업무상 부담이 증가하여 만성적으로 육체적 · 정신적인 과로를 유발한 경우
    (3) 업무수행중 뇌실질내출혈 · 지주막하출혈이 발병되거나 같은 질병으로 사망한 원인이 자연발생적으로 악화되였음이 의학적으로 명백하게 증명되지 아니하는 경우
  나. 가목 (1)에서 "급격한 작업환경의 변화"라 함은 뇌혈관 또는 심장혈관의 정상적인 기능에 뚜렷한 영향을 줄 수 있는 정도의 과중부하를 말한다.
  다. 가목 (2)에서 "만성적인 과로"라 함은 근로자의 업무량과 업무시간이 발병전 3일이상 연속적으로 일상업무보다 30% 이상 증가되거나 발병전 1주일이내에 업무의 양 · 시간 · 강도 · 책임 및 작업환경등이 일반인이 적응하기 어려운 정도로 바뀐 경우를 말한다.
2. 물리적인 인자로 인한 질병
  물리적인 인자에 노출되는 상태에서 업무를 수행하는 근로자에게 다음 각목의 1에 해당되는 증상 또는 소견이 나타나는 경우에는 이를 업무상 질병으로 본다.
  가. 자외선에 노출되는 업무로 인한 전안부(前眼部)질환 또는 피부질환
  나. 적외선에 노출되는 업무로 인한 망막화상 · 백내장 등의 안질환 또는 피부질환
  다. 레이저광선에 노출되는 업무로 인한 망막화상 등의 안질환 또는 피부질환
  라. 마이크로파에 노출되는 업무로 인한 백내장 등의 안질환
  마. 유해방사선에 노출되는 업무로 인한 급성방사선증 · 피부궤양 등의 방사선 피부장해 · 백내장 등의 방사선 안질환 · 방사선 폐렴 · 재생불량성빈혈 등의 조혈기장해 · 골괴사 또는 기타의 방사선장해
  바. 덥고 뜨거운 장소에서의 업무로 인한 일사병 또는 열사병
  사. 고열물체를 취급하는 업무로 인한 제2도이상의 화상
  아. 춥고 차가운 장소에서의 업무 또는 저온물체를 취급하는 업무로 인한 제2도이상의 동상
3. 이상기압으로 인한 질병
  잠수작업 · 잠함실내근무 · 고공근무 등으로 대기압보다 높거나 낮은 환경압조건에 폭로되고 있는 근로자에게 다음 각목의 1에 해당되는 증상 또는 소견이 나타나는 경우에는 이를 업무상 질병으로 본다.
  가. 고기압 또는 저기압조건에 노출된 후 6시간 내지 12시간 이내에 나타나는 다음의 1에 해당되는 장해
    (1) 폐 · 중이 · 부비동 또는 치아 등에 발생한 압착증
    (2) 물안경 또는 헬멧 등과 같은 잠수기기에 의한 압착증
    (3) 질소마취현상 또는 중추신경계 산소독성으로 속발된 건강장해
    (4) 피부 · 근골격계 · 호흡기 · 중추신경계 또는 내이등에 발생한 감압병
    (5) 뇌동맥 또는 관상동맥에 발생한 공기

색전증
(6) 기흉 · 혈기흉 · 종격동 · 심낭 또는 피하기종
(7) 배부 · 복부의 통증 또는 극심한 피로감

나. 고압노출작업환경에 2개월이상 근무하고 있거나 그 업무를 떠난 후 5년 전후에 나타나는 무혈성골괴사의 만성장해. 다만, 만성알콜중독 · 매독 · 당뇨병 · 간경변증 · 간염 · 류마티스성관절 · 고지질혈증 · 혈소판감소증 · 통풍 · 레이노증후군 · 결절성 다발성동맥염 · 알캅톤뇨증 및 약물치료 등 다른 원인에 의한 경우를 제외한다.

4. 소음성 난청

가. 인정기준
(1) 소음이 발생되는 장소에서 5년이상 종사하고 있거나 종사한 경력이 있는 근로자에게 한 귀의 청력손실이 40dB을 초과하는 감각신경성 난청의 증상 또는 소견이 나타나는 경우에는 이를 업무상 질병으로 본다. 다만, 내이염 · 약물중독 · 열성질환 · 메니에르씨증후군 · 매독 · 두부외상 · 돌발성난청 · 노인성난청 또는 재해성 폭발음 등에 의한 경우에는 그러하지 아니하다.
(2) (1)에서 "소음"이라 함은 근로자의 귀 위치에서 90dB(A) 내외를 말한다.

나. 난청의 측정방법
(1) 24시간이상 소음작업을 중단한 후, 의료법 제3조의 규정에 의한 의료기관으로서 방음시설이 잘된 청력검사실을 갖춘 의료기관에서 방음시설이 잘된 청력검사실을 갖춘 의료기관에서 500(a) · 1,000(b) · 2,000(c) 및 4,000(d)헤르쯔의 주파수음에 대한 청력을 측정하여 6분법(a+2b+2c+d/6)으로 판정한다.
(2) 청력검사는 최소 3회이상 순음청력검사를 실시하여 검사에 유의차(有意差)가 없는 것을 확인한 후 그중 최소가청력치를 청력장해로 인정한다.

5. 신체에 과도한 부담을 주는 작업으로 인한 질병

가. 작업자세 및 작업강도등에 의하여 신체에 과도한 부담을 줄 수 있는 작업을 수행한 근로자가 다음의 1에 해당되는 질병에 이환된 경우에는 이를 업무상 질병으로 본다. 다만, 선천성이상 · 류마치스관절염 · 퇴행성질환 · 통풍 등 업무상 질병에 의하지 아니한 장해의 경우에는 그러하지 아니하다.
(1) 근육 · 건 · 골격 또는 관절의 질병
(2) 내장탈(장기 또는 조직의 일부가 자기의 위치에서 다른 부위로 이탈하는 증상)
(3) 경견완증후군으로서 다음 각목의 1에 해당되는 질병
(가) 경추부의 신경 또는 기능장해
(나) 견갑부의 극상근증후군 · 건초염 · 활액낭염
(다) 상완 및 전환부의 상과염을 포함한 건초염 · 수근관증후군
(라) 수지의 압통과 부종을 동반한 운동기능장해

나. 가목 (3)에서 "경견완증후군"이라 함은 상지에 반복적으로 무리한 힘을 가하는 업무에 6월이상 종사한 근로자에게 나타나는 경부 · 견갑부 · 상완부 · 주관절 · 전완부 및 그 이하에서 발생된 근골격계질환을 말한다.

6. 진동장해

착암기 · 병타기 · 동력사슬톱 등의 진동공구를 취급하여 신체국부에 진동폭로를 받는 업무에 상당기간 종사하고 있거나 종사한 경력이 있는 근로자에게 다음 각목의 1에 해당되는 증상 또는 소견이 나타나는 경우에는 이를 업무상 질병으로 본다.

가. 손가락 · 팔목 등에 저림 · 통증 · 냉감 · 뻐근함(뻣뻣함) 등의 자각증상이 지속적 또는 간헐적으로 나타나고, 다음에 해당하는 장해가 나타나거나 그중

어느 하나가 뚜렷이 나타나는 경우
(1) 수지 · 전완 등의 말초순환장해
(2) 수지 · 전완 등의 말초신경장해
(3) 수지 · 전완 등의 골 · 관절 · 근육 · 건 등의 이상으로 인한 운동기능장해
나. 레이노현상의 발현이 인정된 질병
7. 요통
가. 업무수행중 발생한 사고로 인한 요부의 부상(급격한 힘의 작용에 의한 배부 · 연부조직의 손상을 포함한다)으로 인하여 다음의 1에 해당되는 요통이 나타나는 경우에는 이를 업무상 질병으로 본다.
(1) 통상의 동작과 다른 동작에 의해 요부에 급격한 힘의 작용이 업무수행중에 돌발적으로 가하여져서 발생한 요통
(2) 요부에 작용한 힘이 요통을 발생시켰거나 요통의 기왕증 또는 기초질환을 악화시켰음이 의학적으로 인정되는 요통
나. 요부에 과도한 부담을 주는 업무에 비교적 단기간(약 3월이상) 종사하는 근로자에게 나타난 요통 또는 중량물을 취급하는 업무 또는 요부에 과도한 부담을 주는 작업상태의 업무에 장기간(약 10년이상)에 걸쳐서 계속하여 종사하는 근로자에게 나타난 만성적인 요통은 이를 업무상 질병으로 본다. 다만, 방사성학적 소견상 변형성척추증 · 골다공증 · 척추분피증 · 척추체전방전위증 및 추체변연융기등 일반적으로 연령의 증가에 따른 퇴행성 척추변화의 결과로 발생되는 경우를 제외한다.
다. 나목에서 "중량물을 취급하는 업무"라 함은 30㎏이상의 중량물을 노동시간의 1/3이상 취급하는 업무 또는 20㎏이상의 중량물을 노동시간의 1/2이상 취급하는 업무를 말한다.
8. 화학물질로 인한 중독 또는 그 속발증
화학물질을 취급하거나 이에 폭로되는 업무에 종사한 경력이 있는 근로자에게 다음 각목의 1에 해당되는 증상 또는 소견이 나타나는 경우에는 이를 업무상 질병으로 본다.
가. 아연 · 구리 등의 금속흄으로 인한 금속열
나. 불소수지 · 아크릴수지 등 기도점막의 염증 등의 호흡기 질환
다. 검댕 · 광물유 · 옻 · 시멘트 등에 의한 봉와직염 · 습진 · 기타의 피부질환
라. 검댕 · 타르 · 피치 · 아스팔트 · 광물유 · 파라핀 등으로 인한 원발성상피암
마. 목재분진 · 짐승털의 먼지 · 항생물질 등에 의한 알레르기성비염 · 기관지천식 등의 호흡기질환
바. 공기중의 산소농도가 부족한 장소에서의 산소결핍증
9. 염화비닐로 인한 증상 또는 그 속발증
가. 염화비닐에 폭로되는 업무에 종사하거나 종사한 경력이 있는 근로자에게 다음의 1에 해당되는 증상 또는 소견이 나타나는 경우에는 이를 업무상 질병으로 본다.
(1) 간비장증후군
(2) 지골단 용해증
(3) 경피증
(4) 레이노증후군
나. 염화비닐에 폭로되는 업무에 4년이상 근무한 근로자에게 원발성간혈관육종의 증상이 나타나는 경우에는 이를 업무상 질병으로 본다.
10. 타르로 인한 중독 또는 그 속발증
가. 타르에 폭로되는 업무에 2개월이상 종사하거나 종사한 경력이 있는 근로자에게 다음의 1에 해당되는 증상 또는 소견이 나타나는 경우에는 이를 업무상 질병으로 본다. 다만, 타르외의 원인에 의한 피부질환의 경우에는 그러하지 아니하다.
(1) 접촉성피부염
(2) 광과민성피부염
(3) 피부색소이상
(4) 좌창성피부질환

(5) 국소모세혈관확장증
(6) 피치사마귀

나. 타르에 폭로되는 업무에 10년이상 근무한 근로자에게 다음에 1에 해당되는 증상 또는 소견이 나타나는 경우에는 이를 업무상 질병으로 본다.
(1) 원발성폐암
(2) 원발성피부암(원발성상피암)

11. 망간 또는 그 화합물로 인한 중독 또는 그 속발증

가. 망간 또는 그 화합물에 폭로되는 업무에 2월이상 종사하거나 종사한 경력이 있는 근로자에게 다음의 1에 해당되는 증상 또는 소견이 나타나는 경우에는 이를 업무상 질병으로 본다. 다만, 뇌혈관장해 · 일산화탄소중독후 후유증 · 뇌염 또는 뇌염후 후유증 · 다발성경화증 · 윌슨병 · 척수소뇌변성증 · 뇌매독 및 원인이 명확한 말초신경염 등 망간외의 원인에 의한 질환의 경우에는 그러하지 아니하다.
(1) 정신신경증상
(2) 추체외로증상(파킨슨병)

나. 망간 또는 그 화합물에 다량으로 폭로되어 나타나는 급성장해로 폐렴의 증상 또는 소견이 나타나는 경우에는 이를 업무상 질병으로 본다.

12. 연 · 연합금 또는 그 화합물로 인한 중독 또는 그 속발증 연 · 연합금 또는 그 화합물(유기연을 제외한다)에 폭로되는 업무에 종사한 경력이 있는 근로자에게 다음 각목의 1에 해당되는 증상 또는 소견이 나타나는 경우에는 이를 업무상 질병으로 본다.

가. 연창백 · 연선 · 복부산통 · 상습변비 · 관절통 · 근육통 · 신경과민 및 말초신경장해 등 연중독을 의심하게 하는 증상이 2가지이상 나타나는 경우
나. 빈혈소견이 나타나는 경우
다. 신근마비가 나타나는 경우
라. 혈증 연농도가 혈액 100밀리리터중 60㎍이상 검출되는 경우. 다만, 이 경우 혈중 연농도가 60㎍미만으로 나타나는 경우에는 요중연 · ZPP · δ-ALA등의 검사결과에 의한다.

13. 수은 · 아말감 또는 그 화합물로 인한 중독 또는 그 속발증 수은 · 아말감 또는 그 화합물(유기수은을 제외한다. 이하 이 호에서 같다) 또는 그의 증기나 분진 등에 폭로되는 업무에 종사하고 있거나 그 업무에서 떠난 후 3월이 경과되지 아니한 근로자에게 다음 각목의 1에 해당되는 증상 또는 소견이 나타나는 경우에는 이를 업무상 질병으로 본다. 다만, 가목 및 라목의 경우에는 전신마비 · 알코올중독 · 망간중독증 등 다른 원인에 의한 정신신경질환이나 다른 원인에 의한 단백뇨 등 신장질환의 경우를 제외한다.

가. 국소 또는 전신진전 · 보행장해 · 말하는 기능의 장해 등 신경계증상 또는 감정의 항진 · 성격변화등 정신장해가 인정되는 경우
나. 궤양성구내염 · 과다한 타액분비 · 치은염 · 치주농양 등의 구강내질환이 인정되는 경우
다. 안과용 세극등검사에서 수정체 전낭에 적회색의 침착이 일측 또는 양측성으로 확인될 경우
라. 단백뇨등 신장장해가 인정되는 경우
마. 대량 또는 농후한 수은 · 아말감 또는 그 화합물의 증기나 분진등에 폭로되어 한기 · 고열 · 치조농루 · 설사 · 단백뇨등의 신증상 또는 기타의 급성중독현상이 나타나는 경우

14. 크롬 또는 그 화합물에 의한 중독증 또는 그 속발증

가. 크롬 또는 그 화합물에 폭로되는 업무에 2년이상 근무한 경력이 있는 근로자에게 다음의 1에 해당되는 증상 또는 소견이 나타나는 경우에는 이를 업무상 질병으로 본다. 다만, 흡연등 크롬 또는 그 화합물이 아닌 원인에 의한 경우에는 그러하지 아니하다.
(1) 비중격궤양 및 천공, 크롬에 의한

기관지천식등 비강 및 호흡기질환
(2) 크롬으로 인한 자극 또는 알레르기성 접촉피부염
(3) 결막염·결막궤양 등의 안장해
(4) 구강점막장해 또는 치근막염
나. 크롬산 또는 중크롬산과 그 염에 폭로되는 업무에 종사한 경력이 있는 근로자에게 다음의 1에 해당되는 증상 또는 소견이 나타나는 경우에는 이를 업무상 질병으로 본다.
(1) 원발성 폐암
(2) 비강·부비강·후두의 원발성암
다. 크롬 또는 그 화합물에 다량으로 폭로되어 나타나는 급성장해로 다음의 1에 해당되는 증상 또는 소견이 나타나는 경우에는 이를 업무상 질병으로 본다.
(1) 급성 호흡기질환
(2) 신장장해·간장장해 등 급성 중독
15. 카드뮴 또는 그 화합물로 인한 중독 또는 그 속발증
가. 카드뮴 또는 그 화합물에 폭로되는 업무에 2년이상 근무한 경력이 있는 근로자에게는 다음의 1에 해당되는 증상 또는 소견이 나타나는 경우에는 이를 업무상 질병으로 본다.
(1) 세뇨관성 신질환
(2) 만성 폐질환
나. 카드뮴 또는 그 화합물에 다량으로 폭로된 근로자에게 다음의 1에 해당되는 증상 또는 소견이 나타나는 경우에는 이를 업무상 질병으로 본다.
(1) 화학성 폐렴
(2) 급성 위장관계질환
16. 벤젠으로 인한 중독 또는 그 속발증
가. 벤젠에 폭로되는 업무에 종사하고 있거나 그 업무를 떠난 후 6월이 경과되지 아니한 근로자에게 다음의 1에 해당되는 증상 또는 소견이 나타나는 경우에는 이를 업무상 질병으로 본다. 다만, 혈액질환과 피부질환의 경우에 소화기질환·철분결핍성빈혈등 영양부족 및 만성소모성질환등 다른 원인에 의한 경우에는 그러하지 아니하다.
(1) 빈혈·백혈구감소증·혈소판감소증
(2) 백혈병·다발성골수종·재생불량성빈혈
(3) 급성 또는 만성 피부염
나. 대량 또는 고농조의 벤젠증기를 흡입하여 두통·현기증·구역·구토·흉부압박감·흥분상태·경련·섬망·혼수상태 기타 급성중독증상이 나타나는 경우에는 이를 업무상 질병으로 본다.
17. 지방족 및 방향족 화합물중 유기용제로 인한 중독 또는 그 속발증
가. 지방족 및 방향족화합물중 유기용제(톨루엔·크실렌·스티렌·사이클로헥산·노말헥산 등)에 폭로되는 업무에 종사하거나 그 업무를 떠난 후 3월이 경과되지 아니한 근로자에게 다음의 1에 해당되는 증상 또는 소견이 나타나는 경우에는 이를 업무상 질병으로 본다.
(1) 급성 또는 만성의 피부염
(2) 결막염·각막염 또는 비염 등의 점막자극질환
(3) 중추신경장해. 다만, 뇌손상·간질·알코올이나 약물중독 및 동맥경화증 등에 의한 질환을 제외한다.
(4) 말초신경장해. 다만, 당뇨병·알코올·척추손상·납·비소·아크릴아미드·이황화탄소 등 다른 원인에 의한 질환을 제외한다.
(5) 간장장해. 다만, 바이러스성간염·알코올성간염 등에 의한 질환을 제외한다.
(6) 신장장해. 다만, 고혈압·당뇨 등 다른원인에 의한 질환을 제외한다.
나. 고농도의 유기용제를 대량 흡입하여 의식장해·경련 기타 급성중독증상이 나타나는 경우에는 이를 업무상 질병으로 본다.
18. 트리클로로에틸렌으로 인한 중독 또는 그 속발증
가. 트리클로로에틸렌에 폭로되는 업무에 종사하였거나 또는 그 업무를 떠난지 3

월이 경과되지 아니한 근로자에게 다음의 1에 해당되는 증상 또는 소견이 나타나는 경우에는 이를 업무상 질병으로 본다.

(1) 급성 또는 만성의 피부염(건조성·구열성 등)

(2) 결막염 또는 비염 등의 점막자극질환

(3) 중추신경장해. 다만, 뇌손상·간질·알코올이나 약물중독 및 동맥경화증 등에 의한 질환을 제외한다.

(4) 말초신경장해. 다만, 당뇨병·알코올·척추손상·납·비소·아크릴아미드·이황화탄소등 다른 원인에 의한 질환이 아니어야 한다.

(5) 간장장해. 다만, 바이러스성간염·알코올성간염등에 의한 질환을 제외한다.

(6) 신장장해. 다만, 고혈압·당뇨등 다른 원인에 의한 질환을 제외한다.

나. 고농도의 트리클로로에틸렌에 폭로되어 의식장해·보행장해등의 중추신경장해 또는 호흡기장해등 기타의 급성중독 또는 그 속발증을 보이는 경우에는 이를 업무상 질병으로 본다.

19. 디이소시아네이트로 인한 중독 또는 그 속발증

디이소시아네이트(TDI·MDI·HDI 등)에 폭로되는 업무에 종사한 경력이 있는 근로자에게 다음의 1에 해당되는 증상 또는 소견이 나타나는 경우에는 이를 업무상 질병으로 본다. 다만, 내인성천식 또는 다른 항원물질에 외인성천식등 다른 원인에 의한 질병의 경우에는 그러하지 아니하다.

가. 피부염 또는 알레르기 접촉피부염등 피부질환

나. 각막염 또는 결막염등 안질환

다. 기관지염 또는 과민성폐장염등 호흡기질환

라. 디이소시아네이트 특이항원(Specific 1 gE)이 발견되고, 작업에 따른 최고호기유속의 변화를 나타내며, 메타콜린 유발시험에 양성인 기관지천식

마. 원인물질에 의한 유발시험에 양성인 기관지천식

20. 이황화탄소(CS_2)로 인한 중독 또는 그 속발증

가. 10ppm내외의 CS_2증기에 폭로되는 업무에 2년이상 근무한 근로자에게 다음의 1에 해당되는 증상 또는 소견이 나타나는 경우에는 이를 업무상 질병으로 본다.

(1) 망막의 미세혈관류·다발성뇌경색증·신장조직검사상 모세관간사구체경화증중 하나가 있는 경우. 다만, 당뇨병·고혈압·혈관장해등 CS_2외의 원인에 의한 질병을 제외한다.

(2) 미세혈관류를 제외한 망막병변·다발성말초신경병변·시신경염·관상동맥성심장질환·중추신경기능장해 또는 정신장해중 2가지 이상이 있는 경우. 다만, 당뇨병·고혈압·혈관장해등 CS_2외의 원인에 의한 질병을 제외한다.

(3) (2)의 장해중 1가지가 있고, 신장장해·간장장해·조혈계장해·생식계장해·감각신경성난청·고혈압증중 1가지 이상이 있는 경우

나. 20ppm이상의 CS_2증기에 2주이상 폭로되고 있는 근로자에게 의식혼탁·섬망·정신분열증 및 조울증과 같은 정신이상증세가 갑작스럽게 나타나는 경우에는 이를 업무상 질병으로 본다.

다. 대량 또는 고농도의 CS_2증기에 폭로되어 의식장해등의 급성중독증상이 나타나는 경우에는 이를 업무상 질병으로 본다.

21. 석면으로 인한 질병

석면에 폭로되는 업무에 종사한 경력이 있는 근로자에게 다음 각목의 1에 해당되는 증상 또는 소견이 나타나는 경우에는 이를 업무상 질병으로 본다.

가. 석면폐증

나. 원발성 폐암 또는 악성 중피종중 다음

의 1에 해당되는 경우 (1) 석면폐증과 동반한 경우 (2) 늑막비후 · 초자성비후 · 판상석회화 · 담액증 · 석면소체 또는 석면섬유를 동반하거나 발견되는 경우 (3) (1) 또는 (2)의 소견은 없지만 석면에 10년이상 폭로된 경우. 다만, 폭로기간이 10년미만인 경우에도 흡연력 · 석면폭로력 · 폭로후 발병까지의 기간등을 참작하여 석면으로 인한 질병으로 인정되는 경우를 포함한다. 22. 세균 · 바이러스등의 병원체로 인한 질병 세균 · 바이러스등의 병원체에 감염될 우려가 있는 업무에 종사한 근로자에게 다음 각목의 1에 해당되는 증상 또는 소견이 나타나는 경우에는 이를 업무상 질병으로 본다. 가. 환자의 진료 · 간호업무 또는 연구목적으로 병원체를 취급하는 업무로 인한 전염성질환 나. 동물이나 짐승의 털 기타 동물성물질을 취급하는 업무로 인한 브루셀라증 · 탄저병 · 단독 · 페스트 · 두창 다. 옥외노동에 기인한 양충병 라. 습윤지에 있어서의 업무로 인한 와일병	

규칙【별표 2】

장해계열표(제40조제3항 관련)

부위		기질적 장해	기능적 장해	계열번호
눈	안구(眼球) (두눈)		시력장해 조절기능장해 운동기능장해 시야장해	1 2 3 4
	눈꺼풀(좌, 우)	결손장해	운동기능장해	5
귀	내이(內耳)등		청력장해	6
	귓바퀴(좌, 우)	결손장해		7
코		결손 및 기능장해		8
입		치아장해	말하는 기능 또는 음식물을 씹는 기능의 장해	9 10
신경 및 정신		신경계통의 기능 또는 정신기능의 장해		11
두부 · 안면 · 경부		흉터장해		12
흉복부장기등 (외부생식기 포함)		흉복부장기등의 장해		13
체간(體幹)	척주	변형장해	기능장해	14
	기타의 체간골	변형장해(쇄골, 흉골, 늑골, 견갑골 또는 골반골)		15
팔	팔(좌, 우)	결손장해 변형장해(상완골 또는 전완골) 흉터장해	기능장해	16 17 18
	손가락(좌, 우)	결손장해	기능장해	19
다리	다리(좌, 우)	결손장해 변형장해(대퇴골 또는 하퇴골) 단축장해 흉터장해	기능장해	20 21 22 23
	발가락(좌, 우)	결손장해	기능장해	24

규칙【별표 3】

신체의 제관절 표준각도(제41조제1항 관련)

구분 관절명		측정부위	측정각도	운동가능영역
척주	경 부(頸部)	전굴(前屈)	115 - 120도 -	110 - 120도
		후굴(後屈)	125 - 130도 -	
		좌굴(左屈)	125 - 130도 -	100 - 110도
		우굴(右屈)	125 - 130도 -	
		좌회선(左廻旋)	70 - 75도 -	140 - 150도
		우회선(右廻旋)	70 - 75도 -	
	흉요추(胸腰椎)	전굴	130 - 135도 -	75 - 85도
		후굴	145 - 150도 -	
		좌굴	135 - 140도 -	80 - 90도
		우굴	135 - 140도 -	
		좌회선	50 - 55도 -	100 - 110도
		우회선	50 - 55도 -	
어 깨 관 절		전상방거상(前上方擧上)	180도	
		측상방거상(側上方擧上)	180도	
		후방거상(後方擧上)	45 - 50도	
		회내(回內)	110-115도-	125 - 135도
		회외(回外)	15- 20도-	
팔 꿈 치 관 절		신전(伸前)	180도	
		굴곡(屈曲)	30 - 35도 -	
		회내	20- 25도	145 - 150도
		회외	185-190도	
손 목 관 절		배굴(背屈)	115 - 120도 -	120 - 130도
		장굴(掌屈)	115 - 120도 -	
중수지절관절 (中手指節關節)		엄지손가락(拇指)	신전 185 - 190도 - 굴곡 115 - 120도 -	65 - 75도
		둘째손가락(示指)	신전 195 - 200도 - 굴곡 95 - 100도 -	95 - 105도
		가운데손가락(中指)	신전 195 - 200도 - 굴곡 95 - 100도 -	95 - 105도
		약손가락(藥指)	신전 200 - 205도 - 굴곡 95 - 100도 -	100 - 110도
		새끼손가락(小指)	신전 200 - 205도 - 굴곡 95 - 100도 -	100 - 110도
손가락관절(指關節)		엄지손가락	신전 210 - 215도 - 굴곡 105 - 110도 -	100 - 110도
제1관절		둘째손가락	신전 180도 - 굴곡 70 - 75도 -	105 - 110도
		가운데손가락	신전 185 - 190도 - 굴곡 70 - 75도-	110 - 120도

구 분 / 관절명	측 정 부 위	측 정 각 도	운동가능영역
	약손가락	신전 185 - 190도 - 굴곡 65 - 70도 -	115 - 125도
	새끼손가락	신전 180도 - 굴곡 75 - 80도 -	100 - 105도
제2관절	둘째손가락	신전 180도 - 굴곡 100 - 105도 -	75 - 80도
	가운데손가락	신전 180도 - 굴곡 95 - 100도-	80 - 85도
	약손가락	신전 180도 - 굴곡 100 - 105도 -	75 - 80도
	새끼손가락	신전 180도 - 굴곡 100 - 105도	75 - 80도
고관절(股關節)		신전 205 - 210도 - 굴곡 45 - 50도 -	155 - 165도
		내전 30 - 35도 - (內轉) 외전 55 - 60도 - (外轉)	85 - 95도
		회내 50 - 55도 - 회외 65 - 70도 -	115 - 125도
무 릎 관 절		신전 180도 - 굴곡 35 - 45도 -	135 - 145도
발 목 관 절		신전 155 - 160도 - 굴곡 70 - 75도 -	80 - 90도
중족지절관절 (中足指節關節)	엄지발가락	배굴 110 - 115도 - 척굴 150 - 155도 - (蹠屈)	90 - 100도
	둘째발가락	배굴 110 - 115도 - 척굴 165 - 170도 -	75 - 85도
	가운데발가락	배굴 115 - 120도 - 척굴 165 - 170도 -	70 - 80도
	네째발가락	배굴 120 - 125도 - 척굴 170 - 175도 -	60 - 70도
	새끼발가락	배굴 135 - 140도 - 척굴 155 - 160도 -	60 - 70도
지관절(指關節)	엄지발가락	신전 180도 - 굴곡 140 - 145도 -	35 - 40도
제1지관절	둘째발가락	신전 170 - 175도 - 굴곡 145 - 150도 -	35 - 45도
	가운데발가락	신전 160 - 165도 - 굴곡 150 - 155도 -	40 - 50도
	네째발가락	신전 165 - 170도 - 굴곡 155 - 160도 -	30 - 40도
	새끼발가락	신전 165 - 170도 - 굴곡 140 - 145도 -	45 - 55도

규칙【별표 4】

신체부위별 장해등급결정

(제42조 관련)

1. 눈의 장해
 가. 시력의 장해
  (1) 시력의 측정
   (가) 시력의 측정은 국제시력표를 사용한다. 다만, 국제시력표만으로 시력의 정확한 측정이 곤란한 경우에는 문자도형등의 시표를 사용하는 시시력표등에 의한 시력측정방법을 함께 사용할 수 있다.
   (나) 굴절이상이 있는 자에 대한 시력은 안견(콘택트렌즈를 제외한다)으로 교정한 시력으로 한다. 다만, 부등상증(不等像症)이 생겨 양안시(兩眼視)가 곤란하게 되는 것이 의학적으로 인정되는 경우에는 나안(裸眼)으로 측정한 시력으로 할 수 있다.
  (2) 장해의 등급
   (가) 영 별표 2에서 "실명"이라 함은 안구를 망실한 경우 또는 명암을 가리지 못하거나 겨우 가릴 수 있는 경우를 말한다.
   (나) 영 별표 2에서 "안구의 조절기능에 뚜렷한 장해가 남은 사람"이라 함은 안구의 조절력이 통상의 2분의 1이하로 감소된 자를 말한다. 다만, 50세이상인 자는 장해급여의 대상으로 인정하지 아니한다.
   (다) 영 별표 2에서 "안구에 뚜렷한 운동기능장해가 남은 사람"이라 함은 안구의 주시야의 넓이가 2분의 1이하로 감소된 자를 말한다. 이 경우 일안시(一眼視)의 정상각도는 약 50°, 양안시의 정상각도는 45°를 말한다.
   (라) 영 별표 2에서 "반맹증, 시야협착 또는 시야변상이 남은 사람"이라 함은 8방향의 시야의 각도의 합계가 정상시야의 각도의 60%이하로 된 자를 말한다. 이 경우 시야의 측정은 희스넬야계에 의하며, 암점은 절대암점을 채용하고 비교암점을 채용하지 아니한다.
 나. 눈꺼풀의 장해
  (1) 영 별표 2에서 "눈꺼풀에 뚜렷한 결손이 남은 사람"이라 함은 보통으로 눈을 감았을 경우 각막이 완전히 덮히지 아니하는 자를 말한다.
  (2) 영 별표 2에서 "눈꺼풀에 일부에 결손이 남은 사람"이라 함은 보통으로 눈을 감았을 경우 각막을 완전히 덮을 수 있으나 흰자위가 노출되는 자를 말한다.
  (3) 영 별표 2에서 "속눈썹에 결손이 남은 사람"이라 함은 속눈썹 언저리의 2분의 1에 걸쳐 결손이 남은 자를 말한다.
  (4) 영 별표 2에서 "눈꺼풀에 뚜렷한 운동기능장해가 남은 사람"이라 함은 보통으로 눈을 떴을 경우 동공령(瞳孔領)을 완전히 덮어 버리거나 눈을 감았을 경우 동공령을 완전하게 덮을 수 없는 자를 말한다.
 다. 준용등급결정
  (1) 안구에 뚜렷한 운동기능장해가 남은 경우에 해당되지 아니하나 정면시(正面視)에서 복시(複視)가 발생하여 양안시함으로써 고도의 두통 · 현기증등이 생겨 노동에 뚜렷한 지장을 초래하는 경우에는 제12급을 인정한다.
  (2) 좌 · 우 · 상 · 하시등에서만 복시가 발생하여 노동에 뚜렷한 지장을 초래하지 아니하나 경도의 두통 · 안정(眼精)피로가 있는 경우에는 제14급을 인정한다.
  (3) 외상성산동(散瞳)
   (가) 한 눈의 동공의 대광반사(對光反射)기능의 장해에 따른 수명(羞明)으로 인하여 노동에 뚜렷한 지장을 초래하는 경우에는 제12급을

인정한다.

(나) 한 눈의 동공의 대광반사기능이 불충분하여 수명으로 인하여 노동에 지장을 초래하는 경우에는 제14급을 인정한다.

(다) 두 눈이 (가)의 규정에 해당될 경우에는 제11급을 인정한다.

(라) 두 눈이 (나)의 규정에 해당될 경우에는 제12급을 인정한다.

(마) 외상성산동과 시력장해 또는 조절기능장해가 있는 경우에는 조정의 방법에 의하여 준용등급을 결정한다.

2. 귀의 장해

가. 청력의 장해

(1) 청력의 측정

(가) 청력의 측정은 별표 1의 제4호 나목의 규정에 의한 검사방법에 의한다.

(나) 직업성 난청의 경우의 청력검사는 90폰이상의 소음에 피폭된 날부터 7일이 경과된 후 행하며, 청력검사전 90일이전에 90폰이상의 소음에 피폭된 일이 없는 경우에는 당해 청력검사치에 의한다.

(다) 직업성 난청의 경우 청력검사일이전 8일 내지 90일사이에 90폰이상의 소음에 피폭된 일이 있는 자에 대하여는 검사일후 다시 7일간의 간격으로 청력검사를 실시하여 유의치(有意差)가 없는 것을 확인한 후 그 검사치를 기초로 한다.

(라) 급성으로 생기는 재해성 난청에 대하여는 급성 음향성 청기장해(急性 音響性 聽器障害)로 하여 직업성 난청과 구분한다.

(마) 음향성 난청(재해성 난청)에 대한 장해등급은 요양종결후 30일의 간격으로 3회이상 청력검사를 실시하여 유의차가 없는 경우 그 검사치를 기초로 한다.

(바) 직업성난청의 치유시기는 당해 근로자가 직업성난청이 유발될 수 있는 장소에서의 업무를 떠났을 때로 하며, 당해 장해에 대한 등급결정도 치유시기 이후에 행하여야 한다.

(2) 장해의 등급

다음 표와 같다. 다만, 청력손실에 의한 측정치가 41～59dB로서 어음명료도 검사상 최량명료도가 50%미만인 경우에는 한 귀는 제11급, 두 귀는 제7급으로 하고, 최량명료도가 50%이상이거나 어음명료도 검사를 실시하지 못한 경우에는 한 귀는 제14급, 두 귀는 제12급으로 인정한다.

청력손실에 의한 측정치{미국규격협회(American standards Association)기준}	한 귀의 경우	두 귀의 경우
80dB이상	제 9급	제4급
79～70dB	제10급	제6급
69～60dB	제11급	제7급

나. 귓바퀴의 장해

(1) 영 별표 2에서 "귀바퀴의 대부분이 결손된 사람"이라 함은 귓바퀴의 연골부의 2분의 1이상 잃은 자를 말한다.

(2) 귓바퀴 연골부의 2분의 1미만의 결손으로서 외모의 단순한 흉터정도인 경우에는 남자는 제14급, 여자는 제12급을 인정한다.

다. 준용등급결정

(1) 고막의 외상성천공(穿孔)과 그에 따른 이루(耳漏)는 수술적 처치후 청력장해가 남으면 당해 장해의 정도에 따라 등급을 결정하여야 한다. 이 경우 청력장해가 장해등급에 해당되지 아니하지만 항상 이루가 있는 경우에는 제12급을 인정한다.

(2) 난청이 있고 현저한 이명(耳鳴)이 항상 있는 경우에는 그 증상을 타각

적 검사에 의하여 입증가능한 경우 제12급을 인정한다.

(3) 내이의 손상으로 인한 평형기능(平衡機能)장해에 대하여는 신경계통의 기능장해에 준하여 등급을 결정한다.

(4) 내이의 기능장해로 인하여 평형기능장해와 청력장해가 있는 경우에는 이를 조정의 방법에 의하여 준용등급을 결정한다.

3. 코의 장해

가. 영 별표 2에서 "코의 결손"이라 함은 코 연골부의 전부 또는 대부분을 잃은 경우를 말한다.

나. 영 별표 2에서 "기능에 뚜렷한 장해가 남은 사람"이라 함은 코로 숨쉬기가 곤란한 자 또는 후각상실자(嗅覺喪失者)를 말한다.

다. 코의 결손이 가목의 규정에 의한 정도가 아닌 단순한 외모의 흉터정도인 경우에는 남자는 제14급, 여자는 제12급을 인정한다.

라. 코의 기능장해만 남은 경우에는 그 기능장해가 후각상실 또는 코로 숨쉬기가 곤란한 경우 제12급, 후각감퇴인 경우 제14급을 각각 인정한다.

4. 입의 장해

가. 말하는 기능의 장해

(1) 영 별표 2에서 "말하는 기능을 영구적으로 완전히 잃은 사람"이라 함은 구순음 · 치설음 · 구개음 · 후두음중 3종이상의 발음을 할 수 없게 된 자를 말한다.

(2) 영 별표 2에서 "말하는 기능에 뚜렷한 장해가 남은 사람"이라 함은 (1)의 규정에 의한 4종의 어음중 2종의 발음을 할 수 없는 자 또는 철음(綴音)기능의 장해로 인하여 언어만으로는 의사소통을 할 수 없게 된 자를 말한다.

(3) 영 별표 2에서 "말하는 기능에 장해가 남은 사람"이라 함은 (1)의 규정에 의한 4종의 어음중 1종의 발음을 할 수 없는 자를 말한다.

나. 음식물을 씹는 기능의 장해

(1) 음식물을 씹는 기능의 장해는 상하교합(咬合)과 배열상태 및 아래턱의 개폐운동등에 의하여 결정하여야 한다.

(2) 영 별표 2에서 "음식물은 씹는 기능을 영구적으로 완전히 잃은 사람"이라 함은 유동식(流動食)이외에는 섭취할 수 없는 자를 말한다.

(3) 영 별표 2에서 "음식물을 씹는 기능에 뚜렷한 장해가 남은 사람"이라 함은 미음 또는 이에 준하는 정도의 음식물이외에는 섭취할 수 없는 자를 말한다.

(4) 영 별표 2에서 "음식물을 씹는 기능에 장해가 남은 사람"이라 함은 고형식(固形食)을 섭취할 수 있으나 이에 제한이 있어서 음식물을 씹는 기능이 불충분하게 된 자를 말한다.

다. 치아의 장해

(1) 영 별표 2에서 "치과보철(補綴)을 한 사람"이라 함은 망실 또는 뚜렷하게 결손된 치아에 대한 보철을 한자를 말한다.

(2) 유상의치(有床義齒) 또는 가교(架橋)의치 등을 보철한 경우의 지대관 또는 구(鉤)의 장착한 치아와 포스트 · 인레이만을 하게 된 치아는 보철한 치수에 산입하지 아니한다.

(3) 망실된 치아가 크거나 치아와 치아사이의 간격으로 인하여 망실된 치아의 수와 의치의 치아의 수가 다른 경우에는 망실된 치아의 수에 따라 장해등급을 결정한다.

라. 준용등급결정

(1) 식도의 협착 · 혀의 이상 · 인후지배신경의 마비등으로 생기는 연하(嚥下)장해에 대하여는 당해 장해의 정도에 따라 음식물을 씹는 기능의 장해등급을 인정한다.

(2) 미각(味覺)상실

(가) 두부외상 기타 턱주위 조직의 손

상과 혀의 손상으로 생긴 미각상실에 대하여는 제12급을 인정한다.

(나) 미각장해는 테스트페퍼와 각종 약물에 의한 검사 결과가 전부 무반응일 경우에만 미각상실로 인정하고, 그 정도에 미달되는 경우에는 장해급여의 대상으로 인정하지 아니한다.

(다) 미각장해에 대하여는 요양이 종료되고 6월이 경과된 후 등급을 결정한다.

(3) 신체장해등급표에 조합등급으로 정하여져 있지 아니한 음식물을 씹는 기능과 말하는 기능의 장해에 대하여는 각각의 장해가 해당되는 등급에 따라 조정의 방법에 의하여 준용등급을 결정한다.

(4) 성대마비로 인한 뚜렷한 쉰목소리는 제12급을 인정한다.

5. 신경계통의 기능 또는 정신기능의 장해

가. 중추신경계(뇌)의 장해

(1) 영 별표 2에서 "신경계통의 기능 또는 정신기능에 뚜렷한 장해가 남아 항상 개호를 받아야 하는 사람"이라 함은 중도의 신경계통의 기능 또는 정신기능장해로 인하여 개호없이는 자력으로 일상생활을 전혀 할 수 없거나 고도의 치매·정의(情意)의 황폐등의 정신증상으로 항상 감시가 필요한 자를 말한다.

(2) 영 별표 2에서 "신경계통의 기능 또는 정신기능에 뚜렷한 장해가 남아 수시로 개호를 받아야 하는 사람"이라 함은 고도의 신경계통의 기능 또는 정신기능장해로 인하여 생명유지에 필요한 일상생활의 처리동작에 수시로 개호를 필요로 하거나 치매·정의의 장해·환각망상·발작성의식장해의 다발등으로 인하여 수시로 타인의 감시가 필요한 자를 말한다.

(3) 영 별표 2에서 "신경계통의 기능 또는 정신기능에 뚜렷한 장해가 남아 일생동안 노무에 종사할 수 없는 사람"이라 함은 (2)의 규정에 의한 정도에는 미치지 아니하나 고도의 신경계통의 기능 또는 정신기능의 장해로 인하여 대뇌소증상·인격변화 또는 기억장해 등이 남아 일생동안 노무에 종사할 수 없는 자를 말한다.

(4) 영 별표 2에서 "신경계통의 기능 또는 정신기능에 뚜렷한 장해가 남아 특별히 손쉬운 노무외에는 종사할 수 없는 사람"이라 함은 신경계통의 기능 또는 정신기능의 뚜렷한 장해로 인하여 노동능력이 일반평균인의 4분의 1정도만 남아 일생동안 손쉬운 노무외의 노무에는 종사할 수 없는 자를 말한다.

(5) 영 별표 2에서 "신경계통의 기능 또는 정신기능에 뚜렷한 장해가 남아 손쉬운 노무외에는 종사하지 못하는 사람"이라 함은 중등도의 신경계통의 기능 또는 정신기능의 장해로 인하여 노동능력이 일반평균인의 2분의 1정도만 남은 자를 말한다.

(6) 영 별표 2에서 "신경계통의 기능 또는 정신기능에 장해가 남아 노무가 상당한 정도로 제한된 사람"이라 함은 노동능력이 어느 정도 남아 있으나 신경계통의 기능 또는 정신기능의 장해로 인하여 취업가능한 직종의 범위가 상당한 정도로 제한된 자로서 다음의 1에 해당되는 자를 말한다.

(가) 신체적 능력은 정상이나 뇌손상에 의한 정신적 결손 증상이 인정되는 자

(나) 전간(癲癎)발작과 현기증이 나타날 가능성이 의학적·타각적(他覺的) 소견으로 증명되는 자

(다) 경도의 사지의 단(單)마비가 인정되는 자

(7) 노동능력은 있으나 신경계통의 기능 또는 정신기능의 감각장해·추체로

(錐體路)증상과 추체외로(錐體外路) 증상을 수반하지 아니하는 정도의 마비 · 기뇌촬영(氣腦撮影)으로 증명된 경도의 뇌위축 및 뇌파이상등이 의학적으로 인정되거나 경미한 자각증상인 경우에도 이러한 이상소견이 의학적으로 인정되는 경우에는 제12급을 인정한다.

(8) 노동능력은 있으나 신경계통의 기능 또는 정신기능의 장해에 대한 의학적 소견이 인정되는 경우 또는 두통 · 현기증 · 피로감등의 자각증상이 의학적으로 인정되는 경우에는 제14급을 인정한다.

나. 척수의 장해

(1) 생명유지에 필요한 일상생활의 처리동작에 대하여 항상 개호를 받아야 하는 자는 제1급을 인정한다.

(2) 생명유지에 필요한 일상생활의 처리동작에 대하여 수시로 개호를 받아야 하는 자는 제2급을 인정한다.

(3) 생명유지에 필요한 일상생활의 처리동작은 가능하나 일생동안 노무에 종사할 수 없는 자는 제3급을 인정한다.

(4) 마비 기타 뚜렷한 척수증상으로 인하여 노동능력이 일반평균인의 4분의 1정도만 남은 자는 제5급을 인정한다.

(5) 명백한 척수증상으로 인하여 노동능력이 일반평균인의 2분의 1정도만 남은 자는 제7급을 인정한다.

(6) 노동능력이 어느 정도 남아 있으나 명백한 척수증상으로 인하여 취업가능한 직종의 범위가 상당한 정도로 제한된 자는 제9급을 인정한다.

(7) 노동능력은 있으나 의학적으로 증명할 수 있는 척수증상이 남은 자는 제12급을 인정한다.

다. 근성(根性)과 말초신경에 대한 장해는 손상을 입은 신경이 지배하는 신체각부의 기관에서의 기능장해에 대한 등급을 준용한다.

라. 실조(失調) · 현기증 및 평형기능장해

(1) 고도의 실조 또는 평형기능장해로 인하여 생명유지에 필요한 일상생활의 처리동작외에는 일생동안 노무에 종사할 수 없는 자는 제3급을 인정한다.

(2) 뚜렷한 실조 또는 평형기능장해로 인하여 노동능력이 일반평균인의 4분의 1정도만 남은 자는 제5급을 인정한다.

(3) 중등도의 실조 또는 평형기능장해로 인하여 노동능력이 명백하게 일반평균인의 2분의 1정도만 남은 자는 제7급을 인정한다.

(4) 노동능력이 어느 정도 남아 있으나 현기증의 자각증상이 강하거나 타각적으로 안구진탕증 기타 평형기능검사결과 명백한 이상소견이 인정된 자는 제9급을 인정한다.

(5) 노동능력은 있으나 안구진탕증 기타 평형기능검사결과 이상소견이 인정된 자는 제12급을 인정한다.

(6) 현기증의 자각증상은 있으나 타각적으로 안구진탕증 기타 평형기능검사결과에 이상소견이 인정되는 경우로서 심인성반응인 현기증이 아닌 자는 제14급을 인정한다.

마. 동통등 감각이상

(1) 뇌신경과 척추신경의 외상 기타의 원인으로 인한 신경통의 경우에는 손쉬운 노무외의 노동에 항상 지장이 있는 정도의 동통이 있는 자는 제7급을 인정하고, 노동능력이 어느 정도 남아 있으나 동통으로 인하여 취업가능한 직종의 범위가 상당히 제한된 자는 제9급을 인정하며, 노동능력은 있으나 때로는 노동에 지장이 있는 정도의 동통이 있는 자는 제12급을 인정한다.

(2) 작열통(灼熱痛, Causalgia)에 대하여는 (1)의 규정에 준하여 결정한다.

(3) 상처를 입은 부위의 동통으로 인하여

노동능력은 있으나 때로는 강한 동통이 있어 노동에 지장이 있는 자는 제12급을 인정하고, 노동능력은 있으나 상처를 입은 부위에 항상 동통이 남거나 신경손상으로 동통외의 이상감각등이 발견되는 자는 제14급을 인정한다.

바. 외상성 신경증(재해성 신경증)
외상 또는 정신적 외상이라고 할 수 있는 재해에 기인하는 심인반응으로서 정신의학적 요법으로서는 치료되지 아니하는 경우에는 제14급을 인정한다. 다만, 외상성신경증의 경우를 제외한다.

사. 척추의 골절로 인하여 척추에 기형 또는 기능장해가 남은 동시에 척수손상으로 인하여 다른 부위에 기능장해가 남은 경우에는 이를 조정하여 등급을 결정한다.

아. 기타 특징적인 장해
외상성전간의 치유시기는 치료효과를 기대할 수 없다고 인정되는 때 또는 요양으로 증상이 안정된 때로 하고, 장해등급은 발작회수 · 발작이 노동능력에 미치는 영향의 정도 · 비발작시의 정신증상등을 종합판단하여 다음과 같이 결정한다.

(1) 충분한 치료에도 불구하고 매주 1회이상 발작 또는 고도의 정신기능의 장해로 인하여 일생동안 노무에 종사할 수 없는 자는 제3급을 인정한다.
(2) 충분한 치료에도 불구하고 발작의 빈도 또는 발작형의 특징으로 인하여 노동능력이 일반평균인의 4분의 1정도만 남은 자 또는 전간의 특수성으로 보아 취업 가능한 직종이 극도로 제한된 자는 제5급을 인정한다.
(3) 충분한 치료에도 불구하고 1개월에 1회이상의 의식장해가 수반되는 발작이 있거나 발작형의 특징으로 인하여 노동능력이 일반평균인의 2분의 1정도만 남은 자 또는 전간의 특수성으로 보아 취업가능한 직종이 뚜렷하게 제한된 자는 제7급을 인정한다.
(4) 지속적인 약물복용을 하여야만 수개월에 1회정도 또는 완전하게 발작을 억제할 수 있는 경우 또는 발작이 나타나지는 아니하나 뇌파상 명백하게 전간성 극파를 인정할 수 있는 자 또는 노동능력이 어느 정도 남아 있으나 취업가능한 직종이 상당한 정도로 제한된 자는 제9급을 인정한다.

자. 준용등급결정
신경마비가 타각적으로 증명되는 경우에는 신체장해등급표에 당해 부위의 기능장해에 대한 등급이 없는 경우 제12급을 인정한다.

6. 흉터의 장해

가. 외모의 흉터
(1) 영 별표 2에서 "외모"라 함은 두부 · 안면부 · 경부등 팔과 다리이외의 일상적으로 노출되는 부분을 말한다.
(2) 영 별표 2에서 "외모에 뚜렷한 흉터"라 함은 두부에 있어서는 손가락을 제외한 손바닥 크기이상의 상처자국(이하 "반흔"이라 한다) 또는 두개골에 손바닥 크기이상의 손상, 얼굴부위에 있어서는 계란 크기이상의 반흔 또는 길이 5센티미터이상의 선 모양의 흉터(이하 "선상흔"이라 한다) 또는 10원주화 크기이상의 조직함몰, 경부에 있어서는 손바닥 크기이상의 반흔이 있는 경우로서 사람의 눈에 띄는 정도이상을 말한다.
(3) 영 별표 2에서 "외모에 흉터"라 함은 두부에 있어서는 계란 크기이상의 반흔 또는 두개골에 계란 크기이상의 결손, 안면부에 있어서는 10원주화 크기이상의 반흔 또는 길이 3센티미터이상의 선상흔, 경부에 있어서는 계란 크기이상의 반흔이 있는 경우로서 사람의 눈에 띄는 정도이상을 말한다.
(4) 외모의 흉터중 반흔 · 선상흔과 조직함몰의 경우에는 눈썹 · 두발등으로

감추어지는 흉터는 장해급여의 대상에서 제외한다.

(5) 안면신경마비로 인하여 나타나는 입비틀어짐은 단순한 흉터로 인정하며, 보통으로 눈을 감을 수 없는 경우에는 눈꺼풀의 장해로 인정한다.

(6) 귓바퀴와 코의 결손에 의한 흉터장해에 대하여는 귓바퀴 연골부의 2분의 1이상이 결손된 경우에는 뚜렷한 흉터로 인정하며, 코 연골부의 전부 또는 대부분을 결손한 경우에는 뚜렷한 흉터로 인정하고, 그 일부 또는 비익(鼻翼)을 결손한 경우에는 단순한 흉터로 인정한다.

(7) 2개이상의 반흔 또는 선상흔이 인접하여 있거나 모여 있어 1개의 반흔 또는 선상흔과 같이 보일 경우에는 그것의 면적과 길이등을 합산하여 장해등급을 결정한다.

(8) 화상치료후 흑갈색으로 변색되거나 또는 색소탈실로 인한 백반이 영구적으로 남게 될 것이 인정되는 경우에는 (3)의 규정에 의하여 장해등급을 결정한다.

나. 노출된 면의 흉터

(1) 팔 또는 다리의 "노출된 면"이라 함은 팔에 있어서는 손바닥 및 손등을 포함한 팔꿈치관절이하, 다리에 있어서는 발등을 포함한 무릎관절이하를 말한다.

(2) 2개이상의 반흔 또는 선상흔과 화상치료후의 흑갈색 변색, 색소탈실로 인한 백반등의 장해등급결정기준은 가목의 규정을 준용한다.

다. 조정등급결정

제40조제4항 본문의 규정에 불구하고 다음의 1의 경우에는 각각의 장해를 조정하여 등급을 결정한다.

(1) 외모의 흉터장해와 노출된 면의 흉터장해

(2) 외모의 흉터장해와 노출된 면이외의 흉터장해

(3) 팔의 노출된 면의 흉터장해와 다리의 노출된 면의 흉터장해

(4) 외상 · 화상등으로 인한 안구망실에 따른 안부주위와 안면의 조직함몰 · 반흔등이 생긴 경우에는 안구망실에 대한 등급과 반흔등의 흉터장해

라. 준용등급결정

(1) 남자의 안면전역에 걸친 반흔으로 사람에게 혐오감을 가지게 하는 정도이상인 경우에는 제7급을 인정한다.

(2) 노출된 면이외의 상환 또는 대퇴에 있어서는 그 전역, 흉부 또는 복부에 있어서는 각 부위의 2분의 1정도, 배부과 둔부에 있어서는 각 부위의 2분의 1정도, 배부과 둔부에 있어서는 그 전면적의 4분의 1정도이상에 대하여 흉터장해가 남은 경우에는 제14급을 인정한다.

(3) 양상완 또는 양대퇴에 있어서는 전역, 흉부 또는 복부에 있어서는 그 전면적의 2분의 1이 넘는 흉터장해가 남은 경우에는 제12급을 인정한다.

7. 흉복부장기등의 장해

가. 흉부장기의 장해

(1) 영 별표 2에서 "흉부장기의 장해"라 함은 심장 · 심낭 · 폐장 · 늑(흉)막 · 횡격막등에 다각적으로 증명될 수 있는 변화가 인정되고 그 기능에도 장해가 증명되는 것을 말한다.

(2) 중등도의 흉부장기의 장해로 인하여 생명유지에 필요한 일상생활의 처리동작에 항상 개호를 받아야 하는 자는 제1급을 인정한다.

(3) 고도의 흉부장기의 장해로 인하여 생명유지에 필요한 일상생활의 처리동작에 수시로 개호를 받아야 하는 자는 제2급을 인정한다.

(4) 생명유지에 필요한 일상생활의 처리동작은 가능하나 일생동안 노무에 종사할 수 없는 자는 제3급을 인정한다.

(5) 흉부장기의 장해로 인하여 노동능력

이 일반평균인의 4분의 1정도만 남은 자는 제5급을 인정한다.

(6) 중등도의 흉부장기의 장해로 인하여 노동능력이 일반평균인의 2분의 1정도만 남은 자는 제7급을 인정한다.

(7) 노동능력이 어느 정도 남아 있으나 흉부장기의 장해로 인하여 취업가능한 직종의 범위가 상당한 정도로 제한된 자는 제9급을 인정한다.

(8) 노동능력이 어느 정도 남아 있으나 흉부장기의 장해로 인하여 노동에 지장이 있는 자는 제11급을 인정한다.

나. 복부장기의 장해

가목의 규정을 준용한다.

다. 신장장해

(1) 뇨로(尿路) 변경술 후 신루(腎瘻)·신우루(腎盂瘻)·뇨관피부문합·뇨관장문합(尿管藏吻合)을 남긴채로 치유의 상태에 달한 자는 제7급을 인정한다.

(2) 명백하게 상처에 의한 만성신우증(신장염)·수신증은 제7급을 인정한다.

(3) 요양의 종결 단계에서 뇨도루(尿道瘻)·방광루공(膀胱瘻孔)과 수회의 수술에도 불구하고 그대로 루공이 남아 일정한 기간후 다시 수술이 필요하다고 인정되나 그 상태에서 일단 치유한 자는 제11급을 인정한다.

(4) 방광괄약근(膀胱括約筋)의 변화에 의한 것이 명백한 뇨실금(尿失禁)은 제11급을 인정한다.

라. 방광장해

(1) 방광의 기능이 완전히 없어진 자는 제3급을 인정한다.

(2) 위축방광(용량 50cc이하)인 자는 제7급을 인정한다.

(3) 항상 뇨류를 동반하는 경도의 방광기능부전 또는 방광경련으로 인한 지속성의 배뇨통은 제11급을 인정한다.

마. 요도협착

(1) 사상(絲狀) 부지(Bougie)를 필요로 하는 자는 제11급을 인정한다.

(2) 요도협착으로 신기능에 장해가 남은 자는 신장의 장해로 간주하여 등급을 결정한다.

바. 생식기장해

(1) 음경의 대부분이 결손된 자, 반흔으로 인한 질구협착등으로 생식능력에 현저한 제한을 받아 성교불능인 자는 제9급을 인정한다.

(2) 양쪽 고환이 결손된 자는 제7급을 인정한다.

(3) 음위가 다른 장해에 수반되어 생기는 경우에는 당해 다른 장해의 등급을 인정한다.

(4) 가벼운 요도협착·음경의 반흔 또는 경결(硬結)등으로 인한 음위가 있는 자와 명백한 지배신경의 변화가 인정되는 자는 제14급을 인정한다. 다만, 의학적으로 음위를 입증하는 것이 곤란한 경우를 제외한다.

사. 준용등급결정

(1) 요도협착장해중 요도부지 프렌치 제20번(네라톤 카텔 제11호 상당)이 겨우 통과하고 때때로 확장술을 하여야 할 필요가 있는 자는 제14급을 인정한다.

(2) 한쪽 고환의 결손 또는 이에 준하는 정도의 위축이 있는 자는 제11급을 인정한다.

8. 척주등의 장해

가. 척주의 장해

(1) 영 별표 2에서 "척주에 뚜렷한 기형이 남은 사람"이라 함은 엑스선사진에 명백한 척추의 골절등으로 인하여 35° 이상의 구배(龜背) 또는 20° 이상의 측만(側彎)변형이 있는 자를 말한다.

(2) 영 별표 2에서 "척주에 경도의 기형이 남은 사람"이라 함은 엑스선 사진에 척추의 골절등으로 인하여 15° 이상의 구배 또는 10° 이상의 측만변형이 있는자, 압박골절이 추체높이 50%이상인자 또는 척추에 엑스선상 불

안정성이 확실한 자를 말한다.

(3) 영 별표 2에서 "척주에 기형이 남은 사람"이라 함은 엑스선사진에 1개이상의 척추의 골절이 인정되거나 경미한 구배 또는 측만변형이 있는 자를 말한다.

(4) 영 별표 2에서 "척주에 뚜렷한 기능장해가 남은 사람"이라 함은 엑스선사진에 척추의 골절등이 인정되고 이로 인하여 2개이상의 척추분절에 골유합술을 받은 자를 말한다.

(5) 영 별표 2에서 "척주에 기형장해가 남은 사람"이라 함은 엑스선사진에 척추의 골절등이 인정되고 이로 인하여 1개이상의 척추분절에 골유합술을 받은 자를 말한다.

나. 추간판탈출증

(1) 추간판탈출증은 의학적 임상증상과 특수검사(CT · MRI · 근전도등)소견이 일치하는 경우에 그 증상을 인정한다.

(2) 추간판탈출증에 대한 장해등급은 수술여부에 관계없이 운동장해는 인정하지 아니하고, 후유신경증상의 유무와 정도에 따라 결정한다. 다만, 추간판 제거후 척추체고정술을 한 경우에는 휴유신경증상과 고정술에 해당되는 등급중 상위의 장해등급으로 결정한다.

(3) 요통 · 방사통등의 자각증세가 검사결과에 이상소견은 인정되지 아니하나 단순한 고의나 과장이 아니라고 의학적으로 추정되는 경우에는 제14급을 인정한다.

(4) 감각이상 · 요통 · 방사통등의 자각증세가 있고 하지직거상(下肢直擧上) 검사에 의한 양성소견이 있는 경우에는 제12급으로 인정한다.

(5) 근위축 또는 근력약화와 같은 임상소견이 뚜렷하고, 특수보조검사에서 이상이 있으며, 척추신경근의 불완전마비가 인정되는 경우에는 제10급을 인정한다.

(6) 신경마비로 인하여 사지에 경도의 단마비가 있을 경우에는 제9급을 인정한다. 이 경우 복합된 척추신경근의 완전마비가 있는 경우에는 신경계통의 기능장해정도에 따라 등급을 결정한다.

(7) 2개 이상의 추세간에 추간판탈출증에 대한 수술을 하거나 하나의 추간판이라도 재수술을 하여 후유증상이 뚜렷한 경우에는 제8급을 인정한다.

다. 기타의 체간골의 장해

(1) 영 별표 2에서 "쇄골 · 흉골 · 늑골 · 견갑골 또는 골반골에 뚜렷한 기형이 남은 사람"이라 함은 나체가 되었을 때 그 변형(결손을 포함)을 명백하게 알 수 있는 자를 말한다.

(2) 늑골의 변형은 그 개수 · 정도 · 부위등에 관계없이 늑골 전체를 일괄하여 하나의 장해로 인정한다. 늑연골의 경우도 또한 같다.

라. 준용등급결정

(1) 하중기능의 장해에 대하여는 장구(콜셋트등)를 사용하더라도 기거에 곤란을 느끼는 정도인 경우에는 제6급, 그 정도는 되지 아니하나 항상 장구를 필요로 하는 정도인 경우에는 제8급을 인정한다.

(2) 기타의 체간골의 2개이상의 골에 각각 뚜렷한 기형이 남은 경우에는 조정의 방법에 의하여 준용등급을 결정한다.

9. 팔 및 손가락의 장해

가. 팔의 장해

(1) 영 별표 2에서 "팔을 팔꿈치관절이상에서 잃은 사람"이라 함은 어깨관절에서 견갑골과 상완골이 서로 떨어져 탈락된 자, 어깨관절과 팔꿈치관절사이에서 상완골이 절단된 자 또는 팔꿈치관절에서 상완골과 요골 및 척골이 서로 떨어져 탈락된 자를 말한다.

(2) 영 별표 2에서 "팔을 손목관절이상에서 잃은 사람"이라 함은 팔꿈치관절과 손목관절사이에서 절단된 자 또는 손목관절에서 요골 및 척골과 수근골이 서로 떨어져 탈락된 자를 말한다.

(3) 영 별표 2에서 "팔을 영구적으로 완전히 사용하지 못하게 된 사람"이라 함은 팔의 3대관절(어깨관절 · 팔꿈치관절 · 손목관절)의 완전강직 또는 운동가능영역이 4분의 3이상 제한된 상태가 되고, 손가락 모두를 제대로 쓸 수 없게 된 자 또는 상완신경총이 완전마비된 자를 말한다.

(4) 영 별표 2에서 "관절을 제대로 못 쓰게 된 사람"이라 함은 관절의 완전강직 또는 운동가능영역이 4분의 3이상 제한된 상태의 자 또는 인공골두 또는 인공관절을 삽입치환(置換)한 자를 말한다.

(5) 영 별표 2에서 "관절의 기능에 뚜렷한 장해가 남은 사람"이라 함은 관절의 운동가능영역이 2분의 1이상 제한된 자를 말한다.

(6) 영 별표 2에서 "관절의 기능에 장해가 남은 사람"이라 함은 관절의 운동가능영역이 4분의 1이상 제한된 자를 말한다.

(7) 팔의 관절의 동요는 타동적이거나 자동적이거나의 여부에 불구하고 노동에 지장이 있어 항상 고정장구의 장착이 필요한 자는 영 별표 2의 "뚜렷한 장해가 남은 사람"으로 인정하고, 노동에 다소의 지장은 있으나 고정장구의 장착을 항상 필요로 하지 아니하는 자는 영 별표 2의 "장해가 남은 사람"으로 인정한다.

(8) 선천성을 제외한 습관성탈구가 있는 자는 영 별표 2의 "관절의 기능에 장해가 남은 사람"으로 인정한다.

(9) 영 별표 2에서 "한 팔에 가관절이 남아 뚜렷한 운동 기능장해가 남은 사람"이라 함은 상완골에 가관절이 남은 자 또는 요골과 척골의 양쪽에 가관절이 남은 자를 말한다.

(10) 영 별표 2에서 "한 팔에 가관절이 남은 사람"이라 함은 요골 또는 척골중 한 쪽에 가관절이 남은 자를 말한다.

(11) 영 별표 2에서 "장관골에 기형이 남은 사람"이라 함은 상완골의 변형 또는 요골과 척골의 양쪽의 변형으로 외부에서 보아 알 수 있는 정도(165도 이상 활처럼 굽어 부정유합된 것)이상인 자를 말하며, 장관골의 골절부가 양방향에 단축없이 유착되어 있는 자를 제외한다. 다만, 요골 또는 척골중 한 쪽만의 변형이라 하더라도 정도가 뚜렷한 경우에는 이에 해당되는 것으로 인정한다.

나. 손가락의 장해

(1) 영 별표 2에서 "손가락을 잃은 사람"이라 함은 엄지손가락에 있어서는 지관절, 기타의 손가락에 있어서는 근위지절간관절이상을 잃은 자로서 손가락이 중수골 또는 기절골에서 절단된 자 또는 근위지절간관절(엄지손가락에 있어서는 지관절)에서 기절골과 중절골이 서로 떨어져 탈락된 자를 말한다.

(2) 영 별표 2에서 "지골의 일부를 잃은 사람"이라 함은 지홀의 일부를 잃은 것이 엑스선 사진으로 명백한 자 또는 유리골편(遊離骨片)이 인정되는 자를 말한다.

(3) 영 별표 2에서 "손가락을 제대로 못 쓰게 된 사람"이라 함은 손가락의 말단(엄지손가락에 있어서는 지관절로부터, 기타의 손가락에 있어서는 원위지절간관절 제2지관절부터 말단까지)의 2분의 1이상 잃은 자, 중수지절관절 또는 근위지절관절(엄지손가락에 있어서는 지관절)의 운동가능영역이 2분의 1이상으로 제한된 자를

말한다.

(4) 영 별표 2에서 "말관절을 굽히고 펼 수 없게 된 사람"이라 함은 원위지절간관절의 완전강직 또는 생리적 운동영역이 4분의 3이상으로 제한된 상태에 있는 자 또는 굴신근의 손상등 원인이 명백한 것으로 인하여 자동적 굴신이 불가능한 자를 말한다.

다. 준용등급결정

(1) 같은 팔에 2이상의 기질적 장해가 남은 경우

(2) 같은 팔에 결손장해와 기능장해가 남은 경우. 다만, 기능장해의 정도에 불구하고 손목관절이상을 잃은 경우에는 제5급, 팔꿈치관절이상을 잃고 관절에 기능장해가 남은 경우에는 제4급을 인정한다.

(3) 같은 팔의 3대관절에 기능장해(제대로 못쓰게 된 경우는 제외)가 남은 경우. 다만, 한 팔의 3대관절 전부의 기능에 뚜렷한 장해가 남은 경우에는 제8급, 한 팔의 3대관절의 전부의 기능에 장해가 남은 경우에는 제10급을 인정한다.

(4) 한 팔의 3대관절에 기능장해와 같은 팔의 손가락에 결손장해 또는 기능장해가 남은 경우

라. 한 팔에 장해가 있던 자가 새로 다른 팔에 장해가 남은 경우 또는 같은 팔(손가락을 포함한다)의 장해정도를 가중하고 다른 팔에도 장해가 남아 다음의 1에 해당되는 경우에는 조합등급으로 인정하여 가중의 경우에 준한다.

(1) 두 팔을 팔꿈치관절이상에서 잃은 사람은 제1급

(2) 두 팔을 손목관절이상에서 잃은 사람은 제2급

(3) 두 팔을 영구적으로 완전히 사용하지 못하게 된 사람은 제1급

(4) 두 손의 손가락을 모두 잃은 사람은 제3급

(5) 두 손의 손가락을 모두 제대로 못쓰게 된 사람은 제4급

마. 상완골 또는 전완골(요골 · 척골)의 골절로 골절부에 가관절 또는 기형이 남고 그 부위에 제12급 상당의 동통이 있는 경우에는 그중 상위의 등급으로 결정한다.

10. 다리 및 발가락의 장해

가. 다리의 장해

(1) 영 별표 2에서 "다리를 무릎관절이상에서 잃은 사람"이라 함은 고관절에 있어서는 관골과 대퇴골이 서로 떨어져 탈락된 자, 고관절과 무릎관절과의 사이(대퇴부)에서 절단된 자 또는 무릎관절에서 대퇴골과 하퇴골이 서로 떨어져 탈락된 자를 말한다.

(2) 영 별표 2에서 "다리를 발목관절이상에서 잃은 사람"이라 함은 무릎관절과 발목관절의 사이(하퇴부)에서 절단된 자 또는 발목관절에서 하퇴골과 거골이 서로 떨어져 탈락된 자를 말한다.

(3) 영 별표 2에서 "리스푸랑관절이상에서 잃은 사람"이라 함은 족근골(종골 · 거골 · 주상골과 3개의 계상골로 형성되어 있다)에서 절단된 자 또는 중족골과 족근골이 서로 떨어져 탈락된 자를 말한다.

(4) 영 별표 2에서 "다리를 영구적으로 완전히 못쓰게 된 사람"이라 함은 3대관절(고관절 · 무릎관절 · 발목관절)과 발가락의 전부의 완전강직 또는 운동가능영역이 4분이 3이상 제한된 상태에 이른 자나 3대관절 전부의 완전강직 또는 운동가능영역이 4분의 3이상 제한된 상태의 자를 말한다.

(5) 영 별표 2에서 "관절을 제대로 못쓰게 된 사람"이라 함은 관절의 완전강직 또는 운동가능영역이 4분의 3이상 제한된 상태에 이른 자 또는 인공골두 또는 인공관절을 삽입치환한 자를 말한다.

(6) 영 별표 2에서 "관절의 기능에 뚜렷

한 장해가 남은 사람"이라 함은 관절의 운동가능영역이 2분의 1이상 제한된 자를 말한다.

(7) 영 별표 2에서 "관절의 기능에 장해가 남은 사람"이라 함은 관절의 운동가능영역이 4분의 1이상 제한된 자를 말한다.

(8) 다리의 관절의 동요는 타동적이거나 자동적이거나의 여부에 불구하고 노동에 지장이 있어 항상 고정장구의 장착이 절대 필요한 자는 영 별표 2의 "제대로 못쓰게 된 사람"으로 인정하고, 노동에 다소의 지장은 있으나 고정장구의 장착을 항상 필요로 하지 아니하는 자는 영 별표 2의 "기능에 뚜렷한 장해가 남은 사람"으로 인정하며, 통상의 노동에는 고정장구의 장착이 필요하지 아니하나 심하게 격렬한 노동을 할 경우에만 필요한 자는 영 별표 2의 "기능에 장해가 남은 사람"으로 인정한다.

(9) 선천성을 제외한 다리의 습관성탈구와 탄발슬(彈發膝)이 있는 자는 영 별표 2의 "관절의 기능장해가 남은 사람"으로 인정한다.

(10) 영 별표 2에서 "한다리에 가관절이 남아 뚜렷한 운동기능장해가 남은 사람"이라 함은 대퇴골에 가관절이 남은 자 또는 경골과 비골의 양쪽에 가관절이 남은 자를 말한다.

(11) 영 별표 2에서 "한다리에 가관절이 남은 사람"이라 함은 경골 또는 비골중 어느 한 쪽에 가관절이 남은 자를 말한다.

(12) 영 별표 2에서 "장관골에 기형이 남은 사람"이라 함은 팔에서의 경우와 같이 그 변형을 외부에서 보아 알 수 있는 정도(165도이상 활처럼 굽어 부정유합된 것)이상으로서 대퇴골의 변형 또는 경골의 변형이 있는 자를 말하며, 장관골의 골절부위가 정상위로 유착되어 있는 경우를 제외한다.

나. 발가락의 장해

(1) 영 별표 2에서 "발가락을 잃은 사람"이라 함은 발가락의 전부를 잃은 자를 말한다.

(2) 영 별표 2에서 "발가락을 제대로 못쓰게 된 사람"이라 함은 엄지발가락에 있어서는 말절골의 2분의 1이상을, 기타의 발가락에 있어서는 원위지절간관절(말관절)이상을 잃은 자 또는 엄지발가락과 둘째발가락에 있어서는 중족지절관절 또는 근위지절간관절(제1지관절, 엄지발가락에 있어서는 지관절)의 운동기능영역이 정상운동가능범위의 2분의 1이상으로 제한된 자 또는 가운데발가락·네째발가락·새끼발가락에 있어서는 완전강직된 자를 말한다.

다. 준용등급결정

(1) 같은 다리에 2개이상의 기질적 장해가 남은 경우

(2) 같은 다리에 결손장해와 기능장해가 남은 경우

(3) 같은 다리에 3대관절에 기능장해(제대로 못쓰게 된 경우는 제외)가 남은 경우. 다만, 한 다리의 3대관절 전부의 기능에 뚜렷한 장해가 남은 경우에는 제8급, 한 다리의 3대관절 전부의 기능에 장해가 남은 경우에는 제10급을 인정한다.

(4) 한 다리의 3대관절에 기능장해와 같은 다리의 발가락에 결손장해 또는 기능장해가 남은 경우

(5) 한 다리의 연장으로 인하여 정상의 다른 다리의 길이가 3센티미터이상 짧아진 경우에는 제10급을 인정한다.

(6) 발가락을 기부(발가락이 붙어 있는 곳)에서 잃은 자는 영 별표 2의 "발가락을 잃은 사람"으로 인정한다.

(7) 한 발의 발가락에 신체장해등급표에 정하여져 있지 아니한 결손장해가 남은 경우

(8) 한 발의 어느 발가락에 결손장해와 같은 발의 다른 발가락에 기능장해가 남은 경우

라. 한 다리에 장해가 있던 자가 다시 다른 다리에 장해가 남았거나 같은 다리에 장해의 정도를 가중하고 다른 다리에도 장해가 남아 다음의 1에 해당된 경우에는 조합등급으로 인정하여 가중의 경우에 준한다.

(1) 두 다리를 무릎관절이상에서 잃은 사람은 제1급
(2) 두 다리를 발목관절이상에서 잃은 사람은 제2급
(3) 두 발을 리스푸랑관절이상에서 잃은 사람은 제4급
(4) 두 다리를 영구적으로 완전히 사용하지 못하게 된 사람은 제1급
(5) 두 발의 발가락을 모두 잃은 사람은 제5급
(6) 두 발의 발가락을 모두 제대로 못쓰게 된 사람은 제7급

마. 기타의 다음의 1의 경우에는 그중 상위의 등급으로 결정한다.

(1) 골절제가 관절부에서 실시되어 다리의 단축관 관절의 기능장해가 남은 경우
(2) 장관골의 골절부위가 부정유합된 결과 장관골의 기형 또는 가관절과 다리의 단축장해가 남은 경우
(3) 대퇴골 또는 하퇴골의 골절부에 가관절 또는 장관골의 기형이 남고 그 부위에 제12급에 해당되는 동통이 남은 경우

규칙[별표 5]
진폐근로자에 대한 요양기준 · 폐질등급기준 및 장해등급기준(제57조 관련)

1. 병형 · 환기기능 및 심폐기능장해의 판정기준
  가. 병형판정기준
    (1) 진폐증의 이환여부와 진행도는 엑스선 사진을 판독하여 결정하되, 제52조제1항의 규정에 의한 진폐심사협의회의 심사 또는 진폐근로자보호법 제6조의 규정에 의한 진폐심사의의 자문을 거쳐 판정한다.
    (2) 엑스선 사진판독은 국제노동기구(ILO u/c)의 진폐증 엑스선 사진정밀분류법에 의하고, 진폐증의 병형을 다음과 같이 분류한다.

병	형	엑스선 사진의 상(像)
의증	0/1	소원형 또는 소불규칙 음영의 밀도가 1형의 하한보다 낮은 경우로서 특히 진폐증의 이환을 의심케 하는 경우
1 형	1/0 1/1 1/2	소원형 또는 소불규칙음영이 소수 있는 것
2 형	2/1 2/2 2/3	소원형 또는 소불규칙음영이 다수 있는 것
3 형	3/2 3/3 3/+	소원형 또는 소불규칙음영이 대단히 다수 있는 것
4 형	A B C	대음영이 있다고 인정되는 것

  나. 환기기능의 판정기준
    %폐활량을 80%이상과 미만을 기준으로 각각 정상과 경미이상의 침습으로 구분하다.
  다. 심폐기능의 장해판정기준
    (1) 환기기능이 55%이상 제한되고, 안정시 대화나 옷을 입을 정도로도 호흡곤란이 있어 심폐기능의 장해정도가 70%이상인 자.
    (2) 중등도 장해
      환기기능이 45%이상 제한되고, 50미터이상 걸으면 호흡곤란이 있어 심폐기능의 장해정도가 50%이상인 자.
    (3) 경도장해
      환기기능이 30%이상 제한되고, 평지에서 1키로미터 이상을 건강한 사람과 같이 걸어갈 수 없는 상태의 호흡곤란이 있어 심폐기능의 장해정도가 40%이상인 자.
    (4) 경미장해
      환기기능이 20%이상 제한되고, 건강한 사람과 같은 정도로 걸을 수 있으나 언덕이나 계단의 경우에는 연령이 같은 건강한 사람과 같이 올라갈 수 없을 정도의 호흡곤란이 있어 심폐기능장해가 20%이상인 자.

2. 요양기준
  가. 진폐증의 합병증 또는 속발증 〔폐결핵 · 결핵성 · 흉막염 · 속발성 기포 · 속발성 기관지염 · 속발성 기관지확장증 · 폐기종(심폐기능 경도장해이상) · 폐성심〕이 있어 의학적으로 요양이 필요하다고 인정되는 자
  나. 진폐증으로 진단된 자로서 고도의 심폐기능장해가 있어 의학적으로 요양이 필요하다고 인정되는 자
  다. 진폐증의 병형이 제4형이고 대음영의 크기가 1측(側) 폐야에 2분의 1을 넘어 병발증 감염의 예방 기타 조치가 필요하다고 인정되는 자.
  라. 진폐의증(0/1)인 자로서 폐결핵이 합병되어 요양이 필요하다고 인정되는 자

3. 폐질등급기준

폐 질 의 상 태	등 급
○ 혼자힘으로 식사 · 용변등 일상생활의 처리동작이 불가능한자	제1급

폐 질 의 상 태	등 급
○ 일상생활의 범위가 주로 병상에 한정되고, 식사 · 용변 및 병동안에서의 100m이내의 보행등 단시간병상을 떠나는 것이 가능한 자	제2급
○ 식사 · 용변등 일상생활의 처리동작은 가능하나 항상 노무에 종사할 수 없는 자	제3급

4. 장해등급기준

신체장해 등 급	구 분	심폐기능장해도 및 X-선 소견
1 급	고도장해 (F_3)	환기기능이 55%이상 제한되고, 심폐기능의 장해정도가 70%이상인 자
3 급	중등도장해 (F_2)	환기기능이 45%이상 제한되고, 심폐기능의 장해정도가 50%이상인 자
5 급	경도장해 (F_1)	환기기능이 30%이상 제한되고, 심폐기능의 장해정도가 40%이상인 자중 진폐증 병형이 4형으로 판정된 자
7 급	경도장해 (F_1)	환기기능이 30%이상 제한되고, 심폐기능의 장해정도가 40%이상인 자중 진폐증 병형이 1 · 2 · 3형으로 판정된 자
9 급	경미장해 ($F\frac{1}{2}$)	환기기능이 20%이상 제한되고, 심폐기능의 장해정도가 20%이상인 자중 진폐증 병형이 3 · 4형으로 판정된 자
11 급	경미장해 ($F\frac{1}{2}$)	환기기능이 20%이상 제한되고, 심폐기능의 장해정도가 20%이상인 자중 진폐증 병형이 1 · 2형으로 판정된 자 또는 심폐기능장해가 없는 자(F_0)로서 진폐증 병형이 2형이상으로 판정된 자

규칙【별표 6】

보험료율의 구성과 산정방법

(제74조제1항 관련)

1. 보험료율의 구성은 다음과 같다.

보험료율(100%)＝〔보험급여지급율 ＋ 추가증가지출율〕(85%) ＋ 부가보험료율(15%)

주1) "보험급여지급율"이라 함은 매년 9월 30일 현재를 기준으로 과거 3년간(보험관계가 성립된지 3년미만인 사업의 경우에는 당해사업 기간을 기준으로 한다)의 임금총액에 대한 보험급여총액의 비율을 말하며, 보험급여총액을 산정하는 경우에 법 제42조의 규정에 의한 장해보상연금과 법 제43조의 규정에 의한 유족보상연금은 이를 일시금으로 환산하여 최초로 연금이 지급되는 연도의 보험급여총액에 포함하고, 여기에 장해보상연금 및 유족보상연금의 제6년차 지급액분부터 보험료율산정 대상에 추가로 포함하여 산정한다. 다만, 폐업된 사업장의 보험급여가 있는 경우에는 폐업시기를 감안하여 그 보험급여액을 확정한 후 이를 전 사업종류의 임금총액중 각 사업종류의 임금총액이 차지하는 구성비율에 따라 각 사업종류별로 분할가감 한다.

주2) "추가증가지출율"이라 함은 당해 보험년도의 임금총액 추정액에 대한 이 법에 의한 연금 및 급여개선등 당해 보험년도에 추가로 지급될액을 고려한 조정액의 비율을 말한다.

주3) "부가보험료율"이라 함은 보험사업에 소요되는 비용으로서 보험료율의 15%를 말한다. 다만, 보험사업에 소요되는 비용은 전 사업종류에 균등하게 사용된다고 인정되는 비용과 재해발생빈도에 따라 사용된다고 인정되는 비용으로 구분한 후 이를 사업종류별 임금총액의 구성비율과 사업종류별 보

험급여지급율의 구성비율에 따라 분할 가감한다. 2. 보험료율의 산정은 다음 각목의 기준에 의한다. 가. 제1호의 규정에 의하여 보험료율을 산정함에 있어 보험급여지급율·추가증가지출율 및 부가보험료율의 산정은 이를 각각 소수점이하 다섯째자리에서 반올림 한다. 나. 제1호의 규정에 의하여 산정한 보험료율은 소수점이하 네째자리에서 반올림하여 당해사업의 보험료율로 결정한다. 다만, 결정된 당해사업의 보험료율이 0.0020이하인 경우에는 0.0020으로 한다.	

Ⅳ. 진폐의 예방과 진폐근로자의 보호등에 관한 법률·령·규칙

진폐의 예방과 진폐근로자의 보호등에 관한 법률

제정 : 1984.12.31 법 제3784호
개정 : 1989. 3.29 법 제4112호
〃 : 1990. 1.13 법 제4220호
〃 : 1993. 3. 6 법 제4541호
〃 : 1994.12.22 법 제4825호
〃 : 1994.12.23 법 제4831호

제1장 총 칙

제1조[목 적] 이 법은 진폐의 예방과 분진작업에 종사하는 근로자에 대한 건강관리를 강화하고 진폐에 걸린 근로자(이하 "진폐근로자"라 한다) 및 그 유족에 대한 위로금의 지급에 관한 사항을 정함으로써 근로자의 건강보호와 복지증진에 이바지함을 목적으로 한다.

제2조[정의] 이 법에서 사용하는 용어의 정의는 다음과 같다.

1. "진폐"라 함은 분진을 흡입함으로써 폐에 생기는 섬유증식성변화를 주증상으로 하는 질병을 말한다. (1989.3.29 본호개정)
2. "합병증"이라 함은 진폐와 합병된 폐결핵 기타 진폐의 진행과정에 따라 생기는 진폐와 밀접한 관계가 있다고 인정되는 질병으로서 노동부령이 정하는 것을 말한다.
3. "분진작업"이라 함은 당해 작업에 종사하는 근로자가 진폐에 걸릴 우려가

진폐의 예방과 진폐근로자의 보호등에 관한 법률시행령

제정 : 1985. 4.10 영 제11678호
개정 : 1987. 5.15 영 제12157호
〃 : 1987.12. 9 영 제12306호
〃 : 1990.12.15 영 제13182호
〃 : 1993. 3. 6 영 제13870호
〃 : 1994.12.23 영 제14438호
〃 : 1995. 4.15 영 제14628호

제1장 총 칙

제1조[목 적] 이 영은 진폐의 예방과 진폐근로자의 보호등에 관한 법률(이하 "법"이라 한다)에서 위임된 사항과 그 시행에 관하여 필요한 사항을 정함을 목적으로 한다.

제2조[정의] 이 영에서 사용하는 용어의 정의는 이 영에 특별한 규정이 있는 경우를 제외하고는 법이 정하는 바에 의한다.

진폐의 예방과 진폐근로자의 보호등에 관한 법률시행규칙

제정 : 1985. 6.20 영 제 31호
개정 : 1986. 8.27 영 제 35호
〃 : 1989.10.27 영 제 31호
〃 : 1992. 3.21 영 제 35호
〃 : 1995. 4.29 영 제 97호
〃 : 1996. 3.19 영 제108호

제1장 총 칙

제1조[목 적] 이 규칙은 진폐의 예방과 진폐근로자의 보호등에 관한 법률(이하 "법"이라 한다) 및 동법 시행령(이하 "영"이라 한다)에서 위임된 사항과 그 시행에 관하여 필요한 사항을 정함을 목적으로 한다.

제2장 진폐의 예방

제2조[합병증의 범위] 법 제2조 제2호의 규정에 의한 합병증은 진폐의 소견이 있는 자가 진폐의 진행과 관련하여 걸리는 다음의 질병을 말한다.

1. 폐결핵
2. 결핵성 흉막염
3. 속발성 기관지염
4. 속발성 기관지확장증
5. 속발성 기흉

법 률	시 행 령	시 행 규 칙
있다고 인정되는 작업으로서 노동부령이 정하는 것을 말한다. 4. "근로자"라 함은 근로기준법 제14조의 규정에 의한 근로자로서 분진작업에 종사하는 자를 말한다. 5. "사업주"라 함은 분진작업을 행하는 사업 또는 사업장(이하 "사업"이라 한다)에서 근로자를 사용하는 자를 말한다.		6. 폐기증 7. 폐성심 **제3조[분진작업]** 법 제2조 제3호의 규정에 의한 분진작업은 다음의 작업을 말한다. 1. 토석·암석 또는 광물을 채굴하는 작업 2. 토석·암석 또는 광물을 절단·가공하는 작업 3. 토석·암석 또는 광물을 부스러뜨리거나 가려내는 작업 4. 토석·암석 또는 광물을 차에 싣거나 내리는 작업 5. 토석·암석 또는 광물을 갱내에서 실어나르는 작업 6. 기타 광물성 분진이 날리는 장소에서 토석·암석 또는 광물의 채굴·반출·가공 기타 이들을 취급하는 작업
제3조[적용범위] 이 법은 대통령령이 정하는 분진작업을 행하는 사업에 대하여 적용한다.	**제3조[적용범위]** 법 제3조에서 "대통령령이 정하는 분진작업을 행하는 사업"이라 함은 다음 각호의 1에 해당하는 사업 또는 사업장(이하 "사업"이라 한다)으로서 상시 5인이상의 근로자를 사용하는 사업을 말한다. 1. 별표1의 규정에 의한 적용광업 2. 제1호의 광업중 진폐로 인하여 산업재해보상보험법에 의한 유족급여를 지급받은 자 또는 동법에 의한 장해급여를 지급받고 퇴직한 자가 있는 광업	
제2장 진폐의 예방 **제4조[진폐예방 등에 관한 계획]** ①노동부장관은 진폐를 예방하고 진폐근로자를 보호하기 위한 계획(이하 "진폐예방 등에 관한 계획"이라 한다)을 수립하여야 한다. ②노동부장관은 제1항의 규정에 의한 진폐예방 등에 관한 계획을 수립하고자 하는		

법 률	시 행 령	시 행 규 칙
때에 미리 제5조의 규정에 의한 진폐심의위원회의 심의를 거쳐야 한다. **제5조[진폐심의위원회]** ① 진폐예방등에 관한 계획의 수립 및 진폐기금운용에 관한 사항등에 관하여 노동부장관이 자문에 응하기 위하여 노동부에 진폐심의위원회(이하 "위원회"라 한다)를 둔다. ②위원회에는 위원외에 전문의 위원을 둘 수 있다. ③위원회의 구성 · 기능 및 운영에 관하여 필요한 사항은 대통령령으로 정한다.	**제2장 진폐심의위원회 및 진폐심사의** **제4조[진폐심의위원회의 기능]** 법 제5조의 규정에 의한 진폐심의위원회(이하 "위원회"라 한다)는 다음 사항을 심의한다. 1. 법 제4조의 규정에 의한 진폐예방등에 관한 계획의 수립 2. 법 제25조의 규정에 의한 진폐기금운용계획 3. 법 제31조 제2항의 규정에 의한 부담금율의 결정 4. 기타 진폐의 예방 및 진폐기금의 운용에 관련된 주요 사항으로서 위원장이 부의하는 사항 **제5조[위원회의 구성]** ①위원회는 위원장 1인과 부위원장 1인을 포함한 13인 이내의 위원으로 구성한다. ②위원장은 노동부차관이 되고, 부위원장은 위원중에서 호한다. ③위원은 다음 각호의 자가 된다. 1. 상공자원부의 광무관계업무담당국장, 노동부의 산업안전보건업무담당국장 및 노동보험관계업무담당국장 2. 근로자를 대표하는 자, 사용자를 대표하는 자 및 산업보건 또는 진폐에 관한 학식과 경험이 풍부한 자 중에서 노동부장관이 위촉하는 자, 이 경우 근	

법 률	시 행 령	시 행 규 칙
	로자를 대표하는 자, 사용자를 대표하는 자 및 산업보건 또는 진폐에 관한 학식과 경험이 풍부한 자 중에서 위촉하는 위원은 각 3인이내로 하되 근로자를 대표하는 자와 사용자를 대표하는 자는 동수로 한다. ④제3항 제2호의 규정에 의하여 노동부장관이 위촉하는 위원의 임기는 2년으로 한다. **제6조[위원장과 부위원장의 직무]** ①위원장은 위원회를 대표하며 위원회의 회무를 통할한다. ②부위원장은 위원장을 보좌하며, 위원장이 사고가 있는 때에는 그 직무를 대행한다. **제7조[간 사]** 위원회의 사무를 처리하기 위하여 위원회에 간사 1인을 두되, 간사는 노동부소속 공무원 중에서 위원장이 지명한다. **제8조[회의등]** ①위원회의 회의는 위원 3분의 1 이상의 소집요구가 있거나 위원장이 필요하다고 인정하는 때에 위원장이 소집한다. ②위원회는 위원 과반수의 출석으로 개의하고, 출석위원 과반수의 찬성으로 의결한다. ③이 영에 규정한 것 외에 위원회의 운영에 관하여 필요한 사항은 위원회의 의결을 거쳐 위원장이 정한다. **제9조[전문위원]** ①법 제5조 제2항의 규정에 의하여 위원회에 두는 전문위원은 3인	

법 률	시 행 령	시 행 규 칙
	이내로 한다. ②전문위원은 진폐에 관한 학식과 경험이 풍부한 자 중에서 노동부장관이 임명한다.	
제6조[진폐심사의] ①제17조 제1항의 규정에 의한 진폐관리구분의 판정 기타 진폐에 관한 의학적인 전문사항에 관하여 노동부장관의 자문에 응하기 위하여 노동부에 진폐심사의를 둔다. ②진폐심사의의 수와 자격 · 위촉절차 · 임무 및 수당등에 관하여 필요한 사항은 대통령령으로 정한다.	**제10조[진폐심사의]** ①법 제6조의 규정에 의하여 노동부에 두는 진폐심사의는 7인 이내로 하되, 진폐에 관한 학식과 경험이 풍부한 의사중에서 노동부장관이 위촉한다. ②진폐심사의의 임무는 다음과 같다. 1. 진폐관리구분의 판정 및 재심사 2. 진폐의 진단 및 심사 3. 작업전환의 권고 또는 지시 대상자의 판정 4. 채용금지 대상자의 판정 5. 기타 노동부장관이 진폐의 예방 및 진폐근로자의 보호 등을 위하여 필요하다고 인정하는 사항 ③제2항의 규정에 의한 진폐심사의의 임무수행방법등에 관한 사항은 노동부장관이 정한다. **제11조[수당등]** ①위원회에 출석한 위원에게는 예산의 범위안에서 수당을 지급할 수 있다. 다만, 공무원인 위원에 대하여는 그러하지 아니하다. ②전문위원 및 진폐심사의에 대하여는 예산의 범위안에서 보수를 지급할 수 있다. ③위원, 전문위원 및 진폐심사의가 업무와 관련하여 국내외에 여행할 때에는 예산의 범위안에서 이에 필요한	

법　　　률	시　행　령	시　행　규　칙
제7조[작업환경측정대행] ①노동부장관은 사업주가 산업안전보건법 제31조의 규정에 의한 작업환경측정을 실시하지 아니하는 때에는 진폐의 예방을 위하여 작업환경측정대행자를 지정하여 작업환경을 측정하게 할 수 있다. ②사업주는 제1항의 규정에 의한 작업환경측정에 소요되는 비용을 작업환경측정대행자에게 지급하여야 한다. ③노동부장관은 제1항의 규정에 의하여 작업환경측정을 대행하게 한 때에는 그 결과를 사업주에게 통지하여야 한다. 이 경우 노동부장관은 작업환경개선에 필요한 사항을 지시할 수 있다. ④사업주 제3항의 규정에 의하여 작업환경개선지시를 받은 때에는 작업환경을 개선하고 이에 관한 서류를 작성하여 3년간 보존하여야 한다. ⑤제1항의 규정에 의한 작업환경측정대행자의 지정 등 작업환경측정대행에 관하여 필요한 사항은 노동부령으로 정한다. ⑥사업주는 근로자로부터 제1항의 규정으로 측정된 자료의 공개요구가 있을 때에는 이에 응하여야 한다. (1989. 3. 29 본항신설)	여비를 지급할 수 있다.	제4조[작업환경측정대행자의 지정] ①법 제7조의 규정에 의한 작업환경측정대행자의 지정은 별표1의 기준을 갖춘 법인중에서 하여야 한다. ②작업환경측정대행자의 지정을 받고자 하는 별지 제1호서식의 신청서에 다음의 서류를 첨부하여 관할지방노동관서의 장에게 제출하여야 한다. 1. 정관 1부 2. 법인의 등기부등본 및 대표자의 신원증명서 각 1부 3. 시설 및 기계기구명세서 1부 4. 별표1의 인력기준에 해당하는 자의 보유 및 그 자격을 증명하는 서류 ③관할지방노동관서의 장은 제2항의 규정에 의한 신청을 받은 때에는 노동부장관이 정하는 기준에 따라 지정여부를 결정하여 신청일부터 30일 이내에 신청이 거부되었음을 통지하거나 제2호서식의 지정서를 신청자에게 교부하여야 한다. (96. 3. 19 개정) 제5조[측정기관의 변경사항신고] 작업환경측정대행자의 지정을 받은 자(이하 "측정기관"이라 한다)는 제4조 제2항 각호의 사항에 변경이 있는 때에는 20일 이내에 별지 제1호 서식의 변경사항신고서에 그 변경을 증명하는 서류를 첨부하여 관할지방노동관서의 장에게 제출하여야 한다. 제6조[측정기관의 지정취소] 지방노동관서의 장은 측정기관이 다음 각호의 1에 해당하는 때에는 그 지정을 취소할 수 있다. 1. 별표 1의 기준에 미달하게 된 때 2. 측정결과를 허위기재 또는 허위보고한 때

법 률	시 행 령	시 행 규 칙
		3. 정당한 사유없이 작업환경측정 대행지시를 이행하지 아니한 때 4. 측정방법이 부적당하거나 기타 관할지방노동관서의 장이 측정기관으로서 부적당하다고 인정하는 사유가 있는 때 **제7조[작업환경측정의 대행지시등]** ①지방노동관서의 장은 법 제7조 제1항의 규정에 의하여 작업환경측정을 대행하게 하고자 하는 때에는 측정일 20일전까지 당해 사업주에게는 별지 제3호 서식의 작업환경측정대행결정통지서를, 측정기관에게는 별지 제4호 서식의 작업환경측정대행지시서를 송부하여야 한다. ②측정기관은 제1항의 규정에 의한 작업환경측정대행지시서를 받은 때에는 작업환경측정계획서를 관할지방노동관서의 장에게 제출하여야 한다. ③측정기관은 산업안전보건법 제31조 및 동법 시행규칙 제40조의 규정에 의하여 노동부장관이 정하는 작업환경측정방법에 따라 작업환경측정을 실시하고 그 측정완료일로부터 15일이내에 측정결과보고서를 관할지방노동관서의 장에게 제출하여야 한다. ④지방노동관서의 장은 제1항의 규정에 의하여 작업환경측정대행지시서를 송부한 때에는 별지 제5호 서식의 작업환경측정대행지시서발부대장에 그 내용을 기록·유지하여야 한다. **제8조[작업환경측정대행비용]** ①법 제7조 제2항의 규정에 의한 작업환경측정대행비용의 산정에 필요한 측정항목별 소요비용 기준은 측정기관이 매년 노동부장관의 승인을 얻어 결정한다. ②측정기관은 매년 1월말일까지 측정항목별소요경비기준에 관한 자

법률	시행령	시행규칙
		료를 갖추어 제1항의 규정에 의한 승인을 신청하여야 한다.
제8조【진폐의 예방】 사업주와 근로자는 진폐의 예방을 위하여 산업안전보건법과 광산보안법이 정하는 조치외에 분진의 발산을 방지하고 보호구를 사용하는 등의 조치를 하여야 한다.		**제9조【진폐의 예방】** 사업주와 근로자는 법 제8조의 규정에 의한 진폐의 예방조치를 위하여 다음 사항을 준수하여야 한다. 1. 사업주는 산업안전보건법 제26조의 규정에 의하여 노동부장관이 실시하는 검정에 합격한 방진마스크(공업표준화법에 의한 한국공업규격제품을 포함한다)을 비치하고, 여과제를 수시로 교체하는 등 그 성능이 항상 유지되도록 관리하여 분진작업에 종사하는 근로자가 분진작업중에 이를 착용할 수 있도록 하여야 한다. 2. 분진작업중에 있는 근로자는 방진마스크를 반드시 착용하여야 한다. 3. 사업주는 채굴작업 등 분진작업을 하는 경우에는 습식착암등 습식작업방법을 선택하거나 물을 뿌리는 등의 방법으로 분진이 공기중에 날리는 것을 억제하여야 한다.
제8조의2【교육】 사업주는 상시 분진작업에 종사하는 근로자에 대하여 진폐의 예방 및 건강관리를 위하여 필요한 교육을 실시하여야 한다. (1989. 3. 29 본조신설)		**제9조의2【교육의 범위등】** ①법 제8조의 2의 규정에 의한 교육의 내용에는 다음 각호의 사항이 포함되어야 한다. 1. 진폐의 개요와 발생과정 2. 진폐의 발생원인과 대응책 3. 분진환경의 관리와 개선방법 4. 진폐건강진단의 개요와 예방관리 5. 방진마스크등 보호구 착용과 관리요령 6. 기타 진폐의 예방과 건강관리에 관한 사항 ②사업주는 제1항의 규정에 의한 교육을 1년에 2회이상 실시하여야 하며, 매회의 교육시간은 2시간 이상으로 하여야 한다. (1989. 10. 12 신설)

법 률	시 행 령	시 행 규 칙
제3장 건강관리		**제3장 건강관리**
제1절 건강진단		
제9조[채용시건강진단] ①사업주는 분진작업에 종사할 근로자를 채용할 때에는 당해 근로자가 취업하기 전에 건강진단을 실시하여야 한다. ②제1항의 규정에 의한 채용시 건강진단의 내용 · 방법 기타 필요한 사항은 노동부령으로 정한다.		**제10조[채용시건강진단의 검사항목 및 방법]** 법 제9조의 규정에 의한 채용시 건강진단의 검사항목은 다음과 같다. 1. 산업안전보건법시행규칙 제100조 제1항의 규정에 의한 검사항목 2. 과거의 병력. 흉부의 자각증상 및 타각소견의 유무등에 관한 흉부임상검사 · 다만, 제1호의 규정에 의한 검사결과 진폐의 소견이 없다고 인정된 자 외의 자에 한하여 실시한다. 3. 삭제(1992. 3. 21)
제10조[정기건강진단] ①사업주는 분진작업에 종사하는 근로자에 대하여 매년 1회이상 정기건강진단을 실시하여야 한다. 다만, 제9조 또는 제11조의 규정에 의한 채용시 건강진단 또는 임시건강진단을 받은 자에 대하여는 당해 년도에 한하여 정기건강진단을 실시하지 아니할 수 있다. ②제1항의 규정에 의한 정기건강진단의 내용 · 방법 기타 필요한 사항은 노동부령으로 정한다.		
제11조[임시건강진단] ①사업주는 근로자가 다음 각호의 1에 해당하는 때에는 해당 근로자에 대하여 임시건강진단을 실시하여야 한다. 1. 합병증으로 1년이상 요양을 위하여 휴직한 근로자가 복직이 가능하다는 의사의 소견서를 제출하고 복직을 신청한 때 2. 기타 노동부령이 정하는 사유가 발생한 때 ②제1항의 규정에 의한 임시건강진단의 내용 · 방법 기타 필요한 사항은 노동부		**제10조의2[임시건강진단 실시사유]** 법 제11조 제1항 제2호의 규정에 의한 임시건강진단은 다음 각호의 1에 해당하여 해당분야 전문의에 의하여 요양의 필요성이 있다고 진단된 경우에 실시한다. 1. 진폐근로자의 질병이 판정당시보다 악화된 경우 2. 제2조의 규정에 의한 합병증이 발생한 경우 (1986. 8. 27 본조신설) **제11조[정기 · 임시 및 이직자 건강진단의 검사항목 및 방법]** ①법 제10조 내지 제12조의 규정에 의한 정기 · 임시 및 이직자 건강진단의

법 률	시 행 령	시 행 규 칙
령으로 정한다.		검사항목은 다음과 같다. 1. 제10조 각호의 규정에 의한 검사 2. 스파이로메트리 및 프로볼륨곡선에 의한 검사와 동맥혈가스를 분석하는 등의 방법에 의한 심폐기능 검사 3. 결핵균검사, 엑스선특수촬영에 의한 검사, 적혈구 침강속도검사 및 투베르쿨린반응검사 등의 방법에 의한 결핵정밀검사 4. 담에 관한 검사, 결핵균 검사 및 엑스선특수촬영에 의한 검사 5. 폐기량측정검사, 환기역함검사, 가스교환기능검사, 부하에 의한 폐기능검사 및 심전도 검사 ②제1항 제2호의 심폐기능검사는 제10조 제3호의 검사결과 진폐검사의가 필요하다고 진단하는 경우에 한하여 실시한다. 다만, 제10조 제3호의 검사결과 법 제14조의 규정에 의한 건강진단기관의 진폐건강진단 담당의사(이하 "진폐담당의"로 한다)가 필요하다고 진단하는 경우에 한하여 실시한다. 다만, 제10조 제3호의 검사결과 제2조의 규정에 의한 합병증에 걸린 자에 대하여는 심폐기능 검사를 실시하지 아니할 수 있다. (1989. 10. 12 개정) ③제1항 제3호의 결핵정밀검사는 제10조 제3호의 심사결과 진폐의 소견이 있다고 인정되는 자 중 폐결핵에 걸려있거나 걸려 있을 의심이 있다고 진폐담당의가 진단하는 자에 한하여 실시한다. ④제1항 제4호의 검사는 제10조 제3호의 검사결과 진폐의 소견이 있다고 진단된 자 중 폐결핵의 질병이 합병되거나 합병의 의심이 있다고 진폐담당의가 진단하는 자에

법 률	시 행 령	시 행 규 칙
		한하여 실시한다. ⑤제1항 제5호의 검사는 제10조 제3호 또는 제1항 제2호 내지 제4호의 검사가 끝난 자 중 진폐관리구분판정을 위하여 진폐담당의가 필요하다고 진단하는 자에 한하여 실시한다.
제12조[이직자 건강진단] ①노동부장관은 노동부령이 정하는 기간이상 분진작업에 종사한 근로자가 이직후에 이직자건강진단을 신청하는 때에는 이직자건강진단을 실시하여야 한다. 다만, 제10조 또는 제11조의 규정에 의한 정기건강진단 또는 임시건강진단을 받아 제17조의 규정에 의하여 진폐관리구분의 판정을 받은 후 1년이내에 이직한 자에 대하여는 이직자 건강진단을 실시하지 아니할 수 있다. ②제1항의 규정에 의한 이직자건강진단의 신청절차와 내용·방법 기타 필요한 사항은 노동부령으로 정한다. **제13조[근로자의 건강진단 수진의무]** 근로자는 정당한 사유가 있는 경우를 제외하고는 제9조 내지 제11조의 규정에 의한 건강진단을 받아야 한다.		**제12조[이직자 건강진단]** ①법 제12조 제1항 본문의 규정에 의하여 이직자 건강진단을 신청할 수 있는 자는 제3조의 규정에 의한 분진작업에 1년이상 종사한 자로 한다. ②제1항의 규정에 의한 이직자건강진단신청은 별지 제6호의 서식에 의한다. 이 경우 사업의 휴업·폐업 등으로 인하여 동 서식중 사업주의 기재사실 확인·증명을 받을 수 없는 경우에는 관할지방노동관서의 장이 기재사실을 확인하고 "기재사실확인필"을 날인함으로써 사업주의 확인증명에 갈음할 수 있다. (1986. 8. 27 후단신설) ③지방노동관서의 장은 제2항의 신청을 받은 때에는 당해 근로자의 편의 등을 고려하여 건강진단기관을 결정하고 그 건강진단기관의 명칭·소재지 등을 별지 제7호서식에 의하여 당해근로자에게 통지하여야 한다. ④지방노동관서의 장은 제3항의 규정에 의한 결정을 한 때에는 그 내용을 별지 제8호 서식에 의하여 당해 건강진단기관에 통지하여야 하며, 통지내용은 별지 제9호 서식에 의하여 기록·보존하여야 한다.
제14조[건강진단기관] 제9조 내지 제12조의 규정에 의한 건강진단은 노동부령이 정하는 인력과 시설을 보유한 의료기관으로서 노동부장관의 지정을 받은 자(이하 "건강진단기관"이라 한다)		**제13조[건강진단기관의 지정기준]** 법 제14조의 규정에 의한 건강진단기관의 지정은 의료법에 의한 의료기관으로서 별표 2의 규정에 의한 인력·시설 및 기계기구를 갖춘 자중에서 하여야 한다. (96. 3. 19 개정)

법 률	시 행 령	시 행 규 칙
가 이를 행한다.		**제14조【건강진단기관의 지정등】** ①법 제14조의 규정에 의한 건강진단기관의 지정을 받고자 하는 자는 별지 제10호 서식의 신청서에 다음의 서류를 첨부하여 관할지방노동관서의 장에게 제출하여야 한다. 1. 시설 및 기계기구명세서 1부 2. 별표 2의 인력기준에 해당하는 자의 보유 및 그 자격을 증명하는 서류 ②지방노동관서의 장은 제1항의 규정에 의한 신청을 받은 때에는 노동부장관이 정하는 기준에 따라 지정여부를 결정하여 신청일부터 30일이내에 신청이 거부되었음을 통지하거나 별지 제11호서식의 지정서를 신청자에게 교부하여야 한다. (96. 3. 19 개정) **제14조의2【건강진단기관의 정도관리】** 건강진단기관은 노동부장관이 고시하는 바에 의하여 정도관리를 받아야 한다. (96. 3. 19 신설) **제15조【건강진단기관의 변경사항신고】** 법 제14조의 규정에 의한 건강진단기관의 지정을 받은 자는 제14조 제1항 각호의 사항에 변경이 있는 때에는 20일이내에 별지 제10호의2 서식의 변경사항신고서에 그 변경을 증명하는 서류를 첨부하여 관할지방노동관서의 장에게 제출하여야 한다. **제16조【건강진단기관의 지정취소】** 지방노동관서의 장은 건강진단기관의 지정을 받은 자가 다음 각호의 1에 해당하는 때에는 그 지정을 취소할 수 있다. 1. 별표 2의 기준에 미달하게 된 때 2. 건강진단결과표를 허위로 작성 제출한 때 3. 정당한 사유없이 건강진단실시 지시를 3회이상 이행하지 아니한 때

법 률	시 행 령	시 행 규 칙
		4. 건강진단비용을 부당하게 청구한 때 5. 제14조의2의 규정에 의한 정도관리를 2회이상 받지 아니한 때 (96. 3. 19 신설) 6. 건강진단실시방법이 부적당하거나 기타 지방노동관서의 장이 건강진단기관으로서 부적당하다고 인정하는 사유가 있는 때
제15조[건강진단결과의 제출등] ①건강진단기관이 제9조 내지 제11조의 규정에 의한 건강진단을 한 때에는 흉부엑스선사진과 개인별 건강진단결과표를 사업주에게 송부하되, 제10조 및 제11조의 규정에 의한 건강진단을 한 경우 진폐의 소견이 있는 자의 흉부엑스선사진과 개인별 건강진단결과표는 노동부장관에게 제출하여야 한다. ②사업주는 제10조의 규정에 의하여 건강진단을 신시한 때에는 건강진단실시집계표를 노동부장관에게 제출하여야 한다. ③건강진단기관이 제12조의 규정에 의한 건강진단을 한 때에는 흉부엑스선 사진과 개인별 건강진단결과표를 노동부장관에게 제출하여야 한다. ④제1항 내지 제3항의 규정에 의한 개인별 건강진단결과표 및 건강진단실시집계표의 서식과 제출기간 기타 필요한 사항은 노동부령으로 정한다. **제16조[산업안전보건법에 의한 건강진단과의 관계]** 이 법의 적용을 받는 사업의 사업주가 건강진단을 실시한 때에는 그 범위 안에서 산업안전보건법 제32조의 규정		**제17조[건강진단결과 제출등]** ①법 제15조의 규정에 의하여 건강진단기관 및 사업주가 행하는 건강진단결과표등의 송부 및 제출은 건강진단을 마친 날로부터 20일 이내에 하여야 한다. ②법 제15조 제1항 및 제3항의 규정에 의한 개인별 건강진단결과표는 별지 제12호 서식과 같다. ③법 제15조 제2항의 규정에 의한 건강진단실시집계표는 별지 제13호 서식과 같다. ④건강진단기관은 제11조제1항제2호 내지 제5호의 규정에 의한 검사를 마친 때에는 5일 이내에 별지 제14호서식의 소견서 및 흉부엑스선사진을 노동부장관에게 제출하여야 한다. (96. 3. 19 개정) **제18조[건강진단비용의 결정 · 고시]** 법 제10조 내지 제12조의 규정에 의한 건강진단에 적용하는 건강진단 검사항목별 소요비용기준은 의료보험법 제35조의 규정에 의한 기준에 의한다. 다만, 의료보험법 제35조의 규정에 의한 기준에 포함되어 있지 아니한 항목에 대하여는 산업재해보상보험법시행규칙 제17조제1항 단서의 규정에 의하여 노동부장관이 고시하는 산업재해보상보험요양비산정기준에 의한다. (96. 3. 19 개정) **제19조[건강진단비용의 청구]** ① 건강진단기관은 법 제10조 내지 제

법 률	시 행 령	시 행 규 칙
에 의한 건강진단을 실시하지 아니할 수 있다.		12조의 규정에 의한 건강진단을 실시한 때에는 그 소요비용을 영 제17조의 규정에 의한 기금출납명령관에게 청구하여야 한다. ②제1항의 규정에 의한 청구는 별지 제15호 서식에 의한다. ③제2항의 청구서에는 별지 제16호 서식의 건강진단실시내역서를 첨부하여야 한다.
		제4장 진폐관리구분의 판정등
제2절 진폐근로자의 보호		
제17조[진폐관리구분의 판정 및 통지] ①노동부장관은 제15조 제1항 및 제3항의 규정에 의하여 흉부엑스선사진과 개인별 건강진단결과표를 받은 때에는 건강진단을 받은 자가 별표에 의한 제1종 내지 제4종에 해당하는지의 여부를 판정(이하 "진폐관리구분판정"이라 한다)하고 그 결과를 사업주에게 통지하여야 한다. 다만, 제15조 제3항의 규정에 의하여 흉부엑스선사진과 개인별 건강진단결과표를 받은 때에는 그 결과를 건강진단을 받은 자에게 통지하여야 한다. ②사업주가 제1항 본문의 규정에 의하여 건강진단결과의 통지를 받은 때에는 그 사실을 지체없이 해당 근로자에게 통지하여야 한다. ③노동부장관이 제1항의 규정에 의하여 건강진단의 결과를 사업주에게 통지할 때에는 흉부엑스선사진과 개인별 건강진단결과표를 함께 송부하여야 한다.		**제20조[진폐관리구분의 판정 및 통지]** ①법 제17조 제1항 본문의 규정에 의한 통지는 별지 제17호 서식에 의한다. ②법 제17조 제1항 단서의 규정에 의한 통지는 별지 제18호 서식에 의한다.

법 률	시 행 령	시 행 규 칙
제18조[진폐관리구분판정에 대한 재심사청구등] ①제17조 제1항의 규정에 의한 노동부장관의 진폐관리구분판정에 이의가 있는 자는 그 판정 통지를 받은 날로부터 30일이내에 노동부장관에게 재심사를 청구할 수 있다. ②노동부장관은 제1항의 규정에 의한 재심사청구를 받은 때에는 제6조의 규정에 의한 진폐심사의 3인 이상의 자문을 받아 결정하여야 한다. ③제1항 및 제2항의 규정에 의한 재심사청구의 방법 및 절차 기타 재심사에 관하여 필요한 사항은 노동부령으로 정한다.		**제21조[진폐관리구분판정에 대한 재심사청구등]** ①법 제18조 제1항의 규정에 의한 재심사청구를 하고자 하는 자는 별지 제19호 서식에 진폐관리구분판정에 사용한 흉부엑스선사진 3매와 건강진단관계서류를 첨부하여 노동부장관에게 제출하여야 한다. ②노동부장관은 법 제18조 제2항의 규정에 의한 재심사결정을 한 때에는 당해 청구인에게 별지 제20호 서식의 결정서를 송부하여야 한다. 이 경우 당초의 진폐관리구분판정을 변경한 때에는 당해 사업주에게도 그 내용을 별지 제17호 서식에 의하여 통지하여야 한다.
제19조[건강관리수첩의 발급] 노동부장관은 제12조 제1항 본문의 규정에 의하여 이직자건강진단을 받은 자가 진폐관리구분판정을 받은 경우에는 건강관리수첩을 발급하여야 한다. 제12조 제1항 단서의 규정에 의하여 이직자건강진단을 받지 아니하고 진폐관리구분판정을 받은 자가 이직하는 경우에도 또한 같다.		**제22조[건강관리수첩의 발급등]** ①법 제19조의 규정에 의한 건강관리수첩을 발급받고자 하는 자는 별지 제21호 서식의 신청서에 사진 2매를 첨부하여 관할지방노동관서의 장에게 제출하여야 한다. ②제1항의 규정에 의한 건강관리수첩은 별지 제22호 서식과 같다. ③지방노동관서의 장은 건강관리수첩을 발급한 때에는 그 내용을 별지 제23호 서식의 발급대장에 기록·유지하여야 한다.
	제3장 진폐근로자의 보호	
제20조[진폐근로자에 대한 조치] ①사업주는 합병증이 있거나 별표에 의한 진폐의 관리구분의 제3종 또는 제4종에 해당하고 건강진단기관이 대통령령이 정하는 기준에 해당한다고 인정하는 자를 분진작업에 종사하게 하기 위하여 채용하여서는 아	**제12조[분진작업에 채용할 수 없는 자]** 법 제20조 제1항의 규정에 의하여 분진작업에 종사하게 하기 위하여 채용하여서는 아니되는 자의 범위는 다음과 같다. 1. 진폐관리구분이 제3종에 해당하고 흉부 엑스선사진의 상이 제4형인 자로	**제23조[작업전환조치]** ①법 제20조 제2항의 규정에 의하여 지방노동관서의 장이 작업전환조치를 할 것을 사업주에게 권고할 수 있는 진폐근로자는 진폐로 인하여 산업재해보상보험법에 의한 11급의 장해등급 판정을 받은 자로서 제2항 각호의 1에 해당하지 아니하는 자로 한다. (1996. 3. 19 개정)

법률	시행령	시행규칙
니된다. ②노동부장관은 진폐근로자 중 노동부령이 정하는 기준에 해당하는 자를 분진작업이 아닌 작업에 종사하도록 조치(이하 "작업전환조치"라 한다)할 것을 사업주에게 권고 또는 지시할 수 있다. ③사업주는 노동부령이 정하는 바에 의하여 진폐근로자의 작업장소의 변경·근로시간의 단축 기타 필요한 조치를 하여야 한다. ④정부는 진폐로 퇴직한 근로자에 대한 작업훈련의 실시등 직업안정에 필요한 시책을 강구하여야 한다.	서 대음영의 크기가 한쪽 폐야의 3분의 1 미만인 자 2. 진폐관리구분이 제4종에 해당하는 자(다만, 흉부엑스선 사진의 상이 제1형 및 제2형에 해당하고 심폐기능의 장해가 20퍼센트이내인 자를 제외한다) 3. 진폐의 정도가 법 제20조 제2항의 규정에 의한 작업전환지시대상에 해당하는 자 4. 제1호 내지 제3호 외의 자로서 진폐로 인하여 산업재해보상보험법에 의하여 9급이상의 장해보상을 받았거나 받기로 결정된 자	②법 제20조 제2항의 규정에 의하여 지방노동관서의 장이 작업전환조치를 할 것을 사업주에게 지시할 수 있는 진폐근로자는 다음 각호의 1에 해당하는 자로 한다. (96. 3. 19 개정) 1. 흉부엑스선사진의 상이 제1형·제2형 또는 제3형이고 진폐관리구분이 제4종에 해당되는 자 2. 흉부엑스선사진의 상이 제4형인 자 3. 제1호 및 제2호외의 자로서 진폐로 인하여 산업재해보상보험법에 의한 9급이상의 장해등급판정을 받거나 받기로 결정된 자 ③법 제20조 제2항의 규정에 의한 권고 또는 지시는 서면으로 하여야 한다. ④사업주는 제3항의 규정에 의한 작업전환조치의 권고를 받은 때에는 당해 근로자의 의견을 참작하여 작업전환조치를 하여야 하며, 작업전환조치의 지시를 받은 때에는 7일이내에 당해 근로자의 작업전환조치를 하여야 한다. ⑤사업주는 제4항의 규정에 의한 권고 또는 지시에 따라 작업전환조치를 한 때에는 10일이내에 사실을 관할지방노동관서의 장에게 보고하여야 한다. **제24조[건강관리카드]** ①지방노동관서의 장은 법 제19조의 규정에 의한 건강관리수첩의 발급 및 법 제20조의 규정에 의한 작업전환조치의 권고 또는 지시를 위하여 분진작업에 종사하는 근로자의 건강상태등을 별지 제24호 서식의 건강관리카드에 개인별로 기록·유지하여야 한다. ②제1항의 규정에 의한 건강관리

법　　　률	시　행　령	시　행　규　칙
		카드는 건강진단실시결과 근로자에게 진폐의 소견이 있다고 최초로 확정되는 경우에 작성한다. 다만, 퇴직한 자에 대하여는 이직자건강진단실시결과 진폐관리구분판정을 받은 경우에 작성한다. (96. 3. 19 신설) ③지방노동관서의 장은 제1항의 규정에 의한 건강관리카드의 내용에 변동이 있을 때는 즉시 그 변동내용을 건강관리카드에 기록하여야 한다. (96. 3. 19 신설) **제25조[진폐근로자에 대한 사업주의 조치]** 사업주는 법 제20조 제3항의 규정에 의하여 진폐근로자의 진폐관리구분이 제1종 또는 제2종에 해당하는 자에 대하여는 분진의 발생정도가 노동부장관이 정하는 기준 미만인 작업장소 또는 작업의 강도가 비교적 낮은 작업장소로 변경하거나 분진작업에 종사하는 근로시간을 단축시키는등 당해 근로자의 건강을 보호하기 위한 조치를 하여야 한다.
제21조[작업전환조치자에 대한 보호] ①사업주는 제20조 제2항의 규정에 의한 권고 또는 지시에 따라 작업전환조치가 된 자가 노동부령이 정하는 바에 의하여 작업전환조치전에 근무한 기간에 대한 퇴직금의 지급을 청구하는 경우에는 근로기준법 제28조의 규정에 의한 퇴직금을 지급하여야 한다. ②사업주는 제1항의 규정에 의한 퇴직금의 지급을 이유로 당해 근로자를 해고하여서는 아니된다. ③사업주는 제1항의 규정에 의한 퇴직금의 지급을 이유로 당해 근로자의 계속근로		**제26조[작업전환조치자에 대한 퇴직금 지급사유]** ①법 제21조 제1항의 규정에 의한 퇴직금의 지급사유는 당해 근로자가 작업전환조치된 날에 발생한 것으로 본다. ②법 제21조 제1항의 규정에 의한 퇴직금의 지급청구는 서면으로 하여야 한다.

법 률	시 행 령	시 행 규 칙
년수의 산정에 관하여 불이익한 처우를 하지 못한다. 다만, 퇴직금산정의 경우에는 그러하지 아니하다. **제4장 진폐위로금** **제1절 진폐기금** **제22조【진폐기금의 설치】** 노동부장관은 진폐근로자에 대한 진폐위로금(이하 "위로금"이라 한다)의 지급 및 진폐의 예방과 근로자의 건강보호에 필요한 사업을 수행하기 위하여 진폐기금(이하 "기금"이라 한다)을 설치한다. **제23조【기금의 재원】** 기금은 다음의 재원으로 조성한다. 1. 사업주의 부담금 2. 특별회계 또는 다른 기금으로부터의 출연금 (1989. 3. 29 본호신설) 3. 기금의 운용에 의하여 생기는 수익금과 기타의 수입금 **제23조의2【차입금】** 노동부장관은 기금에 부족이 생긴 때에는 기금의 부담으로 한국은행, 다른 회계 또는 다른 기금으로부터 장기차입 또는 일시차입할 수 있다. (1989. 3. 29 본조신설) **제24조【기금의 관리·운용】** 기금은 노동부장관이 관리·운용한다.		

법　　　률	시　행　령	시　행　규　칙
	제4장 진폐기금등 **제1절 진폐기금의 운용·관리**	
제25조[기금운용계획] ①노동부장관은 회계년도마다 회계년도개시전까지 기금운용계획을 수립하여야 한다. ②노동부장관이 제1항의 규정에 의하여 기금운용계획을 수립함에 있어서는 위원회의 심의와 재정경제원장관과의 협의를 거쳐야 한다. 이를 변경하고자 할 때에도 또한 같다. (94. 12. 23 개정)	**제13조[기금운용계획]** 법 제25조 제1항의 규정에 의한 기금운용계획에는 다음 사항이 포함되어야 한다. 1. 진폐기금(이하 "기금"이라 한다)의 수입 및 지출에 관한 사항 2. 당해 연도의 사업계획 지출원인행위 계획 및 자금계획 3. 전년도 이월자금의 처리에 관한 사항 4. 적립금에 관한 사항 5. 기타 기금운용에 필요한 사항	
		제5장 진폐기금등
제26조[기금의 용도] 기금은 다음 각호에 규정하는 비용의 지급에 사용한다. 1. 제6조의 규정에 의한 진폐심사의에 대한 보수 2. 제10조 내지 제12조의 규정에 의한 건강진단비용 3. 제37조의 규정에 의한 위로금 4. 자녀장학사업, 생활관건립등 진폐근로자의 생활 및 직업안정에 필요한 비용 (1989. 3. 29 본호신설) 5. 기타 진폐의 예방 및 진폐근로자의 보호를 위하여 대통령령이 정하는 사업에 필요한 비용	**제14조[기금의 용도]** ①법 제26조 제5호의 규정에 의하여 그 비용을 기금에서 지급할 수 있는 사업의 범위는 다음과 같다. 1. 진폐근로자를 위한 후생복지사업 2. 기금의 관리 3. 법 제5조 제1항의 규정에 의한 위원회의 운영 4. 법 제45조의 규정에 의한 비영리 법인에의 업무 위탁 5. 기타 진폐근로자의 보호를 위하여 특히 필요하다고 노동부장관이 인정하는 사업에 필요한 비용 ②법 제26조 제4호 및 제1항의 규정에 의한 사업에 소	**제27조[기금의 용도]** ①영 제14조 제1항 제5호의 규정에 의하여 그 비용을 기금에서 지급할 수 있는 사업은 다음과 같다. 1. 법 제20조 제4항의 규정에 의한 작업훈련의 실시등 작업안정에 필요한 사업 2. 제11조 제2항 내지 제5항의 규정에 의한 진단기간중의 휴업급여 및 의료기관에서의 이송료 지급등 진폐근로자에 대한 지원사업 3. 진폐의 예방을 위한 연구사업 ②제1항 각호의 사업에 소요되는 비용의 산정기준 및 지급절차는 진폐심의원회의 심의를 거쳐 노동부장관이 정한다. 다만, 제1항 제2호의 규정에 의한 휴업급여 및 이송료는 당해 진폐근로자의 신청에

법　　　률	시　행　령	시　행　규　칙
	요되는 비용의 산정기준, 지급절차 등에 관하여 필요한 사항은 노동부장관이 정한다.	의하여 지급하되, 그 지급기준은 산업재해보상 보험법 제14조 및 제40조 제3항 제6호의 규정에 의한 휴업급여 및 이송료의 지급기준에 의한다. ③제2항의 단서의 규정에 의한 휴업급여 또는 이송료의 지급신청은 별지 제24호의2 서식의 휴업급여 지급신청서 또는 별지 제24호의3 서식의 이송료 지급신청서에 의한다. (1986. 8. 27 본조신설)
제27조[회계년도] 기금의 회계년도는 정부의 회계년도에 따른다.		
제28조[기금의 운용] 기금을 운용함에 있어서는 그 수익이 최대한으로 확보되도록 하여야 하며, 다음 각호의 1에 해당하는 방법에 의하여 이를 운영하여야 한다. 1. 은행법 기타 법률에 의한 금융기관에의 예탁 2. 국가 또는 지방자치단체가 발생하는 채권의 매입	**제15조[기금의 운용방법]** ①법 제28조 제3호에서 "기타 대통령령이 정하는 자"라 함은 국가 또는 지방 자치단체를 말한다. ②법 제28조 제4호에서 "기타 대통령령이 정하는 방법"이라 함은 진폐근로자의 후생복지를 위한 융자를 말한다.	
3. 은행법 기타 법률에 의한 금융기관이나 기타 대통령령이 정하는 자가 그 지급을 보증하는 채권의 매입 4. 기타 대통령령이 정하는 방법	**제16조[기금의 운용관리]** ①기금은 현금회계의 원칙에 의하여 계리한다. ②기금의 결산상 잉여금이 있는 때에는 이를 기금의 적립금으로 적립할 수 있다. ③기금의 적립금 및 여유금의 운용에 관하여 필요한 사항은 노동부령으로 정한다.	**제27조의2[적립금 및 여유금의 출납기관]** 영 제16조 제3항의 규정에 의한 진폐기금(이하 "기금"이라 한다)의 적립금 및 여유금의 출납에 관한 사무는 법 제29조의 규정에 의하여 임명된 기금출납공무원이 담당한다. **제28조[적립금 및 여유금의 운영 및 출납지시등]** ①영 제16조 제3항의 규정에 의한 적립금 및 여유금은 국채 또는 공채의 매입이나 은행법 기타 법률에 의한 금융기관에의 예입에 의한 방법으로 운용하여야 한다. ②노동부장관은 적립금 및 여유금을 출납하고자 할 때에는 출납지시서에 다음의 사항을 명시하여 기금출납공무원에게 지시하여야 한다.

법 률	시 행 령	시 행 규 칙
		1. 운용하고자 하는 적립금 및 여유금의 금액과 그 근거 2. 매입할 국채 또는 공채의 발행기한과 그 종류 3. 예입할 금융기관과 예금의 종류 4. 거치 또는 예입기간 ③기금출납공무원은 제2항의 규정에 의한 출납지시서에 의하지 아니하고는 적립금 및 여유금을 출납할 수 없다. ④기금출납공무원은 적립금 및 여유금에 속하는 현금을 직접 보관할 수 없다. ⑤기금출납공무원은 현금출납부를 비치하여 그 취급하는 적립금 및 여유금의 출납상황을 기록하여야 한다.
제29조【기금의 회계기간】 ① 노동부장관은 소속 공무원중에서 기금의 지출원인행위와 기금의 징수에 관한 사무를 담당하는 기금출납명령관과 기금의 출납 및 지출에 관한 사무를 담당하는 기금출납공무원을 임명한다. ②회계관계직원등의 책임에 관한 법률중 재무관과 세입징수관에 관한 규정은 기금출납명령관에게, 지출관과 출납공무원에 관한 규정은 기금출납공무원에게 이를 준용한다.	**제17조【기금출납명령관 및 기금출납공무원의 임명통지】** 노동부장관은 법 제29조 제1항의 규정에 의하여 기금출납명령관 및 기금출납공무원을 임명한 때에는 감사원장, 재정경제원장관 및 한국은행총재에게 이를 통지하여야 한다. (94.12.23 개정)	**제29조【예탁금계좌의 설치】** 기금출납공무원은 제28조의 규정에 의하여 적립금 및 여유금을 노동부장관이 지정하는 금융기관에 예입하고자 할 때에는 출납공무원에 예입금계좌를 설치하여야 한다.
제30조【기금계정의 설치】 노동부장관은 기금출납공무원으로 하여금 한국은행에 진폐기금계정을 설치하도록 하여야 한다.	**제18조【기금계정】** ①법 제30조의 규정에 의한 기금계정은 한국은행본점에 설치하도록 하여야 한다. ②제1항의 규정에 의한 기금계정은 수입과 지출을 명확하게 하기 위하여 수입계정과 지출계정을 구분하여 설치한다. **제19조【거래은행의 지정】** 기	**제30조【수입의 처리】** 기금출납공무원은 적립금 및 여유금의 운용으로 인하여 수입이 발생한 때에는 이를 기금출납명령관에게 통지하여 수입계정에 편입하도록 하여야 한다.

법 률	시 행 령	시 행 규 칙
	금출납공무원은 그 소재지에 있는 한국은행(본점·지점 및 국고대리점을 포함한다. 이하 같다)을 그 소재지에 한국은행이 없는 경우에는 가까운 거리에 있는 한국은행을 그가 발행하는 수표의 지급인(이하 "거래은행"이라 한다)으로 지정하여야 한다. **제20조[기금입금의 수납절차]** ①기금출납공무원이 기금의 수익금을 징수하고자 할 때에는 납부의무자에게 이를 한국은행의 기금계좌에 납입하도록 고지하여야 한다. ②한국은행은 기금의 수입금을 수납한 때에는 납입자에게 영수증을 교부하고, 기금출납명령관에게 지체없이 수납통지서를 송부하여야 한다. ③한국은행은 제2항의 규정에 의하여 수납한 기금의 수입금을 국고금취급절차에 따라 한국은행 본점에 설치되어 있는 기금계정에 집중시켜야 한다. **제21조[기금의 지출절차]** ①기금출납명령관이 지출원인행위를 한 때에는 그 지출원인행위에 관한 서류를 기금출납공무원에게 송부하여야 한다. ②기금출납공무원이 기금출납명령관의 지출원인행위에 의하여 기금을 지출하고자 할 때에는 거래은행을 지급인으로 하는 수표를 발행하여야 한다. ③기금출납명령관이 지출원인행위를 한 후 불가피한 사	

법 률	시 행 령	시 행 규 칙
	유로 당해 회계년내에 지출을 하지 못한 금액이 있는 경우에는 다음 연도에 이월하여 지출할 수 있다. **제22조[기금의 지출원인행위한도액배정]** ①노동부장관은 제13조의 규정에 의한 지출원인행위계획의 범위안에서 각 기금출납명령관에게 분기별 지출원인행위 한도액을 배정하여야 한다. ②기금출납명령관은 제1항의 규정에 의하여 배정된 한도액을 초과하여 지출원인행위를 할 수 없다. **제23조[기금의 지출한도액 배정]** ①노동부장관은 제13조의 규정에 의한 자금계획의 범위안에서 각 기금출납공무원에게 월별 지출한도액을 배정하여야 한다. ②노동부장관은 제1항의 규정에 의하여 지출한도액을 배정한 때에는 이를 한국은행총재에게 통지하여야 한다. **제24조[기금운용 상황의 보고]** ①기금출납명령관은 기금수입액 보고서와 기금지출원인행위액 보고서를, 기금출납공무원은 기금지출액 보고서를 매월 말일을 기준일로 작성하여 다음달 20일까지 노동부장관에게 제출하여야 한다. ②노동부장관은 기금출납명령관 및 기금출납공무원으로 하여금 제1항의 보고외에 기금운용관리에 필요한 보고를 하게 할 수 있다. **제25조[기금의 결산]** 노동부장관은 매년 기금의 결산에	

법　　　　률	시　행　령	시　행　규　칙
	관한 다음 서류를 작성하여 다음 연도 3월 20일까지 재정경제원장관에게 통보하여야 한다. (94. 12. 23 개정) 1. 운영계획 대 실적대비표 2. 수입 및 지출계산서 3. 재산현황표 4. 연도별 기금조성 재원현황표	
	제26조[다른 법령의 준용] 기금의 운용·관리에 관하여 법 및 이 영에 규정되지 아니한 사항에 관하여는 예산회계 관계법령을 준용한다.	**제31조[서　식]** 노동부장관은 기금운용에 관하여 예산회계법령에 의한 서식을 사용할 수 없거나 사용하기 곤란한 때에는 이를 따로 정하여 사용할 수 있다.
	제2절 부담금 징수	
제31조[사업주 부담금의 산정] ①제23조 제1호의 규정에 의한 사업주의 부담금은 사업주가 생산한 생산물의 양에 부담금을 곱한 금액으로 한다. ②제1항의 규정에 의한 부담금율은 기금에 필요한 수입금을 참작하여 노동부장관이 관계장관과 협의하여 결정·고시한다. ③통상산업부장관은 대통령령이 정하는 바에 의하여 제1항의 규정에 의한 부담금율의 결정자료로서 사업주별 생산량을 노동부장관에게 통보하여야 한다. (94. 12. 23개정)	**제27조[사업주별 생산량의 통보]** ①법 제31조 제3항의 규정에 의하여 통상산업부장관이 행하는 사업주별 생산량의 통보는 매년 생산된 생산물을 사업주별로 구분·집계하여 행하되, 다음해 4월말일까지 하여야 한다. (94. 12. 23 개정) ②법 제31조 제2항의 규정에 의한 부담율의 결정·고시는 제1항의 규정에 의한 통보를 받은 해의 12월말일까지 하여야 한다.	
제32조[부담금의 징수결정] ①노동부장관은 제31조의 규정에 의하여 부담금의 징수결정을 하고 이를 사업주에게 서면으로 통지하되, 30일이상의 납부기한을 주어야 한다.	**제28조[부담금의 징수 및 분할납부]** ①노동부장관이 법 제32조 제1항의 규정에 의한 부담금 징수 결정 및 통지를 하는 경우에는 납부기한이 3월말 이전이 되도록 하여야 한다. 다만, 법 제32조 제2항의 규정에 의하여 분할 납부하게 하는 경우에는 분할 납부기한이 각각 3월말, 5월	**제32조[부담금의 분할납부신청서등]** ①법 제32조 제2항 및 영 제28조 제3항의 규정에 의한 부담금의 분할납부신청은 별지 제25호 서식에 의한다. ②지방노동관서의 장은 제1항의 신청을 받은 때에는 분할납부할 금액등 분할납부에 관하여 필요한 내용을 별지 제26호 서식에 의하여 신청인에게 통지하여야 한다.

법 률	시 행 령	시 행 규 칙
②부담금은 대통령령이 정하는 바에 의하여 분할납부할 수 있다. **제33조[독 촉]** ①부담금의 납부의무자가 부담금을 납부기한까지 납부하지 아니한 때에는 10일이상의 기한을 정하여 문서로 독촉하여야 한다. ②제1항의 규정에 의하여 독촉을 받은 자가 그 납부기한까지 부담금을 납부하지 아니한 때에는 노동부장관은 국세체납처분의 예에 의하여 이를 징수한다.	말, 8월말, 11월말이 되도록 하여야 하며, 분할 납부금액은 균등하게 배분되도록 하여야 한다. ②법 제32조 제2항의 규정에 의한 부담금의 분할납부는 부담금이 10만원이상인 경우에 한하여 할 수 있다. ③법 제32조 제2항의 규정에 의하여 부담금을 분할 납부하고자 하는 자는 부담금을 납부하는 매 연도 1월 말일까지 노동부장관에게 신청하여야 한다.	**제33조[독촉장]** 법 제33조 제1항의 규정에 의한 독촉은 별지 제27호 서식에 의한다.
제34조[연체금의 징수] 노동부장관은 부담금의 납부의무자가 부담금의 납부기한까지 이를 납부하지 아니한 때에는 그 금액 100원에 대하여 1일 5전의 범위안에서 대통령령이 정하는 비율로 납부기간 만료일의 다음 날부터 부담금의 납부전일까지의 일수에 의하여 계산한 연체금을 징수한다. 다만, 대통령령이 정하는 경우에는 그러하지 아니하다.	**제29조[연체금의 징수]** ①법 제34조의 규정에 의한 연체금의 징수비율은 부담금액 100원에 대하여 1일 5전으로 한다. ②법 제34조 단서의 규정에 의하여 다음의 경우에는 연체금을 징수하지 아니한다. 1. 연체금이 1천만원미만인 경우 2. 연체에 관하여 부득이한 사정이 있다고 노동부장관이 인정하는 경우	
제35조[서류의 송달] 부담금에 관한 서류의 송달에 관하여는 국세기본법 제8조 내지 제12조의 규정을 준용한다. **제36조[결손처분]** 노동부장관은 다음 각호의 1에 해당하는 사우가 있는 때에는 부담금은 결손처분할 수 있다. 1. 체납처분이 종결되고 체납액에 충당된 배분금액이 그 체납액에 부족한 때 2. 제41조의 규정에 의하여 소멸시효가 완성될 때	**제30조[부담금의 결손처분]** ①법 제36조 제3호의 규정에 의하여 결손처분을 할 수 있는 사유는 다음 각호의 1에 해당하는 경우로 한다. 1. 체납자의 행방이 불명하고 재산이 없음이 판명된 경우 2. 체납처분의 목적물인 총재산의 견적가격이 연체금과 체납처분비에 충당하고 나머지가 생길 여지가 없어서 체납처분의 집행을 중지한 경우	

법 률	시 행 령	시 행 규 칙
3. 기타 대통령령이 정하는 사유가 있을 때 **제36조의2【부담금징수의 우선순위】** 사업주 부담금 기타 이 법에 의한 징수금의 징수 우선순위는 국세 및 지방세의 다음으로 한다. (1989. 3. 29 본조신설)	②노동부장관은 제1항 제1호의 규정에 의하여 결손처분을 하고자 할 때에는 시·군·세무서 및 기타 기관에 대하여 그 행방 또는 재산유무를 확인·조사하여야 한다. 다만, 체납액이 10만원 미만인 경우에는 그러하지 아니하다.	
제2절 진폐위로금의 지급		
제37조【진폐위로금의 종류와 지급사유】 ①이 법에 의한 진폐위로금의 종류는 다음과 같다. 1. 작업전환수당 2. 장해위로금 3. 유족위로금 ②제1항 제1호의 규정에 의한 작업전환수당은 근로자가 제20조 제2항의 규정에 의하여 작업전환이 되는 경우에 지급한다. ③제1항 제2호의 규정에 의한 장해위로금은 진폐로 인하여 산업재해보상보험법에 의한 장해급여의 대상이 된 근로자가 퇴직하거나 퇴직한 근로자가 진폐로 인하여 산업재해보상보험법에 의한 장해급여의 대상이 되는 경우에 지급한다. ④제1항 제3호의 규정에 의한 유족위로금은 근로자가 진폐로 인하여 사망하여 그 유족이 산업재해보상보험법에 의한 유족급여의 대상이 된 경우에 지급한다. ⑤제1항 제1호 내지 제3호의 위로금은 근로자나 그 유족에게 지급하되 유족의 결		**제34조【작업전환수당의 신청】** 법 제37조 제2항의 규정에 의하여 작업전환수당을 지급받고자 하는 자는 별지 제28호 서식의 작업전환수당지급신청서를 관할지방노동관서의 장에게 제출하여야 한다. **제35조【장해위로금의 신청】** ①법 제37조 제3항의 규정에 의하여 장해위로금을 지급받고자 하는 자는 별지 제29호 서식의 장해위로금지급신청서를 관할지방노동관서의 장에게 제출하여야 한다. ②제1항의 규정에 의한 신청서에는 민법 기타 법령에 의한 손해배상을 받지 아니하였음을 확인하는 별지 제30호 서식의 확인서를 첨부하여야 한다. 다만, 사업주의 행방불명 기타 부득이한 사유로 인하여 손해배상을 받지 아니한 사실의 확인이 불가능하다고 관할지방노동관서의 장이 인정하는 경우에는 그러하지 아니하다. **제36조【유족위로금의 신청】** ①법 제37조 제4항의 규정에 의하여 유족위로금을 지급받고자 하는 자는 별지 제31호 서식의 유족위로금지급 신청서를 노동부장관에게 제출하여야 한다. ②제1항의 규정에 의한 신청서에는 민법 기타 법령에 의한 손해배

법 률	시 행 령	시 행 규 칙
정에 관하여는 산업재해보상보험법 제49조 제2항의 규정을 준용한다. (94. 12. 22 개정)		상을 받지 아니하였음을 확인하는 별지 제30호 서식의 확인서를 첨부하여야 한다. 다만, 사업주의 행방불명 기타 부득이한 사유로 인하여 손해배상을 받지 아니한 사실의 확인이 불가능하다고 노동부장관이 인정하는 경우에는 그러하지 아니하다. **제36조의2【미지급 위로금의 지급】** 법 제37조 제1항 내지 제4항의 규정에 의한 위로금을 받을 자가 사망한 경우에 그가 지급받아야 할 위로금으로서 아직 지급되지 아니한 위로금을 법 제37조 제5항의 규정에 의한 유족이 지급받고자 하는 때에는 별지 제32호 서식의 미지급 위로금 지급신청서에 별지 제30호 서식의 확인서를 첨부하여 관할지방노동관서의 장에게 제출하여야 한다. (1986. 8. 27 본조신설)
제38조【위로금의 지급기준】 ①제37조 제1항 제1호의 규정에 의한 작업전환수당은 근로기준법에 의한 당해 근로자의 평균임금의 70일분의 범위안에서 노동부령이 정하는 금액으로 한다. (1989. 3. 29 본항개정) ②제37조 제1항 제2호의 규정에 의한 장해위로금은 산업재해보상보험법 제4조 제2항 및 제38조 제6항에 의한 당해 근로자의 퇴직 당시 평균임금을 기준으로 산업재해보상보험법에 의한 진폐에 의한 장해보상일시금의 100분의 60에 상당하는 금액으로 한다. (1994. 12. 22 개정) ③제37조 제1항 제3호의 규정에 의한 유족위로금은 산업재해보상보험법에 의한 유		**제37조【작업전환수당지급기준】** 법 제38조 제1항에서 "노동부령이 정하는 금액"이라 함은 다음의 금액을 말한다. 1. 권고에 의한 작업전환의 경우에는 평균임금의 35일분에 해당하는 금액 2. 지시에 의한 작업전환의 경우에는 평균임금의 70일분에 해당하는 금액 **제38조** (1986. 8. 27 삭제)

법　　　률	시　행　령	시　행　규　칙
족보상일시금의 100분의 60에 상당하는 금액으로 한다. (1989. 3. 29 본항개정) **제39조[손해배상청구권등과의 관계]** 제37조 제1항 제2호 및 제3호의 규정에 의한 위로금은 근로자 또는 그 유족이 민법 기타 법령에 의한 손해배상청구에 갈음하여 위로금의 지급을 청구하는 경우에 한하여 지급한다. 다만, 다음 각호의 경우에는 지급을 청구할 수 없다. 1. 산업재해보상보험법 제46조 또는 제47조의 규정에 의하여 장해특별급여 또는 유족특별급여를 받은 경우(94. 12. 22개정) 2. 사업주와의 합의에 의하여 진폐에 의한 장해, 퇴직 또는 사망에 대한 보상금을 받은 경우ㆍ다만, 가중장해가 발생한 경우에는 그러하지 아니하다. (1989. 3. 29 본항개정)		
제5장 보　칙	**제5장 보　칙**	**제6장 보　칙**
제40조[양도등의 금지] 제37조의 규정에 의한 위로금을 받을 권리는 이를 양도하거나 담보 또는 압류의 대상으로 할 수 있다. **제41조[시　효]** 제23조 제1호의 규정에 의한 부담금을 징수할 권리와 제37조의 규정에 의한 위로금을 받을 권리는 3년간 행사하지 아니하면 소멸시효가 완성된다. **제42조[신　고]** 사업주가 이 법 또는 이 법에 의한 명령	**제31조[권한의 위임ㆍ위탁]** ①법 제45조의 규정에 의하여 다음 사항에 관한 노동부장관의 권한은 이를 관할지방노동청장 또는 사무소장에게 각각 위임한다. 1. 법 제7조 제1항의 규정에 의한 작업환경측정대행자의 지정 2. 법 제7조 제3항의 규정에 의한 통지 및 지시 3. 법 제12조의 규정에 의한 이직자 건강진단의 실시	**제39조[사업주의 조력]** ①제7조 제1항의 규정에 의한 작업환경측정대행결정통지서를 송부받은 사업주는 작업환경측정대행기관이 측정계획서의 작성을 위하여 예비조사를 하거나 측정작업을 행함에 있어서 도움을 요청하는 때에는 이에 적극 협력하여야 한다. ②사업주는 진폐근로자 또는 그 유족이 진폐위로금의 청구와 관련하여 사업주의 확인등 도움을 요청하는 때에는 이에 적극 협력하여야 한다.

법 률	시 행 령	시 행 규 칙
에 위반한 사실이 있는 경우에는 근로자는 그 사실을 노동부장관에게 신고할 수 있다. 이때에는 사업주는 신고를 이유로 당해 근로자에 대하여 해고 기타 불이익한 처우를 하여서는 아니된다. **제43조[기록의 보존]** 사업주는 제9조 내지 제11조의 규정에 의한 건강진단결과의 기록과 흉부엑스선사진 및 제20조 제2항의 규정에 의한 노동부장관의 작업전환조치 지시와 처리결과에 관한 서류를 7년간 보존하여야 한다. **제44조[보고·출석등의 의무]** 사업주 또는 근로자는 이 법의 시행에 관하여 노동부장관의 요구가 있는 경우에는 지체없이 필요한 사항을 보고하거나 출석·답변하여야 한다. **제45조[권한의 위임]** 노동부장관은 대통령령이 정하는 바에 의하여 이 법에 규정된 권한의 일부를 소속기관의 장에게 위임하거나 비영리법인을 지정하여 위탁할 수 있다. **제46조[시행령]** 이 법 시행에 관하여 필요한 사항은 대통령령으로 정한다. **제6장 벌 칙** **제47조[벌 칙]** 다음 각호의 1에 해당하는 자는 1,000만원 이하의 벌금에 처한다. (1989.3.29 본조개정) 1. 제9조 내지 제11조의 규정에 위반하여 건강진단	4. 법 제19조의 규정에 의한 건강관리수첩의 발급 5. 법 제20조 제2항의 규정에 의한 작업전환조치의 권고 또는 지시 6. 법 제32조의 규정에 의한 부담금의 징수결정 및 분할납부 7. 법 제33조의 규정에 의한 납부독촉 및 체납처분 8. 법 제34조의 규정에 의한 연체금의 징수 9. 법 제36조의 규정에 의한 부담금의 결손처분 10. 법 제37조의 규정에 의한 위로금의 지급 11. 법 제44조의 규정에 의한 보고 또는 출석요구 12. 법 제51조의 규정에 의한 과태료의 부과·징수 ②노동부장관은 법 제45조의 규정에 의하여 부담금의 납부통지, 독촉 등 부담금징수에 관한 사무와 진폐위로금의 지급에 관한 사무를 산업재해보상보험법에 의한 근로복지공단 또는 법적용대상인 광업의 발전을 목적으로 통상산업부장관의 인가를 받아 설립된 비영리법인에 위탁할 수 있다. (94.12.23 개정) **제32조[위탁비용등]** ①노동부장관이 제31조 제2항의 규정에 의하여 부담금의 징수 또는 진폐위로금의 지급에 관한 사무를 위탁하는 경우에 지급하는 위탁비용은 당해연도에 징수한 부담금액의 100분의 3이내로 한다. ②제1항의 규정에 의한 위탁사무의 처리등에 관하여 필	

법 률	시 행 령	시 행 규 칙
을 실시하지 아니한 자 2. 제20조 제1항의 규정에 위반하여 진폐에 걸린 자를 분진작업에 종사하게 하기 위하여 채용하거나 제20조 제2항의 규정에 의한 노동부장관의 작업전환조치지시에 위반한 자 3. 제21조의 규정에 위반하여 근로자의 청구에 불구하고 퇴직금을 지급하지 아니한 자 또는 퇴직금지급을 이유로 당해 근로자를 해고하거나 계속근로년수의 산정에 있어 당해 근로자에게 불이익한 처우를 한 자 4. 제42조의 규정에 의한 신고를 이유로 근로자에게 해고 기타 불이익한 처우를 한 자 **제48조【벌 칙】** 다음 각호의 1에 해당하는 자는 500만원 이하의 벌금에 처한다. (1989. 3. 29 본조개정) 1. 제7조 제1항의 규정에 의한 작업환경측정대행기관의 작업환경측정을 거부·방해 또는 기피하거나 동조 제3항의 규정에 의한 작업환경 개선지시에 위반한 자 2. 제15조 제1항 및 제3항의 규정에 위반하여 건강진단의 실시결과를 허위로 작성하거나 노동부장관 또는 사업주에게 제출 또는 송부하지 아니한 자 3. 제20조 제3항의 규정에 위반하여 근로시간단축, 작업장소변경 등의 조치	요한 사항은 노동부장관이 정한다. **제33조【과태료의 부과】** ①법 제51조 제1항의 규정에 의한 과태료의 부과는 당해 위반행위를 조사·확인한후 위반사실을 명시한 과태료납부통지서를 과태료처분대상자에게 송부함으로써 행한다. ②노동부장관은 제1항의 규정에 의하여 과태료를 부과하고자 할 때에는 과태료처분대상자에게 구술 또는 서면에 의한 의견진술 기회를 주어야 한다. 이 경우 지정된 기일까지 의견진술이 없는 때에는 의견이 없는 것으로 본다. ③노동부장관은 과태료의 금액을 정함에 있어서는 당해 위반행위의 동기와 그 결과 등을 참작하여야 한다. **제34조【시행규칙】** 이 영 시행에 관하여 필요한 사항은 노동부령으로 한다.	

법 률	시 행 령	시 행 규 칙
를 하지 아니한 자 **제49조【양벌규정】** 법인의 대표자나 법인 또는 개인의 대리인 · 사용인 기타의 종업원이 그 법인 또는 개인의 업무에 관하여 제47조 및 제48조의 위반행위를 한 때에는 행위자를 벌하는 외에 그 법인 또는 개인에 대하여도 각 본조의 벌금형을 과한다. **제50조【과태료】** ①다음 각호의 1에 해당하는 자에 대하여는 500만원이하의 과태료를 과한다. (1989. 3. 29 본항개정) 1. 제7조 제4항의 규정에 의한 작업환경개선에 관한 서류를 허위로 작성하거나 이를 3년간 보존하지 아니한 자 2. 제15조 제2항의 규정에 위반하여 건강진단실시 집계표를 제출하지 아니한 자 3. 제43조의 규정에 의반하여 개인별 건강진단결과표, 흉부엑스선사진 및 작업전환에 관한 서류를 7년간 보존하지 아니한 자 ②제44조의 규정에 의한 보고 · 출석 또는 답변을 거부하거나 이를 방해 · 기피 또는 허위의 보고를 한 자에 대하여는 300만원이하의 과태료를 과한다. (1989. 3. 29 본항개정) **제51조【과태료의 부과 · 징수 절차】** ①제50조의 규정에 의한 과태료는 대통령령이 정하는 바에 의하여 노동부장관이 부과 · 징수한다.		

법 률	시 행 령	시 행 규 칙
②제1항의 규정에 의한 과태료처분에 불복이 있는 자는 그 처분이 있음을 안 날로부터 30일이내에 노동부장관에게 이의를 제기할 수 있다. ③제1항의 규정에의하여 과태료 처분을 받은 자가 제2항의 규정에 의하여 이의를 제기한 때에는 노동부장관은 지체없이 관할법원에 그 사실을 통보하여야 하며, 그 통보를 받은 관할법원은 비송사건절차법에 의한 과태료의 재판을 한다. ④과태료처분을 받은 자가 제2항의 규정에 의한 기간내에 이의를 제기하지 아니하고 과태료를 납부하지 아니한 때에는 국세체납처분의 예에 의하여 이를 징수한다.		
부 칙	부 칙	부 칙
제1조[시행일] 이 법은 1985년 4월 1일부터 시행한다. 다만, 제20조 제2항·제37조 및 제38조의 규정은 1985년 7월 1일부터 시행한다. **제2조[이미 퇴직한 근로자에 대한 위로금 지급등]** ①1985년 3월 31일 이전에 퇴직한 근로자로서 진폐를 이유로 산업재해보상보험법에 의한 장해급여를 받았거나 받을 권리가 있는 자에 대하여는 제12조의 규정에 의한 이직자건강진단을 실시한다. ②1985년 6월 30일 이전에 근로자가 진폐로 인하여 퇴직 또는 사망하여 산업재해	**제1조[시행일]** 이 영은 공포한 날로부터 시행한다. **제2조[이미 퇴직한 자에 대한 평균임금]** 법 부칙 제2조 제2항의 규정에 의한 당해근로자의 평균임금의 산정은 통계법 제2조의 규정에 의하여 노동부장관이 작성하여 1985년도 노동통계조사보고서에 의한 임금을 기준으로 하되, 그 평균 임금의 금액은 동보고서에 의한 해당 업종별 1985년 1월부터 3월까지 월별 임금총액을 합한 금액을 90으로 나눈 금액으로 한다. 다만, 퇴직 또는 사망당시의 근로자 평균임금의 본문의 규정에 의하여 산정	**제1조[시행일]** 이 영은 공포한 날로부터 시행한다. **제2조[1985년도분의 작업환경측정 대행비용에 대한 적용예]** 측정기관은 제8조 제2항의 규정에 불구하고 측정기관의 지정을 받은 날로부터 30일이내에 1985년도에 적용하는 측정항목별 소요경비기준의 승인을 신청하여야 한다. **제3조[1985년도분의 건강진단비용의 결정고시에 대한 적용예]** 노동부장관은 제18조의 규정에 불구하고 이 규칙시행일로부터 30일 이내에 1985년도에 적용하는 건강진단검사 항목별 소요비용기준을 결정·고시하여야 한다. 부 칙(1986. 8. 27)

법 률	시 행 령	시 행 규 칙
보상보험법에 의한 장해급여 또는 유족급여의 지급사유가 발생한 때에는 당해 근로자가 1985년 7월 1일에 퇴직 또는 사망한 것으로 보아 제37조 및 제38조의 규정에 의하여 장해위로금 및 유족위로금을 지급하되, 장해위로금 및 유족위로금의 지급기준이 되는 당해 근로자의 평균임금은 대통령령으로 정한다. ③제2항의 규정에 의한 장해위로금 및 유족위로금은 1985년 7월 1일부터 1988년 6월 390일까지 3년간 분할하여 지급하되, 장해위로금 및 유족위로금이 100만원미만인 경우에는 전액을 1985년 7월 1일부터 1986년 6월 30일까지 일시에 지급할 수 있다. ④제2항의 규정에 의한 장해위로금 및 유족위로금의 지급에 소요되는 금액중 1985년 3월 31일 이전에 근로자가 퇴직·사망하여 장해위로금 및 유족위로금의 지급에 소요되는 금액의 2분의 1은 석탄광업육성에 관한 임시조치법 제6조의 규정에 의한 조성사업비에서 부담한다. ⑤노동부장관은 제4항의 규정에 의하여 조성사업비에서 부담할 금액을 상공자원부장관에게 통보하여야 한다. 이 경우 상공자원부장관은 통보를 받은 날로부터 30일이내에 진폐기금에 부담금을 납부하여야 한다.	한 금액보다는 높은 경우에는 당해 근로자가 퇴직 또는 사망할 당시의 평균임금을 적용한다. **제3조[1985년도분의 부담금에 관한 적용예]** ①노동부장관은 제28조의 규정에 불구하고 1985년도에 징수하는 부담금의 산정기초가 되는 부담금의 부담금율의 고시는 이 영 시행일로부터 30일 이내에 하여야 한다. ②제28조의 규정에 불구하고 1985년도 및 1986년도 생산량으로 하고, 상공자원부장관은 1984년도 사업주변 생산량의 통보를 이 영 시행일로부터 10일이내에 하여야 한다. ③노동부장관은 제29조 제1항의 규정에 불구하고 1985년도에 한하여 1985년도 6월 30일이 납부기한이 되도록 징수결정 및 통지를 할 수 있다. 이 경우 법 제32조 제2항의 규정에 의하여 분할납부기한이 각각 6월말과 9월말이 되도록 하여야 한다. ④1985년도에 부담금을 분할납부하고자 하는 자는 제29조 제3항의 규정에 불구하고, 1985년도 5월말일까지 노동부장관에게 신청하여야 한다. 부 칙(87. 5. 15) 이 영은 공포한 날부터 시행한다. **제2조 및 제3조** 생략	①**[시행일]** 이 규칙은 공포한 날로부터 시행한다. ②**[휴업급여 및 이송료지급에 관한 적용예]** 휴업급여 및 이송료의 지급에 관한 제27조의 개정규정은 1985년도 7월 1일 이후에 발생한 휴업 또는 이송에 대하여 적용한다. 부 칙(1989. 10. 12) ①**[시행일]** 이 규칙은 공포한 날로부터 시행한다. ②**[근로기준법적용 근로자에 대한 평균임금]** 법률 제4112호 진폐의 예방과 진폐근로자의 보호등에 관한 법률중 개정법률 부칙 제2조 1항의 규정에 의한 당해 근로자의 평균임금 산정은 통계법 제2조의 규정에 의하여 노동부장관이 작성하는 1989년도 노동통계보고서에 의한 월 평균급여액을 기준으로 하되 그 평균임금의 금액은 동보고서 해당 업종의 1989년도 1월부터 3월까지의 월별 급여총액을 합한 금액을 90으로 나눈 금액으로 한다. ③**[서식에 관한 경과조치]** 이 규칙 시힝전에 종전의 규정에 의하여 작성되어 사용중인 별지 제24호 서식은 계속하여 사용하되 본적란은 기재하지 아니한다. 부 칙(1992. 3. 21) **제1조[시행일]** 이 규칙은 공포한 날로부터 시행한다. 부 칙(1995. 4. 29) **제1조[시행일]** 이 규칙은 1995년 5월 1일부터 시행한다.

법 률	시 행 령	시 행 규 칙

법 률

부 칙(89. 3. 29)

제1조[시행일] 이 법은 공포한 날로부터 시행한다. 다만, 제38조의 개정규정은 1989년 6월 1일부터 시행한다.

제2조[근로기준법적용근로자에 대한 경과조치] ①이 법 시행일 전에 퇴직한 근로자로서 진폐를 이유로 근로기준법의 규정에 의하여 장해보상 또는 유족보상을 받았거나 받을 권리가 있는 근로자에 대하여도 이 법을 적용한다. 다만, 이 법 제38조에 의한 위로금의 지급기준이 되는 장해보상일시금 또는 유족보상일시금은 근로기준법을 준용하며, 당해 근로자의 평균임금은 이 법 시행과 동시에 퇴직한 것으로 보아 노동부령으로 정한다.

②제1항의 규정에 의한 퇴직근로자에 대한 위로금은 1990년 1월 1일부터 1991년 12월 31일까지 2년간 균등상환할 수 있다.

제3조[기금조성에 따른 경과조치] 진폐위로금의 지급을 위한 진폐기금의 재원으로 석탄산업에 의한 석탄산업의 합리화와 안정성장을 위한 조성사업비 중에서 1989년도부터 1991년도까지는 매년 20억원을, 1992년도에는 21억원을 부담하되 동 기간중에 추가부담 사유가 발생한 때에는 노동부장관과 통상산업부장관이 금액 및 부담시기에 관하여 협의하여 동 조성사업비로 부담

시 행 령

부 칙(87. 12. 9)

제1조[시행일] 이 영은 공포한 날부터 시행한다.

제2조 및 제3조 생략

부 칙(90. 12. 15)

이 영은 공포한 날부터 시행한다.

부 칙(93. 3. 6)

제1조[시행일] 이 영은 공포한 날부터 시행한다.

제2조 내지 제4조 생략

부 칙(94. 12. 23)

제1조[시행일] 이 영은 공포한 날부터 시행한다.

부 칙(1995. 4. 15)

제1조[시행일] 이 영은 1995년 5월 1일부터 시행한다.

[별표]

적용광업의 범위

한국표준산업분류표에 의한 광업의 분류	적용광업
석탄광업(210)	석탄광업
철광업(23010)	철광업
텅그스텐광업(23021)	텅그스텐광업
금은광업(23023)	금은광업
연, 아연광업(23025)	연, 아연광업
요업 및 내화광물광업(29032)	규석을 채굴하는 광업
흑연광업(29091)	흑연광업
활석광업(29092)	활석광업

시 행 규 칙

부 칙(1996. 3. 19)

①**[시행일]** 이 규칙은 공포한 날로부터 시행한다.

②**[지정받은 건강진단기관에 관한 경과조치]** 이 규칙 시행당시 종전의 규정에 의하여 지정을 받은 건강진단기관은 이 규칙을 공포한 날부터 30일 이내에 제13조의 개정규정에 의한 인력·시설 및 기계기구기준을 갖추어야 한다.

③**[서식에 관한 경과조치]** 이 규칙 시행당시 종전의 규정에 의하여 작성되어 사용중인 서식은 계속하여 사용할 수 있다.

[별표 1]

작업환경측정대행기관의 인력·시설 및 기계기구기준(제4조관련)

1. 인력기준
   가. 예방의학 전문의 또는 진폐에 관한 학식과 경험이 풍부한 의사 1인이상
   나. 대학 또는 이와 동등이상의 학교에서 약학, 화학, 물리, 생물, 화학공학, 위생공학, 환경공학 또는 산업보건학을 전공한 자 1인이상
   다. 국가기술자격법에 의한 산업위생관리기사 2급이상의 자격을 취득한 자 1인이상
2. 시설기준
   가. 사무실
   나. 화학실험실
   다. 환경측정장비 관리실
3. 기계기구기준
   가. 분진측정기
   ① 분립장치가 있는 분진측정기
   ② 흡입성 분진측정장비
   ③ 분진의 상대농도를 측정하는 장비

법 률	시 행 령	시 행 규 칙

하여야 한다.

부 칙(90. 1. 13)

제1조[시행일] 이 법은 공포 후 6월이 경과한 날로부터 시행한다.
제2조～제7조 생략

부 칙(93. 3. 6)

제1조[시행일] 이 법은 공포한 날로부터 시행한다(단서 생략)
제1조 내지 제5조 생략

부 칙(94. 12. 22)

제1조[시행일] 이 법은 1995년 5월 1일부터 시행한다. 다만, 부칙 제3조, 제4조 및 제8조의 규정은 공포한 날부터 시행한다.

부 칙(94. 12. 23)

제1조[시행일] 이 법은 공포한 날부터 시행한다.

[별표]
진폐관리구분의 판정기준

진폐관리구분	판 정 기 준
제 1 종	흉부엑스선사진의 상이 제1형으로 진폐에 의한 현저한 폐기능의 장해가 없다고 인정되는 자
제 2 종	흉부엑스선사진의 상이 제2형으로 진폐에 의한 현저한 폐기능의 장해가 없다고 인

④ 분진의 중량농도를 측정하는 장비
⑤ 분진의 계수농도를 측정하는 장비
⑥ 위상차 현미경
⑦ 분진에 함유된 유리규산함량을 분석하는 장비 및 시설

나. 소음측정기(지시소음계 또는 정밀소음측정계)
다. 기온, 기습, 기류, 복사열, 조도, 진동등을 측정할 수 있는 기기
라. 적외선 분광광도계(IRS)
마. 검지관 방식에 의한 가스농도 또는 증기농도 측정기
바. 산소, 일산화탄소, 탄산가스, 메탄가스농도측정기
사. 청량한계가 10마이크로그람이하인 화학천평 또는 직사천평
아. 건조기
자. 기타 분석화학기초실험장비 및 시설

[별표 2] (96. 3. 19 개정)

건강진단기관의 인력·시설 및 기계기준(제13조관련)

1. 진폐1차건강진단기관(제11조제1항제1호의 규정에 의한 검사만을 행하는 경우에 한한다)
   가. 인력기준
      ①진폐에 관한 학식과 경험이 풍부한 산업의학전문의 또는 예방의학전문의 1인 이상
      ②진단방사선과 전문의 1인 이상
      ③간호사 2인 이상
      ④방사선사 1인 이상
      ⑤임상병리사 1인 이상
   나. 시설기준
      ①진료실
      ②엑스선촬영실
      ③방음실
      ④임상병리검사실

<table>
<tr><th>법 률</th><th>시 행 령</th><th>시 행 규 칙</th></tr>
<tr>
<td>
<table>
<tr><td></td><td>정되는 자</td></tr>
<tr><td>제 3 종</td><td>다음 각호의 1에 해당하는 자중 진폐에 의한 현저한 폐기능 장해가 없다고 인정되는 자
1. 흉부엑스선사진의 상이 제3형인 자.
2. 흉부엑스선사진의 상이 제4형으로서 대음영의 크기가 한쪽 폐야의 3분의 1미만인 자</td></tr>
<tr><td>제 4 종</td><td>1. 흉부엑스선사진의 상이 제4형으로서 대음영의 크기가 한쪽 폐야의 3분의 1이상인 자
2. 흉부엑스선사진의 상이 제1형·제2형·제3형 또는 제4형(대음영의 크기가 한쪽 폐야의 3분의 1미만인 경우에 한한다)</td></tr>
</table>
비고 : 위 표에서 사용하는 용어의 정의는 다음과 같다.
1. 제1형 : 양폐야에 진폐에 의한 입상영 또는 부정형 음영이 소수있고 진폐에 의한 대음영이 없다고 인정되는 것
2. 제2형 : 양폐야에 진폐에 의한 입상영 또는 부정형을 영이 다수 있고 진폐에 의한 대음영이 없다고 인정되는 것
3. 제3형 : 양폐야에 진폐에 의한 입상영 또는 부정형 음영이 대단히 다수 있고 진폐에 의한 대음영이 없다고 인정되는 것
4. 제4형 : 진폐에 의한 다음 영이 있다고 인정되는 것
</td>
<td></td>
<td>
다. 기계기구기준
①시력검사기
②청력검사기(오디오체커 제외)
③현미경
④항온수조
⑤원심분리기
⑥냉장고
⑦엑스선 직접촬영기
⑧자동혈구계산기
⑨자동화학분석기
2. 진폐정밀건강진단기관
가. 인력기준
①진폐에 관한 학식과 경험이 풍부한 산업의학전문의 또는 예방의학전문의 1인 이상
②결핵에 관한 학식과 경험이 풍부한 내과전문의 1인
③진단방사선과전문의 1인 이상
④간호사 2인 이상
⑤임상병리사 1인 이상
⑥방사선사 1인 이상
나. 시설기준
①진료실
②엑스선촬영실
③방음실
④임상병리검사실
다. 기계기구기준
①시력검사기
②청력검사기(오디오체커 제외)
③현미경
④항온수조
⑤원심분리기
⑥냉장고
⑦엑스선 직접촬영기(500mA이상)
⑧자동혈구계산기
⑨자동화학분석기
⑩자동혈액가스분석기
⑪심폐기능검사기
⑫심전도기
⑬결핵균 검사에 필요한 기계기구(배양기 포함)

※ 별지 생략
</td>
</tr>
</table>

V. 행 정 소 송 법

전문개정 1984. 12. 15 법3754호
개정 1988. 8. 5 법4017호

제1장 총 칙

제1조[목 적] 이 법은 행정소송절차를 통하여 행정청의 위법한 처분 그밖에 공권력의 행사·불행사등으로 인한 국민의 권리 또는 이익의 침해를 구제하고, 공법상의 권리관계 또는 법적용에 관한 다툼을 적정하게 해결함을 목적으로 한다.

제2조[정의] ①이 법에서 사용하는 용어의 정의는 다음과 같다.

1. "처분등"이라 함은 행정청이 행하는 구체적 사실에 관한 법집행으로서의 공권력의 행사 또는 그 거부와 그밖에 이에 준하는 행정작용(이하 "처분"이라 한다) 및 행정심판에 대한 재결을 말한다.
2. "부작위"이라 함은 행정청이 당사자의 신청에 대하여 상당한 기간내에 일정한 처분을 하여야 할 법율상 업무가 있음에도 불구하고 이를 하지 아니하는 것을 말한다.

②이 법을 적용함에 있어서 행정청에는 법령에 의하여 행정권한의 위임 또는 위탁을 받은 행정기관, 공공단체 및 그 기관 또는 사인이 포함된다.

제3조[행정소송의 종류] 행정소송은 다음의 네가지로 구분한다. (개정 88. 8. 5)

1. 항고소송 : 행정청의 처분등이나 부작위에 대하여 제기하는 소송
2. 당사자소송 : 행정청의 처분등을 원인으로 하는 법률관계에 관한 소송 그밖에 공법상의 법률관계에 관한 소송으로서 그 법률관계의 한쪽 당사자를 피고로 하는 소송
3. 민중소송 : 국가 또는 공공단체의 기관이 법률에 위반되는 행위를 한 때에 직접 자기의 법률상 이익과 관계없이 그 시정을 구하기 위하여 제기하는 소송
4. 기관소송 : 국가 또는 공공단체의 기관 상호간에 있어서의 권한의 존부 또는 그 행사에 관한 다툼이 있을 때에 이에 대하여 제기하는 소송. 다만, 헌법재판소법 제2조의 규정에 의하여 헌법재판소의 관장사항으로 되는 소송은 제외한다.

제4조[항고소송] 항고소송은 다음과 같이 구분한다.

1. 취소소송 : 행정청의 위법한 처분등을 취소 또는 변경하는 소송
2. 무효등 확인소송 : 행정청의 처분등의 효력 유무 또는 존재여부를 확인하는 소송

3. 부작위위법확인소송 : 행정청의 부작위가 위법하다는 것을 확인하는 소송

제5조[국외에서의 기간] 이 법에 의한 기간의 계산에 있어서 국외에서의 소송행위추완에 있어서는 그 기간을 14일에서 30일로, 제3자에 의한 재심청구에 있어서는 그 기간을 30일에서 60일로, 소의 제기에 있어서는 그 기간을 60일에서 90일로 한다.

제6조[명령·규칙의 위헌판결등 공고] ①행정소송에 대한 대법원판결에 의하여 명령·규칙이 헌법 또는 법률에 위반된다는 것이 확정된 경우에는 대법원은 지체없이 그 사유를 총무처장관에게 통보하여야 한다.

②제1항의 규정에 의한 통보를 받은 총무처장관은 지체없이 이를 관보에 게재하여야 한다.

제7조[사건의 이송] 민사소송법 제31조 제1항의 규정은 원고의 고의 또는 중대한 과실없이 행정소송이 심급을 달리하는 법원의 잘못 제기된 경우에도 적용한다.

제8조[법적용례] ①행정소송에 대하여는 다른 법률에 특별한 규정이 있는 경우를 제외하고는 이 법이 정하는 바에 의한다.

②행정소송에 관하여 이 법에 특별한 규정이 없는 사항에 대하여는 법원조직법과 민사소송법의 규정을 준용한다.

제2장 취소소송

제1절 재판관할

제9조[재판관할] ①취소소송의 제1심관할법원은 피고의 소재지를 관할하는 고등법원으로 한다.

②고등법원의 재판에 대하여는 법원에 상고할 수 있다.

제10조[관련청구소송의 이송 및 병합] ①취소소송과 다음 각호의 1에 해당하는 소송(이하 "관련청구소송"이라 한다)이 각각 다른 법원에 계속되고 있는 경우에 관련청구소송이 계속된 법원이 상당하다고 인정하는 때에는 당사자의 신청 또는 직권에 의하여 이를 취소소송이 계속된 법원으로 이송할 수 있다.

1. 당해 처분등과 관련되는 손해배상·부당이반환·원상회복등 청구소송
2. 당해 처분등과 관련되는 취소소송

②취소소송에는 사실심의 변론종결시까지 관련청구소송을 병합하거나 피고외의 자를 상대로 한 관련청구소송을 취소소송이 계속된 법원에 병합하여 제기할 수 있다.

제11조[선결문제] ①처분등의 효력 유무 또는 존재 여부가 민사소송의 선결문제로 되어 당해 민사소송의 수소법원이 이를 심리·판단하는 경우에는 제17조, 제25조, 제26조 및 제33조의 규정을 준용한다.

②제1항의 경우 당해 수소법원은 그 처분등을 행한 행정청에게 그 선결문제로 된 사실을 통지하여야 한다.

제2절 당사자

제12조【원고적격】 취소소송은 처분등의 취소를 구할 법률상 이익이 있는 자가 제기할 수 있다. 처분등의 효과가 기간의 경과, 처분등의 집행 그밖의 사유로 인하여 소멸된 뒤에도 그 처분등의 취소로 인하여 회복되는 법률상 이익이 있는 자의 경우에는 또한 같다.

제13조【피고적격】 ①취소소송은 다른 법률에 특별한 규정이 없는 한 그 처분등을 행한 행정청을 피고로 한다. 다만, 처분등이 있은 뒤에 그 처분등에 관계되는 권한이 다른 행정청에 승계된 때에는 이를 승계한 행정청을 피고로 한다.

②제1항의 규정에 의한 행정청이 없게 된 때에는 그 처분등에 관한 사무가 귀속되는 국가 또는 공공단체를 피고로 한다.

제14조【피고경정】 ①원고가 피고를 잘못 지정한 때에는 법원은 원고의 신청에 의하여 결정으로써 피고의 경정을 허가할 수 있다.

②법원은 제1항의 규정에 의한 결정의 정본을 새로운 피고에게 송달하여야 한다.

③제1항의 규정에 의한 신청을 각하하는 결정에 대하여는 즉시항고할 수 있다.

④제1항의 규정에 의한 결정이 있은 때에는 새로운 피고에 대한 소송은 처음에 소를 제기한 때에 제기된 것으로 본다.

⑤제1항의 규정에 의한 결정이 있은 때에는 종전의 피고에 대한 소송은 취하된 것으로 본다.

⑥취소소송이 제기된 후에 제13조제1항 단서 또는 제13조제2항에 해당하는 사유가 생긴 때에는 법원은 당사자의 신청 또는 직권에 의하여 피고를 경정한다. 이 경우에는 제4항 및 제5항의 규정을 준용한다.

제15조【공동소송】 수인의 청구 또는 수인에 대한 청구가 처분등의 취소청구와 관련되는 청구인 경우에 한하여 그 수인은 공동소송인이 될 수 있다.

제16조【제3자의 소송참가】 ①법원은 소송의 결과에 따라 권리 또는 이익의 침해를 받을 제3자가 있는 경우에는 당사자 또는 제3자의 신청 또는 직원에 의하여 결정으로써 그 제3자를 소송에 참가시킬 수 있다.

②법원이 제1항의 규정에 의한 결정을 하고자 할 때에는 미리 당사자 및 제3자의 의견을 들어야 한다.

③제1항의 규정에 의한 신청을 한 제3자는 그 신청을 각하한 결정에 대하여

즉시항고할 수 있다.

④제1항의 규정에 의하여 소송에 참가한 제3자에 대하여는 민사소송법 제63조의 규정을 준용한다.

제17조【행정청의 소송참가】 ①법원은 다른 행정청을 소송에 참가시킬 필요가 있다고 인정할 때에는 당사자 또는 당해 행정청의 신청 또는 직권에 의하여 결정으로써 그 행정청을 소송에 참가시킬 수 있다.

②법원은 제1항의 규정에 의한 결정을 하고자 할 때에는 당사자 및 당해 행정청의 의견을 들어야 한다.

③제1항의 규정에 의하여 소송에 참가한 행정청에 대하여는 민사소송법 제70조의 규정을 준용한다.

제3절 소의 제기

제18조【행정심판과의 관계】 ①취소소송은 법령의 규정에 의하여 당해 처분에 대한 행정심판을 제기할 수 있는 경우에는 이에 대한 재결을 거치지 아니하면 이를 제기할 수 없다.

②다음 각호의 1에 해당하는 사유가 있는 때에는 행정심판의 재결을 거치지 아니하고 취소소송을 제기할 수 있다.

1. 행정심판청구가 있는 날로부터 60일이 지나도 재결이 없는 때
2. 처분의 집행 또는 절차의 속행으로 생길 중대한 손해를 예방하여야 할 긴급한 필요가 있는 때
3. 법령의 규정에 의한 행정심판기관이 의결 또는 재결을 하지 못할 사유가 있는 때
4. 그밖의 정당한 사유가 있는 때

③다음 각호의 1에 해당하는 사유가 있는 때에는 행정심판을 제기함이 없이 취소소송을 제기할 수 있다.

1. 동종사건에 관하여 이미 행정심판의 기각재결이 있는 때
2. 서로 내용상 관련되는 처분 또는 같은 목적을 위하여 단계적으로 진행되는 처분중 어느 하나가 이미 행정심판의 재결을 거친 때
3. 행정청이 사실심의 변론종결후 소송의 대상인 처분을 변경하여 당해 변경된 처분에 관하여 소를 제기하는 때

④제2항 및 제3항의 규정에 의한 사유는 이를 소명하여야 한다.

제19【취소소송의 대상】 취소소송은 처분등을 대상으로 한다. 다만, 재결취소소송의 경우에는 재결 자체에 고유한 위법이 있음을 이유로 하는 경우에 한한다.

제20조【제소기간】 ①행정심판의 재결을 거쳐 제기하는 사건에 대한 소는 그 재결서의 정본의 송달을 받은 날로부터 60일이내에 제기하여야 한다.

②행정심판을 제기하지 아니하거나 그 재결을 거치지 아니하는 사건에 대한

소는 처분이 있음을 안 날로부터 180일을, 처분이 있는 날로부터 1년을 경과하면 이를 제기하지 못한다. 다만, 정당한 사유가 있는 경우에는 그러하지 아니하다.

③제1항의 규정에 의한 기간은 불변기간으로 한다.

제21조[소의 변경] ①법원은 취소소송을 당해 처분등에 관계되는 사무가 귀속하는 국가 또는 공공단체에 대한 당사자소송 또는 취소소송외의 항고소송으로 변경하는 것이 상당하다고 인정할 때에는 청구의 기초에 변경이 없는 한 사실심의 변론종결시까지 원고의 신청에 의하여 결정으로써 소의 변경이 없는 한 사실심의 변론종결시까지 원고의 신청에 의하여 결정으로써 소의 변경을 허가할 수 있다.

②제1항의 규정에 의한 허가를 하는 경우 피고를 달리하게 될 때에는 법원은 새로이 피고로 될 자의 의견을 들어야 한다.

③제1항의 규정에 의한 허가결정에 대하여는 즉시항고할 수 있다.

④제1항의 규정에 의한 허가결정에 대하여는 제14조제2항·제4항 및 제5항의 규정을 준용한다.

제22조[처분변경으로 인한 소의 변경] ①법원은 행정청이 소송의 대상인 처분을 소가 제기된 후 변경한 때에는 원고의 신청에 의하여 결정으로써 청구의 취지 또는 원인의 변경을 허가할 수 있다.

②제1항의 규정에 의한 신청은 처분의 변경이 있음을 안 날로부터 60일이내에 하여야 한다.

③제1항의 규정에 의하여 변경되는 청구는 제18조의 규정에 의한 요건을 갖춘것으로 본다.

제23조[집행정지] ①취소소송의 제기는 처분등의 효력이나 그 집행 또는 절차의 속행에 영향을 주지 아니한다.

②취소소송이 제기된 경우에 처분등이나 그 집행 또는 절차의 속행으로 인하여 생길 회복하기 어려운 손해를 예방하기 위하여 긴급한 필요가 있다고 인정할 때에는 본안이 계속되고 있는 법원은 당사자의 신청 또는 직권에 의하여 처분등의 효력이나 그 집행 또는 절차의 속행의 전부 또는 일부의 정지(이하 "집행정지"라 한다)를 결정할 수 있다. 다만, 처분의 효력정지는 처분등의 집행 또는 절차의 속행을 정지함으로써 목적을 달성할 수 있는 경우에는 허용되지 아니한다.

③집행정지는 공공복리에 중대한 영향을 미칠 우려가 있을 때에는 허용되지 아니한다.

④제2항의 규정에 의한 집행정지의 결정을 신청함에 있어서는 그 이유에 대한 소명이 있어야 한다.

⑤제2항의 규정에 의한 집행정지의 결

정 또는 기각의 결정에 대하여는 즉시 항고할 수 있다. 이 경우 집행정지의 결정에 대한 즉시항고에는 결정의 집행을 정지하는 효력이 없다.

⑥제30조제1항의 규정은 제2항의 규정에 의한 집행정지의 결정에 이를 준용한다.

제24조【집행정지의 취소】 ①집행정지의 결정이 확정된 후 집행정지가 공공복리에 중대한 영향을 미치거나 그 정지사유가 없어진 때에는 당사자의 신청 또는 직권에 의하여 결정으로서 집행정지의 결정을 취소할 수 있다.

②제1항의 규정에 의한 집행정지결정의 취소결정과 이에 대한 불복의 경우에는 제23조제4항 및 제5항의 규정을 준용한다.

제4절 심　　리

제25조【행정심판기록의 제출명령】 ①법원은 당사자의 신청이 있는 때에는 결정으로써 재결을 행한 행정청에 대하여 행정심판에 관한 기록의 제출을 명할 수 있다.

②제1항의 규정에 의한 제출명령을 받은 행정청은 지체없이 당해 행정심판에 관한 기록을 법원에 제출하여야 한다.

제26조【직권심리】 법원은 필요하다고 인정할 때에는 직권으로 증거조사를 할 수 있고, 당사자가 주장하지 아니한 사실에 대하여도 판단할 수 있다.

제5절 재　　결

제27조【재량처분의 취소】 행정청의 재량에 속하는 처분이라도 재량권의 한계를 넘거나 그 남용이 있는 때에는 법원은 이를 취소할 수 있다.

제28조【사정판결】 ①원고의 청구가 이유있다고 인정하는 경우에도 처분등을 취소하는 것이 현저히 공공복리에 적합하지 아니하다고 인정하는 때에는 법원은 원고의 청구를 기각할 수 있다. 이 경우 법원은 그 판결의 주문에서 그 처분등이 위법함을 명시하여야 한다.

②법원이 제1항의 규정에 의한 판결을 함에 있어서는 미리 원고가 그로 인하여 입게 될 손해의 정도와 배상방법 그밖의 사정을 조사하여야 한다.

③원고는 피고인 행정청이 속하는 국가 또는 공공단체를 상대로 손해배상, 제해시설의 설치 그밖에 적당한 구제방법의 청구를 당해 취소소송등이 계속된 법원에 병합하여 제기할 수 있다.

제29조【취소판결등의 효력】 ①처분등을 취소하는 확정판결은 제3자에 대하여도 효력이 있다.

②제1항의 규정은 제23조의 규정에 의한 집행정지의 결정 또는 제24조의 규정에 의한 그 집행정지결정의 취소결정에 준용한다.

제30조[취소판결등의 기속력] ①처분등을 취소하는 확정판결은 그 사건에 관하여 당사자인 행정청과 그밖의 관계행정청을 기속한다.
②판결에 의하여 취소되는 처분이 당사자의 신청을 거부하는 것을 내용으로 하는 경우에는 그 처분을 행한 행정청은 판결의 취지에 따라 다시 이전의 신청에 대한 처분을 하여야 한다.
③제2항의 규정은 신청에 따른 처분이 절차의 위법을 이유로 취소되는 경우에 준용한다.

제6절 보　　칙

제31조[제3자에 의한 재심청구] ①처분등을 취소하는 판결에 의하여 권리 또는 이익의 침해를 받은 제3자는 자기에게 책임없는 사유로 소송에 참가하지 못함으로써 판결의 결과에 영향을 미칠 공격 또는 방어방법을 제출하지 못한 때에는 이를 이유로 확정된 종국판결에 대하여 재심의 청구를 할 수 있다.
②제1항의 규정에 의한 청구는 확정판결이 있음을 안 날로부터 30일이내, 판결이 확정된 날로부터 1년이내에 제기하여야 한다.
③제2항의 규정에 의한 기간은 불변기간으로 한다.

제32조[소송비용의 부담] 취소청구가 제28조의 규정에 의하여 기각되거나 행정청이 처분등을 취소 또는 변경함으로 인하여 청구가 각하 또는 기각된 경우에는 소송비용은 피고의 부담으로 한다.

제33조[소송비용에 관한 판례의 효력] 소송비용에 관한 재판이 확정된 때에는 피고 또는 참가인이었던 행정청이 소속하는 국가 또는 공공단체에 그 효력을 미친다.

제34조[거부처분취소판결의 간접강제]
①행정청이 제30조제2항의 규정에 의한 처분을 하지 아니하는 때에는 제1심수소법원은 당사자의 신청에 의하여 결정으로써 상당한 기간을 정하고 행정청이 그 기간내에 이행하지 아니하는 때에는 그 지연기간에 따라 일정한 배상을 할 것을 망하거나 즉시 손해배상을 할 것을 명할 수 있다.
②제33조와 민사소송법 제694조의 규정은 제1항의 경우에 준용한다.

제3장 취소소송외의 항고소송

제35조[무효등확인소송의 원고적격] 무효등확인소송은 처분등의 효력 유무 또는 존재 여부의 확인을 구할 법률상 이익이 있는 자가 제기할 수 있다.

제36조[부작위위법확인소송의 원고적격]
부작위위법확인소송은 처분의 신청을 한 자로서 부작위의 위법의 확인을 구할 법률상 이익이 있는 자만이 제기할

수 있다

제37조[소의 변경] 제21조의 규정은 무효등확인소송이나 부작위위법확인소송을 취소소송 또는 당사자소송으로 변경하는 경우에 준용한다.

제38조[준용규정] ①제9조, 제10조, 제13조 내지 제17조, 제19조, 제22조 내지 제26조, 제29조 내지 제32조 및 제33조의 규정은 무효등확인소송의 경우에 준용한다.

②제9조, 제10조, 제13조 내지 제19조, 제20조제1항·제3항, 제25조 내지 제27조, 제29조 내지 제31조, 제33조 및 제34조의 규정은 부작위위법확인소송의 경우에 준용한다.

제4장 당사자소송

제39조[피고적격] 당사자소송은 국가·공공단체 그밖의 권리주체를 피고로 한다.

제40조[재결관할] 제9조의 규정은 당사자소송의 경우에 준용한다. 다만, 국가 또는 공공단체가 피고인 경우에는 관계행정청의 소재지를 피고의 소재지로 본다.

제41조[제소기간] 당사자소송에 관하여 법령에 제소기간이 정하여져 있는 때에 그 기간은 불변기관으로 한다.

제42조[소의 변경] 제21조의 규정은 당사자소송을 항고소송으로 변경하는 경우 준용한다.

제43조[가집행선고의 제한] 국가를 상대로 하는 당사자소송의 경우에는 가집행선고를 할 수 없다.

제44조[준용규정] ①제14조 내지 제17조, 제22조, 제25조, 제26조, 제30조제1항, 제32조 및 제33조의 규정은 당사자소송의 경우에 준용한다.

②제10조의 규정은 당사자소송과 관련청구소송이 각각 다른 법원에 계속되고 있는 경우의 이송과 이들 소송의 병합의 경우에 준용한다.

제5장 민중소송 및 기관소송

제45조[소의 제기] 민중소송 및 기관소송은 법률이 정한 경우에 법률에 정한 자에 한하여 제기할 수 있다.

제46조[준용규정] ①민중소송 또는 기관소송으로서 처분등의 취소를 구하는 소송에는 그 성질에 반하지 아니하는 한 취소소송에 관한 규정을 준용한다.

②민중소송 또는 기관소송으로서 처분등의 효력 유무 또는 존재 여부나 부작위의 위법의 확인을 구하는 소송에는 그 성질에 반하지 아니하는 한 각각 무요등확인소송 또는 부작위위반확인소송에 관한 규정을 준용한다.

③민중소송 또는 기관소송으로서 제1항 및 제2항의 규정된 소송외의 소송에는 그 성질에 반하지 아니하는 한 당사자

소송에 관한 규정을 준용한다.

부　　칙(84. 12. 15)

제1조[시행일] 이 법은 1985년 10월 1일부터 시행한다.

제2조[종전의 사항에 관한 경과조치] 이 법은 다른 법률에 특별한 규정이 있는 경우를 제외하고는 이 법 시행전에 생긴 사항에 관하여도 이를 적용한다. 다만, 이 법 시행전에 종전의 규정에 의하여 이미 생긴 효력에는 영향을 미치지 아니한다.

제3조[제소기간이 경과된 종전 처분에 관한 경과조치] 이 법 시행당시 소송이 제기되지 아니한 처분등으로서 이미 종전의 규정에 의한 제소기간이 경과된 처분에 대하여는 이 법에 의한 취소소송을 제기할 수 없다. 제소기간이 정하여진 당사자소송의 경우에도 또한 같다.

제4조[계속중인 행정소송에 관한 경과조치] 이 법 시행당시 법원에 계속중인 행정소송은 이 법에 의하여 제기된 것으로 본다.

제5조[소원등에 대한 재결등의 효력에 관한 경과조치] 이 법 시행당시 종전의 소원법 그밖의 법률의 규정에 의한 소원·심사청구·이의신청 그밖에 행정청에 대한 불복신청 또는 그에 대한 재결·결정등은 각각 이 법을 적용함에 있어서는 행정심판청구 또는 그에 대한 재결로 본다.

제6조[다른 법률의 개정] ①행정소송법의 개정에 따라 관계 법률을 다음과 같이 개정한다.

1. 국세기본법 제55조제5항 및 제56조제2항중 "행정소송법 제2조제1항 단서 및 제5조"를 행정소송법 제18조제2항·제3항 및 동법 제20조"로 한다.
2. 관세법 제38조제5항 및 제38조의2제2항중 "행정소송법 제2조제1항 단서 및 제5조"를 행정소송법 제18조제2항·제3항 및 동법 제20조"로 한다.
3. 지방세법 제58조제12항중 "행정소송법 제5조"를 "행정소송법 제20조"로 한다.

②제1항의 규정외에 이 법 시행당시 다른 법률에서 종전의 행정소송법의 규정을 인용 또는 준용한 경우에는 종전의 규정에 갈음하여 이 법의 새로운 조항을 인용 또는 준용한 것으로 본다.

부　　칙(88. 8. 5)

제1조[시행일] 이 법은 1988년 9월 1일부터 시행한다. (단서 생략)

제2조 내지 **제8조** 생략

Ⅵ. 행정심판법

제정 : 1984. 12. 15 법3755호
개정 : 1988. 8. 5 법4017호
개정 : 1991. 11. 30 법4408호
개정 : 1995. 12. 6 법5000호

제1장 총 칙

제1조【목 적】 이 법은 행정심판절차를 통하여 행정청의 위법 또는 부당한 처분 그밖에 공권력의 행사·불행사등으로 인한 국민의 권리 또는 이익의 침해를 구제하고, 아울러 행정의 적정한 운영을 기함을 목적으로 한다.

제2조【정 의】 ①이 법에서 사용하는 용어의 정의는 다음과 같다.

1. "처분"이라 함은 행정청이 행하는 구체적 사실에 관한 법집행으로서의 공권력의 행사 또는 그 거부와 그밖에 이에 준하는 행정작용을 말한다.
2. "부작위"라 함은 행정청이 당사자의 신청에 대하여 상당한 기간내에 일정한 처분을 하여야 할 법률상 의무가 있음에도 불구하고 이를 하지 아니하는 것을 말한다.

②이 법을 적용함에 있어서 행정청에는 법령에 의하여 행정권한의 위임 또는 위탁을 받은 행정기관, 공공단체 및 그 기관 또는 사인이 포함된다.

제3조【행정심판의 대상】 ①행정청의 처분 또는 부작위에 대하여 다른 법률에 특별한 규정이 있는 경우를 제외하고는 이 법에 의하여 행정심판을 제기할 수 있다.

②대통령의 처분 또는 부작위에 대하여는 다른 법률에 특별한 규정이 있는 경우를 제외하고는 행정심판을 제기할 수 없다.

제4조【행정심판의 종류】 행정심판은 다음의 세가지로 구분한다.

1. 취소심판 : 행정청의 위법 또는 부당한 처분의 취소 또는 변경을 하는 심판
2. 무효등확인심판 : 행정청의 처분의 효력 유무 또는 존재 여부에 대한 확인을 하는 심판
3. 의무이행심판 : 행정청의 위법 또는 부당한 거부처분이나 부작위에 대하여 일정한 처분을 하도록 하는 심판

제2장 심판기관

제5조【재결청】 ①행정청의 처분 또는 부작위에 대하여는 제2항 내지 제5항의 규정에 의하는 외에는 당해 행정청의 직근상급행정기관이 재결청이 된다.

②다음 각호에 정한 행정청의 처분 또는 부작위에 대하여는 당해 행정청이 재결청이 된다.

1. 국무총리, 행정각부장관 및 대통령 직속기관의 장
2. 국회사무총장·법원행정처장·헌법재판소 사무처장 및 중앙선거관리위원회
3. 그밖에 소관감독행정기관이 없는 행정청

③특별시장·광역시장 또는 도지사(교육감을 포함한다. 이하 같다)의 처분 또는 부작위에 대하여는 각 소관감독행정기관이 재결청이 된다.

④특별시장·광역시장 또는 도지사에 소속된 각급 국가행정기관 또는 그 관

할구역안에 있는 자치행정기관의 처분 또는 부작위에 대하여는 각각 특별시장·광역시장 또는 도지사가 재결청이 된다.

⑤국가특별지방행정기관의 처분 또는 부작위에 대하여는 제2항 내지 제4항에 준하여 대통령령이 정하는 상급행정기관이 재결청이 된다.

제6조【행정심판위원회】 ①행정심판의 청구(이하 "심판청구"라 한다)를 심리·의결하기 위하여 각 재결청(국무총리 및 중앙행정기관의 장인 재결청을 제외한다)소속하에 행정심판위원회를 둔다.

②행정심판위원회는 위원장 1인 을 포함한 15인이내의 위원으로 구성한다.

③행정심판위원회의 위원장은 재결청이 되며, 필요한 경우에는 소속공무원으로 하여금 그 직무를 대행하게 할 수 있다.

④행정심판위원회의 위원은 다음 각호의 1에 해당하는 자 또는 재결청 소속 공무원중에서 재결청이 위촉하거나 지명하는 자로 한다.

1. 변호사의 자격이 있는 자
2. 교육법 제109조의 규정에 의한 대학에서 법률학등을 가르치는 부교수이상의 직에 있거나 있었던 자
3. 행정기관의 4급이상의 공무원으로 있었던 자 또는 그밖에 행정심판에 관한 지식과 경험이 있는 자

⑤행정심판위원회의 회의 또는 위원장과 위원장이 매회의마다 지정하는 6인의 위원으로 구성하되, 제4항 각호의 1에 해당하는 자가 4인이상 포함되어야 한다.

⑥행정심판위원회는 제5항의 규정에 의한 구성원 과반수의 출석과 출석위원 과반수의 찬성으로 의결한다.

⑦행정심판위원회의 조직 및 운영과 위원의 임기·신분보장 그밖에 필요한 사항은 대통령령으로 정한다. 다만, 제5조제2항제2호에 규정된 기관중 국회사무총장의 경우에는 국회규칙으로, 법원행정처장의 경우에는 대법원규칙으로, 헌법재판소사무처장의 경우에는 헌법재판소규칙으로, 중앙선거관리위원회의 경우에는 중앙선거관리위원회규칙으로 정한다.

제6조의 2【국무총리행정심판위원회】

①국무총리 및 중앙행정기관의 장이 재결청이 되는 심판청구를 심리·의결하기 위하여 국무총리소속하에 국무총리행정심판위원회를 둔다.

②국무총리행정심판위원회는 위원장 1인을 포함한 30인이내의 위원으로 구성하되, 위원중 1인은 상임으로 한다.

③국무총리행정심판위원회의 위원장은 법제처장이 되며, 필요한 경우에는 소속공무원으로 하여금 그 식무를 대행하게 할 수 있다.

④국무총리행정심판위원회의 상임위원은 별정직 국가공무원으로 보하되, 3급이상의 공무원으로 3년이상 근무한 자 기타 행정심판에 관한 식견이 풍부한 자중에서 법제처장의 제청으로 국무총리를 거쳐 대통령이 임명하고, 그 임기는 3년으로 하며, 1차에 한하여 연임할 수 있다.

⑤국무총리행정심판위원회의 상임위원을 제외한 위원은 제6조제4항 각호의 1에 해당하는 자 또는 대통령령이 정하는 행정기관의 공무원중에서 국무총리가 위촉하거나 지명하는 자로 한다.

⑥국무총리행정심판위원회의 회의는 위원장 및 상임위원 1인과 위원장이 매회

의마다 지정하는 위원 7인으로 구성하되, 제6조제4항 각호의 1에 해당하는 자가 5인이상 포함되어야 한다.

⑦국무총리행정심판위원회는 제6항의 규정에 의한 구성원 과반수의 출석과 출석위원 과반수의 찬성으로 의결한다.

⑧국무총리행정심판위원회의 조직 및 운영과 위원의 임기·신분보장 그밖에 필요한 사항은 대통령령으로 정한다.

제7조【위원의 제척·기피·회피】 ①제6조의 규정에 의한 행정심판위원회 및 제6조의2의 규정에 의한 국무총리행정심판위원회(이하 "위원회"라 한다)의 위원은 다음 각호의 1에 해당하는 경우에는 그 심판청구사건(이하 "사건"이라 한다)의 심리·의결에서 제척된다.

1. 위원 또는 그 배우자나 배우자이었던 자가 당해 사건의 당사자가 되거나 당해 사건에 관하여 공동권리자 또는 의무자의 관계에 있는 경우
2. 위원이 당해 사건의 당사자와 친족관계에 있거나 있었던 경우
3. 위원이 당해 사건에 관하여 증언이나 감정을 한 경우
4. 위원이 당해 사건에 관하여 당사자의 대리인으로서 관여하거나 관여하였던 경우
5. 위원이 당해 사건의 대상이 된 처분 또는 부작위에 관여한 경우

②당사자는 위원에게 심리·의결의 공정을 기대하기 어려운 사정이 있는 경우에는 기피신청을 할 수 있다. 이 경우에 재결청(국무총리행정심판위원회의 경우에는 위원장)은 기피신청에 대하여 위원회의 의결을 거치지 아니하고 결정한다.

③위원이 제1항 또는 제2항의 사유에 해당하는 때에는 스스로 그 사건의 심리·의결에서 회피할 수 있다.

④제1항 내지 제3항의 규정은 사건의 심리·의결에 관한 사무에 관여하는 위원 아닌 직원에게 이를 준용한다.

제8조【재결청의 권한 승계】 ①재결청이 심판청구를 받은 후 법령의 개폐에 의하여 당해 심판청구에 대한 의결을 행할 권한을 잃게 된 때에는 당해 의결청은 심판청구서·관계서류 및 그밖의 자료를 새로 재결할 권한을 가지게 된 행정청에 송부하여야 한다.

②제1항의 경우 송부를 받은 행정청은 지체없이 그 사실을 심판청구인(이하 "청구인"이라 한다), 심판피청구인(이하 "피청구인"이라 한다) 및 참가인에게 통지하여야 한다.

제3장 당사자 및 관계인

제9조【청구인적격】 ①취소심판청구는 처분의 취소 또는 변경을 구할 법률상 이익이 있는 자가 제기할 수 있다. 처분의 효과가 기간의 경과, 처분의 집행 그밖의 사유로 인하여 소멸된 뒤에도 그 처분의 취소로 인하여 회복되는 법률상 이익이 있는 자의 경우에는 또한 같다.

②무효등 확인심판청구는 처분의 효력 유무 또는 존재 여부에 대한 확인을 구할 법률상 이익이 있는 자가 제기할 수 있다.

③의무이행심판청구는 행정청의 거부처분 또는 부작위에 대하여 일정한 처분을 구할 법률상 이익이 있는 자가 제기할 수 있다.

제10조【법인 아닌 사단 또는 재단】

법인 아닌 사단 또는 재단으로서 대표자 또는 관리인이 정하여져 있는 경우

에는 그 이름으로 판단청구를 할 수 있다.

제11조【선정대표자】 ①다수의 청구인이 공동으로 심판청구를 하는 때에는 청구인중 3인이하의 대표자를 선정할 수 있다.

②제1항의 규정에 의하여 청구인이 대표자를 선정하지 아니한 경우에 위원회가 필요하다고 인정할 때에는 청구인에게 대표자를 선정할 것을 권고할 수 있다.

③선정대표자는 각기 다른 청구인을 위하여 그 사건에 관한 모든 행위를 할 수 있다. 다만, 심판청구의 취하는 다른 청구인의 동의를 얻어야 하며, 이 경우 동의를 얻은 사실은 이를 서면으로 소명하여야 한다.

④선정대표자가 선정된 때에는 다른 청구인들은 그 선정대표자를 통하여서만 그 사건에 관한 행위를 할 수 있다.

⑤대표자를 선정한 청구인들은 필요하다고 인정할 때에는 선정대표자를 해임하거나 변경할 수 있다. 이 경우 청구인들은 그 사실을 지체없이 위원회에 통지하여야 한다.

제12조【청구인의 지위승계】 ①청구인이 사망한 때에는 상속인 그밖에 법령에 의하여 심판청구의 대상인 처분에 관계되는 권리 또는 이익을 승계한 자가 그 청구인의 지위를 승계한다.

②법인과 제10조의 사단 또는 재단(이하 "법인등"이라 한다)인 청구인에 관하여 합병이 있은 때에는 합병 후 존속하는 법인등이나 또는 합병에 의하여 설립된 법인등은 그 청구인의 지위를 승계한다.

③제1항 및 제2항의 경우에 청구인의 지위를 승계한 자는 위원회에 서면으로 그 사유를 신고하여야 한다. 이 경우의 신고서에는 사망등에 의한 권리나 이익의 승계 또는 합병의 사실을 증명하는 서면을 첨부하여야 한다.

④제1항 또는 제2항의 경우에 제3항의 규정에 의한 신고가 있을 때까지 사망자 또는 합병전의 법인등에 대하여 행한 통지 그밖의 행위가 청구인의 지위를 승계한 자에게 도달한 경우에는 이들에 대한 통지 그밖의 행위로서의 효력이 있다.

⑤심판청구의 대상인 처분에 관계되는 권리 또는 이익을 양수한 자는 위원회의 허가를 받아 청구인의 지위를 승계할 수 있다.

제13조【피청구인의 적격 및 경정】 ①심판청구는 행정청을 피청구인으로 하여 제기하여야 한다. 다만, 그 처분이나 부작위와 관계되는 권한이 다른 행정청에 승계된 때에는 이를 승계한 행정청을 피청구인으로 하여야 한다.

②청구인이 피청구인을 잘못 지정한 때에는 위원회는 당사자의 신청 또는 직권에 의하여 결정으로써 피청구인을 경정할 수 있다.

③위원회가 제2항의 규정에 의하여 피청구인의 경정결정을 한 때에는 그 결정정본을 당사자와 새로운 피청구인에게 송달하여야 한다.

④제2항의 규정에 의한 결정이 있은 때에는 종전의 피청구인에 대한 심판청구는 취하되고 새로운 피청구인에 대한 심판청구가 처음에 심판청구를 한 때에 제기된 것으로 본다.

⑤심판청구가 제기된 후에 제1항 단서의 사유가 발생한 때에는 당사자의 신청 또는 직권에 의하여 결정으로써 피청구인을 경정한다. 이 경우에는 제3항

과 제4항의 규정이 준용된다.

제14조【대리인의 선임】 ①청구인은 법률의 규정에 의한 대리인외에 다음에 해당하는 자를 대리인으로 선임할 수 있다.

1. 청구인의 배우자, 직계존·비속 또는 형제자매
2. 청구인인 법인의 임원 또는 직원
3. 변호사
4. 위원회의 허가를 받은 자

②피청구인은 그 소속직원 또는 제1항 제3호 또는 제4호에 해당하는 자를 대리인으로 선임할 수 있다.

③제11조제3항 및 제5항의 규정은 제1항 및 제2항의 경우에 이를 준용한다.

제15조【대표자등의 자격】 ①대표자·관리인·선정대표자 또는 대리인의 자격은 서면으로 소명하여야 한다.

②대표자·관리인·선정대표자 또는 대리인이 그 자격을 잃은 때에는 청구인은 그 사실을 서면으로 위원회에 신고하여야 한다.

제16조【심판참가】 ①심판결과에 대하여 이해관계가 있는 제3자 또는 행정청은 위원회의 허가를 받아 그 사건에 참가할 수 있다.

②위원회는 필요하다고 인정할 때에는 그 심판결과에 대하여 이해관계가 있는 제3자 또는 행정청에게 그 사건에 참가할 것을 요구할 수 있다.

③제2항의 요구를 받은 제3자 또는 행정청은 지체없이 그 사건에 참가하거나 참가하지 아니할 뜻을 위원회에 통지하여야 한다.

제4장 심판청구

제17조【심판청구서의 제출등】 ①심판청구서는 재결청 또는 피청구인인 행정청에 제출하여야 한다.

②행정청이 제42조의 규정에 의한 고지를 하지 아니하거나 잘못 알려서 청구인이 심판청구서를 다른 행정기관에 제출한 때에는 당해 행정기관은 그 심판청구서를 지체없이 정당한 권한있는 행정청에 송부하여야 한다.

③제1항 또는 제2항의 규정에 의하여 심판청구서를 받은 행정청은 그 심판청구가 이유있다고 인정할 때에는 심판청구의 취지에 따르는 처분이나 확인을 하고 지체없이 이를 재결청과 청구인에게 통지하여야 한다.

④행정청은 청구인이 심판청구를 취하한 경우를 제외하고는 심판청구서를 받은 날로부터 10일이내에 그 심판청구서를 재결청에 송부하여야 한다.

⑤행정청이 제4항의 규정에 의하여 심판청구서를 송부함에 있어서는 심판청구서에 재결청이 표시되지 아니하였거나 잘못 표시된 경우에도 정당한 권한있는 재결청에 송부하여야 한다.

⑥제2항 또는 제5항의 규정에 의하여 송부할 때에는 지체없이 그 사실을 청구인에게 통지하여야 한다.

⑦제18조의 규정에 의한 심판청구기간을 계산함에 있어서는 제1항의 규정에 의한 재결청 또는 행정청과 제2항의 규정에 의한 행정기관에 심판청구서가 제출된 때에 심판청구가 제기된 것으로 본다.

제18조【심판청구기간】 ①심판청구는 처분이 있음을 안 날부터 90일이내에 제기하여야 한다.

②청구인이 천재·지변·전쟁·사변 그밖에 불가항력으로 인하여 제1항에 정한 기간내에 심판청구를 할 수 없었

을 때에는 그 사유가 소멸한 날로부터 14일이내에 심판청구를 제기할 수 있다. 다만, 국외에서의 심판청구에 있어서는 그 기간을 30일로 한다.

③심판청구는 처분이 있은 날로부터 180일을 경과하면 제기하지 못한다. 다만, 정당한 사유가 있는 경우에는 그러하지 아니하다.

④제1항 및 제2항의 기간은 불변기간으로 한다.

⑤행정청이 심판청구기간을 제1항의 규정에 의한 기간보다 긴 기간으로 잘못 알린 경우에 그 잘못 알린 기간내에 심판청구가 있으면 그 심판청구는 제1항의 규정에 의한 기간내에 제기된 것으로 본다.

⑥행정청이 심판청구기간을 알리지 아니한 때에는 제3항의 기간내에 심판청구를 할 수 있다.

⑦제1항 내지 제6항의 규정은 무효등확인심판청구와 부작위에 대한 의무이행심판청구에는 이를 적용하지 아니한다.

제19조【심판청구의 방식】 ①심판청구는 서면으로 하여야 한다.

②처분에 대한 심판청구의 경우에는 다음 각호의 사항을 기재하여야 한다.

1. 청구인의 이름 및 주소
2. 피청구인인 행정청과 재결청
3. 심판청구의 대상이 되는 처분의 내용
4. 처분이 있은 것을 안 날
5. 심판청구의 취지 및 이유
6. 처분을 한 행정청의 고지의 유무 및 그 내용

③ 부작위에 대한 심판청구의 경우에는 제2항제1호·제2호·제5호외에 당해 부작위의 전제가 되는 신청의 내용과 날짜를 기재하여야 한다.

④청구인이 법인등이거나 심판청구가 선정대표자 또는 대리인에 의하여 제기되는 것인 때에는 제2항 및 제3항의 사항외에 그 대표자·관리인·선정대표자 또는 대리인의 이름과 주소를 기재하여야 한다.

⑤제1항의 서면에은 청구인·대표자·관리인·선정대표자 또는 대리인이 기명날인하여야 한다.

제20조【청구의 변경】 ①청구인은 청구의 기초에 변경이 없는 범위안에서 청구의 취지 또는 이유를 변경할 수 있다.

②피청구인이 심판청구후에 그 대상인 처분을 변경한 때에는 청구인은 변경된 처분에 맞추어 청구의 취지 또는 이유를 변경할 수 있다.

③청구의 변경은 서면으로 신청하여야 한다.

④제3항의 서면은 그 부본을 다른 당사자에게 송달하여야 한다.

⑤위원회는 청구의 변경이 이유없다고 인정할 때에는 신청 또는 직권에 의하여 결정으로써 그 변경을 허가하지 아니할 수 있다.

제21조【집행정지】 ①심판청구는 처분의 효력이나 그 집행 또는 절차의 속행에 영향을 주지 아니한다.

②재결청은 처분이나 그 집행 또는 절차의 속행으로 인하여 생길 회복하기 어려운 손해를 예방하기 위하여 긴급한 필요가 있다고 인정할 때에는 당사자의 신청 또는 직권에 의하여 처분의 효력이나 그 집행 또는 절차의 속행의 전부 또는 일부의 정지(이하 "집행정지"라 한다)를 결정할 수 있다. 다만, 처분의 효력정지는 처분의 집행 또는

절차의 속행을 정지함으로써 그 목적을 달성할 수 있는 때에는 허용되지 아니한다.
③집행정지는 공공복리에 중대한 영향을 미칠 우려가 있을 때에는 허용되지 아니한다.
④재결청은 집행정지의 결정을 한 후에 집행정지가 공공복리에 중대한 영향을 미치거나 그 정지사유가 없어진 때에는 당사자의 신청 또는 직권에 의하여 결정으로써 집행정지의 결정을 취소할 수 있다.
⑤재결청이 집행정지 또는 집행정지의 취소에 관한 결정을 함에는 위원회의 심리·의결을 거쳐야 하고, 그 결과를 당사자에게 통지하여야 한다.
⑥제5항의 규정에 불구하고 위원회의 심리·의결을 거치면 회복하기 어려운 손해가 발생할 우려가 있다고 인정될 때에는 위원회의 위원장은 직권으로 심리·의결에 갈음하는 결정을 할 수 있다. 이 경우 위원장은 위원회에 그 사실을 보고하고 추인을 받아야 하며, 위원회의 추인을 받지 못한 때에는 재결청은 집행정지 또는 집행정지의 취소에 관한 결정을 취소하여야 한다.

제5장 심　　리

제22조【위원회 회부등】 ①재결청은 제17조제4항의 규정에 의하여 심판청구서가 송부되거나 제24조제1항의 규정에 의하여 답변서가 제출된 때에는 지체없이 그 사건을 위원회에 회부하여야 한다.
②제3자가 심판청구를 한 때에는 재결청은 처분의 상대방에게 이를 통지하여야 한다.

제23조【보정】 ①위원회는 심판청구가 부적법하나 보정할 수 있다고 인정하는 때에는 상당한 기간을 정하여 그 보정을 요구하여야 한다. 다만, 보정할 사항이 경미한 경우에는 직권으로 보정할 수 있다.
②제1항의 보정은 서면으로 하여야 한다. 이 경우 그 보정서에는 당사자의 수에 따른 부본을 첨부하여야 한다.
③위원회는 제2항의 규정에 의하여 제출된 보정서 부본을 지체없이 다른 당사자에게 송달하여야 한다.
④제1항의 규정에 의한 보정이 있는 경우에는 처음부터 적법한 심판청구가 제기된 것으로 본다.
⑤제1항의 규정에 의한 보정기간은 제34조의 규정에 의한 재결기간에 산입하지 아니한다.

제24조【답변서의 제출】 ①재결청은 제17조제1항의 규정에 의하여 심판청구서를 받은 때에는 지체없이 그 부본을 피청구인에게 송부하고, 피청구인은 그 부본을 받은 날부터 10일이내에 답변서를 재결청에 제출하여야 한다.
②피청구인이 제17조제4항의 규정에 의하여 심판청구서를 재결청에 송부할 때에는 답변서를 첨부하여야 한다.
③제1항 및 제2항의 답변서에는 처분 또는 부작위의 근거와 이유를 명시하고 심판청구의 취지와 이유에 대응하는 답변을 기재하여야 한다.
④답변서에는 다른 당사자의 수에 따르는 부본을 첨부하여야 한다.
⑤피청구인으로부터 답변서가 제출된 때에는 위원회는 그 부본을 다른 당사자에게 송달하여야 한다.

제25조【주장의 보충】 ①당사자는 심판청구서·보정서·답변서 또는 참가신청서에서 주장한 사실을 보충하고 다

른 당사자의 주장을 다시 반박하기 위하여 필요하다고 인정할 때에는 보충서면을 제출할 수 있다.

②제1항의 경우 위원회가 보충서면의 제출기한을 정한 때에는 그 기한내에 이를 제출하여야 한다.

제26조【심리의 방식】 ①위원회는 필요하다고 인정할 때에는 당사자가 주장하지 아니한 사실에 대하여도 심리할 수 있다.

②행정심판의 심리는 구술심리 또는 서면심리로 한다. 다만, 당사자가 구술심리를 신청한 때에는 서면심리만으로 결정할 수 있다고 인정되는 경우외에는 구술심리를 하여야 한다.

③위원회가 구술심리를 하는 때에는 기일을 정하여 당사자와 관계인을 소환하여야 한다.

제27조【증거서류등의 제출】 ①당사자는 심판청구서·보정서·답변서 또는 참가신청서에 덧붙여 그 주장을 뒷받침하는 증거서류 또는 증거물을 제출할 수 있다.

②제1항의 증거서류에는 다른 당사자의 수에 따르는 부본을 첨부하여야 한다.

③위원회는 당사자로부터 제출된 증거서류의 부본을 지체없이 다른 당사자에게 송달하여야 한다.

제28조【증거조사】 ①위원회는 사건의 심리를 위하여 필요하다고 인정할 때에는 당사자의 신청 또는 직권에 의하여 다음의 방법에 의한 증거조사를 할 수 있다.

1. 당사자 본인 또는 참고인을 신문하는 일
2. 당사자 또는 관계인이 소지하는 문서·장부·물건 그밖의 증거자료의 제출을 요구하고 이를 영치하는 일
3. 특별한 학식과 경험을 가진 제3자에게 감정을 명하는 일
4. 필요한 물건·사람·장소 그밖에 사물의 성상 또는 상황을 검증하는 일

②위원회는 필요하다고 인정할 때에는 재결청의 직원(국무총리행정심판위원회의 경우에는 법제처 소속직원) 또는 다른 행정기관에 촉탁하여 제1항의 증거조사를 하게 할 수 있다.

③위원회는 필요하다고 인정할 때에는 관계행정기관에 대하여 필요한 서류의 제출 또는 의견의 진술을 요구할 수 있다.

④제1항의 규정에 의한 당사자등과 제3항의 규정에 의한 관계행정기관의 장은 위원회의 조사나 요구등에 성실하게 응하고 이에 협조하여야 한다.

제29조【절차의 병합 또는 분리】 위원회는 필요하다고 인정할 때에는 관련되는 심판청구를 병합하여 심리하거나 병합된 관계청구를 분리하여 심리할 수 있다.

제30조【청구등의 취하】 ①청구인은 심판청구에 대한 재결이 있을 때까지 서면으로 심판청구를 취하할 수 있다.

②참가인은 심판청구에 대한 재결이 있을 때까지 서면으로 참가신청을 취하할 수 있다.

제6장 재　　결

제31조【재결의 절차】 ①위원회는 심리를 마치면 그 심판청구에 대하여 재결할 내용을 의결하고 그 의결내용을 재결청에 통고하여야 한다.

②재결청은 제1항의 규정에 의한 위원회의 의결내용에 따라 지체없이 의결

하여야 한다.

제32조【재결의 구분】 ①재결청은 심판청구가 부적법한 것인 때에는 그 심판청구를 각하한다.

②재결청은 심판청구가 이유없다고 인정할 때에는 그 심판청구를 기각한다.

③재결청은 취소판단의 청구가 이유있다고 인정할 때에는 처분을 취소 또는 변경하거나 처분청에게 취소 또는 변경할 것을 명한다.

④재결청은 무효등확인재판의 청구가 이유있다고 인정할 때에는 처분의 효력 유무 또는 존재 여부를 확인한다.

⑤재결청은 의무이행심판의 청구가 이유있다고 인정할 때에는 지체없이 신청에 따른 처분을 하거나 이를 할 것을 명한다.

제33조【사정재결】 ①재결청은 심판청구가 이유있다고 인정하는 경우에도 이를 인용하는 것이 현저히 공공복리에 적합하지 아니하다고 인정하는 때에는 위원회의 의결에 의하여 그 심판청구를 기각하는 재결을 할 수 있다. 이 경우 재결청은 그 재결의 주문에서 그 처분 또는 부작위가 위법 또는 부당함을 명시하여야 한다.

②재결청은 제1항의 규정에 의한 재결을 함에 있어서는 청구인에 대하여 상당한 구제방법을 취하거나, 피청구인에게 상당한 구제방법을 취할 것을 명할 수 있다.

③제1항 및 제2항의 규정은 무효등확인심판에는 이를 적용하지 아니한다.

제34조【재결기간】 ①재결은 제17조의 규정에 의하여 재결청 또는 피청구인인 행정청이 심판청구서를 받은 날부터 60일이내에 하여야 한다.

②부득이한 사정으로 제1항의 규정에 의한 기간내에 재결할 수 없을 때에는 그 재결기간을 1차에 한하여 30일을 넘지 아니하는 범위안에서 결정으로써 연장할 수 있다.

③제2항의 규정에 의하여 재결기간을 연장하기로 결정한 때에는 본래의 재결기간이 만료되기 7일전까지 그 연장결정을 당사자에게 송달하여야 한다.

제35조【재결의 방식】 ①재결은 서면으로 한다.

②제1항의 규정에 의한 재결서에는 다음 사항을 기재하고 재결청이 위원회의 의결내용에 따라 재결한 사실을 명기한 다음 기명날인하여야 한다.

1. 사건번호와 사건명
2. 당사자·대표자 또는 대리인의 이름과 주소
3. 주 문
4. 청구의 취지
5. 이 유
6. 결재한 날짜

③재결서에 기재하는 이유에는 주문내용이 정당함을 인정할 수 있는 정도로 판단을 표시하여야 한다.

제36조【재결의 범위】 ①재결청은 심판청구의 대상이 되는 처분 또는 부작위외의 사항에 대하여는 재결하지 못한다.

②재결청은 심판청구의 심판청구의 대상이 되는 처분보다 청구인에게 불이익한 재결을 하지 못한다.

제37조【재결의 기속력등】 ①재결은 피청구인인 행정청과 그밖의 관계행정청을 기속한다.

②당사자의 신청을 거부하거나 부작위로 방치한 처분의 이행을 명하는 재결이 있는 경우에는 행정청은 지체없이 그 재결의 취지에 따라 다시 이전의 신

청에 대한 처분을 하여야 한다. 이 경우 재결청은 당해 행정청이 처분을 하지 아니하는 때에는 당사자의 신청에 따라 기간을 정하여 서면으로 시정을 명하고 그 기간내에 이행하지 아니하는 경우에는 당해 처분을 할 수 있다.

③제2항의 규정은 신청에 따른 처분이 절차의 위법 또는 부당을 이유로 재결로써 취소된 경우에 이를 준용한다.

④법령의 규정에 의하여 공고한 처분이 재결로써 취소 또는 변경된 때에는 처분을 행한 행정청은 지체없이 그 처분이 취소 또는 변경되었음을 공고하여야 한다.

⑤법령의 규정에 의하여 처분의 상대방외의 이해관계인에게 통지된 처분이 재결로써 취소 또는 변경된 때에는 처분을 행한 행정청은 지체없이 그 이해관계인에게 그 처분이 취소 또는 변경되었음을 통지하여야 한다.

第38조【재결의 송달과 효력발생】 ①재결청은 지체없이 당사자에게 재결서의 정본을 송달하여야 한다.

②재결은 청구인에게 제1항의 규정에 의한 송달이 있은 때에 그 효력이 생긴다.

③재결청은 재결서의 등본을 지체없이 참가인에게 송달하여야 한다.

④재결청은 제37조제3항의 규정에 의한 취소재결이 있는 때에는 지체없이 그 재결서의 등본을 처분의 상대방에게 송달하여야 한다.

第39조【재심판청구의 금지】 심판청구에 대한 재결이 있는 경우에는 당해 재결 및 동일한 처분 또는 부작위에 대하여 다시 심판청구를 제기할 수 없다.

제7장 보 칙

第40조【증거서류등의 반환】 재결청이 재결을 한 후 신청이 있는 때에는 제27조와 제28조제1항제2호의 규정에 의하여 제출된 문서·장부·물건 그밖에 증거자료의 원본을 지체없이 제출자에게 반환하여야 한다.

第41조【서류의 송달】 이 법에 의한 서류의 송달방법에 관하여는 민사소송법중 송달에 관한 규정을 준용한다.

第42조【고지】 ①행정청이 처분을 서면으로 하는 경우에는 그 상대방에게 처분에 관하여 행정심판을 제기할 수 있는지의 여부, 제기하는 경우의 심판청구절차 및 청구기간을 알려야 한다.

②행정청은 이해관계인으로부터 당해 처분이 행정심판의 대상이 되는 처분인지의 여부와 행정심판의 대상이 되는 경우에 재결청 및 청구기간에 관하여 알려줄 것을 요구받은 때에는 지체없이 이를 알려야 한다. 이 경우 서면으로 알려줄 것을 요구받은 때에는 서면으로 알려야 한다.

第43조【다른 법률과의 관계】 ①행정심판에 관하여는 사안의 전문성과 특수성을 살리기 위하여 특히 필요한 경우가 아니면 청구인에게 불리한 내용으로 이 법에 대한 특례를 다른 법률로 정할 수 없다.

②행정심판에 관하여 다른 법률에서 특례를 정한 경우에도 그 법률에서 규정하지 아니한 사항에 관하여는 이 법이 정하는 바에 의한다.

第44조【권한의 위임】 이 법에 의한 위원회의 권한중 경미한 사항은 국회규칙·대법원규칙·헌법재판소규칙·중앙선거관리위원회규칙 또는 대통령령이 정하는 바에 따라 위원장에게 위임할 수 있다.

부　칙

제1조【시행일】 이 법은 1985년 10월 1일부터 시행한다.

제2조【법률의 폐지】 소원법은 이를 폐지한다.

제3조【경과조치】 ①이 법은 다른 법률에 특별한 규정이 있는 경우를 제외하고는 이 법 시행전에 생긴 사항에 대하여도 이를 적용한다. 다만, 이 법 시행전에 종전의 소원법 그밖의 법률의 규정에 의하여 이미 생긴 효력에는 영향을 미치지 아니한다.

②이 법 시행전에 제기된 소원·심사청구·이의신청 그밖에 행정청에 대한 불복신청(이하 "소원등"이라 한다)에 대하여는 이 법 시행후에도 종전의 소원법 그밖의 해당 법률의 규정에 의한다.

③이 법 시행당시 소원등이 제기되지 아니한 처분으로서 이미 종전의 규정에 의한 소원등 제기의 기간이 경과한 처분에 대하여는 이 법에 의한 행정심판을 제기할 수 없다.

④이 법 시행전에 행하여진 행정청의 처분으로서 종전의 규정에 의하여 소원등을 제기할 수 있으나 그 제기기간이 정하여져 있지 아니한 처분에 대하여는 이 법에 의한 심판청구의 기간은 이 법 시행일로부터 기산한다.

제4조【다른 법률의 개정】 ①이 법 시행에 따라 관계법률을 다음과 같이 개정한다.

1. 국세기본법 제56조제1항중 "소원법"을 "행정심판법"으로 한다.
2. 관세법 제38조의2제1항중 "소원법"을 "행정심판법"으로 한다.
3. 도시계획법 제88조의 제목 "(소원등)"을 "(행정심판)"으로 하고, 동조 본문중 "소원법"을 "행정심판법"으로, "소원을"을 "행정심판을"로 하며, 동조 단서중 "소원을"을 "행정심판을"로 한다.
4. 도시재개발법 제67조의 제목"(소원등)"을 "(행정심판)"으로 하고, 동조 본문중 "소원법"을 "행정심판법"으로, "소원"을 "행정심판"으로 한다.
5. 토지구획정리사업법 제82조의 제목 "(소원등)"을 "(행정심판)"으로 하고, 동조중 "소원"을 "행정심판"으로 한다.
6. 택지개발촉진법 제27조의 제목 "(소원)"을 "(행정심판)"으로 하고, 동조중 "소원"을 "행정심판"으로 한다.
7. 국사이용관리법 제23조제2항중 "소원법"을 "행정심판법"으로, "소원심의회"를 "행정심판위원회"로 한다.
8. 특정지역종합개발촉진에관한특별조치법 제36조의 제목 "(소원)"을 "(행정심판)"으로 하고, 동조중 "소원"을 "행정심판"으로 한다.
9. 산업기지개발촉진법 제23조의 제목 "(소원)"을 "(행정심판)"으로 하고, 동조중 "소원"을 "행정심판"으로 한다.
10. 관광단지개발촉진법 제20조의 제목 "(소원)"을 "(행정심판)"으로 하고, 동조중 "소원"을 "행정심판"으로 한다.
11. 도로운송차양법 제36조제3항중 "소원"을 "행정심판"으로 한다.
12. 광업법 제110조의 제목 및 본문중 "소원법"을 "행정심판법"으로 한다.
13. 노인복지법 제23조제3항중 "소원"을 "행정심판"으로 한다.
14. 심신장애자복지법 제27조제3항중

"소원"을 "행정심판"으로 한다.

15. 행정대집행법 제7조의 제목 "(소원)"을 "(행정심판)"으로 하고, 동조제1항중 "소원"을 "행정심판"으로 하며, 동조제2항중 "소원을 제소할"을 "행정심판을 제기할"로 한다.

②제1항의 규정외에 이 법 시행당시 다른 법률에서 종전의 소원법을 인용 또는 준용한 경우 이 법중 그 인용 또는 준용에 해당하는 내용의 규정이 있는 것은 종전의 규정에 갈음하여 이 법의 해당 조항을 인용 또는 준용한 것으로 본다.

부　　칙 (88. 8. 5)

제1조【시행일】 이 법은 1988년 9월 1일부터 시행한다.(단서생략)

제2조 내지 제8조 생략

부　　칙 (91. 11. 30)

제1조【시행일】 이 법은 공포한 날부터 시행한다.

제2조 및 제3조 생략

부　　칙 (95. 12. 6)

제1조【시행일】 이 법은 1996년 4월 1일부터 시행한다.

제2조【경과조치】 ①이 법 시행전에 제기된 심판청구에 대하여는 종전의 규정에 의한다.

②이 법 시행당시 행정심판이 제기되지 아니한 처분으로서 이미 종전의 규정에 의한 심판청구기간이 경과한 처분에 대하여는 행정심판을 제기할 수 없다.

③중앙행정기관의 장인 재결청소속하의 위원회는 제6조 및 제6조의2의 개정규정에 불구하고 이 법 시행전에 제기된 심판청구의 심리·의결을 하며, 그 심리·의결이 종료될 때까지 존속한다.

제3조【다른 법률의 개정】 서울특별시행정특례에관한법률중 다음과 같이 개정한다.

제4조제4항을 삭제한다.

행정심판법시행령

제정 : 1985. 9. 14 영 11769호
개정 : 1994. 12. 23 영 14438호
개정 : 1996. 3. 28 영 14957호

제1장 총 칙

제1조【목 적】 이 영은 행정심판법(이하 "법"이라 한다)에서 위임된 사항과 그 시행에 관하여 필요한 사항을 정함을 목적으로 한다.

제2장 심판기관

제2조【국가특별지방행정기관의 처분등에 대한 재결청】 ①법 제5조제5항에서 "국가특별지방행정기관"이라 함은 정부조직법 제3조 및 다른 법률에 의하여 설치된 국가의 지방행정기관을 말한다.
②제1항의 규정에 의한 국가특별지방행정기관중 특별시·광역시 또는 도를 관할구역(2이상의 특별시·광역시 또는 도를 관할구역으로 하는 경우를 포함한다)으로 하는 지방행정기관(이하 "제1차지방행정기관"이라 한다)의 처분 또는 부작위에 대하여는 당해 지방행정기관의 소관 중앙행정기관이 재결청이 된다.
③제1항의 규정에 의한 국가특별지방행정기관중 제1차지방행정기관소속하의 지방행정기관의 처분 또는 부작위에 대하여는 소관 제1차지방행정기관이 재결청이 된다. 다만, 제1차지방행정기관의 장이 4급이하의 공무원인 경우에는 소관 중앙행정기관이 재결청이 된다.

제3조【목 적】 삭제 (96. 3. 28)

제4조【국무총리행정심판위원회의 구성】 ①법 제6조의2제5항에서 "대통령령이 정하는 행정기관의 공무원"이라 함은 다음 각호의 기관의 1급 또는 이에 상당하는 공무원을 말한다.
1. 재정경제원
2. 법무부
3. 총무처
4. 행정조정실

제5조【위원장의 직무】 ①법 제6조의 규정에 의한 행정심판위원회 및 법 제6조의2의 규정에 의한 국무총리행정심판위원회(이하 "위원회"라 한다)의 위원장은 위원회를 대표하며, 회무를 통할한다.
②위원장은 위원회의 원활한 운영을 위하여 필요하다고 인정하는 때에는 법 제6조제4항 각호의 1에 해당하는 자로서 위촉된 위원중 특정위원을 지정하여 미리 안건을 검토하여 위원회에 보고하게 할 수 있다.
③위원장은 위원회의 회의를 소집하고 그 의장이 된다.

제6조【위원의 임기등】 ①위원의 임기는 2년으로 한다. 다만, 재결청소속 공무원중 위원에 지명된 자와 제4조에 해당하는 위원의 경우에는 그 직에 있는 동안 재임한다.
②임기가 있는 위원은 2차에 한하여 연임될 수 있다.
③삭제 (96. 3. 28)

제7조【위원의 신분보장등】 ①위원은 금고이상의 형의 선고를 받거나 장기간의 심신쇠약으로 직무를 수행할 수 없게 된 때를 제외하고는 그의 의사에 반

하여 면직 또는 해촉되지 아니한다. 다만, 재결청소속 공무원인 위원의 경우에는 그러하지 아니하다.

②위원회의 회의에 출석한 위원에 대하여는 예산의 범위안에서 출석수당을, 제5조제2항의 규정에 의하여 지정된 위원에 대하여는 예산의 범위안에서 수당 및 여비를 지급한다.

제8조【간사장 및 간사】 ①위원회의 사무를 처리하기 위하여 위원회에 간사장 및 간사 약간인을 둔다.

②간사장 및 간사는 재결청(국무총리행정심판위원회의 경우에는 법제처장)이 소속공무원중에서 임명한다.

③간사장은 위원장의 명을 받아 위원회의 서무에 종사하고, 간사는 간사장을 보좌한다.

제9조【위원회의 운영】 ①위원장이 회의를 소집하고자 하는 때에는 회의 개최 5일전까지 회의의 일시·장소 및 안건을 각 위원에게 서면으로 통지하여야 한다. 다만, 긴급을 요하는 때에는 그러하지 아니하다.

②국무총리행정심판위원회의 위원중 공무원인 위원은 부득이한 사유로 회의에 출석할 수 없는 때에는 당해 위원이 소속하는 기관의 3급이상의 공무원을 대리위원으로 지정하여 출석하게 할 수 있다.

③삭제 (96. 3. 28)

④간사장은 위원회에 참석하여 발언할 수 있다.

⑤간사장 또는 간사는 회의록 및 의결서를 작성하며, 회의록에는 위원장이, 의결서에는 위원장 및 출석위원이 각각 기명날인 또는 서명하여야 한다.

제10조【제척·기피】 ①법 제7조제1항의 규정에 의한 위원의 제척은 재결청(국무총리행정심판위원회의 경우에는 위원장을 말한다. 이하 이 조, 제11조 및 제13조에서 같다)의 직권 또는 당사자의 신청에 의하여 행한다.

②제1항 및 법 제7조제2항의 규정에 의한 위원에 대한 제척 또는 기피의 신청은 재결청에 그 원인을 명시하여 신청하여야 한다.

③제척 또는 기피의 원인과 소명방법은 신청한 날로부터 3일이내에 서면으로 제출하여야 한다.

④제척 또는 기피신청이 있은 위원은 지체없이 그에 대한 의견서를 재결청에 제출하여야 한다.

제11조【제척·기피신청의 처리등】 ①제척 또는 기피의 신청이 제10조제2항 및 제3항의 규정에 위반한 때에는 재결청은 결정으로 이를 각하한다.

②제척 또는 기피의 신청이 이유없다고 인정하는 때에는 재결청은 지체없이 결정으로 이를 기각한다.

③제척 또는 기피의 신청이 이유있다고 인정하는 때에는 재결청은 결정으로 이를 인용하여야 한다.

④제1항 내지 제3항의 결정에 대하여는 불복신청을 하지 못한다.

제12조【심판절차의 정지】 제척 또는 기피의 신청이 있는 때에는 그 결정이 있을 때까지 심판절차를 정지한다. 다만, 재결의 송달과 긴급을 요하는 행위는 그러하지 아니하다.

제13조【위원의 회피】 ①위원이 법 제7조제3항의 규정에 의하여 회피하고자 할 때에는 재결청의 허가를 받아야 한다.

②회피의 신청이 이유있다고 인정하는 때에는 재결청은 지체없이 이를 허가하여야 한다.

제3장 당사자 및 관계인

제14조【지위승계의 허가】 ①법 제12조제5항의 규정에 의하여 청구인의 지위를 승계하고자 하는 자는 위원회에 서면으로 승계신청을 하여야 한다.

②위원회가 제1항의 신청을 받은 때에는 지체없이 이를 심사하여 허가여부를 결정하여야 한다.

제15조【피청구인의 경정】 당사자가 법 제13조제2항 및 제5항의 규정에 의하여 피청구인의 경정을 신청하고자 하는 때에는 그 뜻을 기재한 서면을 위원회에 제출하여야 한다.

제16조【대리인의 허가】 ①청구인 또는 피청구인이 법 제14조제1항제4호 및 동조제2항의 규정에 의하여 위원회의 허가를 받아 대리인을 선임하고자 하는 경우에는 다음 각호의 사항을 기재한 서면으로 위원회에 허가신청을 하여야 한다.

1. 대리인이 될 자의 인적사항
2. 대리인을 선임하고자 하는 이유
3. 청구인 또는 피청구인과 대리인과의 관계

②위원회가 제1항의 신청을 받은 때에는 지체없이 이를 심사하여 허가여부를 결정하고 그 뜻을 신청인에게 통지하여야 한다.

제17조【심판참가】 ①법 제16조제1항의 규정에 의하여 심판에 참가하고자 하는 자는 참가의 취지와 이유를 기재한 서면을 위원회에 제출하여야 한다.

②위원회가 제1항의 규정에 의하여 참가신청을 받은 때에는 그 신청서 부본을 당사자 쌍방에 송달하여야 한다.

③당사자는 위원회의 허가결정이 있을 때까지 위원회에 참가의 신청에 대한 이의를 제기할 수 있다.

④위원회가 제1항의 규정에 의하여 참가신청을 받은 때에는 지체없이 이를 심사하여 참가에 대한 허가여부를 결정하여야 한다.

⑤위원회의 법 제16조제2항의 규정에 의한 참가의 요구는 서면으로 하며, 이 경우 그 사실을 당사자 쌍방에게 알려야 한다.

⑥참가인의 대리인 선임과 대표자 자격등에 관하여는 제16조제1항 및 제2항과 법 제14조 및 법 제15조의 규정을 준용한다.

제4장 심판청구

제18조【심판청구서의 첨부서류】 ①법 제19조제1항의 규정에 의한 심판청구서에는 법 제15조제1항의 규정에 의한 대표자·관리인·선정대표자 또는 대리인의 자격을 소명하는 서면과 법 제27조제1항의 규정에 의한 증거서류 또는 증거물을 첨부할 수 있다.

②법 제19조제1항의 규정에 의한 심판청구서에는 피청구인의 수에 따른 부본을 첨부하여야 한다.

제19조【집행정지】 ①법 제21조제2항의 규정에 의한 집행정지의 신청은 심판청구와 동시 또는 심판청구를 한 후에 이를 할 수 있다.

②당사자가 집행정치신청을 하고자 하는 때에는 신청의 취지와 원인을 기재한 서면을 재결청에 제출하여야 한다.

③제2항의 규정에 의한 서면에는 신청의 이유를 소명하는 서류 또는 자료를 첨부할 수 있다.

④재결청이 집행정지의 신청을 받은 때에는 지체없이 이를 위원회에 회부

하여야 한다.

⑤집행정지의 신청에 대한 위원회의 심리·의결에 관하여는 심판청구에 대한 위원회의 심리·의결에 관한 절차를 준용한다.

제5장 심　　리

제20조【위원회에의 회부】 ①재결청은 법 제22조제1항의 규정에 의하여 사건을 위원회에 회부하고자 하는 때에는 심판청구서·답변서 기타 심리에 필요한 자료를 갖추어 이를 제출하여야 한다.

제21조【심판청구의 통지】 법 제22조제2항의 규정에 의한 심판청구의 통지는 다음 각호의 사항을 기재한 서면으로 하여야 한다.

1. 청구인의 이름·주소 및 심판제기일
2. 심판청구의 대상이 되는 처분의 내용
3. 심판청구의 취지 및 이유

제22조【심판청구의 보정】 ①법 제23조제1항의 규정에 의한 보정의 요구는 다음 각호의 사항을 기재한 서면으로 하여야 한다.

1. 보정할 사항
2. 보정을 요하는 이유
3. 보정할 기간
4. 기타 필요한 사항

②위원회는 법 제23조제1항 단서의 규정에 의하여 직권으로 보정을 한 때에는 그 뜻을 당사자에게 통지하여야 한다.

제22조의2【심리기일의 통지】 위원회는 심리기일 7일전까지 당사자에게 서면으로 심리기일을 통지하여야 한다.

제23조【구술심리】 ①당사자가 법 제26조제2항 단서의 규정에 의하여 구술심리를 신청하고자 하는 때에는 심리기일 3일전까지 위원회에 서면 또는 구술로 신청하여야 한다.

②위원회는 법 제26조제2항 단서의 규정에 의하여 서면심리를 하는 경우에는 그 사실을 구술심리를 신청한 당사자에게 통지하여야 한다.

③위원회는 구술심리를 한 때에는 제9조제5항의 규정에 의한 회의록에 출석한 당사자·대표자·대리인등의 성명 및 구술내용등을 기재하여야 한다.

제24조【증거조사】 ①당사자가 법 제28조제1항의 규정에 의한 증거조사를 신청하고자 하는 때에는 위원회에 증명할 사실과 증거방법을 구체적으로 명시한 서면을 제출하여야 한다.

②법 제28조제1항의 규정에 의하여 증거조사를 하는 경우에는 위원회에 출석한 참고인과 감정을 행하는 자에 대하여 예산의 범위안에서 실비를 지급할 수 있다.

③위원회가 증거조사를 한 때에는 증거방법마다 증거조사조서를 작성하여야 한다.

④제3항의 증거조사조서에는 다음 각호의 사항을 기재하고, 위원장이 기명날인 또는 서명하여야 한다.

1. 사건의 표시
2. 증거조사의 일시와 장소
3. 증거조사에 참여한 위원의 이름
4. 출석한 당사자·대표자·대리인등의 이름
5. 증거방법 및 조사대상
6. 증거조사의 결과

⑤위원회가 법 제28조제2항의 규정에 의하여 재결청의 직원(국무총리행정심판위원회의 경우에는 법제처 소속직

원) 또는 다른 행정기관에 촉탁하여 조사를 하게 하는 경우에는 그 조사자로 하여금 증거조사조서를 작성하게 할 수 있으며, 이 경우 제3항 및 제4항의 규정을 준용한다.

제25조【청구등의 취하】 ①법 제30조의 규정에 의한 심판청구 또는 참가신청의 취하는 그 청구 또는 신청의 전부 또는 일부에 대하여 할 수 있다.

②심판청구 또는 참가신청의 취하는 상대방의 동의 없이도 이를 할 수 있다.

③심판청구 또는 참가신청의 취하가 있으면 그 취하된 부분에 대하여는 처음부터 심판청구 또는 참가신청이 없었던 것으로 본다.

제6장 재 결

제26조【의결내용의 통고】 위원회가 법 제31조제1항의 규정에 의하여 의결내용을 재결청에 통고하는 때에는 법 제35조의 규정에 준하여 재결서안을 작성하여 그 통고서면에 이를 첨부하여야 한다.

제27조【재결의 경정】 ①재결에 오기·계산착오 기타 이와 비슷한 잘못이 있는 것이 명백한 때에는 재결청은 직권 또는 당사자의 신청에 의하여 위원회의 의결을 거쳐 경정결정을 할 수 있다.

②경정결정의 원본은 재결서의 원본에 첨부하고, 경정결정의 정본 및 등본은 법 제38조의 규정에 준하여 각각 당사자 및 참가인에게 송달한다.

제27조의2【재결불이행에 대한 재결청의 직접처분등】 ①재결청은 피청구인인 행정청의 재결불이행에 대하여 당사자의 이행신청을 받은 때에는 법 제37조2항 후단의 규정에 의하여 재결의 취지에 따른 처분을 하여야 한다. 다만, 당해 처분의 성질 기타 불가피한 사유로 재결청이 직접 처분할 수 없는 경우에는 지체없이 당사자에게 그 사실 및 사유를 각각 통지하여야 한다.

②재결청이 제1항 본문의 규정에 의하여 직접 처분을 한 때에는 그 사실을 당해 행정청에 통보하여야 한다.

③제2항의 규정에 의하여 통보를 받은 행정청은 재결청이 행한 처분을 당해 행정청이 행한 처분으로 보아 관계법령에 따라 관리·감독등 필요한 조치를 하여야 한다.

제28조【처분취소등의 공고 및 통지】 ①처분을 행한 행정청이 법 제37조제4항의 규정에 의하여 처분이 취소 또는 변경되었음을 공고하는 경우에는 다음 각호의 사항을 명시하여야 한다.

1. 원처분의 날짜와 내용
2. 취소 또는 변경된 경위와 내용
3. 공고의 날짜

②제1항의 규정은 법 제37조제5항의 규정에 의한 통지에 준용한다.

제7장 보 칙

제29조【증거서류등의 반환】 재결청은 법 제40조의 규정에 의하여 증거서류등의 원본을 제출자에게 반환하는 경우 필요하다고 인정하는 때에는 그 사본을 작성하여 사건기록에 편철할 수 있다.

제30조【조사·지도】 법제처장은 행정기관에 대하여 위원회운영실태·재결이행상황 기타 행정심판운영에 관한 현황을 조사하고, 필요한 지도를 할 수

있다.

제31조【권한의 위임】 위원회는 법 제44조의 규정에 의하여 다음 각호의 권한을 위원장에게 위임한다.

1. 법 제11조제2항의 규정에 의한 대표자선정권고
2. 법 제12조제5항의 규정에 의한 지위승계 허가
3. 법 제14조제1항제4호의 규정에 의한 대리인 선임허가
4. 법 제16조제1항 및 제2항의 규정에 의한 심판참가허가 및 심판참가요구
5. 법 제23조제1항의 규정에 의한 보정요구
6. 법 제26조제2항의 규정에 의한 심판심리방식의 결정

부 칙

①【시행일】 이 영은 1985년 10월 1일부터 시행한다.

②【법령의 폐지】 소원심의회규정은 이를 폐지한다.

③【종전의 소원심의회에서 심사중인 소원등에 관한 경과조치】 이 영 시행당시 종전의 소원심의회에서 심사중인 소원·심사청구·이의신청 그밖에 행정청에 대한 불복신청은 종전의 소원심의회가 설치되었던 재결청 소속하의 행정심판위원회에 회부된 것으로 본다.

부 칙 (94. 12. 23)

제1조【시행일】 이 영은 공포한 날부터 시행한다.

제2조 내지 제5조 생략

부 칙 (96. 3. 28)

①【시행일】 이 영은 1996년 4월 1일부터 시행한다.

②【위원의 연임에 관한 경과조치】 이 영 시행당시 종전의 규정에 의하여 위촉된 위원은 제6조제2항의 개정규정에 불구하고 이 영 시행후 2차에 한하여 연임될 수 있다.

행정심판법시행규칙

제정 : 1996. 3. 30 영 561호

제1조【목 적】 이 규칙은 행정심판법(이하 "법"이라 한다) 및 행정심판법시행령(이하 "영"이라 한다)에서 위임된 사항과 그 시행에 관하여 필요한 사항을 규정함을 목적으로 한다.

제2조【서류의 송달등】 행정심판에 관한 서류의 송달은 별지 제1호서식에 의하고, 통지는 별지 제2호서식에 의한다. 다만, 행정청·재결청 또는 행정심판위원회(이하 "위원회"라 한다)가 심판청구인(이하 "청구인"이라 한다) 또는 참가인등에게 우편에 의하여 송달 또는 통지를 하는 때에는 별지 제3호서식의 우편송달통지서를 첨부하여 우편법에 의한 특별송달을 의뢰하여야 한다.

제3조【소환의 방식】 법 제26조제3항 또는 법 제28조의 규정에 의한 소환은 출석통지서를 당사자와 관계인에게 송달함으로써 한다. 다만, 당해 사건으로 위원회에 출석한 자에 대하여는 기일을 고지함으로써 한다.

제4조【신분증표의 제시】 법 제28조제2항에 의하여 증거조사를 하고자 하는 자는 증거조사에 앞서 그 신분을 나타내는 증표를 내보이고 증거조사의 목적과 방법을 알려야 한다.

제5조【재결청의 처분서 기재사항】 재결청이 영 제27조의2제1항의 규정에 의하여 처분을 하는 경우 그 처분서에는 법 제37조제2항의 규정에 의하여 처분을 한다는 것과 당해 처분에 관하여 관계법령이 정하고 있는 허가증등 처분증명서에 기재되어 있는 사항이 포함되어야 한다.

제6조【문서의 서식】 ①재결청 또는 위원회의 결정은 별지 제4호서식에 의하고, 재결청의 결정은 재결청이 기명날인하며, 위원회의 결정은 위원장 및 출석위원이 각각 기명날인 또는 서명한다.

②제1항 및 제2조의 규정에 의한 서식외에 재결청, 위원회 또는 법 제28조제2항의 규정에 의하여 촉탁에 의한 증거조사를 하는 자가 행정심판에 관하여 사용하는 문서의 서식은 다음과 같다.

1. 영 제9조제5항의 규정에 의한 회의록 : 별지 제5호서식
2. 법 제16조제2항 및 영 제17조제5항의 규정에 의한 심판참가요구 : 별지 제6호서식
3. 법 제21조제5항의 규정에 의한 의결 : 별지 제7호서식
4. 법 제23조제1항 및 영 제22조제1항의 규정에 의한 보정요구 : 별지 제8호서식
5. 법 제26조제2항 및 영 제23조제2항의 규정에 의한 서면심리통지 : 별지 제9호서식
6. 법 제26조제3항 및 법 제28조제1항의 규정에 의한 출석통지 : 별지 제10호서식
7. 법 제28조제1항의 규정에 의한 증거자료영치증명 : 별지 제11호서식
8. 법 제28조 및 영 제24조제3항 내지 제5항의 규정에 의한 증거조사조서 : 별지 제12호서식
9. 법 제28조제2항 및 영 제24조제5항의 규정에 의한 증거조사촉탁 : 별지 제13호서식
10. 법 제28조제1항의 규정에 의한 감정의뢰 : 별지 제14호서식
11. 법 제31조제1항의 규정에 의한 의

결 : 별지 제15호서식

12. 법 제31조제2항 및 제35조의 규정에 의한 재결 : 별지 제16호서식
13. 법 제40조의 규정에 의한 영치물반환신청 : 별지 제17호서식

③청구인·피청구인·참가인 또는 관계인이 행정심판에 관하여 사용하는 문서의 서식은 다음과 같다.

1. 법 제7조 및 영 제10조의 규정에 의한 제척·기피신청 : 별지 제18호 서식
2. 법 제7조제3항 및 제4항과 영 제13조의 규정에 의한 회피허가신청 : 별지 제19호서식
3. 법 제11조제1항의 규정에 의한 대표자선정 : 별지 제20호서식
4. 법 제11조제5항의 규정에 의한 대표자해임 : 별지 제21호서식
5. 법 제12조제1항 내지 제3항의 규정에 의한 청구인지위승계신고 : 별지 제22호서식
6. 법 제12조제5항 및 영 제14조제1항의 규정에 의한 청구인 지위승계허가신청 : 별지 제23호서식
7. 법 제13조제2항 및 제5항과 영 제15조의 규정에 의한 피청구인경정신청 : 별지 제24호서식
8. 법 제14조제1항제4호 및 제2항과 영 제16조 및 제17조제6항의 규정에 의한 특별대리인선임허가신청 : 별지 제25호서식
9. 법 제15조제2항의 규정에 의한 대표자등의자격상실신고 : 별지 제26호서식
10. 법 제16조제1항 및 영 제17조제1항의 규정에 의한 심판참가허가신청 : 별지 제27호서식
11. 법 제16조 및 영 제17조제3항의 규정에 의한 심판참가신청에대한이의신청 : 별지 제28호서식
12. 법 제19조 및 영 제18조의 규정에 의한 행정심판청구 : 별지 제29호서식
13. 법 제20조의 규정에 의한 청구변경신청 : 별지 제30호서식
14. 법 제21조 및 영 제19조제2항의 규정에 의한 집행정지신청 : 별지 제31호서식
15. 법 제23조제2항의 규정에 의한 심판청구보정 : 별지 제32호서식
16. 법 제26조제2항 및 영 제23조제1항의 규정에 의한 구술심리신청 : 별지 제33호서식
17. 법 제27조제1항 및 제2항의 규정에 의한 증거서류등제출 : 별지 제34호서식
18. 법 제28조제1항 및 영 제24조제1항의 규정에 의한 증거조사신청 : 별지 제35호서식
19. 영 제27조제1항의 규정에 의한 재결경정신청 : 별지 제36호서식
20. 영 제27조의2의 규정에 의한 의무이행심판인용재결이행신청 : 별지 제37호서식

제7조【부책의 종류】 위원회는 다음 각호의 부책을 작성·비치하여야 한다.

1. 별지 제38호서식에 의한 행정심판사건접수·처리부
2. 별지 제39호서식에 의한 증거물대장
3. 별지 제40호서식에 의한 의무이행심판인용재결직접처분대장

부 칙

이 규칙은 1996년 4월 1일부터 시행한다.

※ 별지생략

Ⅶ. 산업재해업무처리요령 및 권리구제

1. 업무상 재해

업무로 인하여 발생한 근로자의 부상, 질병, 사망 등의 재해를 산업재해라 말한다. 근대산업의 발달에 따라서 근로자는 업무의 과정에서 불가피하게 재해위험에 노출되어 있다는 사실의 인식에 근거한 개념이다. 여기서 말하는 업무란 근로자가 근로계약의 취지에 따라 행하는 업무행위를 말하는 것은 물론이지만 그 범위는 재해보상의 귀책범위가 되는 것이므로 넓게 근로자가 현실적으로 사업주와의 지배종속관계에 있는 상태를 말하는 것으로 풀이되고 있다. 따라서 업무행위에 부수되는 행위, 사업장시설의 이용행위 등도 업무의 범위에 포함되지만 업무외의 사유 이를테면 천재지변이나 근로자의 사적행위 등에 기인하는 재해는 특별한 사유가 없는 한 업무상의 재해가 안된다. 업무에 기인하는, 즉 업무기인성이란 업무와 상당한 인과관계가 있을 것, 즉 경험법칙상 업무로부터 발생하는 개연성을 가지고 일어나는 것을 말한다. 근로자가 업무상의 재해를 입었을 때는 사용자는 근로기준법에 의한 재해보상을 해야 한다. 그러나 산재보험적용사업장은 산재보상으로 보험급여가 지급되므로 사용자는 근로기준법에 의한 재해보상책임을 면하게 된다.

※ 업무상 재해의 기본원칙, 산업재해보상보험법시행규칙제32조 업무상사고, 동제33조 업무상 질병, 동제34조 작업시간중사고, 동제35조 작업시간외사고, 동제36조 출장중 사고, 동제37조 행사중사고, 동제38조 기타사고, 동제39조제1항 별표 1 참조

2. 업무상 재해의 유형

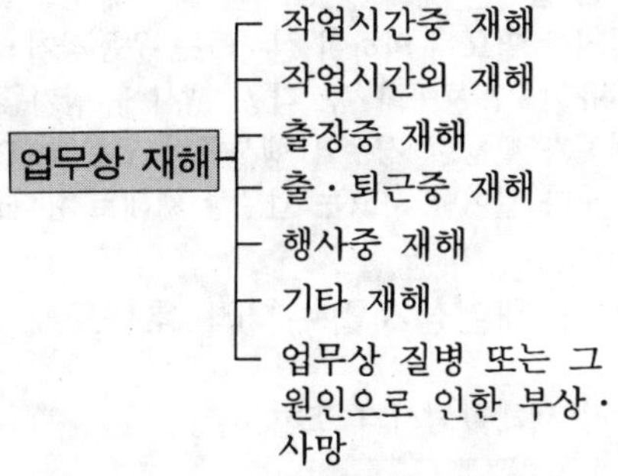

1) **작업시간중 재해** : 근로자가 사업장내에서 작업시간중에 발생한 사고로 인하여 사상한 경우에는 업무와 재해간에 상당인과관계가 없음이 명백한 경우를 제외하고는 업무상 재해로 본다.

2) **작업시간외 재해** : 사업장내에서 작업시간외의 시간을 이용하여 ① 작업을 하거나, ②용변등 생리적 필요행위를 하거나, ③ 작업준비·마무리행위 등 작업에 수반되는 필요적 부수행위를 하거나, ④ 돌발적인 사고에 대한 구조행위 또는 긴급피난행위를 하고 있을 때 발생한 재해는 업무상 재해로 인정한다.

3) **출장중 재해** : 근로자가 사업주의 출장지시를 받아 사업장밖에서 업무를 수행하고 있을 때 발생한 사고로 인하여 사상한 경우에는 업무상 재해이다. 출장중의 재해와 관련해서는 출장목적 수행을 위한 정상적인 순로에 따라 업무수행중 그에 기인하여 발생되었음이 명백하게 입증되어야 하므로, 정상적인 경로를 벗어나 사적인 행위를 하거나 사업주의 구체적인 지시를 위반하여 발생한 재해는 업무상으

로 인정받지 못하는 경우가 있다.

4) 출 · 퇴근중 재해 : 현행법상 통근상의 재해는 업무상 재해로 인정되지 않지만 사업주가 제공한 교통수단을 이용하다 발생한 사고는 예외를 인정하여 업무상 재해로 본다.

5) 행사중 재해 : 근로자가 회사에서 노무관리상 필요에 의하여 실시하는 운동경기 · 야유회 · 등산대회 등 각종 행사에 참가중 재해가 발생한 경우와 행사준비 업무를 수행하다 일어난 사고는 업무상 재해로 본다.

6) 기타 재해 : 타인의 폭력이나 제3자의 행위에 의하여 발생한 사고가 근로자의 업무와 상당인과관계가 있을 때는 업무상 재해에 해당한다.

7) 업무상 질병 : 업무상 질병이란 업무와 관련하여 발생한 질병을 말한다. 업무상 질병은 직업 고유의 환경이나 작업방법의 특수성이 직접 또는 간접으로 장기간에 점진적으로 발생하는 성질을 지니므로 그 업무와의 관련성(상당인과관계)을 정확히 파악하여야 한다.

3. 재해발생시업무처리 흐름도

1) 재해발생시의 조치

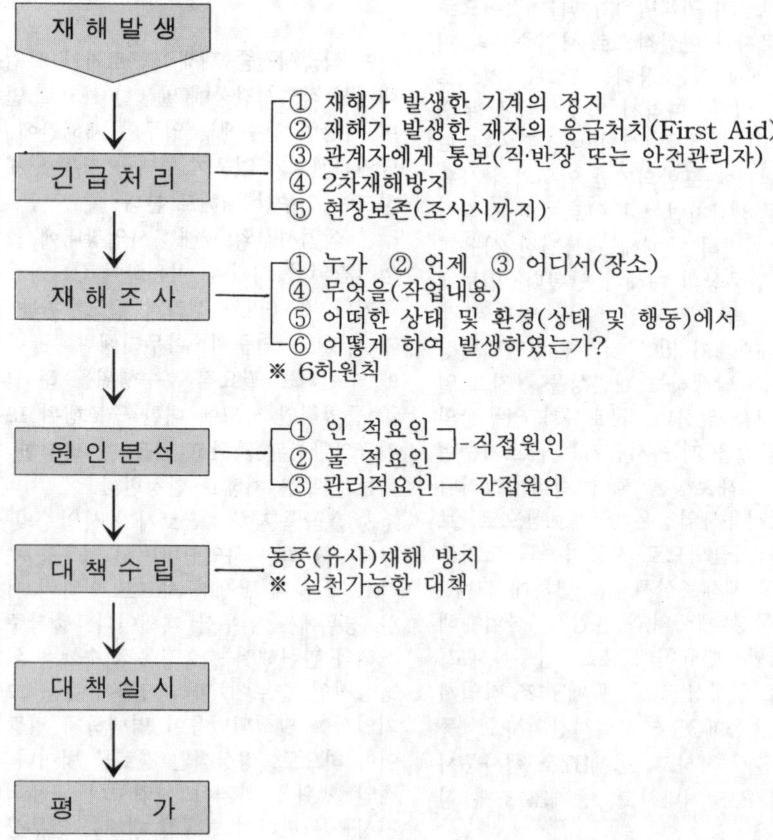

2) 재해발생 보고 (산업안전보건법 제10조제1항 및 시행규칙 4조 · 위반시 500만원 벌금)

(1) 사망자 또는 4일 이상의 요양을 요하는 부상을 입거나 질병에 걸린 자가 발생한 때에는 당해 산업재해가 발생한 날부터 14일 이내에 별재 제1호 서식의 산업재해조사표를 관할 지방노동관서의 장에게 제출하여야 한다. 다만, 산업재해보상보험법시행령제29조 규정에 의하여 요양신청서를 근로복지공단에 제출한 경우에는 그러하지 아니하다.

(2) 중대재해가 발생한 때에는 24시간 이내에 다음 사항을 관할 지방노동관서의 장에게 전화 · 모사전송 기타 적절한 방법에 의하여 보고하여야 한다.

1. 발생개요 및 피해상황 2. 조치 및 전망 3. 기타 중요한 사항

※ 중대재해 (산업안전보건법제2조제7항및시행규칙제2조제1항)

1. 사망자가 1인이상 발생한 재해
2. 3월이상의 요양을 요하는 부상자가 동시에 2인이상 발생한 재해
3. 부상자 또는 직업성질병자가 동시에 10인이상 발생한 재해

3) 산재처리

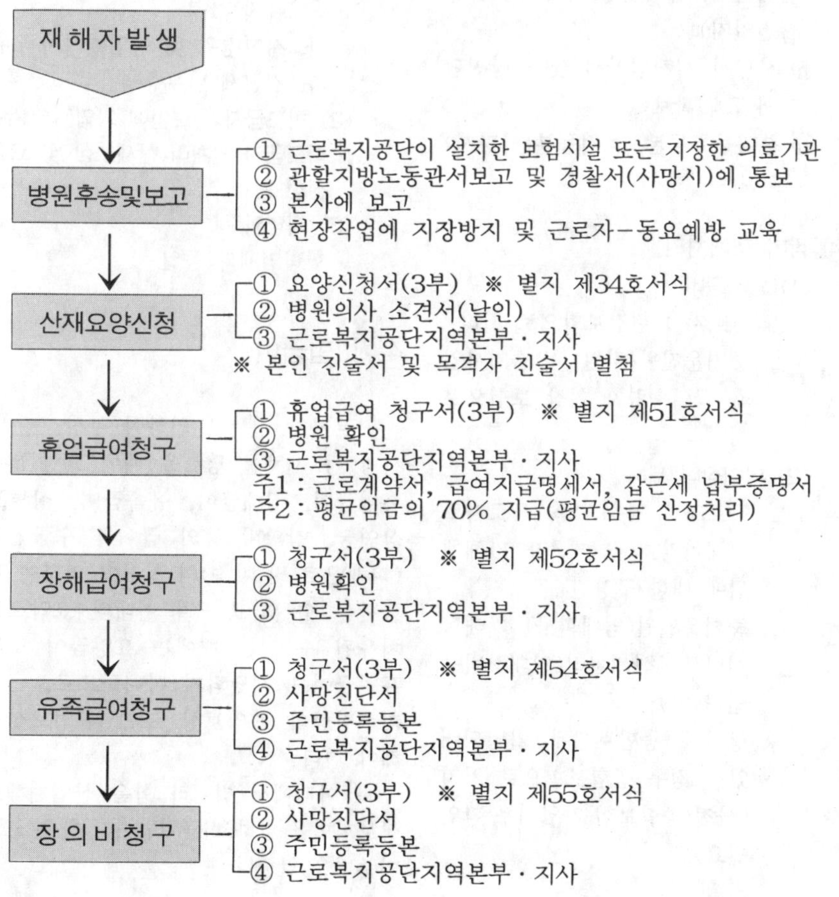

※ 1. 서류 3부 : 근로복지공단, 병원, 사업장 각 1부 보관
2. 근로복지공단 제출서류는 민원실에 제출(단, 산업재해조사표는 노동부 관할지방노동관서 산업안전과)
3. 재해자 관련보존자료
① 사망 또는 중대재해시 - 현장보존(조사시까지)
② 사고현장 사진 및 약도
③ 피해자, 목격자, 가해자 인적사항 파악 및 진술서
④ 채용 관련 서류(작업일지, 근로계약서, 급여대장, 출근카드, 안전일지)
⑤ 사망시 시체검안서 및 사망진단서 7매 확보
⑥ 주민등록등본, 호적등본(사망시) 확보

4) 장비 재해처리
(1) 당사장비
① 근로자 : 현장보험으로 처리
② 중기운전원(직원) : 중기사업소 급여수령자 현장 보험으로 처리
(2) 임대장비 재해
① 근로자 : 당소 소속 근로자로 산재처리 가능(제3자 가해행위에 대한 구상권)
② 중기운전원(임대회사) : 해당회사로 산재처리(임대장비주인 책임)
※ 장비가 종합보험에 가입되어 있을 경우 종합보험으로 처리(사전 종합보험 가입여부 확인 필요)

5) 협력업체 재해처리
(1) 하도급자가 보험에 가입되어 있지 않은 경우
당사 산재보험으로 처리가능(민사배상 부분 발생에 대한 이행촉구 또는 소송대비자료 확보 필요)
① 각서 및 공증
요양 및 제경비 부담에 대한 이행각서(공증)
② 사고관련서류 확보
가. 근로계약서(대표자 직인) 3부
나. 급여 지급명세(사고 3개월)
다. 출근카드(회사명의 양식 사용금지) 1부
라. 사고경위 및 작업지시서 1부
마. 갑근세 납부증명
(2) 하도급자가 보험에 가입된 경우
하도급자가 처리(산재보상 및 요양신청 등)
(3) 직영외주
협력업체와 동일

4. 보험급여

근로자가 업무로 인하여 부상, 질병, 사망 등 재해를 당했을 때에 요양급여, 휴업급여, 장해급여, 유족급여, 상병보상연금, 장의비 등의 급여를 수급권자(피해근로 및 가족)의 청구에 의하여 지급받을 수 있다. 3일 이내의 요양으로 치유될 수 있는 때에는 요양급여 또는 휴업급여는 해당되지 아니하므로, 근로기준법상의 요양보상 또는 휴업보상을 해야 한다.

※ 아래에서 법이라 함은 산업재해보상보험법을 말하고 근기법이라 함은 근로기준법을 말한다.

1) **요양급여(법 제40조)** 산업재해보상보험법의 적용을 받는 사업장의 근로자가 업무상의 부상이나 질병에 걸렸을 경우에 지급되는 보험급여. 요양급여는 요양비의 전액으로 하며, 공단이 설치한 보험시설 또는 지정한 의료기관에서 요양을 하게 한다. 그러나 부득이한 경우에는 요양비를 지급받을 수 있다.

요양급여의 범위는 ① 진찰 ② 약제 또는 진찰재료의 의지 기타보철의 지급 ③ 처치·수술 기타의 치료 ④ 의료시설에의 수용 ⑤ 개호 ⑥ 이송 ⑦ 기타 노동부령이 정하는 사항이다(근기법 제78조 요양보상).

2) **휴업급여(법 제41조)** 근로자가 업무상의 부상이나 질병으로 노동불능이 되어 임금을 받을 수 없게 된 경우 사용자는 근로자의 요양기간중 그 근로자의 평균임금의 100분의 70(근기법에서는 100분의 60)에 해당하는 금액을 지급하여야 한다(산업재해보상보험법 제41조). 이것이 휴업급여이다. 휴업급여로 지급되는 금액은 임금수준의 변동에 따라 일정방식으로 증감하도록 되어 있다. 또한 산재보험 적용사업장의 경우는 휴업급여가 지급되므로 사용자는 근기법에 의한 휴업보상의 의무는 면한다(근기법 제79조 휴업보상).

3) **장해급여(법 제42조)** 근로자가 업무상 부상이나 질병에 걸려 완치된 후에도 신체에 장해가 있는 경우에는 사용자는 장해의 정도에 따라서 평균임금에 장해급여표에 정한 일수를 곱하여 얻은 금액을 지급해야 한다(근기법 제80조 상해보상).

4) **유족급여(법 제43조)** 근로자가 업무상 사망한 경우에 사용자는 그 유족에 대하여 평균임금의 1,300일분(근기법에서는 1000일분)에 해당하는 금액을 지급해야 한다. 유족급여를 받을 수 있는 유족의 범위와 순위는 민법이 정하는 유족상속의 그것과는 달리 산업재해보상보험법시행령 제4조에서 상세하게 규정하고 있다. 사용자가 산재보험에 가입한 경우에는 유족급여가 지급되므로 유족보상의 의무를 면하게 된다. 유족급여는 근로자의 사망후 지체없이 지불해야 한다(근기법 제82조 유족보상).

5) **상병보상연금(법 제44조)** 산업재해보상법상의 보험급여의 일종이다. 업무상의 부상 또는 질병으로 요양을 받는 근로자가 요양을 개시한 후 2년이 경과한 날 이후에도 부상이나 질병이 치유되지 아니한 상태에 있고, 그 폐질의 정도가 대통령령이 정하는 폐질등급기준에 해당하는 경우, 요양급여외에 지급되는 보험급여이다. 상병보상연금은 폐질등급에 따라 지급되는데 제1급을 평균임금의 329일분, 제2급은 291일분, 제3급은 257일분이 연금으로 지급된다.

6) **장의비(법 제45조)** 장제에 소요되는 비용에 대한 보상이다. 장의비는 근로자의 사망후 지체없이 지급해야 한다. 산재보험 적용사업은 산재보험에서 평균임금의 120일분(근로기준법에서는 90일분)에 상당하는 금액이 장의비로 지급되므로 사용자는 지급의무를 면하게 된다. 장의비는 유족보상을 받을 수 있는 수급권자가 있더라도 실제로 장사를 치른 자에게 지급된다. 의료보험법과 선원법에서는 장제비라 하고, 근로기준법에서의 장사비는 장의비와 같은 개념이다(근기법 제83조 장사비).

5. 보험급여의 청구와 구제절차

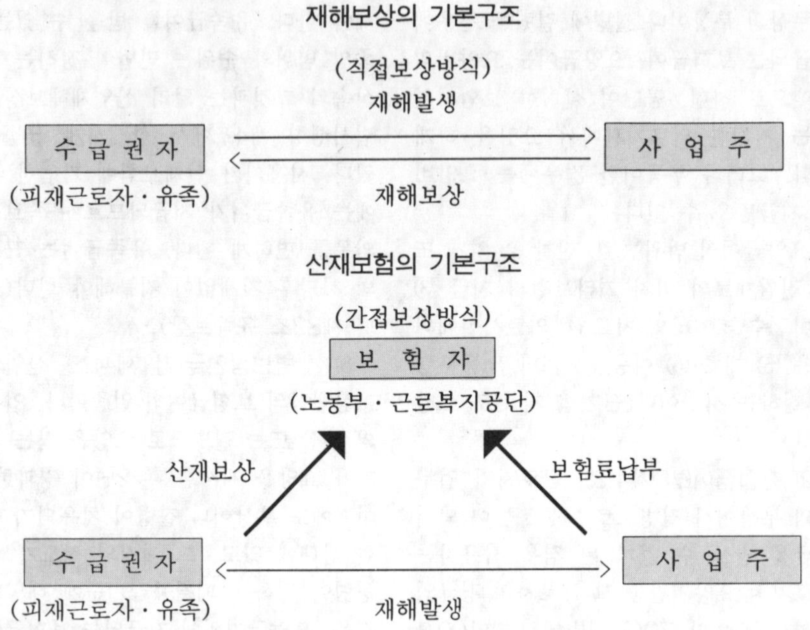

1) 최초요양신청

재해를 당한 근로자나 그 유가족은 업무상재해가 발생하면 보험급여청구서(법시행령 제29조제1항, 동시행규칙제14조제1항 별지제34호서식 산업재해보상보험 요양신청서)를 작성하여 관할근로복지공단지역본부 또는 지사 민원실에 제출하고, 관할근로복지공단지역본부장 또는 지사장은 이에 대한 지급 · 부지급 · 불승인 여부와 지급내용(금액, 요양결정)을 결정하여 청구인에게 통보하여야 하고, 이에 따라 청구인은 지정금융기관에서 급여를 수령하거나 지정의료기관에서 요양을 받게 된다(자세한 내용과 절차는 관할근로복지공단지역본부 또는 지사 민원실 문의)

최초요양신청 (별지 제34호서식)

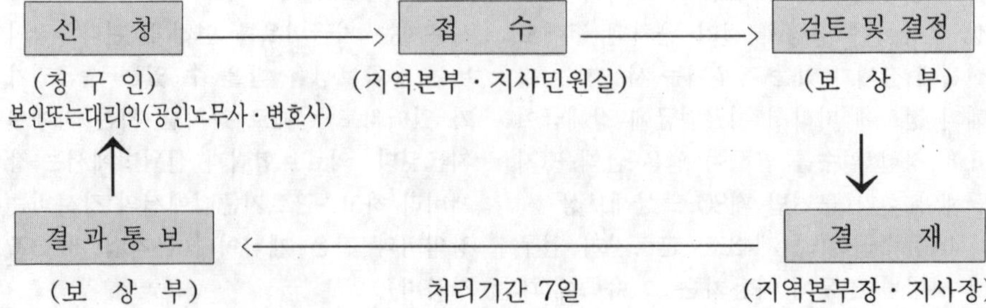

2) 결과통보에 대한 이의가 있을 경우 구제절차

(1) 심사청구 (지역본부장 및 지사장결정에 이의가 있는 경우)

관할근로복지공단지역본부 또는 지사의 처분(보험급여 · 요양결정 · 등급판정 등)에 이의가 있을 때에는 처분의 결정서를 수령한 날로부터 60일이내에 원처분을 한 관할근로복지공단지역본부 또는 지사에 심사청구서(법 제88조)를 제출하면 공단본부에서 서류심사를 거쳐 기각결정 또는 취소결정을 내려게 된다. 청구인의 심사청구의 이유에는 원결정처분의 부당성과 청구에 증거 및 타당성이 증명되어야 한다.

심사청구절차 (별지 제128호서식)

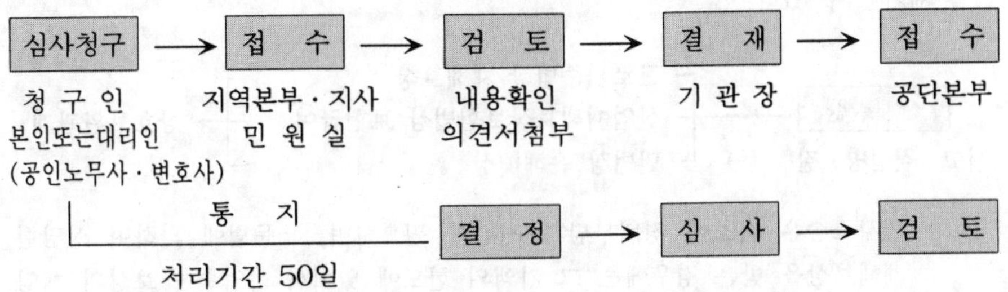

(2) 재심사청구 (공단본부의 심사결정 이의가 있는 경우)

산재심사결정에도 이의가 있는 경우에는 60일이내에 원처분을 행한 근로복지공단에 재심사(산재법 제90조)를 청구하면, 공단을 경유 노동부내에 설치된 산재심사위원회에 회부되어 심리 · 재결하게 된다.

재심사청구절차 (별지 제133호서식)

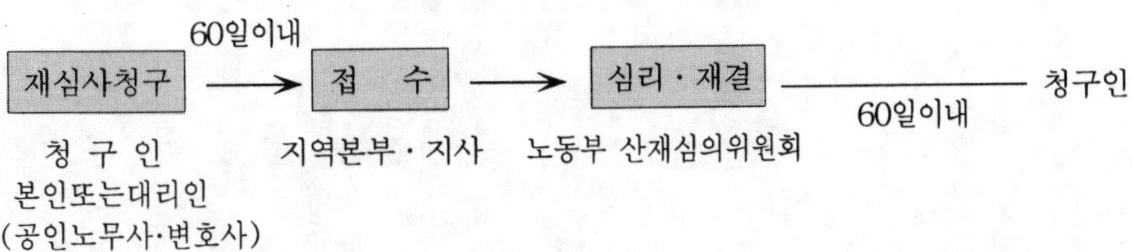

(3) 행정소송 (산재심의위원회가 심리 · 재결한 결정에 이의가 있는 경우)

산재심의위원회의 재결에도 이의가 있는 경우 재결서를 받은날로부터 60일이내에 행정소송을 제기할 수 있다.

※ 보험급여에 대한 이의가 있을 경우 소정기일(60일)내에 이의를 청구하지 않으면 처분이 확정되고, 급여청구권은 3년간의 소멸시효를 갖게 된다. 다만 소멸시효기간중 심사 및 재심사청구는 시효중단의 효력이 있다.

행 정 소 송

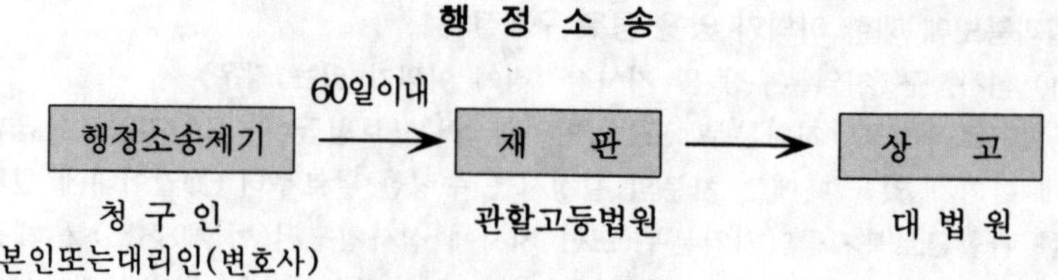

3) 민사소송

근로기준법 또는 산업재해보상보험법에 의한 산업재해보상에 불만이 있는 자는 사업주를 상대로 산업재해에 대한 손해 및 위자료에 관한 시행에 대하여 민사소송을 제기할 수 있다.

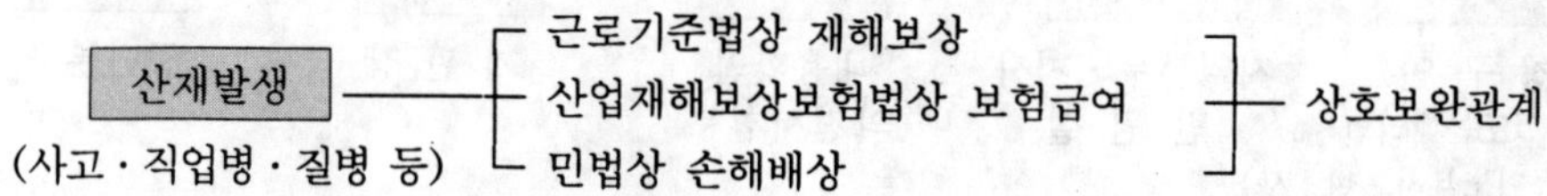

※ 민사소송은 다소에 경비부담과 시간이 필요하며, 노동법에 의하여 상당한 재해보상을 받은 경우에는 그 가액의 한도에 있어서 사업주는 보상의 책임을 면한다.

색 인 목 차

산업재해판시사항색인

【ㄱ】

【ㄴ】

【ㄷ, ㄹ, ㅁ】

【ㅂ】

【ㅅ】

【ㅈ】

【ㅊ】

【ㅋ·ㅌ】

【ㅍ】

【ㅎ】

⊙ 참고재료

- 법원공보
- 법률신문
- 노사매거진
- 노동법률
- 산업재해보상보험법판례집 (근로복지공단)
- 현행법전 (한국법제연구원)

최신 **산업재해판례집** <1963년~1996년>

1997년 3월 10일 인쇄
1997년 3월 20일 발행

편저자겸 발 행 인 : 서 경 석
발 행 처 : 노 문 사
주 소 : 서울 중구 인현동2가 192-30(신성상가 421호)
등 록 : 1989. 11. 8 제2-899호
전 화 : (02)264-3311·2244
F A X : (02)264-3313

※ 파본은 교환해 드립니다 **정가 : 30,000원**

ISBN 89-86785-21-8 93360